北京科技年鉴

2023

北京市科学技术委员会
中关村科技园区管理委员会 编

北京出版集团
北京出版社

图书在版编目（CIP）数据

北京科技年鉴. 2023 / 北京市科学技术委员会，中关村科技园区管理委员会编. -- 北京：北京出版社，2024. 12. -- ISBN 978-7-200-19084-7

Ⅰ. G322.71-54

中国国家版本馆CIP数据核字第2024WF6182号

责任编辑　董拯民　张　颖
英文翻译　马　玲
装帧设计　云伊若水
责任印制　燕雨萌

北京科技年鉴 2023
BEIJING KEJI NIANJIAN 2023
北京市科学技术委员会、中关村科技园区管理委员会　编

出　　版　北京出版集团
　　　　　北 京 出 版 社
地　　址　北京北三环中路6号
邮　　编　100120
网　　址　www.bph.com.cn
总 发 行　北京伦洋图书出版有限公司
印　　刷　北京华联印刷有限公司
开　　本　889毫米 × 1194毫米　1/16
印　　张　32.75
彩　　插　16
字　　数　1038千字
版　　次　2024年12月第1版
印　　次　2024年12月第1次印刷
书　　号　ISBN 978-7-200-19084-7
定　　价　198.00元

《北京科技年鉴（2023）》编委会

《北京科技年鉴（2023）》编辑部

刘　帅　刘　伟　刘安邦　刘　芳　刘　明　刘忠彦

刘建锋　刘　茹　刘　贵　刘俊峰　刘　真　刘晓宁

刘梦贤　刘　铮　刘　超　刘　蓁　齐　静　闫　肃

闫　彬　闫　鑫　安　琪　安鹤益　许小亮　孙竹青

孙晓霞　孙　烨　孙　陶　孙继伟　孙　萌　孙　猛

孙　超　孙　路　孙　遥　年恒阳　苏秀娟　苏　颖

杜　宇　杜肖静　杜　康　杜涵涵　杜　鑫　李大轩

李小骏　李天琪　李　丹　李文萍　李　伋　李　冰

李军男　李英楠　李　杰　李卓川　李昌凌　李建玲

李建琴　李保印　李奕响　李贺英　李贺珍　李　勇

李晓明　李晓磊　李海松　李海燕　李　晨　李密丝

李博伦　李喜海　李晶晶　李舒江　李　媛　李　楠

李新媛　李瑶瑶　李韶庭　李　澳　李璐璐　李　曦

李　鑫　杨　月　杨　刚　杨沫涵　杨晓伟　杨　晖

杨晶晶　肖　扬　肖笔檀　吴　迪　吴　波　吴　茜

吴　琼　何　欢　何　闽　何　琳　余化枫　沈秋实

沈贺丹　宋玉美　宋伟娜　宋韵寒　张小川　张中来

张未凡　张　丛　张立芬　张立言　张　旭　张红波

张红莉　张丽颖　张苹苹　张昕怡　张　岩　张柏桢

张　桢　张　晓　张　健　张　悦　张　硕　张　爽

张　涵　张　喆　张晶晶　张源洁　张　潇　张慧玲

张　豫　张　蕾　陈　阳　陈　肖　陈治光　陈宝德

陈　娜　陈　静　邵昱飞　武晓颖　苗晓晴　苟　瑜

林青霞　郁　卓　易　姗　罗　虎　罗　骏　和　珊

季如佳　岳　睿　金　源　周天择　周　屴　周牧瑶

周　欣　周　渊　周　鹈　郑丹阳　郑　雪　郑　琳

孟姗姗　孟艳霞　封　宁　赵百川　赵红霞　赵纪萍

赵国强　赵轶凡　赵　哲　赵　娣　赵　铮　赵　媛

赵楚然　郝永翔　胡亚楠　胡伯源　胡　妍　柳　奇

柳　绿　钮　键　侯东云　侯艳艳　侯　硕　姜佩瑄

洪佳男　姚　乐　贺小辉　骆新然　秦　雪　袁永章

袁姗姗　袁　野　袁　磊　聂　春　栗英轩　夏月杰
夏　菲　夏　瑾　晁　巍　徐传奇　徐震宇　徐璐璐
殷海然　殷潇潇　高艺菡　高　健　高嘉璐　郭　凡
郭凤桐　郭庆云　郭泽邦　郭振宇　郭　磊　海　霞
涂裔盟　陶昕昕　姬梦星　黄寅英　曹汪菁　曹荣娥
盛逸飞　崔伟侠　崔　欣　崔　茜　崔家墅　崔湛钜
梁　玮　梁　奇　彭云向　董　明　蒋明秀　蒋　盟
韩少秀　韩东风　韩亚芬　韩　阳　韩焱森　程晓荷
程　锐　程　翔　傅固安　焦　扬　鲁庆莲　曾庆艳
温会姣　谢旭霞　谢雨珂　谢莉娇　靳玉伟　蒲梦雪
路一鸣　路朱云　蔡娜娜　蔡真婷　蔡　静　谭修一
翟　彬　黎红霞　黎　翔　薛　陕　薛珊珊　戴　力
魏茂森　魏清华　魏　巍

编辑说明

一、《北京科技年鉴》是一部反映北京科技事业情况的综合性资料工具书和史料文献，由北京市科学技术委员会、中关村科技园区管理委员会主持编纂，在北京市教育委员会、北京市市场监督管理局、北京市知识产权局、北京市科学技术协会等单位的共同参与下完成。

二、本年鉴坚持以马克思列宁主义、毛泽东思想、邓小平理论、“三个代表”重要思想、科学发展观、习近平新时代中国特色社会主义思想为指导，遵循实事求是的原则，科学、客观地反映实际情况。

三、本年鉴采用文章和条目两种体裁，以条目体为主，用规范的语体、记述体，直陈其事，文字力求言简意赅。

四、本年鉴从1987年开始逐年编纂，至2003年出版时均是标注当年年度。自2004年起，循通行做法改为标注出版时间，即当年出版的年鉴，记述上一年度北京科技事业发展的重大事件和新情况，为领导决策提供参考和依据，为社会各界了解、研究北京科技事业提供权威的信息，为开展科技交流、对外宣传提供基础资料。

五、本年鉴以记述北京市市属科技系统各单位的情况为主，对境域内国家部门所属单位情况也适当记述，主体突出而又概括全貌。

六、本年鉴所载为北京科技事业的基本情况，采用分类编纂法。根据年鉴的文字内容，设有特载、专文、大事记、重要会议与活动、科技管理、科技资源、创新高地、支撑发展、科技服务、创新成果、知识产权与标准化、科技合作与交流、科学技术普及、各区科技、统计资料、附录、索引等17个类目。

七、选入本年鉴的文章和条目，均由《北京科技年鉴2023》参编单位确定的专人负责撰写或提供，并经主要负责人审核。统计资料由北京市科学技术委员会、中关村科技园区管理委员会及参编单位的统计部门提供。

八、本年鉴所使用的国务院机构简称和北京市政府机构简称，均根据国务院办公厅和北京市政府办公厅的规定，规范使用。中关村国家自主创新示范区在文内简称为“中关村示范区”，北京市科学技术委员会、中关村科技园区管理委员会在文内简称为“市科委、中关村管委会”。

九、本年鉴记述时限为2022年1月1日至12月31日，未标注年份的时间均指2022年，涉及其他年份的，均标明具体年份。

2022 年 1 月 6 日，市科委、中关村管委会主任许强做客北京广播电视台两会直播间“市民对话一把手”，围绕“聚焦国际科技创新中心建设”话题与广大市民沟通对话

2022 年 1 月 11 日，中关村（海淀）智能网联汽车前沿技术创新中心揭牌

2022 年 1 月 12 日，清华工研院细胞与基因治疗创新中心投入使用

2022 年 1 月 14 日，市科委、中关村管委会会同市教委等召开落实《关于打通高校院所、医疗卫生机构科技成果在京转化堵点若干措施》新闻通气会

2022 年 1 月 26 日，市科委、中关村管委会 2022 年系统工作会议召开

2022 年 4 月 12 日，量子直接通信科研成果集体采访活动举办。北京量子信息科学研究院研制的量子直接通信样机创造 100 千米直接通信世界纪录

2022 年 4 月 13 日，首届“京彩大创”北京大学生创新创业大赛启动

2022 年 4 月 25 日，北京大兴国际机场综合保税区首批货物通关

2022 年 6 月 16 日，市科委、中关村管委会召开新闻通气会，解读中关村示范区“1+5”系列资金支持政策

2022 年 6 月 21 日，中关村先行先试改革专项小组第一次全体会议召开

2022 年 7 月 7 日，第七届北京市自然科学基金委员会成立大会召开

2022 年 7 月 7 日，北京市自然科学基金－海淀原始创新联合基金二期签约仪式举行

2022 年 7 月 20 日，市科委、中关村管委会党组书记张继红为全委处级以上党员干部讲授专题党课

2022 年 7 月 30 日，由小米科技有限责任公司牵头组建的 3C 智能制造创新联合体揭牌仪式在北京小米科技园举行

2022 年 7 月，位于中关村生命科学园的北京脑科学与类脑研究中心二期竣工并完成验收

2022 年 8 月 11 日，中关村先行先试改革——财税政策集中宣讲会举办

2022 年 8 月 15 日，北京市首个生产型蔬菜无人农场落地昌平区阳坊镇

2022 年 8 月 18—21 日，由北京市政府、工业和信息化部、中国科学技术协会主办的 2022 世界机器人大会在京举办

2022 年 8 月 20 日，2022 年全国科技活动周主场活动暨北京科技周启动式举办

2022 年 9 月 4 日，由首都知识产权服务业协会等主办的 2022 年中国国际服务贸易交易会涉外知识产权高端服务论坛在国家会议中心举办

2022 年 9 月 16 日，第七届中国创新挑战赛暨中关村第六届新兴领域专题赛启动及需求集中发布会在中关村科学城举办

2022 年 9 月 16—19 日，2022 世界智能网联汽车大会暨中国国际新能源和智能网联汽车展览会在中国国际展览中心（顺义馆）举办

2022 年 9 月 17 日，2022 北京城市副中心文旅产业峰会暨特色小镇高质量发展论坛举办，一批文旅高科技龙头企业与城市副中心相关单位签约

2022 年 10 月 17 日，国家重大科技基础设施项目“地球系统数值模拟装置”通过验收

2022 年 11 月 16 日，中关村新一轮先行先试改革成效“税收减免”典型案例集体采访活动举办

2022 年 12 月 12 日，怀柔科学城中国科学院高能物理所高能同步辐射光源建安工程通过竣工验收

2022 年 2 月 2 日，百度自动驾驶机器人担任北京冬奥会“汽车机器人”火炬手

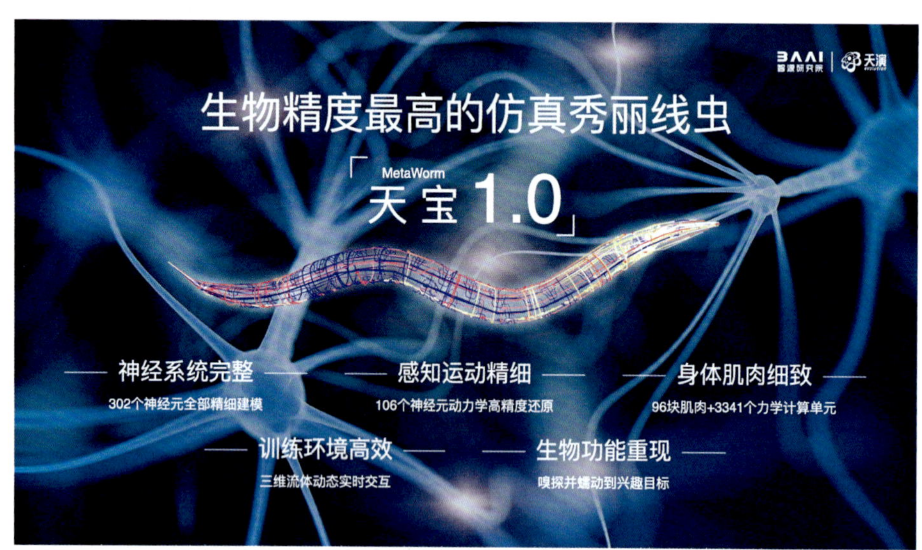

2022 年 5 月 31 日，北京智源人工智能研究院发布全球生物精度最高的仿真秀丽线虫“天宝 1.0”

2022 年 12 月 10 日，北京通用人工智能研究院研发出“价值驱动”具身智能机器人

“北京大兴国际机场航站楼建造关键技术研究与应用”项目获 2022 年度北京市科学技术进步奖特等奖。图为北京大兴国际机场航站楼俯视图

“FAST 精细刻画快速射电暴及其周边环境”项目获 2022 年度北京市科学技术奖自然科学奖一等奖。图为 FAST 精细刻画快速射电暴及其周边环境示意图

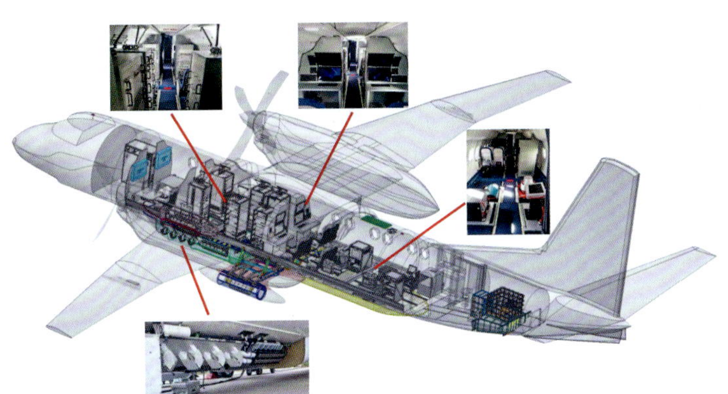

“航空遥感系统国家重大科技基础设施”项目获 2022 年度北京市科学技术进步奖一等奖。图为多载荷综合集成示意图

“基于应用程序接口精准检测和高效动态防护的云安全关键技术与应用”项目获 2022 年度北京市科学技术进步奖一等奖。图为奇安信云安全运营中心技术显示图

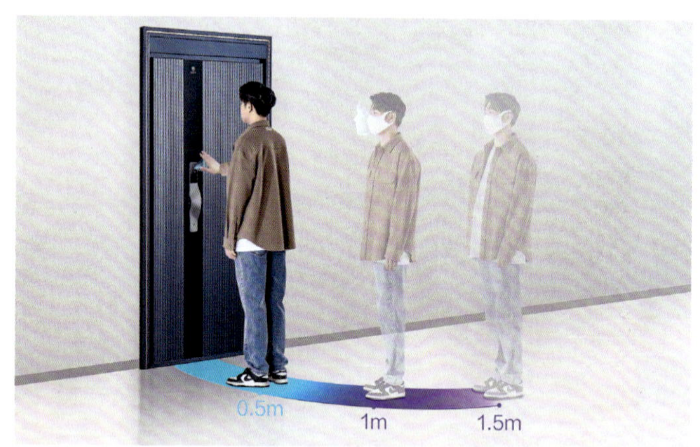

“多模态识别技术在低功耗边缘智能设备上的应用及产业化”项目获 2022 年度北京市科学技术进步奖二等奖。图为掌静脉解锁示意图

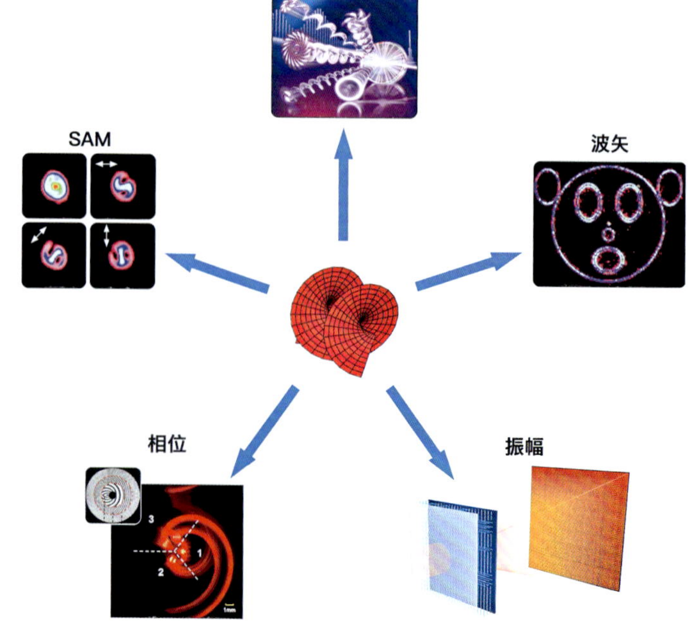

“基于涡旋光场调控的新型光子键控信息传输理论与方法”项目获 2022 年度北京市科学技术奖自然科学奖二等奖。图为涡旋光场多自由度协同调控原理示意图

目 录

BEIJING ALMANAC OF SCIENCE AND TECHNOLOGY 2023 北京科技年鉴 2023

特 载

专 文

大事记

重要会议与活动

科技管理

科技资源

创新高地

支撑发展

农业农村科技 …… 203

文化科技 …… 206

科技冬奥 …… 211

科技服务

创新成果

知识产权与标准化

科技合作与交流

科学技术普及

公民科学素质 ……………… 285

各区科技

东城区 ……………… 290

西城区 ……………… 294

统计资料

附 录

索 引

特 载

在部市共建北京国际科技创新中心现场推进会上的讲话（节选）

北京市委书记　蔡奇

（2022 年 4 月 16 日）

感谢中央部委长期以来给予北京工作的关心支持。北京建设国际科技创新中心，是党中央赋予我们的光荣任务和历史责任，摆在“五子”联动融入和服务新发展格局的首位，牵一发而动全身。要深入贯彻习近平总书记关于科技创新的重要论述，奋发进取、担当作为，以更大力度推动国际科技创新中心建设，努力在建设世界科技强国进程中当先锋、作表率，以实际行动迎接党的二十大胜利召开。

要全力抓好中关村新一轮先行先试改革政策落地。改革举措要逐项细化，实行清单化管理、项目化推进，争取早落地早见效。推动有条件的改革措施在城市副中心落地实施。先行先试改革要尽可能把问题穷尽，起到压力测试作用。市相关部门主动对接服务，把政策供给与企业需求结合起来，让企业、园区受益。

要全力打造国家战略科技力量。办好国家实验室，加紧开展科研攻关，力争早日取得突破性成果。怀柔综合性国家科学中心推动“十四五”国家重大科技基础设施和科技研发平台开工建设，研究设施平台开放共享机制，形成协同创新效应。支持国家重点实验室、新型研发机构在京创新发展。基础研究是源头活水，要发挥各类创新主体作用，建设一批前沿科学中心、共性技术平台和创新联合体，推动基础研究和“卡脖子”关键核心技术攻关，实现更多“从 0 到 1”突破。

要以“三城一区”为主平台，加快建设世界领先的科技园区。中关村科学城发挥创新生态优势，拓展更多创新空间，推动人工智能、空天、区块链等产业集聚发展。怀柔科学城推进国家高端仪器装备和传感器产业先导区建设，做好“科学 + 城”文章。未来科学城强化东西联动，努力建成全球领先的技术创新高地。北京经济技术开发区持续打造千亿级创新型产业集群，培育国家级专精特新“小巨人”企业和智能制造试点示范企业。顺义大力发展新能源智能汽车、第三代半导体、航空航天产业集群。“一区十六园”是一个整体，市里加强统筹，各区主动作为，优化各分园产业布局，探索实施分类管理。成果转化落地是最好的创新。“一区”要积极承接“三城”科技成果转化重大项目，其他区根据自身定位有重点地吸收“三城一区”外溢科技创新成果。

人才是创新的第一资源，创新驱动本质上是人才驱动。要加强战略人才力量建设，抓紧制定实施《北京高水平人才高地建设方案》。支持企业与在京高校院所、创投机构等共建特色研究院、交叉学科实验室，培养急需紧缺人才。持续打造北京学者、科技新星等人才品牌项目，加大优秀青年科技领军人才培养资助力度。实施北京市建设一流大学群体“十项行动计划”。用好用活各类人才，研究建立“揭榜挂帅”等公平竞争遴选机制。

自主创新是开放环境下的创新，中关村论坛是开展对外科技创新交流合作的国家平台，要以更高标准做好今年筹办工作，争取更多务实成果，提升论坛影响力。优化常态化办会机制，做到“月月有活动，季季有亮点”。支持国家科学中心国际合作联盟、“一带一路”国际科学组织联盟等建设，拓展国际交流合作渠道。

北京市科学技术委员会、中关村科技园区管理委员会 2022年工作总结和2023年工作计划

2022年，市科委、中关村管委会党组坚持以习近平新时代中国特色社会主义思想为指导，认真学习贯彻党的二十大精神，深入贯彻落实习近平总书记对北京一系列重要讲话精神，坚决贯彻落实市委、市政府重大决策部署，坚持“五子”联动融入新发展格局，推动国际科技创新中心、世界领先科技园区和国家实验室建设“三条主线”并进，培育战略科技力量取得标志性成果，科技体制改革实现突破性进展，科创中心建设实现了新的跃升。研发投入强度保持在6%以上，基础研究占比16%左右；1—10月，全市发明专利授权量超过7.4万件，同比增长9.8%；中关村示范区实现企业总收入6.7万亿元，同比增长1.9%；1—11月全市技术合同成交额约6676.8亿元，同比增长16.4%。《自然》集团牵头发布的《国际科技创新中心指数2022》显示，北京在全球科技创新中心中位列第3。世界知识产权组织发布的《2022年全球创新指数报告》显示，北京在全球百强科技集群中排名第3。北京连续六年蝉联“自然指数－科研城市”榜首。

一、主动服务国家战略需求，北京科技实力和创新能力跃上新台阶

（一）深化科技体制改革与中关村先行先试，世界领先科技园区建设迈出新步伐。落实中办、国办印发的支持中关村开展高水平科技自立自强先行先试改革24条重大举措，已出台国家和市级配套政策40余项，推出基础研究税收试点、科技成果“先使用后付费”、职务科技成果单列管理等一批突破性政策措施，发挥了试点突破、压力测试作用。组织力量编制中关村世界领先科技园区建设方案。稳步推进分园管理体制改革，形成分园发展问题诊断书和改革提升建议。印发实施中关村示范区“1+5”系列资金支持政策，聚焦提升企业创新能力、优化创新生态、推动国际化发展等，构建形成新的资金框架体系。科技体制改革推动机制进一步完善，市委深改委在科技领域部署的8项重点任务全部完成，科技体制改革专项小组年度24项重点任务顺利实施，形成了一批重要制度成果，取得明显改革成效。

（二）全力服务保障国家实验室建设，战略科技力量实现新壮大。昌平、中关村、怀柔三个国家实验室实现入轨运行。12家在京国家重点实验室成为首批标杆全国重点实验室。怀柔综合性国家科学中心29个科学设施平台进入建设与运行并重阶段，综合极端条件、地球系统数值模拟2个大科学装置已投入使用。持续布局世界一流新型研发机构建设，开展阶段性评估，新支持建设通用人工智能研究院。支持科技领军企业组建一批创新联合体，小米牵头组建全国首家国家级创新联合体（3C智能制造）。实施科技冬奥专项，200多项新技术在冬奥会应用，科技成为冬奥一大亮点。着力支持科技抗疫，北京市国内首款新冠中和抗体药获批上市并商业化生产，2款新冠广谱药物鼻喷剂研发进展居国内前列，全球首个数字PCR新冠检测产品获批上市，万泰鼻喷疫苗、神州细胞的二价重组蛋白疫苗获批紧急使用，两支灭活疫苗累计向全球贡献55亿剂。

（三）加强原创性引领性科技攻关，持续打造高质量发展新引擎。坚持“四个占先”，量子信息领域，建设了超导量子计算云平台，将量子直接通信距离提升到100千米，百度网讯、启科量子等4家企业上榜全球量子计算技术发明专利TOP 100；人工智能领域，发布“九鼎”智算平台及高精度智能线虫“天宝1.0”，“小数据、大任务”路线研究取得新进展；区块链领域，发布自主可控的软硬件技术体系长安链2.3和海量存储引擎

"泓"；生物技术领域，1 个创新药获国家批准、15 个第三类创新医疗器械上市，数量均居全国前列。集成电路产研一体突破，持续实施双"1+1"工程，搭建国内第一条 8 英寸硅光量产工艺线并开发量产工艺，自主研发出 CCP 介质刻蚀机。新一代信息技术、医药健康产业"双发动机"发挥引领作用。2022 年 1—10 月，电子信息领域总收入 35039.2 亿元，同比增长 6.8%；生物医药领域累计完成产值 1234.8 亿元（扣除疫苗），同比增长 7.2%。"三城一区"发展活力持续增强，以不足 6% 的土地面积贡献了全市 GDP 的三分之一。

（四）加快打造高水平人才高地，激发人才创新创业新活力。参与制定《北京高水平人才高地建设方案》。开展工程硕博士培养改革专项试点，聚焦国家重大战略需求，实行校企联合、工学交替，培养卓越工程师后备人才，共招录学生 253 人。坚持"一业一策"，加大急需紧缺人才引进力度，推动制定集成电路、人工智能等领域专项引才政策，引进相关领域顶尖人才 55 人。成功举办 HICOOL 全球创业者峰会暨创业大赛，吸引来自全球 91 个国家和地区的 5016 个创业项目、6672 名创业人才参加。积极开展科技人才计划优化整合，实施"科技新星""雏鹰""朱雀"等人才计划。积极推广"揭榜挂帅"机制，扩大科研项目经费"包干制"试点，赋予科研单位和团队更大的人财物支配权及技术路线决策权。

（五）聚焦国际化发展，推动开放创新形成新格局。印发实施《关于支持外资研发中心设立和发展的规定》，出台 20 条支持措施，认定首批外资研发中心 29 家。营造国际创新交流合作浓厚氛围，成功举办 2022 北京智源大会、北京国际学术交流季等活动 15 场，160 余位境外嘉宾参会，国内外诺奖或院士演讲嘉宾 39 位。加快京津冀协同创新共同体建设，三地签署第三期京津冀基础研究合作协议，实现三地科技成果转化数据共享，推动雄安新区中关村科技园、天津滨海－中关村科技园建设。1—11 月，全市流向津冀技术合同 5271 项，同比增长 15.6%；成交额 368.1 亿元，同比增长 33.4%。

（六）坚持全面从严治党，机关自身建设得到新提升。委党组深刻领悟"两个确立"的决定性意义，增强"四个意识"、坚定"四个自信"、做到"两个维护"，落实全面从严治党主体责任。高标准抓好党的二十大精神、市第十三次党代会精神的学习宣传贯彻落实，组织宣讲报告会、委领导讲党课等一系列活动，全委兴起学习宣传贯彻的热潮。围绕建强全市科技系统"千人队伍"，突出班子建设和年轻干部培养，出台 23 项措施，加快锻造"创新发展战斗队"。认真落实中央关于意识形态工作决策部署和市委要求，研究制定意识形态工作责任制实施细则，管好用好意识形态阵地。坚持把落实巡视整改作为政治任务，制定 186 项整改措施，逐一落实到位。制定《关于加强对"一把手"和领导班子监督的实施方案》，开展驻点监督检查，打好"组合拳"，推动主体责任和监督责任贯通联动、一体履行，确保政治生态风清气正。

北京市科技创新事业发展成效的取得，主要得益于市委、市政府的坚强领导，得益于坚持服务国家重大战略需求，得益于科技体制改革不断深化和创新创业主体活力持续释放。党的二十大报告对"实施科教兴国战略、强化现代化建设人才支撑"作出重大部署。面对新的形势和任务要求，我们清醒地认识到北京科技创新发展还存在的一些问题和短板，尤其是在解决"卡脖子"技术、强化企业科技创新主体地位、集聚顶尖科技人才和国际化发展等方面有待提升，需要在下一步工作中认真研究解决。

二、充分发挥科技、教育、人才优势，谱写首都科技创新崭新篇章

2023 年，市科委、中关村管委会党组将深入学习贯彻党的二十大精神，全面贯彻落实市委全会、两会工作部署，推进实施科教兴国、人才强国、创新驱动发展战略，坚持"四个面向"，充分发挥科技、教育、人才优势，坚持党对科技事业的全面领导，始终保持"永远在路上"的清醒，加快北京国际科技创新中心建设，推动实现高水平科技自立自强，打造世界主要科学中心和创新高地，为推进中国式现代化和建设科技强国作出首都贡献。

（一）集聚力量进行原创性引领性科技攻关。印发本市基础研究领先行动方案，探索基础研究多元化投入机制。出台实施关键核心技术攻坚战行动计划，依托新型举国体制，探索企业主导的产学研深度融合创新新范式，支持科技领军企业牵头组建体系化、任务型创新联合体，加快实现重大技术突破。加强基础和前沿技术项目布局，形成重大项目群，在量子物理、网络安全、生物医药、清洁能源等领域产生一批重大科技成果。

（二）强化具有首都特色的国家战略科技力量。强化对国家实验室的服务保障，推动国家实验室高质量运行。推进在京全国重点实验室体系化发展，加强在京标杆全国重点实验室建设，稳步推进市级重点实验室体系

优化重组。抓好怀柔综合性国家科学中心建设，建立完善大科学设施开放共享、高效运行机制。持续推进世界一流新型研发机构建设，出台支持新型研发机构发展统筹管理办法，支持新型研发机构在人工智能、区块链、脑科学等领域取得更多创新成果。

（三）努力建设世界领先科技园区。推动中关村 24 条试点政策推广至示范区全域，压茬推出新的试点政策。实施中关村世界领先科技园区建设方案，形成可以落地的重要抓手性措施。持续推进分园管理体制改革和示范区空间布局优化，“一园一方案”提升分园发展质量。聚焦各分园主导产业定位，市区联动建设一批标杆型孵化器和加速器，引入一批高精尖项目。健全“三城一区”融合发展机制，深入推进中关村科学城、怀柔科学城、未来科学城、创新型产业集群示范区“三城一区”创新发展。

（四）加快塑造高质量发展的新动能新优势。强化新一代信息技术和医药健康产业优势。推动超导量子计算芯片软硬件等研发取得阶段性成果，开展高性能计算芯片、EDA 工具等技术创新。进一步聚焦疫苗、药物、检测试剂科研攻关，持续加强病毒变异监测，推进鼻喷苗、重组蛋白疫苗获批附条件上市，推进适合居家使用的广谱药物、小分子药物尽快获批上市。推动居家自测、快速核酸多联检等产品加快研发上市。强化科技支撑城市运行保障和精细化治理，开展水污染防治、城市水系统韧性提升、海绵城市建设等关键技术研发与示范应用。

（五）加快建设高水平人才高地。推动出台高水平人才高地建设方案。依托国家实验室、新型研发机构、研究型大学以及科技企业等高能级创新平台，着力吸引更多海外顶尖创新人才和创新团队来京发展。实施科技领军人才培养项目、“科技新星计划”，开展服务科学家创业 CEO 培养试点，完善科技人才培养支持体系。健全“高精尖缺”人才配套政策，推动外籍人才工作许可审批权下放，不断提升科技人才服务工作水平。深化科技人才发展体制机制改革，完善科技人才评价制度，持续激发科技人才创新创业活力。

（六）以改革优化开放创新生态。深化财政科技经费分配使用机制改革，扩大“包干制”试点。深化科技金融改革，加快推进中关村科创金融试验区建设，设立科技金融创新服务中心，加大天使、创投集聚力度。积极构建京津冀协同创新共同体建设，加快京津冀国家技术创新中心、雄安新区中关村科技园建设。加强国际化科研环境建设，持续吸引国际科技组织、外资研发中心、跨国公司等在京集聚发展。提升科技创新治理能力，推动国际科技创新中心建设综合立法工作。高标准办好 2023 中关村论坛，进一步提升论坛国际化和影响力。

专　文

坚持“四个面向”，强化新担当、新作为

北京市科委、中关村管委会党组书记　张继红

党的二十大报告用一整个篇章专门对“实施科教兴国战略，强化现代化人才支撑”作出了重大部署，将科技创新的战略意义提升到新的高度，让我们备受鼓舞。以习近平同志为核心的党中央对科技创新工作始终高度重视，从党的十八大提出创新驱动发展战略，到党的十九大提出创新是引领发展的第一动力，再到党的二十大提出要加快实现高水平科技自立自强，建设科技强国，充分体现了党中央对科技创新的战略方针和谋划部署是一脉相承、与时俱进的。当今世界，新一轮科技革命和产业变革不断向纵深演进，科技创新已经成为百年变局中的关键变量。只有深入实施科教兴国战略、人才强国战略、创新驱动发展战略，坚持“四个面向”，把关键核心技术牢牢掌握在自己手中，才能不断塑造发展新动能、新优势。

党的十八大以来，在以习近平同志为核心的党中央的坚强领导下，我国全球创新指数排名从 2012 年的第 34 位跃升至 2022 年第 11 位，我国成功跨入创新型国家的行列。10 年来，北京市深入贯彻落实习近平总书记和党中央的决策部署，以“三城一区”为主平台，以中关村国家自主创新示范区为主阵地，加快推进国际科技创新中心和世界领先科技园区建设，培育战略科技力量取得标志性成果，科技体制改革实现突破性进展，开放创新生态得到实质性优化，科技创新实力有了历史性跃迁，在实现高水平科技自立自强方面取得显著成效。怀柔科学设施集群初步形成，一批新型研发机构在前沿领域率先布局，涌现出量子直接通信样机、“悟道”人工智能大模型、“长安链”等一批世界级重大创新成果。北京连续多年位居施普林格·自然集团“自然指数－科研城市”榜首，在自然集团《国际科技创新中心指数 2021》中位列第 4。

十年成就鼓舞人心，宏伟蓝图催人奋进。站在新的历史起点上，北京市科技系统将深入学习领会并准确把握党的二十大报告丰富内涵和精神实质，切实把思想认识行动统一到党中央的重大决策部署上来，坚持“四个面向”，不断强化新担当、新作为，加快推进北京国际科技创新中心建设，推动实现高水平科技自立自强，为以中国式现代化全面推进中华民族伟大复兴作出首都贡献。

北京市坚持面向世界科技前沿，集聚力量进行原创性、引领性科技攻关，探索基础研究多元化投入机制，持续加大对数学、物理、化学、生命科学等基础学科的支持力度；加快推进北京怀柔综合性国家科学中心建设，在物质、能源、生命、空间和地球系统科学等方面产生一批战略性、关键性重大科技成果；围绕“卡脖子”关键核心技术、颠覆性技术攻关，依托新型举国体制，发挥在京高校院所、企业、医院等创新主体作用，实现更多“从 0 到 1”的突破。

北京市坚持面向经济主战场，加快构建高精尖经济结构。持续打造新一代信息技术和医药健康产业“双发动机”，开展 EDA 工具等核心技术攻关，加快 AI 医疗、细胞基因治疗、脑机接口等领域布局，加快培育创新药、高端医疗器械；把握国内外未来产业发展趋势，做好光电子、生命科学、低碳技术等未来产业相关布局规划研究。支持龙头企业牵头组建创新联合体，加紧建设一批新型共性技术平台。

北京市坚持面向国家重大需求，服务保障国家重大战略任务，在基础条件、项目凝练、骨干力量形成、体制机制落位等方面做好保障；推进在京全国重点实验室体系化发展，加强在京标杆全国重点实验室建设，稳步推进市级重点实验室的优化重组；持续支持世界一流新型研发机构建设，力争在人工智能、量子等领域产生一批重大原创成果；高标准编制中关村世界领先科技园区建设方案，深入推进“三城一区”创新发展；立足面向全球科技创新交流合作的国家级平台定位，高标准办好中关村论坛。

北京市坚持面向人民生命健康，强化科技支撑疫情防控，坚持人民至上、生命至上，加强疫病防控和公

共卫生领域科研力量布局及战略能力储备，深化科研、临床、防控相互协作，聚焦检测试剂、疫苗、抗体、药物、诊疗方案等方面开展集中攻关；建立应对新发突发传染病的科技快速反应体系，加强病毒溯源及监测预警，推动人工智能等新技术、新产品在疾病防控和治疗中示范应用。

北京市坚持深化科技体制改革，不断提升科技创新体系整体效能，紧紧围绕国际科技创新中心建设存在的体制机制障碍，研究推出深化科技体制改革的若干政策措施；更好发挥中关村先行先试"试验田"作用，压茬推出先行先试政策；不断强化企业科技创新主体地位，加强企业主导的产学研深度融合；坚持人才是第一资源，发挥新型研发机构、顶尖高校等平台作用，努力培养造就更多大师、战略科学家、一流科技领军人才及创新团队；不断深化人才评价改革，聚天下英才而用之，加快建设高水平人才高地。

（此文刊登在2022年11月15日《科技日报》）

持续深化科技体制改革
助力北京国际科技创新中心建设

党的二十大报告提出，深化科技体制改革，深化科技评价改革，加大多元化科技投入，加强知识产权法治保障，形成支持全面创新的基础制度，并提出提升科技投入效能，深化财政科技经费分配使用机制改革，激发创新活力。党的十八大以来，北京以服务国家科技自立自强为使命，不断加大实施科教兴国、人才强国、创新驱动发展战略力度，着力建设国家实验室、新型研发机构等一批国家战略科技力量，北京科技创新取得了历史性成就。

科技创新是发展的新引擎，改革则是点燃新引擎的点火系。市科委、中关村管委会充分发挥市科技体制改革领导小组办公室的统筹协调作用，坚持问题导向，推动科技体制改革全面发力、多点突破、纵深发展，充分激发创新活力，为北京国际科技创新中心建设提供了强大动力。

一、加强科技体制改革战略谋划，科技创新统筹能力显著增强

认真贯彻《北京加强全国科技创新中心建设总体方案》，制定科技创新中心建设"三张图"，每年召开部市共建科技创新中心现场推进会，统筹推进科技体制改革，加快科技创新中心建设。党的十八大以来，出台科技创新政策文件70余件，改革的系统性、整体性、协同性显著提高。

（一）强化体制机制顶层设计，构建科技创新中心建设的战略布局、组织模式和实施机制。着力抓好"三张图"："顶层设计图"，即《北京加强全国科技创新中心建设总体方案》《"十四五"北京国际科技创新中心建设战略行动计划》等；"组织架构图"，即北京市政府和10个国家有关部门共同组成北京推进科技创新中心建设办公室，建立"一处七办"组织架构；"施工任务图"，即《北京加强国际科技创新中心建设重点任务实施方案》、监测评价指标、工作任务和重点项目清单，连续6年制定年度重点任务和项目清单。

（二）推进科技系统机构改革，构建与科技创新中心建设相适应的创新治理体系。市科委、中关村管委会（简称"两委"）合署办公，统筹整合科技资源。2021年初，两委合署办公完成之后，又开展了事业单位改革。通过两委合署办公和事业单位改革，实现了组织体系重塑，进一步明确了国际科技创新中心、世界领先的科技园区和国家实验室建设"三条主线"，凝聚起北京国际科技创新中心建设的强大合力。

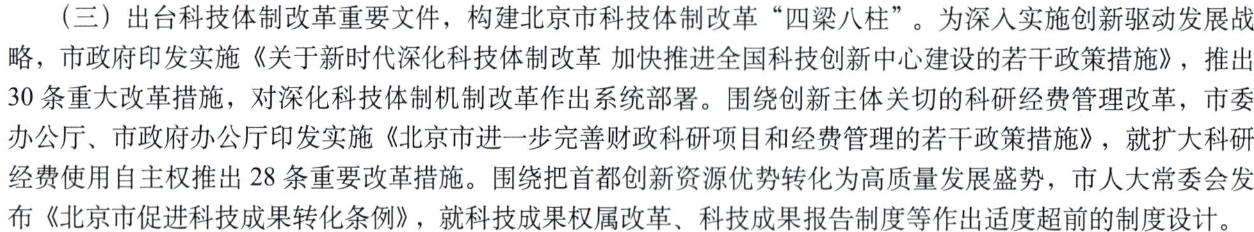
（三）出台科技体制改革重要文件，构建北京市科技体制改革“四梁八柱”。为深入实施创新驱动发展战略，市政府印发实施《关于新时代深化科技体制改革 加快推进全国科技创新中心建设的若干政策措施》，推出30条重大改革措施，对深化科技体制机制改革作出系统部署。围绕创新主体关切的科研经费管理改革，市委办公厅、市政府办公厅印发实施《北京市进一步完善财政科研项目和经费管理的若干政策措施》，就扩大科研经费使用自主权推出28条重要改革措施。围绕把首都创新资源优势转化为高质量发展盛势，市人大常委会发布《北京市促进科技成果转化条例》，就科技成果权属改革、科技成果报告制度等作出适度超前的制度设计。

二、开展中关村先行先试打造科技体制改革的试验田

中关村示范区充分发挥先行先试改革“试验田”作用，率先实施一大批国家级创新政策，为国家创新体系和科技基础制度建设探索出了有益经验。

（一）整合资源、搭建平台，开展科技政策先行先试。党的十八大以来，中关村持续推进以“1+6”“新四条”为代表的系列先行先试改革，重点围绕科技成果“三权”、加强科技人员激励、引导企业研发投入、科研项目管理、高新技术企业认定进行改革，同时也开展了科技金融创新、人才管理等改革。比如，财政部、科技部印发企业股权和分红激励实施办法，财政部、国家税务总局印发有关研究开发费用加计扣除政策，财政部、国家税务总局印发有关股权奖励个人所得税试点政策等。

（二）推动先行先试纵深发展，协同推进全面创新改革。近几年来，外籍人才管理、外债便利化、境外并购外汇管理、商事制度改革、设立民营银行、生物材料检验检疫监管、食品药品监管和产业发展等一批先行先试政策在中关村落地。中组部、科技部等部委联合北京市印发关于深化中关村人才管理改革的若干措施，公安部支持实施“绿卡直通车”等10项出入境政策，原银监会、科技部、人民银行发布关于支持银行业金融机构加大创新力度开展科创企业投贷联动试点的指导意见，国家外汇管理局支持率先实施外债便利化试点；原工商总局支持中关村商事制度改革19条措施，国家食药总局支持开展食品药品监管改革和产业发展12条政策等。

（三）立足实现科技自立自强，实施新一轮先行先试改革。2021年11月，中央全面深化改革委员会审议同意中关村实施新一轮先行先试改革措施。一年来，中关村在支持企业研发活动税收优惠、促进科技成果转化、金融支持企业创新等方面，取得阶段性成效。比如，科技部等九部委联合印发通知，在成果转化方面，允许注册在海淀园的中央单位适用《北京市促进科技成果转化条例》，开展科技成果先使用后付费改革试点；在科技金融方面，出台全链条金融支持政策，加大对科技创新企业的创业投资、银行信贷、上市融资等支持力度；在税收支持方面，允许企业出资与自然科学基金联合设立开展基础研究、关键核心技术攻关的公益性基金的支出享受研发费用加计扣除政策等，为推动中关村新一轮改革发展提供强劲动力。

三、深化科研管理改革，为科研人员“松绑＋减负＋赋能”

北京市贯彻落实国家相关改革部署，积极开展科技领域“放管服”改革，为科研人员“松绑＋减负＋赋能”，激发科研人员的创新创造活力。

（一）建设世界一流新型研发机构。在战略前沿领域主动布局建设量子、脑科学、人工智能等8家新型研发机构。新型研发机构突出“五新机制”，即“新的运行体制”，打破传统科研机构管理模式，实行理事会领导下的院（所）长负责制；“新的财政支持政策”，实行负面清单管理，赋予新型研发机构经费使用自主权；“新的绩效评价机制”，对新型研发机构实行个性化合同管理制度，由理事会下设的委员会进行评估；“新的知识产权激励”，市财政资金支持产生的科技成果及知识产权由新型研发机构依法取得；“新的固定资产管理方式”，市财政资金支持形成的大型科研仪器设备等由新型研发机构管理和使用。目前，新型研发机构已集聚一批战略科技人才，产出了长寿命超导量子比特芯片、国际首台量子直接通信原理样机、超大规模智能模型“悟道2.0”等具有世界影响力的研究成果。

（二）引领科研经费管理改革。聚焦科研经费管理改革的“痛点”“堵点”“盲点”，出台《北京市进一步完善财政科研项目和经费管理的若干政策措施》《北京市科技计划项目（课题）经费管理办法》《北京市自然科学基金项目经费使用“包干制”管理办法》《北京市财政科研项目经费“包干制”试点工作方案》等系列政策文

件，推出简化财政科研项目预算编制和评审程序、下放财政科研项目预算调剂权限、加大绩效支出激励力度、改进科研人员因公出国（境）管理方式、实施科研项目经费包干制等系列改革举措，切实增强科研人员改革的获得感。相关改革经验被吸收到《国务院办公厅关于改革完善中央财政科研经费管理的若干意见》之中，并在全国推广。

（三）推进科研项目管理机制改革。建立“北京市科技管理信息系统”，推行项目材料网上报送和“材料一次报送”制度，实现项目和资金管理全流程“在线办”，减少信息的重复填报，课题任务书报送数量压减67%，办理时限由最初的35天压缩至14天。开展科研项目承担单位“诚信典型”管理，对于纳入“诚信典型”管理试点的承担单位，其内部审计机构出具的科技计划项目经费审计报告或加盖单位印章的经费总决算表可作为验收依据，2年内免于北京市科技计划项目验收（结题）经费审计。

四、大力促进科技成果转化，服务首都高质量发展

北京市积极实施《北京市促进科技成果转化条例》，持续深化改革措施，着力打通科技成果转化“最后一公里”，为高质量发展注入新动能。

（一）强化科技成果转化政策体系建设。研究出台“京校十条”“京科九条”等促进高校院所科技成果转化政策措施。印发《关于打通高校院所、医疗卫生机构科技成果在京转化堵点若干措施》，突破“不敢转”“不愿转”“转化不畅”“接不住”等难点，市区累计出台近百项相关政策。落实科技部等9部门《赋予科研人员职务科技成果所有权或长期使用权试点实施方案》要求，推动北京工业大学、北京市科学技术研究院和北京积水潭医院等3家市属单位及6家中央在京单位共完成26个项目赋权改革试点工作。

（二）完善促进科技成果转化工作体制机制。建立全市促进科技成果转化议事协调机制，推动央地、市区、部门以及各方主体协调联动，分管科技工作的市领导担任召集人，14个相关委办局、16个区政府及“三城一区”管委会协同推动成果转化。同时，各区均已建立主管领导负责、区属各部门参与的成果转化推进机制。编制《科技成果转化工作操作指南》《北京市科技成果转化典型案例集》和《国家及各省市促进科技成果转化政策汇编》，组织开展各类科技成果供需对接活动，有力地推动科技成果在京转化落地。

（三）强化科技成果转化平台建设和转化人才培育。市科委、中关村管委会投入2.4亿元财政资金，支持技术转移机构98家，高校院所技术转移机构从业人员超过1000人。建设北京市科技成果信息系统，汇交北京市科技计划项目成果。率先启动技术经纪专业职称评价工作，2020年至今已有474人获得职称。支持北京航空航天大学等7家转移转化人才培训基地建设，支持清华大学、北京理工大学、北京工业大学开展技术转移专业方向研究生教育试点，自2020年起累计培养技术转移专业硕士百余人。

2012—2021年，北京市认定登记技术合同总计超76万项，技术合同成交额总量突破4万亿元，年均增长12.3%。2021年，北京市认定登记技术合同成交额7005.7亿元，是2012年的2.8倍。2021年流向外省市和出口技术合同成交额占比达74.1%，北京对全国创新驱动发展的支撑引领作用日益凸显。

五、积极创新人才发展机制，助力高水平人才高地建设

北京市以服务国家战略科技力量为主线，制定《关于深化首都人才发展体制机制改革的实施意见》、北京国际科技创新中心建设人才支撑保障行动计划，全力打造创新人才高地。

（一）着力提升人才国际化水平。聚焦国际高层次人才的引进、使用、激励和服务保障等核心环节，争取国家相关部委支持，先后开展了中关村人才特区13项特殊政策、中关村“人才八条”政策、中关村“国际人才20条”等多轮人才政策创新，为外籍高层次人才申请在华永久居留证开通了“直通车”，在国内率先探索开展永久居留积分评估制度；制定实施“急需紧缺”人才认定办法，经认定后外国人才（A类）办理工作许可、出入境等方面享受绿色通道服务；出台支持外籍人才创办科技企业政策措施，支持外籍人才在京创办科技型企业享受国民待遇。先后确定朝阳望京、中关村科学城、未来科学城、新首钢、通州区、顺义区、怀柔科学城、经济技术开发区等8个区域，全面推进国际人才社区建设，在医疗、子女教育、住房保障等方面配套出台了一系列政策措施，努力构建开放包容的国际化环境。目前，北京市已推动建设1.1万套国际人才公寓、23所

国际学校、8 家国际医院、18 个外国人服务站点。

（二）建立健全人才梯队培育体系。通过实施各类科技人才计划，建立北京市科技新星计划、北京杰出青年科学基金项目、中关村“高聚工程”、“朱雀计划”等相互衔接、多元立体的市级科技人才培养体系，努力形成从战略科学家到领域顶尖人才、青年科技人才和工程技术人才的创新人才梯队。比如，依托国家实验室和世界一流新型研发机构聚集一批战略科技人才和创新团队。北京市杰青项目定位为引导 40 岁以下、富有创造力、活跃在科研一线的青年学术带头人，围绕全国科技创新中心建设的核心任务，开展原创研究和实质性国际合作，已累计支持 4 批 143 位项目负责人。

（三）完善科技人才评价制度。近年来，北京市不断深化自然科学研究人员职称制度改革，首次以社会化评审方式开展自然科学研究系列职称评价，不受申报人户籍、档案、所在单位性质等限制，让更多民营企业和机构的人才能够获得职称评价服务。积极破除科技人才评价中的“四唯”现象，分类推进人才评价机制改革，下放职称评审权限，在部分科研机构、新型研发机构、新型智库推行职称自主评聘；对从事基础研究、应用研究、技术开发与推广的人员实施分类评价，推行代表作制度。

目前，北京市已集聚形成从战略科学家到顶尖产业领军人才再到青年科技人才的高水平人才队伍。其中，两院院士在京 913 人，占全国的 49%。“国家杰青”入选人才在京 1805 人，占全国的 39.3%。活跃研究人员数量超 47 万人，位列全球第一。

六、加速创新要素深度融合，持续打造一流的创新创业生态

为发挥北京科技和人才优势，更好促进创新创业，市科委、中关村管委会不断完善创新创业服务机制，完善创业孵化服务链条体系，发挥科创基金引导作用，构建一流的创新创业生态。

（一）强化创业孵化和企业服务体系建设。出台《北京市科技企业孵化器认定管理办法》，设立支持孵化机构建设支持专项，打造一批硬科技孵化器。目前，北京市孵化机构达到 500 余家，孵化面积达到 595.5 万平方米，在孵企业超过 2.6 万家。强化对企业服务，制定实施独角兽企业服务行动工作方案，建立高新技术企业培育库，在全国率先开展高新技术企业认定“报备即批准”政策试点。

（二）完善企业融资支持政策。针对中小微企业融资难融资贵问题，引导银行等金融机构开展科技信贷产品创新。联合人行营业管理部建设“创信融”平台，搭建首贷中心、续贷中心、确权中心平台，实施差异化风险补偿措施，将北京市 4.5 万户科创企业无贷户纳入银企对接范围。设立 300 亿元科创母基金，政府出资部分设计了利益让渡政策，鼓励社会资本参与早期原始创新投资。

（三）加强知识产权保护和运用。建成并运营中国（北京）和中国（中关村）知识产权保护中心，开启了专利快速审查“绿色通道”，大幅缩短专利审查周期。提升企业知识产权风险防控能力，出台实施《北京市知识产权保险试点工作管理办法》。完成知识产权综合立法，构建“一站式”知识产权快速协同保护机制。设立中关村核心区知识产权质押贷款风险处置资金池，建立知识产权质押融资成本分担和风险补偿机制。

（四）积极构建开放式创新网络。推动建设京津冀协同创新共同体，实施《京津冀系统推进全面创新改革试验方案》。印发实施《北京市关于支持外资研发中心设立和发展的规定》，从人才服务、科研激励、知识产权、营商环境、属地保障五大方面提出 20 条支持措施，加快促进外资研发机构在京聚集发展。

未来，市科委、中关村管委会将深入贯彻落实党的二十大精神，坚持科技是第一生产力、人才是第一资源、创新是第一动力，深入实施科教兴国战略、人才强国战略、创新驱动发展战略，以更多智慧、更大魄力、更足勇气，持续深化科技体制改革，推动科技政策扎实落地，努力破除一切制约科技创新的思想障碍和制度藩篱，为北京国际科技创新中心建设提供强大动力，加快推动科技强国建设，实现高水平科技自立自强。

（此文刊登在 2022 年 11 月 28 日《北京日报》）

走特色科技创新发展之路
北京科技企业蓬勃发展

科技企业是开展关键核心技术研发攻关、加快科技成果转化的主力军，是助力经济高质量发展的中坚力量。十年来，北京坚持创新在发展全局的核心位置，以服务国家科技自立自强为使命，围绕做强创新主体、集聚创新要素、优化创新机制等方面推动开展了一系列改革创新，聚焦高精尖产业领域，持续优化政策环境、完善服务体系、推动集聚发展、强化协同创新，已培育、支持、集聚了一大批高科技、高成长企业，走出了一条具有北京特色的科技企业创新发展之路。

一、坚持创新引领，支持政策体系持续优化完善

北京市科学技术委员会、中关村科技园区管理委员会基于企业全生命周期发展阶段，相继出台了针对科技型中小企业、前沿技术和颠覆性技术创新企业、国家高新技术企业、瞪羚企业、独角兽、领军企业等专项支持政策，以及小微企业研发补贴、企业科技研究开发机构、首都科技创新券、创新联合体、企业服务包等专门支持企业开展研发创新的相关政策，形成不断优化的支持政策体系。

一是大力促进高新技术企业高质量发展。在全国率先实施高新技术企业认定“报备即批准”政策试点；发布《高新技术企业认定“报备即批准”政策试点工作实施方案》，对在京从事集成电路、人工智能、生物医药、关键材料等领域生产研发类规模以上企业认定高新技术企业，符合条件的实行“报备即批准”。大力推进“减流程、减材料、减时限”，在高新技术企业认定管理工作网设立专门入口，对企业申请实行“单独认定、单独报备、单独管理”，全程网办，企业无须提交纸质申报材料，对于通过政务大数据共享能够联网取得的数据，如企业登记注册、知识产权、人员等情况，企业无须提供相关证明材料，大幅提升了工作效率。2022 年，印发《北京市关于实施“三大工程”进一步支持和服务高新技术企业发展的若干措施》，对不同发展阶段的高新技术企业给予分层分类支持，重点实施“筑基扩容”“小升规”“规升强”三大工程，从财政、金融、人才、市场等方面加大政策支持和服务力度，促进高新技术企业高质量发展。印发实施《关于进一步加强高新技术企业认定事中事后监管工作实施方案》，构建了全链条、多元化的监管体系。

二是着力激发科技型中小微企业创新活力。通过资金支持政策，引导科技型小微企业持续加大研发投入，开展关键技术创新攻关，不断提升企业创新实力和核心竞争力。开展科技型中小企业评价入库，积极支持科技型中小企业享受研发费用加计扣除等政策，加大研发创新能力。推出“中关村前沿技术企业”培育计划，聚焦支持掌握国际先进前沿技术的优质硬科技初创期企业，通过开展研发、产业化和要素对接等专项服务促进其加快创新发展。印发《中关村国家自主创新示范区关于支持颠覆性技术创新的指导意见》，支持企业开展颠覆性技术创新，探索性地提出了支持颠覆性技术发展的机制。

三是积极培育具有发展潜力的独角兽企业和瞪羚企业。印发实施《中关村国家自主创新示范区独角兽企业服务行动工作方案》，从服务、创新、人才、空间、金融、“包容审慎”监管和动态监测等方面在全市范围内建立北京市独角兽企业需求协调和服务机制，支持独角兽企业在京快速发展。出台《关于支持中关村国家自主创新示范区瞪羚重点培育企业发展的若干金融措施》，鼓励银行、担保机构等为瞪羚企业提供担保贷款、信用

贷款等支持，促进瞪羚企业成长。

四是注重发挥企业创新主体作用。印发《北京市鼓励企业设立科技研究开发机构实施办法》，引导和鼓励企业建设科技研究开发机构，发挥企业科技研究开发机构在服务企业创新、支撑产业发展中的重要作用。印发《首都科技创新券资金管理办法》，支持小微企业及创业团队与指定实验室围绕企业创新创业开展测试检测、合作研发、委托开发、研发设计等科研活动。2022 年，在修订中关村“1+5”系列资金支持政策中，通过统筹整合、优化提升现有政策和有针对性创新增设相关政策的方式，全新打造推出《中关村国家自主创新示范区提升企业创新能力支持资金管理办法（试行）》，明确支持领军企业、符合条件的独角兽企业实施“强链工程”和牵头建设技术创新中心。其中，“强链工程”支持领军企业、符合条件的独角兽企业牵头，围绕重点产业链关键环节，通过“揭榜挂帅”方式，遴选研发合作单位和团队，组建产学研协同、上下游衔接的创新联合体，开展联合技术攻关，完善产业链供应链；技术创新中心支持领军企业、符合条件的独角兽企业牵头，联合高等学校、科研机构以及产业链上下游中小企业，建设技术创新中心，开展共性关键技术研发和示范应用。

五是持续优化服务企业机制。深化落实企业“服务包”机制，精准服务重点企业发展。作为“行业管家”服务的企业数量由 2018 年的 7 家增加到 2022 年的 117 家，占市级“服务包”企业的 14%，数量列第三位。通过全市“服务包”平台系统，累计为企业提供服务事项 422 项。2021 年全年服务的企业地方级财政贡献为 52.8 亿元，同比增长 59.9%，高于全市平均水平 51.8 个百分点。

二、强化创新培育，科技型企业队伍不断做强做大

北京市科技企业数量由 2015 年的 36.3 万家增加到 2021 年的 65.3 万家，年均新设立科技企业约 7.63 万家。高新技术企业数量由 2012 年的 3286 家增加到 2021 年的 27638 家，增长了 7.41 倍，数量位居全国各城市前列。独角兽企业数量由 2017 年的 54 家增加到 2021 年的 102 家，增长近 1 倍，总估值由 2000 亿美元增长至 3700 亿美元，增长近 1 倍。全市认定企业科技研究开发机构由 2012 年的 112 家增加到 2021 年的 221 家。

中关村高新技术企业数量由 2012 年的 14929 家增加到 2021 年的 24055 家，增长 61.13%。

中关村国家自主创新示范区瞪羚企业数量由 2017 年的 5054 家增加到 2021 年的 5629 家，增长了 11.4%。自 2018 年以来，共支持小米、京东方等 16 家行业龙头企业建设企业技术创新中心，累计支持金额 1.55 亿元；截至 2020 年底，7 家实现技术创新中心实体化运营。

三、激发创新效能，企业创新活力显著提升

企业研发投入稳步提高。2021 年，北京市 1.9 万家规模以上重点企业中，开展研发活动的企业占 44.6%，较 2013 年提高 20.4 个百分点；企业研发人员 90.9 万人，是 2013 年的 2.5 倍；企业研究开发费用合计 4714.4 亿元，是 2013 年的 5.3 倍；研究开发费用占营业收入的比重为 4.9%，比 2013 年提高 2.4 个百分点。

企业专利布局稳步推进。北京市专利授权量由 2012 年的 50511 件增加到 2021 年的 198778 件，年均增长 16.44%；发明专利授权量由 20140 件增加到 79210 件，年均增长 16.43%；有效发明专利拥有量由 69554 件增加到 405037 件；PCT 国际专利申请量由 2705 件增加到 10358 件，年均增长 16.09%。

企业标准化建设稳步增长。10 年来，中关村国家自主创新示范区企业和产业联盟累计参与创制国际标准 501 项，国家标准 5324 项，行业标准 1563 项，地方标准 344 项，团体标准 1580 项（其中，中关村标准 111 项）。

四、转化创新动能，为首都经济高质量发展贡献力量

高新技术企业对北京市高质量发展的支撑作用愈加凸显，以 2021 年通过“报备即批准”政策试点获批高新技术企业资质的 76 家企业为例，企业平均收入 11.46 亿元，平均纳税额 4750.44 万元，平均利润总额 1.75 亿元，利润率 15.24%，企业平均研发费用总额 9393.7 万元，企业研发投入强度 8.2%，平均每家企业科技人员 149 人，平均每家企业拥有发明专利 6.96 项，相关数据均显著高于一般高新技术企业整体水平。中关村高新技术企业总收入由 2012 年的 25025.0 亿元增加到 2021 年的 84402.3 亿元，增长 2.4 倍；税收由 2012 年的 1445.8

亿元增加到2021年的3169.8亿元，增长1.19倍。中关村国家自主创新示范区内的国家高新技术企业的总收入由2012年的12050.2亿元增加到2021年的44530.3亿元，占比由48.15%增加到52.76%；税收由2012年的585.6亿元增加到2021年的1726.2亿元，占比从40.50%增加到54.46%。

五、强化创新力量，培育出一批具有北京特色的领军企业

引导企业参与开放应用场景建设、实施技术创新战略，支持企业增强底层、核心技术研发布局，提升核心竞争力，培育出一批优秀领军企业和平台企业。

百度公司诞生于中关村，近年来北京市大力支持百度公司开展人工智能、参与长安链底层技术平台建设、推动自动驾驶技术创新等。百度推出“ACE交通引擎”车路行融合的全栈式智能交通解决方案。百度Apollo已成为自动驾驶开放平台。百度自动驾驶服务萝卜快跑测试车队在世界范围内近30个城市开放道路测试，测试总里程超过2100万公里，是实现千万公里级路测积累的中国企业，已获得中国自动驾驶测试牌照411张。

小米公司依靠“硬件+互联网+新零售”的盈利模式实现了快速成长，自2018年开始，北京市支持小米公司建设创新联合体和技术创新中心，推动新一代智能家居物联技术、高度集成的一体化云服务平台等共性关键技术研发，打造高性能、高可用性、高资源利用度的人工智能研发平台，构筑了人工智能和智能家居融合的产业生态链，形成了开放式企业技术创新中心。此外，推荐小米集团牵头试点组建国家创新联合体（“3C智能制造创新联合体”），已在国家相关部门的认可支持下正式启动运行。目前，小米公司已成长为智能硬件和电子产品研发的全球化创新型科技企业。

百奥赛图公司是一家以创新技术驱动新药研发的国际性生物制药公司，自主研发了ESC/HR，EGE系统和SUPEC三大基因编辑核心技术体系，可近乎实现任意长度、任意位点的精确基因组编辑。凭借一流的基因编辑技术和临床前药理药效评估实力，百奥赛图建立了完善的临床前CRO服务平台，已遍及全球多个国家和地区，每年为客户提供相关临床前研究（CRO）服务千余项，成功为50余个客户产品推进临床试验。

北京亿华通公司是一家从事氢燃料电池发电系统研发企业，公司自2012年成立以来，坚持自主创新，相关研发项目荣获北京市科学技术进步一等奖；9项产品获得北京市新技术新产品（服务）认证、入选《北京市首台（套）重大技术装备目录年》。已形成以自主氢燃料电池系统为核心，整车控制器、测试设备、燃料电池实验室全套解决方案等一体化产品与服务体系。一级子部件国产化率达100%，自主开发的燃料电池发动机系统可实现−40℃冷启动、−45℃低温储存。

未来，北京市科学技术委员会、中关村科技园区管理委员会将坚持科技是第一生产力、人才是第一资源、创新是第一动力，深入实施科教兴国战略、人才强国战略、创新驱动发展战略，进一步完善促进企业全周期创新发展支持体系，营造更加良好的创新创业生态，促进企业提升自主创新能力，实现更多关键核心技术突破，为国际科技创新中心建设和中关村世界领先科技园区建设更好发挥引领和支撑作用，为实现科技自立自强、建设科技强国贡献北京力量。

（此文刊登在2022年11月29日《科技日报》）

大事记

BEIJING ALMANAC OF SCIENCE AND TECHNOLOGY 2023

北京科技年鉴

2023

2022 年北京科技大事记

1 月

4 日，北京大源非织造股份有限公司获北京地区首份《区域全面经济伙伴关系协定》(RCEP) 原产地证书。

6 日，市科委、中关村管委会主任许强做客北京广播电视台两会直播间“市民对话一把手”，围绕“聚焦国际科技创新中心建设”话题，与广大市民沟通对话。

7 日，由科技部火炬中心，北京市科委、中关村管委会联合主办的第六届中国创新挑战赛（北京）现场赛暨颁奖典礼在北京化工大学举行。

11 日，在 2021 中关村国际前沿科技创新大赛总决赛上，中关村（海淀）智能网联汽车前沿技术创新中心、中关村延庆体育科技前沿技术创新中心、中关村房山高端制造前沿技术创新中心、中关村密云园绿色科技前沿技术创新中心等 4 家中关村前沿技术创新中心揭牌成立。

12 日，清华工研院细胞与基因治疗创新中心投入使用。

13 日，中国科学院北京纳米能源与系统研究所科学家王中林对麦克斯韦方程组进行成功拓展，将电磁场理论推广到运动的介质情形，奠定了运动介质电动力学的理论基础。

14 日，市科委、中关村管委会会同市教委、市卫生健康委、市人力资源社会保障局、海淀区政府、北京经济技术开发区管委会召开落实《关于打通高校院所、医疗卫生机构科技成果在京转化堵点若干措施》新闻通气会。

18 日，由市委宣传部，市科委、中关村管委会等单位组织的“科技冬奥企业行”大型主题采访活动启动。

19 日，在北京城市副中心产业高质量发展推进大会上，通州区发布城市副中心 2022 年度应用场景项目清单，涵盖绿色发展、元宇宙、智慧城市三大类 15 个应用场景项目。

20 日，北京怀柔综合性国家科学中心综合极端条件实验装置（SECUF）的 5 个实验站面向国内外用户开放预约使用。

26 日，市科委、中关村管委会 2022 年系统工作会议召开。

28 日，怀柔区外国人出入境服务厅启用。

28 日，由北京航空航天大学、北京微芯区块链与边缘计算研究院牵头建设的未来区块链与隐私计算高精尖创新中心在京揭牌成立。

2 月

2 日，百度自动驾驶机器人担任冬奥会“汽车机器人”火炬手。

4 日，北京冬奥会开幕式在国家体育场举行。北京超高清视频技术有限公司在北京市范围内建设运营的首批 16 处 8K 超高清大屏对北京冬奥会开幕式进行直播。

9 日，京津冀三地科技主管部门主办的“关于共同推进京津冀基础研究合作协议（第三期）”视频签约会在京举办。

12 日，人民健康系统工程机器人实验室揭牌仪式在北京中关村（京西）人工智能科技园智能文创园举行。

14 日，由北京科兴中维生物技术有限公司牵头发起的北京市科兴公益基金会在京成立。

16 日，2022 北京新闻中心新闻发布会——科技冬奥有关情况专场在北京国际饭店举行。

19 日，由北京大学、清华大学牵头建设的集成电路高精尖创新中心在京揭牌成立。

22 日，市政府召开常务会议，研究《北京国际科技创新中心建设重点任务 2022 年工作方案》等事项。市长陈吉宁主持会议。

23 日，市科委、中关村管委会，市科协印发

《关于命名2022年北京市科普基地的通知》，北京自然博物馆、北京市天坛公园等84家单位被命名为北京市科普基地。

24日，清华大学智能产业研究院联合北京市高级别自动驾驶示范区、北京车网科技发展有限公司、百度Apollo、北京智源人工智能研究院在京共同发布首个基于真实场景的车路协同自动驾驶数据集DAIR-V2X。

25日，市科委、中关村管委会印发《关于落实国家级科技企业孵化器和国家备案众创空间信息变更管理模式创新试点工作的通知》。

27日，由中国航天科技集团有限公司一院研制的长征八号运载火箭在文昌航天发射场将22颗卫星送入预定轨道。

28日，北京脑科学与类脑研究中心生物样本库通过中国人类遗传资源行政许可事项审批。

3月

2日，市委常委会召开会议，研究《北京国际科技创新中心建设重点任务2022年工作方案》。市委书记蔡奇主持会议。

10日，英国《自然》期刊以“具有亚1纳米栅极长度的垂直硫化钼晶体管”为题，在线发表清华大学集成电路学院任天令教授团队在小尺寸晶体管研究方面取得的突破，首次制备出亚1纳米栅极长度的晶体管，其具有良好的电学性能。

11日，市政府办公厅印发《北京市全民科学素质行动规划纲要（2021—2035年）》。

15日，中关村朝阳园入选商务部等7部门认定的地理信息服务出口基地，成为全市唯一一家入选的地理信息服务出口基地。

18日，中关村新一轮先行先试改革动员部署会在京召开。北京市委书记蔡奇出席会议并讲话。科技部部长王志刚、中国工程院院长李晓红、北京市市长陈吉宁出席。

18日，中关村论坛执委会召开全体会议，研究部署2022中关村论坛筹办工作。市委书记、执委会主任蔡奇主持会议。

18日，北京微芯区块链与边缘计算研究院长安链团队研发出自主可控的大规模对等网络通信技术Liquid“若水”。

19日，市科委、中关村管委会指导北京创业孵育协会发布《关于协同支持科技型中小微企业和创新团队稳定发展的倡议书》。

25日，由北京市科委、中关村管委会，天津市科技局，河北省科技厅共同主办的2022中关村论坛系列技术交易首场活动——新技术新产品首发与供需对接（新一代信息技术和医药健康领域）专场活动举办。

26日，市政府办公厅印发《北京市关于支持外资研发中心设立和发展的规定》。

29—31日，北京市科委、中关村管委会与美国细胞出版社联合举办2022中关村论坛系列活动暨北京国际学术交流季——2022细胞科学北京学术会议“净零未来：脱碳之路”。

30日，摩尔线程智能科技（北京）有限责任公司发布第一代多功能GPU芯片“苏堤”。

31日，市人大常委会第三十八次会议表决通过《北京市知识产权保护条例》，自2022年7月1日起施行。

3月，北京燕东微电子股份有限公司等11家北京市属国有企业入选国务院国有企业改革领导小组办公室公布的“科改示范企业”名单。

4月

1日，市委全面深化改革委员会第二十五次会议召开，研究《北京市落实〈关于支持中关村国家自主创新示范区开展高水平科技自立自强先行先试改革的若干措施〉的工作方案》。市委书记蔡奇主持会议。

1日，首批6辆氢燃料电池汽车在昌平区未来科学城投入运营。

12日，北京量子信息科学研究院在京发布一种相位量子态与时间戳量子态混合编码的量子直接通信新系统，通信距离达到100千米，是至今世界最长的量子直接通信距离。

13日，由市教委、市人力资源社会保障局、市发展改革委共同主办的首届“京彩大创”北京大学生创新创业大赛启动暨北京大学生创新创业成果展揭幕仪式在北京高校大学生创业园理工园举行。

16日，部市共建北京国际科技创新中心现场推进会在京召开。北京市委书记蔡奇、科技部部长王志刚等出席。

16日，由中国航天科技集团有限公司五院抓总研制的神舟十三号载人飞船返回舱在东风着陆场成功着陆。

19日，全国首个元宇宙数字艺术产业园——中关村数字媒体产业联盟元宇宙示范基地暨大稿元宇宙数字艺术区在北京城市副中心揭牌。

19日，北京科创空间投资发展有限公司的创E+新一代信息技术产业孵化器和北京中都泰和科技企业孵化器有限公司的中都泰和孵化器2家科技企业孵化器入选国家级科技企业孵化器。

21日，市科委、中关村管委会启动企业“助航计划”。

22日，市科委、中关村管委会，市金融监管局印发《关于支持创新型中小企业在北京证券交易所上市融资发展的若干措施》。

22日，市国资委，市科委、中关村管委会，市财政局，市机关事务管理局，市税务局，市国有文化资产管理中心等部门联合印发《关于减免服务业小微企业和个体工商户房屋租金有关事项的通知》。

22日，由中国知识产权报社、世界知识产权组织中国办事处联合主办的2022中国知识产权保护高层论坛在京举办。

25日，北京大兴国际机场综合保税区首批货物通关。

26日，北京科兴中维生物技术有限公司、中国生物北京生物制品研究所有限公司分别研制的奥密克戎（Omicron）变异株新冠病毒灭活疫苗获国家药监局颁发的临床批件。

26日，由中关村科学城管委会、北京知识产权法院联合主办的2022中关村知识产权论坛在线上举办。

27日，市知识产权局发布《北京市知识产权信息公共服务体系建设行动方案（2022—2024年）》。

28日，百度在线网络技术（北京）有限公司、北京小马智行科技有限公司两家公司获“无人化载人示范应用通知书”，成为首批获准进行无人化道路测试的企业。

28日，北京市智能网联汽车政策先行区发布《北京市智能网联汽车政策先行区乘用车无人化道路测试与示范应用管理实施细则（试行）》，在国内首次开展乘用车无人化运营试点。

29日，由推想医疗科技股份有限公司研发的胸部骨折CT图像辅助分诊软件获批国家药监局医疗AI三类证书。

5月

4日，由百济神州（北京）生物科技有限公司研发的用于儿童适应证的注射用贝林妥欧单抗（商业名：倍利妥）获批上市。

10日1时56分，由中国航天科技集团有限公司五院抓总研制的天舟四号货运飞船在文昌航天发射场发射升空。

12日，市科委、中关村管委会召开中关村新一轮先行先试改革工作领导小组调度会，研究由其牵头的15项改革任务落实情况。

13日，由市委宣传部，市科协，市科委、中关村管委会，市经济和信息化局主办的2022年北京“最美科技工作者”评选名单揭晓，10位科技工作者当选。

18日，京东科技控股股份有限公司的京东JD工业互联网平台入选工业和信息化部2022年跨行业跨领域工业互联网平台。

24日，由北京未来科学城发展集团有限公司和北京高博医疗科技集团有限公司共同开发建设的北京高博国际研究型医院通过竣工验收。

24—26日，北京市科委、中关村管委会与美国细胞出版社联合举办2022中关村论坛系列活动暨北京国际学术交流季——2022细胞科学北京学术会议“医学的未来——AI赋能医疗健康”。

29日，海淀区首个京西稻无人农场项目在上庄镇常乐村京西稻种植区开工建设。

30日，市经济和信息化局印发《北京市数字经济全产业链开放发展行动方案》。

31日，北京智源人工智能研究院在京发布高精度智能线虫“天宝1.0”。

31日，北京智源人工智能研究院推出“超大规模人工智能模型训练平台”（“九鼎”智算平台），打造AI科研创新的基石与试验场。

31日，北京智源人工智能研究院联合国产AI芯片厂商及科研团队共建“AI开放生态实验室”。

31日—6月2日，由北京智源人工智能研究院主办的中关村论坛系列活动——2022北京智源大会在线上举办。

5月，中国科学院电工研究所王秋良研究员团队研制出9.4特斯拉超高场人体全身磁共振成像超导磁体。

6月

5日11时01分，由中国航天科技集团有限公司五院抓总研制的神舟十四号载人飞船用长征二号F运载火箭在酒泉卫星发射中心点火升空，中国航天员陈冬、刘洋、蔡旭哲乘坐飞船奔赴中国空间站，开启为期6个月的太空生活。

6日，龙芯中科技术股份有限公司发布面向通用服务器领域的16核高性能通用处理器——龙芯3C5000。

8日，航天时代飞鸿技术有限公司与市规划自然资源委延庆分局签署无人机装备产业基地项目土地出让合同，标志着无人机装备产业基地落户延庆。

8日，2022中关村国际前沿科技创新大赛启动。

10日，市科委、中关村管委会印发《关于推动中关村加快建设世界领先科技园区的若干政策措施》《中关村国家自主创新示范区提升企业创新能力支持资金管理办法（试行）》《中关村国家自主创新示范区促进科技金融深度融合发展支持资金管理办法（试行）》《中关村国家自主创新示范区促进园区高质量发展支持资金管理办法（试行）》《中关村国家自主创新示范区优化创新创业生态环境支持资金管理办法（试行）》。

10日，市科委、中关村管委会会同市财政局发布《关于加快落实承租非国有房屋科技型孵化器房租减免补贴政策的通知》。

11日，市科委、中关村管委会召开2022年中关村示范区经济形势分析暨稳增长促发展工作会。副市长靳伟出席。

13日，市科委、中关村管委会印发《中关村国家自主创新示范区提升国际化发展水平支持资金管理办法（试行）》。

14日，市委、市政府印发《北京市知识产权强国示范城市建设纲要（2021—2035年）》。

15日，市政府办公厅印发《北京市关于实施“三大工程”进一步支持和服务高新技术企业发展的若干措施》。

16日，市科委、中关村管委会召开新闻通气会，发布并解读中关村示范区“1+5”系列资金支持政策。

21日，中关村先行先试改革专项小组第一次全体会议召开。

21日，市政协围绕“推动中关村开展新一轮先行先试改革，加快建设世界领先的科技园区和创新高地”，组织部分市政协委员到海淀区高科技企业和新型研发机构调研。市政协主席魏小东参加。

21日，由海淀区与北医三院共建的中关村科学城—北京大学第三医院临床医学概念验证中心揭牌。

21日，北京理想汽车有限公司发布运动型多用途汽车——理想L9。

23日，怀柔科学城东区环境污染物识别与控制协同创新平台土建工程完工。

25日，市金融监管局，市科委、中关村管委会，人民银行营业管理部，北京银保监局，北京证监局，海淀区政府联合印发《关于对科技创新企业给予全链条金融支持的若干措施》。

28日，科技部公布2021年度国家备案众创空间名单，中关村示范区的SOLINK物联网产业链众创空间、极客·BOX众创空间、九州通创客驿站、未来科学城众创空间、启迪之星（延庆）众创空间、侨创空间、大唐创业园等7家众创空间入选。

30日，市科委、中关村管委会印发《北京市科技新星计划管理办法（修订版）》。

6月，北京东土科技股份有限公司携手中国移动研究院、中国移动、京信网络系统股份有限公司共同发布国内工业互联网业界内的首个5G云化工业基站。

7月

4日，市长陈吉宁到昌平区中关村生命科学园医药健康创新企业调研。

5日，市政府常务会议审议通过《北京市标准化办法》，自9月1日起施行。

7日，市委书记蔡奇到丰台区调研高新技术企业发展情况。

7日，第七届北京市自然科学基金委员会成立大会在中关村示范区展示中心召开。市委常委、副市长靳伟出席会议。

7日，市自然科学基金－海淀原始创新联合基金二期签约。

7日，市自然科学基金与小米公益基金会签约设立“北京市自然科学基金－小米创新联合基金”。

8 日，中关村论坛组委会第二次全体会议在京举行。国务院副总理、组委会主任刘鹤主持会议并讲话。北京市委书记、组委会第一副主任蔡奇出席会议。

11 日，市科委、中关村管委会，市教委，市人力资源社会保障局，市卫生健康委，市财政局，市国资委印发《关于开展 2022 年本市科研项目开发科研助理岗位吸纳高校毕业生就业有关工作的通知》。

13—14 日，市科协第十次代表大会在京召开。市委书记蔡奇出席开幕式并讲话。

13 日—9 月 16 日，以“共筑 AI 安全 安享智能未来”为主题的首届人工智能安全大赛在京举办。

15 日，由中国商用飞机有限责任公司北京民用飞机技术研究中心、中铝材料应用研究院有限公司、北京科技大学共建的航空材料研究开发联合实验室在未来科学城揭牌。

16 日，科技部、国家发展改革委、中国科学院联合北京市到怀柔科学城调研，并召开座谈会。北京市委书记蔡奇、科技部部长王志刚等参加。

17 日，怀柔质子回旋加速器设施成功出束。

20 日，2022 年市科委、中关村管委会全面从严治党（党建）工作会议召开。

20 日，市科委、中关村管委会党组书记张继红为全委处级以上党员干部讲授专题党课。

21 日，在百度集团与央视新闻联合召开的“2022 百度世界大会”上，百度公司发布第六代量产无人车 Apollo RT6。

22 日，国家知识产权局印发《关于第二十三届中国专利奖授奖的决定》。北京地区共 165 件专利获奖，其中金奖 9 项、银奖 24 项。

22 日，2022 中关村论坛系列技术交易活动——新技术新产品首发与供需对接（智慧城市应用场景领域）专场活动在通州区张家湾设计小镇举办。

24 日，由中国航天科技集团有限公司五院抓总研制的空间站——问天实验舱在文昌航天发射场用长征五号 B 遥三运载火箭发射升空，进入预定轨道。

26 日，市经济和信息化局印发《北京市推动软件和信息服务业高质量发展的若干政策措施》。

27 日，市科委、中关村管委会公布 2022 年度第一批 29 家北京市外资研发中心认定名单。

27 日，北京艺妙神州医药科技有限公司生产的 CAR-T 细胞治疗产品获国家药监局颁发的药品生产许可证。

28 日，由北京京国盛投资基金（有限合伙）等发起的总规模达 5 亿元的专精特新基金在京设立。

28—30 日，由国家发展改革委、工业和信息化部、商务部、国家网信办、中国科协、北京市政府主办的 2022 全球数字经济大会在京举行。

29 日，市科委、中关村管委会印发《北京市科技型社会组织服务企业聚力发展的行动方案（聚力行动）》。

30 日，小米集团牵头成立“3C 智能制造创新联合体”。

30 日，由石景山区政府、亚洲数据集团承办的 2022 全球数字经济大会数字金融论坛在石景山区北京银行保险产业园举办。

7 月，北京脑科学与类脑研究中心二期完成竣工验收。

8 月

2 日，北京京东方知微生物科技有限公司自主研发生产的全自动核酸扩增分析仪（型号 NAT-3000）获批国家药监局第三类医疗器械注册证。

4 日，国家知识产权局印发《关于确定国家知识产权强市建设试点示范城市的通知》，海淀区、朝阳区入选国家知识产权强市建设示范城市，丰台区、石景山区、大兴区入选国家知识产权强市建设试点城市。

4 日，由科技部火炬中心，北京市科委、中关村管委会，北京经济技术开发区管委会，深圳证券交易所联合主办的 2022 年度“火炬科技成果直通车（北京站）”京津冀专场项目路演活动举办。

8—11 日，由北京科学智能研究院主办、北京深势科技有限公司承办的 2022 中关村论坛系列活动——首届科学智能峰会以线上线下相结合的形式举办。

9 日，市委书记蔡奇到通州区张家湾设计小镇调研。

11 日，市委书记蔡奇到朝阳区、海淀区走访调研科技创新企业。

11 日，中关村先行先试改革——财税政策集中宣讲会举办。

11 日，北京小米科技有限责任公司在京发布首款全尺寸人形仿生机器人 CyberOne。

12 日，北京市科技战略决策咨询委员会成立大会暨第一次全体委员会议召开。市长陈吉宁出席并讲话。

15 日，北京市首个生产型蔬菜无人农场落地昌平区阳坊镇。

16 日，市长陈吉宁到中关村发展集团股份有限公司调研，并专题研究部署中关村发展集团综合改革工作。

18—21 日，由北京市政府、工业和信息化部、中国科协主办的 2022 世界机器人大会在北京经济技术开发区举办。北京市委书记蔡奇、中国科协主席万钢出席开幕式并参加启动仪式。

19 日，北京市氢能质量标准化技术委员会在大兴国际氢能示范区成立。

20—27 日，由科技部、中央宣传部、中国科协主办的 2022 年全国科技活动周暨北京科技周活动在北京城市副中心城市绿心公园举办。

21 日，北京生命科学研究所研究员李文辉获未来科学大奖“生命科学奖”。

22 日，市科委、中关村管委会，通州区政府，市经济和信息化局联合印发《北京城市副中心元宇宙创新发展行动计划（2022—2024 年）》。

23 日，由神州细胞工程有限公司研发的新型抗 CD20 单抗瑞帕妥单抗（安平希®）获国家药监局批准上市。

24 日，由北京开源芯片研究院、中国开放指令生态（RISC-V）联盟、北京中关村创业大街科技服务有限公司主办的第二届 RISC-V 中国峰会北京会场系列活动——首届北京开源芯片生态产业论坛在中关村示范区展示中心举办。

25 日，北京市与国务院国资委联合到未来科学城调研，并召开座谈会。北京市委书记蔡奇、国务院国资委主任郝鹏参加。

26 日，市长陈吉宁到海淀区百度公司调研，并召开座谈会。

26—28 日，由北京海外高层次人才协会主办的 HICOOL 2022 全球创业者峰会在京举办。

30 日，由北京华熙荣熙生物技术研究有限公司建设的全球首座合成生物科学馆在大兴生物医药产业基地落地开馆。

8 月，由中国科学院空间应用工程与技术中心研制建设的国家大科学装置“4 秒电磁弹射微重力实验装置”项目竣工验收。

9 月

4 日，2022 年中国国际服务贸易交易会涉外知识产权高端服务论坛举办。

5 日，市科委、中关村管委会机关第一次党员代表大会召开。

5 日，北京银保监局，市科委、中关村管委会，市金融监管局，市经济和信息化局，市知识产权局联合印发《关于北京保险业支持科技创新和高精尖产业高质量发展的通知》。

6 日，市科委、中关村管委会，市生态环境局，市卫生健康委，市城市管理委，市农业农村局联合印发《北京市实验动物废物无害化处理管理办法》。

7 日，由中关村产业技术联盟联合会主办的 2022“科创中国”科技创新创业大赛总决赛在京举办。

13 日，市委宣传部和市科委、中关村管委会联合组织召开“北京科技创新国际交流合作成效”新闻通气会，介绍北京坚持创新引领、推动科技领域国际合作交流的主要做法与成效。

15 日，科技部办公厅、国家发展改革委办公厅、教育部办公厅、财政部办公厅、国务院国资委办公厅、工业和信息化部办公厅、国家卫生健康委办公厅、人力资源社会保障部办公厅、中国科学院办公厅联合印发《关于允许在中关村国家自主创新示范区核心区（海淀园）的中央高等院校、科研机构及企事业单位等适用〈北京市促进科技成果转化条例〉的通知》。

15 日，市经济和信息化局印发《关于促进先进制造业和软件信息服务业中小企业升规稳规创新发展的若干措施（2023—2025 年）》。

15 日，京津冀国家技术创新中心燕郊中心创建工作启动。

15—21 日，2022 年全国大众创业万众创新活动周北京会场暨中关村创新创业季活动在中关村示范区展示中心举办。

15—21 日，由市科协主办的 2022 年北京市全国科普日活动暨第十二届北京科学嘉年华在北京科学中心举行。

16 日，由北京市科委、中关村管委会，科技部火炬中心主办的第七届中国创新挑战赛暨中关村第六届新兴领域专题赛启动及需求集中发布会在中关村科学城召开。

16—19 日，由北京市政府、工业和信息化部、公安部等单位主办的 2022 世界智能网联汽车大会暨中国国际新能源和智能网联汽车展览会在中国国际展览中心（顺义馆）举办。

17 日，2022 北京城市副中心文旅产业峰会暨特色小镇高质量发展论坛在北京国际设计周永久会址举办。

19—20 日，由国务院台湾事务办公室、北京市政府主办的第 25 届京台科技论坛在北京、台湾两地同时举办。北京市市长陈吉宁在北京会场出席论坛开幕式。

20 日，市科委、中关村管委会在国际科技创新中心网络服务平台上推出双创主题展云展厅。

20 日，国内首支投向科幻产业的股权投资基金——北京首石科幻产业股权投资基金（有限合伙）在石景山区成立。

21 日，由中国科学院北京纳米能源与系统研究所主办的“纳米能源与系统发展论坛”暨建所 10 周年庆祝活动在京举办。

23 日，市科委、中关村管委会会同市教委、市经济和信息化局、市财政局、市卫生健康委及海淀区政府印发《关于在中关村国家自主创新示范区核心区开展高等院校、科研机构和医疗卫生机构科技成果先使用后付费改革试点实施方案》。

23 日，市科委、中关村管委会会同市教委、市经济和信息化局、市财政局、市人力资源社会保障局、市卫生健康委、市市场监管局、市国资委、市金融监管局、市知识产权局、市科协等部门印发《北京市关于落实完善科技成果评价机制的实施意见》。

23 日，市科委、中关村管委会印发《北京市技术转移机构及技术经理人登记办法》。

23 日，市科委、中关村管委会会同市人力资源社会保障局、市教委、市卫生健康委、市人才工作局印发《关于推动北京市技术经理人队伍建设工作方案》。

27 日，由中央宣传部、国家发展改革委、中央军委政治工作部、北京市联合主办的“奋进新时代”主题成就展在北京展览馆开幕。北京展区全景展示北京国际科技创新中心建设成果。

27 日，市科委、中关村管委会发布全新升级的国际科技创新中心网络服务平台。

27 日，由北京物联网智能技术应用协会牵头的元宇宙与数字经济创新联合体在京成立。

28 日，京津冀国家技术创新中心通州中心注册落地张家湾设计小镇创新中心。

29 日，市科委、中关村管委会召开中关村新一轮先行先试改革配套政策新闻通气会。

30 日，北京量子信息科学研究院日籍教授谷垣胜己获 2022 年度中国政府友谊奖。

30 日，北京百度网讯科技有限公司（百度地图）官方宣布切换为优先运用北斗系统定位，“百度地图智能定位开放服务”升级更名为“百度地图北斗定位开放平台”。

9 月，由市科委、中关村管委会，市发展改革委，市教委，市经济和信息化局，市财政局，市人力资源社会保障局共同举办的第十一届中国创新创业大赛北京赛区落幕。

10月

9 日，由中国科学院国家空间科学中心负责工程大总体和地面支撑系统的研制建设的“夸父一号”卫星在酒泉卫星发射中心发射升空，卫星顺利进入太空“逐日”的预定轨道。

10 日，市委、市政府印发《首都标准化发展纲要 2035》。

11 日，强联智创（北京）科技有限公司生产的“颅内动脉瘤手术计划软件”获国家药监局产品注册申请批准。

17 日，由中国科学院大气物理研究所和清华大学共建的怀柔科学城东区国家重大科技基础设施项目地球系统数值模拟装置通过国家验收并开放运行。

18 日，市经济和信息化局印发《关于公布 2022 年度第一批北京市市级企业技术中心创建名单的通知》，96 家企业入选。

25 日，北京量子信息科学研究院全光量子源团队开发完成国内首台产品级高功率飞秒振荡器——Fermion-007。

28 日，通州区政府办公室印发《城市副中心先进制造业三年行动计划（2022—2024 年）》。

31 日，市科委、中关村管委会印发《北京市科技新星计划经费使用“包干制”管理办法（试行）》。

10 月，由北京微芯区块链与边缘计算研究院自主研发的长安链隐私计算专用服务器通过国家信息技术安全研究中心的60项安全性检测。

11月

3日，由北京卡尤迪生物科技股份有限公司研发的全自动核酸检测分析仪FlashDetect Robo16、FlashDetect Robo32和全自动核酸检测分析仪Flash10分别获批国家药监局第三类医疗器械注册证。

3日，2022中国生物技术创新大会以线上形式在北京和苏州两地同步举办，现场发布最新版中国生物医药产业园区发展竞争力评价及分析报告。

3日，摩尔线程智能科技（北京）有限责任公司发布第二颗多功能GPU芯片“春晓”。

5日，由中国航天科技集团有限公司五院抓总研制的中星19号卫星在西昌卫星发射中心由长征三号乙运载火箭发射升空，进入预定轨道。

9日，市政府发布《北京市人民政府关于2021年度北京市科学技术奖励的决定》。2021年度北京市科学技术奖共有16位科学家、191项成果获奖。

9日，通州区政府印发《通州区加强科技创新引领高质量发展支持办法》。

12日，由中国航天科技集团有限公司五院抓总研制的天舟五号货运飞船在文昌航天发射场用长征七号遥六运载火箭发射升空，进入预定轨道。

14日，北京微芯区块链与边缘计算研究院长安链团队研发成功海量存储引擎Huge，中文名“泓”。

16日，中关村新一轮先行先试改革成效“税收减免”典型案例集体采访活动举办。

16日，市科委、中关村管委会会同市发展改革委等10部门发布《北京市关键核心技术攻关项目“揭榜挂帅”实施方案》。

17日，市金融监管局宣布，中国证监会批复同意在北京市区域性股权市场开展并启动认股权登记和转让综合服务试点，国内首个认股权综合服务试点落地北京。

17—20日，由市科委、中关村管委会联合市科协、昌平区政府共同主办的2022北京·昌平生命科学国际论坛在线上举办。

18日，北京科技政策宣讲团组织召开《北京市“十四五”时期国际科技创新中心建设规划》《“十四五”大数据产业发展规划》宣讲会。

21日，智能网联汽车5G算网联合实验室在北京经济技术开发区揭牌。

22日，北京股权交易中心有限公司宣布全国首笔认股权登记确权业务落地工商银行北京分行。

23日，北京智源人工智能研究院发布并开源全球首个支持9种语言的多模态大模型AltDiffusion及支撑技术AltCLIP。

25日，北京市“空天科技未来产业科技园”“国防与信息安全未来产业科技园”入选科技部未来产业科技园建设试点。

27日，2022年京津冀国际投资贸易洽谈会举办。

29日23时08分，由中国运载火箭技术研究院研制的长征二号F遥十五运载火箭在酒泉卫星发射中心将搭乘有费俊龙、邓清明、张陆3名航天员的神舟十五号载人飞船发射升空，进入预定轨道。

29日—12月1日，由以色列创新署，以色列驻华大使馆，中国科学技术交流中心，北京市科委、中关村管委会等共同主办的2022北京—特拉维夫创新大会·第六届中以创新创业大赛北京赛在线上举办。

11月，位于中关村顺义园的第三代半导体产业园投入运行。

12月

9日，全国首个疫苗检验中心——北京市疫苗检验中心建设工程项目开工动员会在中关村生命科学园举行。

9日，由中关村储能产业技术联盟主办的中国—东盟储能产业高峰论坛在京举办。

10日，中国科学院高能物理研究所、中国科学院国家空间科学中心、国家高能物理科学数据中心和国家空间科学数据中心联合发布“怀柔一号”卫星首批科学数据。

10日，北京通用人工智能研究院研发出“价值驱动”具身智能机器人。

12日，怀柔科学城中国科学院高能物理所高能同步辐射光源建安工程通过竣工验收。

13日，综合性太阳探测卫星“夸父一号”首批科学图像新闻发布会在怀柔科学城中国科学院国家空间科学中心召开。

13—14 日，2023 第十届金融科技论坛年会暨 2022“光大杯”中关村“番钛客”金融科技国际创新大赛颁奖典礼在京举行。

14 日，市科委、中关村管委会，市教委，市财政局，市人力资源社会保障局，市卫生健康委联合印发《北京市科技成果转化工作评价方案》。

14 日，第 25 届北京 · 香港经济合作研讨洽谈会以视频连线方式在京港两地同步举行。北京市委副书记、代市长殷勇在北京会场致辞并宣布开幕，香港特别行政区行政长官李家超在香港会场致辞。

21 日，市科委、中关村管委会启动高品质科技园区建设，并公布首批支持中关村生命科学园等科技园区的 10 个项目。

21 日，由北京市科学技术研究院主办的第 16 届北京发明创新大赛创新人物专项奖暨第六届创新大工匠评选活动以线上形式举行颁奖会。大赛评选出 40 位创新人物获奖者，其中 10 人被授予“创新大工匠”称号，10 人获“创新人物专题奖”，20 人获“创新大工匠提名奖”。

21 日，“中关村指数 2022”研究结果在京发布。

23 日，市科委、中关村管委会在 2022 中关村论坛系列技术交易活动——场景发布与供需对接专场活动中，发布第四批市级重大应用场景 30 项清单。

27 日，市科委、中关村管委会通过区域协同联动方式，支持建设首批 9 家引领类标杆孵化器和 14 家培育类标杆孵化器。

28 日，中关村科学城智能网联汽车协同创新平台在海淀区启动。

30 日，科技部办公厅、人力资源社会保障部办公厅印发《关于在北京市开展外籍“高精尖缺”人才认定标准试点工作的通知》。

30 日，市科委、中关村管委会会同市教委、市经济和信息化局、市财政局、市国资委印发《标杆孵化器培育行动方案（2022—2025 年）》

30 日，市科委、中关村管委会会同市教委、市经济和信息化局、市财政局及市卫生健康委印发《关于开展中关村国家自主创新示范区核心区高等院校、科研机构和医疗卫生机构职务科技成果转化管理改革试点实施方案》。

30 日，2022 年度第一批（总第十七批）1151 项新技术新产品（服务）名单公布，其中 931 项为新技术新产品领域、220 项为新服务领域。

30 日，科技部批复支持北京微芯区块链与边缘计算研究院牵头在京建设国家区块链技术创新中心。

重要会议与活动

考察调研

【概述】2022 年，北京市委十三届二次全会对于深化国际科技创新中心建设作出重要部署，围绕前沿科技发展、关键技术研发等问题，国家及北京市有关领导深入怀柔科学城、京津冀国家技术创新中心等地考察调研，了解企业研发创新、项目孵化服务等情况。围绕国际科技创新中心建设、推动中关村新一轮先行先试改革、建设国际领先一流科学城、打造战略性前瞻性基础研究新高地、实施创新驱动、青年科技人才培养、重点项目推进、优化企业营商环境等，北京市主要领导深入城市副中心、海淀区、朝阳区、怀柔区、北京经济技术开发区，以及北京蓝色光标数据科技股份有限公司、北京国承万通信息科技有限公司、北京小鸟看看科技有限公司等企业考察调研，强调要聚焦建设全球数字经济标杆城市，充分发挥北京科技创新资源优势，加强关键核心技术研发，探索新业态、新模式，积极培育一流创新生态和行业领军企业，助力北京高质量发展。

（徐建功）

【蔡奇到城市副中心调研】2 月 12 日，市委书记、城市副中心建设领导小组组长蔡奇到城市副中心调研，并主持召开城市副中心建设领导小组全体会议。蔡奇强调，要发挥科技创新引擎作用，推动中关村新一轮先行先试改革相关政策在城市副中心落地；提升中关村通州园质量效益，推动台马板块高精尖产业发展。培育一批市级“专精特新”企业，推动数字经济发展，建设智慧城市，打造一批示范应用场景；要充分释放“两区”建设红利，狠抓自贸区通州组团三年行动计划任务落地，提升国际投资和贸易便利化水平。市委副书记、市长、城市副中心建设领导小组副组长陈吉宁，市委副书记、市人大常委会副主任、城市副中心建设领导小组副组长张延昆参加。

（黎　翔）

【蔡奇到朝阳区和海淀区调研】2 月 26 日，市委书记蔡奇到朝阳区、海淀区调研，市委副书记、市长陈吉宁一同调研。蔡奇强调，保持经济社会大局稳定尤为重要。要坚持稳字当头、稳中求进，加强经济运行调度，“五子”联动释放新动能，借势冬奥助力高质量发展。在望京西站施工现场，蔡奇了解 17 号线和全市轨道交通在施项目投资建设情况，指出，交通是城市的动脉，坚持公交优先，倡导绿色出行，需要大力发展轨道交通。在小米集团研发楼，蔡奇了解企业研发投入和经营发展情况，指出，要坚持国际化视野，聚焦科技前沿领域，持续加大研发投入，加强关键核心技术攻关，以创新链带动产业链发展，成为智能制造标杆和高精尖产业排头兵，在国际科技创新中心建设和京津冀协同发展中作出更大贡献。属地和相关部门要当好“服务管家”，落实“服务包”制度，全力支持企业发展。市领导崔述强、殷勇、张家明、谈绪祥，市政府秘书长戴彬彬参加。

（黎　翔）

【陈吉宁到经开区调研】3 月初，市委副书记、市长陈吉宁围绕经济社会发展“开门红”工作到北京经济技术开发区调研。陈吉宁强调，经开区要聚焦功能定位，优化顶层设计，坚持国际视野，密切跟踪产业趋势，加强前瞻谋划布局，科学精准调度，推动新一代信息技术、智能网联汽车等产业创新发展，带动制造业转型升级，为实现全市一季度“开门红”发挥更大作用。

（黎　翔）

【李萌调研青年科技人才工作】3 月 18 日，科技部党组成员、副部长李萌到京津冀国家技术创新中心专题调研青年科技人才工作。李萌强调，习近平总书记高度重视青年科技人才工作，指示要把培育国家战略人才力量的政策重心放在青年科技人才上，给予青年人才更多的信任、更好的帮助、更有力的支持，支持青年科技人才挑大梁、当主角，让青年科技人才安身、安心、安业。科技部深入学习贯彻习近平总书记关于青年科技人才的重要讲话精神，落实中央人才工作会议部署，将进一步加大对青年科技人才的支持力度。要把支持青年科技人才作为科技人才工作的重点加强部署，深入推进科技人才评价改革，加快建立有利于青年科技人才脱颖而出的评价机制。提高国家重点研发计划青年科学家项目的实施水平，支持更多优秀青年科技人才挑大梁、当主角。深入开展减轻科研人员负担专项行动，更多关心青年科技人才生活，尽力解除他们的后顾之忧。进一步优化外国人来华工作许可和工作签证等实施流程，为国外优秀青年科技人才来华工作和创新创业提供更多便利。

（黎　翔）

【蔡奇到新首钢地区调研】3月19日，市委书记蔡奇到新首钢地区调研。蔡奇强调，新首钢因夏奥而生、因冬奥而兴，百年首钢抓住奥运机遇实现华丽转身，新时代又赋予其新的使命。要谋划好后冬奥文章，组织实施以新首钢为核心的京西行动计划，加速凤凰涅槃，打造面向未来、面向年轻人、面向国际化的活力空间和发展热土，成为“一起向未来”的城市复兴新地标，在新时代首都发展中展现新形象、新作为。蔡奇详细了解滑雪大跳台及周边地块利用情况，指出，滑雪大跳台在冬奥期间惊艳世界，是首钢工业遗存和奥林匹克完美结合的新地标。要谋划好后续利用，积极引入国际冰雪赛事，向社会公众开放，讲好新首钢故事。蔡奇察看园区规划建设情况，走进入驻项目了解运营现状，要求加快要素集聚，增强沉浸式、互动式体验，周周要有活动，聚人气，增流量，打造“网红打卡地”。

（黎　翔）

【万钢调研国家电投氢能产业】3月24日，全国政协副主席、致公党中央主席、中国科协主席万钢带领致公党中央一行人到延庆区调研国家电力投资集团有限公司氢能产业发展情况。调研组一行全程乘坐燃料电池大巴（该燃料电池大巴搭载国家电投集团氢能科技发展有限公司从研发制造、材料到零部件完全自主的“氢腾”燃料电池发动机），实地参观国家电投在延庆的氢能产业，听取相关负责人关于“氢腾”燃料电池发动机研发过程的介绍，重点关注氢动力（北京）科技服务有限公司服务保障冬奥会相关情况和国家电投“氢腾”大巴的运营情况、技术参数、内部构造等。万钢指出，国家电投要发挥央企优势作用，激发氢能产业发展活力，担当更多社会责任；要提前谋划做好做强氢能相关技术研发，围绕市场应用加大宣传，加快推动氢能产业发展。

（高　健）

【市政协带队到经开区调研】4月20日，市政协组织部分市政协委员、民主党派成员和专家学者到北京经济技术开发区调研，了解“两区”规则制度创新情况，市政协主席魏小东参加。委员及专家提出，经开区始终以制度创新为核心，积极开展差异化探索，已经成为“两区”建设制度创新的“育苗圃”，既促进地区的高质量发展，又形成一系列创新实践成果，跑出“两区”建设加速度。经开区产业基础雄厚，应继续发挥优势，大胆创新，做全市“两区”建设“排头兵”；要坚守定位，聚焦高端产业发展“一条主线”，紧紧围绕国际化和便利化“两个抓手”，构建产业开放新格局，持续提升国际化水平，加快推进特色综保区建设；要及时总结固化“两区”建设工作中的好经验、好做法，打造“两区”建设“亦庄样板”，适时探索复制推广应用，助力“两区”建设进一步深化推进。市政协副主席林抚生、秘书长于长辉参加。

（黎　翔）

【陈吉宁到怀柔区调研】4月22日，市委副书记、市长陈吉宁到怀柔区调研经济社会发展情况。陈吉宁强调，怀柔区要聚焦生态涵养区功能定位，依托绿水青山底色，结合怀柔科学城建设，发挥优势、突出特色，围绕创新驱动、绿色发展，深化体制机制改革，完善产业和创新生态，加强城乡统筹，保持发展定力，推动高质量发展取得新成效。陈吉宁座谈时指出，怀柔区在服务和促进科学城建设、发展科学仪器和传感器产业、推进乡村振兴等方面取得积极进展，创新要素日益丰富、基础不断夯实、氛围更加浓厚。要整合内外部要素资源，把比较优势转化为发展优势，形成生态涵养区高质量发展的区域特色和符合创新发展规律的跨越式发展特色。巩固提升创新要素多样化、国际化有利态势，发挥重大科学基础设施等对人才的集聚作用，引导科研机构体制机制改革，激发创新主体活力。把握创新规律，提升干部队伍促创新抓产业能力，针对企业需求，建设创新加速和成果转化的公共服务平台，引进专业化管理团队，提高创新服务能力。挖掘历史文化资源，发展全域旅游，打造精品民宿，提升配套服务水平，走出农旅融合发展道路。市政府秘书长戴彬彬参加。

（黎　翔）

【陈吉宁到昌平区调研】4月，市委副书记、市长陈吉宁到昌平区调研经济社会发展情况。陈吉宁强调，昌平区要立足区域功能定位，发挥区位优势，把握生命科学和医药健康产业创新发展机遇，整合空间资源，完善产业配套，推动全产业链开放政策落地，提高产业国际化发展和专业化服务水平，更好发挥医药健康产业创新引擎作用，释放区域高质量发展动能活力。在中关村生命科学园，陈吉宁察看三期地块建设现状，要求加快规划建设进度，统筹可利用空间资源，系统提升周边交通、医疗等配套服务水平。在北京飞镖国际创新平台、新生巢创新中心等医药研发创新孵化平台和华辉安健（北京）生物科技有限公司，了解平台运行和企业研发创新、项目孵化服务等情况。在中关村昌平园，实地察看爱博诺德（北京）医疗科技股份有限公司眼科医疗器械工艺制作等环节。副市长隋振江、靳伟，市政府秘书长戴彬彬分别参加。

（黎　翔）

【陈吉宁到经开区和朝阳区调研】6月16—17日，市委副书记、市长陈吉宁到北京经济技术开发区和朝阳区调研。陈吉宁强调，要扎实有力推进各项任务，坚定市场主体发展信心，有序推动复工复产，营造良好发展环境。在经开区，陈吉宁察看北京集创北方科技股份有限公司和北京泰德制药股份有限公司情况，指出，有关部门要结合企业发展需求，做好对接服务，为产业链供应链安全稳定提供支撑，加快推动创新药物临床试验和审批，为保障人民生命安全和身体健康贡献创新力量。在座谈会上，专题研究部署经开区科技创新和复工复产等工作。在朝阳区，陈吉宁察看北京三快在线科技有限公司（美团）和高德公司，要求相关部门要深化研究、加强服务，共同促进平台经济规范健康发展，推动国际消费中心城市建设。市领导殷勇、靳伟，市政府秘书长戴彬彬分别参加。

（黎　翔）

【李伟走访两家科技企业】6月20日和21日，市人大常委会主任李伟到北京快手科技有限公司和北京他山科技有限公司走访座谈，了解企业诉求，帮助解决问题。李伟在两家企业分别主持召开座谈会，企业负责人介绍各自研发经营情况和相关需求，“服务管家”“行业管家”及相关市政府部门和区政府负责人现场提出具体的解决方案和措施建议，并为企业送上“服务包”。李伟指出，市、区相关部门要坚决贯彻中央精神、落实市委要求，把助企纾困政策用足用好，把政策宣传解读和服务清单落实到位，全力强信心、稳增长、促发展。要主动适应新业态新模式的变化，在服务管理企业时多些“换位思考”和“创新思考”，多些“一对一”的主动服务、精准服务，以一流的营商环境助力企业健康有序发展。

（徐建功）

【市政协委员走访海淀区科技企业】6月21日，市政协围绕“推动中关村开展新一轮先行先试改革，加快建设世界领先的科技园区和创新高地”组织部分市政协委员到海淀区高科技企业和新型研发机构调研。市政协主席魏小东参加。在北京小鸟看看科技有限公司、北京通用人工智能研究院、中科创达软件股份有限公司，委员们察看企业产品，与企业负责人进行交流，询问企业经营模式、科研进展、发展规划和遇到的堵点难点等，指出，中关村是中国科技创新出发地、原始创新策源地、自主创新主阵地，推动中关村新一轮先行先试改革，有助于进一步擦亮中关村改革创新的“金名片”，有利于释放科教资源创新潜力、激发创新创业主体活力、优化创新创业生态，有利于加快北京国际科技创新中心建设。建议，改革坚持问题导向，紧扣企业需求找准政策切入点、落脚点，细化方案措施，切实保证改革举措好落地、见实效；完善“服务包”制度，“一对一”提供个性化服务，上门讲政策解难题，为企业快速健康成长保驾护航；优化创新生态，鼓励支持企业加大研发投入；坚持全球引才，做好人才服务保障工作。市政协副主席林抚生、秘书长于长辉参加。

（黎　翔）

【蔡奇到海淀区调研】6月，市委书记蔡奇到海淀区调研。蔡奇一行到第四范式（北京）技术有限公司、圣邦微电子（北京）股份有限公司等高新技术企业了解技术研发和企业经营等情况。蔡奇强调，海淀区是中关村企业的大本营，创新活力强，是全市经济的压舱石，要充分发挥科技创新优势，为全市高质量发展添秤。蔡奇在座谈时强调，要夯实“四方责任”，充分发挥中关村企业在研发生产检测试剂、综合抗体药物、快检产品等方面的作用，加强高水平应急处置体系建设。要狠抓国家和市区各项纾困政策落实，直达企业，稳定企业预期，坚定发展信心。用好投融资平台，加大金融支持力度。要打通堵点，稳定产业链、供应链，加快推进复工达产。要抓好中关村新一轮先行先试改革，进一步释放创新主体、市场主体活力。要积极推进人才队伍建设。聚焦高精尖产业，引进一批战略科学家、科技领军人才和创新团队。市委常委崔述强、张家明，副市长靳伟参加。

（黎　翔）

【陈吉宁到中关村生命科学园调研】7月4日，市委副书记、市长陈吉宁到昌平区中关村生命科学园医药健康创新企业实地调研了解发展情况。陈吉宁强调，促进医药健康产业创新发展，不仅是推动首都高质量发展的重要动力源，也是提升人民健康福祉的重要工作。要深入落实市第十三次党代会部署要求，坚持创新驱动，加强统筹布局，聚焦产业前沿和企业发展所需，加大精准服务支持力度，完善空间、投融资等配套支持政策，培育产业生态，增强创新活力，吸引更多项目落地转化，加快推动医药健康产业创新发展。

（黎　翔）

【蔡奇到丰台区调研】7月7日，市委书记蔡奇到丰台区调研。蔡奇强调，要围绕抓好下半年工作、迎接党的二十大，狠抓“五子”联动，进一步拓功能、抓转型、强治理，加快推动高质量发展。蔡奇在座谈时指出，妙笔生花看丰台。南中轴是首都展示国家形象与中华文化自信的未来轴线，要坚持规划引领，聚焦南苑—大红门地区，布局国家级文化设施，形成未来的国家功能区。认真编制博物馆群及周边地区规划实施方案，做好国家自然博物馆、首都规划展览馆等前期工作。扎实推进南苑森林湿地公园建设。深化实施丰台站街区控规，抓住配套交通枢纽契机，促进“四网融合”，推进站城一体化建设，打造活力空间，争取与雄安形成钟摆式生产生活方式。市委副书记殷勇，市领导崔述强、赵磊等参加。

（黎　翔）

【陈吉宁到海淀区调研】7月7日，市委副书记、市长陈吉宁到海淀区调研经济社会发展情况。陈吉宁强调，要深入学习落实市第十三次党代会精神，抓住中关村新一轮先行先试改革机遇，加强前瞻布局和政策集成创新，持续优化营商环境，健全完善创新链条和产业生态，培育更多优质创新企业，努力推动创新发展取得更大成效、先行先试改革取得更多成果，加快推动北京国际科技创新中心建设。市政府秘书长戴彬彬参加。

（黎　翔）

【蔡奇到北京大兴国际机场临空经济区调研】7月9日，市委书记蔡奇围绕落实市党代会精神、抓好下半年工作、迎接党的二十大到北京大兴国际机场临空经济区调研。蔡奇强调，风生水起看大兴。临空经济区具有战略性、标杆性、开放性，今后几年是全面推进建设、初步形成规模的关键时期。要紧抓大兴国际机场这个国家发展新的动力源赋予的极好机遇，坚持一体化发展，在“五子”联动中积极作为，建设国际一流的临空经济区，成为推动北京高质量发展的新引擎。市委副书记、市长陈吉宁，市委副书记殷勇一同调研。

（黎　翔）

【蔡奇到顺义区调研】7月12日，市委书记蔡奇围绕落实市党代会精神、抓好下半年工作、迎接党的二十大到顺义区调研。蔡奇强调，顺义区是“三城一区”的重要节点，平原新城看顺义，看的就是高质量发展。要深入贯彻习近平总书记对北京一系列重要讲话精神，紧紧围绕推动新时代首都发展，立足自身禀赋，以高端制造、“两区”建设、新城建设为主抓手，在“五子”联动中找准发力点，建设创新产业集群示范区，打造全市高精尖产业主阵地。市委副书记殷勇一同调研。

（黎　翔）

【部市领导到怀柔科学城调研】7月16日，科技部、国家发展改革委、中国科学院联合北京市到怀柔科学城调研，并召开座谈会。市委书记蔡奇，科技部党组书记、部长王志刚，中国科学院党组书记、院长侯建国，市委副书记、市长陈吉宁，国家发展改革委副主任林念修参加。部市领导察看高能同步辐射光源项目建设和科研设备安装调试、城市客厅项目地块和国家实验室建设等情况，深入了解科学城总体建设运行进展，与科研工作者交流。座谈会上，蔡奇强调，瞄准百年科学城目标，稳扎稳打、久久为功，做好“科学”“科学家”“科学城”三篇文章，建设世界级原始创新承载区，为实现高水平科技自立自强提供有力支撑。王志刚指出，要强化国家战略科技力量，加强原创性、引领性科技攻关，在打赢关键核心技术攻坚战中发挥中坚作用；要深入推进科技体制改革，创造优良环境，吸引汇聚全球高端人才，激发各类人才创新活力，建设高水平的全球原始创新策源地。侯建国指出，中国科学院将与北京市继续深化合作，加快推动“十四五”国家重大科技基础设施立项和落地，推动科技资源进一步向怀柔集聚，加大高水平青年人才培养引进力度，加快重大原创成果产出和关键核心技术突破，扎实共建好怀柔综合性国家科学中心。陈吉宁指出，要遵循科技创新规律，深化体制机制改革，聚焦国家战略，集聚整合人才、机构、平台等创新资源，优化科研组织形式；要加大人才培养引进力度，健全公共服务平台，助力创新成果转化落地、形成溢出带动效应；围绕科学仪器和传感器发展，加强工程师队伍建设和产业对接，加快推进关键元器件、重要设备等攻关突破。用好“两区”政策优势，提高专业化服务能力，完善公共服务配套设施，优化提升“城”的功能。科技部副部长李萌，北京市常务副市长崔述强，市委常委靳伟、赵磊，副市长隋振江，市政府秘书长戴彬彬参加。

（黎　翔　王　亨）

【蔡奇到张家湾设计小镇调研】8月9日，市委书记蔡奇到张家湾设计小镇调研。蔡奇察看北京国际设计周永久会址项目规划建设情况，指出，要积极导入国际一流展览展示、设计服务、人才交流等品牌活动，打造小镇网红打卡地。蔡奇察看北京未来设计园区新落户的首都创新设计研究院业务开展、智慧应用场景落地情况，了解铜牛公园建设进展，指出，要坚持“创新设计＋城市科技”，营造良好的设计生态，打造世界一流的设计园区。蔡奇到元宇宙应用创新中心，了解产业发展情况，强调，元宇宙是一片“新蓝海”，要发挥头部企业带动作用，加强核心技术攻关，投放更多应用场景，推动元宇宙产业聚集发展。蔡奇在座谈时指出，设计小镇之魂在更新，不是大拆大建，而是利旧，要做好城市更新这篇文章。蔡奇强调，产业是小镇的硬核内容，要持续导入城市科技和创新设计等相关产业；要抓好配套建设，营造良好人居环境。蔡奇要求，加强工作统筹，城市副中心党工委管委会要把设计小镇规划建设抓在手上，用好新一轮市级赋权，建立理事会，引入专业运营团队，市相关部门给予支持，市属企业项目年内抓紧开工。市领导赵磊、隋振江参加。

（郭庆云）

【蔡奇走访调研科技创新企业】8月11日，市委书记蔡奇到朝阳区、海淀区走访调研北京蓝色光标数据科技股份有限公司、北京国承万通信息科技有限公司、北京小鸟看看科技有限公司。蔡奇强调，数字经济是经济转型升级的新变量，也是高质量发展的新蓝海。要聚焦建设全球数字经济标杆城市，充分发挥北京科技创新资源优势，加强关键核心技术研发，探索新业态新模式，积极培育一流创新生态和行业领军企业，助力北京高质量发展。蔡奇在走访调研时强调，当前已进入一个全新的数字时代。要大力倡导科技创新，突破关键领域核心技术，加紧布局5G、物联网、人工智能、算力中心等新基建，为数字经济筑牢发展底座。要发挥头部企业带动作用，抢占产业发展制高点，营造良好创新生态，促进上下游企业联动发展。主动服务企业，落实好“服务包”“服务管家”制度，为企业提供更多应用场景。针对企业在科技创新中遇到的难题，要用好“两区”和中关村新一轮先行先试政策，鼓励企业大胆探索，进一步释放创新主体、市场主体活力。属地和相关部门要加强政策指导支持，还要重视新技术应用带来的安全风险，制定规则、加强监管，促进企业更好发展。

（黎　翔）

【侯建国到怀柔科学城调研】8月16日，中国科学院党组书记、院长侯建国调研中国科学院共建怀柔科学城工作并召开座谈会。侯建国对各设施的推进进展和成效予以肯定并指出，谋划好、建设好、运行好国家重大科技基础设施，是发挥国家战略科技力量主力军作用的重要体现。各建设单位要进一步加强项目建设管理和统筹协调，压紧压实管理责任，及时排查各类风险隐患，并加强关键仪器设备的自主研制，确保按期高质量完成建设任务。同时，要主动谋划、提前部署，组织一流科学家用户团队推动设施早日产出重大成果，充分发挥设施作用，培养和吸引优秀科技人才，促进高水平国际合作，为加快建设科技强国、实现高水平科技自立自强作出更大贡献。侯建国指出，共建怀柔综合性国家科学中心和怀柔科学城是中国科学院作为国家战略科技力量主力军承担的重大政治任务，也是中国科学院改革发展的内在需求。院属相关单位和院机关相关部门要以更高的站位看待怀柔科学城建设的重大意义和发展前景，进一步提高认识、统一思想、积极行动，抓紧推进各项工作。要以更加长远的眼光进行新学科领域、重大科技基础设施、高水平科技人才等的布局，不断提高共建怀柔科学城的统筹能力、组织能力和执行能力。

（黎　翔）

【陈吉宁到中关村发展集团调研】8月16日，市委副书记、市长陈吉宁调研中关村发展集团股份有限公司并专题研究部署综合改革工作。陈吉宁强调，要深入学习贯彻习近平总书记关于科技创新的重要论述，聚焦功能定位，加强顶层设计和战略谋划，深化改革创新，突出特色优势，着力提升发现培育、孵化服务创新企业能力，以更加优质服务和发展环境，吸引集聚创新要素，完善创新生态，发挥突破示范引领作用，打造更具竞争力的高水平科创平台。陈吉宁主持召开专题会并强调，中关村发展集团加快推进“轻资产、强服务、活机制”各项综合改革任务，在深化内部改革、推动转型发展等方面取得积极进展。要对标建设世界领先科技园区目标，苦练自身本领，特别是要在培育服务科创企业成长方面下更大气力，把握创新规律和各类型企业需求特点，针对性创新完善服务举措，优化营商环境，注重发挥战略性引领性投资者作用，增强估值定价能力，锻造核心竞争优势，孵化更多高精尖企业。要紧跟科创前沿，抓住重要机遇，谋划开辟更多新领域新赛道，推动完善全市科创布局。要坚持全球视野，积极开展国际科技合作，引入更多国际化创新资源，在开放发展中更好服务北京国际科技创新中心建设。

（黎 翔）

【陈吉宁调研朝阳区数字安全企业】 8月24日，市委副书记、市长陈吉宁到朝阳区走访调研数字安全企业。在360集团，陈吉宁与企业管理团队座谈，实地察看了解企业技术研发、在京发展规划和发展需求等情况，就加强在智慧城市建设、数字经济发展等领域合作进行交流。陈吉宁强调，要统筹发展和安全，希望企业紧抓北京数字经济发展机遇，创新优化发展模式，更好发挥自身技术优势，提高网络安全服务能力，深化与相关部门协作对接，支持、参与北京智慧城市建设，共同筑牢城市数字安全屏障，为打造全球数字经济标杆城市提供支撑。

（黎 翔）

【部市联合调研未来科学城】 8月25日，北京市与国务院国资委联合到未来科学城调研并座谈。市委书记蔡奇，国务院国资委党委书记、主任郝鹏，20家大型央企的主要负责人参加。蔡奇指出，未来科学城是央企打造国家战略科技力量、推进科技创新的重要平台。“搞活”未来科学城，最重要的就是加强央地融合，激发央企活力。蔡奇强调，要支持央企提升自主创新能力。支持央企参与国家实验室、全国重点实验室建设，联合承接科研任务，推动关键技术研发突破，打造国家战略科技力量。支持央企建设好研发中心。支持央企牵头组建创新联合体，带动培育一批独角兽企业、专精特新“小巨人”企业。要持续提升未来科学城内央企项目的建成率、使用率、贡献率。主动对接，做好服务，“一企一策”盘活存量资源，鼓励央企导入集团优质资源，加紧推进重点项目建设。要加强人才引进培养。依托央企汇聚一批全球顶尖科学家、科技领军人才和创新团队。建立央地人才协同发展机制，支持央企与高校、科研机构联合培养急需紧缺技术人才。建好高品质人才社区。要提升未来科学城配套服务水平。提升通勤便利性，补齐商业和公共服务设施短板，守护好生态绿心。深化部市合作协调机制，全力做好服务保障。郝鹏指出，参建央企要进一步提高政治站位，增强责任感使命感紧迫感，深化央地合作，围绕加快建设世界重要人才中心和创新高地的战略目标，以更高标准加快推进未来科学城建设。要加大工作力度，进一步提高建成率、使用率、贡献率，加大优质创新资源、产业资源、人才资源投入，大幅提升科研成果贡献、单位产值和税收贡献、带动协同发展贡献。要加强组织领导，加强对央企参建工作的统筹协调和服务保障。

（黎 翔 黎红霞）

【陈吉宁调研海淀区信息科技企业】 8月26日，市委副书记、市长陈吉宁到海淀区走访调研信息科技企业。在百度公司，陈吉宁察看百度无人车及芯片产品等展示，与企业管理团队围绕自动驾驶、人工智能、互联网医疗等重点发展领域进行交流。陈吉宁强调，信息技术是推动北京创新发展的重要引擎，希望企业坚定信心，把握科技前沿和行业趋势，细化主攻方向，突出特色优势，培育完善创新生态，不断提升核心竞争力，更好融入北京国际科技创新中心建设，为推动首都高质量发展作出贡献。陈吉宁指出，百度公司是在中关村这片创新创业沃土上成长起来的互联网头部企业。希望企业围绕国家战略需求，结合北京发展特别是国际科技创新中心建设任务部署，抢抓发展机遇，深化前瞻性布局，与市里有关方面开展常态化深度对接，形成发展合力，增强溢出带动效应，提升行业领域发展能级；以北京市高级别自动驾驶示范区3.0建设为契机，充分发挥信息技术企业特长，用好智能网联赋能优势，进一步提高安全性能，加速技术与产品迭代，促进相关标准与法规制度完善，挖掘智能网联蕴含的市场空间，探索新的增长点；加强生态体系构建，与北京市科创基金等对接合作，孵化培育创新项目，完善创新链条；发挥技术优势，参与互联网医疗建设，提高社区基层医疗服务能力；属地和相关部门要主动帮助企业解决实际困难和诉求，为企业发展营造良好环境。市委常委靳伟，市政府秘书长戴彬彬参加。

（黎 翔）

重要会议

【概述】2022 年，围绕落实北京国际科技创新中心建设重点任务、中关村示范区先行先试改革工作方案等，召开市政府常务会议、部市共建北京国际科技创新中心现场推进会、中关村新一轮先行先试改革动员部署会，以及北京推进科技创新中心建设办公室（简称北京办公室）“一处七办”（即北京办公室秘书处，重大科技计划专项办、全面创新改革与中关村先行先试专项办、科技人才专项办、中关村科学城专项办、怀柔科学城专项办、未来科学城专项办、创新型产业集群与制造业高质量发展专项办）工作会议等，推动重点任务落实。市科协第十次代表大会召开。市科委、中关村管委会 2022 年全面从严治党（党建）工作会议召开。

（孙　萌　徐建功）

【北京办公室“一处七办”专题工作会议召开】1 月 12 日，北京办公室召开“一处七办”专题工作会议。副市长靳伟主持。会议研究北京国际科技创新中心建设重点任务有关工作。会议强调，要坚持高质量谋划部署 2022 年重点工作，各专项办牵头单位要借力“一处七办”平台，紧盯国际科技创新中心建设中的瓶颈问题，加强预判、超前布局，进一步细化重点项目和工作任务的季度目标，争取一季度“开门红”；要紧盯重难点问题，牵头单位做好任务分解，及时发现解决问题，抓好政策落实；要抓好统筹调度，加强部市协调联动，完善相应保障措施，确保按时间节点推进各项工作任务，形成共建强大合力。

（何　琳）

【打通科技成果在京转化“堵点”新闻通气会召开】1 月 14 日，市科委、中关村管委会会同市教委、市卫生健康委、市人力资源社会保障局、海淀区政府、北京经济技术开发区管委会召开落实《关于打通高校院所、医疗卫生机构科技成果在京转化堵点若干措施》新闻通气会。通气会上，各单位介绍政策出台的背景和内容，深入交流支持科技成果转化的实践经验和下一步工作思路。市科委、中关村管委会相关负责人介绍，《若干措施》分五大方面，共 17 条内容，主要聚焦核心问题，通过夯实制度基础、压实主体责任、引导高校院所和医疗卫生机构与企业密切合作等方式，畅通技术、资本、人才等要素流通渠道，力求全面消除成果转化堵点。市人力资源社会保障局相关负责人介绍，北京明确支持和鼓励高校、科研机构专业技术人员可以通过兼职、在职创办企业等“六种模式”开展创新创业。截至目前，共有 266 名专业技术人员利用科研成果在信息技术、新材料、新能源、节能环保、文化艺术等领域创新创业。

（徐建功）

【市科委、中关村管委会 2022 年系统工作会议召开】1 月 26 日，市科委、中关村管委会召开 2022 年系统工作会议。市科委、中关村管委会领导班子成员和 33 个机关处室、18 个直属事业单位负责人，部分新型研发机构、中关村发展集团股份有限公司等单位的负责人，以及 16 个区和经开区科技管理部门、各分园管委会的负责人参加。会议总结 2021 年工作，安排 2022 年重点任务。许强作题为“心怀国之大者，深化先行先试，勠力奋进，实现北京国际科技创新中心建设新跃升”的工作报告。从强化先行先试，世界领先科技园区建设迈开步伐；抓好系统谋划，国际科技创新中心建设提速发展；紧扣国家需要，服务战略科技力量持续壮大；突出功能定位，主平台主阵地进一步聚焦优化；强化服务职能，持续激发创新创业主体活力；发挥双引擎驱动，高精尖产业培育全面发力；聚焦堵点痛点，深化科技体制改革实现新突破；重塑工作体系，机关和事业单位改革取得实效；坚持全面从严治党，机关自身建设不断加强；统筹加强队伍建设，打造忠诚干净担当的干部队伍等 10 个方面总结 2021 年工作。

（徐建功）

【市政府常务会议研究北京国际科技创新中心建设重点任务】2 月 22 日，市政府召开常务会议，研究《北京国际科技创新中心建设重点任务 2022 年工作方案》等事项。市委副书记、市长陈吉宁主持会议。会议强调，要深入学习贯彻习近平总书记对北京重要讲话精神，坚决扛起中央赋予的职责使命，发挥社会主义市场经济条件下新型举国体制优势，用好首都基础研究深厚、人才资源聚集、创新创业活跃等有利因素，不断推进国际科技创新中心建设取得新进展新突破，着力打造国家战略科技力量。要深化科技创新体制机制改革，推动有效市场和有为政府更好结合，发挥好市场机制作用，吸引聚集各类创新要素，构建完善创新生态，促进央地协作、协同创新，更加有效服务国家战略。要加强统筹协调，形成更大合力，做深做细各项工作，用心用情服务创新主体，高质量完成各项重点任务，为加快实现高水平科技自立自强贡献力量。

（徐建功）

【市委常委会研究北京国际科技创新中心建设重点任务】3月2日，市委常委会召开会议，研究《北京国际科技创新中心建设重点任务2022年工作方案》，市委书记蔡奇主持会议。会议指出，国际科技创新中心建设是“五子”中的关键一“子”；要以中关村国家自主创新示范区开展高水平科技自立自强先行先试改革为契机，扎实推进《工作方案》落地，进一步提升国际科创中心创新力、竞争力、辐射力；聚焦服务国家战略科技力量，加快国家实验室和怀柔综合性国家科学中心建设，支持和发展世界一流新型研发机构，加强底层关键核心技术攻关；深化全面创新改革和中关村先行先试，打造世界领先科技园区。加快建设“三城一区”主平台，营造一流创新生态；深化市区创新资源协同，推进更多科技创新场景在城市副中心落地；加快培育高精尖产业新动能，打造高质量发展新引擎；引进和培养一批战略科技人才、科技领军人才和创新团队，加大重点领域急需紧缺人才和优秀青年科学人才培养，着力构建高水平人才高地。

（徐建功）

【市委常委会研究知识产权保护条例】3月16日，市委常委会召开会议，研究《北京市知识产权保护条例》等事项，市委书记蔡奇主持会议。会议指出，要抓好《条例》制定实施，高质量建设知识产权强国示范城市，打造知识产权首善之区；坚持制度设计贯穿知识产权创造、运用、管理、服务、纠纷解决等全环节，完善“七位一体”保护体系。坚持问题导向，通过立法加快推动解决知识产权保护工作中的短板弱项；突出重点领域、新兴领域，加强网络平台、展会、大型市场等监管，依法保护数字经济、传统文化、奥林匹克标志的知识产权；服务和促进创新发展，聚焦“五子”联动，支持重点产业、关键环节“卡脖子”技术专利创造，深化“两区”知识产权改革，健全知识产权公共服务体系；维护知识产权领域国家安全。

（徐建功）

【市政协召开重点协商议题开题会】3月17日，市政协召开“推动中关村开展新一轮先行先试改革，加快建设世界领先的科技园区和创新高地”重点协商议题开题会暨情况通报会。此次专题协商创新采用“学习型研究”模式进行，即日起开题，到7月底结束。会上，市政协科技委负责人介绍协商工作方案，市科委、中关村管委会，市经济和信息化局，市人才工作局，海淀区政府相关负责人通报有关情况。此次专题协商工作构建了全国政协、市政协、区政协、园区管委会、科技园区的上下多级协力联动，市相关政府部门、各民主党派市委、委员履职小组、工作室和委员单位及相关专家学者协同联合的新工作格局。市政协科技委牵头组建联合学习研究组，重点围绕人才、企业、园区等不同维度的问题开展调研，为助力北京科技创新发展建言献策，支撑中关村科技园区打造世界领先的科技园区和创新高地。学习研究组将广泛听取各方面意见建议，凝聚各方智慧和力量，形成高质量成果，为市委、市政府提供决策参考。市政协副主席林抚生、陈军出席。

（徐建功）

【中关村新一轮先行先试改革动员部署会召开】3月18日，中关村新一轮先行先试改革动员部署会召开。科技部部长王志刚、中国工程院院长李晓红、北京市委书记蔡奇、北京市市长陈吉宁出席。会议指出，党的十八大以来，习近平总书记多次对中关村创新发展作出重要指示，对中关村开展新一轮先行先试改革、加快建设世界领先的科技园区提出明确要求。开展中关村新一轮先行先试改革，是党中央赋予北京的光荣任务和历史责任，有利于释放科教资源创新潜力、激发创新创业主体活力、优化创新创业生态，有利于加快国际科技创新中心建设。会议要求，加强组织领导，发挥北京办公室职能作用，强化部市联动，协同推进先行先试改革工作；抓紧完善具体工作方案，明确责任部门、落实举措、完成标志和时间节点，实行清单化管理、项目化推进；做好政策引导，帮助企业、高校院所、各类中介服务机构更好了解政策、享受红利，总结推广改革经验和典型案例。与会企业、高校和新型研发机构的代表，海淀区政府和市科委、中关村管委会主要负责人分别发言。中央网信办、国家发展改革委、教育部等中央和国家有关部门领导，北京市领导，市有关部门和各区主要负责人，部分企业、高校和科研、金融、医疗卫生机构的代表等分别在主会场和分会场参加会议。

（王爱华）

【市委深改委研究落实中关村示范区先行先试改革工作方案】4月1日，市委全面深化改革委员会召开第二十五次会议，市委书记蔡奇主持会议，市长陈吉宁、市人大常委会主任李伟、市政协主席魏小东、市人大常委会副主任张延昆出席。会上，研究《北京市落实〈关于支持中关村国家自主创新示范区开展高水平科技自立自强先行先试改革的若干措施〉的工作方案》，指出要按照中央部署要求，实施创新驱动发展战略，抓实抓细先行先试改革的各项任务落实，营造良好创新生态，加快打造世界领先科技园区和创新高地。加强与国家有关部门的改革协同，用足用好现有政策，抓紧出台配套细则，把政策供给和企业发展需求结合起来，进一步激发创新主体活力，让企业、园区受益。建立改革工作台账，清单化管理、项目化推进。海淀区和相关部门主动作为，加强全程跟踪评估。

（徐建功）

【部市共建北京国际科技创新中心现场推进会召开】4月16日，部市共建北京国际科技创新中心现场推进会在中关村示范区展示中心召开。市委书记蔡奇，科技部党组书记、部长王志刚，市委副书记、市长陈吉宁，市人大常委会主任李伟，市政协主席魏小东，市委副书记、市人大常委会副主任张延昆以及教育部、工业和信息化部、财政部、人力资源社会保障部、国务院国资委、中国科学院、中国工程院、国家自然科学基金委等中央有关部门负责人参加。部市领导先后到创新园区、科研机构、中关村示范区展示中心等地现场检查国际科技创新中心建设进展。蔡奇强调，要全力抓好中关村新一轮先行先试改革政策落地；全力打造国家战略科技力量；要发挥各类创新主体作用，建设一批前沿科学中心、共性技术平台和创新联合体；要以“三城一区”为主平台，加快建设世界领先的科技园区；要加强战略人才力量建设，抓紧制定实施《北京高水平人才高地建设方案》。王志刚指出，北京国际科技创新中心建设实现“十四五”良好开局，要充分发挥战略科技力量引领作用，全力支持在京国家实验室制度化、规范化运营；扎实推进中关村新一轮先行先试改革，完善世界领先科技园区顶层设计，及时总结推广经验做法；支持推动中关村论坛向国际化、高端化、专业化、平台化方向发展。

（孙　萌　何　琳　李建琴）

【北京市科普工作联席会议召开】5月6日，2022年北京市科普工作联席会议在市政府召开。会议由市政府副秘书长、市科普联席会副主席刘印春主持，副市长、市科普联席会主席靳伟出席会议。市科普联席会各成员单位和各区在分会场通过远程视频的方式参加会议。会议播放2021年北京市科普工作总结视频片，听取并审议通过2022年北京市科普工作要点、2022年北京市全民科学素质行动相关工作方案和2022年全国科技活动周方案以及2022年北京科技周活动方案。靳伟强调，要深化对科普工作的认识，发挥科普在国际科技创新中心建设中的重要作用；推动科普事业进一步满足人民对美好生活的新需要，提供多元化、高品质的科普产品与服务；建设能及时全面展示最新科技成就的科普资源体系，推进高端科技资源科普化。会议强调，各单位各部门要全力做好2022年北京科技周各项筹备和实施工作。

（李新媛）

【北京办公室“一处七办”工作会议召开】5月10日，北京办公室召开“一处七办”工作会议。市政府副秘书长、北京办公室秘书长刘印春主持。会议调度重点项目和工作任务推进落实情况，听取北京办公室秘书处关于北京国际科技创新中心建设1—4月重点工作总体推进情况、存在的问题和下一步安排。七个专项办牵头单位重点汇报具体工作任务和重点项目的进展情况以及存在的问题。会议认为，北京办公室“一处七办”充分发挥统筹机制作用，坚持稳中求进工作总基调，推动一批战略性、标志性、引领性的重点项目和工作任务有效实施，确保2022年部署实施的216项重点任务顺利实施，实现科技创新工作“开门红”，为北京国际科技创新中心建设各项工作顺利开展提供重要支撑。会议指出，各有关单位和区政府，在取得良好开局的同时，也要时刻保持忧患意识。要充分认清当前世界百年未有之大变局的新形势，顶住压力，做实任务，推进北京国际科技创新中心建设迈上新台阶；要主动为创新主体做好服务，及时协调解决困难问题帮助企业渡过难关；要持续不断推动改革开放，加快培育新时代创新创业生态，全力抓好中关村先行先试改革政策落地，抓紧研究谋划中关村新一批先行先试改革，加快世界领先的科技园区建设，努力打造原始创新策源地、未来产业发源地、全球创新要素聚集地。

（孙　萌）

【2022年中关村示范区经济形势分析暨稳增长促发展工作会召开】6月11日，市科委、中关村管委会召

开2022年中关村示范区经济形势分析暨稳增长促发展工作会，传达全国稳住经济大盘电视电话会议精神，分析研判经济发展形势，部署2022年中关村示范区稳增长促发展工作。副市长靳伟，市政府副秘书长刘印春，市科委、中关村管委会主任许强出席会议，市科委、中关村管委会党组书记张继红主持会议。会议传达国务院总理李克强在全国稳住经济大盘电视电话会上的讲话精神；中关村发展集团股份有限公司相关负责人介绍园区开发建设工作情况；中关村科学城（海淀园）、朝阳园、亦庄园、顺义园4个分园的相关负责人围绕推动助企纾困政策落实，全力稳住经济基本盘的工作经验进行分享与交流。市科委、中关村管委会领导班子成员及处室负责人，市统计局相关负责人，各区政府主管分园的负责人及各分园管委会负责人参加。

（徐建功）

【中关村先行先试改革专项小组第一次全体会议召开】 6月21日，中关村先行先试改革专项小组第一次全体会议召开。专项小组组长、科技部副部长李萌，副市长靳伟出席会议并讲话。科技部通报中关村先行先试改革专项小组成立的有关情况，市科委、中关村管委会汇报北京市推进中关村先行先试改革落实工作情况，中央网信办、国家发展改革委、教育部、工业和信息化部、公安部、财政部、中国人民银行、国务院国资委、海关总署、中国银保监会、中国证监会等国家部门有关司局就中关村先行先试改革工作推进情况作交流发言。会议指出，要进一步提高政治站位，从实现高水平科技自立自强、探索破解科技体制机制难题的战略高度，全面深刻认识推进中关村新一轮先行先试改革的重要意义。要坚持目标导向和结果导向，推动实现更多更深层次的体制机制改革，确保各项改革措施取得实效。专项小组副组长，市科委、中关村管委会主任许强，市科委、中关村管委会党组书记张继红，以及26个国家部门成员单位、24个北京市部门成员单位的局级成员和处级联络员参会。

（王爱华）

【第七届北京市自然科学基金委员会成立大会召开】 7月7日，第七届北京市自然科学基金委员会成立大会在中关村示范区展示中心召开。市委常委、副市长靳伟出席，为第七届委员顾问颁发聘书并讲话。第六届市基金委主任、市科委中关村管委会主任许强作工作报告，第七届市基金委副主任、北京大学常务副校长乔杰院士作为委员代表发言。靳伟在讲话中强调，第六届市基金委在培养青年人才、资助基础学科、引导多元化投入、推动成果应用等方面的工作卓有成效，希望市自然基金在第七届市基金委的领导下，牢牢抓住基础研究发展历史机遇，强化战略部署，系统谋划北京市基础研究领先行动方案；进一步推动改革，激发创新活力，要尊重创新精神，尊重科学家，让科学研究适应时代发展；进一步强化顶层设计，形成系统布局，引导科学家勇闯科技前沿“无人区”，加快研究制定青年人才长周期资助计划；进一步打破学科壁垒，培养交叉学科人才；进一步强化多元投入，促进成果转化。

（李韶庭）

【市科协第十次代表大会召开】 7月13—14日，北京市科学技术协会第十次代表大会在北京会议中心召开。北京市委、市人大常委会、市政府、市政协，中国科协主要领导出席会议。来自首都各领域的科技工作者代表，各委办局领导、各区领导近800人参加。市科协第九届委员会主席、中国工程院刘德培院士作《踔厉奋发 赓续前行 团结引领首都科技工作者 为高水平科技自立自强和首都发展而努力奋斗》的工作报告。大会通过《关于北京市科学技术协会第九届委员会工作报告的决议》和《北京市科学技术协会实施〈中国科学技术协会章程〉细则》，中国科学院李静海院士当选为市科协第十届委员会主席。市委书记蔡奇强调，要坚持以习近平新时代中国特色社会主义思想为指导，深入实施创新驱动发展等重大国家战略，认真落实第十三次党代会提出的各项部署，努力把北京建设成为世界主要科学中心和创新高地，为建设科技强国、实现高水平科技自立自强作出应有贡献。

（张红波）

【2022年全面从严治党（党建）工作会议召开】 7月20日，市科委、中关村管委会召开2022年全面从严治党（党建）工作会议。市科委、中关村管委会党组书记张继红等领导及机关处室和直属单位处级以上领导干部，北京首都科技发展集团有限公司领导班子成员、新型研发机构党组织负责人等70人参加会议。会议传达十九届中央纪委六次全会和市纪委十二届七次全会精神，总结信访线索处置及监督执纪情况，突出“五个聚焦”部署纪检监督重点任务，扎实做好派驻监督工作。会议指出，各级党组织和全体党员要以强烈的使命担当、首善的工作标准、务实的工作作风深入推进全面从严治党工作；强化政治统领，为科技工作提供坚强有力保证；强化党建引领，推动首都科技创新实现新跃升；强化使命担当，锻造“懂科技、敢创新、爱奋斗”的“创新

发展战斗队”；强化基础建设，全面提升机关基层组织力；强化责任落实，持续推进全面从严治党。会议号召，市科委、中关村管委会各级党组织要以习近平新时代中国特色社会主义思想为指导，在市委、市政府的坚强领导下，砥砺奋进、笃行不怠，奋力推进党的建设高质量发展，为加快实现高水平科技自立自强提供坚强有力保证，以实际行动迎接党的二十大胜利召开。

（吴　迪）

【北京办公室“一处七办”工作调度会议召开】 8 月 9 日，北京办公室召开“一处七办”工作调度会议。市委常委、副市长、北京办公室副主任靳伟参加会议并讲话。市政府副秘书长、北京办公室秘书长刘印春主持会议。会议听取北京办公室秘书处关于 1—7 月国际科技创新中心建设进展情况、存在的问题和下一步重点任务的工作报告。各专项办牵头单位汇报工作中的重点难点问题及建议对策。会议认为，在中央的坚强领导下，北京办公室“一处七办”全面落实市委、市政府重大决策部署和稳增长各项措施，对标对表年初确定的 216 项重点项目、重大任务，攻坚克难、狠抓落实，各项工作取得扎实成效。同时也要清醒认识到，当前经济运行压力增大，对以创新引领高质量发展提出更高要求。要切实把思想认识和行动统一到市委、市政府的决策部署上来，进一步提振信心、凝聚力量，落实好全年各项任务。会议强调，北京办公室“一处七办”要提高工作质量和水平。要把基础工作抓实做牢，保证制度的有效性、数据的真实性，结合审计署对市政府主要领导经济责任审计反馈的问题，“举一反三”排查和整改相关工作；要狠抓重点难点问题的推进落实，抓好新型研发机构布局和建设、财政经费支出、企业上市融资、人才引进等工作；要统筹推进好相关任务，抓紧启动 2023 年科技创新中心建设工作方案编制，以改革精神推进中关村世界领先科技园区建设，高质量、高水平办好 2022 中关村论坛；要多跟企业家接触，深入了解企业面临的资金、市场、人才等方面的实际困难，做好助企纾困、稳企惠企等工作。

（孙　萌）

【市委常委会研究推进农业中关村建设行动计划】 8 月 10 日，市委常委会召开会议，市委书记蔡奇主持。会议研究《北京市推进农业中关村建设行动计划（2022—2026 年）》，指出，要保持定力、久久为功，推进农业中关村建设，打造具有全国引领作用和全球影响力的农业科技创新中心，为全面推进乡村振兴、农业农村现代化提供北京样板。强化农业战略科技力量，积极引进一批国家级农业重点实验室、工程技术中心、新型研发机构等，突破一批“卡脖子”关键核心技术，助力建设“种业之都”。依托农业院校、科研院所，抓好平台和项目建设，推进产学研用深度融合。创建国家农业高新技术产业示范区，不断提升农业科技创新承载能力。高水平举办中国（北京）种业大会。发挥“两区”政策优势，加大产业发展、金融创新等先行先试力度，加快创新要素集聚，营造良好农业创新生态。大力发展农业高精尖产业，引进农业头部企业，打造现代畜禽种业、现代农作物种业全产业链。推进农业产业数字化转型，大力发展都市农业。深化部市合作，清单化管理、项目化推进，抓好行动计划落地实施。

（陈宝德）

【北京市科技战略决策咨询委员会成立大会召开】 8 月 12 日，北京市科技战略决策咨询委员会成立大会暨第一次全体委员会议召开。市委副书记、市长陈吉宁等领导及专家委员代表等参加。会议介绍战略咨询委情况，宣读首届委员名单，审议战略咨询委工作规则、委员工作细则和 2022 年度工作计划。陈吉宁为首届战略咨询委主任委员、秘书长及专家委员代表颁发聘书。首届战略咨询委主任委员由中国科学院副院长张涛担任；专家委员由 28 名国内外战略科学家组成，其中外籍院士 13 名；部门委员由市科委、中关村管委会，市发展改革委，市教委，市经济和信息化局，市财政局，市规划自然资源委，市商务局，市金融监管局，市社科联，市科研院和市社科院等 11 名主要负责人组成。陈吉宁强调，专家委员要加强政策综合研究，推动健全完善创新导向的政策体系，促进科技资源更加高效科学配置。聚焦长期性和方向性问题，以全球视野、战略维度、专业水准把握新兴领域新发展机遇，谋划优化科创战略布局。结合创新范式演变，深化科研组织模式和体制机制改革，及时形成改革政策建议，突破制约创新的根节问题，促进“从 0 到 1”“从 1 到 10”的重大创新成果。科学对话、沟通和交流与科技创新同等重要，要多做科学对话工作，推动形成有利于培养一批跨领域、跨学科的综合性战略科技人才的良好氛围。部门委员要积极发挥作用，支撑战略咨询委工作，秘书处要组织好交流研讨等活动，及时报送委员意见建议，推动战略咨询委和国际科技创新中心建设工作互相促进、更好融合。

（谢莉娇　徐建功）

【“北京科技创新国际交流合作成效”新闻通气会召开】 9 月 13 日，市委宣传部和市科委、中关村管委会联合组织在京媒体记者，召开“北京科技创新国际交流合作成效”新闻通气会，介绍北京坚持创新引领、推动科技领域国际合作交流的主要做法与成效。包括搭建国际交流平台，持续提升科技创新合作支撑能力；增强创新政策供给，持续优化科技创新合作生态系统；深化政府间交流合作，不断稳固科技创新合作工作基础；激发民间主体力量，稳步拓宽科技创新合作的新路径。中关村发展集团股份有限公司、英国励讯集团、诺和诺德中国研发中心等相关单位介绍落实先行先试改革情况。

（徐建功）

【北京办公室“一处七办”第三季度工作会议召开】10月26日，北京办公室召开“一处七办”第三季度工作会议。市政府副秘书长、北京办公室秘书长刘印春主持会议并讲话。会议听取北京办公室秘书处关于2022年第三季度国际科技创新中心建设进展情况的汇报，研究调度5个进度滞后的工作项目，听取各专项办关于2023年北京国际科技创新中心建设重点任务工作方案编制情况的汇报。会议强调，要深入学习贯彻党的二十大精神，坚持以习近平新时代中国特色社会主义思想武装头脑，研究把握中国式现代化的特点和规律，围绕建设科技强国的目标，进一步完善科技创新体系，加快实施创新驱动发展战略。要立足新时代新征程，谋划和推动北京国际科技创新中心建设，打造新型举国体制下的国家战略科技力量、提升原始创新能力并打赢关键核心技术攻坚战、探索中关村先行先试改革和全面改革创新、形成具有全球竞争力的开放创新生态，加快实现高水平科技自立自强，推动首都经济高质量发展。

（孙　萌）

【北京办公室“一处七办”第四季度工作会议召开】12月9日，北京办公室召开“一处七办”第四季度工作会议，专题调度《北京国际科技创新中心建设重点任务2023年工作方案》编制工作。市委常委、副市长、北京办公室副主任靳伟主持会议并讲话。市政府副秘书长、北京办公室秘书长刘印春参加会议。会议听取北京办公室秘书处关于《2023年工作方案》编制情况的汇报，以及各专项办关于2023年重点项目及任务清单编制情况的汇报。会议指出，2023年是全面贯彻落实党的二十大精神的第一年，谋划好科创中心年度重点任务，对于稳定发展预期、提振市场信心、激发创新主体活力和促进高质量发展具有重大意义。会议强调，北京办公室“一处七办”要高站位谋划科创中心2023年重点任务，突出三个工作重点：发挥新型举国体制优势，突出国家战略科技力量体系建设，全力支持国家实验室、全国重点实验室和新型研发机构等开展科研攻关，不断取得重大原始创新成果；突出教育、科技、人才协同发展，形成创新驱动发展的有力支撑；突出改革开放，加快推进中关村先行先试改革和高水平对外开放，强化对全球创新资源的配置能力，优化创新发展环境。要抓实四大任务：持续深化中关村先行先试改革，用足用好24项先行先试改革措施，及时复制推广，从更高层次、更广领域研究提出下一轮改革举措，积极争取国家部委支持，发挥先行先试优势，破解制约科技创新的根节问题；建设中关村世界领先科技园区，抓紧出台《中关村世界领先科技园区建设方案》，创新一区多园体制机制，优化提升示范区的空间载体；打造高水平人才高地，有力推动战略科学家、科技领军人才和青年科技人才等的引进与培养，更好发挥高水平研究型大学、大学科技园区等的功能作用；持续培育高精尖产业新动能，提升“三城一区”的发展能级，做优做强优势产业集群，增强首都高质量发展的综合实力和比较优势。

（孙　萌）

【全国科技工作会议召开】12月30日，全国科技工作会议在北京以视频形式召开。科技部党组书记、部长王志刚传达国务院领导重要批示并作工作报告，科技部副部长张雨东主持会议。中国科学院、中国工程院等单位负责人，科技部系统全体干部职工及相关部委等负责人参加会议。会议回顾总结2022年科技工作和党的十八大以来科技创新的历史性成就和宝贵经验，分析面临的形势和挑战，部署2023年重点任务。会议指出，2022年全国科技界重点研发计划79个专项全面展开，“科技冬奥”212项技术在北京冬奥会落地应用，会同人民银行设立4000亿元科技创新再贷款。新建2家国家自创区、8家国家高新区、5家国家可持续发展议程创新示范区和25个创新型城市。开展减轻青年科研人员负担专项行动，重点研发计划设立400余项青年科学家项目。会议指出，党的十八大以来的10年科技实力跃上新的大台阶，全社会研发经费支出从1万亿元增加到2.8万亿元，研发投入强度从1.91%提升至2.44%，中国在全球创新指数中的排名从第34位上升到第11位。会议还强调2023年全国科技工作要重点抓好10个方面的重点任务。

（徐建功）

重大活动

【概述】 2022 年，围绕北京国际科技创新中心建设，多项重大科技活动举办。以“创新增动能，创业促就业”为主题的全国大众创业万众创新活动周北京会场暨中关村创新创业季举办，首届“京彩大创”北京大学生创新创业大赛总决赛同期举办；以“走进科技 你我同行”为主题的全国科技活动周暨北京科技周活动主场首次在北京城市副中心绿心公园举办，重点展示“十四五”期间北京领先的科技创新成果；2022 世界机器人大会、HICOOL 2022 全球创业者峰会、北京互联网大会、第十二届中意创新合作周、第 25 届京台科技论坛等活动举办。市政府发布《北京市人民政府关于 2021 年度北京市科学技术奖励的决定》，授予北京市科学技术奖人物奖 16 项、项目奖 191 项。面向全球发布《国际科技创新中心指数 2022》《自然指数—科研城市 2022》，北京首次超越伦敦，在全球科创城市中位列第三位，在全球科研城市中蝉联榜首。“中关村指数 2022”发布，中关村指数稳步提升。

（徐建功）

【第六届中国创新挑战赛（北京）现场赛暨颁奖典礼举办】 1 月 7 日，由科技部火炬中心，北京市科委、中关村管委会联合主办，北京技术市场协会承办的第六届中国创新挑战赛（北京）现场赛暨颁奖典礼在北京化工大学国家大学科技园举行。大赛于 2021 年 7 月启动，聚焦医药健康和新一代信息技术两大产业，通过平台发布、媒体推送、线下活动、专业机构征集等方式，多渠道、多形式、多部门联合面向社会征集和发布创新需求。最终，企业提出技术需求 110 余项，高校、院所、企业共提交解决方案 71 项，首批形成意向对接项目 8 项。来自需求企业、创新挑战团队、高校院所、专业服务机构的代表 80 余人参加活动。在现场赛比拼环节，7 个挑战团队围绕“卵巢冷冻保存技术”“首创三阴性乳腺癌新药研发资源对接”两项生物医药领域企业创新需求进行揭榜比拼，3 个挑战团队围绕新一代信息技术领域“全国产化硬件开发、通用硬件模块开发、嵌入式软件模块开发、结构设计开发、实现主控功能技术”等企业技术创新需求进行角逐。最终，澎峰（北京）科技有限公司等 4 家单位获优秀企业需求奖，首都医科大学附属北京妇产医院内分泌科、国家癌症中心等 25 家单位获优秀挑战单位奖，北京协和医学院培训中心、北京实创科技园开发建设有限公司等 17 家单位获优秀组织单位奖。

（徐建功）

【北京城市副中心产业高质量发展推进大会召开】 1 月 19 日，“踔厉奋发 扬帆远航——北京城市副中心产业高质量发展推进大会”在北京国际财富中心召开。副市长、市政府党组成员，北京市委城市副中心工委书记（兼），北京城市副中心管委会主任（兼）隋振江出席并讲话。会上，通州区规划自然资源分局、区投促中心、区科委、区重大项目协调服务中心发布产业空间清单、产业政策清单、应用场景清单、企业服务清单等 4 个清单。三大类 15 项应用场景项目清单包括元宇宙、智慧城市建设和绿色发展。会上，通州区提出布局和推进元宇宙产业创新发展，规划建设“1”个元宇宙应用创新中心 + “N”个特色主题园区的产业空间布局。蓝色宇宙数字科技有限公司等成为首批落户北京城市副中心的元宇宙企业。

（王 云）

【2022 全球数字经济创新大赛启动】 4 月 7 日，由市经济和信息化局、朝阳区政府、亚洲数据集团共同承办的 2022 全球数字经济创新大赛启动。大赛以“科技创新 · 产业赋能——数字经济新格局”为主题，面向德国、英国、法国、新加坡、以色列、意大利、新西兰等国家，以及国内一流创新型城市进行公开招募数字经济领域创新项目，并设置奖励机制，从多个维度给予获奖项目支持。大赛通过举办 1 场总决赛、5 场分站赛，以及配套展览展示、产业对接、云上大赛等形式，打造“1+5+N”整体赛事架构。遴选标准以全球数字经济发展的热点、重点、难点为核心，聚焦新一代信息技术、数字文体、数字低碳、

数字消费、数字制造等全球数字经济重点发展产业，延展辐射20余个细分领域，甄选在数字经济领域具有引领性和发展性的国际国内创新项目。大赛邀请来自IDG资本、红杉资本中国基金、软银中国资本(SBCVC)、澳银资本、金沙江创业投资基金等全球200余家头部投资机构的高管担任投资导师，并邀请数字经济领域的专家、学者、业界精英共同参与。投资导师以资本的视角，从全球市场分析、行业洞察、商业模式、技术方向、开发技巧、市场推广等多维度对参赛项目进行指导和评审。加强产业对接，推动项目落地，是本次大赛的重点。大赛设置政策推介、产业对接交流、企业实地参观考察等活动，帮助政府、企业、资本、创新项目搭建沟通的桥梁，加速项目落地转化，实现产业数字转型。

（徐建功）

【第十一届中国创新创业大赛北京赛区举办】5—9月，由市科委、中关村管委会，市发展改革委，市教委，市经济和信息化局，市财政局，市人力资源社会保障局主办的第十一届中国创新创业大赛北京赛区举办。1050家创业企业报名参赛，项目涉及新一代信息技术、生物医药、新材料、节能环保等领域。经过初赛、复赛、决赛，最终56个项目获奖。其中，北京智联安科技有限公司的“5G NR高精度低功耗定位芯片”、阿依瓦（北京）技术有限公司的“基于AR技术的设备管理远程协同解决方案”、北京融信数联科技有限公司的“实时决策支撑系统”、北京中因科技有限公司的“基于基因技术的遗传性视网膜疾病治疗药物研发”、北京中纺海天新材料技术有限公司的“碳纤维上浆剂研发与产业化项目”、北京滴普科技有限公司的“滴碳云”和北京轻舟智航科技有限公司的“城市自动驾驶全场景解决方案”等7个项目获成长组一等奖，脉冲视觉（北京）科技有限公司的“超高速脉冲视觉智能传感器”、神济昌华（北京）生物科技有限公司的“治疗渐冻症(ALS)的基因药物”、北京纳研纳米材料科技有限公司的“智能钎焊纳米材料项目”和北京品创明科技有限责任公司的“柔索机器人”等4个项目获初创组一等奖。

（徐建功）

【首届人工智能安全大赛举办】7月13日，由中关村实验室、国家工业信息安全发展研究中心、清华大学人工智能研究院、北京瑞莱智慧科技有限公司联合主办的首届人工智能安全大赛在北京启动。作为中关村论坛前沿大赛的专题赛，大赛以“共筑AI安全 安享智能未来”为主题，聚焦人工智能产业面临的安全挑战，旨在以竞赛方式破解安全难题，培育高水平的人工智能安全团队，同时强化人工智能治理体系与安全评估能力建设，助力人工智能产业高质量发展。大赛设有人脸识别安全、深度伪造安全、自动驾驶安全3个赛道，共吸引来自国内70余所高校、科研院所、企业机构的400余支团队、600余名选手参赛。9月16日，大赛颁奖典礼暨主题技术论坛在中关村国家自主创新示范区会议中心举办，上海交通大学联合战队“Are You Fake”与北京交通大学战队“BJTU-ADaM”分别获深度伪造安全赛道和自动驾驶安全赛道第一名，北京理工大学战队“Deep Dream”与建信金科战队“Tian Quan & LianYi”获人脸识别安全赛道第一名。

（徐建功）

【2022全球数字经济大会举办】7月28—30日，由国家发展改革委、工业和信息化部、商务部、国家网信办、中国科协、北京市政府主办的2022全球数字经济大会在北京国家会议中心举行。大会以“启航数字文明——新要素、新规则、新格局”为主题，汇聚政、产、学、研、用、金多方共同助力全球数字经济标杆城市建设，致力推动全球数字经济领域交流合作。大会设置开幕式及主论坛、6个主题峰会、近50场专题论坛，并首设元宇宙会场。参会多国专家学者及企业代表围绕数字基础设施布局、新型数据要素配置、筑牢数字安全屏障、平衡数据安全与数据流通、释放数据资源红利、数字经济和数字技术投资、全球规则标准合作等话题进行探讨。大会举办数字经济体验周、数字经济精品展、全球数字经济创新大赛及成果发布会等四大特色活动，发布《全球数字经济白皮书》《北京数字经济发展报告(2021—2022)》《2022年中国云计算生态蓝皮书》等研究成果。

（李小骏）

【2022世界机器人大会举办】8月18—21日，由北京市政府、工业和信息化部、中国科协主办的2022世界机器人大会在北京经济技术开发区举办。大会以“共创共享 共商共赢”为主题，设置论坛、博览会、大赛三大板块及系列配套活动。论坛由1场开幕式、3场主题峰会、40余场专题论坛及配套活动组成，以线上线下结合、境内境外互动的方式进行，15个国家和地区的300余位专家、学者围绕未来机器人、仿生机器人、人工智能等热点话题分享机器人领域前沿学术成果和发展趋势。博览会展览面积4万平方米，设国之力量、智能制造、智慧建筑、智慧农业、智慧矿山、核心零部件、工业互联网、智慧医疗、

智慧物流、智慧商业、智慧无人机、智慧应急与安全等主题专区，130余家企业展示耐高温消防灭火机器人、会唱歌的人形机器人、游弋池中的智能仿生机器鱼等500余件展品，36款全球首发产品集中发布，现场成交额72亿元。大赛设共融机器人挑战赛、BCI脑控机器人大赛、机器人应用大赛、青少年机器人设计大赛四大赛事，下设56个赛项、142个竞赛组别，约有4000名机器人赛手同场竞技。大会发布《中国机器人产业发展报告（2022）》《2022—2023年机器人十大前沿技术》《2022—2023年十大机器人应用热点产品》等研究成果；组织优秀项目集中路演，30余家投资机构现场对接；举办多场产业研修班、供需对接会等特色活动。

（杜涵涵　徐建功）

【2022年北京科技周活动举办】 8月20—27日，由科技部、中央宣传部、中国科协主办的2022年全国科技活动周暨北京科技周活动在通州区城市绿心公园举办。活动以“走进科技　你我同行”为主题，重点展示“十四五”期间北京领先的科技创新成果。主场设在北京城市副中心，包括室内主题展和户外互动展。室内主题展区4000平方米，户外互动展区1万平方米。其中，室内主题展以“创新发展、北京争先”为主线，重点展示人工智能芯片、脑科学、双碳、元宇宙等领域的创新成果；户外互动展包括“创新之城”“双奥之城”“绿色之城”“魅力通州”等展区，运用虚拟现实（VR）、增强现实（AR）、三维视觉等展示技术，展示创新发明成果、科普基地巡展、冬奥互动体验等具体内容，为公众带来互动性强、体验性好的科普盛宴。北京“云上”科技周同步上线，设置云展厅、精彩展项、门票预约等栏目，推动参展展项的数字化展示，实现线上“看展、听展、问展”，点击量累计达100万余人次。市科普联席会各成员单位、各区、在京创新主体和科普基地等全城联动，开展100余场各具特色、内容丰富的科技周活动。活动共接待300余个团体，举办院士讲座、AI科普课堂、自主智能技术机器人科普活动等6场科普活动，累计线下受众7万余人次。

（徐建功）

【HICOOL 2022全球创业者峰会举办】 8月26—28日，由北京海外高层次人才协会主办的HICOOL 2022全球创业者峰会在京举办。峰会以“创业同心　相聚创新”为主题。在开幕式上，北京市委书记蔡奇、教育部部长怀进鹏、北京市委副书记殷勇致辞；签署《留学人才回国服务示范区合作框架协议》，留学人才回国服务示范区揭牌；启动国家（中关村）火炬科创学院试点建设；启动火炬科创金融加速计划暨“火炬科创基金”，支持火炬科创学院建设、运营、项目孵化、成果转化。峰会设有大赛、论坛、展览、投资、优秀项目等板块。与会代表围绕全球科创热点，分享前沿科创信息，探讨全球化背景下创新、创业前沿热点与发展趋势。峰会展览面积约1.8万平方米，设有HICOOL优秀项目、商学院、高水平人才高地、全球创业社区等展区，设置项目路演、创业市集等特色活动，320余家企业参展，展示机器人、虚拟直播、元宇宙等前沿领域的创新成果。峰会举行HICOOL 2022全球创业大赛颁奖仪式，清云智通（北京）科技有限公司的“流程工业数字孪生系统”等7个项目获一等奖。

（徐建功）

【2022年服贸会举办】 8月31日—9月5日，由商务部和北京市政府共同主办的2022年中国国际服务贸易交易会在国家会议中心和首钢园区举办。本届服贸会的主题为“服务合作促发展　绿色创新迎未来”，设置全球服务贸易峰会、论坛会议、推介洽谈、成果发布、配套活动等6类活动。举办15.2万平方米的展览展示活动，线下参展企业2400余家，线上参展企业7800余家，累计入场25万余人。举办7场高水平高峰论坛、100余场专业论坛和行业会议，汇聚政府官员、专家学者和业界精英，聚焦前沿领域，交流最新观点。截至9月5日，本届服贸会共达成各类成果1339个，其中成交项目类513个、投资类175个、首发创新类173个、战略协议类128个、权威发布类82个、联盟平台类26个、评选推荐类242个。发布《中国服务贸易发展报告2021》《中国展览业发展报告2021》等报告，反映发展趋势，汇聚研究成果。

（徐建功）

【2022年全国双创周北京会场活动举办】 9月15—21日，2022年全国大众创业万众创新活动周北京会场暨中关村创新创业季在京举办。北京会场以“创新增动能，创业促就业”为主题，采用线上与线下相结合的形式举办启动仪式、线上展示、大赛路演等活动。双创周北京会场线下举办首届“京彩大创”北京大学生创新创业大赛总决赛，包括总决赛创业团队项目路演、优秀项目展示、项目签约、颁奖典礼等；举办“创响中国”海淀站暨京津冀双创示范基地联盟主站活动，包括京津冀双创示范基地联盟培训基地授牌、颠覆性创新榜单发布及颁奖、颠覆性创新企业落地签约、院士主旨演讲和专家对话会等。2022年北京会场网络平台设置“云上展厅”入

口，四大展示区域共展示创新创业项目170项。其中，“新技术助力自立自强”展区展示中氢新能技术有限公司研发的甲醇重整制氢燃料电池产业化等62个项目，重点展示在突破核心关键技术、支撑科技自立自强等方面的典型案例；“新业态拓展就业空间”展区展示北京必诺必和医药科技有限公司研发的国内原创的高安全性口服驱铅新药等53个项目，重点展示高校毕业生等重点群体在新业态、新场景下有特色、有特点的创新创业项目；“新动能提升发展韧性”展区展示北京帮威客科技有限公司研发的元宇宙智慧楼宇管控平台等31个项目，重点展示新动能发展助力创新创业、提升发展韧性等方面的工作成效和典型案例；“新生态激发主体活力”展区展示北京微核芯科技有限公司研发的微核芯开源处理器等24个项目，重点展示双创示范基地、孵化器、创业服务机构服务创新创业的典型案例。北京会场网络平台还设有创业就业专题、重点活动展播、政策服务专区等特色栏目，同步呈现北京创新创业成效和活动周的重点活动实况。

（程晓荷）

【2022世界智能网联汽车大会举办】9月16—19日，由北京市政府、工业和信息化部、公安部等单位主办的2022世界智能网联汽车大会暨中国国际新能源和智能网联汽车展览会在中国国际展览中心（顺义馆）举办。大会以“智能加速度·网联新生态”为主题，开展17场活动，包括1场开幕式暨主论坛、7场主题峰会、6个特色专场、2场闭门会、1场实地调研活动。会上发布《国内外智能网联汽车法律法规对标研究白皮书》《北京市高级别自动驾驶示范区数据分类分级方法白皮书》《中国汽车基础软件发展白皮书3.0》等7项行业研究白皮书。来自20余个国家和地区的2500余位代表围绕政策法规与规模化发展、新型基础设施与数字化赋能、网络安全与数据安全、智慧交管与车网协同等议题展开交流研讨。中国国际新能源和智能网联汽车展览会同期召开。近200家媒体关注大会，线上、线下观看人数超1000万人次。

（袁永章）

【2022北京互联网大会召开】9月22日，由北京市通信行业协会主办的2022（第十九届）北京互联网大会在京召开。大会以“数融万物智驱未来·打造全球数字经济标杆城市”为主题，包括1场主论坛、3场分论坛。工业和信息化部、北京市通信管理局等单位有关负责人及基础电信企业、互联网企业的代表等参加。与会代表探讨数字经济发展新方向及数字经济合作新途径。会议发布2022年北京通信业经济运行数据。数据显示，截至2022年7月，北京市累计建成并开通5G基站6.3万个，每万人拥有5G基站28.9个，在全国排名第一。会议还发布北京5G应用典型案例、北京美丽数字乡村典型案例、北京信息通信行业适老化及无障碍服务优秀案例。

（徐建功）

【北京科技创新成果参展“奋进新时代”主题成就展】9月27日，由中央宣传部、国家发展改革委、中央军委政治工作部、北京市政府联合主办的“奋进新时代”主题成就展在北京展览馆开幕。北京展区设“首都功能不断优化提升”“京津冀协同发展取得新突破”“经济高质量发展迈出坚实步伐”“人民群众生活品质明显提升”“世界首个‘双奥’之城熠熠生辉”等5部分。实景沙盘互动展项立体化展示京津冀协同发展新成效，北京对外开放布局图互动展项直观展现北京经济建设成就，国际科技创新中心互动展项全景展示北京国际科技创新中心建设成果等。同时展出的还有“怀柔一号”科学卫星模型、国内首款可量产的大型服务机器人优友U05S、身高177厘米的全尺寸人形仿生机器人CyberOne、新羿制造科技（北京）有限公司的数字PCR仪器等科技产品，展示北京近10年的发展成就。

（徐建功）

【北京位列世界五大科技集群第三位】9月29日，世界知识产权组织发布《2022年全球创新指数报告》（GII 2022）。《报告》从创新投入和创新产出两个方面，设置政策环境、人力资本与研究、基础设施、市场成熟度、商业成熟度、知识与技术产出、创意产出7个大类81项细分指标，对全球132个经济体的创新生态系统表现进行综合评价排名。《报告》显示，中国排名第11位，较2021年上升1位，在36个中高收入经济体中位列第一。北京位列世界五大科技集群第三位，东京—横滨、深圳—香港—广州、首尔、圣何塞—旧金山、上海—苏州分别位居第一、二、四、五、六位。

（陈宝德）

【2021年度北京市科学技术奖励的决定印发】11月9日，市政府发布《北京市人民政府关于2021年度北京市科学技术奖励的决定》（京政发〔2022〕33号）。2021年度北京市科学技术奖共有16位科学家、191项成果获奖。其中，授予谢晓亮院士北京市突出贡献中关村奖，授予肖云峰、高扬等9位青年科学家北京市杰出青年中关村奖，授予阿尔门·谢尔盖耶

夫教授等6位外国科学家北京市国际合作中关村奖；授予“黑洞搜寻与吸积物理研究”等5项成果北京市自然科学奖一等奖，授予“高温超导体中压致超导再进入现象的发现与机理研究”等25项成果北京市自然科学奖二等奖；授予“非结构光场智能成像关键技术与装备”等3项成果北京市技术发明奖一等奖，授予“多光源可调节的面曝光3D打印关键技术及应用”等9项成果北京市技术发明奖二等奖；授予“全系统全频北斗厘米级高精度定位芯片研发及产业化”等37项成果北京市科学技术进步奖一等奖，授予“北斗高精度大气探测系统关键技术及应用”等112项成果北京市科学技术进步奖二等奖。

（徐建功）

【北京37人获中国青年科技奖】 11月12—13日，在2022世界青年科学家峰会上，第十七届中国青年科技奖名单揭晓，共100人获青年科技奖，其中10人获特别奖。北京市37人获青年科技奖，其中3人获特别奖，分别是北京航空航天大学电子信息工程学院讲师王志鹏、中国人民解放军军事科学院系统工程研究院科研人员杨健、北京理工大学前沿交叉科学研究院教授黄佳琦。

（陈宝德）

【中关村新一轮先行先试改革成效发布】 11月18日，在2022中关村论坛新闻发布会上，科技部战略规划司介绍中关村新一轮先行先试改革成效。在税收支持方面，允许企业出资与自然科学基金联合设立开展基础研究、关键核心技术攻关的公益性基金的支出享受研发费用加计扣除政策，对上市高新技术企业授予个人的股票期权、限制性股票和股权奖励可在3年内分期缴纳个人所得税，将科技型中小企业研发费用加计扣除比例从75%提高至100%，增强创新主体研发活力。在成果转化方面，科技部等九部委联合印发通知，允许注册在海淀园的中央单位适用《北京市促进科技成果转化条例》；开展科技成果“先使用后付费”改革试点，采取“零门槛费+里程碑支付+收入提成”或“延期支付许可费”等方式授权中小企业先行试用科技成果；探索“揭榜挂帅”机制，支持科技领军企业牵头组建创新联合体。在科技金融方面，出台全链条金融支持政策，加大对科技创新企业的创业投资、银行信贷、上市融资等支持力度；支持开展首台（套）重大技术装备保险试点、新材料首批次应用保险试点等，鼓励保险公司为科技企业提供综合性保险解决方案。在人才服务方面，支持新型研发机构与高校联合培养研究生实现常态化；发布北京市境外职业资格认可目录，支持和鼓励境外专业人员来京创新创业。在开放创新方面，加快创建以促进研发创新为特色的中关村综合保税区；发布外国资深学者研究基金团队试点项目指南，支持外籍科学家在基础科学前沿领域领衔科研团队开展研究。

（王爱华）

【《2022年自然指数—科研城市》发布】 11月26日，英国《自然》期刊增刊发布《2022年自然指数—科研城市》，分析全球主要城市和都市圈2021年在自然指数追踪的82种自然科学期刊中的科研产出。北京在世界领先的科研城市中依然保持首位。这是自2016年超过纽约都市圈成为全球排名第一的科研城市后，北京连续第六年位居首位。

（徐建功）

【2022北京—特拉维夫创新大会举办】 11月29日—12月1日，由中国科学技术交流中心，北京市科委、中关村管委会，北京市昌平区政府，以色列驻华使馆，以色列创新署共同主办的2022北京—特拉维夫创新大会·第六届中以创新创业（北京）大赛在昌平未来科学城以线上方式举办。中以两国科技界、投资界、行业组织和企业代表等约400人参加。大会以“创新合作，发展共赢”为主题，主要内容包括开幕式、国际合作—创新网络和多方合作伙伴关系论坛、第六届中以创新创业大赛北京对接挑战赛、中以创新生态联盟工作研讨会等。大赛包括北京揭榜挑战赛和北京对接决赛，分别聚焦在京重点企业的技术需求和以色列创新技术项目在中国的市场发展潜力。共23个项目参加比赛，评选出以色列PlantArcBio公司的“作物基因探索改良技术及RNA干扰技术”等6个优胜项目。

（朱　迪）

【2022北京国际设计周主题展开幕】 12月9日，由北京国际设计周组委会与北京冬奥组委文化活动部、北京歌华传媒集团、中央美术学院联合主办，北京奥运城市发展促进中心协办，北京歌华文化发展集团有限公司承办的2022北京国际设计周主题展开幕暨经典设计奖颁奖仪式在线上举办。北京国际设计周设立的主题展览为“北京2022年冬奥会和冬残奥会设计创新展”。展览以“体验”+“揭秘”的形式，全面展示冬奥设计的理念、创新与管理成果。其中，“体验”通过搭建复原首都体育馆、主媒体中心等8个北京冬奥会的经典场景，带领观众沉浸式、全景式“畅游”冬奥场馆，切身感受冬奥设计和中国文化之美；“揭秘”以手稿、实物、纪录片等形式，线下线上为观众呈现冬奥设计成果的诞生过程。展览首次汇聚全部北

京冬奥艺术设计成果，在“后冬奥”时期继续对奥运文化进行传播，形成可借鉴、可利用的冬奥设计遗产，彰显北京作为世界设计名城的实力和担当。

（徐建功）

【《国际科技创新中心指数2022》发布】 12月19日，施普林格·自然集团、清华大学产业发展与环境治理研究中心面向全球发布《国际科技创新中心指数2022》（Global Innovation Hubs Index，GIHI 2022）。指数显示，北京首次超越伦敦，在全球国际科技创新中心中位列第三。粤港澳大湾区、上海均进入全球前十强，分别位居全球第六、第十。

（徐建功）

【“中关村指数2022”研究结果发布】 12月21日，北京方迪经济发展研究院、中关村创新发展研究院在京发布“中关村指数2022”研究结果。中关村指数包含创新引领、双创生态、高质量发展、开放协同、宜居宜业5个一级指标、11个二级指标、35个三级指标，刻画中关村创新发展的新动态、新特点、新趋势。研究显示，中关村指数稳步提升，2021年达到287.8，较2020年提升36.5，是2013年的2.9倍。在5个一级指数中，创新引领指数快速上升，为347.3；双创生态指数提升明显，为453.0；开放协同指数和高质量发展指数均较快增长，分别达270.2、246.4；宜居宜业指数相对平稳，为122.1。

（徐建功）

中关村论坛

【概述】 2022中关村论坛原计划于9月22—27日在京举办，后计划推迟至11月25—30日举办，最终改期至2023年举办。计划设置论坛会议、展览展示、技术交易、成果发布、前沿大赛、配套活动等六大板块126场活动。2022年，中关村论坛部市会商会、中关村论坛执委会全体会议、中关村论坛执委会工作会议等相继召开，统筹中关村论坛的会议筹备及相关工作。2022中关村论坛系列技术交易活动——新技术新产品首发与供需对接新一代信息技术和医药健康领域、智慧城市应用场景领域等专场活动举办，多项新技术、新产品发布。2022细胞科学北京学术会议“净零未来：脱碳之路”“医学的未来：AI赋能医疗健康”以线上方式举办，受到国内外广泛关注。北京脑科学国际学术大会、中德智能网联汽车国际创新论坛、美丽经济与可持续发展国际论坛等以线上或线下的方式举办，中关村论坛的国际影响力进一步扩大。

（徐建功）

【中关村论坛部市会商会召开】 1月14日，副市长、中关村论坛执委会执行副主任靳伟主持召开中关村论坛部市会商会。科技部副部长李萌、中国科协书记处书记吕昭平参加。会议强调，提高政治站位，进一步把握论坛功能定位，全面贯彻习近平总书记向2021中关村论坛视频致辞重要精神，打造面向全球科技创新交流合作的国家级平台；坚持高端定位、全球视野，进一步深化论坛方案设计，完善组委会和执委会组织架构、职责分工和运行机制；进一步强化工作统筹协同，发挥8家主办单位的各自优势，形成工作合力。国家发展改革委、工业和信息化部、国务院国资委等主办单位参加。

（赵　哲）

【中关村论坛执委会全体会议筹备工作调度会召开】 3月14日，副市长、中关村论坛执委会执行副主任靳伟主持召开中关村论坛执委会全体会议筹备工作调度会。靳伟就中关村论坛执委会第一次全体会议的筹备工作作详细部署，包括需要经执委会全体会审议的2022中关村论坛总体方案、中关村论坛组织委员会组织架构方案、中关村论坛执行委员会组织架构方案等。

（赵　哲）

【中关村论坛执委会全体会议召开】 3月18日，中关村论坛执委会全体会议召开，研究部署2022中关村论坛筹办工作。北京市委书记、执委会主任蔡奇主持会议，中央宣传部副部长、国务院新闻办公室主任、执委会副主任徐麟，科技部部长、执委会执行主任王志刚，国务院国资委主任、执委会执行主任郝鹏，中国科学院院长、执委会执行主任侯建国，中国工程院院长、执委会执行主任李晓红，中国科协分管日常工作副主席、书记处第一书记、执委会执行主任张玉卓，北京市委副书记、市长、执委会执行主任陈吉宁，国家发展改革委副主任、执委会执行主任林念修出席。会议指出，中关村论坛是中国面向全球科技创新交流合作的国家级平台，办好2022中关村论坛，将充分展现在国际科技创新交流中开放协作的国家形象，对构建新发展格局具有重要推动作用；要提高站位，站在党和国家事业发展全局的战略高度，认识和把握论坛的重要意义，增强责任感紧迫感，以更高标准做好筹办工作。会议强调，要抓紧完善论坛方案设计，落实落细筹办和服务保障任务；提前谋划开幕式、巡馆等重要活动；精心谋划品牌性论坛、创新性论坛等平行论坛，邀请国际科技组织代表、全球顶级科学家、知名企业家、投资人等领军人物发表主题演讲，提升国际影响力；高水平办好中关村论坛展览（科博会）和前沿科技创新大赛，高标准策划成果发布，大力推进技术交易，推动更多成果签约落地，体现北京国际科技创新中心建设成效。执委会执行副主任、副主任，执委会“一办十组”负责人，中央有关部门、市有关部门和相关区主要负责人参加。

（赵　哲）

【新一代信息技术和医药健康领域专场对接活动举办】 3月25日，由北京市科委、中关村管委会，天津市科技局，河北省科技厅共同主办，中关村宽带无线专网应用产业协会承办的2022中关村论坛系列技术交易首场活动——新技术新产品首发与供需对接（新一代信息技术和医药健康领域）专场活动在京举办。北京证券交易所、北京市通州区投促中心、天津滨海—中关村科技园办公室等单位相关负责人及企业的代表等参加。17家企业、创业团队发布新技术新产品，包括北京米赫医疗器械有限责任公司的“人工角膜”等来自京津冀的9个项目，美国斯坦福大学创业团队的“AI驱动的智能制造与万物互联实时大数据平台”等来自美国、德国和新西兰等国家的5个项目，以及北京中科银河芯科技有限公司（中国科学院微电子研究所）的“温湿度传感器芯片GXHTC3”等来自国家科研院所的3个项目。活动还举行政策宣讲，相关专家从新三板改革设立意义思路、北交所制度特色及企业上市路径3个方面进行解读。

（朱　凯　戴　力）

【中关村论坛执委会工作部署会召开】 3月29日，副市长、中关村论坛执委会执行副主任靳伟主持召开中关村论坛执委会工作部署会。会议传达市委书记、执委会主任蔡奇在中关村论坛执委会2022年第一次全体会议上的讲话精神，研究论坛筹办工作总体情况、开幕式和全体会议初步框架、场地使用、主要计划安排及中关村论坛展览（科博会）工作方案。会议强调，提高政治站位，认真贯彻落实中关村论坛执委会2022年第一次全体会议精神，积极担当作为，做好论坛筹备工作；抓好统筹协调，执委会办公室牵头做好参会部门、省市、协会、企业、高校、科学家的统筹协调工作，做好与中国国际服务贸易交易会的衔接工作，努力提高办会、办展质量；抓好亮点特色，结合元宇宙等新兴元素，重点突出国际化、科技感，做好市场化运作；抓好薄弱环节，在做好展览展示、调动国家部委资源、全体大会安排设计、全方位宣传报道上下功夫，切实补短板强弱项，提升论坛水平；抓好任务落实，将相关任务落实到责任单位和责任人，按照时间节点，倒排时间表，加快推进筹备工作，确保论坛顺利举办。中关村论坛执委会“一办十组”负责人及市有关部门负责人参会。

（赵　哲　陈宝德）

【2022细胞科学北京学术会议“净零未来：脱碳之路”举办】 3月29—31日，由北京市科委、中关村管委会与美国细胞出版社共同主办的2022中关村论坛系列活动暨北京国际学术交流季——2022细胞科学北京学术会议“净零未来：脱碳之路”在线上举办。会议围绕净零与脱碳等相关热点议题，以主旨演讲和圆桌论坛相结合的形式，围绕能源系统转型、重工业脱碳、负碳技术、基于自然的净零方案、清洁生产与消费、循环经济与可持续发展等重点领域方向开展跨国及跨学科对话，推动国际气候能源与可持续发展合作。来自中国、美国、加拿大、德国、瑞士、瑞典、澳大利亚、新西兰、巴西、印度等10个国家的38名碳中和科研领域知名科学家和顶尖学者在论坛上发言。会议在细胞出版社官方平台、新浪网、新浪微博及中关村论坛官网等渠道同步直播，活动总观看量约130万人次。

（戴　力　陈宝德）

【2022中关村论坛筹办动员部署会召开】 4月1日，市科委、中关村管委会主任许强主持召开2022中关村论坛筹办动员部署会。会议传达中关村论坛执委

会第一次全体会议及执委会办公室工作部署会议精神，研究建立全委筹办工作机制，形成重点任务清单。强调要发挥好执委会办公室、综合协调与外事保障、政策成果、平行论坛、前沿大赛等工作组牵头作用；加强与部委及北京市有关单位的沟通对接，以首善标准积极谋划制订开幕式、全体会议方案，提早向重磅嘉宾发出邀请，推进各项工作。

（赵　哲）

【中关村论坛组委会全体会议筹办工作调度会召开】 4月12日，副市长、中关村论坛执委会执行副主任靳伟主持召开调度会，研究中关村论坛组委会全体会议筹办工作。会议指出，要尽早履行相关会议报批程序，就论坛国际化等方面完善好背景材料；要加强论坛筹办工作统筹，明确论坛会议和展览展示板块工作机制；要加快推进论坛相关工作，提出拟邀请嘉宾名单，打造科技办会应用场景，设计出视觉识别系统及宣传片初稿。市政府副秘书长刘印春，市科委、中关村管委会主要领导及相关负责人参会。

（赵　哲）

【中关村论坛平行论坛工作部署会召开】 4月14日，市政府副秘书长刘印春主持召开中关村论坛平行论坛工作部署会。指出，各主办部委司局负责推进落实平行论坛方案策划与嘉宾邀请工作，协助推荐参加开幕式的外国元首、政府首脑，以及国际科技组织负责人，全球知名的科学家、企业家、投资人等，加强沟通中关村论坛工作动态；执委会办公室、中关村发展集团分别做好对接联络、统筹协调、督办论坛筹办及服务保障等工作。各主办部委联络司局、相关部委联络司局及市相关部门负责人参会。

（赵　哲）

【新技术新产品首发专场（航空航天领域）活动举办】 4月22日，由中关村科学城管委会主办，中关村意谷（北京）科技服务有限公司、北京实创亿达科技服务有限公司承办的2022中关村论坛系列技术交易活动——新技术新产品首发（航空航天领域）专场活动在京举办。活动聚焦航空航天卫星产业领域，发布展示一批新技术新产品新成果，邀请该领域科学家、企业家、投资人等参加。活动发挥中关村领军企业资源优势及引领带动作用，以大企业生态伙伴需求为牵引，搭建航空航天领域创新企业、应用需求单位、行业专家之间的交流合作、供需对接平台，助推航空航天产业发展。活动期间举行航空航天领域技术交易合作项目和产业园区入驻签约仪式，长沙天仪空间科技研究院有限公司与北京东方至远科技股份有限公司、涿州市君航电子科技有限公司与北京航天星泰空天技术研究院、北京微焓科技有限公司与中关村意谷（北京）科技服务有限公司、哈尔滨工大卫星技术有限公司与北京实创亿达科技服务有限公司等8家企业签约。中国长城工业集团有限公司的"'共享火箭'拼车发射服务"、中国科学院力学研究所的"mN级射频离子推力器"、北京微动时空科技有限公司的"微小卫星太阳帆板驱动机构（SADA）"、遨天科技（北京）有限公司的"商业卫星用霍尔电推进产品"等10家企业或创业团队的新技术新产品发布。

（朱　凯　戴　力　程晓荷）

【独角兽企业发展论坛举办】 4月29日，由丰台区政府主办、丰台园管委会承办的2022中关村论坛系列活动——独角兽企业发展论坛在线上举办。来自中国、美国、德国、法国等国内外独角兽企业、专家学者、服务机构的代表等参加。与会代表分享全球各国在独角兽企业培育方面的最新理念和经典案例，展现独角兽企业的培育经验，并围绕营造园区独角兽发展生态、充分利用市场化机制配置资源开展高端对话。会议在中关村论坛官网，市科委、中关村管委会抖音号，央广网，新浪网，新浪微博等渠道同步直播，总观看量超过250万人次。

（戴　力）

【2022细胞科学北京学术会议"医学的未来——AI赋能医疗健康"举办】 5月24—26日，由北京市科委、中关村管委会与美国细胞出版社共同主办的2022中关村论坛系列活动暨北京国际学术交流季——2022细胞科学北京学术会议"医学的未来——AI赋能医疗健康"在线上举办。来自美国、德国、瑞士等国家的临床医生、生物医学科学家和人工智能专家等参加。与会代表围绕人工智能在医疗诊断中的应用发展、面临的挑战及未来趋势等议题，分别就数字健康和移动健康、药物发现和治疗、人工智能赋能诊断和治疗、人工智能医疗行业的可信度和相关政策、人工智能在生物医学数据分析和人口健康中的应用等重点领域开展跨国及多学科交流。会议在大会官网，中关村论坛官网，新浪网，新浪微博及市科委、中关村管委会抖音号等渠道同步直播，近154万人次观看。

（戴　力　徐建功）

【2022北京智源大会举办】 5月31日—6月2日，由北京智源人工智能研究院主办的中关村论坛系列活动——2022北京智源大会在线上举办。科技部副部长李萌、北京市副市长靳伟出席开幕式并致辞。国内外200余位人工智能领域专家、学者参加。大会包括开幕式、特邀报告及26场专题论坛，内容覆

盖人工智能领域学术前沿、技术创新与产业应用等。与会代表就芯片前沿技术、自动驾驶、类脑计算、机器学习、人工智能伦理等方面进行交流。北京智源研究院发布《2022 智源研究院进展报告》。《报告》分别从挑战最基础的问题和最关键的难题、营造全球最佳学术和技术创新生态、共同推动人工智能产业发展和深度应用三个方面，重点介绍智源研究院的工作进展；发布高精度智能线虫“天宝 1.0”、“九鼎”智算平台、“悟道”大模型落地应用等成果。其中，高精度智能线虫“天宝 1.0”是已知国际上生物精度最高的仿真秀丽线虫，完成秀丽线虫全部 302 个神经元及连接关系的精细建模，在智能表征能力、三维动态仿真环境、生物功能重现等维度上实现突破，是天演人工智能生命模拟工程的第一步，通过构建生命智能模型并挖掘生物智能机制机理，启发和探索新一代人工智能；“九鼎”智算平台旨在打造人工智能科研创新的基石与试验场，在建算力 1000P，目标是向上支撑通用智能大模型等未来 10 年的科研新范式，向下致力于为产学研加速融合、软硬件协同创新、国产人工智能芯片生态建设提供基础；“悟道”大模型加快产业生态建设，在美团生活服务领域落地，经过对比实验，在搜索广告、智能助理、评价标签三大应用场景上带来明显改善。大会有 3 万名专业观众注册，10 万人线上观看，覆盖六大洲数十个国家。

（程晓荷　戴　力　苟　瑜）

【创业中华 · 中关村侨海创新发展高峰论坛举办】6 月 29 日，由北京市归国华侨联合会和海淀区政府联合主办的 2022 中关村论坛系列活动——创业中华 · 中关村侨海创新发展高峰论坛在京举办。论坛以“‘侨海’联世界、一起向未来”为主题，旨在发挥侨联组织融通中外、联系广泛的独特优势，有效融合海内外侨海资源，促进国际交流与合作，激发侨海人才创新发展动力，服务北京国际科技创新中心建设。论坛聚焦能源安全和绿色发展，邀请全球科技前沿科学家、学者展开分享与探讨，发表 3 个主旨演讲、举办 2 场圆桌论坛、集中发布 100 个侨海创新项目，其中 10 个项目进行路演并对接。中国侨联、海淀区政府、北京市侨联负责人出席开幕式，近百所海外知名高校在京校友会、海外名校创业协会及相关投资机构参与。论坛通过中关村论坛官方账号、中国国际教育电视台、新浪微博、爱奇艺等平台进行全球直播，当日观看量约 50 万人次、全网点击量约 1000 万人次。

（戴　力）

【中关村论坛组委会第二次全体会议举行】7 月 8 日，中关村论坛组委会第二次全体会议在京举行。国务院副总理、组委会主任刘鹤主持会议并讲话。北京市委书记、组委会第一副主任蔡奇出席会议。会议指出，本届论坛以“开放合作 · 共享未来”为主题，要通过论坛展示中国坚持推进开放合作，携手应对人类面临的气候变化等共同挑战的决心，通过本次论坛进一步凝聚全球各界共识，为促进全球科技创新交流合作作出新贡献。会议强调，要高质量、精益求精地做好各项筹备工作，确保论坛取得圆满成功。聚焦提升论坛国际化水平，广泛邀请嘉宾参会参展；着力提升论坛专业化水平，精心设计平行论坛，发布高质量成果；重视提升论坛影响力，加强媒体宣传和新闻报道。

（赵　哲）

【新技术新产品首发与供需对接（智慧城市应用场景领域）专场活动举办】7 月 22 日，由中关村政府采购促进中心、通州区科委、通州区经济和信息化局、中关村通州园管委会共同主办的 2022 中关村论坛系列技术交易活动——新技术新产品首发与供需对接（智慧城市应用场景领域）专场活动在张家湾设计小镇举办。市科委、中关村管委会，通州区政府等单位相关负责人及企业的代表等参加。活动旨在搭建智慧城市应用场景供需对接平台，推动新技术、新产品、新模式在北京城市副中心建设中创新应用。活动发布“2022 年第一批智慧副中心建设应用场景需求”，涉及北京城市副中心感知体系、数字孪生（规、建、管一体化服务）、网联云控自动驾驶 3.0、建筑产业数字化转型公共服务平台、智慧医疗、智慧社区等六大需求内容。北京商海文天科技发展有限公司等 13 家国内外企业围绕城市管理、生态环保、城市交通三大领域，以及人工智能、大数据分析、物联网、全息感知等前沿技术应用，对智慧城市大脑、时空数字底座、智慧城市碳排放、车路云一体化自动驾驶等智慧城市应用场景技术解决方案进行推介。活动还举行北京城市副中心智慧城市产业生态共建战略合作、北京通州发展集团有限公司与利亚德光电股份有限公司战略合作、北京城市副中心应用场景展示与对接平台入驻共建签约仪式。活动采用线下与线上同步举办的形式，通过中关村论坛官网、北京通州发布视频号等网络平台同步直播，线上观看人数超过 3.5 万人次。

（朱　凯　戴　力）

【2022 中关村论坛执委会办公室筹办工作调度会召开】7 月 27 日，2022 中关村论坛执委会办公室筹办工作

调度会召开。会议由市委常委、副市长、中关村论坛执委会办公室主任靳伟主持，传达论坛组委会第二次全体会议精神，研究调度论坛各项筹办工作进展。会议要求，提高站位、深化认识，进一步提升论坛国际化水平、专业化水平和宣传水平。

（赵　哲）

【“大脑功能和病理的神经通路”国际学术会议举办】7月28—29日，由Nature Portfolio和北京脑科学与类脑研究中心共同主办的2022中关村论坛系列活动暨北京国际学术交流季——“大脑功能和病理的神经通路”国际学术会议在京举办。来自中国、美国、英国、德国、法国、日本等6个国家的16名科学家和学者，围绕奖赏和学习的神经基础、感知的神经基础、神经退行性疾病和肿瘤相关的大脑疾病等相关热点议题展开讨论。北京脑科学与类脑研究中心主任罗敏敏分享“奖赏贬值与快感缺失背后的皮质——杏仁核通路”，日本东京大学河西春郎教授分享“学习与记忆背后的脑棘突触的机械作用”等。活动注册人数2204人，约3000人次在线观看。

（戴　力）

【2022科学智能峰会举办】8月8—11日，由北京科学智能研究院主办、北京深势科技有限公司承办的2022中关村论坛系列活动——2022科学智能峰会在京举办。峰会以线上与线下相结合的形式举办，主题为“AI for Science：共创新未来”。会议邀请中国科学院鄂维南院士、中国工程院孙凝晖院士等7位院士，以及近百名科学智能领域专家、学者参会。与会代表分享国际生命科学、新能源、新材料等领域的进展，剖析AI for Science的发展趋势，探索人工智能与基础科学的深度融合。会上发布首份聚焦AI for Science领域发展的完整报告——《2022 AI 4S全球发展观察与展望》，系统介绍科学智能的发展历史、底层逻辑、核心要素、发展展望与产研实践，梳理科学智能在生命科学、材料科学、能源科学、信息科学、环境科学等领域的应用范式和应用案例。峰会还举办AI for Science科学创新前沿、AI for Science与生物计算、AI for Science与工业仿真、AI for Science主题下的基础设施建设、AI for Science与材料计算、AI for Science产业化落地的机遇与挑战等6个主题分论坛。海内外超30万人关注峰会。

（戴　力　闫　鑫）

【2022中关村论坛培训会举办】8月10日，中关村论坛执委会办公室组织举办2022中关村论坛培训会。执委会疫情防控和卫生保障组、媒体宣传组、安全保卫组、服务保障组分别就论坛防疫要求及防控措施、宣传计划、安保工作、会议活动相关规范等内容进行专题培训。论坛主办部委联系司局、论坛执委会“一办十组”牵头单位及论坛六大板块、平行论坛主承办方相关负责人参会。

（赵　哲）

【2022中关村论坛重要活动工作调度会召开】8月11日，2022中关村论坛重要活动工作调度会召开。会议由市政府副秘书长、中关村论坛执委会办公室副主任刘印春主持。市科委、中关村管委会，市外办，市贸促会，中关村发展集团相关负责人参加。会议审议论坛开幕式、全体会议方案、重要活动出席嘉宾邀请工作分工方案及论坛巡馆方案。会议要求嘉宾邀请更加国际化、更具代表性，展览（科博会）要做好巡馆的动线设计，加强新闻宣传策划论坛系列报道和加快重大创新成果发布视频拍摄进度。

（赵　哲）

【新产业50人论坛暨生命健康投融资峰会举办】8月13日，由中关村发展集团主办，中关村产业研究院、中关村平谷园管委会牵头承办的2022中关村论坛系列活动——新产业50人论坛暨生命健康投融资峰会在京举办。论坛以“未来即来：数智时代的新产业”为主题，聚焦“数智”“健康”核心议题，凝聚政产学研等跨领域共识，共促产业高质量发展。论坛上，平谷区与中关村发展集团签署构建新型政企合作关系战略合作协议，中关村产业研究院海外产业研究中心启动，中关村信用交易服务平台全面上线。举办农科创企业主题展，推动农业中关村·创新企业孵化器落地运营签约。开展生命健康投资路演活动，为农业中关村建设导入中关村创新要素、服务体系和企业资源。国家、北京市、平谷区相关政府部门、科研院所、企业及组织机构等的200余位代表参加活动，线上12万余人次观看直播。

（戴　力）

【2022北京脑科学国际学术大会举办】8月13—15日，由北京脑科学与类脑研究中心联合市科协、北京中关村生命科学园管委会共同主办的2022中关村论坛系列活动——2022北京脑科学国际学术大会在京举行。大会联合中国科学院、北京大学、清华大学、北京师范大学、粤港澳大湾区脑科学与类脑研究中心、重庆脑与智能科学中心等京内外25家脑科学研究机构，组织1场主论坛、24场主题论坛。与会人员分享来自基础认知、脑科学前沿技术、脑重大疾病研究、类脑智能与脑机接口、儿童青少年脑智发育等方向最新的研究进展。来自美国、欧洲高

校和研究所的43位外籍嘉宾及国内外150余位专家及优秀的青年科学家线上作报告。大会采取全英文报告的形式，在中关村论坛官方网站、心仪脑平台、bilibili、科协频道等平台同步直播，累计约30万人次线上参与。

（戴　力）

【第六届“芯动北京”中关村IC产业论坛举办】8月19日，由中国半导体行业协会集成电路设计分会、北京中关村集成电路设计园发展有限责任公司主办的2022中关村论坛系列活动——第六届“芯动北京”中关村IC产业论坛在线上举办。市委常委、副市长靳伟在论坛开幕式上发表讲话。本届论坛以“开源、开放，共生、共荣”为主题，国内外行业专家聚焦RISC-V进行交流，共绘RISC-V与芯片开源发展新蓝图，引导青年人才加入开源生态，助力RISC-V社区和中国芯片产业实现共同发展。论坛上，IC PARK共性技术服务中心揭牌，聚焦泛IC领域企业共性技术需求，帮助企业降低研发成本；举行IC PARK创新生态金融支持战略合作伙伴计划签约，实现园区金融服务解决方案优化升级，为企业提供更加精准化的金融服务支持；举办“IC PARK芯创之星”项目路演，通过搭建园区、企业和投融资机构交流平台，促进产业链协同、建立上下游合作伙伴关系，助力集成电路产业发展。市委、市政府，清华大学，中国半导体行业协会集成电路设计分会，工业和信息化部电子信息司，市科委、中关村管委会，市经济和信息化局，海淀区委、区政府，以及相关委办局的负责人、业界专家、IC企业的代表等线上参加会议，累计超23万人次在线观看。

（戴　力）

【2022中关村论坛倒计时30天新闻通气会召开】8月22日，2022中关村论坛倒计时30天新闻通气会在京召开。经国务院批准，2022中关村论坛将于9月22—27日举办。论坛以“开放合作·共享未来”为主题，由科技部、国家发展改革委、工业和信息化部、国务院国资委、中国科学院、中国工程院、中国科协、北京市政府共同主办，首次在国家会议中心设置主会场，在中关村示范区展示中心等设置分会场。市科委、中关村管委会负责人介绍中关村论坛总体情况和筹办进展；市贸促会、朝阳区政府、海淀区政府、中关村发展集团相关负责人分别介绍参与论坛筹办和属地保障、中关村论坛组织保障和科技办会情况。

（赵　哲）

【北京胡同科普小院揭牌仪式暨巾帼名师科普大讲堂活动举办】8月31日，由市妇联、市科协、北科院共同主办，北京女科技工作者协会承办的2022中关村论坛系列活动——“科技引领未来 科普惠及家庭”北京胡同科普小院揭牌仪式暨巾帼名师科普大讲堂活动在西城区大栅栏胡同科普小院举办。活动邀请中外杰出科学家走进胡同小院、社区家庭，共话科技与科普，通过科学爱好者故事分享、“巾帼名师科普大讲堂”、科学实验演示、女大学生科学沙龙、科普讲座等活动，弘扬科学精神，普及科学思想。活动现场为北京胡同科普小院揭牌，为多家巾帼科学传播服务基地授牌。在“巾帼名师科普大讲堂”活动现场，中国科学院院士、中国纳米生物学家、全国三八红旗手标兵阎锡蕴以“在科学中寻找人生意蕴”为题，面向社区家庭回顾自己的人生轨迹和科学生涯，介绍纳米酶的发现、研究和应用情况。来自中国科学院、西城区妇联、西城区科协、大栅栏街道办事处、首都女性团体等单位及机构代表，以及街道居民代表现场参加活动，线上超过120万人次观看直播。

（戴　力　丁　奇　张红波）

【中关村论坛永久会址开工建设】8月，中关村论坛永久会址开工建设。项目位于新建宫门路1号，在海淀区“三山五园”历史文化区与中关村科学城核心区交会处。新会址定名为中关村国际创新中心，总建筑面积约6.5万平方米，建筑高度12米，共3层，其中地上1层、地下2层。建筑首层主要由3000平方米主会场、1800平方米宴会厅及多功能厅和前厅构成。外形设计为“三叶草”形状，屋顶铺设1.6万平方米草坪，与周边环境融为一体。主会场能容纳3000人，地下1层设有停车场，提供约440个停车位。项目是北京市“3个100”重点工程，由中街（北京）开发建设有限公司建设，设计总包单位为北京市建筑设计研究院股份有限公司，施工总包单位为北京建工四建工程建设有限公司。

（徐建功）

【2022中关村论坛延期举办公告发布】9月15日，中关村论坛执委会办公室发布《关于2022中关村论坛延期举办的公告》。《公告》称，按照9月8日国务院联防联控机制新闻发布会相关要求，经执委会慎重研究决定，原定于2022年9月22日至27日举办的2022中关村论坛延期举办，具体举办日期另行通知。

（赵　哲）

【2022中关村论坛审片会召开】10月21日，市政府

副秘书长、中关村论坛执委会办公室副主任刘印春主持召开2022中关村论坛审片会。会议专题研究论坛宣传片、云上发布等有关视频。

（赵　哲）

【2022中关村论坛第一次演练】 11月17日，市委常委、副市长、中关村论坛执委会办公室主任靳伟，市政府副秘书长、中关村论坛执委会办公室副主任刘印春现场观摩中关村论坛第一次演练工作，并点评总结。强调，要及时解决演练中发现的问题，继续优化开幕式现场执行流程，做好第二次演练的准备工作。

（赵　哲）

【2022中关村论坛新闻发布会召开】 11月18日，科技部战略规划司司长梁颖达，市科委、中关村管委会主任许强主持召开2022中关村论坛新闻发布会，介绍论坛相关情况，并回答记者提问。

（赵　哲）

【2022中关村论坛第二次演练】 11月19日，科技部副部长李萌，北京市委常委、副市长、中关村论坛执委会办公室主任靳伟，北京市政府副秘书长、中关村论坛执委会办公室副主任刘印春现场观摩中关村论坛第二次演练。李萌、靳伟现场总结点评演练开展情况，靳伟、刘印春主持召开总结复盘会，研究解决演练中发现的问题。

（赵　哲）

【中关村论坛改期举办公告发布】 11月22日，中关村论坛执委会办公室发布《关于中关村论坛改期举办的公告》，原定于2022年11月25日至30日举办的中关村论坛改期2023年举办，具体时间另行通知。

（赵　哲）

【2022中关村论坛系列技术交易活动（场景发布与供需对接专场）举办】 12月23日，由市科委、中关村管委会主办，机械工业仪器仪表综合技术经济研究所、北京仪综测业科技发展有限公司共同承办的2022中关村论坛系列技术交易活动（场景发布与供需对接专场）在京举办，旨在推动北京市应用场景建设，搭建应用场景供需对接与交流合作平台，为新技术迭代创新提供场景机会。活动发布第四批30项市级重大应用场景，涉及智慧交通及智能运输、数字城市及智能治理、数字民生与文旅商圈、绿色低碳与智能制造四大领域。场景内容上体现全域特点，场景导向上突出科技引领，场景主体上强调企业主导，场景模式上推动生态合作。相关单位推介一批典型应用场景项目。其中，数字城市及智能治理领域有海淀区智慧城市治理、政务服务区块链应用、地震灾害评估与监测等项目；智慧交通及智能运输领域有北京市高级别自动驾驶示范区建设、面向复杂场景的轨道交通智能调度策略辅助决策系统研发与示范、城市环境自动配送系统技术创新与示范应用等项目；数字民生与文旅商圈领域有AI赋能就医全链条服务、中轴线遗产点原生空间的智能再造、户外8K超高清大屏系统建设等项目；绿色低碳与智能制造领域有灯塔工厂、氢能无人机智能巡检示范、供应链物流碳排放管理等项目。活动通过中关村论坛官网、国际科技创新中心网络服务平台、中关村科技成果转化与技术交易综合服务平台等同步线上直播，线上观看人数超过5万人次。

（戴　力）

【中德智能网联汽车国际创新论坛举办】 12月28日，由北京市科委、中关村管委会，中关村科学城管委会，德国慕尼黑市政府劳动经济局，欧洲专利局共同主办的2022中关村论坛系列活动——中德智能网联汽车国际创新论坛举办。北京市委常委、副市长靳伟，欧洲经济参议院执行主席致辞。活动以中德建交50周年为契机，聚焦智能网联汽车领域，助力全球汽车产业的创新发展，树立国际合作新典范。中德两国学者和行业专家发表主旨演讲，多家创新企业带来产业前沿分享和圆桌对话，共同就智能汽车的发展与未来展开讨论。论坛上，中关村科学城智能网联汽车协同创新平台启动，北京北科天绘科技有限公司、北京小马智行科技有限公司、禾多科技（北京）有限公司等企业发布15项创新成果。

（戴　力）

【美丽经济与可持续发展国际论坛举办】 12月29日，由中国保健协会、国家市场监管总局发展研究中心、国家药监局信息中心、北京市药品监督管理局、昌平区政府共同主办的2022中关村论坛系列活动——美丽经济与可持续发展国际论坛在线上举办。论坛以“创新·绿色·发展”为主题，围绕美丽经济产业原料研发、特色植物配方、合成生物、数字融合等核心技术，共同探讨发展新路径、开拓合作新方向。论坛发布《国内高品质胶原蛋白行业发展白皮书》《2022年中国化妆品产业园区发展报告及园区创新指数》两项成果，成立中欧美丽经济绿色发展协同创新平台、中国美丽经济科技创新联盟、研究智库、数字生态平台、产业创投会等5个协同平台。来自国内外政府部门、国际组织、行业协会、龙头企业、科研机构等的代表参加，近30万人次在线观看。

（戴　力）

科技管理

BEIJING ALMANAC OF SCIENCE AND TECHNOLOGY 2023 北京科技年鉴

2023

科技政策法规

【概述】2022 年，北京市围绕加快推进北京国际科技创新中心建设、中关村先行先试改革，聚焦世界领先科技园区建设目标，围绕提升企业创新能力、促进科技金融深度融合、促进园区高质量发展、优化创新创业生态环境、提升国际化发展水平等推动出台 6 个政策文件，形成中关村“1+5”新的资金政策体系。印发北京市科技新星计划管理办法，发现、培养、服务优秀青年人才，为北京率先建成高水平人才高地贡献力量。在中关村示范区核心区开展高等院校、科研机构和医疗卫生机构科技成果先使用后付费改革试点实施方案等一批科技政策，为实施创新驱动发展战略、加快北京国际科技创新中心建设提供政策支撑。

（殷海然）

【财政科研项目经费“包干制”试点工作方案】2 月 11 日，市科委、中关村管委会，市财政局制定印发《北京市财政科研项目经费“包干制”试点工作方案》（京科发〔2022〕1 号）。《方案》进一步深化科研领域“放管服”改革，对北京市“包干制”试点的目标、基本原则、试点范围、试点内容、管理机制和保障措施进行明确，在国内率先将“包干制”试点从项目支持经费扩展至机构支持经费。《方案》旨在探索形成充满活力的科技管理和运行机制，赋予科研单位和创新团队更大的人财物支配权及技术路线决策权，切实减轻科研人员负担，调动科研人员积极性，提升财政资金的使用效果，为国际科技创新中心建设提供有力支撑。

（殷海然）

【北京市新增产业的禁止和限制目录】2 月 14 日，《北京市人民政府办公厅关于印发市发展改革委等部门制定的〈北京市新增产业的禁止和限制目录（2022 年版）〉的通知》（京政办发〔2022〕5 号）印发。《目录》中指出，禁止和扩建制造业，其中涉及国家和本市鼓励发展的新材料产品制造和为氢能配套制造除外。本次修订立足首都城市战略定位，继续严格禁限不符合首都功能和北京率先实现“双碳”目标的一般性制造业。同时，衔接落实支持高精尖产业发展系列规划政策，引导产业链供应链优化升级，推进先进制造业与生产性服务业深度融合，助力科技创新、构建高精尖经济结构。如制造业相关措施中，增加对氢能、智能网联和新能源汽车配套制造等细分领域的支持。

（张 硕）

【支持发展高端仪器装备和传感器产业的若干政策措施实施细则】3 月 15 日，市经济和信息化局等 5 部门联合印发《关于支持发展高端仪器装备和传感器产业的若干政策措施实施细则》（京经信发〔2022〕45 号）。《细则》要求，针对高端仪器装备和传感器领域的企业和研发机构，从鼓励应用基础研究、加快成果转化应用、支持企业集聚发展、支持企业利用多层次资本市场做大做强、吸引创新人才集聚、鼓励对外合作交流等 6 个方面进行政策支持。

（张 硕）

【深入打好北京市污染防治攻坚战的实施意见】4 月 6 日，市委、市政府印发《关于深入打好北京市污染防治攻坚战的实施意见》。《实施意见》包括攻坚目标、攻坚任务、组织保障三部分。攻坚目标提出，到 2025 年，实现碳排放稳中有降，基本消除重污染天气、消除劣Ⅴ类水体，绿色北京建设取得重大进展；到 2035 年，生态环境根本好转，碳中和取得明显进展，天蓝、水清、森林环绕的生态城市基本建成。攻坚任务围绕绿色低碳发展，打好蓝天、碧水、净土保卫战，维护生态环境安全，提高生态环境治理现代化水平等提出 22 项具体措施。其中，针对深入打好蓝天、碧水、净土保卫战，安排重污染天气消除、臭氧污染防治、柴油货车管控、劣Ⅴ类水体消除、农业农村污染治理等五大标志性战役。在氢能方面，制定支持氢燃料电池车的一揽子鼓励政策，用以加快氢燃料电池汽车示范应用。

（高 健）

【支持创新型中小企业在北交所上市融资发展的若干措施】4 月 22 日，市科委、中关村管委会，市金融监管局印发《关于支持创新型中小企业在北京证券交易所上市融资发展的若干措施》（京科金发〔2022〕95号）。《若干措施》包括开展重点企业培育，提供上市协调服务，支持企业上市前融资，给予企业挂牌、上市资金支持，支持关键人才引进和激励，协助企业扩大研发、产业化空间，支持企业开展并购重组，支持提升金融科技发展水平等8个部分，旨在加大企业在北京证券交易所上市的政策服务保障力度，促进北京市创新型中小企业高质量发展，支持北京证券交易所打造服务创新型中小企业的主阵地，加快建设国际科技创新中心和世界领先的科技园区。主要内容包括依托全市企业上市协调工作机制，协调市区有关部门为企业提供财税、土地、环保等相应服务；推动中关村新一轮先行先试改革措施落地，支持北交所上市企业开展股权激励和奖励；发挥财政资金引导作用，推动金融机构、社会资本积极支持企业挂牌上市，促进银行、担保机构等金融服务机构为企业开发专属信贷产品，提供增信服务；对于符合条件的高新技术企业在新三板挂牌给予分层资金支持，对在北交所上市的企业市区两级均给予资金支持；支持北交所上市企业引进核心管理和技术人员，协助企业扩大研发、产业化空间，推动企业与相关区政府对接。《若干措施》自印发之日起施行。

（殷海然　盛逸飞）

【推动中关村加快建设世界领先科技园区的若干政策措施】6月10日，市科委、中关村管委会印发《关于推动中关村加快建设世界领先科技园区的若干政策措施》（京科发〔2022〕4号）。支持政策共14个方向59项内容，以加快打造世界领先科技园区为目标，充分发挥市级财政科技资金引导作用，持续优化科技资源配置机制，积极适应创新范式变革趋势，突出企业主体，支持产学研用协同创新；突出深度融合，支持科技金融体系建设；突出服务提升，推动园区高端化、专业化、集约化发展；突出激发活力，支持优化创新生态环境；突出开放创新合作，支持国际化水平提升，推动“十四五”规划落实和中关村先行先试重大改革任务落地，着力构筑首都创新驱动发展新高地，为加快建设世界领先科技园区奠定条件和基础。《措施》自印发之日起施行。对于未在本措施及相关管理办法中予以明确的市委、市政府决策部署，将采取一事一议方式研究并给予支持。

（殷海然）

【提升企业创新能力支持资金管理办法】6月10日，市科委、中关村管委会印发《中关村国家自主创新示范区提升企业创新能力支持资金管理办法（试行）》（京科发〔2022〕5号）。《管理办法》包括总则、支持内容及标准、项目申报与审核、绩效管理与监督、附则，共5章24条，支持对象为注册在中关村示范区范围内的国家高新技术企业、中关村高新技术企业或评价入库的科技型中小企业，以及高等学校、科研机构等创新主体。支持重点是：支持属于相关高精尖产业领域的科技型小微企业、相关赛事获奖优胜企业，引导企业持续加大研发投入，开展关键技术创新攻关，不断提升企业创新实力和核心竞争力；挖掘培育掌握国际先进前沿技术的优质硬科技初创期企业，支持企业开展前沿原创技术研发、转化和产业化，培育具有国际影响力的创新型企业；推动一批具有较高科技含量和高成长潜力的中小型国家高新技术企业加快具备持续创新能力和一定的规模经济效益，形成促进北京市经济高质量发展的有生力量；支持新一代信息技术、医药健康、新材料领域企业独立或者与高等学校、科研机构及其他企业合作开展颠覆性技术创新，且在京转化落地创新成果；支持领军企业、符合条件的独角兽企业牵头，围绕重点产业链关键环节，通过“揭榜挂帅”方式，遴选研发合作单位和团队，组建产学研协同、上下游衔接的创新联合体，开展联合技术攻关，完善产业链供应链；支持领军企业、符合条件的独角兽企业牵头，联合高等学校、科研机构及产业链上下游中小企业，建设技术创新中心，开展共性关键技术研发和示范应用，加强知识产权创制保护，聚集技术创新领军人才及开展体制机制创新等；支持属于关键领域“补短板”，填补国内（国际）空白的技术产品实现首次应用；支持保险补贴机制在首台（套）市场推广中的应用；围绕首都经济社会发展重大需求及关系国计民生的重点行业领域，对技术创新度高、行业带动性强、示范效果好的北京市应用场景建设项目给予支持。《管理办法》自印发之日起施行。市科委、中关村管委会原有关文件与《管理办法》不一致的，以《管理办法》为准。

（徐建功）

【促进科技金融深度融合发展支持资金管理办法】6月10日，市科委、中关村管委会印发《中关村国家自主创新示范区促进科技金融深度融合发展支持资金管理办法（试行）》（京科发〔2022〕6号）。《管理办法》包括总则、支持内容及标准、项目申报与审核、绩效管理与监督、附则，共5章25条，支持对象为高新技术企业及金融服务机构。支持重点是：支持社保基金、保险资金和银行理财资金等长期资本加大对创投基金、私募股权二级市场基金、并购基金的出资力度，对基金投资效果较好的，分档给予出资方周期性投资风险补贴支持；支持投资机构加强行业研究和风险控制，聚焦中关村示范区高精尖产业领域的企业开展早期投资，对开展首轮投资的投资机构按照实际投资额给予风险补贴资金支持；支持私募股权投资基金在北京股权交易中心基金份额转让平台开展份额转让，提升资金流动性，对基金份额转让方在转让过程中产生的费用给予其资金补贴；支持担保机构参与“创信融”试点，共享企业信用信息，分担信贷风险，不断扩大首次信用担保贷款规模；支持企业通过科技保险产品获贷款或分散风险，给予企业保费补贴支持；支持企业通过融资租赁方式取得新技术、新产品，给予企业融资费用补贴；支持企业获知识产权质押贷款，给予企业贴息支持；支持银行、担保、保险、知识产权专业机构等单独或组合为企业提供知识产权质押贷款，如发生不良贷款的，按照本金中各自风险承担部分给予风险补偿支持；支持企业在全国中小企业股份转让系统、北京区域性股权市场（北京股权交易中心）挂牌，给予企业挂牌资金补贴支持，助推企业创新合规发展，加快实现资本市场上市；支持境内证券交易机构等在北京建设多层次资本市场服务平台（基地），为企业提供挂牌、上市、发债等专业化服务，对综合服务效果较好的给予资金支持；支持北京区域性股权市场（北京股权交易中心）为科创孵化板等挂牌展示企业提供公司治理、财务管理、股权激励等资本市场合规服务，根据综合服务效果给予资金支持；支持企业积极开展并购重组，提升关键核心技术创新能力，按照并购交易额给予并购方企业资金支持。《管理办法》自印发之日起施行。

（盛逸飞　徐建功）

【促进园区高质量发展支持资金管理办法】6月10日，市科委、中关村管委会印发《中关村国家自主创新示范区促进园区高质量发展支持资金管理办法（试行）》（京科发〔2022〕7号）。《管理办法》包括总则、支持内容及标准、项目申报与审核、绩效管理与监督、附则，共5章22条，支持对象为注册在中关村示范区范围内的国家高新技术企业和中关村高新技术企业，以及高等学校、科研机构、社会组织、创业服务机构、园区投资建设或运营单位等创新主体。重点支持高品质科技园区建设，支持改造提升存量空间，支持建设标杆型孵化器，支持建设一流大学科技园，支持专业化园区运营服务机构发展，支持企业在园区落地发展，支持园区开展创新交流合作。《管理办法》自印发之日起施行。

（徐建功）

【优化创新创业生态环境支持资金管理办法】6月10日，市科委、中关村管委会印发《中关村国家自主创新示范区优化创新创业生态环境支持资金管理办法（试行）》（京科发〔2022〕8号）。《管理办法》包括总则、支持内容及标准、项目申报与审核、绩效管理与监督、附则，共5章38条，支持对象为注册在中关村示范区范围内的国家高新技术企业和中关村高新技术企业，以及高等学校、科研机构、医疗卫生机构及社会组织等创新主体。重点是：支持科技成果转化和产业化，包括科技成果概念验证平台建设、科技成果概念验证、技术转移机构建设、技术转移机构市场化聘用技术经理人、中小微企业转化高新技术成果、产业开发研究院建设；支持创新创业公共服务平台建设，包括共性技术平台建设、首都科技条件平台建设、实施首都科技创新券；支持加强知识产权、技术标准创制运用，包括科技型中小企业开展发明专利布局、重点企业开展PCT等高价值专利布局、建设重点领域专利池、推广使用“中关村标准”、企业参与国际标准化工作、开展标准高端推进工作、知识产权服务机构提供专业服务、标准化服务机构提供专业服务；支持提升科技服务专业能力，包括科技服务品牌机构发展、科技服务机构在重点区域聚集发展、专业开放服务平台建设、科技型社会组织提升专业服务能力、开展出入境高风险特殊物品风险评估工作。《管理办法》自印发之日起施行。

（鲁庆莲　徐建功）

【承租非国有房屋科技型孵化器房租减免补贴政策】6月10日，市科委、中关村管委会，市财政局印发《关于加快落实承租非国有房屋科技型孵化器房租减免补贴政策的通知》（京科创发〔2022〕139号）。《通知》包括补贴对象、补贴标准、工作流程和工作要求4个部分。补贴对象为在京注册或在京纳税、承租本市非国有房屋、已为注册在孵化器内且实际租用孵化场地的中小微企业和个体工商户减免2022年内房租的科技型孵化器。补贴标准是承租非国有房屋的孵化器采取免收、退还等方式，为中小微企业减免2022年内房租的，给予孵化器资金补贴支持。孵化场地位于2022年被列为疫情中高风险地区所在区的孵化器，根据孵化器与每个承租方签订的房租减免协议所约定的减免时长和金额，按照实际减免的不超过6个月（含）的房屋租金，给予孵化器50%补贴；其他区孵化器按照实际减免的不超过3个月

（含）的房屋租金，给予孵化器 50% 补贴。

（徐建功）

【提升国际化发展水平支持资金管理办法】6月13日，市科委、中关村管委会印发《中关村国家自主创新示范区提升国际化发展水平支持资金管理办法（试行）》（京科发〔2022〕9号）。《管理办法》包括总则、支持内容及标准、项目申报与审核、绩效管理与监督、附则，共5章25条，支持对象为注册在中关村示范区范围内的国家高新技术企业和中关村高新技术企业、高等学校、科研机构、社会组织等创新主体，并从融入全球创新网络、集聚国际创新资源、国际交流合作3个方面11个政策点为创新主体提供支持。

（李海燕）

【实施“三大工程”支持和服务高新技术产业发展的若干措施】6月15日，市政府办公厅印发《北京市关于实施“三大工程”进一步支持和服务高新技术企业发展的若干措施》（京政办发〔2022〕19号）。《若干措施》包括实施“三大工程”、支持创新要素向高新技术企业集聚、健全工作机制3个部分，共17条。《若干措施》明确，实施高新技术企业“筑基扩容”“小升规”“规升强”三大工程，健全培育和支持服务体系，分阶段助力企业发展。“筑基扩容”是指每年培育一批具有较高科技含量和发展潜力的企业成为高新技术企业，主要措施包括建立高新技术企业培育服务体系，引导市场机构加强高新技术企业孵化培育，开展高新技术企业认定“报备即批准”试点，推进高新技术企业认定精简流程、材料、时限4个方面。“小升规”是指每年支持一批中小型高新技术企业加快具备持续创新能力和一定的规模经济效益，主要措施包括建立“小升规”重点企业支持服务体系和加大对“小升规”企业支持力度。“规升强”是指推动形成一批具有较强综合实力和经济贡献的高新技术企业，主要措施包括做好对“规升强”企业的跟踪服务和支持“规升强”企业提升核心竞争力。《若干措施》还明确，从支持企业增强技术创新能力、加强对企业的融资服务、强化企业人才服务保障、支持企业拓展产品市场销售渠道、做好对企业的空间及用地服务等5个方面支持创新要素向高新技术企业集聚。

（徐建功）

【中关村示范区“1+5”资金支持政策解读】6月16日，市科委、中关村管委会召开新闻通气会，解读中关村示范区“1+5”系列资金支持政策。“1”是指《关于推动中关村加快建设世界领先科技园区的若干政策措施》，为5个资金办法的综合引导性文件。“5”是指推动“1”落地的5项配套资金政策文件，共14个支持方向、59项支持内容。其中，《中关村国家自主创新示范区提升企业创新能力支持资金管理办法（试行）》主要包括支持科技型中小微企业关键技术创新、支持培育前沿技术企业等9项支持内容；《中关村国家自主创新示范区促进科技金融深度融合发展支持资金管理办法（试行）》主要包括支持长期资本参与科技创新投资、引导投资机构开展早期硬科技投资等10项支持内容；《中关村国家自主创新示范区促进园区高质量发展支持资金管理办法（试行）》主要包括支持高品质科技园区建设、支持建设标杆型孵化器等7项支持内容；《中关村国家自主创新示范区优化创新创业生态环境支持资金管理办法（试行）》主要包括支持科技成果概念验证平台建设、支持技术转移机构建设等22项支持政策；《中关村国家自主创新示范区提升国际化发展水平支持资金管理办法（试行）》主要包括支持在海外设立科技园区、实施外资研发中心激励计划等11项支持内容。资金政策支持对象为注册在中关村示范区范围内的企业、高等学校、科研机构、服务机构及社会组织，其中企业是指国家高新技术企业和中关村高新技术企业。符合支持条件的注册在北京市其他地区的创新主体参照执行。

（陈宝德）

【对科技创新企业给予全链条金融支持的若干措施】6月25日，市金融监管局，市科委、中关村管委会，人民银行营业管理部，北京银保监局，北京证监局，海淀区政府联合制定印发《关于对科技创新企业给予全链条金融支持的若干措施》（京金融〔2022〕190号）。《若干措施》包括7个方面28项措施，主要为：建立产品创新机制，发挥“带动提升”效应；建立上市支持机制，发挥“资本引擎”效应；建立被投企业服务机制，发挥“杠杆撬动”效应；建立考评激励机制，发挥“靶向引导”效应；建立风险补偿机制，发挥“协同共担”效应；建立协调对接机制，发挥“制度保障”效应；建立试点先行机制，发挥“示范样本”效应。

（殷海然　盛逸飞）

【北京市科技新星计划管理办法】6月30日，市科委、中关村管委会制定印发《北京市科技新星计划管理办法（修订版）》（京科发〔2022〕10号）。《管理办法》包括总则、资格条件、推荐、选拔、支持、管理、附则，共7章25条。主要内容包括：以人才需求为导向，突出青年人才培育重点；以精准支持为抓手，为青年人才脱颖而出搭平台；以机制创新为手段，进一步放大政策惠才效用。《管理办法》自发布之日起施行，施行前颁布的有关文件与本办法规定不一致的，按照本办法执行。《北京市科技新星计划管理办法》（京科发〔2017〕65 号）同时废止。《管理办法》旨在进一步提升惠才政策的适用性、精准度和集成力，围绕北京国际科技创新中心和中关村世界领先科技园区建设，发现、培养、服务优秀青年人才，为北京率先建成高水平人才高地贡献力量。新星计划包括创新新星和创业新星两类，主要面向 35 周岁以下（女性放宽至 37 周岁），在京从事应用基础研究、技术创新和工程技术研发的青年人才。计划每年开展一次推荐评审，主要支持优秀青年人才开展前沿科技攻关、跨学科跨领域交叉合作和科技成果转化。

（梁　玮　殷海然）

【推动软件和信息服务业高质量发展的若干政策措施】7 月 26 日，市经济和信息化局印发《北京市推动软件和信息服务业高质量发展的若干政策措施》（京经信发〔2022〕162 号）。《若干措施》包括鼓励产品研发应用、夯实产业数字基础、促进产业集聚发展、优化产业发展环境等 4 个部分，共 12 条举措。12 条举措分别是：支持新技术新产品研发，支持软件产品首试首用，支持互联网 3.0 新技术体验验证，支持拓展应用场景，支持创新企业参与智慧城市建设，支持构建城市算力中心体系，支持共性技术平台建设，支持企业做优做强，支持企业投融资，支持企业区域集聚，支持软件人才建设和支持专利标准体系建设。《若干措施》自发布之日起实施，有效期 3 年。

（徐建功）

【关于支持氢能产业发展的若干政策措施】8 月 11 日，市经济和信息化局印发《北京市关于支持氢能产业发展的若干政策措施》，从科技研发创新、技术装备应用、产业集聚发展、基础设施建设、示范推广应用、标准体系建设、服务体系建设七大领域进行补贴支持。其中提出支持加氢站建设运营，对加氢站压缩机 12 小时额定工作能力≥ 1000 千克的给予建设定额补贴 500 万元，对额定工作能力≥ 500 千克的给予建设定额补贴 200 万元；将氢能领域新材料产品优先纳入北京市重点新材料首批次应用示范指导目录，对于符合指导目录的氢能产品首批次应用，按单个产品不超过 500 万元、单个企业不超过 1000 万元给予分档奖励；鼓励省际专线货运、城市重型货物运输、城市物流配送、城市客运等场景的燃料电池车辆应用推广，加快京津冀燃料电池汽车示范城市群建设。

（高　健）

【北京市实验动物废物无害化处理管理办法】9 月 6 日，市科委、中关村管委会会同市生态环境局、市城市管理委、市农业农村局和市卫生健康委共同印发《北京市实验动物废物无害化处理管理办法》（京科发〔2022〕11 号）。《办法》共 13 条，界定实验动物废物种类、明确实验动物废物分类处理原则、提出各类废物交由处置单位进行处理的具体要求、明确特殊实验室实验动物废物管理要求，并突出许可单位主体责任，强化监管部门事中事后监管职责。对未按本办法要求将实验动物废物进行分类或未交无害化处理单位进行处理的，按照《北京市实验动物管理条例》等法规进行处罚。市生态环境、城市管理、农业农村、卫生健康部门依据各自职责，加强实验动物废物无害化处理的管理工作，保障实验动物废物及时处理。《办法》适用于北京市辖区实验动物许可单位的实验动物废物处理，自公布之日起施行。

（殷海然）

【促进先进制造业和软件信息服务业中小企业创新发展的措施】9 月 15 日，市经济和信息化局印发《关于促进先进制造业和软件信息服务业中小企业升规稳规创新发展的若干措施（2023—2025 年）》（京经信发〔2022〕75 号）。《若干措施》由建立全市先进制造业和软件信息服务业中小企业升规稳规企业培育库、支持企业升规及高质量发展、培育骨干高精尖稳规企业、鼓励企业持续保持创新强度和加强综合协调服务保障 5 个部分组成，其支持对象是“升规稳规”企业。升规企业为上年或当年首次达到规模以上标准的先进制造业和软件信息服务业企业；稳规企业为上年度产值（或营业收入）首次突破 1 亿元（含）的先进制造业和软件信息服务业企业。

（徐建功）

【北京市技术转移机构及技术经理人登记办法】9 月 23 日，市科委、中关村管委会印发《北京市技术转移机构及技术经理人登记办法》（京科发〔2022〕13 号）。《办法》包括总则、技术转移机构登记、技术经理人登记、规范与促进和附则，共 5 章 16 条，明确技术转移机构概念、各级管理部门的职责，申请登记的技术转移机构需具备的条件与流程，技术经理人申请登记的条件、方式、流程等内容。《办法》采用技术转移机构和技术经理人自愿登记的方式进行登记，可及时了解技术转移机构发展现状与诉求，掌握行业发展情况，优化相关服务，促进行业规范化发展。《办法》自发布之日起实施。

（鲁庆莲）

【推动北京市技术经理人队伍建设工作方案】9月23日，市科委、中关村管委会会同市人力资源社会保障局、市教委、市卫生健康委、市人才工作局印发《关于推动北京市技术经理人队伍建设工作方案》（京科发〔2022〕14号）。《工作方案》分为工作思路、工作目标、重点任务、保障措施4个部分，主要包括健全技术经理人培养体系、明确技术经理人岗位职责、建立技术经理人激励机制、完善技术经理人职称评价制度、探索技术经理人社会化评价、拓展技术经理人资源网络、推动技术经理人参与科研项目全程管理、推动各区用好技术经理人等8个方面的内容。《工作方案》坚持需求导向、加强政府引导、注重协同联动、促进示范引领的原则，进一步强化政府在统筹协调、公共服务和财政资金等方面的引导作用，完善人才促进和激励机制；采取选拔一批、引进一批、培养一批的方式，逐步扩大技术经理人队伍规模，探索提高技术经理人能力，拓展职业发展空间，推动技术经理人全程参与科技成果转化；发挥各区在推动科技成果转化中的承载作用，加强部门之间协同联动，形成北京科技成果转化的示范效应，为促进科技成果转化的国内国际双循环、营造良好的科技成果转化生态环境提供有力支撑。

（鲁庆莲）

【科技成果先使用后付费改革试点实施方案】9月23日，市科委、中关村管委会会同市教委、市经济和信息化局、市财政局、市卫生健康委及海淀区政府印发《关于在中关村国家自主创新示范区核心区开展高等院校、科研机构和医疗卫生机构科技成果先使用后付费改革试点实施方案》（京科发〔2022〕15号）。《实施方案》包括试点对象、关于“先使用后付费”的界定、试点科技成果范围、试点内容、试点实施步骤、保障措施6个部分。鼓励和引导高等院校、科研机构和医疗卫生机构探索采用“先使用后付费”的方式，将科技成果许可给中小微企业使用，并支持担保机构为中小微企业提供担保服务，先期梳理10所高校院所近1000项拟转化科技成果。年内，首都师范大学1项科技成果和北京信息科技大学3项科技成果通过“先使用后付费”方式在中小微企业落地转化。

（田　野）

【完善科技成果评价机制的实施意见】9月23日，市科委、中关村管委会会同市教委、市经济和信息化局、市财政局、市人力资源社会保障局、市卫生健康委、市市场监管局、市国资委、市金融监管局、市知识产权局、市科协等10部门发布《北京市关于落实完善科技成果评价机制的实施意见》（京科转发〔2022〕226号）。《实施意见》包括总体要求、重点任务、组织实施3个部分，提出4个方面14项具体举措，包括突出解决“评什么”的问题，明确科技成果评价的对象、范围、内容；突出解决“谁来评”的问题，充分发挥各类主体在科技成果评价中的作用；突出解决“怎么评”的问题，明确采用分类评价的方式，根据科技成果不同特点和评价目的，三类科技成果在评价上各有侧重和聚焦；突出解决“怎么用”的问题，切实用好科技成果评价的结果，如何成为有效“指挥棒”，关键在于如何使用评价结果。《实施意见》的出台，对于贯彻落实《国务院办公厅关于完善科技成果评价机制的指导意见》（国办发〔2021〕26号），发挥科技成果评价“指挥棒”作用，推动高质量成果产出、营造良好创新生态，助力北京国际科技创新中心建设具有重要意义。

（叶茂盛）

【中关村新一轮先行先试改革配套政策解读】9月29日，市科委、中关村管委会召开中关村新一轮先行先试改革配套政策新闻通气会，介绍《关于在中关村国家自主创新示范区核心区开展高等院校、科研机构和医疗卫生机构科技成果先使用后付费改革试点实施方案》《关于推动北京市技术经理人队伍建设工作方案》《北京市技术转移机构及技术经理人登记办法》《北京市关于落实完善科技成果评价机制的实施意见》等4项涉及科技成果转化的配套政策，旨在建立与市场配置要素机制相适应的科技成果转化制度。其中，市科委、中关村管委会安排专门财政资金，在支持技术转移机构建设、支持中小微企业转化高新技术成果以及支持科技成果概念验证等专项中，针对以“先使用后付费”许可方式开展科技成果转化的高校院所、医疗卫生机构及中小微企业给予补贴奖励支持。这些配套政策主要亮点是补短板，形成完整的转化体系；注重央地协同、市区联动；注重落地见效。市科委、中关村管委会机关和市教委、中关村科学城管委会、中国科学院科技战略咨询研究院、北京理工大学、北京伟杰信生物科技有限公司等有关单位人员参加会议并介绍相关情况。

（陈宝德）

【北京市科技新星计划经费使用“包干制”管理办法】10月31日，市科委、中关村管委会印发《北京市科技新星计划经费使用“包干制”管理办法（试行）》（京科发〔2022〕16号）。《管理办法》包括总则、各方责任、经费管理与使用、经费监督检查、附则，共5章17条。《管理办法》明确，自2022年11月起，在新入选北京市科技新星计划的单位及人员中开展试行工作，内容包括入选人员不再编制项目预算、实行经费负面清单管理、经费使用过程充分放权、实行项目负责人承诺制、项目经费使用范围参照《北京市科技计划项目（课题）经费管理办法》（京财科文〔2021〕1822号）的规定执行、建立结果导向评价机制。《管理办法》自印发之日起施行，并在当年的科技新星项目中实施。2022年资助150名创新新星，每人40万元，培养期为2～3年；资助14名创业新星，每人60万元，培养期为1～2年；资助68个交叉合作课题，每个50万元，培养期为1～2年。

（梁　玮）

【《北京市数字经济促进条例》通过】11月25日，市十五届人大常委会第四十五次会议表决通过《北京市数字经济促进条例》，自2023年1月1日起施行。《条例》针对数字经济发展的“三要素”，即数字基础设施、数据资源和信息技术，规定信息网络基础设施、算力基础设施、新技术基础设施等建设要求，数据汇聚、利用、开放、交易等规则。针对数字经济发展的“两条路”，即数字产业化和产业数字化，《条例》规定数字产业化的技术、产业方向和企业发展目标，列举数字化转型提升的产业领域及推动措施，专章规定具有北京特色的智慧城市建设，并对强化数字安全、弥合“信息鸿沟”等进行制度设计。

（袁　磊）

【北京市科技成果转化工作评价方案】12月14日，经市委全面深化改革委员会科技体制改革专项小组2022年第二次全体会议审议通过，市科委、中关村管委会，市教委，市财政局，市人力资源社会保障局和市卫生健康委印发《北京市科技成果转化工作评价方案》（京科发〔2022〕18号）。《评价方案》包括评价目的、评价对象、评价内容、评价方式、工作安排、保障措施等6个部分。《评价方案》明确，评价对象分为两个方面：高校院所类，即依据市科委、中关村管委会相关资金办法支持的在京高等院校、科研机构、央企研究院所、医疗卫生机构4类；各区，包括北京市16个行政区和北京经济技术开发区。评价内容是从工作体系建设、转化绩效、社会贡献3个方面展开。《评价方案》突出科技成果转化实效和贡献，为建立以质量、绩效、贡献为导向的评价体系探索出一条有意义的路径，及时反映各类主体科技成果转化的现状与问题，对促进北京市科技成果转化效率具有重要意义。

（任　旭）

【开展职务科技成果转化管理改革试点】12月30日，市科委、中关村管委会会同市教委、市经济和信息化局、市财政局及市卫生健康委印发《关于开展中关村国家自主创新示范区核心区高等院校、科研机构和医疗卫生机构职务科技成果转化管理改革试点实施方案》（京科发〔2022〕17号）。《试点方案》包括总体要求、试点范围、试点主要内容、保障措施4个部分。试点范围为中关村示范区核心区（海淀园）内市属高校院所；试点主要内容包括建立职务科技成果资产的单列管理制度、建立职务科技成果资产贯通管理体系、完善职务科技成果作价投资形成的国有股权管理制度、完善勤勉尽责制度、加大科技成果转化成效在相关考核评价体系中的权重、建立职务科技成果资产单列管理的监管机制。

（徐建功）

【标杆孵化器培育行动方案】12月30日，市科委、中关村管委会会同市教委、市经济和信息化局、市财政局、市国资委印发《标杆孵化器培育行动方案（2022—2025年）》（京科发〔2022〕19号）。《行动方案》主要实施标杆孵化器引领工程、未来产业孵育工程、硬科技孵化能力提升工程、孵化人才培育工程、金融赋能助力工程、创新创业国际化提升工程、硬科技孵化支撑园区高质量发展工程等七大工程，共23项任务和3项保障措施。加快培育标杆孵化器，带动创新创业生态优化提升，加速硬科技企业孵化，促进高精尖产业发展和未来产业培育，更好支撑北京国际科技创新中心和中关村世界领先科技园区建设。

（罗　虎　史文建）

科技计划

【概述】2022年，北京市“十四五”时期能源发展规划、交通发展建设规划、电力发展规划、应对气候变化和节能规划、新能源汽车充换电设施发展规划等相继发布，全面谋划“十四五”时期能源、交通、电力等方面的主要目标、重点任务及改革举措等。发布制造业绿色低碳发展行动方案，提出制造业企业节能降碳、绿色产业创新发展等七大行动22项任务。实施新一代信息通信技术创新专项，支持36个集成电路、互联网3.0、通信等方向课题；实施文化科技领域储备课题专项，支持11项文化科技融合领域课题；促进科技服务业发展，支持科技服务业发展中品牌机构、工程开放服务平台、“两城一区副中心”科技服务机构聚集发展3个方向73个项目。启动医药创新品种及平台培育专项。支持中关村生命科学园等科技园区的10个项目，涉及集成电路、医药健康等7个产业领域。市基金资助面上项目及面上专项777项、青年科学基金项目129项、杰青项目30项、重点研究专题项目25项，资助京津冀基础研究合作专项20项，资助自然科学基金－海淀、丰台、小米联合基金项目218项。

（徐建功）

【北京市“十四五”时期能源发展规划发布】2月22日，市政府印发《北京市“十四五”时期能源发展规划》（京政发〔2022〕10号）。《规划》全面谋划“十四五”时期北京市能源发展的指导思想、主要目标、重点任务、重大项目和改革举措。《规划》提出到2025年的主要目标：能源绿色低碳转型实现新突破，基本建成坚强韧性、绿色低碳智慧能源体系，能源利用效率持续提升，绿色低碳技术研发和推广应用取得新进展，城乡居民生活用能品质持续提升。能源消费总量控制在8050万吨标准煤左右。非应急情况下基本不使用煤炭，天然气消费量控制在200亿立方米左右，汽柴油总量力争较峰值下降20%，电力占终端能源消费比重达到29%，外调绿电量力争达到300亿千瓦时，可再生能源占能源消费比重力争提高4个百分点，达到14.4%以上。全市供电可靠率达到99.996%。天然气应急储备能力达到14亿立方米左右。北京市可再生能源新增发电装机容量达到217万千瓦左右，新建城市功能区可再生能源利用比重不低于20%。在氢能方面，《规划》从构建坚强韧性能源体系、实施可再生能源替代行动、更大力度推动节能降碳、强化能源科技创新引领、确保能源运行平稳安全、深化区域能源协同合作和完善能源发展体制机制7个方面对氢能提出具体规划。

（高　健）

【北京国际科技创新中心建设重点任务2022年工作方案印发】3月31日，北京办公室印发《北京国际科技创新中心建设重点任务2022年工作方案》（京科创办发〔2022〕1号）。《工作方案》围绕六大重点工程，谋划部署216项重点项目和工作任务，聚焦服务国家战略科技力量，彰显新作为；聚焦建设世界领先科技园区，实施新机制；聚焦打造高水平人才高地，力争新突破；聚焦高质量发展内生动力，探索新路径。

（孙　萌）

【北京市科技服务业“双百”工程实施方案发布】3月，市科委、中关村管委会，市人才工作局等11部门联合印发《北京市科技服务业“双百”工程实施方案（2021—2025年）》，制定北京市科技服务业“双百”工程联席会制度，成立全市24个委办局及16个区、“三城一区”等46个单位参加的联席会，统筹全市科技服务业发展重大问题研究、重要政策制定、重点项目推进。将“双百”工程分解细化，形成《北京市科技服务业“双百”工程实施方案任务清单》，明确各成员单位的具体职责和任务分工。

（刘一中）

【北京市“十四五”时期交通发展建设规划发布】4月10日，市政府发布《北京市“十四五”时期交通发展建设规划》（京政发〔2022〕17号）。《规划》确立“国际连接高标准、区域协同高效率、服务首都高水平、行业发展高质量、综合治理高效能”五大战略目标，并设置22项具体发展指标。“十四五”时期，北京将着力落实慢行优先、公交优先、绿色优先的发展理念，初步构建起综合、绿色、安全、智能的立体化现代化城市交通系统。将重点加快轨道交通“四网融合”[即干线铁路、城际铁路、市域（郊）铁路和城市轨道交通的融合]、轨道与公交融合，推进交通运输绿色发展，建设步行、自行车友好城市，鼓励绿色低碳出行，力争“十四五”末中心城区绿色出行比例达到76.5%。《规划》科技赋能提升交通智慧化水平。推动“标准统一、设施统建、数据统合”三个统筹，建设智慧交通“基础设施、数据云脑、应用场景”三大体系；夯实智慧交通基础，构建交通行业“一套码”“一张图”“一台账”“一张网”“一朵云”；建设交通治理、交管执法和出行服务云脑；建设“智慧地铁”“智慧公交”“智慧停车”“智慧道路”示范工程。到2025年，智慧道路总里程超过300千米。

（袁　磊）

【2022年北京市交通综合治理行动计划印发】5月11日，北京市交通综合治理领导小组印发《2022年北京市交通综合治理行动计划》（京交综治发〔2022〕2号）。《行动计划》共提出35项措施、190项任务。到2022年底，中心城区绿色出行比例达到74.6%，市民45分钟以内通勤出行占比达到56%，轨道车站出入口换乘距离小于30米的公交站点占比达到45%，高峰时段平均道路交通指数控制在6.0以内，确保城市交通运行安全、平稳、有序。提出持续推动北京市交通综合治理，加快构建综合、绿色、安全、智能的立体化、现代化城市交通系统等。

（袁　磊）

【北京市数字经济全产业链开放发展行动方案发布】5月30日，市经济和信息化局发布《北京市数字经济全产业链开放发展行动方案》，通过改革措施让数据活起来、转起来、用起来，并把数据管起来，建设数据驱动的数字经济全产业链发展高地和创新高地。《行动方案》主要措施明确：加快新型数字基础设施建设，推进车联网等新一代通信网络基础设施建设；加快智能网联汽车产业发展，推动自动驾驶领域开展数据采集标准化试点。在自动驾驶领域，支持行业组织或第三方机构，面向数字供应链，协同设计研发场景，建设安全可行的数据共享空间。持续丰富并开放车路协同自动驾驶数据集，为其他领域行业数据开放共享提供经验，并建立可信可控的网络安全体系。

（袁　磊）

【北京市“十四五”时期制造业绿色低碳发展行动方案发布】6月1日，市经济和信息化局印发《北京市“十四五”时期制造业绿色低碳发展行动方案》。《行动方案》共有七大行动22项任务。在制造业企业节能降碳、绿色产业创新发展等行动中指出，推进用能结构低碳化。有序推进有条件的企业使用电能替代化石燃料。加大光伏、光热、地热等可再生能源利用比例。探索氢能在制造业原燃料替代、储能、货运、非道路移动机械等领域的应用。鼓励企业参与电力市场化交易和绿色电力认购，提高可再生能源电力消纳量。打造绿色智慧能源产业集群。鼓励低速风电、高效光电、先进储能等能源领域先进前沿技术研发和产业化落地。推动氢能与氢燃料电池技术产业化、规模化发展，在昌平能源谷、中关村房山园、大兴国际氢能示范区等区域，加快关键技术创新研发及系统集成，统筹推进京津冀区域氢能制、储、运、加、用全产业链布局。

（高　健）

【北京市2022年能源工作要点发布】7月5日，市发展改革委会同市城市管理委联合发布《北京市2022年能源工作要点》。《工作要点》以“安全、绿色、提效、惠民”为核心，聚焦“抓统筹、保运行、强能力、促转型、重区域、提质效、惠民生、推改革”等8个方面，提出30项重点任务，细化分解为94项具体举措。其中要求，2022年北京市可再生能源占能源消费比重力争达到12%，可再生能源电力消纳比重不低于19%，优质能源消费比重达到98%以上；继续提升能源系统集约高效利用水平，电网综合线损率力争下降到4%，风电、光伏利用率持续保持较高水平；进一步提升能源安全韧性水平，基本建成首都坚强局部电网，持续提升天然气应急储备能力，按照国家要求落实本市成品油储备任务。此外，2022年北京市将有约8000户村民实施清洁取暖改造，新建各类电动汽车充电桩2万个。

（高　健）

【市基金－小米创新联合基金设立】7月7日，在第七届北京市自然科学基金委员会成立大会上，北京小米公益基金会与市基金签署协议，双方联合设立“北京市自然科学基金－小米创新联合基金”。小米公益基金会总计捐赠5亿元，持续10年，每年捐赠5000万元，用于支持人工智能、电子信息、智能制造等领域的基础研究和应用基础研究。小米基金会捐赠市基金，是全国范围内公益基金会向自然科学基金捐赠的首例，对于落实国家和北京市部署，建立以政府投入为主导、社会力量共同参与的基础研究多元化投入体系具有里程碑意义。

（季如佳）

【市基金－海淀联合基金二期协议签订】7月7日，在第七届北京市自然科学基金委员会成立大会上，市基金与海淀区举行海淀联合基金第二期协议签约仪式。2022年有8家企业参与海淀联合基金第二期合作，除北京佰才邦技术股份有限公司、北京天智航医疗科技股份有限公司、北京科兴生物制品有限公司、北京科信必成医药科技发展有限公司、北京纳通医疗技术有限公司等5家一期合作企业外，另有医渡云（北京）技术有限公司、北京朗视仪器股份有限公司、北京柏惠维康科技股份有限公司等3家新加入企业。2022年海淀联合基金经费总规模达到7000万元，比2021年增长133%。

（季如佳）

【北京市“十四五”时期电力发展规划发布】7月22日，市城市管理委印发《北京市“十四五”时期电力发展规划》。其中提出的绿色低碳电力发展相关任务包括加快推进可再生能源开发利用。加快实施“六大阳光工程”，围绕城镇建筑、基础设施、商业综合体、产业园区、现代农业等领域，开发“光伏＋现代产业”、建筑光伏一体化（BIPV）等分布式光伏项目。在发电装机目标方面提出，到2025年，北京本地发电总装机容量达到1533万千瓦（含应急备用电源），可再生能源装机435万千瓦，光伏装机251万千瓦左右，风电30万千瓦左右，生物质发电55万千瓦左右。在配电网建设方面，新增（改造）110千伏及以下变电容量1461万千伏安，基本建成安全可靠、经济高效、灵活先进、绿色低碳、环境友好的智能配电网。北京市供电可靠率达到99.996%，电网高峰负荷削峰能力达到最高用电负荷的3%～5%。在电力市场化交易方面，提出“深化电力体制改革，稳妥推进市场建设”的发展思路，明确推进输配电价改革工作、推动绿色电力市场化交易、加强电力交易市场建设的发展任务。采用“市场激励＋政府监管”的模式，持续深化电力中长期市场建设，培育现货市场、辅助服务市场，推进增量配电业务，构建有效竞争的市场结构和市场体系，确保北京市电力市场化改革取得实质性突破。

（高　健）

【海淀联合基金第二届管理委员会成立】8月3日，北京市自然科学基金－海淀原始创新联合基金管理委员会二届一次会议在裕惠大厦召开。会上，市科委、中关村管委会副主任许心超宣布新一届委员名单，会议集体审议通过2022年度海淀联合基金工作计划及2022年度项目指南。新一届管理委员会委员由市基金委代表、合作方代表及学术专家代表组成。管理委员会成员一致认为，海淀联合基金让青年科研工作者、海淀区以及企业都受益匪浅，在引导企业投入基础研究、发挥企业“出题者”作用、研提政策建议等方面成效显著。

（季如佳）

【小米联合基金监督委员会召开】8月3日，北京市自然科学基金－小米创新联合基金监督委员会第一次会议在裕惠大厦召开。经讨论、表决，监督委员会审议通过2022年度重点工作及经费支出计划。小米联合基金围绕人工智能、电子信息、智能制造、智能汽车等领域产业技术需求布局，强化对北京地区相关领域优势基础研究科研力量汇聚和人才队伍培养。

（季如佳）

【“十四五”时期北京市新能源汽车充换电设施发展规划发布】8月9日，市城市管理委印发《“十四五”时期北京市新能源汽车充换电设施发展规划》。根据《规划》，预计“十四五”时期，北京市新能源汽车将加速实现规模化发展，将向200万辆跃升。北京市将构建与200万辆新能源汽车发展相匹配的充换电设施体系。计划到“十四五”时期末，力争北京市充电桩总规模达到70万个，其中居住区自用和公用充电桩达到57万个、单位内部充电桩达到5万个、社会公用充电桩达到6万个、业务专用充电桩达到2万个；换电站规模达到310座。在服务半径上，到“十四五”时期末，北京平原地区建立3千米找到桩、核心区0.9千米找到桩的公用充电设施网络，实现“好找好用”。

（高　健）

【北京市“十四五”时期应对气候变化和节能规划发布】8月9日，市生态环境局、市发展改革委发布《北京市“十四五”时期应对气候变化和节能规划》。《规划》指出，因地制宜发展本市可再生能源，大力发展光伏、地热，适度发展风电和垃圾焚烧发电，促进氢能示范应用；推进分布式发电就地并网使用，发展“新能源＋储能”“源网荷储”和多能互补。按照“宜建尽建、应用尽用”原则，优先使用可再生能源保障供给，完善可再生能源利用的基础设施和产业配套，推动可再生能源、新技术与城市融合发展。2025年北京市可再生能源比重达到14.4%以上。大力发展地热及热泵、太阳能、储能蓄热等清洁供热模式，2025年北京市可再生能源供热面积占比达到10%以上。严格执行新建建筑节能标准。居住建筑率先实施80%节能设计标准。新建民用建筑全部执行绿色建筑标准。加快修订公共建筑节能设计标准和民用建筑能耗指标，新建政府投资的公益性建筑及大型公共建筑须达到绿色建筑二星级及以上标准。推广可再生能源建筑应用，具备条件的新建建筑应建设光伏或光热系统。

（高　健）

【市基金委七届二次全体委员会召开】8月23日，市基金委七届二次全体委员会以通讯形式召开。会议审议通过“2022年度北京市杰出青年科学基金项目申请与评审工作报告”“2022年度北京市自然科学基金重点研究专题项目申请与评审工作报告”“2022年度北京市自然科学基金－小米创新联合基金项目申请与评审工作报告”。

（冯永庆）

【科技部新一代人工智能应用场景项目征集】8月25日—9月4日，按照科技部的统一指导和部署，市科委、中关村管委会面向北京市创新主体开展“新一代人工智能示范应用场景项目”征集与组织推荐。活动征集并推荐示范场景项目143项，涵盖智慧农场、智慧家居、自动驾驶、智能供应链、智能港口、智能矿山、智能工厂、智能教育、智慧法院、智能诊疗等十大场景，展示北京市人工智能产业发展特色和资源集聚优势。

（孟姗姗　王秀君）

【北京城市副中心新型电力系统示范区建设方案发布】9月16日，在2022年“电力之光”中国电力科普日活动开幕式上，国网北京市电力公司发布《北京城市副中心新型电力系统示范区建设方案》。到2035年，北京城市副中心将建成数字化低碳城市电网，供电可靠性将达到99.999%，外调绿电占外调电力比重70%，本地可再生能源100%消纳，电能占终端能源消费比重达到50%以上，成为国内领先、世界一流的新型电力系统示范区。《方案》提出，从2022年至2035年，国网北京电力将在北京城市副中心重点建设“1+4”系列工程，即规划建设“2+6+13”项110千伏及以上电网工程和具有“四维感知”的数字化支撑平台，打造一张数字化坚强电网，提升电网保供能力和资源优化配置能力。聚焦绿色能源、绿色交通、绿色建筑三大领域，开展“片区、园区、社区、站点”四级示范建设，实施12项示范项目，推动源网荷储各侧协同发展，有力支撑城市副中心绿色发展。

（高　健）

【北京国际科技创新中心建设相关规划落实方案印发】10月18日，北京办公室印发《关于统筹推进“十四五”时期北京国际科技创新中心建设相关规划落实方案》的通知。形成“北京办公室”机制框架下扎实推进“国际科创中心规划”“中关村规划”的协同联动落实机制。《方案》要求，建立健全规划全周期工作体系，覆盖规划的编制、落实、评估与调整、保障等工作环节；通过建立规划落实传导体系，推动规划分工方案、委内年度工作计划及全市年度建设方案相结合；建立预算资金与规划匹配机制，将与规划及年度工作计划任务一致作为预算申报的审核条件；建立规划绩效考评机制，将规划落实情况作为处室考评依据，纳入市科委、中关村管委会绩效考核，将规划变成“硬任务”逐步落实。

（邵昱飞）

【海淀联合基金二届三次管理委员会召开】11月17日，北京市自然科学基金－海淀原始创新联合基金二届三次管理委员会召开，会议审议通过2022年度项目拟资助工作方案。按照适度竞争、择优支持的评审原则，经过申请人答辩、评审专家质询、集中讨论、投票等环节，年度内共产生建议资助项目156项，其中重点研究专题项目34项、前沿项目122项，资助总经费6966.6万元。建议资助项目凝聚北京协和医院、北京大学、北医三院、北京积水潭医院、北京邮电大学等优秀研究团队，为海淀相关领域研究及行业发展提供理论和技术支撑。

（季如佳）

【丰台联合基金第十二次管理委员会召开】11月17日，北京市自然科学基金－丰台轨道交通前沿研究联合基金第十二次管理委员会召开，会议审议通过2022年度项目拟资助工作方案。按照适度竞争、择优支持的评审原则，经过申请人答辩、评审专家质询、集中讨论、投票等环节，共产生建议资助项目27项，其中重点研究专题项目6项、前沿项目21项，资助总经费1222.8万元。建议资助项目凝聚北京交通大学、中国铁道科学研究院集团有限公司、北京理工大学、中国科学院计算技术研究所等单位的优秀研究团队，为轨道交通相关领域研究及行业发展提供理论和技术支撑。

（季如佳）

【首批支持科技园区的10个项目公布】12月21日，市科委、中关村管委会公布首批支持中关村生命科学园等科技园区的10个项目，涉及集成电路、医药健康等7个产业领域，首批支持高品质科技园区建设资金10948.72万元。获支持的10家园区，2021年底园区总产值7297.4亿元，地均产出1148.5亿元/平方千米，是中关村示范区地均产出（117亿元/平方千米）的近 7 倍。

（徐建功）

【“传感器与科学仪器创新研制”专项试点项目落户怀柔】 2022 年，市科委、中关村管委会新增“传感器与科学仪器创新研制”专项试点项目，通过定向择优方式，由怀柔区科委在区内进行项目前期征集筛选与推荐，市区两级科委再进行项目实地考察与座谈，由市科委、中关村管委会组织专家评审后择优支持怀柔区仪器和传感器相关企业。专项支持资金共 3000 万元。

（李喜海）

【怀柔科学城成果落地专项实施】 2022 年，市科委、中关村管委会怀柔科学城成果落地专项以中国科学院、高校、创新型企业等为主体，重点支持科学仪器、新材料领域，关注能源、空天、地球环境等领域，推动“航空发动机用高品质高温合金粉末的研制及产业化”“高热流半导体用注射成形铜散热器产业化技术开发”等自主创新成果在怀柔科学城转化落地。专项共支持项目 14 个，其中怀柔区遴选推荐项目 3 个，北京科技大学、北京大学、中国科学院电工研究所等院所遴选推荐在怀柔区落地项目 10 个，密云区（怀柔科学城东区）落地项目 1 个。专项支持资金共 5000 万元。

（刘　真）

【文化科技领域储备课题立项】 2022 年，市科委、中关村管委会文化科技领域储备课题专项科技经费投入 3000 万元，支持文化科技融合领域课题 11 项。聚焦文化科技应用技术，以数字化、网络化、智能化为技术基点，重点突破影视出版、文化旅游、文化艺术等领域系统集成应用技术研发，形成文化科技新产品、新工艺。建设面向文化行业的开放创新服务平台，促进文化和科技融合成果从样品到产品再到商品的转化。重点面向城市副中心和东城区，围绕国家文化公园建设、中轴线申遗保护等文化项目需求，推动 AI、5G+8K、VR/AR/MR/XR 等适用技术创新应用，形成可视化呈现、互动性传播、沉浸式体验等新场景，促进传统文化创新传承。

（李新媛）

【新一代信息通信技术创新专项实施】 2022 年，市科委、中关村管委会新一代信息通信技术创新专项支持集成电路、互联网 3.0、通信等方向课题共 36 个，涉及科技经费 16678 万元。在集成电路方向，支持课题 15 项，涉及科技经费 7178 万元，围绕共性技术平台、共性 IP/ 芯粒、EDA 设计软件工具、产线建设等方面，开展一批关键技术攻关；聚焦国产新架构计算芯片产业发展，开展存内芯片、感存算一体芯片研制，推动在相关场景示范应用；支持 ADC 等高端模拟芯片研制，并推动在仪器设备、通信等领域落地迭代。在互联网 3.0 方向，支持课题 6 项，涉及科技经费 2400 万元，围绕 XR 操作系统、建模和驱动、渲染等关键技术，支持研发国产 XR 操作系统、高性能 3D 渲染引擎等内容，加快关键核心技术自主研发速度和国产化替代进程。在通信方向，支持课题 15 项，涉及科技经费 7100 万元，重点面向卫星互联网、短距离通信、下一代互联网等方向，围绕星载关键部件、短距离无线通信器件等方面开展布局，并围绕下一代云化无线网络开放平台建设，开展云化异构硬件平台及射频前端研制工作，构筑北京市通信网络技术产业发展优势。专项汇集数字栩生（北京）科技有限公司、北京佰才邦技术股份有限公司、北京清微智能科技有限公司等中关村示范区内企业 37 家，清华大学、北京航空航天大学、中国科学院半导体研究所等高校院所 14 家。

（信息处信息中心）

【首都临床特色诊疗技术研究及转化应用专项启动】 2022 年，市科委、中关村管委会首都临床特色诊疗技术研究及转化应用专项启动。专项重点开展北京医药临床试验服务后补助工作。为强化临床试验资源保障和提高临床试验启动效率，全面提升产业发展支撑能力，市卫生健康委依托首都临床特色诊疗技术研究及转化应用专项，通过后补助的方式引导、激励北京地区临床试验机构优先为北京企业服务，采取成立全国首个医学伦理审查互认联盟、推动医院优化院内临床试验审批流程、探索试点开展合规性电子化知情同意研究和电子支付等多种手段，将北京地区品种临床试验启动时间由 110 天缩短到 81 天。

（张　晓　张　旭）

【食品安全技术保障专项启动】 2022 年，市科委、中关村管委会食品安全技术保障专项启动。专项重点针对北京市食品安全工作中面临的技术需求开展研究，支持开展食品安全监测平台、重大活动保障中生物毒素快速检测技术等 10 项研究，提升食品安全检测监测相关技术、平台、标准和产品研发水平，增强首都食品安全监管效率、食品安全风险防控及重大活动保障能力。

（卢明子）

【AI+ 健康协同创新培育专项启动】 2022 年，市科委、中关村管委会 AI+ 健康协同创新培育专项启动，持续推动数字医疗产业发展。专项发挥北京在研发和审批方面的优势，在人工智能辅助诊断产品全国领先的基础上，结合国际研究前沿和临床诊疗需求，提前布局具备辅助治疗等功能的人工智能诊疗产品和数字疗法产品研发，联合国家药监局医疗器械技术审评中心、中国食品药品检定研究院等部门，加速人工智能辅助治疗产品的注册审批、数字疗法产品的定型与注册检验，参与并推动数字疗法产品分类界定与标准建立，继续保持北京市在人工智能医疗产品研发方面的国内领先优势。在场景建设方面，针对北京市获批的人工智能辅助诊疗产品主动布局搭建落地应用场景，推动5个产品在12家医院实现收费应用，推动北京鹰瞳医疗科技有限公司的糖网筛查产品纳入普惠健康保，推动产品商业化落地。在平台搭建方面，探索性支持AI创新药物支撑平台建设，培育北京分子之心科技有限公司、华深智药生物科技（北京）有限公司、北京剂泰医药科技有限公司等新兴企业，支持其抗体、mRNA等药物的研发。

（王岱娟　牛亚静）

【医药创新品种及平台培育专项启动】2022年，市科委、中关村管委会医药创新品种及平台培育专项启动。专项着力推进市创新药、医疗器械的研发及关键技术平台的建设，即推动支持20个左右创新药、10个左右高端器械品种加快研发转化，储备产业发展新增量，同时持续布局10个左右使用便捷的多价疫苗、广谱药物及快速检测试剂的科研攻关，为新冠疫情防控提供科技支撑。

（侯艳艳　王　璐）

【科技服务业专项支持73个项目】2022年，市科委、中关村管委会为促进科技服务业发展，支持科技服务业发展中品牌机构、工程开放服务平台、“两城一区副中心”科技服务机构聚集发展3个方向73个项目，支持资金9086万元。

（付文均）

【科技服务业专项支持15家品牌机构】2022年，市科委、中关村管委会科技服务业专项实施中，支持中国核电工程有限公司等15家品牌机构建设，支持资金4500万元，加强其专业人才培育，提升技术能力、服务能力、市场拓展能力。15家品牌机构均属于行业头部企业，2021年平均每家年收入48.9亿元，利润2.2亿元，纳税1.3亿元。平均每家研发强度为4.6%，拥有专利506件，其中发明专利180件。

（付文均）

【科技服务业专项支持22个专业开放服务平台】2022年，市科委、中关村管委会科技服务业专项支持“道路交通缓堵工程开放服务平台”等22个专业开放服务平台，支持资金3000万元，推动新技术在科技服务领域创新应用，培育科技服务新业态。22个专业开放服务平台具有良好服务效益，2021年平均每家平台服务客户2000余家，服务收入2.03亿元。

（付文均）

【科技服务业专项支持36家科技服务机构】2022年，市科委、中关村管委会支持怀柔科学城、未来科学城、北京经济技术开发区和城市副中心等36家科技服务机构发展，支持资金1586万元。36家科技服务机构2021年共服务客户10388家，实现服务收入97亿元，获发明专利1224件。其中，服务“两城一区副中心”客户3165家，服务收入36.8亿元，为区域科技创新和成果转化提供重要支撑。

（付文均）

【资助自然科学基金面上项目及面上专项777项】2022年，市基金受理北京市自然科学基金面上项目及面上专项项目申请8134项。经评审，资助面上项目及面上专项777项，资助率9.55%，资助项目总额15700.86万元，主要涉及新一代信息技术、医药健康、智能机器人、新能源等高端产业中的前沿科学问题布局。

（李保印）

【资助自然科学基金青年项目129项】2022年，市基金接收北京市自然科学基金青年科学基金项目910项，受理878项。经评审，资助青年科学基金项目129项，资助率14.2%，资助项目总额1287.73万元。青年科学基金项目资助35岁以下的青年科学技术人员在市基金资助范围内自主选题、开展研究工作，培养青年科学技术人员独立主持科研项目、进行创新研究的能力。

（李保印）

【资助北京杰青项目30项】2022年，市基金受理北京杰青项目申请155项。经评审，资助杰青项目30项，资助率19.4%，资助项目总额2850万元。资助项目主要分布在医药、信息、化学与材料等与高精尖产业相关的学科。

（李　澳）

【资助重点研究专题项目25项】2022年，市基金受理重点研究专题项目申请139项。经评审，资助重点研究专题项目25项，资助率17.99%，资助项目总额6898.64万元。5位项目负责人近5年均在《自然》《科学》《细胞》或领域内顶级学术期刊有原创研究论文发表。项目课题间学科交叉合作突出，跨学科跨单位比例达到100%。

（涂裔盟）

【资助区域联合基金35项】2022年，区域联合基金北京地区指南共申报项目179项，重点项目平均每个指南申报3.55项，较全国平均指南申报量高出约17%。其中，124项申报项目与北京地区企业合作，占69%。经国家基金委组织评审，北京地区指南共资助35个项目，其中集成项目4项、重点项目31项。资助项目中，30个项目与北京企业合作，占85.7%。

（郭凤桐）

【资助京津冀基础研究合作专项20项】2022年，京津冀基础研究合作专项受理申请227项，经形式审查、通信评审、会议评审、管理委员会审定，共资助20项，资助总经费1200万元。专项支持京津冀三地科研团队围绕共同关注的生命医药领域共性关键问题开展研究，促进多学科、多部门交叉联合攻关，凝聚优势科技资源，服务京津冀协同发展。

（郭凤桐）

【资助自然科学基金－海淀、丰台、小米联合基金项目218项】2022年，市基金接收海淀、丰台、小米联合基金项目申请974项，经形式审查、通信评审、会议评审、管理委员会审定，共资助项目218项，资助总经费13089.16万元。其中，海淀联合基金资助156项，资助经费6966.6万元；丰台联合基金资助27项，资助经费1222.8万元；小米联合基金资助35项，资助经费4899.76万元。

（季如佳）

科技投入

【概述】2022年，市科委、中关村管委会贯彻落实市委、市政府关于北京市科技工作机构调整的重大改革举措，围绕国际科技创新中心建设、世界领先的科技园区建设、国家实验室建设“三条主线”，以构建与国际科技创新中心相适应的经费管理体系为出发点，统筹考虑两部门预算，做细做实，创新专项组织方式，形成错位支持、协调发力的格局。市科委、中关村管委会两部门下达预算共106.46亿元，包括年初预算批复71.02亿元、年中预算追加35.44亿元。其中，市科委2022年度部门预算实际下达83.03亿元，包括年初预算批复51.35亿元、年中预算追加31.68亿元；中关村管委会2022年度部门预算实际下达23.43亿元，包括年初预算批复19.67亿元、年中预算追加3.76亿元。市科委下属20家预算单位参加2022年部门决算。市科委本级行政收、支总计5738.98万元，比2021年减少1560.48万元，下降21.38%；市科委本级事业收、支总计495940.79万元，比2021年增加36949.05万元，增长8.05%。

（市科委、中关村管委会官网）

【市科委下属11家预算单位参加2022年度部门预算】2022年，市科委下属11家预算单位参加2022年度部门预算，分别为：北京市科学技术委员会本级行政、北京市科学技术委员会本级事业、北京市自然科学基金委员会办公室、北京市实验动物管理办公室（北京市人类遗传资源管理办公室）、北京科技创新研究中心、北京市科学技术奖励工作办公室、北京市科技信息中心、北京软件产品质量检测检验中心、北京新材料和新能源科技发展中心（含北京市科学技术委员会老干部服务中心、北京市高新技术成果转化服务中心、北京市科委行政事务服务中心、北京科技协作中心、北京市科技信息中心、北京市科学技术委员会农村发展中心、北京生产力促进中心、北京生物技术和新医药产业促进中心、北京工业设计促进中心、北京市科学技术委员会人才交流中心、北京科学技术开发交流中心、北京市可持续发展科技促进中心、北京市科技传播中心、北京科学仪器装备协作服务中心）、北京技术市场管理办公室、北京市实验室服务保障中心。

（陶昕昕）

【2022 年收入预算说明】2022 年，市科委收入预算 609377.86 万元，比 2021 年 329021.32 万元增加 280356.53 万元，增长 85.21%。其中：财政拨款收入 513498.44 万元，比 2021 年 310258.30 万元增加 203240.14 万元，主要原因：市科委根据工作安排，加大对基础研究、应用研究、技术研究与开发等方面项目经费；其他资金收入 5405.00 万元，比 2021 年 8390.41 万元减少 2985.41 万元，主要原因：根据市编办批复，现有公益二类事业单位整合调整为公益一类事业单位，业务活动发生较大变动，造成经营收入和其他收入减少；结转结余资金 90474.41 万元，比 2021 年 10372.61 万元增加 80101.80 万元，主要原因：市科委根据工作计划安排，超大规模人工智能模型训练平台、京津冀国家技术创新中心建设（追加）等项目资金结转 2022 年继续使用。

（市科委、中关村管委会官网）

【2022 年支出预算说明】2022 年，市科委支出预算 609377.86 万元，比 2021 年 329021.32 万元增加 280356.53 万元，增长 85.21%。基本支出预算 29762.09 万元，占总支出预算 4.88%，比 2021 年 29101.06 万元增加 661.03 万元，增长 2.27%，主要原因为人员职务职级调整、工龄增加、社保基数调整等导致的人员经费增长。项目支出预算 579615.77 万元（含继续使用的财政性结转资金 89845.00 万元），占总支出预算 95.12%，比 2021 年 299920.26 万元增加 279695.51 万元，增长 93.26%，主要原因为根据工作安排，加大对应用研究方面的预算，追加城市科技与精细化管理、AI+健康协同创新培育、医药创新品种及平台培育、启元实验室建设等项目经费。其中，事业单位经营支出 3169.75 万元，上缴上级支出 0 万元，对附属单位补助支出 0 万元。

（市科委、中关村管委会官网）

【2022 年部门预算支出方向】2022 年，根据市科委工作安排，部门预算支出主要用于项目支出，集中在科学技术管理事务、基础研究、应用研究、技术研究与开发、科技条件与服务等方面。其中，科学技术管理事务方面，主要用于转制院所保障经费、科技创新区域合作等项目；基础研究方面，主要用于自然科学基金、北京脑科学与类脑研究中心、雁栖湖应用数学研究院建设、前沿新材料技术创新、北京纳米能源与系统研究所建设等项目；应用研究方面，主要用于北京智源人工智能研究院建设、启元实验室建设、城市科技与精细化管理、医药创新品种及平台培育、新一代信息通信技术创新等项目；技术研究与开发方面，主要用于首都临床诊疗技术研究及转化应用、腾盛博药药物研发中心建设、2022 年中央引导地方科技发展资金、怀柔科学城成果落地、联影集团在京发展建设等项目；科技条件与服务方面，主要用于科技服务业、北京市科技新星计划、科技文化与科技普及、技术市场发展专项等项目。

（市科委、中关村管委会官网）

【2022 年部门“三公”经费财政拨款预算】2022 年，市科委“三公”经费的支出范围包括因公出国（境）费用、公务接待费、公务用车购置和运行维护费，开支单位包括 6 个所属单位。其他单位 2022 年无财政拨款安排的“三公”经费预算。“三公”经费财政拨款预算 288.59 万元，比 2021 年“三公”经费财政拨款预算增加 48.03 万元。

（市科委、中关村管委会官网）

【24 家预算单位纳入市科委、中关村管委会部门决算】2022 年，市科委、中关村管委会下属 24 家预算单位纳入部门决算范围，分别为：北京市科学技术委员会本级行政，中关村科技园区管理委员会（本级），北京市科学技术委员会本级事业，北京市自然科学基金委员会办公室，北京市实验动物管理办公室（北京市人类遗传资源管理办公室），北京科技创新研究中心，北京市科学技术奖励工作办公室，北京医药健康科技发展中心，北京国际科技合作中心（北京港澳台科技合作中心），北京软件产品质量检测检验中心，北京新材料和新能源科技发展中心，北京技术市场管理办公室，北京科技创新促进中心，北京科技成果转化服务中心，北京市实验室服务保障中心，北京科技审评中心，北京科技人才发展中心（北京海外学人中心中关村分中心），北京信息科技发展中心，北京市科学技术委员会、中关村科技园区管理委员会综合事务中心，中关村高科技产业促进中心，中关村政府采购促进中心，北京市科技信息中心，北京市可持续发展科技促进中心和中关村人才特区建设促进中心。

（陶昕昕）

【2022 年收入决算说明】2022 年，市科委收入合计 851691.26 万元，比 2021 年增加 274503.08 万元，增长 47.56%。其中：财政拨款收入 830300.56 万元，占收入合计的 97.49%；上级补助收入 0 万元；事业收入 7290.17 万元，占收入合计的 0.86%；经营收入 4388.01 万元，占收入合计的 0.52%；附属单位上缴收入 0 万元；其他收入 9712.51 万元，占收入合计的 1.14%。中关村管委会收入合计 234948.14 万元，比

2021年增加67610.64万元，增长40.40%。其中：财政拨款收入234323.37万元，占收入合计的99.73%；上级补助收入0万元；事业收入0万元；经营收入0万元；附属单位上缴收入0万元；其他收入624.77万元，占收入合计的0.27%。

（市科委、中关村管委会官网）

【2022年支出决算说明】2022年，市科委支出合计657353.71万元，比2021年增加181300.14万元，增长38.08%。其中：基本支出30502.55万元，占支出合计的4.64%；项目支出623675.42万元，占支出合计的94.88%；上缴上级支出0万元；经营支出3175.74万元，占支出合计的0.48%；对附属单位补助支出0万元。中关村管委会支出合计238171.91万元，比2021年增加116256.81万元，增长95.36%。其中：基本支出7085.23万元，占支出合计的2.97%；项目支出231086.68万元，占支出合计的97.03%；上缴上级支出0万元；经营支出0万元；对附属单位补助支出0万元。

（市科委、中关村管委会官网）

【2022年财政拨款收入支出决算总体情况】2022年，市科委财政拨款收、支总计907548.32万元，比2021年增加330092.73万元，增长57.16%。主要原因：北京市实验室服务保障中心根据单位职责新增项目经费；北京市自然科学基金委员会办公室“北京市自然科学基金”基金规模增加；北京科技创新促进中心，北京科技成果转化服务中心，北京科技审评中心，北京科技人才发展中心（北京海外学人中心中关村分中心），北京信息科技发展中心，北京市科学技术委员会、中关村科技园区管理委员会综合事务中心等单位根据工作安排，追加项目经费。中关村管委会财政拨款收、支总计266891.77万元，比2021年增加99360.75万元，增长59.31%。主要原因：根据工作安排，增加支持高新技术企业“小升规”培育、场景创新与应用示范等项目经费。

（市科委、中关村管委会官网）

【2022年一般公共预算财政拨款支出决算总体情况】2022年，市科委一般公共预算财政拨款支出638426.25万元，主要用于以下方面（按大类）：教育支出1.38万元；科学技术支出636185.94万元，占本年财政拨款支出的99.65%；社会保障和就业支出1297.15万元，占本年财政拨款支出的0.20%；卫生健康支出941.78万元，占本年财政拨款支出的0.15%。中关村管委会一般公共预算财政拨款支出237606.95万元，主要用于以下方面（按大类）：一般公共服务支出3924.14万元，占本年财政拨款支出的1.65%；科学技术支出233590.35万元，占本年财政拨款支出的98.31%；社会保障和就业支出2.40万元，占本年财政拨款支出的0.001%；商业服务业等支出90.06万元，占本年财政拨款支出的0.04%。

（市科委、中关村管委会官网）

【2022年一般公共预算财政拨款支出决算具体情况】2022年，市科委一般公共预算财政拨款支出决算具体情况：①“教育支出”（类）2022年度决算1.38万元，比2022年度年初预算减少19.88万元，下降93.53%。其中：“进修及培训”（款）2022年度决算1.38万元，比2022年度年初预算减少19.88万元，下降93.53%。主要原因：受疫情影响，部分培训活动转为线上方式开展，减少培训经费支出。②“科学技术支出”（类）2022年度决算636185.94万元，比2022年度年初预算增加35328.24万元，增长5.88%。其中：“科学技术管理事务”（款）2022年度决算27804.12万元，比2022年度年初预算减少1892.13万元，下降6.37%。主要原因：根据工作安排，调整市属转制科研院所离退休人员养老与社保经费、科技创新区域合作经费等项目。“基础研究”（款）2022年度决算258715.37万元，比2022年度年初预算增加57169.08万元，增长28.37%。主要原因：加大对基础研究的支持力度，追加“北京脑科学与类脑研究中心”“北京生命科学研究所”“前沿新材料技术创新”等项目经费。“应用研究”（款）2022年度决算229163.49万元，比2022年度年初预算减少18238.15万元，下降7.37%。主要原因：根据工作安排，北京市实验室服务保障中心项目经费结转至2023年使用。“技术研究与开发”（款）2022年度决算72728.65万元，比2022年度年初预算减少92.81万元，下降0.13%，与年初预算基本持平。“科技条件与服务”（款）2022年度决算29103.44万元，比2022年度年初预算增加186.72万元，增长0.65%，与年初预算基本持平。“社会科学”（款）2022年度决算1088.33万元，比2022年度年初预算减少133.61万元，下降10.93%。主要原因：根据工作安排，调整“科技创新政策先导研究”“国际科技创新中心建设规划与政策研究”等项目经费。“科学技术普及”（款）2022年度决算4473.94万元，比2022年度年初预算减少717.67万元，下降13.82%。主要原因：根据工作安排，调整“科学技术普及”“科技文化与科技普及”等项目经费。“科技交流与合作”（款）2022年度决算44.27万元，比2022年度年初预算减少137.98万元，下

降 75.71%。主要原因：2022 年受疫情影响，调整部分科技交流与合作项目经费。“其他科学技术支出”（款）2022 年度决算 13064.33 万元，比 2022 年度年初预算减少 815.23 万元，下降 5.87%。主要原因：根据工作安排，调整“2022 年北京市科学技术奖励工作办公室科技奖励奖金及奖励相关工作”项目经费。③“社会保障和就业支出”（类）2022 年度决算 1297.15 万元，比 2022 年度年初预算减少 147.99 万元，下降 10.24%。其中：“行政事业单位养老支出”（款）2022 年度决算 1297.15 万元，比 2022 年度年初预算减少 147.99 万元，下降 10.24%。主要原因：由于人员变动等因素，减少相关经费支出。④“卫生健康支出”（类）2022 年度决算 941.78 万元，比 2022 年度年初预算减少 77.56 万元，下降 7.61%。其中：“行政事业单位医疗”（款）2022 年度决算 941.78 万元，比 2022 年度年初预算减少 77.56 万元，下降 7.61%。主要原因：由于人员变动等因素，减少相关经费支出。中关村管委会一般公共预算财政拨款支出决算具体情况如下：①“一般公共服务支出”（类）2022 年度决算 3924.14 万元，比 2022 年度年初预算减少 8.24 万元，下降 0.21%。其中：“政府办公厅（室）及相关机构事务”（款）2022 年度决算 3924.14 万元，比 2022 年度年初预算减少 8.24 万元，下降 0.21%。主要原因：落实政府“过紧日子”要求，进一步压减公用经费支出。②“科学技术支出”（类）2022 年度决算 233590.35 万元，比 2022 年度年初预算增加 7661.27 万元，增长 3.39%。其中：“科学技术管理事务”（款）2022 年度决算 130.72 万元，比 2022 年度年初预算增加 130.72 万元，增长 100.00%。主要原因：由于人员变动等因素，增加相关经费。“其他科学技术支出”（款）2022 年度决算 233459.62 万元，比 2022 年度年初预算增加 7661.27 万元，增长 3.39%。主要原因：加大支持力度，追加“支持高新技术企业‘小升规’培育”“中关村科技型小微企业支持项目”等项目经费。③“社会保障和就业支出”（类）2022 年度决算 2.40 万元，与 2022 年度年初预算保持持平。其中：“行政事业单位养老支出”（款）2022 年度决算 2.40 万元，与 2022 年度年初预算保持持平。④“商业服务业等支出”（类）2022 年度决算 90.06 万元，比 2022 年度年初预算增加 90.06 万元，增长 100.00%。其中：“其他商业服务业等支出”（款）2022 年度决算 90.06 万元，比 2022 年度年初预算增加 90.06 万元，增长 100.00%。主要原因：加大支持力度，追加“中关村现代服务业试点政府股权投资项目管理费”项目经费。

（市科委、中关村管委会官网）

【2022 年财政拨款基本支出决算情况】 2022 年，市科委使用一般公共预算财政拨款安排基本支出 26671.61 万元，使用政府性基金财政拨款安排基本支出 0 万元。其中：①工资福利支出包括基本工资、津贴补贴、奖金、伙食补助费、绩效工资、其他社会保障缴费、其他工资福利等支出；②商品和服务支出包括办公费、印刷费、咨询费、手续费、水费、电费、邮电费、取暖费、物业管理费、差旅费、因公出国（境）费、维修（护）费、租赁费、会议费、培训费、公务接待费、专用材料费、劳务费、委托业务费、工会经费、福利费、公务用车运行维护费、其他交通费、其他商品和服务等支出；③对个人和家庭补助支出包括离休费、退休费、抚恤金、生活补助、救济费、医疗费补助、助学金、奖励金、其他对个人和家庭的补助等支出；④其他资本性支出包括办公设备购置、专用设备购置等。中关村管委会使用一般公共预算财政拨款安排基本支出 6520.27 万元，使用政府性基金财政拨款安排基本支出 0 万元。其中：①工资福利支出包括基本工资、津贴补贴、奖金、伙食补助费、绩效工资、其他社会保障缴费、其他工资福利等支出；②商品和服务支出包括办公费、印刷费、咨询费、手续费、水费、电费、邮电费、取暖费、物业管理费、差旅费、因公出国（境）费、维修（护）费、租赁费、会议费、培训费、公务接待费、专用材料费、劳务费、委托业务费、工会经费、福利费、公务用车运行维护费、其他交通费、其他商品和服务等支出；③对个人和家庭补助支出包括离休费、退休费、抚恤金、生活补助、救济费、医疗费补助、助学金、奖励金、其他对个人和家庭的补助等支出；④其他资本性支出包括办公设备购置、专用设备购置等。

（市科委、中关村管委会官网）

【2022 年“三公”经费财政拨款决算情况】 2022 年，市科委“三公”经费包括本部门所属 1 个行政单位、3 个参照公务员法管理事业单位、1 个事业单位。2022 年度“三公”经费财政拨款决算数 56.88 万元，比 2022 年度“三公”经费财政拨款年初预算 288.59 万元减少 231.71 万元。其中：①因公出国（境）费用。2022 年度决算数 0 万元，比 2022 年度年初预算数 182.25 万元减少 182.25 万元。主要原因：2022 年受疫情影响，未开展因公出国（境）有关工作。②公务接待费。2022 年度决算数 0.35 万元，比 2022 年度年初预算数 8.24 万元减少 7.89 万元。主要原

因：落实政府“过紧日子”要求，进一步压减一般性支出。2022年度公务接待费主要用于外省市来京调研，公务接待1批次，公务接待5人次。③公务用车购置及运行维护费。2022年度决算数56.53万元，比2022年度年初预算数98.10万元减少41.57万元。其中，公务用车购置费2022年度决算数0万元，与2022年度年初预算数持平。本年度无此项支出。公务用车运行维护费2022年度决算数56.53万元，比2022年度年初预算数98.10万元减少41.57万元，主要原因：落实政府“过紧日子”要求，进一步压减一般性支出。2022年度公务用车运行维护费中，公务用车加油19.50万元，公务用车维修15.50万元，公务用车保险10.50万元，公务用车其他支出11.03万元。2022年度公务用车保有量45辆，车均运行维护费1.26万元。中关村管委会“三公”经费包括本部门所属1个行政单位、0个参照公务员法管理事业单位、0个事业单位。“三公”经费财政拨款决算数13.53万元，比2022年度“三公”经费财政拨款年初预算数113.90万元减少100.37万元。其中：①因公出国（境）费用。2022年度决算数0万元，比2022年度年初预算数90.00万元减少90.00万元。主要原因：2022年受新冠疫情影响，未组织因公出国（境）业务活动。②公务接待费。2022年度决算数0万元，比2022年度年初预算数1.20万元减少1.20万元。主要原因：2022年受新冠疫情影响，未开展公务接待事项。③公务用车购置及运行维护费。2022年度决算数13.53万元，比2022年度年初预算数22.70万元减少9.17万元。其中，公务用车购置费2022年度决算数0万元，与2022年度年初预算数0万元保持持平。本年度无此项支出。公务用车运行维护费2022年度决算数13.53万元，比2022年度年初预算数22.70万元减少9.17万元。主要原因：落实政府“过紧日子”要求，进一步压减一般性支出。2022年度公务用车运行维护费中，公务用车加油6.00万元，公务用车维修3.75万元，公务用车保险1.56万元，公务用车其他支出2.22万元。2022年度公务用车保有量11辆，车均运行维护费1.23万元。

（市科委、中关村管委会官网）

【2022年机关运行经费支出情况】2022年，市科委使用财政拨款安排的基本支出中的日常公用经费支出，合计510.52万元，比2021年增加9.71万元，增加原因：北京市自然科学基金委员会办公室、北京市实验动物管理办公室（北京市人类遗传资源管理办公室）等单位人员增加，导致日常公用经费支出相应增长。中关村管委会使用财政拨款安排的基本支出中的日常公用经费支出，合计235.71万元，比2021年减少112.48万元，减少原因：落实政府“过紧日子”要求，进一步压减一般性支出。

（市科委、中关村管委会官网）

【2022年政府采购支出情况】2022年，市科委政府采购支出总额17078.09万元。其中：政府采购货物支出203.21万元，政府采购工程支出0万元，政府采购服务支出16874.88万元。授予中小企业合同金额9925.61万元，占政府采购支出总额的58.12%。其中：授予小微企业合同金额8298.14万元，占政府采购支出总额的48.59%。中关村管委会政府采购支出总额14605.78万元。其中：政府采购货物支出5.75万元，政府采购工程支出0万元，政府采购服务支出14600.03万元。授予中小企业合同金额13292.60万元，占政府采购支出总额的91.01%。其中，授予小微企业合同金额12898.60万元，占政府采购支出总额的88.31%。

（市科委、中关村管委会官网）

【市财政局拨付中关村示范区项目资金情况】2022年，市财政局拨付中关村示范区项目资金256428.18万元，全年支出230099.45万元。其中，科学技术支出230009.39万元，占总支出的99.96%；商业服务业等支出90.06万元，占总支出的0.0004%。

（陶昕昕）

科技资源

科技人才

【概述】2022年，市科委、中关村管委会围绕国际科技创新中心、世界领先科技园区和国家实验室建设3条主线，聚焦人才引进、培养、激励和服务，加强政策创新，完善工作机制，不断优化人才发展环境。围绕人才高地建设开展人才及政策研究，研究制定《支持科技人才创新发展加快高水平人才高地建设工作方案》。持续开展科技人才信息追踪体系建设，针对人工智能、量子计算、集成电路、生物医药等领域，细化确定人才分类标签。修订《北京市科技新星计划管理办法》并印发实施，加大对青年人才的支持力度，探索实施“举荐制”。年内，遴选产生142名创新新星、14名创业新星和68个交叉合作课题；联合选拔8人。制定《北京市科技新星计划经费使用“包干制”管理办法（试行）》并印发实施，旨在进一步向科研人员放权，允许其根据实际需要自主决定、统筹使用与科研项目相关的支出。做好外国专家相关服务工作，推荐北京量子信息科学研究院日籍教授谷垣胜己入选2022年度中国政府“友谊奖”。探索建立北京市外籍“高精尖缺”人才认定标准并报科技部批复同意。为外籍人才出具各类出入境推荐证明函件92份，其中“绿卡直通车”65份。完善科技人才评价机制，完成自然科学研究系列、工程系列（技术经纪专业）职称评审，公示人数为782人。持续实施打造“星光璀璨、筑梦北京”科技人才合作交流平台，举办论坛、讲座、路演等活动44期，覆盖群众3000余人次。组织开展科研助理岗位开发与落实工作，对外发布4批8237个科研助理岗位信息，帮助应届高校毕业生5517人就业。

（蔡　静　王　征）

【新型学徒制万人培训项目开班】1月13日，“中国特色企业新型学徒制”万人培训项目开班仪式在北京奔驰汽车有限公司举行。市人力资源社会保障局、经开区社会事业局等单位有关负责人及学徒代表等近100人参加。“企业新型学徒制”是按照“校企双制、工学一体”的培养模式，由企业与技工院校、职业院校、职业培训机构、企业培训中心等教育机构联合，采取企校双师带徒、工学交替培养等模式，共同培养新入职人员和转岗员工。北京奔驰公司与北京市工业技师学院、北京汽车技师学院签署校企合作协议书，三方将通过新型学徒制项目，发挥企业主体作用，落实企业与院校培训基地“双基地”、企业导师与院校导师“双导师”的联合培养模式，共同开展培训工作。培训以北京奔驰公司为主体，为期1年，培训重点面向新能源汽车装调和维修、工业机器人系统操作与运维2个工种。

（杜涵涵）

【智源研究院引入优秀人才】1月19日，国际商业机器公司（IBM）中国研究院前院长林咏华加入智源研究院，担任总工程师，主要职责为帮助智源研究院推动智源AI智算平台的发展、开源及产业生态建设。林咏华曾任IBM中国研究院院长、IBM全球杰出工程师、IBM全球技术研究院核心领导成员，是IBM中国研究院成立以来首位女性院长，具有多年人工智能（视觉分析）、系统架构、云计算、智能硬件的创新研发和研发管理经验。

（苟　瑜）

【干细胞研究院获抗击新冠肺炎疫情先进集体和个人表彰】1月26日，科技部发布《关于表彰全国科技系统抗击新冠肺炎疫情先进集体和先进个人的决定》，全国科技系统共163个先进集体、314名先进个人受到表彰。其中，中国科学院干细胞与再生医学创新研究院获“全国科技系统抗击新冠肺炎疫情先进集体”称号；中国科学院干细胞与再生医学创新研究院/北京干细胞与再生医学研究院执行院长、中国科学院动物研究所干细胞与生殖生物学国家重点实验室副主任胡宝洋获“全国科技系统抗击新冠肺炎疫情先进个人”称号。

（徐建功）

【张宏江当选美国国家工程院外籍院士】美国当地时间2月9日，美国国家工程院宣布2022年新晋当选的院士及外籍院士名单，院士111名、外籍院士22名，智源研究院理事长张宏江博士当选外籍院士。

美国国家工程院院士表彰在工程研究、实践或教育方面作出杰出贡献的个人。新晋院士在10月2日的年会上加入，届时美国国家工程院院士总人数达到2388人，其中外籍院士成员数量为310人。

（苟　瑜）

【弘扬科学家精神的实施意见印发】2月22日，市科协印发《关于进一步弘扬科学家精神强化价值引领的实施意见》（京科协发〔2022〕10号）的通知。为落实《实施意见》，市科协全年开展培育促进科技发展的精神动力工作，以26家在京全国基地和市级单位为基础，建成首都科学家精神教育主阵地，联合各方研发传播产品，开展特色活动，共享媒体平台，形成多节点的科学家精神教育工作网和资源网。组建全国首支科学家精神宣讲团，各类宣讲受众人数52.8万人次，中小学生成为最大的受益者和参与者，形成“红领巾讲科学家”特色品牌。推出“党领导下的科学家”主题展、主题MV《薪火》、王选纪念陈列室等一批精品资源，以专门课程、视频等形式扩大宣传，营造尊重科学、崇尚创新的良好社会氛围。

（张红波）

【北京市博士后科研活动经费资助情况】4月11日，市人力资源社会保障局发布《关于2022年北京市博士后科研活动经费资助和国际化培养资助评审结果的公示》，经过单位推荐、专家评审委员会评审，给予刘文娟等166名博士后科研活动经费资助、王苑佐等7名博士后国际化培养资助。

（陈治光）

【支持科技人才创新发展加快高水平人才高地建设工作方案出台】4月，市科委、中关村管委会研究制定《支持科技人才创新发展加快高水平人才高地建设工作方案》，贯彻落实中央和市委人才工作会议精神，围绕高水平人才高地建设，加强工作统筹。通过理顺委内工作机制，压实人才工作责任，建立定位准确、层次清晰、科学合理的科技人才发现、培养和服务体系，为加快国际科技创新中心建设、打造世界领先的科技园区提供人才支撑保障。

（李海燕）

【2021年度“中国化学会青年化学奖”揭晓】5月7日，中国化学会发布《关于2021年度中国化学会青年化学奖的授奖决定》，清华大学生物医学交叉研究院/北京生命科学研究所研究员李超等12位青年化学工作者获“2021年度中国化学会青年化学奖”。李超获奖理由为：开发新的合成方法，实现复杂天然产物的简洁全合成。

（徐建功）

【北京“最美科技工作者”名单揭晓】5月13日，由市委宣传部，市科协，市科委、中关村管委会，市经济和信息化局主办的2022年北京“最美科技工作者”评选名单揭晓。清华大学教授、中国工程院院士江亿，北京服装学院服装科技研究院院长刘莉，中国科学院地质与地球物理研究所研究员、中国科学院院士李献华，中国商飞北京民用飞机技术研究中心预研总师、高级工程师张驰，北京量子信息科学研究院研究员于海峰等10位科技工作者当选。分别来自理、工、农、医等学科，涉及工程、材料、生物、航空、教育、医疗等领域。

（张红波　司亚玲　陈治光）

【京东言犀团队获吴文俊人工智能科学技术奖】5月23日，由京东科技信息技术有限公司、清华大学等主要单位完成的“任务型智能对话交互关键技术及大规模产业应用”项目获2022年度吴文俊人工智能科学技术奖科技进步二等奖，京东言犀团队负责人何晓冬获吴文俊人工智能科学技术奖杰出贡献奖。

（孙　路）

【中国博士后科学基金资助情况】6月22日和7月14日，中国博士后科学基金会先后公布第71批面上资助及第4批特别资助（站前）和第15批特别资助（站中）拟资助人员名单。3882人入选第71批面上拟资助人员名单，1200人入选第4批特别资助（站前）和第15批特别资助（站中）拟资助人员名单。其中，北京量子信息科学研究院博士后王正安获第4批特别资助（站前），资助金额为18万元；丁亮宇、宋萧天和张翔3位博士后获物理学面上二等资助。

（陈治光）

【3人获首届“周传纪念奖学金”】6月23日，首届周传纪念奖学金颁奖仪式线上举行，共计11位青年获奖，分别来自青年科学家周传学习或工作过的4个学术机构：清华大学、北京生命科学研究所、中国科学院动物研究所、深圳湾实验室分子生理学研究所。其中，来自北京生命科学研究所3人，分别是曹勇（导师董梦秋）、谢煜骅（导师陈婷）、袁正巍（导师罗敏敏）。“周传纪念奖学金”于2022年4月设立。

（徐建功）

【“肠道感觉系统的功能及机制研究”项目入选博士后国际交流计划引进项目】6月，全国博士后管委会办公室公布2022年度“博士后国际交流计划引进项目（第一批）”入选结果。北京脑科学与类脑研究中心拟入站博士后曹议匀的“肠道感觉系统的功能及机制研究”申获该项目。曹议匀2022年5月毕业于耶鲁大学免疫系。“博士后国际交流计划”由人力资源社会保障部、全国博士后管委会于2012年设立。其中，“引进项目”主要资助在国（境）外世界排名前100位高校获博士学位的优秀博士回国开展博士后研究工作，为期2年，2022年计划全国支持300人（其中外籍100人）。

（徐建功）

【科研项目开发科研助理岗位吸纳高校毕业生】 7月11日，市科委、中关村管委会，市教委，市人力资源社会保障局，市卫生健康委，市财政局，市国资委印发《关于开展2022年本市科研项目开发科研助理岗位吸纳高校毕业生就业有关工作的通知》。《通知》明确，各高校、院所、新型研发机构、高新技术企业、科技服务机构等单位依托国家、地方各级科技项目和创新基地平台，积极开发科研助理岗位，吸纳高校毕业生就业。中关村各分园管委会主动作为，动员区内高新技术企业、科技型中小企业、科技企业孵化器等设立科研助理岗位，组织引导承担各级科技计划项目的单位合理开发科研助理岗位，鼓励企业等单位自行组织的项目设立科研助理岗位。科研助理岗位开发情况作为中关村各分园考核的重要依据之一。设立科研助理岗位的单位，应根据国家有关规定签订服务协议，如签订服务协议不满2年，可根据个人意愿将其档案及户口暂存毕业院校或转回入学前户籍所在地保管，为科研助理办理社会保险及住房公积金等。《通知》自印发之日起实施。

（徐建功）

【李文辉获未来科学大奖“生命科学奖”】 8月21日，未来科学大奖委员会公布2022年获奖名单。北京生命科学研究所研究员李文辉获未来科学大奖“生命科学奖”。奖项旨在奖励其发现有助于开发更有效治疗乙型和丁型肝炎药物的乙型和丁型肝炎病毒感染人的受体——钠离子－牛磺胆酸共转运蛋白（NTCP）。李文辉团队于2012年在世界上首次发现乙肝和丁肝病毒的细胞受体病毒感染人体所必需的细胞受体牛磺胆酸钠共转运蛋白，后以此为基础，继续研发具有全新作用靶点和机制的抗乙肝新药。未来科学大奖设置“生命科学奖”“物质科学奖”“数学与计算机科学奖”3个奖项，单项奖金100万美元。

（司亚玲）

【北京19位青年科学家上榜“科学探索奖”】 9月15日，第四届“科学探索奖”揭晓，18个城市和地区的50位青年科学家上榜。北京有19人上榜，即中国科学院、北京大学、清华大学各5人，北京邮电大学、北京航空航天大学、中国医学科学院肿瘤医院、中国铁道科学研究院各1人。

（陈宝德）

【生命科学领域5人入选第四届“科学探索奖”榜单】 9月15日，第四届“科学探索奖”获奖名单揭晓，50位青年科学家入榜，其中在生命科学领域，包括北京生命科学研究所/清华大学生物医学交叉研究院陈婷博士、北京生物结构前沿研究中心肖百龙研究员在内的5人获奖。“科学探索奖”设立于2018年，由杨振宁、饶毅、施一公、潘建伟、谢晓亮等14位科学家及腾讯基金会发起人马化腾共同发起，面向中国大陆地区45周岁及以下、基础科学和前沿技术领域的青年科技工作者。奖项覆盖基础科学和前沿技术等10个领域，4年来共评选出200位获奖人。

（徐建功）

【第十四届“谈家桢生命科学奖”颁奖典礼举办】 9月17日，由谈家桢生命科学奖奖励委员会和中国科协生命科学学会联合体主办，南昌大学、上海市生物医药行业协会承办的第十四届“谈家桢生命科学奖”颁奖典礼在南昌大学举行。颁奖典礼由“谈家桢生命科学奖”奖励委员会主任、中国科学院饶子和院士主持，中国工程院钟南山院士作视频致辞，南昌大学校长周创兵致欢迎辞。北京生物结构前沿研究中心李海涛获第十四届“谈家桢生命科学创新奖”，清华大学名誉教授、中心国际学术顾问Robert G. Roeder获第十四届“谈家桢生命科学国际合作奖”。在分论坛上，获奖者结合其所在领域的最新进展为广大学生作科技前沿发展报告，讲述追求梦想的奋斗故事。谈家桢是世界著名遗传学家、中国现代遗传学奠基人之一。

（徐建功）

【《人工智能人才培养方案》白皮书发布】 9月17日，在北京大学举行的2022全国人工智能院长论坛上，《人工智能人才培养方案》白皮书发布。白皮书由北京大学和北京通用人工智能研究院共同编写，旨在提出一套培养兼具学术品位、科学精神和人文素养的本硕博贯通式通用人工智能人才培养体系，其核心目标是培养面向世界前沿科技的人工智能复合型顶尖人才。白皮书指出，快速扩张和高速发展暴露出全球人工智能人才存量不足、质量不高、增量有限等问题，而高校是人才培养的主阵地。

（孙　陶）

【2022年威廉·科利奖颁发】 9月27日，美国纽约

癌症研究所将2022年度威廉·科利奖授予北京生命科学研究所邵峰院士、哈佛医学院 Judy Lieberman 和 HaoWu、美国基因工程技术公司 Vishva Dixit 等4位科学家。其中，邵峰院士凭借在细胞焦亡领域的原创科学发现而获奖，是自1979年以来首位基于在中国本土作出的原创科学发现而获此奖项的科学家。邵峰实验室于2015年在世界上首次揭示 GSDMD 蛋白作为炎症性 caspase 底物来执行细胞焦亡的分子机制，基于细胞焦亡的免疫激活特性，开创性建立通过细胞焦亡来提高抗肿瘤免疫活性的概念框架。这些工作重新定义细胞焦亡的生物学概念，改变人们对程序性细胞死亡的传统认识。

（王岱娟　李军男　陈宝德）

【49位外籍专家获中国政府友谊奖】9月30日，中国政府友谊奖颁奖仪式在北京人民大会堂举行，科技部部长王志刚宣读授奖决定。共有来自21个国家的49位外国专家获2022年度中国政府友谊奖。其中，北京市共征集19名外籍专家进入市级推荐评审，向科技部推荐4人。最终，北京量子信息科学研究院日籍教授谷垣胜己入选。

（李海燕　宋韵寒）

【世界卒中组织主席奖颁发】10月27日，在新加坡举行的2022年第14届世界卒中大会上，首都医科大学附属北京天坛医院院长王拥军教授获世界卒中组织（WSO）颁发的世界卒中组织最高成就奖——主席奖，成为亚洲国家获此奖项的第一人。王拥军及其团队因在降低缺血性脑血管病残余复发风险方面作出杰出贡献而获奖。他带领团队创立的非致残性缺血性脑血管病短期联合抗血小板治疗的“CHANCE”方案成为全球卒中治疗的“金标准”。

（张　晓　张　旭）

【袁之良当选美国光学学会会士】11月8日，美国光学学会宣布2023年度新当选的109位会士名单。北京量子信息科学研究院首席科学家袁之良因“在量子保密通信领域杰出和持续的贡献”入选。

（陈治光）

【中国通信学会青年人才托举计划公示】11月8日，中国通信学会官网公示2022—2024年度中国通信学会青年人才托举计划托举对象和遴选评审专家信息，经推荐、评审后拟推荐20人为托举对象，其中北京量子信息科学研究院青年科研人员王敏入选。

（陈治光）

【北京通信学会青年人才托举评审会召开】11月16日，北京通信学会召开2023—2025年度青年人才托举评审会。会议聘请清华大学、北京邮电大学、北京航空航天大学、联通智网科技股份有限公司等单位的6位行业专家、教授作为评审专家。申报人分别从教育背景、科研工作、创新性、未来3年工作计划等方面作介绍，评审专家对每位申报人进行提问、答辩。经推荐、评审与学会公示，北京量子信息科学研究院周来入选市科协2023—2025年度青年人才托举工程项目被托举人，首席科学家袁之良为被托举人责任导师。

（陈治光）

【“首都最美巾帼奋斗者”榜单揭晓】11月，由市妇联开展的2022年度“首都最美巾帼奋斗者”选树活动榜单揭晓，97名优秀女性入选“首都最美巾帼奋斗者”，市科委、中关村管委会推荐的韩佳秀等3人入选。韩佳秀是北京量子信息科学研究院助理研究员，从事超导量子计算实验研究。

（陈治光）

【曹云龙入选《自然》年度十大人物】12月15日，英国《自然》期刊公布2022年度十大人物榜单，旨在选出十位在2022年度重大科学事件中占有一席之地的人物。其中，北京大学基因组学曹云龙研究人员作为“新冠变异预测者”入选年度十大科学人物。曹云龙预测出导致新变异株产生的部分突变，使研究者能持续追踪新冠病毒的快速变异，包括系统性揭示奥密克戎株免疫逃逸机制、预测新冠病毒变异趋势、开展中和抗体药物研发等研究。

（王岱娟　李军男　高艺菡）

【2022年中国十大新锐科技人物奖揭晓】12月18日，由中国科协科学技术传播中心指导、知社学术圈主办的2022中国新锐科技论坛暨中国十大新锐科技人物颁奖典礼在线上召开，会上揭晓2022中国新锐科技人物评选获奖名单。活动设“2022中国十大新锐科技人物”“新锐科技人物闪耀潜力奖”“新锐科技人物创新贡献奖”“新锐科技人物卓越影响奖”“新锐科技人物杰出成就奖”5个奖项，共48位科学家获奖。其中，北京市3位青年学者入选“中国十大新锐科技人物”，分别是清华大学副教授高滨、北京师范大学教授郭静、中国科学院国家纳米科学中心研究员刘新风。

（崔　茜　徐建功）

【获全国科技管理系统先进集体和先进工作者表彰】12月29日，人力资源社会保障部、科技部印发《关于表彰全国科技管理系统先进集体和先进工作者的决定》（人社部发〔2022〕88号），授予125家单位“全国科技管理系统先进集体”称号，授予98人“全国科技管理系统先进工作者”称号。其中，北京市中关村高科技产业促进中心，市科委、中关村管委会发展规划处，昌平区高精尖产业促进中心，海淀区科技和经济信息化局4家单位获先进集体表彰；市科委、中关村管委会信息科技处处长唐超，市科委、中关村管委会园区发展建设处一级主任科员马莉，朝阳区科技和信息化局产业发展科科长林鹏、丰台区科技和信息化局高新技术科科长崔颖4人获先进工作者表彰。

（徐建功　李海燕）

【开展外籍“高精尖缺”人才认定标准试点】 12月30日，科技部办公厅、人力资源社会保障部办公厅印发《关于在北京市开展外籍“高精尖缺”人才认定标准试点工作的通知》（国科办才〔2022〕177号）。《通知》明确，支持北京市分别按照《北京市外籍“高精尖”人才认定标准（试行）》和《北京市外籍“急需紧缺”人才岗位目录（试行）》进一步扩充外国高端人才（A类）和外国专业人才（B类）的认定范围；北京市应将外籍“高精尖缺”人才纳入地方人才服务保障体系。试点工作自2023年1月1日起实施，试行2年。

（徐建功）

【自然科学研究系列和工程系列（技术经纪）职称评审工作完成】 2022年，市科委、中关村管委会完成2022年度自然科学研究系列和工程系列（技术经纪）职称评审工作。两系列累计申报2066人。其中，自然科学研究系列直通车、正高、副高、中级、初级申报1733人，工程系列（技术经纪）副高级以下申报333人。通过形式审查的自然科学研究系列696人、工程系列（技术经纪）138人。经评议及验收，两系列最终公示人数为782人。其中，自然科学研究系列共648人，对比申报人数通过率37.4%，包含直通车15人、正高30人、副高225人、中级123人、初级255人；工程系列（技术经纪）共134人，对比申报人数通过率40.24%，包括高级38人、中级30人、初级66人。

（佘化枫　王　蓉）

【外国专家节日慰问主题活动举办】 2022年，市科委、中关村管委会举办外国专家“辞旧迎新”节日慰问主题活动。面向在京工作的国家高层次人才计划、各类引智项目中的外籍专家，参与中国政府友谊奖推选和新型研发机构任职的外籍专家，以及在重点领域知名企业任职的外籍高级管理人员及外籍人才，寄送《习近平谈治国理政》第四卷英文版、节日慰问礼品近200份。

（宋韵寒）

【落实外籍人才出入境便利化政策】 2022年，市科委、中关村管委会为外籍人才出具出入境推荐证明函件92份，其中“绿卡直通车”65份，接听相关咨询电话500余次。联合市公安局出入境管理局到北京脑科学与类脑研究中心、北京量子信息科学研究院、北京纳米能源与系统研究所等新型研发机构，针对外籍专家办理在华永久居留需求“一对一”研究适用政策，通过中关村外籍高层次人才“绿卡直通车”、中国籍高层次人才外籍配偶直接申办在华永久居留等政策，为近20名外籍战略人才及家属办理在华永久居留。

（吕　君）

【落实“十四五”人才支撑保障行动计划】 2022年，市科委、中关村管委会负责牵头落实《“十四五”北京国际科技创新中心建设人才支撑保障行动计划》人才评价机制改革等9项制度改革和海外人才引进等15个项目任务，参与落实10项制度改革和13个项目任务。制定印发《贯彻落实〈“十四五”北京国际科技创新中心建设人才支撑保障行动计划〉实施方案》，明确具体承担处室和年度工作任务，建立定期调度机制，确保各项工作任务有序推进。

（李海燕）

【落实科研助理岗位吸纳高校毕业生就业工作】 2022年，市科委、中关村管委会落实科技部等七部委要求，建立委内专项工作协调机制，委领导牵头，会同相关处室、中心成立工作小组。多次召开科研助理工作会，研究北京市落实工作思路及具体举措，制订委内工作方案。联合六部门印发《关于开展2022年本市科研项目开发科研助理岗位吸纳高校毕业生就业有关工作的通知》，成立工作专班，协同推动落实相关工作。通过市科委、中关村管委会官网、微信公众号等自有媒体平台宣传有关政策及发布岗位需求。全年对外发布4批8237个科研助理岗位信息，帮助应届高校毕业生5517人就业，完成任务目标的138%。

（孙继伟）

【为146家医药企业提供人才服务】 2022年，市科委、中关村管委会会同市人才工作局为北京市146家医药企业引进人才或为企业在职人才提供其所需要的服务，服务人数总计428人，助力医药行业连续4年实现海外高层次人才留京数量递增。428人中，具有海外留学、跨国公司工作背景的临床研究和管理运营人才31人，AI医疗、细胞与基因治疗等前沿方向技术人才116人；有28名优秀青年人才毕业于英国牛津大学、帝国理工学院等全球排名前200位的高校，其人数超过前三年的总和。

（侯艳艳）

【6人入选“北京市有突出贡献的科学、技术、管理人才”】2022年，市科委、中关村管委会完成第十四批“北京市有突出贡献的科学、技术、管理人才”评选推荐工作。经组织新型研发机构和相关业务处室推荐，共32人申报，其中新型研发机构15人、相关业务处室17人，组织专家评审后向市人才工作局推荐28名人选。经市人才工作局评选，干细胞研究院刘光慧、北京微芯区块链与边缘计算研究院董进、清华大学吴华强和金勤献、北京生命科学研究所李文辉、北京大学黄铁军等6人入选。

（李海燕）

【落实战略科技人才服务工作】2022年，市科委、中关村管委会开展战略科技人才认定工作，组织战略科技人才及其团队核心成员公寓申请工作，共完成两批19人人才公寓申请服务工作。做好重点人才子女入学等协调服务工作。

（梁　玮　徐震宇）

【完成青年北京学者组织推荐工作】2022年，市科委、中关村管委会完成青年北京学者组织推荐工作。面向新型研发机构进行征集，共有6家新型研发机构推荐10人申报，平均年龄39岁，均为博士学历，候选人所从事研究方向分别为生物医药领域（6人）、电子信息领域（2人）、机械+能源交叉领域（1人）、电子信息+医疗卫生交叉领域（1人）。经市人才工作局终审，2名推荐人选入选，分别是北京脑科学与类脑研究中心戈鹉平、北京生命科学研究所曹鹏。

（梁　玮）

【持续推动实施“朱雀计划”】2022年，市科委、中关村管委会聚焦重点产业领域，坚持国际视野，重点寻聘具有海外学习、工作经历，兼具科研和产业经历的人才，共入职6人。推动已入职“朱雀人才”融入市科技创新工作，细化对“朱雀人才”的管理，促进其向善于组织凝练和跟踪管理前沿颠覆性项目，并为创新成果转化落地提供专业化支撑的科技项目经理人转变。“朱雀人才”全年共提交各类研究报告52份，参与408个项目评估，为市领导在各机构建设和重大科技项目管理方面提供决策参考。市科委、中关村管委会持续为“朱雀人才”提供服务保障，向市人才工作局申请人才公寓、为子女入学提供便利等。

（李卓川）

【推进工程硕博士项目在京实施】2022年，市科委、中关村管委会会同市人才工作局完成第一批工程硕博士政策宣讲、需求征集、指标批复、招生入学等工作。完成首批24家园区企业与14所高校联合培养工程硕士92人、博士53人的招生。召开多场座谈会，了解企业、高校、学生需求，做好服务工作。

（李卓川）

【在京院士数量统计】2022年，两院院士在京共801人，占全国的45.6%，居全国首位。其中，在京工程院院士399人，在京科学院院士410人，有8人为双院院士。

（王　征）

【举办45场“星光璀璨、筑梦北京”科技人才交流活动】2022年，由市科委、中关村管委会主办的“星光璀璨、筑梦北京”科技人才交流系列活动共举办45场，包括学术交流22场、主题讲座12场、政策宣讲5场、户外拓展活动1场、科技人才大型交流会4场、跨地交流活动1场。活动聚焦科技前沿领域、北京市“四个占先、四个突破”关键核心技术领域、高精尖产业领域、社会热点领域，邀请战略科学家、科技领军人才和创新团队负责人、科技新星等优秀青年科技人才、卓越工程师、资深企业家、政策讲师等作为主讲嘉宾，为科技人才分享科研成果、科研经验、科技政策、人才政策等相关内容，共有来自高校、科研院所、企业、医疗机构、新型研发机构等约2500名科技人才和科技工作者参加。

（徐震宇　马　腾）

【举办22场科技人才学术交流活动】2022年，由市科委、中关村管委会主办的“星光璀璨、筑梦北京”科技人才交流系列活动之“学术交流”活动共举办22场，800余名科技人才和科技工作者参加。活动邀请科技领军人才、北京市科技新星等各类科技人才，聚焦自身科研领域和专业方向分享科研成果和科研经验，按照“小规模、高规格、重特色”原则，互通信息、加强合作、共享成果，搭建科技人才交流合作的平台与展示自我的舞台，常态化举办贯穿全年的线上及线下特色活动，共同助力首都科技人才交流合作和协同发展。

（徐震宇　马　腾）

【举办12场“大咖讲堂”主题讲座】2022年，由市科委、中关村管委会主办的“星光璀璨、筑梦北京”科技人才交流系列活动之“大咖讲堂”共举办12场，450余名科技人才和科技工作者参加。活动聚焦科技前沿领域、高精尖产业领域、科技冬奥、核酸药物研发等社会热点领域，邀请各类专家开展主题讲座和交流研讨，让科技人才洞悉“新冠病毒的分子生物物理研究前沿”“核酸药物研发的现状与挑战”

等科技前沿领域的新进展、新思想、新动态，把握“工业互联网推动制造业数字化转型升级”“数字化时代产业链生态变革后的模式创新需要”等高精尖产业领域的赛道变革和模式创新，了解“冬奥会氢燃料手持火炬及主火炬燃烧系统研究”“5G+ 云转播平台及其在冬奥会中的应用”等社会热点领域的技术细节和运作方式，提升科技人才创新能力，促进北京科技创新发展。

（徐震宇　马　腾）

【举办 4 场科技人才大型交流会】2022 年，由市科委、中关村管委会主办的“星光璀璨、筑梦北京”科技人才交流系列活动之“大型交流会”共举办 4 场，300 余名科技人才参加。活动分别以“人体类器官和器官芯片”“电子病历数据分析技术”“生物医药基地参观交流”“科技创新与知识产权”为主题，邀请各类专家和科技人才开展主题分享和交流研讨，参与活动的各领域科技人才分享自身科研经历和在工作中遇到的问题困难，由专家答疑解惑，探索打破研究单位之间、研究与产业之间、学科之间的壁垒，以“大型交流”为抓手，搭建更多共享平台，实现共赢发展。

（徐震宇　马　腾）

【2021 京华大地上的杰出工程师巡礼活动举办】2022 年，北京科技创新促进中心、北京广播电视台共同举办“聚・奉献——2021 京华大地上的杰出工程师巡礼”活动。活动以“攻坚报国，时代先锋”为主题，挖掘发现 10 名杰出工程师及 2 名青年杰出工程师在服务国家及北京市重大工程、航空航天、节能环保等领域的创新事迹，并录制成 90 分钟的专题片在北京广播电视台科教频道播出。

（徐建功）

高等院校

【概述】2022 年，北京地区高校及附属医院共有教学与科研人员 135698 人，其中科研活动人员 146363 人；科研经费总投入 493.01 亿元；承担研究项目 148995 项；发表学术论文 160276 篇，出版学术专著 3936 部；获省部级及以上奖励 236 项；有研究机构 1499 个，R&D 经费支出 325.25 亿元，年末科研仪器设备原值 339.02 亿元。

（王玢玢）

【新增 2 个北京高校高精尖创新中心】1 月，市教委启动新一期北京高校高精尖创新中心建设工作。“未来区块链与隐私计算高精尖创新中心”“集成电路高精尖创新中心”2 个高精尖创新中心经市政府批准立项建设。“未来区块链与隐私计算高精尖创新中心”由北京航空航天大学、北京微芯区块链与边缘计算研究院牵头设立，多家单位共同建设。中心作为区块链与隐私计算领域全球首个高水平国际化创新平台，围绕长安链迭代升级和未来发展开展科技攻关，做好前沿技术研究，为长安链持续发展提供支撑。“集成电路高精尖创新中心”由北京大学、清华大学牵头，协同有关高校、科研机构及企业等单位共同建设。中心聚焦集成电路相关前沿技术研究，突破一批关键核心技术，打造集成电路高层次人才培养特区，加快推动创新链、产业链与人才链的有机衔接与融合，为国家培养一批集成电路高层次领军人才。新一期北京高校高精尖创新中心建设，以服务国家重大战略需求为目标，聚焦北京科技创新主战场，抓住科学范式和创新范式调整变革的重要契机，加强从基础理论研究到重大原创性技术突破的一体化创新，推动实现创新链上下游贯通发展，加速产出解决重大科学难题、突破核心关键技术的实质性科技成果，培养复合型高层次创新人才。市教委将依托北京高校，重点面向新一代信息技术、集成电路、生物医学、营养健康、碳达峰碳中和、智能装备制造等领域统筹布局建设 10 个左右的北京高校高精尖创新中心。

（刘安邦　周　渊）

【34 所高校、91 个学科入选国家“双一流”建设名单】2 月 9 日，《教育部 财政部 国家发展改革委关于公布第二轮“双一流”建设高校及建设学科名单的通知》发布，全国入选“双一流”建设高校 147 所、建设学科 433 个。其中，数学、物理、化学、生物学等基础学科 59 个，工程类学科 180 个，哲学社会科学学科 92 个。新增高校 7 所，新增学科 43 个。北京共有 34 所高校、91 个学科入选（不含北大、清华）。其中，新增一流学科 4 个，即北京航空航天大学交通运输工程学科、北京理工大学物理学学科、北京协和医学院公共卫生与预防医学学科、北京师范大学哲学学科。北京高校入选名单中，有央属高校 29 所（不含北大、清华）88 个学科，市属高校 3 所 3 个学科，即北京工业大学土木工程学科、首都师范大学数学学科、中国音乐学院音乐与舞蹈学学科。新一轮建设主要特点是坚持以学科为基础淡化身份色彩，不再区分一流大学建设高校和一流学科建设高校，赋予北京大学、清华大学两校学科建设自主权。两校学科建设数量在现有基础上自主确定优化，以国家重大需求为引导进行布局调整，强化建设成效评价与动态调整。

（侯东云）

【北京市优秀博士学位论文和优秀研究生导师及团队评选】4—12 月，市教委根据《北京市教育委员会 北京市学位委员会关于开展 2022 年北京市优秀博士学位论文评选推荐工作的通知》和《北京市优秀博士学位论文评选办法》，开展北京市优秀博士学位论文和优秀研究生导师及团队评选工作。评选工作突出服务国家和首都经济社会发展需求，评选名额向“卡脖子”关键核心领域倾斜，强调创新过程中的科教产教融合。评选中坚持学术评价的质量判断和价值导向双重功能，在坚持学术质量、创新水平和社会贡献的前提下遴选学术精品，树立学术榜样。评选出 169 篇（含 46 篇提名）优秀博士学位论文和 82 位（个）优秀研究生导师及团队。

（李　勇）

【双学士学位复合型人才及联合学士学位培养项目下达】5 月 12 日，北京市学位委员会下达 2022 年度双学士学位复合型人才培养项目及联合学士学位培养项目名单。经高校申请、专家论证、市学位委员会审议等相关程序，批准北京大学等 10 所高校设置 42 个“双学士学位复合型人才培养”项目，同意北京理工大学等 5 所高校设置 8 个“联合学士学位”培养项目。

2022 年北京市双学士学位复合型人才培养项目一览表

序号	所属高校	项目名称
1	北京大学	“化学＋材料科学与工程”双学士学位复合型人才培养项目
2	中国人民大学	“经济学－数学”双学士学位复合型人才培养项目
3	中国人民大学	“金融学－数学”双学士学位复合型人才培养项目
4	中国人民大学	“财政学－数学”双学士学位复合型人才培养项目
5	中国人民大学	“大数据技术－农林经济管理”双学士学位复合型人才培养项目
6	中国人民大学	“政治学－历史学”双学士学位复合型人才培养项目
7	中国人民大学	“新媒体运营－数据管理”双学士学位复合型人才培养项目
8	中国人民大学	“传播学－公共管理”双学士学位复合型人才培养项目
9	北京交通大学	“轨道交通信号与控制＋工商管理”双学士学位复合型人才培养项目
10	北京交通大学	“信息与计算科学＋交通运输”双学士学位复合型人才培养项目
11	北京交通大学	“金融学＋土木工程”双学士学位复合型人才培养项目
12	北京交通大学	“统计学＋工业工程”双学士学位复合型人才培养项目
13	北京交通大学	“经济学＋电气工程及其自动化”双学士学位复合型人才培养项目
14	北京工业大学	“环境保护－低碳能源利用”双学士学位复合型人才培养项目
15	北京航空航天大学	“信息与计算科学－工程力学”双学士学位复合型人才培养项目
16	北京航空航天大学	“数学与应用数学－计算机科学与技术”双学士学位复合型人才培养项目
17	北京航空航天大学	“物理学－微电子科学与工程”双学士学位复合型人才培养项目
18	北京航空航天大学	“化学－能源与动力工程”双学士学位复合型人才培养项目
19	北京理工大学	“能源与动力工程－工商管理”双学士学位复合型人才培养项目
20	北京理工大学	“信息与计算科学－电子信息工程”双学士学位复合型人才培养项目
21	北京理工大学	“应用物理学－电子科学与技术”双学士学位复合型人才培养项目
22	北京理工大学	“统计学－密码科学与技术”双学士学位复合型人才培养项目
23	北京理工大学	“应用物理学－网络空间安全”双学士学位复合型人才培养项目
24	北京理工大学	“新能源材料与器件－工商管理”双学士学位复合型人才培养项目
25	北京理工大学	“化学工程与工艺－工商管理”双学士学位复合型人才培养项目

续表

序号	所属高校	项目名称
26	北京理工大学	“应用化学－机械工程”双学士学位复合型人才培养项目
27	北京理工大学	“生物技术－人工智能”双学士学位复合型人才培养项目
28	北京理工大学	“人工智能－工商管理”双学士学位复合型人才培养项目
29	北京化工大学	“化学工程与工艺－大数据管理及应用”双学士学位复合型人才培养项目
30	北京化工大学	“化学－生物工程”双学士学位复合型人才培养项目
31	北京化工大学	“生物工程－大数据管理及应用”双学士学位复合型人才培养项目
32	首都师范大学	“地理信息科学－小学教育（科学）”双学士学位复合型人才培养项目
33	首都师范大学	“历史学－地理科学”双学士学位复合型人才培养项目
34	首都师范大学	“世界史－德语”双学士学位复合型人才培养项目
35	对外经济贸易大学	“法学－英语类”双学士学位复合型人才培养项目
36	对外经济贸易大学	“金融学－英语类”双学士学位复合型人才培养项目
37	对外经济贸易大学	“金融学－政治学与行政学”双学士学位复合型人才培养项目
38	对外经济贸易大学	“国际政治－英语”双学士学位复合型人才培养项目
39	对外经济贸易大学	“法学－数据科学与大数据技术”双学士学位复合型人才培养项目
40	对外经济贸易大学	“保险学－数据科学与大数据技术”双学士学位复合型人才培养项目
41	对外经济贸易大学	“国际经济与贸易－法学”双学士学位复合型人才培养项目（国际组织人才基地班）
42	中央民族大学	“教育学－汉语言文学”双学士学位复合型人才培养项目

2022 年北京市联合学士学位培养项目一览表

序号	学校	项目名称	依托专业
1	北京理工大学－中国农业大学	“生物技术＋生物科学”联合学士学位培养项目	生物技术、生物科学
2	中国农业大学－北京理工大学	“生物技术＋生物医学工程”联合学士学位培养项目	生物技术、生物医学工程
3	中国人民大学－北京外国语大学	“国际新闻与传播－西班牙语”联合学士学位培养项目	国际新闻与传播、西班牙语
4	北京外国语大学－中国人民大学	“西班牙语＋国际新闻与传播”联合学士学位培养项目	西班牙语、国际新闻与传播
5	北京理工大学－北京外国语大学	“信息管理与信息系统＋英语”联合学士学位培养项目	信息管理与信息系统、英语
6	北京外国语大学－北京理工大学	“英语＋信息管理与信息系统”联合学士学位培养项目	英语、信息管理与信息系统
7	中央财经大学－北京外国语大学	“金融学＋英语”联合学士学位培养项目	金融学、英语
8	北京外国语大学－中央财经大学	“英语＋金融学”联合学士学位培养项目	英语、金融学

（杨　晖）

【99 个高精尖学科完成年度考核评估】 5—9 月，市教委完成 91 个高精尖学科建设年度评估和 8 个中期评估结果为限期整改学科的年度整改督导检查。评估工作委托第三方评估机构北京理工大学研究生教育研究中心负责组织实施。评估机构先期组织开发高精尖学科网上系统平台，将线下评估调整为线上评估，以保证评估工作如期完成。北京大学的分子光谱学、中国人民大学的新时代中国经济学、清华大学的环境学等 91 个学科年度评估均为合格。评估工作对 8 个中期评估结果为限期整改的高精尖学科建设进行督促检查，重点针对其中期评估存在的突出问题，对标建设目标任务，考查整改措施的有效性和建设目标任务的落实情况。评估检查发现 8 个学科年度整改成效均达到预期。

（侯东云）

【79 个项目入选科研计划重点项目】 6 月 9 日，市教委公布 2022 年度市教委科研计划重点项目名单。经项目申请、学校初选推荐、市教委评审等程序，20 所高校 79 个科研计划项目入选，其中科技重点项目 49 个、社科重点项目 30 个。

（王玢玢）

【华北电力大学氢能科学与工程教研室成立】 6 月 22 日，华北电力大学召开氢能科学与工程教研室成立会议。会议以线上与线下相结合的形式举行。2 月，《教育部关于公布 2021 年度普通高等学校本科专业备案和审批结果的通知》发布，华北电力大学申请的氢能科学与工程专业被列入《普通高等学校本科专业目录》，成为国内第一所拥有氢能科学与工程专业的高校。氢能科学与工程专业以动力工程及工程热物理、材料科学与工程、化学工程等学科为牵引，有机融合制氢、运氢、储氢、用氢及氢安全等氢能全产业链条，开展全方位跨学科人才培养，为氢能行业和能源事业的发展提供必要的人才支撑和技术保障。

（高　健）

【撤销和增列一批硕士学位授权点】 7月12日，《国务院学位委员会关于下达2021年动态调整撤销和增列的学位授权点名单的通知》发布。2021年动态调整撤销和增列的学位授权点名单经国务院学位委员会第三十七次会议审议批准，北京市有北京交通大学、北京化工大学等5所高校（研究院）6个学位授权点被撤销，有北京科技大学、北京服装学院等8所高校（研究院所）经动态调整增列11个学位授权点。

2021年北京市动态调整撤销的学位授权点一览表

序号	单位名称	撤销学位点名称	撤销学位点类型
1	北京交通大学	化学工程与技术	硕士学位授权一级学科
2	北京化工大学	科学技术哲学	硕士学位授权二级学科
3	北京林业大学	旅游管理	硕士专业学位授权类别
4	首都师范大学	政治学	硕士学位授权一级学科
5	北京有色金属研究总院	分析化学	硕士学位授权二级学科
6	北京有色金属研究总院	矿物加工工程	硕士学位授权二级学科

2021年北京市经动态调整增列的学位授权点一览表

序号	单位名称	增列学位点名称	增列学位点类型
1	北京科技大学	体育	硕士专业学位授权类别
2	北京化工大学	翻译	硕士专业学位授权类别
3	北京化工大学	电子科学与技术	硕士学位授权一级学科
4	北京服装学院	机械	硕士专业学位授权类别
5	对外经济贸易大学	数学	硕士学位授权一级学科
6	北京物资学院	统计学	硕士学位授权一级学科
7	北京物资学院	公共管理	硕士专业学位授权类别
8	中国社会科学院大学	翻译	硕士专业学位授权类别
9	中国社会科学院大学	新闻与传播	硕士专业学位授权类别
10	中国航空研究院	工程管理	硕士专业学位授权类别
11	国家体育总局体育科学研究所	体育	硕士专业学位授权类别

（杨　晖）

【北京高校60项成果和5名个人获北京市科学技术奖】 11月9日，市政府发布《北京市人民政府关于2021年度北京市科学技术奖励的决定》，北京高校获个人奖项5人，其中突出贡献中关村奖1人、杰出青年中关村奖4人。北京高校作为第一完成单位的60项成果获北京市科学技术奖励。其中，获自然科学奖一等奖1项、二等奖13项，获技术发明奖一等奖2项、二等奖2项，获科学技术进步奖一等奖12项、二等奖30项。

北京高校2021年度北京市科学技术奖励获奖个人一览表

单位	姓名
突出贡献中关村奖	
昌平实验室	谢晓亮
杰出青年中关村奖	
北京大学	肖云峰
北京航空航天大学	程群峰
清华大学	颉　伟
北京理工大学	邓　方

2021年度北京市科学技术奖励获奖项目一览表
（北京高校第一完成单位）

序号	第一完成单位	获奖项目
自然科学奖		
一等奖		
1	清华大学	柔性膜－基结构及异质界面的力学行为与调控
二等奖		
1	清华大学	面向高承载低摩擦的界面分子设计与调控
2	北京大学	二维晶体管理论
3	北京大学	计算智能方法研究及其应用
4	北京大学	功能导向天然产物合成
5	北京大学	基于多源地理大数据的社会感知理论与方法
6	北京邮电大学	混合锁模飞秒光纤激光的动态非线性效应
7	北京理工大学	二维多孔纳米材料的高效构建

续表

序号	第一完成单位	获奖项目
8	北京化工大学	荧光新材料的构建及其在农业害虫绿色防控中的应用研究
9	首都医科大学	肝再生增强子调节线粒体功能在肝脏保护中的作用
10	首都医科大学	阿尔茨海默病遗传通路的识别研究
11	首都师范大学	侏罗纪燕辽生物群中昆虫拟态及行为适应性研究
12	中国石油大学（北京）	页岩纳米孔隙结构及流体赋存机制研究
13	北方工业大学	三相交流电机高品质复合控制理论及方法
		技术发明奖
		一等奖
1	清华大学	非结构光场智能成像关键技术与装备
2	清华大学	极端工况下高端装备磁性液体动密封关键技术与应用
		二等奖
1	北京工业大学	多光源可调节的面曝光 3D 打印关键技术及应用
2	中国石油大学（北京）	非均质裂缝性油藏大尺度物理模型研制技术与应用
		科学技术进步奖
		一等奖
1	清华大学	多媒体计算通信技术与智能安防系统研发及应用
2	清华大学	声表面波材料与器件技术及产业化
3	清华大学	城市排水系统厂网联合运行与优化控制关键技术与应用
4	清华大学	保障新能源电力系统安全的继电保护技术研究及应用
5	清华大学	中重型燃气内燃机 / 汽车关键技术及应用
6	北京大学	卵成熟障碍性疾病发病机制及干预新策略研究
7	北京大学	大型二氧化碳制冷及其跨临界全热回收关键技术与应用
8	北京邮电大学	移动应用黑灰产溯源技术及应用
9	北京科技大学	钢铁行业重点工序烟气多功能耦合超低排放技术集成与应用
10	北京科技大学	工业承压管道环境敏感断裂理论创新及重大工程应用
11	北京科技大学	城市建筑与基础设施安全控制理论与关键技术
12	北京工业大学	大型复杂高层建筑组合结构高效抗震体系及关键技术

续表

序号	第一完成单位	获奖项目
		二等奖
1	北京信息科技大学	大型装备形貌与姿态高精度视觉测量关键技术及应用
2	北京理工大学	大规模数据安全深度检测识别关键技术与应用
3	北京理工大学	基于人体解剖结构的抗弹防护关键技术及应用
4	北京邮电大学	知识驱动的高级复杂网络威胁发现及时空关联推理技术与应用
5	北京建筑大学	面向数据的建筑系统软件关键技术及应用
6	北京科技大学	“一带一路”国家高硫高盐油田全生命周期腐蚀控制关键技术及工程应用
7	中国石油大学（北京）	复杂天然气藏高效能环保钻井关键技术及工业化应用
8	中国石油大学（北京）	特殊类型气田高效开发关键技术及工业化应用
9	北京大学	生理性支抗控制理论的创建及正畸高效矫治体系研发与推广应用
10	北京大学	青光眼精准诊治体系的建立及应用
11	北京大学	新冠病毒谱系划分及进化动态分析体系的建立及应用
12	首都医科大学	慢性乙型肝炎预防、诊疗创新技术的建立及推广应用
13	首都医科大学	脊柱畸形诊疗创新技术的建立和推广应用
14	首都医科大学	儿童用药研发综合技术体系建设与推广应用
15	首都医科大学	中医药防治恶性肿瘤并发症临床研究与规范化诊疗方案示范推广应用
16	首都医科大学	新型冠状病毒核酸检测服务能力建设与应用
17	首都医科大学	重症危重症新冠肺炎精准诊治临床策略的建立与应用
18	北京交通大学	中医真实世界临床研究范式、方法及应用
19	北京交通大学	大功率 MW 级地铁供电装备核心技术及产业化
20	北京交通大学	列车运行净空感知与远程瞭望关键技术及应用
21	北京交通大学	轨道交通信号智能健康管理关键技术及应用
22	华北电力大学	电动汽车负荷聚合调控消纳新能源的关键技术与应用
23	中国矿业大学（北京）	能源材料微观结构同步辐射与中子原位表征装置与技术

续表

序号	第一完成单位	获奖项目
24	北京工业大学	智能建造理论方法、关键技术研发及在冬奥等工程中的创新应用
25	北京航空航天大学	沥青路面裂缝防治理论、技术与工程应用
26	北京航空航天大学	新一代道路交通数字化系统关键技术及应用
27	中国农业大学	小流域多维立体生态治理关键技术研究及应用
28	中国农业大学	生猪基因组分子育种技术体系的创新及应用
29	中国农业大学	畜禽疫病快速诊断技术研发平台的建立与应用
30	北京农学院	基于天然植物活性物质的奶牛健康养殖与提质增效关键技术及应用

（王玢玢）

【“人工智能与未来教育”北京人文论坛举办】12月10日，由北京人文社会科学研究中心、清华大学人工智能治理研究中心联合主办，以“人工智能与未来教育”为主题的北京人文论坛在清华大学召开。论坛围绕“人工智能赋能未来教育”“人工智能科学与伦理教育”“智能化教育场景下的治理挑战”三大议题，通过主旨演讲、圆桌对话的形式展开交流与讨论，探索人工智能科学与伦理教育的模式与方向，探讨智能化教育场景下的治理挑战及应对。会议发布《人工智能赋能教育研究报告》，分享人工智能助力未来教育的创新实践。

（张　豫）

【“马克思主义中国化时代化与中国式现代化”北京人文论坛举办】12月24日，由中国社会科学院大学主办，北京人文社会科学研究中心—21世纪马克思主义研究中心和中国社会科学院大学科研处、马克思主义学院联合承办的马克思主义中国化时代化与中国式现代化北京人文论坛在中国社会科学院大学举办。论坛以“马克思主义中国化时代化与中国式现代化”为主题，国内哲学社会科学的“五路大军”[包括高等院校、党校（行政学院）、部队院校、科研院所、党政部门研究机构在内的哲学社会科学工作者]就马克思主义中国化时代化的世界观方法论、思想与利益关系，中国式现代化的理论特质、理论创新、主要特点、活水源头、科学内涵、历史逻辑、根本经验，基层社会治理现代化、全媒体时代群众路线等问题展开研讨、分享思想、启迪智慧。中国社会科学院、教育部、北京市教委、全国政协、中央党校（国家行政学院）、清华大学等负责人和专家，以及来自高等院校、党校（行政学院）、科研院所和党政部门研究机构等马克思主义理论领域学者、业界专家和一线实践代表30余人参加论坛，1.5万名观众通过腾讯直播观看。

（张　豫）

【“中外文明起源研究的理论与实际”北京人文论坛举办】12月26日，北京人文社会科学研究中心、首都师范大学中外文明传承与交流研究中心联合举办以“中外文明起源研究的理论与实际”为主题的北京人文论坛。论坛围绕“文明起源研究的理论”“中外文明起源比较研究”两个主题，以在线会议的形式，就文明和国家的基本概念、文明研究理论、中国文明起源、世界其他文明起源和特征等重要问题提出许多新的看法，并进行广泛的交流和讨论，探索文明起源研究当前的现状和未来可能的走向，以及中国学者如何在这个重要领域发出中国声音、作出自己独特贡献。清华大学、复旦大学、北京师范大学、南开大学、中国社会科学院世界历史研究所、首都师范大学中外文明传承与交流研究中心等高校和研究机构及媒体记者共30余人参加论坛。

（张　豫）

【高校科技人员及投入】2022年，北京地区79所设有理工农医类高校（含30所高校附属医院）共有教学与科研人员94187人，其中具有教授职称13847人、具有高级职称38058人；研究与发展人员88745人；科技经费投入共459.53亿元，其中政府资金投入318.86亿元、企事业单位委托投入131.56亿元。市属40所设有理工农医类高校（含19所高校附属医院）共有教学与科研人员41537人，其中具有教授职称2387人、具有高级职称11922人；研究与发展人员19895人；科技经费投入共37.92亿元，其中政府资金投入26.98亿元、企事业单位委托投入9.54亿元。

（王玢玢）

【高校科技活动】2022年，北京地区79所设有理工农医类高校（含30所高校附属医院）共有科研活动机构1075个；开展科技课题91791项，其中研究与发展课题80479项、研究与发展（R&D）成果应用及科技服务课题11312项；派遣进修访问学者488人次，接受进修访问学者1484人次；出席国际学术会议17389人次，交流论文7353篇。40所市属设有理工农医类高校（含19所附属医院）共有科研活动机构234个；开展科技课题14297项，其中研究与发展课题13531项、研究与发展（R&D）成果应用及科技服务课题766项；派遣进修访问学者152人次，接受进修访问学者213人次；出席国际学术会议5514人次，交流论文1437篇。

（王玢玢）

【高校科技产出】2022年，北京地区高校共出版科技专著655部，包括大专院校教科书431部，另有编著277部；发表学术论文129349篇，其中在国外学术刊物发表85357篇，SCIE收录论文（科学引文索引扩展版）64095篇、EI（工程索引）44335篇、CPCIS（科学技术会议录索引）4797篇；获奖成果181项（第一单位），其中省部级奖173项。市属高校出版科技专著193部；发表学术论文20779篇，其中国外学术刊物发表10783篇；SCIE收录论文（科学引文索引扩展版）9280篇、EI（工程索引）3003篇、CPCIS（科学技术会议录索引）451篇；获奖成果20项（第一单位），省部级18项。

（王玢玢）

【高校科技推广】2022年，北京地区高校共签订技术转让合同1342项，合同总金额15.72亿元，当年实际收入6.30亿元。其中专利出售合同909项，合同总金额12.58亿元，当年实际收入4.48亿元；北京地区高校共申请专利24096件，其中发明专利21218件、实用新型专利2535件、外观设计专利343件。北京市属高校签订技术转让合同511项，合同总金额20652.9万元，实际收入11796.8万元。其中，专利出售合同216项，合同总金额4437.2万元，当年实际收入2373.6万元；北京市属高校共申请专利3895件，占北京地区高校专利申请量的16.16%，其中发明专利2820件、实用新型专利929件、外观设计专利146件。

（王玢玢）

【高校社科人员及投入】2022年，北京地区92所设有人文社科全日制普通本科高校共有人文社会科学活动人员41511人，研究与发展（R&D）人员57618人；53所市属高校共有人文社会科学活动人员15700人，研究与发展（R&D）人员16601人。北京地区高校共投入人文社科研究经费33.48亿元，其中政府资金投入18.45亿元、企事业单位委托资金投入13.76亿元、其他资金投入0.41亿元。北京市属高校人文社科经费总投入6.19亿元。其中，政府资金投入3.3亿元，占北京地区高校政府资金投入的17.87%；企事业单位委托资金投入2.61亿元，占北京地区高校企事业单位委托资金投入的18.99%；其他资金投入0.25亿元，占北京地区高校其他资金投入的61.64%。

（王玢玢）

【高校社科活动】2022年，北京地区高校在研人文社科项目共57204项，当年投入经费总额21.39亿元；举办学术会议2041次，其中独办1304次、合办737次，参加学术会议34656人次，提交论文9676篇；受聘讲学派出3821人次，来校受聘讲学3589人次；进修学习派出1614人次，来校进修学习424人次；合作研究课题987项。北京市属高校在研人文社科项目共11850项，占北京地区高校在研人文社科项目总数的20.72%，当年投入经费总额3.27亿元，占北京地区高校当年投入经费总额的15.3%。北京市属高校举办学术会议184次，其中独办107次、合办77次，参加学术会议8347人次，提交论文3060篇；受聘讲学派出708人次，来校受聘讲学995人次；进修学习派出282人次，来校进修学习205人次；合作研究课题252项。从在研项目的级别看，北京地区高校在研人文社科国家级项目7290项，占在研项目总数的12.74%；在研省部级项目4704项，占在研项目总数的8.22%；在研其他项目45210项，占在研项目总数的79.03%。

（王玢玢）

【高校人文社科研究成果】2022年，北京地区高校出版人文社科著作3281部；发表人文社科学术论文30927篇；提交研究与咨询报告2207篇，研究与咨询报告被采纳1156篇。北京市属高校出版人文社科著作843部，占北京地区高校出版人文社科著作总数的25.69%；发表人文社科学术论文7238篇，占北京地区高校发表人文社科学术论文总数的23.4%；提交研究与咨询报告393篇，占北京地区高校提交有关部门研究报告总数的17.81%，研究报告被采纳179篇。

（王玢玢）

市属科研院所

北京市科学技术研究院

【概述】2022年，北京市科学技术研究院（简称北科院）聚焦主责主业，做好科技创新、科技成果转化、北京自然博物馆新馆建设等重点工作，深度融入北京国际科技创新中心建设，服务新时代首都发展，各项工作取得新进展、新成效。落实《北京市"十四五"时期国际科技创新中心建设规划》《北京市科学技术研究院"十四五"时期创新发展规划》，按照"细化、量化、具体化、项目化"要求，编制落实《北京市"十四五"时期国际科技创新中心建设规划》实施方案。明确提出承担北京市重点任务、巩固提升四大优势领域（智慧城市、生命健康、生态环境、分析测试）、持续强化两大特色领域（科技智库、科学普及）、前瞻布局四大研发方向（新材料、生物技术、信息技术与智能制造、新能源）、融入区域创新格局、激发人才创新活力、深化体制机制改革、开展国际交流合作等8个方面60项重点工作任务、128个重点项目（课题）。承担北京国际科技创新中心建设重点任务，推进北京自然博物馆新馆、中关村全球高端智库联盟、北京文化科技融合发展研究基地、国家食品相关产品及绿色包装质量检验检测中心（北京）等年度重点任务建设；对接国家战略科技力量，深度融入"三城一区"主平台、中关村示范区主阵地、城市副中心建设。推动"四二四"科研布局取得新成效，承担国家科技重大专项、国家重点研发计划8项，主持国家自然科学基金8项、国家社会科学基金1项、国家出版基金2项、北京市自然科学基金9项、市科技计划11项、市社会科学基金6项，联合承担市关键核心技术攻关"揭榜挂帅"项目7项。全年获省部级奖励17项，其中北京市科学技术进步奖2项。加快推进3个前沿技术研究所筹建工作，与清华大学机械工程系共建新材料与先进制造领域科教融合共同体。加强与国家林草局对接，推动建设国家麋鹿保护研究中心和国家麋鹿湿地公园，与北京工业大学、北京城市学院等市属高校共建科教创新基地，共同培养创新人才。在未知物解析、特殊环境空气成分分析等方面持续为国家重大工程提供技术支撑，已落地"氢燃料电池核心关键材料研发"等一批高精尖产业项目。发挥科技智库作用，82项研究成果被专报内参采纳，53项报告获中央、市领导肯定性批示，10项研究成果被市委、市政府及决策部门采用。推动工业园区废水资源化技术、大气污染协同治理技术等20余项科技成果在京津冀地区示范应用，推动"提取样品中矿物油的方法及检测方法""防噪声新材料"等一批成果赋权给研究团队，组织30余场北科国际讲堂、中欧科研创新合作专题座谈等国际科技交流活动，参与联合国教科文组织培训与APEC智库建设。北科院系统共发表"三报一刊"理论文章38篇。

（丁　奇）

【第二届"京科情"主题论坛举办】1月6日，由北科院科技情报研究所主办、北京科学技术情报学会承办的第二届"'京科情'——懂情报、知大势、善创新"主题论坛暨2021年北京科学技术情报学会年会在情报所举办。来自北京大学、清华大学、中国工程院、中国科学技术信息研究所、福建科学技术信息研究所、北科院等6所高校和科研院所的10位专家，围绕"双碳"目标约束下能源发展、情报生态系统、科技发展趋势、情报机构创新发展路径、数字资源知识共享、美国国家情报战略等作专题报告。会议采取线上与线下相结合的形式，共3600余人参会。

（丁　奇）

【北科院与北京城市学院签署全面战略合作协议】1月12日，北科院与北京城市学院全面战略合作协议签约仪式在北科大厦举行。双方负责人及相关人员参加。协议内容包括6个方面：共同开展习近平新时代中国特色社会主义思想理论研究，共同撰写高水平、有影响力的理论文章；共同开展高水平人才培养，聘用北科院研究人员为北京城市学院导师，共同培养高水平应用型人才；共同探索科教创新平台建设，联合开展科研合作，并申报国家和北京市科技项目；共建实习实践基地，成立联合指导教师团队，提高学生研究问题解决问题的能力；共同培养青年教师，定期举办论坛会议等学术、科研、产业交流活动；结合北京城市学院教育资源和北科院科普资源优势，开展科普教育合作。

（丁　奇）

【中关村数字经济·沈阳高峰论坛举办】1月15日，由北科院与沈阳市科技局、中德（沈阳）高端装备制造产业园管委会联合主办的“科创中国　数创未来”中关村数字经济·沈阳高峰论坛暨沈阳中关村智能制造创新中心成立两周年大会在沈阳举办。大会旨在为深化京沈对口合作、建设“数字沈阳、智造强市”提供有力支撑。北京市、沈阳市、沈阳市铁西区、沈阳经济技术开发区、中德（沈阳）高端装备制造产业园等相关部门、企业及社会各界共200余人参加。大会包括项目启动仪式、建设方案发布、专家聘任、项目签约、主题演讲、培训、圆桌对话、产业对接等环节。北科院与中德（沈阳）高端装备制造产业园管委会举行全面战略合作签约仪式。高峰论坛环节，中国工程院院士、中国机械工程学会理事长李培根，中国信息通信研究院等单位专家围绕智能装备、工业互联网标识赋能产业数字化转型、工业互联网平台应用与安全等作主题演讲。论坛还举办“铁西智能制造伙伴数字讲堂——工业互联网安全专题”“中关村数字经济·沈阳高峰论坛创新合作交流会”等系列活动。

（丁　奇）

【北科院入选新华网客户端最具影响力榜单】1月25日，新华网客户端新华号发布“2021年度最具影响力榜单”，北科院入选2021年度最具影响力政务榜榜单。在榜单评选过程中，新华号对账号全年发文量、阅读量、优质度、互动量、粉丝数等进行多维度综合评估，评选出最具影响力政务榜、媒体榜、文化榜、健康榜、高校榜、企业榜、创作个人榜、创作机构榜、区县融媒榜九大类。

（丁　奇）

【《高精尖产业发展研究》发布】2月28日，由北科院、经济科学出版社主办，北科院数字经济创新研究所承办的《高精尖产业发展研究》新书发布会在北科院举办。北科院、经济科学出版社等单位相关人员近50人参会。《高精尖产业发展研究》依托北科院“北科学者”人才专项计划，从创新驱动视角对高精尖产业进行系统研究，具有全方位、多层次、多维度3个特色，是一部集战略性、前沿性于一体的研究专著，对于指导北京建设国际科技创新中心具有参考价值。该书对高精尖产业的定义、特征及其发展对北京市经济结构的影响进行系统研究，确立高精尖产业发展水平评价指标体系，论述高精尖产业发展的实现机制，提出高精尖产业发展的思路、政策、建议；提出的北京高精尖产业发展的三大战略目标和七大特征符合北京实际。

（丁　奇）

【北科院2022年科普工作会议召开】4月20日，北科院2022年科普工作会议在北科大厦召开。会议的主要任务是，贯彻落实北京市“十四五”时期国际科技创新中心建设规划、北科院“十四五”创新发展规划和年度重点工作中的科普工作任务，动员院属各单位承担《北京市全民科学素质行动规划纲要》各项任务，部署“2022年（第28届）北京科技周”相关事项，传达关于“北京市利用科普资源助推‘双减’工作措施”的有关精神。会议听取院属6个国家科普教育基地、市级科普基地和其他11个院属单位的科普工作汇报。会议要求，全院各单位要加强科普资源的开发和科普活动的组织，加大科普经费的投入，为有效提升公民科学素质贡献力量。会议指出，要推进科研机构、科技型企业和科普主体相结合，推进科学知识、科学精神、科学思想、科学方法相结合，推进科学性、体验性、参与性、互动性相结合，推进科学普及与核心业务相结合。北科院科学传播中心、科研处及17个内设研究机构、事业单位、直属企业相关负责人参加会议。

（丁　奇）

【碳中和技术合作研讨会召开】4月21日，北科院与中国科学院北京纳米能源与系统研究所、自然资源部浅层地热能重点实验室（筹）在北科院召开碳中和技术合作研讨会。北科院高新技术发展处、资源环境研究所、新材料与先进制造研究所等部门负责人参加研讨。参会各方介绍所在单位基本情况、代表性研究成果、重点研发方向等，围绕减少化石能源消耗、提升可再生能源利用率等方面开展探讨，建议各方围绕碳中和开展相关合作。

（丁　奇）

【“一带一路”“科技创新与数字经济”专题培训举办】5月25—26日，由北科院、中关村全球高端智库联盟联合中国—东盟中心共同主办的“一带一路”“科技创新与数字经济”专题培训暨中关村全球高端智库联盟“智库之声”系列讲座以线上形式举办。辽宁沈阳、新疆乌鲁木齐、河北张家口、湖北十堰等地设分会场。来自中国相关城市及缅甸、文莱、柬埔寨、越南、老挝、菲律宾等东盟国家的代表约1000人参加。与会专家学者分别以“数字化转型：战略方向和路径”“发展未来产业，抢占竞争制高点”“元宇宙中的智能世界”“中国数字创新发展的前沿思考：数字经济新机制与新动力”为题，进行分析和阐释，并与参会人员进行交流互动。此次培训是北科院与合作伙伴在共同培养数字化人才方面的探索与实践。

（丁　奇）

【《北京日报》刊登北科院发展成绩】6月6日，北科院在《北京日报》第四版整版刊登《融入国际科技创新中心建设 服务新时代首都高质量发展》文章。文章从积极承担北京市重点任务、聚焦实施“四二四”发展重点、主动融入创新发展体系、不断深化科技体制改革、扎实推进科技人才队伍建设、拓展深化国际科技交流合作等6个方面，介绍北科院自2017年以来5年间取得的发展成绩。

（丁　奇）

【北京自然博物馆与中国科学院签署战略合作框架协议】6月14日，北科院直属单位北京自然博物馆与中国科学院地质与地球物理研究所联合战略合作框架协议签约仪式在地质地球所举行。根据协议，双方以“相互信任、合作共赢、优势互补、聚力发展”为原则，发挥各自优势，深化科学研究、标本收藏、展览展示、科普教育、人才培养、技术应用等方面的合作，提高全民科学素养，助力北京国际科技创新中心建设。在后续合作中，地质地球所将支持北京自然博物馆推进新馆建设工作。地质地球所、北科院等相关代表参加签约仪式。

（丁　奇）

【北京自然博物馆与古脊椎所签署战略合作框架协议】6月24日，北科院直属单位北京自然博物馆与中国科学院古脊椎动物与古人类研究所签署战略合作框架协议。根据协议，双方进一步密切合作，优势互补，在诸多领域开展合作，在科学研究和科学普及方面发挥各自专长，为人才培养、科学研究、藏品征集、展陈设计、科普研发等注入新活力，推动科技创新与科学普及的融合发展，为文化强国、科技强国以及北京国际科技创新中心建设作出贡献。

（丁　奇）

【北京高质量发展报告（2022）发布】7月8日，由北科院与社会科学文献出版社主办的“第三届首都高质量发展研讨会暨2022北京高质量发展蓝皮书发布会”在北科大厦举行。北科院有关处室、内设机构及院属事业单位负责人，社科文献出版社编辑人员近50人参会。会上发布《北京高质量发展蓝皮书：北京高质量发展报告（2022）》。2022版蓝皮书有5个亮点：“三驾马车”驾驭高质量发展全局，68个评价指标推动北京转型发展；北京高质量发展呈现五大特征；突出高精尖产业对高质量发展的重要作用，探析北京产业高质量发展特征；科技服务业成为战略支撑力量，产业生产效率提升成为关键棋子；提出面向“十四五”高精尖产业发展的宏观、中观、微观力量。2022版蓝皮书还选取关键指标对北京与新加坡、东京等国际城市进行比较，提出推动北京高质量发展的战略思考，包括全力打造良好科技创新生态、全力推进绿色低碳高质量发展和全力打造“双循环”战略支点等。

（丁　奇）

【第17届北京发明创新大赛启动】8月18日，由北科院参与指导、院属企业北京北科控股有限公司协办的第17届北京发明创新大赛启动。大赛是由市科委、中关村管委会支持并培育17年的公益性科技品牌活动。大赛首次汇聚来自京津冀、长三角、粤港澳大湾区、成渝地区、西北地区的大赛协作单位、专项奖设奖单位、项目组织推荐单位75家，旨在将北京发明创新大赛打造成为汇聚全国创新资源、参与北京国际科技创新中心建设的平台。大赛首次采取云启动仪式，运用虚拟主会场、多城云联动的方式，设置发明微探班、云端启动台等环节。大赛设特等奖，金、银、铜奖和入围奖，以及由关注和支持发明创新机构设立的17项专项奖。启动仪式上介绍大赛组织结构、参赛要求及报名方法。

（丁　奇）

【2022国际自主智能机器人大赛举办】8月26—28日，由北科院、市科协主办，北京电子学会、清华大学集成电路学院等单位承办的2022国际自主智能机器人大赛在北京科学中心举办。大赛主题为“自立自强，赋能未来”，采取线上与线下相结合的形式举办。来自中国、美国、德国、俄罗斯、新加坡、澳大利亚等国家人工智能、集成电路、计算机、自动化等领域的近500支队伍参赛。大赛在保留传统实体赛和虚拟赛的基础上，以企业需求为导向，首次设立“企业命题赛”。参赛选手围绕“看谁能驯化出更聪明的机器人”展开竞赛，来自东南大学、清华

大学、南方科技大学、北京理工大学的队伍获一等奖。大赛期间，北科院—兆易创新远程自主智能机器人芯片应用实验室揭牌成立。实验室利用北科院及清华大学在内多所高校的科研基础、兆易创新丰富全面的芯片选型及多年来市场开发经验，为广大高校师生和科研工作者提供自助智能机器人领域的 MCU 学习培训、智能开发和技术交流平台。大赛还设置主题展示互动区，展示自主智能机器人的技术发展和应用，帮助人们在主动探索中了解更多机器人相关知识。

（丁　奇）

【北科院与亿华通公司签署项目合作协议】 8 月 30 日，北科院辐射技术研究所与北京亿华通科技股份有限公司“氢燃料电池核心关键材料研发”项目签约仪式在北科大厦举行。双方将发挥各自领域优势，共同就氢燃料电池核心关键零部件材料进行研发并加深科技攻关合作，促进创新要素向企业集聚，尽快实现氢燃料电池核心关键零部件材料自主化制造，推进氢燃料电池大规模商业化应用。签约仪式上，亿华通公司负责人介绍氢燃料电池发动机技术创新情况，双方对此次合作项目及关键研究技术等具体情况进行介绍。活动现场，亿华通公司基于此次项目合作，向欧伊翔博士的科研团队捐赠 1 台最新款氢燃料发动机。

（丁　奇）

【2022 年服贸会北科院系列活动举办】 9 月 1—5 日，由北科院参与主办的 2022 年中国国际服务贸易交易会“绿色低碳城市国际科技创新论坛暨北京国际前沿科学对话会”和“综合展年度主题展”在国家会议中心举办。论坛以“共推绿色发展，同创低碳未来”为主题，涉及绿色低碳理念、碳中和与碳达峰、绿色化学、智慧城市、污染治理技术等多个领域。邀请中国科学院、中国工程院、美国工程院和科学院院士及国内行业领域专家和企业负责人，重点分享国内外绿色低碳产业的政策、技术、管理等方面的创新成果，为相关国家、机构及科技、管理等人员交流与合作提供重要机遇。来自政府、高校、院所、企业、科技服务机构、投资服务机构等单位的 100 余人参加论坛。“综合展年度主题展”由北科院院属 10 家相关单位，联合 25 家合作单位举办，展现城市治理、生态环保、绿色节能、场景应用、环境服务、新技术等领域的最佳实践，重点展示各个领域在数字化、网络化、智能化发展趋势下的新技术、新模式和新成果。

（丁　奇）

【北京自然博物馆与南京地质古生物研究所签署协议】 9 月 7 日，中国科学院南京地质古生物研究所一行 6 人到访北京自然博物馆，就加强双方合作事宜进行交流并签署战略合作框架协议。根据协议，双方从科学研究、藏品征集、展陈设计、科普研发等方面开展交流与合作，促进科研成果转化与科学文化传播，促进博物馆高质量建设和发展，共同推动全民科学素质提升工作。

（丁　奇）

【京津冀科研院所知识产权运用系列培训举办】 9 月 8 日，北科院与北京市知识产权局联合举办京津冀科研院所知识产权运用系列培训首场活动。培训以线上形式举办，主题为“高价值专利培育”，设置知识产权运营管理、知识产权布局、知识产权维权保护、知识产权金融、专利数据分析等 5 个专题。北京知识产权运营管理有限公司分析师结合相关政策理论与自身从业的实践，围绕“构建专利资产最短周期”等内容进行讲解，并解答学员提出的问题。京津冀区域科研院所和科技企业的代表 130 余人线上参会。

（丁　奇）

【2022 年北京市全国科普日活动北科院专场举办】 9 月 17—18 日，由北科院主办的 2022 年北京市全国科普日活动北科院专场在北京天文馆举办。活动以“喜迎二十大　科普向未来”为主题，旨在立足首都城市战略定位，围绕新时代首都发展和国际科技创新中心建设，弘扬科学精神和科学家精神，普及科学知识，激发科学梦想和科学志向，推动全民科学素质提升。活动分为开幕式、科普展演、户外科普展 3 个部分。开幕式上，北京学校的 10 名学生通过视频方式，表演科普剧《小麋鹿回家记》。科普展演环节，北京自然博物馆职工表演题为《精神丰碑》的情景诗朗诵；北京化工大学特聘教授戴伟通过科学实验秀形象阐释什么是化学反应；北科院院属 3 家科普场馆相关领导化身科普讲解员，登台与观众分享科学故事。户外科普展在北京天文馆东侧广场举办，立足北科院智慧城市、生命健康、生态环境、分析测试 4 个优势领域，科技智库、科学普及 2 个特色领域，新材料、生物技术、信息技术与智能制造、新能源 4 个研发方向，展示北科院在科学普及和科技资源科普化工作中的成果。《光明日报》、《科技日报》、《中国科学报》、《北京科技报》、人民网、环球网、中国科普网等 7 家媒体对活动进行报道。

（丁　奇）

【北科院当选北京市地下管线协会理事长单位】 9 月

21日，北京市地下管线协会成立大会暨第一次会员大会在北科院举行。北科院、市应急管理局、市城市管理委等负责人及北京市地下管线领域近60家会员单位的代表参加。会议表决通过《北京市地下管线协会章程》《北京市地下管线协会第一次会员大会选举办法》《北京市地下管线协会会费标准及管理办法》等文件。会议选出第一届理事会、监事会，北科院当选第一届理事长单位，朱伟当选第一届理事长。北京市地下管线协会是北科院联合北京市燃气集团有限责任公司、北京城建勘测设计研究院有限责任公司、北京创源市政建设工程有限公司共同发起，经市民政局批准，由市城市管理委主管的综合性专业性社会组织，汇聚地下管线、综合管廊、长输管道等生产经营企业，以及市政设施领域相关的科研、勘测设计、工程建设、技术服务等多类企事业单位。

（丁 奇）

【北科院与金隅集团签署战略合作框架协议】9月22日，北科院与北京金隅集团股份有限公司战略合作框架协议签约仪式在金隅集团举行。北科院、金隅集团负责人，北科院相关处室、内设机构、院属企事业单位负责人及金隅集团相关部门、企业负责人参加。双方在科技智库、科学普及、科技研发、科技成果转化、人才培养等领域深化合作，建立对接合作工作机制，共享科技创新资源、共建研发创新平台、共同申报科研项目、共同开展科技成果转化和应用场景建设、共同开展国际交流合作和科技智库研究。

（丁 奇）

【第七届老年服务科学与创新国际论坛举办】10月20日，由北科院、市科协联合主办的“第七届老年服务科学与创新国际论坛暨北京国际前沿科学对话会”以线上形式举办。论坛以“老龄社会治理背景下的智慧养老创新”为主题，交流老龄社会治理背景下世界各国智慧健康养老的最新进展。论坛分为1个主题报告和4个分论坛，主要涉及全球智慧养老最新进展、智慧居家养老、积极老龄化与健康老龄化、老年安全与防跌倒、康养人才产教研等方面的内容。来自中国、英国、荷兰、日本、新加坡等国家的政府部门、科研院所、高等院校、企业和科技服务机构的30余位专家学者就全球智慧健康养老创新相关议题作主题发言。“昱言养老”平台、“AgeClub官方”平台、“智能健康养老产业联盟”平台、“创意老龄”平台进行同步直播，《人民日报》《北京科技报》等新闻媒体进行报道。2000余人在线注册参加大会，累计1万余人次线上观看。

（丁 奇）

【北京古观象台建台580周年活动举办】10月25日，北京天文馆北京古观象台建台580周年暨中国天文学会成立100周年纪念活动在北京古观象台举办。活动采取线下和线上相结合的形式，邀请紫金山天文台、上海天文台、云南天文台、新疆天文台、高能物理研究所、南京大学、北京大学、北京师范大学等科研院所及高校院系负责人等专家学者及上海天文馆、北京自然博物馆等科普单位的负责人参加。与会人员现场观看北京天文馆自主创作的科普剧《凝望苍穹——天文国宝 百年纪实》，参观北京古观象台古代天文仪器，为参加第15届国际天文与天体物理奥林匹克竞赛（IOAA）获奖的学生代表颁发证书。

（丁 奇）

【“智库之声”系列讲座举办】10月27—28日，由北科院、中关村全球高端智库联盟联合主办的2022年“一带一路”科技创新与智能制造专题培训暨中关村全球高端智库联盟“智库之声”系列讲座以线上形式举办，新疆乌鲁木齐、湖北十堰、云南曲靖、河北张家口、辽宁沈阳、宁夏银川等地设立分会场。培训面向哈萨克斯坦、吉尔吉斯斯坦等中亚国家的高校师生代表，中关村全球高端智库联盟理事单位代表、国内相关合作单位的负责人与骨干、地方高新技术企业代表以及北科院科研及管理骨干、Go-global国际合作专员、高翻团队成员等近千人参加。4位科技创新与智能制造领域专家分别围绕“提升城市科创动能五策”“新形势下的中国科技创新：战略和路径选择”“制造业的过去、现在和未来”“制造业数字化转型与智能制造推进策略”等进行主题授课。

（丁 奇）

【“中国式现代化：城市群高质量发展论坛”举办】10月27—28日，由北科院主办的“中国式现代化：城市群高质量发展”论坛在北科大厦举办。会上，《中国三大城市群高质量发展及其影响力报告》发布。《报告》从经济、社会、生态、创新、文化、治理等6个维度建构31个指标的城市群高质量发展及其影响力评价体系，对长三角、珠三角及京津冀城市群进行比较。科学出版社责任编辑，中国城市发展研究会城市研究所研究人员，北科院有关处室、内设机构及院属事业单位的负责人近50人参会。

（丁 奇）

【北科院2项成果获北京市科学技术奖】11月9日，市政府发布《北京市人民政府关于2021年度北京市科学技术奖励的决定》，16 位科学家、191 项成果获奖。其中，北科院城市安全与环境科学研究所牵头项目“输配电系统变电站低频噪声控制关键技术与应用”、北京科学技术出版社有限公司参与项目“中国高铁科学绘本（全 3 册）”2 个项目获北京市科学技术进步奖二等奖。

（丁 奇）

【《科技创新治理体系与高质量发展（2021）》出版】 11 月，由北科院党组书记方力、科技智库中心主任任晓刚主编的《科技创新治理体系与高质量发展（2021）》由新华出版社出版。该书主要收录北科院专家及外聘专家 2021 年在“三报一刊”发表的理论文章，从思想引领、高质量发展、科技创新治理体系、数字经济、实践探索等 5 个维度，钩沉科技创新治理体系与高质量发展规律。该书着眼于理论与实践创新，以战略思维扎根于经济高质量发展与科技自立自强的研究中。11 月 16 日晚 6 时新华社客户端“读书”频道推出关于本书出版的新闻，浏览量超 60 万次。

（丁 奇）

【第四届“一带一路”国际科普交流研讨会召开】 12 月 6 日，由中国科学技术交流中心主办、北科院合办的第四届“一带一路”国际科普交流研讨会以视频形式召开。会议主题为“科技创新与科学普及——科技传播与全球创新要素流动”。来自中国上海科技馆、新加坡科学中心、泰国国家科技馆，以及阿里巴巴集团、中国科学院空天信息创新研究院和以色列海洋与湖泊研究院等国内外企业、科研机构和高校的科普专家围绕科学传播主体创新、科普和科技创新互促、公众参与科学传播等主题进行交流。会议期间，中国科学技术交流中心宣布“一带一路”国际科普交流直播课堂高清视频向与会机构免费开放使用。

（丁 奇）

【北科控股获全国生产力促进奖】 12 月 15 日，在由中国生产力促进中心协会举办的“2021 年度生产力促进奖颁奖典礼暨中国好技术称号授予仪式”上，全国 9200 多家科技服务机构、生产力促进中心的代表线上参会。中国生产力促进中心协会负责人宣读 2021 年度生产力促进奖表彰决定和 2021 年度中国好技术称号授予决定。北京北科控股有限公司因京津冀协同创新和成果转化业绩突出，被授予全国“生产力促进（服务贡献）奖”。

（丁 奇）

【第六届“创新大工匠”评选活动颁奖会举办】 12 月 21 日，由北科院主办的第 16 届北京发明创新大赛创新人物专项奖暨第六届创新大工匠评选活动在中国科普网和京视网以线上直播形式举行颁奖会。会上宣读“创新大工匠”获奖名单、“创新人物专题奖”获奖名单、“创新大工匠提名奖”获奖名单，获奖人员来自全国各地，长期在一线工作。“创新人物专题奖”是北科院在北京发明创新大赛中设立的专项评选活动。本届创新人物评选活动面向第 16 届北京发明创新大赛进入复赛项目的参赛人进行征集，经两轮专家评审，评选出 40 位创新人物获奖者，其中 10 人被授予“创新大工匠”称号，10 人获“创新人物专题奖”，20 人获“创新大工匠提名奖”。《科技日报》、首都之窗、央视网等 20 家媒体进行报道，8 万余人次在线观看。

（丁 奇）

【北科院获评 2022 年全国科普日活动优秀组织单位】 12 月 22 日，《中国科协办公厅关于对 2022 年全国科普日有关组织单位和活动予以表扬的通知》发布，北京市共有 20 家单位被评为 2022 年全国科普日优秀组织单位，27 个活动被评为 2022 年全国科普日优秀活动。其中，北科院获评 2022 年全国科普日活动优秀组织单位，院属单位北京麋鹿生态实验中心推出的“观鸟、观花、观鹿”活动获评 2022 年全国科普日优秀活动。

（丁 奇）

北京市农林科学院

【概述】 2022 年，北京市农林科学院（简称市农科院）着力构建科学规范、布局合理的学科体系，以学科建设为统领，高效配置科技资源和科研力量。构建农业生物遗传育种，农业绿色发展，农产品贮运、加工与营养健康，智慧农业与数字乡村，农业发展与乡村振兴五大学科领域，凝练出 27 个研究方向，各项工作不断推进并取得良好成绩。科技创新能力显著提升，成果不断涌现。落实各类项目 522 项，合同经费 5.5 亿元。主持国家农业关键核心重大技术攻关项目 1 项、课题 12 项、任务（子课题）37 项；新增国家重点研发计划 76 项，合同总经费 1.94 亿元；新增国家自然科学基金项目 40 项；董大明研究员获国家杰出青年科学基金。新增全国重点实验室 2 个、农业农村部重点实验室 6 个、国家林草局工程技术研究中心 2 个，获批建设国家数字种业创新中心。获审、鉴定（登记）植物品种 87 个，审定水产品种

1个；授权专利351件；发布标准48项；获植物新品种权授权45件，比2021年增长73%；新申请植物新品种权161件，比2021年增长87%；授权软件著作权182件；发表论文635篇，其中SCI 327篇，比2021年增长22.9%，Q1区比2021年增长50.4%；出版论著8部；获二类新兽药证书3个；获各类政府奖励42项；1人获首届国际种业科学家奖。开展成果转化983项，总收入1.9亿元，其中技术转让（含许可）收入6391.28万元，比2021年增长35%；院属企业营业收入4.76亿元，比2021年增长16.8%。助力乡村振兴战略实施成效显著。组织实施各类示范推广项目169项，推广各类新品种710个，示范相关配套技术286项，展示各类物化新成果、新装备93项，建立各类示范区3093公顷，辐射带动区域产业8433公顷。组织开展“北京农业科技大讲堂”等各类技术培训，参与者超16.37万人次。京郊品种更新及配套技术、绿色生物防控示范推广覆盖13个区119个示范村。通过帮扶结对，79个对接村全部实现脱薄目标。支撑农业中关村建设落实到基层。桃产业技术研究院、北京油鸡（平谷）资源保种场一期工程、农业微生物研究院筹建等工作进展顺利；申报和落实9个“博士农场”，选派11名科技人才下沉一线担任村科技书记。区域合作和国际交流合作工作不断推进。申报京津冀区域联合项目34项；举办第三届中国北方农业（蔬菜）科技创新发展大会；推进石家庄创新基地、京冀桃育种中心和联盟联合实验室以及天津智能农业研究院项目建设工作。开展对台交流项目计划2个，承办“2022京台农业技术培训”和“京台现代农业发展研讨会”。新增科技部（国家外专局）引智项目7项、国际合作项目1项、欧盟地平线计划项目1项。合作发表SCI高水平学术论文56篇。承（协）办国际/双边会议6场；承办“2022全球数字经济大会智慧农业论坛”；协调推进第九届国际樱桃大会筹备工作。助推“一带一路”倡议实施提升影响力，在沿线国家推广农作物品种和开展专项合作研究与测试示范工作，为发展中国家开展农业技术培训10余次；推进国际期刊《农业通讯》创刊，创办“北京市农林科学院国际学术论坛”。

（于　杰）

【市农科院与延庆区政府签署战略合作协议】 1月14日，市农科院与延庆区政府战略合作协议签约仪式在延庆区举行。北京球根花卉产业技术研究院揭牌。根据协议，双方在都市型现代农业发展、特色农业产业升级等领域开展合作，逐步形成科技、资源、示范基地、人才队伍等共享共建共用的良好格局，为延庆区全面推动乡村振兴提供科技及智力支撑。

（于　杰）

【市农科院第六届青年学术论坛举办】 1月19日，市农科院举办第六届青年学术论坛。论坛采取线下与线上相结合的形式举行，来自15个所、中心的16位青年科技工作者分享各自的科研经历和研究进展。市农科院负责人和所、中心专家线下参加论坛，特邀中国科学院、中国农业大学、中国农科院、中国林科院等院外专家在线上进行点评打分。专家评委围绕业绩与综合素质、学术水平、发展潜力和语言表达4个方面进行点评，评选出一等奖2人、二等奖3人、三等奖5人，加工所的王盼博士、蔬菜所的杜和山博士获一等奖。

（于　杰）

【市农科院新增6个农业农村部重点实验室】 1月，农业农村部办公厅公布学科群调整后新增实验室的情况，市农科院组织申报的6个农业农村部学科群重点实验室获批，分别是农业农村部数字乡村技术重点实验室（依托信息中心建设）、农业农村部农业传感器重点实验室（依托装备中心建设）、农业农村部农产品冷链物流技术重点实验室（依托信息中心建设）、农业农村部天敌昆虫重点实验室（依托植保所建设）4个重点实验室，农业农村部北方果蔬有害生物绿色防控重点实验室（依托植保所建设）、农业农村部农作物DNA指纹创新利用重点实验室（依托玉米所建设）2个部省共建重点实验室。

（于　杰）

【2021年北京科技小院工作会召开】 2月25日，市农科院召开2021年北京科技小院工作会。市委统战部副部长祁金利出席并讲话。市委统战部党外干部处、市农科院成果转化与推广处、全院16个科技小院负责人，科技小院平台开发单位代表等参加会议。会议总结2021年市农科院科技小院工作：挂牌科技小院16个，蔬菜、玉米、林果、花卉、畜牧、生物防治和智慧农业等领域的新品种、新方法、新技术在驻地落地实施，使得“科技小院”成为带动京郊乡村产业提级换代的科技引擎；全年开展各类技术培训、指导、观摩共3328人次，累计培养基层骨干技术人员及骨干农民343人，解决乡村就业728人次，实现人均增收6280余元，累计带动71个村，辐射农户2804户，在全市推动农民增收和集体经济薄弱村发展科技帮扶方面发挥重要作用；门头沟白虎头科技小院、密云黑山寺科技小院、大兴西鲍辛庄

科技小院被评为全市“十佳科技小院”。会议强调，全院专家团队要整合资源，将优秀品种和技术带到京郊，把先进的思想和理念带到乡村，有效延伸产业链；要全力落实市委领导“要科技小院不要工业大院，农民要增收，科技要赋能”的指示精神，以实际行动践行“小院落，大成效”。

（于　杰）

【市农科院召开 2022 年工作会议】 3 月 2 日，市农科院召开 2022 年工作会议。市农科院各级负责人，市农科院全国人大代表、全国党代表、全国政协委员、院党代表、院工会委员、退休老领导、全院副处级以上领导干部和获奖代表在主会场，各所、中心和机关工作人员代表在分会场，共 200 余人参会。会议从科技创新能力、科技成果转化与推广服务、人才队伍建设、院所治理、开放办院水平、民生保障能力、党建工作等 7 个方面对 2021 年工作进行总结，提出 2022 年全院 6 个方面的重点工作：塑造科研发展新优势，强化科技支撑新效能，激发人才培养新活力，打开开放办院新视界，开创院所治理新格局，强化党建引领新作为。会议表彰 2021 年度在市农科院科研创新、科技服务工作中取得突出成绩的单位和个人，为获国家和北京市重大科技成果奖代表颁发配套奖金。

（于　杰）

【平谷农业中关村科技书记对接仪式举行】 4 月 18 日，市农科院与平谷区合作启动平谷农业中关村科技书记对接仪式在平谷区举行。平谷区委组织部、市农科院等负责人向到峪口镇挂职的 11 位科技书记颁发聘书。科技书记挂职工作旨在推动平谷农业中关村建设，深化平谷全国农业科技现代化先行共建工作，支撑平谷农科创核心区村级产业发展。座谈会前，与会人员到峪口禽业听取智慧种业建设情况，到京瓦中心了解农业中关村建设情况，到峪口果园实地查看桃产业研究院建设情况。市农科院党群工作处、成果转化与推广处，平谷区科信局、农业农村局、峪口镇相关负责人，11 名科技书记和村书记代表参加。

（于　杰）

【市农业农村局一行到市农科院调研】 4 月 22 日，市委农工委书记、市农业农村局局长付兆庚带队到市农科院调研，参观蔬菜所高通量分子育种公共平台、蔬菜种质资源库和玉米分子检测中心、作物基因组编辑研发中心，听取赵春江院士关于种业装备实验室、表型组学实验室、种业大数据平台建设的情况汇报。市农业农村局、市农科院及相关处室负责人参加调研。

（于　杰）

【杂交鲟“京龙 1 号”通过审定】 7 月 14 日，农业农村部发布《中华人民共和国农业农村部公告第 578 号》，公布 26 个经全国水产原种和良种审定委员会审定通过的水产新品种。由市农科院水产所胡红霞研究员团队牵头、联合北京鲟龙种业有限公司培育的新品种杂交鲟“京龙 1 号”通过审定，实现北京市鱼类选育新品种零的突破。“京龙 1 号”是北京市独立选育的第一个国审鱼类新品种，也是中国第一个作为食用鱼的鲟鱼选育新品种，相比亲鱼生产性能提高 40% 以上，相关技术达到国际领先水平。

（于　杰）

【市农科院与北京工商大学签署战略合作协议】 7 月 27 日，市农科院与北京工商大学签署战略合作协议。双方将整合优势资源，就共建科技创新平台、教学实践基地，联合开展技术攻关、人才培养，推动成果转化与服务等方面开展合作。会上，向中国工程院院士、市农科院信息中心首席科学家赵春江授予北京工商大学兼职教授聘书。

（于　杰）

【2022 全球数字经济大会智慧农业论坛举办】 7 月 28 日，由 2022 全球数字经济大会组委会主办，市农科院、市农业农村局、朝阳区政府共同承办的 2022 全球数字经济大会智慧农业论坛在北京国家会议中心举办。论坛采取线上与线下相结合的形式，以“推进智慧农业建设，促进农业全产业链数字化转型”为主题，邀请来自荷兰、以色列等国家的相关学者、中国工程院院士、国内数字农业农村领域专家、数字农业企业代表及各省同行 100 余人参加现场研讨和交流，同时邀请中央和北京市科研院所、创新团队和企业以及全国各省市数字农业相关从业人员线上参会。直播线上参会人数达 13290 余人次。论坛由嘉宾致辞、主旨发言和主题报告 3 个环节组成。中外嘉宾学者立足数字经济国际化视野，围绕“智慧农业发展的全球视野”“农业全产业链数字化转型经验及对首都农业的启示”“智慧农业技术产品创新”“智慧技术助力农业新产业新业态新模式培育”等议题进行研讨交流。

（于　杰）

【卢彦到市农科院调研】 8 月 9 日，副市长卢彦到市农科院就种业科技创新工作进行调研。卢彦先后实地考察蔬菜所蔬菜高通量分子育种平台实验室、蔬菜种质资源库，玉米所 DNA 指纹分子检测平台及玉米种质资源库，信息中心展馆，听取市农科院种质资源创新研究与利用、新品种选育、农业信息化及科技成果转化与技术推广情况的汇报。卢彦指出，市农科院在种业科技自立自强、种源自主可控方面开展大量务实工作，在种质资源创新、农业信息化以及科技服务等方面取得可喜成绩。要继续发挥好人才优势、组织优势、平台优势和科技优势，开展“卡脖子”关键核心技术攻关，发挥市农科院原始创新策源地和自主创新主阵地作用，围绕贯彻新发展理念、实施“科技北京、绿色北京”战略、实施京津冀协同发展战略、建设国际科技创新中心、推进生态文明建设等方面积极作为，实现农业科技创新能力新跃升。市农业农村局，市农科院，市科委、中关村管委会相关负责人参加调研。

（于　杰）

【北京首个生产型蔬菜无人农场建成】 8月15日，北京生产型蔬菜无人农场总结发布会在昌平区阳坊镇政府召开，会上宣布由昌平区科委、昌平区阳坊镇政府、市农科院信息中心三方共同建设的北京首个生产型蔬菜无人农场建成。无人农场位于市农科院昌平区小汤山现代农业科技示范园国家精准农业研究基地，所用技术均为赵春江院士团队在小汤山国家精准农业研究基地开展的智慧农业多领域交叉研究成果。无人蔬菜种植的标杆性试验示范项目完全依靠自主知识产权技术，实现整地、移栽、植保、巡检、收获、转运等全过程无人化有序作业，总结形成适宜于退林还耕地块的生产型蔬菜无人农场种植规程。在总面积3.15公顷的农场中，实现数字化自主管理率达70%以上。经测产，首茬甘蓝获亩产4500千克（商品化净菜2500千克）产量，种植共节约人工成本76230元，为解决农业从业人员老龄化和作业非标准化等突出问题提供智能化、数字化解决路径。

（于　杰）

【市农科院人才工作会议召开】 8月18日，市农科院召开全院人才工作会议。会议落实中央人才工作会议及北京市委人才工作会议精神，系统总结市农科院人才队伍建设的成功经验，研判人才工作面临的机遇与挑战，明确未来一段时间市农科院人才队伍的发展规划和战略部署。市农科院负责人、高层次人才计划入选者、各所及机关部门负责人，研究室主任、引进人才和青年人员代表等100余人参会。

（于　杰）

【北京油鸡再次实现原产地保种】 9月4日，市农科院新建的北京油鸡资源保种场投产运营，第一批5000只北京油鸡鸡苗进入基地，标志着北京油鸡回归北京，再次实现原产地保种。北京油鸡资源保种场原位于大兴区榆垡镇太子务村，因大兴机场建设迁往河北省遵化市。此次新建的保种场位于平谷区南独乐河镇南独乐河村，占地面积约2.87公顷，为平谷区国家现代农业（畜禽种业）产业园项目重点建设内容之一。种鸡全程采用三层阶梯式笼养，喂料、饮水、消毒、清粪、舍内环境全部实现自动化控制。一期工程共建有青年鸡笼位1.3万余个、成年种鸡个体笼位7000余个，每年可生产合格种蛋95万枚，孵化雏鸡75万只，为北京油鸡品种资源保护、品种选育、科学试验等方面提供保障，促进北京畜禽遗传资源保护，助力北京“种业之都”和平谷农业中关村建设。

（于　杰）

【“农业技术人工智能咨询与精准培训一体化服务平台应用推广”获全国农牧渔业丰收奖】 9月6日，由市农科院于峰主持的“农业技术人工智能咨询与精准培训一体化服务平台应用推广”获全国农牧渔业丰收奖农业技术推广成果奖一等奖。成果针对农业经营主体技术需求差异大及农业生产者科技获取能力弱的难题，将农技咨询服务与农民培训衔接融合，创新研究并应用农业人工智能等新一代信息技术，研建农业技术人工智能咨询及精准培训一体化服务平台。通过常规问题人工智能全天候应答、疑难问题多渠道专家指导、共性问题现场精准培训及远程新媒体直播培训，形成“智能与人工相结合，咨询与培训相协同，线上线下相衔接”的推广模式，服务中及时发现有效培训需求，培训后接续跟踪咨询服务，提升科技服务与培训效果，为农技推广和农民培育提供有效方法，实现信息技术创新应用突破，支撑乡村产业发展和人才振兴。

（于　杰）

【“玉米品种分子检测技术研发创新与应用推广”获全国农牧渔业丰收奖】 9月6日，由市农科院易红梅主持的“玉米品种分子检测技术研发创新与应用推广”获全国农牧渔业丰收奖农业技术推广成果奖一等奖。成果建立高通量、低成本、多功能、易推广的玉米品种分子检测关键技术体系，实现品种检测技术升级换代；开发兼容多标记、多平台、多作物的DNA指纹库管理系统，实现指纹数据的标准化采集、自动化管理和全流程追溯；构建库容超过10万份的玉米标准DNA指纹大数据及共享平台，实现品种身份可鉴定、信息可查询、指纹可共享。制修订国家、行业标准2项，新技术新产品1项，授权发明专利10件，软件著作权12件，发表论文18篇，编写著作8部，培训技术人员5000人次。创建“政府需求推动，行业管理带动，市场经营拉动，平台共享联动”的技术推广新机制。成果在全国30个省级、180个地市级行政管理部门，1096家玉米种子企业和科研机构的品种区域试审定，在品种权保护、市场监管、司法鉴定、企业维权等领域得到广泛应用，行业覆盖率超过95%，累计检测样品30万份，总经济效益61.83亿元，对玉米种业健康发展、促进粮食增产提供技术支撑。

（于　杰）

【“农作物病虫害绿色防控智能装备研制与推广应用”获全国农牧渔业丰收奖】 9月6日，由市农科院乔晓军主持的“农作物病虫害绿色防控智能装备研制与推广应用”获全国农牧渔业丰收奖农业技术推广成果奖二等奖。成果针对农作物病虫害绿色防控的实际需求及农业生产中减少化学农药施用量的国家发展战略，提出多模型融合决策的病虫害管控技术，研制不同生产环境多功能病虫害绿色防控系列设备，构建多机协同作业的绿色防控装备远程托管云服务系统。项目成果在20多个省市推广应用，推广面积99.33余万公顷，总经济效益12.87亿元，新增纯收益3.95亿元。成果应用区内减少化学农药用量50%以上，劳动生产效率提升25%以上，有效提高产区病虫害智能化绿色防控能力，改善产区地面源污染与生态环境，为加快推进农业农村现代化和实施乡村振兴战略提供有力支撑。

（于　杰）

【市农科院新增2个国家级工程技术研究中心】 10月20日，国家林业和草原局印发《国家林业和草原局关于认定5个国家林业草原工程技术研究中心的复函》（林科发〔2022〕102号），市农科院“国家林业草原赏食百合工程技术研究中心”和“国家林业草原樱桃工程技术研究中心”获批组建。至此，市农科院累计拥有5个国家林业草原系统工程研究中心和1个观测站。

（于　杰）

【市农科院5项成果获北京市科学技术奖】 11月9日，市政府发布《北京市人民政府关于2021年度北京市科学技术奖励的决定》,16位科学家、191项成果获奖。其中，市农科院主持的3项成果和参与的2项成果获奖，分别是：玉米所赵久然研究员主持完成的“玉米骨干亲本自交系京2416创制及其系列杂交品种培育”获科技进步奖一等奖，为农林类一等奖唯一奖励；信息中心赵春江院士主持完成的“作物育种数字化技术研究与应用”、装备中心郭文忠研究员主持完成的“基于新一代信息技术的设施园艺智慧管控系统研发及产业化”获科技进步奖二等奖；质标所和加工所参与的“果蔬真菌毒素防控关键技术创制及应用”获技术发明奖二等奖；数据与经济所参与的“数据与场景驱动的农业科技知识精准服务关键技术创制及应用”获科技进步奖二等奖。

（于　杰）

【“玉米骨干亲本自交系京2416创制及其系列杂交品种培育”获市科技进步奖一等奖】 11月9日，市农科院赵久然研究员主持完成的“玉米骨干亲本自交系京2416创制及其系列杂交品种培育”获2021年度北京市科技进步奖一等奖。成果创制出黄改群早熟骨干自交系京2416及其衍生系，组配育成系列杂交品种39个，成为中国广泛应用的骨干自交系和重要核心种质。

（于　杰）

【“作物育种数字化技术研究与应用”介绍获市科技进步奖二等奖】 11月9日，市农科院赵春江院士主持完成的“作物育种数字化技术研究与应用”获2021年度北京市科技进步奖二等奖。该成果研发常规育种与分子育种协同的作物育种信息化平台（金种子育种平台），实现从亲本改良到组合测试全过程的数字化，引领传统经验育种向现代精准育种的技术转型升级，并在大型种业企业应用。挖掘小麦、玉米、水稻和蔬菜等作物的自交、杂交和无性繁殖3类育种模型的共性与个性特征，研制包括1600多个功能模块的软件平台，支持不同育种技术路线的个性化定制；通过作物表型、基因型和环境数据的融通，大幅度提高传统育种效率。成果在隆平高科等4家种业十强企业应用。

（于　杰）

【“基于新一代信息技术的设施园艺智慧管控系统研发及产业化”获市科技进步奖二等奖】 11月9日，市农科院郭文忠研究员主持完成的“基于新一代信息技术的设施园艺智慧管控系统研发及产业化”获2021年度北京市科技进步奖二等奖。成果创新覆盖“根区介质—作物生长—温室环境”闭环要素综合传感技术，填补国内空白；突破传感材料升级、设计结构优化、自补偿算法、人工智能解析等多项关键技术，形成全面化、精准化、智能化的设施园艺信息采集系列传感器11种，涵盖空气温湿度、二氧化碳等环境指标，土壤水热、基质水盐等介质指标和作物器官、光合速率等生长生理指标27项，为破解设施园艺生产决策缺乏数据的供需矛盾提供底盘支撑。攻克基于知识分析与数据驱动相融合的设施水肥智能决策、环境协同优化调控等关键技术，建立面向不同栽培模式，不同设施类型的多要素决策模型6套，创制一批具有自主知识产权的设施园艺多场景自洽式智能调控装备6套，实现设施园艺生产多约束、多目标下以模型为驱动的嵌入式装备智能化调控。突破大数据、云计算与设施园艺场景融合的关键技术，创制国内首个“云托管式”设施园艺智慧生产管控平台，实现数据汇集、水肥决策、环境调控、农事管理、农资调配等云上服务，打造大数据支撑、网络化共享、智能化协作的果菜、叶菜、食用菌等全链条国产化技术产品套餐，形成智能主导的新型设施园艺生产服务体系，并在国内大规模产业化应用。

（于　杰）

【北京农业领域新增2个全国重点实验室】11月，科技部为建立健全以国家实验室为引领、全国重点实验室为支撑的实验室体系，对全国重点实验室进行优化重组。由中国农业科学院蔬菜花卉所牵头、北京市农科院和天津市农科院参与的蔬菜生物育种全国重点实验室，由中国一拖集团有限公司牵头、北京市农科院装备中心参与的智能农业动力装备全国重点实验室2个全国重点实验室获批。

（于　杰）

新型研发机构

【概述】2022年，北京市贯彻落实《北京市支持建设世界一流新型研发机构实施办法（试行）》，聚焦重大基础前沿科学研究、关键核心技术攻关，布局北京量子信息科学研究院（简称量子研究院）、北京脑科学与类脑研究中心（简称脑科学中心）、北京智源人工智能研究院（简称智源研究院）、北京雁栖湖应用数学研究院（简称应用数学研究院）、北京生命科学研究所（简称北生所）、北京干细胞与再生医学研究院（简称干细胞研究院）、中国科学院北京纳米能源与系统研究所（简称纳米能源所）、北京微芯区块链与边缘计算研究院（简称微芯研究院）等一批新型研发机构，促进北京科技创新发展。新型研发机构产生一批重要科研成果。量子研究院研制出100千米量子直接通信样机、新一代量子计算云平台等，创造量子直接通信距离100千米的世界纪录；研制出产品级掺镱高功率飞秒振荡器Fermion-007；完成超宽带可调谐超快激光系统及相关瞬态光谱系统建设。脑科学中心生物样本库通过中国人类遗传资源行政许可事项审批；开发一套基于腺相关病毒（AAV）载体的稀疏高亮标记方法，实现全脑范围单神经元完整重构。智源研究院发布国际上生物精度最高的仿真秀丽线虫“天宝1.0”，逐步启发和探索新一代人工智能；建设“九鼎”智算平台，打造AI科研创新的基石与试验场，牵头成立“AI开放生态实验室”。应用数学研究院瞄准前沿基础理论和关键工程技术等领域的需求，推进科技成果转化，累计引进科研人员110余人，包括菲尔兹奖等顶级奖项获得者。北生所邵峰院士凭借在细胞焦亡领域的原创科学发现获2022年威廉·科利奖。干细胞研究院首次揭示了长寿蛋白SIRT3调控人间充质干细胞衰老的新作用及新机制。纳米能源所在生命科学前沿领域取得多项国际领先的重大突破，成功拓展麦克斯韦方程组。微芯研究院发布全球最大区块链开源存储引擎“泓”和首个由国内团队设计和研发的大规模对等网络通信技术“若水”，为数字经济基础设施构筑自主可控、安全可信的技术底座。

（王　岩）

【量子研究院2022年发展情况】2022年，量子研究院加快人才引进与培养，引进全职科研人员37人。经市政府协调教育部，与中国科学院大学物理研究所联合招收20名科研博士生，8月进入量子计算、量子通信等重点团队学习。首席科学家谷垣胜已获“中国政府友谊”奖，此外12人次获人才专项支持。在科研突破方面，利用63个超导比特芯片完成拓扑安德森绝缘体的量子模拟实验；利用19个超导量子比特，制备出逼近量子计量学中海森堡极限的非高斯压缩态，创造同量级比特数量子计量优势的世界纪录；构建完成全自主化的新一代量子计算云平台“Quafu”，并上线10比特、18比特和136比特的3个超导量子芯片，上线芯片数和单芯片比特数均达到国际先进水平；制备出国内第一个基于超导－Ⅲ－V族半导体纳米线量子比特，为拓扑量子计算器件和线路的构建奠定基础；提出并实现世界首个无须光频异地传输的双场量子密钥分发方案，完成长距离通信实验装置研制，通信距离突破615千米；首次实现高码率异步测量设备无关量子密钥装置，通信距离突破500千米，打破无中继码率极限；自主研发的量子直接通信样机创造100千米直接通信世界纪录，并在全球范围内首次将量子直接通信技术应用于商业银行业务场景；实现世界最小周期二维半导体面内超晶格生长；开发出纳米焊接技术；在铜氧化物高温超导中发现新奇磁阻振荡，实现铜氧化物在轻掺杂区间的系统性磁输运测量；研制出芯片级新型微型原子钟，频率稳定度和守时精度等指标达到国际水平；完成小型光泵原子磁力仪、原子梯度仪及心磁仪等研制，初步实现原子天线户外演示及示范应用；研制出产品级掺镱高功率飞秒振荡器Fermion-007；完成超宽带可调谐超快激光系统及相关瞬态光谱系统建设。年内，全职科研人员共发表论文70余篇，申请专利47件，授权专利10件，软件著作权登记3件，商标申请4件；组织举办百望讲坛20期、工程师技术沙龙6场、对外学术交流10余场及第四届量子物理与量子信息科学国际前沿论坛等。

（陈治光）

【脑科学中心2022年发展情况】 2022年，脑科学中心实体化建设取得新进展。中心全职科研人员达到493人。国际战略科学家力量不断加强，截至12月底，引进高层次人才41人（6名外籍非华裔）；招收博士后62人（3名外籍非华裔）；与北京大学、协和医学院、北京师范大学、南开大学、中国农业大学、首都医科大学等单位联合招收培养研究生123名。建成实验动物中心、载体工程中心等9个国内脑科学配套齐全、功能强大的技术辅助中心。累计发表论文149篇，其中在《细胞》《自然方法》《神经元》等国际顶尖期刊发表文章65篇，获批专利和软件著作权9件。推进智能脑机系统增强计划。启动北京北脑创业投资基金（有限合伙）、北京芯智达神经技术有限公司两家脑机项目管理公司注册，其中北京北脑创业投资基金（有限合伙）已于12月完成工商注册。承担国家脑计划任务。做好2021年度国家脑计划青年科学家项目的组织，中心累计7人申请，4人获资助。做好2022年国家脑计划定向项目“高分辨率高速小鼠全身成像神经连接图谱技术开发平台”和“啮齿类模式动物全身神经联接图谱”等2项自由竞争项目的组织。支撑昌平国家实验室建设。“恶性胶质瘤的诊疗新方法”等2项CPNL预研任务获滚动支持，为CPNL提供实验动物饲养、数据存储与分析、高性能计算、高通量测序及科研空间等系列支撑服务。围绕脑机接口、重大脑疾病等科研需求，与清华大学电子工程系就共同开展面向神经生物学前沿探索需求的新一代脑机接口关键技术研究和建立基于新范式的认知脑网络大数据平台及信息分析挖掘方法联合共建实验室；加强与临床医院合作，推进与北京大学第六医院、首都医科大学宣武医院、首都医科大学附属北京天坛医院、首都医科大学附属北京安定医院4家在京的神经、精神疾病临床机构开展合作。探索与华大智造共建自动化样本库和无人值守测序实验平台、日本Nikon共建双光子演示中心与联影共建磁共振联合中心等，优势互补，解决中心的需求。组织召开2022北京脑科学国际学术大会。中心一期、二期全面投入运行。中心科学家有13人获国家级科技人才项目，其中马继延研究员是新型研发机构中第一个入选长江学者；24人获“北京市科技新星计划”等北京市级人才项目。

（王岱娟　李军男）

【智源研究院2022年发展情况】 2022年，智源研究院各项工作稳步推进。拥有全职前沿研究及工程化团队230余人。围绕通用大模型研发，推动“悟道”大模型向多语言、多模态方向发展，持续保持国内引领、国际领先地位，发布全球十亿级参数性能最强视觉基础模型EVA、国际首个支持9种语言的多模态大模型AltDiffusion等。发布国际上生物精度最高的仿真秀丽线虫“天宝1.0”，逐步启发和探索新一代人工智能。建设“九鼎”智算平台，打造AI科研创新的基石与试验场，牵头成立“AI开放生态实验室”，重点开展AI芯片评测、AI编译器研发等工作。发布大模型算法开源项目FlagAI，打造一站式高效、易用、灵活的大模型算法与工具包，降低基础模型的使用门槛等。智源社区汇聚12万余名AI科研人员，“青源会”链接海内外青年学者1000余人。建设19个智源创新中心，培育孵化出11家AI创新企业。推动建设基于“悟道”智能模型的产业生态，吸引更多企业参与模型研发及应用，构建更加多样化的智能应用体系。智源研究院内设科研机构北京科学智能研究院（2021 年 9 月成立）由中国科学院鄂维南院士牵头独立开展科研工作，围绕微观科学计算基础理论开展前沿研究，搭建人工智能驱动科学研究（AI for Science）的创新基座“四梁N 柱”，建立具有全球影响力的 AI for Science 创新生态。发布全球首个覆盖近 70 种元素的原子间势函数预训练模型 DPA-1，实现 100 亿原子数量级第一性原理精度的分子动力学模拟。研发国产密度泛函求解软件原子算筹、DeePMD-kit 分子动力学软件、DeepFlame 燃烧模拟软件等一系列科学计算软件，提升科研生产力和创新效能。发布集数据、软件、模型、工作流的数字资产管理平台——科学智能广场，以开源、开放和共享的方式推动科学计算领域的发展。建立全球第一个覆盖多尺度计算科学领域开源社区 DeepModeling，打造具有全球竞争力 AI for Science 创新生态。科学智能研究院团队已达 50 余人，集聚普林斯顿大学、剑桥大学、北京大学、清华大学等国内外知名高校博士 41 人，覆盖科学理论基础方法、量子力学与密度泛函、合金、燃烧、开源软件等多个关键研究领域。

（苟　瑜　闫　鑫）

【应用数学研究院 2022 年发展情况】2022 年，应用数学研究院瞄准前沿基础理论和关键工程技术等领域的需求，主要围绕数学物理与理论物理、材料科学、人工智能与大数据、图像科学、大尺度建模与计算、统计方法与数据科学等与数学相关的重大应用领域和研究方向，建设一流新型研发机构，集聚一流科研团队。撰写完成《中国数字经济白皮书(2022 年)》；与北京怀柔实验室建设对接，推进科技成果转化。9 月 22 日，北京雁栖湖应用数学科学研究有限公司注册成立。9 月 29 日，应用数学研究院数字经济实验室主任、研究员龙飞一行到访广西科技厅，双方就拓展数字经济等领域的科技创新合作进行座谈。应用数学研究院成立于 2020 年 6 月 10 日，是由市科委、中关村管委会与怀柔区政府共同推动成立的新型研发机构。清华大学丘成桐数学科学中心作为主责单位，依托清华数学现有力量，利用清华相关学科的综合优势，联合中国科学院数学与系统科学研究院及北京数学与应用数学及其交叉领域等优势单位，采用新的科研组织形式和人才引进模式推动中国数学科学发展，促进数学与工程应用、产业化的对接融通，提升数学支撑创新发展的能力和水平，为中国科技发展提供核心原动力。

（徐建功）

【北生所 2022 年发展情况】2022 年，北生所在生命科学前沿领域进行研究探索并取得多项重大发现及突破，以通信作者单位发表 SCI 论文 82 篇，平均影响因子 11.87。共获专利授权 12 件，其中韩国 1 件、美国 2 件、中国 6 件、日本 1 件、德国 1 件、欧洲 1 件。在成果转化方面，北生所继续探索科研成果的转化和应用，捕获基础科学发现的社会价值，探求原始创新到产业转化的新模式，有多个国际国内领先、有较好市场前景的创新项目进入开发阶段，如李文辉团队创建的抗乙肝药物研发公司华辉安健生物科技有限公司，王晓东和张志远团队基于细胞坏死和细胞凋亡的机制研究及相关疾病的药物研发创建的维泰瑞隆生物科技有限公司，邵峰实验室基于天然免疫和细胞焦亡通路的研究项目创建的北京炎明生物科技有限公司，罗敏敏团队基于自主研发创新的重大脑疾病及肿瘤治疗方案创办的健达九州（北京）生物科技有限公司。在人才引进方面，吸引一批处于科研创新高峰期的海外优秀青年人才回国开展独立研究工作，建立一支高水平的科研队伍。由海外优秀人才领衔建立的 32 个独立实验室和 13 个科研辅助中心从事原创性科学研究。在回国的青年科学家中，有 11 人入选中组部“千人计划”和“青年千人计划”，18 人入选国家杰青（其中包括 11 位已离职 PI），43 人入选北京市海聚工程（包括 10 位已离职 PI），5 人入选科技部中青年科技创新领军人才，4 人入选国家级百千万人才，5 人入选市级百千万人才，3 人入选北京学者，2 人入选中国科学院院士和外籍院士。李超博士获 2021 年度“中国化学会青年化学奖”，李文辉博士获未来科学大奖生命科学奖，陈婷博士获 2022 年“科学探索奖”，邵峰院士与其他 3 位科学家共获 2022 年威廉·科利奖。北生所二期大楼全面投入使用，与清华大学合作共建稳步开展。

（王岱娟　李军男）

【干细胞研究院 2022 年发展情况】2022 年，干细胞研究院多项医学研究取得突破性进展，研发干细胞和基因工程等创新生物技术，包括开发染色体编辑新技术，首次实现哺乳动物完整染色体可编程链接，创建全新核型小鼠，为哺乳动物合成生物学增添新的研究工具；揭示脑血管内皮细胞调控神经前体细胞命运决定的新机制，帮助更全面地理解大脑发育的进程和基本规律，为神经系统疾病的诊断提供理论基础等；揭示干细胞衰老的调控及驱动机制，包括首次揭示长寿蛋白 SIRT3 调控人间充质干细胞衰老的新作用及新机制，加深对干细胞表观遗传调控机制的理解，为延缓衰老和干预衰老相关疾病提供潜在靶标；揭示核心节律蛋白 BMAL1 控制灵长类衰老的节律开关，为研究昼夜节律机制调控灵长类衰老提供新思路；等等。相关成果发表在《细胞·干细胞》（*Cell Stem Cell*）、*Cell Research*、*Nucleic Acids Research*、*Cell Discovery* 等多个国际知名科学刊物上。干细胞研究院申请发明专利 44 件，高价值发明专利率达到 43%（共 19 件），其中 4 件专利获授权；开展和申报临床研究项目 4 项，其中 3 项启动并进入入组阶段。1968 年创刊的国际期刊 *Cell Proliferation* 落地干细胞研究院，最新期刊影响因子 JIF 达到 8.755，5 年平均影响因子 7.834。

（王岱娟　李军男）

【纳米能源所 2022 年发展情况】2022 年，纳米能源所围绕怀柔综合性国家科学中心独有的大科学装置、交叉平台、实验室、高校院所和新型研发机构等战略科技力量和创新资源，搭建服务怀柔科学城区域创新联合体，开启区企合作新模式，成为北京市认定的 5 家区域创新联合体之一。立足怀柔综合性国家科学中心，打造市场导向的新型产学研一体化平台，承接大科学设施、平台和实验室的科研成果溢出，建立企业“出题”、科研机构“解题”的机制，组织联合技术攻关，协同专家、成员单位提供对接撮合和育成服务，聚焦技术环节，加快技术成果转移转化，培育创新生态，促进创新要素和产业项目聚集落地，建设未来技术联合创新中心。发挥科技资源撮合作用，集成服务与生态、聚焦项目搭平台。完成北京华创宇为科技有限公司、北京跃通达科技有限公司等 25 个项目落地。走访对接中国科学院大学，中国科学院物理所、生物物理所、高能所等科研院所，积累成果转化技术资源；组织相关单位调研怀柔实验室，集中导入科技成果转化服务；帮助国科大何裕建教授土壤改良项目开展应用场景推广和技术对接；调研福田戴姆勒、有研工研院、京仪集团、京东方等行业龙头企业，组织行业专家开展联合技术攻关。承办怀柔区“科技工作者日”、市科协 4 场“首都前沿技术成果系列报告会”，组织开展知识产权运营管理专项培训、中小企业融资实操专项培训、精品项目路演等活动。截至年底，纳米能源所园区从业人员 700 余人，其中留学归国人员 42 人，硕士及以上人员占比 85%，研发人员占比 20%；有院士 2 人。获中国授权专利 416 件、国外授权专利 43 件。纳米能源所园区获评“院士专家服务中心创新基地”“乡村建设工作站”“专业智库培育基地”等资质。

（徐建功）

【微芯研究院 2022 年发展情况】2022 年，微芯研究院围绕市区块链三年行动计划，并结合区块链发展趋势，聚焦把区块链作为核心技术自主创新的重要突破口，紧抓底层技术和关键核心技术攻关，促进产学研深度融合、创新资源充分集聚，陆续发布全球领先的自主可控区块链开源底层软件平台长安链和区块链专用芯片，组建长安链生态联盟，牵头建设国家区块链技术创新中心，初步取得一些成效。推进区块链关键核心技术攻关，强化国家战略支撑。突破对等网络通信、混合式分片存储等一批核心技术，发布全球最大区块链开源存储引擎“泓”和首个由国内团队设计和研发的大规模对等网络通信技术“若水”，为数字经济基础设施构筑自主可控、安全可信的技术底座。12 月 30 日，科技部批复支持微芯研究院牵头在京建设国家区块链技术创新中心。构建区块链数字可信基础设施，加快形成创新发展底座。支撑中国首个超大城市区块链基础设施建设，打造基于长安链的北京市目录链 2.0，市 80 余个部门的市级数据目录、16 个区与经济技术开发区的区级数据目录，以及民生、金融等领域 10 余家社会机构的数据目录全部上链。链上实时管理目录信息 50 余万条、信息系统 2700 余个，支撑跨部门、跨层级、跨领域、跨主体的数据安全共享 1 万余类次、数百亿条。开展先行先试城市全场景应用，打造自主可控区块链产业生态。长安链已在北京市智慧城市、电子政务、冷链溯源、通关便利化等 300 余个应用场景落地，在新型数字经济城市管理模式创新方面取得明显成效。同时，长安链支持国家层面区块链应用，推动产业生态体系加快构建。司法方面，与国家工业信息安全发展研究中心签署战略合作协议，推进建设基于长安链的国家级应用场景的司法存证服务基础设施。数字身份方面，支持公安部数字身份链建设，“基于法定证件的数字身份区块链技术研究与应用”启动并进入实施阶段，为中国可信数字身份体系建设提供技术支撑。

（周　渊）

【通研院 2022 年发展情况】2022 年，北京通用人工智能研究院（简称通研院）各项工作稳步推进。人才方面，构建近 200 人的科研团队，持续引进海外人才 30 人，具有海外背景人员 50 余人；科研成果方面，完成世界首个《通用人工智能评级与测试》白皮书，7 月“人机双向价值对齐”工作被美国《科学》杂志头条报道，“灵巧双手动作控制”在国际人工智能顶会 NeurIPS 2022 挑战赛的 40 个参赛团队、340 个模型上获第一名，处于世界领先水平；科研平台建设方面，已建设约 100P 算力规模的通用计算集群，推动打造通用智能体平台、通用人工智能操作系统及编程语言；国家级平台方面，11 月，通研院获批新建跨媒体通用人工智能全国重点实验室；创新生态方面，推动人工智能在军工、社会治理、空间治理、智能教育等领域应用落地，推进与阿里巴巴等平台型科技企业开展合作，推动建设“中国铁塔—通研院”联合实验室；人才培养方面，在清华大学、北京大学支持下发布《通用人工智能人才培养体系》白皮书，获教育部支持《重点精准支持通用人工智能人才培养体系的计划》，联合 7 所国内优势高校共同培养国家人工智能战略力量，培养通用人才 180 余人；宣传方面，《光明日报》刊发朱松纯教授署名文章《以有组织科研推进原创性、引领性创新》，完成《关于加快建设世界领先科创园区和创新高地的建议》等专题调研报告 10 篇，开展 5 场“通智大师班”系列国际学术交流活动，联合北京大学打造“立心之约——中学生 AI 微课十讲”科普窗口，全网观看量突破 1000 万人次，推动人工智能向全国重点高中、贫困地区高中、社会公众等传播；机制建设方面，1 月完成民办非企业单位注册并开始独立运作，10 月获批纳入世界一流新型研发机构管理，设立并完善 70 余项重要管理制度。

（封　宁）

【数原中心 2022 年发展情况】 2022 年，北京数原数字化城市研究中心（简称数原中心）各项工作稳步推进。团队建设方面，共引进科研人员 19 名、高级运营管理人员 6 名，持续提升科研创新能力。机构建设方面，按期通过市民政局年度年检，修订完善 16 项内部管理规章制度。知识产权方面，围绕无线定位、视觉定位、融合定位、3D 建模、3D 引擎适配与同步、云渲染等关键技术申请发明专利 13 项，软件著作权 3 项，商标注册 11 项。科研成果方面，基于商用元器件首次实现 MAC 随机化条件下的手机设备被动连续定位跟踪，填补国内无线被动定位技术空白并打破 2019 年以来该领域的停滞局面；以神经渲染前沿算法为核心，从 3D 场景建模、3D 应用开发到 3D 实时云渲染布局完整的 3D 空间数字化闭环技术链，研究成果支撑空间计算操作系统 2.0 暨海淀百万平方米试点工作，在东升科技园试点开展食堂、班车等场景的示范应用，为空间计算操作系统构筑 3D 应用开发和 3D 内容“双生态”奠定技术基础。

（安　琪）

【北生所课题组阐明本能防御攻击行为的神经机制】 1 月 3 日，北京生命科学研究所 / 清华大学生物医学交叉研究院的曹鹏课题组在《自然·神经科学》在线发表研究论文。课题组研究发现，在陷入无法逃跑的绝境时，伤害性机械刺激是触发本能防御攻击行为的关键刺激，而下丘脑前核中的 γ－氨基丁酸能神经元则是编码伤害性机械刺激的关键神经群。这一研究不仅阐明本能防御攻击行为的神经机制，还揭示出伤害性机械刺激引发的痛觉在物种间生存斗争中的功能。研究论文获北生所和国家自然科学基金委员会的资助。

（徐建功）

【博士后“百川”沙龙第一期举办】 1 月 5 日，由脑科学中心、北京大学前沿交叉学科研究院和生命科学联合中心共同组织的博士后“百川”沙龙第一期举办。沙龙主题为“中国博士后科学基金申报交流会”，邀请中国博士后科学基金会基金管理处和北京大学前沿交叉学科研究院相关人员分享基金申报政策和申请经验。前沿交叉学科研究院、脑科学中心等机构的相关负责人以及线下线上近 100 名博士后参加活动。有关专家从基金申报前的准备工作、中国博士后科学基金申报系统使用技巧、“博新计划”申报流程、申请书撰写要点、评审侧重点和注意事项，以及中国博士后科学基金资助项目的申报类型、申报标准与要求等方面对《2022 年中国博士后科学基金政策》进行解读。与会博士后就中国博士后科学基金申请书撰写原则和细节、基金申请时间节点和政策与嘉宾进行交流与探讨。

（徐建功）

【袁之良等在意大利演示双场量子密钥分发】 1 月 10 日，量子研究院首席科学家袁之良和合作者在意大利 206 千米光纤传输线路上演示双场量子密钥分发的研究成果在《自然·通讯》发表。双场实验难点是通信双方光信号各自通过数百千米光纤后，相互间相位还必须保持稳定。袁之良和合作者们将量子计量技术和量子通信领域关键需求结合起来，使用双波段稳相技术，在光纤传输线路上演示相干相位的精准传输，解决双场协议相位稳定的需求，提高双场传统量子密钥分发的实用性。

（陈治光）

【王中林成功拓展麦克斯韦方程组】 1 月 13 日，首席科学家王中林对麦克斯韦方程进行拓展的研究成果在纳米能源所重大原创成果发布会上展示。拓展型麦克斯韦方程组将电磁场理论推广到运动介质的情形，奠定运动介质电动力学的理论基础。方程组应用于运动中的高铁、高速飞行的飞机等高速运动目标的探测方面，可解决高速运动目标与电磁波相互作用、散射电磁波探测和目标特征精确提取等难题。

方程组中引入速度项，可研究多普勒效应，同时包括电磁波的振幅和相位的变化，在雷达、天线、航空、航天等需要无线通信的领域具有应用前景。

（徐建功）

【王中林团队提出全新的接触电致催化机制】 1月13日，在纳米能源所重大原创成果发布会上，王中林团队提出一种全新的催化机制——接触电致催化。成果利用材料间接触起电（摩擦起电）引起的电子转移，作为催化反应的核心，促进化学反应的进行，将推动化学、能源等工业向低碳化发展。不同于电催化或光催化需要催化剂具备如导电性或光敏等特性，接触电致催化非常“便利”，材料能够接触起电就可能进行催化反应，拓宽催化剂的遴选范围，提供更为丰富的催化体系设计可能。相比于紫外光照、电能输入等方式决定局部反应效果，接触电致催化的反应范围更加全域化，具有规模化应用的前景。接触电致催化反应更“绿色”，得益于其对催化剂的选择几乎无限制，可选用大量环境友好的材料进行催化，并且催化剂与底物能够通过简单的方式实现高效分离，避免对环境的二次污染，催化剂还可回收重复使用，减少制备过程中对环境的污染。成果可为碳中和、新能源、水资源、医药化工等国家战略和国计民生问题的解决提供新原理和新思路。

（徐建功）

【《人工智能的认知神经基础白皮书》发布】 1月25日，智源研究院发布2021年度《人工智能的认知神经基础白皮书》。《白皮书》由人工智能的认知神经基础方向首席科学家刘嘉教授牵头，联合该方向智源学者和博士后科研人员共同编著。《白皮书》从计算层面、表征/算法层面以及物理显示实现层面阐述脑智能原理，介绍在认知科学、神经科学领域的经典理论、具有独立智能功能的基本神经回路，以及基于生物视觉信息处理机制的类脑视觉新范式和智能视觉芯片硬件基础。此外，围绕脑科学与人工智能交叉领域的前沿技术进展，《白皮书》还针对脑机接口技术、新型脑成像等学科进行梳理和介绍。

（苟　瑜）

【量子研究院首次实现量子互文性无漏洞测试】 2月9日，《科学·进展》发表量子研究院离子阱量子计算团队首次在实验上实现量子互文性无漏洞检验的研究成果。量子研究院助理研究员王鹏飞、张静宁和兼聘教授金奇奂联合清华大学等研究人员，提出一种利用复合系统进行无漏洞量子互文性测试的实验方法，实验结果实现量子互文性不等式15个标准差的违背。研究结果除了对于基础研究意义重大外，还可应用于量子信息等其他领域。

（陈治光）

【干细胞研究院2022年度工作会议召开】 2月20日，干细胞研究院2022年度工作会议召开。干细胞研究院全体在职职工、博士后参会，研究院理事长周琪院士受邀参会。在2021年度工作报告环节，执行院长胡宝洋研究员从“为什么要建新型研发机构、新机构为我们做了什么、我们还能依托新机构做什么”等方面，系统总结过去一年多时间里机构建设取得的进展。分组讨论环节，与会人员就生命健康领域的机遇与挑战，干细胞研究院的使命、愿景和定位，未来发展战略与思路，对改革创新发展的其他意见和建议等4个议题展开讨论，并分别结合自身的工作实际，为研究院发展建言献策。

（徐建功）

【长安链获“科创中国”优秀开源产品奖】 2月21日，在中国科协2022“科创中国”年度会议上，中国工程院周济院士发布2021“科创中国”开源创新榜单，中国首个自主可控、开源开放的区块链软硬件技术体系长安链入选榜单，获“优秀开源产品”奖项。

（周　渊）

【部市领导到量子研究院调研】 2月22日，科技部党组书记、部长王志刚，科技部党组成员、副部长李萌，北京市副市长靳伟等部市领导到量子研究院调研。调研组与科研人员交流，指出要加强前瞻布局，加速基础研究和核心技术攻关，探索体制机制改革新路子，营造产学研用融合的创新生态，建设世界一流的新型研发机构。量子研究院院长向涛院士汇报量子研究院的科研进展情况。

（陈治光）

【智源研究院CGRM位列kgCLUE测评榜首】 2月23日，智源研究院提出知识问答新方法CGRM（Corpus Generation–Retrieve Method），使用知识增强的预训练语言大模型悟道文渊（WenYuan1.0），位列权威知识问答评测排行榜kgCLUE榜首。CGRM是一种基于语料库生成+检索设计的AI知识问答方案，相比单纯基于“信息抽取”的传统方案，这种设计思维完成知识问答任务的方式更直接、成本更低。与传统方案相结合，能够克服“传播性错误”，有效提高召回率。

（苟　瑜）

【全球首个车路协同自动驾驶数据集发布】 2月24日，百度Apollo联合清华大学智能产业研究院、北京市高级别自动驾驶示范区、北京车网科技发展有限公司、智源研究院发布车路协同自动驾驶数据集

DAIR-V2X，向国内用户提供下载使用。该数据集也是首个用于车路协同自动驾驶研究的大规模、多模态、多视角数据集，全部数据均采集自真实场景，融合2D&3D标注。DAIR-V2X主要有3个方面的作用：实际应用层面，可为自动驾驶提供前融合、特征级融合、后融合3个层面的决策支持，增加自动驾驶安全性；算法迭代方面，通过多模态数据，车路协同的算法可以更好地得到优化，加速自动驾驶系统迭代，为高级别自动驾驶的大规模推广提供基础数据服务；开源共享性方面，DAIR-V2X可推动产业落地和学术研究进步。

（杜涵涵　陈宝德）

【脑科学中心生物样本库获批】2月28日，国内首个专注于脑科学研究的生物样本库——北京脑科学与类脑研究中心生物样本库通过中国人类遗传资源行政许可事项审批（国科遗办审字〔2022〕BC0005号）。样本库集人类遗传资源样本保藏和数据保藏于一体，具备高通量测序和高性能计算等完整闭环工作流程。脑科学中心作为北京市首批成立的新型研发机构之一，聚焦“国家科技创新2030重大项目——脑科学与类脑研究”重大项目和重点任务，利用其在基因组学和超算方面的技术优势，布局建设脑科学中心生物样本库。配套成立专业人才团队，自主开发样本库信息系统，将标准化、规范化、合法化保藏人类遗传资源，做好战略资源储备，提高人类遗传资源利用效率，为北京地区脑科学研究和国家脑计划实施提供支撑保障。

（陈宝德）

【量子开放系统动力学的非马尔可夫性研究取得进展】3月3日，英国《自然》期刊子刊《量子信息期刊》发表量子研究院龙桂鲁团队和北京师范大学物理系艾清副教授研究团队的研究成果。研究团队在一个可控的核磁共振实验平台上，观察到系统动力学从马尔可夫到非马尔可夫的相变，并结合量子互信息和量子Fisher信息各自的优势，从整体和局部两个角度研究量子开放系统的非马尔可夫性，证明量子互信息结合量子Fisher信息能够测量多通道量子开放动力学的非马尔可夫性，为研究开放系统的动力学提供一种新思路。

（陈治光）

【表征富集理论提出】3月8日，脑科学中心与北京师范大学认知神经科学与学习国家重点实验室双聘研究员柳昀哲课题组在《自然神经科学评论》上发表长篇综述，系统整合近年来课题组在神经活动解码方面的研究，并提出表征富集理论。理论基于大脑神经信号对于刺激的表征在任务诱发和自发活动下相似的假设，将任务诱发时的神经信号作为特征，解码自发神经活动背后的功能意义。基于表征富集理论，一般采用高时间采样率的脑电信号与脑磁图信号采集神经表征信息作为任务诱发的神经活动，并采用多导的数据作为特征训练分类器，以便在自发神经信号中进行解码。

（徐建功）

【在铜氧化物高温超导中发现新奇磁阻振荡】3月14日，《自然·通讯》在线发表量子研究院高温超导团队“在铜氧化物高温超导中发现新奇磁阻振荡”的研究成果。团队利用多年发展起来的制备和调控技术实现铜氧化物在轻掺杂区间的系统性磁输运测量；观测到一种新奇的磁阻振荡，类似于周期性超导网格中的利特尔－帕克斯（Little-Parks）振荡。通过磁场振荡周期，研究团队推算出对应的空间周期为50纳米左右。通过考虑磁通在这一周期性结构上的作用，研究团队还定量解释实验观测到的振荡幅值的变化，并得到符合预期的伦敦穿透深度等物理参数。

（陈治光）

【纳米金刚石生物量子传感研究取得进展】3月15日，《纳米快报》发表量子研究院原子系综精密测量团队助理研究员刘岩与合作者的研究成果。该成果包括制备出适合于细胞内进行荧光标记的SiV纳米金刚石，观测到SiV纳米金刚石被Hela细胞吸收；还实现单个纳米金刚石的细胞内运动轨迹追踪，并进行零声子线光谱追踪测量。研究表明，通过测量纳米金刚石SiV色心的零声子线的光谱频移，可用于温度传感。

（陈治光）

【揭示核心节律蛋白BMAL1控制灵长类衰老的节律开关】3月15日，干细胞与再生医学研究院刘光慧研究组、中山大学项鹏研究组和干细胞与再生医学研究院曲静研究组合作在《核酸研究》期刊在线发表研究论文。研究人员通过CRISPR/Cas9介导的基因编辑技术产生BMAL1缺失的人干细胞和非人灵长类研究模型，揭示核心节律蛋白BMAL1具有维持基因组稳定性、抑制转座子LINE1活化，并拮抗灵长类组织和细胞衰老的新型功能。BMAL1是生物钟最核心的组分之一，它作为转录因子在维持细胞分子生物钟和个体节律方面发挥着重要作用。研究发现，BMAL1的缺乏导致LINE1等“核酸垃圾”在胞浆内表达和聚集，进而诱导下游cGAS-STING天然免疫通路的激活，加速干细胞衰老。反转录酶抑制剂拉米夫定处理可有效抑制因BMAL1缺失引起的细胞加速衰老。同时，研究人员发现BMAL1缺失的猴间充质干细胞以及组织中也存在LINE1及cGAS–STING通路的激活，说明BMAL1抑制"垃圾核酸"积聚、稳定天然免疫通路的新功能在人和非人灵长类中保守。

（徐建功）

【大规模对等网络通信技术"若水"发布】 3月18日，微芯研究院长安链团队研发出自主可控的大规模对等网络通信技术Liquid"若水"，其作为应用于国内首个软硬件区块链技术体系——长安链的核心通信技术，从底层代码就实现独立自主，具备流畅的传输效率，具有支持百万级节点动态组网的能力，为中国大规模节点组网提供高可靠、可扩展的底层技术。

（周　渊）

【智源研究院与图灵研究所共话项目合作】 3月24—25日，在英国驻华大使馆支持下，智源研究院与英国图灵研究所，联合合作单位北京大学与英国埃克塞特大学，举办中英人工智能赋能环境、气候与可持续发展联合研讨会。来自北京大学、中国科学院大气物理所、中山大学、中国科学院半导体所及英国埃克塞特大学、剑桥大学、曼彻斯特大学的专家学者参与交流和研讨。研讨会围绕国际社会共同面临的气候变化、空气污染以及生物多样性保护等环境问题，探索中英两国学术界在人工智能+环境科学交叉领域的项目合作机会，为共同面临的环境挑战提供人工智能赋能的技术解决方案。

（苟　瑜）

【双层石墨烯的谷霍尔效应研究取得成果】 3月25日，北京石墨烯研究院尹建波研究员作为第一作者兼通讯作者在美国《科学》杂志上发表"双层石墨烯的谷霍尔效应"研究成果。该研究由尹建波联合来自西班牙光子科学研究所、美国哥伦比亚大学、新加坡南洋理工大学、日本国立材料研究所的科学家组成的国际研究团队共同完成。在双层石墨烯中，电子平均分布在两个能谷中。研究发现，在垂直于双层石墨烯平面施加电场时，使用圆偏振红外光可以选择性激发一个能谷中的电子，打破两个能谷间的平衡，并产生霍尔电压。结合上述发现，并利用双层石墨烯可由半金属转变为小带隙半导体的特点，可提升红外至太赫兹波段的光子检测效率，实现比其他二维材料高几个数量级的探测灵敏度。研究拓展石墨烯器件在高速红外探测器、医学成像、材料质量检测等领域的应用潜力。

（骆新然）

【量子研究院发表定频量子比特的物理架构研究新进展】 4月1日，《物理学评论X辑·量子》发表量子研究院超导量子计算团队在定频量子比特的物理架构研究中取得的新进展。团队提出一种基于定频Transmon量子比特的物理架构。在架构中，定频比特通过可调bus耦合在一起，通过调节bus的频率，可控制比特间的耦合，从而实现两量子比特门操控或压制执行单比特门时比特间残余耦合的影响。通过架构，研究人员发现，为了实现高保真的并行量子门操控，需要构思如何来平衡来自目标量子比特系统本身的门控误差和来自旁观者量子比特诱导的误差。

（陈治光）

【长安链协作网络征信关键节点启用】 4月1日，"京津冀征信链"首款产品在朴道征信有限公司上链发布，实现商业化应用。"京津冀征信链"在中国人民银行的统筹指导下，由朴道征信公司牵头，联合京津冀三地8家征信机构共同发起建设。首款产品上链发布，标志着长安链协作网络征信节点建设和应用全面启动，将在推动京津冀协同发展方面发挥重要作用，并逐步建设成为国内领先的征信科技服务网络体系。京津冀地区的信用信息在中国自主创新的区块链技术体系长安链全面"加持"下实现互通共享。

（周　渊）

【北京银行与微芯研究院签署战略合作协议】 4月1日，北京银行与微芯研究院签署战略合作协议。双方将利用"长安链"自主可控的区块链软硬件技术体系，围绕供应链金融、普惠金融业务、数据安全可信等领域应用需求，共同提升科技金融服务数字经济的质量水平。长安链协作网络进一步夯实在科技金融领域的新节点。

（周　渊）

【超导多量子比特纠缠逼近海森堡极限】 4月12日，《物理评论快报》发表量子研究院量子计算云平台团队题为《超导量子比特非高斯纠缠态计量学性质刻画》的文章。团队利用多量子比特器件中的10个和19个超导量子比特制备出逼近量子计量学中海森堡极限的非高斯压缩态，并首次实现纠缠态中非线性压缩系数的测量，其中19量子比特纠缠态所获得的量子计量优势明显优于其他系列工作，创造同量级比特数量子计量优势的世界纪录。实验结果表明，超导量子比特非高斯压缩态已逼近量子计量学中人们所能达到的最终精度极限——海森堡极限。

（陈治光）

【量子直接通信达到100千米】 4月12日，北京量子信息科学研究院举办量子直接通信科研成果集体采访活动，量子研究院科研副院长、清华大学教授龙桂鲁向媒体记者介绍科研进展。科研团队设计和实现一种相位量子态与时间戳量子态混合编码的量子直接通信新系统，通信距离达到100千米。研究结果表明，这些指标可以在无中继条件下实现一些城市之间的点对点量子直接通信，同时可支撑基于安全经典中继的广域量子网络的一些应用。4月6日，该成果在线发表在《光：科学与应用》期刊上。

（陈治光）

【中国建筑—北京微芯智能建造区块链技术联合创新研究院揭牌】4月20日，中国建筑—北京微芯智能建造区块链技术联合创新研究院在京揭牌。研究院由中国建筑集团有限公司、微芯研究院共同建设，标志着中国建筑集团基于长安链筑造面向全球的智能建造区块链节点，并将其融入长安链协作网络。双方共建产学研用协同创新平台，优势互补、资源共享，拓展更广阔的区块链技术应用领域和应用场景，推动创新链与产业链深度融合。

（程晓荷　周　渊）

【北京农商银行与微芯研究院签署战略合作协议】4月29日，北京农商银行与微芯研究院签署战略合作协议。双方汇聚各自优势资源，围绕典型场景探索产学研用创新合作模式，在乡村金融、绿色金融、普惠金融等核心赛道持续发力，加快数字化转型步伐，加大金融科技应用力度，全力服务首都经济社会发展。

（周　渊）

【量子研究院第一届理事会第七次会议召开】5月6日，量子研究院第一届理事会第七次会议以线上形式召开，主会场设在市政府，分会场设在裕惠大厦。副市长、量子研究院理事长靳伟主持会议并讲话，市政府副秘书长刘印春出席。市科委、中关村管委会党组书记张继红，量子研究院联合院长薛其坤和向涛，中国工程物理研究院研究生院院长、中国科学院院士孙昌璞，中国科学院半导体所所长、研究员谭平恒等参加会议。理事会审议量子研究院2021年工作总结和2022年工作计划、2021年经费决算和2022年预算方案等3个议题。市科委、中关村管委会，市人才工作局，市财政局，海淀区政府等相关部门负责人列席会议。

（陈治光）

【长安链协作网络接入国家级司法节点】5月6日，微芯研究院与国家工业信息安全发展研究中心签署战略合作协议，推进建设国家级应用场景的司法存证服务基础设施。根据协议，双方共同建设司法领域节点，面向协作网络的节点和各业务子网，提供可信存证服务，实现电子数据的全流程记录、全链路可信、全节点见证，助力长安链协作网络持续发展壮大。

（周　渊）

【长安链赋能国家重点研发计划区块链重点专项】5月18日，科技部国家重点研发计划区块链专项开源联盟链软硬件基础平台项目启动会暨实施方案论证会在京举办。来自工业和信息化部、中国科学院、清华大学、上海交通大学等单位的专家学者对建设方案提出明确的指导意见。项目由微芯研究院牵头，以中国首个自主可控区块链软硬件技术体系长安链为基础开展，打造可信数字经济基础设施。

（周　渊）

【量子研究院与中国科学院物理所联合招收博士研究生】5月20日，量子研究院公布联合培养博士研究生拟录取名单，共20人，是量子研究院首次与中国科学院物理研究所开展博士研究生联合招生和培养工作，采用“申请—考核”制拟招普通招考博士生。

（陈治光）

【中国科研人员揭示年轻血液促进干细胞及机体年轻化的分子机制】5月24日，干细胞研究院刘光慧研究组、曲静研究组和中国科学院北京基因组研究所张维绮研究组合作在《细胞·干细胞》期刊在线发表研究论文。研究人员通过构建年老小鼠和年轻小鼠的异体共生模型，绘制系统水平的单细胞转录组图谱，并对骨髓、脾脏、外周血、脑、肝脏、骨骼肌和皮肤等7种组织器官进行深入解析。研究发现，暴露于年轻血液可有效改善老年个体不同器官的组织微环境，并恢复多种成体干细胞的活力。其中，造血干（祖）细胞（HSPC）是对年轻血液尤为敏感的细胞类型之一，年轻的血液可以通过上调趋化因子CCL3的表达促进衰老HSPC的“年轻化”。该研究在单细胞分辨率揭示出异体共生引起的年老和年轻个体的细胞全景变化规律和年轻体内环境促进年老组织再生的关键介导因子，为发展衰老预警和干预的关键标志物和新型策略提供重要线索和思路。

（徐建功）

【智源研究院牵头成立“AI开放生态实验室”】5月31日，智源研究院联合国产AI芯片厂商及科研团队共建“AI开放生态实验室”，推动形成AI芯片评测适配基准，完善芯片软件生态建设和创新，并拉动国产AI芯片对大模型、AI for Science等重要计算范式的优化，加速国产AI芯片创新突破、应用落地及生态发展。首批加入的机构包括华为技术有限公司、海光信息技术股份有限公司、昆仑芯（北京）科技有限公司、北京天数微芯科技有限公司、北京燧原智能科技有限公司等芯片公司，以及北京大学梁云团队、中国科学院计算所崔慧敏团队和郭崎团队等科研团队。

（苟　瑜）

【摩擦纳米发电技术在蓝色能源中应用推进会召开】 5月31日，市科委、中关村管委会组织召开摩擦纳米发电技术在蓝色能源中应用推进专题会。市科委、中关村管委会新材料与智能制造科技处，北京新材料和新能源科技发展中心，纳米能源所，国家电投集团中央研究院等机构的相关负责人参会。与会人员围绕《摩擦纳米发电在蓝色能源应用的加速行动计划》以及摩擦纳米发电实用化目标，重点在发电单元核心指标、经济性分析、微能源与规模化发电的最优应用场景等方面展开交流。会议建议通过科研经费与市场化资金同步推动蓝色能源技术产品开发，要求产业链上下游联合参与加速行动计划的实施，协同推动产业化。

（谢旭霞）

【智源研究院发布“飞智FlagAI”】 5月31日，智源研究院发布大模型算法及工具开源项目“飞智FlagAI”，打造一站式高效、易用、灵活的大模型算法与工具包，降低基础模型的使用门槛，推动应用企业形成“大模型+微调”的开发范式，提高企业基于大模型进行应用开发的效率。FlagAI已开放30余个主流开源大模型、40余种常见数据集，并研发大模型训练加速、高效压缩、高效微调、高效推理的全链条大模型开发工具包，支撑大模型的多领域下游任务。

（苟　瑜）

【智能线虫“天宝1.0”发布】 5月31日，智源研究院发布智能线虫“天宝1.0”。“天宝1.0”以秀丽线虫为蓝本，是已知领域生物精度最高的仿真线虫模型，在智能表征能力、三维动态仿真环境、生物功能重现等维度上实现5个层面的突破，完成对秀丽线虫全部302个神经元及连接关系的精细建模，模拟的生物神经元为细胞和亚细胞级别，并以极高精度还原细胞形态和细胞动力学特性——实现每个舱室（Compartment）长度小于2微米，14离子通道类型，突触（Synapse）/间隙（Gap junction）连接精细至神经突（Neurite）的模拟程度。同时，将投影动力学有限元解算、简化固流耦合模型等前沿的图形技术和高性能计算技术运用到虚拟线虫建模中，突破神经系统与肌肉动力学结合的关键技术。

（苟　瑜）

【基于超导多量子比特的格点规范理论量子模拟研究取得进展】 6月17日，《物理评论研究》发表量子研究院量子计算云平台团队完成10超导量子比特格点规范理论量子模拟研究成果。团队在一个集成有10个超导量子比特的器件中，通过精确调控每个量子比特的横场和纵场，实现一个特殊的相互作用量子多体系统，实验通过10超导量子比特在哈密顿量的动力学演化行为，观测到规范不变生成元所对应的局域态的形成，并对其进行详细的标定，为模拟其他格点规范理论开拓道路。

（陈治光）

【长安链安全体系取得重大突破】 6月，由微芯研究院牵头研发的长安链安全体系取得重大突破，实现高性能对抗量子攻击。为应对量子计算对传统区块链加密技术造成的加速破解风险，长安链团队成功研发高性能后量子数字签名算法，嵌入长安链底层架构，使长安链成为全球首个具备抗量子攻击的区块链开源技术。包括量子计算在内的已知技术都无法攻破长安链的加密体系，可更好地保障大国竞争中金融、民生、军事等核心领域的信息安全。

（程晓荷）

【长安链协作网络接入全球商旅服务节点】 7月5日，微芯研究院与中国民航信息集团有限公司签署战略合作协议，标志着长安链协作网络“落子”全球商旅服务节点。双方发挥各自资源优势，依托长安链协作网络，链接国内乃至全球的航空、物流、贸易、消费等相关信息资源，共同构筑可信民航区块链基础设施，促进区块链技术在供应链金融、跨境贸易、商旅出行等领域的业务创新，建立面向全球的大商旅数字经济服务新模式，提升民航服务核心竞争力，助力国际数字经济繁荣发展。

（周　渊　程晓荷）

【智源研究院学术顾问委员会接纳新成员】 7月11日，世界著名神经科学学者、英国皇家学会院士、伦敦大学学院（UCL）神经病学研究所教授卡尔·弗里斯顿受邀担任智源研究院学术顾问，对研究院的科研发展与人才培养等工作给予指导。学术顾问委员会是智源研究院学术工作的“战略智库”，长期在智源发展战略、科研工作布局、AI人才发展、国际学术交流等方面给予指导与建议，是智源研究院保持学术视野前瞻性与研究路径科学性的重要保障。至此，智源研究院学术顾问委员会由来自中国、美国、英国、以色列等国家7位享誉世界的学术领袖组成。

（苟　瑜）

【通研院“人机双向价值对齐”研究取得进展】7月14日，通研院在《科学·机器人》子刊上发表一篇有关“人机双向价值对齐”研究成果的论文。论文展示机器人如何与人类用户通过实时沟通完成一系列复杂人机协作任务，向“小数据、大任务”范式下的通用人工智能目标迈出重要一步。在该合作框架中，一组机器人通过与人类的即时交互及人类的反馈来推断人类用户的价值目标，同时通过“解释”将其决策过程传达给用户，让用户了解机器人作出判断的价值依据。实验结果表明，该学习模型可在复杂任务中提高人机协作的效率，进而提升人机信赖关系，在该场景下实现自主智能。这项研究涵盖认知推理、自然语言处理、机器学习、机器人学等多学科领域，有望在智能社会治理、军事等领域产生重要影响，被美国《科学》和《科学·机器人》双头条报道。

（封　宁）

【开发出新型rAAV载体】7月25日，干细胞研究院脑中心罗敏敏实验室在《自然·方法》在线发表研究论文，开发出两类分别适用于体外侵染培养小胶质细胞和体内侵染内源性小胶质细胞的新型rAAV载体，拓展各种研究手段被用于小胶质细胞研究的可行性，并有望应用于小胶质细胞基因疗法的开发。

（王岱娟　李军男）

【新型研发机构战略指导联席会召开】7月27日，新型研发机构战略指导联席会第一次会议召开，重点研究应用数学研究院、通研院、微芯研究院和智源研究院等4家新型研发机构2021年工作总结和2022年预算安排，围绕运行管理、科研组织、科研产出及效果等内容，设计三级评估指标体系，结合量子研究院、北京石墨烯研究院等参评机构定位和科研类型，设置A、B两套评估指标，首次组织开展新型研发机构阶段性评估。会后形成纪要，印发相关部门、新型研发机构组织落实。

（杨　刚）

【量子直接通信技术首次在商业银行场景应用】7月，量子研究院和华夏银行、龙盈智达（北京）科技有限公司合作，试点应用量子直接通信技术，服务于商业银行保密数据传输业务场景，并提出量子直接通信面向银行业务场景应用的“5‘2’+5D”方法论，涵盖银行与客户间、银行与银行间、银行与监管机构间、客户与客户间及历史与未来间5类量子直接通信场景模式，相应的典型应用场景分别为数字信贷业务场景、远程办公与运维场景、监管信息报送场景、客户数据服务场景及同城数据备份场景。合作在国际上首次实现量子直接通信技术在金融领域的应用，实现在银行金融机构业务领域向实用化、工程化转化。

（陈治光）

【长安链进入全球低碳认证领域】8月10日，微芯研究院与通标标准技术服务有限公司（SGS）签署战略合作协议。双方依托长安链协作网络，在碳足迹核算与认证领域开启合作，通过可信存证，提高认证效率，帮助中国企业量化自身碳排放现状，跟踪价值链上下游各业务合作伙伴的碳绩效，评估产品碳足迹，帮助钢铁、建材、塑料、汽车等各领域的中国企业加快拓展全球市场。

（周　渊）

【研究发现非厄米耗散对马约拉纳零能模的稳定效应】8月12日，《物理评论B》发表量子研究院微纳加工与综合测试平台/北京大学量子材料中心团队的研究成果。研究完成非厄米耗散对于一维拓扑超导体影响的理论研究，发现非厄米耗散可以引起一种新奇的量子态——暗马约拉纳模式。模式具有真正的马约拉纳零能模的拓扑性质。

（陈治光）

【首届国际人工智能创新应用大会召开】8月14日，首届国际人工智能创新应用大会在朝阳区召开，大会由中关村智用人工智能研究院、北京市朝阳区人工智能应用联合会（筹）主办，北京朝阳国际科技创新服务有限公司、国际创业投资集聚区承办。市科委、中关村管委会，朝阳区政府，中国安全生产协会及政产学研商各界代表参加。由北京智用共信科技创新服务有限公司、北京朝阳国际科技创新服务有限公司、北京鲲鹏联合创新中心有限公司共同发起筹备的北京市朝阳区人工智能应用联合会启动成立。联合会旨在凝聚专家智慧、集聚行业资源，以AI Rank通用评测体系、智能技术企业评级体系为基础，引入安全生产、交通、能源等行业场景资源以及权威质量检测服务机构，联合各人工智能技术企业，在人工智能场景发现、对接、推广等方面开展实践，探索多元主体合作的智能应用场景落地支持机制，促进场景供需双方对接合作，开展场景联合创新，推动具有首创性、示范性的标杆场景项目落地，形成一批具有示范推广性的解决方案。由中关村智用人工智能研究院牵头制定的AI Rank评测体系（面向产业应用的人工智能算法评测体系）及首批智能技术企业科技信用评级结果进行展示。中关村智用人工智能研究院与中信建投资本管理有限公司、第四范式（北京）技术有限公司，朝阳区人工智能应用联合会与 Chalearn 协会（国际人工智能学术组织）分别签署战略协议。有关业内专家从技术创新、行业应用等角度进行主题演讲。

（杨沫涵　徐建功）

【实现哺乳动物完整染色体的可编程连接】8 月 26 日，中国科学院动物所、干细胞研究院研究员李伟与周琪团队合作的研究论文在美国《科学》杂志在线发表。研究人员利用小鼠单倍体胚胎干细胞和 CRISPR 基因编辑工具，将最长的染色体 1 号和 2 号进行正反连接，以及将中等长度的 5 号和 4 号染色体进行首尾连接，同时发现染色体连接过程中可能会发生染色体的断裂和重新连接。研究结果表明，来自小鼠的两条独立存在的染色体在基因编辑后，可以以非同源末端连接修复的方式连接为一条染色体。这是中国科研人员在全球首次实现哺乳动物完整染色体的可编程连接，并创造出具有全新染色体组型的小鼠。

（王岱娟　李军男）

【脑科学中心二期投入运行】8 月，脑科学中心二期装修改造工程验收完毕并全面投入运行。中心二期位于昌平区中关村生命科学园医药科技中心 3 号楼。中心一期、二期总空间达到 6.6 万平方米。其中，一期 1.1 万平方米作为科研创新基地，与北京师范大学、首都医科大学附属北京天坛医院等机构共建联合实验室，2200 平方米用于支持北生所建设，支撑谢晓亮、饶燏、焦宁、刘志博 4 位科学家的实验室建设；二期 5.5 万平方米为中心永久选址。

（王岱娟　李军男）

【通研院加强国际化人才队伍建设】9 月 2 日，通研院第 30 位海归人才到岗，通研院国际化人才队伍初具规模。通研院致力于构建“高标准、多层次、国际化”的通用人工智能人才队伍，坚持内涵式队伍发展模式，持续构建人才梯队。积极引进和培养青年学术研究人员，培养和发现领军人才，不断培育和遴选创新团队；坚持“以才引才”“以才荐才”，持续进行海外人才引进，保持团队国际化创新引领；构建多层次复合型工程技术人才梯队，建设一支具有突出技术创新能力、能够解决复杂人工智能工程技术问题的卓越工程师队伍，吸引和培养有志于从事通用人工智能编程语言和操作系统等关键核心技术突破、有创造能力的工程师，形成工程技术中坚力量。通研院累计有 13 名人才入选国家和地区级人才项目，3 个团队承担国家和地区级重大科研项目。截至年底，通研院已建成总规模近 200 人的人才队伍。

（李　伋）

【高维单向量子导引研究取得进展】9 月 2 日，《物理学评论 A》发表量子研究院量子通信与器件团队助理研究员曾强的“对高维单向量子导引效应”的研究成果。研究提出一类具有单向量子导引性质的高维纠缠态，并通过数值方法定量地给出无偏基测量和广义测量下维数为 3 时、单向导引效应的参数范围。还提出一种新的噪声模型，并利用模型，定量地给出三维单向量子导引态信道噪声与测量基矢数目的制衡关系。

（陈治光）

【量子研究院阶段性评估对接会召开】9 月 3 日，量子研究院阶段性评估对接会召开。发展中国家科学院院士、中国科学院大学公共政策与管理学院方新教授，中国科学院、发展中国家科学院李树深院士，中国工程院孙凝晖院士，中国科学院大学公共政策与管理学院院长穆荣平等评估专家组成员出席，市科委、中关村管委会监督处、机构处、信息处等处室负责人，项目经理人，北京长城战略咨询有限公司、北京国嘉瑞联合会计师事务所的代表参加会议。中国科学院院士、量子研究院院长向涛介绍量子研究院 5 年来的发展情况。此次评估为研究型评估，评估重点是管理运行，活动历时 2 个多月。

（陈治光）

【量子研究院 20 个项目获国家自然科学基金项目资助】9 月 8 日，国家自然科学基金委员会发布《关于 2022 年国家自然科学基金集中接收申请项目评审结果的通告》。量子研究院共 20 个项目获资助，其中外国资深学者项目 1 项、面上项目 3 项、青年项目 14 项、理论物理专项 2 项，共获直接经费资助 772 万元。

（陈治光）

【马约拉纳纳米线体系量子化零能电导研究取得新进展】9 月 23 日，《物理评论研究》发表量子研究院拓扑量子计算团队与清华大学、中国科学院半导体所等共建单位相关科研人员的研究成果，在马约拉纳纳米线体系量子化零能电导研究方面取得进展。研究在 InAs-Al 纳米线器件中观察到由磁场诱导的零偏压电导峰 - 电导谷在量子化附近的转变。

（陈治光）

【通研院纳入世界一流新型研发机构管理】10 月 14 日，市政府批复同意北京通用人工智能研究院纳入世界一流新型研发机构管理。通研院采用理事会领导下的院长负责制，瞄准国际通用人工智能前沿领域。在前沿研究方面，以通用视觉、自然语言、认知与推理、机器人学等为核心方向，总体目标是建设具备类人认知能力的通用智能体平台，实现人工智能在认知层的重大突破；以面向通用人工智能的操作系统、编程语言等技术为主要产出，推动产生颠覆性的原创通用人工智能统一理论、原型和系统平台，建设对外开放融合的世界一流人工智能研究机构，抢占国际通用人工智能制高点。

（封　宁）

【北京石墨烯论坛2022举办】10月23—25日，由北京石墨烯研究院主办的北京石墨烯论坛2022在京举办。市科委、中关村管委会，市工商联，市经济和信息化局等单位有关负责人及近100所高校、科研院所、政府部门、企业的代表等参加。论坛采用线上与线下相结合的形式举行，设置石墨烯前沿论坛、石墨烯产业发展论坛、测量与标准论坛、青年科学家论坛、纳米化学论坛等板块，内容涵盖石墨烯基础研究前沿热点、石墨烯材料制备技术、石墨烯行业标准等国内外进展，以及石墨烯在能源存储、导热散热、航空航天等多个领域的应用与产业化最新突破。石墨烯研究院与北京大学、中北大学签约，三方就人才联合培养建立合作机制；石墨烯研究院与多家企业签约，共同促进石墨烯关键技术成果转化。论坛上，高品质石墨烯材料产品发布会举办，介绍4英寸单晶石墨烯晶圆、A3尺寸通用石墨烯薄膜、石墨烯玻璃纤维织物3款产品。在展示专区，多家石墨烯企业和厂商参展。

（陈宝德　谭修一）

【国内首台产品级高功率飞秒振荡器研制成功】10月25日，量子研究院全光量子源团队开发完成国内首台产品级高功率飞秒振荡器——Fermion-007。该成果采用多项创新技术，仅一级振荡器即可输出大于7瓦、重频80兆赫兹的飞秒脉冲激光，其指标、可靠性均达到国际先进水平。高功率飞秒振荡器在量子材料、生命科学及工业冷加工等领域应用广泛。研发团队与相关系统商开展新型超快电镜开发前沿合作，首次提出利用飞秒振荡器产生高重频的超快电子，以降低激光脉冲对光阴极造成的损伤风险。该方案有望从根本上解决此类仪器长期存在的光阴极可靠性问题，提高超快电镜产品的使用寿命和市场竞争力。

（陈宝德　陈治光）

【细胞多谱系全景数据库建立】10月28日，中国科学院动物研究所、干细胞研究院刘光慧研究组、中国科学院计算机网络信息中心周园春研究组、中国科学院动物研究所、干细胞研究院曲静研究组和北京基因组研究所（国家生物信息中心）张维绮研究组合作在《核酸研究》期刊发表论文。研究人员建立细胞多谱系全景数据库，从转录组、单细胞转录组、表观基因组等不同层面的数据集，捕捉人类和经典模式生物等10余个物种从胚胎、胎儿、成人到老年阶段细胞谱系的变化，实现不同条件下基因表达改变的汇聚融合。细胞多谱系全景数据库收集超过660万个细胞数据，包括1500万个差异表达基因条目信息，实现对细胞谱系不同层次、不同时期的多维组学数据的收录和整合。用户可访问并查询兴趣基因在不同物种、不同发育阶段的变化。

（徐建功）

【长安链隐私计算专用服务器通过检测】10月，由微芯研究院研发的长安链隐私计算专用服务器通过国家信息技术安全研究中心的加速卡密码模块、隐私计算通用框架、区块链安全、隐私性和上位机系统软件安全五大安全板块共60个检测项目，成为业内通过安全性检测最系统、最全面的区块链与隐私计算一体机。服务器兼具区块链一体机与隐私计算一体机功能，上层软件集成长安链隐私计算平台，硬件方面集成高性能区块链加速芯片，同时具备长安链一键部署、区块链交易加速和“数据可用不可见”的隐私计算功能，具有自主可控、安全可信、灵活装配、软硬一体等特点。

（徐建功）

【“量子聚光”论坛举办】11月3—4日，由北京海外学人中心、量子研究院联合举办的2022北京国际青年创新发展论坛量子信息科学平行论坛暨北京量子信息科学研究院“量子聚光”论坛在京举办。来自美国、以色列、德国、瑞士、日本等国家的15位专家围绕量子计算、量子通信、量子精密测量、量子物态科学等领域有关量子信息科学的发展作学术报告。

（陈治光）

【高性能胎面胶用石墨烯橡胶复合材料制备课题完成验收】11月8日，由市科委、中关村管委会委托，北京石墨烯研究院承担，北京新材料和新能源科技发展中心负责组织管理的“高性能胎面胶用石墨烯橡胶复合材料制备”课题完成验收。课题是2020年立项的“北京石墨烯研究院建设”专项，攻关高性能轮胎表面用石墨烯橡胶复合材料的制备。课题组选用天然橡胶为基体，还原氧化石墨烯复合炭黑为增强填料，通过石墨烯材料的优化及胎面胶整体成分设计，开发出撕裂强度为 136 牛 / 毫米，阿克隆磨耗为 0.11 立方厘米 /1.61 千米的橡胶复合材料，综合性能较未加石墨烯的橡胶提高 35% 以上。在宁夏神州轮胎有限公司进行的应用验证实验表明，石墨烯胎面胶磨耗性能提升 40.4%，石墨烯轮胎耐久时间较常规轮胎提升 7 小时。

（张　硕）

【石墨烯 / 铝集流体材料制备技术取得进展】 11 月 8 日，由市科委、中关村管委会委托，北京石墨烯研究院承担，北京新材料和新能源科技发展中心负责组织管理的“百米级烯铝集流体材料连续制备”课题完成验收。课题是 2020 年立项的“北京石墨烯研究院建设”专项，聚焦在铝箔表面包覆石墨烯的烯 / 铝集流体设计及制备技术。课题组利用离子体增强化学气相沉积（PECVD）制备石墨烯 / 铝集流体材料，并对其微观形貌、结构进行调控，实现石墨烯 / 铝集流体连续制备工艺，开发出石墨烯 / 铝集流体材料连续制备技术，连续制备出长 126 米、宽 110 毫米且性能优异的烯 / 铝集流体。

（张　硕）

【区块链开源存储引擎“泓”上线】 11 月 14 日，微芯研究院宣布其长安链团队研发成功海量存储引擎 Huge，中文名“泓”。“泓”采用混合式存储架构、数据分片、冷热分离等技术，存储模块提供透明数据加密功能以确保数据安全，可支持拍字节级数据存储，是现有全球支持量级最大的区块链开源存储引擎，可在区块链与 5G、人工智能等数字经济新基建相融合的应用场景中保证可信万物互联。

（程晓荷）

【高性能石墨烯芳纶Ⅲ特种复合纤维研制取得新进展】 11 月 18 日，由市科委、中关村管委会委托，北京石墨烯研究院承担，北京新材料和新能源科技发展中心负责组织管理的“百公斤级石墨烯 / 芳纶Ⅲ特种复合纤维制备”课题通过验收。课题是 2020 年立项的“北京石墨烯研究院建设”专项。课题组围绕石墨烯对芳纶Ⅲ纤维力学性能的改性增强技术开展攻关，采用原位聚合和溶液共混两种方式实现石墨烯对芳纶Ⅲ纤维力学性能的改性增强，利用湿法纺丝及热拉伸过程中轴向剪切力影响下增强体发生的定向排布作用，有效提升石墨烯 / 芳纶Ⅲ复合纤维的取向度和结晶度，石墨烯 / 芳纶Ⅲ的力学性能相比于原芳纶Ⅲ纤维提升超过 20%；组建一条百公斤级湿法纺丝示范线，实现石墨烯 / 芳纶Ⅲ的批量制备。

（张　硕）

【长安链支持全国“可信检验检测存证链”建设】 11 月 23 日，全国“可信检验检测存证链”启动建设。项目由国家市场监管总局信息中心牵头，凭借中国自主创新区块链软硬件技术体系长安链的高性能可信存证和隐私计算能力，项目建成后，将覆盖全国 1000 家以上的主要检验检测机构，每年预计存证超 10 万份检验检测报告，涵盖食品、医疗、环保、精密仪器等上千个领域。

（周　渊）

【文图生成模型 AltDiffusion 及支撑技术 AltCLIP 开源】 11 月 23 日，智源研究院发布并开源全球首个支持 9 种语言的多模态大模型 AltDiffusion 及支撑技术 AltCLIP。AltDiffusion 是国际上首个支持中文、英文、西班牙文等 9 种语言文本生成图片能力的 AI 大模型，能精准地根据语种差异生成符合该语言文化背景的对应图像，特别对于中国文化的理解与表现更为精确，是更适合中国文化语境的 AI 文图创新工具，可广泛应用于广告、插画、游戏、艺术创作等行业，提高相关领域创作效率。AltCLIP 是 AltDiffusion 模型训练所用的将文字和图像进行关联的技术，AltCLIP 在 OpenAI 发布的预训练的多模态表征模型 CLIP 的基础上，创新性地将 CLIP 在语言理解、图文对齐、跨语言三种核心能力上进行增强，从而降低训练多语言多模态模型的门槛，只需约 1% 的计算资源与图文数据。

（苟　瑜）

【第四届量子物理与量子信息科学国际前沿论坛举办】 11 月 30 日—12 月 1 日，由量子研究院主办的第四届量子物理与量子信息科学国际前沿论坛在线上举办。来自中国、美国、英国、德国等 10 个国家的 17 位学者出席论坛，并围绕量子信息科学基础研究的最新进展进行探讨。论坛主要关注基于超导、半导体、拓扑和中性原子等量子计算主要实现方案，同时涵盖量子通信与网络的新进展，来自国际顶尖大学、研究机构和高科技企业的知名学者作报告。论坛设置学术墙报活动，评审小组从科学内容、设计和讲解清晰度等方面进行综合评估，从收到的 50 多份投稿中评选出 3 项“优秀海报奖”。19 个国家的 3.2 万余人次在线观看论坛直播并参与交流。

（陈治光）

【十亿参数级别性能最强视觉基础模型 EVA 开源】 12 月 6 日，智源研究院研发并开源视觉基础模型 EVA。EVA 将最强语义学习（CLIP）与最强几何结构学习（MIM）结合，仅需使用标准的 ViT 模型，并将其规模扩大到十亿参数进行训练，即可得到十亿级视觉基础模型 EVA。EVA 的训练方法与 MVP、MILLAN 类似，即通过重构 CLIP 特征来进行掩码图像建模。CLIP 模型输入为完整的图像，而 EVA 模型的输入为有遮盖的图像，训练过程是让 EVA 模型遮盖部分的输出去重构 CLIP 模型对应位置的输出，从而以简单高效的方式让 EVA 模型同时拥有 CLIP 的能力和 MIM 的能力，领先于谷歌 ViT-g、微软亚洲研究院 SwinV2 等主流标杆模型，在 ImageNet 等国际数据集上的图像分类、检测分割等广泛的视觉感知任务中取得当前最强性能。

（苟　瑜）

【通用阿拉伯语预训练模型 ALM1.0 发布】 12 月 6 日，智源研究院联合多家阿拉伯科研机构，开源兼具自然语言理解和生成能力的通用阿拉伯语预训练模型 ALM1.0，并发布开源阿拉伯语预训练文本数据集 ArabicText。阿拉伯语通用大模型 ALM 在主流的 ALUE 阿语自然语言理解评测基准上排名第三，能广泛支持阿拉伯语场景下的内容摘要、文本续写和生成、常识问答等一系列下游应用。ArabicText 是当前开源世界数据量最大的阿拉伯语预训练数据集，规模超过 200GB，相较于其他开源阿语文本数据集，新闻、资讯、百科等文字与知识富集类数据占比超过 65%。

（苟　瑜）

【通研院获支持建设“通计划”】 12 月 7 日，通研院获教育部支持建设《重点精准支持通用人工智能人才培养体系的计划》（简称“通计划”）。“通计划”目标在于依托通研院，贯通人工智能本博培养体系，打通“教—学—研—产—用”链条；重点解决制约人才培养和有组织科研的瓶颈问题。教育部已批复“通计划”首年 70 余个学术博士名额，用于通研院依托内地一流高水平大学联合培养博士生。“通计划”联合培养工作是促进科教结合的有效途径和实现方式，是推进高层次人工智能领域人才培养模式改革和深化研究生培养机制改革的重要举措，对于高等教育更好地服务建设创新型国家和人力资源强国战略需要，加快国家创新体系建设，增强自主创新能力，提高综合国力和国际竞争力具有重要且深远的意义。

（封　宁）

【揭示单细胞内 HBV 基因组 cccDNA 的转录特征】 12 月 7 日，北京生命科学研究所 / 清华大学生物医学交叉研究院李文辉实验室在《病毒学杂志》发表研究论文。论文工作被杂志编辑精选为“editor's pick”。论文聚焦乙肝病毒感染细胞核内关键分子 cccDNA 的转录。实验室发现，在一个细胞内，不同的 cccDNA 要么全部都活跃转录，产生 HBV 各个转录本，要么都处于非活跃转录状态，不转录病毒结构基因和产生子代病毒，而仅在 HBx/Enhancer I 区域产生转录本，非活跃转录的 cccDNA 能够有效地被新的一轮病毒感染（超感染）所激活。

（徐建功）

【“价值驱动”具身智能机器人研发完成】 12 月 10 日，通研院首创将机器人与操作对象进行整体运动学建模，并将自主智能认知与决策架构应用于具身智能机器人。具身智能机器人由价值驱动，在几乎不受人为干预的情况下，在平台移动、机械臂运动、物体抓取三个核心动作的协调度和流畅度方面达到世界先进水平，提升机器人对复杂室内环境的适应性，可自主完成日常生活中的复杂操作任务，并提高长步骤任务中规划方法的通用性与可扩展性。该技术可为恶劣环境作业任务和大规模灾害救援等任务提供广泛的应用前景。

（封　宁）

【“通慧模型”在 IQ 测试中超越深度学习大模型】 12 月 13 日，通研院研发出具有人类认知推理能力的模型——“通慧模型”。模型能够使用小数据来理解 IQ 测试中隐含的时空因果关系，并学到背后的数理逻辑推理等认知能力，在 IQ 测试中超过深度学习大模型，也战胜来自国内顶尖学府学生的“最强大脑”，是“小数据大任务”范式的一个成功案例，离通用人工智能又迈进一步。“通慧模型”是一个原型和底座，未来人们可以基于“通慧模型”研发新的模型来解决自动驾驶场景中复杂动态环境下的推理和决策任务等涉及复杂逻辑推理的海量任务。

（封　宁）

【长安链国内市场应用占有率跃居第一】 12 月 29 日，在第六届可信区块链峰会上，中国信息通信研究院发布“2022 可信区块链评测观察”。数据显示，长安链下半年在国内区块链底层技术应用的市场应用占比达 27%，超过国外区块链底层平台在国内的应用占比，跃居第一。

（周　渊）

【国家区块链技术创新中心建设获批复】 12 月 30 日，科技部批复由微芯研究院牵头建设国家区块链技术创新中心，打造国家区块链战略科技力量。微芯研究院联合国内顶尖高校、科研院所和行业骨干企业开展建设，重点围绕区块链基础理论、软硬件关键技术、基础平台与验证网络、共性平台与服务等开展关键技术攻关与产业化应用；集聚国际领军人才，形成链接全球资源的创新网络，为提升中国区块链领域的技术创新能力、实现高水平科技自立自强提供有力支撑。

（周　渊）

【全集成超低温量子比特控制芯片研制成功】12 月，量子研究院量子计算云平台团队与清华大学集成电路学院研究人员合作，在面向量子计算系统大规模集成的超低温 CMOS 量子比特控制芯片研究方面取得进展，相关研究被“芯片奥林匹克大会”ISSCC 2023 录用。研究团队在前期大量 CMOS 元器件超低温特性建模研究的基础上，设计出具有最低功耗水平的双通道量子比特控制芯片。芯片基于极化调制技术，在 3.5 K 超低温环境下可以产生超导量子比特控制所需的 XY 通道任意包络脉冲信号和 Z 通道偏置信号，同时集成片上本振、时钟、存储等电路，把单个量子比特控制能耗降低至 20 MW 以下。芯片在量子研究院量子计算云平台实现对超导量子比特的有效控制。

（陈治光）

【覆盖多尺度计算科学领域的开源社区建设】2022 年，北京科学智能研究院围绕变革传统科学计算研究范式开展关键技术攻关，持续建设全球第一个覆盖多尺度计算科学领域的开源社区 DeepModeling。举办 10 场教学培训活动、1 场社区成果发布会、2 场大型开源比赛，参与人数超过 200 人；面向社区不同类型用户，开展编程马拉松大赛、哥伦布训练营“超新星计划”、Hackathon 大赛等系列活动，打造具有广泛影响力的学术品牌活动。开源社区成员超过 5000 人，覆盖 20 余个国家和地区。社区成果论文引用数量新增 1500 余次，覆盖化学反应、生物医药、合金材料、信息材料、能源材料、核能材料等应用领域。

（闫　鑫）

【新型研发机构 173 个联合培养博士研究生指标下达】2022 年，市科委、中关村管委会会同市教委，向教育部争取新型研发机构联合培养博士研究生指标，教育部为量子研究院、脑科学中心、智源研究院等 6 家新型研发机构下达专项指标共 173 个。

（杨　刚）

【全球健康药物研发中心新药研发取得多项进展】2022 年，全球健康药物研发中心处于靶点验证到先导化合物确定阶段项目 7 个，先导化合物优化及推进临床前研究阶段项目 3 个，开展 I 期临床研究阶段项目 2 个。其中，自主研发的 1 类新药抗新冠口服小分子 3Cl 蛋白酶抑制剂 HS−10517 片已完成 I 期临床研究，创新开发的 TLR7 可吸入式小分子激动剂药物 APR002 在澳大利亚完成 I 期临床单次给药的递增试验，小分子新型疫苗佐剂铝 /TLR7 与重庆智飞生物制品股份有限公司达成授权合作，自主研发的抗疟疾药物 GDI−4329 正开展对映体的商业成本降低研究。

（王　璐）

创新型企业

【概述】2022年，市科委、中关村管委会加强企业服务，以市政府办公厅名义印发《关于实施“三大工程”进一步支持和服务高新技术企业发展的若干措施》。科技型中小企业评价入库实现倍增，达1.55万家；高新技术企业保有量近2.82万家，居全国各城市首位；新增北京市“隐形冠军”企业12家。截至年底，北京市分别有独角兽企业、潜在独角兽企业102家和143家，持续领跑全国；共有上交所科创板上市企业65家、北交所上市企业15家、深交所上市企业128家。全市新认定技术先进型服务企业16家，累计123家。29家企业被认定为第一批北京市外资研发中心；20家创业载体被认定为北京市创业孵化示范基地。在全国率先推出《标杆孵化器培育行动方案》。布局支持领军企业打造16家高水平技术创新中心，支持并推荐小米集团牵头组建首家国家级创新联合体；推动国际标准创制增长19%，达到720项。

（陈　静　徐建功）

【5家企业通过首批人脸识别系统国检测评】1月18日，在国家工业信息安全发展研究中心主办的人工智能融合发展与安全应用研讨会上，首个面向人脸识别系统安全性的国家级检测与评估结果发布，共6家企业入选。其中，北京市腾讯云、京东科技、商汤科技、旷视科技、的卢深视等5家企业入选。

（徐建功）

【6家企业入选2021工业机器人50强】2月，《互联网周刊》发布“2021工业机器人50强”榜单。榜单聚焦中国科技机器人领域，根据各大企业研发的机器人产品进行综合评价。北京市共6家企业入选，分别是珞石（北京）科技有限公司、北京极智嘉科技股份有限公司、遨博（北京）智能科技有限公司、北京欣奕华科技有限公司、北京镁伽机器人科技有限公司、北京时代凌宇科技股份有限公司。据国家统计局公布的数据，2021年全年实现工业机器人产量36.6万台，比2020年增长44.9%，服务机器人产量921.44万台，比2020年增长48.9%，皆创历年新纪录。

（张小川）

【11家市属国企上榜科改示范企业】3月，国务院国有企业改革领导小组办公室公布最新“科改示范企业”名单，包括中央企业、各地国企在内的440家企业上榜。其中，北京市共有11家企业上榜，分别为北京燕东微电子股份有限公司、北京云星宇交通科技股份有限公司、北京市市政工程设计研究总院有限公司、北人智能装备科技有限公司、北京金隅通达耐火技术有限公司、北京城建智控科技股份有限公司、京投轨道交通科技控股有限公司、北京有色金属与稀土应用研究所有限公司、北京建工资源循环利用投资有限公司、北京数字认证股份有限公司和北京环卫集团环卫装备有限公司。

（徐建功）

【12家企业入围2021医疗机器人企业排行榜】5月17日，《互联网周刊》发布其与德本咨询、eNet研究院联调形成的“2021医疗机器人企业排行榜”，共50家企业上榜。其中，北京市北京天智航医疗科技股份有限公司、北京大艾机器人科技有限公司等12家企业上榜，全部是中关村示范区企业，数量居全国之首。

2021医疗机器人企业排行榜北京上榜企业一览表

序号	企业	产品名称
1	北京天智航医疗科技股份有限公司	天玑Ⅱ骨科手术机器人
2	北京大艾机器人科技有限公司	外骨骼康复机器人
3	北京术锐技术有限公司	单多孔模块化腔镜手术机器人
4	北京声智科技有限公司	IDA引导机器人
5	北京思灵机器人科技有限责任公司	智能力控机器人
6	北京唯迈医疗设备有限公司	ETcath血管介入机器人
7	北京迈纳士手术机器人技术有限公司	智能穿刺采血机器人

续表

序号	企业	产品名称
8	北京柏惠维康科技股份有限公司	神经外科手术机器人
9	华志微创医疗科技（北京）有限公司	CAS–R–2 型神经外科手术机器人
10	北京中科鸿泰医疗科技有限公司	末端交互式上肢康复机器人
11	华科精准（北京）医疗科技有限公司	神经外科手术机器人
12	北京长木谷医疗科技有限公司	AIHIP 人工智能髋关节置换系统

（张小川　徐建功）

【38 家单位获中国技术创业协会科技创业贡献奖】 5 月 18 日，中国技术创业协会发布《2021 年度“中国技术创业协会科技创业贡献奖”评审结果的公告》（中技创字〔2022〕006 号），全国共有 100 家企业获科技创新贡献奖、100 家孵化器获科技创业孵化贡献奖、18 家机构获科技创业投资贡献奖。其中，北京市百世诺（北京）医疗科技有限公司、北京北控悦慧环境科技有限公司、北京机科国创轻量化科学研究院有限公司等 12 家企业获科技创新贡献奖，北京创业公社投资发展有限公司、北京亦庄生物医药园、中关村软件园孵化器等 21 家孵化器获科技创业孵化贡献奖，北京谛听机器人科技有限公司等 5 家机构获科技创业投资贡献奖。

（杜涵涵）

【2021 年人工智能企业百强榜发布】 5 月 26 日，《互联网周刊》发布 2021 年人工智能企业百强榜。榜单聚焦中国各行各业的人工智能领域，从多个方面对企业进行综合评级。百度公司以 95.06 的综合得分位居榜首，其中影响力、智能化和突破性 3 项分数突出。华为、字节跳动分列第二、第三位。

（孙　陶）

【147 家机构入围“全国科技创新百强”】 5 月 30 日，八月瓜创新研究院发布《全国科技创新百强指数报告 2022——企业、高校及研究机构篇》。《报告》显示，北京市共入围企业、高校、研究机构 147 家，入围数量居全国第一。其中，109 家企业入围全国科技创新企业 500 强，11 所高校入围全国科技创新高校 50 强，27 家研究机构入围全国科技创新研究机构 50 强。

（徐建功）

【33 家北京企业入选最受投资人关注的硬核科技企业 100 调研】 6 月 27 日，36 氪发布《2022 年最受投资人关注的硬核科技企业 100 调研》，评选出人工智能、航空航天、信息技术、新能源、智能制造等硬科技领域 100 家具有核心硬实力和业务能力的企业。其中，北京地平线科技有限公司、北京轻舟智航科技有限公司、北京市商汤科技开发有限公司、珞石（北京）科技有限公司、北京升鑫网络科技有限公司等 33 家北京市企业入选，数量居全国首位。

（陈宝德）

【41 家北京企业上榜“2022 数字化转型推动企业 100 强”】 6 月 27 日，互联网周刊杂志社发布其与德本咨询、eNet 研究院联调形成的“2022 数字化转型推动企业 100 强”排行榜。其中，总部在北京的数字化转型推动企业中国电信集团公司、中国移动通信集团有限公司、北京京东科技有限公司、中国联合网络通信集团有限公司、百度在线网络技术（北京）有限公司、用友网络科技股份有限公司等 41 家企业上榜，数量居全国首位。

（陈宝德）

【北京独角兽企业累计估值超 3 万亿元】 7 月 1 日，中关村科学城创新合伙人党建联合会、中关村科学城独角兽企业党建联盟在中关村示范区展示中心发布《中关村科学城独角兽企业可持续发展报告（2022 年）》。《报告》立足于中关村科学城独角兽企业近 5 年的数据跟踪对比研究，通过分析独角兽企业成立、成长、壮大的历程，分析促进独角兽企业出现的影响因素，内容涉及中关村科学城独角兽企业党建引领发展的情况、独角兽企业榜单演变分析、区域营商环境对中关村科学城独角兽企业可持续发展的影响、中关村科学城独角兽企业退出情况分析等方面的内容。《报告》显示，2021 年北京市共有 92 家独角兽企业，数量居全国第一、全球第二（仅次于美国旧金山），累计估值超过 3 万亿元。其中，电子商务、人工智能、健康科技、软件服务、企业服务等领域的企业数量占比近六成；航天领域独角兽企业占全国的 50%，人工智能领域独角兽企业占全国的 40%。在科创资源高度集中的海淀区，独角兽企业数量 42 家，占北京市的 46%，总估值 2.8 万亿元，为北京市各区之首。

（陈宝德）

【21 家企业入选“2022 大数据独角兽企业排行榜”】 7 月 21 日，《互联网周刊》发布其与德本咨询、eNet 研究院联调形成的“2022 大数据独角兽企业排行榜”。上榜企业共 50 家，其中总部在北京的企业有 21 家，分别是北京恒通睿智科技有限公司、北京百分点科技集团股份有限公司、TalkingData、北京海致科技集团有限公司、中译语通科技股份有限公司、

北京明略纵横科技有限公司、平凯星辰（北京）科技有限公司、零氪科技（北京）有限公司、神策网络科技（北京）有限公司、北京永洪商智科技有限公司、北京柏睿数据技术股份有限公司、北京志翔科技股份有限公司、GrowingIO、云势天下（北京）软件有限公司、北京天眼查科技有限公司、数据堂（北京）科技股份有限公司、北京睿至大数据有限公司、北京勾正数据科技有限公司、北京大数医达科技有限公司、北京百观科技有限公司、北京知音智慧科技有限公司。

（陈宝德）

【29家企业被认定为北京市外资研发中心】 7月27日，市科委、中关村管委会公布2022年度第一批北京市外资研发中心。北京ABB电气传动系统有限公司、英特尔（中国）研究中心有限公司等29家企业被认定为北京市外资研发中心，近七成集中在信息技术、医药健康、人工智能等高精尖产业领域，2021年度总研发投入超20亿元。

2022年度第一批北京市外资研发中心认定名单

序号	单位名称	备注
1	北京ABB电气传动系统有限公司	
2	英特尔（中国）研究中心有限公司	
3	维泰瑞隆（北京）生物科技有限公司	
4	理光软件研究所（北京）有限公司	
5	北京葫芦软件技术开发有限公司	
6	北京依生生物技术有限公司	
7	北京诺和诺德医药科技有限公司	
8	瑞萨集成电路设计（北京）有限公司	
9	空客（北京）工程技术中心有限公司	
10	威乐（中国）水泵系统有限公司	
11	日立（中国）有限公司	
12	保诺科技（北京）有限公司	
13	阿斯利康医药（北京）有限公司	
14	北京小马易行科技有限公司	
15	北京小马慧行科技有限公司	
16	瓦里安医疗器械贸易（北京）有限公司	
17	赛诺菲（中国）投资有限公司	
18	北京费森尤斯卡比医药有限公司	
19	凤凰桥控股（北京）有限公司	
20	北京电通控股集团有限公司	
21	北京文宣控股集团有限公司	
22	西克麦哈克（北京）仪器有限公司	外资研发总部
23	北京诺诚健华医药科技有限公司	外资研发总部
24	诺维信（中国）投资有限公司	外资研发总部
25	默沙东研发（中国）有限公司	外资研发总部
26	北京旅悦科技有限公司	外资研发总部
27	李宁（中国）体育用品有限公司	外资研发总部
28	北京顺源开华科技有限公司	外资研发总部
29	北京罗克维尔斯科技有限公司	外资研发总部

（徐建功）

【36家单位入围首批“科创中国”创新基地】 8月1日，中国科协发布《2022年“科创中国”创新基地认定结果公告》，首批194个“科创中国”创新基地入围，北京市36家单位上榜。其中，依托北京他山科技有限公司建设的“科创中国”人工智能触觉创新基地入选“科创中国”创新基地（国际创新合作类），依托北京极地加科技有限公司建设的“科创中国”极地加创新基地等3家单位入选“科创中国”创新基地（创新创业孵化类），依托交控科技股份有限公司建设的“科创中国”轨道交通运行控制系统创新基地等32家单位入选“科创中国”创新基地（产学研协作类）。

（陈宝德）

【69家单位被认定为市级示范】 9月15日，市经济和信息化局印发《关于公布2022年度北京市中小企业公共服务示范平台和小型微型企业创业创新示范基地名单的通知》，北京一城龙域科技有限公司的龙域认证－移动互联网认证服务平台等46个平台被认定为北京市中小企业公共服务示范平台，北京中农大创新研修学院的中农大中小微企业公共服务基地等23个基地被认定为北京市小型微型企业创业创新示范基地。

（杜涵涵）

【12家企业入选北京市“隐形冠军”】 10月25日，市经济和信息化局、市工商联联合发布2022年北京市“隐形冠军”企业名单。朝阳区企业北京极智嘉科技股份有限公司，海淀区企业北京天融信网络安全技术有限公司、凌云光技术股份有限公司、北京千方科技股份有限公司、北京四维图新科技股份有限公司、第四范式（北京）技术有限公司、北京纵横机电科技有限公司、亚信科技（中国）有限公司、北京北冶功能材料有限公司，北京经济技术开发区企业中核控制系统工程有限公司、北京京东方光电科技有限公司，顺义区企业中科星图股份有限公司等12家企业入选。

（张　蕾）

【4 家中关村企业入选全球创新 50 强】 10 月，波士顿咨询 BCG 评选发布 2022 年全球创新 50 强榜单，共 7 家中国公司入选，其中联想、京东、小米、字节跳动等 4 家位于中关村。

（徐建功）

【1151 项新技术新产品（服务）公布】 12 月 30 日，市科委、中关村管委会，市发展改革委，市经济和信息化局，市住房城乡建设委，市市场监管局公布 2022 年度第一批（总第十七批）新技术新产品（服务）名单，共 1151 项新技术新产品（服务）入选，其中 931 项为新技术新产品领域、220 项为新服务领域。

（徐建功）

【196 家企业入选市级企业技术中心】 2022 年，市经济和信息化局组织 2 批北京市企业技术中心新创建工作，北京市煤炭科学技术研究院有限公司、中国制浆造纸研究院有限公司、中材地质工程勘查研究院有限公司、大禹伟业（北京）国际科技有限公司等 196 家企业入选北京市市级企业技术中心名单。

（徐建功）

【新增 5 家北交所上市企业】 2022 年，北京市新增北京证券交易所北证 A 股上市企业 5 家，包括北京凯德石英股份有限公司、曙光数创基础设施创新技术（北京）股份有限公司、北京康比特体育科技股份有限公司等。截至年底，北京市共有北交所上市企业 15 家，占全国（162 家）的 9.26%。

（陈　静）

【新增 15 家深交所创业板上市企业】 2022 年，北京市新增深圳证券交易所创业板上市企业 15 家，包括北京中科江南信息股份有限公司、软通动力信息技术（集团）股份有限公司、新华都特种电气股份有限公司、北京三维天地科技股份有限公司等。截至年底，北京市共有深交所创业板上市企业 128 家，占全国（1230 家）的 10.41%。

（陈　静）

【新增 17 家上证所科创板上市企业】 2022 年，北京市新增上海证券交易所科创板上市企业 17 家，包括三一重能股份有限公司、龙芯中科技术股份有限公司、北京经纬恒润科技股份有限公司等。截至年底，北京市共有上证所科创板上市企业 65 家，占全国（502 家）的 12.95%。

（陈　静）

【新增 176 家四板挂牌展示企业】 2022 年，北京市新增四板挂牌展示企业 176 家。截至年底，北京四板市场汇聚各类投资者 49285 个，累计服务企业超过 1.7 万家，帮助企业实现各项融资总额 500.78 亿元，服务 319 家企业完成资本市场转板。

（陈　静）

【中关村示范区新增上市企业 41 家】 2022 年，中关村示范区新增上市企业 41 家，上市企业总数 487 家（境内 358 家、境外 129 家），总市值 9.76 万亿元，市值超 100 亿元企业 154 家，其中北京三快科技有限公司、京东集团股份有限公司等 22 家企业的市值超过 1000 亿元。

（陈　静）

【新募集基金 121 只】 2022 年，据清科数据统计，北京地区新募集基金 121 只，比 2021 年上升 1.7%；披露募资规模 1460.42 亿元，比 2021 年上升 82%。投资领域，北京地区共发生投资案例数 1646 起，涉及投资金额 1613.33 亿元，比 2021 年分别下降 32.3% 和 44.7%。投资案例数及金额均位列全国第二，分别仅次于江苏、上海。

（王艺陶）

【16 家企业获技术先进型服务企业认定】 2022 年，全市新认定技术先进型服务企业 16 家，累计在有效期内的技术先进型服务企业 123 家。123 家企业 2021 年营业收入 368 亿元，其中离岸服务外包收入约 289 亿元，占营业收入的 78.4%。123 家企业中以技术先进型服务企业资质享受税收减免的有 78 家，占比为 63.41%，与 2021 年度基本持平；企业享受减税 4.93 亿元，占比为 99.32%，平均每家减税 631.79 万元，较 2021 年度增加 101.96 万元，增幅达 19.25%。

（李建玲）

【16 家技术创新中心建设获支持】 2022 年，市科委、中关村管委会首批布局支持技术创新中心企业，予以 3 年建设周期内“里程碑式支持”。从布局领域来看，首批布局支持的 16 家技术创新中心涵盖新一代信息技术、人工智能、软件和信息服务、自动驾驶、智能机器人、先进储能、商业航天和卫星互联等高精尖产业领域，技术应用场景包括供应链管理、城市配送服务、网络安全、数字建筑、智慧城市等。

（李天琪）

【208 家企业通过“报备即批准”政策试点】 2022 年，北京市落实高新技术企业认定“报备即批准”政策试点工作。加大政策宣传力度，扩大政策试点覆盖范围，市区两级联动召开各类宣讲会 140 余场次，覆盖企业 1.4 万余家；在高企认定管理工作网设立专门入口，对符合条件的企业实行“随申请、随认定、随报备”；推进“减流程、减材料、减时限”，实行“全程网办”，提高工作效率。累计有 208 家企业通过“报备即批准”政策试点，获高企资质。据相关

数据显示，试点企业研发投入、知识产权数量、收入、纳税分别为全市高企平均水平的7倍、3倍、3.5倍和5倍。

（杜　康）

【1409家科技型中小企业关键技术创新获支持】 2022年，市科委、中关村管委会加快组织实施科技型小微企业关键技术创新支持政策，对中关村科技型中小微企业研发资金支持政策进行修订，按照“达标即享”原则，聚焦支持硬科技领域、研发投资增长较大的初创企业，支持企业开展关键技术创新，提升企业创新实力和核心竞争力。同时，大幅精简申报材料，将多项审核核查环节由“串联”改为“并联”，项目实施周期从往年的平均160天压减到70天，给予1409家企业1.77亿元支持，带动企业研发投入79亿元，平均每家572万元，财政资金撬动企业研发投入倍数达到45倍。

（罗　虎　杜　康）

【1.55万家企业入库科技型中小企业】 2022年，市科委、中关村管委会开展科技型中小企业评价入库工作，全年入库科技型中小企业数量达1.55万家，较2021年实现翻番增长。

（徐建功）

【落实服务企业工作情况】 2022年，市科委、中关村管委会推进企业诉求高效落实，作为管家单位与企业对接诉求399项，协调办理企业诉求236项，已办结222项，办结率94%。促进企业增量业务落地，全年服务企业新设机构14个、注册资本合计18.92亿元；新增项目10个、总投资额22.83亿元。服务的企业实现地方级财政贡献239亿元，比2021年增长40.6%，高于全市平均水平44.3个百分点；扣除留抵退税影响，服务的企业实现地方级财政贡献257亿元，比2021年增长44.4%，高于全市平均水平41.8个百分点。

（付　林）

【企业研发机构共413家】 截至2022年底，全市有效期内的企业研究开发机构共413家。从领域分布来看，主要集中在医药健康、新一代信息技术、智能装备制造等领域。其中，医药健康领域127家、新一代信息技术领域68家、智能装备制造领域46家，占比分别达30.75%、16.46%和11.14%。从区域分布来看，主要集中分布在亦庄、海淀、昌平等地。其中，亦庄97家、海淀65家、昌平59家，占比分别达23.49%、15.74%和14.29%。政策引导力度持续提升，集聚一批优质企业科技研发机构。其中，已是高新技术企业的研发机构393家，占总认定数的95.15%；已上市或其上级控股公司上市的企业研发机构80家，占总认定数的19.37%；12家企业已成长为独角兽企业，估值总额155.71亿美元，融资总额近200亿元。

（杜　康）

科技创新平台

【概述】 2022年，市科委、中关村管委会持续推动高校、院所及各类企业等机构的科研设施与仪器开放共享，组织开展服务推介、“百进千”等政策宣讲及供需对接活动10余场，不断提高科技资源利用效率。90家开放单位共促进1.59万台套、原值151亿元的科研设施与仪器向社会开放共享，为北京市企业开展研发创新提供良好支撑服务。华北电力大学国家储能技术产教融合创新平台、清华工研院细胞与基因治疗创新中心等创新平台获批建设或投入使用，集学科建设、科学研究于一体；建筑光伏一体化重点实验室、人民健康系统工程机器人实验室、“工业互联网+区块链”联合实验室等重点实验室揭牌成立，开展应用基础研究、关键技术和共性技术研究，培养高层次科学研究和工程技术人才。市科委、中关村管委会国际科技创新中心网络服务平台（京科）升级上线，为各类科创主体提供服务。

（徐传奇　孟艳霞　徐建功）

【清华工研院细胞与基因治疗创新中心投用】 1月12

日，中关村生命科学园产业服务平台——清华工研院细胞与基因治疗创新中心投入使用。中心由清华工研院与国际顶尖科研机构合作打造，建筑面积约1万平方米，是面向细胞与基因治疗创新药研发建设的具有国际水准的平台项目。中心融合智能机器人与5G工业互联网技术，围绕人工智能、合成生物技术、结构生物技术应用于生物工程服务领域，加速细胞与基因治疗工艺开发与生产应用。中心于2020年12月开工建设。

（高艺蔼）

【国内首个建筑光伏一体化重点实验室揭牌】 1月18日，建筑光伏一体化重点实验室和技术研究中心揭牌仪式在森特士兴集团股份有限公司研发楼举行。来自高校院所、企业的代表等参加。实验室是国内首个金属围护系统和建筑光伏一体化产品、技术及应用研发的行业重点实验室，由森特股份公司发起，北京科技大学、北京市建筑设计研究院、机械工业第九设计研究院等6家单位共建，针对产业和行业发展中的重大需求，开展应用基础研究、关键技术和共性技术研究；组织重要技术标准的研究制定；加强行业科技合作与交流，推动技术扩散和技术储备；在提高企业自主创新能力的同时，推动和引领金属围护系统技术的发展和行业进步，培养高层次科学研究和工程技术人才。

（杜涵涵）

【OTA终端性能测试实验室首批提交完整验证结果】 1月25日，在3GPP RAN4#101–bis–e次会议上，由北京邮电大学网络与交换技术全国重点实验室与中国移动终端实验室、中国信息通信研究院移动通信创新中心共同研发建设的5G FR1频段MIMO OTA终端性能测试实验室首批提交完整的实验室信道验证结果，推动3GPP MIMO OTA WI项目R17的进展，成为全球首批获3GPP测试资格的5G FR1 MIMO OTA终端性能测试实验室。实验室于2012年由中国工程院院士、北京邮电大学网络与交换技术全国重点实验室主任张平提出和设计，2021年底在北京邮电大学搭建完成。

（张立芬）

【人民健康系统工程机器人实验室成立】 2月12日，人民健康系统工程机器人实验室揭牌仪式在北京中关村（京西）人工智能科技园智能文创园举行。实验室由遨博（北京）智能科技有限公司和中国工程院俞梦孙院士共同设立，旨在关注新兴科技特别是机器人科技的发展，用系统工程的视角围绕大健康理念开展研究，协调机器人、中医、康养等多方力量，推进“人民健康系统工程机器人”顶层设计，并进行机器人系统集成、医疗大数据、人体穴位精准识别、多能量场康复理疗等方面技术的攻关，探索促进人民健康事业与新兴科技产业协同发展的新应用场景。实验室设在遨博北京总部，俞梦孙院士担任实验室主任。

（张小川）

【华北电力大学国家储能技术产教融合创新平台获批】 2月，国家发展改革委、教育部发布《关于华北电力大学国家储能技术产教融合创新平台项目可行性研究报告的批复》，华北电力大学国家储能技术产教融合创新平台项目获批。创新平台围绕储能产业技术发展和储能“高精尖缺”人才培养的重大需求，采用政府支持、高校牵头、联合行业龙头企业深度参与的方式，构建“1+1+N”新型政产学研合作新模式联合建设。华北电力大学联合昌平区政府与国网经济技术研究院有限公司、全球能源互联网研究院有限公司等单位组成北京未来科学城储能技术产教融合创新联合体，共同参与平台建设。创新平台建设周期为36个月，支持经费总额4.23亿元，将建成集人才培养、学科建设、科学研究于一体的综合性、开放性创新平台。

（司亚玲）

【“工业互联网＋区块链”联合实验室揭牌】 3月7日，由中国工业互联网研究院、微芯研究院共同建设的“工业互联网＋区块链”联合实验室在北京揭牌。实验室围绕长安链开展赋能工业互联网核心技术的研究和应用推广，标志着中国自主创新的区块链核心技术体系投身建设国家工业互联网节点。联合实验室建成后，双方将落实《“工业互联网＋安全生产”行动计划（2021—2023年）》在能源、石化、民爆等重点行业的推进，提升国内相关行业的安全风险预防能力，同时推动行业企业的数字化转型，整体提高智能化水平，开展相关技术研究、应用推广和标准研制等工作。

（孙晓霞 周 渊）

【光学超表面器件研制共性技术平台建设取得进展】 3月11日，由市科委、中关村管委会支持，中国科学院物理研究所牵头联合清华大学和北京理工大学承担的“光学超表面器件研制共性技术平台建设”课题取得进展，用户对接会在怀柔园区召开。16家单位30余位专家参会，包括歌尔股份有限公司、北京耐德佳显示技术有限公司、北京枭龙科技有限公司等，以及清华大学、北京理工大学等超表面研发团队。共性技术平台具备近1100平方米的超净间及40

余台（套）设备，支撑企事业单位开展光学超表面原型器件制备，实现“从 0 到 1”的突破，对破解超表面器件研发“设计强、制备弱”的难题有重要意义。

（张　硕）

【长城海纳硬科技加速器开园】 3 月 31 日，在《关于支持发展高端仪器装备和传感器产业的若干政策措施实施细则》发布会暨长城海纳硬科技加速器开园和入驻项目签约活动上，北京怀柔综合性国家科学中心硬科技产业园示范项目——长城海纳硬科技加速器开园。加速器由闲置厂房改造升级而成，总占地面积约 2.64 公顷，重点聚焦高端仪器装备和传感器产业，外延新能源、新材料、生命健康、人工智能、商业航天等领域，打造集产业技术研发、科技企业孵化、高端人才引进、重大成果转化于一体的产业技术转化基地。主要有四大功能分区：研发办公楼、共享实验室、展示活动中心和餐饮配套。其中，研发办公楼面积约 1.8 万平方米，包括上下两层共 14 个独立办公区和 1 个咖啡厅；共享实验楼包括质子医疗、核磁和温室 3 个实验室，为企业提供共享实验空间；配套楼包括多功能厅、餐厅和亲子园等。

（徐建功）

【北京数据托管服务平台投入使用】 4 月 6 日，由朝阳区科信局与北京国际大数据交易所研发的北京数据托管服务平台投入使用，成为国内首个可支持企业数据跨境流通的数据托管服务平台，可为数据跨境流通的安全性、合规性和便捷性提供保障。根据国家相关法律要求，为规范数据出境活动，数据处理者向境外提供在境内运营中收集和产生的重要数据及个人信息时，应当依照有关规定进行安全评估。北京市在关于加快建设全球数字经济标杆城市的实施方案中提出，要建立安全和发展并重的数据跨境流动机制，通过国际大数据交易所验证国际数据安全交易的技术与监管规则。

（杨沫涵　李小骏）

【国内首个工业级 5G 智能机器人联合实验室落成】 5 月 5 日，珞石（北京）科技有限公司与北京中科晶上科技股份有限公司共同建设成立的国内首个工业级 5G 智能机器人联合实验室落成仪式举行。双方将围绕机器人行业未来发展方向及国家战略需求，以工业级 5G 芯片研究为合作基础，全力突破机器人控制领域的核心芯片和关键技术壁垒，研发基于工业级 5G 芯片的智能机器人，解决当前中国机器人及芯片领域双重“卡脖子”技术难题，合力赋能机器人产业高质量发展。双方还在柔性智能机器人及芯片、半导体制造领域持续投入和攻关，引领中国从制造向智造转型升级。

（张小川）

【京东 JD 工业互联网平台入选“双跨”名单】 5 月 18 日，工业和信息化部办公厅发布《工业和信息化部办公厅关于公布 2022 年跨行业跨领域工业互联网平台名单的通知》（工信厅信发函〔2022〕106 号），公布 2022 年跨行业跨领域工业互联网平台 28 个。京东 JD 工业互联网平台入选。平台是面向未来数智化、社会化供应链的基础设施，也是拉动需求侧和供给侧、实现产销协同的关键载体，汇集云计算、人工智能、物联网等前沿技术能力。京东围绕工业企业需求，重点建设开放的工业 PaaS 平台，从数智采购、数智能源、数智运维三大业务板块出发，打造京采云、能碳云、京碳链、京备云，以及 IHP 解决方案、数智能源解决方案、数智运维解决方案、运维托管一体化解决方案、工业互联网 + 园区等系列产品和解决方案，兼容海量设备协议、广泛链接生产资源，同时承载供应链管理、生产管理、设备管理、研发设计等各类场景的业务应用。

（孙晓霞）

【“九鼎”智算平台推出】 5 月 31 日，智源研究院对外推出“超大规模人工智能模型训练平台”（“九鼎”智算平台），打造 AI 科研创新的基石与试验场。“九鼎”智算平台算力规模达到 1000 P，目标是向上支撑通用智能大模型、AI for Science 等未来 10 年的科研新范式，向下致力于为产学研加速融合、软硬件协同创新、国产 AI 芯片生态建设提供强大基座。

（苟　瑜）

【推进首都科技条件平台资源共享】 5 月，北京市科委、中关村管委会分别与天津市科技局、河北省科技厅召开“推进首都科技条件平台服务天津创新主体研讨会”及“推进首都科技条件平台服务河北创新主体研讨会”，就深入贯彻落实京津冀协同发展重大国家战略，推进首都科技条件平台开放科技资源、创新券更好地服务于天津、河北企业创新发展进行交流和研讨。三地经协商决定：加强三地科技主管部门的沟通交流合作；梳理京津科技创新券服务提供机构名单；加强政策和服务推介，扩大首都科技条件平台资源、创新券政策覆盖面和知晓度。

（徐传奇　孟艳霞）

【国内首个基于医院建设的概念验证中心揭牌】 6 月 21 日，由海淀区政府与北京大学第三医院共建的中关村科学城—北京大学第三医院临床医学概念验证中心揭牌。中心是国内首个基于医院建设的概念验证中心，将进一步完善医学科技创新链条，加速从想法到样品的路径，实现“0 到 1”的突破，促进基于临床的科技成果转化落地。中心与智源研究院、北京纳通科技集团有限公司、北京联影智能影像技术研究院等第一批“海淀组团”建立合作关系，完成首批概念验证项目的征集、评审工作，共支持项目 20 个，资助总额 915 万元。

（程晓荷）

【龙讯旷腾与腾讯云合作构建大体系计算平台】 6 月，北京龙讯旷腾科技有限公司与腾讯科技（深圳）有限公司腾讯云达成合作，将龙讯旷腾自主研发的国产第一性原理计算软件 PWmat 适配腾讯量子实验室研发的材料计算平台 TEFS（Tencent Elastic First-principles Simulation）。双方基于各自的优势及腾讯云计算的强大算力，探索大体系计算的应用场景，助力高校和企业科研团队解决材料科学研究中的重点、难点问题。

（杜　宇）

【旷视算法生产平台 AIS 发布】 7 月 15 日，在京举行的 2022 旷视技术开放日上，北京旷视科技有限公司发布自研的算法生产平台 AIS（AI Service）。AIS 算法生产平台基于旷视 Brain++ 体系，构建一套覆盖数据处理、模型训练、性能分析调优、推理部署测试等算法生产全链路的零代码、自动化的生产力工具平台。AIS 可提供多种功能支持算法快速生产部署，降低算法生产的门槛，提升算法生产效率。平台能支持 100 余种业务模型训练，最快 2 小时即可完成，使用 Brain++ 和 AIS 平台，可实现智能标注平均加速 30 倍，自动学习训练加速 4 ～ 20 倍。

（徐建功）

【“一带一路”生态环境政策模拟与预测实验室启动筹备】 7 月 18 日，生态环境部对外合作与交流中心、北京云庐科技有限公司在京召开“一带一路”生态环境政策模拟与预测实验室专家座谈会。座谈会旨在结合“一带一路”生态环保大数据服务平台已有工作基础及三年行动计划（2022—2024 年）中有关实验室建设内容，探讨实验室建设可行性及在能源转型中各行业大数据应用前景，通过运用大数据、互联网、云计算、人工智能等信息化技术手段，提升面向“一带一路”生态环境模拟与预测能力。交流中心代表介绍“一带一路”生态环保大数据服务平台及实验室建设初步构想；云庐科技公司负责人介绍参与实验室筹备情况；参会企业代表分享在绿色及智慧矿山管理、绿色数字化交通、低碳园区等领域的大数据解决方案及应用案例，并对实验室筹备重点领域及“一带一路”视角下基于能源转型的需求分析和生态环境模拟与预测方向进行讨论。生态环境部对外合作与交流中心、丰台区人大、丰台区科信局、中国科学院地理科学与资源研究所、外交学院国家安全学院等机构和企业的代表 40 余人以线上或线下形式参会。

（王宏伟）

【国内首个新能源整车能效开发试验室落成】 7 月 20 日，由国家新能源汽车技术创新中心和德国西门子股份公司联合建设的国内首家整车能效开发试验室——国家新能源汽车技术创新中心整车能效开发试验室在北京经济技术开发区落成运营。实验室专注于新能源车辆的整车能效开发，同时可用于混合动力车辆及传统内燃机车辆，填补国内此项领域空白。试验室最低测试温度为 −40℃（国外同类试验室最低测试温度为 −7℃），可同步进行不少于 500 项技术指标数据采集（国外同类试验室同步检测项目约为 200 项），促进汽车在低能耗技术上作出更多的创新和突破，研制真正节能和在不同行驶场景下都安全、可靠、实用的汽车，为整车企业及相关产业链提供整车能效服务。

（陈宝德　杜涵涵）

【制定京津冀科技资源共享新机制】 7 月 26 日，京津冀三地科技主管部门共同制定《京津冀三地深入促进重大科研基础设施和大型科研仪器开放共享及科技创新券合作工作机制》，力争提升科研设施与仪器服务京津冀企业的数量和质量，深化落实京津冀科技创新券政策，以更好地满足三地中小企业、创新创业团队的技术创新需求，为促进京津冀协同创新发展提供更加有力的支撑服务。

（徐传奇　孟艳霞）

【3C 智能制造创新联合体成立】 7 月 30 日，3C 智能制造创新联合体启动会在北京小米科技园举行。创新联合体由小米集团牵头，联合产业链上下游企业、高校院所等 20 家创新主体组建，集聚智能制造领域科研、产业、应用优势资源。基础研究环节参与成员包括清华大学、中国科学院软件所等高校院所，技术协同攻关环节参与成员包括珞石（北京）科技有限公司、北京思灵机器人科技有限责任公司等企业，应用场景验证等环节参与成员包括中国电信、朗电等企业。创新联合体设立理事会作为领导机构，并设行政、技术双总师，成立专家委员会，聘请中国工程院李培根院士、侯晓院士和李克强院士为名誉顾问，成立专职工作推进组负责日常组织协调，围绕产业需求打造智能装备、智能机器人、智能工艺、智能制造系统、体系标准等 5 个研究中心和 1 个

成果转化中心。

（徐建功）

【科研设施与仪器开放共享协调工作会召开】8月9日，北京市科研设施与仪器开放共享协调工作会召开。市科委、中关村管委会，市教委，市发展改革委等15个委办局及相关单位负责人参加会议。市科委、中关村管委会负责人介绍北京市推进落实《关于加强首都科技条件平台建设 进一步促进重大科研基础设施和大型科研仪器向社会开放的实施意见》（京政办发〔2016〕34号）及科技基础条件资源调查进展情况，沟通市属管理单位科研设施与仪器开放共享评价结果情况，部署2022年工作。会议指出，要继续摸清北京市科研设施与仪器底数，优化评价考核指标体系，持续强化开放共享政策支持，加强宣传推广和示范带动，各委办局协同促进不断提升北京市科研设施与仪器开放共享水平。

（徐传奇 孟艳霞）

【共建STARi技术平台】8月13日，诺未科技（北京）有限公司与中国医学科学院药物研究院蒋建东院士团队签订合作协议，共建超强靶向激活T细胞免疫反应技术平台（STARi）。根据协议，双方将研究STARi平台的作用机制，加速平台新药孵化，推动基于高效激活特异性T细胞的first-in-class型核酸新药的产业转化。

（杜涵涵）

【微重力大科学装置竣工验收】8月，由中国科学院空间应用工程与技术中心研制建设的国家大科学装置“4秒电磁弹射微重力实验装置”项目竣工验收。装置位于中国科学院北京新技术基地，高44.5米，占地面积136平方米，主体结构通过1.6万套高强螺栓拼接而成，采用电磁抛射的方式在地面构建微重力实验环境，即采用电磁弹射系统将实验舱垂直加速到预定速度后释放，实验舱在上抛和下落阶段为科学载荷提供微重力环境，达到4秒微重力时间、十万分之一重力加速度微重力水平、过载加速度不超过5g、实验间隔不大于10分钟的国际先进水平，可模拟微重力、月球重力、火星重力等运动模式，为航天大规模空间科学项目提供地基短时微重力实验服务。

（徐建功）

【灾害应急数据区块链服务平台上线】9月5日，由中国科学院空天信息创新研究院主导研发的国内首个灾害应急数据区块链服务平台（Open Disaster Data Chain）上线。平台采用国内首个获国家网信办区块链信息服务备案编号的科学数据区块链——开放数据联盟链（ODC）作为底层开发平台，采用多子链分布协同的技术架构，初步构建起覆盖国内主要减灾机构的区块链可信联盟体系，具有快速部署、高性能智能合约、多平台兼容等创新优势，为解决灾害应急过程中数据确权凭证、版本管理、可信共享和溯源追踪等问题开辟“区块链+”服务新模式。平台已为联合国亚洲及太平洋经济社会委员会、联合国训练研究所、科技部和中国科学院等开展的汤加、孟加拉国、巴西、阿富汗、巴基斯坦等地的地震、洪涝、火山爆发等重大灾害应急响应提供有力数据和技术支撑。

（陈宝德）

【微纳能源公司成为“院士专家服务中心创新基地”】9月19日，市科协发布《关于2022年北京市科协科创公共服务平台重点项目评审结果的公示》，全市共认定10家“院士专家服务中心创新基地”。北京中关村微纳能源投资有限公司入选，成为怀柔区首家“院士专家服务中心创新基地”。“院士专家服务中心创新基地”项目旨在按照首都区域产业布局和功能定位，依托科协系统组织和人才优势，发挥院士专家示范引领作用，市区两级科协工作联动，在区内重点产业园区开展院士专家服务中心工作，持续推进人才、技术、数据、知识、资本等创新资源共享，从学术科创、成果转化、决策咨询、高端活动、科学传播、科技工作者培训等方面，推进区域产业转型升级和企业技术进步，助力区域科技经济社会发展及创新人才成长培养。

（李贺英）

【干细胞协同创新平台规划建设】9月23日，中国干细胞与再生医学协同创新平台在京召开第一届理事会第五次会议，干细胞创新平台理事长卞修武院士分享平台取得的工作进展和未来规划。细胞资源工作组、信息管理工作组、产业转化工作组、标准管理工作组、学术研究工作组等5位组长分别对各自负责的工作和未来规划进行汇报。会议审议并通过《中国干细胞与再生医学协同创新平台纲领》（“平台六条”）、《中国干细胞与再生医学协同创新平台管理办法》、《中国干细胞与再生医学协同创新平台成员单位行为准则》3项平台纲领性文件，推进干细胞创新平台进一步完善管理组织架构、建章立制、明确理事成员权责。

（徐建功）

【国际科技创新中心网络服务平台（京科）升级上线】9月27日，市科委、中关村管委会召开媒体通气会，发布全新升级的国际科技创新中心网络服务平台（“京科”平台）。平台旨在打造科创服务矩阵，包括资讯、展示、服务三大板块，以及科创指数、科创热榜、科创地图、科创日历等10余项特色功能，可为各类科创主体提供服务。平台接入13类科创高频政务办事事项，实现相关事项一站通办、集成联办、移动可办；每年可覆盖服务各类科技型企业、机构等超过5万家；升级科创服务功能，向企业整合开放找空间、找政策、找资金、找成果、找科研设施、找合作六大系列4.5万条高价值的“独家”科创服务资源。平台升级上线后，使用中文简称“京科”作为中文版和移动端App名称。

（徐建功）

【京津冀创新券服务资源推介活动举办】 10月22日，北京市科委、中关村管委会联合天津市科技局、河北省科技厅举办京津冀科技创新券政策宣讲暨创新券服务资源推介活动。中关村高科技产业促进中心联合天津市科技信息研究所、河北省科技金融发展促进中心京津冀三地科技创新券管理机构承办。活动采用线上直播方式进行，对京津冀科技创新券合作情况及实施情况进行总结，并邀请清华大学天津电子信息研究院、北京大学、河北工业大学等创新服务提供机构进行服务资源推介，三地500余家单位参加活动。活动推动京津冀科技创新券合作，促进三地科技资源互联互通。

（徐传奇　孟艳霞）

【DeepFlame燃烧反应流体计算平台推出】 11月16日，北京科学智能研究院研发推出DeepFlame燃烧反应流体计算平台。针对航空航天领域发动机燃烧室数值模拟、化学反应动力学微分求解等业内难点痛点，平台采用深度神经网络替代传统求解方法，多尺度采样考虑问题，体现出较强通用性，初步实现高效率、可移植、跨平台的OpenFOAM–Cantera–Torch三方耦合，能够计算不同条件下的反应流问题，是中国首个耦合深度学习框架的大型开源反应流科学计算软件，可在国产高性能异构计算平台部署及稳定运行；平台加速效果突出，能够实现万核级别的线性加速，计算速度相比传统求解方法提升两个量级；在可靠性与准确性上，捕捉到与传统方法完全一致的点火过程。基于DeepFlame设计研发的参赛项目获“先导杯”计算应用大赛一等奖，相关基础算法成果被燃烧领域顶级期刊《燃烧与火焰》发表。

（闫　鑫）

【智能网联汽车5G算网联合实验室成立】 11月21日，国家智能网联汽车创新中心与中国联合网络通信有限公司签署《智能网联汽车5G算网联合实验室合作协议》，旨在共同推动智能网联汽车产业与5G通信产业融合发展，加速智能网联汽车多场景商业化落地。双方共同为智能网联汽车5G算网联合实验室揭牌，实验室落地经开区。联合实验室具备清晰的发展定位，即面向国家战略需求，顺应算网融合行业发展趋势，完善5G–V2X应用模式，构建智能网联汽车“网联”关键技术要素生态联合创新体，实现智能网联汽车产业跨行业融合，推动智能网联汽车关键共性技术发展。

（杜涵涵）

【数字资产管理平台发布】 12月1日，北京科学智能研究院发布集数据、软件、模型、工作流的开源、开放、共享于一体的数字资产管理平台（科学智能广场），并持续运营维护，以系统化思维构建AI for Science创新基座，旨在激活科学研究领域的协作模式，提升科研创新效能，推动更多科研成果在工业场景落地应用。科学智能广场允许科研人员上传、贡献自己的科学计算数据集、模型及工作流，同时可使用已训练好的专用模型，降低计算代价和研究成本。科学智能广场已获取并共享总机时价值超3亿核时、覆盖各个应用领域的模拟仿真数据，贡献超过50个特定场景专用模型，其发布标志着AI for Science的研究人员有了专属的创新共建平台和交流合作平台。

（闫　鑫）

【清华大学—先声药业创新药物发现联合研究中心成立】 12月23日，清华大学与江苏先声药业有限公司联合宣布，共同建立清华大学—先声药业创新药物发现联合研究中心并签署战略合作协议。联合研究中心是清华大学首次在生物医药领域与国内头部药企联合开展的校级合作，旨在为推动原创性校企合作科技创新、培养兼具产学研视野的高级综合型人才、构筑民族医药健康高质量发展的生态系统提供重要力量。联合研究中心成立后，双方在神经疾病、肿瘤、自身免疫等领域开展创新药物发现联合研究工作。中心的发展将推动校企学术交流，促进清华大学药学及相关学科建设和人才培养，以及先声药业研发团队的完善和提高。

（程晓荷）

【面向开放云化的6G空口试验平台建设完成】 12月27日，中关村泛联移动通信技术创新应用研究院完成6G空口试验平台建设，单板支持2GHz×8通道处理能力，通过多板卡扩展可支持100Gbps通信实验，支持毫米波通感一体化、高速可见光、智能超表面等6G关键技术验证。为推进6G云化无线网络异构硬件开放平台建设，研究院联合中国移动研究院、联想等合作伙伴发布《6G无线网络开放与云化技术白皮书》，为产业开展云化无线关键技术研究和解决方案提供参考，为2025年端到端系统概念样机、6G开放试验网络建设奠定基础。

（张立芬）

【中关村科学城智能网联汽车协同创新平台启动】 12月28日，在中关村论坛系列活动——中德智能网联汽车国际创新论坛上，中关村科学城智能网联汽车协同创新平台启动仪式举行。平台由北京翠湖智能网联科技发展有限公司联合上下游创新企业、科研院所、行业机构共同发起成立，搭建产业促进、汽车硬件、汽车软件、信息安全及测试检验等方面的服务平台。其中，产业促进平台有效引导产学研合作、上下游对接、投融资对接等各类活动；硬件服务平台参与应用示范项目，深化联调联试成果，累积智能网联车技术的工程化及真实场景落地经验；软件服务平台共同研发软硬件快速验证平台和软件开发平台，聚焦未来数据驱动、软件定义汽车、云原生等软件开发趋势；信息安全平台推动行业信息安全技术创新性、前瞻性建设与应用；测试检验平台将为智能网联汽车企业提供硬件测试、软件测试、仿真测试等服务。

（徐建功）

【首都科技条件平台与科技创新券实施办法启动修订】 2022年，市科委、中关村管委会不断完善资源开放共享服务的制度建设，根据《关于加强首都科技条件平台建设 进一步促进重大科研基础设施和大型科研仪器向社会开放的实施意见》（京政办发〔2016〕34号）、《中关村国家自主创新示范区优化创新创业生态环境支持资金管理办法（试行）》（京科发〔2022〕8号）等文件精神，结合审计、巡视等工作，以及首都科技条件平台和创新券政策实施中存在的管理程序烦琐、政策覆盖面较小等问题，通过座谈交流、征求听取各方意见和建议，启动修订首都科技条件平台和科技创新券实施办法。聚焦仪器设备开放共享这一核心功能，简化实施流程，突出支持重点，扩大政策覆盖面，同时强化择优支持，实现“谁开放、谁受益”“多开放、多受益”。

（徐传奇　孟艳霞）

【农业人工智能服务平台在农业中关村建成】 2022年，由市科委、中关村管委会支持建设的农业人工智能服务平台在平谷农业中关村建成并运行。平台面向平谷区大桃等特色产业实际技术服务需求，突破农业多媒体知识图谱构建、市场价格多维度挖掘、全景虚拟互动导览、营销推荐决策、畜禽健康巡检等关键技术，农户作业体态等农业视频识别准确率，桃花识别、桃果实褐腐病、蛋壳暗斑识别等图像识别准确率，农业语音识别准确率均超过85%，农业问题语义配准度达90%以上，畜禽体温等健康指标巡检准确率达80%以上；集成研发的农业知识图谱、人工智能算法API接口、人机交互界面库和数据智能挖掘中间件可为平谷农业企业提供定制服务，已定制绿谷汇德智慧农园系统、互联农业大讲堂、寻桃记等农业智能系统53套，并为213家农业科研机构和企业提供GPU云计算、TB海量数据存储和系统云专业托管等开放式服务，服务人次达15.7万。

（赵　娣）

【氢液化关键装配测试平台搭建完成】 2022年，北京航天试验技术研究所搭建完成氢液化关键装配测试平台，可满足3～8吨/天氢透平膨胀机设计工况下的真实性能测试。北京航天试验技术研究所是国内最早进行航天氢能技术研究的机构，以低温推进剂（液氢液氧推进剂组合）技术为核心，重点开展氢气制备纯化技术、液氢生产制备技术、储存运输加注系统和氢安全性能等方面的研究，形成以氢气、液氢的生产、纯化、输送、储存和使用为主导的技术体系，处于国内领先地位。

（张　硕）

【光场共性技术平台建设】 2022年，凌云光技术股份有限公司和咪咕文化科技有限公司牵头建设光场共性技术平台，主要为科幻、元宇宙等产业提供光场共性技术服务。平台针对光场技术门槛高、国内光场系统数据质量差、计算效率低、成熟应用少等问题，利用牵头单位及股东方的技术资源、设备资源、产业链上下游资源，以及应用场景资源，研发梯度光场成像、多孔径光场成像及高精度、高效AI算法技术，开发建设系列光场采集建模系统、光场数据库、数字人制播应用与评测系统、全息通信应用评测系统，可将数字内容制作周期从数月缩短至2天以内。

（胡伯源）

【硅光平台启动先进工艺开发】 2022年，市科委、中关村管委会围绕北京建设硅光产业生态整体规划，支持中国科学院微电子所启动基于SiN-Ge-SOI多材料集成工艺开发。平台对标国际领先的比利时IMEC硅光平台，针对硅光芯片加工工艺无法应对多材料集成、产品形态相对单一等问题进行攻关。

（张　硕）

【硅光量产平台启动硅光工艺开发与产线改建】2022年，在市科委、中关村管委会支持下，燕东微电子科技有限公司基于现有的8寸CMOS量产平台启动硅光工艺开发与产线改建。燕东微电子与中国科学院微电子所、清华大学、北京大学、北京邮电大学等科研团队及国科光芯、光子算数（北京）科技有限责任公司等创新企业开展合作，在半导体/集成电路领域深耕多年，积累丰富的产线运营、国产装备和材料验证及工艺平台开发经验。

（张　硕）

【支持46个首都科技创新券项目】2022年，市科委、中关村管委会完成本年度首都科技创新券资金的发放与使用工作，有46家企业及创业团队获创新资源的科研服务；使用财政科技经费796.35万元，共支持46个创新券项目。

（徐传奇　孟艳霞）

【开展首都科技条件平台绩效考核】2022年，市科委、中关村管委会组织开展首都科技条件平台绩效考核工作。联合市财政局采取定向组织的方式，向市属单位、在京单位发布启动绩效考核工作通知，共组织90家单位申报专项考核；组织召开绩效考核专家评审会，对申报单位科研设施与仪器整合、开放、共享与运营服务效果等进行绩效考核，形成2022年度绩效考核结果，并经相关审批流程通过，向考核结果为优秀和良好的40家单位拨付后补助经费。同时，按《关于加强首都科技条件平台建设　进一步促进重大科研基础设施和大型科研仪器向社会开放的实施意见》（京政办发〔2016〕34号）要求，形成2022年市属管理单位科研设施与仪器开放共享情况评价结果，并向社会公布。

（徐传奇　孟艳霞）

【新冠肺炎诊断试剂科技攻关技术平台产出成效】2022年，市科委、中关村管委会联合检测、临床机构和重点企业搭建的“新冠肺炎诊断试剂科技攻关技术平台”通过跟踪服务重点企业研发，加速临床机构伦理审批、临床验证，协同检测机构、企业共同研制标准品与质控品等机制，加速诊断试剂品种的研发和上市。平台推动一批诊断试剂获批上市，涵盖核酸、抗体、抗原三种技术路线。

（卢明子）

【新增3家国家技术创新中心】2022年，北京市新增国家动物模型技术创新中心、国家建筑绿色低碳技术创新中心、国家区块链技术创新中心3家国家技术创新中心。截至12月底，国家在京布局国家技术创新中心7家，占总量的28%，位居全国第一。国家技术创新中心由科技部批准，定位于实现从科学到技术转化，促进重大基础研究成果产业化。中心以关键技术研发为核心使命，产学研协同推动科技成果转移转化与产业化，为区域和产业发展提供源头技术供给，为科技型中小企业孵化、培育和发展提供创新服务，为支撑产业向中高端迈进、实现高质量发展发挥战略引领作用。

（仵秋红）

【加强国家重大科技平台软硬环境建设保障】2022年，中关村科学城加强中关村实验室软硬环境建设保障。起步区实现入驻办公，核心区16栋楼宇建设完成验收，支持新型研发机构开展关键核心技术攻关。量子研究院量子直接通信样机创造100千米的世界最长量子直接通信距离、国内首台产品级掺镱高功率飞秒振荡器研发完成。智源研究院、微芯研究院分别发布高精度仿真秀丽线虫“天宝1.0”、“九鼎”智算平台、面向区块链底层的自主可控P2P网络“若水”、全球最大区块链存储引擎“泓”等技术成果。支持启元实验室科研团队建设及科技成果转化，建立深度合作机制，落地元潼（北京）技术有限公司等2家企业。

（程晓荷）

创新高地

BEIJING ALMANAC OF SCIENCE AND TECHNOLOGY 2023

北京科技年鉴

2023

三城一区

中关村科学城

【概述】中关村科学城主体区域是中关村科技园区海淀园174平方千米范围，同时拓展至海淀区全域和昌平区部分区域。2018年11月，市委常委会审议通过《中关村科学城规划（2017—2035年）》。中关村科学城管理委员会（简称中关村科学城管委会）于2019年12月28日挂牌，负责推动中关村科学城建设。中关村科学城党工委、管委会是市委、市政府派出机构，由海淀区代管。

2022年，中关村科学城党工委、管委会聚焦世界领先科技园区建设，贯彻落实市、区决策部署，落实中关村新一轮先行先试改革措施，抢抓机遇、发挥优势，围绕中关村科学城功能定位，着力提升区域创新能级，为市、区高质量发展提供强力支撑。园区高新技术企业收入37021.84亿元，比2021年增长5.2%；实现工业总产值2749.1亿元，比2021年下降15.3%，占全市总量的12%；实现技术合同成交总额3380.4亿元，比2021年增长15.7%。全区有国家高新技术企业9764家、中关村高新技术企业10729家。年内揭晓的北京市科技奖励项目中，海淀区97个项目分别获北京市自然科学奖、北京市技术发明奖和北京市科技进步奖，占北京市项目获奖总数的50.7%。

前瞻布局，强化国家战略科技力量。支持新型研发机构开展关键核心技术攻关，量子研究院量子直接通信样机创造100千米的世界最长通信距离、国内首台产品级掺镱高功率飞秒振荡器研发完成，智源研究院、微芯研究院分别发布高精度仿真秀丽线虫“天宝1.0”、“九鼎”智算平台、面向区块链底层的自主可控P2P网络“若水”、全球最大区块链存储引擎“泓”等技术成果。支持启元实验室科研团队建设及科技成果转化，建立深度合作机制，落地元潼（北京）技术有限公司等2家企业。推进京津冀国家技术创新中心建设，新挖掘项目122个，已立项项目34个，新落地企业6家，自主培育企业新增融资约10.66亿元。做强北京市自然科学基金－海淀原始创新联合基金，参与企业数量达8家，创历史新高，基金总规模达7000万元，比2021年提高133%；深入推进概念验证中心建设，全国首个临床医学概念验证中心——中关村科学城—北京大学第三医院临床医学概念验证中心揭牌运行。

先行先试改革落地见效。制定实施中关村新一轮先行先试改革工作方案，出台科技应用场景、科技成果先使用后付费、“揭榜挂帅”等配套措施，发布关键核心技术产品入链应用项目、应用场景验证项目、关键核心技术“揭榜挂帅”专项申报指南，围绕人工智能、集成电路、互联网3.0等重点领域发布45个攻关方向，加强政策宣贯，促进一批重大项目和改革案例落地。华为等14家领军企业与18家企业签署技术集成采购协议；北京天智航医疗科技股份有限公司等7家企业发布创新需求项目12个；北京银行等5家金融机构发布科技金融创新产品7项。教育部向12所高校下达与新型研发机构联合培养博士研究生专项指标173个；北京市公安局海淀分局外国人出入境服务厅揭牌运行，实现外籍人才工作许可和居留许可“两证联办”；会同北京银保监局共同设立科创金融服务中心，在并购贷、人才贷、认股权贷款等方面开展政策突破试点；推动首都师范大学、北京信息科技大学专利先使用后付费许可案例落地；聚焦工业互联网、智慧医疗等领域落地5G应用项目15个；一批科技型中小企业、有基础研究支出的企业享受研发费用加计扣除税收优惠。

创新驱动高精尖产业发展。支持人工智能超大规模模型训练平台、算力平台建设，打造自主可控基础软硬件技术体系和算力支撑；加快产业聚集发展，智源大厦改造完成，入驻智源研究院、北京奇岱松科技有限公司等重点企业。推进区块链技术示范应用，支持先进算力实验平台建设，打造可信基础设施体系；推进国家区块链创新应用综合试点建设，梳理政务服务、信用支付、知识产权保护等区块链应用场景，促进技术应用场景建设；首个基于长安链技术的央企子公司北京商银微芯科技有限公司落地。加强集成电路龙头企业培育，整合空间、人才、资本、场景等资源，支持兆易创新科技集团股份有限公司、北京昂瑞微电子技术股份有限公司等企业开展核心技术攻关；加强前瞻技术布局和产业生态构建，支持中关村集成电路设计园打造芯创技术服务平台，加快产业聚集发展，已入驻北京地平线信息技术有限公司等90余家企业。加快大健康产业发展，聚焦创新药物、高端医疗设备、智慧医疗等细分领域，梳理产业图谱。布局贝伦产业园（海新域A区）、前孵化创新中心等医药健康产业园区，规划上庄国际医谷、飞驰绿能、巨山产业园等新增产业空间。搭建细胞与基因治疗、重组蛋白药物、绿色化学原料药、药物递送、基因编辑、类器官芯片等一批专业技术平台。推动AI辅助诊断、高端医疗器械、智慧医疗等应用场景建设。信创领域，与华为公司等合作建设自主可控软件创新中心，加强同麒麟软件（北京）有限公司、统信软件技术有限公司等企业沟通对接，推进基础软件创新研发，完善信创产业生态。推进国家网络安全产业园（海淀）建设，入驻50余家网络安全相关企业及平台。

发展支持智能制造产业。支持小米公司成立全国首家3C智能制造创新联合体，梳理机器人及人形机器人产业图谱。推动空天产业集聚区建设，在北部集聚企业30余家，举办中关村论坛技术交易活动空天专场，推动技术交易和项目落地。推动空天产业与新一代信息技术等产业融合发展，鼓励银河航天（北京）科技有限公司、北京微纳星空科技有限公司等企业开展卫星核心技术攻关，围绕产业链梳理重点企业和项目。加快推进中关村自动驾驶示范区建设，实现自动驾驶示范区全域330余千米测试道路开放；搭建协同创新平台，50余家企业、机构参与，共同推动智能网联汽车软硬件、安全、测试等方面协同发展。能源环保领域，依托国际氢能中心建设，支持关键核心技术攻关；培育扶持北京亿华通科技股份有限公司、北京氢璞创能科技有限公司、北京中科富海低温科技有限公司、北京思伟特新能源科技有限公司等企业，推动北京派瑞华氢能源科技有限公司落地；制定海淀区促进氢燃料电池汽车推广应用实施方案，推进160辆氢燃料电池汽车示范应用。超高清视频领域，开展集群协同创新，突破8K超高速网络存储、硬件编解码、纯软件编解码等关键核心技术。在当代商城建设8K LED大屏，开展北京2022年冬奥会等示范应用。以协同中心改制为契机，筹划超高清视频内容制作平台。新材料领域，开展以需求为导向的关键核心技术应用推广，征集《北京市重点新材料首批次应用示范指导目录（2022年版）》产品46项。

推进全球数字经济标杆城市建设。协同市经济和信息化局完成《全球数字经济标杆城市建设2022年任务清单》，落实《中关村科学城数字经济创新发展三年行动计划（2021—2023年）》，围绕数字新基建等5个方面15项重点任务，梳理重点项目百余项并动态跟踪，持续推动项目落地，清单化推动数字经济发展。累计5G基站建设数量超过1万个，占全市总量的17%；千兆光纤覆盖率处于前列，实现100%全覆盖；在中关村西区、东升科技园、华熙Live三个区域开展奇岱松空间计算操作系统海淀区百万平方米试点。聚焦互联网3.0、元宇宙等数字前沿技术，支持智源研究院、通研院、量子研究院、微芯研究院等重点科研机构在通用人工智能前沿理论技术、新型可编程光量子计算芯片、区块链自主可控底层平台等方面取得一批领先成果。有序推进智慧海淀建设，《海淀区智慧城市建设实施方案（2021—2025年）》发布；基于市区大数据平台实现市区两级业务融合、数据汇聚，在重点车辆治理、地震监测预警等方面实现数据共享、场景共建，积极构建城市大脑市区共建模式。

优化创新创业环境。统筹推进“两区”建设重点任务，组织4批重大项目签约，华峰测控、拓尔思等54个项目落地。持续推进双创示范基地建设，“双创”工作连续6年获国务院通报表扬。支持首批标杆孵化器建设，建设巢生生物、奇绩创坛、中科创星3家引领类标杆孵化器，占全市总数的1/3；建设创新工场、中关村智友、璞跃（PNP）、联想之星、翠湖、中关村前孵化创新中心6家培育类标杆孵化器，占全市总数超40%。开展“海英人才”专项评审，完善落实人才举荐机制，加大对创新创业领军人才的支持力度。支持落地“人才E+”工作站，提升对海外人才服务水平。园区博士后分站新增设站25家，总数达112家，支持园区博士后分站引进高水平青年博士后科技人才74人，覆盖人工智能、医药健康等多个高精尖产业领域。优化知识产权环境，发行新一期知识产权证券化产品，为15家科技企业融资 2.02 亿元，中关村知识产权保护中心扩大快速预审服务专利分类号，2022 年服务创新主体专利快速预审 5410 件，比 2021 年增长 113.2%；先后获批国家知识产权强市建设示范城区、国家知识产权出口基地、国家专利导航基地，中关村软件园入选首批海外知识产权维权服务联络站。通过区级投资平台强化对优质项目扶持，基于产业链图谱精准开展产业投资，中关村科学城科技成长基金累计决策项目 22 个，决策金额 18.93 亿元。以创建社会信用体系建设示范区为抓手，持续推动社会信用体系建设，提升区域政务诚信、商务诚信、社会诚信等领域信用环境。优化产业空间布局，研究制定“8+1”组团规划。加快释放产业空间，推动上地元中心、金隅科技园等项目建设。提升园区运营服务能力，推广东升科技园专业化“精耕细作”的运营服务模式。形成服务企业协同机制工作方案，组建 29 个由处级干部带队、全员参与的工作组，对接协同全区 29 个街镇，围绕企业经营与发展开展全方位服务。加强企业培育，拥有“专精特新”中小企业 1914 家，占全市的 35.7%；国家级专精特新“小巨人”企业 265 家，占全市的 45.1%。支持引导平台企业健康规范发展，聚力支持北京字节跳动科技有限公司、北京快手科技有限公司、北京三快在线科技有限公司（美团）等平台企业向硬科技转型；用好北京市企业服务包平台，覆盖 81 家平台企业，做好平台企业空间保障、子女入学、高管体检、非公党建等综合服务，加强舆情监测和舆论引导等，促进平台经济规范健康发展；探索网络市场监管服务新模式，以“集群注册”方式为互联网直播服务主播办理市场主体登记，落地有限公司 8 家、个体户 5 家。加强科技冬奥应用场景建设，在科技防疫、智慧服务、人工智能等领域助力冬奥创新。推动基于低轨卫星星座的凤凰岭景区通导应用、空间计算操作系统 2.0 应用在中关村西区、海淀医院智慧医疗应用等场景项目。落实工业安全生产行业主管部门责任，先后为重点工业企业协调京外供应商及生产基地复工复产。

遴选优质国际科创项目渠道。主动谋划海外项目投资资金通道，探索中关村科学城创新发展有限公司国际基金成立方案。持续推进“环球商机”“外交官走进科学城”活动，加强同德国、中东及欧洲等地的沟通交流，拓展国际创新合作渠道。服务企业出海，组织 7 家优势企业参加 CES 展等高级别展览。做好中关村论坛服务保障工作，举办金融科技论坛年会、新技术新产品首发专场（航空航天领域）活动、第四届智源大会等 6 场常态化活动。推荐 5 个高精尖项目落地城市副中心。推荐北京优炫软件股份有限公司和用友网络科技股份有限公司为雄安在线公共服务平台相关子板块提供解决方案，支持东华软件股份公司、利亚德光电股份有限公司等企业在雄安打造“智慧雄安”等标杆项目。推动经开区与北医三院、中国科学院概念验证中心开展成果转化合作，支持高校院所在经开区策划 10 场路演活动，推动中关村 E 谷向未来科学城提交 3 万平方米科创中心招商运营方案，支持 20 多家民营企业与怀柔科学城对接使用大科学装置。

（程晓荷）

【中关村科学城博士后沙龙举办】 1 月 21 日，中关村科学城管委会为帮助新设站单位尽快了解国家博士后工作制度、办理流程、存档落户等相关政策，举办新设企业博士后工作分站管理人员培训会，30 余家设站单位管理人员参训。截至年底，中关村科学城管委会共举办 5 期中关村科学城博士后沙龙活动。

（李文萍）

【10 家单位入选国家区块链创新应用综合试点名单】 1 月，中央网信办等 16 部门印发《关于印发国家区块链创新应用试点名单的通知》（中网办秘字〔2022〕72 号），试点名单包含 15 个综合性试点单位，以及涵盖区块链 + 制造、区块链 + 能源、区块链 + 政务服务 / 政务数据共享等 16 个行业的 164 个特色领域试点单位。其中，中关村示范区内京东科技信息技术有限公司、航天信息股份有限公司、北京大学等 10 家单位入选特色领域试点单位。

（程晓荷）

【“专精特新”中小企业专题培训会举办】 2 月 24 日，中关村科学城管委会与北京中关村外商投资企业协会举办申报 2022 年北京市“专精特新”中小企业专题线上培训会。海淀区中小企业及创业孵化机构、社会组织的代表等 200 余人参加。相关专家就北京市“专精特新”中小企业认定政策进行解读。

（吴　茜）

【中关村科学城重点项目签约发布活动举办】 3 月 21 日，海淀区举办中关村科学城重点项目签约发布活动，共有 15 个建设投资项目签约落地，8 家领军企业与 11 家企业签署技术集成采购协议，4 家企业发布 6 项创新项目需求榜，5 家金融机构发布 7 项科技金融创新产品。签约落地的 15 个项目聚焦人工智能、集成电路、医药健康、大数据、能源环保等数字经济和高精尖领域，为中关村科学城建设注入新动能。

（程晓荷）

【6 家单位被认定为专业类特色服务出口基地】 3 月

22 日，商务部等 7 部门发布公告，公布专业类特色服务出口基地名单。其中，中关村科学城被认定为首批国家知识产权服务出口基地，中关村科技园区朝阳园被认定为人力资源服务领域特色服务出口基地和地理信息服务领域特色服务出口基地，国际传播科技文化园、北京语言大学、中译语通科技股份有限公司、甲骨易（北京）语言科技股份有限公司被认定为语言服务领域特色服务出口基地。

（石　蕾）

【中关村—阿布扎比商机交流会举办】4 月 19 日，由中关村科学城管委会、阿布扎比投资办公室主办的 2022 中关村科学城—环球商机系列活动——2022 中关村—阿布扎比商机交流会在中关村壹号举办。海淀区商务局等单位相关负责人及中关村科学城上市企业、独角兽企业、“专精特新”企业的代表参加。北京佰才邦技术股份有限公司、理工全盛（北京）科技有限公司等 7 家企业进行路演，讲述企业发展情况并分享海外拓展经验。活动采用线下和线上相结合的形式，国内观众与海外嘉宾云上互动，线上点击量超 1.65 万次。环球商机系列活动全年举办中德、中阿（两场）、中欧、中英 5 场交流对接会，通过多平台中英双语直播，总点击量超 20 万次。

（李文萍）

【人工智能创新园落地中关村科学城】5 月 9 日，北京实创科技园开发建设股份有限公司宣布北京市在中关村科学城北区增建北京通用人工智能创新园。人工智能创新园位于翠湖科技园新增 A1 资源 3–2–6005 地块，用地范围南起创新园纬七路、北至创新园纬三路、东起翠湖东路、西至创新园经十路，属于研发设计用地，由实创股份公司子公司北京实创智源有限责任公司开发建设，将围绕通用智能发展，服务重大科研任务，面向基础研究、前沿科技、学术生态、产业应用、人才培育等领域，建设集“政、产、学、研、用”于一体的人工智能垂直产业生态。项目占地面积 4.77 公顷，总建筑面积 9.94 万平方米，其中地上建筑面积 5.69 万平方米、地下建筑面积 4.25 万平方米，主要包含算力中心、人工智能产业展示中心、可灵活租用的科研设计用房，以及健身、餐饮、商业、展览等相关配套服务。

（徐建功）

【中关村科学城 24 个重点项目集中签约】6 月 21 日，由海淀区政府、中关村科学城管委会主办的中关村科学城重点项目签约发布会在中关村示范区展示中心举办。海淀区委、区政府等单位有关负责人及相关机构、企业的代表参加。会议发布关键核心技术“揭榜挂帅”、科技应用场景、科技成果先使用后付费 3 项落实中关村新一轮先行先试改革的措施和两项鼓励创新品种的早期研发、临床试验、产业落地及鼓励企业以多种方式实现研发价值的医药健康产业支持措施。北京云脉芯联科技有限公司、寰宇信任（北京）技术有限公司、北京昂瑞微电子技术股份有限公司等 24 个高精尖、“两区”建设、产业投资平台和专业化孵化平台项目集中签约。会上还举行中关村科学城—北京大学第三医院临床医学概念验证中心揭牌仪式。

（程晓荷）

【第一届“专精特新”技术创新大会举办】7 月 29 日，由中关村智友天使人工智能与机器人研究院主办的 2022 中关村创新创业季系列活动——第一届“专精特新”技术创新大会暨科学家创新创业论坛在京举办。市科委、中关村管委会，中关村科学城管委会等单位有关负责人及学术界、投资界、产业界、创业者的代表等参加，线上观众 10 万余人。与会代表围绕“专精特新”企业的成长规律、在先进制造“专精特新”领域的投资思考和实践、科学家创业过程中可能会遇到的挑战等主题进行交流。大会还举行中关村智友科学家基金“专家贡献奖”授牌仪式，科技部智能机器人重点研发计划专家组组长赵杰、北京航空航天大学机械工程及自动化学院刘强教授、智源研究院院长黄铁军等 9 人获奖。

（程晓荷）

【首届北京开源芯片生态产业论坛举办】8 月 24 日，由北京开源芯片研究院、中国开放指令生态（RISC–V）联盟、北京中关村创业大街科技服务有限公司主办的第二届 RISC–V 中国峰会北京会场系列活动——首届北京开源芯片生态产业论坛在中关村示范区展示中心举办。论坛以“构建开源芯片技术体系，加速开源芯片生态发展”为主题。市经济和信息化局，市科委、中关村管委会，海淀区政府等单位相关负责人及开源芯片领域的行业专家学者、企业的代表等 100 余人参加。与会代表围绕构建开源芯片创新联合体、RISC–V 在云和端领域的应用前景、RISC–V 软硬件基础设施平台建设、RISC–V 开源生态体系建设等方面进行交流讨论。腾讯科技（北京）有限公司向开源芯片研究院捐赠“天箭芯片验证平台”的源代码。天箭芯片验证平台是腾讯—蓬莱实验室自研的一款芯片验证管理工具，用于提升芯片验证的效率，管理芯片验证质量，缩短整体项目的迭代周期。中关村创业大街公司与开源芯片研究院签署共建 RISC–V 产业创新中心合作协议。双方共同加速 RISC-V 相关生态企业在海淀集聚发展，促进 RISC-V 技术应用，加速生态企业成长壮大。开源芯片研究院还发布“芯人才”处理器人才培养计划。

（李海松　程晓荷）

【中关村科学城被命名为“全国和谐劳动关系创建示范工业园区”】 9 月 22 日，在全国和谐劳动关系创建示范经验交流电视电话会议上，宣布全国和谐劳动关系创建示范企业、工业园区命名决定，命名北京首钢股份有限公司等 350 家企业为“全国和谐劳动关系创建示范企业”，命名中关村科学城等 50 个工业园区为“全国和谐劳动关系创建示范工业园区”。其中，中关村科学城北京佳讯飞鸿电气股份有限公司、北京北斗星通导航技术股份有限公司、东华软件股份公司和北京大北农科技集团股份有限公司等 4 家企业被命名为“全国和谐劳动关系创建示范企业”。

（程晓荷）

【中关村科学城新增设立 25 家博士后科研工作站分站】 11 月 24 日，市人力资源社会保障局印发《关于批准北京壁仞科技开发有限公司等 74 家单位设立园区类博士后科研工作站　中交第四公路工程局有限公司等 13 家单位设立博士后创新实践基地的通知》（京人社专技字〔2022〕173 号），公布 2022 年批准设立的博士后科研工作站名单。其中，中关村科学城博士后科研工作站获批新增设北京华如科技股份有限公司、北京基石生命科技有限公司、北京海博思创科技股份有限公司等 25 家分站。截至年底，中关村科学城拥有博士后工作站分站 112 家。

（程晓荷）

【两家科技园入选国家未来产业科技园建设试点】 11 月 25 日，科技部、教育部印发《关于批复未来产业科技园建设试点的函》（国科函区〔2022〕323 号），同意空天科技未来产业科技园等 10 家产业科技园作为未来产业科技园建设试点，量子信息未来产业科技园作为未来产业科技园建设试点培育。北京市政府申报的空天科技未来产业科技园和国防与信息安全未来产业科技园入选。其中，空天科技未来产业科技园的建设单位为北京航空航天大学、中关村科学城管委会、沙河高教园区管委会，国防与信息安全未来产业科技园的建设单位为北京理工大学、房山区良乡大学城管委会、中关村科学城管委会。

（徐建功　刘　茹）

【“诚信建设万里行”系列讲座举办】 2022 年，“诚信建设万里行”暨 2022 年度核心区企业信用管理系列讲座共举办 3 次。3 月 31 日，由中关村科学城管委会主办的系列讲座开幕。系列讲座第一讲以视频的形式召开，对北京市和海淀区的信用政策制度、信用承诺、信用公示与修复及国家税务信用等级评定标准和金税四期系统对企业监管中影响信用等级评定的内容等信用知识进行解读与介绍。中关村国际孵化园、北京人大文化科技园、中关村软件园、盈创动力科技园、鼎新至诚集中办公区、创富港集中办公区等 43 家孵化器、集中办公区、产业园及近 100 家运营单位、企业参与。6 月 14 日、11 月 28 日，分别以视频形式向核心区企业宣讲北京市和海淀区的信用政策制度、信用承诺、信用公示与修复等信用知识，以推动行业诚信自律、企业自主亮信为主，向参会企业宣讲信用建档和信用修复等相关知识，引导企业自证信用，自觉守法守信，增进社会互信，减少增信成本，提高企业知信、守信、用信意识。

（王　泽）

【中关村大街沿线改造提升项目情况】 2022 年，中关村科学城管委会完成中关村南大街东侧数码大厦到魏公村地铁站 900 米景观改造提升工程，并对公众开放，改造内容主要包括园林绿化、城市家具、地面铺装、市政设施、夜景照明及慢行系统等。实施中关村南大街西侧民族大学至神舟大厦段 600 米公共空间景观改造提升，建设范围包括建筑后退红线空间、市政绿地及市政辅路、人行步道等。中国农业科学院国际交流中心项目部分楼宇竣工。百花鞋厂研发办公项目施工至地上 9 层，主要建设新一代信息技术和科技金融、智力密集型服务业等产业的综合科技办公园区。丽金智地中心进入施工收尾阶段，定位为北京高品质国际超甲级写字楼，注册 LEED 绿色建筑金级认证、WELL 健康建筑金级认证，目标客户主要是 TMT 科技创新企业、科技金融企业总部和为科技企业提供服务的专业服务企业。

（张　丛）

【《中关村科学城规划（2017 年—2035 年）》实施情况评估】 2022 年，中关村科学城管委会委托北京伟世通经济咨询有限责任公司对《中关村科学城规划（2017 年—2035 年）》实施情况进行评估。伟世通公司根据 2020 年中关村科学城指标体系数据分析和比较中关村科学城的发展情况并评估中关村科学城发展成效，以及建设发展存在的不足，形成《规划》实施情况评估报告。评估报告指出：自《规划》发布实施以来，中关村科学城以“打造具有全球影响力的科技创新中心新地标”为总体定位，利用科学城的核心大学、核心科研机构、龙头企业的发展优势，建设科技创新出发地、原始创新策源地、自主创新主阵地，依托科学城的核心要素打造创新创业引领区、国际创新集聚区、绿色宜居示范区，形成具有前沿性基础研究、加快战略高技术突破的科技创新型城区；围绕建设高水平科学研究机构、聚集领军和高成长企业、对接重大科技设施和项目，助力加快科学城的项目建设。科学城将重点加强产业研发创新、培育发展新经济，强化科技产业的快速和可持续发展；围绕“三区”的资源要素和产业布局形成低成本的战略功能区建设。

（于小淇）

【中关村科学城推进“两区”建设情况】2022年，中关村科学城统筹推进“两区”建设重点任务，组织4批重大项目签约，华峰测控、拓尔思等54个项目落地。牵头“两区”建设高端产业协调组，制定2.0工作方案并推动实施；持续推动数字经济、科创中心、海淀园三年提升发展等重点项目建设。通过区级投资平台强化对优质项目扶持，基于产业链图谱精准开展产业投资，科技成长基金累计决策项目22个，决策金额18.93亿元。加快释放产业空间，推动上地元中心、金隅科技园等项目建设，释放产业空间103万平方米。提升园区运营服务能力，推广东升科技园专业化“精耕细作”的运营服务模式。

（程晓荷）

【全年签约54个“两区”建设项目】2022年，中关村科学城全年共组织4批重大项目签约,54个“两区”建设项目落地海淀。3月21日，在中关村示范区展示中心举行的项目签约活动中，15个建设项目聚焦人工智能、集成电路、医药健康、大数据、能源环保等数字经济和高精尖领域，8家领军企业与11家企业签署技术集成采购协议，4家企业发布6项创新项目需求榜，5家金融机构发布7项科技金融创新产品。6月21日，在中关村科学城举办的重点项目签约活动中，北京云脉芯联科技有限公司等24个高精尖、“两区”建设、产业投资平台和专业化孵化平台项目集中签约。9月2日，在中关村示范区展示中心举行的2022年中国国际服务贸易交易会“海淀之夜”上，中关村科学城管委会与昱言科技（北京）有限公司、北京艺妙神州医药科技有限公司等13家重点企业签约。12月15日，中关村科学城管委会与北京生物几何科技有限公司和北京建贸新科建材有限公司2家企业签约。

（韩东风）

【中关村科学城组织13场供需对接活动】2022年，中关村科学城管委会组织清华大学、中国科学院等驻区高校院所开展“火花”活动、项目路演等13场科技成果对接活动，面向高科技企业、技术转移服务机构、投融资机构集中推介、遴选优秀专利成果，征集企业技术需求，促进投融资、产业链、创业服务、空间载体、落地政策等资源要素融合支撑科技成果转移转化，加速项目落地发展。

（石　蕾）

【对接科研院所开展职务科技成果赋权改革】2022年，中关村科学城管委会对接中国信息通信研究院、北京科学技术研究院、北京信息科技大学等科研院所，落实《关于允许在中关村国家自主创新示范区核心区（海淀园）的中央高等院校、科研机构及企事业单位等适用〈北京市促进科技成果转化条例〉的通知》等政策，推动职务科技成果赋权改革案例落地。国家卫生健康委科学技术研究所完成一项职务发明专利“一种以分子图像方式定量组织内内源性代谢物的质谱方法”所有权赋权及转让，北京科学技术研究院分析测试研究所将职务发明专利“提取样品中矿物油的方法及检测方法”10年长期使用权赋予科研团队。

（石　蕾）

【推进京津冀国家技术创新中心建设】2022年，中关村科学城推进京津冀国家技术创新中心建设，新增项目122个，其中立项项目34个，新落地企业6家，自主培育企业新增融资约10.66亿元。全年新引进2名项目经理，项目经理累计13人；引进4名海外合作大学实验室人员和3名国内高水平的科研人才，专职科研人员89人；挖掘68个项目，其中国际项目超过40%，参与科技部颠覆性技术创新项目并作为其运营单位；启动与北京大学、北京航空航天大学联合招收工作，招收2022级博士研究生39名。

（程晓荷）

【北京市自然科学基金—海淀原始创新联合基金二期签约】2022年，中关村科学城管委会与北京市自然基金委签署北京市自然科学基金—海淀原始创新联合基金二期合作协议，扩大参与企业和领域范围，新增医渡云（北京）技术有限公司、北京朗视仪器股份有限公司和北京柏惠维康科技股份有限公司，总规模达7000万元，比2021年增长133%；全年支持智慧骨科等8个领域的156个项目，支持金额6966.6万元。

（孙　猛）

【中关村科学城集成电路产业发展情况】2022年，中关村科学城加快集成电路产业集聚发展，紧抓龙头企业培育。通过综合统筹产业专项资金，围绕集成电路设计企业流片及掩膜版制作、研发投入、芯片企业与整机企业联动、共性技术和产业服务平台建设、产业集聚等全链条，支持兆易创新科技集团股份有限公司、北京智芯微电子科技有限公司、北京昂瑞微电子技术股份有限公司等集成电路设计企业持续发展。深化产业平台建设，加强前瞻技术布局和产业生态构建。支持北京元芯碳基集成电路研究院开展碳基集成电路技术研发及成果转化，在90纳米技术节点关键工艺、碳基高频射频技术、碳基高性能数字芯片等方面争取技术突破。加强产业协同创新，智芯微公司联合中关村发展集团等共同建设北京市工业芯片创新中心，推动电网、轨道交通等关键领域国产芯片研发应用，推进低功耗主控芯片研制和检测平台搭建。支持建设中关村集成电路设计园，搭建涵盖EDA、IP、检验检测等在内的芯创技术服务平台，持续完善服务、优化环境，入驻兆易创新、北京地平线信息技术有限公司等90余家企业，形成集成电路设计产业集聚。

（程晓荷）

【中关村科学城大健康产业发展情况】2022年，中关村科学城聚焦创新药物、高端医疗设备、智慧医疗等产业细分领域，梳理医药健康产业图谱，研究提出产业发展思路。发布医药健康产业发展专项和应用场景项目申报指南。研究中关村综保区全产业链保税模式，梳理拟入区项目清单，百图生科（北京）智能技术有限公司、圆因（北京）生物科技有限公司等一批项目落地。北京致远慧图科技有限公司的眼底照片眼底疾病辅助诊断软件、北京纳通科技集团有限公司的个性化膝关节假体等产品进入国家创新器械创新通道；推想医疗科技股份有限公司的胸部骨折CT图像辅助分诊软件、北京联影智能影像技术研究院的乳腺数字X射线图像处理软件、慧影医疗科技（北京）股份有限公司的肺结节CT图像辅助检测软件等一批人工智能辅助诊断软件和北京朗视仪器股份有限公司的耳鼻喉双源锥形束计算机体层摄影设备、北京柏惠维康科技股份有限公司的神经外科手术导航定位系统等一批高端医疗设备获批上市。

（程晓荷）

【中关村科学城能源环保产业发展情况】2022年，中关村科学城能源环保领域，以京津冀燃料电池汽车示范城市群建设为牵引，通过“揭榜挂帅”、车辆推广和车辆运营补贴等方式，利用区内优势创新力量完善燃料电池的核心产品和技术链，培育氢能行业的“专精特新”企业，打造绿色氢能应用场景，推动氢能产业高质量发展。依托国际氢能中心建设，支持关键核心技术攻关；培育扶持北京亿华通科技股份有限公司、北京氢璞创能科技有限公司、北京中科富海低温科技有限公司、北京思伟特新能源科技有限公司等企业，推动北京派瑞华氢能源科技有限公司落地。

（程晓荷）

【中关村科学城投资促进工作情况】2022年，中关村科学城重点推动“两区”建设重大项目引进和落地。中船重工资产经营管理有限公司、中国融通资源开发集团有限公司、中国融通集团财务有限责任公司等10余家公司落地，注册资金近200亿元。落实定期更新、定期调度工作机制。年内，入库项目合计数量721个，其中促签约项目94个、促投产项目50个、已投产项目100个、促服务项目477个。推进4批“两区”建设重大项目签约，累计54个项目落地。支持北京字节跳动科技有限公司、小米科技有限责任公司、北京快手科技有限公司、深圳市腾讯计算机系统有限公司、航天医疗健康科技集团有限公司等33家企业15个项目，拨付支持资金12.83亿元。

（程晓荷）

【中关村科学城人才工作情况】2022年，中关村科学城人才工作重点围绕“两区”建设、国际交往中心及国际科技创新中心核心区建设开展，以“海英计划”和博士后工作站为依托，持续加大对高层次人才聚集和培育力度，为各类“海英人才”提供住房、教育等各方面服务保障。举办“海英人才”企业专场辅导活动，组织推荐完成企业博士后工作分站设站工作，新引进博士后74人，完成青年北京学者、第十四批“北京突出贡献”项目等归口推荐工作。

（程晓荷）

【中关村科学城专业园区建设情况】2022年，中关村科学城管委会专业园区建设围绕中关村科学城发展定位，聚焦大信息、大健康等核心产业，将中关村科学城范围拓展至海淀全域，形成“一轴一带两区”的总体布局。在科学城南区，建设中关村大街创新主轴，加快城市功能重组与空间整合，构建高端创新要素聚集区、国际化创新企业总部集聚区，形成中知学组团、西三旗组团、四季青组团、金科新区组团、永丰组团、上地软件园组团、东升组团、翠湖组团、大学科技园组团即“8+1”组团。

（侯　硕　何　欢）

怀柔科学城

【概述】怀柔科学城位于北京市东北部，前身始于中国科学院北京怀柔科教产业园。2009年6月，中国科学院、北京市政府签署《共建中国科学院北京怀柔科教产业园合作协议》。2016年11月，市政府办公厅印发《怀柔科学城建设发展规划（2016—2020年）》。2018年9月，北京怀柔科学城管理委员会（简称怀柔科学城管委会）揭牌。2019年10月，市委常委会审议通过《怀柔科学城规划（2018—2035年）》。《规划》指出，怀柔科学城以怀柔区为主，并拓展到密云区部分地区，规划面积100.9平方千米。其中：怀柔区域68.4平方千米，占规划面积的67.8%；密云区域32.5平方千米，占规划面积的32.2%。怀柔科学城是北京建设国际科技创新中心“三城一区”主平台之一，是培育国家战略科技力量的重要载体、引领全球科学发现和重大前沿技术突破的重要引擎、中国建设创新型国家和世界科技强国的重要力量。怀柔科学城战略定位是世界级原始创新承载区，功能定位是“两地一区”，即战略性前瞻性基础研究新高地、综合性国家科学中心集中承载地、生态宜居创新示范区。

2022年，怀柔科学城管委会深化部市共建、院市合作，做好“科学”“科学家”“科学城”这三篇文章，坚持建设与运行并重，北京怀柔综合性国家科学中心已见雏形，科学设施平台集群基本形成，高水平科技创新人才不断汇聚，重大原创成果加速涌现，原始创新推动国际合作，国际影响力、竞争力逐步增强。

基础科研能力不断提升。怀柔实验室正式入轨运行，打造能源领域核心战略科技力量；科学设施平台集群基本形成，29项“十三五”科学设施土建工程基本完工，进入科研设备安装、调试阶段，其中9项科学设施进入科研状态；“十四五”科学设施项目加快落地，人类器官生理病理模拟装置可研报告上报国家发展改革委，太赫兹科学技术中心平台、创新细胞技术研发平台、传染病疫苗抗体智能分析测试平台选址方案和建筑设计方案基本确定，具备可研申报条件；分子影像与医学诊疗探针创新平台探索市场化投资建设运行，推进项目立项申报。全年发表高质量论文106篇，其中国际顶尖期刊及其子刊20篇，形成38项重大发明专利，35项“卡脖子”技术取得突破，不断打破科研壁垒。推动举办高水平科技交流活动，各科研院所、高校在怀柔区举办交流活动40余场。深化“一所一品牌”，北京大学“怀柔论坛”、中国干细胞与再生医学协同创新平台大会永久落户，国际影响力、竞争力逐步增强。国家高端科学仪器装备产业示范区启动建设，长城海纳硬科技加速器、北科建创新中心先后投用，科学城产业转化示范区项目加快推进，原始创新成果正逐步转变为带动地方经济增长的新引擎。

聚集科研人才效果显著。依托怀柔实验室、中国科学院相关院所、新型研发机构等创新主体，怀柔科学城已集聚两院院士71人、国家人才计划杰出人才94人、享受国务院政府特殊津贴专家186人、国家杰青和优青268人。在众多顶尖科学家引领下，怀柔科学城初步形成全创新链条人才梯队，科技创新氛围日益活跃。为了更好地服务外籍科研人员，怀柔科学城启用“两证联办”服务，使外籍科学家日常生活更加便利；向学科领军人物及团队发放“雁栖卡”，提供6个方面15项集成服务，不断聚集科研人气。

推进城市框架初步形成。市郊铁路怀密线完成加密提速，轨道交通通勤作用显现。起步区永乐北三街等主次干道全部通车，骨干路网基本成形。综合管廊完工投用，提升城市综合承载能力。教育、住房等公共服务品质持续提升，凯利特、栖美园、华远达公寓运行良好，一零一中学怀柔校区扩建项目竣工投用，学校办学规模增至72个班，新增学位1620个；中国科学院大学附属学校已取得办学资格，2022年第一批一年级新生已入学。

（肖笔檀）

【蔡司怀柔工程师技术服务站共建协议签订】1月12日，蔡司显微镜部来怀对接会暨蔡司怀柔工程师技术服务站签约仪式举行。卡尔蔡司（上海）管理有限公司与北京怀柔仪器和传感器有限公司共同签署《蔡司怀柔工程师技术服务站共建协议》。根据协议，技术服务站将发挥桥梁纽带作用，促进双方之间形成定期的沟通和运行机制，共同建立互惠互利的合作关系，共建内容涵盖工程师常驻、产品展示、定制服务、成果转化4个方面。蔡司公司与怀柔仪器公司依托怀柔科学城内相关设施平台建设与运行中产生的新产品、新技术、新研究，搭建高端仪器装备产业创新生态的合作渠道。

（王　亨）

【北京科技创新中心建设情况评估组赴怀柔科学城调研】1月19日，中国工程院院士、中国工程院原副院长郭贺铨带领北京科技创新中心建设情况评估组一行37人赴怀柔科学城调研，北京市政府副秘书长刘印春，怀柔区政府，市科委、中关村管委会，怀柔科学城管委会有关单位负责人参加调研并座谈。评估组实地调研中国科学院物理研究所怀柔园区、北京纳米能源与系统研究所。中国科学院物理研究所、中国科学院高能物理研究所、中国科学院国家空间科学中心、中国科学院北京纳米能源与系统研究所、北京雁栖湖应用数学研究院、中国有研科技集团有限公司、北京怀柔仪器和传感器有限公司、中科艾科米（北京）科技有限公司等8家科创主体代表参加座谈交流。

（李喜海）

【5个综合极端条件实验装置实验站开放预约使用】 1月20日，位于北京怀柔综合性国家科学中心综合极端条件实验装置（SECUF）的5个实验站面向国内外用户开放预约使用，分别是极低温固态量子计算（强磁场）实验站、极低温固态量子计算（极弱场）实验站、低温原位扫描隧道—角分辨光电子谱测量实验站、微纳加工平台、工艺支撑平台。综合极端条件实验装置（SECUF）于2017年9月开工建设，是中国重大科技基础设施建设中长期规划确定的“十二五”重点建设内容之一。项目建设法人单位为中国科学院物理研究所，共建单位为吉林大学。

（王　亨）

【两家单位入驻怀柔科学城产业转化示范区】 1月29日，中国科学院半导体所、北京海创微芯科技有限公司入驻怀柔科学城产业转化示范区，并举行合作签约仪式。中国科学院科技创新发展中心、中国科学院半导体所、市发展改革委、市经济和信息化局、海创微芯公司有关负责人出席签约仪式。怀柔区经济和信息化局与中国科学院半导体所签署《北京市怀柔区经济和信息化局与中国科学院半导体研究所入区协议》；怀柔区经济和信息化局与海创微芯公司签署《北京市怀柔区经济和信息化局与北京海创微芯科技有限公司合作协议》，将在怀柔科学城产业转化示范区建设先进MEMS工艺设计与服务北京市工程研究中心、运营6/8英寸MEMS晶圆中试生产线和研发平台、8英寸晶圆级封装测试规模量产线，利用赛微电子与怀柔科学城的优势资源，把握半导体产业发展机遇，推动北京地区MEMS传感器特色工艺晶圆代工及封装测试产业的发展。北京怀胜高科技产业发展有限公司与海创微芯公司签署《海创微芯定制建设合作协议》。

（王　亨　吕文龙）

【北京市知识产权保护中心怀柔科学城分中心试运行】 2月18日，北京市知识产权保护中心怀柔科学城分中心进入试运行阶段。分中心位于怀柔科学城创新小镇怀柔区政府服务中心，主要协助北京市知识产权保护中心开展怀柔区专利预审支撑、知识产权宣传培训等服务工作。截至年底，分中心累计接收专利预审案件236件，预审备案审核63件；依托市知识产权保护中心专项资源，面向怀柔科学城内各类创新主体开展知识产权培训5次、“一对一”入企调研10次，编制完成《能源领域专利导航分析报告》。

（蒲梦雪　周牧瑶）

【地球系统数值模拟装置通过工艺验收】 3月11日，由中国科学院大气物理研究所与清华大学共建的“十二五”国家重大科技基础设施——地球系统数值模拟装置通过中国科学院条件保障与财务局和教育部科技司联合组织的工艺验收。蒋兴伟院士、钱德沛院士等14位评审专家参加。专家组认为，项目单位按期完成国家发展改革委批复的各项建设任务，突破多项关键技术，装置具备对地球系统全圈层复杂过程在中尺度分辨率的定量描述与模拟能力，推动中国地球系统数值模拟能力进入世界前列。经评审，专家组一致同意地球系统数值模拟装置项目通过工艺验收。

（王　亨）

【怀柔科学城管委会核定行政编制】 4月15日，市委编委印发《关于核定北京怀柔科学城管理机构行政编制等事项的批复》（京编委发〔2022〕44号），同意核定中共北京市委怀柔科学城工作委员会、北京怀柔科学城管理委员会行政编制60名，所需编制由市级下达40名、怀柔区调剂20名。工作人员控制数由80名减至20名，用于招聘特聘专家和专业化人才。

（孙　超）

【怀柔科学城管委会调整机关党组织隶属关系】 4月21日，市委组织部印发《关于同意调整怀柔科学城党工委、管委会机关党组织隶属关系的批复》，同意将怀柔科学城党工委、管委会机关党组织隶属关系调整由中共北京市委怀柔区委区直机关工作委员会管理。

（孙　超）

【怀柔科学城管委会“三定”方案印发】 7月8日，怀柔区委编委印发《中共北京市委怀柔科学城工作委员会北京怀柔科学城管理委员会职能配置、内设机构和人员编制规定》（京怀编字〔2022〕16号），明确怀柔科学城党工委、管委会职能配置、内设机构和人员编制。设立办公室、发展改革与政策研究处、规划建设处、设施平台处、成果转化与创新协调处、交流合作与人才工作处、财经管理处等7个内设机构和机关党委（组织人事处）并规定部门职责。核定行政编制60名，明确怀柔科学城党工委、管委会领导班子构成，核定处级领导职数8正14副。

（孙　超）

【交叉研究平台运行经费支持实施细则印发】7月12日，怀柔科学城管委会印发《北京怀柔综合性国家科学中心交叉研究平台运行经费支持实施细则（试行）》。《实施细则》包括总则、管理职责、运行经费支持内容、运行经费申请流程、监督、附则等6章28条，是平台申请运行经费支持、开展运行情况评审工作以及强化高效运行管理的重要依据。根据《实施细则》，以各交叉研究平台总投资的10%作为年运行经费测算基准，5年内依据相应比例每年由市财政资金给予支持。运行经费支持分为运行保障资金和运行激励资金两部分。运行保障资金用于支持平台日常运行所需的能源、物业、新增改造等基本运行支出；运行激励资金主要用于平台在科技成果转化、科研支撑、开放共享、资源利用等方面的绩效激励。《实施细则》同时对各单位管理职责、运行经费申请条件及流程、专家评审机制、资金监督管理等内容进行了规定。

（刘　芳）

【怀柔（50MeV）质子回旋加速器设施试运行出束】7月17日，中国科学院国家空间科学中心在怀柔科学城第一批交叉研究平台项目——“空间科学卫星系列及有效载荷研制测试保障平台”支持下建设的空间辐射效应分析试验平台暨怀柔（50MeV）质子回旋加速器设施（HuaiRou Proton Cyclotron Facility，HRPCF）试运行出束，将能量约30MeV的质子引出传输至实验大厅实验终端处，在直径15厘米的荧光靶上获得2nA/cm^{2}的束流，为后续全面试运行奠定基础。HRPCF设施主要由主磁铁、主线圈、高频系统、真空系统、离子源与注入线、束流管线、控制系统和剂量监测与安全联锁系统等组成。设施的运行服务可为中国空间科学、技术与应用相关的光电及线性器件位移损伤效应、低轨道航天器单粒子效应、太阳电池辐射损伤效应、航天员安全保障及空间生物学研究生物辐射效应等的研究、发展与应用提供重要模拟实验支撑。

（徐建功）

【怀柔科学城起步区综合管廊项目完工】7月22日，由北京怀柔科学城建设发展有限公司负责的科学城起步区综合管廊项目完工并投入使用。项目全长7.9千米，总投资约6亿元，为科学城起步区大科学装置、交叉研究平台等科学设施提供市政供给，可提升城市综合承载运营能力。

（蒋明秀）

【怀柔科学城管委会纪检监察工委成立】7月29日，市委编委印发《关于调整设立“三城一区”纪检监察工委的批复》，同意设立怀柔科学城纪检监察工委，为市纪委监委派出机构，在市纪委监委和所在科学城党工委双重领导下开展工作，由所在区纪委监委代管。纪检监察工委设纪检监察工委书记1名，由所在区纪委书记监委主任兼任；纪检监察工委副书记1名，由所在区纪委1名副书记兼任，核定“三城”纪检监察工委行政编制各4名，其中副处长级干部1名，所需编制由所在区纪委监委内部调剂解决，相应撤销区纪委监委设在“三城”的纪检监察机构。

（孙　超）

【怀柔科学城公司与万豪公司签署品牌管理协议】8月4日，北京怀柔科学城建设发展有限公司与万豪国际酒店集团公司签署3个酒店品牌管理协议，万豪旗下北京怀柔万豪酒店、北京怀柔源宿酒店、北京怀柔雅乐轩酒店3家酒店落户怀柔科学城。3家酒店客房总数698间。万豪酒店、源宿酒店位于怀柔科学城起步区城市客厅A地块，雅乐轩酒店位于城市客厅B地块。3家酒店采取差异化品牌定位，相互之间形成互补，考虑到怀柔科学城科研院所、创业机构聚集及长住需求，均采用“高级+精选+长住”的组合模式。

（蒋明秀）

【怀柔科学城6个交叉研究平台竣工】8月31日，怀柔科学城北京分子科学、介科学与过程仿真交叉研究平台、北京激光加速创新中心项目、空地一体环境感知与智能响应研究平台、轻元素量子材料交叉研究平台项目、脑认知机理与脑机融合交叉研究平台等6个第二批交叉研究平台具备竣工验收条件。6个平台项目均建立质量保证体系，落实三检制，从项目部、施工队到班组层层把关，并实行施工质量一票否决制，做到“全过程、全方位”监控。

（蒋明秀）

【北京一零一中学怀柔校区扩建项目建成投用】9月1日，北京一零一中学怀柔校区扩建项目建成投用，为怀柔科学城科研人员子女及区内适龄孩子提供优质的教育资源，有效缓解城区学位紧张的局面。项目是北京市重点工程、怀柔科学城重点公共服务配套项目。扩建后，学校办学规模增至72个班，新增学位1620个。该校区是以国际一流标准建设的一所寄宿制完全中学，与总校实行“一个法人，一体化管理”机制。

（徐建功）

【地球系统数值模拟装置通过国家验收】 10月17日，受国家发展改革委委托，中国科学院会同教育部在北京组织召开地球系统数值模拟装置国家重大科技基础设施项目验收会。中国科学院、国家发展改革委、国家档案局、教育部科技司等单位负责人出席并讲话。验收委员会听取装置建设总结报告及工艺、设备资产、建安、财务、档案等专业组的验收意见，审核相关文件资料，观看系统演示，并进行实地考察。经质询和讨论，验收委员会认为，项目整体规模和综合技术水平达到国际先进水平，并通过验收。地球系统数值模拟装置于2017年由国家发展改革委批复，项目法人单位为中国科学院大气物理研究所，共建单位为清华大学，是怀柔综合性国家科学中心首个正式运行的国家重大科技基础设施。装置全部采用国产海光芯片，实现自主创新、安全可控，是国内成功研制的首个拥有自主知识产权的地球系统数值模拟大科学装置，规模和综合技术水平位居世界前列。装置的核心科学目标是深入认识地球环境复杂系统基本规律，探索地球系统各圈层的物理、化学、生物过程，探究各圈层及其相互作用对地球系统整体和中国区域环境的影响。主要建设内容包括地球系统模式数值模拟系统、区域高精度环境模拟系统、超级模拟支撑与管理系统、支撑数据库和资料同化及可视化系统、面向地球科学的高性能计算系统、土建工程及相关配套设施等。运行后服务于应对气候变化、生态环境建设、双碳愿景目标、防灾减灾等国家重大需求，为国际气候与环境谈判提供科学支撑。

（刘　芳　程　翔）

【5个交叉研究平台通过2022年运行经费支持评审】 10月27日，怀柔科学城管委会组织开展北京怀柔综合性国家科学中心5个第一批交叉研究平台2022年运行经费支持评审工作会。评审依据《北京怀柔综合性国家科学中心交叉研究平台运行费支持实施细则（试行）》，分别对中国科学院物理所材料基因组研究平台和清洁能源材料测试诊断与研发平台、中国科学院高能所先进光源技术研发与测试平台、中国科学院空间中心空间科学卫星系列及有效载荷研制测试保障平台、中国科学院力学所先进载运和测量技术综合实验平台等5个平台的运行工作开展评审。评审专家由院士、教授、企业家、投资人、财务审计专家组成，评审分为平台运行主体汇报、专家实地考察、提问交流、研讨评议4个环节。经专家委员会审议一致认为，各平台基本完成项目建议书（代可行性研究报告）中设定的建设内容，运行组织构架清晰，科技支撑能力完备，开放共享稳步推进，资源利用集约高效，成果转化效果突出，综合考核均为优秀等次。

（刘　芳）

【多模态跨尺度生物医学成像设施通过验收】 11月2日，多模态跨尺度生物医学成像设施取得工程竣工验收记录，标志着项目土建工程符合质量要求，通过验收，投入使用。项目位于怀柔科学城起步区，是《国家重大科技基础设施建设“十三五”规划》确定的10个优先建设项目之一，2020年3月1日开工建设，总投资17.17亿元，占地面积约6.67公顷，建筑面积7.2万平方米，由北京大学联合中国科学院生物物理研究所、哈尔滨工业大学、中国科学技术大学等多家单位共同建设，施工单位为北京城建集团有限责任公司。

（李英楠）

【北京怀柔科学城物业服务有限公司注册成立】 12月9日，由北京怀柔科学城建设发展有限公司与北京京城佳业物业股份有限公司共同出资组建的北京怀柔科学城物业服务有限公司注册成立，注册资本3000万元。成立科学城物业公司旨在加快构建怀柔科学城新型城市形态，满足科学城公司自持项目、科学设施平台、公共服务配套等项目的运营管理，提升对科学、科学家、科学城的服务能力，打造具有怀柔科学城特色的物业品牌。

（蒋明秀）

【高能同步辐射光源建安工程通过竣工验收】 12月12日，由中国科学院高能物理研究所作为法人单位的高能同步辐射光源通过高能物理研究所与设计单位、勘察单位、监理单位、施工总承包单位五方验收，取得工程竣工验收记录，标志着项目土建工程符合质量要求，投入使用。项目位于怀柔科学城起步区，于2019年6月开工建设，总投资47.61亿元，占地面积约65公顷，建筑面积12.5万平方米，包括综合实验楼、用户服务楼、配套室外工程及公共设施。

（李英楠）

【怀柔科学城东区与中心区南部配网工程建成投运】 12月12日，在北京怀柔科学城建设发展有限公司实施建设的10千伏配网工程中，怀柔科学城东区与中心区南部的配网工程全部建成并投运，科学城起步区的大部分开关站投运。工程是以国家级原始创新平台为核心，与区域功能相互支撑、与优美环境相融合的生态科技示范项目。其中，科学城起步区10千伏配网工程建设10千伏开关站19座，新建电缆隧道约1.2千米、电力管井约5千米，敷设10千伏电缆约94千米、光缆约60千米；中心区南部10千伏配网工程改建10千伏开闭站1座，新建分界室2座，新建电力管井约1千米，敷设10千伏电缆约13千米、光缆约9千米；东区10千伏配网工程位于密云区，建设10千伏开关站6座，新建电力管井约5千米，敷设10千伏电缆约25千米、光缆约12千米。

（蒋明秀）

【“夸父一号”首批太阳观测科学图像发布】 12月13日，综合性太阳探测卫星“夸父一号”卫星首批科学图像新闻发布会在怀柔科学城中国科学院国家空间科学中心召开。公布“夸父一号”自2022年10月9日成功发射以来，3台有效载荷在轨运行2个月期间获取的若干对太阳的科学观测图像，实现多项国内外首次，在轨验证“夸父一号”3台有效载荷的观测能力和先进性。

（徐建功）

【怀柔科学城中心区首个共有产权房交房】 12月26日，由北京怀柔科学城建设发展有限公司旗下全资子公司北京怀柔科学城置业有限公司打造的怀柔科学城中心区首个共有产权房项目科荟雅园交房。科荟雅园于2019年12月开工建设，包括8栋住宅楼，共664套房源，有9种户型。

（蒋明秀）

【自主创新成果在怀柔科学城转化落地】 2022年，中国科学院在京院所、高校、创新型企业围绕怀柔科学城的主导产业方向以及大装置关键部件进口替代，推动一批自主创新成果在怀柔科学城转化落地，支撑怀柔科学城建设和北京市高精尖产业发展，带动社会资本投入1.2亿元，为科学城带来新的经济增长点。

（方立宇　赵国强）

【怀柔科学城城市客厅项目A、B地块实现结构封顶】 2022年，怀柔科学城城市客厅项目A、B地块实现结构封顶并推进外幕墙施工，B地块（公建）北区完成外幕墙封闭，B地块（公寓）、C地块完成土护降施工。城市客厅项目位于怀柔科学城起步区，定位为国内外科学家的国际化公共服务中心、怀柔科学城的对外展示样板、科学研究与科技产业的活力中心。城市客厅由A、B、C 3个地块组成，总用地面积24.23公顷，总建筑面积约64.6万平方米，总投资约103亿元。

（蒋明秀）

未来科学城

【概述】 未来科学城位于北京市昌平区南部，前身为未来科技城，始建于2009年。2017年3月，未来科技城更名为未来科学城。2018年12月，市委常委会审议《未来科学城规划（2017—2035年）》，规划明确未来科学城规划范围170.6平方千米，是北京建设国际科技创新中心枢纽型主平台，处在“三城一区”连接点位置。发展空间呈现“两区一心”，“两区”即东、西两区，是未来科学城的主体承载区，是一个功能完备、宜居宜业的研发创新社区；“一心”是生态绿心，两区之间的生态休闲空间、交通联络通道。研发产业聚焦“两谷一园”，即能源谷、生命谷和沙河高教园。

2022年，能源谷深化部市合作，对接国务院国资委，加强与央企战略合作，召开央企高质量参建未来科学城推进会；中铝中央研究院和300亿绿色低碳基金等项目签约，国家电投集团创新基地二期、中兵未来科研中心等项目开工建设；联合国务院发展研究中心等单位，举办全球能源转型高层论坛，提升区域开放能级和国际影响力。生命谷全力保障北京昌平实验室建设，组建服务管家团队，实验室核心区主体工程如期开工，脑科学中心二期建成入驻；紧盯创新源头，新增北京北启生物医药有限公司、健达九州（北京）生物科技有限公司等知名科学家创办的企业12家，累计超过60家；统筹关键平台布局，北京高博国际研究型医院启动内部装修，北京荷塘生华医疗科技有限公司、华辉安健（北京）生物科技有限公司两大中试平台投产，北京疫苗检验中心开工建设；北京万泰生物药业股份有限公司鼻喷式新冠疫苗获批国家紧急使用，北京科兴生物制药股份有限公司与北京昌平实验室签约共同推进大分子新冠药物研发，华辉安健公司全谱抗新冠药物HH-120获批国内临床Ⅱ期；加速产业项目落地，诺诚健华抗肿瘤创新药物生产基地、科兴高精尖产业转化基地、百济神州创新药研发中试生产基地等一批重大工程全面开工；生命科学园三期街区控规获批，首批供地的国际精准医学产业园、国际生物工程创新中心、科兴高精尖产业转化基地三大标志性项目按期集中开工；昌平生命科学产业集群晋级工业和信息化部认定的2022年度中小企业特色产业集群。沙河高教园区服务高校建设发展，保障重点项目建设，召开沙河高教园区建设发展理事会第三次会议；高校入园学生人数达4.5万人，教职工8100余人，园区活力不断增强；园区全年投入资金约22.3亿元，开复工面积73万平方米，竣工面积27.94万平方米，其中7所高校投资17.8亿元，开复工面积54.62万平方米，市政基础及公共配套服务设施投资4.5亿元，开复工面积18.38万平方米。

（黎红霞）

【21个虚拟教研室入选教育部首批试点名单】2月21日，教育部办公厅印发《关于公布首批虚拟教研室建设试点名单的通知》（教高厅函〔2022〕2号），确定439家首批虚拟教研室建设试点名单，沙河高教园区5所高校21个虚拟教研室入选，其中北京航空航天大学9个、北京师范大学7个、北京邮电大学2个、中国矿业大学（北京）2个、中央财经大学1个。虚拟教研室建设试点以现代信息技术为依托，探索建设新型基层教学组织，打造教师教学发展共同体和质量文化，引导教师回归教学、热爱教学、研究教学，提升教育教学能力。

（殷潇潇）

【沙河高教园区发展四方协议签署】2月27日，昌平区政府、中国农业机械化科学研究院集团有限公司、北京师范大学、北京邮电大学就推进北京农机试验站现址地块开发建设签署四方合作协议。四方协议的签署在解决北京师范大学、北京邮电大学新校区建设和推进北京农机试验站开发建设问题上取得突破性进展。四方将在地块建设，加快科技创新、科技成果在昌转化，推进科教融合发展等方面通力合作，共同推进区域经济社会发展。与会人员观看昌平区及沙河高教园区视频宣传短片，了解昌平区历史文化、生态资源和科技创新及沙河高教园发展历程、入驻高校建设等情况，并结合新校区建设、校地合作、校企合作的未来规划，在深化科研、教育、人才合作等方面进行交流探讨。

（殷潇潇）

【华清储创公司落地】2月28日，由中国华能集团清洁能源技术研究院有限公司控股的华清储创科技有限公司在未来科学城注册落地。企业注册资本为1亿元，经营范围包括储能技术服务、电池制造、电池销售等。该企业作为华能清能院储能项目成果转化公司，以智能分散控制储能技术为核心，形成完整的储能电站的一站式产品链路。

（李晶晶）

【大中小融通平台7家企业签约落地】3月18日，国网智研院大中小企业融通发展平台入驻企业签约仪式在未来科学城能源谷举行，首批入驻的7家国网产业链企业落地未来科学城创新孵化平台——未来科创中心。融通发展平台于2021年6月落地未来科学城能源谷，由国网智能电网研究院有限公司与未来科学城产业发展公司共同搭建，建设面积约4000平方米，围绕高性能电工材料、大功率电力电子器件、先进输电装备、新型储能与能源转化、信息通信及网络安全、先进计算与人工智能、智能感知与量测等领域，通过发掘入驻央企上下游产业链资源，引入优质企业项目，盘活区域闲置资源，持续打造“龙头企业+中小企业+服务平台”融通发展的创新生态。签约的7家企业业务涵盖智慧消防、土木工程检测、智能电气连接等领域。

（和　珊）

【国家电投集团创新基地二期开工】3月23日，国家电投集团创新基地二期项目在未来科学城开工。创新基地二期是国家电投集团公司与北京市政府签署的战略合作协议的重要内容，将营造大中小企业融通发展的科创生态。项目位于未来科学城南区，总建筑面积23.2万平方米，工程总投资18.4亿元。中央研究院作为具体实施主体承担项目的建设和管理工作，打造先进能源技术创新平台、创新创业与产业孵化平台、决策支撑与管理支持平台、高层次人才聚集和培养基地。项目建成后通过地源热泵、冷水机组等复合式冷热源技术、终端电气化技术的使用及自主开发的智慧运营管理平台的运行，打造100%使用清洁能源的智慧园区。

（李瑶瑶）

【“光纤陀螺随钻测斜仪”转化成功】4月2日，沙河高教园区校城融合示范基地奇点中心入驻企业率为科技（北京）有限责任公司成功转化北航光电研究所科研成果“光纤陀螺随钻测斜仪”，并以其高精度、耐高温、抗震动、近钻头测量等特性，打破多年来国外对中国在智能传感与控制装备应用于资源勘测领域的技术封锁，推动光电子器件“卡脖子”行业发展。

（殷潇潇）

【沙河高教园区建设发展理事会第三次会议召开】4月2日，沙河高教园区建设发展理事会第三次会议在高教园区召开。市委副书记、市长陈吉宁主持会议并讲话。会议听取沙河高教园区建设发展、各入驻高校工作进展情况，以及有关科研机构、企业意见建议，总结第二次会议以来园区建设发展情况，研究部署下一阶段重点工作。陈吉宁指出，各入驻高校要紧扣国家战略需求，结合首都发展需要，明确发展定位，强化规划引领，坚持集约节约建设，促进学科交叉融合，有序有力推进规划项目落地，抓紧完善交通、教育、医疗等配套设施，优化园区软硬件环境。陈吉宁强调，高校要加强与科研机构、企业合作，用好市场力量，建设完善成果转化服务平台，提高创新孵化能力，增强科研成果外溢效应，政府部门要善于推动创新加速，共同提高园区整体创新能力。要发挥好理事会机制平台作用，促进资源优化配置，调动各方积极性，形成工作合力。各有关部门要加强定期调度、统筹协调和沟通对接，细化工作进度安排，积极协调解决相关问题，狠抓重点任务落实。国家发展改革委、教育部等部门和北京市相关部门负责人现场办公，协同推进工作落实。北京航空航天大学、北京师范大学、北京邮电大学、中央财经大学、中国矿业大学（北京）、外交学院、北京信息科技大学等负责人参加会议，北京市领导夏林茂、卢彦，市政府秘书长戴彬彬出席。

（殷潇潇）

【中海石油北京新能源分公司揭牌】4月13日，中海石油（中国）有限公司北京新能源分公司在未来科学城揭牌。公司为中国海油集团下属二级单位总部，以海上风电、陆上风电光伏、CCUS（Carbon Capture，Utilization and Storage，即碳捕获、利用与封存技术）、氢能、绿电的产业投资、商业运营及技术攻关为主要方向，定位国内深远海海上风电领域领军者，开拓新能源、CCUS及绿电等绿色低碳业务。

（李晶晶）

【沙河大学城大学生创业园竣工验收】4月14日，沙河大学城大学生创业园建设项目竣工验收。项目位于中央财经大学沙河校区大学生活动中心，涉及工程装修面积4808平方米，其中地上1层2389平方米、地下1层2419平方米。项目由市教委、昌平区政府、中央财经大学3家共建，旨在完善市级“一街三园多点”孵化体系建设，为沙河高教园区7所高校大学生提供创新创业实践教育、创业孵化等一站式全方位服务。

（殷潇潇）

【中氢新源公司落地未来科学城】4月16日，由中氢新能技术有限公司与新源动力股份有限公司合资成立的中氢新源动力（北京）科技有限公司在未来科学城注册落地，注册资本3000万元。公司致力于打造氢能全产业链技术服务和装备制造运营商，主要业务为建设氢能源研发生产及其上下游供应链生产项目，在制氢—供氢—用氢环节提供基础技术、前沿技术、关键技术等基础服务。

（李晶晶）

【中兵未来科研中心项目开工】4月17日，中国兵器工业集团有限公司中兵未来科研中心建设项目开工仪式在未来科学城举行。昌平区政府、未来科学城管委会等单位相关负责人及相关机构、企业的代表等参加。项目位于未来科学城能源谷核心区，原为武钢闲置存量用地，占地面积10.9公顷，规划建筑规模17.34万平方米，将高标准建设科研试制楼、环境实验楼及配套公用建筑等，打造集科研试制、环境试验等于一体的军工科研创新产业园区和军地融合发展园区。

（李瑶瑶）

【生命科学园法官工作站挂牌】4月20日，北京知识产权法院生命科学园法官工作站在未来科学城设立，作为北京知识产权法院知识产权巡回审判庭的配套机构，将便利园区企业知识产权保护工作的开展，为企业科技创新保驾护航。

（高艺菡）

【中碳创科公司落地】5月10日，北京中碳创科数字能源技术有限公司完成注册登记并落户未来科学城，注册资本2000万元。公司是电力储能行业领域重点引进项目，由科技部储能与智慧电网专家库、中国电源学会电能质量专业委员会、中国储能应用协会和储能领跑者联盟等组织的专家团队联合打造，其核心业务聚焦新型电力系统，以分布式新能源与新型电力储能为关键技术，研发生产高端科技装备产品。

（李晶晶）

【国内首家研究型医院竣工】5月24日，由北京未来科学城发展集团有限公司和北京高博医疗科技集团有限公司共同开发建设的北京高博国际研究型医院通过竣工验收。医院位于昌平区中关村生命科学园，是全国首个国际研究型医院，重点布局实体肿瘤、脑神经科学等领域。医院建设用地面积约3.2公顷，地上8层、地下3层，总建筑面积约9.74万平方米；将“研究”与“临床”两项功能结合，建设内容包括药物研发临床应用及转化中心、临床专家级科学家创新研究中心、临床发现产业转化平台、疑难重症诊疗中心，规划床位500张。

（徐建功）

【诺诚健华抗肿瘤创新药物生产基地项目开工】6月27日，诺诚健华抗肿瘤创新药物生产基地项目取得建筑工程施工许可证，标志着北京市第一个大分子药物工厂项目开工建设。项目纳入北京市“3个100”重点工程项目库、“两区”建设重点产业项目库和新一轮医科行动计划重点产业项目库，选址昌平区史各庄街道，用地面积约7公顷，总投资10.5亿元，将采取分期建设的方式，建设诺诚健华医药有限公司中国总部、创新药物研发中心及中试生产基地，打造成为集研发、中试、生产于一体的大分子创新药物示范项目。

（高艺蓠）

【航空材料研究开发联合实验室揭牌】7月15日，由中国商用飞机有限责任公司北京民用飞机技术研究中心、中铝材料应用研究院有限公司、北京科技大学共建的航空材料研究开发联合实验室在未来科学城揭牌。联合实验室将依托高校先进的基础研发优势，借助未来科学城人才聚集高地，集成企业、高校的优势技术力量，开展产学研用协同创新，进一步深化央地合作，开展协同攻关，建立基于航空新材料开发、应用技术研究和产业化一体化创新链，打造以应用端为目标的多个航空新材料应用示范基地。昌平区科委、未来科学城管委会、北京科技大学、中国商飞公司、中铝科学技术研究院有限公司相关负责人和专家参加揭牌仪式。

（和　珊）

【未来科学城5个项目获中国专利奖】7月22日，国家知识产权局公布第二十三届中国专利奖获奖名单，958件专利分获中国专利奖金、银、优秀奖和中国外观设计金、银、优秀奖，28家单位获中国专利奖最佳、优秀组织奖，18位院士获中国专利奖最佳推荐奖。其中，未来科学城入驻企业国家能源集团北京低碳清洁能源研究院的“一种地下水库坝体及其构筑方法”获中国专利奖金奖，中国石油化工股份有限公司石油工程技术研究院的“尾管悬挂器及包括其的管柱式固井系统”、中国华能集团清洁能源技术研究院的“一种基于IGCC的燃烧前CO_2捕集系统”和“一种反射镜对准检测装置及其工作方法”、博奥生物集团有限公司的“一种全流程生物检测装置”等4个项目获中国专利奖优秀奖，涉及新能源和医药健康两大产业领域。

（黎红霞）

【法国科技参赞代表团赴未来科学城调研】7月25日，法国科技参赞代表团一行20余人到未来科学城调研，了解未来科学城主体承载区建设、重点创新领域、入驻企业等情况。代表团先后到脑科学中心、北京诺诚健华医药科技有限公司、北京中关村生命科学园发展有限责任公司进行参观交流，了解企业建设背景、研发方向、人才引进等有关情况，就中法文化、科技合作、碳达峰碳中和等进行交流，争取建立科技园区合作机制，推动中法科技创新合作与交流。

（司亚玲）

【北京信息科技大学沙河新校区启动主体搬迁】7月26日，北京信息科技大学在沙河新校区举行东大门剪彩和校名石揭牌暨主体搬迁启动仪式，启动学校主体搬迁工作。信息科大新校区位于昌平区太行路55号北沙河畔，占地总面积约78.9公顷，地上建筑面积69.43万平方米。2021年12月18日，该校沙河新校区启用，自动化学院、经管学院、计算机学院的912名2021级新生入住新校区。此次主体搬迁意味着沙河新校区迎来大规模的学生入住。

（殷潇潇）

【2022碳中和·零碳中国峰会暨第五届中国能源投资国际论坛举办】7月30日，由昌平区政府、中国投资协会能源投资专委会联合主办的“2022碳中和·零碳中国峰会暨第五届中国能源投资国际论坛”在未来科学城能源谷召开。论坛以“科技创新·跨界融合·国际互联”为主题，采取线上和线下相结合的形式，围绕“双碳”目标、能源科技创新、新型电力系统、现代能源体系、绿色投资等议题展开交流与讨论。中国工程院杜祥琬院士和中国科学院周孝信院士分别发表主旨演讲，明阳智慧能源集团股份有限公司、华北电力大学等能源企业和高校的专家学者进行主题报告和交流研讨。论坛上，《2022“零碳中国”优秀案例及零碳技术解决方案》发布；“中国投资协会零碳中国研究中心”揭牌；2022年度第一批“零碳中国”评价标准启动，包括“零碳园区”“零碳工厂”“零碳乡村”“零碳数据中心”“能源企业ESG”等评价标准。来自相关领域的150余位嘉宾现场交流，约300万人次线上参会。

（和　珊）

【昆仑北斗公司落地】8月26日，中国石油集团全资子公司昆仑数智科技有限责任公司、中油惠普能源科技有限公司与北斗星通导航技术股份有限公司共同出资成立昆仑北斗智能科技有限责任公司，注册落地未来科学城能源谷核心区，注册资本1亿元，所属行业为信息传输、软件和信息技术服务业。

（李晶晶）

【昌平生命谷国际精准医学产业园工程启动】8月31

日，昌平生命谷国际精准医学产业园工程启动仪式举行。项目是昌平区探索社会企业参与园区开发建设的首个试点项目，由北京昌发展产业运营管理股份有限公司与上海康士桥商务咨询有限公司旗下的生命科学基础设施投资平台合作建设运营。项目位于中关村生命科学园三期C、D地块，建筑规模约24.6万平方米，分两期建设，将聚焦细胞与基因治疗等前沿领域，引入企业总部基地、创新研发、中试、成果转化及产业化项目，形成一批国际巨头、行业龙头、高潜企业、顶尖机构和稀缺平台集聚发展。

（高艺菡）

【华辉大分子生物药工艺研发平台启动】9月9日，华辉大分子生物药工艺研发平台启动仪式在昌平园举行。昌平区政府等单位相关负责人及生物医药界企业的代表等参加。平台由华辉安健（北京）生物科技有限公司和北京中关村生命科学园发展有限责任公司共建，位于中关村生命科学园，投资近2亿元，总建设面积7200平方米，是用于成药性验证、工艺开发和临床试验用药生产的开放灵活性中试平台，拥有200升、500升、1000升、2000升单体生物反应器，总产能约4000升。

（李建琴）

【第四届全球能源转型高层论坛举办】9月17—18日，由国务院发展研究中心、国务院国资委等四部委与北京市政府共同举办的第四届全球能源转型高层论坛在未来科学城举办。论坛以“数字赋能 绿色未来”为主题，由开幕式、主论坛、7场专题分论坛、招商项目集中签约、重大成果发布、展览展示、创新大赛等组成。20余名国际权威组织机构代表和中外院士专家，30余名央企、跨国企业、民营总部等能源领域全球领军企业的代表参会。论坛发布《中国能源革命进展报告 能源供给革命（2022）》《2022储能技术和系统商业化应用案例》研究报告，发布昌平区作为中国能源创新要素最富集区域集中布局发力先进能源产业三大赛道，18个能源领域项目集中签约。论坛首次设置北京市能源创新成果主题展览，展示以昌平区为主，涵盖北京市的能源领域高校、央企民企、外资企业、平台机构的能源领域最新成果。

（朱　迪　李晶晶）

【生命谷（国际）生物工程创新中心项目启动建设】9月28日，生命谷（国际）生物工程创新中心暨史各庄街道集体经济产业用房项目启动仪式在中关村生命科学园举办。昌平区委等单位有关负责人及高校、企业的代表等参加。创新中心项目由北京未来科学城发展集团有限公司代建实施，位于中关村生命科学园三期核心区，占地面积8.11公顷，总建筑面积约29.3万平方米，总投资约20亿元，是北京市首个以“双统筹双投入”模式开发建设的高端产业园区。项目建成后，依托国家战略科技力量，实施生命技术赶超工程，重点为细胞与基因治疗、下一代抗体、AI+研发等尖端领域产业落地提供优质空间，促进生物医药产业和城市融合。

（李建琴　高艺菡）

【百济神州创新药研发中试生产基地建设项目获施工许可证】10月10日，位于中关村生命科学园的百济神州创新药研发中试生产基地建设项目取得建筑工程施工许可证。项目由百济神州（北京）生物科技有限公司利用自有用地建设，新增地上建筑面积约2.1万平方米，主要用于化学药物研发、生物药物研发、转化医学研究、药效药理学研究、动物房等实验室建设，以及小试、中试、生产车间、质量控制平台等相关配套设施建设。

（高艺菡）

【恒泰万博公司落地】10月13日，北京恒泰万博石油技术股份有限公司落地未来科学城。公司是先进能源产业链优质企业，主营定向井相关业务，集无线随钻仪器的科研、生产及钻井工程技术服务于一体，主研无线随钻测量仪器。

（李晶晶）

【沙河高教园区高校联盟成果转化工作委员会成立】10月20日，由北京航空航天大学技术转移中心牵头，各联盟成员高校技术转移中心、科技园共同组成的北京沙河高教园区高校联盟第7个工作委员会成果转化落地与科技园发展工作委员会（简称成果转化工作委员会）在北京航空航天大学成立。成果转化工作委员会旨在整合协调高校科技创新资源，搭建沙河高教园区概念验证平台，打通园区高校间壁垒和高校成果转化链条，持续打磨“校校合作”“校地合作”成熟模式，促进高校科技成果在昌平转化应用。

（殷潇潇）

【风电机组华能“赛瑞号”下线】10月30日，世界首台2.7MW高效紧凑串列式双风轮风电机组华能“赛瑞号”下线仪式在未来科学城能源谷中国华能集团清洁能源技术研究院有限公司举行。“赛瑞号”由华能清能院研制，打破常规技术路线，首次突破风电机组多级叶轮协同捕能、高效梯次利用的技术难题，解决长期限制风电机组的风能捕获效率低、叶片尺寸过大等瓶颈，2 年内建立超百项国家发明专利的知识产权体系，是中国在风电技术领域的一个原创性、引领性的重大科技成果，技术达到国际领先水平。

（和　珊）

【空天科技未来产业科技园建设试点获批】 11 月 25 日，由北京航空航天大学、沙河高教园区管委会、中关村科学城管委会共同申报的空天科技未来产业科技园建设试点获科技部、教育部批复。科技园依托北京航空航天大学国家大学科技园，聚焦未来空天科技领域，与昌平区政府、科研院所、行业企业和高教园区高校组建创新联合体，协同区域重大科研平台、国家级重点实验室、领军人才等创新资源，推进产学研深度融合创新模式，融入市场化机制，集聚和培育一批国际一流的多学科交叉融合的科技领军人才和青年创新创业团队，形成一批空天科技前沿性、颠覆性重大科技成果并优先在昌平区落地转化。

（殷潇潇）

【北京市疫苗检验中心开工】 12 月 9 日，北京市疫苗检验中心建设工程项目开工动员会在中关村生命科学园举行。市药监局、中关村生命科学园管委会等单位相关负责人及项目施工、监理、设计等参建单位的代表参加。项目位于中关村生命科学园 10-2A 地块，是北京市 2023 年重点建设工程、昌平区 2022 年重点项目，项目总建筑面积 1.61 万平方米，总投资 2.02 亿元，是全国首个疫苗检验单体建设项目。其依托北京市药品检验研究院建设，建设内容包含疫苗检验所需的 5 个专业实验室及其配套设施，合同工期 500 天。检验中心建成后，将具备在产疫苗和新上市疫苗的批签发检验能力，为北京市疫苗从研发到生产的全生命周期提供技术支撑服务。

（李建琴）

创新型产业集群示范区

【概述】 北京创新产业集群示范区是北京推进国际科技创新中心建设的重要组成部分，也是“三城一区”的主平台。2022 年，北京市在北京经济技术开发区和顺义区推进创新型产业集群示范区建设，承接三大科学城创新成果外溢，加快科技创新成果产业化，提升自主创新能力和产业能级，打造具有全球影响力的技术创新和成果转化示范区。

北京经济技术开发区（简称经开区）属于北京建设全国科技创新中心的重要组成部分，始建于 1992 年，1994 年被国务院批准为北京地区唯一的国家级经济技术开发区。1999 年，国务院批准将经开区范围内的 7 平方千米确定为中关村科技园区亦庄科技园。2019 年，《亦庄新城规划（国土空间规划）（2017 年—2035 年）》获市政府批复，进一步明确了经开区工委、管委会对亦庄新城 225 平方千米（其中核心区 60 平方千米，大兴和通州部分 165 平方千米）的规划建设管理。2022 年，经开区围绕“三城一区”主平台和“四区一阵地”的功能定位，构建具有全球影响力的科技成果转化承载区、技术创新示范区、深化改革先行区、高精尖产业主阵地和宜业宜居绿色城区，以首善标准推进升级版经开区和亦庄新城高质量发展。2022 年，亦庄新城全年地区生产总值比 2021 年增长 8%（剔除疫苗因素），工业产值比 2021 年增长 7%（剔除疫苗因素），固定资产投资比 2021 年增长 8%，地方级收入比 2021 年增长 2.7%（同口径增长 9.4%）。

北京创新产业集群示范区（顺义）属于北京建设全国科技创新中心的重要组成部分。2020 年 4 月，顺义区发布《北京创新产业集群示范区（顺义）发展规划（2017—2035 年）》。示范区（顺义）规划 100 平方千米“三区五组团”空间布局，在减量发展前提下实现产业集聚、产城融合。2021 年 3 月，顺义区委办公室、区政府办公室印发《北京创新产业集群示范区（顺义）发展规划实施方案》，推进北京创新产业集群示范区（顺义）建设。2021 年 10 月，经顺义区委、区政府批准，中关村顺义园管委会加挂的北京顺义科技创新产业功能区管理委员会更名为北京创新产业集群示范区（顺义）管理委员会，并加挂北京中德国际合作产业园管理委员会牌子，其职能增加推进北京创新产业集群示范区（顺义）、北京中德国际合作产业园的规划建设、政策制定、招商引资、企业管理服务等，强化经济管理和投资服务，剥离商住小区管理职能。2022 年，依托首都机场临空经济示范区、北京天竺综合保税区、中德国际合作产业园，围绕航空服务、跨境金融、文化贸易、商务会展、数字贸易、医疗健康、国际寄递物流等七大产业创新发展，带动全区推进服务业开放。创新集群示范区以打造“首都创新驱动发展前沿阵地、北京科技成果转化及产业化承载地、顺义制造业高质量发展示范区”为目标，按照“三区五组团”总体空间布局，聚焦发展新能源智能汽车、第三代半导体、航空航天三大千亿级创新型产业集群，培育新一代信息技术、智能装备、医疗健康三大战略新兴产业，构建“3+4+1”高精尖产业体系。围绕《北京创新产业集群示范区（顺义）发展规划（2017—2035年）》，加快推进科技成果转化、交易、应用，带动创新成果产出和产业集聚。发挥三大园区开放引擎作用，推动北京首都国际机场临空经济区打造具有全球竞争力国际航空资源功能集聚区、北京天竺综合保税区打造具有服务贸易特色综合保税区、北京中德产业园打造新时期中德经济技术合作示范高地建设。年内，由北京元航天汇智造谷科技产业有限公司等8家科技企业孵化器组成的科技企业孵化联盟成立。稀土产业联合创新中心、北京首都机场临空经济区管委会、工业互联网数字化转型促进中心举行揭牌仪式。国家级新型基础设施“星火·链网”超级节点（北京）在顺义上线。在HICOOL 2022全球创业者峰会上，HICOOL“海创城”规划发布，为首批2020年和2021年HICOOL大赛落地顺义获奖人才颁发支持资金。《顺义区政府支持企业上市挂牌发展办法》《顺义区促进创新发展加快推进北京国际科技创新中心建设若干措施》《顺义区知识产权促进与保护管理办法》等印发，对符合条件的企业给予奖励。顺义区6项科技成果获2021年度北京市科学技术奖，北京天玛智控科技股份有限公司等83家企业入选2022年度北京市智能工厂和数字化车间名单，威乐（中国）水泵系统有限公司等3家企业获2022年度第一批北京市外资研发中心认定名单，新增天竺综保区东航中心工作站等3家知识产权公共服务工作站。

（杜涵涵　袁永章）

【SMC公司成为首家RCEP核准出口企业】1月1日，位于经开区的SMC（中国）有限公司在北京海关RCEP惠企服务通道办理经核准出口商备案手续，获批成为首家RCEP项下经核准出口商。成为经核准出口商的企业，其货物在出口时无须再逐票向海关申领原产地证书，企业可随时自主出具原产地声明，用于出口货物在国外享惠，效力等同于海关签发的原产地证书。

（杜涵涵）

【经开区3家企业上榜北京高精尖产业设计中心名单】1月5日，市经济和信息化局印发《关于公布2021年认定及通过复核的北京高精尖产业设计中心名单的通知》，经开区3家企业上榜。其中，长城超云（北京）科技有限公司通过2021年北京高精尖产业设计中心认定，北京集创北方科技股份有限公司、北京星和众工设备技术股份有限公司通过2021年北京高精尖产业设计中心复核。

（杜涵涵）

【升鑫网络公司获评“2021北京软件核心竞争力企业”】1月7日，在北京软件和信息服务业协会第十届会员代表大会第二次会议上，北京软件和信息服务业协会发布《2021北京软件企业核心竞争力评价报告》。其中，经开区企业北京升鑫网络科技有限公司凭借核心技术研发能力和创新能力获评“2021北京软件核心竞争力企业”。

（杜涵涵）

【经开区物流统计工作获表彰】1月7日，在2021年全国物流统计工作座谈会上，中国物流与采购联合会对全国物流统计工作先进单位、先进个人、优秀企业和优秀统计员进行表彰。其中，经开区商务金融局获“全国物流统计工作先进单位”称号，商务金融局局长刘文虎获“物流统计工作先进工作者”称号。

（杜涵涵）

【阿尔特汽车科技园启用】1月13日，阿尔特汽车乔迁庆典仪式在经开区举行，由阿尔特汽车技术股份有限公司建设的阿尔特汽车科技园一期、二期启用。园区建筑面积6.4万平方米，建有技术研发中心、造型设计中心、动力总成中心、性能试验中心、综合管理中心，同时配置研发测试软硬件和设备，作为阿尔特汽车公司的总部基地，承担研发、测试服务的任务。

（杜涵涵）

【经开区“科创二十条”印发】1月14日，经开区管委会印发《经开区关于加快推进国际科技创新中心建设　打造高精尖产业主阵地的若干意见》。《意见》包括总体要求、提升自主创新能力、激发创新主体活力、加快科技成果转化、完善创新生态链条、深化开放协同创新和保障措施等7个方面，共20项具体措施，简称“科创二十条”。“科创二十条”提出，经开区到2025年，以企业为主体、应用为导向的创新引导体系日益完善，创新要素加快聚集、创新能力显著提升、创新活力充分释放，科技创新对产业发展和城市建设的引领性、带动性、支撑性充分彰显，产生一批高价值知识产权成果，突破一批“卡脖子”关键核心技术，培育一批硬核创新型企业，打造国际一流创新产业生态，成为北京科技和产业创新的开路先锋。

（杜涵涵）

【经开区管委会与北京中医药大学签署战略合作协议】1月18日，北京中医药大学、经开区管委会签约仪式在京举行。双方签署战略合作协议。根据协议，双方在中医药传承与创新、科技成果转化、院内制剂产业化、医疗健康合作、人才与学术交流等7个方面开展合作。

（杜涵涵）

【第十七届超级汽车论坛举办】 1月20日，由贝壳财经、经开区管委会主办的“智驾·碳新”——2021年第十七届超级汽车论坛在经开区举办。中国汽车工业协会、中国电动汽车百人会等单位有关负责人及企业的代表等参加。论坛设立主旨演讲、圆桌论坛等环节。与会代表就未来中国汽车业如何克服“缺芯”等供应链难题、科技企业如何逐鹿新造车市场、自动驾驶如何探路商业化等方面进行研讨。

（杜涵涵）

【清陶公司开业】 1月20日，清陶（北京）能源科技有限公司开业仪式在经开区举行。清陶公司将建立清陶北方总部和固态动力与储能技术研究中心，面向新能源储能、电动化动力与智能汽车方向，从关键材料、特殊工艺、专用装备、电源管理策略与芯片设计、系统集成方式与轻量化设计等方面开展原创研究，开发出满足特种、储能、动力等新能源领域所需的原创新型电池技术与产品。

（杜涵涵）

【经开区新增市级“专精特新”企业53家】 1月21日，北京市2022年度第一批拟认定“专精特新”中小企业名单公示，其中经开区有53家企业上榜。据统计，公示企业涵盖经开区四大主导产业和新兴产业领域。经开区“专精特新”整体工作成果居北京市和国家级经济技术开发区前列，在培育创新型企业方面迎来快速发展期。

（杜涵涵）

【经开区新增107项市级赋权】 1月26日，市政府印发《关于由经开区管理委员会行使一批市级行政权力等事项的决定》（京政发〔2022〕7号），决定由经开区管委会行使部分市级行政权力，办理部分公共服务事项。根据《决定》，由经开区管委会在亦庄新城（约225平方千米）区域内行使106项市级行政权力，办理1项公共服务事项。市级赋权主要来自市发展改革委、市人力资源社会保障局、市规划自然资源委、市住房城乡建设委、市水务局、市文化和旅游局、市市场监管局、市园林绿化局、市知识产权局等9个委办局。

（杜涵涵）

【经开区位列考核第三位】 1月27日，商务部公布2021年国家级经济技术开发区综合发展水平考核评价结果。北京经开区位列第三，首次进入国家级经开区综合发展水平考核评价综合排名前三位。

（杜涵涵）

【中德智能机器人创新实践基地项目投产】 1月，中德智能机器人创新实践基地项目在顺义区中德产业园拓展区赵全营镇兆丰产业基地投产，实施主体为北京顺义思灵机器人科技有限责任公司，建设集生产、销售、展示于一体的中德智能机器人创新实践基地。项目以德国宇航中心技术为基础，通过智能机器人产业赋能创新驱动发展战略和高质量发展理念，打造成为具有全球影响力的机器人产业创新和应用示范基地。项目自主研发的Diana7和Thor6两款智能协作机器人已投产，广泛应用于3C、医疗、汽车及其零部件等行业。

（张　硕）

【亮道智能公司获“德国创新TOP 100”奖项】 2月15日，2022年“德国创新百强”名单公布。位于经开区的北京亮道智能汽车技术有限公司凭借其在自动驾驶领域的创新力获2022年“德国创新TOP 100”奖项。

（杜涵涵）

【经开区产经院博士后工作站首批博士后见面会举行】 2月16日，经开区博士后科研工作站产经政策研究院分站博士后见面会在经开区举行。见面会现场，产经院相关负责人介绍《产经院博士后分站管理办法及培养方案（草拟稿）》、经开区管委会2021年度工作报告和产经院全年重点研究课题。产经院分站首批6名博士后依次介绍研究意向及具体内容，将在产业经济、“碳达峰”、“碳中和”和基层治理等领域展开专题研究。

（杜涵涵）

【稀土产业联合创新中心揭牌】 2月28日，中国稀土学会与安泰科技股份有限公司稀土产业联合创新中心揭牌仪式在顺义区安泰公司举行。创新中心旨在推进产学研深度融合，推进稀土永磁领域成果转化，深化创新驱动，建设高端创新人才聚集地、重大原创技术策源地和高技术产业孵化地，促进安泰科技稀土永磁产业高质量发展。

（袁永章）

【顺义园20家企业入选专精特新“小巨人”企业】 3月1日，市经济和信息化局发布2021年度第二批北京市专精特新“小巨人”企业名单，751家企业入选。其中，顺义园内蓝星工程有限公司、北京华泰诺安探测技术有限公司、中都物流有限公司、中影光峰激光影院技术（北京）有限公司、北京安德医智科技有限公司、北京德威特电气科技股份有限公司、恒宇信通航空装备（北京）股份有限公司、碎得机械（北京）有限公司、北京莱伯泰科仪器股份有限公司、北京华晖探测科技股份有限公司、北京众驰伟业科技发展有限公司、奥来国信（北京）检测技术有限责任公司、罗森伯格亚太电子有限公司、北京北广科技股份有限公司、鼎点视讯科技有限公司、北京中电中天电子工程有限公司、北京安达泰克科技有限公司、北京天大清源通信科技股份有限公司、北京舒驰美德建筑装饰有限公司、北京吉盛机电设备有限公司等20家企业入选。

（袁永章）

【京东物流与新东方在线签约】3月4日，京东物流与新东方在线战略合作签约仪式在京举行。根据协议，京东物流教育集团与北京新东方迅程网络科技有限公司（新东方在线）基于双方布局的教育市场，发挥各自技术和生态优势、利用完善的产品体系，链接职业院校、本科院校，共同推进高新技术产业研究院、产业学院建设，实现人才培养模式创新、“双师型”队伍建设、科研成果转化，提升就业质量。

（杜涵涵）

【百度Apollo Day技术开放日举办】3月8日，以“驶向未来之路”为主题的百度Apollo Day技术开放日在经开区Apollo Park举办。百度在线网络技术（北京）有限公司首次通过现场直播连线方式展示其无人化车队应对复杂道路场景的技术，并公布萝卜快跑2021年下半年订单量超过30万单。萝卜快跑在北京、重庆、阳泉三地开始商业化收费运营服务，并在经开区率先上线数字人民币支付功能，实现自动驾驶与数字货币首次结合。

（杜涵涵）

【亦庄新城空间数字规划实验室成立】3月10日，亦庄新城空间数字规划实验室成立仪式在京举行。经开区管委会等单位有关负责人及相关机构的代表等参加。实验室是北京市首个空间数字规划实验室，由市规划自然资源委经开区分局和北京市城市规划设计研究院围绕亦庄新城指标管控分析平台建设、经开区虚拟规划馆建设等工作，开展合作共建的亦庄新城空间数字规划平台，包括亦庄新城街区指引规划监测分析平台、数字虚拟规划展览馆等系列科研课题和实践项目。基于数字化技术，致力于以国土空间规划数据为支撑，推动数字城市数据汇聚和城市运行管理状态统筹分析，支撑城市发展预测、决策，为推进亦庄新城的国土空间规划、城市建设、城市运营管理，提升城市精细化治理水平提供智能化技术支持。

（杜涵涵）

【云驰未来公司获工业互联网大赛优秀奖】3月15日，在第三届中国工业互联网大赛“工业互联网＋智能网联汽车”专业赛决赛上，经开区企业北京云驰未来科技有限公司的“智能汽车安全解决方案”项目获大赛应用组优秀奖。项目就智能汽车安全，展示其“智能汽车安全网关＋安全中间件＋汽车安全管家＋云驰智云安全运营中心”的全栈产品和技术体系。

（杜涵涵）

【新研氢能公司与北科大签约】3月23日，北京科技大学、新研氢能源科技有限公司校企合作签约暨授牌仪式在京举行。根据协议，双方建立校企资源全面开放机制，促进资源协同共享。在办学方面，学校优先为企业输送优秀毕业生，为企业员工提供教育资源，企业则为校方提供实训基地；在学术方面，双方通过学科交叉、人才汇聚，开展学术交流活动。活动还举行“北京科技大学学生实习基地”“科大新研联合创新实验室”“人才培养与产学研合作基地”揭牌仪式。

（杜涵涵）

【北京首个智能网联客运巴士管理实施细则发布】3月31日，北京市高级别自动驾驶示范区工作办公室发布《北京市智能网联政策先行区智能网联客运巴士道路测试、示范应用管理实施细则（试行）》。《细则》在车内管理、车辆运行、道路测试、保险保障、产品技术参数等方面作出针对性管理要求。

（杜涵涵）

【北京亦庄细胞治疗研发中试基地竣工入驻】3月，由北京亦庄盛元投资开发集团有限公司开发建设的北京亦庄细胞治疗研发中试基地竣工验收并实现首家企业入驻。项目依托“政府主导、国企投资、全方位服务”的模式，集研发、中试及生产于一体。项目于2020年2月开工建设，位于经开区路南区N9M1地块，占地面积4.77万平方米，是兼具会议、产品展览展示等多种功能的综合服务中心，可为企业及产业联盟提供交流展示空间。铂生卓越生物科技（北京）有限公司与亦庄盛元公司签订租赁合同，成为北京亦庄细胞治疗中试基地首家入驻企业。

（李贺英）

【经开区两家企业获CiteAb奖】3月，英国CiteAb公司公布2022年CiteAb奖获奖名单。其中，经开区企业北京百普赛斯生物科技股份有限公司被评为“2022年最佳重组蛋白供应商”；北京义翘神州科技股份有限公司被评为“成功的新型冠状病毒研究试剂供应商”，并获“2022 年值得关注的重组蛋白供应商”奖项的“高度赞扬奖”。

（杜涵涵）

【农行北京市首家智慧化支行开业】 4 月 8 日，中国农业银行北京信创园支行在经开区开业。信创园支行是农行在全市的首家智慧化支行，设有可完整展示大数据、企业文化、银行产品等方面的智慧厅堂，以及可通过智控屏幕自助办理多项业务的客户互动体验区。其通过智能银行系统可实现“面对面”产品营销、“高智能”财经对话、“广覆盖”投资教育等功能，完全无须人工。

（杜涵涵）

【经开区入选全国“无废城市”建设名单】 4 月 24 日，生态环境部印发《关于发布“十四五”时期“无废城市”建设名单的通知》（环办固体函〔2022〕164 号）。其中，北京经开区凭借试点期间建立的一系列“无废模式”，成为全国唯一入选建设名单的国家级经开区。

（杜涵涵）

【统信软件公司与 Unity 公司达成战略合作】 4 月 24 日，经开区企业统信软件技术有限公司宣布与实时 3D 内容创作和运营平台美国 Unity 公司签署战略合作协议。双方在工业软件仿真设计、三维游戏等方向就产品与技术、平台与生态等方面进行交流与合作，联合开发政务、金融、教育、消费等行业解决方案。

（杜涵涵）

【统信软件公司入选电子信息领域人才培养合作单位】 4 月 25 日，中国电子技术标准化研究院印发《关于公布电子信息领域人才培养合作单位名单的通知》（电标培训函〔2022〕222 号）。其中，经开区企业统信软件技术有限公司入选。

（杜涵涵）

【经开区 4 家企业入选“2021 医疗机器人企业排行榜”】 5 月 17 日，《互联网周刊》杂志发布其与德本咨询、eNet 研究院联调形成的“2021 医疗机器人企业排行榜”，共 50 家企业上榜。其中，经开区内北京大艾机器人科技有限公司、北京唯迈医疗设备有限公司、北京迈纳士手术机器人技术有限公司和北京长木谷医疗科技有限公司等 4 家企业入选。

（杜涵涵）

【亦庄生物医药园获科技创业孵化贡献奖】 5 月 17 日，中国技术创业协会发布《2021 年度“中国技术创业协会科技创业贡献奖”评审结果的公告》（中技创字〔2022〕006 号），全国共有 100 家企业获科技创新贡献奖、100 家孵化器获科技创业孵化贡献奖、18 家机构获科技创业投资贡献奖。其中，北京亦庄生物医药园获 2021 年度科技创业孵化贡献奖。

（杜涵涵）

【顺义园新增“专精特新”中小企业 8 家】 5 月 19 日，市经济和信息化局公布《北京市 2022 年度第三批拟认定“专精特新”中小企业名单》，全市 762 家企业入选。其中，顺义园恒壹（北京）医疗科技有限公司、北京码牛科技有限公司、中科瑞阳膜技术（北京）有限公司、尚川（北京）水务有限公司、北京康思润业生物技术有限公司、北京华夏科鹰科技发展有限公司、北京盈创高科新技术发展有限公司、乐普（北京）医疗装备有限公司 8 家企业入选。

（袁永章）

【中汽中心智能网联汽车测试基地落地经开区】 5 月 20 日，在 2022 年智能网联测试技术研讨会暨智能网联汽车测试（北京）基地启动活动上，中国汽车技术研究中心有限公司宣布将在经开区启动建设智能网联汽车测试（北京）基地。基地具有政府部门技术支撑、行业生态协同构建、产品研发技术支持 3 个方面的职能。中汽科技（北京）有限公司与北京车网科技发展有限公司签订战略合作协议，双方在高等级自动驾驶汽车测试评价和标准化领域开展合作。

（杜涵涵）

【农行为全市首个“先租后让”项目发放首笔贷款】 5 月 27 日，农业银行北京经开区分行为北京市首个“先租后让”项目——北京亦庄京广协同创新产业园发放首笔贷款。项目仅需提供传统项目“四证”中的土地租赁合同，通过对合并租赁期和土地出让期通盘考量，设置符合项目公司期望的贷款期限，降低企业还款压力；采取在租赁期间信用方式追加母公司阶段性保证担保方式，在土地出让期间进行项目抵押的创新型担保方案。

（杜涵涵）

【全球健康产业创新中心亦庄分中心启动】 6 月 2 日，由北京水木国鼎投资管理有限公司主办的全球健康产业创新中心亦庄分中心与水木领航基金联合启动仪式在经开区举行。经开区管委会等单位有关负责人及相关企业的代表等参加。全球健康产业创新中心由北京清华工业开发研究院发起并设立，旨在对接全球医疗创新技术与资源，加强科技成果转化，帮助医疗器械、诊断和服务、再生医学等创新技术的落地发展。亦庄分中心将成为推动“三城一区”

成果转化的创新动力平台，为生物医药行业新技术、新产品、新模式的高质量转化落地提供全链条服务。

（杜涵涵）

【经开区两项创新型绿色技术入选市级推荐目录】6月7日，市发展改革委，市科委、中关村管委会印发《关于发布北京市创新型绿色技术（节能和能效提升领域）推荐目录（2022年版）的通知》，7家企业的创新型绿色技术入选。其中，经开区北京天诚同创电气有限公司的“一种园区零碳电源综合利用技术”和中科慧新智能科技有限公司的“一种物联网智慧照明系统”两项新型绿色技术入选。

（杜涵涵）

【经开区3个项目入选物联网示范名单】6月13日，工业和信息化部办公厅印发《关于公布2021年物联网示范项目名单的通知》（工厅科〔2022〕480号），179个项目入选。其中，经开区企业北京慧飒科技有限责任公司的“城市重大危险源泄漏及早期预警技术和应用”、北方导航控制技术股份有限公司的“基于数据驱动的物联网智能工程应用示范”、北京航天拓扑高科技有限责任公司的“北斗+安全物联燃气管网天地一体智能调度与服务系统”等3个项目入选。

（杜涵涵）

【经开区两家企业入选中国IC独角兽榜单】6月14日，赛迪顾问股份有限公司、北京芯合汇科技有限公司发布2021—2022年度（第五届）中国IC独角兽榜单，46家企业入围。其中，经开区内京微齐力（北京）科技股份有限公司和北京国科天迅科技有限公司两家企业入选。

（杜涵涵）

【理想汽车产业园二期项目开工】6月14日，理想汽车产业园二期项目在中关村顺义园临空板块举行开工奠基仪式。项目总投资约13亿元，总占地5.86公顷。项目建成后为理想汽车公司提供集办公、科技研发于一体的“焕新综合体”，在研发设计、核心基础零部件、自动驾驶、人工智能、大数据等产业领域产生集聚效应，促进产业链上下游配套企业协同合作，助力新能源智能汽车产业链融合发展。

（袁　磊）

【外资研发中心政策线上宣讲会举办】6月15日，市科委、中关村管委会，市商务局，经开区管委会联合举办北京市外资研发中心政策线上宣讲会。50余家外资企业的代表参加。会上，相关专家围绕北京市外资研发中心政策、外资研发中心认定受理流程、北京市推动总部经济发展有关政策等内容进行宣讲并在线解答企业提出的问题。

（杜涵涵）

【经开区24家企业入选2022未来医疗100强】6月15日，在第六届未来医疗100强大会上，动脉网发布“2022未来医疗100强系列榜单”，经开区24家企业入选。其中，在中国创新医疗服务榜中，北京求臻医学检验实验室有限公司、北京安智因生物技术有限公司、健康力（北京）医疗科技有限公司等7家企业入选；在中国创新数字医疗榜中，北京长木谷医疗科技有限公司、望海康信（北京）科技股份公司、强联智创（北京）科技有限公司等4家企业入选；在中国创新医疗器械榜中，北京唯迈医疗设备有限公司、心诺普医疗技术（北京）有限公司、予果生物科技（北京）有限公司等6家企业入选；在中国创新生物医药榜中，北京康乐卫士生物技术股份有限公司、北京昭衍生物技术有限公司、北京天广实生物技术股份有限公司等7家企业入选。

（杜涵涵）

【“科创中国”经开区（生物医药）专场活动举办】6月23日，由中国技术创业协会投融资专委会、清华大学全球私募股权研究院、“科创中国”经开区企业专业科技服务团、中孵高科产业孵化（北京）有限公司主办的“三城一区”产融对接会暨“科创中国”经开区（生物医药）专场活动在线上举办。经开区管委会等单位有关负责人及杭州惟和资产管理有限公司、中融国际信托有限公司、山西证券股份有限公司等近100家投资机构的代表等参加。晶型药物研发及产业化、新一代病毒样颗粒（VLPs）创新型疫苗、超皮秒激光美容仪等5个生物医药领域项目进行路演。

（杜涵涵）

【理工华创公司新能源电控及驱动系统研发项目开工】6月26日，北京理工华创电动车技术有限公司新能源商用车电控及驱动系统研发及产业化建设项目奠基仪式在顺义区赵全营镇兆丰产业基地举行。项目占地面积1.66公顷，总建筑面积约3.3万平方米，规划厂房及实验室，建成后成为理工华创北京高精尖产业研发及生产基地，具备整车控制器系统、电驱动与传动系统等产品研发及生产能力，新建新能源商用车电控及驱动系统等产品的研发实验室及生产线，年生产新能源商用车电控及驱动系统5万套。项目也是顺义区首例承诺制改革项目，相关部门通过“告知承诺制+容缺受理+提前预审”模式，同步办理立项、水评、环评、能评、交评等手续，压缩项目开工前的准备时间。

（袁永章）

【中建二局安装公司入围全国建筑钢结构行业竞争力50强】6月29日，中国建筑金属结构协会发布《关于2021年度建筑钢结构行业竞争力50强企业名单通报》（中建金协〔2022〕37号），经开区企业中建二局安装工程有限公司入选。

（杜涵涵）

【deepin入选全球十大开源软件产品名单】6月30日，在全球开源软件产品评选活动颁奖仪式上，经开区企业统信软件技术有限公司的深度操作系统（deepin）入选全球十大开源软件产品名单。deepin研发积累15年，持续更新超200次，全球下载超8500万次，海外用户超300万人，向国际开源项目307个项目提交超1000项贡献；支持全球33种语言，在全球35个国家建立100余个镜像站点，拥有西班牙、捷克、法国等国家的用户社区。

（杜涵涵）

【东方晶源公司获集成电路产业技术创新奖】7月9日，在2022集成电路产业链协同创新发展交流会暨中国集成电路创新联盟大会上，第五届集成电路产业技术创新奖颁奖仪式举行。其中，经开区企业东方晶源微电子科技（北京）股份有限公司的电子束缺陷检测设备（EBI）项目获技术创新奖。东方晶源公司研发的国内首台电子束缺陷检测设备SEpA–i505可提供完整的纳米级缺陷检测和分析解决方案。

（杜涵涵）

【“星网北汽蓝谷”项目入选北京城市更新优秀案例】7月12日，在首届北京城市更新论坛暨城市更新联盟成立仪式上，公布首届北京城市更新最佳实践评选结果，34个项目受表彰，包括16个北京城市更新“最佳实践”项目和18个北京城市更新“优秀案例”项目。其中，北京亦庄城市更新有限公司“星网北汽蓝谷”项目入选城市更新“优秀案例”。项目将区域经济产业升级与城市更新有机结合，完成“星网北汽蓝谷”园区回购并启动项目更新，通过对总占地面积11公顷的园区进行“改造＋创新”的更新，提升产业载体空间质量，打造出13.4万平方米的产业承载空间，聚焦新能源汽车产业，引入北京新能源汽车股份有限公司入驻。

（杜涵涵）

【求臻医学公司获“未来独角兽企业”奖】7月16日，在世界肿瘤早筛大会上，举行金筛奖颁奖典礼。其中，经开区企业求臻医学科技（北京）有限公司凭借在肿瘤精准诊疗领域的技术创新、高成长性和社会影响力获“未来独角兽企业”奖。

（杜涵涵）

【集创北方公司获最佳显示组件产品奖】7月16—19日，在2022国际显示技术大会上，经开区企业北京集创北方科技股份有限公司的高刷新率高分辨率AMOLED显示驱动芯片获2022年度最佳显示组件产品奖“专家评审金奖”和“银奖”。其研发的ICNA3512显示驱动芯片可满足最大1280×2800分辨率下高刷新低功耗OLED面板的技术规格，适配折叠屏手机等机型，满足屏下摄像头功能及LTPO功能的需求；ICND8603B显示驱动芯片是针对localdimming技术的背光驱动芯片，单颗芯片支持2扫96分区，支持高电压及宽范围帧频应用，可用于电视等mini–LED背光显示领域。

（杜涵涵）

【汽车芯片标准体系建设研究成果发布】7月20日，由中国汽车芯片产业创新战略联盟主办的汽车芯片标准体系建设研究成果发布仪式在亦庄举行。国家新能源汽车技术创新中心、中国电子技术标准化研究院、中汽研汽车检验中心有限公司等60余家单位的代表等参加。中国汽车芯片产业创新战略联盟发布《汽车芯片标准现状梳理研究报告》、《汽车芯片技术结构分析研究报告》、《汽车芯片标准化需求调研报告》、“汽车芯片标准体系架构及标准研究项目明细”等研究成果，搭建汽车芯片标准体系架构。

（杜涵涵）

【顺义区科技企业孵化联盟成立】7月21日，顺义区科技企业孵化联盟成立大会召开。联盟在顺义区科委指导下，由区科技企业孵化器自发设立，首批发起机构包括北京元航天汇智造谷科技产业有限公司、北京国联万众半导体科技有限公司、埃米空间（顺义）新材料培育加速基地等8家科技企业孵化器。首届轮值主席由元航天汇智造谷董事长张志勇担任。

（袁永章）

【经开区6家企业获北京市外资研发中心认定】7月27日，市科委、中关村管委会发布《关于2022年度第一批北京市外资研发中心认定名单结果公告》，29家企业通过认定。经开区内阿斯利康医药（北京）有限公司、北京小马易行科技有限公司、瓦里安医疗器械贸易（北京）有限公司、凤凰桥控股（北京）有限公司、北京电通控股集团有限公司、李宁（中国）体育用品有限公司等6家企业通过认定，其中李宁公司被认定为外资研发总部。

（杜涵涵）

【经开区“两区”建设政务服务中心挂牌】7月27日，经开区“两区”建设政务服务中心挂牌。中心可提供涵盖金融、税务、知识产权、外资外贸、外资企业问题咨询和受理反馈等相关业务，并设立国际人才服务窗口、RCEP专项服务窗口、质量基础设施“一站式”服务窗口等“两区”特色服务窗口。

（杜涵涵）

【《新一代数字办公安全创新方案》发布】7月29日，在2022全球数字经济大会基础软件创新发展论坛上，《新一代数字办公安全创新方案》发布。《方案》由北京通明湖信息技术应用创新中心等单位编写，围绕数字办公典型应用场景，面向安全需求与创新需求，构建从指令集、中央处理器、操作系统、办公协同、业务处理等方面的全栈式自主创新方案体系，保障数字办公安全。其具备自主开源创新底座、密码安全创新体系、应用兼容创新方案和办公协同创新生态四大创新特点。

（杜涵涵）

【“科创中国”企业创新大家谈第一期活动举办】7月30日，由中国科协主办，经开区管委会等单位承办的2022“科创中国”企业创新大家谈第一期活动在经开区国家信息技术应用创新产业园举办。活动以“数字经济赋能传统产业转型升级”为主题。市科协等单位有关负责人及高校、企业、金融机构的代表等参加。与会代表介绍数字经济赋能传统产业转型升级领域取得的成果，并就数字经济赋能传统产业升级的过程中遇到的问题进行探讨。

（杜涵涵）

【曹操出行助力北京自动驾驶出租服务】8月2日，北京小马智行科技有限公司宣布与吉利科技集团曹操出行达成合作，小马智行自动驾驶出行服务将进驻曹操出行共享出行平台，推动自动驾驶出租车在城市出行场景的规模化落地应用。北京地区的用户可通过曹操出行App享受由小马智行提供的自动驾驶出租车服务，乘坐和支付流程与普通网约车服务并无差别。该自动驾驶出行服务覆盖北京高级别自动驾驶示范区60平方千米核心区，支持全天候和长时段的服务，涵盖250个自动驾驶上下客站点，可以满足大多数人的出行需求。

（袁　磊）

【统信软件公司与芯动科技公司签署战略合作协议】8月3日，在“风华2号”GPU新品发布会上，经开区企业统信软件技术有限公司与芯动科技有限公司签署战略合作协议，共同致力于国产图形处理器（GPU）的软硬件创新和产品商用落地。根据协议，双方将在人工智能、3D渲染、高清显示等方面带来创新性产品与解决方案。

（杜涵涵）

【中兴高达公司获“优秀设备供应商奖”】8月4日，在第二届中国民航四型机场建设高峰论坛上，北京中兴高达通信技术有限公司凭借卓越方案和众多实例获“优秀设备供应商奖”。中兴高达公司融合2G窄带专网、4G宽带专网和5G网络大带宽、低时延、广连接特性，提供智慧机场“2+4+5”融合通信解决方案。方案应用于广州白云机场、湛江吴川机场、哈萨克斯坦突厥斯坦国际机场等国内外大型机场信息化、智能化建设。

（杜涵涵）

【强生医疗公司与长木谷公司签约】8月11日，强生（上海）医疗器材有限公司与北京长木谷医疗科技有限公司深化战略合作签约仪式举行。双方在数字化创新、产品研发、市场推广、品牌宣传等方面共同探索，推动智能化精准临床解决方案覆盖骨科和外科手术的全病程，共同开发以患者为中心的数字化手术生态系统。

（杜涵涵）

【赫普能源公司与中冶华天公司签署合作框架协议】8月16日，中冶华天工程技术有限公司和赫普能源环境科技股份有限公司就冶金行业“源网荷储和多能互补”绿色低碳项目签署合作框架协议。根据协议，双方共同开发钢铁厂传统能源高效转化技术、新能源与传统能源高效协同技术，推广钢铁厂能源储存与高效利用协同系统，推进钢铁企业“源网荷储”一体化和“多能互补”技术应用和项目示范，为钢铁企业的节能降碳、氢能利用、绿色制造提供服务。

（杜涵涵）

【第九届北京亦庄（京津冀）生物医药产业大会举办】8月19—20日，由北京亦庄国际生物医药科技有限公司和中国化工企业管理协会医药化工专委会主办的第九届北京亦庄（京津冀）生物医药产业大会暨首届中国医药产业创新发展峰会在北京亦庄生物医药园举办。大会以“创新·高效·实用”为主题。高校、医院、科研院所、头部企业的代表等参加。与会代表分享新型抗体药物开发、核酸药物、mRNA与疫苗开发等领域的成果。北京亦庄国际生物医药公司与上海药明生物技术有限公司等医药企业签约，共同推动新药开发、临床试验等生物医药领域成果落地转化，搭建生物影像设备共享平台。

（杜涵涵）

【智能网联汽车产业创新服务与金融合作论坛举办】 8月24日，由经开区商务金融局、北京市高级别自动驾驶示范区工作办公室、北京经开投资开发股份有限公司联合主办的北京经开智能网联汽车产业创新服务与金融合作论坛在北京经开·壹广场举办。论坛以“深化产业金融合作，赋能创新服务发展”为主题。专家学者、金融机构、企业的代表等参加。与会代表围绕经开区产业金融政策12条、经开区智能网联汽车发展现状与未来展望、金融服务助力经开区产业发展等主题进行交流。

（杜涵涵）

【经开区3家企业获HICOOL奖】 8月26日，在HICOOL 2022全球创业者峰会上，HICOOL 2022全球创业大赛颁奖仪式举行。其中，经开区3家企业的项目获奖：北京数字精准医疗科技有限公司的荧光分子影像手术导航系统、文远京行（北京）科技有限公司的文远知行自动驾驶无人车分获二等奖，北京亮亮视野科技有限公司的AR+AI智能眼镜全栈式解决方案获三等奖。

（杜涵涵）

【“海创城”规划发布】 8月26日，在HICOOL 2022全球创业者峰会上，顺义区政府发布“海创城”规划。“海创城”在HICOOL产业园基础上升级打造，总规划面积6.98平方千米，为优秀科技项目提供集中落地承载区，建立创新创业集聚区；联动导入留学人才回国服务示范区、国家（中关村）火炬科创学院等资源；建设硬科技转化孵化服务平台，聚焦硬科技创业孵化全流程，提供从概念验证、小试中试、测试验证到场景应用全周期服务；营造接轨全球创业生态环境，围绕海外人才创业签证、国际互联网数据专用通道、知识产权跨境服务等重点方向，推动政策突破和机制创新，实现国际人才创业接轨全球、便利互通；实现“才、城、业”均衡发展，打造创新创业城市新形态和多层次的国际品质生活配套体系。

（袁永章）

【首批HICOOL大赛获奖企业落地顺义资金兑现】 8月27日，在HICOOL大赛主论坛会场上，首批HICOOL大赛获奖企业落地顺义资金兑现仪式举行。顺义区政府为首批2020年和2021年HICOOL大赛落地顺义获奖人才颁发支持资金。兑现政策支持包括项目落地、住房保障（购房补贴或租房补贴）、交通保障（购车补贴或租车补贴）、医疗服务，惠及北京豪冷科技有限公司等39家企业56人，涉及支持资金总额2822.6万元，将分3年兑现，其中项目落地按5：5比例分2年支持，购房和购车按3：3：4比例分3年支持，租房、租车、医疗服务按年度分3年支持。

（袁永章）

【中冶京诚公司项目入选大数据产业发展试点示范项目】 8月31日，工业和信息化部印发《关于公布2022年大数据产业发展试点示范项目名单的通知》（工信厅信发函〔2022〕219号），8个钢铁相关类项目入选。其中，中冶京诚工程技术有限公司的钢铁工业大数据质量分析系统建设项目入选。项目将大数据及人工智能技术与钢铁生产过程相融合，构建钢轧全流程大数据质量分析系统，实现钢铁产品质量档次和稳定性逐步提升。

（杜涵涵）

【清研智行公司入围百强供应商榜单】 8月31日，在2022年度（第四届）高工智能汽车市场峰会上，高工智能汽车发布2022年度智能网联软硬件中国百强供应商榜单，经开区企业清研智行（北京）科技有限公司凭借在智能汽车软件领域的技术产品创新及优异的市场表现入围。

（杜涵涵）

【博奥医学检验所满分通过国家卫生健康委质评】 9月2日，国家卫生健康委发布2022年《全国实体肿瘤高通量测序（大Panel）肿瘤突变负荷检测室间质量评价预研结果报告》，经开区企业北京博奥医学检验所有限公司满分通过项目评价。肿瘤突变负荷检测技术通过覆盖数百Kb碱基至数Mb碱基的靶向测序方法，精准肿瘤突变负荷检测分类，提供更精准、规范的检测结果和解决方案，解决样本检测和数据分析等流程中的不稳定性问题，为实体瘤免疫治疗药物选择提供依据。

（杜涵涵）

【通用电气天眼系统获评科技创新服务示范案例】 9月3日，在2022年中国国际服务贸易交易会科技创新服务示范案例遴选活动颁奖典礼上，北京通用电气华伦医疗设备有限公司的“深度天眼CT自动摆位系统”获“科技创新服务示范案例”奖项。系统是一项基于深度学习的自动化定位技术，通过3D传感器识别人体八大定位点，并形成三维图像，能自动定位扫描部位的中心位置，完成自动化扫描。

（杜涵涵）

【全图通公司与天恒建设公司签约】 9月3日，在2022年中国国际服务贸易交易会上，全图通位置网络有限公司与北京天恒建设集团有限公司签署战略合作协议。根据协议，双方以共同推进智慧工地为目标，建设升级科研技术平台，发挥各自在工地管理和高精度定位领域的优势，促进相关科研成果的转化。

（杜涵涵）

【博奥晶典公司项目获公安部“重大技术突破奖”】9月6日，在第二届刑事技术“双十计划”攻关创新大赛决赛上，经开区企业北京博奥晶典生物技术有限公司的“便携式全集成法医DNA快速检测技术”项目获第一名，成为唯一获公安部“重大技术突破奖”的项目。成果可精准匹配国家DNA数据库，可车载用于海关、机场、高铁站等现场一线，2小时内便可全自动完成“样本进、结果出”全过程，有效推动国内法医DNA检测关键装备技术自主化、国产化，为敏感人员身份的快速鉴识、涉外涉恐等公共安全领域侦查处置提供科技支撑。技术授权发明专利7件、实用新型专利3件，获2021年度“公安部科学技术奖一等奖”，入选省、市、县三级“十四五”公安刑事技术检验鉴定装备配备指导目录。

（杜涵涵）

【统信软件公司与中科曙光公司达成战略合作】9月7日，统信软件技术有限公司与曙光信息产业股份有限公司签署战略合作协议。根据协议，双方通过建设技术测试优化公共服务平台，实现与中科曙光公司全线产品形态完成适配认证，共同推进“国产硬件+统信UOS”生态建设；在赛事活动、人才培养、开源社区打造、重大项目推进等方面加强协同。

（杜涵涵）

【联通数科公司获通信网络安全服务能力评定一级证书】9月13日，中国通信企业协会通信网络安全专业委员会公布152家获通信网络安全服务能力评定证书单位名单。其中，经开区企业联通数字科技有限公司获通信网络安全服务能力评定（风险评估、安全设计与集成）一级证书。

（杜涵涵）

【GoldenDB分布式数据库获电信行业数据库产品测评第一】9月14日，国家工业信息安全发展研究中心公布“电信行业数据库产品测评榜单”，金篆信科有限责任公司研发的GoldenDB分布式数据库综合排名第一。GoldenDB属金融级交易型分布式数据库，是实现全面覆盖政策性银行、国有大银行、股份制银行、城商银行及证券机构、运营商等核心业务交易系统数据库实践的产品。

（杜涵涵）

【经开区3家基地被认定为市级小型微型企业双创示范基地】9月15日，市经济和信息化局印发《关于公布2022年度北京市中小企业公共服务示范平台和小型微型企业创业创新示范基地名单的通知》。经开区亦创高科（北京）科技有限公司的亦创高科小型微型企业创业创新基地、北京亦庄城市服务集团有限公司的亦城财富中心中小企业创业创新基地和北京维鲸科技有限公司的小微企业云投智慧创新基地3个基地被认定为2022年度北京市小型微型企业创业创新示范基地。

（杜涵涵）

【天广实生物公司入选中国生物医药企业创新力百强】9月16日，在“惟创新者 行稳致远——2021年度中国生物医药企业创新力百强系列榜单”发布会上，经开区企业北京天广实生物技术股份有限公司凭借其开发的第三代抗CD20抗体MIL62、ADCC增强型抗Claudin 18.2抗体MIL93等药物入选“2021年度中国抗体药物企业创新力TOP 30”。

（杜涵涵）

【联通数科公司获5G应用征集大赛融合媒体专题赛一等奖】9月16日，在第五届“绽放杯”5G应用征集大赛融合媒体专题赛决赛及颁奖典礼上，由经开区企业联通数字科技有限公司牵头申报的“5G+8K融媒播控——助力‘百城千屏’打造城市形象地标”解决方案获一等奖。方案实现传统视频快速升级到8K的直播体验，并具有5G上传、人工智能审核、5G+8K传输、5G实时回传监测等能力，可覆盖多个城市户外超高清大屏。

（杜涵涵）

【全图通公司参与项目获卫星导航定位科技进步奖】9月21日，在2022中国北斗应用大会暨中国卫星导航与位置服务第十一届年会上，经开区企业全图通位置网络有限公司参与完成的“北斗融合多源传感器的列车可信定位关键技术及应用”项目获中国卫星导航定位科技进步奖一等奖。项目提出复杂运行场景下多源信息融合列车自主定位关键理论，形成列车运行状态感知技术体系，研制列车运行状态感知成套装备，并进行现场示范，形成具有自主知识产权的北斗融合多源传感器的列车可信定位成套关键技术，实现冗余数据实时采集解析、多地点协同处理，满足不同等级列车实现完整性和安全保障的运营需求。

（杜涵涵）

【8家企业入选“中国潜力独角兽－雏鹏企业TOP 100”榜单】9月21日，中国大数据网发布2022年第一期“中国潜力独角兽－雏鹏企业TOP 100”榜单。其中，经开区新石器慧通（北京）科技有限公司、国

汽智控（北京）科技有限公司等 8 家企业入选。

（杜涵涵）

【首都机场临空经济区新增 4 家市级企业技术中心】 9 月 22 日，市经济和信息化局公布《北京市 2022 年度第一批市级企业技术中心创建名单》，全市 96 家企业入选。其中，顺义区首都机场临空经济区的北京莱伯泰科仪器股份有限公司、北京华泰诺安探测技术有限公司、北京迈基诺基因科技股份有限公司和北京富吉瑞光电科技股份有限公司等 4 家企业入选。

（袁永章）

【经开区 6 家企业入选人工智能医疗器械创新任务揭榜入围单位】 10 月 14 日，工业和信息化部、国家药监局印发《关于公布人工智能医疗器械创新任务揭榜入围单位的通知》（工信厅联科函〔2022〕265 号），经开区 6 家企业入选。其中，中科尚易健康科技（北京）有限公司入围揭榜单位，潜力单位分别是予果生物科技（北京）有限公司、强联智创（北京）科技有限公司、北京长木谷医疗科技有限公司、博邦芳舟医疗科技（北京）有限公司和北京易飞华通科技开发有限公司。

（杜涵涵）

【自动驾驶乘用车整车无人道路测试开放】 10 月 15 日，位于经开区的北京市智能网联汽车政策先行区开放无人化测试场景，首批向百度在线网络技术（北京）有限公司与北京小马智行科技有限公司两家企业颁发北京市智能网联汽车政策先行区无人化道路测试通知书。北京市高级别自动驾驶示范区工作办公室陆续向文远知行自动驾驶无人车共 20 台车辆颁发此类通知书，20 台“车内无人、车外远程”车辆获准在经开区 20 平方千米限定路线范围内特定时段开展道路测试，后续逐步扩大测试范围。自动驾驶道路测试在北京进入整车无人阶段。

（杜涵涵）

【1024 程序员节北京峰会举办】 10 月 24 日，由开放原子开源基金会、经开区国家信息技术应用创新产业园、中国专业开发者社区主办的 1024 程序员节北京峰会在经开区国家信创园举办。经开区管委会等单位有关负责人及开源领域专家、企业的代表等参加。大会以“软件新时代 开源创未来”为主题，分为“会、赛、展、趴”四大环节，包括开源主题峰会、“源聚一堂”技术沙龙、开发者之夜等活动。与会代表介绍开源技术与产业结合取得的成果，并围绕开源技术、操作系统、数据库、云原生、生态建设、社区建设等方面进行交流。大会还举办开放原子开源基金会开源安全委员会成立仪式和 2022 华为开发者大赛·云应用创新赛道（北部赛区）总决赛颁奖仪式。

（杜涵涵）

【经开区两家企业获北京市“隐形冠军”企业认定】 10 月 25 日，市经济和信息化局、市工商联联合发布《关于 2022 年北京市“隐形冠军”企业的公告》，12 家企业入选。其中，经开区内中核控制系统工程有限公司和北京京东方光电科技有限公司入选。

（杜涵涵）

【“科创中国”北京经开区智能网联汽车产学融合会举办】 10 月 28 日，由中国科协主办，中国汽车工程学会、北京市科协、经开区科协承办的“科创中国”北京经开区智能网联汽车产学融合会在经开区国家信息技术应用创新产业园举办。来自科研院所、高校、企业的代表等参加。与会代表围绕产学融合、协同创新、绿色发展等方面展开交流。

（杜涵涵）

【中国汽车芯片创新大赛举办】 10 月 30 日—12 月 10 日，由经开区管委会主办的中国汽车芯片创新大赛举办。大赛以“汽车芯·芯标杆·芯生态”为主题。来自北京、上海、重庆等地的 107 个项目报名参赛，参与申报单位 94 家。经大赛评审委员会初评，51 个项目入围路演环节。大赛评出最具创新性汽车芯片奖 10 项、最具影响力汽车芯片奖 10 项、最具潜力小微企业奖 7 项、最佳产业生态协同奖 4 项、最佳产业链合作奖 2 项。

（杜涵涵）

【GoldenDB 数据库居中国金融级分布式数据库市场排名第一】 11 月 9 日，美国弗若斯特沙利文公司联合头豹研究院发布《2021 年中国金融级分布式数据库市场报告》，经开区企业金篆信科有限责任公司研发的 GoldenDB 数据库以总分 28.15 的成绩位居中国金融级分布式数据库第一。产品可服务于实时交易系统、银行、运营商计费的高并发量数据处理，满足海量、高并发、低时延的严苛需求。

（杜涵涵）

【经开区企业参与的 21 个项目获北京市科学技术奖】 11 月 9 日，市政府发布《北京市人民政府关于 2021 年度北京市科学技术奖励的决定》（京政发〔2022〕33 号）。其中，经开区 24 家企业参与的 21 个项目获奖。即，中冶京诚工程技术有限公司参与的钢铁行业重点工序烟气多功能耦合超低排放技术集成与应用等 6 个项目获科学技术进步奖一等奖，北京新能源汽车股份有限公司参与的高性能复合材料高精高效模压成形关键技术及成套装备等14个项目获科学技术进步奖二等奖，北京博电新力电气股份有限公司参与的电力电子设备电磁暂态小步长实时仿真关键技术及装置1个项目获技术发明奖二等奖。

（杜涵涵）

【犀灵视觉公司入选“芯科技”新锐企业】 11月9日，在第五届中国国际进口博览会上，毕马威中国发布“毕马威中国第三届‘芯科技’新锐企业50”评选榜单。其中，经开区企业北京犀灵视觉科技有限公司凭借其在智能视觉传感器领域的全新像素级运算技术、团队及成绩入选。

（杜涵涵）

【校企共建集成电路设计与测试中试基地】 11月11日，北京电子科技职业学院与北京集创北方科技股份有限公司战略合作协议签约暨集成电路设计与测试中试基地竣工试产仪式在北电科举行。经开区管委会等单位有关负责人及学院师生代表等参加。双方签署共建集成电路设计与测试中试基地战略合作协议。根据协议，双方依托中试基地，建设政校企协同育人平台，以工程项目、科研攻坚、创新创业、成果转化为途径，实现人才链、产业链、教育链、创新链有机衔接，培养具有创新精神的高素质技术技能人才。

（杜涵涵）

【统信软件公司通过金融开源技术服务能力评估】 11月13日，在北京金融科技产业联盟2022年度会员大会上，“传递信任 服务发展”国家金融科技认证中心颁证仪式举行。其中，经开区企业统信软件技术有限公司通过金融开源技术服务能力评估，成为首批获国家金融科技认证中心评估证书的7家单位之一。

（杜涵涵）

【首届京津冀国家级经开区优化营商环境改革创新高峰论坛举办】 11月24日，由经开区依托京津冀国家级经开区优化营商环境改革创新合作联盟合作机制主办的京津冀国家级经开区优化营商环境改革创新高峰论坛在京举行。京津冀14家国家级经开区、广州市南沙区政务服务数据管理局等单位有关负责人及政务服务领域的专家等通过线上与线下相结合的形式参加。14家京津冀国家级经开区共发布110余项政务服务改革创新政策，形成《京津冀国家级经开区审批改革服务创新举措和创新案例汇编》。与会代表围绕“放管服”改革中的问题进行交流探讨。

（杜涵涵）

【46家企业获评智能工厂和数字化车间】 11月25日，市经济和信息化局印发《关于发布2022年度北京市智能工厂和数字化车间名单的通知》，36家智能工厂和47个数字化车间入选。其中，经开区拜耳医药保健有限公司的拜阿司匹灵和拜瑞妥生产数字化车间、格拉默汽车内饰部件（北京）有限公司的高端轿车内饰件部件加工数字化车间、海斯坦普汽车组件（北京）有限公司的高端轻量化车身及车身装焊总成数字化车间等15个数字化车间和北京奔驰汽车有限公司的高端乘用车制造智能工厂、施耐德（北京）低压电器有限公司的低压塑壳断路器及中压环网柜生产智能工厂、博世力士乐（北京）液压有限公司的行走机械液压元件智能工厂等16家智能工厂入选，数量均排名北京市第一，分别占总数的31.9%和44.4%。顺义区北京天玛智控科技股份有限公司、北京首钢冷轧薄板有限公司、曲美家居集团股份有限公司等6家企业获评2022年度北京市智能工厂，SMC（北京）有限公司、北京万集科技股份有限公司、北京康仁堂药业有限公司等9家企业获评2022年度北京市数字化车间。

（杜涵涵　袁永章）

【国内首个新型实体企业服务分会成立】 12月2日，国内首个新型实体企业相关组织——北京经济技术开发区企业协会新型实体企业服务分会成立。分会由经开区企业协会、中国中小企业协会、北京京东方显示技术有限公司等16家单位发起成立，开展政策解读、行业交流、活动组织等服务工作，加大对企业的支持和帮扶力度，拓宽企业发展维度，提升经开区在智能制造、智能交通、数字商贸、智慧医疗等产业数字化领域的影响力。

（杜涵涵）

【长城超云公司入选创新设计研究院名单】 12月6日，中国工业设计协会发布《关于公布首批中国工业设计协会创新设计研究院名单的通告》，北京市8家单位入选。其中，经开区企业长城超云（北京）科技有限公司入选。

（杜涵涵）

【经开区6家企业获2022年首创产品支持】 12月8日，市科委、中关村管委会印发《关于公示2022年首创产品首次进入市场拟支持项目的通知》，45个项目获支持。其中，经开区北京亮亮视野科技有限公司的“基于阵列光波导技术的超薄、超清晰AR+AI字幕转写智能眼镜”、北京主线科技有限公司的“港口智能卡车及智能水平运输系统”、东方晶源微电子科技（北京）有限公司的“国产计算光刻软件”等6

家企业的项目获支持。

（杜涵涵）

【生物医药高质量发展论坛举办】12月17日，由经开区管委会主办的2022北京亦庄创新发布·生物医药高质量发展论坛在线上举办。经开区生物医药领域专家、企业的代表参加。与会代表就生物医药领域技术突破、新药研发等方面进行研讨。将在经开区打造平台化创新研发中心，建立国内要素最完备的细胞基因治疗和高端医疗装备智造两大战略领域产业链，创建亦庄特色的全球医药健康产业品牌。赛诺威盛科技（北京）股份有限公司等企业分享医药细分领域的创新成果。

（杜涵涵）

【第七届非暴露空间PNT国际学术论坛举行】12月18日，由全图通位置网络有限公司、经开区企业协会、民盟大兴工委、深圳北斗平台通信有限公司主办的第七届非暴露空间PNT国际学术论坛暨第一届民盟大兴教育科技论坛在经开区举行。论坛以“科技引领未来，数字赋能发展”为主题。卫星导航定位专家学者、企业的代表参加。与会代表围绕非暴露空间的各大典型应用场景，在科学研究、成果转化、人才培养等方面展开探讨。中国电子信息产业发展研究所与全图通公司发布《2022非暴露空间导航与位置服务产业市场分析报告白皮书》。全图通公司与清研讯科（北京）科技有限公司、北京全迹科技有限公司等单位倡议成立超宽带通信产业联盟。

（杜涵涵）

【新石器无人车获低速自动驾驶性能测试认证】12月22日，新石器无人车X3 Plus获TÜV莱茵自动驾驶系统China-mark认证颁证仪式在经开区举行。德国莱茵TÜV大中华区向新石器慧通（北京）科技有限公司的新石器无人车X3 Plus颁发国内首张L4级自动驾驶系统国际安全标准认证证书——“低速自动驾驶系统性能测试”中国标识认证证书。X3 Plus在运行的平顺性、评估路线的通过性、系统最小风险机动，以及在循迹行驶过程中避免与道路使用者碰撞等方面，均符合TÜV“低速自动驾驶系统性能测试”标准要求。

（杜涵涵）

【2022北京微电子国际研讨会暨IC WORLD大会举办】12月28—30日，由市经济和信息化局、经开区管委会主办，北京半导体行业协会、国际半导体产业协会、中关村集成电路产业联盟、北方集成电路技术创新中心有限公司、北京亦庄国际投资发展有限公司、北京超弦存储器研究院等单位共同承办的2022北京微电子国际研讨会暨IC WORLD大会在经开区举行。大会以“蓄势起航 焕然一芯”为主题，举办学术会议和博览会。相关高校、研究机构、企业的代表等参加。大会学术会议部分由高峰论坛及十大分论坛构成。与会代表围绕2022年集成电路产业发展现状和趋势进行交流。大会展览会面积约3000平方米，涵盖以制造为核心的集成电路设备与零配件、厂务、晶圆加工材料、集成电路生产智能系统和间接耗材等，近70家单位参展。

（杜涵涵）

【京蒙（亦庄·赤峰）科创产业园开工】12月29日，京蒙（亦庄·赤峰）科创产业园开工活动在经开区举行。赤峰市委、市政府，经开区管委会等单位有关负责人及参建企业的代表等参加。产业园是内蒙古自治区首家在北京建设的“飞地园区”，位于北京经济技术开发区中和街5号，占地面积1.76公顷，建筑面积6.28万平方米，总投资6.22亿元，以生物医药和大健康产业为主导，同时集新材料、有色金属、新能源及现代装备制造、信息技术、高端农畜产品等领域的产业研发于一体，将打造成赤峰在北京的产业研发平台、产业培育平台、科技创新平台、招商引资平台和招才引智平台。

（杜涵涵）

【50个科技项目获顺义区资金支持】2022年，北京东方雨虹防水技术股份有限公司等50家企业的科技项目获2021年顺义区科技政策第二批科技项目资金支持，累计金额8930.01万元，已拨付资金7286.12万元，剩余资金在项目实施过程中分批拨付。50个科技项目中，包括重大科技研发项目16个、科技成果落地转化及应用项目15个、产学研合作项目10个、世界500强企业中国研发中心项目1个、科技服务项目4个、北京市科技成果转化统筹协调与服务平台项目4个。

（袁永章）

中关村示范区

【概述】2022 年，中关村示范区以服务国家重大战略和首都发展大局为牵引，持续推进先行先试改革，不断优化创新创业生态，推动科技成果转化，国际科技创新中心建设和世界领先科技园区建设取得显著成效。

经济质量规模持续提升。2022 年，中关村示范区企业实现总收入 8.7 万亿元，比 2021 年增长 3.6%，其中实现技术收入 2.3 万亿元，比 2021 年增长 10.2%；实现利润总额 6901.0 亿元，比 2021 年增长 −10.7%；实缴税费总额 3269.0 亿元，比 2021 年增长 3.1%。北京字节跳动科技有限公司、北京三快在线科技有限公司、百度在线网络技术（北京）有限公司等 6 家中关村示范区企业入选“2022 胡润世界 500 强”。

新一轮先行先试改革有序推进。2022 年，中关村“1+5”系列资金支持政策发布，包含 14 个方向、59 项支持内容，采取“精准 + 普惠”相结合的支持方式，重点围绕做强创新主体、集聚创新要素、做优创新生态的总体目标，力争覆盖创新主体成长的全生命周期、全要素场景，形成助力企业抗疫情、促研发、强内功的一揽子政策体系。截至年底，出台国家和市级配套政策 50 余项，推出基础研究税收试点、科技成果“先使用后付费”、职务科技成果单列管理等一批突破性政策措施，试点突破和压力测试作用日益凸显。推进科技金融领域新一轮先行先试改革。印发《关于支持创新型中小企业在北京证券交易所上市融资发展的若干措施》《关于北京保险业支持科技创新和高精尖产业高质量发展的通知》等系列政策文件，搭建社保、保险等长期资本参与创投基金的常态化对接机制。修订《中关村国家自主创新示范区促进科技金融深度融合发展支持资金管理办法（试行）》，进一步引导天使创业、信贷保险、资本市场等加大对硬科技和“卡脖子”技术的支持力度。

科技型企业数量稳步增长。2022 年，中关村示范区新设科技型企业 3.2 万家，平均每天新设科技型企业约 90 家；拥有国家高新技术企业 1.6 万家，占全国高新区企业合计的 1/9 以上。高成长企业全国引领作用凸显，2022 年中关村上市企业累计 487 家，总市值 9.7 万亿元，其中市值超千亿元企业 22 家；拥有独角兽企业 102 家，数量持续领跑全国，硬科技属性突出。中小微企业蓬勃发展。2022 年，中关村拥有科技型中小企业 1.6 万家，比 2021 年翻一番；累计认定国家级专精特新“小巨人”企业 588 家。数坤科技股份有限公司等 6 家企业入选美国《信息》杂志“2022 年度全球 50 家最具发展潜力初创企业”。

企业创新活力持续增强。中关村示范区超八成企业开展研发活动，研发活跃度较高。2022 年，中关村示范区企业研发费用 4952.4 亿元，比 2021 年增长 7.7%，56 家企业研发费用在 10 亿元以上，4 家企业研发费用超百亿元；企业研发投入强度 5.7%，比 2021 年提升 0.2 个百分点，近四成的企业研发投入强度在 20% 以上，其中生物医药和电子信息领域研发投入强度高，分别为 11.1%、7.4%。中关村示范区专利产出效率持续位居全球前列，国际标准数量明显增加。2022 年，中关村示范区企业获专利授权量 99066 件，比 2021 年增长 8.2%。其中，发明专利授权量 43016 件，比 2021 年增长 9.4%，占北京市企业整体水平的 3/4。截至年底，中关村示范区企业拥有有效发明专利数量 22 万件，每万名从业人员发明专利授权量 154.2 件；每百亿元增加值发明专利授权量 331.1 件，是全国的 5 倍；PCT 专利申请 9078 件，比 2021 年增长 10.9%，占北京市同期 PCT 专利申请的 79.2%。中关村示范区企业和产业联盟累计主导创制发布标准 1.9 万项，其中国际标准 720 项，比 2021 年增加 115 项。

创新创业生态持续优化升级。中关村示范区坚持以创新创业需求为导向，持续优化服务机制体制，不断激发创新创业活力。金融支持科创服务体系持续优化完善，引入高瓴投资、红杉资本等创投机构入驻，推动北京中关村科技融资担保有限公司成为创信融试点首家合作担保公司，搭建金融科技企业与金融机构沟通交流平台。创新创业服务资源集聚度显著提高。2022 年，中关村示范区拥有 65 家国家级科技企业孵化器、144 家国家级众创空间，分别占全国的 4.7%、6.1%，均居全国首位；建设 51 家国家技术转移示范机构、16 家国家大学科技园和 243 家国家级资质产品检验检测机构；集聚备案的私募股权、创业投资基金 2000 余家。双创服务集成化、精细化、品牌化、数字化特征明显，北京国际科技创新中心网络服务平台“京科”实现全面升级，建设布局工业芯片核心软硬件共性技术平台等一批共性技术平台，支持 12 家概念验证平台建设，培育认定首批 23 家标杆孵化器。

科研组织模式和科研范式不断创新。2022 年，中关村示范区以产业需求为导向探索科研组织模式创新，以新技术赋能科研创新推动科研范式变革，面向重点产业领域开展“卡脖子”技术及具有先发优势的关键技术、引领未来发展的基础前沿技术攻关。出台《北京市创新联合体组建工作指引》，建立市级组建创新联合体的工作机制，在人工智能、元宇宙等领域，率先支持兆易创新科技集团股份有限公司等 7 家企业牵头实施“强链工程”，组建聚焦关键核心技术协同攻关的创新联合体。小米科技有限责任公司牵头联合 12 家上下游企业、8 家高校院所组建全国首家民营企业牵头的国家级创新联合体——3C 智能制造创新联合体，在智能制造先进工艺、高端装备、数智系统等领域实现 20 余项关键技术突破。兆易创新公司与北京华大九天科技股份有限公司针对存储器版图的自主可控 EDA 工具开展联合攻关，突破海量存储器版图数据集成等一批关键技术。第四范式（北京）技术有限公司等 16 家科技领军企业和硬科技独角兽企业牵头布局 16 个技术创新中心，与 50 余家高校、70 余家企业开展协同创新，牵头或参与编制标准 19 项，技术创新实现行业领先。推行“揭榜挂帅”“赛马”等制度。发布《北京市关键核心技术攻关项目“揭榜挂帅”实施方案》，在更大范围、更宽领域、更深层次推广“揭榜挂帅”组织机制，围绕国产车规级芯片、集成电路先进工艺产线等关键核心技术和行业共性难题，开展体系化、组织化攻关。北京市高级别自动驾驶示范区以“揭榜挂帅”方式征集边缘计算节点设备研制项目，百度在线网络技术（北京）有限公司等 12 家团队联合，坚持问题导向，政产学研联动攻克关键技术，实现榜单要求的产品价格不高于 8 万元、降幅 60% 的目标，并实现软硬件的自主可控。

人才结构持续优化。2022 年，中关村示范区加强高学历人才、研发人才、技能人才、技术转化人才、国际人才等各类人才引育支持，进一步优化中关村人才结构。高学历人才占比持续提高。2022 年，中关村从业人员 279 万人。其中，本科及以上学历从业人员 181.7 万人，占从业人员比重 65.1%，比 2021 年提高 1 个百分点，高出全国高新区整体水平约 20 个百分点；硕士学历人员 39.9 万人，博士及以上学历人员 3.2 万人，合计占从业人员的 15.4%，比 2021 年提升 0.5 个百分点。研发人员占比稳步提升。2022 年，中关村示范区企业研发人员首次突破百万人，达 100.6 万人，比 2021 年增长 2.8%，占从业人员比重 36%，比 2021 年提升 1.7 个百分点。其中，电子信息领域研发人员最多，占比 69.2%，先进制造、生物医药、新能源领域研发人员占比均超 5%。2022 年，中关村示范区拥有留学归国和外籍从业人员 6.9 万人，比 2021 年增长 5.1%，增速比 2021 年提升 2.5 个百分点。

国际合作与区域协同持续深化。中关村示范区深化内外联动，主动融入全球科技创新网络，不断提升“引进来”的吸引力、“走出去”的竞争力和区域协同的带动力。国际创新合作新空间不断拓展。2022 年，中关村示范区出口总额 3202.3 亿元，占全市的 54.4%；高新技术产品和技术服务出口合计 1675.4 亿元，占出口总额的 52.3%；在境外设立分支机构 893 家，比 2021 年增加 51 家；上市企业实现海外收入 1.7 万亿元；发起海外并购 16 起，超七成集中在信息技术、汽车、生物医药等领域；加强与“一带一路”共建国家和地区设施联通、贸易畅通、创新互通，实现出口总额 178.2 亿元。辐射区域及全国创新发展能力显著增强。2022 年，中关村示范区输出外省市的技术合同成交额 3294.2 亿元，比 2021 年增长 17.6%；与全国 26 个省区市的 77 个地区（单位）建立战略合作关系，中关村示范区企业累计在外省区市设立分支机构 9 万余家。科技创新对津冀的辐射带动作用日渐凸显。2022 年，北京输出津冀的技术合同成交额增长至 356.9 亿元，10 年年均增长率 19.6%；推进雄安新区中关村科技园及中关村示范区在滨海、宝坻、保定的合作园区建设，将创新平台打造成为京津科技和产业合作的典范。截至年底，天津滨海中关村科技园、京津中关村科技城、保定·中关村创新中心等京津冀产业转移承接重点平台招引超 5000 家科技型企业落地。

科技型社会组织创新活力显著提升。2022 年，中关村示范区加强科技型社会组织对科技创新和产业发展的服务支撑作用。截至年底，中关村示范区拥有产业联盟200余家，在政策宣贯和行业研究、产业融合和创新发展、规范行业秩序和国际合作等方面发挥作用。发布《北京市科技型社会组织服务企业聚力发展的行动方案（聚力行动）》，重点在引导、支持社会组织进一步提升标准创制及推广、协同推进技术创新、加强国际交流合作等7个方面的核心服务能力。其中，中关村产业技术联盟以“联合护航行动”为主题持续开展“惠企服务”系列活动，在技术护航、产业护航、标准护航、服务护航四方面为企业提供免费或优惠科技资源。中关村示范区对纳入支持范围的34家社会组织加强沟通指导。2022年，34家社会组织参与创制及发布国际标准、国家标准、中关村标准、团体标准等186项，推广标准64项；开展国家级、省市级等行业产业研究140余项；7家社会组织主办或承办8场中关村论坛平行论坛；围绕京津冀科技合作组织10场活动；开展园区活动100场，引入82家企业在园区落地；搭建科技服务平台44个，举办品牌活动超1000场次。

（张　靖）

【海淀园】2022年，海淀园入统高新技术企业总数10087家，从业人员114.4万人，工业总产值2764.1亿元，总收入3.7万亿元，进出口总额3110.4亿元，实缴税费总额960.5亿元，利润总额2539.4亿元，资产总计6.1万亿元，科技活动经费支出总额2499.1亿元，专利授权量39622件。海淀园落实中关村新一轮先行先试改革措施，提升园区创新能级。支持新型研发机构开展关键核心技术攻关，北京量子信息科学研究院的量子直接通信样机创造100千米的世界最长通信距离等成果发布。推进京津冀国家技术创新中心建设，新挖掘项目122个，立项项目34个，新落地企业6家，自主培育企业新增融资约10.66亿元。签署北京市自然科学基金－海淀原始创新联合基金二期合作协议，基金总规模7000万元。推进概念验证中心建设，全国首个临床医学概念验证中心——中关村科学城—北京大学第三医院临床医学概念验证中心揭牌运行。制定落实中关村新一轮先行先试改革工作方案，出台科技应用场景、科技成果先使用后付费、“揭榜挂帅”等配套措施。北京市公安局海淀分局外国人出入境服务厅揭牌运行，实现外籍人才工作许可和居留许可“两证联办”；首都师范大学等单位的专利先使用后付费许可案例落地。推动高精尖产业发展。支持人工智能超大规模模型训练平台、算力平台建设，打造自主可控基础软硬件技术体系和算力支撑。加强集成电路龙头企业培育，中关村集成电路设计园建设芯创技术服务平台，入驻北京地平线科技有限公司等企业90余家。加快大健康产业发展，北京小蝇科技有限责任公司等企业的医疗器械产品获批上市；布局细胞与基因治疗等领域的专业技术平台。推进国家网络安全产业园（海淀）建设，入驻50余家网络安全相关企业及平台。支持智能制造领域产业发展。小米科技有限责任公司牵头成立全国首家3C智能制造创新联合体；北京微纳星空科技有限公司等企业开展卫星星座组网建设，北京航天驭星科技有限公司等企业在全球范围布局卫星测控站；推进中关村自动驾驶示范区建设，实现自动驾驶示范区全域330余千米测试道路开放。能源环保领域，制定海淀区促进氢燃料电池汽车推广应用实施方案，160辆氢燃料电池汽车进行示范应用。新材料领域，征集《北京市重点新材料首批次应用示范指导目录（2022年版）》产品46项。推进数字经济和智慧城市建设，5G基站建设累计1万余座，占北京市总量的17%；千兆光纤覆盖率实现100%全覆盖；在中关村西区、东升科技园、华熙Live 3个区域开展奇岱松空间计算操作系统海淀区百万平方米试点。升级创新创业新生态。举办4批重大项目签约，北京华峰测控技术股份有限公司等54个项目落地；开展首批标杆孵化器建设，建设巢生生物等3家引领类标杆孵化器，占北京市总数的1/3；建设中关村前孵化创新中心等6家培育类标杆孵化器，占北京市总数超40%。提升对海外人才的服务水平。园区博士后分站新增25家，总数112家，支持园区博士后分站引进高水平青年博士后科技人才74人，涉及人工智能、医药健康等领域。优化知识产权环境，“中技所—中关村担保—长江—2期知识产权资产支持专项计划”发行，为15家科技企业融资2.02亿元；中关村知识产权保护中心扩大快速预审服务专利分类号，可受理的IPC分类号扩展为143个、洛迦诺分类号为20个。基于产业链图谱精准开展产业投资，中关村科学城科技成长基金累计决策项目22个，决策金额18.93亿元。推动社会信用体系建设，提升区域政务诚信、商务诚信、社会诚信等领域信用环境。优化产业空间布局，研究制定“8+1”组团规划。加快释放产业空间，推动上地元中心、金隅科技园等项目建设，释放产业空间103万平方米。加强企业培育，拥有“专精特新”中小企业1914家，占北京市的35.7%；国家级专精特新“小巨人”企业265家，占北京市的45.1%。加强科技冬奥应用场景建设，在科技防疫、智慧服务、人工智能等领域助力冬奥创新。推动基于低轨卫星星座的凤凰岭景区通导应用、空间计算操作系统 2.0 应用在中关村西区、海淀医院智慧医疗应用等场景项目。推进国际创新和区域协作，开展“环球商机”“外交官走进科学城”活动，加强同德国、中东等地区的沟通交流，拓展国际创新合作渠道；组织企业参加美国消费电子展等展会。参与中关村论坛，举办金融科技论坛年会等 6 场活动。北京优炫软件股份有限公司等企业为雄安在线公共服务平台提供解决方案，东华软件股份有限公司等企业在雄安建设“智慧雄安”等标杆项目。

（程晓荷）

【昌平园】2022 年，昌平园入统高新技术企业总数 2484 家，从业人员 16.8 万人，工业总产值 1218.1 亿元，总收入 5257.7 亿元，进出口总额 493.0 亿元，实缴税费总额 230.2 亿元，利润总额 517.9 亿元，资产总计 9958.2 亿元，科技活动经费支出总额 276.1 亿元，专利授权量 6660 件。年内，在全市率先谋划昌平园改革发展提升方案，与中关村生命科学园、未来科学城形成“1+2”整体方案架构，明确行动计划、政策措施、任务清单，制定园区财源建设、服务包、“两区”工作方案，定期调度，抓好任务落实。全年新增入园企业 200 余家，服务 100 余项创新技术产品投用。组织编制昌平新城 CP00-0904 ~ 0905（昌平园西区）街区控规，建立并动态更新昌平园中心区“一表一图一档”产业用地台账。协助小米一期、小米二期、爱康宜诚等项目完成拿地，服务 20 余公顷新增工业用地承载项目。对工业用地有序开展“腾笼换鸟”和续建扩建，统筹地块利用与项目引进各类事项，释放产业空间资源，先后推动富桦明、罗格朗、摩拓尼克、安荣富登、文录激光、中海阳等 6 个地块完成盘活利用，承接爱博昌发、万泰创新药基地等项目，其中 2022 年以来盘活 3 个地块，支持北京科兴生物制品有限公司等 12 家企业扩建扩产。围绕永安热力厂改造，打造美观、开放、科技属性强的“热力创新综合体”，建设昌平城区的“活力地标”。编制《昌平区医疗器械产业专项提升“大头钉”计划》，构建具有昌平特色的医疗器械产业创新集群。

（魏清华）

【顺义园】2022 年，顺义园入统高新技术企业总数 799 家，从业人员 10.8 万人，工业总产值 854.4 亿元，总收入 2127.4 亿元，进出口总额 116.7 亿元，实缴税费总额 89.1 亿元，利润总额 142.5 亿元，资产总计 6136.4 亿元，科技活动经费支出总额 171.6 亿元，专利授权量 4473 件。年内，顺义区政府印发《“十四五”时期中关村顺义园发展建设规划》，《国内外智能网联汽车法律法规对标研究白皮书》《北京市高级别自动驾驶示范区数据分类分级方法白皮书》等成果发布。汉诺威工博会暨中德智能制造论坛、智能网联汽车产品准入研讨会、中德葡萄酒文化节、中德产业合作发展论坛、中德创新创业国际交流合作论坛、HICOOL 2022 全球创业者峰会暨创业者大赛、2022 世界智能网联汽车大会、顺义区自动驾驶技术挑战论坛、2022 全国智能驾驶测试赛总决赛等活动举办。新增北京鸿合同元激光科技有限公司、赢合控股集团有限公司等 112 家企业。临空国际板块 2 宗工业用地摘牌。环保双碳科创园暨双碳产业园落户顺义园。中德产业园“双碳创新中心”成立。北京中技克美谐波传动股份有限公司与北京科技大学共建的教学基地挂牌。威乐（中国）水泵系统有限公司等 2 家企业获批北京市外资研发中心。北京微构工场生物技术有限公司获创业创新大赛一等奖，“中重型燃气内燃机 / 汽车关键技术及应用”“新能源汽车用先进软磁材料研制与开发”2 项科技成果分获北京市科学技术进步奖一等奖和二等奖。北京新能源汽车股份有限公司的 ARCFOX 极狐阿尔法 S 全新 HI 版车型上市，并获 2022 世界智能驾驶挑战赛 2 项金奖；极狐汽车极锋动力获“中国心”十佳新能源汽车动力系统奖。北京力达康科技有限公司等 3 家企业获中关村成果转化概念验证项目支持。理想汽车产业园二期、理工华创新能源电控及驱动系统研发、瑞能微恩半导体等项目开工建设。

（袁永章）

【大兴—亦庄园】2022 年，大兴园入统高新技术企业总数 540 家，从业人员 4.9 万人，工业总产值 570.0 亿元，总收入 823.8 亿元，进出口总额 74.3 亿元，实缴税费总额 120.7 亿元，利润总额 70.3 亿元，资产总计 1882.0 亿元，科技活动经费支出总额 80.4 亿元，专利授权量 2025 件。推进大兴园体制机制改革。制订大兴园改革提升工作方案，重点对体制机制、空间范围及科技创新能力、高质量发展等方面制定改革举措。截至年底，大兴园拥有中关村高新技术企业 570 家。落实中关村“1+5”政策。组织开展 2022 年度中关村示范区促进园区高质量发展资金申报工作，征集项目 47 个，涉及园区高质量发展、创新活动、产业园升级改造和企业落地发展 6 个方向，其中 27 个项目获市科委、中关村管委会支持资金 4600 万元。清航空天（北京）科技有限公司完成世界首次试验 1000S+ 连续爆震试车，可实现 100% 燃氢。WMC 2022 世界元宇宙大会举办，探讨元宇宙场景应用。大兴区第一职业学校三大产业学院揭牌，将搭建园区产学研融合的实践平台。2022年，亦庄园入统高新技术企业总数1372家，从业人员22.3万人，工业总产值4112.3亿元，总收入9158.0亿元，进出口总额1646.9亿元，实缴税费总额534.4亿元，利润总额855.3亿元，资产总计1.4万亿元，科技活动经费支出总额389.7亿元，专利授权量8699件。加快产业集群化发展。新一代信息技术产业打造全产业链协同发展生态，实现新松半导体等项目落地，华海清科等项目土地摘牌，DRAM二期等项目开工建设。持续打造显示和物联网技术创新策源地，京东方B20重大项目落地。“雪花”主火炬台LED灯珠等“亦庄智造”用于北京2022年冬奥会。新能源智能汽车产业加速推进。北京奔驰汽车有限公司两个电动车平台立项，长城全球研发中心及品牌总部落地。丰田燃料电池项目开工，新研氢能项目落地运营。国家级平台加速建设，国汽智联研发中心竣工，国创中心整车能效开发试验室、车规级芯片测试认证中心投入运营，卡达克新能源汽车技术检测评价项目竣工。生物技术和大健康产业平稳增长。支持康龙化成制剂CDMO平台、昭衍生物研发生产基地建设，实现国家药监局六大中心落地。推进神州细胞、悦康数字等项目投产，天空之境等16个重点续建项目进展顺利。推进赛诺菲新型胰岛素项目扩产，铂生卓越生物科技（北京）有限公司等细胞基因治疗企业落地。机器人和智能制造产业突破发展，推进软体机器人创新末端执行器总部签约，星网宇达无人机产业化扩产，海尔未来智造等项目落地。北京中科宇航技术有限公司参与研制的固体运载火箭“力箭一号”首飞成功，北京星河动力航天科技股份有限公司自主研发的“谷神星一号”成功发射，创造中国民营火箭连续4次成功发射纪录。新兴产业培育发展，数字经济高质量发展。联通数科、工业和信息化部五所等项目签约，京东全球总部二期投入使用，京东中央研究院封顶。建设元宇宙前沿技术体验中心应用场景。持续推动生产性服务业发展。打造中国（北京）高新视听产业园、智慧电竞赛事中心，完成科技冬奥“5G+8K”应用示范任务。科技创新成果加速落地转化，深化“三城一区”联动，实施创新成长计划、创新伙伴计划，承接“三城”成果。国科科仪创新研究院、全球健康产业创新中心亦庄分中心落地；北京集成电路产教融合基地揭牌，获批教育部卓越工程师创新研究院。搭建“百企出题、院所答题”合作平台，对接项目。印发“白菜心”管理办法，实现17项关键技术突破，完成20余项关键工艺、配方、系统和软件研发。出台企业研发中心建设三年行动计划，推进市级研发机构建设运营。建立“专精特新”企业发展机制，引育“专精特新”企业。获评国家级知识产权强国建设示范园区。推进高水平人才高地建设，形成以院士为领衔、以“亦麒麟”人才为中坚、以技术技能人才为支撑的人才梯队。加大人才服务力度，通过引进落户等方式，留住骨干人才。新增园区类博士后工作站，成立亦城工匠学院，认定10名“亦城工匠”。国际人才社区一期开工建设，国际人才社区示范街区改造提升。出台亦庄组团三年行动方案，细化46项任务。生物医药、自动驾驶、审批制度改革3个案例在全国推广。开设两区建设服务中心，设立“双碳”加速器等特色窗口。完善上市服务体系，上市企业累计47家。

（杜涵涵）

【房山园】2022年，房山园入统高新技术企业总数598家，从业人员6.2万人，工业总产值349.3亿元，总收入668.7亿元，进出口总额9.2亿元，实缴税费总额31.1亿元，利润总额21.2亿元，资产总计1116亿元，科技活动经费支出总额36.1亿元，专利授权量1493件。截至年底，房山园拥有规模以上高新技术企业159家，其中50家企业全年完成产值约133亿元，比2021年增长26.5%。全年累计完成总投资20亿元、建安投资12.66亿元。全年新增“专精特新”企业71家、“小巨人”企业18家；落地安迈特科技（北京）有限公司等30个项目，推进中国电力与清华大学合作项目等15个项目落地；推进中关村氢能硬科技孵化平台建设，引入北京氢燃科技有限公司等40家氢能产业链上下游企业入驻。与中关村储能产业联盟编制完成《北京市新型储能产业园建设方案》，卫蓝固态锂电池总部及研发中心项目竣工，新源智储储能系统产业化项目开工并投产；对接北京理工大学等企业和高校院所，区域新型储能产业链条初步形成；编制氢能产业发展规划，中关村氢能硬科技孵化平台入驻孵化企业40家。石墨烯种子园入驻项目12个。京东方智慧医工核心能力中心一期建成，中粮健康科技园注册企业106家。嘉民房山健康产业园项目二期工程竣工。智能应急装备产业园聚集企业20余家，中车北京地铁12号线车组完成交付。园区公共设施进一步完善，B5-04地块绿化工程等基础工程竣工，生命健康产业园道路周边环境绿化及路面修缮工作完成。

（薛珊珊）

【通州园】2022年，通州园入统高新技术企业总数

477家，从业人员4.8万人，工业总产值266.5亿元，总收入1060.3亿元，进出口总额31.4亿元，实缴税费总额32.6亿元，利润总额31.2亿元，资产总计1907.4亿元，科技活动经费支出总额62.8亿元，专利授权量2856件。年内，园区引进企业282家，其中亿元以上企业18家；新认定中关村高新技术企业90家；12个项目入选2022年北京市新技术新产品，2家企业被认定为北京市企业科技研究开发机构，17家单位被认定为北京市知识产权试点单位，4家单位被认定为北京市知识产权示范单位，14家企业入选国家级专精特新"小巨人"企业，105家企业入选北京市"专精特新"中小企业，2家企业入选市级企业技术中心新创建名单，4家企业基地入选通州区科普基地名单；2个项目获1000万元科技资源支撑型特色载体专项资金支持，70个项目获通州区高精尖产业发展资金支持，2家企业获市科委、中关村北京四板挂牌资金支持。持续推动园区人才建设。4家企业获批设立北京市园区类博士后科研工作站，园区累计博士后科研工作站分站20家；5家设站企业获博士后日常资助市级经费40万元，7家设站企业获区级建站专项资助140万元，15名在站博士后获区级研发经费和生活补贴142.5万元，4家企业获通州区高层次人才政府特殊津贴和购房补助9万元，9家企业获通州区"灯塔"计划人才奖励扶持资金450万元。特色产业基地不断发展。国家网络安全产业园区西北工业大学北京研究院项目、国家网络安全产业园区（通州园）网络安全领军人才培育基地、启动区办公及服务配套项目等3个重点项目开工建设，引进网络安全类相关企业69家。张家湾设计小镇北京国际设计周永久会址项目竣工，全国首例建筑业数字化转型集成创新试点项目——首旅张家湾设计小镇商业服务综合体暨怡禾生物园区更新改造项目，环球建筑科创中心暨北京建院、北咨公司新总部项目开工建设；2022（第六届）北京国际城市设计大会等活动在设计小镇举办；152家科技创新企业入驻小镇。漷县医药健康产业集聚区北京福元医药股份有限公司高精尖药品产业化建设项目和圣氏科技产业园开工建设。《于家务国际种业科技园区产业规划（2022—2030年）》《关于鼓励现代种业发展十条措施》等发布实施，第十一届北京现代种业博览会及系列活动举办。优化招商途径，围绕张家湾设计小镇、西集国家网络安全产业园、漷县医药健康集聚区等重点园区产业定位，落实招商政策，搭建招商信息平台。

（郭庆云）

【东城园】2022年，东城园入统高新技术企业总数487家，从业人员9.7万人，工业总产值7.6亿元，实现总收入3357.1亿元，进出口总额73.4亿元，实缴税费总额85.5亿元，利润总额292.7亿元，资产总计8416.3亿元，科技活动经费支出总额109.6亿元，专利授权量2160件。年内，东城园规模以上高新技术企业总收入高于全市平均增速8.2个百分点，增速列中关村示范区各分园第三。全年实现高新技术企业总收入3200亿元，地均产出479.9亿元/平方千米，居中关村示范区各分园之首。围绕提升园区科技属性，不断完善配套措施。编制建园以来首份年度建设方案，发布首个园区政策及其实施细则，并首次配套4000万元财政资金，出台第一份高成长性科技企业培育计划（"紫金计划"），制定首个科技企业孵化器认证管理办法，成立首个高新企业技术协会，腾讯健康等重大产业项目落户园区，促进园区创新发展和产业升级。产业空间提升实现突破。停滞10余年的青龙地块基本完成上市手续，龙潭湖地块完成第一阶段拆迁任务。全面启动中关村金隅环贸科技商务区、中关村航星信息科技示范园、青龙胡同创新街区等六大专业园区建设。推动硅巷建设前期研究。服务企业获显著成效。落实紫金服务制度，优化"紫金计划"服务体系，组织召开重点企业恳谈会，累计联系企业1675户次，收集各项需求191个，响应率、解决率实现双百。落实市、区稳经济增长工作安排，制定出台园区专属的房租减免补贴政策，发挥金融纾困服务作用，对接园区企业25家，融资需求3.45亿元。加强对优秀人才和团队的服务，吸引高端人才聚集，引进人才16人，北京中创碳投科技有限公司等3家企业获"北京市博士后创新实践基地"称号，中关村雍和航星科技园获2022年北京市留学人员创业园资助。深化东城园体制机制改革，形成《中关村东城园改革发展提升方案》，围绕科创园区建设、科创产业发展，系统回答"能否发展、发展什么、在哪发展、如何发展"等4方面问题，明确思路目标和主要任务。

（金 源）

【西城园】2022年，西城园入统高新技术企业总数1021家，从业人员15.6万人，工业总产值1440.8亿元，总收入4601.0亿元，进出口总额227.1亿元，实缴税费150.4亿元，利润总额154.7亿元，资产总计1.8万亿元，科技活动经费支出总额198.6亿元，专利授权量3665件。年内，国家级金科新区建设成效显著。举办2022全球金融科技大会西城分论坛、2022全球金融科技应用场景大赛、HICOOL 2022全球创业大赛金融科技初赛。率先实施金融科技创新监管工具创新应用、资本市场金融科技创新监管试点，金科新区项目分别占全市的65%、56%。金科新区核心区建设基本完成，新动力金融科技中心入选国家发展改革委盘活存量资产扩大有效投资典型案例。截至年底，金科新区入驻企业161家，注册资金超1100亿元。精准服务企业。兑现“金科十条”、“科创十条”、中小微企业减免房租等政策支持资金近1.95亿元，惠及企业和孵化机构579家次。做好企业上市服务，北京道亨软件股份有限公司挂牌新三板、北京利仁科技股份有限公司在深圳证券交易所主板上市。建立首家朝阳区政府机关博士后科研工作站，北京恒华伟业科技股份有限公司等5家企业入选博士后科研工作站分站。开展“大走访、大调研”，走访企业283家次，解决个性化需求183项。企业创新成果加速涌现。推动首创新大都园区项目落地，金科新区在全球率先发起“全球金融科技中心网络”建设，中国建设科技集团股份有限公司成功申报“双碳”领域第一家国家级技术创新中心，奇安信科技集团股份有限公司建设北京市首批且唯一的网络安全领域技术创新中心，国内第一家以数据要素为主营业务的企业中电数创（北京）科技有限公司落地园区。培育引进国家级专精特新“小巨人”企业2家，市级专精特新“小巨人”企业16家、中小企业74家。举办高新技术企业申报培训，园区拥有国家高新技术企业699家。开展知识产权服务，8家企业被认定为知识产权试点单位和示范单位，普天德胜孵化器工作站等3家工作站被评为北京市知识产权优秀工作站。推动孵化机构转型升级，2家小微型企业创业创新示范基地通过复审，北京普天德胜科技孵化器有限公司获2021年度科技创业孵化贡献奖，北京设计之都发展有限公司、北京京仪融科科技孵化器有限公司成为北京市创业孵化示范基地。

（曾庆艳）

【朝阳园】2022年，朝阳园入统高新技术企业总数2339家，从业人员31.5万人，工业总产值532.5亿元，总收入9670.2亿元，进出口总额2227.8亿元，实缴税费总额649.8亿元，利润总额675.0亿元，资产总计2.0万亿元，科技活动经费支出总额553.5亿元，专利授权量11692件。年内，朝阳园被认定为地理信息服务领域特色服务出口基地。创建朝阳黑马数字人加速器，并获全市首个“北京市数字人基地”称号。国际创投集聚区创投项目累计19个，注册企业160余家，入驻高新技术企业25家。编制《中关村朝阳园北区规划综合实施方案》，并通过市政府专题会审议。征集支持高成长企业发展等22类项目，收到项目申报272个。围绕高精尖产业培育等方面，完成支持项目137个，支持资金超1亿元。完成2021年税源奖励实施方案制订及申报组织工作，为1170名高管申请奖励资金3.5亿元。落实朝阳园55家区级、30家街乡级“服务包”企业服务工作，服务1200余家次。实施独角兽加速计划，为首批48家朝阳区未来独角兽企业授牌。建设医药健康企业沟通服务平台、新兴领域协同创新服务平台、朝阳区科技企业赋能站，健全朝阳园企业政务服务机制；与朝阳区检察院签署合作协议，为朝阳园企业提供一对一法律咨询。举办未来科学论坛和人工智能评级体系建设与发展论坛。与北京科学文化传播促进会合作启动“扶摇计划”。举办知识产权沙龙活动6期、“理解未来”科学讲座2期、“未来局”活动2期、“闭门耕”产业课题研讨会8期。朝阳区科技企业赋能站小程序上线，提供高新技术企业认定等服务。

（王娜娜　张中来　袁　野）

【丰台园】2022年，丰台园入统高新技术企业总数2288家，从业人员20.5万人，工业总产值270.8亿元，总收入7568.9亿元，进出口总额337.0亿元，实缴税费总额157.9亿元，利润总额582.3亿元，资产总计2.0万亿元。科技活动经费支出总额226.7亿元，专利授权量9048件。年内，打造北京看丹独角兽创新基地，吸引傲林科技有限公司等11家泛独角兽企业落户。推进园博数字经济产业园创新中心项目建设，以数字创新、城市活力、生态低碳理念规划数字科技企业群落近70万平方米，吸引35家数字经济类企业落户。新增国家级专精特新“小巨人”企业23家、中关村高新技术企业近400家，新增科创板上市企业北京英诺特生物技术股份有限公司、北京金橙子科技有限公司，主板上市企业中铁特货物流股份有限公司。培育产业协同创新平台和新型研发机构，引进中关村·西南交大轨道交通产业创新中心和铁科院城轨创新网络。加大创新资源的培育力度，交控科技实验室纳入首批国家工程研究中心序列，中国通号成立铁路行业首个列车控制方向的研究中心，中国华电科工集团有限公司成立中国华电氢能研究中心。构建创新生态，举办独角兽企业发展论坛、中关村轨道交通国际创新创业大赛、“满天星”轨道交通垂直领域投资路演等活动。围绕产业链、创新链、供应链三个维度，制定《丰台区轨道交通产业协同发展实施工程（2023—2025

年）》，深化企业在研发创新、市场拓展等方面的协同发展。

（张红莉）

【石景山园】2022年，石景山园入统高新技术企业总数977家，从业人员10.8万人，工业总产值94.5亿元，总收入4195.3亿元，进出口总额29.4亿元，实缴税费总额124.0亿元，利润总额731.0亿元，资产总计3.0万亿元，科技活动经费支出总额263.3亿元，专利授权量3348件。年内，石景山园推进虚拟现实、工业互联网等重点产业发展和主导功能区建设，布局元宇宙等前沿新兴产业。印发《北京市推动石景山区新首钢园互联网3.0应用场景建设工作方案》和《关于推进石景山区互联网3.0产业发展工作方案（2023—2025年）》，打造具有国际影响力的互联网3.0示范应用新高地和产业融合发展集聚区。编制《北京市促进石景山区科幻产业发展2022—2023年工作方案》。中关村虚拟现实产业展示中心和华为（北京）虚拟现实创新中心投入运营；成立中关村虚拟现实产业园科协。引进燧光科技（北京）有限公司等4家中国VR 50强企业。工业互联网产业园先导园落户中航信移动科技有限公司等35家企业，入驻率74%。园区共有上市企业19家、独角兽企业4家、市"专精特新"企业170家、国家高新技术企业794家。举办"侨梦苑北京论坛"发展论坛活动，推动产业开放创新，服贸会期间落地项目签约投资额2.8亿元。开展"石景山区老旧园区、厂房、楼宇改造领域重大投资项目规划谋划研究"，引导建立"亿蜂企业服务供需对接平台""创业公社/颖通企服小型微型企业创业创新示范基地"等平台。承办中关村国际前沿科技创新大赛"虚拟现实与元宇宙"赛道赛事，北京悠米互动娱乐科技有限公司等企业进入中关村前沿科技大赛总决赛。落实"服务包""服务管家"机制，提供政策兑现等九大服务，服务企业1000余家次，全年329家次企业获2.87亿元政策资金支持。

（王淑慧）

【门头沟园】2022年，门头沟园入统高新技术企业总数266家，从业人员1.8万人，工业总产值48.2亿元，总收入566.3亿元，进出口总额381.5亿元，实缴税费总额11.1亿元，利润总额5.6亿元，资产总计684.6亿元，科技活动经费支出总额13.1亿元，专利授权量593件。年内，门头沟园在"文旅体验、科创智能、医药健康"三大主导产业基础上，进一步拓宽"人工智能、医疗器械、数字视听"3个细分产业发展赛道，打造长安街西延线专精特新产业集群。与中关村发展集团股份有限公司、华为技术有限公司推进中关村（京西）人工智能科技园项目，完成一期8.54公顷产业用地供应；搭建"算力＋算法＋数据"的人工智能产业基础平台；落地清华AI大模型团队，深挖示范性应用场景；依托工业和信息化部一所、市标准化研究院共同开展人工智能安全、触觉芯片等领域的标准化工作；联合北京理工大学、北京工商大学等高校打造人才培养基地。主办中关村论坛中关村昇腾人工智能产业分论坛，北京昇腾人工智能计算中心暨生态创新中心揭牌，启动2022昇腾AI创新大赛北京赛区赛事活动；举办首届中关村（京西）人工智能会客厅，成立人民健康系统工程机器人实验室，举办2022中关村国际前沿大赛"中关村银行杯"大数据与云计算领域决赛、创客北京·华鲲振宇·昇腾AI创新大赛决赛及第二届中关村（京西）人工智能会客厅等活动。心血管领域医疗器械产业链不断完备，与百洋医药集团有限公司签署全面战略合作协议，成立"百洋医药科研成果转化基地"；阜外医院西山园区二期项目开工，建设国内首个健康方式医学中心。举办2022首都前沿学术成果报告会暨首都生物医药学术成果与德山M-Lab产业对接会，与北京药学会、北京图象图形学学会、北京德山科技有限公司签署四方合作协议，促进生物医药成果落地。超高清数字视听产业加快布局，央广总台"5G+8K"超高清示范园项目开工，央广传媒集团有限公司落户；与中关村视听产业技术创新联盟签署战略合作协议，通过建设"联盟全球创新总部"，落地国家自主视听标准的运营总部、超高清内容制作创新基地、北方智能算力枢纽中心。截至年底，园区有国家高新技术企业317家、中关村高新技术企业302家，有"专精特新"企业65家、国家级专精特新"小巨人"企业4家、市级专精特新"小巨人"企业22家。

（王福冬）

【平谷园】2022年，平谷园入统高新技术企业总数190家，从业人员1.8万人，工业总产值80.0亿元，总收入189.8亿元，进出口总额5.2亿元，实缴税费总额8.2亿元，利润总额9.4亿元，资产总计336.9亿元，科技活动经费支出总额11.6亿元，专利授权量589件。年内，平谷园现代园区管理制度逐步建立，实行"管委会＋事业单位＋企业平台"的管理模式。推进马坊同创汽车、格兰特膜、伟巴斯特、广厦大新、兴谷同创等地块的盘活工作，盘点园区土地厂房资源，梳理产业发展空间。编制完成《中关村平谷园园区整合和产业发展规划》，明确重点发展现代食品营养谷、新一代信息技术、智能装备制造和无人机产业的“3+1”主导产业。推进《中关村现代食品营养谷总体规划》《平谷区通用航空和无人机产业发展规划研究》《中国平谷农业食品创新产业园创建方案》《中关村平谷园体制机制提升改革方案》等规划的研究制定和实施。加大招商引资力度，全年通过会商项目19个，总投资15亿元；引进集群注册企业1880户，新注册企业1755家。重点项目取得进展，圃美多新线、紫光园、北方华创N5基地真空装备扩产等项目完工投产；联东二期、联东迦南、北京农科智城产业园等产业载体项目基本完工，建成20万平方米的标准化厂房。为企业提供管家式服务，包括支持政策免审即享、项目手续帮办代办、特邀专家助企安全体检等。全年分两次为24家园区中小企业减免房租1205万元，为7家企业申请高精尖产业补助460万元，指导17家企业完成申报贷款贴息补助88万余元，对接金融机构对园区重点企业提供贷款2.9亿元。采取线上与线下相结合的形式，举办7场知识产权政策及业务培训会。

（陈　娜　李密丝）

【怀柔园】2022年，怀柔园入统高新技术企业总数247家，从业人员2.8万人，工业总产值295.2亿元，总收入460.4亿元，进出口总额46.4亿元，实缴税费总额18.7亿元，利润总额26.6亿元，资产总计923.3亿元，科技活动经费支出总额30.0亿元，专利授权量1012件。年内，怀柔综合性国家科学中心初见雏形。怀柔科学城“十三五”时期布局的29个科学设施土建工程全部完工，地球系统数值模拟装置和5个第一批交叉研究平台投入运行，综合极端条件实验装置进入科研状态，子午工程二期、多模态跨尺度生物医学成像设施、高能同步辐射光源、8个第二批交叉研究平台和11个科教基础设施进入设备安装调试阶段；“十四五”重大项目加速落地，人类器官生理病理模拟装置和4个平台完成选址。科技创新主体集聚效应显现。中国有研科技集团有限公司智能传感功能材料国家重点实验室等11个国家重点实验室落户怀柔，多领域开展基础研究和应用研究；北京干细胞与再生医学研究院、启元实验室完成主体结构建设，德勤（中国）大学项目主体结构封顶，机械研究总院怀柔科技创新基地竣工，雁栖湖应用数学研究院陆续交付使用；“科学＋城”融合发展；永乐北四街、雁栖东五路开工建设；科学城东110千伏电站投用，安各庄110千伏电站开工，中心区、东区配网工程竣工，综合管廊完工投用；科荟雅园、雁栖国际人才社区一期竣工；栖美园公寓科研人员入住，城市客厅雅乐轩酒店开展精装；创新小镇整体运行，新增3条科研人员专线，共享单车实现全覆盖。年内，怀柔区新增“专精特新”企业63家，累计“专精特新”企业105家，其中北京市专精特新“小巨人”企业19家、国家级专精特新“小巨人”企业8家。85家中小企业完成中关村高新技术企业认定，中关村高新技术企业累计263家。

（蒋　盟）

【密云园】2022年，密云园入统高新技术企业总数241家，从业人员3.1万人，工业总产值164.5亿元，总收入539.5亿元，进出口总额16.4亿元，实缴税费总额18.1亿元，利润总额21.2亿元，资产总计967.5亿元，科技活动经费支出总额18.9亿元，专利授权量735件。年内，密云园紧紧围绕科技创新和生命健康产业招优引强，加快疏解腾退低端低效企业。中关村（密云）绿色科技前沿技术创新中心揭牌；与市科委、中关村管委会共同承办碳中和领域中关村国际前沿科技创新大赛；梳理园区低端、低效企业土地6宗，并纳入腾退盘活范畴，规划面积27.11公顷；经济开发区《密云新城0205、0206、0301、0302街区控制性详细规划（街区层面）》通过区级审查，报送市规划自然资源委；生态商务区《北京密云区MYOO－0104等街区控制性详细规划（街区层面）（2020年—2035年）》于3月24日获批复；新认定国家高新技术企业248家、中关村高新技术企业32家，复审中关村高新技术企业43家；制定《区委中关村密云园工委2022年人才工作方案》《密云园人才工作3年行动计划》。2022年，密云园38家企业入选“专精特新”中小企业，累计64家；9家企业入选专精特新“小巨人”企业，累计11家；3家企业入选国家级绿色工厂，21项产品入选市新技术新产品，2家企业生产车间入选市级数字化车间；4家企业入选北京民营企业“1+4”百强榜单，2家企业入选2022年度北京企业100强“1+5”榜单；怀柔科学城东区重点建设项目——中国科学院大气物理研究所“地球系统数值模拟装置”项目通过国家验收。

（王希华）

【延庆园】2022年，延庆园入统高新技术企业总数258家，从业人员1.1万人，工业总产值121.7亿元，总收入196.7亿元，进出口总额5.9亿元，实缴税费总额46.5亿元，利润总额224.8亿元，资产总计2834.0亿元，科技活动经费支出总额11.2亿元，专利授权量396件。延庆园将无人机、体育科技、新能源与节能环保、园艺科技作为重点培育产业，加速集聚创新要素和资源，4个产业集聚企业1000余家。年内，配套设施逐步完善。采取“政府引导、市场推动”的方式，初步完善中关村体育科技前沿技术创新中心、八达岭新能源谷、辰龙产业园等园区的基本配套功能。各专业园区均配备公共服务食堂，配套不同需求的会议室及咖啡厅。保利电影院、健身房、购物超市等一批商务服务设施建成投入使用。由启迪之星等专业机构定期开展企业家沙龙、创新创业辅导、知识产权、高新认定辅导、政策培训等专业服务活动。设置开放式企业服务窗口、集中办公区、自助服务区，为企业提供“家门口”办理工商、税务、社保、金融等方面的一站式服务。重点项目进展顺利。创新家园土地完成一级开发。北京桑普新源技术有限公司、北京美正生物科技有限公司科技园、北京中泰邦医药科技有限公司等重点项目竣工。无人机组装车间及配套设施项目一期工程完成，二期项目推进。延庆园根据“一核四区多点”产业空间布局，围绕四大重点培育产业，培育龙头企业，优化产业环境，细分产业领域中重点发展方向，探索园区特色化、差异化发展路径，形成可视化成果。中心公园、道路和市政设施完成移交。截至年底，园区共有2家院士专家工作站、1家博士后科研工作站。园区内有启迪之星（延庆）和八达岭工发孵化器2家孵化机构，其中启迪之星（延庆）为国家级众创空间、市级众创空间。园区内建有知识产权服务平台3家，分别是北京市中小企业知识产权集聚发展示范区、北京市知识产权公共服务启迪之星（延庆）工作站、北京市知识产权信息公共服务网点。

（海　霞）

支撑发展

BEIJING ALMANAC OF SCIENCE AND TECHNOLOGY 2023 北京科技年鉴 2023

基础研究

【概述】2022年，北京市自然科学基金委员会办公室（简称市基金办）收到各类项目申请10898项，资助1240项，资助总金额5.58亿元。其中，重点研究专题资助25项，资助经费总金额6898.64万元；面上项目757项，资助总金额15111.08万元；面上专项20项，资助总金额589.78万元；杰出青年项目30项，资助总金额2850万元；青年项目129项，资助总金额1287.73万元。市基金－海淀原始创新联合基金资助项目156项，资助总金额6966.6万元；市基金－丰台轨道交通联合基金资助项目27项，资助总金额1222.8万元；市基金－小米创新联合基金资助项目35项，资助总金额4899.76万元；京津冀基础研究合作专项资助项目20项，资助总金额1200万元。

（市基金办）

【市基金委验收项目成果产出情况】2022年，市基金委完成934项项目验收，验收项目申请国家发明专利1060项、国际专利21项，获国家发明专利授权636项、国际专利授权14项；获软件著作权273项。验收项目共发表论文6881篇，平均每个项目发表论文7.4篇；共主办国际国内会议334次，参加国际国内学术会议3749次、学术交流访问1544次。验收项目执行期间，项目负责人及团队获国家级一等奖8项、二等奖15项，省部级一等奖58项、二等奖42项、三等奖17项。验收项目发表的4834篇SCI检索论文中，1106篇发表在TOP期刊上，在《细胞》、《自然》及其子刊《自然·通讯》等国际权威期刊均有文章发表，资助成果国际影响力稳步提升。

（市基金办）

【市基金委验收项目人才培养情况】2022年，市基金委验收项目课题组成员中，北京大学郭少军、清华大学陈晨等17人获国家杰出青年科学基金资助，北京大学杨超、清华大学纪晓东等17人被评为长江学者，218人晋升正高级职称，580人晋升副高级职称。

（市基金办）

【市基金委验收项目成果转化情况】2022年，市基金委验收项目在人工智能、新能源、新材料等领域取得重要进展，具有广阔的应用前景，部分成果已服务于城市公共安全、电池储能等领域，为首都产业应用提供强有力的支撑。105项成果获得推广应用，产生经济效益64301万元。

（市基金办）

【晶界滑动塑性的原子机制研究】2022年，市基金重点研究专题项目负责人北京工业大学王立华教授在晶界滑移的原子机制方面取得重要进展。首次实现对普通晶界滑移过程的直接的原子尺度动态研究，揭示出常温下晶界滑移是通过原子尺度的直接滑动与原子短程扩散相互协调实现。研究展示原子分辨的原位力学实验技术研究晶界变形机制的巨大潜力，并为原子分辨的实验和理论模型之间的信息互补提供新的机遇。研究是北京工业大学以第一完成单位在美国《科学》杂志上发表的首篇论文。北京工业大学王立华与美国佐治亚理工学院张寅为共同第一作者。

（涂裔盟）

【高性能低维量子材料涡旋纳米激光研究】2022年，市基金重点研究专题项目负责人马仁敏提出并实现魔角激光器，为构建高性能微纳激光提供新机制；发现光学奇异点反常手性辐射新机理，打破光辐射物理的传统观点，解决纳米激光难以实现高维度涡旋激射难题。马仁敏获王大珩青年科技人员光学奖。

（涂裔盟）

【基于Digital Twin和服务的车间物理信息融合理论与运行方法研究】2022年，市基金杰出青年项目“基于Digital Twin和服务的车间物理信息融合理论与运行方法研究”取得重大进展。项目2019年立项，由北京航空航天大学陶飞教授承担，2023年1月通过专家验收。围绕物理车间要素融合、虚拟车间模型融合、车间孪生数据融合、数据驱动服务融合，系统性创建一套面向智能生产的车间信息物理融合理论体系与方法，并在卫星总装车间和纺织车间实践应用。项目出版英文专著1部、发表论文22篇（其中SCI论文16篇、ESI高被引论文2篇），获授权发明专利10件，登记软件著作权2件，牵头制定数字孪生车间团体标准3项，获2022年度教育部自然科学奖一等奖、机械工业科学技术发明奖一等奖。项目团队创办《数字孪生（英文）》期刊并入选2022年度中国科协高起点新刊，发起并举办数字孪生国际会议2届、国际论坛7次；成立北航数字孪生国际研究中心，与北京航天拓扑高科技有限责任公司、北京机械工业自动化研究所、中国核工业集团有限公司等成立联合实验室。项目负责人入选教育部长江学者特聘教授、科睿唯安“全球高被引科学家”（2020—2022年）。

（张柏桢）

【急性心肌梗死合并心脏破裂防治靶点的筛选与验证】 2022年，市基金重点项目“急性心肌梗死合并心脏破裂防治靶点的筛选与验证”取得重大进展。项目2019年立项，由首都医科大学附属北京安贞医院聂绍平教授承担，2023年1月通过专家验收。主要在急性心肌梗死合并心脏破裂的临床数据库和生物样本库的建立、临床发病特征的探讨及相关干预分子靶点的筛选和验证等方面展开系统研究。利用基因工程动物、病毒过表达载体等精准干预可能关键分子，多种方法证实SMOC-1、SPON-1、Pde5a、Sfrp5在急性心肌梗死中发挥关键作用，为急性心肌梗死的防治提供依据。建成急性心肌梗死合并心脏破裂的临床数据库和心脏核磁共振检查（CMR）评价ST段抬高型心肌梗死（STEMI）早期发病特征的前瞻性队列。研究成果共发表论文33篇（SCI有17篇，其中在心血管学顶级期刊JACC上发表1篇），申请国家发明专利1件，获北京市科学技术进步奖一等奖。

（张柏桢）

【手部康复机器人的智能感知和柔顺控制研究】 2022年，市基金杰出青年项目“手部康复机器人的智能感知和柔顺控制研究”取得新进展。项目2019年立项，由中国科学院自动化研究所程龙研究员承担，2023年1月通过专家验收。项目在手部康复机器人感知与控制领域开展系统研究。设计多自由度运动相容的手部康复辅助外骨骼机器人，提出面向人机安全交互的无源模型预测阻抗控制，设计基于生成对抗网络的多通道表面肌电信号重建算法，研究成果对康复机器人和人机交互领域具有重要科学意义和指导价值。在项目支持下，程龙获国家杰出青年基金资助、中国自动化学会青年科学家奖、茅以升北京青年科技奖。

（张柏桢）

【贝叶斯深度学习理论、算法和概率编程】 2022年，市基金杰出青年项目“贝叶斯深度学习理论、算法和概率编程”取得重大进展。项目2019年立项，由清华大学朱军教授承担，2023年1月通过专家验收。项目在灵活的贝叶斯深度学习建模、高效的学习算法以及编程库方面开展系统研究，提出多个贝叶斯深度学习的高效算法，同时借鉴大脑记忆机制，发展多个高效的持续学习算法。承担者朱军孵化1家国家级专精特新“小巨人”企业，开辟安全人工智能的新赛道，产业转化平台已服务政府、金融、能源等关键领域客户200余家，近3年营收过亿元；在项目支持下，朱军获2022年求是杰出青年成果转化奖、2021年吴文俊人工智能自然科学奖一等奖、2020年吴文俊人工智能科技进步奖一等奖、2020年“科学探索奖”。

（张柏桢）

【交感/肾上腺素受体过度激活致心力衰竭的分子机制研究】 2022年，市基金重点项目“交感/肾上腺素受体过度激活致心力衰竭的分子机制——基于多组学技术研究”取得重大进展。项目2019年立项，由北京大学第三医院董尔丹研究员承担，2023年1月通过专家验收。项目基于心肌转录组、蛋白组、线粒体蛋白组和心肌细胞分泌组技术，对交感/肾上腺素受体过度激活致心力衰竭的分子机制开展系统研究，发现并阐明LCAD、galectin-3和膜纳米管在交感/肾上腺素受体激活致心力衰竭中的作用和机制，为心力衰竭提供新的分子机制和干预策略。研究成果共发表SCI论文16篇，包括《自然·通讯》《细胞死亡与疾病》等；获国内发明专利授权5件。在项目支持下，课题组3人入选中国博士后创新人才支持计划，1人入选第八届中国科协青年人才托举工程项目。

（张柏桢）

【类单晶全浓度梯度富锂正极材料研究】 2022年，市基金杰出青年项目“类单晶全浓度梯度富锂正极材料研究”取得重大进展。项目2019年立项，由北京工业大学尉海军教授团队承担，2023年1月通过专家验收。项目以类单晶梯度富锂层状氧化物（LLOs）为核心，开展LLOs原子构型与反应机制、LLOs元素掺杂与界面构筑、LLOs全浓度梯度结构设计、LLOs类单晶材料制备改性、类单晶梯度LLOs设计优化、新型二次电池材料等方面的基础与应用研究。在项目支持下，尉海军入选教育部长江学者特聘教授，北京市“青年北京学者”计划，获北京市自然科学奖二等奖。在北京亦庄成立聚焦类单晶梯度富锂层状氧化物（LLOs）研发和应用的北京创能惠通科技有限公司，实现专利转化和新产品开发，已建成一期 500 吨级生产线，正在建设二期 5000 吨级生产线，总投资 7.5 亿元。

（张柏桢）

【新一代芯片用分米级二维单晶材料制造】2022 年，市基金杰出青年项目“新一代芯片用分米级二维单晶材料制造”取得重大进展。项目 2019 年立项，由北京大学物理学院刘开辉教授团队承担，2023 年 1 月通过专家验收。项目围绕大面积二维单晶材料的设计与制造开展系统研究工作，实现不同晶面指数及催化活性的单晶金属衬底制备，同时实现石墨烯、六方氮化硼及不同种类二维单晶材料的纵向层叠结构制造。在项目支持下，刘开辉于 2020 年获国家杰出青年基金的支持，并于 2021 年获“科学探索奖”。刘开辉带领团队于 2022 年 10 月获批重大专项（怀柔科学城成果落地专项）项目“光电传感芯片用晶圆级二维材料研发及产业化”，切实推动晶圆级轻元素二维材料在光电传感器芯片中的规模化应用。借助北京市怀柔区高端仪器装备和传感器发展平台落地，实现晶圆级轻元素二维材料进一步应用于微机电系统，推动光电传感芯片的产业化发展。

（张柏桢）

【无枝晶金属锂负极的有机无机复合界面保护层研究】2022 年，由北京理工大学黄佳琦教授团队承担的 2018 年度“无枝晶金属锂负极的有机无机复合界面保护层研究”（项目编号：L182021），在金属锂负极界面设计方面开展系统研究，取得原理性进展。项目获得具备高库伦效率特征的金属锂界面设计策略，阐明双电层结构、共溶剂结构等效应在金属锂固液界面形成中发挥的作用，以及对金属锂负极界面在循环过程中稳定性的影响，对高比能、高安全、长寿命金属锂电池的未来应用具有重要意义。相关研究成果陆续在能源材料化学领域顶级期刊发表 20 余篇学术论文，包括德国《先进材料》期刊（3 篇）、《德国应用化学》（3 篇）等。在项目支持期内，黄佳琦入选 2019 年国家万人计划青年拔尖人才，申请获批 2020 年市自然科学基金杰出青年科学基金（主持，100 万元）、国家重点研发计划青年科学家课题（主持，498 万元）等项目，入选 2018—2021 年科睿唯安“全球高被引科学家”（材料科学）。

（季如佳）

高精尖产业科技

【概述】2022 年，北京新一代信息技术快速发展，人工智能、互联网 3.0、集成电路、融合通信等方向成为发展热点和重点。在人工智能方向，北京人工智能产业继续保持快速增长态势，逐渐成为首都新的经济增长点。据不完全统计，2022 年北京人工智能产业产值规模达 2170 亿元；北京市人工智能产业融资笔数为 408 笔，占同期全国人工智能产业融资笔数 2148 笔的 19%；融资金额（含 IPO）为 1490 亿元，占同期全国人工智能产业融资金额 3689 亿元的 40%。北京人工智能企业数量领跑全国。北京人工智能核心企业（在京注册且主营业务为人工智能相关技术及应用的企业）数量超过 1800 家，占全国总数的近三成，居全国首位。头部企业运行情况良好，全国上市的 116 家 AI 企业中，北京占 41 家。北京 AI 独角兽企业影响力持续扩大，北京旷视科技有限公司、第四范式（北京）技术有限公司等 10 家公司入选“CB Insights 2022 年全球 AI 独角兽榜单”。在互联网 3.0 方向，互联网 3.0（元宇宙）产业成为数字经济发展热点。北京市积极布局互联网 3.0 新赛道，市区联动统筹推动技术产业协同发展。通州、石景山等区出台互联网 3.0 产业推动政策和工作举措，推动互联网 3.0 产业创新发展。在集成电路方向，北京集成电路产业全年实现销售收入 1488.7 亿元，比 2021 年增长约 7.7%，约占全国产业规模的 12%。其中设计业方面，2022 年实现 845.8 亿元的收入规模，比 2021 年增长 8%。北京市逐步确立以海淀、亦庄、顺义三大区域为核心的集成电路产业集聚区，并不断辐射到朝阳、通州等辖区，共有集成电路企业300余家。在融合通信方向，北京市5G相关企业数量达到554家，占全国5G企业总数的29.7%。全年5G产业融资笔数为58笔，占到同期全国5G产业融资笔数213笔的27%；融资金额（含IPO）为682亿元，占到同期全国5G产业融资金额1759亿元的39%。据北京电信技术发展产业协会统计，2022年，北京市已建成通信基站29.8万个，其中5G基站累计达7.6万个，占全市基站总数的25.5%，每万人拥有5G基站数34.8个，居全国第一。

在医药健康领域，围绕国际创新中心建设的整体要求，推动医药健康产业高质量发展。依托医药健康产业统筹联席会机制，市领导高位调度，组织召开专题会、联席会10余次，有效解决紧缺人才引进、产业供地等一系列实际问题。医药健康行动计划各项任务稳步落实，各单位加强政策保障，市财政局修订印发《财政支持首都医药健康协同创新发展的若干政策措施》，为医药健康领域发展提供全链条资金保障。2022年，北京医药健康产业总体规模8916亿元，其中医药工业营业收入2210亿元、医药服务业营业收入486亿元、医药商业营业收入3427亿元、医疗服务业营业收入2793亿元。医药工业增加值在全市工业增加值中占比第二。对北生所、脑科学中心等5家新型研发机构开展综合评估。干细胞研究院怀柔院区完成基本建设；脑科学中心二期入驻，启动“智能脑机系统增强计划”。加快推动首医科学创新中心建立，指导首医理事会召开、编制5年建设方案。推进北大生科院引进陈雪梅院士作为生科院院长。推进30家研究型病房全部运行。首家研究型医院（高博国际研究型医院）在中关村生命科学园竣工。重点布局细胞与基因治疗（CGT）与数字医疗等领域。CGT方面，联合7家委办局发布《北京市推进细胞与基因治疗产业发展的工作任务与分工》，形成《CGT产业项目群实施方案》串联资源加速产业发展，与海淀区、昌平区、经开区、大兴区签订协议，市区共同推进产业发展。同时，向社会公开发布CGT产业的前沿底层关键技术需求。数字医疗方面，提前布局具备辅助治疗等功能的人工智能诊疗产品和数字疗法产品研发，推动数字疗法产品分类界定与标准建立。在应用场景方面，已推动5个产品在12家医院实现收费应用。在新冠疫苗科研攻关方面，1款应对奥密克戎（Omicron）变异株四价重组疫苗获批紧急使用，2款新冠预防用广谱药物处于临床阶段，其中华辉安健HH−120鼻喷雾剂开展暴露后预防三期临床研究，治疗适应证的Ⅱ期临床试验完成入组。航天新长征的体外肺支持辅助设备注册上市，是第二款获批的国产ECMO产品。

在新材料领域，2022年，北京市涌现出一批重大创新成果，着重在第三代半导体、光电子、虚拟现实等板块布局。第三代半导体板块，北京在全国率先实现第三代半导体关键材料与器件的制备，材料制备紧跟国际步伐，器件研发处于国内领先水平。光电子板块，中国科学院半导体所研制出国际领先水平的14微米量子级联激光器及低功耗级联激光器；北京世维通科技股份有限公司研制出40 Gb/s铌酸锂体调制器样品。北京大学在国际上率先实现基于光梳光源驱动的新型硅基集成光电系统。清华大学研制出世界首款可量产CMOS光谱成像芯片，推动该成果在京落地成立企业。北京锐思智芯科技有限公司发布全球第一款融合方案的仿生事件视觉传感器芯片。光子算数（北京）科技有限责任公司在国内率先推出测试级别硅光AI加速芯片。虚拟现实板块，北京至格科技有限公司在门头沟区建成国内首个表面浮雕光栅母版加工中心，北京耐德佳显示技术有限公司研制出120度极大视场角自由曲面AR光学系统，北京亮亮视野科技有限公司研制出基于单片三色超表面光栅波导、15毫米大口径超透镜的多焦平面、彩色AR全息显示模组。

在智能制造领域，北京市着力推进在科学仪器和传感器、机器人、商业航天几个板块的创新发展。科学仪器和传感器板块，稀释制冷机研制取得最新突破，最低连续运行温度低于12毫开尔文，冷盘制冷功率达到330微瓦，液氦制冷功率超过500微瓦；中红外激光吸收光谱的烷烃类气体遥测传感器发射功率满足18兆瓦核心指标；高性能硅谐振压力智能传感器实现传感器在0℃～50℃范围内高精度补偿，在室温条件下对传感器进行测试，达到原理样机预期指标要求，原理样机提供相关应用企业开展联调测试。智能机器人领域，北京市提出以培育医疗健康机器人、特种机器人、协作机器人、仓储物流机器人四大整机加关键零部件为主导的“4+1”发展思路。经过多年支持与发展，机器人产业逐渐覆盖上下游产业链，形成以北京天智航医疗科技股份有限公司、北京柏惠维康科技股份有限公司等为代表的医疗机器人集群，以北京极智嘉科技股份有限公司、灵动科技（北京）有限公司等为代表的物流机器人集群，以遨博（北京）智能科技有限公司、北京思灵机器人科技有限责任公司等为代表的协作机器人集群。推动仿人、仿生机器人项目取得进展：北京理工大学的仿人机器人实现多模态运动，奔跑速度达 6.5 千米 / 小时，跳高超过 0.5 米。中兵智能创新研究院有限公司形成 30 ~ 300 千克系列化仿生机器人平台产品，负重能力强、行进速度快，可实现全地形越野行走。

（侯艳艳　张　硕　马　坤）

新一代信息技术

【星河亮点公司发布 RRT R1.0.12.0 商用版本】 2 月 8 日，北京星河亮点技术股份有限公司发布基于 SP9500 测试系统的 RRT R1.0.12.0 商用版本。该版本可全面支持 CE/FCC/MIC 等国际法规认证测试，可支持客户进行 5G 芯片与终端产品的射频、协议、RRM、OTA 等领域的研发与认证测试需求。

（王萬雯）

【主线科技公司与深信科创公司签署战略合作协议】 2 月 10 日，北京主线科技有限公司与西安深信科创信息技术有限公司战略合作签约仪式在京举行。根据协议，双方共同开展自动驾驶虚拟仿真测试平台的联合研发与应用工作，针对自动驾驶卡车在真实业务场景的测试运营需求，完善虚拟仿真测试平台功能，并联合牵头制定相关安全性的评价方法及团体标准。

（杜涵涵）

【微纳星空公司 5 颗卫星成功发射】 2 月 27 日 11 时 6 分，长征八号遥二运载火箭在文昌航天发射场以“一箭 22 星”方式将北京微纳星空科技有限公司研制的泰景三号 01 星、泰景四号 01 星、文昌一号 01 星、文昌一号 02 星及西电一号等 5 颗卫星送入预定轨道。其中，泰景三号 01 星是 0.5 米分辨率可见光遥感卫星，总重约 240 千克，其高分辨率、高质量的光学遥感图像可用于国土资源监测、地理测绘、城市规划、能源矿产等诸多领域；泰景四号 01 星是国内首颗 X 波段商业合成孔径雷达卫星，总重约 350 千克，可全天时、全天候地获取高分辨率地表雷达图像；文昌一号 01 星、02 星是宽幅可见光遥感卫星，单星重量约 62 千克，主要功能是对地对海成像和船舶信号采集，可为用户提供光学遥感图像和船舶监测数据；西电一号卫星是高光谱遥感卫星，总重约 88 千克，主要载荷是高光谱探测相机，可捕获到各种特殊类型的地物特征，将用于对特定地区的常态化监测。

（张　硕　韩焱森　沈贺丹）

【银河航天 02 批卫星成功发射】 3 月 5 日 14 时 1 分，银河航天（北京）网络技术有限公司首次批量研制的 6 颗低轨宽带通信卫星由长征二号丙运载火箭在西昌卫星发射中心成功发射。6 颗卫星与银河航天首发星共同组成国内首个低轨宽带通信试验星座，构建星地融合 5G 试验网络“小蜘蛛网”，用于中国低轨卫星互联网、天地一体网络等技术验证。银河航天 6 颗低轨宽带通信卫星是国内民营企业首次批量研制的低轨宽带通信卫星，用时 11 个月完成小批量卫星的全部设计、总装、测试、试验和出厂工作，单星研制成本比银河航天首发星下降一半以上。

（沈贺丹　王　娜）

【青藤云安全获云（原生）安全产品检验证书】 3 月 15 日，北京升鑫网络科技有限公司（青藤云安全）研发的青藤蜂巢 · 云原生安全平台获中国信息通信研究院颁发的云（原生）安全产品检验证书。平台可集成到 Kubernetes、PaaS 云平台、OpenShift 等云原生复杂多变的环境中，通过提供覆盖容器全生命周期的一站式容器安全解决方案，实现容器安全预测、防御、检测和响应的安全闭环。

（杜涵涵）

【全图通公司参建地铁北斗定位系统】 3 月 20 日，国内首个地铁北斗定位系统启动建设。位于经开区的全图通位置网络有限公司是地铁北斗定位系统首都机场线示范应用研究项目的主要技术服务方。

（杜涵涵）

【长征十一号“一箭三星”成功发射】 3 月 30 日 10 时 29 分，由中国航天科技集团有限公司一院研制的四级固体运载火箭——长征十一号火箭在酒泉卫星发射中心以“一箭三星”的方式，托举天平二号 A、B、C 三颗卫星点火起飞，进入预定轨道。火箭采用“三平一垂”的冷发射方式，即水平对接、水平测试、水平运输、整体起竖后垂直冷发射，主要用于发射太阳同步轨道和近地轨道航天器。卫星主要提供大气空间环境测量和轨道预报模型修正等服务。

（徐建功）

【摩尔线程发布第一代 MUSA 架构 GPU】 3 月 30 日，摩尔线程智能科技（北京）有限责任公司举办主题为“元动力　创无限”的春季发布会，解读“元计算”产业趋势，并发布全新架构及系列新品，包括 MUSA（Moore Threads Unified System Architecture）统一系统架构，基于 MUSA 架构打造的第一代多功能 GPU 芯片“苏堤”，面向 PC 和工作站的桌面级显卡 MTT S60 和专为数据中心打造的图形渲染和计算卡 MTT S2000，GPU 物理引擎 AlphaCore，DIGITALME 数字人解决方案，助力数字经济发展的多个元计算应用解决方案。

（徐建功）

【知存科技公司发布全球首颗存算一体 SoC 芯片 WTM 2101】 3 月，北京知存科技有限公司全球首颗存算一体 SoC 芯片 WTM 2101 实现量产并推向市场，5 月出货。WTM 2101 芯片基于知存科技自主研发的存内计算技术，算力可达到 50 Gops，相比于 NPU、DSP、MCU 等计算平台 AI 算力提升 10 ~ 200 倍。芯片可同时运行多个深度学习算法，应用在语音识别、语音增强、健康监测、环境识别、远场唤醒、事件检测等多个应用场景。截至年底，WTM 2101 芯片已为 TWS 耳机、AR/VR 眼镜、智能可穿戴设备、助听辅听设备等市场产品提供 AI 处理方案，实现落地商用。

（崔　茜）

【高分三号 03 星成功发射】 4 月 7 日 7 时 47 分，由中国航天科技集团有限公司五院抓总研制的高分三号 03 星由长征四号丙运载火箭在酒泉卫星发射中心成功发射，并进入预定轨道。卫星与在轨的高分三号和高分三号 02 星形成组网运行状态，满足海洋、应急、国土、地质、环保、水利、农业、气象等多行业用户的海陆观测快速重访需求，为多极化合成孔径雷达卫星数据业务化应用提供支撑。

（徐建功）

【云知声公司获 CBLUE2.0 综合成绩排名第一】 4 月 12 日，云知声智能科技股份有限公司凭借云知声—中国科学院自动化所语言与知识计算联合实验团队（Unisound & CASIA）自主研发的医疗预训练语言模型 CirBERTa 在“中文医疗信息处理挑战榜 CBLUE2.0 月度榜单”中综合得分排名第一。模型有 5 个单项任务（CHIP-CTC、CHIP-STS、KUAKE-QIC、MedDG、CHIP-MDCFNPC）均排名第一，10 个单项排名前三，综合得分 74.7 分。

（郭　凡）

【中星 6D 卫星成功发射】 4 月 15 日 20 时，由中国航天科技集团有限公司五院研制的中星 6D 卫星在西昌卫星发射中心使用长征三号乙运载火箭发射升空，进入预定轨道。该卫星是新一代地球同步轨道通信卫星，是中星 6A 卫星的接替星，采用东方红四号增强型卫星平台，提供 C 频段和 Ku 频段转发器商业服务，在轨测试后交付中国卫通集团股份有限公司运营管理，为广大民众及各行各业提供广播电视及通信传输服务。

（徐建功）

【神舟十三号载人飞行任务取得成功】 4 月 16 日，由中国航天科技集团公司五院抓总研制的神舟十三号载人飞船返回舱在东风着陆场着陆，飞行任务取得成功。载人飞船于 2021 年 10 月 16 日 0 时 23 分从酒泉卫星发射中心发射升空，随后与天和核心舱对接形成组合体，3 名航天员进驻核心舱，进行为期 6 个月的驻留，创造中国航天员连续在轨飞行时长新纪录。航天员在轨飞行期间，先后进行 2 次出舱活动，开展手控遥操作交会对接、机械臂辅助舱段转位等多项科学技术实（试）验，验证航天员长期驻留保障、再生生保、空间物资补给、出舱活动、舱外操作、在轨维修等关键技术。航天员还进行 2 次“天宫课堂”太空授课，以及一系列科普教育和文化传播活动。

（徐建功）

【地平线 Pilot 3 发布】 4 月 20 日，北京地平线信息技术有限公司发布高速 NOA（Navigate on Autopilot）领航辅助驾驶方案，又称地平线 Pilot 3。Pilot 3 搭载 3 颗征程 3 芯片，单颗芯片算力 5 TOPS，共计 15 TOPS；在传感器配置上，搭载 6 个摄像头，包括 1 个前视、1 个后视和 4 个侧视；Demo 车型配置高德公司的高精地图，升级至“行泊一体”功能，增加 4 个环视鱼眼摄像头。

（袁　磊）

【统信 UOS 开发者平台上线】 4 月 25 日，统信软件技术有限公司宣布其开发的统信 UOS 开发者平台上线。平台是统信软件公司面向个人开发者、企业开发者、企业用户及生态合作伙伴的开放合作平台，由学习平台、开发资源、业务合作与服务、互动社区 4 个部分组成，提供包括基础环境（DTK、Qt）、桌面环境（窗管、账号服务）、应用（应用商店）等开发资源。开发者借助平台可获统信 UOS 专属的开发工具、技术资源、开放能力。

（杜涵涵）

【四维 01、02 两颗卫星成功发射】 4 月 29 日 12 时 11 分，由中国航天科技集团公司五院研制的四维 01、02 卫星在酒泉卫星发射中心用长征二号丙运载火箭以“一箭双星”的方式发射升空，进入预定轨道。两颗卫星是中国四维测绘技术有限公司自主商业运营的敏捷光学卫星，用于全球高精度光学成像。

（徐建功）

【“一箭五星”海上成功发射】 4 月 30 日 11 时 30 分，由中国航天科技集团有限公司一院研制的长征十一号遥三运载火箭在黄海南部海域以“一箭五星”方式将“吉林一号”高分系列卫星发射升空，卫星进入预定轨道。火箭主要用于太阳同步轨道和近地轨道载荷发射任务，支持单星发射、多星发射、星座快速组网和补网发射。任务首次实现火箭总装、总测、出港、发射的一体化，任务周期缩短1/3，同时减少运输成本及运输过程可能产生的风险。

（徐建功）

【基石酷联公司第三代 HDMI2.1 芯片实现量产】 5月8日，基石酷联微电子（北京）有限公司宣布其第三代 HDMI2.1 芯片实现量产。该款芯片相对于二代产品性能提升2倍多，可实现8K高清视频的分配、切换等功能。

（王蕊雯）

【天舟四号货运飞船成功发射】 5月10日1时56分，天舟四号货运飞船在文昌航天发射场用长征七号运载火箭发射升空，飞行约6.5小时后，与天和核心舱后向对接，转入三舱（船）组合体飞行状态。天舟四号货运飞船是中国空间站建造阶段的首发航天器，由中国航天科技集团有限公司五院抓总研制，为空间站运输物资、补给燃料、下行废弃物，具备并网供电、应急通信等能力，确保空间站组合体在轨平稳运行。飞船装载航天员系统、空间站系统、空间应用领域、货运飞船系统共200余件（套）货物，物资总重约6吨，将为在轨驻留半年的神舟十四号乘组开展材料科学、航天医学等空间站应用领域试验提供物资保障。

（徐建功）

【双曲线一号第4发民营商业运载火箭发射失利】 5月13日15时9分，由北京星际荣耀科技有限责任公司设计研制的双曲线一号第4发民营商业运载火箭在酒泉卫星发射中心点火升空，火箭飞行异常，发射任务失利。双曲线一号运载火箭是一种采用垂直热发射方式的四级小型固体商业运载火箭，火箭直径1.4米，总长24米，总质量约42吨，起飞推力为770千牛。

（徐建功）

【光子集成芯片和微系统研究获突破】 5月18日，北京大学王兴军教授课题组和美国加州大学圣芭芭拉分校约翰·鲍尔斯教授课题组在英国《自然》期刊在线发表研究论文，在世界上首次报道由集成微腔光梳驱动的新型硅基光电子片上集成系统。王兴军带领的研究团队通过直接由半导体激光器泵浦集成微腔光频梳，给硅基光电子集成芯片提供所需的光源大脑，结合硅基光电子集成技术工业上成熟可靠的集成解决方案，完成大规模集成系统的高效并行化。利用这种高集成度的系统，可实现T比特速率微通信和亚GHz微波光子信号处理，提出高密度多维复用的微通信和微处理芯片级集成系统的全新架构，开创下一代多维硅光集成微系统子学科的发展。

（徐建功）

【低轨通信试验卫星成功发射】 5月20日18时30分，由中国航天科技集团有限公司一院研制的长征二号丙运载火箭/远征一号S上面级以“一箭三星”的方式，在酒泉卫星发射中心将3颗低轨通信试验卫星送入预定轨道。试验卫星主要用于在轨开展通信技术试验验证，其中1颗由中国航天科技集团有限公司五院研制。

（徐建功）

【深势科技公司发布 Uni-Fold v2.0.0】 5月26日，北京深势科技有限公司发布 Uni-Fold v2.0.0。Uni-Fold v2.0.0 在原有蛋白质单体结构预测功能的基础上新增蛋白复合物（protein complex）结构预测功能，相较于单体，蛋白复合物的结构预测对理解生物过程、生命本质有着更加重要的意义，是自主研发、从头训练的高精度蛋白复合物结构预测模型，精度平均 TMScore 由72.0%提升至74.9%，速度由训练14天压缩至2.5天，在精度、速度上完成对 AlphaFold2 的“双超越”。Uni-Fold v2.0.0 部署于由深势科技公司打造的基于人工智能、物理建模和高性能计算的新一代药物计算设计平台 Hermite，并开放免费测试。

（孙　陶）

【浪潮 AI 服务器支持液冷 NVIDIA PCIe Tensor Core GPU】 5月30日，在 ISC 2022 大会期间，浪潮电子信息产业股份有限公司宣布 AI 服务器产品支持最新推出的液冷 NVIDIA A100 及 H100 PCIe Tensor Core GPU，持续为产业和客户提供更绿色、更强大的液冷计算系统。这是继浪潮信息在全球推出支持8颗500W HGX A100 液冷 GPU 服务器 NF5488LA5 和 NF5688LM6 后，再次在产品上率先支持液冷 PCIe GPU。系统帮助客户在这些 AI 工作负载上获得更高的性能，并提高数据中心的能效。

（孙　陶）

【长二丙运载火箭单次发射卫星数量创新高】 6月2日12时0分，由中国航天科技集团有限公司一院抓总研制的长征二号丙运载火箭在西昌卫星发射中心首次以“一箭九星”的方式成功发射量产商业卫星，将吉利星座01组卫星送入预定轨道。长二丙火箭为两级状态构型，全箭总长超42米，全箭起飞质量242吨。发射任务创长二丙火箭单次发射卫星数量新高。

（徐建功）

【神舟十四号载人飞船成功完成飞行任务】 6月5日

11 时 1 分，由中国航天科技集团公司五院抓总研制的神舟十四号载人飞船用长征二号 F 运载火箭在酒泉卫星发射中心点火升空，成功对接天和核心舱径向端口，将中国航天员陈冬、刘洋、蔡旭哲送入中国空间站。此次飞行任务是中国空间站建造阶段的第二次飞行任务，也是该阶段首次载人飞行任务。航天员乘组需要在轨工作生活 6 个月，主要任务为：配合问天实验舱、梦天实验舱与天和核心舱的交会对接和转位，完成中国空间站在轨组装建造；完成空间站舱内外设备及空间应用任务相关设施设备的安装和调试；开展空间科学实验与技术试验；进行日常维护维修等相关工作。执行此次发射任务的长二 F 火箭由中国航天科技集团公司一院抓总研制，是专门用于载人发射任务的两级半运载火箭。12 月 4 日，神舟十四号载人飞船返回舱在东风着陆场成功着陆，飞行任务取得圆满成功。

（徐建功）

【虹宇科技公司发布全新面向 XR 场景的自研操作系统】 6 月 6 日，北京虹宇科技有限公司发布全新面向 XR 场景的自研操作系统，支持多用户协同、多设备（电脑、平板、手机等）互联，并自带三维引擎支持二维 / 三维内容渲染显示、多模态交互、多语言逻辑编写，具备一套面向 XR 场景的三维应用框架，兼容 AR、VR、MR 等多种使用场景。

（李　楠）

【龙芯 3C5000 处理器发布】 6 月 6 日，龙芯中科技术股份有限公司发布面向通用服务器领域的 16 核高性能通用处理器龙芯 3C5000。处理器采用完全自主的 Loong Arch 指令架构，PCIe 吞吐带宽比上一代提升 400% 以上，可满足通用计算、大型数据中心、云计算中心的计算需求。处理器通过芯片级安全机制可为等保 2.0、可信计算、国密算法替代、网络安全漏洞防护等提供 CPU 级内生支持。

（周天择）

【“照中通”模组研发成功】 6 月 10 日，中国科学院半导体研究所研制出 6 瓦 442 纳米蓝光激光器，应用到荧光照明模组上，获得在低色温 3325 K 下高显色指数 86.5 的激光白光光源；激光器光功率及模组性能在文献报道中属于优异水平。面向未来海量资源传输问题，在激光照明模组基础上，半导体研究所与清华大学联合研发可见激光通信系统，实现带宽 1.2 GHz、传输速率 4.8 Gbps 的实时调制解调、编码解码算法，是真正意义上的“照中通”模组，有助于推动 6G 的频谱资源开发。

（张立芬）

【统信服务器操作系统（创新版）发布】 6 月 15 日，在华为伙伴暨开发者大会 2022 上，统信软件技术有限公司发布基于 openEuler 22.03 LTS 的操作系统商业发行版——统信服务器操作系统（创新版）。系统支持英特尔、龙芯、兆芯等国内外主流处理器厂商，适用于服务器、云计算、边缘计算和嵌入式四大场景，满足多样化硬件设备部署要求和应用场景，面向电信、金融、政府、能源等行业提供基础 IT 技术产品与解决方案。

（杜涵涵）

【全球首个 5G 卫星物联网上星实测成功】 6 月 21 日，北京鹏鹄物宇科技发展有限公司联合紫光展锐（上海）科技有限公司完成全球首个基于 R17 IoT NTN 标准的 5G 卫星物联网上星实测，开启基于 5G 的新一代卫星物联网服务模式。本次测试采用的卫星物联网终端基于紫光展锐 IoT NTN 芯片开发，通过 L 波段卫星，在预商用基站上完成通信组网测试，并实现数据传输。测试中使用的是一颗位于赤道上空 3.6 万千米的商用地球同步轨道移动通信卫星，成功完成广播、接入、数据传输等通信过程，并实现多终端接入和并发通信业务的组网测试。上星实测的成功意味着基于 5G R17 IoT NTN 标准的卫星物联网系统技术具备可商用性。

（陈宝德）

【遥感三十五号 02 组卫星成功发射】 6 月 23 日 10 时 22 分，长征二号丁运载火箭在西昌卫星发射中心采取“一箭三星”方式将遥感三十五号 02 组卫星 A 星、B 星、C 星送入太阳同步轨道。02 组卫星主要用于科学试验、国土资源普查等领域。其中，A 星、B 星由中国航天科技集团有限公司五院抓总研制，C 星由中国航天科技集团有限公司八院抓总研制。

（徐建功）

【天润云公司上市】 6 月 30 日，天润云股份有限公司在香港证券交易所主板上市，成为首家在港股上市的全周期客户联络云平台公司。天润云公司股票代码 2167.HK，发行 4353 万股，发行价 12.85 港元/股，募集资金 5.59 亿港元。

（杜涵涵）

【基于地平线征程 ®5 的 L2+ 自动驾驶感知系统问世】 6 月，北京鉴智机器人科技有限公司推出基于地平线车规级 AI 芯片征程 ®5 的 L2+ 自动驾驶感知系统方案。方案基于 7V 周视的行车感知系统，协同 5 个毫米波雷达，即可体验顺滑、安全可靠的端到端领航辅助功能。同时，方案可向下兼容主流 ADAS 功能需求，包括智能自适应巡航、车道居中保持、交通路口辅助、自动变道等。鉴智机器人是以视觉 3D 理解为核心的下一代自动驾驶方案提供商。

（袁　磊）

【国内首个 5G 云化工业基站建成】 6 月，北京东土科技股份有限公司携手中国移动研究院、中国移动、京信网络系统股份有限公司共同发布国内工业互联网业界内首个 5G 云化工业基站，并完成端到端验证。5G 工业基站的发布和成功验证，将 5G 专网的极致和确定性网络能力引入工业控制系统，对于深化 5G 与工业融合，实现 5G 一网到底，承载 IT 和 OT 域的全部工业应用，促进工业互联网的云化、无线化、国产化发展具有重要意义。

（徐建功）

【九章云极公司发布 YLearn 因果学习开源项目】 7 月 12 日，北京九章云极科技有限公司对外发布 YLearn 因果学习开源项目，作为全球首款一站式处理因果学习完整流程的开源算法工具包，率先解决因果学习中"因果发现、因果量识别、因果效应估计、反事实推断和策略学习"五大关键问题，具有一站式、新而全、用途广等特点，将"决策者"使用门槛降到最低。

（陈宝德）

【天链二号 03 星成功发射】 7 月 13 日 0 时 30 分，由中国航天科技集团有限公司五院抓总研制的天链二号 03 星由长征三号乙运载火箭在西昌卫星发射中心成功发射，进入预定轨道。天链二号 03 星与之前发射的天链二号 01、02 星三星组网，组成中国第二代数据中继卫星系统，使中国在轨的中继卫星增加至 8 颗。该卫星主要用于为飞船等载人航天器、中低轨道资源卫星提供数据中继和测控服务，为航天器发射提供测控支持。长征三号乙运载火箭由中国运载火箭技术研究院研制。

（王　娜）

【四维 03、04 两颗卫星成功发射】 7 月 16 日 6 时 57 分，由中国四维测绘技术有限公司自主商业运营的两颗全球高精度光学成像卫星四维 03、04 卫星由长征二号丙运载火箭在太原卫星发射中心发射升空，进入预定轨道。该卫星主要为国土调查、地理测绘、自然灾害监测、城市规划等领域，以及实景三维、城市安全、数字流域、金融农业等新兴市场提供商业遥感服务。这是中国四维新一代商业遥感卫星系统的首发卫星。

（王　娜）

【AeroHPO 全流程协同优化系统发布】 7 月 16 日，东方晶源微电子科技（北京）有限公司发布其自主研发的首款基于云端的 EDA 计算光刻平台——AeroHPO 全流程协同优化系统。系统采用其自主研发的"全芯片反向光刻掩模优化（ILT）"技术，可为客户提供 28 纳米及以下技术节点的制程建模、光刻性能检查等全产品线功能与服务，以及从芯片设计到制造一体化的电路设计与工艺协同优化综合平台。

（杜涵涵）

【国汽智控公司与宇通客车公司签署协议】 7 月 18 日，国汽智控（北京）科技有限公司与宇通客车股份有限公司宣布签署《专用外购件开发及开模协议》。根据协议，双方在高级辅助驾驶领域实施基于域控制器和智能驾驶操作系统的量产，用于 9 米以上客车车型，并作为 Tier1.5 供应商长期服务宇通自动驾驶。量产上，车的核心产品是国汽智控公司基于国标架构推出的自动驾驶计算基础平台产品——智能基础脑 iVBB。产品具有平台化、高扩展特色，实现操作系统与应用、硬件双解耦，通过分布式操作系统、异构多芯片硬件架构和算力预埋，支持主机厂开发更多自动驾驶功能。

（杜涵涵）

【大唐联仪发布通信机卡一致性产品】 7 月 20 日，大唐联仪科技有限公司研发首创通信机卡一致性测试系统，在 USIM/USAT 用例的国际认证上达到国际领先水平，且其中卡模拟器完成国产化创新，取得国际认证组织 GCF 和 PTCRB 的官方认证（平台号 TP304）。机卡一致性测试系统是四大测试性系统之一，其产品长久以来一直由国外厂商垄断。作为率先进入机卡一致性测试系统开发领域的中国企业，大唐联仪推出的商用通信机卡一致性测试系统可支撑 5G 和新一代通信产业发展的应用需求。

（王蕊雯）

【问天实验舱成功发射】 7 月 24 日，由中国航天科技集团有限公司五院抓总研制的空间站——问天实验舱在文昌航天发射场用长征五号 B 遥三运载火箭发射升空，进入预定轨道。问天实验舱是中国空间站的第二个舱段，也是首个科学实验舱，轴向长度为 17.9 米，最大直径 4.2 米，由工作舱、气闸舱和资源舱组成，起飞重量约 23 吨，主要用于支持航天员驻留、出舱活动和开展空间科学实验，可与天和核心舱一起支持两艘载人飞船轮换期间 6 名航天员的生活保障，同时可作为核心舱的备份，对空间站进行管理。舱外配置 1 个小型机械臂，可单独使用，也可与核心舱的大机械臂组合使用，共同完成航天员的出舱、舱外设施照料、巡检等任务。7 月 25 日，问天实验舱与天和核心舱成功对接，神舟十四号航天员乘组进入实验舱。

（徐建功）

【“力箭一号”运载火箭首飞成功】 7月27日12时12分，由中国科学院力学研究所抓总研制的“力箭一号”（ZK-1A）运载火箭在酒泉卫星发射中心成功发射，将空间新技术试验卫星、轨道大气密度探测试验卫星、低轨道量子密钥分发试验卫星、电磁组装试验双星和南粤科学星等6颗卫星送入预定轨道。“力箭一号”是四级固体运载火箭，起飞重量135吨，起飞推力200吨，总长30米，芯级直径2.65米，首飞状态整流罩直径2.65米，500千米太阳同步轨道运载能力1500千克，具有运载能力大、入轨精度高、固有可靠性高、响应速度快、发射效率高、保障要求低、发射成本低、使用灵活便捷、环境适应性好等优点，适用于中小卫星载荷的中低轨低成本快速组网发射。

（周　欣）

【遥感三十五号03组卫星成功发射】 7月29日21时28分，遥感三十五号03组卫星在西昌卫星发射中心用长征二号丁运载火箭发射升空，进入预定轨道。卫星主要用于科学试验、国土资源普查、农产品估产及防灾减灾等领域。其中，A星、B星由中国航天科技集团有限公司五院抓总研制。

（徐建功）

【“天启星座”获2022全球数字经济创新大赛冠军】 7月30日，在国家会议中心举行的2022全球数字经济大会成果发布会上，全球数字经济创新大赛结果揭晓，共产生冠军1个、亚军2个、季军3个、创新奖5个。北京国电高科科技有限公司的“天启卫星物联网星座赋能全球数字经济发展”项目获冠军。项目内容包含中国首个低轨卫星物联网星座——“天启星座”的建设运营、为全球用户提供低轨卫星物联网通信能力、全栈式数据服务及大场景多应用案例实例等。2022全球数字经济创新大赛汇聚全球200余位投资导师，面向全球20余个国家公开招募500余个路演项目。

（王　娜）

【陆地生态系统碳监测卫星成功发射】 8月4日11时8分，由中国航天科技集团有限公司五院研制的陆地生态系统碳监测卫星在太原卫星发射中心用长征四号乙运载火箭点火升空，进入预定轨道。卫星配置多波束激光雷达、多角度多光谱相机、超光谱探测仪、多角度偏振成像仪等4种载荷，采用点面结合、主被动结合的遥感体制，通过“激光＋多光谱＋多角度＋超光谱＋偏振”的综合遥感手段探测陆地生态系统植被生物量，解决陆地生态系统碳监测、陆地生态和资源调查监测、国家重大生态工程监测评价等问题，服务国家“碳达峰”“碳中和”目标，为林业草原、生态环境、测绘、气象、农业、应急减灾等提供业务支撑和研究服务。

（徐建功）

【智谱AI推出开源的千亿基座模型GLM-130B】 8月4日，北京智谱华章科技有限公司联合清华大学等多个团队研发出开源的千亿基座模型GLM-130B。在斯坦福大学报告的世界主流大模型评测中，报告显示GLM-130B在准确性和公平性指标上与GPT-3 175B（davinci）接近或持平，鲁棒性、校准误差和无偏性优于GPT-3 175B。

（王秀君）

【谷神星一号遥三运载火箭成功发射】 8月9日12时11分，星河动力（北京）空间科技有限公司在酒泉卫星发射中心成功发射谷神星一号遥三·星光益彩号运载火箭，将泰景一号01星、02星和东海一号3颗商业卫星送入500千米太阳同步轨道。泰景一号01星、02星由北京微纳星空科技有限公司研制，用于对地实施光学遥感和图像数据回传及地面图像处理，将面向林业、农业、海洋等领域的用户提供商用业务数据服务；东海一号卫星主要用于验证微小型偏振光相机多模式遥感探测技术。谷神星一号运载火箭是星河动力航天自主研制的四级轻型商业运载火箭，一、二、三级采用固体动力，四级采用轨控和姿控一体化液体动力。火箭直径1.4米，全长约20米，起飞重量约33吨，500千米太阳同步轨道最大运力300千克，可提供微小卫星的专属、共享、搭载等定制化发射服务。此次成功发射，谷神星一号实现商业火箭的连续三次成功发射。

（王　娜）

【百度地图自动驾驶级导航在亦庄上线】 8月12日，“百度地图×Apollo”在北京市高级别自动驾驶示范区发布全新版本。由Apollo自动驾驶、车路协同技术全线赋能的北京百度网讯科技有限公司百度地图率先在亦庄上线城市车道级导航、车位级导航、绿灯畅行导航等智能化功能，并宣布陆续落地广州黄埔、河北保定、湖南株洲等示范区，为示范区市民提供精准、高效的“自动驾驶级导航”体验。

（袁　磊）

【智行者公司发布高速领航系统H-INP】 8月17日，北京智行者科技股份有限公司召开媒体发布会，发布自主研发的高速领航系统H-INP。系统是国内首款采用“重感知轻地图”技术路线的高级别自动驾驶解决方案，可有效解决高精地图更新频率低、覆盖范围小的问题。其采用平台化设计，可在统一架构下开发出系列产品，满足不同场景的需求。在硬件架构配置方面，H-INP 采用智行者自主研发的车规级高算力域控制器，算力可达 128 TOPS，CPU 计算能力达 30 K DMIPS。同时，H-INP 采用 6 个摄像头 +5 个毫米波雷达的多融合感知方案，实现成本的有效控制。活动中，智行者公司与华为技术有限公司签署全面合作协议，双方在“无人驾驶 + 人工智能”领域展开合作，为打造丰富的无人驾驶落地场景夯实基础，共同推进基于昇腾 AI 全栈创新的自动驾驶解决方案。

（袁　磊）

【H3C08 芯片发布】8 月 18 日，京微齐力（北京）科技股份有限公司发布国内首颗基于 22 纳米工艺制程并量产的 FPGA 芯片 H3C08。产品实现接口速率每秒 2.5 吉比特的数据传输，内核速率 200 兆赫以上，满足各种专业化、个性化、复杂化、精细化应用场景需求，可应用于消费终端、显示桥接等应用。

（杜涵涵）

【遥感三十五号 04 组卫星成功发射】8 月 20 日 1 时 37 分，遥感三十五号 04 组卫星在西昌卫星发射中心由长征二号丁运载火箭发射升空，进入预定轨道。遥感三十五号 04 组卫星 A 星、B 星、C 星主要应用于科学试验、国土资源普查、农产品估产及防灾减灾等领域。其中，A 星、B 星由中国航天科技集团有限公司五院抓总研制。

（徐建功）

【北京三号 B 卫星成功发射】8 月 24 日 11 时 1 分，由中国航天科技集团有限公司五院抓总研制的北京三号 B 卫星搭乘长征二号丁运载火箭在太原卫星发射中心成功发射，进入预定轨道。卫星是一颗高性能新型光学遥感卫星，主要为国土资源管理、农业资源调查、生态环境监测和城市综合应用等领域提供遥测数据服务。

（徐建功）

【长安链赋能国家数字身份应用】8 月 25 日，国家重点研发计划中的“揭榜挂帅”榜单项目——“基于法定证件的数字身份区块链技术研究与应用”启动并进入实施阶段。项目基于包括身份证在内的权威法定身份证件，依托长安链底层平台，设计实现“1 条身份链 +N 条业务链”的多链架构服务模式，实现海量数字身份的全生命周期管理，支持 1 亿以上的账户规模、3 万个以上的节点，可为国内可信数字身份体系建设提供技术支撑。

（周　渊）

【亚轨道运载器重复使用飞行试验获得成功】8 月 26 日，由中国航天科技集团有限公司一院研制的升力式亚轨道运载器重复使用飞行试验获得成功。飞行试验采用的运载器，经健康检测维护后，在酒泉卫星发射中心再次点火垂直起飞，按照设定程序完成亚轨道飞行，平稳水平着陆于阿拉善右旗机场，实现中国亚轨道运载器的首次重复使用飞行。

（徐建功）

【灵犀微光公司发布二维扩瞳模组 2D-60】9 月 7 日，在深圳国际会展中心举行的第 24 届中国国际光电博览会期间，北京灵犀微光科技有限公司发布二维扩瞳模组 2D-60。灵犀微光公司于 2021 年面向市场首次推出具有 40 度 FOV 的 2D-40 二维扩瞳阵列光波导模组，其光机体积仅为 3 克。与 2D-40 相比，2D-60 更轻便、外形更接近普通镜片，尤其是视场角直接增至 60 度 FOV。

（李　楠）

【谷神星一号商业火箭转运发射车通过验收】9 月 7 日，由北京星河动力航天科技股份有限公司研发的谷神星一号商业火箭转运发射车完成验收试验。发射车将发射准备时间由 4 小时压缩至 1 小时，解决火箭发射准备时间长、发射频次低的问题；具备环境温度控制、机动转场运输、快速起竖发射等功能，可降低火箭发射前对发射区的保障要求。

（杜涵涵）

【中星 1E 卫星成功发射】9 月 13 日 21 时 18 分，由中国航天科技集团有限公司五院研制的中星 1E 卫星在文昌航天发射场由长征七号 A 运载火箭发射升空，进入预定轨道。卫星是一颗通信广播卫星，可为用户提供高质量的语音、数据、广播电视等传输业务。

（徐建功）

【赛目科技公司发布仿真测试平台 Sim Pro】9 月 16 日，在 2022 年世界智能网联汽车大会上，北京赛目科技股份有限公司分享在仿真测试、封闭场地测试和开放道路测试方面的高新技术应用和创新示范成果，并发布仿真测试平台 Sim Pro，推出行业独有的功能安全与预期功能安全分析工具 Safety Pro，可为智能网联汽车行业客户提供全栈式测试验证解决方案。

（李　楠）

【遥感三十六号 01 组卫星成功发射】9 月 26 日 21 时 38 分，遥感三十六号 01 组卫星在西昌卫星发射中心用长征二号丁运载火箭发射升空，进入预定轨道。

其中，A 星和 B 星由中国航天科技集团有限公司五院抓总研制。卫星主要用于科学实验、国土资源普查、农产品估产、防灾减灾等。

（徐建功）

【百度地图切换为北斗系统优先定位】9 月 30 日，北京百度网讯科技有限公司（百度地图）官方宣布切换为优先运用北斗卫星导航系统定位，“百度地图智能定位开放服务”升级更名为“百度地图北斗定位开放平台”。在北斗深度赋能下，百度地图升级实现车道级导航、车位级导航等多项功能。除地图导航外，百度地图北斗定位开放平台还累计服务汽车、出行、金融、物流、旅游、物联网、互联网、生活服务等超 255 万名开发者。北斗卫星导航系统（简称 BDS）是中国自行研制的全球卫星导航系统，也是继 GPS、GLONASS 之后的第三个成熟的卫星导航系统。在北斗系统的技术能力加持下，百度地图的数据安全性、可靠性进一步提升。

（陈宝德）

【长征十一号海上成功发射】10 月 7 日 21 时 10 分，由中国航天科技集团有限公司一院研制的长征十一号运载火箭在黄海海域采用“一箭双星”方式将微厘空间北斗低轨导航增强系统 S5 和 S6 试验卫星送入预定轨道。长征十一号运载火箭具备陆地、海上两种发射方式。发射平台距离海岸 3000 米，在确保安全可靠的前提下，减少海上航行时间，缩短任务执行周期。

（徐建功）

【“夸父一号”卫星成功发射】10 月 9 日 7 时 43 分，由中国科学院国家空间科学中心负责工程大总体和地面支撑系统研制建设的“夸父一号”卫星在酒泉卫星发射中心采用长征二号丁型运载火箭发射升空，进入太空“逐日”的预定轨道。卫星以探测太阳“一磁两暴”（“一磁”即太阳磁场，“两暴”即耀斑和日冕物质抛射）为科学目标，将利用太阳活动第二十五周峰年的契机，对太阳上两类最剧烈的爆发现象——“一磁两暴”，以及全日面矢量磁场开展同时观测，研究“一磁两暴”的形成、相互作用及彼此关联，为影响人类航天、通信、导航等高科技活动的空间灾害性天气预报提供支持。“夸父一号”卫星搭载全日面矢量磁像仪、莱曼阿尔法太阳望远镜和太阳硬 X 射线成像仪 3 台有效载荷，将首次在一颗近地卫星平台上实现对太阳磁场、太阳耀斑非热辐射、日冕物质抛射日面形成和近日面传播的同时观测；同时借助莱曼阿尔法太阳望远镜，将首次在莱曼阿尔法波段实现全日面和近日冕的同时观测。卫星设计寿命 4 年，运行在约 720 千米的太阳同步晨昏轨道。

（徐建功）

【聚力太赫兹通信助力 6G 未来】10 月 14 日，由北京理工大学牵头，与中国科学院微电子所及大唐移动通信设备有限公司就面向新一代信息通信技术需求的共同攻关项目——基于自主可控半导体试验线共同研发出 InP HEMT 器件。其最大直流跨导达到 1480 mS/mm，电流增益截止频率 ft 达到 0.304 太赫兹，最高振荡频率 fmax 达到 0.883 太赫兹，达到先进水平行列。研究人员就此发表 SCI 论文 5 篇。同时，太赫兹通信核心芯片、太赫兹多通道组件、太赫兹多波束天线等仿真性能表现优异，助力实现核心工艺、芯片、收发系统的完整技术链条，可满足多终端、高速率、大容量的 6G 通信应用需求。

（张立芬）

【“怀柔一号”取得新成效】10 月 15 日，中国科学院高能物理研究所科研人员利用“怀柔一号”引力波暴高能电磁对应体全天监测器发现一个与快速射电暴相关联的 X 射线暴，并确认其来自银河系内的磁星 SGR J1935+2154，是人类第二次探测到快速射电暴的高能对应体。12 月 10 日，中国科学院高能物理研究所、中国科学院国家空间科学中心、国家高能物理科学数据中心和国家空间科学数据中心联合发布“怀柔一号”卫星首批科学数据。数据包括首批 75 个伽马射线暴的详细观测数据，有助于国内外天文学家开展伽马射线暴的“多波段、多信使”联合观测研究。

（徐建功）

【行易道公司完成 4D 毫米波雷达产品原型设计和测试】10 月 25 日，北京行易道科技有限公司宣布其开发的 4D 毫米波雷达完成产品原型设计和测试。产品可实现方位角、俯仰角、距离、速度的联合高精度测量；基于目标多维特征提取算法、目标多散射点融合聚类算法，开发典型目标的运动模型，具备目标分类、降低雷达检测虚警率等优势，实现威胁障碍目标的高置信度检测识别。产品支持实现 AEB（紧急自动刹车）功能。

（陈宝德）

【摩尔线程公司发布多功能 GPU 芯片“春晓”】11 月 3 日，摩尔线程智能科技（北京）有限责任公司第二款多功能 GPU 芯片“春晓”在京发布，相较于之前发布的“苏堤”芯片，“春晓”在图形渲染、编解码、AI 计算和物理仿真等方面均有提升，基于“春晓”芯片推出不同显卡和加速卡产品，在桌面、云服务、消费领域等场景应用。

（崔　茜）

【中星 19 号卫星成功发射】 11 月 5 日 19 时 50 分，由中国航天科技集团有限公司五院抓总研制的中星 19 号卫星在西昌卫星发射中心由长征三号乙运载火箭发射升空，进入预定轨道。卫星是一颗高通量通信卫星，采用东方红四号增强型卫星平台，主要提供通信和互联网接入等服务，涵盖 C、Ku 和 Ka 等多频段通信载荷，主要覆盖中国东部国土、东南亚及大部分太平洋区域，具有传输速率快、覆盖范围广等特点，可服务于远洋运输通信、航线互联网等业务。

（徐建功）

【小米公司 3 个项目获北京市科学技术奖】 11 月 9 日，2021 年度北京市科学技术奖获奖公告发布，16 位科学家、191 项成果获奖。北京小米移动软件有限公司、小米通讯技术有限公司等参与完成的“面向全屋智能的异构互联和融合交互关键技术与应用”“个性化情感化人机语音交互关键技术及产业化”“新一代智能终端高功率快充技术创新与应用”3 个项目获北京市科技进步奖二等奖。

（杜　鑫）

【百度飞桨框架在 MLPerf 基准测试中获世界第一】 11 月 10 日，全球权威 AI 训练性能基准测试 MLPerf Training v2.1 结果公布。北京百度网讯科技有限公司使用飞桨框架提交的 8 机 64 卡配置下的 BERT 模型训练性能位列同等 GPU 配置下世界第一。端到端训练时间和训练吞吐两个指标均超越 NVIDIA 高度优化的 NGC PyTorch 框架。MLPerf 是由图灵奖得主大卫・帕特森联合学术机构发起成立，是国际最权威的 AI 性能基准评测之一，每年组织 AI 推理和 AI 训练测试各两次，以对迅速增长的 AI 计算需求与性能及时进行跟踪测评。

（孙　陶）

【天舟五号货运飞船成功发射】 11 月 12 日 10 时 3 分，由中国航天科技集团有限公司五院抓总研制的天舟五号货运飞船在文昌航天发射场用长征七号遥六运载火箭发射升空，进入预定轨道，与中国空间站组合体完成自主快速交会对接，中国航天员首次在空间站迎接货运飞船来访。天舟五号是中国空间站三舱建成后的首个到访飞行器，首次与“T”字构型组合体（含径向停靠载人飞船）实施对接，对接目标为 80 吨量级。其重约 13.5 吨，总长 10.6 米，舱体最大直径 3.35 米，飞船采用货物舱和推进舱两舱设计，装载航天员系统、空间站系统、空间应用领域的货物，共计约 5 吨，携带补加推进剂约 1.4 吨，为神舟十五号乘组 3 名航天员 6 个月的在轨驻留、空间站组装建造和空间应用领域提供物资保障，同时搭载 3 项试验载荷。

（徐建功）

【谷神星一号遥四运载火箭成功发射】 11 月 16 日 14 时 20 分，由星河动力（北京）空间科技有限公司研发的谷神星一号遥四运载火箭在酒泉卫星发射中心发射升空，将“吉林一号”星座的高分 03D08、51、52、53、54 共 5 颗卫星送入太阳同步轨道。星河动力公司首次采用其自研的转运发射车执行转运和发射任务。转运发射车具备环境温度控制、机动转场运输、快速起竖发射等功能，降低对发射区射前保障的要求，将发射准备时间由 4 小时压缩至 1 小时，有效解决火箭发射准备时间长、发射频次低等方面的问题。

（徐建功）

【旷视魔方智能分析盒获人工智能行业最具创新力产品奖】 11 月 16 日，在 OFweek2022（第七届）人工智能产业大会暨维科杯・人工智能行业年度评选颁奖典礼上，北京旷视科技有限公司基于“算法定义硬件”理念打造的边缘计算产品“旷视魔方智能分析盒”获维科杯・OFweek 2022 人工智能行业最具创新力产品奖。基于“算法定义硬件”的核心产品理念，旷视科技公司根据行业需求定义算法，将 AI 能力固化到硬件产品中，打造出以“旷视魔方智能分析盒”为代表的一系列智能硬件产品，应对海量的、碎片化的 AIoT 应用场景需求。

（孙　陶）

【集创北方公司显示驱动芯片用于卡塔尔世界杯】 11 月 20 日—12 月 18 日，第 22 届卡塔尔世界杯举行。北京集创北方科技股份有限公司研发的 ICND2153、ICND2055、ICND2065 等发光二极管（LED）显示驱动芯片用于卡塔尔世界杯 8 座体育场馆近 2000 平方米的球场高清屏幕、阿尔阿拉比电视台 430 平方米的小间距 LED 墙，以及观赛区、户外广告、酒店等地的 LED 显示屏幕。其中，ICND2065 系列产品应用于小间距 LED 显示屏中，其集成 Noise-FreeTM 技术，具有抗干扰特性，支持 1 ~ 64 任意扫等特征。

（杜涵涵）

【神舟十五号载人飞船成功发射】 11 月 29 日 23 时 8 分，长征二号 F 遥十五运载火箭在酒泉卫星发射中心将搭乘费俊龙、邓清明、张陆 3 名航天员的神舟十五号载人飞船发射升空。飞船与火箭成功分离，进入预定轨道，飞行乘组状态良好。飞船由中国航天科技集团有限公司五院抓总研制，其飞行任务是中国空间站建造阶段的最后一次飞行任务。航天员乘组将执行为期半年的在轨任务，开展空间站三舱状态长期驻留的验证工作，以及40余项空间科学实验和技术试验，实施出舱活动，验证货物气闸舱出舱工作模式等。

（徐建功）

【捷龙三号运载火箭成功发射】 12月9日14时35分，由中国航天科技集团有限公司一院抓总研制的捷龙三号运载火箭在黄海海域采取海上热发射的方式，从发射船上将14颗卫星发射升空，卫星均进入预定轨道。运载火箭总长31.8米，箭体最大直径2.65米，起飞质量140吨，500千米太阳同步轨道运载能力1.5吨，支持陆基及海上快速发射。捷龙三号运载火箭突破多项关键技术：首次实施中国运载火箭海上热发射，实现海上冷发射到海上热发射的跨越；采用大头罩构型，相比于同规模固体运载火箭可为有效载荷提供更大的包络空间；采取一体化测发指挥系统，整体流程简捷、智能，可实现笔记本电脑一键式发射；使用国内装药量最多、推力最大的高性能纤维缠绕复合材料壳体整体式固体火箭发动机，发动机直径2.65米，装药量71吨，推力200吨。

（徐建功）

【试验二十号A、B两卫星成功发射】 12月12日16时22分，试验二十号A、B两卫星在酒泉卫星发射中心用长征四号丙运载火箭发射升空，进入预定轨道。卫星主要用于空间环境监测等新技术在轨验证试验。A卫星由中国航天科技集团有限公司五院抓总研制。

（徐建功）

【长征十一号运载火箭成功发射】 12月16日14时17分，由中国航天科技集团有限公司一院抓总研制的长征十一号运载火箭在西昌卫星发射中心发射升空，将试验二十一号卫星送入预定轨道。执行任务的火箭首次采用发动机“定制匹配”方式进行设计。研制团队通过总体与分系统的联合论证，根据任务特点，挑选出性能上具有最佳适应性的固体火箭发动机，实现发射轨迹优化。

（徐建功）

【统信UOS发布3项服务器操作系统】 12月20日，2022统信UOS生态大会在京举办。大会以“三生万物·共筑山海”为主题。行业专家、企业的代表等参加。统信软件技术有限公司发布服务器操作系统UOS V20免费使用授权版本、统信UOS家庭版22.0及统信UOS远舰系统盘。统信UOS远舰系统盘兼容统信UOS、Windows及Android三大应用生态，并且提供最高每秒450兆字节读写速度及每秒420兆字节的写入速度。

（杜涵涵）

【中科驭数公司第二代DPU芯片K2成功流片】 12月23日，中科驭数（北京）科技有限公司第二代DPU芯片K2成功流片，是首颗国产全功能DPU芯片，采用28纳米成熟工艺制程，可支持网络、存储、虚拟化等功能卸载，可达到1.2微秒超低时延，支持200G网络带宽，适用于金融计算、高性能计算、数据中心、云原生、5G边缘计算等应用场景。

（周天择）

【全球首个原子间势函数预训练模型DPA-1发布】 12月23日，在DeepModeling举办的2022年社区年会上，北京科学智能研究院联合北京深势科技有限公司发布全球首个覆盖元素周期表近70种元素的深度势能原子间势函数预训练模型DPA-1，实现100亿原子数量级第一性原理精度的分子动力学模拟。该模型原型获2020年全球高性能计算领域最高奖项戈登·贝尔奖，并与预训练语言模型GPT-3共同入选“世界人工智能十大重要成果”。DPA-1作为一项重要科学智能基础设施，可帮助化学、材料学等领域科研人员快速构建既方便易用又兼具精度的原子间势函数模型，得到大量原子间相互作用的信息，缩短科研实验周期，降低科研成本，其领先性和优越性已在高性能合金、半导体材料设计等应用场景中得以证明。

（闫　鑫）

【擎天自动驾驶系统推出】 12月，北京擎天智卡科技有限公司宣布推出基于北京地平线科技有限公司第三代车规级芯片征程5芯片的擎天自动驾驶系统。系统集成车道保持、全速自适应巡航、交通标志识别、自动紧急刹车、车道级导航、自动换道、自动汇入/汇出匝道等功能，实现重型卡车在高速场景下的点对点自动驾驶。

（杜涵涵）

医药健康

【3D197 注射液临床试验获批】1 月 7 日，思路迪（北京）医药科技有限公司宣布其第八个临床阶段候选药物——3D197 注射液临床试验获国家药监局临床试验批准通知书。3D197 是靶向 CD47 的全人源化 IgG4 单克隆抗体，属于生物药品创新药。

（杜涵涵）

【神经外科手术导航定位系统获批上市】1 月 13 日，由华科精准（北京）医疗科技有限公司自主研发生产的"神经外科手术导航定位系统"获国家药监局批准上市。产品是一款新型智能化导航定位设备，由红外摄像机、工作站、支架、定位组件（探针、参考架、连接器、反光球、手术器械适配器）、激光探针、手持激光瞄准器、脚踏开关、自动定位装置等组成，用于神经外科手术器械和植入物的导航和定向定位。产品主要采用多模态影像融合、激光面注册、自动定位装置等核心技术，属于具有自主知识产权的国内首创医疗器械，各项性能指标达到国际同品种器械水平。产品可在保证定位精度的基础上提高手术效率，并实现机械臂的基本功能。

（李贺英）

【极光激酶 A 抑制剂 JAB–2485 临床试验获批】1 月 17 日，由北京加科思新药研发有限公司自主研发的全球首创新药极光激酶 A 抑制剂 JAB–2485 在美国获批新药临床试验申请，开展针对多种晚期实体瘤的Ⅰ/Ⅱa 期临床试验。JAB–2485 是一种高选择性小分子极光激酶 A 抑制剂，可抑制极光激酶 A 活性，诱导细胞凋亡，抑制肿瘤生长。

（杜涵涵）

【首个国产车载院内双使用场景 CT 获批】1 月 19 日，由通用电气医疗（中国）有限公司研发的国产 Revolution Maxima M CT 通过国家药监局审批，成为行业首个可应用于车载移动应用和院内影像检查双使用场景的 CT 设备。设备可应用于三级、县域和基层医院的影像科；在移动应用场景下，可联合移动车载合作伙伴，打造整体移动 CT 解决方案。同时，设备能装载在疫情防护救治车、独立发热门诊移动 CT 车等载体，可承接社区体检、职业病筛查、下乡义诊和分级诊疗等工作。

（杜涵涵）

【国内首个膝关节手术机器人获批上市】1 月 25 日，由北京和华瑞博科技股份有限公司自主研发制造的"全膝关节置换手术导航定位系统（HURWA 机器人）"作为国内首个膝关节手术机器人获国家药监局批准上市。HURWA 机器人可在术前进行手术规划、术中精准导航，可辅助截骨，提高手术精度和效率，其精度可控制在 1.5 毫米以内。根据临床数据显示，对比经验丰富的三甲医院主任医师，HURWA 机器人截骨精度更高、角度更准、下肢力线纠正合格率更高。

（陈宝德）

【杨茂君团队揭示哺乳动物线粒体复合物Ⅰ催化反应机理】2 月 10 日，清华大学生命科学学院、结构生物学高精尖创新中心、北京生物结构创新中心、清华—北大生命科学联合中心杨茂君教授研究团队在英国《自然·结构与分子生物学》期刊发表研究论文，阐述哺乳动物线粒体复合物Ⅰ不同催化状态及鱼藤酮抑制状态超高分辨率结构（最高分辨率 2.38 埃）。研究团队通过对解析的 68 个不同状态结构的分析比对，阐释线粒体复合物Ⅰ偶联氧化还原反应与质子转运的全新分子机理：哺乳动物复合物Ⅰ主要存在"活性"和"失活"两种构象状态，失活态不具有参与催化反应的结构基础，只有活性态复合物Ⅰ参与催化反应。研究团队发现否定之前其他研究组认为的复合物Ⅰ催化是通过"活性"和"失活"两种构象状态的结构转换来实现的。

（张　靖）

【EZPo 支架定位系统获第一张注册证】2 月 15 日，由北京阿迈特医疗器械有限公司研发的"EZPo 支架定位系统"通过国家药监局注册申请批准，获国内辅助主动脉—冠状动脉开口处病变支架植入器械第一张注册证。系统能为需要在主动脉—冠状动脉开口处植入支架的患者提供更精确的支架定位，降低患者的再狭窄率，缩短手术时间，也为医生解决高危复杂的冠脉开口处病变提供精准辅助。

（陈宝德）

【旌准医疗公司 TERT 基因突变检测试剂盒获批上市】3 月 11 日，由北京旌准医疗科技有限公司研发的 TERT 基因突变检测试剂盒（荧光 PCR– 毛细管电泳测序法）获国家药监局批准上市。试剂盒依托 Sanger 测序平台打造，能够最大限度地保证检测结果的准确性。试剂盒通过毛细管电泳测序法对扩增后的 PCR 片段进行 TERT 基因启动子区 1295228 和 1295250 位点的突变分析，其检测结果可作为临床辅助诊断，为临床医生的诊断和治疗提供参考。

（李贺英）

【万泰生物新冠病毒抗原检测试剂盒（胶体金法）获批上市】3 月 13 日，由北京万泰生物药业股份有限公司研发的新型冠状病毒（2019–nCoV）抗原检测试剂盒（胶体金法）获国家药监局注册批准。产品适用于体外定性检测鼻腔拭子或口咽拭子的新冠抗原，对原始毒株及包括奥密克戎（Omicron）在内的任何变异株均有良好的检测效果。

（高艺菡）

【重组十五价 HPV 疫苗临床试验获批】 3 月 15 日，辽宁成大生物股份有限公司发布公告，宣布其与北京康乐卫士生物技术股份有限公司合作开发的重组十五价人乳头瘤病毒（HPV）疫苗（大肠埃希菌）获国家药监局核发的《药物临床试验批准通知书》。产品是首个获批进入临床试验的国产十五价 HPV 疫苗，也是全球范围内获准开展临床试验的最高价型 HPV 疫苗，覆盖国际癌症研究机构所定义全部高危型 HPV 病毒，用于预防该疫苗所包含 HPV 型别的持续感染及引起的癌症和病变，阻断超 96% 引发宫颈癌的 HPV 病毒。

（杜涵涵）

【安巴韦单抗 / 罗米司韦单抗联合疗法纳入新冠病毒感染肺炎诊疗方案】 3 月 15 日，国家卫生健康委将安巴韦单抗 / 罗米司韦单抗联合疗法纳入《新型冠状病毒肺炎诊疗方案（试行第九版）》。安巴韦单抗和罗米司韦单抗是腾盛博药生物科技有限公司与深圳市第三人民医院和清华大学合作从新型冠状病毒感染肺炎康复期患者中获得的非竞争性新型严重急性呼吸系统综合征病毒 2 单克隆中和抗体。

（杜涵涵）

【北京市第 6 款新冠抗原自测产品获批上市】 3 月 30 日，由北京卓诚惠生生物科技股份有限公司自主研发的“新型冠状病毒（2019–nCoV）抗原检测试剂盒（胶体金法）”获国家药监局颁发的医疗器械注册证（注册证号：国械注准 20223400407），用于体外定性检测鼻拭子样本中新型冠状病毒（2019–nCoV）核衣壳抗原。这是继北京热景生物技术股份有限公司、北京万泰生物药业股份有限公司、乐普（北京）医疗器械股份有限公司、北京金沃夫生物工程科技有限公司、北京华科泰生物技术股份有限公司研发的新冠抗原自测产品之后，北京市第 6 款、全国第 21 款新冠抗原自测产品。产品使用时不需要依赖其他检测设备，可在 15 ～ 20 分钟内获检测结果，具有检测时间短、操作便捷、检测效率高等优势。

（陈宝德　卢明子）

【首款国产新冠中和抗体联合治疗药物商业化进程加快】 3 月 30 日，腾盛华创医药技术（北京）有限公司与国药控股股份有限公司达成战略合作，共同推进长效新冠单克隆中和抗体安巴韦单抗 / 罗米司韦单抗联合疗法在中国的商业化进程，其中包括药品储备、渠道分销、区域准入及其他创新业务合作等。药物是国内首个自主研发的抗新冠病毒抗体药物，由清华大学医学院张林琦教授团队、清华大学生命学院王新泉教授团队与深圳市第三人民医院张政教授团队、腾盛华创公司共同研发。

（卢明子）

【环状 RNA 疫苗研发成功】 3 月 31 日，北京大学魏文胜团队在美国《细胞》期刊在线发表题为《抗 SARS–CoV–2 和新变种的环状 RNA 疫苗》的研究论文，报告一种环状 RNA 疫苗。实验证明，疫苗可在小鼠和恒河猴体内诱导产生高水平的新冠病毒中和抗体以及特异性 T 细胞免疫反应，可有效降低新冠病毒感染的恒河猴肺部的病毒载量，显著缓解新冠病毒感染引起的肺炎症状。该项研究中，针对奥密克戎（Omicron）变异株的环状 RNA 疫苗诱导产生的抗体只能中和奥密克戎（Omicron）变异株，而针对新冠病毒德尔塔（Delta）变异株的环状 RNA 疫苗对多种新冠病毒变异株（包括奥密克戎变异株）具有广谱保护力，团队将据此开发新冠病毒及变异株疫苗产品。

（赵　媛　卢　诚　陈宝德）

【天坛医院发布脑机接口新技术】 3 月，美国《科学》杂志发表中国神经外科领域的一项新突破——脑机接口柔性电极技术。技术由首都医科大学附属北京天坛医院研发，是提高手术精准度、保护神经功能的关键技术。该技术将 2 微米大小的电极点组成的新型柔性电极，通过手术放到大脑上，帮助医生更精确“看”到大脑内部神经等，从而最大限度保护大脑功能。在肌肉神经无法重新再生的情况下，利用脑机接口从大脑里面把命令取出来，通过芯片计算以后，发送到瘫痪的肢体上去，让肢体重新恢复运动，未来有望使瘫痪的患者重新站立。

（卢明子）

【“丙烯酸类树脂骨水泥”获批三类证】 3 月，北京万洁天元医疗器械股份有限公司的“丙烯酸类树脂骨水泥”产品获国家药监局颁发的第三类医疗器械注册证。产品为脊柱专用 PMMA 类骨水泥，其在技术、质量上已经达到国际同类产品水平，具有机械性能更强、操作时间更长、散热温度更低、观察性能优异等特点。

（徐建功）

【3D 微载体细胞规模化智造技术获日内瓦国际发明展金奖】 4 月 8 日，由清华大学医学院生物医学工程系教授杜亚楠及转化团队北京华龛生物科技有

限公司自主研发的“3D 微载体细胞规模化智造技术”参加 2022 日内瓦国际发明展，并获日内瓦国际发明展金奖。3D 微载体细胞规模化智造技术可为细胞药物研发企业提供定制化扩增工艺整体解决方案，同时在再生医学、类器官与食品科技（细胞培养肉等）领域也具有广泛的应用前景。其核心产品 3D TableTrix® 微载片（微载体）是一种多孔微球，具有化学、物理性质精准可控的特点，可根据细胞种类进行细胞微环境的定制化设计。通过特异性裂解技术，能够实现细胞 100% 收获，是全球创新型、国内首款可用于细胞药物开发的药用辅料级微载体。

（赵　媛）

【硫酸拉罗替尼胶囊获批上市】 4 月 8 日，拜耳医药保健有限公司研发的硫酸拉罗替尼胶囊上市申请获国家药监局批准（国药准字 HJ20220032）。药品用于治疗携带 NTRK 基因融合的成年和儿童局部晚期或转移性实体瘤患者，无须考虑癌症的发生区域。

（杜涵涵）

【新一代人多潜能干细胞制备技术取得进展】 4 月 13 日，北京大学邓宏魁团队在英国《自然》期刊在线发表论文，研究首次实现完全利用化学小分子诱导人成体细胞转变为多潜能干细胞，开辟人多潜能干细胞制备的全新途径，是继“体细胞核移植”“转录因子过表达”之后，首次由中国自主研发的新一代人多潜能干细胞制备技术。

（王岱娟　李军男）

【髋关节激光熔融 3D 打印获准上市】 4 月 14 日，北京科仪邦恩医疗器械科技有限公司研发的采用选区激光熔融工艺的 3D 打印关节植入物“Apex3D 髋关节假体”通过国家药监局审批注册，获准上市。产品在关节置换领域为初次置换、翻修、个性化定制等问题提供临床解决方案。同时，类松质骨的三维结构针对复杂关节置换，保证骨植入效果，将提高假体生存率，降低患者手术风险。

（杜涵涵）

【积水潭医院与北京化工大学签署战略合作协议】 4 月 17 日，北京积水潭医院与北京化工大学战略合作签约仪式在积水潭医院新街口院区举行。根据协议，双方发挥在材料学科、临床与基础医学学科领域的研究优势，重点在面向生命健康的生物医用材料研发、可穿戴医疗设备等领域开展合作研究，重建材料研究中心，最终实现骨 / 伤口生物材料的原创性重大突破。

（卢明子）

【两家企业的新冠病毒灭活疫苗获临床试验批件】 4 月 26 日，北京科兴中维生物技术有限公司、中国生物北京生物制品研究所有限公司研制的奥密克戎（Omicron）变异株新冠病毒灭活疫苗分别获国家药监局颁发的临床批件。根据临床试验方案，采用随机、双盲、队列研究的形式，在已完成 2 或 3 剂新冠疫苗接种的 18 岁及以上人群中进行序贯免疫临床研究，以评价奥密克戎（Omicron）变异株新冠病毒灭活疫苗的安全性和免疫原性。

（卢明子　陈宝德）

【肿瘤数字疗法产品 TH–002 获批二类证】 4 月 28 日，零氪科技宣布旗下子公司众曦医疗科技（无锡）有限公司的首个数字疗法产品 TH–002 获批第二类医疗器械注册证，成为国内肿瘤领域数字疗法首证。众曦数字疗法的本质是一套基于人工智能、大数据、物联网等技术建立的综合化治疗方案，其载体为院外患者管理软件，可为肿瘤患者提供症状监测及干预、用药管理、康复训练，以及心理和营养支持等大医学范畴下的一体化院外治疗及康复管理。TH–002 曾应用于北京肿瘤医院牵头的肺癌患者全病程健康管理项目中，成果显著，2021 年入选工业和信息化部、国家卫生健康委“5G+ 医疗健康应用试点项目”。

（卢明子）

【胸部骨折 CT 图像辅助分诊软件获批三类证】 4 月 29 日，由推想医疗科技股份有限公司研发的胸部骨折 CT 图像辅助分诊软件获批国家药监局第三类医疗器械注册证（国械注准 20223210572）。产品采用改良的 DenseNet 作为特征提取网络，可秒级精准完成胸部骨折分诊，包括肋骨、肩胛骨、锁骨及胸骨骨折。

（赵　媛）

【百济神州公司倍利妥获批用于治疗儿童白血病】 5 月 4 日，百济神州（北京）生物科技有限公司宣布国家药监局（NMPA）批准倍利妥（注射用贝林妥欧单抗，BLINCYTO）用于治疗儿童复发或难治性（R/R）CD19 阳性的前体 B 细胞急性淋巴细胞白血病（ALL）。倍利妥已于 2020 年 12 月获 NMPA 附条件批准，用于治疗这一适应证的成人患者。

（魏清华）

【4 价重组新冠疫苗获约旦临床试验批件】 5 月 24 日，由神州细胞工程有限公司研发的重组新型冠状病毒变异株 S 三聚体蛋白疫苗产品 SCTV01E（4 价）获约旦食品药品监督管理局签发的药物临床试验批件，将在约旦开展Ⅱ期临床试验。方案采用 2 针加强免疫

临床研究设计，可快速获反复加强免疫的临床免疫原性和安全性数据，为 SCTV01E 疫苗接种和市场推广提供临床研究数据支撑。

（杜涵涵）

【海杰亚公司新一代康博刀获注册审批】5 月 30 日，海杰亚（北京）医疗器械有限公司研发生产的全新一代康博刀 AI Epic 系列“复合式冷热消融系统”和 Elite 系列“一次性使用无菌复合式冷热消融针”获国家药监局注册审批。新一代 AI Epic 系列“复合式冷热消融系统”按照临床应用导向重新进行系统设计，包括重新设计的临床工作流和直觉式软件界面、工质自动灌注、设备电驱移动、手术室外无线控制等功能；新一代 Elite 系列“一次性使用无菌复合式冷热消融针”根据临床需求采用系列化设计，提供 20 种规格型号以适应不同临床需求，最细消融针直径仅 1.7 毫米，多层结构间隙仅 0.1 毫米，绝热保持时间从 1 年提升到 2 年，刷新海杰亚保持的全球最细液氮消融针纪录。

（赵　媛）

【神州细胞二价新冠疫苗 SCTV01C 广谱性优势展现】5 月，针对新冠病毒 Alpha 变异株和 Beta 变异株二价新冠疫苗 SCTV01C 的临床前动物实验结果发表于《疫苗》期刊。SCTV01C 由神州细胞工程有限公司开发，具有新冠病毒刺突蛋白 S 天然的三聚体结构，可诱导出高滴度的中和抗体和 T 细胞反应。电子显微镜结果显示三聚体蛋白为均一的 10×20 纳米颗粒。针对检测的全部 14 种主要变异株，SCTV01C 均显示与 2 个单价疫苗相当或更高的中和抗体效价，比中和抗体效价相对较低的单价疫苗高 2 ~ 21 倍，展示二价疫苗 SCTV01C 的广谱性优势。

（卢明子）

【9.4T 超高场人体全身磁共振成像超导磁体通过鉴定】5 月，由中国科学院电工研究所王秋良院士团队研制的 9.4T 超高场人体全身磁共振成像超导磁体通过技术成果鉴定。9.4T 超高场人体全身磁共振成像超导磁体是高端医疗超高场磁共振成像设备的核心组成部分。与常规临床应用的 1.5T 和 3.0T 超导磁共振成像设备相比，其具备能获更高信噪比、更高分辨率的检测图像，成像速度更快，可对人体内含量较低的钠、磷、碳、氧等成分进行成像等优势。设备可用于开展人体代谢、脑认知科学、神经科学等前沿科学领域的研究，还可用于帕金森症、阿尔茨海默病等神经退行性疾病及恶性肿瘤的早期诊断。成果使中国成为首个掌握该项核心技术的亚洲国家。

（徐建功）

【捕获人源剪接体的两个中间状态结构】6 月 14 日，北京生物结构前沿研究中心施一公教授研究组在《分子细胞》在线发表研究文章，研究组捕获人源剪接体第二步连接反应前的两个中间构象，将其分别命名为 pre-C*- Ⅰ和 pre-C*- Ⅱ，并解析其高分辨率结构，为了解剪接体两步催化反应中的构象变化和外显子连接机制提供结构依据。2015 年，施一公课题组在世界上率先解析剪接体的第一个高分辨率结构，并在后续几年陆续报道酵母剪接体和人源剪接体等多个在不同工作状态下的高分辨率结构。

（徐建功）

【揭示新冠病毒突变特征与免疫逃逸机制】6 月 17 日，北京大学、北京昌平实验室曹云龙、谢晓亮团队和中国科学院生物物理研究所王祥喜团队等在英国《自然》期刊上发表论文，宣布其发现新型冠状病毒奥密克戎变异株 BA.2.12.1、BA.4 和 BA.5 新亚型呈现更强的免疫逃逸能力，并对奥密克戎 BA.1 感染者康复后血浆出现显著的中和逃逸现象。成果揭示奥密克戎突变株及其新型亚类的体液免疫逃逸机制与突变进化特征，以及奥密克戎 BA.1 中和抗体逃逸机制，以及其与病毒刺突蛋白结构特征的联系；发现奥密克戎 BA.4/BA.5 变异可逃逸人体感染 BA.1 后所产生的中和抗体，证明难以通过奥密克戎感染实现群体免疫以阻断新冠传播；基于自主研发的高通量突变扫描技术，成功预测新冠病毒受体结合域免疫逃逸突变位点，并前瞻性筛选出广谱新冠中和抗体。相关研究为广谱新冠疫苗和抗体药物研发提供理论依据和设计指导，为全球新冠疫情防控提供重要参考。成果入选 2022 年度中国科学十大进展。

（张　靖）

【首次发现全能干细胞体外定向诱导及其稳定培养的药物组合】6 月 21 日，清华大学药学院丁胜教授及其团队在英国《自然》期刊上发表文章，首次发现全能干细胞的体外定向诱导及其稳定培养的药物组合。研究发现一种全新的药物组合，能够诱导出一类具备转变为完整有机体潜能的全能干细胞。

（王岱娟　李军男）

【3 款核酸检测试剂盒获欧盟 CE 准入资格】6 月 21 日，由北京凡知医学科技有限公司自主研发的猴痘病毒核酸检测试剂盒、呼吸道病毒多重核酸检测试剂盒和人乳头瘤病毒（14 型）DNA 检测试剂盒等 3 款核酸检测试剂盒获欧盟 CE 准入资格，可在欧盟国家及认可欧盟 CE 认证的国家进行销售。猴痘是一种烈性人畜共患传染病，凡知科学家团队快速筛选出猴痘病毒的特异性靶基因序列，根据特异性靶基因

序列设计并合成荧光PCR引物和探针，自主研发猴痘病毒核酸检测试剂盒（PCR荧光探针法）。该试剂盒可检测猴痘病毒特异性靶基因，灵敏度高、平台兼容性好、操作简单，适用于猴痘病毒多种检测场景及口岸猴痘病毒的检疫。

（赵　媛）

【颅内出血CT图像辅助分诊软件获批三类证】6月27日，由推想医疗科技股份有限公司研发的颅内出血CT图像辅助分诊软件获批国家药监局第三类医疗器械注册证（国械注准20223210775）。产品可对颅脑CT平扫影像进行显示、处理、测量出血体积，用于对超急性期、急性期颅内出血患者的分诊提示。

（赵　媛）

【首款病毒采样与核酸提取一体管获备案许可】6月28日，由友康生物科技（北京）股份有限公司推出的全球首款病毒采样与核酸提取一体管获海淀区市场监管局医疗器械产品备案许可。一体管全称“快多纯—病毒采样与核酸提取一体管”，将核酸的提取时间缩减至4分钟，减少1～2小时的等待时间。产品的核心技术为友康自主开发的条件高分子材料提取棒，该高分子材料具有多维空间结构，病毒外壳在采样液中被裂解后，提取棒可持续吸附病毒核酸，即可在转运过程中实现核酸提取，在4分钟内完成纯化。

（赵　媛）

【人循环肿瘤DNA多基因突变联合检测试剂盒获CE证书】6月30日，北京优迅医学检验实验室有限公司的人循环肿瘤DNA多基因突变联合检测试剂盒及试剂盒配套生物信息软件获欧盟医疗器械CE证书。试剂盒搭载优迅医学的USCISEQ–200测序平台，通过分析患者血液样本中的ctDNA，可一次检测覆盖单核苷酸变异（SNV）、拷贝数变异（CNVs）、插入和缺失（indels）、基因融合（Fusions）等多种变异类型，结合配套分析软件，可为医院、第三方临检机构提供可靠的检测结果，为患者提供全面、精准的靶向治疗解决方案。

（赵　媛）

【生物医药研发用物品进口白名单出台】6月，市药监局，市科委、中关村管委会，市经济和信息化局，市商务局，北京海关联合制定《北京市生物医药研发用物品进口试点方案》（京药监发〔2022〕166号），共同出台生物医药研发用物品进口白名单政策，认定北京昭衍新药研究中心股份有限公司、康龙化成（北京）科技发展有限公司等第一批白名单企业，促进北京市生物医药领域研发能力持续提升，打造具有全球影响力的医药产业创新高地。

（马　涛　侯艳艳）

【推进CGT产业发展的工作任务与分工发布】7月2日，市科委、中关村管委会联合7家市属委办局会签发布《北京市推进细胞与基因治疗产业发展的工作任务与分工》（京科医发〔2022〕156号），针对北京市细胞与基因治疗（CGT）产业发展中遇到的主要问题和堵点，聚焦IIT、平台建设、品种研发、项目落地、市场应用等5个关键问题，以及人才、空间、政策、资金等4个支撑细胞和基因治疗产业发展的要素，加强临床与产业的转化协同，补足产业短板，加速北京市细胞与基因治疗产业发展。布局细胞与基因治疗领域基因编辑工具、原料生产服务、核酸药物生产研发及检验检测服务等4个共性技术平台，提升北京CGT产业研发服务能力。同时，培育北京引正基因科技有限公司、北赛泓升（北京）生物科技有限公司、健达九州（北京）生物科技有限公司等CGT企业，为北京产业发展提供新的增长点。

（马　涛　李军男）

【腾盛博药公司获BRII–877在大中华区的独家开发和商业化权利】7月4日，腾盛博药生物科技有限公司行使其选择权，从Vir Biotechnology公司获得一款靶向乙型肝炎病毒中和抗体BRII–877（VIR–3434）在大中华区的独家开发和商业化权利，这是其对Vir公司传染性疾病项目行使的第二项引进选择权。BRII–877是一种适合皮下注射的研究性HBV中和单克隆抗体，旨在完全阻断10种基因型的HBV进入肝细胞，并降低血液中病毒颗粒和亚病毒颗粒的水平。

（徐建功）

【新冠中和抗体药物商业化上市】7月7日，腾盛华创医药技术（北京）有限公司宣布其长效新冠中和抗体安巴韦单抗/罗米司韦单抗联合疗法在中国商业化上市。该药由腾盛博药生物科技有限公司（母公司）与清华大学、深圳市第三人民医院联合开发，具有完全自主知识产权，于2021年12月获国家药监局上市批准。

（陈宝德）

【予果生物公司攻克结核检测难题】7月12日，予果生物科技（北京）有限公司发布自主研发的病原检测产品——mTB Pro。产品一次检查就可覆盖包含细菌、真菌、寄生虫和病毒在内的30248种病原体、结核菌种水平鉴定及20多种耐药基因突变位点检测，且24小时出检测结果，以低载量核酸提取技术实现血液样本检测结核病原的突破。由于血液中结核病原含量低、易溶血等问题，现有其他检测产品往往只能对肺泡灌洗液、痰液等非血液样本进行检测，予果生物则以低载量核酸提取技术解决这一难题，能覆盖血液、肺泡灌洗液、脑脊液等样本在内的多种样本类型。

（陈宝德）

【重组带状疱疹疫苗 LZ901 获批临床研究】 7 月 13 日，北京绿竹生物技术股份有限公司研发的重组带状疱疹疫苗（LZ901）获美国食品药品监督管理局批准，在美国开展临床研究。LZ901 主要用于预防 50 岁及以上成人因水痘带状疱疹病毒引起的带状疱疹。

（杜涵涵）

【腾盛华创公司与华润医药公司达成战略合作】 7 月 19 日，腾盛华创医药技术（北京）有限公司与华润医药商业集团有限公司达成战略合作，双方将共同推进长效新冠单克隆中和抗体安巴韦单抗 / 罗米司韦单抗联合疗法在中国的药品储备、渠道分销、医院准入等事宜。

（徐建功）

【朗视仪器公司产品获批三类注册证】 7 月 19 日，北京朗视仪器股份有限公司研发生产的耳鼻喉双源锥形束计算机体层摄影设备（Ultra3D）通过国家药监局创新医疗器械特别审查程序，取得第三类医疗器械注册证（国械注准 20223060951）。产品是全球首款双源、双探测器的 CBCT 产品，其大视野成像系统用于口腔颌面部、鼻部和咽喉部气道的常规成像检查，小视野成像系统具有高空间分辨率，用于耳部内部结构（中耳、内耳）的成像检查，实现耳部 CT 成像的重大突破，为耳科疾病研究及临床诊疗创新提供工具支撑。

（赵　媛）

【华深智药公司在 AI 和生命科学结合领域实现突破】 7 月 22 日，华深智药生物科技（北京）有限公司对外宣布，其在 AI 和生命科学结合领域实现一项重大突破，即在蛋白质结构预测方面开发出全新技术 OmegaFold。该技术在全球范围内首个解决已有计算机预测三维结构的模式，仅从单条蛋白序列就能预测出蛋白质 3D 结构的算法。成果拓宽人类设计蛋白质的搜索空间和效率，有望给整个大分子制药领域带来变革。

（陈宝德）

【艺妙神州公司获 CAR-T 细胞治疗产品生产许可证】 7 月 27 日，北京艺妙神州医药科技有限公司自主开发的 CAR-T 细胞治疗产品获国家药监局颁发的药品生产许可证，成为北京市首家获批 CAR-T 细胞治疗产品药品生产许可证的企业。首款 CAR-T 产品——IM19 CAR-T 细胞注射液用于治疗复发难治侵袭性非霍奇金淋巴瘤、急性 B 淋巴细胞白血病和套细胞淋巴瘤。

（赵　媛）

【京东方知微公司全自动核酸扩增分析仪获批三类证】 8 月 2 日，由北京京东方知微生物科技有限公司研发的全自动核酸扩增分析仪（型号 NAT-3000）获国家药监局颁发的第三类医疗器械注册证（国械注准 20223221029）。设备采用“金标准”磁珠法核酸提取与荧光定量 PCR 扩增，一步上样操作实现“样本进—结果出”，用时 30 分钟。配套试剂为新冠、甲流、乙流三联检，采用微流控芯片工艺预存储核酸提取与扩增的冻干试剂，可常温运输与储存，灵敏度 200 拷贝 / 毫升。产品可用于发热门诊、急诊、海关等场景使用，可满足急、特人群的快检需求。

（徐建功）

【动脉瘤 CT 造影影像辅助检测软件获创新产品奖】 8 月 15 日，北京深睿博联科技有限责任公司的“动脉瘤 CT 造影影像辅助检测软件”获中国计算机协会 2022 年度创新产品奖一等奖。该软件是集合颅内血管 3D 后处理、颅内动脉瘤检出与辅助分析的一站式动脉瘤检出 AI 解决方案，可对头颅和头颈内的 CTA 影像进行自动三维重建，实现自动去骨、检出与标记颅内动脉瘤，并生成结构化报告。产品已获准进入国家药监局创新医疗器械审核通道。

（赵　媛）

【华辉安健公司在研抗肿瘤新药完成首例患者给药】 8 月 19 日，华辉安健（北京）生物科技有限公司宣布其在研抗肿瘤新药 HH-009 完成中国Ⅰa 期临床试验首例患者给药，成为同靶点全球首款进入临床开发阶段的在研药物。HH-009 的Ⅰa 期临床试验，旨在评估其在实体肿瘤中的安全性、耐受性和药代动力学特征。相比业界在研的同靶点小分子抑制剂，HH-009 是一款全人源单克隆抗体，通过独特的作用机制和设计，可以在抑制肿瘤生长的同时保持良好的临床安全性。

（陈宝德）

【新型抗 CD20 单抗获批上市】 8 月 23 日，由神州细胞工程有限公司研发的新型抗 CD20 单抗瑞帕妥单抗（商业名安平希）获国家药监局批准上市（批准文号：国药准字 S20220025 和国药准字 S20220026）。产品是国产首款自主研发的全新型抗 CD20 单抗，适用于国际预后指数为 0 ～ 2 分的新诊断 CD20 阳性弥漫大 B 细胞性非霍奇金淋巴瘤成人患者。

（徐建功）

【JAB-21822 Ⅱ期关键性临床试验获批】 9 月 5 日，由北京加科思新药研发有限公司研发的 KRAS G12C 抑制剂 JAB-21822 Ⅱ期关键性临床试验获国家药监局批准。Ⅱ期关键性临床试验旨在评估 JAB-21822 单药用于 KRAS G12C 突变的非小细胞肺癌患者的疗效及安全性，是一项多中心、单臂、开放研究。

（杜涵涵）

【通和立泰公司获国家“双 C”资质】 9 月 14 日，北京通和立泰生物科技有限公司获中国合格评定国家认可委员会颁发的实验动物机构认可证书（注册号：CNAS LA0015），具备以科学、人道和符合伦理的方式生产和（或）使用实验动物的能力。公司于 2 月 25 日获颁检验检测机构资质认定证书（CMA 编号：220015344585），成为具备“双 C”资质的国内小型猪容量最大、医疗器械生物相容性评价、临床前动物实验和临床医学培训等的科研和科技服务机构。

（李贺英）

【诺诚健华科创板上市】 9 月 21 日，北京诺诚健华医药科技有限公司在上海证券交易所科创板上市，成为科创板和港交所两地上市的生物科技公司，股票代码 688428，发行价 11.03 元。诺诚健华此次科创板 IPO 计划募资 40 亿元，募集资金净额将用于新药研发、药物研发平台升级、营销网络建设、信息化建设及补充流动资金项目。诺诚健华公司是一家生物医药高科技公司，专注于恶性肿瘤及自身免疫性疾病治疗领域的一类新药研制，适用于治疗淋巴瘤、实体瘤和自身免疫性疾病，多个新药产品处于商业化、临床及临床前研发阶段。

（司亚玲　高艺菡）

【志道生物公司Ⅰ类抗肿瘤创新药 LTC004 临床获批】 9 月 26 日，北京志道生物科技有限公司自主研发的Ⅰ类创新药——LTC004 注射液获国家药监局药物临床试验批准，开展恶性肿瘤临床试验。LTC004 是新一代抗肿瘤细胞因子Ⅰ类创新药。临床前研究表明，相比于传统的抗肿瘤细胞因子类药物，LTC004 具备更低毒性和更大的给药窗口，可解决细胞因子类药物因毒性较大造成临床给药窗口狭窄的问题。LTC004 在多种动物模型中展现出优异的肿瘤抑制效果，与 PD-1/PD-L1 抗体等常规的免疫治疗手段具备协同效应。

（赵　媛）

【国内首个颅内动脉瘤手术计划软件获批上市】 10 月 11 日，由强联智创（北京）科技有限公司生产的“颅内动脉瘤手术计划软件”产品获国家药监局注册申请（注册证号：国械注证 20223211346）。产品由应用程序和授权文件组成，软件功能模块包括数据加载、显示交互、数据管理、数据处理和日志等，用于脑血管病患者 X 射线血管造影三维体层图像的显示、分割、测量和处理，辅助医生在神经介入手术时进行动脉瘤弹簧圈栓塞用的微导管路径和塑形规划。产品利用医学图像处理技术对颅内动脉瘤患者的 X 射线血管造影三维体层图像进行处理，实现三维血管重建、动脉瘤分割和自动测量及微导管路径和塑形针形状规划，帮助医生进行术前方案规划。与传统神经介入手术方式相比，产品可提升微导管一次性到位率，缩短微导管输送时间，降低术中微导管反复推送对血管刺激导致的并发症发生概率，减少医生、患者 X 射线辐射时间。

（杜涵涵）

【北京开展人类遗传资源先行先试试点】 10 月，市科委、中关村管委会加强部市联动，争取国家先行先试政策，获科技部支持在北京开展人类遗传资源先行先试试点。科技部授权北京市人类遗传资源管理办公室开展申报项目形式审查及对符合简化审批流程的项目提出审批建议，并开设国家人遗申报系统专用账号，为开展咨询辅导、共享专家资源及人才培养等工作提供支持。这是全国首个地方参与人类遗传资源项目获审批的试点，可提高北京市医药企业人类遗传资源项目申报效率。

（杜肖静）

【双鹭药业阿加曲班注射液获批注册证书】 11 月 1 日，由北京双鹭药业股份有限公司自主研发的阿加曲班注射液（2ml：10mg）通过一致性评价，获国家药监局核准签发的药品注册证书（国药准字 H20223784）。该产品通过抑制凝血酶催化或诱导反应，包括血纤维蛋白的形成，凝血因子Ⅴ、Ⅷ和ⅩⅢ的活化，蛋白酶 C 的活化，以及血小板聚集发挥其抗凝血作用，临床用于缺血性脑梗死急性期病人的神经症状（运动麻痹）、日常活动的改善及对慢性动脉闭塞症患者的四肢溃疡、静息痛及冷感等的改善。

（赵　媛）

【卡尤迪生物公司两款全自动核酸检测分析仪获批上市】 11 月 3 日，由北京卡尤迪生物科技股份有限公司研发的全自动核酸检测分析仪 FlashDetect Robo16、FlashDetect Robo32（国械注准 20223221565）和全自动核酸检测分析仪 Flash10（国械注准 20223221468）分别获批第三类医疗器械注册证。FlashDetect Robo16 是一款高通量兼具随来随检、全自动智能化、全流程一体化的封闭式核酸检测设备，集样本信息录入、进样、核酸提取、扩增检测、数据分析、自动化报告全流程于一体，全程机械臂智能操作，可实现 1 分钟进样、20 分钟出结果。Flash10 由全自动设备、高性能试剂、全封闭耗材、智能化系统等部分构成，拥有完全自主知识产权，核心零部件全部国产化，具备性能和成本双重优势，能够满足临床精准诊断、基层医疗机构能力搭建、国门生物安全、疫情应急处置、生物反恐等不同场景下的现场即时检测需求。

（赵　媛）

【小蝇科技公司获批体外诊断行业 AI 三类注册证】11 月 4 日，由北京小蝇科技有限责任公司与中国医学科学院北京协和医院联合研发的外周血细胞图像白细胞辅助识别软件获国家药监局审批通过，成为体外诊断行业（IVD）全国首张 AI 第三类医疗器械注册证。软件外周血细胞形态学检验主要依赖于人工镜检，弥补现有检验手段和人力的不足，提高检验效率和准确率。

（赵　媛）

【博奥晶典公司冻干型核酸检测试剂盒获批上市】11 月 4 日，由北京博奥晶典生物技术有限公司研发的冻干型高灵敏度的新型冠状病毒（2019–nCoV）核酸检测试剂盒（荧光 PCR 法）获国家药监局医疗器械注册证（国械注准：20223401469）。产品是国家药监局审批通过的首个冻干型新冠病毒核酸检测试剂盒，基于 RT–PCR 技术，将扩增反应所用的缓冲液、酶、引物、探针混合加入“冻干微球”，并采用提前预装，使用时无须解冻、分装，样本直接加入反应孔中进行检测，实验操作更加省时省力。其灵敏度达 150 拷贝 / 毫升，可在无症状人群中及早发现潜在感染者。

（杜涵涵）

【吸入式广谱抗新冠病毒药物 GDI–AV002 获批在澳开展临床试验】11 月 10 日，由全球健康药物研发中心与合作伙伴共同研发的吸入式广谱抗病毒药物 GDI–AV002 获澳大利亚临床研究伦理委员会批准在澳大利亚开展临床试验。Ⅰ期临床研究将针对 GDI–AV002 的药物安全性、药代动力学和剂量爬坡进行评价。GDI–AV002 有潜力应用于包括由新型冠状病毒、流感病毒及呼吸道合胞病毒在内的多种病毒引起的呼吸道传染病的治疗、暴露前及暴露后的预防，具有广谱性。

（徐建功）

【热景生物公司乙型肝炎病毒测定试剂盒获批上市】11 月 14 日，北京热景生物技术股份有限公司乙型肝炎病毒 RNA（HBV–RNA）测定试剂盒获国家药监局批准上市（国械注准 20223401509），成为国际首个获批的基于 PCR– 荧光探针法定量检测乙型肝炎病毒 RNA 的试剂盒。产品是热景生物公司和北京大学基础医学院共同牵头的“十三五”国家传染病防治科技重大专项标志性成果之一，也是热景生物公司打造的国人肝健康工程从肝炎至肝癌全程监测系列产品的重要新成员，产品获批上市将推进其在临床上的广泛应用。

（李贺英）

【万洁天元公司冷敷治疗仪获批上市】11 月 17 日，北京万洁天元医疗器械股份有限公司的冷敷治疗产品获颁国家药监局“冷敷治疗仪”产品第二类医疗器械注册证。冷敷治疗是将低于人体温度的物理因子作用于患处，使皮肤和内脏器官的血管收缩，改变人体局部或全身血液循环和新陈代谢状况，从而达到治疗目的的一种治疗方法，起到降温、止痛、止血、减轻炎性水肿和渗出的作用。

（李贺英）

【揭示人类特异基因促进大脑皮层折叠新机制】11 月 22 日，中国科学院动物研究所、干细胞研究院焦建伟研究组在《细胞发现》期刊上发表研究论文。研究人员首先构建条件性敲入小鼠（cKI）在神经系统中过表达人源基因 SERPINA3，结果发现，SERPINA3 能促进神经发育过程中小鼠大脑的神经干细胞的增殖及外放射状胶质细胞（oRG）的产生；通过转录组测序还发现，SERPINA3 通过结合下游靶基因 Glo1 的启动子（promoter）来调节其表达。研究不仅揭示 SERPINA3 对神经干细胞增殖能力及丰度的重要作用，也阐明大脑皮层扩张及折叠的一种新的分子机制。

（徐建功）

【国内首个血清乙肝病毒前基因组 RNA 荧光定量检测试剂盒上市】11 月，由北京热景生物技术股份有限公司和北京大学基础医学院鲁凤民教授团队联合研制的国内首个血清乙型肝炎病毒 RNA 荧光定量检测试剂盒获国家药监局批准上市。试剂盒具有较高的检测灵敏度、特异度和稳定性，可广泛应用于临床。血清 HBV RNA 可作为抗病毒治疗中 HBeAg 血清转换率的早期预测因子，也可作为停药后病毒学反弹和 HBsAg 逆转的潜在预测因子，为慢性乙肝患者用药监测提供重要依据，提高对慢性乙肝患者抗病毒治疗的精准管理。

（武晓颖　刘梦贤）

【热景生物新冠抗原自测试剂获美国 FDA 批准】 11 月，北京热景生物技术股份有限公司研发的新冠抗原自测试剂盒 Hotgen ™ COVID-19 Antigen Home Test 获美国食品药品监督管理局（FDA）的紧急使用授权（Emergency Use Authorization，EUA）。这是热景生物新冠抗原自测试剂继获英国冠状病毒检测设备批准法规（Coronavirus Test Device Approvals，CTDA）认证后，再次获得的国际认证。热景生物公司成为拥有欧盟 CE、中国国家药监局、英国 CTDA 和美国 FDA EUA 授权的新冠抗原自测试剂供应商。热景生物公司的新冠抗原自测试剂已销往德国、法国、意大利、奥地利等近 40 个国家和地区，成为欧洲家庭自测市场主流产品。

（武晓颖　刘梦贤）

【治疗高脂血症基因药物治理获批临床试验】 11 月，由北京锦篮基因科技有限公司研发、北京五加和基因科技有限公司生产的 GC304 腺相关病毒注射液（GC304 注射液）获国家药监局药品审评中心临床试验默示许可（受理号：CXSL2200432）。该药是高甘油三酯血症伴复发性急性胰腺炎患者的治疗用药，能长期且高效降解循环血液中的甘油三酯，并提供一种新的预防和治疗严重高甘油三酯血症的基因药物。同时，在药效验证实验中突破性发现 GC304 注射液表达可以纠正另一个脂代谢相关基因 GPIHBP1 缺陷导致的严重高甘油三酯血症，这为 GC304 注射液扩展适应证，也代表中国基因药物的国际创新性。

（武晓颖　刘梦贤）

【百奥赛图全人纳米抗体小鼠 RenNano® 研发成功】 11 月，百奥赛图（北京）医药科技股份有限公司的全人纳米抗体小鼠 RenNano® 研发成功。RenNano® 是唯一通过原位替换技术完成的、携带完整重链 VDJ 可变区，并具有较强抗体免疫反应的全人纳米抗体小鼠。其纳米抗体分子量小、渗透性好，可穿越血脑屏障浸润肿瘤，到达普通抗体所无法到达的区域；由于其 CDR3 区较普通抗体更长，所以能触及 GPCR 等困难靶点的隐秘表位，对于破解难治疾病具有重要意义。百奥赛图的 RenNano® 小鼠携带有原位置换的完整的人类抗体重链可变区基因，其产生的全人单链抗体序列无须再经过体外人源化改造便可用于药物开发，节省大量的时间和费用，降低后续开发风险。

（武晓颖　刘梦贤）

【阿斯利康公司与两家企业签署合作协议】 12 月 15 日，在阿斯利康医药（北京）有限公司主办的 2022 北京智慧医疗科技创新论坛上，阿斯利康公司与英国生命健康科学孵化平台 MedCity 签署合作协议，双方在技术采购、资本融合、合作网络扩容等方面开展合作；与以色列创新孵化器机构 Trendlines 签署协议，共同推动科技创新公司孵化和新技术商业化落地。

（杜涵涵）

【加科思公司抗癌药获突破性治疗药物认定】 12 月 16 日，北京加科思新药研发有限公司宣布，其研发的 KRAS G12C 抑制剂 JAB-21822 被国家药监局药品审评中心授予用于 KRAS G12C 突变的晚期或转移性非小细胞肺癌（NSCLC）患者二线及以上治疗的突破性治疗药物认定。JAB-21822 作为口服小分子 KRAS G12C 抑制剂，可将 KRAS G12C 锁定在非活化状态，阻断 KRAS 向下游的信号转导，为非小细胞肺癌、胰腺导管腺癌及结直肠癌等携带 KRAS G12C 突变的晚期实体瘤患者提供全新治疗方案。

（杜涵涵）

【双鹭药业公司磷酸奥司他韦胶囊获批上市】 12 月 20 日，北京双鹭药业股份有限公司自主研发的磷酸奥司他韦胶囊（75mg）通过一致性评价，获得国家药监局核准签发的药品注册证书（国药准字 H20223919）。作为抗病毒药物，其活性代谢产物（奥司他韦羧酸盐）是强效选择性流感病毒神经氨酸酶抑制剂，通过抑制病毒从被感染的细胞中释放，从而减少甲型或乙型流感病毒的播散，临床用于甲型和乙型流感的预防和治疗。

（赵　媛）

【内镜－显微镜联合体等设备研制成功】 2022 年，北京协和医院冯国栋教授联合北京郅精医疗技术有限公司研制出内镜－显微镜联合体等设备，攻克既往手术设备操作空间狭小、视野不足等瓶颈，同时开发全切除的新术式。通过研制显微镜－内镜联合体、电控变速冲洗吸引器实现术中内镜、显微镜系统的及时转换，实现术腔冲洗吸引功能的切换，实现颞骨及颅底外科异性空间内病变和周围结构的清晰显示；通过研制线式双极电凝，实现颞骨及颅底外科异性空间内不同角度和部位的组织分离和止血；通过上述设备的配合，实现颞骨及颅底外科异性空间内病变的切除、周围结构的分离保护及组织止血，提高颞骨及颅底手术的安全性、效率和疗效。

（张　晓　张　旭）

【加强医药健康重点企业和品种的全方位服务】 2022 年，市科委、中关村管委会从早期研发、临床研究、生产落地、市场应用等关键环节加大对重点企业和品种的创新支持与服务。动态调整北京市医药健康领域重点跟踪服务企业目录，明确243家重点企业，其中85%的企业集中在海淀区、昌平区、大兴区和经开区，产业集聚效应凸显；更新第三版《中关村创新医疗器械产品目录》，确定93种已获批上市的创新器械，并对其中11个产品在两年内完成新增医疗服务价格、入院采购及医保支付；持续跟踪171种处于临床阶段的一类新药、34种处于创新通道的医疗器械，服务其在研发、注册和生产落地等方面的需求；推动6家企业与跨国公司达成国际科技交易，总金额达90亿美元，数量与金额均位居全国前列。

（马　涛　侯艳艳）

新材料与智能制造

【自动驾驶卡车开启高速道路常态化测试】1月10日，全国首个智能网联汽车高速道路测试与示范应用路段启用，北京主线科技有限公司自动驾驶卡车持证上路，完成京台高速测试路段首次L4级自动驾驶测试，成为全国范围内首批合法合规开展高速公路自动驾驶道路测试的企业。

（袁　磊）

【《北京市自动驾驶车辆道路测试报告（2021年）》发布】1月26日，由北京智能车联产业创新中心及中关村智通智能交通产业联盟编写的《北京市自动驾驶车辆道路测试报告（2021年）》在北京发布。《报告》显示，截至2021年底，全市共有16家测试主体的170辆车参与自动驾驶车辆通用技术测试；道路测试安全行驶里程累计391.17万千米，其中载人测试车辆124辆，累计载人测试道路里程251万千米，超过30万人次参与载人试运营测试，道路测试试运营进入规模化阶段；代表企业百度在线网络技术（北京）有限公司在首钢园区内完成63.4万千米无人化载人示范，载客数量1.74万人次。北京市建立起一整套涵盖封闭试验场地、仿真测试平台、自动驾驶车辆技术评价、测试道路要求、数据采集要求等方面的较为完备的自动驾驶车辆技术测试评价标准体系。

（徐建功）

【京东方f-OLED柔性N形折叠屏研发成功】2月22日，京东方科技集团股份有限公司宣布成功研发f-OLED柔性N形折叠屏。产品支持在一块屏幕上实现内折和外折，在不同折叠状态下实现12.3/8.6/5.6英寸的随意切换，在三段式折叠滑移补偿、高抗冲压多膜层堆叠结构、整机模组正反向铰链设计等技术难点方面均实现突破，解决业界普遍面临的柔性三段式折叠技术产品化难题。产品应用京东方自主知识产权的滑移补偿铰链系统，大幅提升屏幕模组强度，实现轻折痕柔性N形折叠显示，内折R3水滴形折叠寿命达20万次，外折R5折叠寿命达10万次。

（陈宝德　张　桢）

【智能网联汽车中央决策域控制器工程化开发课题完成验收】2月28日，由市科委、中关村管委会委托，北京经纬恒润科技股份有限公司承担，北京新材料和新能源科技发展中心负责组织管理的“智能网联汽车中央决策域控制器工程化开发”课题完成验收。课题是2020年立项的“下一代汽车技术培育”专项。课题围绕车规级中央决策域控制器的工程化进行研究，开发满足量产要求的中央决策域控制器工程样机，并编制企业标准《中央决策域控制器车规级芯片选型规范》，开展多核、多芯片系统的供电、散热、耐久及电磁兼容性问题研究，设计出满足车规级量产需求的产品。课题所研发的域控制器已初步在主机厂推广。

（张　硕）

【原位生物成像的关键技术与应用研究课题完成验收】3月1日，由市科委、中关村管委会委托，中国科学院北京综合研究中心、中国科学院生物物理研究所承担，北京新材料和新能源科技发展中心负责组织管理的“原位生物成像的关键技术与应用研究（二期）”课题完成验收。课题是2019年立项的“物质科学实验室培育”专项。课题针对生物样品减薄技术存在的瓶颈问题，重点突破冷冻成像三维样品台、三维冷冻荧光成像两项关键技术，开发光、电双模态原位冷冻成像样品制备系统，将该成像系统内置于冷冻双束扫描电镜中，建立荧光导航精确减薄技术流程，可一次精准定位制备样品（每次约30分钟），较以往“盲切”近千次（每次30分钟）才可得到有效的冷冻减薄样品并提高样品制备效率。课题所研发的光电双模态原位冷冻成像样品制备系统将支撑中国跨尺度多模态生物医学影像设施（北京怀柔，建设中）中的高通量原位冷冻电镜模块建设，相关技术用于该模块中的荧光—离子—电子冷冻三束显微镜的研制工作。

（张　硕）

【50吨级液氧/煤油火箭发动机试车成功】3月1日，星河动力（北京）空间科技有限公司自主研发的“苍穹”50吨级可重复使用液氧/煤油火箭发动机首

次全系统试车成功，标志着中国民营商业航天领域最大推力的液氧/煤油发动机进入工程研制阶段。发动机是面向火箭总体需求正向设计、民营航天最大推力的液氧/煤油发动机，也是国内首款采用针栓式喷注技术的大推力液体火箭发动机，具备深度变推能力，是200～300吨级液体火箭垂直回收的最佳选择。试车目的是验证发动机启动关机时序、系统和结构方案可行性、各组合件的工作协调性等。

（陈宝德）

【基于原位固态化的全固态锂电池工程化技术研究课题完成验收】3月10日，由市科委、中关村管委会委托，北京卫蓝新能源科技有限公司承担，北京新材料和新能源科技发展中心负责组织管理的“基于原位固态化的全固态锂电池工程化技术研究”课题完成验收。课题是2019年立项的“前沿动力电池技术研究”专项。课题围绕固态电池的研发与生产，研发出10安时能量密度400瓦时/千克的全固态电池，达到国际先进水平，在此基础上实现固态电池搭载装车验证，续航里程达到550千米以上；卫蓝新能源公司在房山开工建设电池产线，一期规划建设研发总部及研发试验线，产能规划1.6亿瓦时，主要以试制混合固态电池和全固态电池为主；二期将规划建设4～6吉瓦时混合固态电池产能。

（张 硕）

【城市新一代共享出行系统与车辆架构前瞻研究课题完成验收】3月10日，由市科委、中关村管委会委托，清华大学、国汽（北京）智能网联汽车研究院有限公司、北京汽车股份有限公司及云控智行科技有限公司联合承担，北京新材料和新能源科技发展中心负责组织管理的“基于融合一体化自动驾驶技术的城市新一代共享出行系统与车辆架构前瞻研究”课题完成验收。课题是2019年立项的“新一代人工智能技术培育（科研）”专项。课题围绕智慧城市智能交通、智能汽车融合一体化自动驾驶汽车需求，创新研发车辆友好型轮毂电机及其控制系统、积木式分级模块化滑板底盘等一系列关键技术，为底盘模块化树立标杆。研制的底盘样机在总成重要性能指标、冗余安全性指标、影响轮边单元关键参数指标等验证试验中，均达到预期的良好水平。

（张 硕）

【首次制备出亚1纳米栅长晶体管】3月10日，清华大学集成电路学院任天令教授研究团队在英国《自然》期刊以“具有亚1纳米栅极长度的垂直硫化钼晶体管”为题在线发表其在小尺寸晶体管研究方面取得的突破——首次制备出亚1纳米栅极长度的晶体管，并具有良好的电学性能。研究团队利用石墨烯薄膜超薄的单原子层厚度和优异的导电性能作为栅极，通过石墨烯侧向电场来控制垂直的二硫化钼沟道的开关，从而实现等效的物理栅长为0.34纳米；通过在石墨烯表面沉积金属铝并自然氧化的方式，完成对石墨烯垂直方向电场的屏蔽；使用原子层沉积的二氧化铪作为栅极介质、化学气相沉积的单层二维二硫化钼薄膜作为沟道。研究推动摩尔定律进一步发展到亚1纳米级别，同时为二维薄膜在未来集成电路的应用提供参考依据。成果入选2022年度国内十大科技新闻。

（徐建功）

【自动驾驶汽车高动态视觉传感器研发课题完成验收】3月16日，由市科委、中关村管委会委托，钧捷科技（北京）有限公司承担，北京新材料和新能源科技发展中心负责组织管理的“自动驾驶汽车高动态视觉传感器研发”课题完成验收。课题于2019年立项，通过镜头、ISP固件、算法及整机的开发与设计，综合实现车载图像传感器核心指标的提升。成果获20家前装市场的客户认证，50余款车型的供应定点。

（张 硕）

【基于毫米波雷达及视觉融合技术的车辆主动防撞制动系统研发课题完成验收】3月17日，由市科委、中关村管委会委托，北京理工雷科电子信息技术有限公司和北京理工大学联合承担，北京新材料和新能源科技发展中心负责组织管理的“基于毫米波雷达及视觉融合技术的车辆主动防撞制动系统研发”课题完成验收。课题是2019年立项的“新一代人工智能技术培育（科研）”专项。课题研制毫米波雷达和视觉数据融合系统及车辆主动防撞制动系统，实现碰撞预警及主动防撞制动等功能，并完成路试及市场验证。

（张 硕）

【高端质谱仪项目获全国颠覆性技术创新大赛最高奖】3月22—23日，由科技部主办的首届全国颠覆性技术创新大赛决赛在深圳举行。人工智能、高端装备制造等技术领域的75个优质项目参赛。36个项目获大赛最高奖项优胜奖，启先核（北京）科技有限公司的高端质谱仪新技术项目入选。中国质谱仪近74%依赖进口，全球市场90%由欧美企业垄断，其核心技术为离子源和质量分析器，现有欧美产品主要采用强电离和软电离两类离子源技术。启先核公司姜山团队采用具有自主知识产权的超强电离技术，将质谱仪测量灵敏度提高100～10000倍，精度提高

10～100倍。

（曲　研）

【毫末智行公司举办2022 HAOMO AI DAY】4月19日，毫末智行科技有限公司在京举办2022 HAOMO AI DAY。毫末智行公司负责人分享毫末最新战略、技术、产品进展，公布多项成绩并发布成果。乘用车方面，辅助驾驶用户行驶里程突破700万千米，发布城市辅助驾驶产品“毫末城市NOH”；末端物流自动配送车领域，毫末小魔驼2.0发布，单车售价12.88万元，成为中国首款10万元级末端物流自动配送车；技术方面，数据智能体系MANA在降低成本、提高迭代速度方面进行多项升级，模型训练成本降低60%，加速比超过96%。此外，标注AI自动化率达到80%，降低标注费用成本。

（袁　磊）

【先进压缩空气储能技术获日内瓦国际发明展金奖】4月，中国科学院工程热物理研究所“先进压缩空气储能技术”参加2022年日内瓦国际发明展并获金奖。工程热物理研究所自2005年起开始从事大规模先进压缩空气储能技术研发，原创性地提出“超临界空气储能”等先进压缩空气储能技术，获授权专利200余件，其中国际专利20件，在国内外期刊发表论文400余篇，论文总被引1.8万余次，压缩空气储能方向的专利数、SCI论文数和引用数均居世界首位。

（张　爽）

【极狐阿尔法S全新HI版上市】5月7日，以“让先行者先行”为主题的极狐阿尔法S全新HI版上市发布会在京举行，北汽新能源旗下高端新能源汽车品牌极狐汽车全新车型阿尔法S全新HI版车型上市。新车定位中大型纯电动轿车，共推出两款车型，售价分别为39.79万元和42.99万元。车型与老款相比变化不大，主要在科技配置上进行全面升级，搭载华为鸿蒙车机OS系统等多项最新技术。其硬件配置包括3个来自华为的126线激光雷达、6个毫米波雷达、13个500万像素摄像头、12个超声波雷达，以及算力400 TOPS的MDC 810智能驾驶计算平台，为未来自动驾驶引领方向。

（袁　磊）

【全球首个高效液氢加注系统在美国示范】5月12日，由国家能源集团北京低碳清洁能源研究院开发的全球首个高效液氢加注系统在美国亚利桑那州凤凰城为美国尼古拉公司氢燃料电池重卡车队进行加氢商业示范。高效液氢加注系统于1月8日首次用于重卡加氢商业示范，在加注速度、车载储罐充装率、系统可靠性及加氢成本等方面均展示出卓越性能。其紧凑高效的设计减少占地空间，加注速度每分钟4千克。相比市场其他同类技术，系统蒸发损失低50%、系统能耗低90%、设备和运营成本低30%、维护成本低75%。完成400余次商业示范加注，实现长时间无障碍运行，总液氢加注量超过10吨。

（张　爽）

【纯固态Flash侧向激光雷达发布】5月13日，北京亮道智能汽车技术有限公司在京面向中国市场客户发布自主研发的纯固态Flash侧向激光雷达——LDSense Satellite。LDSense Satellite是国内市场首款纯固态侧向激光雷达，是一款兼具性能与成本优势的车规级激光雷达产品，内部结构采用纯芯片化设计的电子扫描式Flash技术，简洁，无任何运动部件；体积小巧，可灵活嵌入车身；不低于75度的超大垂直视场角，可实现对近场盲区的最大范围覆盖，帮助车辆及时快速应对各类场景。其典型功能包括紧急加塞避障，减少碰撞发生、矮小障碍物感知，最小化探测盲区、与高精地图融合，实现车道级定位等。

（袁　磊）

【智能汽车数据安全产品ICVSEC2.5发布】5月13日，国汽智控（北京）科技有限公司发布国内首个面向量产的车规级智能汽车数据安全产品ICVSEC2.5。产品涵盖数据防护和隐私保护两项核心功能，包括硬件、软件、容器等3种形态，并在多家主机厂实现落地。ICVSEC2.5作为国汽智控核心产品“智能汽车基础脑iVBB”的重要组成部分，围绕OS功能软件中的数据流建立，能够帮助主机厂应对智能汽车数据安全强标和准入挑战，实现智能汽车数据安全监管落地。

（袁　磊　杜涵涵）

【特高压碳化硅门极可关断晶闸管器件芯片取得进展】5月16日，由市科委、中关村管委会委托，清华大学和北京博电新力电气股份有限公司共同承担，北京新材料和新能源科技发展中心负责组织管理的“10 kV SiC门极可关断晶闸管（GTO）芯片开发与封装应用”课题完成验收。课题是2020年立项的“前沿新材料技术创新”专项。清华大学集成电路学院王燕教授带领的模型、模拟与CAD团队在特高压（>10 kV）碳化硅门极可关断晶闸管（SiC GTO）器件芯片及其封装模块方面取得重要进展。基于国产SiC外延片并在国内代工厂流片，利用提出的带有沟槽调制环的结终端结构并结合器件结构、制造工艺流程和封装结构的自主设计，研制出尺寸为5mm×5mm的SiC GTO单芯片封装模块性能达到国际先进水平，其阻断电压达到12.5 kV，不重复峰值浪涌电流接近

100 A。在此基础上，团队又进一步研制出芯片尺寸为 8mm×8mm 的 SiC GTO 单芯片封装模块，其阻断电压达到 13.3 kV，脉冲极限通流能力达 1450 A 以上并具有优良的正向压降和关断增益。上述特高压 SiC GTO 模块可望用于高功率的高压开关、脉冲电源、变频装置、断路器及配电网用固态变压器的前期应用研究。

（张　硕）

【轻舟智航公司发布“双擎”战略】5 月 18 日，北京轻舟智航科技有限公司在京举办以“擎力无限”为主题的首个品牌日活动。会上，轻舟智航公司发布“双擎”战略，即“动力引擎”和“创新引擎”。其中，“动力引擎”为公开道路 L4 级自动驾驶软硬件解决方案，“创新引擎”为实现自动驾驶技术的规模化落地方案。两个引擎在自动驾驶超级工厂下并行转动，实现数据共生共享。轻舟智航公司还发布“双擎”战略驱动下的三大产品：移动出行空间解决方案龙舟 SPACE、第四代量产车规级自动驾驶方案 DBQ V4，以及自动驾驶研发工具链轻舟矩阵。DBQ V4 是一套融合轻舟行业领先的全栈自研的自动驾驶软硬件技术的超高性价比方案，量产成本低至 1 万元；支持 1 ～ 5 个激光雷达、0 ～ 4 个盲区雷达、6 个毫米波雷达、12 个感知摄像头，可实现 360 度无盲区感知；支持全国产配置，并可根据主机厂不同级别自动驾驶量产需求进行功能裁剪，提供不同版本的配置方案。

（袁　磊）

【集度公司发布首款汽车机器人 ROBO-01】6 月 8 日，上海集度汽车有限公司在元宇宙希壤（百度开发的元宇宙产品）举办首场品牌发布会 ROBODAY，发布其首款汽车机器人概念车 ROBO-01，展示新车设计感，以及智能驾驶和智能座舱等亮点。10 月 27 日，集度公司首款汽车机器人 ROBO-01 探月限定版发布，新车售价 39.98 万元。在智能硬件上，新车搭载高通第四代智能座舱 8295 芯片及两颗英伟达自动驾驶芯片 Orin，算力可达 512 TOPS；在感知套件上，ROBO-01 配备 31 个车外传感器，包含 2 个激光雷达、5 个毫米波雷达、12 个超声波雷达和 12 个摄像头。ROBO-01 采用“视觉 + 双激光雷达”两套自动驾驶系统，两套系统在保持独立运行的同时，还能相互备份、相互协同。

（袁　磊）

【地平线公司发布软硬一体机器人开发平台】6 月 14 日，北京地平线机器人技术研发有限公司宣布推出软硬一体的机器人开发平台——Horizon Hobot Platform。平台由芯片（地平线旭日）、机器人操作系统（地平线 TogetherROS）、机器人参考算法（Boxs）、机器人应用实例（Apps）、配套开发工具（Tools）等组成，面向广泛的开发者提供从底层计算、开发工具到算法案例的整套机器人开发服务，提升机器人开发效率。

（张小川）

【理想 L9 发布】6 月 21 日，在顺义园举办的理想汽车 2022 夏季发布会上，北京理想汽车有限公司发布运动型多用途汽车理想 L9。理想 L9 车身长 5218 毫米、宽 1998 毫米、高 1800 毫米，轴距 3105 毫米，采用三元锂电池组，总电量 44.5 千瓦时；采用 1.5T 四缸增程器 + 前后双电机，最大功率 330 千瓦，最大扭矩 620 牛・米，中国轻型汽车行驶工况总续航里程 1315 千米，世界轻型汽车测试循环工况总续航里程 1100 千米。理想 L9 标配理想 AD Max 智能驾驶系统，其中 AEB 自动紧急制动功能针对中国路况进行优化，增强对横穿行人和两轮车的识别，可有效降低交通事故发生率。

（袁　磊）

【SiC UMOSFET 批量化关键技术开发课题通过验收】6 月 27 日，由市科委、中关村管委会委托，泰科天润半导体科技（北京）有限公司承担，北京新材料和新能源科技发展中心负责组织管理的“SiC UMOSFET 批量化关键技术开发”课题通过专家验收。课题是 2020 年立项的“前沿新材料技术创新”专项，开发出 SiC UMOSFET 批量化关键技术。泰科天润公司基于国产 SiC 外延片，采用自主开发的 U 槽刻蚀技术，研制出 1200 V/50 A SiC UMOSFET，其阻断电压达到 1400 伏以上，导通电阻为 35 毫欧。对上述芯片进行封装，并将封装器件在 30 千瓦全 SiC 充电模块中进行应用验证。验证结果表明，器件在转换效率、功率因数等技术指标方面均达到进口碳化硅功率器件同等性能水平。在 SiC 功率器件中，SiC UMOSFET 器件由于芯片尺寸相对较小，在电路设计中可以有较高的集成度。另外，由于器件具有高电流密度和低导通电阻，在电动汽车等相关应用领域具有较好的发展前景。

（平朝霞）

【清华大学研制出超薄复合固体电解质膜】6 月 27 日，清华大学材料学院南策文院士、沈洋教授团队在美国《先进能源材料》期刊发表文章，宣布其在全固态锂离子电池领域取得的进展——发明一种超薄复合固体电解质膜。研究表明，在室温下，固体电解质膜的锂离子电导率高，机械延展性良好。在实验室环境中，组装电解质膜的全固态锂离子电池经过1000次充放电后的电池容量为92%，在2万次充放电后仍有71%的电池容量，相当于装备该电池的设备充放电2万次依旧可正常使用，是迄今为止报道中发现的室温下寿命最长的全固态电池。研发团队认为，超薄复合固体电解质膜在移动电子设备储能电源、新能源交通工具、大型储能器件等领域均具有应用前景。

（陈宝德）

【行者无疆公司 Viture One AR 眼镜打破行业众筹纪录】6月，北京行者无疆科技有限公司AR眼镜产品Viture One在美国众筹网站Kickstarter上累计获超5000名支持者，完成309.8万美元的超额认购，创造XR（AR/VR/MR）终端产品的众筹纪录，打破由Oculus保持多年的240万美元的众筹纪录。

（张　桢）

【微电子所多模态神经形态感知方面的研究取得重要进展】6月，中国科学院微电子研究所刘明院士团队与复旦大学刘琦教授团队共同研发一种结构紧凑的多模态融合感知脉冲神经元（MFSN）阵列。阵列由异质集成的压力传感器和铌氧化物（NbOx）忆阻器构成，其中压力传感器用来感知压力，NbOx忆阻器用来产生脉冲输出并感知温度变化。当压力和温度两种激励同时作用于MFSN时，多模态的模拟感觉信息可融合为一个脉冲序列，显示出优异的数据压缩和脉冲转换能力。此外，通过解耦输出脉冲的频率和振幅，可从融合信号中获得独立的压力和温度信息，支持神经元对于单模态信息的保真度和多模态感知能力。团队将MFSN阵列与脉冲神经网络（SNN）结合构建一种人工多模态感知系统，模拟人体躯体感觉系统中的多模态信息（温度和压力）感知和多模态物体（不同温度、重量和形状的物体）的分类能力。研究使构建高效的多模态脉冲感知系统成为可能，为发展高智能机器人技术提供新思路。

（刘　超）

【百度公司发布第六代量产无人车 Apollo RT6】7月21日，百度集团联合央视新闻在线上召开“2022百度世界大会”，发布成本为25万元的第六代量产无人车Apollo RT6。根据规划，Apollo RT6将于2023年在萝卜快跑上投入使用。Apollo RT6基于百度自研的“阿波罗星河”架构平台打造，是平台下首款车型，实现100%车规级，包括架构冗余、计算单元冗余、制动系统冗余等7重冗余系统。Apollo RT6搭载整车+自动驾驶系统一体的故障诊断及风险降级体系，其搭载的车规级主冗双计算单元，算力可达1200 TOPS。全车拥有38个传感器，搭载百度最新一代无人驾驶系统，可应对城市各类复杂道路和场景。

（袁　磊）

【存储器制造工艺用 KrF 负性光刻胶的开发与示范应用课题完成验收】8月3日，由市科委、中关村管委会委托，北京科华微电子材料有限公司承担，北京新材料和新能源科技发展中心负责组织管理的“存储器制造工艺用KrF负性光刻胶的开发与示范应用”课题完成验收。课题是2020年立项的“2020年北京市落实中央引导地方科技发展专项”，完成存储器制造工艺用KrF负性光刻胶研发，在存储器深沟槽工艺中实现示范应用。开发出中国首款实现商用的具备自有知识产权的KrF深紫外负性光刻胶，产品性能达到国外同类产品水平，可广泛应用于集成电路深沟槽工艺。

（张　硕）

【鉴智机器人公司推出 L2++ 自动驾驶量产方案】8月8日，北京鉴智机器人科技有限公司公布基于地平线车规级AI芯片征程5的L2++自动驾驶量产方案。方案实现全栈软件打通和实车全功能集成，并开放试乘体验。方案采用7V5R传感器组合，以视觉感知为中心，并可根据车企需求兼容激光雷达，应用场景已覆盖高速公路、城市快速路等结构化道路和部分城区路口，支持智能自适应巡航、自动车道保持、交通路口辅助、拨杆自动变道、自动超车换道等ADAS功能。

（袁　磊）

【硅基光梳光源片上集成系统研发课题完成验收】8月9日，由市科委、中关村管委会委托，北京大学和中国科学院半导体研究所共同承担，北京新材料和新能源科技发展中心负责组织管理的“硅基光梳光源片上集成系统研发”课题完成验收。课题是2020年立项的“前沿新材料技术创新”专项，总经费300万元，全部为市财政科技经费。课题通过混合集成开发出硅基光梳光源片上集成系统，并产生高品质光梳光源，实现国际先进水平的25 GHz高精密微波源，有望为微波光子、激光雷达、精密光谱等领域带来跨越性发展。

（张　硕）

【极大视场角硅基集成光学相控阵芯片开发课题完成验收】8月10日，由市科委、中关村管委会委托，北京摩尔芯光科技有限公司承担，北京新材料和新能源科技发展中心负责组织管理的“极大视场角硅基集成光学相控阵芯片开发”课题完成验收。课题是2020年立项的“前沿新材料技术创新”专项，总经费900万元，其中市财政科技经费300万元。摩尔芯光公司为北京市引进国际领先硅光团队在京落地的创新企业，开发出的具有国际先进水平的大视场角硅基光学相控阵激光雷达扫描芯片，为实现全固态激光雷达打下基础。

（张　硕）

【低延时动态信息处理光电芯片设计与开发课题完成验收】 8月10日，由市科委、中关村管委会委托，北京锐思智芯科技有限公司承担，北京新材料和新能源科技发展中心负责组织管理的“低延时动态信息处理光电芯片设计与开发”课题完成并通过专家验收。课题是2020年立项的“前沿新材料技术创新”专项。锐思智芯公司自主开发的低延时动态信息处理光电芯片，在国际上首次实现传统图像传感技术和动态信息处理传感器技术芯片级的融合，是行业内具备动态信息感知功能像素面积最小、感光面积占芯片面积最大的产品，并通过消费电子领域的应用测试验证。

（夏　瑾　张　硕）

【人形仿生机器人CyberOne发布】 8月11日，在2022小米秋季新品发布会上，小米科技有限责任公司发布其首款全尺寸人形仿生机器人CyberOne。CyberOne身高177厘米、体重52千克，支持21个自由度，能实现各自由度0.5毫秒级别的实时响应，可模拟人类的各种动作；搭载Mi-Sense深度视觉模组，结合人工智能交互算法，使其拥有三维空间感知能力，可实现人物身份识别、手势识别、表情识别；搭载自研环境语意识别引擎和语音情绪识别引擎，可实现85种环境语音识别和六大类45种人类情绪识别，并配合机器人身上的显示模组，进行交互信息实时显示。

（郑　雪　张小川）

【主线科技公司与互联资讯公司共建自动驾驶行业生态】 8月15日，北京主线科技有限公司与深圳市互联资讯科技发展有限公司达成战略合作。双方在数据中心、AI算力、混合云、自动驾驶数据处理工具链等领域，开展客户赋能、企业IT服务落地等多层次、全方位合作。主线科技公司致力于自动驾驶物流领域业务，工业场景下的卡车自动驾驶，是智能驾驶领域为数不多的拥有高铁TB/T 3027-2015联锁标准支持和ISO 26262功能安全认证的公司。互联资讯公司是中国第三方数据中心服务提供商世纪互联集团有限公司旗下全资子品牌，是全栈全域式托管云服务提供商。

（袁　磊）

【世界首个光—电完全芯片化集成的微波光子功能系统诞生】 8月16日，北京大学王兴军教授团队在集成微波光子学研究领域取得突破性进展。团队采用光电混合集成技术方案，研制出世界上首个光—电完全芯片化集成的微波光子功能系统，并实验展示对超宽频段微波信号瞬时频率的快速、精准测量。相关成果于2022年8月12日发表在《激光和光子学评论》（*Laser & Photonics Reviews*）期刊上。

（夏　瑾）

【经纬恒润公司开发出具备全冗余技术的R-EPS】 8月18日，北京经纬恒润科技股份有限公司开发出具备全冗余技术的R-EPS。产品体积小巧，空间布置更为灵活，严格按照ISO 26262流程开发，失效率≤10 FIT，可实现fail-operational（故障操作/故障安全）的安全需求，支持信息安全和OTA，在保障驾驶员安全的前提下，满足整车转向和自动驾驶功能的使用场景，可满足L2-L4的自动驾驶需求，以及线控转向需求，助推自动驾驶技术发展落地。全冗余EPS完成模具样件开发，并搭载红旗E-HS9进行实车路试。

（袁　磊）

【大深度航空电磁探测系统研制通过验收】 8月30日，中国科学院地质与地球物理研究所承担的“大深度航空电磁探测系统研制”课题通过市科委、中关村管委会组织的专家验收。课题创新点为：攻克大电流多脉冲发射技术、软支架技术、网状收缩技术，实现超过120万安培/平方米大磁矩发射，抑制系统动态噪声，确保在实现大深度勘探的同时提高浅部分辨率；攻克传感器线圈材料、绕制型式与工艺及传感器线圈与其微弱信号读出电路噪声匹配技术，研制的三分量宽频带感应式磁场传感器谐振频率≥50千赫、噪声≤0.1nT/s，采用共中心磁补偿技术消除一次场，实现大动态全时域信号采集；突破α-Trimmed均值滤波、多项式拟合法、双坐标系校准法等航空电磁处理技术，同时提出基于空间约束的拟三维快速反演算法，形成航空电磁原始数据流预处理—处理—成像——维反演—拟三维反演的软件平台。

（张　健）

【小米公司发布首款米家太阳能板】 9月6日，小米科技有限责任公司发布首款米家太阳能板，功率100瓦，首发价为1099元。产品采用折叠式结构设计，“3+1”折叠模式外带更加便携，底部带有支撑板方便调节角度对准太阳，支持两块太阳能板并联后对米家户外电源1000 Pro充电（200 W Max）。小米太阳能板采用金属穿孔绕卷技术，消除正面主栅线无炫光设计，可减少约3%的正面遮光面积，提高太阳能转换效率。

（高　健）

【AR表面浮雕光栅波导母版批量制备技术开发课题完成验收】9月8日，由市科委、中关村管委会委托，北京至格科技有限公司和清华大学共同承担，北京新材料和新能源科技发展中心负责组织管理的“AR表面浮雕光栅波导母版批量制备技术开发”课题完成验收。课题是2020年立项的“前沿新材料技术创新”专项，围绕AR光栅母版设计、制备工艺等关键技术开展研究。研制出视场角60.1°、色度均一性16.1%、能量利用率372 nit/lm的AR表面浮雕光栅波导器件，并在国内率先实现AR表面浮雕光栅母版批量制备，在门头沟区建成国内首个表面浮雕光栅母版加工中心，总面积（含办公）超1000平方米，产能达到100件/月，良品率达到91.7%。课题执行期间，至格科技公司先后获OPPO、小米等手机龙头企业的战略投资，课题相关成果已应用于OPPO最新发布的OPPO Air Glass AR智能眼镜上。

（张　硕）

【蛋白类酶催化过程的动态晶体结构研究课题完成验收】9月15日，由市科委、中关村管委会委托，中国科学院高能物理研究所承担，北京新材料和新能源科技发展中心负责组织管理的“蛋白类酶催化过程的动态晶体结构研究”课题完成验收。课题是2019年立项的“物质科学实验室培育”专项，攻关蛋白质结构解析新技术研究，开发提升蛋白质结构解析速度的结构分析软件，并开展实验验证。课题组利用非天然氨基酸插入技术将天然酶反应改造为光激活的酶反应，依托现有同步辐射3W1线站搭建的粉光劳厄衍射实验平台实验验证获得毫秒时间尺度衍射数据的实验可行性。研发出多晶指标化算法、从头解析算法及信息熵函数等技术用于数据处理和数据质量判断，提高数据处理的效率。课题研究成果为扩展时间分辨晶体学实验的应用领域提供重要支撑。

（张　硕）

【GD32A503系列首款车规级微控制器发布】9月20日，北京兆易创新科技股份有限公司发布首款基于Cortex®-M33内核的GD32A503系列车规级微控制器，进入车规级MCU市场。GD32A503产品采用40纳米车规级制程和高速嵌入式闪存eFlash技术，基于100 MHz Cortex®-M33内核，配备384 KB Flash和48 KB SRAM，另有专用代码空间可配置为64KB DFlash/4 KB EEPROM，芯片采用2.7～5.5宽电压供电，工作温度范围-40℃～125℃，工作寿命15年以上。GD32A503系列MCU可广泛用于多种车用场景，如车窗、雨刷、空调、智能车锁、电动座椅、电动后备厢、氛围灯、动态尾灯等车身控制系统等，也适用于部分ADAS辅助驾驶系统，如环视摄像头、AVAS声学警报系统等。

（袁　磊）

【小度配送机器人D2发布】9月21日，百度在线网络技术（北京）有限公司发布小度配送机器人D2。产品由百度大脑联合北京小度信息科技有限公司推出，以“全新一代智慧酒店机器人”为定位，基于飞桨文心大模型的人机主动交互系统，具备主动多模态交互能力及对话能力，可实现全程无接触配送。在运动控制系统实现层面，其采用激光雷达、视觉传感器和摄像头、超声波传感器融合的导航算法，可准确识别障碍物，适应90%以上的酒店复杂环境。在人机交互层面，其集成百度飞桨文心对话模型PLATO，中文识别准确率98%，配合内置的百度知识图谱，可满足顾客问候、引导住宿、旅游咨询等问询需求。

（郑　雪）

【12英寸芯片制造与封装用光敏聚酰亚胺材料实现示范应用】9月21日，由市科委、中关村管委会委托，中国科学院化学研究所和明士（北京）新材料开发有限公司承担，北京新材料和新能源科技发展中心负责组织管理的“12英寸芯片制造与封装用光敏聚酰亚胺材料的批量制备”课题完成验收。课题是2020年立项的“2020年北京市落实中央引导地方科技发展专项”，在国内首次实现光敏聚酰亚胺的批量制备和示范应用，并通过国内多家半导体公司进行可靠性测试。光敏聚酰亚胺材料是集成电路制造的关键材料之一，主要用于芯片表面钝化工艺和晶圆级封装多层金属互连工艺，多年来被日本、美国企业所垄断。明士公司开发出100 kg规模/批次的光敏聚酰亚胺基体树脂和产品的批量化制备关键技术，所开发的光敏聚酰亚胺材料的光刻分辨率与光刻工艺性能、固化后薄膜热力学与电学性能、与金属表面的黏附性能及耐化学品侵蚀性能优异，具有良好的推广价值。在此基础上，明士公司搭建两条10吨/年光敏聚酰亚胺产品批量化中试线，助力加速中国光敏聚酰亚胺材料的国产化进程。

（张　硕）

【体全息单片三色光栅波导AR光学器件研发课题完成验收】9月23日，由市科委、中关村管委会委托，北京灵犀微光科技有限公司承担，北京新材料和新能源科技发展中心负责组织管理的“体全息单片三色光栅波导 AR 光学器件研发”课题完成验收。课题是 2020 年立项的“前沿新材料技术创新”专项，围绕体全息光栅波导单片三色显示技术开展研究，解决仿真设计和曝光工艺方面的关键问题。通过自研体全息光栅波导仿真设计软件、开发聚合物分散液晶（PDLC）全息材料、搭建曝光平台，研制出厚度小于 2 毫米、重量小于 5 克的轻薄化体全息光栅波导器件，并基于该光栅波导开发了 AR 光学模组，实现视场角大于 25°、亮度大于 500 尼特的全彩显示。

（张　硕）

【超表面单片三色光栅波导 AR 光学模组研制课题验收】 9 月 23 日，由市科委、中关村管委会委托，北京亮亮视野科技有限公司承担，北京新材料和新能源科技发展中心负责组织管理的“超表面单片三色光栅波导 AR 光学模组研制”课题完成验收。课题是 2020 年立项的“前沿新材料技术创新”专项，围绕大口径超透镜、单片三色超表面光栅波导及全息 AR 光学模组开展研究。通过超表面透镜、超表面光栅波导的仿真设计，并基于电子束曝光和反应离子刻蚀等制备技术，研制出 15 毫米大口径、可实现 3.18 倍连续变焦的超透镜组和重量 7.8 克、厚度 0.8 毫米的轻薄化超表面光栅波导器件；通过将超表面技术与计算全息技术相结合，并结合亮亮视野公司自主开发的计算全息算法，开发出的 AR 光学模组实现视场角 41.2°、多焦平面、彩色全息显示。

（张　桢）

【极大视场角远视距自由曲面 AR 光学系统批量制备技术开发课题完成验收】 9 月 27 日，由市科委、中关村管委会委托，北京耐德佳显示技术有限公司承担，北京新材料和新能源科技发展中心负责组织管理的“极大视场角远视距自由曲面 AR 光学系统批量制备技术开发”课题完成验收。课题是 2020 年立项的“前沿新材料技术创新”专项，针对当前极大视场自由曲面 AR 系统虚像距、分辨率等显示质量有待提升及批量技术不成熟等方面问题开展研究。通过极大视场自由曲面光学系统的设计优化，大尺寸、异型自由曲面器件的超精密模具加工和注塑成型技术研究等，在国际上率先研制 120° 视场角、3 米以上视距、单眼 3K 分辨率的自由曲面 AR 光学系统，并具备批量化制备能力。相关技术成果获北京理工大学等高校院所的采购订单，并在模拟仿真培训等场景初步应用。

（张　硕）

【国家能源集团 2022 年第二批重点项目开工】 9 月 27 日，国家能源投资集团有限责任公司 2022 年第二批重点项目集中开工。项目包括煤炭、运输、化工、煤电、水电、新能源等六大类 19 个项目，总投资超过 730 亿元，分布在国内 11 个省区市，覆盖国家能源集团主要产业板块，其中清洁高效煤电、水电、新能源项目总装机 1367 万千瓦，水电和新能源投资占比 56%、容量占比 44%。5 月，国家能源集团已集中开工第一批重点电力项目，包括陆上新能源基地、海上风电、大型水电、煤电扩容升级和天然气发电等，总装机 1238 万千瓦，总投资 861 亿元。

（高　健）

【小鸟看看公司发布新一代轻薄化 6DoF VR 一体机】 9 月 27 日，北京小鸟看看科技有限公司（PICO）举办新品发布会，面向国内市场发布 Pico 4 和 Pico 4 Pro 两款基于轻薄化折叠光路方案的 6DoF VR 一体机，售价分别为 2499 元和 3799 元。Pico 4 作为北京字节跳动科技有限公司收购小鸟看看公司后推出的首款 VR 一体机产品，从外观、显示、交互、内容等方面多方位创新升级。小鸟看看公司将通过 Pico 4 开启国内的 VR 大众化之路，将全新的产品体验和内容生态带给更多用户。

（张　桢）

【小马智行与上汽 AI LAB 开展合作】 9 月 27 日，北京小马智行科技有限公司宣布与上海汽车工业（集团）总公司人工智能实验室（上汽 AI LAB）合作，共同探索自动驾驶技术研发及无人车运营服务落地等领域。双方联合研制出基于上汽 Marvel-R 车型的全无人自动驾驶概念车。车型配备小马智行 L4 级无人驾驶解决方案，搭载 17 个传感器，可形成一个覆盖 200 米的 360 度视觉范围，消除盲区的同时形成冗余。双方还在汽车底盘、智能座舱、HMI、远程驾控及其他智能驾驶技术领域展开合作。

（袁　磊）

【无轨导全位置爬行焊接机器人研发成功】 9 月，北京博清科技有限公司突破大规范焊接工艺、自主跟踪焊缝等关键技术，研制出无轨导全位置爬行焊接机器人。机器人具备无须任何人工干预、轨道、导向及人工示教，可自主寻缝焊接，跟踪精度达到 ±0.2 毫米。博清科技公司建成产品生产线，并应用于油气化工、船舶制造、建筑钢构等领域。

（张小川）

【“天鹊”发动机完成首次全系统热试车】 10 月，由蓝箭航天空间科技股份有限公司研发的“天鹊”真空型液氧甲烷发动机（TQ-15A）完成首次全系统热试车。TQ-15A 真空推力 836 千牛，是朱雀二号火箭第二批次的二级主发动机。试验时长 20 秒，重点考核发动机系统、总装和各组合件改进方案的可行性，验证起动关机时序的正确性，获得发动机的实测性能数据及工作特性，发动机按预定程序起动和关机、工作平稳，达到预期设计目标。

（杜涵涵）

【新型高强铝合金粉末产品上市】 12 月 26 日，中航迈特增材科技（北京）有限公司宣布，其自主研发的新型高强铝合金粉末产品突破空客 Scalmalloy 专利成分封锁，突破高强铝合金塑性低、激光选区熔化工艺成型开裂等技术难题，成功上市拥有自主知识产权的增材制造专用高强铝合金粉末 MT-AlMgErZr。产品的抗拉强度≥ 520 兆帕，屈服强度≥ 500 兆帕，延伸率≥ 11%，横纵向各向异性小，具备服役可靠性高、制造成本低等特性，主要应用于轨道交通、航空航天、汽车等领域；成本较 Scalmalloy 大幅降低，满足国产化替代需求。

（杜涵涵）

城市建设与管理

【概述】 2022 年，围绕北京国际科技创新中心建设，聚焦“十四五”时期高质量发展的新形势、新要求，推动社会发展领域科技创新和应用场景建设布局，加强新技术应用示范，带动产业深度融合发展，推动城市治理能力提升、减污降碳协同增效、生态环境治理改善，为北京国际科技创新中心建设和国际一流和谐宜居之都建设提供有力支撑。加强顶层设计，实施碳减排碳中和科技创新。落实落细《北京市碳达峰实施方案》，编制双碳科技创新行动方案，加强协同创新攻关，强化科技创新引领，力争率先实现技术突破、率先实现绿色低碳发展、率先实现碳达峰碳中和。聚焦建筑能耗智慧化、精细化，推进新一代牵引供电系统等绿色低碳关键技术攻关，推动绿色低碳应用场景建设及建筑能耗和碳排放双降。2022 年，北京市万元地区生产总值二氧化碳排放量比 2021 年下降 3% 以上，保持全国省级最优水平。坚持应用场景驱动，科技支撑城市精细化管理。聚焦交通出行、城市安全、养老助残等领域，推动新技术融合应用，带动新产品示范推广，探索“揭榜挂帅”形式加强关键技术科研攻关。支撑智慧轨道交通建设取得突破性进展，全自动驾驶列控技术实现国际领跑，轨道交通全线路技术装备国产化率从 70% 提高至 91%；轨道交通“最强大脑”指挥系统（MLC）实现列车运行间隔从 180 秒降低至 90 秒。推进智慧应急科技创新，新型多功能大跨度高喷消防车等多项技术装备为冬奥场馆提供应急服务保障。推进智慧养老应用场景建设，围绕慢性病管理服务、居家健康养老服务、个性化健康管理服务等需求，推动建立“互联网 + 养老”的智慧化技术服务体系并在多个社区进行场景应用。聚焦环境综合治理，科技赋能首都生态环境建设。深入打好北京市污染防治攻坚战，聚焦蓝天、碧水、净土，强化科技资源协同创新，推动城市生态环境质量不断提升。2022 年，北京市大气环境中细颗粒物（PM2.5）年均浓度从“十三五”初期的 80.6 微克 / 立方米降至 30 微克 / 立方米，大气污染治理取得里程碑式突破，实现新时代 10 年持续改善；密云水库等城市主要集中饮用水水源地水质持续达到国家标准，地表水环境质量总体良好；永定河流域断流后迎来最大规模生态补水，地下水位整体明显提升；全市生活垃圾减量近 30%，回收利用率达到 38%，固体废弃物治理水平显著提升。推进生态多样性保护，建设国家植物园，服务“三季有彩、四季常绿”的生态宜居之都建设。坚持民生安全导向，保障科技惠民。聚焦冷链消杀装备研发、冷链平台建设升级、生物气溶胶检测装备等方向，推动新技术应用场景示范，做好民生保障。完成 -5℃和 -18℃低温消毒剂的研发及应用。截至年底，北京市冷链食品追溯平台注册企业25310家，累计记录进口冷链食品品种109638个，商品批次498757个，流通食品167万吨，为进口冷链食品监管提供有力支撑。生物气溶胶新冠病毒检测技术装备在北京冬奥会和冬残奥会期间示范应用于17个场馆和主媒体中心，确保赛事安全。

（温会姣）

【城市副中心应用场景清单发布】 1月19日，在北京城市副中心产业高质量发展推进大会上，通州区发布城市副中心2022年度应用场景项目清单，涵盖绿色发展、元宇宙、智慧城市三大类15个应用场景项目，覆盖副中心行政办公区、文化旅游区、运河商务区、张家湾设计小镇等重点区域。绿色发展应用场景有4个项目，其中通州区电力系统电力大数据应用场景项目将开发用电活跃指数等算法模型，开展电碳模型预测、碳足迹分析等领域的碳排放监测，提供企业景气、群租房识别、空巢老人预警等数据应用。张家湾设计小镇创新中心综合智慧能源场景，将建设集中能源管控、功能协同、智能监测等智慧管控平台，打造“零碳示范园区”。15个应用场景项目中，市科委、中关村管委会定向扶持城市副中心应用场景项目3个，区级支持应用场景项目8个。

（张立言）

【累计发放智能汽车道路测试牌照225张】 2月11日，在2022北京新闻中心北京全球数字经济标杆城市建设专场新闻发布会上，北京市高级别自动驾驶示范区工作办公室表示，示范区在国内率先发布早晚高峰测试、高速公路测试、无人化测试、出行服务商业化试点等多项创新政策，累计发放智能网联测试牌照225张。其中，乘用车测试号牌120张、无人配送车车身编码86张、高速公路测试号牌4张、无人化道路测试号牌15张，示范区参与企业自动驾驶测试里程超过324万千米，占北京市自动驾驶测试里程的70%以上。

（袁　磊）

【城市副中心文化建筑群专项技术研讨活动举办】 3月12日，北京土木建筑学会与北京工程师学会联合举办“筑梦·青春”北京城市副中心文化建筑群专项技术研讨活动。活动旨在强化在京青年建筑师、工程师骨干跨学科交流。在京青年建筑师、工程师、学者实地参观张家湾设计小镇之未来设计园和建设中的城市绿心三大建筑——副中心图书馆、副中心剧院、首都博物馆（东馆），并与属地规划、设计、施工与运营机构开展学术研讨，交流经验，共话城市副中心建设。

（崔家墅）

【人为源VOCs排放研究助力北京臭氧污染防治】 3月14日，市科委、中关村管委会支持中国环境科学研究院、北京工业大学、北京市生态环境保护科学研究院开展“人为源VOCs排放变化对北京市夏季近地面臭氧污染和大气自由基的影响研究”，取得系列成果：构建北京市近年高时空分辨率、高物种分辨率人为源VOCs排放清单，阐明北京市近年人为源VOCs排放的变化特征及环境空气VOCs中PAMS组分和OVOCs组分的浓度水平和变化趋势；量化京津冀及周边地区VOCs传输对北京市夏季臭氧的浓度贡献，以及人为源VOCs排放变化对北京夏季臭氧和大气自由基的影响，提出北京市实现臭氧浓度达标的前体物减排途径；提出北京市构建臭氧污染防控长效机制的对策建议。

（张丽颖）

【航港公司屋顶分布式光伏项目三期并网运行】 3月24日，位于顺义区南法信地区的航港发展有限公司首都机场航空货运大通关基地26.61兆瓦屋顶分布式光伏项目三期整体并网运行，成为国内临空港区域最大的分布式光伏项目。项目利用航港公司首都机场航空货运大通关基地物流园区约35万平方米的库房屋顶安装分布式光伏设备，总装机规模为26.61兆瓦，共分为三期，其中口岸操作区和国内货运站装机规模13兆瓦、保税仓储区6.4兆瓦、物流园和办公区6.6兆瓦。项目三期并网完成之后，航港公司分布式光伏项目年绿色发电能力预计在3200万千瓦时以上，减排二氧化碳超过29952吨，航港公司首都机场航空货运大通关基地物流园区用电自给率超过60%。

（高　健）

【国内首个乘用车无人化运营试点开展】 4月28日，北京市智能网联汽车政策先行区发布《北京市智能网联汽车政策先行区乘用车无人化道路测试与示范应用管理实施细则（试行）》，在国内首次开展乘用车无人化运营试点。首批将投入14台无人化车辆开展示范应用。无人化开放区域将由前期的20平方千米拓展至经开区核心区60平方千米。《实施细则》细化并提升各项里程指标，新增自动驾驶里程占比、安全运行指标，从多个维度搭建科学的准入体系。在违规处理环节，借鉴交管部门成熟管理经验，探索对违规车辆和申请主体的积分管理机制。针对无人化运营站点停靠、车端乘客信息安全、易出现脱离的安全风险等场景和问题，灵活选用封闭场地、实验室、仿真等不同测试手段和方法，既满足技术要求又降低企业成本。百度在线网络技术（北京）有限公司和北京小马智行科技有限公司成为首批获得先行区无人化示范应用道路测试通知书的企业，获准向公众提供开放副驾驶有安全员的无人化载人的自动驾驶出行服务。《实施细则》的发布，标志着北京市开放智能网联乘用车无人化示范应用申请，进入智能网联无人化发展新阶段。

（张　硕　陈宝德　杜涵涵）

【北京电力交易中心绿色电力交易实施细则发布】5月23日，北京电力交易中心发布《北京电力交易中心绿色电力交易实施细则》，对绿色电力交易的定义、规则、机制等进行明确。《实施细则》在试点交易的基础上，对交易组织、交易价格、交易结算、绿证划转等方式及流程进行细化，支撑北京市绿色电力交易常态化开展。

（高　健）

【百度公司获颁新一批无人化载人牌照】5月23日，北京市智能网联汽车政策先行区继发放中国首批无人化载人示范应用通知书后，再次向百度在线网络技术（北京）有限公司颁发新一批无人化载人牌照。百度公司在北京的“无人化载人示范应用”自动驾驶车辆由此前10辆增加至20辆。新增的10辆自动驾驶车辆车型为Apollo Moon极狐版，是百度公司于2021年发布的第五代自动驾驶汽车，在强调“无人化”服务方面实现多项功能创新，包括四门锁独立控制、上下车动态身份认证、后排乘客状态检测等。

（袁　磊）

【推进电动自行车火灾风险防控科技攻关】6月1日，市科委、中关村管委会会同市城市管理委、市消防救援总队聚焦电动自行车火灾风险防控，以“揭榜挂帅”形式从4个方面开展科技攻关和应用示范：聚焦电池安全检测应用场景，开展电动自行车锂电池安全检测设备研发与示范应用；聚焦充电安全场景，开展电动自行车智能检测充换电系统及设备研发与示范应用；聚焦低成本高可靠性充电电源，开展电动自行车安全充电电源研发与应用；聚焦电池本体安全技术，开展电动自行车智能云控高安全性电池组研发与示范应用。

（姜佩瑄）

【推动光伏发电等技术应用场景建设】6月8日，市发展改革委、市水务局发布《北京市“十四五”时期污水处理及资源化利用发展规划》。《规划》以提升污水处理及资源化利用水平为主题，明确“十四五”时期北京市污水处理及资源化利用的发展思路、发展目标和主要任务。《规划》提出，积极推动再生水厂站绿色低碳转型；大力推进再生水水源热泵、沼气发电、光伏发电等绿色技术应用场景建设，实施高安屯资源能源标杆再生水厂、高碑店等5座污泥处理中心沼气热电联产、清河第二再生水厂分布式光伏发电等工程。

（高　健）

【可再生能源电力消纳责任权重完成情况通报】6月22日，市发展改革委发布关于2021年可再生能源电力消纳责任权重完成情况的通报。2021年，北京市承担可再生能源电力消纳责任的各类市场主体共57家，共完成可再生能源交易电量75.49亿千瓦时。其中，国网北京市电力公司可再生能源电量完成74.53亿千瓦时。51家独立售电公司中，开展可再生能源电量交易的有4家，交易电量0.96亿千瓦时，分别为中网联合（北京）能源服务有限公司完成0.40亿千瓦时，北京鑫泰能源股份有限公司完成0.37亿千瓦时，华润（北京）电力销售有限公司完成0.16亿千瓦时，北京宏远创信能源管理有限公司完成0.03亿千瓦时。通过电力批发市场购电的电力用户4家，均未开展可再生能源电力交易。2021年，北京市各市场主体的剩余可再生能源电力消纳责任权重，均暂由国网北京市电力公司通过超额消纳量转让完成。

（高　健）

【基于公共安全监控视频智能分析的目标识别与行为预测技术取得新进展】6月23日，在市科委、中关村管委会支持下，市公安局和杭州海康威视数字技术股份有限公司北京分公司研究融合人脸识别、人体识别、步态识别、聚类分析等先进技术，构建基于前端解析能力和基于步态识别能力的目标追踪两套系统，形成在跨镜头场景下，快速实现对重点目标的识别与检索，并自动呈现运动轨迹。该技术达到业内领先水平，解决对视频信息有效数据的挖掘与融合应用不深的问题。设备在市公安局、市交管局、东城区、大兴区、顺义区等多个重点项目中应用，在实战调度中解决目标人员追踪“最后一百米”的应用局限。成果基于国产全自主软硬件环境，实现信息安全、自主可控，对加强首都社会整体治安防控水平、推进新时代公安改革、提升全国产化条件下的业务应用水准发挥重要作用。

（马文雯）

【科技助力老年体智能一体化测评】6月30日，中国医学科学院北京协和医院、北京大华旺达科技有限公司完成老年体智能的量化综合测评系统和测评标准研究，以及老年体智能测评与训练产品设计和研制。课题自主开发的软件系统能够通过太极拳、八段锦、乘汽车等互动实现对老年体智能共 11 个指标的一体化测评与训练，并根据体智能测评结果，自动生成与专家运动处方偏差小于 15% 的运动方案。课题在北京市东城区建国门社区卫生服务中心完成超过 800 人次的老年人应用示范，通过分析老年人在应用示范前后的体智能测评结果，发现应用本产品进行 18 周综合训练的老年人的体智能水平得到显著提升，验证应用本产品对老年体智能测评的有效性和可靠性。

（张丽颖）

【2022 年首次跨省大用户绿电交易完成】6 月，北京市城市管理委协调山西省电力主管部门落实绿电资源，依据绿电交易有关规则，组织开展 2022 年首次大用户跨省跨区月度绿电直接交易，合同成交电量 2100 万千瓦时，涉及 8 家售电公司（代理 23 家零售用户）。此次绿电交易可减少标煤约 2581 吨，减排二氧化碳约 12684 吨。

（高　健）

【活性炭吸附—原位再生技术研究与应用取得成果】6 月，在市科委、中关村管委会科技计划课题支持下，清华大学、北京市科研院城市安全与环境科学研究所、北京云和健康人居科技有限公司和北京金隅天坛家具股份有限公司瞄准家具制造企业 VOCs 治理中活性炭重复使用和安全再生等技术难题，开展活性炭吸附—原位再生相关技术研究与应用，设计模块化的内电热层—绝缘层—吸附层多层级片状结构，研发原位吸附 / 热蒸发再生处理技术设备，实现非甲烷总烃排放浓度 < 2 毫克 / 立方米，活性炭可循环使用 100 次以上。相关成果在大厂金隅天坛家具公司水性漆喷涂车间进行废气治理示范，非甲烷总烃去除率达 89%，苯系物和非甲烷总烃排放浓度低于北京市地方标准（DB11/1202—2015）排放限值的 70%，有效降低 VOCs 治理和运营维护成本，为实现中国木质家具制造企业 VOCs 废气的活性炭持久净化提供技术手段。

（王娉婷）

【天然气锅炉超超低氮燃烧技术装备研发及应用取得进展】6 月，在市科委、中关村管委会课题支持下，由清华大学、北京泷涛环境科技有限公司、北京金房暖通节能技术股份有限公司、北京市煤气热力工程设计院有限公司联合开展的天然气锅炉超超低氮燃烧技术装备研发及应用攻克现有天然气锅炉低氮燃烧技术难题。课题于 2018 年 6 月立项，通过实验室研究、数值模拟、中试实验相结合的方法研究测试预混式燃烧器和扩散式燃烧器多种结构样机，开发出 0.75 MW、1.5 MW、3 MW、4.2 MW、8 MW、12 MW、16 MW 超超低氮燃烧成套设备产品，完成 0.75 MW、1.5 MW、2.1 MW 与 4.2 MW 四台超超低氮燃烧器的应用示范，连续运行一个供暖季，经第三方检测，氮氧化物（NOx）排放浓度均在 15 毫克 / 立方米以下，尾部氧含量低于 3.5%，实现工业燃气锅炉氮氧化物（NOx）超超低氮排放。

（王娉婷）

【国内首个无人化出行服务商业化试点开放】7 月 20 日，北京市高级别自动驾驶示范区工作办公室宣布开放国内首个无人化出行服务商业化试点，并对此前发布的《北京市智能网联汽车政策先行区自动驾驶出行服务商业化试点管理实施细则（试行）》进行修订和完善。百度在线网络技术（北京）有限公司和北京小马智行科技有限公司成为首批获许企业，将在经开区核心区 60 平方千米范围内投入 30 辆主驾无人自动驾驶智能车辆，开展常态化收费服务，标志着国内无人化出行服务从示范运营迈入商业化试点新阶段。

（袁　磊）

【推广太阳能光伏建筑应用】8 月 5 日，市住房城乡建设委发布《北京住房和城乡建设发展白皮书》。《白皮书》从住房市场、住房保障、城市更新、建筑行业、绿色发展等方面进行规整。其中提出，要提速《北京市民用建筑绿色发展条例》的立法工作，推动科技创新和技术攻关，持续开展智慧工地、BIM 应用、建筑业新技术应用等试点示范工程建设，做好技术服务指导。推广超低能耗建筑和公共建筑节能绿色改造，研究支持建筑绿色发展财政奖励政策，修订既有居住建筑节能改造技术规程，持续推进民用建筑节能减碳、绿色发展。落实建筑节能减碳工作方案，加强公共建筑电耗限额管理。继续推动装配式建筑部品产能合理布局，加强供需引导，做好供应协调保障。推广太阳能光伏建筑应用，推动建立老旧小区光伏系统应用试点项目。推进装配式建筑、节能改造。研究起草《关于进一步发展装配式建筑的实施意见》，发布北京市地方标准《装配式建筑评价标准》《施工现场装配式路面技术规程》，京津冀协同标准《装配式混凝土结构工程施工与质量验收规程》《预制混凝土构件质量检验标准》。定期采集和发布部品生产企业设计、排产和空余产能信息，引导装配式部品合理布局。以老旧小区改造为契机，推广光伏一体化建筑应用。

（高　健）

【通州区政府与蘑菇车联公司战略合作协议签署】8 月

22日，通州区政府与蘑菇车联信息科技有限公司签署战略合作协议。依据协议，双方在数字经济、智能网联、智慧交通、车路云一体化等方面展开全方位合作，构建智慧交通数字基础，携手建设“数字通州”。双方依托北京高级别自动驾驶示范区3.0标准体系，建设以车路云一体化自动驾驶为核心的智慧交通系统，建设符合车路协同自动驾驶运营条件的智能网联道路。基础设施建成后，蘑菇车联开展自动驾驶商业化运营，包括环卫清扫、安全巡逻、网约出租、观光游览、通勤接驳等。签订项目总金额约16亿元，覆盖面积40平方千米，涵盖通州行政办公区、文化旅游区、张家湾设计小镇、运河商务区等主要区域道路的智能化改造升级、自动驾驶商业化运营、构建城市级智慧交通大脑等。

（袁　磊）

【北京明确2022年可再生能源电力消纳责任权重】 8月22日，市发展改革委发布《关于本市2022年可再生能源电力消纳责任权重及有关事项的通知》。《通知》指出，2022年，国家设定的北京市可再生能源电力总量消纳责任权重最低值为19%、激励值为20.9%；非水可再生能源消纳责任权重为18.8%、激励值为20.7%。《通知》明确消纳主体责任、消纳工作组织实施、消纳完成情况考核、区级消纳责任落实、政策衔接等要求。

（高　健）

【京能国际新能源大基地项目储备资源超4000兆瓦】 8月31日，北京能源国际控股有限公司召开2022年中期业绩发布会，京能国际总并网装机规模约4583.39兆瓦，比2021年提升62%；发电量提升至33.22亿千瓦时，比2021年增长90.4%。截至6月30日，京能国际公司“运营+确权”总装机容量超过16吉瓦。完成北京最大地面集中式光伏项目北京密云穆家峪达岩100兆瓦项目备案、丰台火车站6.5兆瓦分布式光伏项目，怀柔中国科学院高能物理研究所10兆瓦分布式光伏项目具备开工条件；与平谷区大兴庄镇、密云区密云镇“光伏+智慧农业”产业融合项目签订投资协议，建设北京现代高效新型农业典型示范项目。京能国际在北京区域储备的清洁能源项目还包括房山区天湖会议中心、怀柔区宝山镇、亦庄阿尔特产业园、平谷区马坊物流基地、地铁15号线马泉营站等，装机规模超过100兆瓦。

（高　健）

【交通运行诊断及信号优化控制技术改善突发交通拥堵】 8月，市公安局公安交通管理局、北京北大千方科技有限公司以“数据驱动”精细化交通流管控为目标，研究提出一种集数据汇集、状态诊断和信号优化于一体的诊断系统，构建交通运行状态诊断平台，实现交通运行状态实时监测、交通问题动态诊断及预警、交通运行态势研判及评估等业务功能；研发交通信号机及信号控制系统软件功能模块，实现多场景动态控制与均衡调控。课题成果在海淀区志新东路、花园东路、北土城西路、北太平庄路等10个灯控路口开展技术验证，通过单点信号实时优化、干线动态协调，高峰期间应用测试路口的通行流量增加9.1%，路口停车次数减少35%，整体延误时间减少10.4%，低峰期间路口绿灯空放时间减少16.7%，实现对各类突发交通拥堵的及时发现、快速反应、有效控制和处理。项目于2020年9月立项，由市科委、中关村管委会支持。

（张晶晶）

【全球首个近实时全景碳排放数字地球产品“碳星球beta”发布】 9月2日，在2022年中国国际服务贸易交易会上，中科星图维天信（北京）科技有限公司发布全球首个高分辨率近实时全景碳排放数字地球产品——“碳星球beta”。“碳星球beta”由星图维天信公司联合其母公司中科星图股份有限公司、清华大学共同构建，是全球首个具有日尺度分辨率、近实时更新的全景碳排放数字地球产品。产品利用碳数据模型、卫星遥感监测数据、集成大数据、AI、GIS、遥感等技术，将自下而上的计算和自上而下的观测有机结合，实现天、空、地一体化碳数据。“碳星球beta”实现全景网格化碳排放数据的近实时快速计算和更新，可区分来自电力、工业生产、交通运输、居民消费等多部门和相应细分部门的二氧化碳排放量，并进行最高时空分辨率的碳排放可视化呈现，可及时反映碳排放时空动态变化特征。

（陈宝德）

【公共空间生物气溶胶新冠病毒监测系统完成】 10月31日，昌平国家实验室联合清华大学等5家单位共同完成“公共空间生物气溶胶新冠病毒监测系统的开发及应用”项目。项目核心技术包括：高效生物气溶胶收集技术，采集空气流量达到每分钟400升，颗粒收集切割点为0.7微米，采集效率高；一体化高灵敏病毒核酸检测技术与仪器系统，病毒检测灵敏度为20拷贝/毫升，检测流程实现完全自动化，大大降低污染风险，安全可靠。项目开发完成的公共空间生物气溶胶新冠病毒监测系统应用于北京冬奥会和冬残奥会赛事场馆区域的气溶胶监测工作，共检测样本4562例。项目负责人刘鹏获“北京2022年冬奥会和冬残奥会北京市先进个人”称号。

（张 健）

【生物降解垃圾袋制备技术助力生活垃圾分类】10月，北京市城市管理研究院、北京化工大学共同完成生物降解垃圾袋产品及相关技术研发，通过共聚聚酯（PBAT）、聚乳酸（PLA）、淀粉（STA）、生物基油脂等为主要原料制备的生物降解材料，结合降解速度调控、强韧化改性、缓释耐腐蚀等技术，实现生物降解垃圾袋不仅满足生物降解性的相关标准要求，而且可在生物堆肥条件下快速彻底地降解为水和二氧化碳，不产生任何有毒有害物质及微塑料，实现厨余垃圾前端投放、回收全程“不破袋”、后端垃圾袋与厨余垃圾“同步堆肥”，为推进生活垃圾分类提供科技支撑。

（温会姣）

【低温冷链复合季铵盐消毒剂开发实现技术突破】11月18日，由北京绿伞科技股份有限公司、北京大学、中国环境科学研究院3家单位共同完成的“低温冷链（−40℃）复合季铵盐消毒剂开发与应用”课题通过市科委、中关村管委会组织的专家验收。课题开发的绿伞牌−40℃复合季铵盐低温消毒液于4月26日在全国消毒产品网上备案信息服务平台备案，实现季铵盐超低温消毒技术的突破。课题的创新点为：将复合季铵盐杀菌技术和抗冷冻技术有机结合开发出复合季铵盐超低温（−40℃）消毒技术，同时研究季铵盐超低温消毒剂对健康安全和生态环境的影响，取得许多有价值的健康安全和生态影响数据。

（张 健）

【施耐德电气公司获“零碳工厂”认证】12月19日，施耐德电气（北京）低压电器有限公司获钛和认证颁发的零碳工厂（Ⅰ型）五星级证书，成为北京市第一家经权威机构认证的“零碳工厂”。认证不仅展示施耐德电气公司在绿色低碳转型方面的卓越成就，也为广大工业企业迈向可持续发展提供示范与借鉴。施耐德电气公司实现直接温室气体排放和外购能源带来间接温室气体的100%抵消，共计3024.07吨二氧化碳，最终评分90.9。

（杜涵涵）

【推进燃气设施安全防护技术研发与应用】12月31日，北京燃气集团、北京市科学技术研究院城市安全与环境科学研究所针对燃气运行系统复杂程度高、风险概率大、由燃气设施本体防护及监测不足引发灾害事故频发等问题，研发出基于多传感信息监测的本体防护智能计量终端和视频采集分析一体化终端，能够自动监测计量设施的压损等7种工况参数，具备防拆感知与预警等8种功能，有效提升燃气计量设施的综合防护能力，技术的先进性在行业内具有引领作用。项目成果构建动静兼备、时空延伸、技管融合的多维预警模型，通过人、物、行为异常识别和用气异常识别诊断，实现从“被动防护”到“主动监控”的革新；融合北京燃气集团巡检、维修、应急等海量业务数据，从“人机环管”多角度分析各类数据的特性规律，构建燃气用气安全指标体系、隐患分级标准和评估模型，形成基于大数据分析和画像展示技术的燃气精准化管理与服务方案，实现燃气计量设施设计理念由“用户管理”转变为“用户服务”，既有效防护燃气计量设施，又提升用户使用的便捷性。项目成果在北京市“三城一区”和城市副中心等典型燃气用户进行示范，实际应用于北京燃气集团生产运营过程中，并发挥作用，为首都燃气提升计量设施安全防护水平、监测预警及安全处置能力、科学打击偷盗气、提高精准服务能力提供有力支撑。

（马文雯）

【黑水虻生物转化技术创新厨余垃圾处理模式】12月，北京市昊业怡生科技有限公司和北京林业大学共同研发的黑水虻生物转化技术被纳入《北京市创新型绿色技术推荐目录（2022年版）》。技术利用黑水虻食腐性等生物学、生态学特点，将厨余垃圾、禽畜粪便、绿植废弃物等高效转化为优质蛋白与土壤改良剂，蛋白可用于养殖，土壤改良剂可用于绿化、土壤修复。垃圾资源化率、无害化率100%，综合减重50%。黑水虻生物转化技术为厨余垃圾资源化处理技术单一及产品附加值低等问题及实现生活垃圾高端资源化提供解决途径。

（温会姣）

【冷链物流相关低温保鲜技术与设备研发成功】2022年，中国农业大学和北京速原中天科技股份公司共同开发一系列冷链物流相关低温保鲜技术与设备，实现企业运营成本降低26.5%，冷链物流良品率提高到95%以上，解决生鲜食品“最后一公里”的配送问题，有效促进食品物流产业转型升级。开发适用于生鲜食品等固态食品及包装表面消杀的HPCD（高压二氧化碳）商用设备，并首次将HPCD技术应用于新冠病毒的消杀。

（张 健）

【财政支持医药健康企业生产厂房建设的政策措施印发】2022年，市科委、中关村管委会会同市财政局完善医药健康标准厂房政策并印发《财政支持我市医药健康企业生产厂房建设的政策措施》，加大标准厂房建设投入，支持昌平区生命谷国际精准医学产业园、史各庄医药产业园等3个标准厂房启动建设，共22万平方米。加速专业化平台的布局，支持中检院细胞与基因药物质量检测、百普赛斯细胞药物生产检测、希济生物细胞CDMO等专业平台建设。

（马　涛　侯艳艳）

【优化“北京普惠健康保”应用范围】2022年，市科委、中关村管委会引导商业保险支持医药健康产业发展，会同市医疗保障局优化“北京普惠健康保”应用范围，将10家企业21种未进入医保的地产品种优先纳入；服务和推动23家企业的52种创新药进入医保谈判的专家审核环节。

（马　涛　侯艳艳）

农业农村科技

【概述】2022年，持续深入贯彻实施创新驱动发展和乡村振兴战略，加强统筹谋划，以汇聚创新要素、搭建服务平台、推进成果转化为重点，发挥科技特派员人才队伍优势，助力脱贫攻坚成果与乡村振兴有效衔接，推进北京市农业农村现代化建设。推进平谷农业中关村建设，会同市相关部门研究制定推进农业中关村建设十条措施和行动计划，加快农业中关村建设。聚焦平谷大桃产业、畜禽种业、安全投入品等领域开展科技攻关和示范应用，推动平谷农业创新发展。推动设施农业绿色高效发展，推进温室设施优化设计、设施高产专用品种等科技攻关，新型温室结构和新型节能保温材料在翠湖番茄温室项目中应用，建造成本比荷兰进口产品降低30%；开发的多种功能连栋温室环境传感器，成本比国外传感器设备降低70%。强化种业翻身仗科技支撑。开展杂交小麦核心种质创制及高产抗逆新品种选育应用，在国内和“一带一路”共建国家推广。推进畜禽良种“卡脖子”技术攻关和创新，形成具有源头性领先优势的畜禽种业科技成果，支撑畜禽种业创新发展。组织科技特派员推成果强服务促生产。利用“北京科技特派员在线”平台，组织开展“北京农业科技”大讲堂直播培训131期，33万余人次观看，推广新品种新技术100余项，为农业有序生产提供技术支持。打造高品质“星创天地”58家，累计孵化企业1000余家，培育农村新型经营主体400余个，培训创业人才80万余人次。持续推进国家农业科技园区建设。推进平谷、通州等7个国家农业科技园区高质量发展，建立园区交流工作机制和专家智库，组织各类创新创业主体进园区活动，推进科技创新资源聚集、科技成果转化落地；配合举办现代种业博览会等活动，提升园区创新服务能力和影响力。

（赵　娣　徐建功）

【“春风送暖农家女”科技下乡慰问活动举办】3月8日，北京科技创新促进中心联合门头沟区妇联、门头沟区科信局及门头沟区王平镇共同举办“春风送暖农家女”科技下乡慰问活动。通过“北京农业科技大讲堂”远程直播开展“春风送暖农家女”专题讲座，围绕“苹果园优质高效省力化栽培管理技术”进行讲解，远程答疑解惑。3月9日，相关专家到门头沟区“妇字号”基地，针对当地果农在苹果树、樱桃树春季剪枝和树形管理方面的需求开展技术指导。

（赵　娣）

【加快推进农业中关村建设的十条措施印发】3月24日，市政府办公厅印发《北京市关于加快推进农业中关村建设的十条措施》（京政办发〔2022〕10号）。《十条措施》在农业科技创新平台建设、应用基础研究、关键技术攻关、成果转移转化、人才引进培育等十个方面阐述对高校院所、企业、新型研发机构、社会组织在资金、技术、人才、项目等方面的支持，推动农业中关村建设，巩固农业领域基础，推动关键领域重大前沿创新突破，促进农业领域重大科技成果、项目的转化，促进农业领域创业投资机构向农业中关村集聚，提升农业产业服务水平，提高农业产业附加值，辐射带动二、三产业发展，全面提升营商环境。

（赵　娣）

【玉米育种技术获重大进展】3月25日，美国《科学》杂志在线发表中国农业大学教授杨小红、李建生与华中农业大学教授严建兵联合团队的研究论文。经过三代科学家18年研究发现，玉米基因KRN2和水稻基因OsKRN2受到趋同选择，并通过相似的途径调控玉米和水稻的产量。研究团队在全基因组层面阐明趋同进化的遗传规律。成果不仅揭示玉米与水稻的同源基因趋同进化从而增加玉米与水稻产量的机制，为育种提供宝贵的遗传资源，而且为农艺性状关键控制基因的解析与育种应用，以及其他优异野生植物快速再驯化或从头驯化提供重要理论基础。

（徐建功）

【海淀区首个京西稻无人农场开建】5月，海淀区首个京西稻无人农场项目在上庄镇常乐村京西稻种植区开工建设。农场是由上庄镇政府与北京中关村科学城创新发展有限公司、北京博创联动科技有限公司共建，建设面积27公顷，共有5项建设内容：覆盖水稻耕、种、管、收全过程的无人作业农机，包括无人智能拖拉机、自走式无人植保机、无人智能插秧机、无人智能收割机及配套的智能化农机具等，可实现平地、深耕、旋耕、施肥等作业智能化；基于物联网的作物精准种植系统，包括农田“四情”监测系统、稻田智能化灌溉系统及配套的绿色高效精准栽培数字化模型等，可实现水稻精准化种植管理；构建无人农场数字化综合管理云平台，包括农场综合监测管理云平台、农机智能化管理平台，可实现农场的高效智能化管理、农机智能化调度、无人作业管控及作业质量监管等；建设京西稻全过程质量追溯系统，实现区域京西稻质量安全监管；建设无人农场综合运营指挥中心，提供田间数字农业展示及配套产学研服务，实现农场“管—控—看—学—推”全覆盖。

（徐建功）

【平谷农业中关村农业科技创新合作对接会举办】7月26日，由北京科技创新促进中心、平谷农业中关村管委会、中关村量子生物农业产业技术创新战略联盟、荷兰农业协会联合主办的平谷农业中关村农业科技创新合作对接会在平谷举办。20家生物种业、蛋白饲料、智能装备、营养健康、肥料处理、智慧农业等中国、荷兰农业科技企业现场考察平谷农业中关村，实地了解园区建设进展、发展规划、优惠政策、创新环境等，与平谷农业中关村管委会进行现场交流。

（赵　娣）

【北京国家农业科技园区2021年年度报告编制完成】7月，市科委、中关村管委会按照科技部部署完成2021年度北京国家农业科技园区年度报告编制工作，组织平谷、通州、昌平、顺义、房山、延庆、密云等7家北京国家农业科技园区围绕园区基本情况、综合情况、科技创新情况、经济效益、人才及科技服务情况5个方面126项监测数据进行填报并提交园区工作总结综述。截至2021年底，园区总产值97亿元，入驻企业2799家，促进就业人数2.9万余人，建设国家级“星创天地”15家，带动农户33余万人，入驻园区研发机构48家、院士工作站9个。

（赵　娣）

【农业科技计划成果“进园入县”行动开展】8月，市科委、中关村管委会为了加强农业科技园区科技创新成果转化，按照科技部科技计划成果“进园入县”行动统一部署，将科技部首批面向全国征集的1400多项科技计划成果向北京国家农业科技园区及企业进行推介。同时开展第二批科技成果征集工作，共征集“进园入县”行动科技成果41项，其中玉米、马铃薯、牡丹等新品种23项，占比56%，农业种植、设施农业等技术18项，占比44%；重点帮扶县帮扶产业应用技术成果32项。

（赵　娣）

【蛋白饲料生物制造创新联合体揭牌成立】9月8日，在“蛋白饲料生物工程制造前沿技术及新产品创制”项目启动会暨蛋白饲料生物工程制造论坛上，蛋白饲料生物制造创新联合体揭牌成立。联合体由市科委、中关村管委会推荐的“十四五”国家重点研发计划“畜禽新品种培育与现代牧场科技创新”重点专项2021年度揭榜挂帅项目牵头申报单位北京大北农科技集团股份有限公司牵头成立，通过整合产业链技术创新、产品创制、成果转化、示范推广、生产应用等优势资源和单位，突破蛋白饲料技术瓶颈，推进新型蛋白饲料资源开发及豆粕替代技术应用与推广，实现饲料养殖产业“技术链—创新链—产业链—价值链”高度融合，形成中国蛋白饲料创新阵型。

（赵　娣）

【市科协科技助力乡村振兴专题座谈会召开】9月9日，市科协科技助力乡村振兴专题座谈会在市农科院召开。市科协、市农科院、农学院、农职院、市农研中心、中国国土经济学会、平谷区农业农村局等单位有关负责人及中国工程院赵春江院士出席座谈会。

市科协相关负责人介绍科技助力乡村振兴工作情况，平谷区介绍农业中关村建设需求和“博士农场”创建工作情况，科创中国·科技助力乡村振兴联合体介绍联合体相关情况。北京农学会向全体与会单位发起成立科创中国·北京科技助力乡村振兴联合体的倡议。与会人员就如何发挥科技力量助力北京乡村振兴、成立科创中国·北京科技助力乡村振兴联合体、加强各单位各部门间的合作交流、推进平谷试点等方面进行交流。市科协科普部、规划发展部、社团服务中心，平谷区科协、平谷国家农业科技园区管委会，学协会、北京现代农业联合体等有关单位代表参加座谈。

（于　杰）

【“玉米高产提振行动计划”推进实施】9月，国家玉米种业技术创新中心提出“玉米高产提振行动计划”。计划锚定提升中国玉米单产达到世界先进水平这一目标，通过与科研院校联合打造的开源创新的科研体系，以及与业内种企深度合作的商业体系，构建技术创新、品种培育、种业繁荣共创平台和产业共性服务平台，与种业共同推动中国玉米单产的快速提升。国家玉米种业技术创新中心于2021年3月由科技部批复，以先正达集团股份有限公司为运营主体，联合中国农业大学、中国农业科学院、中国科学院遗传与发育生物学研究所、北京市农林科学院等单位共同建设。

（赵　娣）

【食品科技创新对接会举办】10月18日，北京科技创新促进中心农业农村科技部与中国食品发酵工业研究院围绕合成生物学在食品产业中的应用等内容举办对接交流会。会上提出，食品科学与合成生物学的有效结合，既是解决食品安全与营养健康存在问题的重要技术，也是克服传统食品技术带来的不可持续性的重要手段。食品合成生物学可提高食品的营养并增加新功能，利用工程微生物群落，还可改变传统的发酵食品生产方式。与传统发酵生产相比，基于合成生物学的生物制造具有条件温和、选择性好、环境友好等优点。

（赵　娣）

【“两站一院”科技服务模式助力京郊乡村振兴】11月11日，市科委、中关村管委会支持中国农业大学承担的“科技小院双新双创科技示范工程”课题通过验收，依托课题在10个涉农京郊建立的25个科技小院，市科委、中关村管委会与其中8个科技小院开展合作共建，初步探索在北京地区构建扎根农村的“两站一院”科技服务模式，即“科技特派工作站＋科普驿站＋科技小院”，旨在强化平台支撑，发挥科技服务与人才作用，促进成果转化与应用推广，提升乡村农民科技素质。

（赵　娣）

【北京市“星创天地”能力建设分享交流会举办】12月7日，北京科技创新促进中心农业农村科技部举办北京市“星创天地”能力建设分享交流会，14家“星创天地”相关人员参加。农业农村科技部围绕国家级“星创天地”概况、创新创业政策、北京市“星创天地”培育建设和工作成效等方面进行介绍，并邀请垂直孵化、粮养天下、天安兴农3家国家级“星创天地”分享创新创业服务经验和典型做法，11家意向申请国家级备案的市级“星创天地”围绕自身定位、优势、需求及推动农民创新创业、加快农村产业发展等工作进展情况进行交流。

（赵　娣）

【国家农业科技园区科技服务系列交流对接会举办】12月8—9日，北京科技创新促进中心农业农村科技部组织召开国家农业科技园区科技服务系列交流对接会，结合顺义、昌平国家农业科技园区在设施农业和种植技术方面的问题需求，邀请市园林绿化科学研究院、市农林科学院、北京翠湖农业科技有限公司等院所、企业专家，围绕园林树木流胶病等常见病虫害防治、角堇等观赏花卉温室育苗水肥技术、草莓水肥管理、葡萄修剪及连栋温室长季节栽培、番茄新品种选择和栽培等多项技术难题，开展线上专业指导，提出技术解决方案，示范推广京彩8等番茄新品种7个、水平架葡萄修剪等新技术16项。

（赵　娣）

【食品中新型冠状病毒富集检测研究取得成果】2022年，市科委、中关村管委会组织中国海关科学技术研究中心开展食品中新型冠状病毒富集检测及多靶标装甲RNA标准样品研制等方面的研究工作。开发SARS−CoV−2富集检测试剂，可提高检测灵敏度5～10倍。研制质粒、转录RNA、假病毒、单靶标装甲RNA、多靶标装甲RNA共5种质控品，适用于不同需求的新冠病毒检测全流程质控。对全球范围内流行毒株进行分析，经反复筛选验证和反应体系优化，建立多重荧光RT−PCR检测方法和针对新冠德尔塔（Delta）变异株、奥密克戎（Omicron）变异株的实时荧光RT−PCR检测方法。

（王伟娟）

【食品中新冠病毒现场检测技术研究取得新进展】2022年，市科委、中关村管委会组织中国检验检疫科学研究院等单位开展新冠病毒核酸、抗原现场快速集成检测体系研究。通过研究扩增体系磁力振动功能，研制发展恒温荧光检测仪，完成食品中新型冠状病毒核酸快检装置。研制新冠病毒装甲RNA阳性质控品1套；研发新型冠状病毒荧光RPA方法，检测灵敏度达到1000拷贝/毫升，检测时间30分钟；研制新型冠状病毒N抗原双抗夹心试纸条及抗原ELISA检测试剂盒，试纸条检测灵敏度为3.675纳克/微升，检测时间15分钟。组织4家单位对快检装置样机（包含RPA核酸检测试剂盒及胶体金试纸条）进行验证及示范应用。

（王伟娟）

【北京科技特派员助力福建省三明市特色产业发展】2022年，市科委、中关村管委会围绕福建省三明市提出的19个产业需求，通过遴选专家、双方沟通需求及确认登记后，遴选出中国科学院、中国农业大学、中粮集团等单位的17名科技特派员作为第三批科技特派员服务三明市产业发展。年内引导3批共67名科技特派员与企业通过线上或线下等方式开展咨询、对接服务200余次，帮助解决技术问题50余个。截至年底，北京科技特派员联合企业实施科技开发项目47个，项目总投资1.4亿余元，示范推广新工艺、新技术、新装置58项，引进新品种17个，开发新产品24项，建立示范基地22个，示范面积240万平方米。经三明市推荐，2020年派出的国际竹藤中心王戈研究员入选2022年福建省“最美科技特派员”，其负责的“科技特派员助力福建永安竹加工产业提质增效”工作案例被评为优秀工作案例。王戈为当地竹加工企业新增产值2142万元，并协助当地企业获“梁希科技奖”科学技术进步一等奖。

（赵　娣）

【北京科技特派员在线助力京郊乡村振兴】2022年，北京市农林科学院依托“北京科技特派员在线”平台多渠道开展技术咨询、服务推送和“北京农业科技大讲堂”直播培训等服务，全年服务人群超过403万人次，解决典型问题1900余个；通过“北京农业科技大讲堂”，重点围绕绿色种养殖技术、农业生态景观、农业政策等方面开展线上直播培训50余期，14万余人次观看，通过信息化服务手段为京郊乡村振兴提供科技支撑。

（赵　娣）

【科技支撑设施农业绿色高效发展】2022年，市科委、中关村管委会支持推进温室设施优化设计等科技攻关，进行新型节能日光温室结构设计，采用轻简保温隔热功能的墙体材料及墙体快速施工工艺，促进日光温室低碳节能生产，在北京市通州区国际种业园示范应用。针对低能耗高能效智能温室，创新应用新型减反射散射玻璃作为温室覆盖材料，创建轻质化屋面结构体系，开发中空铝合金天沟，提高温室透光率，降低温室建设成本和运行成本。新型温室结构和新型节能保温材料在翠湖番茄温室项目中应用，建造成本比从荷兰进口产品降低30%。

（赵　娣）

文化科技

【概述】2022年，北京市文化产业在科技的有力支撑下，实现稳步增长。元宇宙促进虚拟现实技术的进一步发展，推动人工智能、区块链等技术在数字文化版权保护领域的应用，促使数字技术成为全球文化产业发展的新引擎。国家“十四五”规划进一步明确文化科技融合新方向，各项政策举措陆续出台，文化和科技融合发展成效日渐显著，科技不断驱动重点文化行业转型升级。

北京市文化科技融合呈现新特点。科技创新支撑文化产业规模不断扩大，数字技术推进文化产业结构升级和优化，文化科技龙头企业争相涌现，文化科技融合完美演绎北京冬奥魅力。北京重点文化产业发展呈现新态势，数字技术赋能互联网信息服务发展。北京市大力推进文化产业信息化、数字化建设，深入挖掘京味文化内涵，利用5G、人工智能、AR/VR等前沿科技，保护、传承和利用首都历史文化遗产，促进文化产业数字化转型升级。科技与创作表演服务日益融合，传统演艺加速数字化转型，线上演出成为演艺行业发展的新增长点；“云演艺”等创新业态成为发展热点，传统创作表演业态向“云端”转型升级；人工智能等数字技术赋能舞美设计及艺术创作表演，丰富舞台艺术创作形式和表演内容，涌现出一批虚拟现实、数字人、交互体验等文化科技成果。数字内容服务彰显数字技术与文化内容融合的魅力，在线教育、数字阅读、互联网展陈、云上书店等数字内容供给日益丰富。数字技术与内容产业加深融合，景区景点、主题公园、文化街区、展览展会等运用虚拟现实技术、超高清技术等开展沉浸式体验项目与服务，文化科技场景落地北京市各大商圈，促进文化消费。

2022 年，北京市科幻产业总营收达到 292.5 亿元，较 2021 年增长 25.3%，2020—2022 年年均增速 25.1%。2022 年北京科幻产业营收占全国的 35%，在科幻出版、影视、游戏、周边等产业类型的营收均占全国的 30% 以上。科幻游戏领域营收 169.5 亿元，占全市科幻产业比重近六成（57.9%），位居各领域首位，占全国科幻游戏产业比重约 30%。科幻影视领域营收 41.75 亿元，占全国科幻影视产业的 50% 左右。围绕科幻产业生态发展的需求，聚焦动作捕捉技术、“5G+AR”技术、光学影像技术、虚拟现实等重点方向开展关键技术攻关，打造一站式公共服务和技术服务平台，探索提供图形图像渲染、数字拍摄与后期制作等全方位技术服务，形成资源互补和共建共享机制，有效增强北京市科幻产业技术深度和广度，为科幻影视制作提供更为丰富和高效的技术手段；围绕与科幻影视制作相关的虚拟堪景、场景合成、图像处理及近眼显示等关键技术进行攻关，形成科幻产业应用场景。

设计服务领域稳步发展。2022 年，高精尖科技服务业中设计服务领域 249 家规上单位收入合计 278.8 亿元，利润总额 12.1 亿元，利润率 4%；从业人员 2.4 万人，人均收入 116.17 万元，人均利润 5.04 万元。截至年底，北京市拥有 235 家设计创新中心，以及一批设计领域青年人才和具有影响力的设计活动品牌。

（李新媛）

【优奈柯恩公司新款 AR 眼镜产品“Nreal Air”发售】 2 月 14 日，优奈柯恩（北京）科技有限公司（Nreal）宣布新款 AR 眼镜产品“Nreal Air”发售，并且联合日本电信运营商 NTT DOCOMO 和 KDDI，开启“Nreal Air”在日本的线上和线下全渠道销售。“Nreal Air”是全球首款获国际知名第三方检验和认证机构德国 TÜV 莱茵低蓝光及无频闪双认证的 AR 终端产品，其屏幕发出的蓝光光谱中高能可见蓝光的比例仅为 31%，同时实现 99.5% 的 sRGB 色域覆盖率，并且符合无闪频要求，能够有效减轻用户的视觉疲劳。“Nreal Air”沿用第一代产品“Nreal Light”的分体式设计，更加时尚轻薄，且外观与太阳镜基本一致，方便携带。

（张　桢）

【北京市首个元宇宙支持措施出台】 2 月 23 日，通州区政府办公室印发《关于加快北京城市副中心元宇宙创新引领发展若干措施》的通知。《措施》是全市首个元宇宙支持措施，在示范应用、产业布局、房租补贴、基金引导等方面发力，优化营商环境，鼓励企业创新发展。《措施》提出，城市副中心将打造一批元宇宙示范应用项目，支持一批元宇宙应用场景建设，同时，依托通州产业引导基金，采用“母基金 + 直投”的方式联合其他社会资本，打造一支覆盖元宇宙产业的基金；给予元宇宙企业房租财政补贴，支持元宇宙企业及服务机构集聚，根据元宇宙企业房租补贴标准，对在元宇宙应用创新中心新注册并租赁自用办公场地的重点企业进行三档（50%、70%、100%）补贴，每家企业每年补贴面积不超过 2000 平方米，连续补贴不超过 3 年。

（王　云）

【亮亮视野公司 AR 字幕眼镜获全球十大科技创新奖】 4 月 13 日，联合国教科文组织（UNESCO）2022 年 NETEXPLO 创新论坛在联合国教科文总部（法国巴黎）举办，并在会上颁发“全球十大科技创新奖”。北京亮亮视野科技有限公司因其在“数字技术为身体障碍者的生活创造合理便利条件”这一领域创新地设计出服务听力受损人群的 AR 字幕眼镜，被授予“全球十大科技创新奖”，成为本次获该奖项的唯一中国企业。

（张　桢）

【首个元宇宙数字艺术产业园揭牌】 4 月 19 日，中关村数字媒体产业联盟元宇宙示范基地暨大稿元宇宙数字艺术区启动仪式在北京城市副中心举行。通州区文化和旅游局、通州区梨园镇政府等单位有关负责人及元宇宙专家、联盟会员企业的代表等参加。示范基地是全国首个元宇宙数字艺术产业园，总建筑面积 3.2 万平方米，将创建线上线下相融合的元宇宙数字艺术区及元宇宙虚拟园区新生态。园区将建设元宇宙数字艺术大厦、数字艺术办公空间、元宇宙创作空间、元宇宙艺术馆、元宇宙会客厅、元宇宙书店、元宇宙咖啡馆、元宇宙餐馆、元宇宙影院、元宇宙博物馆等设施，还将设立数字艺术大师工作室、艺术家直播基地、元宇宙 IP 孵化与投资平台等办公、体验、交流等场所及服务平台。活动举行首批入驻的元宇宙企业及项目签约仪式，并启动中关村数字媒体产业联盟“2022 数字藏品征集活动”及“2022 大稿全国数字艺术展”。大稿元宇宙数字艺术区由中关村数字媒体产业联盟、大稿国际共同打造，是通州区首个利用老旧工业厂房改造成的文化创意产业园区。

（王 云 徐建功）

【新时代召唤航天科技与影视文化融合研讨会举办】 6 月 17 日，由北京科技声像工作者协会、中影数字制作基地主办的“新时代召唤航天科技与影视文化融合”交流研讨会在京举办。北京科技声像协会、中国航天科技集团有限公司、中国乐凯集团有限公司、半月谈新媒体科技有限公司等相关单位负责人参加。与会专家参观中影影视基地，并围绕中国航天事业发展历程、航天精神的深刻解读、航天和影视技术创新对文化的影响、推进航天科技与文化深度融合等内容进行交流研讨，在互访互动交流中确定航天科技和影视文化的共同价值观，在航天影视文化中提高专业技术和水平，在航天文旅资源上发挥中影影视基地的优势，在航天科技赋能方面扩大合作的空间。

（崔家墅）

【卓曜科技公司 8K 讯道摄像机系统通过测试】 6 月 28 日，超高清视频（北京）制作技术协同中心 / 北京中联合超高清协同技术中心有限公司完成卓曜（北京）科技有限公司研制的国内首个全自主知识产权 8K 讯道摄像机系统样机的系统架构和核心功能验证测试。测试证明卓曜科技公司研发代号为“Vessel”的国产 8K 讯道摄像机系统能够满足完整的广播级直播讯道摄像机业务流程。全画幅高画质 8K 成像、8K 基带无压缩信号远程传输、集成供电与摄像机控制、节目返送、专业通话、TALLY 提示等主要核心功能均已达到广播级直播 / 转播应用基本技术要求。系统是全球最轻量化、最小型化的 8K 讯道摄像机系统，代表着具有完整自主知识产权的国产 8K 讯道摄像机系统获重大突破。

（郑 雪）

【北京国际设计周永久会址落地张家湾】 7 月，北京国际设计周永久会址竣工，9 月对外开放运营。永久会址位于城市副中心张家湾设计小镇，是始建于 1999 年的北泡轻钢厂夹芯板车间。总建筑面积 1.77 万平方米，地上 3 层、地下 1 层。其中，1 层主要用于临时展览空间及商业，2 层为高端商务办公，3 层为常设展览空间，地下 1 层为停车场和动力中心。2022 年北京国际设计周主体活动开闭幕式及冬奥设计展暨论坛、主论坛、设计之夜等活动在设计小镇举行。

（徐建功）

【米家眼镜相机开放众筹】 8 月 3 日，小米生态链第一款智能眼镜类产品“米家眼镜相机”开放众筹，众筹价为 2499 元，由小米生态链公司北京蜂巢世纪科技有限公司研发。相机搭载高通骁龙八核处理器，3+32 GB 存储组合，独立图像处理，配备双 Wi-Fi 和蓝牙 5.0；配备 2 个摄像头，分别是 5000 万像素超广角摄像头和 OIS 光学防抖 800 万像素潜望镜摄像头，可实现 5 倍光学变焦和 15 倍混合光学变焦，并配置双麦克风；配备 1 块 0.23 英寸索尼 Micro OLED 硅基显示屏，峰值亮度 3000 尼特（光效比 60%，入眼最高亮度 1800 尼特），像素密度 3281 ppi。

（杜 鑫）

【北京城市副中心元宇宙创新发展行动计划发布】 8 月 22 日，市科委、中关村管委会会同通州区政府、市经济和信息化局等单位联合发布《北京城市副中心元宇宙创新发展行动计划（2022—2024 年）》（通政发〔2022〕13 号）。《行动计划》包括总体要求、重点任务、组织实施 3 个部分，提出“坚持市场主导、政府引导”等发展元宇宙需要坚持的 5 条理念，以培育引进 100 家以上元宇宙生态链企业、落地建成 30 项以上“元宇宙 +”典型应用场景项目为主要目标，重点实施以创新主体资源导入为基础的强基赋能行动、以数字内容资产集聚为重点的融合建链行动、以应用场景示范为牵引的标杆牵引行动、以产业发展平台搭建为支撑的“筑巢引凤”行动等 4 项行动，力争在 3 年的时间里将城市副中心打造成为以文旅内容为特色的元宇宙应用示范区，元宇宙引领的副中心数字经济标杆城市样板初具形态。

（付向文）

【优奈柯恩公司发布全功能 AR 眼镜】 8 月 23 日，优奈柯恩（北京）科技有限公司在京举办中国首场 AR 眼镜发布会，并面向中国市场推出 3 款产品：全球首款眼镜形态的全功能 AR 眼镜——Nreal X，轻巧、可随时随地开启巨幕化潮流生活的 AR 眼镜——Nreal Air，面向 Lighting 接口的苹果手机、HDMI 接口的游戏主机推出的以适配 Nreal Air 眼镜 130 英寸空中投屏模式的转接设备——Nreal 适配器。其中，Nreal X 搭配双目 SLAM 摄像头和 RGB 摄像头，整机重 106 克。

（李 楠）

【全国数字文化创新服务联盟成立】8月29日，由北京国际版权交易中心、北京京成文化发展集团有限公司等联合主办的全国数字文化创新服务联盟成立发布会在线上举办。联盟由北京国际版权交易中心、京成文化有限公司、雅昌文化（集团）有限公司、国文聚（北京）文化科技有限公司等多家数字文化企业联合发起，以数字文化创新为主旨，致力于贯彻落实行业政策，通过整合文化产业资源，推动先进技术应用等方式全面赋能文化产业发展，共建数字文化新生态，打造卓越组织、拓展影响力、促进联盟内部交流与国际合作。会上发布元枢文化数据服务平台、中视数字虚拟人IP“终点之城”、星盒小程序三大数字文化成果。元枢文化数据服务平台是基于国家区块链新型基础设施构建的文化数据服务平台。中视数字虚拟人IP“终点之城”是基于抖音平台打造，通过真人、虚拟人、数字孪生人、真实场景、虚拟场景“虚实结合”，实现多线叙事、达人艺人联动的发布方式。星盒小程序是首个基于抖音达人的数字权益发行平台和粉丝私域运营平台，以数字盲盒抽取形式为达人粉丝带来最具价值的达人IP独享权益。

（陈宝德）

【城市副中心文旅产业峰会举办】9月17日，由通州区委宣传部、北京城市副中心文化旅游区管理局共同主办，通州区文化和旅游局、张家湾设计小镇专班等单位承办的2022北京城市副中心文旅产业峰会暨特色小镇高质量发展论坛在北京国际设计周永久会址举办。峰会以“新格局・新机遇・新思维”为主题，视角集中于承接环球主题公园外溢效应，推动特色小镇高质量发展。来自中国社会科学院、北京建筑大学、中央美术学院等院校和企业的嘉宾，聚焦城市副中心文旅板块创新前沿和热点问题展开交流，研讨文旅产业高质量发展思路，展示城市副中心文旅建设成果，发布文旅产业各项招商引资政策。会上，城市副中心“两区”建设顾问委员会文旅专业委员会暨特色小镇专业委员会成立；一批文旅高科技龙头企业与城市副中心相关单位签约，其中通州区经济和信息化局、张家湾设计小镇专班、北京首通智城科技创新有限责任公司、招图科技（北京）有限公司共同签订设计小镇元宇宙产业地图战略合作协议；发布一批城市副中心文旅建设成果，其中通州园企业北京市建筑设计研究院有限公司发布城市副中心智慧城市标杆示范项目，即智慧生活实验室2022年成果——智慧建筑运维管理平台。北京通州投资发展有限公司有关负责人对北京国际设计周永久会址建设成果进行现场推介。峰会还举办分论坛和平行论坛。

（郭庆云）

【亮亮视野公司发布AR字幕眼镜“听语者”】9月21日，北京亮亮视野科技有限公司召开“见・所未闻”听语者新品发布会，对外发布面向听障人士的AR眼镜“听语者”。“听语者”眼镜是由超高透光度的阵列光波导显示镜片、高性能麦克风阵列、降噪模块、电池及无线通信模块等组成的头戴式一体机，总重量小于80克，并配备语音识别算法、降噪算法、转写算法等，旨在让AR眼镜这项黑科技成为助力听障人群无障碍沟通的智能工具，帮助听障人士走出无声世界，参与社交互动和社会建设。

（张　桢）

【元宇宙关键技术创新与应用研讨会举办】9月27日，由北京物联网智能技术应用协会主办的2022元宇宙关键技术创新与应用研讨会暨元宇宙与数字经济创新联合体启动会在中关村虚拟现实产业园举办，元宇宙与数字经济相关领域的社会组织、头部企业及科研院所的专家学者、相关负责人等50余人参加。会议以“洞见元宇宙　共绘新生态”为主题，行业龙头企业利亚德集团、北京虚拟动点科技有限公司、联通在线信息科技有限公司、龙源创新数字传媒（北京）股份有限公司等相关负责人以“‘5G＋北斗’融合与数字经济”“工业元宇宙模式”“技术与应用初探”“教育元宇宙的实践路径探索”等为主题进行研讨交流，共同分享企业在元宇宙及相关领域的技术创新、业务布局及实践案例。会上，元宇宙与数字经济创新联合体启动仪式举行。

（崔家墅）

【五色LED气球灯设计研发与应用课题通过验收】9月，由市科委、中关村管委会支持，北京莱斯达电子科技股份有限公司承担的“基于灯条状光源及五色光源控制校正技术的五色LED气球灯设计研发与应用课题”通过专家验收。课题于2020年立项，自主研发的五色LED气球灯产品，利用不同颜色灯珠混光，达到出光2800～10000 K不同色温、单一颜色、色纸模式灯光，可单独调整出光饱和度及色相，解决现有的一般影视LED气球灯照明产品使用COB LED光源时产生的功率密度高、热密度大、成本高昂等问题，可取代传统6000 W金卤灯泡灯具。该产品先后参加北京BIRTV、美国NAB、荷兰IBC、俄罗斯NAT EXPO、印度Broadcast India Show、新加坡BAC等全球影视照明专业展会，并在国内外影棚、电视台等25家机构投入使用。

（李新媛）

【“非遗 + 老字号”服务平台通过验收】 9月，由市科委、中关村管委会支持，北京大道信通科技股份有限公司承担的东城区“非遗 + 老字号”展示传播与交易服务平台课题通过专家验收。课题于2020年12月立项，围绕非遗和老字号文化资源，搭建“非遗 + 老字号”智慧文化智能服务终端体系，通过物联网、5G技术创新体验模式，将科技手段与现场实景结合起来，打造“AR– 新体验、VR– 新传媒、3D– 新呈现、AI– 新导览”的科技呈现模式，成为传统文化的传播和展示窗口，传承、挖掘传统文化内涵，提升传统文化的经济价值及社会效益。同时，在东城区珐琅厂、盛锡福等处建设6个“非遗 + 老字号”文化生活创新体验馆，开设10个非遗传承人创新研发工作室，聚集非遗传承人及老字号品牌，形成传统文化的线上线下一体化运营，通过网红经济、直播带货，为“非遗 + 老字号”带来更多的经济效益。

（李新媛　曹汪菁）

【“元宇宙博物馆建设与技术融合”高级研修班举办】 10月12—14日，由北科院主办的“元宇宙博物馆建设与技术融合”高级研修班在线上举办。北科院计算中心设计教学方案和教学计划，邀请清华大学、天津大学、美国宾夕法尼亚大学、北京市文化遗产研究院、首都博物馆等科研院所的专家学者进行讲授。高研班将元宇宙概念引入未来博物馆的建设与运行中，在传统的“文创 +IP”的基础上，融入虚拟现实、增强现实、混合现实等数字和通信技术等多媒体数字手段。围绕元宇宙构造的体验、发现、创作者经济、空间计算、去中心化、人机互动、基础设施等7个层面进行重点培训，为学员在视野眼界、思维方式、知识技能等方面，在促进元宇宙等技术与博物馆相结合方面，提供尽可能多的、具有可操作性的启发借鉴、视野思路和知识技能。来自博物馆、文化创意、信息技术和相关服务业等领域的200余名专业人员参加培训。

（丁　奇）

【6支代表队参加第五届全国科学实验展演活动】 2022年，市科委、中关村管委会推荐6支代表队参加由科技部主办的第五届全国科学实验展演会演活动。各参赛队伍以日常生活为切入点，阐释物理、化学、生物、光学等学科中的有趣科学现象，融入舞台剧、小品、脱口秀等多种表演形式，既有经典科学实验的重新编排演绎，又有前沿科研成果的通俗化形象化展示，获一等奖3个、二等奖1个、三等奖1个、最佳表演奖1个，市科委、中关村管委会获优秀组织奖。

（李新媛）

【设计之都建设发展情况】 2022年，市科委、中关村管委会提升设计产业创新能力。累计推出16名杰出人才和46名优秀青年人才、80家设计领军机构，引导8个专业园区发展，为2万余家高精尖领域企业提供服务。聚焦设计助力国际科技创新中心建设，设计产业科技创新能力提升，工业设计与高精尖产业的深度融合及张家湾设计小镇发展建设，围绕工业设计数字化智能化发展关键技术、建设工业设计共性技术服务平台、工业设计支撑高精尖产业发展等方向开展研究。推进设计之都新平台建设，提升创意创新氛围。城市副中心“十四五”规划纲要指出，张家湾设计小镇将聚焦创新设计和城市科技产业，打造成为北京设计之都的重要平台。2022年北京国际设计周永久会址（北泡轻钢项目）在张家湾投入运营，张家湾设计小镇每周都会举办不同形式、不同风格的设计学术研讨、企业年会、产品发布会等重要活动，不断打造设计小镇的品牌知名度，吸引国内外高端设计企业、建筑设计大师、顶尖科技人才到小镇创新创业。聚焦可持续发展、城市建设、科技创新、文化旅游等主题，举办形式多样的设计活动，包括2022北京国际设计周、2022北京时装周、北京城市建筑双年展等。

（李新媛）

【“数字科协”建设】 2022年，市科协以数据联通延伸组织边界，构建起平台赋能、品牌引领、组织支撑、多元服务的联合推进机制。有序开展业务流程、数据交换、社群互动等方面的标准化建设，同步推进应用场景设计与系统架构建设，“数字科协”建设取得初步成效。各级组织注册数从203家增加到1579家，组织人才平台入库科技工作者数量增加到10万余人，100余家市学会使用会员管理系统，科学传播媒体资源库收集科普资源约3TB。

（边德勇）

科技冬奥

【概述】2022年，第24届冬季奥林匹克运动会和第13届冬季残疾人奥林匹克运动会（简称北京冬奥会）在北京市和河北省张家口市举办。北京冬奥会是北京对外展示科技创新的重要窗口，多项科技创新成果被应用在冬奥赛场上。北京市先后测试应用200余项新技术，涉及60余个细分应用场景，其中4项技术在全球首次推出，33项技术在北京冬奥会首次使用，为办赛、参赛、观赛等提供有力支撑，充分彰显科技创新的力量。北京冬奥会期间，市委宣传部，市科委、中关村管委会等单位组织“科技冬奥企业行”大型主题采访活动，参观中关村示范区展示中心，走访高精尖领军企业和新型研发机构，感受北京建设国际科技创新中心的强劲动力和科创活力。推进《科技冬奥（2022）行动计划》200余项新技术的推广，在装配式卫生间示范应用、氢燃料电池车示范应用、“5G+8K”超高清制播系统、场馆仿真系统、服务型机器人等领域示范应用推广。

（田　野）

【冰壶姿态监测产品助力北京冬奥会】1月7日，在投资者关系平台上，北京必创科技股份有限公司表示，其自主研发的“冰壶姿态监测产品”参与北京冬奥会冰壶项目训练。产品通过对冰壶运动轨迹的量化分析，助力运动员研究改进训练方法，配合“智慧冰壶辅助训练系统”，可实现运动员与冰壶预估轨迹的智能交互，提高投壶精度、动作稳定性，从而提升运动员的训练效率与质量。

（曲　研）

【北京冬奥会赛事转播知识产权保护工作完成】1月14日，市知识产权局组织市区两级知识产权行政部门及相关互联网视频企业在北京市知识产权保护中心召开“冬奥、冬残奥赛事转播知识产权保护工作会”。市知识产权局、市版权局、市文化市场综合执法总队、海淀区知识产权局、海淀区文化市场综合执法大队、北京市知识产权保护中心及互联网平台企业相关负责人参加会议。中国政法大学、北京知识产权法院、中央广播电视总台总经理室版权运营中心的专家，分别从“体育赛事画面的版权保护”“新著作权法条件下体育赛事转播问题”“北京2022年冬奥会赛事转播知识产权保护”3个主题发表专业意见。各互联网视频企业分别介绍企业开展的赛事转播知识产权保护工作相关情况。市版权局、市文化市场综合执法总队、海淀区知识产权局、海淀区文化市场综合执法大队的参会人员与专家、企业就相关问题进行交流探讨，并对企业涉北京冬奥会和冬残奥会知识产权保护工作给予建议。年内，市知识产权局知识产权保护处等市区部门完成北京冬奥会、冬残奥会知识产权保护工作，因成绩突出，获“奥林匹克标志知识产权保护突出贡献集体”称号。

（市知识产权局）

【“科技冬奥企业行”大型主题采访活动启动】1月18日，由市委宣传部，市科委、中关村管委会等单位组织的“科技冬奥企业行”大型主题采访活动启动。清华大学，市委宣传部，市科委、中关村管委会，北京大学相关负责人及50多位媒体记者参加活动。活动第一站走进北京中关村生命科学园生物气溶胶检测实验室，采访科技冬奥专项“生物气溶胶新型冠状病毒监测技术”。清华大学项目单位代表介绍科技冬奥专项的相关情况，经研究团队应急攻关开发完成的公共空间生物气溶胶新冠病毒核酸监测系统在首都体育馆、国家速滑馆、冰立方、五棵松冰上中心、国家体育场等5个奥运场馆，主媒体中心和西苑宾馆、紫玉宾馆等2家签约酒店进行气溶胶采样和检测工作并取得成功，为北京冬奥会提供气溶胶新冠病毒监测保障。

（徐建功）

【燕山石化获清洁氢认证】1月31日，在北京冬奥会前夕，中国石油化工股份有限公司北京燕山分公司通过全球首个“绿氢”标准《低碳氢、清洁氢及可再生氢标准与评价》认证，成为国内首家取得清洁氢认证的企业，有力保障北京冬奥会氢气供应。北京冬奥会期间，燕山石化出厂氢气除供应加氢站外，还点亮奥运主火炬。作为中国石化与北京冬奥会官方战略合作项目，燕山石化工业副产氢提纯装置于2020年3月27日实现一次开车成功。装置设计规模为2000标准立方米/小时，采用变压吸附（PSA）工艺，产出可以满足燃料电池制备用所需要的氢气，纯度达99.999%。

（高　健）

【海淀区加强冬奥知识产权保护】1月，海淀区知识产权局牵头制订冬奥知识产权保护工作方案，建立工作专班；梳理区域授权保护清单，向公众发放《保护奥林匹克知识产权倡议书》；巡查奥运场馆周边重点区域，排查冬奥特许商品零售店，指导北京字节跳动科技有限公司、北京快手科技有限公司、翠微集团等重点企业签订《保护奥林匹克标志承诺书》，为北京冬奥会开展营造知识产权保护环境。

（傅国安）

【百度自动驾驶机器人担任北京冬奥会“汽车机器人”火炬手】2月2日，在北京首钢园区举行的2022年北京冬奥会火炬传递活动中，百度在线网络技术（北京）有限公司研发的百度自动驾驶汽车机器人完成800米的火炬传递，成为奥运历史上第一位机器人火炬手。汽车比L4级自动驾驶汽车的自动驾驶程度高，没有方向盘，右侧车门的前方设置一个圆形卡扣，用于存放火炬。

（张　蕾）

【8K超高清大屏直播北京冬奥会开幕式】2月4日，北京冬奥会开幕式在国家体育场举行。北京超高清视频技术有限公司在北京市范围内建设运营的首批16处8K超高清大屏对北京冬奥会开幕式进行实时直播。其实现3个“全球首创”：全球首次规模化使用8K技术直播体育赛事活动；奥运会历史上全球首次使用8K技术进行开幕式直播；全球首次使用中国具有自主知识产权的高可靠、低时延EUHT无线宽带技术进行8K超高清直播无线传输展示。

（杜涵涵　郑　雪）

【科技冬奥有关情况专场发布会召开】2月16日，2022北京新闻中心新闻发布会——科技冬奥有关情况专场在北京国际饭店召开。科技部社会发展科技司，中国21世纪议程管理中心，北京冬奥组委技术部，国家体育总局科教司，市科委、中关村管委会，河北省科技厅有关负责人出席发布会介绍情况并回答记者提问。科技部社会发展科技司负责人介绍，在北京冬奥组委统筹协调下，科技部会同国家体育总局、北京市、河北省等有关部门和地方制定《科技冬奥（2022）行动计划》，围绕零排供能、绿色出行、5G共享、智慧观赛、运动科技、清洁环境、安全办赛、国际合作等8个方面统筹设计重点任务。在国家重点研发计划中设立并组织实施“科技冬奥”重点专项，攻克一批关键核心技术，示范一批前沿引领技术，转化一批绿色低碳技术，建设一批示范工程。围绕场馆、运行、指挥、安保、医疗、气象、交通、转播、观赛等关键场景，500余家单位、超过万名科研人员参与研发的200余项技术成果在测试赛、运动员训练、正式比赛中开展示范应用，为北京冬奥会高质量办赛和高水平参赛提供有力支撑。

（徐建功）

【亿级像素阵列像感器光场相机助力北京冬奥会】2月，在北京冬奥会期间，由北京拙河科技有限公司研发的亿级像素阵列像感器光场相机用于五棵松体育中心赛事区域精准防疫监控中。产品拥有19个摄像头，独创的阵列式摄像机设计，突破单一光学镜头及传感器分辨率极限，使得相机可全面覆盖监控赛事场馆比赛区域及观众区域，同时可保证每一处细节的清晰呈现和记录，完成实时记录场馆内事件、无感人脸识别及追踪任务。产品2019年获“中国电子学会科技进步奖”一等奖，2020年获“科技冬奥智慧北京”十佳产品方案奖。

（曲　研）

【北汽福田氢燃料电池客车保障北京冬奥会绿色交通】2月，在北京冬奥会期间，北汽福田汽车股份有限公司配备515辆氢燃料电池客车参与赛事交通服务保障。面向北京冬奥会低碳出行重大需求，北汽福田公司牵头承担“冬奥服务场景下高性能氢燃料客车研发”任务，科研攻关推出系列用于低温环境和高原陡坡道路、快速暖车的氢燃料电池客车，可−30℃低温启动，−40℃低温存放和停机自动保护，具有大功率、全天候、全气候使用特性，氢气加注时间仅为10～15分钟，在国内首次实现客车应用70 MPa供氢系统，续航可达630千米。

（高　健）

【北理工新能源汽车安全防控平台支撑北京冬奥会】2月，在北京冬奥会期间，北京理工大学建设冬奥新能源汽车安全防控平台，为车辆安全监管提供支撑。平台可对冬奥会运输服务车辆和社会车辆实施分类分级管理，建立电子档案；对安全监管区域内车辆开展全天候立体化监测，可实时显示车辆位置和运行状态。

（高　健）

【燃料电池汽车助力北京冬奥会绿色交通体系建设】2月，在北京冬奥会期间，张家口、北京赛区共使用燃料电池客车816辆，是有史以来奥运会最大规模的燃料电池汽车示范应用。面向北京冬奥会低碳出行需求，北京市发挥全球科技创新中心优势，整合全市整车及上下游企业资源，创新技术应用，展示中国新能源汽车科技力量，助力北京冬奥会绿色交通体系建设。

（高 健）

【微芯智能传感桩助力北京冬奥会】2月，围绕北京冬奥会赛前、赛时、赛后全阶段，北京中关村智连安全科学研究院有限公司面向冬奥场地特殊地理条件及基础设施，在延庆冬奥场馆周边重要交通要道等区域，安装微芯智能传感桩，部署实时监测预警系统。通过专业的安全预警模型综合判断安全稳定程度，提前发现安全薄弱环节，进行预警提示，指导相关部门做好安全加固工作，保障场馆建设的顺利进行。微芯桩是中关村智连安全科学研究院部署"天空地"一体化安全态势感知预警系统中的一部分。微芯桩智能传感终端基于失稳动力学理论设计，采集静态形变和振动特征等30多种参数，通过数据采集传输终端将数据实时传输至物联网平台，基于安全失稳模型综合分析，实现对边坡等岩土体的安全监测及早期失稳预警。其相关技术获中国测绘学会测绘科学技术奖二等奖。

（曲 研）

【创新爱尚家石墨烯发热材料服务北京冬奥会】2月，在北京冬奥会期间，房山区科技企业北京创新爱尚家科技股份有限公司将自主开发的石墨烯发热材料应用于北京冬奥会特许商品冰墩墩暖手宝、颁奖礼仪服、云转播背包等，在开闭幕式中为国家体育场提供主席台加热桌椅、沙发、地毯等，创新性解决低温环境下大型户外场馆温暖保障这一难题，向世界展示了中国新材料技术和中国智慧。基于爱尚家公司对北京冬奥会和冬残奥会科技贡献突出，收到北京冬奥会工程建设指挥部办公室、冬奥会和冬残奥会组委会技术部、国家体育场有限公司等单位的感谢信。

（苗晓晴）

【服务北京冬奥会无线电安全】2—3月，在北京冬奥会期间，有超过20万部无线电设备在赛时集中使用，赛事场馆及核心区域电磁环境复杂。石景山驻区科研机构国家无线电监测中心检测中心作为无线电行业的国家级质检机构，自主研发数字专用检测仪表PTA1000、标签核验及数据分析系统、无线电安全保障平台，组建保障团队承担北京冬奥会各类无线电发射设备核验、"科技冬奥"系统的无线电干扰性分析、违规用频快速排查和电磁暴露监测预警等各项无线电安全保障任务，为北京冬奥会保驾护航。

（胡 妍）

【氢动力公司氢能大巴助力北京冬奥会】2—3月，在北京冬奥会和冬残奥会期间，中关村延庆园氢动力（北京）科技服务有限公司投入60辆氢能大巴为延庆赛区赛事保障工作人员提供接驳服务。接驳人员主要包括赛事观众、场馆工作人员，线路涉及约15家酒店。同时承担高山滑雪中心缆车因天气等原因停运的应急接驳准备工作。此外，氢动力公司还为北京其他赛区提供氢能大巴90辆、应急备用车50辆。

（王小丽）

【北科院助力北京冬奥会】2—3月，在北京冬奥会和冬残奥会期间，北科院科技工作者作为科技冬奥项目"冬奥会食品供应链有害因子智能化快筛技术和预测预警技术研究""冬奥食品供应链风险监控预警智能系统的研发与应用示范"课题承担人，完成课题科研任务和技术保障任务。4月30日，科技冬奥领导小组发来感谢信，对北科院承担科技冬奥项目的科研团队和课题负责人刘清珺研究员表示感谢。

（丁 奇）

【"艾行"机器人助力北京冬残奥会火炬接力】3月2日，北京大艾机器人科技有限公司新一代外骨骼机器人"艾行"应用于北京冬残奥会，两位穿戴外骨骼机器人的选手完成北京冬残奥会火炬汇集和传递仪式。"艾行"是一款双下肢式康复机器人，依托多关节协调控制中心，突破外骨骼机器人智能生物感知与仿生步行、人机融合多模式混合控制等关键环节，辅助两位选手实现直立行走传递火炬的梦想。大艾机器人公司成立于2016年，是康复机器人持续原创研发引领者，获中国首个外骨骼机器人国家食品药品监督管理总局注册证，累计治疗患者超万例、训练超百万人次，使数百位截瘫患者重新站立行走。

（陈宝德）

【北京冬奥会信息系统质量保障任务完成】2022年，北京软件产品质量检测检验中心依托智慧冬奥测评实验室，克服地域、时差等因素对信息系统交付的影响，为北京冬奥会提供信息系统全过程质量保障服务。在赛前开展60余轮次验收测试，完成27个赛时管理系统和办公系统的测试工作；对成绩系统承载的15个冬奥会单项系统和6个冬残奥会单项系统开展静态测试、网页端系统测试和中文验证工作，为北京冬奥会期间信息系统平稳运行和信息安全提供专业化技术支撑。

（林青霞）

【北京冬奥会技术支撑工作完成】2022 年，在北京冬奥会筹备、举办期间，北京软件产品质量检测检验中心派出 4 名技术骨干全程参与北京冬奥组委技术部的保障工作，共完成冬奥会 459 场比赛、冬残奥会 199 场比赛及多个官方训练日的运行支撑；助力实现奥运历史上首次全要素气象奥林匹克数据自动传输服务，首次自动生成 C49 气象报告；媒体成绩信息服务首次全面转向 Myinfo 服务，共制作完成冬奥会 15 个分项和冬残奥会 6 个分项电子成绩册 5683 页，为北京冬奥会和冬残奥会的信息服务和成绩服务工作提供有力支撑。

（林青霞）

【国家电投氢能大巴助力北京冬奥会】2022 年，国家电投集团氢能科技发展有限公司作为北京冬奥会氢能接驳大巴燃料电池装备提供商，为北京赛区、延庆赛区共计投入 200 辆氢能大巴，为北京冬奥会提供交通接驳保障。氢能大巴所搭载的“氢腾”FCS80 燃料电池系统及其关键材料部件为自主研发，额定净输出功率为 80 千瓦，按照车规级研发设计、IATF16949 质量体系生产，可实现 −30℃ 低温启动。

（徐建功）

【新能源发电功率预测系统服务北京冬奥会】2022 年，中国电力科学研究院有限公司研发出具有自主知识产权的新能源发电功率预测系统，实现北京冬奥会赛区 100% 绿色电力供应。系统解决中国风电发展中遇到的气候类型多、地形复杂的难题，推广应用于预测容量超过 4 亿千瓦，覆盖全国约 80% 的新能源电站。应用于张北柔性直流输电的稳定分析技术，突破振荡抑制和过电压的抑制、励磁涌流、黑启动等技术提升直流的输电能力。

（徐建功）

【中国电科北斗微基站助力北京冬奥会】2022 年，中国电子科技集团有限公司承担的“北京冬奥会北斗微基站室内混合定位系统关键技术研发及应用”项目首次打通室内室外的北斗卫星导航连续覆盖定位，针对不同室内环境建筑结构特点，实现全场馆可达、区域内无死角的快速亚米级定位。项目成果应用于北京冬奥会国家跳台滑雪中心场馆，保障场馆 35 个团队的安全调度管理，助力“科技冬奥”位置服务达到国际领先水平。

（徐建功）

【西城区科技企业助力北京冬奥会】2022 年，西城区多家科技企业参与北京冬奥会和冬残奥会服务保障工作。北京奇安信科技有限公司成为北京冬奥会官方网络安全服务和杀毒软件赞助商；北京市建筑设计研究院有限公司作为北京冬奥会国家速滑馆“天幕”编织工程的设计者，其开发的“冬奥会国家速滑馆国产封闭索首用关键技术研究”项目获西城区财政科技专项支持，项目产出的新技术、专利等成果为国产高钒封闭索的进一步推广提供重要基础；北京大唐万邦复制技术发展有限公司承担北京冬奥会获奖证书研究及制作；中国建设科技集团参与北京冬奥会和冬残奥会竞赛场馆设计工作。

（韩　阳）

【北京冬奥会保障传染病防控能力提升培训班举办】2022 年，北京预防医学会采用线上培训方式，举办北京 2022 冬奥会保障传染病防控能力提升培训班。培训班邀请疾病预防控制、临床医学及卫生监督方面的 10 位专家，就冬奥会公共卫生保障工作总体政策要求进行培训讲解，内容包括流感等高发呼吸道传染病的防控、诺如病毒急性胃肠炎疫情防控、罕见传染病防控及临床诊疗要点（猕猴疱疹病毒、鹦鹉热、发热伴血小板减少综合征）、常态化疫情防控形势下医院感染防控策略，以及冬奥会期间重点单位传染病防治与消毒监督检查要点、生活饮用水卫生监督保障工作要点、公共场所卫生安全的关键控制点、集中空调通风系统卫生安全及风险防控等。来自全市三级医疗机构、市区疾控中心、市区卫生健康监督所相关专业人员及参加冬奥保障相关人员 1.9 万余人参加培训。

（崔家墅）

科技服务

科技成果转化服务

【概述】2022 年，北京市贯彻落实《北京市促进科技成果转化条例》（简称《条例》）等要求，深入推进中关村新一轮先行先试改革任务，健全北京市科技成果转化政策体系，调动创新主体积极性，推动科技成果转化工作取得较好成效。全市认定登记技术合同超 9.5 万项，成交额近 8000 亿元。

深化体制机制改革，不断突破科技成果转化瓶颈障碍。先行先试改革取得新成效。加强部市联动，建设央地协同转化机制。对接科技部，推动 9 部委联合印发允许中央在京单位适用《条例》的通知，5 部委联合印发职务科技成果管理试点实施方案。市科委、中关村管委会会同市教委、市财政局、市卫生健康委等部门印发高校院所科技成果“先使用后付费”等 6 项先行先试改革政策，开展职务科技成果单列管理制度创新、完善科技成果评价机制等试点改革工作。推动赋权试点取得新进展。根据科技部等国家部委要求，推动 6 家央属单位与 3 家市属单位完成 26 个项目的赋权及转化落地。北京天坛医院出台赋权改革管理办法。科技成果转化政策体系进一步完善。2022 年北京市制修订科技成果转化相关政策 75 项。市科委、中关村管委会修订资金管理办法，设立概念验证项目、技术转移机构建设等专项；市教委制定《北京市属高校绩效考核办法》；市卫生健康委、市医管中心推动天坛医院、安定医院建设高质量发展医院。市人力资源社会保障局持续推进技术经纪各级别职称评审工作，市市场监管局支持采用知识产权使用权作价出资方式兴办企业，市规划自然资源委落实相关产业用地政策，市国资委将创新投入、创新产业情况纳入企业负责人经营业绩任期考核，市知识产权局制定《北京市专利开放许可试点工作方案》，市统计局定期开展重点创新主体科技成果转化情况统计。

加强措施引导，持续优化科技成果转化落地环境。科技成果转化生态体系不断完善。各区相继出台支持科技成果转化的政策、方案。科技成果转化配套条件持续提升。东城区推动国际数字健康中心、零碳智慧园区等科技成果转化应用场景建设；朝阳区搭建面向全国数字人产业的共创平台；丰台区与北京交通大学共建轨道交通创新基地；房山区为入驻良乡大学城的高校提供空间、政策等相关配套保障；通州区建设京津冀国家技术创新中心分中心；顺义区成立中德产业合作双中心；昌平区设立政府引导基金，实缴规模超过 42 亿元；怀柔区专项支持和引入近 50 家科技型企业在怀柔科学城转化落地。

强化服务体系建设，促进科技成果转化落地。技术转移机构建设进一步加强。2022 年，全市 59 家重点技术转移机构以转让、许可、作价投资等方式签订技术合同近 2000 项，成交金额 58 亿元，其中在京转化合同 800 余项，成交金额 32 亿元。概念验证平台等转化载体不断完善。市科委、中关村管委会支持 12 家概念验证平台。海淀区支持医疗机器人 CDMO 平台建设；门头沟区建设“京西医药科研成果转化基地”；昌平区支持建设工业级核酸类药物设计研发和生产共性技术平台；大兴区支持建设北工大中试基地等科技成果转化示范基地。技术转移人才队伍建设持续深化。市科委、中关村管委会会同市教委、市卫生健康委等部门出台推动技术经理人队伍建设工作方案。北京理工大学、北京工业大学等高校持续深化技术转移学历教育工作。市科委、中关村管委会指导北京技术市场协会等行业组织开展技术经理人培训，每年累计培训 2000 余人。2020 年以来共 609 人通过技术经纪职称评审。实施“朱雀计划”，推动引入高水平技术经理人。

加强供需对接，促进创新资源有效流动融合。科技成果供需对接机制持续系统化。全年组织开展中关村“火花”活动 89 场，推介项目 400 余项，参与人数超万人。会同科技部火炬中心等主办 2022 年度“火炬科技成果直通车（北京站）”京津冀专场项目路演活动。朝阳区线上对接全球数字经济大赛等优质项目。顺义区举办“百家实验室进千家企业”等活动。科技成果信息共享机制进一步深化。持续完善全市统一的科技成果信息系统，向社会提供科技成果信息查询、筛选等公共服务。汇交科技成果超过3500项。科技成果转化落地方式不断丰富。探索“揭榜挂帅”模式，支持高等学校、科研机构、医疗卫生机构与企业等创新主体联合开展产学研医协同合作，实施概念验证活动。引导中小微企业承接转化在京高校院所高新技术成果。北京力达康科技有限公司与北京大学人民医院开展产学研合作，推动“一种双动型人工膝关节假体技术”项目转化落地。

加强政策宣传，营造良好社会氛围。科技成果转化政策宣传不断深入，市科委、中关村管委会开展“走基层、促转化、落条例”系列活动近百场。联席会工作机制不断完善，组织召开第三次联席会，编发工作简报15期。编制科技成果转化年度报告，更新《科技成果转化政策汇编》和《科技成果转化典型案例集》。

（郑　琳）

【第三届国家自然科学基金优秀成果北京对接会举办】 1月19日，由国家自然科学基金委员会计划与政策局、北京市基金委主办，北京市基金办、丰台区科信局、中关村丰台园管委会、交控科技公司、中关村轨道交通公司共同承办的第三届国家自然科学基金优秀成果北京对接会在丰台区交控大厦举办。计划与政策局、科学传播与成果转化中心相关工作人员参加会议。会议旨在加速推进科学基金资助成果向地方、行业与企业转移转化，助力经济社会高质量发展。活动重点在电子信息和智慧交通两个领域遴选14个优秀项目成果参会路演，并邀请多名管理专家、相关领域学者、知名企业家等进行点评。会后，8个项目团队与有关企业达成初步合作意向。

（郭凤桐）

【2021年北京技术合同成交额突破7000亿元】 2月22日，科技部火炬中心印发《关于公布2021年度全国技术合同交易数据的通知》（国科火字〔2022〕59号）。截至2021年12月31日，全国共登记技术合同670506项，成交金额37294.3亿元。其中，2021年北京登记技术合同93563项，成交额7005.65亿元，其中技术交易额5347.82亿元，成交额排名全国第一。2021年，北京吸纳技术71405项，成交额3439.06亿元，其中技术交易额2706.37亿元。

（徐建功）

【海淀联合基金纳通集团资助项目启动会举办】 2月24日，北京市自然科学基金－海淀原始创新联合基金纳通集团资助项目启动会在北京市纳通科技集团总部召开。中关村科学城管委会、纳通科技集团、市基金委相关负责人参加活动。会上，来自首都医科大学宣武医院、北京大学、北京航空航天大学等单位的项目负责人作专题进展报告。纳通科技集团于2021年出资加入市基金－海淀联合基金，打造开放式、国际化的创新医疗器械研发平台，与高校、科研院所、临床机构长期保持友好合作，把自主研发和基础研究视为企业发展的重要引擎，并积极同各位专家学者保持密切沟通，针对项目特性开展形式多样的合作。交流会旨在为“医学工程”领域项目搭建广阔的交流平台，吸引更多的科研工作者和专家加入，实现更广领域、更深层次、更高水平的政产学研合作，同时为海淀联合基金发展奠定坚实基础。

（季如佳）

【科技成果转化签约并设立专项基金】 4月11日，北京大学人民医院郭卫教授团队科技成果转化签约暨捐赠仪式在科教楼3层陆道培学术报告厅举行。骨肿瘤科郭卫将自主研发、获多项国家发明专利和实用新型专利进行成果转化，并将转化的收益1000万元捐赠给医院，设立医院科研转化专项基金，以助力医院的人才培养和科技转化工作。

（卢明子）

【火炬科技成果直通车（北京站）路演活动举办】 8月4日，由科技部火炬中心，北京市科委、中关村管委会，经开区管委会，深圳证券交易所主办的2022年度“火炬科技成果直通车（北京站）”京津冀专场项目路演活动在京举办。天津市科技局、河北省科技厅等单位有关负责人及相关机构、企业的代表参加。清华大学的“器官芯片：生物医药研发的颠覆性技术”、华夏英泰（北京）生物技术有限公司的“创新型基因编辑T细胞免疫治疗技术”等6项技术进行路演。中关村示范区、天津市与河北省高新区的企业、投资机构、协会联盟的代表等500余人线上参加。

（徐建功）

【科兴生物医药高精尖成果转化基地开工建设】 9月28日，SINOVAC科兴生物医药高精尖成果转化基地开工仪式在中关村生命科学园举行。基地总建筑面积约12.3万平方米，总投资超20亿元，将作为中国生物医药前沿领域的共性技术平台、服务平台和生产制造基地，加速生物医药研究成果的落地转化。

（陈宝德）

【两家医院医学创新和成果转化改革试点方案印发实施】 10月23日，《北京天坛医院、北京安定医院医学创新和成果转化改革试点方案》（京政办字

〔2022〕9号）以市政府办公厅名义印发实施。以天坛医院、安定医院为试点，突破医院现有科技创新体制和成果转化过程中存在的难点问题。

（张　晓　张　旭）

【海外技术项目路演对接系列活动举办】10—12月，北京长风信息技术产业联盟举办“链接全球 协同创新”2022海外技术项目路演对接系列活动，分别聚焦意大利、斯洛文尼亚、以色列的创业项目组织3场线上路演交流，累计30余个海外优质项目参与其中，同中方高校院所、科研机构、科技园区、创服机构、投融资机构及科技企业代表沟通交流。

（李建玲）

【关键核心技术攻关项目“揭榜挂帅”实施方案印发】11月16日，市科委、中关村管委会会同市发展改革委等10部门深化科研项目管理改革，发布《北京市关键核心技术攻关项目“揭榜挂帅”实施方案》（京科资发〔2022〕251号），在更大范围、更宽领域、更深层次推广“揭榜挂帅”组织机制，以开放姿态选拔人才，推动科研工作从学术驱动转变为需求驱动，发挥企业优势，通过政产学研联动，解决产业发展的突出问题，推进关键核心技术攻关及迭代应用，推动科技成果转移转化。

（田　野）

【各区完善科技成果转化生态体系】2022年，东城区出台《北京市东城区支持中关村科技园区东城园产业升级和创新发展的若干措施（试行）》《中关村东城园创新型高成长企业培育计划》《东城区推进数字经济标杆城市建设行动方案（2022—2024年）》，力争3年内培植10～20家上市企业、行业领军骨干企业和国内知名企业。西城区健全以“产业十条”为引领的“1+5+N”产业政策体系，发布新版“科创十条”政策，从研发投入、成果转化、人才引进等方面加大政策支持力度。海淀区出台医药健康产业发展专项、关键核心技术“揭榜挂帅”专项、科技应用场景专项、区重大科技项目和创新平台建设奖励专项等系列政策。丰台区发布《丰台区支持高新技术企业发展的若干措施》（“高新八条”），从支持科技创新、引导社会培育、强化人才服务保障、深化评审认定服务、搭建综合服务平台、加强信息监督管理等8个方面完善丰台支持高新技术企业发展的“政策体系”。石景山区发布《推进国际科技创新中心建设加快创新发展支持办法》，支持高校、科研院所开展科技成果转移转化，鼓励社会机构开展科技成果转化服务。通州区发布《加强科技创新引领高质量发展支持办法》。顺义区出台《促进科技成果转化实施细则（2022年）》，压实主体责任，畅通技术、政策、人才等要素流通渠道，出台《促进创新发展加快推进北京国际科技创新中心建设若干措施》。大兴区出台完善《大兴区促进科技创新发展的若干措施》《促进知识产权发展暂行办法》《促进医药健康产业发展的若干措施（试行）》等促进科技成果转化相关政策，激发各类创新主体的积极性和创造性。经开区出台《北京经济技术开发区关于加快推进国际科技创新中心建设打造高精尖产业主阵地的实施意见》。昌平区出台支持生物医药、美丽健康、氢能等产业政策。密云区在《支持企业发展办法（试行）》基础上增加“鼓励企业科技成果落地转化”“鼓励科技创新研发公共服务平台建设”政策，为企业科技成果转化提供保障。

（田　野）

【2022年促进科技成果转化的主要政策措施】2022年，《关于支持中关村国家自主创新示范区开展高水平科技自立自强先行先试改革的若干措施》围绕做强创新主体、集聚创新要素、优化创新机制部署24项改革任务（简称“24条”），其中涉及科技成果转化的有6项：推动中小企业应用高校院所成果“先使用后付费”，推动央属高校院所全面适用《北京市促进科技成果转化条例》，推动高校院所在绩效考核体系中强化成果转化指标，加强技术经理人队伍建设，开展科技成果评价改革综合试点，探索职务科技成果转化管理新模式。市科委、中关村管委会全面贯彻落实“24条”，对接科技部、教育部等相关部委，调研北京大学等高校院所，组织各类创新主体开展座谈调研，征求多个国家部委、10余家市属委办局、20余家高校院所等各单位意见建议，依据改革措施有据可循、问题导向、需求驱动的原则，陆续出台促进科技成果转化的多项政策，包括《北京市技术转移机构及技术经理人登记办法》（京科发〔2022〕13号）、《关于推动北京市技术经理人队伍建设工作方案》（京科发〔2022〕14号）、《关于在中关村国家自主创新示范区核心区开展高等院校、科研机构和医疗卫生机构科技成果先使用后付费改革试点实施方案》（京科发〔2022〕15号）、《关于开展中关村国家自主创新示范区核心区高等院校、科研机构和医疗卫生机构职务科技成果转化管理改革试点实施方案》（京科发〔2022〕17号）、《北京市科技成果转化工作评价方案》（京科发〔2022〕18号）、《北京市关于落实完善科技成果评价机制的实施意见》（京科转发〔2022〕226号）等。密切联系科技部等多部委，推动印发《高等院校和科

研机构职务科技成果管理试点实施方案》（国科办区〔2022〕152号）、《关于允许在中关村国家自主创新示范区核心区（海淀园）的中央高等院校、科研机构及企事业单位等适用〈北京市促进科技成果转化条例〉的通知》（国科办区〔2022〕116号），探索科技成果转化的有益经验，持续释放创新驱动效能。

（郑　琳）

【支持38项概念验证项目】2022年，市科委、中关村管委会面向在京创新能力较强的高等学校、科研机构、医疗卫生机构公开征集具有概念验证需求的科技成果，遴选具有良好转化能力的团队，支持38项概念验证项目，成果涵盖生物医药、医疗器械、高端装备、集成电路、新材料、智能制造、现代农业、新能源智能汽车等高精尖领域，开展技术与商业化验证等概念验证活动，推动成果技术成熟度进行中试或产业化阶段，为后续吸引投资等资源打通转化过程中的相关阻碍。项目实施进展良好。集成电路领域的致真精仪（北京）科技有限公司开展晶圆级原子力显微镜概念验证，已完成结构优化设计、算法开发，开展检测功能验证，将应用于芯片工艺线的表面检测与成像，实现国产替代；医疗器械领域的北京宝和源装备科技发展有限公司联合清华大学，开展微创肢体延长髓内钉的产业化及活体试验验证，已完成髓内延长钉的设计、加工和组装，开展活体试验及产业化应用后，将实现同类骨科器械产品的国产替代，市场前景良好。

（叶茂盛）

【支持12家单位建设概念验证平台】2022年，市科委、中关村管委会启动概念验证平台建设项目，支持建设12家概念验证平台，为早期科技成果进行筛选和技术可行性、商业可行性评估、工艺研发、样机测试、小批量试制、市场化转化等服务。首批平台聚焦智能装备、医药健康、新材料、新一代信息技术4个产业领域，覆盖中关村国家自主创新示范区、“三城一区”等重点区域。采取事前立项支持的方式建设，每年进行不高于500万元的三年滚动支持，并对其实施年度绩效考核，第二年根据上年度绩效目标完成情况，确定当年度支持计划。同时，对已支持平台进行全程项目跟踪管理，及时跟踪发现、解决问题，助力平台规范建设。

（任　旭）

【支持59家单位建设技术转移机构】2022年，市科委、中关村管委会技术转移机构建设项目支持高等学校、科研机构、医疗卫生机构、企业、社会组织等建设专业化技术转移机构，开展科技成果筛选与培育、知识产权布局与运营、概念验证与中试熟化、价值评估与市场调研、供需对接与技术交易、科技金融与投融资服务等工作，为科技成果转化落地提供专业化服务。年内共支持59家单位建设技术转移机构，其中高校院所方向53家、社会化机构6家。通过专项支持，高校院所和社会化机构进一步健全科技成果转化管理制度、夯实转化人才队伍、深化开放合作、加强供需对接，激发在京高校院所科技成果转移转化潜力，为北京市加快建设国际科技创新中心提供有效支撑。

（王　磊）

【支持59家技术转移机构转化成果1995项】2022年，市科委、中关村管委会支持的59家技术转移机构以开发、转让、许可、作价投资等方式转化成果1995项，比2021年增长35%；成交金额57.87亿元，比2021年增长50%。其中，在京转化金额32.22亿元，占比56%，比2021年增长52%。北京大学第三医院“用于脊柱外科的新型植入物”项目转让金额3000万元。中国农业大学“抗虫耐除草剂转基因玉米2A-7及CC-2”项目作价金额4700万元，学校占股47%。

（田　野）

【北京技术市场情况】2022年，北京市认定登记技术合同95061项，比2021年增长1.6%；成交额7947.5亿元，比2021年增长13.4%。流向本市、外省市和出口技术合同项数分别为33049项、60968项和1044项；成交额分别为1931.5亿元、4555.7亿元和1460.3亿元，占比分别为24.3%、57.3%和18.4%。技术交易呈现以下特点：中心城区技术交易最为活跃，“三城一区”主平台创新能力不断提升；落地北京市技术合同成交额稳步增长，科技创新为首都注入新动力；高精尖领域技术合同项数占比近八成，“双发动机”相关技术领域成交额增长显著；企业主体发挥技术交易主力军作用，高校院所和医疗卫生机构成果转化潜力持续释放；高质量成果转化项目落地北京市呈明显上升趋势，技术赋能首都创新发展；创新辐射引领作用持续增强，助推区域协同发展。

（张未凡）

【北京技术支撑京津冀协同发展】2022年，北京流向津冀技术合同5881项，比2021年增长8.2%；成交额356.9亿元，比2021年增长1.8%，占北京流向外省市的7.8%。主要集中在城市建设与社会发展、环境保护与资源综合利用、新能源与高效节能和电子信息等领域。其中，流向河北省技术合同 3625 项，成交额 274.8 亿元；流向天津市技术合同 2256 项，成交额 82.1 亿元，技术交易规模持续增长。

（叶茂盛　张未凡）

【技术市场助推首都经济发展】2022 年，北京地区实现技术交易增加值占北京地区生产总值的比重持续增长。年内，实现技术交易增加值 3942.7 亿元，比 2021 年增长 7.5%，占地区生产总值（北京市统计局发布的初步核算值 41610.9 亿元）的比重为 9.49%。

（张未凡）

【北京市专利授权量 20.3 万件】2022 年，北京市专利授权量 20.3 万件，比 2021 年增长 2.0%。其中，发明专利授权量 8.8 万件，增长 11.3%。年末拥有有效发明专利 47.8 万件，增长 18.0%。PCT 国际专利申请量 11463 件，增长 10.7%。每万人口高价值发明专利拥有量为 112 件，比 2021 年增加 17.8 件。全年共认定登记技术合同 95061 项，增长 1.6%；技术合同成交额 7947.5 亿元，增长 13.4%。

（田　野）

【搭建网络平台“技 E 网”】2022 年，中国技术交易所推进搭建网络平台“技 E 网”，规范科技成果转化流程，形成标准化服务。年内，“技 E 网”全国线上线下布局站点达到 104 个，其中区域性平台 77 个（覆盖 23 个省市）、行业性平台 23 个、国际业务平台 4 个，与全球 340 余家国际技术转移机构形成紧密的合作关系，成为覆盖全国的技术交易网络平台。中技所联合广州知识产权交易中心等 14 家交易机构共同建立“全国知识产权和科技成果产权交易信息联合发布工作机制”，已纳入 20 家交易机构，累计发布项目 300 余项。

（田　野）

【技术转移人才队伍建设】2022 年，市科委、中关村管委会修订《中关村国家自主创新示范区优化创新创业生态环境支持资金管理办法（试行）》（京科发〔2022〕8 号），支持北京理工技术转移有限公司等 12 家技术转移机构市场化聘用 24 名技术经理人；联合市教委等部门发布《关于推动北京市技术经理人队伍建设工作方案》。北京理工大学、北京工业大学等高校招收技术转移方向硕士研究生近百人。北京技术市场协会等行业组织开展技术经理（经纪）人培训 15 场，培训人员达 2000 余人。2020 年以来，共 474 名技术转移人员通过技术经纪职称评审。

（田　野）

【技术转移机构培育】2022 年，市科委、中关村管委会修订《中关村国家自主创新示范区优化创新创业生态环境支持资金管理办法（试行）》（京科发〔2022〕8 号），明确提出支持北京市创新主体建设专业化技术转移机构。年内，设立“科技成果转化平台建设”专项，投入财政经费 4184 万元，支持 59 家专业技术转移机构，包括高校院所及医疗卫生机构 53 家、社会化服务机构 6 家。北京市各类技术转移机构聚焦原始创新成果、行业共性关键技术转移转化，探索成果转化新模式，构建多元化服务创新机制，在完善制度体系、探索创新服务、推动区域经济发展等方面取得良好成效。北京工业大学建立以成果转化为导向的评聘机制，形成良好的政策激励；北京交通大学完善成果转化收益分配机制，激发科研人员积极性；北京大学设立成果转化基金，以“耐心资本”助力初创企业发展；北京航空航天大学建立概念验证、创业孵化和股权投资联动机制；华北电力大学依托行业资源，推动规模化技术创新和成果推广。

（田　野）

【各区完善科技成果转化配套条件】2022 年，东城区推动国际数字健康中心、零碳智慧园区等建设。朝阳区打造北京市首个集成电路与集成光路双集成的创新示范园。丰台区与北京交通大学共建轨道交通创新基地，入驻铁路北斗导航团队等近 70 个团队。房山区为入驻良乡大学城的高校提供空间、政策等相关配套保障，推进北京理工大学工程医学与创新应用研发中心等新型研发中心建设。通州区建设京津冀国家技术创新中心分中心、国家 ICT 技术产业创新基地。昌平区设立 5 只政府引导基金，实缴规模超过 42 亿元，直接和间接投资项目 1000 余个，投资金额超过 233 亿元。怀柔区支持引入 44 家科技型企业在怀柔科学城转化落地。平谷区打造高质量农业中关村。怀柔科学城启动国家高端科学仪器装备产业示范区建设。未来科学城与华北电力大学共同建设双碳技术转移转化研究院。经开区实施“榫卯计划”，征集 93 项校企对接需求。

（田　野）

【北京硬科技领域初创企业投融资活跃】2022 年，北京市新设企业 23 万家，日均新设企业 600 余家；北京科技企业获风险投资近 900 起，披露风险投资金额约 1400 亿元，占全国近两成，居全国首位。新能源、人工智能、医疗健康、区块链等硬科技领域的初创企业投融资保持活跃，国产 RISC–V 芯片研发企业北京中科海芯科技有限公司获近亿元 Pre–A 轮融资。集成电路领域产品和服务企业北京奕斯伟科技集团有限公司、人工智能和高性能计算平台摩尔线程智能科技（北京）有限责任公司、氢能产业核心技术开发商国氢能源科技有限公司等完成新一轮10亿元级融资。

（田　野）

【北京科技成果信息系统汇交科技成果2975项】2022年，北京科技成果信息系统汇交科技成果2975项，比2021年增长46%；汇交科技成果的主管部门增至18个，比2021年增长12%；项目承担单位增至近500个，比2021年增长40%。信息系统向社会公布并提供科技成果信息查询、筛选等公共服务。

（田　野）

【提升企业全球配置技术要素能力】2022年，市商务局、市财政局印发《北京市外经贸发展资金支持北京市外贸企业提升国际化经营能力实施方案》（京商财务字〔2022〕20号）。市科委、中关村管委会印发《中关村国家自主创新示范区提升国际化发展水平支持资金管理办法（试行）》（京科发〔2022〕9号），从融入全球创新网络、集聚国际创新资源、国际交流合作3个方面11个政策点为创新主体提供支持。改版升级“京科”平台，集成4.5万项成果和服务资源，日访问量近3万人次，海外用户覆盖美国、日本、英国等120余个国家和地区。

（田　野）

【完善国际技术转移协作网络】2022年，市政府办公厅印发《北京市关于支持外资研发中心设立和发展的规定》，认定首批外资研发中心29家。举办2022北京智源大会、北京国际学术交流季等活动18场，170余位境外嘉宾参会，国内外诺贝尔奖获得者或院士演讲嘉宾40位。近400家北京市国际合作基地对接全球科技资源，承接海外高水平科技成果在中关村落地。举办HICOOL2022全球创业者峰会暨创业大赛，吸引来自全球91个国家和地区的5016个创业项目、6672名创业人才参加。

（田　野）

【中关村贯通科技成果转化服务链条】2022年，在成果转化的哺育创意期，中关村通过“1+5”资金政策支持科技成果概念验证，推动小微企业承接高校科技成果“先使用后付费”。在转化项目的孵化初创期，科技创新驱动公益基金联合北京大学科技成果转化基金、北京荷塘生命科学基金等投资机构，募集近20亿元资金，投资数十个成果转化项目，为原始创新强力赋能。在转化企业的加速成长期，建立知识产权质押融资风险分担机制，形成全链条服务的知识产权保险“北京模式”，构建促进产业创新集群发展的良好金融生态。

（田　野）

【举办532场中关村“火花”等供需对接活动】2022年，市科委、中关村管委会组织高校院所举办中关村“火花”等供需对接活动532场，推介项目416个，参与人数超过1万人。共有42家各类机构举办“火花”活动，其中北京大学人民医院、北京医院、北京信息科技大学、首都儿科研究所附属儿童医院、中国科学院国家空间科学中心、中国地质大学（北京）等10家单位为初次举办，北京农学院举办9场“火花”活动。多家高校院所结合“火花”活动，建立项目定期遴选、推介路演机制。据不完全统计，2022年路演项目已对接企业或投资机构145家，达成合作、投资意向55项。如北京大学肿瘤医院的“人工智能辅助的蛋白组学生物标志物开发与临床应用分析系统”项目与北京纳通集团达成合作意向，北京积水潭医院的“新型神经阻滞穿刺针”项目与北京氪瑞科技有限公司合作开发样品制作，北京市神经外科研究所的“可用于缺血性脑卒中治疗的等离子体设备开发”转让给北京北卓医疗科技发展有限责任公司等。

（田　野）

【技术转移平台建设发展情况】截至2022年底，市科委、中关村管委会支持高校院所及各类社会化技术转移机构105家，涉及24所高等学校（央属16所、市属8所）、53家科研院所（央属43家、市属10家）、15家医疗卫生机构（央属6家、市属9家）和13家社会化机构。105家高校院所在全国范围内“四技”合同登记成交额为440.20亿元、合同登记数量为29715项，其中北京地区成交额187.69亿元、合同登记数量12707项，分别占全国的42.64%和42.76%。105家高校院所在全国范围内“两技”合同登记成交额为387.96亿元、合同登记数量为16669项，其中北京地区成交额166.15亿元、合同登记数量6688项，分别占全国的42.83%和40.12%。

（李昌凌）

创业孵化服务

【概述】2022年，北京市创新创业服务体系日趋完善。北京各类创新创业服务机构达到500余家，民营机构占比达到70%。其中，2022年新增国家级孵化器2家、市级孵化器17家。截至年底，经国家、北京市认定、备案或纳入支持体系的创业孵化机构450余家，其中，国家级孵化器65家、市级孵化器96家、标杆孵化器23家、国家备案众创空间145家、市级众创空间302家、国家级大学科技园16家、市级大学科技园29家。孵化面积超过500万平方米，在孵企业2.8万家，在孵企业年营收1407亿元，孵化器参与的投资基金超300亿元。近10年，累计毕业企业3万家，孵化上市企业近200家、独角兽企业30余家，培育包括北京字节跳动科技有限公司、北京三快科技有限公司（美团）、北京旷视科技有限公司、中科寒武纪科技股份有限公司等一大批知名企业。孵化器已经成为北京市和中关村示范区打造良好创新生态、支撑首都高质量发展、示范带动全国创新驱动发展的重要力量。

创新创业服务机构内部结构持续演进，专业型创业孵化机构不断增加，更加注重专业化、价值化发展，高校院所科研人员、大企业高管和技术人才等成为创新创业的重要群体。高精尖领域硬科技企业逐年增加，全市创新能力较强的国家高新技术企业达到2.82万家、独角兽企业达到102家，年度技术交易成交额达7900亿元。大企业加快融入创业服务体系，通过建设大中小企业融通发展平台、开展早期投资、开放产业链供应链资源等方式，支持相关领域创业企业和创新团队发展。一批知识产权、检验检测、共性技术服务、财务、法务、咨询等专业机构融入创业服务体系，北京市和中关村示范区创业服务加速升级发展。

全市推动建设一批孵化模式超前、专业能力突出、产业带动作用显著的标杆孵化器，探索新孵化范式，示范引领更多孵化器向专业化、价值化、国际化发展。市区协同布局支持打造奇绩创坛、飞镖、小米谷仓等首批9家引领类标杆孵化器，以及禾芫、智友等14家培育类标杆孵化器。市科委、中关村管委会会同有关部门于2022年底研究制定《标杆孵化器培育行动方案（2022—2025年）》，加快培育标杆孵化器，带动创新创业生态优化提升，加速硬科技企业孵化，促进高精尖产业发展和未来产业培育，更好支撑北京国际科技创新中心和中关村世界领先科技园区建设。

全面实施助企纾困措施。研究制定《市科委、中关村管委会支持科技企业创新发展稳定经济增长工作方案》《关于加快落实承租非国有房屋科技型孵化器房租减免补贴政策的通知》《北京市人民政府国有资产监督管理委员会等7部门关于减免服务业小微企业和个体工商户房屋租金有关事项的通知》等政策文件，鼓励承租非国有房屋孵化器为在孵企业减免房租，2022年全市182家孵化器为4324家中小微企业和个体工商户减免房租4.03亿元，涉及减免面积约109万平方米。向各区印发《关于对租赁非国有房屋科技型孵化器减免中小微企业和个体工商户房租给予补贴支持的通知》和操作指引，共给予50家承租非国有房屋孵化器2459万元资金补贴。

（罗　虎　史文建）

【2021中关村国际前沿科技创新大赛总决赛举办】1月11日，2021中关村国际前沿科技创新大赛总决赛在中关村示范区展示中心举行。大赛作为中关村论坛的“赛板块”，于2021年7月启动，征集海内外硬科技项目近千个，涵盖生物医药、人工智能、集成电路等12个前沿硬科技领域，其中海外项目来自英国、德国、爱尔兰、意大利、新加坡、日本等国。经过24场分领域预赛和决赛，各分领域分别评选出前10名。进入总决赛的23个项目通过路演的方式进行，脑胶质瘤精准诊疗创新团队的“MET小分子抑制剂在中枢神经系统肿瘤靶向治疗中的应用研究”获冠军，北京与光科技有限公司的“智能感知快照式CMOS超光谱成像芯片”获亚军，北京星际荣耀科技有限责任公司的“双曲线三号可重复使用中大型液氧甲烷运载火箭”获季军。举办大赛优质企业

展，20 余家参赛企业参展，集中展示前沿硬科技产品。总决赛现场还举行优秀项目投资签约仪式；中关村海淀智能网联汽车前沿技术创新中心、中关村延庆体育科技前沿技术创新中心、中关村房山高端制造前沿技术创新中心、中关村密云园绿色科技前沿技术创新中心等 4 家中关村前沿技术创新中心揭牌。

（陈宝德）

【第六届中国创新挑战赛暨中关村第五届新兴领域专题赛举办】1 月 11 日，由北京市科委、中关村管委会，科技部火炬中心主办的第六届中国创新挑战赛暨中关村第五届新兴领域专题赛总赛、成果展示、颁奖和成果推广活动在中关村示范区展示中心举办。北京市政府副秘书长张劲松，科技部火炬中心，北京市科委、中关村管委会等相关负责人和嘉宾，参观专题赛技术成果展并参加颁奖典礼。来自投资机构、参赛企业、社会组织等单位的代表 200 余人参加现场活动，1000 余人参与线上直播活动。总赛以“路演 + 答辩”的方式举行，10 支项目团队晋级总赛，北京理工大学、鹏城实验室的“自主辐射侦察移动机器人平台技术”，北京航空航天大学的“钛合金精密成形用可溶性氧化钙型芯制备及应用技术”等成果分获总赛前 10 名。北京伟景智能科技有限公司、北京交通大学、北航航空发动机燃烧团队、陕西天璇涂层科技有限公司与需求方现场签约。总赛期间，组委会组织专题赛技术成果展览和对接活动，近 50 家单位的技术成果集中展示。会上，组委会发布专题赛 2022 年第一批需求。

（王小雪　刘　贵）

【开展国家级科技企业孵化器和国家众创空间管理模式创新试点】2 月 25 日，市科委、中关村管委会印发《关于落实国家级科技企业孵化器和国家备案众创空间信息变更管理模式创新试点工作的通知》。《通知》包括试点期限、试点内容、信息变更办理程序、工作要求 4 个部分。试点内容：在试点期间，北京地区国家级科技企业孵化器和国家备案众创空间的所属区域、场地面积、经营场所和名称等信息发生变更的，由市科委、中关村管委会审批同意后即变更生效，科技部对相关信息变更情况开展抽查检查和事中事后监管。信息变更情况由市科委、中关村管委会按季度分批向科技部报送。试点期限：2022 年 1 月至 2023 年 12 月。

（徐建功）

【17 家科技企业孵化器获认定】3 月 10 日，市科委、中关村管委会发布《关于公示 2021 年度拟认定北京市科技企业孵化器名单的通知》，按照《北京市科技企业孵化器认定管理办法》（京科发〔2020〕13 号）规定，经形式审查、专家答辩评审、实地核查等流程，形成 2021 年度北京市科技企业孵化器名单并予以公示。北京新生巢生物医药科技产业运营有限公司新生巢创新中心、北京翠湖科创科技发展有限公司翠湖科创平台、北京和义广业创新平台科技管理有限公司和义广业医疗创新谷等 17 家机构被新认定为北京市科技企业孵化器。

（陈宝德）

【孵化器为 182 家在孵企业减免房租】3 月 19 日，市科委、中关村管委会指导北京创业孵育协会发布《关于协同支持科技型中小微企业和创新团队稳定发展的倡议书》，引导全市孵化器为在孵企业减免房租。据统计，全年共有 182 家孵化器响应号召，为 4300 余家中小微企业和个体工商户减免房租 4.03 亿元。

（徐建功）

【首届“京彩大创”北京大学生创新创业大赛举办】4 月 13 日，由市教委、市人力资源社会保障局、市发展改革委共同主办的首届“京彩大创”北京大学生创新创业大赛启动暨北京大学生创新创业成果展揭幕仪式在北京高校大学生创业园理工园举行。大赛以“京彩青春　创响未来”为主题，包括北京大学生创新创业成果展、北京大学生创新创业大讲堂、北京大学生创新创业训练营等“1+7”系列活动。主体赛事设科技创新等四大赛道。大赛共吸引 7475 人注册参与，4574 支创业团队报名参赛，覆盖北京地区 90 余所高等院校及科研院所。9 月 16 日，大赛总决赛暨颁奖典礼在全国双创周北京会场——中关村示范区展示中心会议中心举行。15 支大学生创业团队晋级总决赛，最终，北京大学的“面向跨尺度、大规模分子体系的 AI for Science 计算平台”项目团队获冠军。

（李贺英）

【两家孵化器入选国家级科技企业孵化器】4 月 19 日，科技部印发《关于公布 2021 年度国家级科技企业孵化器的通知》（国科发火〔2022〕94 号），将 149 家孵化器备案为国家级科技企业孵化器。其中，北京市内北京科创空间投资发展有限公司的创 E+ 新一代信息技术产业孵化器和北京中都泰和科技企业孵化器有限公司的中都泰和孵化器 2 家科技企业孵化器入选。

（徐建功）

【2022 中关村国际前沿科技创新大赛启动】6 月 8 日，由中关村高科技产业促进中心主办的 2022 中关村国际前沿科技创新大赛启动。大赛是中关村论坛的赛事板块和对外交流的高水平国际前沿科技竞技平台，

围绕人工智能、医药健康、集成电路、大数据与云计算等新兴产业领域，面向全球公开选拔一批拥有全球首创、世界领先的前沿技术初创团队和企业，推动优质成果及企业在中关村落地转化，引导各分园特色发展，提升中关村示范区前沿科技的创新水平，构建更加有利于前沿科技发展的创新生态，加快建设世界领先的科技园区，有力支撑北京建设国际科技创新中心。

（徐建功）

【概念验证创新大赛“新一代信息技术”专场路演举办】 6月9日，由中关村科学城—中国科学院北京分院概念验证中心主办的2022“智汇行动”概念验证创新大赛——中国科学院计算研究所“新一代信息技术”专场路演在中科智汇工场举办。中国科学院计算所、中关村科学城管委会等单位有关负责人及投融资机构的代表参加。7个中国科学院计算所早期项目参加。项目团队成员展示其在各自领域方向的创新成果及实践成就。评委针对项目的核心技术、市场前景、行业情况、发展计划等方面与项目团队进行探讨，并进行打分，所得分数作为入选2022年“CAS概念验证计划”的重要依据。

（程晓荷）

【7家机构入围国家备案众创空间名单】 6月28日，科技部印发《关于公布2021年度国家备案众创空间的通知》（国科发火〔2022〕184号），经各地方科技主管部门推荐，科技部组织专家评审并公示，确定北京时代凌宇科技孵化器有限公司SOLINK物联网产业链众创空间等350家机构为国家备案众创空间。其中，市科委、中关村管委会推荐的7家众创空间入选，分别是：北京时代凌宇科技孵化器有限公司的“SOLINK物联网产业链众创空间”、北京极客星辰科技有限公司的“极客·BOX众创空间”、北京九州通科技孵化器有限公司的“九州通创客驿站”、北京未来科学城产业发展有限公司的“未来科学城众创空间”、北京启迪之星创业加速科技有限公司的“启迪之星（延庆）众创空间”、北京侨创空间科技有限责任公司的“侨创空间”、电信科学技术仪表研究所有限公司的“大唐创业园”。对国家备案众创空间自用及无偿或通过出租等方式提供给在孵对象使用的房产、土地，免征房产税和城镇土地使用税；对其向在孵对象提供孵化服务取得的收入，免征增值税。

（陈宝德）

【“创客北京2022”新闻发布会举办】 7月6日，第七届“创客中国”北京市中小企业创新创业大赛暨“创客北京2022”创新创业大赛新闻发布会在丰台区举办。“创客北京2022”由市财政局、市经济和信息化局、丰台区政府联合主办，北京市中小企业服务中心、北京市中小企业公共服务平台、丰台区科信局、中关村丰台园管委会、北京创业投资创新服务联盟承办。市经济和信息化局、丰台区委等相关单位负责人及赛道承办方代表出席。16个区和经开区中小企业主管部门，各协办单位、金融机构、示范平台、示范基地等300余家单位线上参会，超5万家次企业在线观看。大赛由区域赛和龙头企业专项赛构成，区域赛设初赛、复赛、决赛3个环节，共设立200个初赛点、17个分赛区，面向高精尖产业、文化创意产业、新型便民服务业广泛征集和遴选优秀项目。本届“创客北京”大赛于6月启动报名，征集参赛项目。

（李贺英）

【概念验证创新大赛——科学“碳”索专场路演举办】 7月27日，由中科智汇工场、中国科学院理化技术研究所和中国科学院大气物理研究所主办的“智汇行动”概念验证创新大赛——科学“碳”索专场路演在京举办。“跨临界CO_2单螺杆压缩机开发”“大规模液态空气储能技术”“动力电池温控及热失控防护装置”“Agro-GHG核算平台在主要农产品减排固碳与成本收益的评估应用”“仿生低碳新型建筑材料”“太阳能化学面板制氢”“支撑双碳需求的大规模化太阳能发电精准监测和预报系统”等7个中国科学院早期项目团队进行路演。评委针对项目的技术产品、商业模式、核心团队等方面进行评分。

（程晓荷）

【中关村国际前沿科技创新大赛大数据与云计算领域决赛举办】 8月9日，由中关村高科技产业促进中心、门头沟园管委会、中关村前沿科技与产业服务联盟主办，北京中发展智源人工智能科技发展有限公司承办的2022中关村国际前沿科技创新大赛“中关村银行杯”大数据与云计算领域决赛在门头沟区中关村（京西）人工智能科技园·智能文创园举办。大赛紧抓数字产业化、产业数字化契机，以大数据、云计算、物联网和智能硬件赋能产业生态，持续培育产业跨界融合，构建基于新原理、新技术的新业态新模式，构建更加有利于前沿科技发展的创新生态。经预赛选拔共有15个项目参加总决赛。北京思斐软件技术有限公司、北京星辰天合科技股份有限公司、北京焱融科技发展有限公司、北京极光星通科技有限公司、北京炼石网络技术有限公司、成都链安科技有限公司、光之树（北京）科技有限公司、北京蓝杞数据科技有限公司、北京全息智信科技有限公司、北京源堡科技有限公司等10家硬科技企业入围TOP 10。

（王福冬）

【中关村国际前沿科技创新大赛碳中和领域决赛举办】8月11日，由中关村高科技产业促进中心、中关村密云园管委会、中关村前沿科技与产业服务联盟联合主办的2022中关村国际前沿科技创新大赛碳中和领域决赛在北京朔黄发展大厦举办。共有15个碳中和领域的优质项目参加决赛。各项目所属企业负责人采取线上线下路演的方式，介绍自身产品的技术优势、市场销售等方面的情况，并就现场专家提出的问题进行答辩。霖和气候科技（北京）有限公司的“分布式碳中和（二氧化碳捕集和利用）技术产业化”项目、北京势蓝科技有限公司的“工业有机废气超低排放控制技术”项目、北京启迪德清生物能源科技有限公司的“酶法生物炼制工艺技术”项目等10个项目入围TOP 10。

（陈宝德）

【中关村国际前沿科技创新大赛虚拟现实与元宇宙领域决赛举办】8月23日，由市科委、中关村管委会，石景山区委、区政府主办，中关村前沿科技与产业服务联盟和启迪之星（北京）科技企业孵化器有限公司承办的2022中关村国际前沿科技创新大赛“中关村银行杯”虚拟现实与元宇宙领域决赛暨2022“北京·景贤杯”创新创业大赛虚拟现实与元宇宙赛道复赛在首钢园举办。经初赛筛选，15家虚拟现实与元宇宙领域企业入围。北京至格科技有限公司、北京悠米互动娱乐科技有限公司、北京傲雪睿视科技有限公司、凌宇科技（北京）有限公司等10家企业入围TOP 10。

（李　丹）

【中关村国际前沿科技创新大赛新能源领域决赛举办】8月30日，由中关村高科技产业促进中心、昌平区科委、北京未来科学城管委会等单位共同主办的2022中关村国际前沿科技创新大赛“中关村银行杯”新能源领域决赛在昌平区未来科学城举办。共有15家新能源领域优质企业和团队参加决赛并进行公开路演，在碳达峰碳中和目标背景下展现新能源前沿技术助力“双碳”目标实现的科技硬实力。大生清风（北京）科技有限公司等10家硬科技企业入围前10名，其中大生清风公司的“风电机组核心零部件再生制造”项目获第一名。

（朱　迪）

【中关村国际前沿科技创新大赛国际第三代半导体专题赛举办】8—11月，由顺义区科委、中关村顺义园管委会、北京第三代半导体产业技术创新战略联盟（CASA）等单位主办的2022中关村国际前沿科技创新大赛国际第三代半导体专题赛以线上形式举办。大赛聚焦第三代半导体产业关键核心技术，以项目对接为载体，搭建先进技术与产品的展示交流合作平台，挖掘、集聚、服务第三代半导体领域的创新创业项目，促进大中小企业协同创新创业、融通发展，提升中国第三代半导体领域的技术创新能力，推动产业发展。全国71个第三代半导体产业链各环节、各领域的企业和创业团队参加专题赛，通过线上投票和专家打分，评选出15个优秀项目参加决赛，涵盖消费类电子及机器人、智慧照明及显示技术、新能源并网与能源互联网、5G通信、新能源汽车与轨道交通等6类项目。“第三代半导体紫外LED技术公共场所杀菌消毒整体解决方案”获一等奖，“柔性折叠显示材料产业化”和“高可靠高性能自主可控电源管理芯片”获二等奖，“半导体精密探针测试设备研发制造项目”“3D互动车载曲面柔性透明显示屏”“氮化物外延片/芯片材料供应商”获三等奖。

（付建平）

【2022氢能产业“春天期”分析大会召开】9月1—5日，由中国能源研究会主办的2022能源产业创新发展与品牌建设年会暨首届能源产业创新博览会在国家会议中心与中国国际服务贸易交易会同期召开。会议由主题大会、6个产业创新发展专题、1个产业品牌发展论坛构成。其中，2022氢能产业的“春天期”分析大会作为产业创新发展专题论坛于9月4日举行。来自能源领域的专家，国内外氢能主流企业高管，行业组织代表，科研院所、高校机构的专家，以及资深院士、专家等嘉宾共同讨论能源“十四五”规划的落实、能源产业对能源安全和国民经济的支撑及能源产业品牌评价体系的建立，分享氢能产业的前景、机遇与挑战及实践案例。能博会展出面积规模约1万平方米，展示能源企业转型创新成果和涌现的新产品、新技术、新业态。

（高　健）

【TiD 2022质量竞争力大会召开】9月5—9日，由中关村智联软件服务业质量创新联盟主办的TiD 2022质量竞争力大会在京召开。大会以“聚焦数字化转型，构建开放的质量生态”为主题，全球数据、软件、区块链、云计算、智能制造等多领域近200位讲师及软件公司一线管理及技术人员参与。大会设置1场全体大会和2场国际论坛，邀请外籍演讲嘉宾14人，通过18项高阶课程、25场专题论坛，分享智能系统、软件测试、数字化转型、测试职业发展等前沿方向及话题。参会外籍成员 40 人，线上 2 万余人次观看。

（李建玲）

【2022“科创中国”科技创新创业大赛总决赛举办】 9 月 7 日，由中关村产业技术联盟联合会主办，启迪之星、中关村科学城科技服务业促进会、中关村合众天使投资联盟、中关村创业大街、金隅智造工场等机构协办的 2022“科创中国”科技创新创业大赛总决赛在京举办。来自企业、投资机构、科研单位和新闻媒体等的代表 150 余人参加现场活动。大赛于 3 月启动，以“助燃创新活力，赋能产业升级”为主题，聚焦新一代信息技术、生物医药健康、节能环保与新能源、先进制造、新材料、现代交通等领域，面向海内外具有关键核心技术创新能力和高成长潜力的科创企业，共收到京内外 210 个项目报名参赛。举办各项专题赛 5 场，370 余人线下参与。中储国能（北京）技术有限公司、罗维智联（北京）科技有限公司、苏州清研精准汽车科技有限公司等 10 家企业入选总决赛 TOP 10。

（李建玲）

【中关村国际前沿科技创新大赛人工智能领域决赛举办】 9 月 13 日，由中关村科学城管委会、中关村高科技产业促进中心、中关村前沿科技与产业服务联盟共同主办的 2022 中关村国际前沿科技创新大赛人工智能领域决赛在中关村示范区展示中心举办。“城乡安全态势天地感知网”“云柚超级调度语音机器人”“盘古零样本 NLP 平台”等 15 个项目参加决赛。来自高校院所、投资机构、领军企业等单位的 11 位专家担任评委。慧安金科（北京）科技有限公司、北京盈迪曼德科技有限公司、北京领骏科技有限公司等 10 家硬科技企业入围前 10 名，前 3 名企业分别获 10 万元、5 万元、3 万元奖金。

（陈宝德）

【中关村国际前沿科技创新大赛国际赛道生物健康领域决赛举办】 9 月 14 日，由中关村高科技产业促进中心、中关村前沿科技与产业服务联盟主办的 2022 中关村国际前沿科技创新大赛国际赛道生物健康领域决赛在中关村国际孵化器举办。来自全球生物健康领域的 15 个科技项目进入决赛。各参赛项目代表从团队优势、产业创新、市场需求、商业模式等方面进行阐述答辩。来自高校院所、投资机构、企业等的 10 位专家担任评委。北京鑫康合生物医药科技有限公司、Ommo Technologies Inc.（美国）、北京未磁科技有限公司、天津凌视科技有限公司、痉挛精准检测与智能康复机器人、北京碳纳医疗科技有限公司、北京超维景生物科技有限公司、北京星亢原生物科技有限公司、北京数智元宇人工智能科技有限公司和广州博鑫医疗技术有限公司等 10 个项目入围 TOP 10。

（陈宝德）

【中关村国际前沿科技创新大赛智能网联汽车领域决赛举办】 9 月 14 日，由中关村科学城管委会、中关村高科技产业促进中心、中关村前沿科技与产业服务联盟主办的 2022 中关村国际前沿科技创新大赛“中关村银行杯”智能网联汽车领域决赛在中关村示范区展示中心举办。城市自动驾驶全场景解决方案、无人驾驶大脑等 15 个参赛项目进入决赛。来自高校院所、投资机构、企业等单位的 11 位专家担任评委。北京宏景智驾科技有限公司、南京芯驰半导体科技有限公司、北京一径科技有限公司、北京五一视界数字孪生科技股份有限公司、新石器慧通（北京）科技有限公司、北京智行者科技有限公司、北京轻舟智航智能技术有限公司、北醒（北京）光子科技有限公司、北京斯年智驾科技有限公司和禾多科技（北京）有限公司等 10 家硬科技企业入围 TOP 10。

（李海松　程晓荷）

【中关村国际前沿科技创新大赛生物医药领域决赛举办】 9 月 15 日，由中关村高科技产业促进中心、昌平区科委、未来科学城管委会等单位主办的 2022 中关村国际前沿科技创新大赛“中关村银行杯”生物医药领域决赛在昌平区中关村生命科学园举办。“肿瘤精准医疗一体化解决方案”“超长效代谢类蛋白药物研发和成果转化”等 15 个项目参赛，来自高校院所、投资机构、领军企业等单位的 11 位专家担任评委。北京臻知医学科技有限责任公司的“实体肿瘤通用型抗原特异性 T 细胞药物及肿瘤特异性抗原 mRNA 治疗性疫苗开发”、北京迈格松生物科技有限公司的“基于新发现的介导细胞间通讯的细胞器迁移体的多功能递送平台”等 10 个项目入围 TOP 10。

（朱　迪　陈宝德）

【第七届中国创新挑战赛暨中关村第六届新兴领域专题赛启动】 9 月 16 日，由北京市科委、中关村管委会，科技部火炬中心主办的第七届中国创新挑战赛暨中关村第六届新兴领域专题赛启动及需求集中发布会在中关村科学城四季科创中心举办。大赛指导单位、主承办单位、相关社会组织、投融资机构、需求单位及挑战者等代表约 50 人现场参会，会议同时设线上分会场，近 500 人线上参会。融合创新成果展示环节，北京庚图科技有限公司等 30 家企业围绕各自的优势产品进行现场演示和讲解；需求集中发布环节，专题赛专家委员会对大赛第二批120项需求进行集中发布，对新能源与新材料、智能制造、航空航天等6个领域的16项需求进行重点解读；优秀项目路演环节，北京智汇云舟科技有限公司等6家企业对自身的优势产品进行路演，专家和投资人对项目进行现场点评。大赛获奖单位除能获得与需求单位的项目合作外，还能优先享受中关村示范区“1+5”政策支持，优先推荐纳入国家和北京市相关科技计划支持范围。同时，获总赛前10名的成果还可获奖金支持，其中，第一至第三名企业可获30万元资金支持，第四至第六名企业可获20万元资金支持，第七至第十名企业可获10万元资金支持。

（王小雪）

【双创主题展云展厅上线】9月20日，市科委、中关村管委会推出双创主题展云展厅。云展厅部署在国际科技创新中心网络服务平台上，主要以3D形式搭建，嵌入官网、公众号等多媒体渠道，与科创中心平台其他资讯、服务模块有机结合。双创主题展以“创新增动能，创业促就业”为主题，分为政策赋能、高精尖产业、创新成果、三城一区、国际交流、创业载体等6个部分，同时在“双创广场”设立虚拟直播、导览及互动交流等公共服务区。

（徐建功）

【“科创中国”技术路演专场活动举办】9月26日，由中国科协主办，北京北航天汇科技孵化器有限公司、北航人工智能研究院等单位协办的“科创中国”技术路演——人工智能（北京）专场活动在京举办。来自全国学会、高校团体、投资机构、研究机构及企业的代表约6600人通过“科创中国”等平台观看路演直播。参加路演的5个项目涵盖腔镜手术AI导航系统、大学生校招及职业规划、大数据监督、相干光量子计算及人工智能设计引擎等领域。北航人工智能研究院、明德长青资本、北京高精尖产业发展基金的专家为企业项目进行点评，并从技术、产业、投资等方面与企业代表进行交流。

（翟　彬）

【20家创业载体被认定为北京市创业孵化示范基地】10月31日，市人力资源社会保障局发布《关于确定第六批北京市创业孵化示范基地的通知》，确定20家创业载体为北京市创业孵化示范基地。

第六批北京市创业孵化示范基地一览表

序号	区	基地名称	基地运营机构（单位名称）
1	朝阳区	中国北京（望京）留学人员创业园	北京望京科技孵化服务有限公司
2	朝阳区	京东方LIMO零秒创新空间	北京京东方物业发展有限公司
3	朝阳区	望京科技·易蓝空间	萃智指南者教育科技（北京）有限公司
4	西城区	北京设计之都大厦	北京设计之都发展有限公司
5	西城区	北京京仪融科科技孵化器有限公司	北京京仪融科科技孵化器有限公司
6	顺义区	茂华智汇产业园	北京广华轩投资有限责任公司
7	石景山区	北京侨创空间科技有限责任公司	北京侨创空间科技有限责任公司
8	海淀区	北京京仪科技孵化器有限公司	北京京仪科技孵化器有限公司
9	丰台区	首科大厦创业孵化示范基地	北京首科创融科技孵化器有限公司
10	丰台区	北京国家数字出版基地	北京国家数字出版基地发展有限公司
11	东城区	航星园创业孵化基地	北京航星机器制造有限公司
12	大兴区	奥宇科技英巢基地	北京奥宇科技企业孵化器有限责任公司
13	大兴区	九州数字医疗健康产业园	北京九州众创科技孵化器有限公司
14	昌平区	北京未来科学城创业孵化平台－未来科创中心	北京未来科学城产业发展有限公司
15	昌平区	昌发展·奇点中心创新创业孵化平台	北京众智鼎昌科技产业有限公司
16	房山区	创新谷	北京创新谷科技孵化器有限公司
17	密云区	蓝山文化园	北京铂云蓝山物业管理有限公司
18	门头沟区	利德衡绿创空间孵化器	北京利德衡环保工程有限公司
19	延庆区	八达岭工发新能源创业孵化基地	北京八达岭工发新能源科技企业孵化器有限公司
20	北京经济技术开发区	中科电商谷产业园	北京中科电商谷信息技术有限公司

（徐建功）

【第七届中国创新挑战赛暨中关村第六届新兴领域专题赛现场赛举办】11月22日，由北京市科委、中关村管委会，科技部火炬中心主办，中关村产业技术联盟联合会、中关村社会组织联合会承办的第七届中国创新挑战赛暨中关村第六届新兴领域专题赛现场赛在中关村科学城四季科创中心举办。专题赛共发布技术难题类需求123项，征集解决方案316项，经初审，共有293项解决方案入围现场赛。现场赛落实“揭榜挑战、实测比拼”赛事模式，坚持“公平、公正、公开”的原则，通过方案评审和样机实测相结合的方式，遴选满足需求方要求的技术成果，推动供需双方对接和合作。现场赛分六大领域（信息技术与安全、人工智能与大数据、无人系统、新能源与新材料、智能制造、商业航天）专项赛进行，采取线上与线下相结合的形式。其中，人工智能与大数据、无人系统、新能源与新材料、智能制造、商业航天5个专项赛于11月22—24日完成线上评审，评审专家重点评审解决方案在供需匹配度、方案可行性、技术先进性等方面的优势，各参赛单位展示自身产品和技术成果以及研发团队的实力。在供需对接交流环节，各参赛单位与需求方及大赛专家进一步对接交流。

（王小雪）

【63家国家级科技企业孵化器通过考核】12月26日，科技部火炬中心印发《关于公布国家级科技企业孵化器2021年度评价结果的通知》（国科火字〔2022〕222号），公布全国1277家国家级科技企业孵化器的考核结果。其中，中关村示范区内北京首科创融科技孵化器有限公司、北大医疗创业园科技有限公司、北京北航天汇科技孵化器有限公司等18家国家级孵化器被评为优秀（A类），北京云基地云计算科技发展有限公司、贝壳菁汇（北京）生态创新科技有限公司等38家国家级孵化器被评为良好（B类），北京天亿弘方投资管理有限公司、北京瀚海润泽科技孵化器有限公司等7家国家级孵化器被评为合格（C类）。

（翟　彬）

【北京首批标杆孵化器名单公布】12月27日，市科委、中关村管委会公布其策划和支持建设的首批9家引领类标杆孵化器及14家培育类标杆孵化器名单，涉及原创新药、细胞基因治疗、智能硬件、光电子、仪器传感器、元宇宙、绿色能源等高精尖产业细分领域，覆盖海淀区、昌平区、丰台区、石景山区、顺义区、怀柔区、朝阳区和经开区。

2022年北京首批引领类标杆孵化器及培育类标杆孵化器一览表

序号	引领类标杆孵化器	培育类标杆孵化器
1	奇绩创坛孵化器	禾芫生物医药孵化器
2	新生巢生物医药孵化器	国家电投集团清洁能源融通创新孵化器
3	中科创星硬科技孵化器	昌科国际医疗孵化器
4	埃米空间新材料孵化器	海高创新国际孵化器
5	巢生生物医药孵化器	元航智能制造孵化器
6	ATLATL 飞镖加速器	中关村智友硬科技孵化器
7	仪器和传感器硬科技孵化器	创新工厂孵化器
8	青禾谷仓智能硬件孵化器	璞跃（PNP）国际孵化器
9	通力科幻元宇宙孵化器	将门加速器
10		联想之星孵化器
11		中关村前孵化创新中心
12		翠湖硬科技孵化器
13		首科医谷孵化器
14		中孵高科生物医药孵化器

（徐建功）

【2022年度科技企业孵化器评估工作完成】2022年，市科委、中关村管委会完成2022年度北京市科技企业孵化器评估工作，13家孵化器被评定为A类，32家孵化器被评定为B类。

（罗　虎　史文建）

科技金融服务

【概述】2022年，市科委、中关村管委会以完善金融支持科技创新体系为主线，以服务国际科技创新中心和世界领先科技园区建设为目标，推进科技金融领域新一轮先行先试改革，制定出台科技金融系列配套政策，构建企业全链条金融支持体系。加快申设中关村科创金融改革试验区，申设方案报送国务院审议。修订完善《中关村国家自主创新示范区促进科技金融深度融合发展支持资金管理办法（试行）》，引导天使创投、信贷保险、资本市场等加大对硬科技的支持力度。会同科技部推动北京颠覆性技术创新基金相关工作，完成近500个颠覆性项目的储备库建设，分两批支持7个颠覆性项目。

持续深化科技信贷创新。会同人民银行营业管理部梳理科创企业融资需求，引导金融机构加大科创企业信贷投放力度，银行面向高新技术企业发放“科技创新再贷款”金额约775亿元，涉及高新技术企业1409家；联合人民银行营业管理部拓展“创信融”企业融资综合信用服务平台服务功能，推动北京中关村科技融资担保有限公司成为创信融试点首家合作担保公司，提高科技企业首贷规模。

进一步完善天使创投发展环境。会同市金融局建立促进外资金融机构在京发展联合工作机制，共同制定北京市促进私募股权投资的支持政策；引导投资机构开展首轮硬科技投资。开展创业投资和天使投资风险补贴资金支持项目，给予35家机构41个项目补贴资金7140万元；加快推进国际创投集聚区建设，引入高瓴、红杉等多家知名创投机构入驻，引导红杉、中金等30余家国内外创投机构组建创投联盟。

推动资本市场改革服务科技创新。积极培育企业在北京证券交易所上市，持续开展“育英计划”，建立拟挂牌企业储备库并动态更新，推动优质企业纳入北交所“直联审核”机制；会同市金融监管局印发《关于支持创新型中小企业在北京证券交易所上市融资发展的若干措施》，加大政策服务保障力度；推动北京四板市场“科创孵化板”建设，提供企业价值报告、商业计划书辅导及公司治理等资本市场合规服务。

支持金融科技产业创新应用。联合金融机构、高校院所、新型研发机构等凝练金融科技示范应用课题指南，对技术创新度高、行业带动性强、示范效果好的应用场景建设项目给予支持；搭建金融科技企业与金融机构沟通交流平台，支持举办2022中关村“番钛客”金融科技国际创新大赛，以及金融科技“10+10”对接活动、2022金融安全与金融科技安全峰会等。

（盛逸飞）

【北京银行与两家单位签署合作协议】1月19日，北京银行与中国科学院自动化研究所及其旗下北京中科闻歌科技股份有限公司签署战略合作协议。根据协议，北京银行依托金融创新实验室，与中科闻歌公司共同设立金融科技联合研究中心，开展金融科技产品研发、成果落地等工作。在研发方向上，金融科技联合研究中心将重点围绕人工智能、大数据等金融科技前沿领域开展前瞻性、原创性课题研究，包括基于多元异构大数据的风险模型研究、新一代知识图谱关键技术研究等。

（朱春凤）

【北京市科兴公益基金会成立】2月14日，由北京科兴中维生物技术有限公司牵头，与北京科兴生物制品有限公司和科兴（大连）疫苗技术有限公司发起的北京市科兴公益基金会在北京成立，原始基金2000万元。基金会旨在资助生物医药领域科研、创新的公益项目，学术交流、人才培养的公益项目；资助自然灾害、事故灾难和公共卫生事件等突发事件造成损害的救助等。年内，共捐赠实验室搭建“高性能蛋白质结构与功能预测平台”，支持高毅勤教授团队开展基于人工智能与机器学习的蛋白质结构、功能预测与应用研究，项目捐赠金额4670万元；支持公共卫生事业，开展的“助力新冠疫情防控”公益项目累计捐赠超1400万元。

（李建玲）

【第九届中关村金融科技论坛年会举办】3月23—24日，由中关村金融科技产业发展联盟、中关村互联网金融研究院和中国互联网金融三十人论坛联合主办的2022中关村论坛系列活动——第九届中关村金融科技论坛年会在线上举办。年会以“顺应数字经济，助力高质量发展”为主题。海淀区政府等单位有关负责人及中国科学院、清华大学、中国社会科学院国家金融与发展实验室等高校院所、金融科技领域的专家等参加。与会代表围绕“数字经济时代下的金融科技”“金融科技助力高质量发展”等议题，就数字经济、政策研判、金融信创、数据治理、信息安全、元宇宙、绿色金融、ESG等方面进行交流。年会还发布《中国金融科技与数字普惠金融发展报告（2022）》。年会全程通过中关村论坛官方网站、新浪财经、邀拍、中关村互联网金融研究院视频号、微信公众号等渠道同步直播，近50万人次观看。

（朱春凤　戴　力）

【小微普惠批量融资担保业务上线】4月，由北京中关村科技融资担保有限公司、网商银行推出的“小微普惠批量融资担保业务”上线。服务业务针对被列入大数据准入系统的“白名单”企业，银行实行“3分钟审核，1秒钟放贷，0人工干预”的“310”模式。担保年化费率1%，按日计算，按月结算，企业随借随还，成本低。业务还建立“银、担、再担风险分担机制”，由中关村科技担保公司、北京中小企业融资再担保有限公司、网商银行对贷款本金按照 4 : 4 : 2 比例分担风险责任，并获国家融资担保基金的再担保分担。

（徐建功）

【中金数据公司与华为数字能源公司签署合作协议】 5 月 9 日，中金数据集团有限公司与华为数字能源技术有限公司签署战略合作协议。双方在数据中心业务、数据中心基础设施、智能光伏、绿色储能、综合智慧能源管理等领域开展合作，并在先进数据中心、绿色能源、综合智慧能源管理等方面展开交流与合作。

（朱春凤）

【中关村科技担保公司抗疫纾困“20 条”发布】 6 月 6 日，北京中关村科技融资担保有限公司发布《纾困解难服务我市科创主体和小微企业行动方案》（简称“20 条”），从优化流程、创新模式、完善供给、降费让利、综合服务、放宽风险容忍度和加强内部保障等 7 个方面实施“20 条”具体措施，多措并举为北京小微企业、科创主体纾困解难，助力首都经济高质量稳定发展。“20 条”针对性强、覆盖面广、协同度高。创新担保模式，推出“批量化无还本续担”业务模式，对于贷款在 6 月至 9 月内到期、单户金额 1000 万元以内符合一定条件的在保小微企业，可在担保方案不变、无须还本、不影响征信记录的情况下完成贷款接续，免收延期期间的评审费。科技赋能升级“小微小额标准化”业务模式，简化评审流程，小微企业通过客户端、渠道端、微信小程序，在线完成业务申请、资料提交和电子签约，1 ～ 2 个工作日内完成快速审批，融资额最高可达 300 万元。借助大数据手段，批量推进小微普惠业务，针对特定场景小微企业，与工商银行、建设银行等继续开展“见贷即保”合作模式并探索拓展到其他合作银行。

（张　岩）

【摩尔线程公司与招商银行北京分行签约】 6 月 16 日，摩尔线程智能科技（北京）有限责任公司与招商银行北京分行签署战略合作协议。双方围绕银行金融科技业务，依托各自资源和优势，共同探索和推进多功能 GPU 在金融科技领域的应用，通过科技创新，优化用户体验，搭建中国数字基建金融应用新场景。

（朱春凤）

【北京瞪羚科创基金设立】 6 月，北京瞪羚科创基金设立，规模 15 亿元。基金由中关村发展集团体系内北京中关村科技创业金融服务集团有限公司、北京中关村科技融资担保有限公司、北京中关村瞪羚投资基金管理有限公司联合北京博恩特药业有限公司、北京安东软件技术有限公司、北京基联启迪投资管理有限公司共同设立，以“专精特新”科创企业为主要服务对象，重点投向成长前景良好、具有一定创新性并符合国家政策支持的行业，包括但不限于新一代信息技术、集成电路、医药健康、智能装备、节能环保、新材料等领域。基金将通过“股权 + 债权”综合融资服务机制，实现“投担联动”，拓展科创企业融资渠道，提升解决双创主体融资“难慢贵”问题的能力，助推企业在资本市场上市。

（陈宝德）

【金融科技“10+10”银企对接活动举办】 7 月 27 日，中关村金融科技产业发展联盟、中关村互联网金融研究院联合主办金融科技“10+10”银企对接活动。交通银行北京分行、光大银行北京分行、中关村银行等金融机构代表分别从隐私计算、区块链、人工智能、量子计算等技术手段，智能风控、智能营销等应用场景及数据高效运用和安全管理解决方案等方面发布需求。用友金融信息技术股份有限公司、慧安金科（北京）科技有限公司、北京数牍科技有限公司、北京科大讯飞教育科技有限公司等科技企业以“揭榜挂帅”的形式针对不同需求演示各自破解机构痛点的优质方案。

（朱春凤）

【第六届金融科技与金融安全峰会举办】 7 月 27 日，由中关村金融科技产业发展联盟、中关村互联网金融研究院主办的 2022 第六届金融科技与金融安全峰会在京举办。峰会聚焦“规范金融科技创新　筑牢金融安全防线”，针对数字经济、科技伦理、隐私保护、数据安全、智慧风控等金融科技与金融安全话题，邀请 50 余位金融科技与金融安全领域的专家学者和产业领袖，分享全球创新前沿理念，解析最佳应用。峰会上发布《2022 中国金融科技竞争力报告》，其全面系统对国内外金融科技的发展情况、发展特色及重点区域进行研究分析，在此基础上对金融科技各行业进行拓展研究，并提出金融科技发展的六大趋势。

（朱春凤）

【5 亿元专精特新基金成立】 7 月 28 日，由北京工业发展投资管理有限公司管理的北京京国盛投资基金（有限合伙）联合西证创新投资有限公司、北京欣亦诚科技中心（有限合伙）等投资主体发起的北京融鑫聚力科技股权投资基金（有限合伙）在北京成立。

基金为专精特新主题基金，总规模5亿元，主要投向北京市具有“专业化、精细化、特色化、新颖化”特点的新一代信息技术、集成电路、医药健康、新能源等领域的中小企业，致力于推动中小企业以科技创新为核心的全面创新，加快解决重点领域“卡脖子”难题、颠覆性技术攻关，实现更多“从0到1”的突破。

（徐建功）

【中国信通院与中国工商银行北京市分行签约】 7月29日，中国信息通信研究院与中国工商银行北京市分行签署合作框架协议。合作将发挥工行北京市分行在金融领域的资源优势，利用中国信通院工业互联网基础设施，以金融为手段，推动面向各行业领域的工业互联网顶层设计、标准规范、新技术融合、应用落地、商业推广、数据可信及信用体系等研究，释放数据价值，为行业数字化转型及高质量发展提供支撑。

（朱春凤）

【全球数字经济大会数字金融论坛举办】 7月30日，由石景山区政府、亚洲数据集团承办的2022全球数字经济大会数字金融论坛在石景山区北京银行保险产业园举办。论坛围绕如何搭建国际国内金融业沟通的桥梁，在新发展格局下如何驱动金融创新和数字化战略升级，如何助力首都数字金融发展进行交流。石景山区与北京市商汤科技开发有限公司、北京市住房置业融资担保有限公司等8家新落地机构、项目代表签署战略合作协议，共同打造数字金融创新中心，提升北京银行保险产业园的国际影响力，为京西地区数字金融发展注入新动力。国家金融科技检测中心的“金融前沿科技与监督科技实验室”项目、北京金安信息技术有限责任公司（金融信创实验室）的“金融创新应用成熟度评价体系模型”、阿里云的“通义千问”超大规模语言模型等一批数字金融领域尖端技术在论坛上展示。

（朱春凤）

【北京市首笔数字人民币惠企资金支付成功】 8月2日，北京市首笔数字人民币惠企资金在石景山区“专精特新”政策兑现发布会上成功支付。该笔惠企资金是石景山区“专精特新”企业的专项奖励资金，企业最高可享受80万元奖励，共有109家符合条件的企业收到奖励资金共3050万元。政策奖励资金以“数字人民币”的特别形式由中国工商银行石景山支行向各获奖企业秒速拨付到位，是北京市首笔以数币形式发放的惠企资金。

（陈宝德）

【中关村先行先试改革——财税政策宣讲会举办】 8月11日，由市科委、中关村管委会与市财政局、市税务局共同主办的中关村先行先试改革——财税政策宣讲会在京举行。宣讲会采取线上和线下相结合的方式进行，来自中关村示范区科技企业的代表70余人现场参加，近200人通过线上直播方式参会。市科委、中关村管委会与市财政局、市税务局的宣讲嘉宾围绕《关于进一步提高科技型中小企业研发费用税前加计扣除比例的公告》《关于中关村国家自主创新示范区核心区（海淀园）股权激励分期纳税政策的通知》《关于中关村国家自主创新示范区核心区（海淀园）开展基础研究税收政策试点的通知》等政策，介绍中关村先行先试改革的情况及政策出台背景，并就政策执行具体流程和细节进行解读。会议还设置答疑交流环节，为科技企业代表答疑解惑。

（徐建功）

【数字人民币低碳卡硬件钱包发布】 9月1日，中国银行联合北京三快科技有限公司（美团），在中国国际服务贸易交易会首钢园区发布首款面向大众流通的数字人民币硬件钱包产品——数字人民币低碳卡硬件钱包。低碳卡能够应用于线上线下衣食住行各类消费场景，未来还将简化骑单车、乘公交地铁时的开锁、支付流程，弥合老人、儿童等群体面临的数字鸿沟。

（朱春凤）

【2022中国金融科技论坛举办】 9月2日，作为2022中国国际服务贸易交易会的组成活动之一，2022中国金融科技论坛在北京首钢园举办，论坛主题为“数字经济时代的金融科技发展应用与安全”。论坛围绕数字化时代金融和科技融合发展之路，金融科技赋能数字化转型的新范式，金融科技与数字普惠金融，金融科技场景应用与安全，金融科技时代的贸易金融数据化发展，银行、保险业数字化转型与应用等话题展开，共同探讨金融科技所带来的机遇和挑战，数字时代的金融服务与金融科技创新及金融与科技的融合叠加发展，互相分享金融科技创新成果，研讨如何更好地推动数字化转型、让金融科技行稳致远。

（朱春凤）

【北京保险业支持科技创新和高精尖产业高质量发展】 9月5日，北京银保监局，市科委、中关村管委会，市金融监管局，市经济和信息化局，市知识产权局联合印发《关于北京保险业支持科技创新和高精尖产业高质量发展的通知》（京银保监发〔2022〕310

号）。《通知》包括总体要求、聚焦保险服务科技创新重点领域、提升科技保险服务能力、加强组织保障等 4 个部分。《通知》提出，辖区内各保险机构应充分聚焦保险服务科技创新重点领域，从提升保险服务知识产权保护能力、提供研发创新全周期保险保障、支持传统制造业技术创新转型升级、加大医疗健康产业保险保障力度、加大战略性产业保险支持力度、助力绿色金融体系建设等 6 个方面落实先行先试改革部署，通过产品和服务模式创新，建立覆盖企业技术创新、装备购置、产品研发、成果转化、产能提升和信用融资等方面的保险保障机制。根据《通知》，北京银保监局为科技保险领域的产品备案、市场准入等事项开辟“绿色通道”，优先快速办理，相关行业主管部门也对符合条件的科创保险业务、科创基金等给予补贴支持。

（盛逸飞　徐建功）

【北京 3 家企业入围全球金融科技厂商榜单】9 月 12 日（美国东部时间），2022 IDC 全球金融科技厂商（FinTech Rankings TOP 100）系列榜单及奖项揭晓。该评选包括金融科技厂商（FinTech Rankings TOP 100）及综合性 IT 服务厂商（Enterprise TOP 25）两个榜单。金融科技厂商榜单评选维度基于厂商 2021 年年报，且服务于金融机构的硬件、软件及服务的营收。入选厂商须有至少 1/3 的营收来自服务金融机构，且以解决方案为主。中国 14 家厂商上榜，其中北京市 3 家，即北京宇信科技集团股份有限公司、中电金信科技集团有限公司、北京中科软件有限公司。

（陈宝德）

【科技创新协同发展基金框架协议签署】9 月 19 日，中国银行与苏州市政府在苏州签署《科技创新协同发展基金框架协议》。基金由科技部战略支持，中国银行与苏州市政府联合发起，将重点聚焦数字经济、低碳能源、医疗健康及上述领域所涉及的新材料和高端装备制造等产业发展。将吸引保险机构，协同地方政府及产业方共同参与，为保险资金进入创投基金搭平台、开渠道，促进科技创新和区域协同发展。根据协议，双方在股权投资领域全面深化合作，支持科创基金和优质科创项目，促进科技链、金融链、产业链“三链”高质量融合发展。

（朱春凤）

【京东科技发布供应链金融科技战略】9 月 21 日，在京举办的 2022 京东供应链金融科技峰会上，京东科技集团发布全新的供应链金融科技战略——以“数智供应链 + 供应链金融”的“双链联动”模式，面向政府、企业和金融机构输出供应链金融科技平台，驱动实体产业实现“通链 + 组网”，助力核心企业实现“纵横一体”的数字化转型，推动供应链金融乃至产业金融实现突破式发展。通过助力核心企业搭建供应链金融平台，京东科技将携手产业多方构建起开放协同的生态体系，化解产业链中中小企业融资难题，有效促进实体产业发展。

（陈宝德）

【金融服务支持北京科技创新企业发展】9 月 22 日，人民银行营业管理部，北京外汇管理部，北京银保监局，北京证监局，市金融局，市科委、中关村管委会，市经济和信息化局，市财政局，市商务局，市知识产权局等部门联合印发《金融服务北京地区科技创新、“专精特新”中小企业健康发展若干措施》（银管发〔2022〕98 号），从建立完善会商机制、加强专项信贷支持、拓展直接融资渠道、提升跨境业务便利等方面加大支持科技创新企业发展。

（盛逸飞）

【中关村科创金融服务中心成立】10 月 28 日，中关村科创金融服务中心揭牌仪式在中关村创业大街举行。北京银保监局、海淀区政府等单位有关负责人及相关机构、企业的代表参加。中心由北京银保监局、海淀区政府共同设立，位于中关村创业大街 6 号，集成北京市企业续贷受理中心、北京市股权交易中心等功能，提供信贷支持、保险服务、投融资对接、区域性股权交易等金融服务；集成打造科创金融综合服务体，引导辖区内金融机构加大科创金融服务技术创新、机制创新、产品创新。

（朱春凤）

【金融科技“10+10”银企对接走进中信银行】11 月 1 日，由中关村金融科技产业发展联盟、中关村互联网金融研究院联合主办的 2022 金融科技“10+10”银企对接——走进中信银行活动举办。中信银行北京分行提出金融科技企业技术支持方面需求，北京比瓴科技有限公司、零犀（北京）科技有限公司、北京融数联智科技有限公司等企业代表分别介绍各自核心技术和产品、应用案例等，对银行科技安全、业务拓展、风险控制、业务运营、财富管理等提供的科技支持表示合作意愿，并期望后期加速推进双方的业务合作及发展。

（朱春凤）

【京东科技与东吴证券签约】11 月 1 日，在京东云城市峰会 · 上海站活动中，京东科技与东吴证券股份有限公司签署战略合作协议。双方进一步探索和深化金融科技合作，凭借京东云数年来对京东超级复杂业务场景的驾驭能力，在底层云基础设施建设、数据治理与大数据平台、智能营销运营中台，以及包含隐私计算等AI技术应用方面展开合作，为提升行业数智化转型效率提供开放、融合、自主可控的金融科技基础支持，共同探寻数智化变革进程最佳路径。

（朱春凤）

【中关村新一轮先行先试改革成效“税收减免”典型案例集体采访活动举办】 11月16日，中关村新一轮先行先试改革成效“税收减免”典型案例集体采访活动在京举办。市税务局相关负责人，以及北京纳通科技集团有限公司、用友网络科技股份有限公司等企业负责人和有关媒体记者参加。会议通报，中关村先行先试税收改革涉及的提高科技型中小企业研发费用加计扣除比例、开展基础研究研发费用税前加计扣除试点及股权激励分3年纳税等措施，取得初步成效。其中，1—9月，全市1万余家科技型中小企业申报享受研发费用加计扣除政策，比2021年同期增加3896户，实际减免企业所得税6.46亿元；15家企业享受基础研究费用税前加计扣除政策，实际减免企业所得税2765万元；27家企业5887人被授予个人股票期权、限制性股票和股权奖励，有效减轻股权激励对象的税收负担，助力企业人才引进。

（徐建功）

【国内首个认股权综合服务试点落地北京】 11月17日，市金融监管局宣布，中国证监会批复同意在北京市区域性股权市场开展并启动认股权登记和转让综合服务试点，国内首个认股权综合服务试点落地北京。根据批复，北京股权交易中心依托区域性股权市场，作为法定私募证券交易场所的功能定位和基础设施，建设认股权的确权、登记、托管、结算、估值、转让、行权等综合服务的试点平台，为开展认股权业务的市场参与主体提供有公信力的第三方登记、转让等服务，推动各类资本向科创企业生命周期早期阶段延伸服务。试点平台还强化基于区块链技术的资本市场金融科技保障，建立健全北京区域性股权市场地方业务链与中国证监会监管链的挂链对接，建立向中央数据库实时报送业务数据等体制机制，为央地金融监管部门实时动态监管和穿透监管提供有效的金融科技基础设施保障。

（徐建功）

【数字经济与金融科技暨全球金融科技大会举办】 11月21日，由金融科技法治研究中心承办的2022金融街论坛年会“数字经济与金融科技暨全球金融科技大会”在北京新动力金融科技中心举行。最高人民法院信息中心、中国社会科学院法学研究所、北京金融法院、中国人民银行营业管理部、北京市西城区委等机构的相关负责人，以及来自证券、银行、保险等行业嘉宾参会。大会设置“数字新基建”“金融科技助力资本市场高质量发展”“促进科技、资本和产业良性循环，服务构建新发展格局”“数字经济与金融服务”等议题，与会专家围绕加快完善资本市场支持科技创新体系建设、金融服务科创企业及成果评价体系等方面开展交流讨论，分享金融科技前沿政策及发展动向。

（朱春凤）

【首笔认股权确权登记业务落地工行北京分行】 11月22日，在2022金融街论坛年会“金融助力产业革新与全球合作”主题分论坛上，北京股权交易中心有限公司宣布全国首笔认股权登记确权业务落地工商银行北京分行。工商银行北京分行与北京市一家专精特新“小巨人”企业签署《可认股权安排权业务协议》，并在北京股权交易中心有限公司平台完成全国首笔认股权业务确权登记。根据协议，工商银行北京分行根据企业意愿需求和发展情况，向行内投资子公司及第三方投资机构推荐企业信息，为企业提供股权融资撮合服务。

（徐建功）

【第十届中关村金融科技论坛年会举办】 12月13—14日，由中关村金融科技产业发展联盟、中关村互联网金融研究院、中国互联网金融三十人论坛主办的2023第十届金融科技论坛年会暨2022“光大杯”中关村“番钛客”金融科技国际创新大赛颁奖典礼在京举办。金融科技领域政府代表、行业主管、企业高管、专家学者等参加。论坛年会以“科技引领·数智未来”为主题，设有10余场平行专题论坛，聚焦金融科技发展趋势、持续应用安全、金融科技伦理 & 治理、元宇宙与Web3、大数据治理、场景金融、“专精特新”、人才培养等金融科技议题。会议向大赛一等奖获得者北京赛博昆仑科技有限公司颁奖。会上还发布“2022中关村金融科技30强榜单”、《2022中国金融科技专利技术报告》。

（朱春凤　徐建功）

【完善多层次资本市场服务体系】 2022年，市科委、中关村管委会支持并培育企业在新三板挂牌、北交所上市，实施“育英计划”，建设重点企业储备库。走访新三板挂牌及拟上市企业，持续推动企业上市融资。支持北京四板市场提升小微企业服务能力，为科创孵化板企业提供资本市场合规服务。持续开展“中关村并购投融资服务包”工作；汇总分析企业在境内外并购中遇到的政策障碍和政策建议；举办促进企业并购的品牌活动，为企业提供并购重组业务支撑，打造中关村并购市场各方协同服务体系。

（陈　静）

【北京市科技创新基金情况】截至2022年底，北京市科技创新基金累计投决子基金67只，认缴规模为151.11亿元，子基金总规模为914.31亿元，资金平均放大倍数为5.98倍。科创基金穿透被投企业共925家，其中北京企业515家。

（王艺陶）

【科技金融专营机构为企业贷款1292.6亿元】截至2022年底，中关村示范区科技金融专营组织机构对中关村高新技术企业贷款余额1292.6亿元，融资比2021年增长33.5%。新发放贷款加权平均利率持续下降，为近5年最低，切实让利科创企业。各专营组织机构利用科技再贷款政策工具，通过优化产品设计、简化流程等程序推动综合融资成本走低。

（朱春凤）

综合科技服务

【概述】2022年，市科委、中关村管委会加强统筹协调，推进城市副中心及“两区”建设。制定印发《北京市财政科研项目经费“包干制”试点工作方案》《关于减免服务业小微企业和个体工商户房屋租金有关事项的通知》等。北京市实验动物管理办公室出台《北京市实验动物废物无害化处理管理办法》，开展实验动物监管，共出动实验动物行政执法人员866人次，作出行政检查433件。研发出符合国六标准的实验动物专用运输车——BJ5039XLC-E1型冷藏车，成为全国首款具备合法合规身份的市内实验动物专用运输车辆。支持北京市人类遗传资源管理办公室开展先行先试试点。北京科技审评中心开展科技评审工作，共完成评审项目预算金额10亿元，占市科委、中关村管委会预算的14.27%；组织开展评审活动196场，参评专家1055人次。

（徐建功）

【北京地区首份RCEP原产地证书签发】1月4日，北京大源非织造股份有限公司自助打印出一份出口日本的《区域全面经济伙伴关系协定》（RCEP）原产地证书，是北京海关审核签发的首份RCEP原产地证书。RCEP协定生效后，出口产品在RCEP成员国市场的通关成本进一步降低，提升产品竞争力。

（徐建功）

【“三评改革”调研座谈会举办】3—5月，市科委、中关村管委会联合市教委、市卫生健康委、市医院管理中心到北京理工大学、中国农业大学、中国科学院化学所、北京儿童医院、旷视科技有限公司、北京诺诚健华医药科技有限公司等高校、科研院所和创新型企业等20余家单位调研，举办6场专题座谈会，了解相关领域科技评价工作开展情况，围绕项目评审、人才评价、机构评估、科技成果评价及科研诚信和科技伦理建设等方面，梳理编写科技评估评价“破四唯”“立新标”典型案例22个。

（李晓磊）

【企业“助航计划”启动】4月21日，市科委、中关村管委会启动企业“助航计划”，在技术对接、场景拓展、上市融资和政策宣讲等方面为企业搭建“牵手”对接平台，推动各类优质资源向创新型企业集聚，营造有特色、有品牌的创新服务生态。首批“政策助航”系列活动，围绕知识产权保护、人才引进、平台经济发展、融资上市等主题，面向全市独角兽、前沿技术等创新型企业开展4场政策宣讲活动，帮助独角兽、前沿企业等了解并享受北京市相关政策，搭建创新型企业与市级各部门沟通渠道。

（徐建功）

【减免服务业小微企业和个体工商户房屋租金】4月22日，市国资委，市科委、中关村管委会，市财政局，市机关事务管理局，市税务局，市国有文化资产管理中心等部门联合印发《关于减免服务业小微企业和个体工商户房屋租金有关事项的通知》。《通知》包括7部分内容，明确减免对象、减免要求、减免方式、减免流程、支持措施等政策要点。同时，为便于承租方了解政策流程，便捷高效推进减免工作，《通知》另附《操作指引》，对减免条件、减免标准、减免流程、申报材料、咨询渠道等进行详细说明。

（徐建功）

【科技评价改革典型案例印发】6月10日，市科委、中关村管委会印发《关于深化科技评价机制改革 进一步做好科技创新分类评价工作的通知》（京科监发2022〔135〕号）。《通知》围绕科技评价机制改革主题，结合国内外有关经验做法，组织高校、科研院所、科技型企业及新型研发机构等科技创新主体开展广泛调研座谈，在项目评审、人才评价、机构评估、科技成果评价以及科研诚信、科技伦理方面整理形成11个评价改革案例，为高校、科研院所和创新型企业推进项目评审、人才评价和机构评估改革提供参考借鉴。

（李晓磊）

【实行项目申请无纸化】6月13日，市基金办发布《关于2022年北京市自然科学基金项目无纸化申报工作的通知》。2022年北京市自然科学基金项目申报采用无纸化的方式进行，在项目申请阶段，以电子版申请书代替传统纸质申请材料，仅拟资助项目申请人需在签订任务书时一并提交纸质申请材料。在简化申请手续、方便创新主体的同时，以电子版申请书为依据坚持开展“三审一定”工作，维护公平公正，并通过强化申请人、依托单位承诺制度的方式，规避项目管理风险。通过开展无纸化申报，基金办为依托单位和申请人提供更加高效、便捷的政务服务，同时，每年将节约10万余页纸质材料，有助于降低管理成本、节约社会资源。

（牟恒阳）

【市科委、中关村管委会内部审计管理规定印发】6月15日，经市科委、中关村管委会党组（扩大）会2022年第15次会议审议通过，市科委、中关村管委会印发《北京市科学技术委员会、中关村科技园区管理委员会内部审计管理规定》。《规定》对合署办公前两委的内部审计制度进行融合和修订，共10章48条，包括总则、机构和人员、职责权限、审计实施、社会审计机构管理、内部审计主要类型、结果运用、工作保障、责任追究和附则等。

（陈　肖）

【ISO/IEC JTC1/SC6第44次全会及工作组会议召开】6月27日—7月1日，中关村无线网络安全产业联盟组织并承办国际标准化组织（ISO）和国际电工委员会（IEC）第一联合技术委员会（JTC1）第六分技术委员会（SC6）第44次全会及工作组会议。会议以网络方式召开，来自奥地利、加拿大、中国、日本、韩国、西班牙、瑞典、瑞士、英国、美国等10个国家成员体，ISO中央秘书处及IEEE、ECMA、NFC论坛等联络组织的专家参加会议。由中国电信、WAPI产业联盟、西安西电捷通无线网络通信股份有限公司和新华三技术有限公司提出并立项的“无线局域网接入控制”等两项提案进入国际标准草案（DIS）投票阶段；由重庆邮电大学牵头制定的“未来网络服务质量”等两项提案进入发布阶段；其他由中国代表团主导/参与的多项提案均有进展。

（李建玲）

【智能技术企业科技信用评级共识体系发布】7月2日，由中关村智用人工智能研究院主办、主题为“智与用共未来”的智能技术企业科技信用评级共识体系发布会在朝阳区国际创业投资集聚区举办，朝阳区人工智能应用联合会和智能技术企业评价研究中心同时成立。智能技术企业评价研究中心由中关村智用人工智能研究院和北京朝阳国际科技创新服务有限公司合作共建，以智用研究院团队构建的评级方法和模型为核心基础，共同推进智能技术企业科技信用评级共识体系的优化和落地实施。

（杨沫涵）

【中关村创新创业主体暨两新组织座谈会召开】7月5日，市科委、中关村管委会组织召开中关村创新创业主体暨两新组织座谈会，传达北京市第十三次党代会精神，介绍落实党代会精神的主要工作计划，与会中关村创新创业主体和两新组织代表分享学习党代会精神的体会，并结合自身发展情况提出有关需求、建议。小米集团、北京兆易创新科技股份有限公司、北京地平线机器人技术研发有限公司、北京卫蓝新能源科技有限公司、北京柏惠维康科技股份有限公司、中关村企业家顾问委员会、中关村科技企业家协会、东升科技企业加速器、生物医药产业基地、北京工业大学技术转移中心等中关村创新创业主体和两新组织代表，以及市科委、中关村管委会相关处室、中心负责人参加会议。

（徐建功）

【国际科技创新中心建设相关规划委内落实方案印发】7月18日，市科委、中关村管委会印发《统筹推进“十四五”时期国际科技创新中心建设相关规划委内落实机制和分工方案》的通知，围绕国际科技创新中心建设、世界领先科技园区建设、国家实验室建设，在委内构建职责清晰、分工明确、运行有效的“三线联动、一体推进”的工作格局。

（邵昱飞）

【科技项目征集评审系统智能化提升专题会召开】 7月21日，北京科技审评中心组织召开科技项目征集评审系统智能化提升专题会。会议要求，中心会同智源研究院研究制定关于科技项目征集评审系统智能化提升的工作方案，智能化提升工作坚持以用户为中心，围绕如何便利创新主体这一核心问题开展系统优化提智工作；聚焦政策推送、项目申报、专家遴选、项目评审、决策分析等应用场景，综合运用大数据分析、AI算法等技术实现科技政策的精准推送、征集项目与企业的精准匹配、申报书内容的智能化填报、评审专家的智能化指派等，探索中关村“1+5”政策资金的“免申即享”，开展企业成长趋势的智能化分析，实现科技资金对企业的精准支持。

（张源洁）

【北京市科技型社会组织服务企业聚力发展的行动方案印发】 7月29日，市科委、中关村管委会印发《关于印发北京市科技型社会组织服务企业聚力发展的行动方案（聚力行动）的通知》（京科服发〔2022〕176号）。《行动方案》包括指导思想、发展目标、工作任务、主要措施4个部分，引导社会组织从创制推广应用标准、技术协同创新服务、国际化能力、园区建设服务、开展产业行业研究、搭建科技服务平台、组织品牌服务活动等7个方面，提升专业服务能力，发挥优势，为企业发展、产业发展、园区发展等提供服务，提升品牌影响力。

（李建玲）

【北京市实验动物废物无害化处理管理办法印发】 9月6日，市科委、中关村管委会，市生态环境局，市卫生健康委，市城市管理委，市农业农村局联合印发《北京市实验动物废物无害化处理管理办法》（京科发〔2022〕11号）。《办法》共13条，界定实验动物废物种类，明确实验动物废物分类处理原则，并提出各类废物交由处置单位进行处理的具体要求。《办法》适用于北京市辖区实验动物许可单位的实验动物废物处理，自公布之日起施行。经统计，2022年按无害化处理要求累计处理实验动物废物220吨。

（于　洋）

【北京市“千人进千企”专项行动启动】 9月8日，由市科协、丰台区政府主办的北京市“千人进千企”专项行动启动仪式暨市科协、丰台区政府战略合作协议签约仪式在中关村丰台园举行。市科协以“千人进千企”专项行动为牵引，支持和服务北京市高新技术企业高质量发展，推动人才链、产业链、创新链融合发展，团结凝聚广大科技工作者为国际科技创新中心建设、助力新时代首都发展贡献力量。有关负责人向“千人进千企”产业特派员代表颁发证书。北京凯普林光电科技股份有限公司、北京六合伟业科技股份有限公司、北京泷涛环境科技有限公司、北京元六鸿远电子科技股份有限公司分别与中国科学院半导体研究所、北京科技大学、中国石油大学（北京）、北京工业大学签署“千人进千企”意向协议。

（张红波）

【服务高新技术企业政策宣讲活动举办】 11月18日，北京科技政策宣讲团组织召开《北京市“十四五”时期国际科技创新中心建设规划》《“十四五”大数据产业发展规划》宣讲会，来自491家北京市十大高精尖产业和八大未来产业的高新技术企业参加活动。市科委、中关村管委会相关负责人以“奋力落好‘五子联动’第一子，勇担世界科技强国建设的排头兵”为题，从出台背景、目标、思路原则、战略任务和实施保障措施等方面解析《北京市“十四五”时期国际科技创新中心建设规划》的主要内容。工业和信息化部国家工业信息安全发展研究中心相关负责人围绕《“十四五”大数据产业发展规划》的编制背景、基础概念、发展成效、总体要求、主要任务等进行解读，重点介绍提升中国大数据应用创新能力、推动大数据核心技术进步、构造大数据技术生态、更好发挥大数据技术支撑作用等方面的内容。

（徐建功）

【第二届实验动物标委会年度工作会议召开】 11月，第二届实验动物标准化技术委员会召开线上年度工作会议，28名委员参加。会议总结2022年度在建立健全实验动物标准化工作机制，实验动物标准的制定、修订和宣贯等方面的工作进展，解读新发布的《北京市标准化办法》，讨论2023年实验动物标准化重点工作，提出研究制定实验树鼩地方标准。

（于　洋）

【人类遗传资源服务试点工作开展】 11月，《科技部办公厅关于支持北京市人类遗传资源管理办公室开展相关工作的函》（国科办函社〔2022〕571号）函复，同意支持北京市人类遗传管理办公室开展先行先试试点。试点工作主要包括授权市人遗办开展申报项目形式审查及对符合简化审批流程的项目提出审批建议，并开设国家人遗申报系统专用账号，为开展咨询辅导、共享专家资源及人才培养等工作提供支持。截至年底，试点已为北京市完成简化流程项目39件，项目纸质材料形式审查26件，选派市人遗办1名工作人员到科技部生物中心跟班学习，处理申请人咨询邮件21封。

（于　洋）

【科技伦理与科研诚信业务培训举办】12月21—22日，市科委、中关村管委会会同市教委、市卫生健康委、市科协等单位，组织市属高校、科研院所、医疗卫生机构、学（协）会等单位科研管理人员开展科技伦理与科研诚信业务培训，3200余人参训。培训以知网线上直播平台方式，邀请科技部、国家自然科学基金委、中国科学院、中国医学科学院、北京大学、清华大学等单位的专家学者进行政策宣讲、实务讲解和专题报告。

（郝永翔）

【“无线通信”领域项目交流会举办】12月27日，市基金委与北京佰才邦技术股份有限公司联合举办海淀联合基金“无线通信”领域项目交流会。2021年度立项资助的项目负责人分别作分享报告。佰才邦是唯一自海淀联合基金设立以来持续出资的企业，6年间累计投入1300万元，资助66个项目，通过参与联合基金，高效遴选出符合自身需求的优势科研团队，有效弥补公司原始创新能力的不足。

（季如佳）

【实验动物监管工作开展】2022年，北京市实验动物管理办公室开展实验动物监管工作。开展双随机抽查，出动实验动物行政执法人员866人次，作出行政检查433件。对25个P2/P3等级生物安全实验室开展专项检查，并利用安全与应急监控系统实现对全市174个实验动物设施的远程监控。在两会、国庆节、党的二十大前夕，通过多种形式提醒行业单位抓好安全生产管理，全年未发生安全事故。6月和11月，组织执法人员和质量检测人员分别对北京地区30多个实验动物生产许可单位的61个实验动物生产种群进行随机抽检。出动抽检人员共60人次，抽检车辆12辆次。依据国家标准和北京市地方标准，除了传统的抽检项目外，新增猴痘病毒检测，经北京市实验动物专家委员会研判实验室检测数据，总体好于往年。

（于　洋）

【实验动物生产和使用许可证颁发】2022年，根据《北京市实验动物管理条例》的规定，北京市实验动物管理办公室对北京市行政区域内从事实验动物工作单位的生产使用许可证情况进行梳理。经统计，全年共颁发实验动物生产许可证14个、实验动物使用许可证53个。截至年底，北京市共有有效的实验动物生产许可证67个、实验动物使用许可证290个。

（于　洋）

【国内首款实验动物专用运输车研发使用】2022年，根据实验动物运输实际需求，市科委、中关村管委会会同市交通委，北京市实验动物管理办公室联合北汽福田汽车股份有限公司研发出符合国六标准的实验动物专用运输车——BJ5039XLC-E1型冷藏车，成为全国首款具备合法合规身份的市内实验动物专用运输车辆，并成功申报国内首个实验动物运输车团体标准《实验动物 运输车通用要求》（T/CALAS 99—2021）。推动实验动物运输规范化，协助22家实验动物许可单位购置28辆实验动物专用运输车，并争取到50张市内日间运输通行证。

（于　洋　杜肖静）

【实验动物从业人员培训举办】2022年，北京市实验动物管理办公室科学评价从业人员能力，定期开展实验动物从业人员培训。全年累计组织实验动物管理从业人员上岗培训62场，累计培训6600人。组织实验动物屏障设施、法规政策、地方标准、应急管理、福利伦理等方面的培训，累计培训1400余人。

（于　洋）

【动态核定科研机构进口商品免税资格】2022年，市科委、中关村管委会新核定享受进口商品免税资格的科研机构7家。截至年底，先后核定6批次享受进口税收政策科研机构名单，累计144家科研机构，其中24家机构已享受过进口税收政策，进口科研仪器设备货值合计为1.29亿美元，共减免进口关税和进口环节增值税1.23亿元，占总货值的近1/7。

（杨　刚）

【制定科技战略咨询系列制度】2022年，市科委、中关村管委会形成《北京市科技战略决策咨询委员会建设方案》《北京市科技战略决策咨询委员会工作规则》《北京市科技战略决策咨询委员会委员工作细则》等系列制度，并报市政府同意。在组织架构、成员构成、遴选条件、评聘流程、职能职责、纪律监督等方面进行规定，规范战略决策咨询委员会的运行。

（谢莉娇）

【人类遗传资源监督检查工作开展】2022年，北京市人类遗传资源管理办公室针对2020—2021年北京市获批的人类遗传资源项目开展年度监督检查工作，共抽取13家组长单位的113个项目共510个批件，涉及 28 家申办方、18 家 CRO 和 19 家第三方实验室。协助科技部调查处理涉嫌违规开展人遗活动的单位 2 家，约谈 3 家医疗机构；协助科技部对 77 个涉嫌违规项目逐一提出处理建议。

（于 洋）

【人类遗传资源培训服务开展】2022 年，北京市人类遗传资源管理办公室依托国家人遗办专家资源，建立北京地区人遗专家库，面向亦庄、昌平等生物医药重点区域举办 3 场北京地区的人遗培训服务和部分咨询服务，主要从保藏库建设、项目申报等方面开展培训，参加人员 300 余人次。为北京市人遗许可证批件丢失单位补办 17 次电子扫描件。

（于 洋）

【构建科技项目征集评审系统】2022 年，北京科技审评中心组织构建市科委、中关村管委会统一的科技项目征集评审系统。系统统一科研类、中关村政策类、北京市自然基金类、北京市科学技术奖励类等各类科技项目的申报入口和用户登录认证体系；整合中关村企业统一申报服务平台、北京市科技人才管理信息系统、首都特色临床应用研究专项系统、首都科技创新券申报系统的业务功能及流程，具备项目分组、专家随机遴选、评审通知、评审意见回收、专家补选、自动催评、评审结果回收，以及专家在线评审及提交评审意见等多项功能。通过该系统，完成中关村“1+5”48 套申报书的上线运行，支撑 14 个处室开展 34 次征集活动，征集项目 5693 项，涉及创新主体 4755 个，实现全程网办和无纸化评审。

（张源洁）

【整合建设北京市科技专家库】2022 年，北京科技审评中心开展北京市科技专家库整合建设，将原市科委专家库、原中关村管委会专家库、自然基金办专家库、奖励办专家库的数据资源整合。整合后的专家库，拓展专家遴选标签体系，增设 41 个三级标签、173 个四级标签；剔除重复专家和不良信用专家 5.03 万名，并补充知识产权、管理学类、计算机、通信等学科和投融资、园区建设、产业联盟等领域 3913 名科技专家入库，在库专家达到 3.05 万名。利用整合后的专家库，全委各处室开展 1116 场评审活动，遴选专家近 9000 人次。

（张源洁）

【建设北京市科技企业数据库】2022 年，北京科技审评中心推进企业数据库建设，共收录在京国家高新技术企业 28750 家、科技型中小企业 7700 余家、中关村高新技术企业库入库企业 2.5 万余家；根据惠企科技政策支持点，设计企业数据字段 200 余个；与市大数据中心，市科委双创处、统计处对接，接入 16 类数据资源 198 个数据字段，实现 83 个填报字段的自动预填，使企业申报由原来的“填表”逐步过渡到“补表”“审表”。

（张昕怡）

【规范科技项目评审】2022 年，北京科技审评中心组织编写《科技管理制度汇编》、《项目评审工作手册（2022 年）》、《评审专家使用手册》、《信息系统操作说明》（主管工程师、申报主体、评审人员），形成“一汇编、两手册、三说明”的评审规范体系，实现项目审查、专家抽取与评审人员的分离，明确规范评审各方人员的禁止行为和负面清单。

（张源洁 张昕怡 刘 帅）

【审评中心评审工作情况】2022 年，北京科技审评中心共完成评审项目预算金额 10 亿元，占市科委、中关村管委会预算的 14.27%，其中课题类项目 2.88 亿元、办法类项目 5.21 亿元、政府购买服务类项目 1.91 亿元。共组织开展评审活动 196 场，参评专家 1055 人次。其中，课题类和办法类共征集项目 2517 个，评审项目 1914 个，涉及专项 16 个，过会立项数共计 494 个，占评审项目数的 25.81%、征集项目数的 19.63%；政府购买服务类共评审项目 190 个，审定金额 1.85 亿元，审减率 3.16%。

（张源洁 张昕怡 刘 帅）

【中关村“1+5”资金管理办法政策梳理统计工作完成】2022 年，北京科技审评中心完成中关村“1+5”资金管理办法政策梳理统计，全面摸清政策对创新主体的覆盖情况。共梳理政策点 59 条，其中按照可申报的创新主体梳理归类数据 102 条，涵盖办法名称、政策点、支持条件、支持方式等内容。

（张昕怡）

【审评中心工作体系构建完成】2022 年，北京科技审评中心成立“1 党总支 +2 党支部 +3 党小组”党组织工作体系，完成中心管理岗位及专业技术岗位聘任，搭建中心组织框架。形成十大类 43 项规章制度，梳理形成 50 余项规章流程，初步完成中心制度及内控体系建设。创办《党建工作信息》《科技评审动态》《工作简报》，构筑中心全方位宣传平台。开展业务规范化及专业技术职称培训，提升干部队伍综合素养。

（安鹤益）

创新成果

科学技术奖励成果

【概述】2023 年 11 月 6 日，《北京市人民政府关于 2022 年度北京市科学技术奖励的决定》印发，21 位科学家、188 项成果获奖。王小云、赵晋荣 2 位科学家获突出贡献中关村奖；杨玉超、高立宁、曹云龙、陶飞、邵薇薇、周恒、李腾、刘保献、李飞强等 9 位青年科学家获北京市杰出青年中关村奖；阿尔瓦罗·希门尼斯·卡涅特、达恩·夫伦克尔、奥森·史蒂芬、金鍾昇、亚历山大·杰西·穆勒·桑切斯、安东尼·比斯利、廣田薰、延斯·尼尔森、庄子哲雄、沃尔森等 10 位外国科学家获北京市国际合作中关村奖。授予“极端条件调控的基元序构量子演生新材料”等 10 项成果北京市自然科学奖一等奖，授予“跨尺度场调控新型光子效应与应用”等 32 项成果北京市自然科学奖二等奖，授予“电动车辆宽温域动力电池主动热管控及产业应用技术体系”等 5 项成果北京市技术发明奖一等奖，授予“大面积钙钛矿成膜技术及其应用”等 15 项成果北京市技术发明奖二等奖，授予“北京大兴国际机场航站楼建造关键技术研究与应用”成果北京市科学技术进步奖特等奖，授予“航空遥感系统国家重大科技基础设施”等 29 项成果北京市科学技术进步奖一等奖，授予“全主动脉腔内诊疗体系的构建与应用”等 96 项成果北京市科学技术进步奖二等奖。

（市奖励办）

【北京市科学技术奖获奖项目特点分析】2022 年度，北京市科学技术奖获奖项目具有以下特点。其一，获奖基础研究成果取得重要突破。2022 年度基础研究类获奖成果数量较往年增加明显，在量子物理、天文观测、半导体材料、合成生物学等领域取得一系列具有国际影响力的原始创新成果，北京原始创新策源地作用得到进一步强化。其二，2022 年度获奖项目中，由企业主持完成的项目占比近三成，企业作为前三参与单位完成的项目超半数。科技企业发挥市场优势，把握历史机遇，以创新成果推进创新链与产业链深度融合，为推动北京经济高质量发展贡献更多力量。其三，创新成果为建设科技强国作出北京贡献。2022 年度一批面向国家重大战略需求的科研成果竞相涌现，在航空航天、双碳减排、智能制造等领域铸造国之重器，为推动中国高端产业取得新突破、高技术领域取得新跨越提供坚实科技支撑。其四，获奖成果助力提升城市治理水平。获奖成果在交通出行、环境治理、信息安全等领域多维度发力，不断增强城市“智能化”水平，提高城市精细化管理能力，改善民生需求，让科技带动城市生活更健康、更便捷、更舒适、更美好。

（市奖励办）

人物奖获奖者介绍

【王小云】北京市科学技术奖突出贡献中关村奖获得者，由中国科学院院士郭雷提名。王小云，女，1966 年 8 月出生于山东省诸城市，1987 年毕业于山东大学，1993 年在山东大学获博士学位，现为清华大学教授。2017 年当选中国科学院院士。王小云是国际著名密码学专家，长期致力于密码理论及相关数学问题研究。提出比特追踪法理论，带领团队给出 MD5、SHA-1 等杂凑算法碰撞攻击；带领团队设计 SM3 密码杂凑算法并实现广泛应用；建立基于数学组合优化的自动化分析模型，解决利用比特分析法分析对称加密算法的难题；国内率先开展抗量子计算格密码及其数学理论研究，部分成果达到国际先进水平。相关研究成果为建设密码强国的安全可靠国产化应用提供有力支撑。

（市奖励办）

【赵晋荣】北京市科学技术奖突出贡献中关村奖获得者，由北京经济技术开发区管委会提名。赵晋荣，男，1964 年 8 月出生于山西省晋中市，1984 年毕业于西安电子科技大学，2012 年在中欧国际工商管理学院获硕士学位，现为北京北方华创微电子装备有限公司董事长、总工程师。赵晋荣是集成电路装备领域专家，长期致力于集成电路等离子刻蚀设备开发及产业化应用。打造中国集成电路装备龙头企业北方华创；带领团队突破集成电路领域射频等离子生成、高真空获得、颗粒及污染控制、射频场控制等关键核心技术，形成的多项创新成果填补国内空白；带领团队实现等离子体刻蚀、薄膜制备、外延、氧化/扩散、清洗等类型装备在多种制程上的全覆盖，构筑的集成电路装备国产供应链体系为中国集成电路产业化进步提供有力支撑。

（市奖励办）

【曹云龙】北京市科学技术奖杰出青年中关村奖获得者，由昌平区政府提名。曹云龙，男，1991年7月出生于上海市，2014年毕业于浙江大学，2019年在哈佛大学获博士学位，现为昌平实验室领衔科学家、北京大学研究员，研究方向为B细胞适应性免疫应答、抗体筛选、疫苗设计。其率先揭示新冠奥密克戎（Omicron）株及其新亚型的免疫逃逸特征与分子机制，揭示新冠病毒趋同进化现象，构建新冠病毒免疫逃逸进化突变预测模型，利用高通量单细胞免疫组库测序开发新冠病毒广谱中和抗体，为抗击新冠病毒疫情提供重要认识和科学支撑。

（市奖励办）

【陶飞】北京市科学技术奖杰出青年中关村奖获得者，由市科协提名。陶飞，男，1981年2月出生于湖北省武汉市，2003年毕业于武汉理工大学，2008年在武汉理工大学获博士学位，现为北京航空航天大学教授，研究方向为数字孪生、智能制造。其发明复杂装备实况大数据"采集—传输—处理—使用"软硬一体化技术，研制系列装置和标准，建立数字孪生理论、技术与标准体系，应用于飞机、船舶、车辆等多个行业领域，促进智能制造学科方向发展与行业进步。

（市奖励办）

【杨玉超】北京市科学技术奖杰出青年中关村奖获得者，由中国科学院院士黄如、中国工程院院士郑南宁提名。杨玉超，男，1984年12月出生于河北省衡水市，2006年毕业于北京科技大学，2010年在清华大学获博士学位，现为北京大学教授，研究方向为忆阻器工艺与芯片。其证明忆阻器导电细丝理论，开发新型忆阻材料及忆阻器制造工艺，研制基于忆阻器的存算一体化智能芯片，提出多模态多尺度储备池计算方法，实现感存算一体化信息处理，促进中国忆阻器工艺与芯片领域的技术进步。

（市奖励办）

【邵薇薇】北京市科学技术奖杰出青年中关村奖获得者，由中国工程院院士王浩、中国科学院院士刘昌明提名。邵薇薇，女，1981年11月出生于江苏省南通市，2004年毕业于南京大学，2009年在清华大学获博士学位，现为中国水利水电科学研究院教授级高工，研究方向为水文学及水资源学。其解析京津冀二元水循环过程及其驱动力，研发城市洪涝灾害动态评估模型，分析城市植被水碳耦合机制，提出海绵设施调控方案，并在城市副中心和大兴机场进行实证研究，为区域水资源管理和水安全保障提供重要技术支撑。

（市奖励办）

【李腾】北京市科学技术奖杰出青年中关村奖获得者，由昌平区政府提名。李腾，男，1988年10月出生于河北省高碑店市，2011年毕业于清华大学，2016年在清华大学获博士学位，现为北京蓝晶微生物科技有限公司董事长兼总裁，研究方向为合成生物学。其带领团队建立合成生物学数据化和自动化研发平台，优化生物可降解材料PHA的合成代谢通路，获得超高PHA含量的菌株，开发完整的PHA生产工艺并实现工业化生产，促进合成生物学行业的技术进步。

（市奖励办）

【周恒】北京市科学技术奖杰出青年中关村奖获得者，由中国科学院院士韩布兴、李永舫提名。周恒，男，1984年3月出生于吉林省吉林市，2007年毕业于北京航空航天大学，2012年在中国科学院化学研究所获博士学位，现为中国科学院化学研究所研究员，研究方向为高性能聚合物及复合材料。其研制高耐热易成型邻苯二甲腈树脂和结构—烧蚀一体化邻苯二甲腈树脂，完成耐高温双马树脂及增韧剂全国产化研制，实现结构—阻燃一体化内饰用复合材料批量应用，为中国重点领域技术的升级换代作出重要贡献。

（市奖励办）

【高立宁】北京市科学技术奖杰出青年中关村奖获得者，由中国工程院院士龙腾、毛二可提名。高立宁，男，1981年5月出生于河北省深县（今深州市），2003年毕业于北京理工大学，2008年在北京理工大学获博士学位，现为北京理工雷科电子信息技术有限公司教授级高工，研究方向为信号与信息处理。其构建星上在轨合成孔径雷达实时处理芯片，提出合成孔径雷达在轨实时成像优化方法，设计合成孔径雷达水域溢油检测算法，带领团队研制合成孔径雷达星上高效实时信息处理系统，为遥感卫星在轨智能信息处理提供重要技术支撑。

（市奖励办）

【李飞强】北京市科学技术奖杰出青年中关村奖获得者，由中国科学院院士欧阳明高、李亚栋提名。李飞强，男，1982 年 8 月出生于河南省洛阳市，2005 年毕业于吉林大学，2010 年在北京理工大学获博士学位，现为北京亿华通科技股份有限公司副总经理、首席技术官，研究方向为氢燃料电池技术。其完成燃料电池公交车电—电深度混合动力系统平台及整车开发，研发高功率密度重卡用大功率燃料电池系统集成及控制技术，提出基于交流阻抗电堆 / 单体水含量在线辨识及低温冷启动技术，带动燃料电池产业上下游技术的进步和发展。

（市奖励办）

【刘保献】北京市科学技术奖杰出青年中关村奖获得者，由市生态环境局提名。刘保献，男，1983 年 2 月出生于山东省济宁市，2005 年毕业于湖南大学，2008 年在北京化工大学获博士学位，现为北京市生态环境监测中心主任，研究方向为大气监测与污染防治。其自主研发的 PM2.5 网格化监测体系，构建 PM2.5 综合来源解析方法，建立大气核心污染物智慧决策治理体系，研发大气精准溯源监测技术并形成新型治理体系，有效推动全国大气环境监测体系的完善及重点区域空气质量改善。

（市奖励办）

【达恩 · 夫伦克尔】北京市科学技术奖国际合作中关村奖获得者，由中国科学院物理研究所提名。达恩 · 夫伦克尔，男，荷兰人，1948 年 7 月生。英国剑桥大学教授，荷兰皇家艺术和科学院、世界科学院、欧洲人文和自然科学院院士，英国皇家学会、美国艺术与科学院、美国国家科学院外籍院士。

（市奖励办）

【奥森 · 史蒂芬】北京市科学技术奖国际合作中关村奖获得者，由中国科学院大学提名。奥森 · 史蒂芬，男，美国人，1942 年 3 月生。韩国基础科学研究院地下物理中心教授，美国物理学会会士。

（市奖励办）

【金鍾昇】北京市科学技术奖国际合作中关村奖获得者，由中国科学院理化技术研究所提名。金鍾昇，男，韩国人，1963 年 12 月生。韩国高丽大学教授，韩国科学院院士。

（市奖励办）

【亚历山大 · 杰西 · 穆勒 · 桑切斯】北京市科学技术奖国际合作中关村奖获得者，由中国科学院化学研究所提名。亚历山大 · 杰西 · 穆勒 · 桑切斯，男，西班牙人，1960 年 2 月生。西班牙巴斯克大学教授，国际高分子结晶学研讨会（IDMPC–2019）会议主席。

（市奖励办）

【阿尔瓦罗 · 希门尼斯 · 卡涅特】北京市科学技术奖国际合作中关村奖获得者，由中国科学院国家空间科学中心提名。阿尔瓦罗 · 希门尼斯 · 卡涅特，男，西班牙人，1956 年 2 月生。欧洲空间局教授，西班牙国家研究委员会基础基金会主任。

（市奖励办）

【安东尼 · 比斯利】北京市科学技术奖国际合作中关村奖获得者，由市科协提名。安东尼 · 比斯利，男，荷兰人，1952 年 4 月生。荷兰瓦赫宁根大学教授，中国工程院外籍院士，荷兰皇家艺术和科学院院士。

（市奖励办）

【廣田薰】北京市科学技术奖国际合作中关村奖获得者，由北京理工大学提名。廣田薰，男，日本人，1950 年 1 月生。日本东京工业大学教授，电气电子工程师学会（IEEE）终身会员。

（市奖励办）

【延斯 · 尼尔森】北京市科学技术奖国际合作中关村奖获得者，由北京化工大学提名。延斯 · 尼尔森，男，丹麦人，1962 年 11 月生。瑞典查尔姆斯理工大学教授，中国工程院外籍院士。

（市奖励办）

【庄子哲雄】北京市科学技术奖国际合作中关村奖获得者，由北京科技大学提名。庄子哲雄，男，日本人，1947 年 11 月生。日本东北大学教授，日本工程院院士，俄罗斯国家工程院外籍院士。

（市奖励办）

【沃尔森】北京市科学技术奖国际合作中关村奖获得者，由北京航空航天大学提名。沃尔森，男，美国人，1966 年 6 月生。美国路易斯安那州立大学教授，美国路易斯安那州海湾海岸疏散和运输韧性研究中心主任。

（市奖励办）

年度获奖项目介绍（部分）

【极端条件调控的基元序构量子演生新材料】项目获北京市科学技术奖自然科学奖一等奖，由中国科学院物理研究所完成。成果创造性运用高压极端条件可大尺度调控轨道构型的独特优势，突破常规条件对自旋、轨道、电荷及晶格协同耦合的制约，促进超导、稀磁、多铁量子演生新材料的研究发展。

（市奖励办）

【FAST 精细刻画快速射电暴及其周边环境】项目获北京市科学技术奖自然科学奖一等奖，由中国科学院国家天文台、之江实验室联合完成。项目首创FAST的新型定标技术，实现中国射电望远镜首次发现新快速射电暴和新脉冲星的突破，为最终解释快速射电暴起源奠定观测基础，为中国天文大科学装置的研究作出积极探索。

（市奖励办）

【高性能钙钛矿半导体光电器件的载流子输运调控及缺陷钝化研究】项目获北京市科学技术奖自然科学奖一等奖，由中国科学院半导体研究所完成。成果围绕实现高性能钙钛矿半导体光电器件的关键科学问题开展研究，提出载流子输运调控和表界面缺陷钝化等特色研究思路，研制的钙钛矿太阳能电池和发光二极管的效率近5年一直位列世界前列，引领高性能钙钛矿半导体光电器件领域的发展。

（市奖励办）

【关键二维半导体晶圆级制备及新原理信息器件基础研究】项目获北京市科学技术奖自然科学奖一等奖，由国家纳米科学中心等单位完成。成果发展全二维范德华器件集成技术和晶圆级单层二维电子材料的高效率制备方法，已在星载光电系统远距离探测技术研发、飞行器对地面多种目标实时监测等方面进行应用，促进二维半导体新原理信息器件从实验室迈向工业应用的发展。

（市奖励办）

【冰晶形成机制研究与应用】项目获北京市科学技术奖自然科学奖一等奖，由中国科学院化学研究所与中国科学院大学联合完成。成果揭示自然界实现控冰的普适规律，提出控冰材料新策略，制备出具有高效控冰能力的防覆冰新材料和低温冷冻保存新材料，引领控冰材料领域的发展。

（市奖励办）

【细胞命运稳定性与可塑性的表观遗传调控机制】项目获北京市科学技术奖自然科学奖一等奖，由中国科学院生物物理研究所、北京生命科学研究所与同济大学联合完成。成果在表观遗传信息继承和发挥功能等机制方面取得系统性成果，揭示新的科学原理机制，提出新的科学概念，为衰老相关表观退变的干预提供新策略。

（市奖励办）

【迁移体的发现及机制与功能研究】项目获北京市科学技术奖自然科学奖一等奖，由清华大学完成。成果首次发现并命名一种新型膜性细胞迁移体，并系统探究迁移体的产生机制和生物学功能，深化人们对细胞器和细胞间通信的认识，发现迁移体与多种疾病的发生和发展密切相关，促进相关技术在生物医药领域的应用。

（市奖励办）

【传染病传播演化与干预效应量化理论研究】项目获北京市科学技术奖自然科学奖一等奖，由北京师范大学和中国人民解放军军事科学院军事医学研究院联合完成。成果综合运用数理统计、种群遗传学、大数据等技术手段，在生态学宏观尺度上系统研究传染病时空传播与流行规律，建立的干预措施效应量化评价体系为多种传染病研究提供研究范式，为制定新发传染病的精准防控策略提供理论和方法学基础。

（市奖励办）

【代谢性疾病的发病机制与干预策略研究】项目获北京市科学技术奖自然科学奖一等奖，由北京大学和北京大学第三医院联合完成。成果提出“代谢性疾病肠治”新理论，从多器官互作角度系统揭示调控代谢性疾病发生发展的病理生理机制，推动中国代谢性疾病机制研究领域的发展，为代谢性疾病的精准化诊治带来新突破。

（市奖励办）

【高储能薄膜电容器聚合物电介质电—热性能调控机制与方法】项目获北京市科学技术奖自然科学奖一等奖，由清华大学、西安科技大学和北京科技大学联合完成。成果围绕高储能薄膜电容器两类聚合物电介质性能难以协同调控的关键问题，在国际上率先建立面向高储能电容器介质性能协同调控的新机制和学术思想，构筑具有电—热—储能特性优异的新型电介质，实现介质材料多性能的协同调控，为推动高储能薄膜电容器研究提供重要的理论支撑和物质基础。

（市奖励办）

【北京大兴国际机场航站楼建造关键技术研究与应用】项目获北京市科学技术奖科学技术进步奖特等奖，由北京城建集团有限责任公司、北京新机场建设指挥部、北京市建筑设计研究院有限公司、清华大学、北京建工集团有限责任公司、江苏沪宁钢机股份有限公司、浙江精工钢结构集团有限公司、震安科技股份有限公司联合完成。项目研发出居国际领先水平的超大工程建造关键技术体系，实现超大建筑建造中关键技术突破。北京大兴国际机场承载着人民对更加安全、便捷、绿色出行的追求，推动京津冀地区“临空经济”发展，极大满足了国际化旅客往返需求。

（市奖励办）

【航空遥感系统国家重大科技基础设施】 项目获北京市科学技术奖科学技术进步奖一等奖，由中国科学院空天信息创新研究院、中航西飞民用飞机有限责任公司、中国科学院上海技术物理研究所、中国科学院合肥物质科学研究院、中国科学院国家空间科学中心、中国科学院光电技术研究所联合完成。项目建立由多种高性能遥感设备综合集成的先进航空遥感系统，填补中国大型航空遥感系统空白，促进中国航空遥感技术应用的产业化，成为中国开展地球系统科学研究的有效技术手段和重大基础公益类实验平台。

（市奖励办）

【基于应用程序接口精准检测和高效动态防护的云安全关键技术与应用】 项目获北京市科学技术奖科学技术进步奖一等奖，由奇安信科技集团股份有限公司、中国科学院信息工程研究所、北京数盾信息科技有限公司、中国软件评测中心（工业和信息化部软件与集成电路促进中心）、奇安信网神信息技术（北京）股份有限公司、北京椒图科技有限公司联合完成。项目攻克“云”安全防护设施的技术难点，研发新型云安全产品，构建新一代云安全“纵深防御”技术体系，成功保障北京冬奥会网络安全，广泛用于关键信息基础设施工程建设，成果占据国内云安全市场份额第一，有力推进中国云安全技术产业化发展。

（市奖励办）

【基于涡旋光场调控的新型光子键控信息传输理论与方法】 项目获北京市科学技术奖自然科学奖二等奖，由北京理工大学单独完成。项目开辟涡旋光场多自由度协同调控新方法，建立涡旋光束稳定传输及系统构建新方法，有效解决光子OAM键控通信的关键科学问题，对中国提升数字信号的编码维度、提高激光通信系统信道容量发挥较大作用。

（市奖励办）

【多模态识别技术在低功耗边缘智能设备上的应用及产业化】 项目获北京市科学技术奖科学技术进步奖二等奖，由鹿客科技（北京）股份有限公司、小米科技有限责任公司、清华大学、北京君正集成电路股份有限公司、圣点世纪科技股份有限公司联合完成。项目优化边缘智能硬件发展关键技术，打造国内领先的边缘智能硬件产业链条，并成功应用于数十种智能硬件产品中，为超190万人次提供智慧服务，推动首都电子信息产业高质量发展。

（市奖励办）

发明专利

【概述】 7月22日，国家知识产权局公布《关于第二十三届中国专利奖授奖的决定》，共有958件专利获奖。北京地区共165件专利获奖，其中金奖9件[①]、银奖24件，分别占总数的近1/4和1/3，均居全国首位。北京市知识产权局被国家知识产权局授予中国专利奖优秀组织奖。中国石油化工股份有限公司的“羰基化合物的氨肟化方法”、中国原子能科学研究院的“钠冷快堆核电站冷却剂系统和部件的设计瞬态确定方法”等8件发明专利获中国专利奖金奖；小米科技有限责任公司的“手机”外观专利获中国外观设计金奖；北京南瑞智芯微电子科技有限公司的“一种分组加密算法防攻击的掩码方法和装置”、百度时代网络技术（北京）有限公司的“解决自动驾驶车辆的转向不足的自动转向控制参考自适应”等24件专利获中国专利奖银奖；北京电子工程总体研究所的“无人机”、北京旷视科技有限公司的“人脸识别面板机”等132件专利获中国专利奖优秀奖。

（市知识产权局）

【一种适合于结构件制造的铝合金制品及制备方法】 本发明公开了一种具有优良的强度和损伤容限性能组合，其制品表层、表层以下不同深度、芯部之间的各项性能具有良好均匀一致性的铝合金材料。另

①北京地区获金奖项目介绍见《北京科技年鉴2022》。

外，还涉及该合金的制备方法。本发明获第二十三届中国专利奖银奖，专利号为ZL201010104082.6，专利权人为有研工程技术研究院有限公司、西南铝业（集团）有限责任公司。

（新 宇）

【减少再沸器结垢的双塔脱丙烷工艺】本发明涉及一种脱丙烷工艺，特别是涉及一种用于减少再沸器结垢、塔板堵塞的高低压塔脱丙烷工艺。本发明获第二十三届中国专利奖银奖，专利号为ZL201110236678.6，专利权人为中国石油天然气集团有限公司、中国寰球工程有限公司。

（新 宇）

【一种吸附分离塔的液体物料分配收集装置和方法】本发明为一种吸附分离塔的液体物料分配收集装置和方法。装置包括总管、中心管、支管、端管等部件，液体物料通过总管经中心管、支管、端管及分配器，实现进入和抽出吸附塔时在横截面上的均匀分布。实现了最小设备容积、强化冲洗效果的要求，达到更高效的吸附效果。本发明获第二十三届中国专利奖银奖，专利号为ZL201210047504.X，专利权人为中国石油化工集团有限公司、中国石化工程建设有限公司。

（新 宇）

【高活性低水比乙苯脱氢催化剂及其制备方法】本发明涉及高活性低水比乙苯脱氢的催化剂及其制备方法，主要解决以往技术中存在的低钾催化剂在低水比条件下稳定性差、活性低的问题。本发明获第二十三届中国专利奖银奖，专利号为ZL201210412596.7，专利权人为中国石油化工股份有限公司、中国石油化工股份有限公司上海石油化工研究院。

（新 宇）

【载波聚合下的功率余量上报方法和设备】本发明实施例公开一种载波聚合下的功率余量PH上报方法和设备，涉及无线通信领域，用于解决在终端支持在不同载波组对应的不同上行载波上传输物理上行控制信道PUCCH时，如何进行PH上报的问题。本发明获第二十三届中国专利奖银奖，专利号为ZL201310034627.4，专利权人为大唐移动通信设备有限公司。

（新 宇）

【基于反馈信息形成预编码矩阵的方法、装置和系统】本发明公开一种基于反馈信息形成预编码矩阵的方法、装置和系统。其中，基站利用大规模天线形成的M个波束，作为M个预编码矩阵；在M个预编码矩阵中选择N个预编码矩阵；利用选择的N个预编码矩阵对N个导频信号进行预编码；将经预编码处理的导频信号向用户终端进行发送；当接收到用户终端反馈的索引信息时，根据用户终端反馈的索引信息形成预编码矩阵T。通过利用用户终端反馈的信息确定数据信道的预编码，从而能够降低系统复杂度、减小系统开销。本发明获第二十三届中国专利奖银奖，专利号为ZL201410444213.3，专利权人为中国电信股份有限公司。

（新 宇）

【脊髓灰质炎灭活疫苗及其生产方法】本发明提供一种脊髓灰质炎灭活疫苗及其生产方法。通过选择合适的培养基并控制适宜的培养温度、pH值、接种比例、溶氧等条件，病毒滴度高、抗原含量高，批间差异高度可控，质量均一。本发明获第二十三届中国专利奖银奖，专利号为ZL201410570519.3，专利权人为北京生物制品研究所有限责任公司。

（新 宇）

【一种分组加密算法防攻击的掩码方法和装置】本发明公开一种分组加密算法防攻击的掩码方法和装置。该方法采用多值掩码的方法，每轮运算中有互相不同的掩码参与运算，每个运算位置保证不同掩码，可以避免对相同掩码的高阶攻击，使加密算法更安全可靠。本发明获第二十三届中国专利奖银奖，专利号为ZL201510149151.8，专利权人为北京南瑞智芯微电子科技有限公司、国家电网公司、国家密码管理局商用密码检测中心。

（新 宇）

【合路器隔离带宽的计算方法及装置】本发明实施例公开一种合路器隔离带宽的计算方法及装置，涉及通信技术领域，能够解决相邻的两个通信系统合路时，较宽的隔离带宽使通信系统的资源产生浪费的问题。发明方法包括：确定合路器的插入损耗和端口隔离度；根据插入损耗和端口隔离度计算合路器中隔离带的总隔离带宽；确定合路系统中与隔离带相邻的保护带宽，合路系统为通过合路器合路的至少两个通信系统；根据合路系统的保护带宽和总隔离带宽计算合路器的实际隔离带宽。发明适用于计算装置。本发明获第二十三届中国专利奖银奖，专利号为ZL201510229717.8，专利权人为中国联合网络通信集团有限公司。

（新 宇）

【系统信息的传输方法及装置】本发明是关于一种系统信息的传输方法及装置，属于通信技术领域。方法包括：从第一系统信息中确定当前支持的多个第二系统信息的标识，第一系统信息是指当前基站周期性广播的系统信息，多个第二系统信息是指除该第一系统信息中包括的系统信息之外的系统信息；基于该多个第二系统信息的标识，确定该多个第二系统信息的传输状态；广播该第一系统信息，该第一系统信息包括该多个第二系统信息的标识和传输状态，该传输状态用于指示对应的第二系统信息是否正在传输。本公开实施例提供的系统信息的传输方法提高传输系统信息的效率，减小基站的信令负担。本发明获第二十三届中国专利奖银奖，专利号为ZL201680001804.0，专利权人为北京小米移动软件有限公司。

（靳　宇）

【网络功能信息交互方法及装置】本发明实施例公开了一种NF信息交互方法及装置，所述方法包括：网络功能库NRF接收NF请求方发送的服务发现请求，其中，所述服务发现请求至少包括所述NF请求方请求提供的服务标识；根据所述服务标识进行查询，确定可提供所述NF请求方请求提供的服务的NF提供方及所述NF提供方的服务相关信息，通过服务发现响应将所述NF提供方的服务相关信息及所述服务相关信息，发送给所述NF请求方。本发明获第二十三届中国专利奖银奖，专利号为ZL201710167061.0，专利权人为中国移动通信有限公司研究院、中国移动通信集团公司。

（靳　宇）

【基于弱监督的字符检测器训练方法、装置、系统及介质】本发明提出一种基于弱监督的字符检测器训练方法、装置、文字检测系统及计算机可读存储介质。本发明提供的实施例能够使文字字符检测器利用更多的文字检测数据集进行训练，使模型在字符级别的检测精度显著提高。本发明获第二十三届中国专利奖银奖，专利号为ZL201711460633.0，专利权人为百度在线网络技术（北京）有限公司。

（靳　宇）

【解决自动驾驶车辆的转向不足的自动转向控制参考自适应】本发明在一个实施方式中，接收将自动驾驶车辆（ADV）从第一方向转到第二方向的请求。响应于该请求，确定ADV的多个区段的多个区段质量，区段质量定位在ADV的车辆平台内的多个预定位置上，基于ADV区段的区段质量来计算整个ADV的质量中心的位置，其中质量中心表示整个ADV的整个质量的中心，基于整个ADV的质量中心的位置生成转向控制命令以用于ADV的转向控制。本发明获第二十三届中国专利奖银奖，专利号为ZL201780002534.X，专利权人为百度时代网络技术（北京）有限公司、百度（美国）有限责任公司。

（靳　宇）

【一种航空发动机的空心叶片结构及其设计方法】本发明涉及一种航空发动机的空心叶片结构及其设计方法。叶片为空心结构，包括叶片气动外形面、内部加强筋结构以及位于叶片叶背侧的气流孔，加强筋贯穿叶片叶身部位，加强筋结构形成沿叶展方向变化的内部气流通道，气流孔贯穿叶背侧金属板蒙皮，使内部气流通道中的气流通过气流孔与叶背外侧的空气流通，叶片的榫头为燕尾榫头，在燕尾榫头的底部开有与叶身空心区连通的榫头通孔。通过在空心叶片结构中设置加强筋结构的方式形成气流通道，同时在叶片叶背侧设计气流孔，将气流通道内的气流排出（或吸入）以消除叶背侧附面层，有利于减轻叶片的整体重量，提高发动机的气动效率，满足先进航空发动机性能要求。本发明获第二十三届中国专利奖银奖，专利号为ZL201810377831.9，专利权人为中国航空制造技术研究院。

（靳　宇）

知识产权与标准化

知识产权

【概述】2022 年，北京市知识产权系统落实市委、市政府部署要求，统筹发展和安全，主动服务北京市高质量发展，推进知识产权强国示范城市建设，北京市知识产权治理水平不断提升。

持续健全北京市知识产权法规政策体系。市委、市政府出台《北京市知识产权强国示范城市建设纲要（2021—2035 年）》，面向未来 15 年描绘北京知识产权事业发展蓝图。颁布《北京市知识产权保护条例》，筑牢新时期知识产权首善之区法治根基。市知识产权局制定《2022 年度北京市强化知识产权保护和促进工作计划》，统筹推进全市知识产权任务；与市中医管理局联合发布《北京市中医药知识产权夯基行动计划》，与市司法局等 11 个部门联合印发《北京市关于加强知识产权纠纷多元调解工作的实施意见》，与市高级人民法院等 11 个部门联合印发《关于加强版权保护共建行政司法协同机制工作任务清单》。京津冀三地知识产权局签订《京津冀营商环境一体化发展知识产权合作框架协议》。

加强部门协同，打造知识产权多元保护格局。市知识产权局持续探索数据权益保护规则，与市市场监管综合执法总队完善知识产权保护协作机制，重大案件快速会商、线索及时移送，建立线上线下一体化协同监管机制。建立北京冬奥会和冬残奥会市级横向协作、市区纵向联动工作机制。高质量推进专利侵权纠纷行政裁决试点工作。开展打击商标恶意注册专项行动，持续深化知识产权代理行业“蓝天”专项整治行动。

聚焦“两区”建设，推动首都高质量发展。推动出台《“两区”建设知识产权全环节改革行动方案》，2 项政策入选“两区”建设十大最具影响力政策，2 项创新举措入选服务业扩大开放综合试点示范最佳实践案例，3 个案例入选“两区”建设第二批市级改革创新实践案例。《北京自贸试验区推进知识产权改革 提升科技创新活力》的经验做法在国务院自由贸易试验区工作部际联席会议简报专版刊登。

优化知识产权公共服务，营造良好营商环境。进一步深化“一网通办”，持续推进“就近办”、“掌上办”和“同事同标”，实现专利权质押登记业务告知承诺制。北京、中关村两个知识产权保护中心新增量子科技、集成电路、生物信息学等领域 55 个专利预审服务分类号。制定并发布《北京市知识产权局公共服务事项清单（第一版）》，确定 38 个服务事项。完善“1+17+N”多层级知识产权公共服务体系，体系建设成效被纳入“2022 年科技体制改革案例”。以世界银行评价为引领，统筹推进营商创新试点及优化营商环境 5.0 改革 25 项任务落实落地。

加强对外交流与合作，提升首都知识产权影响力。强化与世界知识产权组织（WIPO）合作，WIPO GREEN 城市加速项目北京试点中的社区新能源车充电设施案例和餐厨垃圾就地处置案例入选 WIPO GREEN 2022 年度回顾报告成功案例。北京市 3 家技术与创新支持中心（TISC）案例入选 2022 年全国知识产权信息服务优秀案例。举办第 25 届京台科技论坛——知识产权论坛、京港洽谈会知识产权专题活动，组织国际知识产权仲裁调解业务发展研讨会。持续畅通北京市知识产权人才职业发展通道。

（市知识产权局）

【《北京市知识产权保护条例》颁布】3 月 31 日，市十五届人大常委会第三十八次会议表决通过《北京市知识产权保护条例》，于 2022 年 7 月 1 日起施行。《条例》旨在加强知识产权保护，激发创新创造活力，建设知识产权首善之区，支持和促进国际科技创新中心和全国文化中心建设，服务和推动首都经济社会高质量发展，聚焦制约首都知识产权高质量发展的突出问题，在知识产权的行政保护、司法保护、社会共治、公共服务、纠纷多元调处等方面作出规定。

（市知识产权局）

【北京市知识产权局公共服务事项清单印发】3 月 31 日，根据《国家知识产权局关于印发〈国家知识产权局公共服务事项清单（第一版）〉的通知》要求，市知识产权局编制《北京市知识产权局公共服务事项清单（第一版）》。清单从知识产权创造、运用、保护、管理和信息服务5个方面，全面梳理公共服务职能，确定38个知识产权公共服务事项，明确事项类别、事项名称、服务内容、服务形式，实现知识产权公共服务事项无差别受理、同标准办理。

（市知识产权局）

【2022中国知识产权保护高层论坛举办】4月22日，由中国知识产权报社、世界知识产权组织中国办事处联合主办的2022中国知识产权保护高层论坛以线上与线下相结合的形式在京举办。论坛主题为“全面加强知识产权保护 优化创新环境和营商环境”。国家知识产权局、最高人民法院、最高人民检察院、北京市政府等有关领导在主旨演讲环节介绍各自领域知识产权保护工作新进展、新经验。世界知识产权组织中国办事处、北京大学国际知识产权研究中心、北京冬奥组委法律事务部等专家学者分别以现场或视频方式作演讲。国家知识产权局专利局、市知识产权局有关部门、中央有关部门和北京市相关负责人，世界知识产权组织中国办事处代表、知识产权领域专家代表和创新主体代表等在主会场参加论坛。论坛在全国30个省区市、15个计划单列市或副省级城市设置56个线上分会场，地方知识产权管理部门的负责人通过线上方式参加。

（市知识产权局）

【京津冀知识产权快速协同保护合作备忘录签约仪式举行】4月22日，京津冀知识产权快速协同保护合作备忘录签约仪式以线上线下联动方式举行。国家知识产权局知识产权保护司，北京市、天津市、河北省及海淀区知识产权局领导，河北雄安新区中级人民法院等领导在京津冀各地分会场出席活动。北京市知识产权保护中心、天津市知识产权保护中心、河北省知识产权保护中心、中关村知识产权保护中心和滨海新区知识产权保护中心等京津冀三地5家知识产权保护中心负责人共同签署《京津冀知识产权快速协同保护合作备忘录》。根据《备忘录》，三地知识产权保护中心将发挥各自区位和资源优势，围绕产业（企业）服务、侵权判定、纠纷调解专家库建设、新领域新业态知识产权保护研究、宣传培训等方面联动发力、互助共享。北京、天津、河北3家省级知识产权保护中心与河北雄安新区中级人民法院签署《关于推进知识产权衔接司法保护工作的合作框架协议》，推动行政、司法协同保护，加快服务促进雄安新区科技成果落地转化，支撑雄安新区创新发展；三地5家知识产权保护中心分别与京东、小米、美团、快手等电商平台签署《知识产权快速维权合作备忘录》。

（石　蕾）

【北京市海外知识产权保护成果发布】4月25日，在北京市知识产权维权援助中心（国家海外知识产权纠纷应对指导中心北京分中心）主办的“高质量发展中的‘引进来’与‘走出去’”北京市海外知识产权保护成果发布暨主题沙龙活动上，一批海外知识产权保护成果集中发布，包括“跨境知识产权诉讼策略分析”“跨境研发和人才引进过程中的知识产权保护指南”“北京市海外知识产权公共服务信息库2.0版”等。北京市第一批海外知识产权维权服务联络站名单公布，中关村软件园、望京科技园、中关村生命科学园、北京中德产业园、北京中日创新合作示范区等10家单位入选。

（市知识产权局）

【2022中关村知识产权论坛举办】4月26日，由中关村科学城管委会、北京知识产权法院联合主办，海淀区知识产权局、海淀区人民法院、知识产权出版社有限责任公司、中关村知识产权保护中心共同承办的2022中关村知识产权论坛在线上举办。国家知识产权局知识产权运用促进司、北京市知识产权局、北京知识产权法院、海淀区政府、中关村科学城管委会等部门负责人，知识产权业内专家学者及众多高科技企业、高校院所和知识产权服务机构等创新主体相聚“云端”，围绕“强保护促创新，全面建设知识产权强市示范城市”主题展开交流，与会专家分别从高质量知识产权培育、知识产权商业价值实现、企业知识产权保护举措、知识产权司法保护等不同角度进行分享，并为知识产权强国建设建言献策。论坛上，海淀区发布2021年知识产权白皮书，启动2022中国·海淀高价值专利培育大赛，北京知识产权法院发布计算机软件司法保护十大典型案例。

（市知识产权局）

【知识产权行政保护典型案例发布】4月26日，国家知识产权局发布全国2021年度知识产权行政保护典型案例，包括专利，商标，地理标志、奥林匹克标志和特殊标志行政保护典型案例各10件。北京市专利、商标、奥林匹克标志共3件知识产权行政保护案例入选，分别为：北京市知识产权局处理“智能清洁设备用水箱及智能清洁设备”系列实用新型专利侵权纠纷案，北京市通州区市场监督管理局查处侵犯“环球影城”注册商标专用权案，北京市朝阳区市场监督管理局查处侵犯“冬奥”奥林匹克标志专有权案。

（市知识产权局）

【北京市知识产权信息公共服务体系建设行动方案发布】 4月27日，在北京市知识产权信息公共服务推进大会上，市知识产权局发布《北京市知识产权信息公共服务体系建设行动方案（2022—2024年）》。《行动方案》按照《知识产权强国建设纲要（2021—2035年）》关于建设便民利民的知识产权公共服务体系的决策部署，以及北京优化营商环境5.0版改革关于提升知识产权公共服务便利度和可及性的相关要求制定，以完善知识产权信息公共服务基础建设、提升知识产权信息公共服务效能为工作主线，从夯实知识产权信息公共服务基础、丰富知识产权信息公共服务产品和供给、提升知识产权信息服务能力和水平、营造优良知识产权信息服务环境等4个方面提出12项重点工作举措和41个具体工作着力点。

（市知识产权局）

【开展北京市重点产业（数字经济）专利统计分析工作】 5月24日，为贯彻落实《北京市关于加快建设全球数字经济标杆城市的实施方案》，聚焦数字经济领域开展专利数据统计分析，中关村知识产权促进中心通过视频会议方式，组织召开北京市重点产业（数字经济）专利统计分析项目启动会。来自产业和政策研究方面的专家对项目开展的重要性、必要性给予肯定，围绕数字经济专利检索策略、专利分析的方法论、北京市数字经济关注重点、技术短板与知识产权风险研究等展开讨论，并针对项目实施提出宝贵意见和具体建议。年内，《北京市重点产业（数字经济）专利统计分析报告》完成，对北京市数字产业创新发展、数字经济核心产业发展提出建议。

（市知识产权局）

【专利侵权纠纷行政裁决试点验收】 6月6日，国家知识产权局、司法部印发《关于通报第一批专利侵权纠纷行政裁决试点验收结果暨开展第三批专利侵权纠纷行政裁决规范化建设试点的通知》，公布第一批专利侵权纠纷行政裁决试点验收结果并同步开展第三批专利侵权纠纷行政裁决规范化建设试点工作。市知识产权局在第一批专利侵权纠纷行政裁决试点工作验收中结果为优秀。

（市知识产权局）

【北京市知识产权强国示范城市建设纲要印发】 6月14日，市委、市政府印发《北京市知识产权强国示范城市建设纲要（2021—2035年）》，全面落实国家《知识产权强国建设纲要（2021—2035年）》中涉及地方事权工作，提出到2035年，北京高质量建成知识产权强国示范城市，成为国际知识产权创新发展先行地、国际知识产权高水平人才聚集地、国际知识产权优质资源集散地、国际知识产权纠纷解决优选地和国际知识产权价值实现新高地的总目标。

（市知识产权局）

【北京市专利开放许可试点工作方案印发】 6月27日，市知识产权局印发《北京市专利开放许可试点工作方案》。方案秉持开放许可制度的基本理念、特征和环节，广泛组织和鼓励本市企事业单位和服务平台开展试点工作，推动专利“一对多”快速许可，力争达到激发供需、促进转化、探索经验等多重效果，为专利开放许可制度平稳落地、高效运行奠定坚实基础。

（市知识产权局）

【第七届北京市发明专利奖评选表彰工作启动】 7月14日，根据《北京市发明专利奖励办法》（京政办发〔2007〕33号）有关规定，经市政府批准，市知识产权局、市人力资源社会保障局发布关于开展第七届北京市发明专利奖评选表彰工作的通知。评选鼓励创新成果取得专利权，提高发明专利质量，促进发明专利的实施和商用化，表彰为北京市经济社会发展作出突出贡献的专利权人和发明人。

（市知识产权局）

【2022年度北京市知识产权高级职称评价工作启动】 7月20日，市人力资源社会保障局发布《关于开展2022年度北京市职称评价工作的通知》，启动2022年度北京市知识产权高级职称评价工作。根据《北京市知识产权专业职称评价试行办法》，北京市知识产权专业职称设置初级、中级、高级，初级只设助理级，高级分设副高级和正高级；初级、中级、副高级、正高级职称名称依次为助理知识产权师、知识产权师、高级知识产权师和正高级知识产权师。

（市知识产权局）

【5个区入选国家知识产权强市建设试点示范城市（城区）】 8月4日，国家知识产权局印发《关于确定国家知识产权强市建设试点示范城市的通知》（国知发运字〔2022〕33号），确定北京市海淀区等38个城市（城区）为国家知识产权强市建设示范城市，北京市丰台区等72个城市（城区）为国家知识产权强市建设试点城市。其中，北京市海淀区、朝阳区入选国家知识产权强市建设示范城市，丰台区、石景山区、大兴区入选国家知识产权强市建设试点城市。试点示范时限自2022年7月至2025年6月。

（市知识产权局）

【创新药发明专利申请保密审查绿色通道备案工作开展】 8月12日，市知识产权局发布《关于为创新药发明专利申请人向外国申请专利开辟保密审查绿色通道备案的通知》。北京市知识产权保护中心（国家知识产权局专利局北京代办处）开展为创新药发明专利申请人向外国申请专利开辟保密审查绿色通道备案工作。该举措落实国家知识产权局《关于深化知识产权领域“放管服”改革优化创新环境和营商环境的通知》，更好地服务北京地区创新药发明专利申请人，进一步精简创新药发明向外国申请专利保密审查审批流程、压缩审批周期。

（市知识产权局）

【专利侵权判定原则及典型案例培训举办】8月19日，北京知识产权保护中心联合天津知识产权保护中心、河北知识产权保护中心以线上方式举办专利侵权判定原则及典型案例培训，来自知识产权行政管理部门、企事业单位、知识产权服务机构的百余名代表参加培训。

（市知识产权局）

【加强知识产权纠纷多元调解工作的实施意见印发】8月24日，市知识产权局、市司法局、市市场监管局、市版权局、市文化市场综合执法总队、市农业农村局、市园林绿化局、市公安局、市检察院、市高级人民法院和北京海关等11部门联合印发《北京市关于加强知识产权纠纷多元调解工作的实施意见》（京知局〔2022〕108号）。《实施意见》提出完善知识产权纠纷多元调解工作体系，健全知识产权纠纷调解衔接联动机制，推进知识产权纠纷行业性专业性调解工作，加强知识产权纠纷行政调解工作，加强重点区域、领域知识产权纠纷调解工作，加强知识产权纠纷调解组织和调解员队伍建设等6项主要措施。同时，提出加强组织协调、落实职责分工、强化工作保障和注重宣传引导4个方面的组织保障措施。原《北京市加强知识产权纠纷多元调解工作的意见》（京知局〔2015〕181号）同时废止。

（市知识产权局）

【知识产权保护规范化市场培育和建设调研】8月，按照国家知识产权局关于推动知识产权保护规范化市场建设的工作部署和要求，市知识产权局开展2022年知识产权保护规范化市场培育和建设调研工作，分别对西城区、朝阳区、海淀区、石景山区、平谷区、密云区、延庆区等区内9家商业单位进行走访调研，强化北京市商品流通领域知识产权保护工作，持续推进知识产权规范化市场培育和建设。

（市知识产权局）

【2022年服贸会工业设计与知识产权保护论坛举办】9月1日，市知识产权局联合世界知识产权组织中国办事处、北京知识产权法院在国家会议中心举办以“工业设计赋能美好生活 海牙体系促进国际布局”为主题的2022年服贸会工业设计与知识产权保护论坛，邀请国内外知识产权与设计领域资深专家共同探讨知识产权赋能城市发展、点亮美好生活的新路径。主旨演讲环节，中国工业设计协会、国家知识产权局外观设计审查部、世界知识产权组织品牌与外观设计部、北京知识产权法院、国际商标协会、小米集团等国内外行业专家，围绕工业设计赋能城市高质量发展过程中的知识产权保护发表主题演讲。高端对话环节，演讲嘉宾探讨工业设计知识产权保护赋能城市创新发展的路径，就加强工业设计知识产权保护、讲好中国知识产权故事建言献策。论坛上，北京工业设计促进会会同小米集团、北京国际设计周有限公司、内联升鞋业等会员单位发布工业设计知识产权保护倡议，号召业内同行加强行业自律、增强工业设计创新能力，尊重和保护知识产权，鼓励创造具有自主知识产权的产品，提升品牌国际市场竞争力。来自英国、俄罗斯、加拿大、日本、韩国等驻华使馆及机构官员与国际保护知识产权协会、国际许可贸易工作者协会、国际商标协会等国际组织相关负责人，以及国内外知识产权与科技创新、设计创意领域专家学者、企业家、行业协会的代表参加。

（市知识产权局）

【北京市中医药知识产权夯基行动计划发布】9月3日，在2022年中国国际服务贸易交易会·中医药创新发展论坛开幕式上，由市知识产权局和市中医管理局联合制定的中国中医药行业首个省级区域性知识产权行动计划《北京市中医药知识产权夯基行动计划》发布。《行动计划》提出5项重点任务：要提升行业意识；推动中医药知识产权管理运营制度建设；打造人才队伍和专家智库；完善管理服务信息平台建设；促进中医药知识产权创新发展。

（市知识产权局）

【涉外知识产权高端服务论坛举办】9月4日，由首都知识产权服务业协会和中国国际投资促进会主办的2022年中国国际服务贸易交易会涉外知识产权高端服务论坛在国家会议中心举办。中国入世首席谈判代表，国家知识产权局、北京市知识产权局、北京市商务局等相关负责人，以及新加坡、匈牙利、波兰等相关使馆、商协会代表，国内外创新主体、知识产权服务机构的代表等300余人通过线上或线下的方式参加。首都知识产权服务业协会发布“一带一路”共建国家知识产权服务机构名录2022，并与芬兰商会、中国农业国际合作促进会技术转化和产业发展分会分别签署合作备忘录；“中芬科技创新服务工作站”揭牌落户北京（中关村）国际知识产权服务大厅。与会专家围绕欧盟一体化进程中的专利法院、日本知识产权的变化、企业知识产权和国际布局等议题展开讨论。涉外知识产权高端服务论坛已举办6届。

（李建玲）

【第25届京台科技论坛——京台知识产权论坛举办】 9月23日，由首都知识产权服务业协会、台湾工业总会主办，北京市绿色产业发展促进会、台湾科技产业法务经理人协会承办的第25届京台科技论坛——京台知识产权论坛在北京、台湾两地以线上与线下相结合的形式同时举办。论坛以“智权赋能·慧向未来”为主题，聚焦京台两地科技创新、知识产权保护和转化运用等话题进行交流研讨。北京市知识产权局依托北京台资企业协会成立的“台资企业知识产权服务站”举行授牌仪式，北京市知识产权公共服务中心与北京台资企业协会签署共建协议，共同服务在京台胞、台企的科技创新及知识产权事业发展。首都知识产权服务业协会与台湾科技产业法务经理人协会签署战略合作协议，利用双方的资源优势，共同策划、组织开展京台知识产权交流活动。北京市政府台湾事务办公室、首都知识产权服务业协会、台湾工业总会等单位负责人和嘉宾出席论坛。来自两岸科技企业、律师事务所、行业协会等社团组织的代表参加。

（市知识产权局）

【知识产权强国示范城市建设纲要宣讲活动举办】 9月23日，市知识产权局举办《北京市知识产权强国示范城市建设纲要（2021—2035年）》主题宣讲活动。全市知识产权办公会议成员单位、16区市场监管局（知识产权局）及经开区管委会知识产权部门等有关负责人共200余人参加活动。中国科学院科技战略咨询研究院研究员、中国科学院大学公共政策与管理学院（知识产权学院）刘海波教授作专题讲授，从《纲要》制定背景、重点内容、实施建议等方面进行详细解读，总结梳理《纲要》在知识产权创造、运用、保护、管理和公共服务“全链条”方面的主要举措；着重介绍《纲要》聚焦市委、市政府核心工作，在服务国际科创中心、“两区”建设、全球数字经济标杆城市、供给侧结构性改革、京津冀协同发展等“五子”联动方面的改革创新，从宏观高度、专业视角展现《纲要》概貌。

（市知识产权局）

【涉外商业秘密保护研讨活动举办】 10月19日，由北京市知识产权维权援助中心（国家海外知识产权纠纷应对指导中心北京分中心）主办，北京知识产权司法保护研究会承办，天津市知识产权保护中心、河北省知识产权保护中心协办的涉外知识产权典型问题研讨第三期活动“涉外商业秘密保护”以线上形式举办，共200余人参会。与会人员就“涉外科技成果转化中的商业秘密保护及风险应对”“涉外商业秘密诉讼及海外人才引进风险防范”两个主题进行分享。

（市知识产权局）

【“接诉即办知识产权热点问题讲解小课堂”活动举办】 10月27日，由北京市知识产权公共服务中心与北京市专利代理师协会联合举办的“接诉即办知识产权热点问题讲解小课堂”活动开讲。第一期活动以“把握专利审查流程，用好专利特殊审查政策”为主题，全市各区创新主体100余人线上参加培训，并就专利申请相关问题进行讨论交流。

（市知识产权局）

【北京扩大专利预审服务领域】 10月28日，经国家知识产权局审定，北京市知识产权保护中心和中关村知识产权保护中心新增G08G交通控制系统、G16B生物信息学等55个专利预审服务分类号。两家保护中心围绕新一代信息技术、高端装备制造、新材料和生物医药产业涉及的192个国家专利分类（IPC）主分类小类和26个洛迦诺分类提供专利预审服务。年内，北京市知识产权保护中心获快速授权的专利数量比2021年增长49%。

（市知识产权局）

【北京行政裁决审理模式入选全国典型经验做法】 11月1日，国家知识产权局办公室、司法部办公厅公布第二批全国专利侵权纠纷行政裁决建设典型经验做法，“北京构建行政裁决‘庭前询问、书面审理、当庭裁决’相结合审理模式”入选。

（市知识产权局）

【知识产权保护规范化市场培育与建设专题培训举办】 11月3日，市知识产权局举办2022年知识产权保护规范化市场培育与建设专题线上培训，通过知识产权相关内容的普及提升市场运营主体及相关商户知识产权保护的意识和水平，加强日常监督和管理意识，提升北京市商业单位知识产权管理与保护水平，强化流通领域营商环境建设。市知识产权局知识产权协调处、相关区知识产权局主管部门，以及来自莱市口百货、城外诚家居市场、翠微股份牡丹园百货店和翠微路百货店、喜隆多购物中心、鑫雅圣泰商贸中心、鑫海韵通平谷大卖场、华润万象汇购物中心、国美电器延庆商城的市场管理人员和商户代表200余人参加培训。

（市知识产权局）

【知识产权快速协同保护工作交流活动举办】 11月8日，北京市知识产权保护中心联合天津市知识产权保护中心、河北省知识产权保护中心举办知识产权快速协同保护工作线上交流活动。京津冀知识产权保护中心围绕专利预审、快速维权、综合服务等业务展开研讨，就保护中心分中心及维权援助工作站建设、备案主体分级分类管理等具体内容进行交流，并就进一步完善京津冀知识产权快速协同保护机制，定期开展经验分享、问题诊断、宣传培训、加强产业和企业服务等工作进行磋商。

（市知识产权局）

【京津冀知识产权协同发展高层论坛举办】 11月15日，由京津冀三地知识产权局主办、京津冀知识产权发展联盟秘书单位承办的2022年度京津冀知识产权协同发展高层论坛以线上方式举办。论坛以“促创新 强品牌 建设知识产权强国示范省市”为主题，京津冀三地知识产权管理部门、企事业单位等相关人员100余人参会。京津冀三地专家分别围绕知识产权法治建设、诚实信用原则在商标法中的内涵与体现、试点城市品牌战略实践与思考、老字号保护案例分析、高校专利成果转化等主题发表演讲，进行交流探讨，推动京津冀知识产权协同发展。论坛上，三地知识产权部门举行京津冀知识产权发展联盟“京津冀品牌服务工作站”揭牌仪式，并发布京津冀专利代理自律公约。

（市知识产权局）

【国际知识产权仲裁调解业务发展研讨会举办】 11月15日，北京市知识产权局联合中国贸促会商事法律服务中心、北京市司法局、北京市贸促会共同举办北京市国际知识产权仲裁调解业务发展研讨会。来自世界知识产权组织仲裁与调解中心、国际商会仲裁院、中国国际经济贸易仲裁委员会、新加坡国际仲裁中心、大韩商事仲裁院、中国香港国际仲裁中心、北京仲裁委员会、中国贸促会调解中心、中国仲裁法学研究会等国际知名仲裁和调解机构的相关负责人约20人参会。与会人员围绕国际知识产权争议解决、本机构知识产权仲裁调解的发展情况及北京市发展国际知识产权纠纷仲裁调解业务建议等话题进行交流。

（市知识产权局）

【北京市知识产权公共服务机构管理办法印发】 11月16日，市知识产权局印发《北京市知识产权公共服务机构管理办法》（京知局〔2022〕154号），进一步完善北京市知识产权公共服务体系，规范知识产权公共服务机构的设立、运行、管理、保障等工作。《办法》明确北京市综合性知识产权公共服务机构为知识产权公共服务区中心、工作站，规定加强公共服务机构规范化建设、能力提升、典型示范、数据统计、绩效评价、监督举报等6方面管理措施，要求市、区两级政府对公共服务机构运行提供机制保障、经费保障、专家资源保障、技术保障。

（市知识产权局）

【数字经济促进条例设置数字知识产权保护工作专条】 11月25日，市十五届人大常委会第四十五次会议表决通过《北京市数字经济促进条例》，自2023年1月1日起施行。《条例》第五十三条设置数字知识产权保护工作专条，规定：知识产权等部门应当执行数据知识产权保护规则，开展数据知识产权保护工作，建立知识产权专利导航制度，支持在数字经济行业领域组建产业知识产权联盟；加强企业海外知识产权布局指导，建立健全海外预警和纠纷应对机制，建立快速审查、快速维权体系，依法打击侵权行为。

（市知识产权局）

【专利导航建设项目通过专家验收】 12月2日，北京市知识产权保护中心组织专家对2022年度专利导航建设项目进行验收并通过。2022年度专利导航建设项目从新一代信息技术产业和高端装备制造产业中选取高端通用芯片、数字医疗和虚拟现实3个细分领域开展专利导航分析，从全球、全国及北京市相关领域和部分重点企业等维度进行专利情况深入分析，提出相关产业发展路径建议，为相关产业主管部门和企业提供决策参考。

（市知识产权局）

【跨境电子商务知识产权保护工作指引发布】 12月9日，市知识产权局指导北京商标协会发布《跨境电子商务知识产权保护工作指引（试行）》。市知识产权局聚焦跨境电商领域，调研多家大型电商企业，与业界专家开展座谈研讨，梳理分析知识产权保护中存在的各类问题，依据有关法律法规并结合北京市实际，指导北京商标协会制定《指引》。《指引》分为总则、平台内经营者、跨境电子商务平台经营者、附则等4个部分，旨在明确跨境电商知识产权保护规则，指导相关企业建立完善知识产权保护机制，提升知识产权保护能力，特别是海外诉讼应对能力，助力企业在跨境贸易方面获得更大发展。

（市知识产权局）

【3所在京高校入选高校国家知识产权信息服务中心名单】12月14日，国家知识产权局办公室、教育部办公厅公布第四批高校国家知识产权信息服务中心名单，确定第四批23所高校国家知识产权信息服务中心，其中北京师范大学、北京航空航天大学、北方工业大学3所在京高校入选。

（市知识产权局）

【第25届京港洽谈会知识产权合作专题活动举办】12月15日，由北京市知识产权局、香港特别行政区政府知识产权署和香港贸易发展局等共同主办的第25届京港洽谈会知识产权合作专题活动在京举办。主办方相关负责人出席活动并致辞。北京商标协会、香港律师会、百度公司等京港两地的知识产权专家围绕“数字赋能 知创未来”主题，分享京港两地数字知识产权保护的先进经验，共同探讨两地应对新技术发展的知识产权保护路径。来自京港两地的行政、司法、创新主体和知识产权专业机构的代表参加。

（市知识产权局）

【获批专利复审无效案件多模式审理试点单位】12月23日，国家知识产权局办公室确定北京、广东、深圳等16家知识产权保护中心为第二批专利复审无效案件多模式审理试点单位。北京市知识产权保护中心连续两批成为试点单位，且是全国唯一一家可以全面开展专利复审无效案件立案审查、优先审查、远程视频审理、专利确权案件与行政裁决案件联合审理等4项试点任务的知识产权保护中心。

（市知识产权局）

【知识产权试点示范单位培育】2022年，北京市新认定知识产权试点单位483家、示范单位146家。年内，新增国家知识产权优势企业100家、示范企业18家。

（市知识产权局）

【知识产权领域营商环境创新试点】2022年，市知识产权局牵头开展知识产权领域营商环境创新试点，在探索完善知识产权市场化定价和交易机制、畅通知识产权领域信息交换渠道、探索建立海外知识产权纠纷应对指导机制等方面形成试点经验。特别是在海外知识产权纠纷应对指导机制的建立方面，北京市打造出“五位一体”海外维权综合服务体系，帮助企业在“走出去”的过程中举起“知识产权之盾”，企业合法权益得到有效维护，市场主体活力被进一步激发，推动营商环境优化，培育和激发市场主体活力。

（市知识产权局）

【开展“两区”知识产权保护改革】2022年，市委办公厅、市政府办公厅联合印发《“两区”建设知识产权全环节改革行动方案》，通过提高行政管理效能、提升司法保护水平、加强前沿科技保护、增强知识产权全球影响力、推进人才队伍建设等5个方面，探索建立“两区”知识产权保护专门机制。截至年底，29项任务已完成或有阶段性成果。中关村科学城获评首批知识产权服务出口基地。北京市第二个知识产权对外许可转让安全审查事项完成。首创专利侵权纠纷行政裁决“先行裁驳、另行请求”审理模式，入选北京自贸试验区改革试点经验优秀案例。在“两区”建设两周年主题活动中，“知识产权保险试点”“技术转让所得税优惠政策”两项政策获评十大最具影响力政策，3个案例获评改革创新实践案例。

（市知识产权局）

【每万人发明专利拥有量居全国第一】2022年，全市专利授权量202722件，其中发明专利授权量88127件，比2021年增长11.3%。截至年底，北京市有效发明专利量47.8万件，比2021年增长17.96%。每万人发明专利拥有量达到218.3件，居全国第一。

（市知识产权局）

【专利代理行业监管试点工作推进】2022年，市知识产权局推进专利代理委托监管试点，与16区市场监管局（知识产权局）签订《专利代理行业监管委托书》。组织专利代理“双随机”抽查和专项检查12批次。对列入经营异常名录的机构进行专项检查。持续深化知识产权代理行业“蓝天”专项整治行动，开展涉嫌无资质代理行为专项核查和不符合执业许可条件专项检查，对涉嫌从事非正常专利申请的代理机构进行立案调查。开展3批非正常专利申请专项整治行动。以优秀的成绩通过国家知识产权局首批知识产权领域以信用为基础的分级分类监管试点验收。

（市知识产权局）

【专利转化专项工作实施】2022年，北京市启动专利转化专项实施工作。1月，市财政局、市知识产权局联合印发《北京市专利转化专项资金实施细则》，进一步明确专利转化专项资金支持的方向和标准，促进创新成果更多惠及中小微企业。《实施细则》重点支持8类专利转化项目。9月27日，市知识产权局组织开展专利转化专项第三次申报工作。截至年底，共支持单位313家次。

（市知识产权局）

标准化

【概述】2022年，北京市加快推进首都标准体系建设，发挥标准化对提升首都治理体系和治理能力现代化的基础性、引领性作用，为服务新时代首都发展提供有力支撑。市委、市政府印发实施《首都标准化发展纲要2035》，系统谋划未来一个时期首都标准化工作的发展目标、重点任务和保障措施。市政府公布施行《北京市标准化办法》，明确各行业部门标准化职责和政策保障机制，为标准制定、实施和监管提供法治保障。建成全市首个国家高新技术产业标准化试点，助力国际科技创新中心建设。开展国际标准化工作。年内新增秘书处2个，在京单位累计承担国际标准化技术机构秘书处单位46个，占全国的58%。成立北京市氢能质量标准化技术委员会，助推氢能技术实现快速迭代，支撑高精尖产业发展。成立北京市数字经济标准化技术委员会，加强数字技术标准制定，提升数字经济标准化水平。推进天竺综合保税区跨境贸易便利化标准化试点建设，打造良好跨境贸易便利化和高水平营商环境新标杆，服务“两区”建设和国际消费中心城市建设。发布《加快培育实施高质量团体标准的意见》，制定《高质量团体标准评价规范》地方标准，规范和引导团体标准高质量发展，在京单位共发布团体标准1.8万余项。京津冀三地市场监管部门联合印发《推进京津冀区域协同标准化工作实施方案》，推动三地协同标准化改革创新，全年在生态环境、园林绿化、特种设备、工程建设等领域共发布三地协同地方标准14项，累计达78项。加大冬奥遗产保护利用，推动《绿色雪上运动场馆评价标准》《大型活动可持续性评价指南》两项地方标准转化为国家标准。加强生态环境标准建设，促进绿色低碳发展。编制《北京市建立健全碳达峰碳中和标准计量体系实施方案》，发布《北京市“十四五”时期地方生态环境标准发展规划》。围绕超低能耗建筑、综合管廊、智慧小区、多测合一等领域，发布《超低能耗居住建筑节能工程施工技术规程》等地方标准33项。

（市市场监管局）

【商品条码印制质量检验标准发布】3月9日，北京市标准化研究院参与起草的国家标准《商品条码 条码符号印制质量的检验》（GB/T 18348—2022）发布，自10月1日起实施。该标准于2001年首次发布，本次为第二次修订，共10章6个附录，对商品条码符号印制质量检验抽样方案的确定、检验条件、检验项目、检验方法、检验数据处理、符号质量综合判定和检验报告等方面提出具体要求。标准依据最新标准ISO/IEC 15416：2016和《GS1规范（V2.0）》，规定商品条码的检验方法，为中国条码检验机构条码检测和条码检测仪的生产建立统一的方法与标准，保证检验方法、检验数据和检验结果的一致性，同时与国际标准接轨，便于国际检验数据互认和实验室间比对。

（市市场监管局）

【北京市“十四五”时期地方生态环境标准发展规划发布】3月24日，市生态环境局、市市场监管局印发《北京市“十四五”时期地方生态环境标准发展规划》（京环发〔2022〕4号），在原有标准体系基础上，扩展应对气候变化和自然生态保护两个重点领域，建立“两个层次、九个重点领域”[“两个层次”分别为强制性标准和非强制性（推荐性）标准，“九个重点领域”包括应对气候变化、大气环境保护、水生态环境保护、土壤生态环境保护、自然生态保护、固体废物污染防治、噪声污染防治、核与电磁辐射及其他等九个领域]的生态环境标准新体系，涵盖现行有效的地方生态环境标准111项，支撑生态环境监督管理，助推生态环境整体改善。

（徐建功）

【2项信息化与工业化融合管理国家标准发布】3月，中关村信息技术和实体经济融合发展联盟发布《信息化和工业化融合管理体系 新型能力分级要求》（GB/T 23006—2022）、《信息化和工业化融合管理体系 评定分级指南》（GB/T 23007—2022）两项国家标准。GB/T 23006—2022国家标准由北京国信数字化转型技术研究院、国家工业信息安全发展研究中

心、中关村信息技术和实体经济融合发展联盟、中国信息通信研究院等单位起草，围绕新型能力这一数字化转型的主线，给出新型能力的分级要求，将新型能力等级分为CL1（规范级）、CL2（场景级）、CL3（领域级）、CL4（平台级）、CL5（生态级）等5个等级，并明确各等级能力建设的总体要求。GB/T 23007—2022国家标准由北京国信数字化转型技术研究院、国家工业信息安全发展研究中心、中关村信息技术和实体经济融合发展联盟等单位起草，提供两化融合管理体系分级评定总则，给出评定机构与评定人员的分级评定条件、分级评定程序、按过程方法实施分级评估审核、分级评定结果适用和采信等方面的指导。

（李建玲）

【北京市高级别自动驾驶示范区标准体系发布】4月28日，北京市高级别自动驾驶示范区发布示范区标准体系及车路协同基础设施、智能车辆自动驾驶功能测试系列标准。自2020年9月，北京市启动建设全球首个网联云控式高级别自动驾驶示范区，构建“车—路—云—网—图”安全标准体系，主要取得以下成果：搭建出首个完整的车路云一体化高级别自动驾驶标准体系，将标准体系定义在智能网联汽车技术、车路协同基础设施、云控基础平台、专用通信网络、基础地图、安全管理等6部分，构建示范区相关标准共计71项；完成10项车路协同基础设施系列标准建设，从路侧基础设施、信息安全及系统运维等维度全面有序进行标准制定；联合行业主要自动驾驶企业，共同推进智能车辆自动驾驶功能封闭场地测试方法系列标准。通过搭建首个支撑网联云控式高级别自动驾驶示范区建设发展的标准体系，开展核心标准研究，高级别自动驾驶示范区立足北京，面向全国，助力形成可复制、可推广的智能网联汽车新型标准体系。

（张　硕　袁　磊）

【UDI条码质量专项调查和整改工作开展】5—8月，北京市标准化研究院对北京地区医疗器械生产企业开展UDI（医疗器械唯一标识的英文缩写）条码质量调查活动。共收集106家企业的UDI条码样品数量156件，其中一维条码106件、二维条码50件。调查结果显示，UDI条码整体合格率为76.28%，其中一维条码合格率为77.36%、二维条码合格率为74.00%。结合检测中发现的条码质量问题向企业提出可行的改进意见，并于11月完成质量改进工作，改进后的UDI条码整体合格率为87.18%，其中一维条码合格率为90.48%、二维条码合格率为83.33%。

（市市场监管局）

【北京市数字经济标准化技术委员会成立】6月29日，由市经济和信息化局筹划组织、市市场监管局批准组建的北京市数字经济标准化技术委员会成立。标委会是以提升数字经济创新应用标准支撑能力，搭建数字经济标准化领域产学研用交流平台为目标，由中国电子技术标准化研究院、北京市数字经济促进中心牵头，联合数字经济领域重点企业、高校、科研院所等20余家委员单位共同发起的全国首个以“数字经济”为工作领域的地方标准化非法人技术组织。标委会围绕数字经济领域基础研究、标准体系构建、标准制修订、标准实施与推广、标准化人才培育等方面开展相关工作，以标准化手段促进数字技术和场景应用复制推广，推动形成标准引领的数字经济全面规范化发展新格局，打造数字标准新标杆。

（市市场监管局）

【《北京市标准化办法》发布】7月5日，市政府常务会审议通过《北京市标准化办法》，自9月1日起施行。《办法》作为北京市标准化领域的基础性、保障性立法，分为总则、制定标准、实施标准、标准创新与国际化、服务保障与监督管理、附则6章，共50条。《办法》规定，制定和实施地方标准、团体标准、企业标准，应当符合法律法规规章的规定。强制性标准必须执行，不符合强制性标准的产品、服务，不得生产、销售、进口或者提供；禁止利用标准，实施妨碍商品、服务自由流通等排除、限制市场竞争的行为。本市鼓励企事业单位、社会团体等单位开展标准化工作，运用标准化方式组织生产、经营、管理和服务，将科技成果、先进技术和管理经验转化成为国际、国内的先进标准。制定地方标准、团体标准、企业标准，应当符合国家、本市产业政策，不得低于强制性标准的技术要求。《办法》明确由首都标准化委员会统筹协调北京市标准化工作，推进北京市参与国际标准化合作交流，推动与中央单位及相关省市的合作，督促推进首都标准化战略的落实。

（市市场监管局）

【《体育场馆智慧化标准体系建设指南》发布】7月14日，由国家体育总局体育信息中心、华为技术有限公司、华体集团有限公司和北京市标准化研究院等联合编制的《体育场馆智慧化标准体系建设指南》发布。《建设指南》明确体育场馆智慧化的定义与内涵，确立体育场馆智慧化标准体系，拟定重点标准明细表，概括体育场馆智慧化参考解决方案，介绍体育场馆智慧化中代表性的应用场景和实际案例。《建设指南》为体育场馆智慧化建设提供有意义的指导和参考，同时作为智慧体育场馆标准化发展的蓝图，以标准助力体育场馆智慧化建设高质量发展。

（市市场监管局）

【《智慧城市标准化白皮书（2022版）》发布】 7月25日，由国家智慧城市标准化总体组、中国电子技术标准化研究院、中国信息通信研究院、北京市标准化研究院等49家单位共同编制的《智慧城市标准化白皮书（2022版）》发布。《白皮书》梳理国内外智慧城市发展现状，分析国内外智慧城市标准化工作现状和主要问题，提出智慧城市基本原理及参考框架，构建新版智慧城市标准体系总体框架，给出拟研制的标准项目清单、标准化工作建议。《白皮书》是中国新时期智慧城市标准化工作总体性、体系性的规划，为政府、企事业单位等智慧城市相关方的标准化工作提供指导，同时促进标准在支撑各地智慧城市建设、保障智慧城市发展质量等方面发挥实效。

（市市场监管局）

【北京市氢能质量标准化技术委员会成立】 8月19日，北京市氢能质量标准化技术委员会在大兴国际氢能示范区成立。这是京津冀范围内成立的首个与氢能质量相关的标准化技术委员会，将在全国氢能标准体系下开展北京市氢能质量领域的标准化工作。标委会经市市场监管局批准成立，秘书处设在北京市产品质量监督检验研究院，主要由市市场监管局、市经济和信息化局、市城市管理委、大兴区政府等部门，清华大学、北京清华工业开发研究院等高校科研机构，国家电投集团氢能科技、北京亿华通科技、北京海德利森科技、北京天海氢能装备等产业链骨干企业等29名成员组成。

（徐建功）

【首个干细胞国际标准ISO 24603发布】 9月24日，第三届中国干细胞与再生医学协同创新平台大会暨标准发布会在怀柔区召开。科技部，中国科学院，北京市科委、中关村管委会有关负责人及干细胞领域专家院士等200余人参加。会议发布由中国牵头，日本、德国、意大利、英国、美国等国专家参与制定的首个干细胞国际标准ISO 24603《人和小鼠多能性干细胞通用要求》。ISO 24603规定多能干细胞的建系培养、生物学特性、质量控制、信息管理、分发和运输等方面的要求，是基于国际标准化组织各国专家意见达成的国际共识。会上还发布1项国家标准《细胞无菌检测通则》（GB/T 40365）和《人干细胞研究伦理审查技术规范》《人自然杀伤细胞》《人中脑多巴胺能神经前体细胞》《人神经干细胞》《人肠道类器官》《人肠癌类器官》《人干细胞来源细胞外囊泡制备通用要求》等7项团体标准，涵盖科研、临床和产业等方面内容，对人干细胞研究伦理、干细胞及其衍生物的关键质量属性、质量控制等进行系统规定。这些标准主要由中国干细胞与再生医学协同创新平台、中国细胞生物学学会标准工作委员会、中国细胞生物学学会干细胞分会联合国内监管部门、科研院校、医疗卫生、企事业单位等几十家单位制定，形成干细胞领域的基本共识，也是干细胞产业化的技术支撑和基础保障。北京干细胞与再生医学协同创新平台、中国细胞生物学学会干细胞分会和中国细胞生物学学会标准工作委员会共同发起并签署《干细胞行业从业者自律宣言》，呼吁中国干细胞从业人员勇担社会责任、追求卓越、践行行业自律规范，共同促进和维护干细胞行业的健康发展。

（孙 烨 冯菁菁 周 欣）

【《高质量团体标准评价规范》发布】 9月29日，由北京市标准化研究院、中关村半导体照明工程研发及产业联盟、中关村无线网络安全产业联盟、中关村乐家智慧居住区产业技术联盟、中关村材料试验技术联盟等10余家社会团体联合研制的北京市地方标准《高质量团体标准评价规范》（DB11/T 2020—2022）发布。标准是全国首个对团体标准进行高质量评价的地方标准，标准的发布和实施对于规范和引导北京市团体标准高质量发展，优化标准供给结构，构建多元社会治理体系，提高产品和服务质量，提升团体标准的国际竞争力，促进首都经济社会高质量发展具有重要意义。

（市市场监管局）

【《首都标准化发展纲要2035》印发】 10月10日，市委、市政府印发《首都标准化发展纲要2035》（京发〔2022〕21号）。《纲要》提出10项重点任务，即加强“四个中心”功能建设标准化支撑；推动标准化助力京津冀协同发展，服务国家重大战略；提升产业标准化水平，引领现代化经济体系建设；提高城市治理标准化效能，服务高品质宜居城市建设；完善绿色发展标准化保障，推动绿色北京建设；强化公共服务标准化建设，切实保障和改善民生；深化平安北京标准化建设，筑牢首都安全防线；提升标准化对外开放水平，形成全面开放新格局；优化首都标准供给结构，强化实施应用；夯实标准化发展基础，提升支撑能力。明确数字经济、智慧城市、城市运行、社会治理等方面的标准化内容。

（徐建功）

【“数字时代的标准化”主题公益讲座直播活动举办】 10月13日，围绕世界标准日主题，市市场监管局举办“数字时代的标准化”主题公益讲座直播活动。中国标准化研究院的专家作“标准数字化发展趋势及启示”的主题讲座，围绕标准数字化的起源、国际国内发展现状及趋势、主要实践路径，以及相关启示与建议进行分享交流。北京市数字经济标准化技术委员会秘书处承担单位的专家作“新时代数字经济标准化路径探索及思考”的主题讲座，围绕国家数字经济战略、“十四五”数字经济发展规划、全球数字经济标杆城市建设关于标准化的要求，以及北京数字经济标准化工作实践和未来展望进行分享交流。活动旨在进一步普及标准化知识、理念和方法，彰显标准在服务数字经济发展等方面的重要作用，营造全社会知标准、守标准、用标准的氛围，有助于协同推进数字产业化和产业数字化，赋能传统产业转型升级，助力经济可持续发展。

（市市场监管局）

【实施首都标准化战略补助资金项目公布】 11月4日，市市场监管局公布2022年实施首都标准化战略补助资金项目，对105家单位的144个项目给予1500万元支持，涉及1个承担国际标准组织技术委员会项目、5个国家级标准化试点示范项目和138项标准制修订项目。其中，高精尖产业、生态环境保护和服务业三大领域占补助金额总量的70.9%。国际标准制修订申报数量持续增加，获补助金额占比达25.5%，主要涉及信息技术安全、工业互联网、医用电气设备、视频监控、民用无人机、生物样本、工业废水处理等领域。

（市市场监管局）

【《城市治理与服务数字化管理框架与数据》发布】 12月2日，由住房和城乡建设部标准定额研究所、全国智能建筑及居住区数字化标准化技术委员会、北京市标准化研究院等20余家单位共同参与编写的智慧城市领域国际标准ISO 37170：2022《城市治理与服务数字化管理框架与数据》发布。标准的发布将为城市基础设施治理提供统一的数据框架，为全球智慧城市的管理和可持续发展提供中国经验，为国际城市管理标准化奠定基础，有助于提高各国城市管理水平，推动新型智慧城市下城市运行管理服务平台建设，提升城市综合管理服务能力，推动城市管理高效协同与共享，助力数字经济健康发展。

（市市场监管局）

【国家级海淀区高新技术产业标准化试点项目通过考核评估】 2022年，由北京市承担的国家级海淀区高新技术产业标准化试点项目通过考核评估。项目在推进过程中建立以“政策+资金+机制创新”为引擎的高新技术产业标准化推进模式，统筹区级政策、资金、服务、人才等全要素资源配置保障，实施标准创新领跑计划，放大自由贸易试验区、国家服务业扩大开放综合示范区“两区”与中关村先行先试的政策叠加优势效应，出台北京市区级层面首个标准化系统性支持政策，打造支持标准创新政策型、规则型开放高地。试点建设期间，海淀区共主导研制高新技术相关领域标准4532项。其中，国际标准104项、国家标准1893项。

（市市场监管局）

【北京金融科技安全产业园服务标准化试点通过考核评估】 2022年，受国家标准化管理委员会委托，市市场监管局组织专家对北京互联网金融安全示范产业园管理委员会承担的北京金融科技安全产业园服务标准化试点进行考核评估。评估采取听取汇报、审查资料、考察现场及专家质询等形式，最终通过考核评估。试点建设期间，北京金融科技安全产业园服务企业超过1000家次，服务效率提升50%，服务满意度达到98%；节能降耗效果明显，连续2年耗水量下降81%，耗电量下降8%。试点以科技创新金融、标准赋能服务、安全保驾护航为核心理念，打造金融科技安全行业服务管理新标杆，树立新形象，创建产业园金融安全服务品牌。

（市市场监管局）

科技合作与交流

科技合作

【概述】2022 年，北京市以北京国际科技创新中心和中关村世界领先科技园区建设为主线，在扩渠道、强对接、促落地、聚资源上下功夫，科技创新国际合作工作取得良好成效。牵头制定《北京市关于支持外资研发中心设立和发展的规定》，由市政府办公厅印发实施；修订《中关村国家自主创新示范区提升国际化发展水平支持资金管理办法》，进一步激发创新创业主体活力，构建开放协同的创新生态环境。贯彻落实党中央、国务院京津冀协同发展战略部署和北京市委市政府有关要求，按照《北京市推进京津冀协同发展 2022 年工作要点》《构建现代化首都都市圈重点任务落实工作方案》工作要求，以“构建园区链为支撑，推动政策链、产业链、创新链的深度融合配套，实现创新要素跨区域流动和优化配置”为工作目标，全面推动各项重点任务有效落地实施，京津冀科技创新协同发展取得新进展、新突破、新成效。

在港澳台和国际科技合作方面，支持创新主体参与全球创新网络，支持英国、法国、意大利、新加坡、阿联酋等国际科技合作项目 19 项，涉及新一代信息技术、智能制造、新材料、医药健康、新能源等领域。推动德国弗劳恩霍夫电子纳米系统研究所在京合作建立“北京智能系统创新中心（SSIC）合作平台”、白俄罗斯国家科学院在京设立创新中心。对接法国赛诺菲、日本国际睡眠研究所等 10 余个国际研发机构在京设立创新机构。深化政府间科技创新合作机制，与德国柏林经济技术促进局、日本科学技术振兴机构等签署合作协议，组织开展科创企业互访、产业考察对接、技术研讨会和沙龙论坛；与以色列国家创新署签署协议落实政府间联合研发计划，组织北京—特拉维夫创新大会；与俄罗斯莫斯科市加强友城合作，通过科技创新圆桌会进行交流；与意大利共建中意技术转移中心，以中意创新合作周为平台深化创新交流合作；深化对日韩双边及多边科技合作。开展多层次科技人文交流。举办中关村论坛及共建“一带一路”科技合作专题活动，发布展示前沿科技成果，打造“创新丝绸之路”国家品牌。加强京港高层交往、完善京港合作会议机制，深化两地务实合作，办好京港洽谈会，推动“京澳合作伙伴行动”升级。加强资源精准对接，发挥中关村“一带一路”产业促进会作用，推进与非洲国家创新合作，拓展“藤蔓计划”国际合作网络。宣传推介引发国际新合作。面向欧洲及“一带一路”沿线区域，组织中关村全球未来创新 Gifts 峰会、巴黎萨克雷绿色能源推荐会等 30 余场线上路演。与中国国际电视台法语频道联合录制《创新：从“中国制造”到“中国创造”》，介绍中关村双创生态发展，在全球 87 个国家和地区播出。优化升级国际科技创新中心网络服务平台英文版，设计制作英文宣传册，常态化开展对外宣传推介，讲好创新发展和中关村园区的“北京故事”。深化国际科技园区共建共享，借助国际科技园区协会（IASP）平台，深化与共建国家科技园区合作，支持共建国家创新型企业和研发机构在中关村示范区建立区域总部和研发中心。支持建设剑桥创新合作中心、赫尔辛基创新中心、中日创新合作示范区等双向开放平台，推动共建孵化器、研发平台、创新创业服务机构合作。

在京津冀协同方面，加快京津冀协同创新共同体建设，三地签署第三期京津冀基础研究合作协议，实现三地科技成果转化数据共享。发挥首都科技资源、成果优势，借助中央引导地方科技发展专项资金和市科技经费引导北京适用科技成果在内蒙古、湖北十堰、河南南阳等 5 个支援合作地区落地推广。强化创新生态培育，推进京津冀共建园区建设，推动雄安新区中关村科技园、天津滨海—中关村科技园建设；中关村科技服务生态雨林投资基金（一期）设立；加快天津宝坻京津中关村科技城建设，围绕中关村（曹妃甸）高新技术成果转化基地产业特点和资源禀赋，共同研究开展科技成果转化服务体系建设模式和路径，加快培育唐山曹妃甸科技创新生态。

（吕华锋）

【中关村科技服务生态雨林基金发布】1月25日，中关村科技服务有限公司与天津泰达产业发展集团通过云签约形式，签署中关村科技服务生态雨林基金合作协议，基金对外发布。雨林基金由中关村科服、中关村创投发起设立，中关村发展集团中关村高精尖母基金、北京市中小企业服务中心、天津泰达产发集团等机构联合出资，主要投资科技服务业、新一代信息技术领域、健康领域的科技企业，重点聚焦科技成果转化和产业化过程中的共性技术服务需求，助力中关村发展集团及中关村科服搭建覆盖高精尖产业的一体化科技服务生态体系，提升创新生态集成服务能力。基金总规模3亿元，不少于70%的资金投向京津冀地区。

（崔湛钜）

【京津冀基础研究合作协议（第三期）视频签约】2月9日，京津冀三地科技主管部门举办“关于共同推进京津冀基础研究合作协议（第三期）”视频签约会。京津冀三地科技主管部门负责人，京津冀基础研究合作专项项目负责人代表、三地科技管理部门相关人员参加。根据协议，在新一轮合作期内，京津冀三地继续落实京津冀协同发展战略，继续深化协同，围绕重点领域和任务，采用统一组织、统一申请、统一评审、统一立项、统一管理的模式，推进京津冀基础研究合作专项工作；继续组织京津冀青年科学家论坛，搭建沟通合作平台，促进三地优秀青年科学家开展学术交流与合作；继续推动基础数据、专家、政策信息等科技资源共享，鼓励三地团队搭建互联互通平台，建立基础研究合作长效机制。

（郭凤桐　吕华锋）

【国家智能网联汽车创新中心与西门子数字化工业软件签约】2月25日，国家智能网联汽车创新中心与西门子数字化工业软件战略合作签约仪式在京举行。根据协议，双方在智能网联汽车信息物理系统、基于模型的系统工程方法论、数字化研发支撑平台、自动驾驶虚拟仿真、电子电气和软件定义汽车、智能网联汽车开发者生态等方面开展合作。

（杜涵涵）

【京冀科技创新工作交流座谈会召开】2月，北京市科委、中关村管委会与河北省科技厅主要负责人在京召开京冀科技创新工作交流座谈会。双方围绕两地科技成果转化、概念论证、科技金融、创业人才等进行交流，明确在基础研究层面开展合作，共同探索跨区域基础研究合作新机制、新路径。

（吕华锋）

【《雄安新区2021年大数据研究报告》发布】3月3日，百度智能云、百度商业智能实验室发布《雄安新区2021年大数据研究报告》，通过技术对比和数据分析，展现雄安新区2021年各重点领域的城市变化。数据显示，2021年，雄安新区常住人口持续增长，城市建设加速推进，绿色发展成效显著，集成创新开始涌现，政策措施稳妥有效，新区居民安居乐业。雄安“创新之城”建设加速。雄安新区稳妥有序承接北京非首都功能疏解，中国中化、中国华能等首批3家央企疏解项目选址雄安。

（于小淇）

【支持外资研发中心设立和发展的规定出台】3月26日，市政府办公厅印发《北京市关于支持外资研发中心设立和发展的规定》，自2022年5月1日起施行。《规定》明确，由市科委、中关村管委会和市商务局会同相关单位共同开展外资研发中心认定工作，围绕人才服务、科研激励、知识产权、营商环境、属地保障五大方面为外资研发中心在京设立和发展提供支持，帮助外资研发中心融入北京市创新体系，激发城市创新活力，构建高质量开放创新生态，融入全球科技创新网络，促进更加开放包容、互惠共享的国际科技合作，加快北京国际科技创新中心建设。

（路一鸣）

【推进首都科技条件平台服务天津创新主体研讨会召开】5月11日，推进首都科技条件平台服务天津创新主体研讨会在线上召开。北京市科委、中关村管委会，河北省科技厅等相关部门人员参会。北京方面负责人介绍首都科技条件平台及创新券相关情况，天津方面负责人介绍科技资源共享及创新券相关政策，研讨交流如何更好地为天津创新主体提供服务。

（吕华锋）

【合作促进唐山高科技产业发展视频会议召开】5月，北京市科委、中关村管委会与河北省唐山市主要负责人召开视频会议，就促进唐山高科技产业发展、创新平台建设、资本运营及中关村（曹妃甸）高新技术成果转化基地建设运营工作进行座谈交流；明确双方继续强化协调联络，推进机器人产业协同发展，支持中关村（曹妃甸）高新技术成果转化基地建设。

（吕华锋）

【雄安中关村科技园建设工作座谈会召开】6月1日，市科委、中关村管委会与雄安新区管委会、中关村发展集团股份有限公司以视频会的形式，就雄安中关村科技园建设工作召开座谈会。会议就科技园选址、合作模式、合作思路等交换意见。与会人员围绕加快推进雄安中关村科技园建设进行会商研讨。会议认为，雄安新区建设是千年大计，是京津冀协同发展的重要内容，要推进雄安中关村科技园的建设，园区建设要有品牌，要充分利用雄安新区和中关村战略品牌叠加效应；要尽快确定园区选址开工，尽早明确合作模式，探索合作机制，帮助雄安强化创新要素，营造创新生态，助力提高雄安承接能力；抓紧完善发布规划；强化组织体系建设，发挥“政府＋市场”两只“手”的作用；要汇聚创新要素，提高雄安新区自身发展的内生动力。

（吕华锋）

【凯文教育集团与敖汉旗职业中学签约】6月21日，内蒙古自治区赤峰市敖汉旗职业中学与凯文教育集团校企合作框架协议签约仪式在线上举行。中关村科学城管委会、敖汉旗政府等单位有关负责人及相关企业的代表等参加。根据协议，双方将在“五年一贯制”培养、培育高端技术工人等方面开展合作，共建实训基地，培养新一代数字经济人才。凯文教育集团将北京高等学府及互联网企业的实验室、实训平台、实训项目、教学课程等引入实训基地，同时将相关数字经济产业和现代服务业等领域的相关岗位、实习实训项目引入实训基地。双方还从产业用人需求角度出发合作进行专业共建、产业学院共建，计划开设大数据、人工智能、虚拟现实等数字经济相关专业，物业管理、酒店管理等现代服务专业及工业互联网、机器人制造等智能制造专业。

（于小淇）

【2022年北京“两区”全球超链接推介活动举办】6月28日，由北科院联合北京市“两区”办及津冀、成渝等地科技主管单位共同主办的中国（京津冀＆成渝）·匈牙利创新合作大会暨2022年北京“两区”全球超链接推介活动举办。活动以“国内国际双循环·共创产业新发展”为主题，分别在匈牙利、北京、天津、河北、成都、重庆、绵阳等地设立线下分会场，来自匈牙利和中国京津冀、成渝等地科技部门、地方科协、高校院所、企业、投融资机构及新闻媒体代表200余人在线参加。活动设置领导嘉宾致辞、地方政策分享、中匈生物医药与医疗器械领域优质科技成果推介等环节。匈牙利出口促进局、北京市“两区”办、京津中关村科技城、保定国家高新技术产业开发区、河北省承德市科学技术局、重庆市北碚区科学技术局等负责人分别进行地方政策分享与推介。北科院分析测试研究所、匈牙利WIWE诊断有限公司、河北省科学院生物研究所、重庆大学光电工程学院等机构围绕生物医药、医疗器械领域进行优质科技成果推介，成果包括致病微生物分离用免疫磁珠、WIWE智能心脏诊断仪、微生物催化合成多种药物中间体的研究、非接触式和非破坏性测量设备、远场非标记超分辨率光学显微镜、病理数字切片扫描系统及病原微生物检测新技术等。

（丁　奇）

【京能国际与河北清河共建水面分布式发电项目】7月22日，北京能源国际控股有限公司与河北省清河县政府签署200兆瓦水面分布式发电项目协议。项目利用清河县区域内农村坑塘，总规划占用水面面积约2.67平方千米，规划总装机容量200兆瓦，总投资约8.2亿元。项目建成后，总发电量约66亿千瓦时，年均发电量26535万千瓦时，年均等效小时数1327小时，将改善清河县的能源结构，提高能源保供安全，推动清河县输变电产业向纵深发展，助力河北省“双碳”目标实现。

（高　健）

【中国电建北京院中标辽宁燕山湖新能源项目】7月25日，中国电建北京勘测设计研究院有限公司中标辽宁燕山湖抽水蓄能电站工程预可行性研究及可行性研究阶段勘察设计项目。抽水蓄能电站工程为国家能源局2021年9月发布的《抽水蓄能中长期发展规划（2021—2035年）》中抽水蓄能中长期规划储备项目。项目位于辽宁省朝阳市朝阳县境内，电站初拟装机容量1000兆瓦，安装4台单机容量250兆瓦的单级混流可逆式水泵水轮机，具备日调节能力。

（高　健）

【京蒙东西部协作工作座谈会召开】7月27日，北京市、内蒙古自治区京蒙东西部协作工作座谈会在京召开。会议提出，京蒙将全方位深化多领域合作，共同建好内蒙古“绿电进京”通道，构建更为高效的区域能源合作新模式。北京能源集团有限责任公司是内蒙古“绿电进京”通道项目建设单位，未来将把锡林郭勒盟正镶白旗建设成为“千万千瓦绿电进京基地”，并依托基地配套建设可再生能源制备绿氢、绿氨产业，输送至北京进行消纳，助力首都绿色转型发展，同步开展生态修复专项治理，带动多产业融合发展。作为项目建设子工程，京能集团开展查干淖尔电厂国家级风光火储氢一体化示范项目建设，是国内首个基于风光发电、火电、储能、储氢、厂用负荷、制氢负荷及特定负载等多类能量流构建的协同运行系统，是京蒙协作帮扶的重点工程，也是锡林郭勒盟至山东1000千伏特高压交流输变电工程配套电源点之一。示范项目的新能源总建设规模为100万千瓦，包括80万千瓦风电项目和20万千瓦光伏项目。结合市场用氢需求，示范工程还配套建设制氢站、撬装加氢站等。

（高　健）

【京津冀协同创新2022年重点任务督查方案印发】8月10日，市科委、中关村管委会印发《市科委、中关村管委会推进京津冀协同创新2022年重点任务督查方案》。《方案》主要包括督查目的作用、督查内容范围、督查方法模式、督查工作安排、有关工作要求等5个方面的内容，以及市科委、中关村管委会推进京津冀协同发展2022年重点任务清单，逐步建立市科委、中关村管委会京津冀科技协同创新重点任务督查工作体系，推进京津冀科技协同创新重点任务高质量完成。

（吕华锋）

【《2022年度京津冀基础研究合作专项指南》编制完成】8月10日，北京市科委、中关村管委会与河北省科技厅、天津市科技局共同编制完成《2022年度京津冀基础研究合作专项指南》。《指南》重点围绕组织/器官再生修复、肿瘤免疫、肠道微生态、自身免疫病、新型药物递送等5个方向开展布局。引导京津冀地区科研团队围绕《指南》部署的各项关键科学问题，开展跨区域、跨学科联合申报。

（吕华锋）

【京津高校科技产业园工作交流座谈会举办】8月23日，北京市科委、中关村管委会与天津市政府高校科技产业园工作专班工作交流座谈会在京举办。双方围绕中关村科技园“一区多园”协同发展、科技成果转化服务体系建设、社会资本支持科技创新、吸引创新创业人才落地发展等方面的经验做法进行交流。北京市科委、中关村管委会负责人表示，建设运营好高校科技产业园要坚持让创新回归城市、明确创新发展方向、切实发挥高校科研主力军作用、加强科技服务业体系建设、做强做大公共技术平台、利用好政府平台资源，在园区土地规划、发展空间布局、产业专项服务、金融资本扶持等方面形成集聚发展的优势和效应。天津市科技局负责人表示，继续围绕创新主体服务、创新生态培育、加大开放合作等方面加强与北京市的交流合作，推动北京创新成果在天津的转化应用，加快构建京津创新共同体。天津市政府“高校科技产业园工作专班”由天津市科技局牵头，天津市委教育工委、市发展改革委、市规划自然资源局、市科技战略研究院、天津大学建筑设计院及南开区政府有关负责人组成。

（吕华锋）

【兰陵县新能源开发协议签署】8月24日，中国水利水电第四工程局有限公司与山东省临沂市兰陵县政府、中国电建北京勘测设计研究院有限公司签署抽水蓄能电站及配套新能源项目合作开发协议。根据协议，三方在兰陵县抽水蓄能电站、新能源开发等领域建立合作关系，实现优势互补、互惠互利、互联互通、合作发展。

（高　健）

【北京通州·河北廊坊北三县项目推介洽谈会举办】9月15日，由北京市委、市政府京津冀协同办，河北省京津冀协同办，北京市通州区政府，河北省廊坊市政府共同主办，中关村社会组织联合会、北京市协同发展服务促进会承办的2022年北京通州·河北廊坊北三县项目推介洽谈会以线下和线上相结合的形式在通州、廊坊两地同时举办。会议以“推进一体化高质量发展·构建现代化首都都市圈”为主题，旨在按照“政府引导、市场运作、合作共建”原则，搭建市场化对接合作平台，帮助在京企业、行业协会等与廊坊北三县进行交流，推动产业、公共服务和交通基础设施向北三县地区延伸布局。会上促成新一批合作成果，京津冀国家技术创新中心燕郊中心、三河数字智能产业基地、中海油研发测试中心等37个项目签约合作，意向投资额约280.66亿元，其中营商环境类签约项目1个、产业类签约项目28个、基础设施类签约项目3个、公共服务类签约项目5个。

（李建玲　陈宝德）

【京津冀科协深化合作备忘录签署】9月20日，由北京市科协、天津市科协、河北省科协、北京市延庆区政府共同主办，北京科学中心承办的京津冀科协深化合作对话会暨北京市科协与延庆区政府全面合作启动会在京举办。会议以“科技赋能　协同发展”为主题，京津冀三地科协签署《京津冀科协深化合作备忘录（2023）》，旨在持续发挥科协组织的桥梁纽带作用，服务京津冀协同发展。会上，市科协与延庆区科协签署战略合作协议，挂牌成立延庆区院士专家服务中心和科技助力乡村振兴工作站；启动2022年京津冀公民科学素质大赛，旨在通过线上答题等方式，推动京津冀群众性科普活动广泛开展，促进公众借助“小屏”利用碎片化时间提升科学素养。

（朱峰华）

【国家电投与国家电网签署战略合作协议】9月26日，

国家电力投资集团有限公司与国家电网有限公司在北京签署战略合作协议。根据协议，双方本着“优势互补、合作共赢、共同发展”原则，发挥各自优势，深化在建设新型电力系统示范区、提高电力灵活调节能力、构建绿色生态能源体系、推进关键核心技术攻关、推动战略性新兴产业发展、加强国际合作与资本运营合作等方面的全面战略合作，共同落实“四个革命、一个合作”能源安全新战略，助力实现中国“3060”双碳目标。

（高　健）

【京津冀国家技术创新中心通州中心落地】9月28日，京津冀国家技术创新中心通州中心注册落地张家湾设计小镇创新中心。通州中心是京津冀国家技术创新中心与通州区共同打造的区域创新共同体，是城市副中心首次引入的国家级科创平台，将发挥城市副中心区位、资源、产业等优势和京津冀国家技术创新中心的全球创新网络、高端人才、先进成果、体制机制等创新优势，促进城市副中心在产业研发、产业升级、产业聚集、人才培养等方面转型升级。

（魏茂森）

【打造绿色钢铁供应链合作备忘录签署】11月22日，北京奔驰与宝钢股份共同打造绿色钢铁供应链合作备忘录签约仪式在线上举行。北京奔驰汽车有限公司与宝山钢铁股份有限公司签署《打造绿色钢铁供应链合作备忘录》。根据《备忘录》，北京奔驰公司在2023年逐步使用碳排放强度降低的低碳钢，从2026年起借助氢基竖炉—电炉的技术路径，其车辆用钢的碳排放强度逐步降低50%～80%，随后使用减碳95%的绿钢。

（杜涵涵）

【京津冀国际投资贸易洽谈会举办】11月27日，由北京市贸促会、北京国际商会、天津市贸促会、河北省贸促会等单位主办，北京数字创意产业协会承办的“AI智汇科技　DC众创未来——2022年京津冀国际投资贸易洽谈会”在线上元宇宙会场举办。来自中国、日本、韩国的嘉宾围绕“AI研发创新”“数字科技赋能”“人工智能和元宇宙融合”“高校新技术产教融合”等主题进行分享和交流。北京科技大学发布“文化数字化开发工具”的科技成果，并为在科技、科普、科教3个领域取得突出成绩、具有先导性和示范性的北京洋洋兔文化发展有限责任公司、国术科技（北京）有限公司等8家企业授予“2022年数字创意创新协作基地”称号。中外各界人士1万余人次观看直播。

（何　闽　李建玲）

【京港合作研发L4级自动驾驶技术解决方案】12月14日，在第25届北京·香港经济合作研讨洽谈会上，北京小马易行科技有限公司与香港小马智行有限公司签约，获5300万美元的增资金额。增资项目内容为建设研发适用于乘用车的L4级自动驾驶技术解决方案中心。

（杜涵涵）

【第25届北京·香港经济合作研讨洽谈会举办】12月14—15日，第25届北京·香港经济合作研讨洽谈会以线上线下相结合的方式在京港两地同步举办，北京国家会议中心和香港湾仔万丽海景酒店分别设立会场。洽谈会以“融入新格局　合作谱新篇”为主题。北京市委副书记、代市长殷勇在北京会场致辞，香港特别行政区行政长官李家超在香港会场致辞，京港两地政府部门、国际商协会、跨国公司、领军企业、工商界人士等参会。洽谈会开展京港合作峰会、京港合作备忘录及重大项目签约仪式等3项重要活动，在服务业开放、创新合作、数字经济等三大板块开展9项专题活动。北京市科委、中关村管委会与香港贸易发展局签署《深化京港科技协同创新合作备忘录》，标志着京港两地在科技创新领域的合作迈入新阶段。会上，“京港创新·携手未来”专题活动暨第五届“京港青创杯”创业大赛总决赛在国家会议中心举办。

（徐建功）

【2022京港信息产业合作专题活动举办】12月15日，由北京市经济和信息化局、香港特别行政区政府资讯科技总监办公室和香港贸易发展局主办，北京软件和信息服务业协会、香港软件行业协会共同承办的第25届京港洽谈会2022京港信息产业合作专题活动举办。活动分为香港和北京两个会场，采用线上与线下相结合的形式举办，线上通过联通云、小鹅通同步直播，累计约7000人次观看。京港两地专家围绕数字经济的创新发展进行分享。会上，京港两地签署5项合作协议，发布两个数字经济相关案例集。

（李建玲）

【第三届跨区域协同创新合作年会举办】12月26日，由新疆维吾尔自治区科技厅，北京市科委、中关村管委会等15个城市的科技部门共同主办的第三届跨区域协同创新合作年会暨“一带一路”火炬科技成果直通车（乌鲁木齐站）启动仪式在新疆乌鲁木齐举办。年会以网络视频会议形式，“主会场＋分会场”、“线上＋线下”相结合的形式召开，乌鲁木齐设主会场。科技部成果转化与区域创新司、火炬高技术产业开发中心、中国农村技术开发中心、乌鲁木齐市政府等单位负责人参会并讲话，上海市科委，天津市科技局，北京市科委、中关村管委会相关负责人线上参会。年会以“协同创新·互利共赢”为主题，旨在促进15个城市政策融通、资源流通、服务联通，推动产业合作、技术合作与人才合作，打造跨区域产业链、创新链、供应链、资金链、人才链和政策链，推进“科技+经济”深度融合，共创跨区域协同创新发展新空间。

（吕华锋）

【全球健康药物研发中心与翰森制药公司达成战略合作】2022年，全球健康药物研发中心与翰森制药集团有限公司就前者自主研发的抗新型冠状病毒候选新药GDI-4405系列的全球开发、生产和商业化签订独家许可与合作开发协议。根据协议，翰森制药公司获得GDI-4405系列在全球临床开发、生产和商业化的独家权利，并支付1200万元首付款及最多16.8亿元的开发、注册及基于销售的商业化里程碑潜在付款，以及基于净销售额的分级特许权使用费。GDI-4405系列是一款口服小分子3-CL蛋白酶抑制剂，针对德尔塔（Delta）、奥密克戎（Omicron）等变异毒株表现出很强的抗病毒活性。

（徐建功）

【区域协同合作两个专项实施】2022年，“中央引导地方科技发展专项—区域协同创新体系建设”“科技创新区域合作”两个专项支持北京创新主体在内蒙古、湖北十堰、河南南阳、福建三明、青海等5个支援合作地区落地推广，围绕绿色农产品、清洁能源、稀土资源、智能制造等重点领域布局10个应用场景示范建设项目，涉及财政资金1685万元，引导社会资本投资超过6580万元。通过支持成熟适用可推广、可复制的应用场景示范项目在合作地落地推广，推动北京市成熟科技创新成果在合作地转化落地，以科技创新引领合作地高精尖产业高质量发展，支持合作地产业经济社会效益提升。聚焦北京新能源领域科技成果在合作地落地推广，立项4个课题，涉及科技经费785万元；围绕合作地现代农业及养殖业产业提升，支持3个课题，涉及财政经费550万元；着眼提升合作地稀土产业、低碳节能技术、智能制造产业水平，立项3个课题，涉及科技经费350万元。

（王伟林）

【推动京津冀技术市场互联互通】2022年，市科委、中关村管委会落实京津冀协同发展战略，加强三地技术交易信息共享，促进京津冀技术市场互联互通。加强政府部门工作协调联动。6月，北京市科委、中关村管委会，天津市科技局，河北省科技厅等三部门联合签订《关于开展京津冀三地间技术交易数据共享的合作协议》，构建三地科技成果转化部门对接交流及数据共享工作机制，促进三地技术交易数据互联互通。推动三地技术供需对接，三地合作举办中关村“火花”活动37场，共计路演项目188个。推动中技所等单位组织“中技发布”启航等京津冀专场项目路演活动，推介生物医药、高端制造等领域项目50余个。加强三地技术转移人才队伍培养。通过组织国家标准《技术转移服务规范》和北京市标准《技术转移服务人员能力规范》宣贯活动，促进技术转移人才队伍的专业化和职业化发展，加大服务技术交易和科技成果转移转化力度，组织开展技术转移服务人员能力提升培训2期，实施《技术转移服务人员能力规范》宣贯培训1场，吸引京津冀地区高校、科研院所、企事业单位及社会团体的技术转移服务人员500余人参加。

（叶茂盛）

【举办107期“北京农业科技大讲堂”】2022年，市科委、中关村管委会围绕合作地实际科技需求，依托北京专家资源、成果资源，引导相关创新主体利用“北京农业科技大讲堂”平台，通过科技人员服务培训、科技成果示范应用、龙头企业对接服务等方式，举办“北京农业科技大讲堂”107期，围绕果蔬种植技术、农业政策、林下经济等方面聘请领域专家结合农业应时应季生产需要为合作地提供技术支持和指导。

（吕华锋）

科技交流

【概述】2022年，北京市发挥政府、高校院所、社会组织及科技企业作用，利用中关村论坛这一重要交流平台，以国际论坛、高峰论坛、沙龙、专题研讨、学术会议等多种形式开展科技交流活动。来自法国、韩国、加拿大、意大利、斯洛文尼亚、以色列等地的专家学者，国内清华大学、中国科学院等高校科研单位的专家学者，围绕产业数智化转型的新技术新趋势、产业互联网、纳米能源科技、能源、环境等基础学科和人工智能、集成电路、脑科学、公共卫生等领域，在前沿性、关键性技术及其科技成果产业化、相关政策等方面进行研讨和交流。支持北京中关村信息谷资产管理有限责任公司开展中关村合作区域协作平台建设，围绕人才、技术和资本等要素组织相关创新主体开展资源对接交流活动。推动沈阳·中关村智能制造创新中心举办19期“京沈汇—项目路演吧”活动。贯彻落实科技部办公厅关于举办2022年“科普援藏”活动的工作意见，协调北京科普资源，向西藏自治区提供“北京科普中央厨房”系列科普视频，包括大国重器、生活科技等五大系列内容共200余套。提供《科学的旅程》《人体运转秘密》等28类科普图书1900多本，支持科普援藏工作开展。协调中关村发展集团股份有限公司2次赴新疆与当地相关部门进行对接，组织5家北京科技企业参加第三届跨区域协同创新合作年会暨“一带一路”火炬科技成果直通车（乌鲁木齐站）活动。推动北京相关科研院所对接福建三明市政府所提的19项科技特派员服务需求，推动17位科技特派员完成认定签约，加大对支援合作地智力支撑力度。协调筹备首届京闽科技论坛暨京闽（三明）科技项目对接会活动。

（吕华锋）

【第三代半导体技术与发展教授沙龙举办】1月10日，由清华大学集成电路学院、北京集成电路高精尖创新中心主办，北京市科学技术研究院信息与人工智能技术研究所等机构承办的“第三代半导体技术与发展”教授沙龙暨北京市科协“卓越工程师”成长计划赋能活动在清华大学集成电路产教融合基地举办。活动采用线上与线下相结合的形式，分为主题演讲和自由交流两个阶段。与会专家以“第三代半导体技术与发展”为题，重点介绍其代表材料——氮化镓（GaN）和碳化硅（SiC）的技术及发展，就第三代半导体发展的尖端技术难点、材料应用场景及前景、技术迁移、产业投资方向等问题进行交流。中国科学院微电子所高频高压中心、中国科学院半导体所、北京大学、北京市科学技术研究院信息与人工智能技术研究所有关专家代表，以及北京燕东微电子股份有限公司、中国电子工程设计院有限公司等企业的工程师代表参加会议。

（聂　春）

【低温技术、低温生物医学专题研讨会举办】3月10日，在2021年中国制冷学会学术年会上，北京市科协制冷暖通空调与低温技术专业智库基地（北京制冷学会）举办低温技术、低温生物医学专题研讨会。中国科学院理化技术研究所、解放军总医院第六医学中心、西安交通大学等单位的专家、学者分享“仿生低温保存材料与技术”“冷冻消融技术在肿瘤治疗中的应用”“低温生物保存中冰晶的精准调控”“磁场辅助食品冻结技术的研究”等研究成果。专家与参会人员就低温技术、低温生物医学的研究与应用进行交流和探讨。

（崔家墅）

【重力储能技术研讨会举办】3月12日，由中国投资协会能源投资专业委员会组织召开的中国境内首个100兆瓦时重力储能项目评审会暨重力储能技术研讨会在京举办，旨在推动“新能源+储能”、源网荷储一体化和多能互补，支持分布式新能源合理配置储能系统，加快新型储能示范推广应用。国家能源局、科技部、工业和信息化部、生态环境部等相关政府部门负责人参加会议。100兆瓦时重力储能项目引入全球领先的EV公司重力储能技术，在江苏省南通市如东县进行重力储能技术应用示范，建设长三角区域零碳能源示范中心，通过储能技术提高可再生能源的发电及使用品质，构建可再生能源发展的新业态。会上，项目执行主体单位中国天楹股份有限公司就储能市场、技术路线和如东储能示范项目作汇报。中国科学院、中国工程院、国家电网有限公司和电力规划设计总院等研究单位的专家和学者，围绕国际重力储能的发展现状、重力储能技术特点和技术难题、重力储能与抽水蓄能的比较等议题进行探讨。

（高　健）

【“振兴农药事业奖”颁奖仪式暨青年学术论坛举行】3月20日，由北京农药学会主办的“振兴农药事业奖”颁奖仪式暨青年学术论坛在中国农业科学院植物保护研究所举行。学会代表、青年学者和研究生等140余人通过线上或线下的方式参加会议。中国农业大学、中国农业科学院植物保护研究所的教授分别作“人工智能助力的靶向重要生物功能蛋白的新药研发”“基于肠道菌群的农药健康风险评估及机制探究”“农药代谢研究进展”的学术报告，并就前沿热点学术问题进行讨论和交流。2021年度共有22名在读农药学专业本科生和研究生获奖，北京农药学会负责人为获奖学生代表颁奖。

（崔家墅）

【2022京粤工业互联网与智能制造高端论坛举办】4月8日，由中关村社会组织联合会、北京物联网智能技术应用协会等单位联合主办的2022年中关村社会组织联合会“北京科创资源推介”系列活动——京粤工业互联网与智能制造高端论坛通过TVR融媒体直播的形式举办。活动分为专家主题报告、首都工业互联网科创资源展示、粤港澳工业互联网优秀项目推介等环节。相关专家围绕数智赋能制造业提档升级作主题演讲，中国航天科技集团公司、北京伟联科技有限公司、北京瑞友科技股份有限公司等企业结合实际案例分享AIRIOT能源管理平台、钢铁冶金行业工业私有云P2V迁移解决方案、工业互联网+安全生产的系列服务产品、智慧检测实验室解决方案、BOE工业互联网平台及解决方案，展示工业互联网在能源管理、数字工厂建设、工业生产安全、3C产品检测实验室打造、工厂管理等多个领域的发展与应用。会上，中关村社会组织联合会发布北京科技服务资源图谱，分初创型企业、成长型企业、成熟型企业3个阶段，展示创业孵育、研发设计、检验检测、工程技术等层面的科技服务资源。

（崔家墅）

【第二届人多能干细胞研究与治疗国际研讨会举办】4月20—25日，由干细胞研究院、中国科学院动物研究所、中国科学院干细胞与再生医学创新研究院主办，中国细胞生物学学会干细胞分会、国家干细胞资源库、国家干细胞资源库创新联盟、国际干细胞组织协办的第二届人多能干细胞研究与治疗国际研讨会在干细胞研究院举办。研讨会采用线上与线下相结合的形式，旨在为来自世界各地的干细胞领域研究人员、干细胞产业的从业人员和学生打造高质量的国际化学术交流平台，展示人多能干细胞制备相关领域的最新研究成果和应用。研讨会包括人多能干细胞研究与治疗国际研讨会暨开幕式、国际干细胞组织交流会、亚洲论坛、专题研讨、闭幕式暨总结等环节，来自21个国家和地区的200余位科学家线上注册、参会，英国、法国、日本、韩国等国家的药品监管部门和国际干细胞学会等5个学会组织的代表线上参会；参加线下会议的有国家科技基础条件平台中心，市科委、中关村管委会相关负责人，以及中国科学院动物研究所和干细胞研究院的科学家。中国科学院周琪院士作为大会主席致开幕词。大会首设亚洲论坛，邀请中国科学院院士、中国细胞生物学学会干细胞分会会长季维智，中国科学院院士、中国干细胞与再生医学协同创新平台理事长卞修武，日本再生医疗学会会长Hideyuki Okano，韩国干细胞学会会长Ssang-Goo Cho作特邀报告。国际干细胞组织交流会邀请干细胞分会标准工作组负责人介绍标准工作组在推动团体标准、国家标准及国际标准方面的最新进展。

（徐建功）

【2022工业连接及设备上云发展论坛举办】6月16日，由国家工业信息安全发展研究中心、北京物联网智能技术应用协会联合主办的2022工业连接及设备上云发展论坛在线上举办。论坛主题为“云联万物　数智转型”。产学研用不同层面的业内专家围绕企业上云的政策、推进路径，企业上云的新理念、新技术、新模式、新应用、新发展等进行主题发言。中国航空工业集团信息中心专家以“工业互联网助力企业数字化转型”为题发表演讲，有关负责人解读工业设备上云推动产业数字化发展的政策等。各方专家表示将持续合作，深化技术研发应用，共同推动工业互联网创新发展，助力制造业数字化转型。2000余人线上参会。

（崔家墅）

【第六届中关村数字文化产业国际峰会召开】6月17—18日，由中关村数字文化产业智库、中关村数字文化产业联盟、每日经济新闻、玉泉智库主办的第六届中关村数字文化产业国际峰会在京召开。峰会以“点燃数字引擎，赋能未来世界”为主题，先后举办6场专题论坛，60余位专家学者出席并发言。中国文物保护基金会、中关村数字文化产业联盟、中国传媒大学、每日经济新闻、阿里巴巴集团、抖音集团等几十位数字文化产业领军人物共同探讨产业发展新趋势、新机遇、新技术。

（李建玲）

【碳中和与能源转型国际论坛举办】 6月23日，由昌平区政府主办的北京未来科学城碳中和与能源转型国际论坛——中德论坛在未来科学城能源谷举办。论坛以中德建交50周年为契机，采用“线下论坛＋线上直播”的方式，邀请能源领域院士专家、央企研究院、知名咨询机构、德方企业及研究机构等40余位嘉宾参与主论坛。与会嘉宾分别就全球政策经济动态下的碳中和能源转型战略规划和路径制定、碳中和与能源转型技术进展与创新试点，以及助力碳中和和能源转型的市场和管理机制进行探讨。论坛期间，昌平区政府外办、北京未来科学城和落基山研究所共同发起“国际合作助力企业碳中和”倡议，落基山研究所发布《中国、欧洲清洁氢冶金：政策动向与中国启示》报告。

（和　珊）

【第十四届北京粘接界青年论坛举办】 6月26日，由北京粘接学会主办的第十四届北京粘接界青年（学生）论坛在线上举办。论坛主题为“粘接创新与青年行动”。来自高等院校、科研院所、企事业单位、行业组织等单位的青年专家、学者、科研人员、行业同人、学生代表等700余人参加。中国科学院理化研究所特聘研究员张敬杰就“粘接在海洋工程材料中的机遇和挑战”专题作学术报告，遴选的10位报告人分享各自在科研、研发、应用中的成果与经验。与会者围绕粘接及相关领域的新技术、新成果、新应用和新动态进行探讨。

（崔家墅）

【第25届北京科技交流学术月举办】 7月5日，由市科协、昌平区政府联合主办，昌平区科协、中关村生命科学园管委会、北京药学会、北京科技社团服务中心等单位共同承办的第25届北京科技交流学术月在中关村生命科学园开幕。学术月以“会地合作聚资源　优势互补促科创”为主题，共举办248场重要学术活动。其中，首都前沿学术成果报告会聚焦生命科学园相关重点产业方向，中国医学科学院北京协和医学院药物研究所、中国医学科学院药用植物研究所、清华大学附属北京清华长庚医院、北京大学第三医院的专家分别围绕“糖尿病外周神经病变机制研究进展”“本草基因组学研究与应用”“细胞生物学与临床应用管理用药管理”“新型冠状病毒感染应对：基于药品、物资供应与应急管理的防控策略”作主题报告。在开幕式上，市科协与昌平区政府签署战略合作协议，双方共建未来科学城、创建全国科普示范区、推动科研成果落地，共同推动昌平区经济社会发展。院士专家服务中心揭牌成立。学术月聚焦建设世界主要科学中心和创新高地，推动高端学术资源下沉园区、企业，对接一批中关村论坛和中国国际服务贸易交易会活动，举办一批前沿领域国际学术交流活动，举办一批多领域跨学科的学术交流活动，推出一批首都前沿学术成果报告会，开展一批科技创新服务活动、举办一批专业学术活动和一批决策咨询活动，形成体系化的学术科创工作格局。

（张红波）

【2022智能决策与大数据应用国际会议召开】 7月16日，由北京信息科技大学和北京科技人才研究会主办、北京科技国际交流中心等单位协办的2022智能决策与大数据应用国际会议在线上召开。来自中国、美国、英国、爱尔兰、加拿大等国家的专家、学者200余人参加。会议聚焦智能决策与大数据应用，旨在促进学术交流和深度发展。中国工程院杨善林院士作“科学、技术、工程、产业”主题报告，唐立新院士作“面向智能行业的数据分析与优化”主题报告，英国剑桥大学、香港科技大学、北京航空航天大学的代表分别作专题报告。与会者围绕文化大数据与文化科技融合、中小微企业综合质量智能服务、绿色发展的智能决策、媒体大数据与智能评价、商务数据分析及预测预警等主题进行学术交流，分享研究心得。

（崔家墅）

【“首都环境视界”第六期青年学术沙龙举办】 7月16日，北京环境科学学会青年工作委员会、北京市生态环境保护科学研究院和国家城市环境污染控制工程技术研究中心共同举办“首都环境视界”青年学术沙龙第六期扬尘监测与污染防治技术会议。来自科研院所、高校和企业的150余名科技工作者参加线上活动。南开大学、北京工业大学和北京市生态环境保护科学研究院的3位专家分别围绕“扬尘排放清单的动态化技术方法初探”“新型抑尘剂开发及其扬尘控制应用”“多方位降尘采样器研发及其在北京市春季应用”作专题报告。与参会人员围绕扬尘排放清单、扬尘污染防治技术、降尘监测和降尘组分析开展学术交流。

（崔家墅）

【2022麒麟科技创新论坛举办】 7月24日，由北京科技人才研究会主办的2022麒麟科技创新论坛在线上举办。论坛围绕首都科技创新中心建设，展现相关领域的前沿成果，促进学科交叉交流，为相关领域专家学者提供学术交流的平台。论坛上，首都医科大学附属北京口腔医院、北京市城市规划设计研究院、清华大学、银河水滴科技（北京）有限公司、北京航空航天大学、北京中建华海测绘科技有限公司、北京市水文地质工程地质大队等单位7位麒麟科学技术奖获得者分别作“自主创新国产无托槽隐形矫治系统核心技术的研发和临床应用”“我们的城市——北京青少年城市规划宣传教育计划”“工业网络化系统的状态估计与故障诊断”“基于步态分析的远距离生物特征识别技术与应用”“区块链隐私保护技术研究”“超高层建筑北斗高精度定位技术研究与应用”“地下水科学普及与健康饮水公益服务”的主题报告。来自不同领域的专家学者代表160余人参加论坛。

（崔家墅）

【中医药青年学者论坛举办】 7月24日，由北京生理科学会中医药专业委员会和中国中医科学院针灸研究所共同主办的中医药青年学者论坛以腾讯会议网络在线形式举办。论坛旨在推动多学科交叉、融合，为中医药青年人才提供学术交流互动平台，促进中西医融合创新发展，更好地挖掘中医药精华，服务于人类健康事业。论坛上，中国科学院微电子研究所、中国中医科学院西苑医院、中国中医科学院中药资源中心、同济大学附属上海市第四人民医院、中国中医科学院针灸研究所的专家围绕“多维感知技术在中医诊断中应用初探”“中药活性成分合成生物学研究”等主题作报告，并与参会人员互动讨论。线上近100人次参与论坛。

（崔家墅）

【2022产业互联网创新发展论坛举办】 7月29日，由2022全球数字经济大会组委会主办、北京软件和信息服务业协会承办的2022产业互联网创新发展论坛“创新·融变·突破”举办。论坛是2022全球数字经济大会的分论坛之一，以“数智化 场景化 产业化”为主题，汇聚政、产、学、研、用嘉宾的智慧，围绕产业数智化转型的新技术新趋势、产业互联网应用场景创新实践，以及北京产业互联网发展的经济价值和社会责任3个热点话题，共同探讨产业互联网的创新、融合与变革，全面助力产业互联网赋能数字经济高质量发展。会上发布《北京软件和信息服务业社会责任建设倡议书》和《2022北京产业互联网创新应用场景案例》。论坛采用线上与线下相结合的形式举办，线上通过新华网等渠道进行全程直播，累计40余万人次在线观看。

（李建玲）

【智慧骨科领域项目交流会举办】 8月5日，市基金办与北京天智航医疗科技股份有限公司联合举办海淀联合基金“智慧骨科”领域项目交流会。北京积水潭医院、北京世纪坛医院、北京友谊医院、北京航空航天大学等单位的30余位资助项目团队成员出席交流会。大会通过两个专题报告对骨科疾病及机器人辅助临床治疗的相关内容进行探讨与分析，以“手术机器人与复杂脊柱手术挑战”和“未满足临床需求与智慧骨科机会”为题展开圆桌讨论，分享与交流在智慧骨科领域的机遇和挑战。

（季如佳）

【2022工业元宇宙与数字化转型研讨会举办】 8月12日，由北京物联网智能技术应用协会、中国联通科学技术协会联合主办的2022工业元宇宙与数字化转型研讨会在北京中信大厦举办。研讨会主题为“工业元宇宙赋能未来智造”，旨在从理论与实践两个维度展示工业元宇宙的发展。会议采取线上与线下相结合的形式。北京物联网智能技术应用协会、国家工业信息安全发展研究中心、联通数字科技有限公司等单位专家作主题发言，围绕工业元宇宙的技术壁垒、商业模式、应用场景、发展趋势、未来前景等层面进行探讨，以促进元宇宙及相关领域的产学研协同创新。来自元宇宙、工业互联网、智能工厂、智能制造等相关领域的行业专家、领军企业负责人、科技工作者及产业需求方负责人等近500人参会。

（崔家墅）

【2022北京脑科学国际学术大会神经精神诊疗转化医学峰会举办】 8月21日，由市科协主办，北京神经科学学会、首都医科大学、北京科技社团服务中心、北京脑科学与类脑研究中心承办的中关村论坛系列活动之一——2022北京脑科学国际学术大会神经精神诊疗转化医学峰会暨创新成果展示活动在北京经济技术开发区举办。活动采取线上与线下相结合的形式，通过科协频道、动脉网、中国神经科学学会微博、AiBrain视频号等平台同步直播，线上参与人数近120万人次。活动期间，以云端方式对优秀项目进行集中展示和推介，把前沿医学成果带入北京市高精尖产业主阵地，促进创新成果资源的有效对接和落地应用。相关领域专家从临床价值、创新性、先进性等角度对24个展示项目进行评审，“阿尔茨海默病体液检测仪”“光电同步脑活动检测仪”“孤独

症智能诊断分型与精准治疗一体化创新平台”等项目入选创新成果 TOP 10，并获颁“2022 北京神经精神医学创新成果 TOP 10”证书。

（崔家墅）

【疫苗和流行病学领域项目交流会举办】 8 月 24 日，市基金办与北京科兴生物制品有限公司联合举办海淀联合基金“疫苗和流行病学”领域项目学术交流会。清华大学、北京化工大学、国家纳米科学中心、中国疾病预防控制中心传染病预防控制所、病毒病预防控制所、首都医科大学附属北京儿童医院等高校院所的科学家们围绕 mRNA 疫苗递送系统、新型佐剂构建、流感疫苗、带状疱疹疫苗等专题分别进行研讨。

（季如佳）

【储能安全与风险防控专题研讨会召开】 8 月 26 日，由中国能源研究会、中关村储能产业技术联盟主办的中国能源高端论坛——储能安全与风险防控专题研讨会在京召开。会议围绕储能电池热管理、安全消防技术、安全设计、系统主动安全等多个方面开展探讨，为行业健康发展建言献策。工业和信息化部，国家能源局，国家市场监管总局，北京市城市管理委，北京市发展改革委，北京市科委、中关村管委会，北京市经济和信息化局，北京市应急管理局，北京市消防救援总队等部门负责人及企业代表 300 余人参加。

（李建玲）

【体育青年科技工作者跨界交流沙龙举办】 8 月 27 日，由北京体育科学学会主办的“健身需求驱动产品创新——体育产业的供给侧改革”青年科技工作者跨界交流沙龙在金燕龙大厦举办。沙龙活动采用小会场大传播的形式，通过直播平台进行在线直播，40 余人现场参会，500 余人次线上参与。与会人员围绕沙龙主题，就体育产业政策制定、行业管理、体育服务产品创新、企业发展、健身需求响应等问题进行专题研讨与交流。与会者表示发挥和利用科技创新的力量去创造市民群众需要的产品和服务，是体育产业科技工作的重点之一。

（崔家墅）

【国际评估会议举办】 8 月，北京生物结构前沿研究中心召开为期两天的五年学术领域的国际评估会议。美国科学院 Dinshaw J. Patel 院士担任评委会主席，评审专家组由斯坦福大学 Brian Kobilka 教授、哥伦比亚大学医学中心 Joachim Frank 教授及苏黎世联邦理工学院 Kurt Wuthrich 教授等 8 位国际同领域专家组成。评估专家组一致认为，前沿研究中心作为清华大学生命科学技术创新的枢纽，培养出具有国际领先地位的杰出科学家；前沿研究中心创新科学研究和技术创新平台的搭建为中国其他科研机构提供了模板。

（徐建功）

【H_2–Eco 第二届国际氢生态年会举办】 9 月 8 日，由大兴国际氢能示范区主办的 H_2–Eco 第二届国际氢生态年会在大兴国际氢能示范区举办。中关村氢能产业联盟、势银（TrendBank）、北欧兴亚绿色产业中心等生态伙伴参加。年会以“氢力聚变，创享未来”为主题，分为国产革新、国际视野、科创成果展示三大核心板块，集聚国内外氢能产业发展最新成果。浙江大学郑津洋院士等专家围绕“氢能产业技术国产革新”进行主题分享；国际氢能行业专家、企业代表等从国际视角分享全球氢能产业最新技术路线和发展前景。国内外氢能产业专家及科研院所、行业机构、企业等相关专家学者百余人线上线下参加会议。

（李建玲）

【第一期“生命 +”交叉科学论坛举办】 9 月 9 日，北京市自然科学基金第一期“生命 +”交叉科学论坛举办。北京积水潭医院、北京理工大学、市基金委、七届市基金委负责人出席并致辞。现场 30 余位专家、企业家，线上 700 余位科研、企业人员参加论坛。论坛围绕“机器人和 AI 助力医学技术革命”“智能信息赋能医学”，介绍机器人和 AI 技术对医学领域的变革性创新，“医学异构数据的融合利用”和“一体化数字医疗”的发展和挑战等，并对未来人机协作、医疗机器人互联互通等技术发展提出展望。与会专家、企业家围绕各自领域面临的挑战和未来 5 ~ 10 年北京市基金如何前瞻布局等进行交流。

（涂裔盟）

【2022 北京国际民间友好论坛举办】 9 月 9 日，由北京市人民对外友好协会、市政府侨办、市科协、石景山区政府、北京市民间组织国际交流促进会共同主办的 2022 北京国际民间友好论坛以线上与线下相结合的形式在市人民对外友好协会举办。论坛主题为“后疫情时代，一起向未来”。来自柬埔寨、缅甸、巴基斯坦、德国、法国、美国、加拿大等 35 个国家 48 个友好组织的 90 余名代表参加。与会人员围绕后疫情时代经贸合作、科技创新、文化互鉴 3 个论题展开研讨。

（张红波）

【2022 年首都前沿学术成果报告会（力学领域）召开】 9 月 14 日，由市科协主办，北京力学会、北京科技社团服务中心承办的 2022 年首都前沿学术成

果报告会（力学领域）在中关村东升国际科学园召开。报告会采用线下线上相结合的形式进行，在蔻享学术、腾讯会议、北京科协知乎号等平台同步在线直播。相关科研院所、园区企业的代表等近40人参加现场交流。北京工业大学、中国科学院大学、中国科学院力学研究所、清华大学的有关专家分别作“智柔超结构的力学设计”“磁约束聚变堆研发之液态金属磁流体力学”“激光增材制造的多尺度多物理场模拟研究”“含连接界面组合结构动力学行为研究”等专题报告，展示力学学科在固体力学、流体力学、动力学与控制、工程力学等领域的前沿研究成果。专家、园区企业研发人员、线上观众等共同参与交流。与会专家参观位于中关村东升国际科学园的国家数字化设计与制造创新中心北京中心，并与园区企业相关专业人员交流，针对力学学科研究成果在自主仿真工业软件中的应用前景和合作进行讨论。

（崔家墅）

【第25届京台科技论坛举办】 9月19—20日，由国务院台湾事务办公室、北京市政府主办的第25届京台科技论坛以线上与线下相结合的形式在北京、台湾两地同时举办。论坛以“探索新路径、融入新发展、共享新成果”为主题，采取“1+5+N”（1场主论坛、5场专题论坛、11场分论坛）模式举办。两岸经济科技界人士和相关企业的代表参加。5场专题论坛分别为两岸产业减碳合作研讨会、京台新兴产业论坛、京台金融论坛、京台绿色智造产业发展论坛、京台医疗大健康产业论坛。与会代表围绕京台经济科技产业融合发展和北京“两区”建设，就科技创新、双碳经济、金融服务、生技医药健康等方面进行研讨交流。

（徐建功）

【纳米能源与系统发展论坛举办】 9月21日，由纳米能源所主办的纳米能源与系统发展论坛暨建所十周年庆祝活动在京举办。中国科学院原院长白春礼院士、北京市政府副秘书长刘印春等院市领导和嘉宾代表出席开幕式并致辞，来自相关领域的10余位院士，中国科学院、北京市、怀柔区、友好单位的负责人及企业界代表出席活动。纳米能源所所长王中林院士代表研究所作建所10年成果情况报告。浙江大学张泽院士、中国科学院环境生态研究中心江桂斌院士、清华大学南策文院士、北京大学刘忠范院士和魏悦广院士先后作主题报告并与现场师生进行学术交流。会上，以“纳米能源科技对未来能源产业的影响”为主题的产业论坛召开，来自盛唐时代（北京）科技有限公司、汉能（北京）投资咨询有限公司、正大制药投资（北京）有限公司、碧生源控股有限公司、之路创业投资管理（北京）有限公司等企业的负责人和创投专家进行专题讲座并参加主题对话。纳米能源所相关产业化项目在论坛上进行展示。活动还举办纳米能源所校友报告会，邀请2名优秀毕业生为在所学生作学术科研和工作经验的分享。

（陈宝德）

【2022年首都前沿学术成果报告会（智能检测及装备领域）召开】 9月27日，由市科协和开发区管委会主办，北京机械工程学会、北京科技社团服务中心、北京市科学技术研究院智能装备研究所、开发区科协等单位承办的2022年首都前沿学术成果报告会（智能检测及装备领域）在亦城国际中心召开。会议采取线上与线下相结合的形式，累计参与观众近800人次。中国航天科工信息技术研究院、硕德（北京）科技有限公司、清华大学、中国航发北京航空材料研究院有关专家围绕“金属增材制造技术及无损检测”“全景信息感知及智慧电网”“锂电池安全特性的超声指纹原位检测评估方法”“智能制造的智能检测技术”等作专题报告。与会人员就相关领域研究中遇到的技术问题进行交流探讨。

（崔家墅）

【青年人才沙龙暨博士后百川沙龙第一期活动举办】 11月2日，由北京大学前沿交叉学科研究院、北大—清华生命科学联合中心、北京脑科学与类脑研究中心联合主办的青年人才沙龙暨博士后百川沙龙第一期活动在北京大学中关新园举办。活动旨在推动在校研究生、博士后与工业界精准对接，促进产业与人才的深度融合。沙龙邀请来自生物、医药、科技、金融等行业的15家企业。生命科学联合中心、北京脑科学与类脑研究中心13名应届博士毕业生、博士后作科研报告，研究方向涉及衰老、癌症、miRNA编辑等热点领域的最新研究成果。40余名博士生、博士后参加活动并与企业交流对接。沙龙邀请7位专家参与指导。北京百奥智汇科技有限公司、北京百普赛斯生物科技有限公司、北京剂泰医药科技有限公司等15家企业的代表介绍各自公司的产业方向、公司文化、人才需求和人才培养理念等。经过专家委员会的专业评审，沙龙评选出“最佳科研风采奖”2人、“优秀科研风采奖”4人。

（徐建功）

【肌骨疼痛诊疗策略与运动防护技术应用培训班举办】 11月4—6日，由北京体育科学学会、世界中医药学会联合会疼痛康复专业委员会联合主办，北京瑞哈莱福医学研究院承办的2022年肌骨疼痛诊疗策略与运动防护技术应用（脊柱）培训班举办。来自医院、运动队和社会研究机构的学员参加培训学习。培训旨在从肌骨结构着手，构建精准防治体系。北京市体育科学研究所、北京大学第三医院、世界中医药学会联合会的专家学者为学员授课，具体课程有“脊柱功能性动作筛查与评估的方法”“肌骨超声诊疗技术在运动损伤领域的应用”“脊柱肌骨疼痛病因与整脊治疗策略”，专家以理论讲授及实际操作的方式，介绍肌肉能量技术（MET）、动态关节松动术、运动贴扎技术、功能性训练、神经力量训练等技术整合运用，快速解决颈椎、胸椎、腰骶椎段等部位肌骨疼痛的案例和经验。

（崔家墅）

【2022年北京青年通信科技论坛举办】11月16日，由北京通信学会主办的2022年北京青年通信科技论坛在中国科技会堂以线上线下相结合的形式举办。近30名青年专家参加现场交流与研讨，150余人在线上通过互联网云平台观看直播。论坛主题为“加强数字引领、推动高质量发展”。中国移动集团公司、中国联通研究院、北京航空航天大学、北京交通大学、北京邮电大学等单位的有关专家、教授分别作“6G愿景需求与潜在关键技术展望”“‘IPv6+’网络可编程服务研究”“系统观念指引互联网体系结构创新”“光计算配套技术与早期市场建设”“光纤通信系统安全防护关键技术研究”专题学术报告，分享信息通信领域的前沿技术及高水平研究成果。

（崔家墅）

【2022北京·昌平生命科学国际论坛举办】11月17—20日，由市科委、中关村管委会，市科协，昌平区政府共同主办的2022北京·昌平生命科学国际论坛在线上举办。论坛主题为“探索生命 共创未来”，包括1场主论坛和医疗器械创新发展峰会、中国药物研发创新论坛、冷冻电镜与药物创新发现论坛等6场专题论坛，具有聚焦科技前沿、培植创新生态、促进产业落地、提升国际水平4个特点。国内外行业知名科学家和专家代表、医疗机构、投资机构、医药企业等单位的代表参加。与会人员围绕生命科学和医药健康产业发展展开探讨与合作交流。中国医疗器械有限公司、北京万泰生物药业股份有限公司、北京中维益道生物技术有限公司、北京优脑银河科技有限公司等26个医药健康领域项目集中签约，60余项成果在数字展厅云端展示。

（张红波 高艺蔼）

【第八届京津冀青年科学家论坛举办】11月18日，由京津冀三地自然科学基金主管部门共同主办的第八届京津冀青年科学家论坛在京举办。论坛采用线上形式，主题为“京津冀协同发展下的精准医学研究”。清华大学饶子和院士围绕“病原体结构研究三十年”作主旨报告。6名京津冀地区专家教授和青年学者开展学术报告，14位科学家、企业家代表参加圆桌论坛讨论，针对京津冀三地精准医学领域发展趋势，共同讨论未来亟待关注的前沿方向。来自京津冀三地高校、医院、科研院所的近300名青年科学家、企业家通过线上直播参与论坛。

（郭凤桐）

【冷冻电镜与药物创新发现论坛举办】11月18日，由昌平区政府主办、水木未来（北京）科技有限公司承办的2022北京·昌平生命科学国际论坛之冷冻电镜与药物创新发现论坛举办。论坛以“冷冻电镜+AI赋能新药研发”为主题，聚焦冷冻电镜结构解析与新药研发的新模式，探讨结构+AI加速药物开发的新思路。美国艺术与科学学院、美国科学院程亦凡院士，中国科学院上海药物研究所药物靶标结构与功能中心教授徐华强分别作主题报告。来自高校、科研院所、国内外知名企业的代表就冷冻电镜技术的发展方向、计算机辅助药物分子设计的趋势、AI在药物研发过程中的实际推动等问题进行分享。论坛期间，水木未来公司举办ModelSMART产品发布会。ModelSMART是水木未来新一代Cryo-EM数据分析和建模智能计算平台CryoSMART的组成部分，运用自研的AI技术，实现高精度高效率的冷冻电镜密度图建模，相比人工建模，该环节的工作效率可提升两个数量级以上。

（徐建功）

【北京地理学会2022年学术年会召开】11月19日，北京地理学会2022年学术年会在线召开，首都师范大学、北京师范大学、中国科学院、南开大学、中国地质大学、中国人民大学、华东师范大学等高校、科研院所，以及相关单位的专家学者和研究生等500余人参加。年会以“新时代京津冀协同发展的新面向”为主题，聚焦服务京津冀绿色可持续发展，集中展现新理论、新方法和新成果。专家学者分别作专题报告，内容涵盖基于云孪生的地质关键带的演化，聚焦核心素养、推进教学改革，三山五园的时空演变和保护利用，滨海湿地与蓝碳等领域。分会场80余位学者围绕7个专题开展学术交流，分享各自最新的研究成果，展现地理学者对前沿研究领域的研究和创新思维，以及对行业发展的多元理解。

（崔家墅）

【第二届海峡两岸暨港澳能源青年论坛召开】11月20—24日，由中国能源学会与北京能源与环境学会共同主办的第二届海峡两岸暨港澳能源青年论坛在京召开。中国工程院、中国科学院、香港工程科学院的院士代表等参加论坛，澳门科学技术协进会、台湾宜兰大学环境教育中心相关负责人发来视频贺词。论坛以“共谋双碳、融合发展”为主题，旨在为海峡两岸能源领域的专家、学者与产业界人士搭建高水平高质量的学术交流平台，推进绿色低碳发展。中国工程院、中国科学院院士分别作“‘双碳’视阈下空气中病原微生物消杀技术研究进展”“能源转型与新型电力系统”“绿色化学与碳中和”主题报告。有关专家在12个分论坛上分别围绕智慧能源、清洁能源、储能材料与技术、资源综合利用等领域发表演讲，相关领域企业负责人、行业协会和金融机构的代表1万余人线上参加会议。开幕式上，发布“全国能源环境科技成果发布平台”，启动《2023海峡两岸暨港澳能源科技创新人才培养计划》，发起成立北京能源与环境学会海峡两岸暨港澳青年委员会。

（崔家墅）

【2022年无线及移动通信技术发展研讨会举办】11月22日，由北京通信学会主办、中国移动通信集团北京有限公司承办的2022年无线及移动通信技术发展研讨会在线上举办。会议主题为“深化5G应用 共创数智未来”。来自业界的专家、学者、科技工作者等2万余人次在线参加会议。中国信息通信研究院、中央广播电视总台技术局、京东物流公司技术部、北京市香山公园的专家分别作“5G应用驱动数字经济发展”“5G+4K/8K在大型活动中的应用”“5G+物流园区应用”“深化5G应用，赋能智慧园林”的主题演讲。与会人员围绕深化5G应用及未来发展等热点、难点内容进行专题研讨。

（崔家墅）

【第十一届北京体能大会暨北京市教练员培训班举办】11月26—27日，由北京体育科学学会主办的第十一届北京体能大会暨北京市教练员培训班在线上举办。大会旨在宣传推广“科技引领体育训练”的理念，聚焦“精英运动员的个性化体能训练”。14位长期在训练一线从事运动科学与体能训练的国内外体能专家，从不同项目特点到运动员竞技能力结构、身体和心理，再到科学地制定训练计划并合理实施训练计划作专题报告，分享经典案例。来自北京市竞技体育一线的100余名教练员和20名科研人员参加培训，近1000名学员在线观看。

（崔家墅）

【2022年青年科学家论坛举办】12月3日，由北京药理学会、北京生理科学会主办的2022年青年科学家论坛在线上举办。论坛以“药理学、临床药学、临床研究的新思路、新方法、新成果”为主题，广泛征集研究成果，58位青年学者参与大会报告评比。根据学者汇报内容及讲演语言分为中文基础组，中文临床药学、毒理组，英文组。评委由军事医学科学院研究生院、宣武医院、北京中医医院、中国医学科学院阜外医院等单位的专家组成。研究报告内容涉及的疾病有肿瘤、心脑血管疾病、代谢免疫性疾病、神经精神系统疾病、消化系统疾病、新生儿脑病、肾损伤、骨伤等；研究成果体现研究的创新性：药效、毒理学研究的新技术、新方法，临床研究的新路径，创新药物的研制进展等。药物作用分子生物学机制较深入，药物作用的靶点及关联的分子信号通路清晰。最终，评选出一等奖6名、二等奖11名、三等奖18名。其中，3名一等奖获奖者在北京药理学会2022年会上作汇报。来自北京大学医学院、北京中医药大学、首都医科大学等20余家单位的专家学者400余人次参会。

（崔家墅）

【首都乡村振兴青年论坛举办】12月6日，由北京农学会、北京市农林科学院数据科学与农业经济研究所联合主办的首都乡村振兴青年论坛——实践探索与比较借鉴专题学术研讨会在线上举办。来自各级农业农村主管部门工作人员、农业科研机构研究人员、农业生产经营主体负责人等100余人次参加论坛。论坛聚焦北京如何针对“大城市小农业”“大京郊小城区”的市情农情特点，做好新发展阶段首都“三农”工作。南京林业大学经济管理学院、北京农学院文法与城乡发展学院、中国社会科学院农村发展研究所、浙江农林大学文法学院、上海应用科技大学人文学院的专家学者围绕农民合作社、乡村发展干预、农业生产托管、乡村运营、健康贫困等方面分享各自的观点，同与会者进行交流讨论。

（崔家墅）

【2022首都圈巨灾应对高峰论坛举办】12月8日，由北京减灾协会主办，中国灾害防御协会、北京气象学会、《城市与减灾》杂志社协办的2022首都圈巨灾应对高峰论坛在线上举办。北京防灾减灾研究单位、部分高校及各地科技工作者在线观看，110余人次全程参会。论坛主题为“新形势下城市防灾减灾策略研讨”。来自北京市科学技术研究院、中国科学院地理科学与资源研究所、中国科学院大气所、中国农业大学和中国科学院战略研究院等单位专家

分别作“城市关键基础设施巨灾应对策略”“首都圈城市人居环境韧性及气候风险应对”“基于大数据的城市安全风险评估”“连续拉尼娜事件的预测机理及研拓应用”“我国城市综合灾害防御能力建设与提升路径”“基于主体功能区视角下的人类行为对灾害影响分析及对策建议”等专题报告，并同与会者针对首都防灾减灾工作开展讨论，对首都基础设施建设、韧性城市规划设计、灾害风险体系建设等提出具体措施与建议。

（崔家墅）

【中国—东盟储能产业高峰论坛举办】 12月9日，由中关村储能产业技术联盟主办的中国—东盟储能产业高峰论坛在京举办。论坛聚焦“推进区域绿色低碳共享，深化东盟储能产业合作”，与会专家共同探讨中国—东盟储能产业发展，交流合作需求，共促能源绿色低碳转型。中国及东盟国家政府主管部门、能源监管部门电力公司、在京央企中的发电集团及新能源发电业主单位、中关村园区及京外的系统集成商、项目承包商等有关人员200余人参会。

（李建玲）

【现代生物育种技术前沿论坛举办】 12月10日，由北京农学会、北京市农林科学院生物技术研究所联合主办的2022年首都科技工作者沙龙——现代生物育种技术前沿论坛专题学术研讨会在线上举办。来自国内中青年育种专家和种业界知名人士，各级农科院所、教学单位、育种单位代表，种子生产经营企业代表等100余人次参加。论坛聚焦国家重大需求，针对如何发展生物育种、抢占种业科技制高点和打赢种业“翻身仗”的战略选择，做好新发展阶段首都“种业之都”工作。北京科技大学生物与农业研究中心、北京市农林科学院林业果树研究所、北京市农林科学院蔬菜研究所、三亚大北农创种基因科技有限公司、中国科学院微生物研究所等单位的专家学者分别从农作物、果蔬、微生物等相关的分子标记、转基因、基因编辑等现代生物育种技术等方面分享观点，并展开讨论。通过不同学科、不同领域的学术思想交流、碰撞、交融，搭建跨领域现代生物育种关键技术交流平台，为深入实施种业振兴行动、强化农业科技、提升农产品性能、变革农业生产方式、保障粮食安全和国民健康等提供重要理论储备和技术保障。

（崔家墅）

【2022年科技成果评价会召开】 12月12日，由北京食品学会主办的科技成果评价会在腾讯会议线上召开。评审委员会由北京工商大学、北京市营养源研究所、北京林业大学、农业农村部食物与营养发展研究所、国家杂粮工程技术研究中心的专家、教授组成。会上，专家组对中国食品发酵工业研究院有限公司分别与新东康营养科技有限公司、内蒙古全谷物产业发展有限责任公司共同完成的“一种降低食物GI值的功能性复合益生元粉的研发技术及其应用”“低GI燕麦纤维粉的开发技术”两项成果进行科技评价，听取成果的研究工作、技术总结报告，审阅相关材料，经质询和讨论，形成科技成果评价报告，并从成果价值、市场角度等方面对成果给出综合评价意见。

（崔家墅）

【第二期“数学+”交叉科学论坛举办】 12月15日，北京市自然科学基金第二期“数学+”交叉科学论坛在线上举办。论坛主席为中国科学院数学与系统科学研究院陈志明院士，市科委、中关村管委会，中国科学院数学与系统科学研究院有关负责人出席并致辞。论坛邀请5位嘉宾围绕“数学铸基、软件突围”主题，分享各自领域发展现状、面临的问题和挑战。20余位专家、企业家参与圆桌讨论，200余名科研、企业人员通过线上直播参与论坛。

（涂裔盟）

【首都前沿学术成果系列报告会生态环境领域水环境专场举办】 12月20日，由市科协主办，北京环境科学学会、北京科技社团服务中心等单位联合承办的2022年首都前沿学术成果系列报告会——生态环境领域水环境专场在京举办。报告会按照“四个面向”，聚焦能源、环境等基础学科和人工智能、集成电路、脑科学、公共卫生等领域的社会热点，遴选在国内外期刊上发表的热点、前沿、取得重大科研进展的成果，汇聚成为首都前沿学术成果，同时邀请部分学者分领域开展交流研讨。报告会通过科协频道、蔻瞳科学云、首创创云书园、哔哩哔哩等平台进行同步直播，累计2万余人线上参加研讨。

（崔家墅）

【2022年国际特殊食品产业发展大会召开】 12月22—23日，由北京食品学会主办的2022年国际特殊食品产业发展大会暨北京食品学会第十一届第二次会员代表大会以线上形式召开。国家食品安全风险评估中心、南昌大学食品科学与技术国家重点实验室、市场监管总局特殊食品安全监督管理司、国家食品安全风险评估中心等相关负责人，特殊食品生产和经营企业、高校及研发机构等的代表参加。与会人员围绕国内外健康食品及特医食品行业发展现

状比较、婴幼儿配方食品研发背后的科学问题所引发的重点关注、研发技术的进步及管理政策的研究，以及保健食品领域新食品原料的发掘、研发技术和效用评价等方面问题展开探讨。有关专家就“我国特殊食品发展的思考”“主动健康——食疗功效”等主题，介绍国内外同类食品的基础研究、产品开发、经营消费、监管方式及相关标准、法律法规等情况。北京食品学会第十一届第二次会员代表大会审议通过2022年学会工作报告及学会新章程。

（崔家墅）

【线上元宇宙论坛举办】12月23日，由北京数字创意产业协会、首都会展集团、中华文化促进会创投工作委员会、中国照明学会文旅照明专业委员会联合主办，北京银行德外支行协办的“5G赋能沉浸式文旅 XR开创数字化新未来”线上元宇宙论坛举办。来自中国、法国、韩国、加拿大等国的文旅企业、艺术家和金融机构的嘉宾参加论坛，从数字新基建、东西方不同文化下的沉浸式文旅案例、艺术创作者的创意和数字金融如何助力文旅产业等几个方面进行分享和交流，为数字经济和服务贸易全球化合作发展提供思路和平台。

（李建玲）

【第十七届北京电力电子学会学术论坛暨会员代表大会召开】12月24日，由北京电力电子学会、中国电源学会变频电源与电力传动专业委员会主办，中国科学院电工研究所承办的第十七届北京电力电子学会学术论坛暨会员代表大会以视频会议方式召开。学会理事长单位代表、会员单位代表等100余人参加。论坛聚焦“碳达峰、碳中和”的国家重大战略决策，针对2025年、2030年和2060年绿色低碳循环发展三个重要节点，探讨电力电子技术和产业的发展趋势，重点讨论推动节能减排、提升绿色低碳发展水平、绿色低碳生活方式实施方法、加强绿色低碳重大科技攻关和推广应用。北京智慧能源研究院功率半导体所、中国电力科学研究院、中国科学院电工研究所、四川大学等单位有关专家学者围绕“双碳”目标下新型电力电子器件、储能技术发展现状及发展趋势、新能源微网关键技术、绿色能源产业中电力电子装备等方面作主题报告。会议探讨“双碳”目标下电力电子技术的机遇与挑战，旨在推动电力电子技术的发展，助力国家实现“双碳”目标。北京电力电子学会按照北京市民政局社会组织管理中心的要求，对原章程进行修订。会员大会审议表决通过学会新章程。

（崔家墅）

【第三期“化学+”交叉科学论坛举办】12月28日，北京市自然科学基金第三期“化学+”交叉科学论坛在线上举办。论坛主席为纳米能源所王中林院士，市科委、中关村管委会，清华大学有关负责人出席并致辞。论坛邀请6位嘉宾围绕“新材料化学赋能绿色能源”主题，分享各自领域发展现状、面临的问题和挑战。20余位专家、企业家参与圆桌讨论，200余名科研、企业人员通过线上直播参与论坛。

（涂裔盟）

【“预见未来·把握未来——未来产业展望”活动举办】12月29日，由市科协、新华社北京分社、中国经济信息社共同主办的“预见未来·把握未来——未来产业展望”活动在京举办，并进行现场直播。相关领域的院士、专家、投资人和企业家，以及市科协所属100余家学会、基金会、基层组织等的代表参加。活动以“未来产业——新时代首都高质量发展重要引擎”为主题，设置“科学家说”“战略家说”“企业家说”3个主要板块。有关专家分别围绕“推动新一代信息技术高质量发展，构建新增长引擎，激发新发展动力”“加快规划建设新型能源体系”“助力生物医药产业驶入高质量发展的快车道”等议题作报告。与会人员还就“未来产业发展呈现出的新趋势、新焦点、新进展以及创造发展新动能”“如何引导市场主体向更先进的生产力聚集”“催生新技术新产业新业态新模式，领跑企业具体实践”等主题进行对话交流。活动现场发布《成立未来产业研究院的倡议书》。

（张红波）

【首都前沿学术成果报告会举办22场】2022年，由市科协主办的首都前沿学术成果报告会聚焦生物医药、能源与环境等前沿和交叉领域，遴选高质量学术成果走进怀柔、密云、昌平等6个区和北京经济技术开发区，举办22场活动，300余万人次线上收看，有效推动创新成果与区域产业发展紧密结合。

（张红波）

科学技术普及

BEIJING ALMANAC OF SCIENCE AND TECHNOLOGY 2023 北京科技年鉴 2023

科普活动

【概述】 2022年，市科委、中关村管委会创新加强科普基地一体化监管。按照《关于进一步创新和加强事中监管构建一体化综合监管体系的工作方案》要求，研究科普知识培训监管制度，并以海淀区为试点，推进综合监管措施落地见效；从风险监管、信用监管、分级分类监管、协同监管、科技监管、共治监管等6个方面形成《科普知识培训机构一体化综合监管文件汇编》，与市科协会签印发。与市教委、市科协联合发布《关于印发北京市利用科普资源助推“双减”工作措施的通知》，向市教委报送200余名专家、160余门课程和100项科普活动资源清单，用好用足市区两级科普基地优质资源赋能科普教育，满足中小学校课后科普服务需求。向北师大二附中未来科学城学校捐赠该校教研组实际需要的科普图书、绘本等1800余种，丰富学校科学教育内容。命名北京市科普基地84家。在北京城市副中心绿心公园创新举办全国科技活动周暨北京科技周主场活动。组织开展科普讲解、科学实验、科普微视频等比赛活动。推荐6名选手参加全国科普讲解大赛，获1项一等奖、2项三等奖；推荐5部作品参加全国科普微视频大赛，2部作品入选全国优秀科普微视频名单；推荐6个团队参加全国科学实验展演会演，获3项一等奖、1项二等奖、1项三等奖。一批科普项目成果转化落地。“脑科学成果科普展项开发和巡展项目”成果落地密云科技馆，线上线下科普讲座及巡展活动人数超过7万人次，核心展项被科技部推荐参加党的二十大“奋进新时代”主题成就展；“昌平区碳中和主题科普体验内容开发与推广服务”依托国内首个具有完整科普体系的碳中和主题公园“北京温榆河公园·未来智谷”，建设“先进能源与储能技术主题科普区”。

（栗英轩　李新媛）

【做客直播间“市民对话一把手”】 1月6日，市科委、中关村管委会主任许强做客北京广播电视台两会直播间“市民对话一把手”，围绕“聚焦国际科技创新中心建设”话题，与广大市民沟通对话。北京城市广播副中心之声、BRTV新闻频道、人民视频、北京日报客户端、新京报客户端、千龙网、首都之窗、北京发布、北京时间、听听FM同步直播。

（徐建功）

【北京老年科技大学成立】 1月18日，市科协在北京科学中心挂牌成立北京老年科技大学。老年科技大学的成立是落实《中国老科协、中国科协科普部关于创建老年科技大学的指导意见》中“发挥老科协组织优势和智力优势，充分利用科技馆和老年服务设施等公益平台，充分运用现代信息技术手段，推动和促进老年群体继续教育”精神的具体行动。老年科技大学旨在帮助老年人解决在智能技术运用方面所遇到的困难，提高老年人适应智慧社会发展的能力，促进智能技术发展与老龄化发展相协调，实现“老有所乐、老有所学、老有所为、老有所养”，继续为全面建成社会主义现代化强国贡献智慧和力量。截至年底，北京老年科技大学围绕时事政策、前沿科技、科学健康、实用技艺等主题，邀请来自医院、高校、学（协）会的专家，面向老年群体及科普志愿者，讲授心血管损伤、老年人骨折、中医角度看慢性病治疗等保健常识，普及冬奥科技、移动通信安全、数字时代的计量、智能手机使用指南等知识，共开展26期教学活动，线上线下累计1600余人次参加。

（张红波）

【6家乡村振兴工作站揭牌】 2月23日，市科协与平谷区政府在平谷区社会服务中心签署战略合作协议并召开座谈会。根据协议，双方在平谷区农业中关村论坛、科学素质提升、助力乡村振兴、建设“高大尚”平谷等方面深化合作。市科协相关负责人为北京市首家乡村振兴工作站揭牌。9月，市科协相继在通州、延庆、大兴、怀柔和昌平5个区建立乡村振兴工作站。截至年底，乡村振兴工作站共面向涉农乡镇征集农业科技需求60余项，调动科技类社会组织33家，动员科技工作者约2000人次，精准对接农业经营主体，开展科技服务项目114项，发布科技创

新成果212项，推广科技成果158项，引进新品种91个，累计受益1.8万余人次。

（梁　奇）

【84家单位被命名为北京市科普基地】 2月23日，市科委、中关村管委会，市科协印发《关于命名2022年北京市科普基地的通知》（京科文发〔2022〕26号），北京自然博物馆、北京市天坛公园管理处、首都医科大学附属北京口腔医院、北京市少年宫（北京教学植物园）等84家单位被命名为北京市科普基地，命名周期为2022—2024年。

2022年北京市科普基地一览表

序号	单位名称	基地名称	申报类型	所在区
1	北京自然博物馆	北京自然博物馆	科技场馆	东城区
2	北京市天坛公园管理处	天坛公园	科技场馆	东城区
3	首都医科大学附属北京口腔医院	北京市口腔健康教育基地	科技场馆	东城区
4	北京市少年宫（北京教学植物园）	北京教学植物园	科技场馆	东城区
5	中国妇女儿童博物馆	中国妇女儿童博物馆	科技场馆	东城区
6	北京市鼓楼中医医院	北京市鼓楼中医医院	科技场馆	东城区
7	中国医学科学院北京协和医院	中国医学科学院北京协和医院	科技传播	东城区
8	化学工业出版社有限公司	化学工业出版社	科技传播	东城区
9	国网北京市电力公司	国网北京客服中心电力展厅	科技场馆	东城区
10	北京科学中心（北京青少年科技中心）	北京科学中心（北京青少年科技中心）	科技场馆	西城区
11	中国科学院古脊椎动物与古人类研究所中国古动物馆	中国古动物馆	科技场馆	西城区
12	北京动物园管理处	北京动物园	科技场馆	西城区
13	首都博物馆	首都博物馆	科技场馆	西城区
14	北京天文馆	北京天文馆	科技场馆	西城区
15	北京急救医疗培训中心	北京急救医疗培训中心	科技场馆	西城区
16	首都医科大学附属北京儿童医院	首都医科大学附属北京儿童医院	科技场馆	西城区
17	北京科学技术出版社有限公司	北京科学技术出版社	科技场馆	西城区

续表

序号	单位名称	基地名称	申报类型	所在区
18	北京工业大学科技与艺术博物馆	北京工业大学科技与艺术博物馆	科技场馆	朝阳区
19	首都医科大学附属北京安贞医院	首都医科大学附属北京安贞医院	科技场馆	朝阳区
20	中国科学院心理研究所	中国科学院心理研究所	科技场馆	朝阳区
21	中国电影博物馆	中国电影博物馆	科技场馆	朝阳区
22	北京索明科普乐园有限公司	索尼探梦科技馆	科技场馆	朝阳区
23	全国农业展览馆（中国农业博物馆）	全国农业展览馆（中国农业博物馆）	科技场馆	朝阳区
24	民航博物馆	民航博物馆	科技场馆	朝阳区
25	中国传媒大学传媒博物馆	中国传媒大学传媒博物馆	科技场馆	朝阳区
26	首都儿科研究所	首都儿科研究所	科技传播	朝阳区
27	北京化工大学化工资源有效利用国家重点实验室	北京化工大学化工资源有效利用国家重点实验室	科技场馆	朝阳区
28	中国科学院大气物理研究所	中国科学院大气物理研究所	科技场馆	朝阳区
29	中国食品发酵工业研究院有限公司	食品与生物酿造科普展厅	科技场馆	朝阳区
30	北京市农林科学院	北京市农林科学院	科技场馆	海淀区
31	北京交通大学交通运输科学馆	北京交通大学交通运输科学馆	科技场馆	海淀区
32	北京市植物园管理处	北京植物园	科技场馆	海淀区
33	北京牡丹电子集团有限责任公司	牡丹集团科普基地	科技场馆	海淀区
34	中国科学院植物研究所	中国科学院植物研究所	科技场馆	海淀区
35	中国化工博物馆	中国化工博物馆	科技场馆	海淀区
36	中国气象局气象宣传与科普中心	中国气象局气象宣传与科普中心	科技场馆	海淀区
37	中国科学院过程工程研究所	中国科学院过程工程研究所	科技场馆	海淀区
38	中国中医科学院西苑医院	中国中医科学院西苑医院	科技场馆	海淀区
39	北京市颐和园管理处	颐和园	科技场馆	海淀区
40	北京中海投资管理有限公司	中关村科学城（海淀）城市大脑展示体验中心	科技场馆	海淀区
41	北京邮电大学信息与通信工程学院	北京邮电大学信息与通信工程学院	科技场馆	海淀区

续表

序号	单位名称	基地名称	申报类型	所在区
42	中国科学院自动化研究所	中国科学院自动化研究所	科技场馆	海淀区
43	北京市科学技术研究院智慧养老研究所	北京市科学技术研究院智慧养老研究所	科技场馆	海淀区
44	中国科学院计算机网络信息中心	中国科学院计算机网络信息中心	科技传播	海淀区
45	国术科技（北京）有限公司	国术科技（北京）有限公司	科普研发	海淀区
46	中关村机器人产业创新发展有限公司	中关村机器人产业创新中心	科技场馆	海淀区
47	良业科技集团股份有限公司	光科技馆	科技场馆	海淀区
48	北京市农林科学院蔬菜研究所	北京市农林科学院蔬菜研究所	科技场馆	海淀区
49	中国地质大学（北京）	中国地质大学（北京）	科技场馆	海淀区
50	中国科学院计算技术研究所	中国科学院计算技术研究所	科技场馆	海淀区
51	北京华云智联科技有限公司	北斗启航	科普研发	海淀区
52	网易有道信息技术（北京）有限公司	网易有道信息技术（北京）有限公司	科普研发	海淀区
53	北京钢铁侠科技有限公司	钢铁侠人工智能及机器人科技创新基地	科普研发	海淀区
54	北京市营养源研究所有限公司	北京市营养源研究所有限公司	科技场馆	丰台区
55	北京汽车博物馆（北京市丰台区规划展览馆）	北京汽车博物馆（北京市丰台区规划展览馆）	科技场馆	丰台区
56	中国园林博物馆北京筹备办公室	中国园林博物馆	科技场馆	丰台区
57	首都医科大学附属北京天坛医院	天坛医院	科技场馆	丰台区
58	北京南宫世界地热博览园有限公司	北京南宫世界地热博览园	科技场馆	丰台区
59	北京市丰台区东高地青少年科技馆	北京市丰台区东高地青少年科技馆	科技场馆	丰台区
60	北京赛恩奥尼文化传媒有限公司	北京赛恩奥尼文化传媒有限公司	科技传播	丰台区
61	首钢工学院	首钢工学院	科技场馆	石景山区
62	北京市门头沟区科普服务中心	北京市门头沟区科普服务中心	科技场馆	门头沟区
63	北京市房山世界地质公园管理处	房山世界地质公园	科技场馆	房山区
64	中国原子能科学研究院	中国核工业科技馆	科技场馆	房山区

续表

序号	单位名称	基地名称	申报类型	所在区
65	工信博源（北京）应急技术研究院有限公司（燕山应急安全实训体验中心）	燕山应急安全实训体验中心	科技场馆	房山区
66	神舟绿鹏农业科技有限公司	航天工程育种研发与产业化示范基地	科普研发	通州区
67	北京信通碧水再生水有限公司	信通碧水科普馆	科技场馆	通州区
68	北京种太阳科普文化传播有限公司	I—imagine 科学空间	科技场馆	通州区
69	正元地理信息集团股份有限公司	正元地理信息科技体验馆	科技场馆	顺义区
70	北京市野生动物救护中心	北京市野生动物救护中心	科技场馆	顺义区
71	中科星图股份有限公司	空天大数据先导技术科普基地	科技传播	顺义区
72	北京三元食品股份有限公司	首都牛奶科普馆	科技场馆	大兴区
73	北京麋鹿生态实验中心	北京麋鹿生态实验中心	科技场馆	大兴区
74	北京市昌平区小汤山现代农业科技示范园管理中心	小汤山现代农业科技示范园	科技场馆	昌平区
75	北京市药品检验研究院（北京市疫苗检验中心）	北京市药品检验研究院（北京市疫苗检验中心）	科技场馆	昌平区
76	中国石油大学（北京）地球科学学院地球科学博物馆	中国石油大学（北京）地球科学学院地球科学博物馆	科技场馆	昌平区
77	北京化工大学材料科学与工程学院	北京化工大学材料科学与工程学院	科技场馆	昌平区
78	北京野馨科技发展有限公司	欢乐蜂场	科技场馆	平谷区
79	北京纳米能源与系统研究所 Maxwell 科学＋	北京纳米能源与系统研究所 Maxwell 科学＋	科技场馆	怀柔区
80	北京紫育中成科技有限公司	航天之星科普基地	科技场馆	怀柔区
81	北京市密云区科技馆	北京市密云区科技馆	科技场馆	密云区
82	北京华海田园农业科技有限公司	华海田园天文科普基地	科技场馆	延庆区
83	中国长城博物馆	中国长城博物馆	科技场馆	延庆区
84	北京国家新能源汽车技术创新中心有限公司	国家新能源汽车技术创新生态馆	科技场馆	经开区

（胡亚楠）

【冬奥气象科技解密 & 非遗蛋壳雕技艺展示活动举办】
3 月 20 日，由市气象局、北京科普发展与研究中心等联合主办，蝌蚪五线谱网站承办的“冬奥气象科技解密 & 非遗蛋壳雕技艺展示”纪念活动以线上直播方式举办。气象领域的科学家在直播现场介绍冬奥会期间气象科技创新的两个“首次”——首次在中国中纬度山区组织实施复杂地形下的冬季多维度气象综合观测试验，首次实现“百米级、分钟级”业务天气预报能力；解读冬奥气象服务技术成就，展示这些技术在更好地服务人类生产生活、防灾减灾、应对气候变化等方面所起的重要作用。气象高级工程师、北京市海淀区非遗蛋壳雕代表性传承人在直播现场演示“膨胀造云”“滴水成冰”两个趣味气象科学实验，并向观众介绍和展示非遗蛋壳雕技艺。活动通过“气象北京”“北京发布”“蝌蚪五线谱”官方微博等渠道进行直播，观看人数达 36 万人次。

（崔家墅）

【科技助力乡村振兴活动开展】3 月 28 日，北京减灾协会组织农业科技专家、北京市农业技术推广站研究员吴尚军等专业技术人员，在怀柔区渤海镇洞台村就家庭蔬菜、食用菌种植技术举办 2 场培训。活动以“科技助力乡村振兴——家庭菜园种植技术”为主题，渤海镇各村第一书记、130 余名村民参加现场或线上培训。授课内容主要包括家庭蔬菜栽培模式、蔬菜生产的基本条件与种子处理、家庭简易育苗方法、常见蔬菜的科学施肥浇水和日常管理、病虫害防治等。专家还在培训现场为村民答疑解惑，助力农民科学致富。

（梁　奇）

【北京 94 家单位被命名为第一批全国科普教育基地】3 月 30 日，中国科协印发《关于命名 2021—2025 年第一批全国科普教育基地的决定》（科协发普字〔2022〕12 号），决定命名中国科学院北京纳米能源与系统研究所（Maxwell 科学 +）等 800 个单位为 2021—2025 年度第一批全国科普教育基地，有效期至 2025 年。其中，位于北京市的中国测绘科学研究院、中国地图出版社地图文化馆、中国地质大学（北京）博物馆、李四光纪念馆等 94 家单位被命名为第一批全国科普教育基地。

（胡亚楠）

【北京作物学会开展主题科普活动】7 月 23 日，由北京作物学会、中国作物学会共同主办的“体验作物科技，品鉴鲜食玉米”主题科普活动在通州区举行。北京市科协社团服务中心、北京市农林科学院、北京市农业农村局等单位相关负责人，以及有关专家、中小学生代表等 130 余人参加。活动旨在促进科学思想、科学精神、科学方法、科学知识的传播，提升青少年和公众对作物科技的亲身体验。活动分参观科普基地、听科普报告、实际体验培育方法 3 个环节。活动参与者参观北京市农林科学院玉米研究所通州科技创新示范基地，玉米研究所专家介绍玉米的起源、鲜食玉米分类、营养价值、食用方法等；专家结合实物围绕“作物驯化与人类生活”介绍水稻、玉米、小麦等农作物的驯化过程；走进京东植物工厂，探访现代智能农业生产，让学生们亲自体验叶菜培育方法。

（崔家墅）

【乡土文化专家工作站落地延庆】8 月 16 日，北京工艺美术学会“乡土文化专家工作站”建设项目启动仪式在延庆区井庄镇窑湾村举行。北京科技社团服务中心、延庆区科协、井庄镇政府、窑湾村新时代文明实践站相关负责人，以及北京工艺美术学会公共文化和社交平台的教师、窑湾村受训学员等 40 余人参加仪式。作为全市首家“乡土文化专家工作站”，依托北京工艺美术学会，组织北京传统工艺美术非遗技艺代表性传承人和乡土文化专家团队，为村民提供传统民间工艺非遗文化和非遗技艺技能、产品创意设计、文创推广营销等方面的培训服务，将科技社团资源优势与乡村建设需求有机结合，培养乡村传统技艺人才队伍，助力乡村文化振兴。截至年底，工作站吸引参训农民学员 704 人次，指导学员创作作品 540 余件。

（梁　奇）

【科普工作调研座谈会召开】9 月 15 日，市科协负责人带队调研中国古脊椎动物馆、北京天文馆并主持召开科普工作调研座谈会。北京市全民科学素质纲要实施办公室成员单位、科技场馆、高校科协、企业科协、宣传媒体等的代表分别就《关于新时代进一步加强科学技术普及工作的意见》分享认识和体会，并结合《关于建设“科技馆之城”的实施意见》《关于推动北京科学传播融媒体平台建设实施方案》等文件精神介绍其所在单位的科普工作情况及其在落实新时代科普工作意见方面的工作思路、措施等。

（朱峰华）

【第十二届北京科学嘉年华举办】9 月 15—21 日，由市科协主办的 2022 年北京市全国科普日活动暨第十二届北京科学嘉年华在北京科学中心举行。活动主题为“喜迎二十大，科普向未来”。北京科学嘉年华是面向社会、服务公众的大型公益性、群众性科普品牌活动，是 2022 年全国科普日北京主场活动的重要组成部分，由全国科普日北京主场活动、首都科普五大联合行动、北京云端嘉年华三大板块组成，采取线上与线下相结合的形式开展。科学嘉年华聚焦科学家精神、科学教育、科学实践、科技创新、科学文化等5个方面，集中展示前沿科技及其重大成果。本届科学嘉年华推动多元主体参与科学普及，16个区分别开展主场科普活动，千个科技馆联动打造丰富的科学教育体验基地。“众心向党自立自强——党领导下的科学家”主题展、“光年深处”深空探索主题展、京津冀青少年创新作品展示交流等160项重点活动线上线下同步举办。北京科学嘉年华共有1100家单位参与，举办活动3200余场，线上线下参与群众累计达7700万余人次。中央广播电视总台、人民网、《北京日报》、北京广播电视台等20余家媒体报道1.8万条相关新闻，各网站、微博、微信、客户端等新媒体平台转载推送，全网阅读量达7.13亿次。

（王　刚）

【第七届全国老科技工作者日暨北京第十八届老科技工作者日活动举办】 9月28日，由中国老科学技术工作者协会、北京市科协主办的第七届全国老科技工作者日暨北京第十八届老科技工作者日北京主场活动在中国科技会堂启动。中国老科协、北京老科学技术工作者总会有关负责人，中国科协创新战略研究院、北京科技社团服务中心等单位负责人参加。活动以“新征程”为主题，通过光明网、央视频、抖音、微博等平台同步播出，在线观看人数超200万人次。线上活动展现老科技工作者对党忠诚、爱党爱国、老有所为、积极作为的高尚情怀，倡导全社会关注、尊重和支持老科技工作者，引导广大老科技工作者以饱满的热情和昂扬的状态喜迎党的二十大胜利召开。

（张红波）

【2023科学跨年之夜系列活动举办】 12月31日，由市科协、北京广播电视台主办，北京科学中心承办的“2023科学跨年之夜”系列活动在北京广播电视台纪实科教频道和全网同步播出。活动主题为“汇智聚力跨新年，奋楫扬帆开新局”。中国科学院薛其坤、程和平，中国工程院孙丽丽等11位院士及有关专家围绕航天科技、量子科技、生命健康、粮食安全、“双碳”目标、数字经济、科幻科普等主题发表年度演讲。系列活动还包括“北京市公民科学素质大赛决赛”“2022年十大‘科学’流言求真榜发布”“首都科普好书榜单发布”，以及“科技创新小达人”年度盛典等品牌活动。人民日报客户端、新华社客户端、“学习强国”学习平台、央视频、中国青年报客户端、中国科技网、北京时间、腾讯新闻、搜狐新闻、哔哩哔哩、新浪科技、抖音、微博等新媒体网络平台联合播出，600余万人次通过电视及网络平台收看，微博话题阅读量达5280.9万次，6000余人次参与讨论。

（张红波）

【28所在京高校成立科协】 2022年，中国传媒大学、北京林业大学、首都体育学院、北京金融科技学院、北京培黎职业学院等28所高校相继成立高等院校科学技术协会。其中，部属院校5家、市属本科院校8家、市属专科院校15家。截至年底，全市累计成立高校科协55家。

（郭　磊）

【开展《北京市科学技术普及条例》修订的调研论证】 2022年，市人大常委会将《北京市科学技术普及条例》修改列入工作计划，开展调研论证。市科委、中关村管委会与市人大常委会、市司法局和市科协共同对《条例》进行立法调研，了解分析条例的实施情况和存在问题，明确《条例》修订的必要性和可行性，为《条例》修改奠定基础。开展实地调研，对接科技部、中国科协有关司局，到北京市委办局、各区、各科普场馆、创新主体等单位，先后4次实地参观科普设施、观摩科普活动，以召开座谈会或视频会议的方式，掌握一手资料；开展问卷调查，针对科普主体和公众分别设计调查问卷，通过网络、单位系统、科技周等活动发放问卷；开展文献调研，查阅其他省市科普条例制修订情况，对比分析可借鉴之处。

（李新媛）

【27个科普项目成果落地】 2022年，市科委、中关村管委会支持的27个科普项目成果落地，成效显著，典型成果如首例大科学装置科普系列课程在京完成教学实践、“宇宙探索科普创新项目”成果亮相中国空间站“天宫课堂”第四课、北京市最具特色的科技园区东升科技园开展“创新企业科普联盟示范建设与服务”等。

（李新媛）

【举办54场“首都科学讲堂”活动】 2022年，市科协线上线下共举办54场“首都科学讲堂”活动。活动围绕北京经济社会发展需求，结合北京科学中心的首都科技创新成果展，以更具前瞻性、引领性的主题内容，激发首都公众参与科普的热情，让公众感受科学魅力，提升科学素养。邀请54位专家（含2位中国科学院院士和1位中国科学院外籍院士）授课，线上受众人数累计达5853万人次。

（张红波）

【北京科普工作者能力提升培训举办4期】 2022年，由市科委、中关村管委会搭建的科普工作者的学习和交流平台——“北京科普工作者能力提升培训”完成4期培训。北京市科普管理人员、科研院所科普工作者、新闻传媒工作者3类科普群体参加。线下集中培训人员580人次，线上培训9800人次。培训注重模式创新和课程设计，强化针对性和实效性，内容包括党的二十大专题，《北京市全民科学素质行动规划纲要（2021—2035年）》解读专题，改变世界的新科技系列课程，碳达峰碳中和、大数据、5G基站等多方面的科技知识，推动北京科普事业高质量发展。

（李新媛）

科普创作

【概述】2022年，围绕《北京市全民科学素质行动规划纲要（2021—2035年）》，实施科普原创作品支持计划。通过举办科普讲解大赛、北京科普文化创意设计大赛等活动，搭建开放式科普文化创意产业服务平台，遴选展示优质科普文化创意产品，促进科普文创设计能力与水平的交流提升。举办“2022首都科普好书评选”活动，共征集各类作品328部，其中30部优秀科普图书入选“首都科普好书”。围绕科技馆之城数字平台建设，对科普课程、数字化科普展厅、数字化科普展览、科普视频、科普小程序等84项优质科普资源进行资助，促进科普融合发展。开发动漫、短视频等多种形式的科普作品，市科委、中关村管委会推荐的2部作品入选“2022年全国优秀科普微视频名单”。

（王　佳　徐建功）

【参与编写《灾害风险监测预警信息快速报送培训手册》】3月21日，北京减灾协会推荐北京减灾智库专业基地专家、北京市气象台高级工程师尹晓惠参与应急管理部组织编写的《灾害风险监测预警信息快速报送培训手册》中的“气象灾害”部分。《手册》采取口袋书的形式，通过通俗易懂、图文结合的科普方式，助力全国灾害信息员明确自身工作职能、牢记工作流程。

（崔家墅）

【“弘扬科学家精神，传递科技薪火”科学案例征集及线上展示活动举办】5—11月，由北京科学中心联合北京市教育学会社会大课堂教育专业委员会、北京市教育学会中小学综合实践活动专业委员会、千龙网·中国首都网举办的“弘扬科学家精神，传递科技薪火”科学案例征集及线上展示活动举办。活动共征集来自北京市中小学、教研院、博物馆、科技馆、少年宫等单位的82件案例，经过培训交流、专家评选、线上展示等环节，评选出“十佳案例”“十佳案例提名”“优秀案例”3个奖项76件获奖作品。“十佳案例”的作者在线上进行作品分享及展示，相关视频在北京科学中心官网、微信公众号、千龙网·中国首都网等平台进行宣传和推广。

（程　锐）

【第十一届北京科幻创作创意大赛评出25部获奖作品】6月13日，由市科协主办，北京科普发展与研究中心、北京科学技术普及创作协会承办的第十一届北京科幻创作创意大赛“光年奖”进行线上作品征集。大赛设置科幻中长篇小说、科幻短篇小说、科幻微小说、“科幻首钢”主题小说4个类别。至大赛征集活动截止日期共收到350篇参赛作品，评出《元亨利贞》《我这一生》《有没有那么一首歌》等25部获奖作品。

（郭振宇）

【2022年北京市科普讲解大赛总决赛举办】8月20—27日，在2022年北京科技周上，由市科委、中关村管委会主办的2022年北京市科普讲解大赛总决赛在城市绿心森林公园举办。在决赛现场，20位来自不同行业和领域的选手围绕“走进科技　你我同行”主题，借助多媒体、实验等手段，通过自主命题讲解，结合专业科学知识、创新技术、创新成果等，在4分钟内向观众讲解有趣的科学知识。来自北京市北海公园管理处、北京市气象局、中国园林博物馆北京筹备办公室的3名选手获大赛一等奖，5名选手获二等奖，7名选手获三等奖，5名选手获优秀奖。12月，

大赛中选拔出的6名优秀选手代表北京市参加由科技部主办的第九届全国科普讲解大赛，获一等奖1个、三等奖2个、优秀奖3个、最佳口才奖1个，市科委、中关村管委会获优秀组织奖。

（徐建功）

【北京市科普融合发展资助项目启动】8月23日，市科协启动北京市科普融合发展资助项目，围绕科技馆之城数字平台建设，面向全市范围内的学（协）会、科研院所、高等院校、科技企业、科普场馆、中小学校、科普机构等相关单位，公开征选2022年“科技馆之城”数字化资助项目。共征集到165家申报单位的254个项目，经过初评、终评、资金审查等环节，对其中84项科普资源进行资助。项目汇集中国古动物馆、北京自然博物馆、北京气象学会、中国化工博物馆等64家科普文旅场所，研发数字化赋能资源共计84项，包括科普课程、数字化科普展厅、数字化科普展览、科普视频、科普小程序等。

（王　佳）

【2部作品入选2022年全国优秀科普微视频名单】8月，由市科委、中关村管委会主办的北京市科普微视频大赛共选拔出《勇闯万米，“海斗一号”》《最高能量光子是怎么回事？》《防艾必修课》《PET-CT是什么》《国之重器——地球数值模拟装置》等5部优秀科普微视频作品被推荐至全国科普微视频大赛。在全国大赛评选活动中，《勇闯万米，“海斗一号”》《最高能量光子是怎么回事？》2部作品入选2022年全国优秀科普微视频名单。

（栗英轩）

【2022首都科普好书评选活动举办】10月17日—12月27日，由市科协主办、北京科普发展与研究中心等单位承办的2022首都科普好书评选活动在京举行。103家出版社和社会机构参与，共征集各类作品328部。按照强国科普、前沿科普、全民科普3个类别依次进行评议。经过评审，遴选出83部作品进入网络投票环节。《植物塑造的人类史》《北京自然观察手册》《元素与人类文明》等30部优秀科普图书入选“首都科普好书”，其中强国科普类5部、前沿科普类5部、全民科普类20部。

（于晓航）

【2022年北京科普文化创意设计大赛举办】11月26日，由北京市全民科学素质纲要实施工作办公室主办、北京科学教育馆协会承办的2022年北京科普文化创意设计大赛在北京科学中心落幕，共有30位选手入选决赛。大赛设置文创产品设计赛道和VI视觉设计赛道两个赛道，共征集作品114份，涉及场馆标识、智能机器人、考古套装、IP文创、场景类文创等不同类别。专家评委组针对不同赛道，围绕主题性、美观性、科学性、创意性、工艺性、前沿性、创新性等多维度予以评判，评选出文创产品设计赛道一等奖6个、二等奖16个，VI视觉设计赛道一等奖3个、二等奖5个。

（徐建功）

【“青年问·青年说”栏目推出】2022年，市科协联合《中国青年报》推出《青年问·青年说》栏目，以“科学看世界”为主题，围绕青年人关注的热点科学新闻话题集中展开。项目联合市科协科技社团服务中心、创新服务中心，邀请青年人才托举工程中的青年科学家参与话题互动，为青年科学家提供展示的平台。年内，共制作完成13期视频，于“2023科学跨年之夜”活动期间通过市科协宣传矩阵、《中国青年报》等相关平台进行发布，总浏览量超500万人次。《“青年问·青年说”放飞科学梦想》报纸稿件获中央网信办全网推广。

（彭云向）

【《十万个为什么》短视频推出】2022年，市科协联合抖音推出《十万个为什么》短视频。视频采用直观化、轻量化、场景化的方式呈现，将权威、科学、严谨的书本知识通俗化。项目专家由中国科学院大学科协推荐，邀请来自古生物、天文、建筑等不同领域的10位科技工作者参与拍摄。年内，共制作完成40个科普短视频，于“2023科学跨年之夜”活动期间在抖音平台推送，并发起“每一个好奇都有答案”话题，播放量超1000万人次。

（彭云向）

【首例大科学装置科普系列课程完成教学实践】2022年，由市科委、中关村管委会支持，智汇中科（北京）科技有限公司进行课程开发及应用的首例大科学装置科普系列课程在京完成科普课程教学实践，为1100余名师生带来6大前沿科技主题的科普知识，使学生感受大科学装置与日常生活之间的关联和其社会意义。项目选定综合极端条件实验装置、地球系统数值模拟器、国家作物种质资源库等6个重点大科学装置，开发面向中小学生的科普课程48学时，同时研发配套课程教具一套50项。制作原创大科学装置科普动画、科普视频和科普图文，聚焦各群体开发多形式的科普内容。项目成果具有“高教育品质、低教育成本”特色，使科普课程资源具备可推广性，助力中小学、科普基地在教育“双减”大背景下做好科学教育的加法。

（李新媛）

公民科学素质

【概述】2022年，北京市推进全民科学素质建设。市政府办公厅印发《北京市全民科学素质行动规划纲要（2021—2035年）》，市纲要实施办成员单位由34家扩大到45家。全市16区印发《纲要》实施方案。开展《纲要》宣传贯彻系列活动，据统计，全网新闻传播量达1758篇，累计172家媒体、网站或平台参与报道。其中，新华网《2025年北京市公民具备科学素质比例达28%左右》文章阅读量超128万次。举办2022年京津冀公民科学素质大赛，参赛人群首次覆盖天津、河北，累计线上参与107.61万人，浏览量超1000万次。科普资源助推“双减”、“银龄e享”科技惠老行动等取得良好效果。公务员科学素质提升项目获评2022年度全国“终身学习品牌项目”。

（石　军）

【北京市全民科学素质行动规划纲要印发】3月11日，市政府办公厅印发《北京市全民科学素质行动规划纲要（2021—2035年）》（京政办发〔2022〕7号），对北京市全民科学素质建设中的长期目标和“十四五”时期的重点任务保障措施等作出系统谋划。《纲要》分为前言，指导思想、工作原则和发展目标，提升行动，重点工程，组织实施等5部分。确定两个阶段性目标：到2025年，北京市公民具备科学素质的比例将达到28%；到2035年，这一比例将达到国际创新型城市同等水平。为实现这一目标，北京将开展青少年、农民、产业工人、老年人、领导干部和公务员等的科学素质提升行动，并实施科技资源科普化、科普智慧提升、创新文化发展、科普基础设施建设等6项重点工程。

（杨晓伟）

【北京市全民科学素质行动规划纲要实施工作会召开】3月16日，北京市全民科学素质行动规划纲要实施工作会在北京科学中心召开。市政府副秘书长刘印春出席会议并讲话。市科协，市科委、中关村管委会，市教委等33家市纲要实施办各成员单位的分管负责人及相关人员出席主会场会议。部分市纲要实施办成员单位、各区政府的分管领导、区纲要实施办（科协）负责人出席分会场会议，市属学（协）会、基金会、高校等的科协相关人员，企业、园区等的科协负责人等分别通过线上形式列席会议。会议传达市领导在第145次市政府常务会审议《北京市全民科学素质行动规划纲要（2021—2035年）》时的讲话精神，通报《全民科学素质建设纳入北京推进科技创新中心建设办公室工作机制》的情况；对“十四五”时期北京科学素质建设目标和任务进行说明，部署《纲要》“十四五”时期各成员单位任务分工和落实《纲要》实施工作机制。会议分别听取市科委、中关村管委会，市卫生健康委，市教委，市广播电视局和大兴区政府关于“十四五”时期发挥市科普工作联席会议工作机制作用推进科普重点工作；推进实施健康中国战略，做好健康科普知识宣传普及；围绕提升青少年科学素养，探索教育系统科学普及的新途径；发挥首都新视听大宣传格局和全市媒体传播引导平台的力量优势，配合推动首都科普事业发展；找准工作结合点和切入点，确保达到全市分解的目标任务等工作汇报。会上，中国科协科普部分析全民科学素质建设工作面临的新形势和新问题，介绍全国纲要实施工作推进落实情况及措施。

（杨晓伟）

【为中学生科普水资源保护知识】3月22日，是世界水日，也是中国水周的第一天，北京环境科学学会作为“生态环保活动进校园”项目成员单位，走进北京市大峪中学，给学生们带去水资源保护课程——《地下水，原来你是这样的》，并向北京市大峪中学赠送书籍——《初识北京的自然与生态环境》。北京教育科学研究院终身学习与可持续发展教育研究所教育领域专家王巧玲博士作关于“推进生态文明教育课程专业化、多样化”的讲座。

（崔家塈）

【“弘扬科学家精神、培育科技后备军”科技教师沙龙举办】3月26日，由市科协，市教委，市科委、中关村管委会，怀柔区政府等单位共同主办的“弘扬科学家精神、培育科技后备军”科技教师沙龙在北京科学中心举办。活动是第41届北京青少年科技创新大赛的系列活动之一，重点针对“青少年科技创新后备人才培养工作的理论研究、实践探索”展开研讨。北京市科协、上海交大钱学森图书馆等机构的相关负责人、专家出席。活动采取线上线下同步进行的方式，来自“后备人才计划”“英才计划（北京）”基地校的科技教师代表、“双进”助力“双减”人工智能高级研修营的学员代表等40余名教师现场参加，55万人次在线观看。实施“北京青少年科技后备人才计划”“英才计划（北京）”等多个培养项目，旨在引导具备科学家潜质的青少年群体个性化发展，引导其走上致力于科技创新之路。钱学森图书馆负责人以“钱学森的科技报国圆梦历程”为题作报告。

（刘　伟）

【全国中小学生安全教育日活动开展】 3月28日，是第27个全国中小学生安全教育日，北京减灾协会线上组织开展安全教育活动，30组不同年龄段的中小学生参加。活动期间，播放“安全‘剧’有趣（第二季）”、《距离产生美》、《毒株的任务》等儿童安全公益宣教特辑，分享8部由海淀区小学生演出的“百校百剧”安全教育情景剧优秀作品，通过剖析日常可能出现的突发状况，帮助中小学生提高安全自护意识、避险自救能力和应急处置经验。

（崔家墅）

【利用科普资源助推“双减”工作措施印发】 3月29日，市教委、市科委、中关村管委会联合发布《关于印发北京市利用科普资源助推“双减”工作措施的通知》（京教体艺〔2022〕2号）。《通知》指出，“双减”工作措施聚焦优质科普资源进校服务、组织学生开展科学实践活动、加强学校科学类课程教师培训、建立健全工作保障机制等4个方面，制定科学家精神教育进校园、科普专家进校园、科普资源进校园等11项具体措施。截至年底，市科协围绕利用科普资源助推“双减”工作，组建首都科普专家服务团；联系科技场馆、高校、研究院所征集课程资源，向市教委资源平台首批输送课程100余项，支持学校开展课后服务；面向中小学生免费提供云平台科学课程，为教师教学提供专业支撑；在有条件的区试点科技副校长机制，加强学校科学类课程教师培训；鼓励中小学生走进科技、科普、文化、旅游场馆开展科学实践活动，以“双进”促“双减”。

（张红波）

【青少年科学素质竞答主题活动举办】 5—11月，由市科协主办、北京科学中心承办的2022年“加油！小答人”青少年科学素质竞答主题活动举办。活动采用线上答题的形式，全市共有5万余人参加。青少年科学素质竞答分时段开展各类活动，陆续走进北京市各区，通过参观、讲解、实践、竞答PK等多种形式向青少年传递科学家精神，在青少年群体中普及科学知识、培养科学兴趣，激发青少年创新思维，提升青少年科学素质。在端午节、夏至、小暑期间推出“限时闯关大冒险，争做智慧小答人”特别活动；举办5期专家进校园青少年科学素质竞答科普活动，科普内容包括：以“学好科学知识，点亮智慧人生”为主题，跟学生们分享生活中的科学知识；以“载人航天与空间站”为题，让学生们了解载人航天器有哪些类型，微重力环境下有哪些“奇观”，以及中国载人航天事业的发展历程；举办“防灾减灾的应急科普讲座”，让学生们直观地感受地震、滑坡、洪水、海啸等灾害情况，以及以地震为主的多种灾害发生的原因及应急避险的方法。

（程　锐）

【北京市全民科学素质行动规划纲要实施工作会（第二次）召开】 8月10日，北京市全民科学素质行动规划纲要实施工作会（第二次）在北京科学中心召开。市纲要实施办部分成员单位分管领导、处室负责人60人参加主会场会议；市纲要实施办成员单位，各区政府分管领导，各区纲要实施办（科协）负责人，市属学（协）会、基金会，高校科协，企业、园区科协负责人200余人在分会场参会。市科协相关负责人通报纲要实施情况，传达市科协“十大”会议精神，以及2022年全国科普日、“科技馆之城”建设、第十二次中国公民科学素质抽样调查工作安排。在交流发言中，市应急管理局相关负责人汇报应急科普工作情况，市城市气象研究院相关负责人汇报气象科普工作情况。市政府副秘书长刘印春结合北京和全国经济发展形势，分析科技科普对建设国际科技创新中心和创新人才高地的重要意义。

（杨晓伟）

【第41届北京青少年科技创新大赛颁奖活动举办】 9月9日，由市科协，市教委，市科委、中关村管委会，共青团北京市委，市妇联，市知识产权局，怀柔区政府共同主办的第41届北京青少年科技创新大赛颁奖活动在北京科学中心举办。大赛评审委员会、市科协、市知识产权局，以及来自市教委，市科委、中关村管委会等单位的负责人出席颁奖活动。来自各区科协、教委、少年宫、科技馆的嘉宾，教师及学生代表等60余人参加活动。大赛以“发现·创新·责任”为主题，共收到来自全市各区青少年及科技辅导员的作品2045件，内容涉及物质科学、生命科学、行为科学和社会科学等8个学科领域。评选出小学生科技创新成果项目一等奖43项、二等奖100项、三等奖140项，中学生科技创新成果项目一等奖84项、二等奖192项、三等奖268项。

（张红波）

【2022年京津冀公民科学素质大赛启动】 9月20日，由北京市全民科学素质纲要实施办公室、天津市全民科学素质纲要实施办公室、北京市科协、河北省科协主办，北京市纲要实施工作办公室各成员单位、各区纲要办（科协）协办，北京科技报社承办的“2022年京津冀公民科学素质大赛”启动。大赛主题为“喜迎二十大，提素赢未来”。大赛通过线上开展每日答题、限时挑战答题、好友实时PK答题、分享答题等多种互动方式，推动公众在碎片化时间利用“小屏”提升科学素养。同时，通过开展“测测你的数字科学素养”，促进公众从科学精神与思想、科学方法、科学知识、解决问题的能力等角度进行自测，注重突出科学精神，强调价值引领。大赛的网络答题时间为9—12月，参赛者可访问北京市科协官网、北京科技报官网参与网络端答题，或通过“北京科协”“北京科技报社”微信公众号参与答题。截至年底，大赛共开展22期专项竞答活动，通过人民日报客户端、人民网、新华网、光明网、《科技日报》等媒体平台进行360余次宣传，参与专项竞答人数为179.42万人次，传播量达10.98亿次。

（杨晓伟）

【航天科普讲座线上举办】 11月6日，由北京数字科普协会联合北京特殊教育中心、北京联合大学特殊教育学院共同主办的“我要上太空——航天科普讲座”在线上举办。来自北京特殊教育学院的250余名师生参加活动。全国航天科学普及首席科学传播专家田如森以“太空家园——空间站”为题，讲述中国空间站建设的“三部曲”及有关航天器的科普知识，展示空间站各种功能和航天员工作生活的图片、动态视频。北京市残疾人联合会教育就业部相关负责人在科普讲座上回顾中国在航天领域取得的辉煌成绩。

（崔家墅）

【第九届华北五省区市大学生机器人大赛开幕】 11月19日，由华北五省（自治区、市）教育主管部门共同主办、北京信息科技大学承办的第九届华北五省（自治区、市）大学生机器人大赛在线上开幕。大赛以“智能创造，强国有我”为主题，通过竞赛激励学生探索机器人和人工智能技术应用，服务国家战略，创新未来生活。大赛设立人工智能与机器人创意设计赛，通过富有挑战性的比赛项目，开展高水平机器人和人工智能场景应用创新，为大学生提供创新创业创意展示平台。来自80余所高校的1300余支队伍报名参赛。

（殷潇潇）

【2022年北京青少年科学调查体验活动示范活动举办】 11月28日，由北京科学中心（北京青少年科技中心）主办，昌平区科协、清华附中昌平悦府小学共同承办的2022年北京青少年科学调查体验活动示范活动暨2022—2023学年清华附中昌平悦府小学第二届科技节在线上举办。悦府小学约900名师生通过“云活动”的方式参与。北京科学中心、昌平区科协相关负责人参加并讲话，寄语青少年，希望同学们不断提升科学素养，勤动脑、勤动手，树立远大理想，追求真知，传承老一辈科学家的科学精神和传统美德，提高科学实践与应用创新能力，从自己做起，养成低碳和节约的生活习惯。农业农村部食物与营养发展研究所专家以“从节约粮食出发，寻找食物与我们的友谊”为题作讲座，引导学生开展节约粮食主题探究性学习。

（程　锐）

【北京市中学生在全国比赛中获奖情况】 2022年，市科协组织北京市相关学校参加全国中学生数学、化学、物理和生物学竞赛，并取得优异成绩。在数学竞赛中，获26枚金牌、13枚银牌，并有9人入选国家集训队；在物理竞赛中，获10枚金牌、9枚银牌，并有3人入选国家集训队；在化学竞赛中，获4枚金牌、16枚银牌、1枚铜牌；在生物竞赛中，获4枚金牌、7枚银牌、3枚铜牌；在信息竞赛中，获3枚金牌、13枚银牌、1枚铜牌，并有3人入选国家集训队。

（赵　铮）

【科技馆之城建设启动】 2022年，市科协启动“科技馆之城”建设，服务全民科学素质提升。为落实北京市全民科学素质纲要实施工作办公室印发的《北京市纲要实施工作办公室关于建设“科技馆之城”的实施意见》精神，明确推动科技场馆资源整合、内涵提升、融合发展、交流合作4个方面11项重点任务，包括发动多元主体参与建设科普教育基地和科学家精神教育基地；鼓励高校科研院所、企业的科技科普资源面向社会开放等；支持利用有条件的工业遗产、闲置资源、主题公园建设科普基地；引导博物馆、图书馆、文化馆等科技赋能；建设数字科技馆和流动科技馆等。以“科技馆之城”建设为载体，开展促进“双减”、科技惠老、助力乡村振兴等工作。

（胡亚楠）

各区科技

BEIJING ALMANAC OF SCIENCE AND TECHNOLOGY 2023 北京科技年鉴 2023

东城区

【概述】东城区科学技术和信息化局（简称东城区科信局），加挂北京市东城区大数据管理局（简称东城区大数据局）牌子，是负责贯彻落实中央、市委关于科技、信息化工作的方针政策、决策部署和东城区委有关工作要求的区政府工作部门。

2022 年，东城区在科创中心建设、文化科技融合、应用场景建设、科技成果转化、科技人才培养、科技服务业发展、科学技术普及等方面工作取得显著进展。东城区 21 项科技成果获 2021 年度北京市科学技术奖。开展第三批文化科技融合项目征集和评审工作，3 个项目入选市科委、中关村管委会第三批文化科技融合重点项目，获市级科技资金支持 1100 万元。立项支持 11 个区级科技创新项目，支持区财政科技创新资金 134 万元。举办 2022 年东城区科技活动周。立项支持 5 个区级科普专项，支持区财政科普资金 129.2 万元。东城区 9 家单位被命名为北京市科普基地，占北京市科普基地总数的 10.71%，数量位列全市第三。通过“四巷”（银巷、硅巷、文巷、杏巷）专项，引进科技创新人才 10 人。2022 年，东城区新增“两区”招商引资项目 210 个，累计落地项目 144 个，项目落地率达 60%，位居城六区第一。

2022 年，东城区规模以上科学研究和技术服务业企业有 233 家，科学研究和技术服务业实现增加值 362.1 亿元，比 2021 年增长 5.2%，占 GDP 比重为 10.5%。国家高新技术企业申报共 206 家，通过认定 196 家，保有量达 561 家；中关村高新技术企业 547 家，其中 2022 年认定通过 259 家。中关村东城园中关村高新技术企业实现总收入 3357.1 亿元，比 2021 年增长 11.68%。科技型中小企业认定 249 家，比 2021 年增长 196%。全区技术合同登记 2665 项，合同成交总金额 857.8 亿元，比 2021 年增长 169.8%，其中技术交易额 661.6 亿元。全年累计专利授权数量 8220 件，有效发明专利 25727 件。

（曹汪菁）

【东城区高新技术企业协会成立】1 月 11 日，北京市东城区高新技术企业协会成立大会在中粮置地广场召开。东城区政府、中关村管委会、中关村社会组织联合会、中关村东城园管委会、东城区科信局、区政府办等相关部门负责人，以及第一批 60 家会员单位参加。协会由中关村东城园管委会牵头，东城园高新技术企业及相关单位自发成立，旨在培养高成长性企业，聚焦信息科技集聚发展、文化科技融合发展、文化金融创新发展，构建高精尖经济结构，通过创新驱动、科技赋能，深化体制机制改革，整合产业资源，促进产业升级。中关村东城园管委会为协会业务主管部门。

（曹汪菁）

【东城区 9 家单位被命名为北京市科普基地】2 月 23 日，市科委、中关村管委会，市科协印发《关于命名 2022 年北京市科普基地的通知》（京科文发〔2022〕26 号），北京自然博物馆等 84 家单位被命名为北京市科普基地，命名周期为 2022—2024 年。其中，东城区内北京自然博物馆、北京市天坛公园管理处、首都医科大学附属北京口腔医院、北京市少年宫（北京教学植物园）、中国妇女儿童博物馆、北京市鼓楼中医医院、中国医学科学院北京协和医院、化学工业出版社有限公司、国网北京市电力公司等 9 家单位入选，占北京市认定的科普基地总数的 10.71%，数量位列全市第三。

（曹汪菁）

【科技孵育机构工作座谈会召开】3 月 26 日，东城区科信局组织召开科技孵育机构工作座谈会，中关村东城园管委会、东城区中小企业服务中心有关负责人参会。北京东方嘉诚文化产业发展有限公司、北京汉潮大成科技孵化器有限公司、北京雍和航星园等科技创新孵育机构的代表参加座谈。各参会单位介绍东城区在营商环境方面的优势和政策，与会科技孵育机构围绕孵化器发展进行交流与探讨，希望形成合力、互通资源，各自形成特色集聚区，助力产业高质量发展。

（曹汪菁）

【“科创十七条”印发】4月13日，东城区政府印发《北京市东城区支持中关村科技园区东城园产业升级和创新发展的若干措施（试行）》（东政发〔2022〕7号）（“科创十七条”）。《措施》包括总则、支持企业创新发展、支持产业升级、支持高品质发展空间和孵化器建设、支持科技类社会组织和中介机构发挥作用、附则等6部分，共17条。《措施》明确，鼓励企业申报国家高新技术企业；支持中关村高新技术企业创新发展；支持小微企业加大研发投入；强化信贷支持，对已获得中关村科技信贷和融资租赁支持的科技企业给予限额补助；奖励入驻企业创新能力；支持引进培育上市公司。对主导产业、特色产业和新兴领域重点企业，以及新入驻园区重点企业给予奖励；支持“专精特新”企业发展；培育新型高成长企业。支持创新孵化集聚区、特色（产业）园区、特色楼宇运营机构；支持建设国家级、市级孵化平台；支持高新技术企业协会和科技产业联盟发挥作用。《措施》自印发之日起30日后施行，执行期5年。

（曹汪菁　徐建功）

【东城区首届中小学生科普知识竞赛举办】4月25日，由北京市东城区科信局、东城区教委，内蒙古自治区乌兰察布市化德县教育体育局，湖北省十堰市郧阳区教育局共同主办的东城区首届中小学生科普知识竞赛举办，旨在通过以赛促学的形式，普及科学知识、弘扬科学精神、提高中小学生科学素养，营造浓厚的全社会学科学的氛围。竞赛为期1个月，主要包括公共卫生、天文、地理、安全、航空航天等8个方面的科普常识竞答，来自三地82所学校的13784名学生参与。竞赛通过3场线上角逐，决出小学组一等奖34人、二等奖33人、三等奖55人，初中组一等奖21人、二等奖16人、三等奖25人。

（曹汪菁）

【观典防务公司北交所转板创业板首股上市】5月25日，观典防务技术股份有限公司（股票简称：观典防务，股票代码：688287）股票在上海证券交易所科创板转板上市。观典防务公司既是北京证券交易所首批上市企业，也是首家向上交所科创板申请转板的企业。公司于3月31日获得上交所送达的《关于观典防务技术股份有限公司转板至科创板上市的决定》，上交所同意观典防务公司转板至科创板。观典防务公司是国家级专精特新“小巨人”企业、高新技术企业，是国内领先的无人机禁毒服务供应商，主营业务为无人机飞行服务与数据处理，无人机系统及智能防务装备的研发、生产与销售。

（曹汪菁）

【东城园“紫金计划”印发】6月13日，中关村东城园管委会印发《中关村东城园创新型高成长企业培育计划》（“紫金计划”）（东城园文〔2022〕9号）。“紫金计划”明确，中关村东城园管委会建立创新型高成长企业的审核入库机制，探索高效的培育扶持服务模式；对企业进行重点培育，激发企业创新活力和自主创新能力，推进企业转型升级和持续健康成长。2022—2024年3年内，培育出10～20家上市企业、行业领军骨干企业和国内知名企业。形成园区科技创新企业梯次发展的格局。重点培育内容包括：支持企业跨越式成长。配齐配好服务管家，针对创新型高成长企业开展一对一的专业化、精细化、定制化服务。提升企业技术创新能力。持续推动创新能力建设，提升创新服务水平，打造良好创新生态体系。加大企业融资支持力度。加大统筹，引导资源、信息、技术、市场等多要素融合。推动企业集中集聚发展。积极推进创新孵化集聚区建设，从成长性好的中小微企业抓起，推动形成更多点状创新空间。鼓励企业对接应用场景。加大政府应用场景开放力度，加快推进一批具有引领性、示范性的高精尖应用场景落地。支持企业引进留住人才。支持高成长企业引进优秀应届高校毕业生、高级管理技术人员等多层次人才资源。助力企业对接产业空间。对接区内产业空间资源，梳理东城园内商务楼宇、待上市土储用地等类型的产业空间，为高成长企业提供满足多种需求的空间资源，匹配与其发展相适应的产业空间。

（徐建功）

【东城区推进数字经济标杆城市建设三年行动方案印发】6月20日，东城区政府办公室印发《东城区推进数字经济标杆城市建设行动方案（2022—2024年）》，围绕数字赋能实体经济、扶持标杆企业发展、基础设施精准覆盖、挖掘数据富矿资源、构建数字政府体系等5个方面，部署18项重点任务，加速构建数字经济繁荣典范城区。

（曹汪菁）

【2022年东城科技活动周举办】8月20—27日，东城区举办主题为“走进科技 你我同行”的2022年东城科技活动周。东城区科普工作联席会议各成员单位、各科普基地、社区科普体验厅、创新型科普社区及有关企事业单位面向社区居民、社会公众、青少年开展200余项群众性科普活动，展示宣传科技创新成果，让科学普惠于民。活动采取线上与线下相

结合的形式举行，线下约 2 万人次、线上约 3 万人次参与。

（曹汪菁）

【首届“紫金健康”中医药科技成果转化推介会举办】9 月 2 日，由首都医科大学附属北京中医医院、东城区发展改革委、东城区卫生健康委等部门联合主办的新时代中医药高质量发展大会暨首届“紫金健康”中医药科技成果转化推介会举办。会议是 2022 年中国国际服务贸易交易会东城交易团场外活动之一，近 300 家医药卫生企业、科研院所、医疗机构和健康类企业通过“线上 + 线下”方式参与。会议发布《东城区关于促进中医药传承创新发展的实施方案（2022—2025 年）》，北京中医、中西医知识产权保护与成果转化基地信息管理平台上线启动。北京中医医院与中国邮政集团北京分公司、北京京视健康有限公司分别签署科技创新成果转化战略合作协议；北京中医医院等 4 家医院现场发布 17 项科技成果、视频发布 13 项科技成果。会上，北京市鼓楼中医医院带来 6 位专家的七大制剂，希望中医药成果能够惠及更多百姓。

（曹汪菁）

【东城园 7 家企业上榜 2022 中国企业 500 强榜单】9 月 6 日，中国企业联合会、中国企业家协会发布“2022 中国企业 500 强”榜单。中关村东城园 7 家企业上榜，即中国海洋石油集团有限公司、中国华润有限公司、国家能源投资集团有限责任公司、中国保利集团有限公司、北京金隅集团股份有限公司、中国化学工程集团有限公司、中国黄金集团有限公司，分别位列榜单第 20、第 22、第 30、第 58、第 169、第 173、第 198 名。

（曹汪菁）

【4 家企业入选国家级专精特新“小巨人”企业】9 月 28 日，市经济和信息化局发布《关于对第四批国家级专精特新“小巨人”企业和通过复核的第一批国家级专精特新“小巨人”企业名单进行公告的通知》，北京市共有 333 家企业入选第四批国家级专精特新“小巨人”企业名单，其中包括东城区中能融合智慧科技有限公司、北京太格时代电气股份有限公司、北京一数科技有限公司、云和恩墨（北京）信息技术有限公司等 4 家企业。

（曹汪菁）

【科技工作业务座谈会召开】9 月 28 日，门头沟区科信局局长一行 5 人到东城区科信局就业务工作召开座谈会。双方就产业政策解读、高精尖产业发展、科技政策扶持、大数据平台、信用体系建设等方面的工作经验及做法进行交流。

（曹汪菁）

【东城区 21 项科技成果获 2021 年度北京市科学技术奖】11 月 9 日，市政府发布《北京市人民政府关于 2021 年度北京市科学技术奖励的决定》（京政发〔2022〕33 号），授予北京市科学技术奖人物奖 16 项、项目奖 191 项。东城区共有 21 项科技成果获奖。其中，首都医科大学附属北京同仁医院的“复杂角膜盲复明关键技术创研及人工角膜规范化推广应用”等 4 个项目获科学技术进步奖一等奖，中国食品药品检定研究院的“新冠肺炎诊断试剂科技攻关技术平台的建立及应用”等 17 个项目获科学技术进步奖二等奖。

（曹汪菁）

【夕照寺孵化器合作协议签署】12 月，东城区科信局与北京超办科技有限公司签署夕照寺孵化器合作协议。根据协议，东城区科信局提供相关政策、培训、定向招商引资等服务，引导企业打造并升级科技孵化器。

（曹汪菁）

【3 个项目获市级文化科技融合项目立项】2022 年，东城区科信局公开征集市科委、中关村管委会第三批文化科技融合申报项目，共征集 38 个。经过专家评审和实地踏勘，前门街道和北京工业大学联合申报的“前门文化要素库体系建设、品牌系统设计及地下城沉浸式体验场景落地”项目，王府井地区管委会、新维畅想数字科技（北京）有限公司、天禹文化集团有限公司联合申报的“基于文博资源的数字化公共文化服务系统研发及在王府井地区的落地应用”项目，北京国际云转播科技有限公司等 5 家单位联合申报的“中轴线文化遗产高新视听与数字服务线上线下一体化系统研发及应用”项目入选市科委、中关村管委会第三批文化科技融合重点项目，获市级科技资金支持 1100 万元。

（曹汪菁）

【11 个区级科技计划项目立项】2022 年，东城区科信局组织开展区级科技计划项目立项工作，共征集 68 个科技计划申报项目。经过专家评审等程序，11 个项目获区级科技计划项目立项，共获区财政科技资金支持 134 万元。项目涉及智能制造、低碳环保、网络安全、工业互联网、人工智能、应急救灾等领域。

（曹汪菁）

【新增 210 个“两区”招商引资项目】2022 年，东城区集中全区优势资源、优势力量推进“两区”项目建设。新增“两区”招商引资项目210个，完成市级指标额的175%；累计实现项目预计投入资金420.1亿元，完成市级指标额的119.3%；累计落地项目144个，项目落地率60%，位居城六区第一。

（曹汪菁）

【东城园5家企业获东城园科技企业孵化器认定】 2022年，中关村东城园管委会制定《东城园科技企业孵化器认定管理办法》，通过官方网站公开征集运营机构申报东城园科技企业孵化器，经过申报材料审查、实地踏勘等评审环节，首批5家东城园科技企业孵化器通过认定，运营单位分别是北京东方嘉诚文化产业发展有限公司、北京阳光嘉诚商业管理有限公司、北京航星机器制造有限公司航星园物业管理分公司、北京东创空间文化产业发展有限公司、中关村协同发展投资有限公司。

（曹汪菁）

【249家企业入库科技型中小企业】 2022年，东城区取得科技部科技型中小企业入库编号的企业有249家，比2021年增长196%。

（曹汪菁）

【举办6场科技政策法规培训】 2022年，东城区科信局举办6场科技政策培训，培训内容涉及高新技术企业认定、科技型中小企业评价、技术合同登记、科技成果与知识产权交易、营商环境建设、“两区”建设等专题，邀请北京技术市场管理办公室、中国技术交易所、东城区商务局等部门对200余家企业进行宣讲，推动东城区企业申报各项政策。

（曹汪菁）

【东城区打击侵权假冒工作领导小组成立】 2022年，东城区成立由17个职能部门组成的“东城区打击侵权假冒工作领导小组”，办公室设在东城区市场监管局知识产权科。领导小组建立联席会议、案件会商、信息报送等工作制度。全年召开联席会议2次，向市双打办报送信息61篇。制发《北京市东城区打击侵犯知识产权和制售假冒伪劣商品工作要点》，与东城区人民法院签订《加强知识产权保护衔接配合工作协议书》，共同构建“共享信息资源、推进交流研讨、开展普法宣传”的知识产权保护衔接配合工作机制，形成分工明确、机制健全、行刑衔接顺畅的打击侵权假冒新型格局。

（曹汪菁）

【打击专利代理违法违规行为】 2022年，东城区加强对专利代理行业的正向引导，加大对专利代理违法违规行为的打击力度，督促申请人主动撤回非正常专利申请。截至年底，东城区非正常专利申请量564件，主动撤回264件，撤回率为46.8%。

（曹汪菁）

【开展专利代理委托监管试点】 2022年，东城区全面加强知识产权代理机构监管工作，促进代理行业健康发展。自4月起，市知识产权局在东城区开展专利代理委托监管试点工作，连续8个月对东城区24家专利代理机构和48位专利代理师开展双随机抽查且全部合格。

（曹汪菁）

【东城区技术合同登记2665项】 2022年，东城区技术合同登记2665项，合同成交总金额857.8亿元，比2021年增长169.8%。其中，技术交易额661.6亿元。

（曹汪菁）

【东城区知识产权产出情况】 2022年，东城区累计专利授权量8220件，有效发明专利25727件。每万人拥有高价值发明专利数为109.42件；每百家企业商标拥有量为221.8件，位列全市第三。

（曹汪菁）

【东城区知识产权案件查办情况】 2022年，东城区市场监管局（东城区知识产权局）立案查处知识产权案件21件，办结29件，罚没款35.36万元，没收侵权商品2000余件。

（曹汪菁）

【东城区知识产权公共服务情况】 2022年，东城区市场监管局（东城区知识产权局）在“数字东城”上实现北京市知识产权试点单位、示范单位等政务服务事项一网通办，实现“网上办、零接触”，提高行政办事效率、降低企业办事成本。东城区2家企业获评北京市知识产权试点单位，2家企业获评北京市知识产权示范单位，2家单位获批北京市商标品牌指导站；推荐2家单位参评北京市发明专利奖。

（曹汪菁）

【2021年科普专项结题验收】 2022年，东城区科信局组织专家对2021年东城区科普专项项目进行结题验收。“中学人工智能系列科普活动”“东城区2021系列科普活动”“东城区垃圾分类科普宣传推广活动”“‘宽街明医’中医药健康科普传播行动”“崇外街道‘绿色小屋’科普宣教项目二期”“人工智能多元科普实验室建设”等6个项目通过专家结题评审验收。

（曹汪菁）

【2022年科普专项立项】 2022年，东城区科信局组织开展2022年东城区科普专项征集工作，经过实地走访、专家评审等环节，北京自然博物馆的“《我是红彼得》科普剧研发与实施”、北京市普仁医院的“青

少年脊柱健康筛查与长效管理模式推广”、北京科普创意信息技术研究院有限公司的“展望低碳东城，科普答题竞赛”、北京天文馆的“北京古观象台特色课程开发项目”、北京市第五中学分校的“基于数据的人工智能数字阅读图书馆”5个项目获立项。东城区科信局共支持区财政科普资金129.2万元。

（曹汪菁）

【开展科技帮扶工作】2022年，东城区科信局组织中华少年儿童慈善救助基金会向内蒙古自治区乌兰察布市化德县捐赠电子词典录音笔，价值10.8万元；组织中文在线数字出版集团股份有限公司向化德县捐赠笔记本电脑2台，价值7000余元。

（曹汪菁）

西城区

【概述】西城区科学技术和信息化局（简称西城区科信局），加挂北京市西城区大数据管理局（简称西城区大数据局）牌子，是负责西城区科技创新、信息化和大数据管理的区政府工作部门。内设办公室、法制科、社会发展科、科技创新科、信息化建设管理科、数据资源管理科、电子政务管理科、信息产业促进科等8个科室，设信息中心、大数据中心、科技创新中心3个事业单位。

2022年，西城区围绕首都功能核心区定位，释放科技创新资源和潜力，提升科技对金融、文化及社会民生发展的支撑作用，发布《西城区“十四五”时期科技创新发展规划》，结合西城区优势、特点、功能定位，科学部署西城区科技创新重点任务，加大科技创新力度，提升西城区科技创新水平，打造新的经济增长点，赋能区域经济高质量发展。强化对科技企业的政策引导及扶持，收集市、区200余条最新政策事项并形成《科技政策指引选编（2022）》。西城区财政科技专项资金助力传统产业提质升级，支持的多个项目成果在北京冬奥会等国家重大任务中发挥作用。提升区域公众科学素养，加强科普基地建设，制定《西城区科普基地管理办法》，组织区内8家单位申报成为市科普基地；推进科普资源走进校园，持续助力“双减”工作；开展各类科普活动和科普法律法规宣传，举办“2022西城科技周”，开展近百场科普活动，惠及群众超7万人次。西城区持续优化数字经济发展实施路径，印发《北京市西城区建设全球数字经济标杆城市示范区实施方案》，推进优质资源对接合作；承办全球数字经济大会西城分论坛；与中国信通院签订战略合作协议，搭建“马连连会客厅”等交流平台，助力优质企业集聚发展。创新推进智慧城市建设，印发《西城区“十四五”时期智慧城市建设规划》。建密建强5G基站，普及千兆光网，提升基础云服务水平。着力解决群众急难愁盼问题，重点建设拥堵治理、污染防治等“城市大脑”应用场景，实现高水平、深层次的城市精细化治理。

2022年，西城区输出技术合同8634项，比2021年增长54.0%；输出技术合同成交额322.36亿元，比2021年增长161.02%。吸纳技术合同8028项，比2021年增长4.0%；吸纳技术合同成交额608.57亿元，比2021年增长13.26%。243家企业被认定为国家高新技术企业，全区国家高新技术企业保有量达到857家；553家企业获科技部科技型中小企业入库编号，比2021年增长206%。

（丁　琳）

【西城区建设全球数字经济标杆城市示范区实施方案发布】1月28日，西城区政府发布《北京市西城区建设全球数字经济标杆城市示范区实施方案》。《方案》明确，到2030年，西城区着力打造成为数字产业驱动、产业数字赋能、数字场景引领的全球数字经济标杆城市示范区，即建成全感知高安全的数据原生城区，建成全球原始创新的数字金融中心、彰显古都魅力的数字文化中心，建成央企数字化转型与新兴数字产业的集聚高地、特色与活力兼备的数字消费高地、精治善治的数字治理高地，全面构建“一城区两中心三高地”的数字经济发展新优势。《方案》立足西城区资源禀赋和发展基础，提出推进6项重点任务、实施6大标杆工程、引进培育4类标杆企业、建立6项保障措施，推进全方位数字化转型，推动区域高质量发展。

（仇启宇）

【支持扩大可再生能源利用】2月19日，西城区政府发布《西城区“十四五”时期生态环境保护规划》。《规划》指出，进一步扩大可再生能源利用规模。鼓励发展分布式太阳能利用系统，推进五大阳光工程建设，支持校园、商业、城市基础设施等建设分布式光伏发电系统；结合公共建筑节能绿色化改造和老城保护更新等，鼓励安装屋顶光伏、太阳能热水等可再生能源系统，推广建筑光伏一体化。鼓励应用可再生能源供热，推动新建公共建筑优先采用地源热泵、再生水水源热泵等供热方式。加强居住建筑节能设计标准落实监督，推动新建住宅按要求安装太阳能光伏发电系统。

（高　健）

【西城区财政科技专项联席会召开】2月21日，西城区科信局组织召开西城区财政科技专项联席会。会议研究通过2022年度西城区财政科技专项科技创新类及可持续发展类项目立项计划草案。根据《西城区财政科技专项管理办法》，在数字经济、城市安全与治理、生态环境、健康促进等领域，共征集项目187项。经过专家综合评审、征求相关部门意见、企业信用查询等程序，共85个项目拟列入立项计划，其中可持续发展类20项、科技创新类及专项资助类65项。西城区发展改革委、区民政局、区财政局、区审计局及西城园管委会等单位14人参加会议。

（闫　肃）

【西城区8家单位被命名为北京市科普基地】2月23日，市科委、中关村管委会，市科协印发《关于命名2022年北京市科普基地的通知》（京科文发〔2022〕26号），北京自然博物馆等84家单位被命名为北京市科普基地，命名周期为2022—2024年。其中，西城区内首都博物馆、中国古动物馆、北京科学中心（北京青少年科技中心）、北京急救医疗培训中心、北京动物园、北京天文馆、首都医科大学附属北京儿童医院、北京科学技术出版社等8家单位被命名为2022年北京市科普基地，包括科技场馆类科普基地7家、科技传播类科普基地1家。

（杨　月）

【西城区“十四五”时期智慧城市建设规划发布】2月24日，西城区科信局发布《西城区“十四五”时期智慧城市建设规划》。《规划》提出，到2025年，以“数字西城”建设为主线，围绕强基础、保安全、提服务、促发展的建设理念和“海绵城市”、韧性城市建设需求，在“一个核心、两个基础、五个体系”建设上取得突破性成效。以“数字西城”建设为核心任务，夯实信息网络设施、数据要素体系两个智慧城市建设基础支撑，打造“指尖西城”“健康西城3.0”等重点工程，持续完善智慧公共安防、智慧政务、智慧城市管理、智慧公共服务、智慧产业等五大体系，在区域数字经济、数字政府、数字社会、数字生态建设上取得新成果，助力全球数字经济标杆城市示范区、国际消费中心城市示范区、国家级金融科技示范区、国家服务业扩大开放综合示范区、公共文化服务体系示范区创建发展。

（夏月杰）

【西城区“十四五”时期科技创新发展规划发布】3月30日，西城区科信局发布《西城区“十四五”时期科技创新发展规划》。《规划》提出，“十四五”时期，西城区以科技创新支撑高质量发展为主线，加快推进国家级金融科技创新示范区建设，打造全球数字经济标杆城市示范区，努力建设全国先进技术应用示范区，持续推动国家可持续发展先进示范区建设。到2025年，实现区域科技创新能力持续增强，高精尖产业价值更加凸显，应用场景领域全面拓展，文化科技魅力进一步彰显，可持续发展领域更加聚焦。《规划》围绕“发挥央企龙头带动作用，增强区域科技创新能力”“打造优势产业先发优势，支撑经济高质量发展”“夯实新基建新场景建设，促进首都核心区品质提升”“把握数字文化建设新机遇，推动文化产业融合发展”“着力解决社会关注热点问题，促进区域可持续发展”5个方面部署西城区“十四五”时期科技创新发展任务。

（李　晨）

【开展2021年度科普统计工作】4—5月，西城区科信局按照市科委《关于开展2021年度北京市科普统计调查工作的通知》要求，牵头组织开展西城区2021年度科普统计工作，区内国家机关、街道、医院、学校、公园、图书馆、科普基地共165家单位参加统计调查，并首次将区内60所小学纳入科普统计范围。科普统计调查内容共6个方面140个指标，新增科学教育内容。统计数据显示，2021年度西城区专兼职科普人员2300余人，组织线上线下科普活动累计2500余场次，累计参与人数190万人次，区域公民科学素质不断提升。科普统计调查获得的数据为全国、北京市和西城区制定科普工作政策提供重要数据支撑。

（杨　月）

【西城区政协委员调研北京坊】6月23日，西城区政协委员20余人调研北京坊“北京河图”智慧商圈，近距离感受数字技术创新赋能应用场景，推动北京坊焕发百年建筑新活力。委员们听取北京河图联合创新科技有限公司关于将高精度空间计算、人工智能、数字创意、智能终端等领域的核心关键技术与应用场景相结合的案例介绍，通过使用移动终端及AR眼镜体验河图3D厘米级导航、AR数字街景等新产品、新场景，现场体验北京河图公司最新推出的“星光巨塔”等新场景应用，对数字技术、产品的互动性体验给予高度评价，并就延展场景及服务应用、实现市场化快速落地推广等方面提出建议。

（谢雨珂）

【2022全球数字经济大会西城分论坛举办】7月29—30日，由中国信息通信研究院、中国通信企业协会、西城区政府共同承办的2022全球数字经济大会西城分论坛在马连道第三街区数字经济产业园举办。论坛以“数字经济产业园区：数智时代与产业未来”为主题，就数字经济“专精特新”生态培育等热点问题进行研讨。举办数智时代与产业未来论坛、数字原生新实体论坛、2022游戏责任论坛3场分论坛。论坛上，西城区发布马连道产业升级重要举措，将重点打造“马连道国际·茶·数字孪生街区”，推出以马连道街区卡通形象“马莲莲”命名的“会客厅”。西城区政府与中国信息通信研究院签订战略合作协议。根据协议，双方在数字经济、智慧城市、数据要素等领域开展深层次、全方位的战略合作，共同将西城区打造成为全球数字经济标杆城市示范区。论坛现场参与嘉宾近1000人，吸引超1000万人次通过直播观看，光明网等13家媒体发布相关报道16篇。

（谢雨珂）

【西城科技周活动举办】8月20—27日，由西城区科信局、西城区委宣传部、西城区科协共同主办，以“走进科技　你我同行”为主题的“2022西城科技周”活动举办。活动以贴近民生、服务百姓为原则，先后举办“2022西城科技周”线上启动仪式，“走进数字西城，感受美好生活”“打卡西城科普基地”“科普在身边”“科普互动小程序——点亮科技成果树”“科普进社区”“2021年度中国科学十大进展”科普展等一系列线上线下活动近百场。居民可随时随地用手机参与活动，获取与生活紧密相关的科普知识，感受“科普在身边”。“科普互动小程序——点亮科技成果树”集科普动画、随机提问、小游戏于一体，延展科普应用场景，增强公众参与科普活动的兴趣。1.1万人次观看科技周启动仪式直播，《人民日报》、新华网、《北京科技报》、《中国财经报》、今日头条、北京西城、科学网等多家媒体进行宣传报道。

（杨　月）

【智慧商圈场景项目入选重大应用场景清单】12月23日，市科委、中关村管委会在2022中关村论坛系列技术交易活动——场景发布与供需对接专场活动中，发布“第四批市级重大应用场景30项清单”，北京河图联合创新科技有限公司的“基于全域虚拟现实融合的智慧商圈场景”项目入选。项目通过加强西城区城市商圈的数字化赋能和智慧化升级，塑造沉浸式互动体验、文商旅科跨界融合、传统行业与新兴消费全渠道共振的商业新模式，形成“文艺彰显、高端时尚、多元融通、活力涌动”的西城消费新生态，在北京国际消费中心城市建设中作出示范，展现“西城样板”。

（赵纪萍）

【落实大走访和服务包工作】2022年，西城区科信局落实大走访和服务包工作，组织开展对北京市建筑设计研究院有限公司等125家科技企业实地走访工作。开展科技创新、助企纾困等政策的宣传，提高科技企业对相关政策的知晓率。

（李　晨）

【西城区科普工作联席会增加成员单位】2022年，西城区政府对西城区科普工作联席会成员单位进行调整，新增西城区市场监督管理局、中关村科技园区西城园管委会、西城区红十字会、西城区社会科学界联合会等单位为联席会成员单位，调整后的西城区科普工作联席会成员单位共44家，由29家委办局及15个街道组成。

（杨　月）

【“馆校社科技教育联合体”项目入选科技体制改革典型案例】2022年，西城区青少年科技馆“馆校社科技教育联合体”项目实践案例入选北京市25篇科技体制改革典型案例。项目落实“双减”政策，通过发挥西城科技馆青少年科技教育供给侧改革和资源整合优势，联动优质资源力量，共同为青少年科技教育、青少年科技人才培养、科技教师队伍建设建立优质的活动项目和展示交流平台，助力中小学课后服务，推动协同育人。案例“微改革、微创新”

特色鲜明，以改革推动科技创新和经济发展成效明显，具有较高的宣传推广价值。

（赵纪萍）

【举办3期科技政策培训会】 2022年，西城区科信局举办3期科技政策培训会，分别就《落实〈北京市西城区加快推进数字经济发展若干措施〉的实施细则（试行）》《科技型中小企业评价服务工作指引》，深化新三板改革设立北京证券交易所政策、企业研发费用税前加计扣除和技术市场相关优惠政策，以及2022年新组合式税费支持政策要点等进行解读，累计相关企业人员440余人次参加培训。

（曹荣娥）

【西城区软件和信息服务业发展情况】 2022年，西城区信息传输、软件和信息技术服务业重点企业营业收入977.46亿元，位列全市第三，比2021年增速4.6%；完成固定资产投资23.7亿元，远超2亿元的任务目标。

（郁　卓）

【西城区技术交易市场发展情况】 2022年，西城区输出技术合同成交额322.36亿元，比2021年增长161.02%；吸纳技术合同成交额608.57亿元，比2021年增长13.26%。西城区科信局针对技术交易中虚假技术或虚假技术信息开展执法检查，完成执法检查案件66件，执法检查中未发现违法案件；技术合同登记处于8月通过北京市技术市场管理办公室的执法检查。

（刘俊峰）

【《科技政策指引选编（2022）》编印完成】 2022年，西城区科信局收集整理支持企业创新发展的市、区政策200余项，编辑印刷《科技政策指引选编（2022）》，以推动科技企业支持政策落实。

（曹荣娥）

【西城科技助力传统文化产业提质升级】 2022年，西城区财政科技专项资金助力传统文化产业提质升级。北京荣宝斋科技有限公司“非物质文化遗产”智能数据化服务平台，整合国内现有非物质文化遗产信息数据资源，助力“非遗”团队、传承人实现可持续性的商业转化，推动数字文化产业多元化发展。该服务平台获西城区科信局财政科技专项资金支持50万元。

（韩　阳）

【18项可持续发展项目结题】 2022年，西城区科信局对2020年及2021年度可持续发展类项目开展结题验收工作。截至年底，通过专家认证、项目资金支出审计等环节，“西城区老年骨关节炎及骨质疏松共患疾病评测及全周期管理示范”“在校外科技教育活动中开展编程创新课程的研究与示范”等18个项目完成结题，并通过验收。其中，由首都医科大学宣武医院承担的“‘医院—社区—服务站’三元联动模式下构建糖尿病足分级护理服务技术方案”项目成果共发表论文9篇，取得实用新型专利3件，并分别获国家卫生健康委能力建设和继续教育中心护理管理典型案例奖、华夏医学科技奖卫生管理奖、中华护理学会科技三等奖、北京护理学会科学技术二等奖、《中国护理管理》优秀论文三等奖等奖项。

（闫　肃）

朝阳区

【概述】 朝阳区科学技术与信息化局（简称朝阳区科信局）是朝阳区政府主管全区科技和信息化工作的综合职能部门。内设办公室、发展规划科、社会发展科技科、产业发展科、信息化促进科、信息化管理科、信息产业发展科、政务网络安全科、大数据管理中心、生产力促进中心。2022年，朝阳区优化科创基金运作，修订《北京市朝阳区科技创新基金管理办法（暂行）》，制定《北京市朝阳区科技创新基金管理办法（暂行）实施细则》，与市高精尖产业基金、国有企业结构调整基金、中国移动携手打造百亿规模中移数字新经济产业基金。与北京电子控股有限责任公司共同打造光电融合产业基金，研究设立集聚区投资基金、高成长企业发展投资基金等直投基金，支持独角兽、“凤鸣计划”、“专精特新”等硬科技企业落地发展。科创基金共有在投子基金13只。全面推进国际创投集聚区2.0建设，出台《关于加快建设高质量创业投资集聚区的若干措施》，推动集聚区由一栋楼宇向一片科创街区升级，打造北京面向世界的国际创投窗口。引导孵化体系高质量发展，专业孵化能力持续增强，涌现北京瀚海博智科技孵化器有限公司、高创国际集团有限公司、北京（望京）留学人员创业园等一批国际化、数字化、专业化的创业孵化机构，通过跨境加速服务平台、中欧创新生态集群等平台载体，推动以色列Neuroaudit技术、芬兰Solved平台在中国应用和推广，形成全球创新网络新模式；全区101家孵化机构中，近2/3构建智能数字孵化平台，望京留创园打造腾飞AI赋能加速平台“慧撮合”，形成智慧园区共享办公、数字化展览展示、数字经济产业育成等新型孵化模式。文化科技深度融合，全区已有数字文娱独角兽企业6家，占全市总量的54.5%；北京蓝色光标数据科技股份有限公司获评北京唯一一家优秀单体类国家文化和科技融合示范基地。全区累计建成5G基站4969座，已基本实现全域5G室外信号连续覆盖，重点地区、重点场景精准覆盖，5G+8K、5G+AR/MR等技术应用场景持续拓展。持续优化“双公示”信息归集系统，实现国家、市、区三级数据互通。共报送行政许可数据11429条、行政处罚数据6602条。完善城市数据资源基础平台，支持“城市经济大脑”平台建设，收集发改、税务、市场监管、统计、人社等5个部门共1.43亿条数据。全区范围推广使用“京办”，支撑市级防疫一体化平台应用，开通单位账户300余个、个人账户2.5万余个，账户激活率达100%。完成区级统一共享人口库建设，已入库居住人口约347万人、企业6627家，重点行业从业人员11.83万人，支撑全区各单位在区域综合治理等方面发挥重要作用。支持智慧平安小区建设，完成前端智能安防设备建设小区（村庄、院落）1622个。2022年，朝阳区国家高新技术企业保有量3874家；全年技术市场登记合同9321项，技术合同成交额1357.4亿元。

（李小骏）

【科技冬奥主题宣传下乡活动开展】 1月12日，朝阳区科信局走进管庄乡，以“体验＋展示”形式，设计制作“冬奥探索课堂”“科学流言榜”等知识展板10块，精选展出中小学生“冬奥我来啦”科技冬奥主题创意作品50余件，发放冰雪运动科普材料包100余套，发放科普图书、科技期刊等科普宣传资料300余册。

（李小骏）

【朝阳区“十四五”时期科技创新发展规划发布】 1月，由朝阳区科信局牵头编制的《朝阳区“十四五”时期科技创新发展规划》发布。《规划》提出朝阳区“十四五”时期科技创新发展的战略定位。围绕北京建设国际科技创新中心的总体要求，以科技创新支撑引领朝阳区建设现代化国际创新城区为主线，聚焦数字经济核心区建设，发挥国际化科技资源丰富、产业形态多元、应用场景广阔、空间及土地资源充足等优势，着力打造“一地三中心”，即全球领先的开放创新高地、国际创新资源配置中心、前沿技术转移转化中心、新场景应用中心。

（李小骏）

【朝阳区13家单位被命名为北京市科普基地】 2月23日，市科委、中关村管委会，市科协印发《关于命名2022年北京市科普基地的通知》（京科文发〔2022〕26号），北京自然博物馆等84家单位被命名为北京市科普基地，命名周期为2022—2024年。其中，朝阳区内中国科技馆等13家单位被命名为北京市科普基地，包括科技场馆类基地12家、科技传播类基地1家，占全市科普基地总数的15.48%。年内，各科普基地发挥示范引领作用，开展科普活动。中国科技馆推出“科技冬奥，逐梦冰雪”主题月活动，向市民宣传普及冰雪运动知识；民航博物馆举办“如何推进新时代民航科普工作高质量发展”主题科普沙龙活动，实施市级科普专项任务。区科信局依托朝阳规划艺术馆，建设350平方米数字经济展厅，作为朝阳区“十四五”时期数字经济核心区对外展示和交流的窗口，为百姓及青少年提供数字经济成果转化、互动性强的科普新体验，于8月对外开放。启动“北京市朝阳区科普基地管理办法”课题研究工作，探索科普基地日常管理的机制，寻求科普培训与校内教育相结合、促进青少年科学素质提升有效途径。

（李小骏）

【朝阳区社会发展科技项目征集及立项工作开展】 2月，朝阳区科信局组织开展2022年度朝阳区社会发展科技项目征集工作，共收到申报项目132项。经过初审、专家评审、现场考评、部门联审、集体决策、立项公示等环节，确定立项支持“退役风电叶片资源化利用”等社会发展科技项目38项，安排资金700万元。朝阳区科信局与各项目承担单位签订任务书，9月30日完成项目资金拨付。

（李小骏）

【朝阳园入选地理信息服务出口基地】 3月15日，商务部、中央宣传部、教育部、自然资源部、人力资源社会保障部、国家知识产权局、中国外文局等7部门共同开展人力资源、地理信息、知识产权和语言服务等4个领域的专业类特色服务出口基地评审认定工作，发布专业类特色服务出口基地认定名单，包括人力资源服务出口基地12家、知识产权服务出口基地9家、地理信息服务出口基地5家、语言服务出口基地14家。其中，中关村朝阳园入选特色服务出口基地（地理信息）名单，成为全市唯一入选的地理信息服务出口基地。

（杨沫涵）

【朝阳区科技企业赋能站小程序启动】 3月，由朝阳区科技企业赋能站开发的科技企业赋能站小程序启动，为企业提供全周期、全场景的一站式服务。“政策体检”是小程序的核心功能，可根据企业填写的注册信息、经营数据等，为企业精准匹配适合申报的项目。企业可以根据政策体检结果，规划申报计划。赋能站是由中关村朝阳园打造的加强区内科技企业培育服务、提升科技企业创新能级的重要载体和平台，基于企业从注册开办、孵化培育、加速成长到上市壮大等各阶段需求，为科技企业提供工商登记、专业咨询、创业辅导、技能提升等各类服务。

（徐建功）

【2021年度朝阳高科技高成长20强暨朝阳明日之星入选企业名单发布】 3月，由中关村朝阳园管委会与德勤中国联合评选的“2021年度朝阳高科技高成长20强暨朝阳明日之星入选企业名单”发布。北京米连科技有限公司、北京分贝通科技有限公司、北京纵情向前科技有限公司等20家企业入选“朝阳高科技高成长20强”名单，北京知道创宇信息技术股份有限公司、北京粉笔蓝天科技有限公司、北京米未传媒有限公司等20家企业入选“朝阳明日之星”名单。2021年度朝阳高科技高成长20强获奖企业以软件和互联网领域高科技企业居多。位于榜首的北京米连科技有限公司、北京分贝通科技有限公司2家企业营收增长率超过9000%；明日之星获奖企业集中于大数据、云计算、新零售、泛AI和节能环保等细分行业，与朝阳园规划的重点产业集群相呼应。入选企业在上市审计、税务筹划、融资顾问、健康咨询、风险控制及优化、股市激励设计等方面享受增值服务，同时根据情况享受朝阳区的相关优惠政策。

（徐建功）

【朝阳区首批未来独角兽企业榜单发布】 4月，中关村朝阳园管委会推出“独角兽企业加速计划”，发布2021年朝阳区首批未来独角兽企业榜单。北京澎思科技有限公司、北京升哲科技有限公司等48家高成长企业入选，分布在企业服务、大数据和人工智能等12个一级赛道。上榜企业纳入朝阳区未来独角兽企业数据库，以“政府+服务机构”的双管家服务模式，实时跟进企业成长动态，集中解决企业在高速发展中战略规划、场景拓展、人才引进、政策申报、多元融资、产业空间等需求，加速培育一批技术实力过硬、增长潜力巨大、细分赛道领军的朝阳区本土独角兽企业。该榜单由北京朝阳国际科技创新服务有限公司与创业邦联合评选，面向朝阳区企业公开征集，重点遴选具备成为独角兽潜力的新经济企业。

（徐建功）

【朝阳区高新技术企业信息统计】 4月，朝阳区科信局配合市科委、中关村管委会完成2021年度朝阳区未纳入园区统计的高新技术企业火炬计划统计工作，共完成1676家企业火炬报表填报审核工作。组织区内高新技术企业填报2021年度高新技术企业发展情况报表，填报率达98%，对企业发展情况进行整理，形成高新技术企业年度发展报告。

（李小骏）

【朝阳区94家企业被新认定为“专精特新”企业】 5月19日，市经济和信息化局发布《北京市经济和信息化局关于对2022年度第三批北京市“专精特新”中小企业名单进行公告的通知》，其中朝阳区有94家企业入选，数量在全市各区排名第二，占全市总数量的12.34%。

（李小骏）

【朝阳区2021年度科普统计】 5月，朝阳区科信局按照科技部，市科委、中关村管委会相关工作要求，牵头组织开展朝阳区2021年度全国科普统计调查工作。组织区教委、区卫生健康委、区园林绿化局等30余个委办局，43个街乡及辖区内科普基地等200余家单位及直属机构开展线上填报。统计指标主要包括科普人员、科普场地、科普经费、科普传媒、科普活动、科学教育等六大类139项。完成数据审核、问题咨询、统计汇总、信息报送等工作。2021年，朝阳区内专、兼职科普人员达2901人；科普经费筹集额达7425.5万元；全区共有各类科普场馆75个；出版科普图书、期刊21种，年出版总数2.8万余册；发放科普读物和资料238万余份；开办科普网站、科普类微博80个，发文量达2.4万篇，访问阅读量3.1亿次；全年举办线上线下科普（技）讲座6218次，受众超过350万人次。

（李小骏）

【中关村朝阳园“晨曦计划”启动】 6月，中关村朝阳园科技企业赋能站启动“晨曦计划”。计划采用“活动双线多元化、赋能服务全天候”的形式，通过数字化手段，将300余项赋能服务从线下向线上转移，针对孵化期、育成期、成长期企业的不同需求，提供朝党建、朝共享、朝活动、朝咨询、朝代理等服务，满足朝阳区科技企业日常服务需求。“晨曦计划”启动当天，赋能站开展以“追光同行 赋能共生”为主题的首场线上活动。中关村科技租赁股份有限公司介绍科技租赁、知识产权融资、股债联动等综合化金融解决方案，助力企业核心知识产权价值的最大化；招商银行酒仙桥支行介绍招商银行一体化经营模式，通过智能化的金融系统为科技企业实现金融赋能；光大银行北京分行推介针对中小微企业在不同的发展阶段和不同类型企业的资金需求解决方案，以及针对“专精特新”企业的授信融资方案。

（徐建功）

【智能技术企业科技信用评级共识体系发布】 7月2日，由中关村智用人工智能研究院主办的智能技术企业科技信用评级共识体系发布会在朝阳区国际创业投资集聚区举行。发布会主题为“智与用 共未来”。朝阳区人工智能应用联合会和智能技术企业评价研究中心同时成立。中关村智用人工智能研究院结合人工智能产业研究经验，综合运用人工智能、大数据等先进技术手段构建科学模型，牵头编制智能技术企业科技信用评级共识体系。体系以技术企业信用评级和技术解决方案的基准框架为核心，旨在为人工智能企业与实体经济之间搭建对话机制，解决现存的商业壁垒。体系综合考虑智能技术企业发展阶段、规模、所处子赛道等细分差异，确定评级指标的选取和聚类，并利用层级分析法（AHP）、决策和评价实验室法（DEMATEL）等方法确定指标权重，构建被广泛认可的评级模型。发布会上，北京奇虎科技有限公司、北京优锘科技有限公司、北京燧原智能科技有限公司、北京格灵深瞳信息技术股份有限公司等企业签约，参与首批评级。

（徐建功）

【朝阳区数字经济体验周举办】 7月20—26日，朝阳区政府举办朝阳区数字经济体验周。体验周以“数字之约 活力朝阳”为主题，以“数字文旅打卡地”和“数字科普”场景体验两大活动为主线，赋能市民新视角、新思维，实现多元化参与体验。主线活动涵盖三里屯、蓝色港湾、国贸等8个区域，涉及数字经济展厅、数字文旅打卡地、CBD数字会客厅等数字场景，市民在获得沉浸式趣味体验的同时，切身感受数字经济给生活带来的改变。体验周期间，朝阳区开展场景开放日活动，邀请市民走进北京信息科技大学光电测试技术及仪器教育部重点实验室、龙湖集团智慧总部等地，探秘数字与科技集中应用场景。

（李小骏）

【朝阳区支持2022全球数字经济大会举办】 7月28—30日，2022全球数字经济大会在朝阳区举办。朝阳区作为东道主承办数字经济展厅、数字经济体验周；联合多家单位共同承办数字安全峰会、数据要素峰会，以及数字人生态发展论坛、京津冀工业互联网协同发展论坛等专题论坛；联合市经济和信息化局、亚洲数据集团共同承办数字经济创新大赛，筛选成都云图睿视科技有限公司等5家优质项目签署落地合作意向书。组织阿里巴巴、360集团、北京极智嘉科技股份有限公司、北京三快科技有限公司（美团）等30家区内企业参加在国家会议中心举办的精品主题展和元宇宙体验馆活动，展示数字经济领先技术和创新产品；设置朝阳区中小企业联合展示区，展示北京升哲科技有限公司、北京睿家科技有限公司、北京柏睿数据技术股份有限公司、北京东方国信科技股份有限公司、思谋集团有限公司等企业围绕人工智能产业、集成电路产业、工业互联网产业、网络与信息安全产业、空间地理信息产业等五大产业集群开发的产品，综合全面地展示朝阳区数字生态的建设成果。在大会成果发布会上，360集团、北京奥星贝斯科技有限公司、北京格灵深瞳信息技术股份有限公司、墨奇科技（北京）有限公司等4家朝阳区企业项目入选创新引领成果，阿里软件、北京超图软件股份有限公司、北京极智嘉科技股份有限公司、阿里巴巴达摩院（北京）科技有限公司、北京八分量信息科技有限公司、北京时代凌宇科技股份有限公司、北京人大金仓信息技术股份有限公司、北京医百科技有限公司等8家企业项目入选产业创新成果。

（李小骏）

【朝阳黑马数字人加速器发布】 7月29日，由市经济和信息化局、朝阳区政府、创业黑马科技集团股份有限公司承办的全球数字经济大会互联网3.0峰会数字人生态发展论坛在北京国家会议中心举办。论坛主题为“聚合创新先锋、共建产业生态、打造产业高地”。来自数字人领域政、产、学、研、企等各方嘉宾，以及200余位观众在现场参加论坛，上万名观众通过线上方式观看直播。会上，朝阳区发布联合创业黑马打造的朝阳黑马数字人加速器，并授予其

“北京市数字人基地”称号。加速器内，创业黑马发挥市场化服务能力，通过政企合作联动、大企业牵引、虚实结合，构建“服务平台 + 载体空间 + 服务体系 + 产业基金”一体化服务体系，打通数字人产业从大企业到小企业的创新生态链。

（杨沫涵）

【朝阳区科技周活动举办】8 月 20—27 日，朝阳区科信局主办 2022 年朝阳区科技周活动。活动以“走进科技 你我同行”为主题，通过“科技快车线上云展厅”为朝阳区市民搭建科技创新成果、科技旅游场景、科普知识讲座等内容的线上体验空间，同步组织开展科技表演秀、数字经济展厅和“冰丝带”参观互动等线下体验活动。多层面、多维度吸引市民及青少年参与科技周活动。科技周期间，线上展厅浏览量达 8.3 万人次，活动直接受众 2500 余人、间接受众 10 万余人。

（李小骏）

【朝阳区首单知识产权资产证券化项目设立】8 月，朝阳区首单知识产权资产证券化项目（ABS）设立，发行规模 1.07 亿元，综合发行票面利率为 2.86%，是全国知识产权证券化项目中最低的票面利率。朝阳区于 2020 年获批成为第四批知识产权运营服务体系建设重点城市，区市场监管局（知识产权局）落实《北京市朝阳区知识产权运营服务体系建设实施方案（2022—2023 年）》《北京市朝阳区知识产权运营服务体系建设专项资金管理办法》，将朝阳区知识产权证券化项目作为金融创新重点试点项目，结合大数据，梳理辖区企业的各项专利，筛选 11 家企业的优质专利作为首批“组团”，申请知识产权资产证券化项目，帮助企业将知识产权“变现”，助力轻资产科创企业破解融资难、融资贵的问题。

（徐建功）

【朝阳区高新技术企业资格认定及证书核发】2022 年，朝阳区科信局开展高新技术企业资格认定，共进行 4 批申报材料受理、事中事后监管、“报备即批准”政策试点工作，开展延长批次的企业动员及申报相关工作。共受理企业申报 1087 家，其中 8 家为“报备即批准”企业。核发 2021 年度认定通过的 1221 家企业高新技术证书。

（李小骏）

【朝阳区科技旅游场景体系建设】2022 年，朝阳区以创建科技进步示范区和全国科普示范城区为契机，整合辖区科普资源建设科技旅游场景体系。将辖区内中国科学技术馆、中国电影博物馆、全国农业展览馆等 13 家市级科普基地进行整合，面向朝阳群众开展具有社会性、群众性、经常性的科普活动。成立“朝阳科技创新联盟”，首批成员单位 37 家，包括北京工业大学等 8 所高等院校、中国科学院大气物理研究所等 5 家科研院所、北京玻色量子科技有限公司等 9 家科技企业及北京极地加科技有限公司等 12 家孵化机构，各机构发挥自身优势共同推进科技资源科普化。建成 39 家基层科普场所，包括南磨房乡欢乐谷社区等 13 家创新型科普社区、双井街道九龙社区等 14 家社区科普体验厅、北京第八十中学等 12 家中小学科学探索实验室。基层科普场所为群众提供优质便捷的科普服务，补充完善朝阳区科技旅游体系。同时，建设线上线下相融合的科技旅游场景体系，运用 VR、AR 等技术探索出线下沉浸线上“云游”、文化遗产数字重现等各类智慧化应用场景，推出“探梦实验室”“漫游朝阳”“航空发明华夏之梦”等多种类科学课程和展览展项，满足群众对新时代科普服务的需求。

（徐建功）

【朝阳区落实孵化器房租减免补贴政策】2022 年，朝阳区科信局依据市科委、中关村管委会，市财政局发布《关于加快落实承租非国有房屋科技型孵化器房租减免补贴政策的通知》、朝阳区政府印发《关于继续加大中小微企业帮扶力度加快困难企业恢复发展的若干措施》，制定并发布《朝阳区鼓励孵化机构减免租金政策支持事宜的实施细则》，鼓励孵化机构采取退、减、延、免等灵活的减免方式为承租方减免房租。经征集受理、走访核查、资金拨付等流程，完成孵化机构房租减免补贴工作，给予创汇空间（北京）科技孵化器有限公司等 5 家机构补贴政策支持，支持资金 83.91 万元，共减免 68 家承租企业房租金额 223.67 万元，减租面积 2.08 万平方米和 170 个工位，减免天数 3608 天。

（李小骏）

【朝阳区开展高精尖产业技能提升培训补贴】2022 年，朝阳区科信局落实《北京市高精尖产业技能提升培训补贴实施办法》，组织开展政策宣传培训，帮助企业了解掌握政策导向和申报要求，推动企业在人工智能、节能环保、软件和信息服务等高精尖产业加强人才培养，为朝阳区高精尖产业发展提供人才智力保障。参培人数 612 人，促成 69 家企业申报“北京市高精尖产业技能提升培训补贴”，申报金额 300 余万元。朝阳区科信局对申报企业开展现场审核。截至年底，审核通过企业 16 家，其中 4 家企业通过市级审核，共获补贴金额 100 余万元。

（李小骏）

海淀区

【概述】 海淀区科学技术和经济信息化局（简称海淀区科信局）2019年3月21日挂牌成立，为区政府工作部门。区科信局将海淀区科学技术委员会的职责，以及相关部门的推进工业、软件和信息服务业发展，推进信息化技术创新和技术进步等职责整合，与中关村科技园区海淀园管委会合署办公，同时加挂海淀区知识产权局牌子。

2022年，海淀区科信局聚焦世界领先科技园区建设，贯彻落实市、区决策部署，围绕中关村科学城功能定位，持续完善基础研究布局、提升区域原始创新能力，以重大创新平台、新型研发机构、概念验证中心建设为抓手，以加强关键核心技术攻关、提升产学研协同创新水平为目标，着力提升区域创新能级，为市、区高质量发展提供强力支撑。推进京津冀国家技术创新中心建设。年内，开展大信息产业研究，推动重点项目落地，全面开展智慧海淀建设，初步形成《海淀区智慧城市建设实施方案（2021—2025）》框架，基于市区大数据平台实现市区两级业务融合、数据汇聚，在重点车辆治理、地震监测预警等方面实现数据共享、场景共建，构建城市大脑市区共建模式。重点完成《全球数字经济标杆城市建设2022年任务清单》，并根据《中关村科学城数字经济创新发展三年行动计划（2021—2023年）》，围绕数字新基建、引领性数字技术攻关、高端特色数字产业发展、数字经济制度创新、数字化治理方式变革等5个方面15项重点任务，梳理重点项目百余项并动态跟踪，持续推动项目落地，清单化推动数字经济发展。落实国家和北京市知识产权战略部署，聚焦知识产权高质量发展，推进知识产权示范城市建设和国家知识产权运营服务体系重点城市建设，知识产权综合实力稳步提升，先后获批国家知识产权服务出口基地、国家知识产权强市建设示范城市、国家级专利导航服务基地。中关村软件园入选首批海外知识产权维权服务联络站。截至年底，海淀区拥有国家高新技术企业9764家、中关村高新技术企业10729家。

2022年，海淀区高新技术企业总收入37021.84亿元，比2021年增长5.2%；软件和信息服务业收入1.6万亿元，比2021年增长12%。在2022年公布的北京市奖励项目评选中，海淀区97个项目获奖，占北京市项目奖获奖总数的50.7%。海淀区全年专利授权量73036件，比2021年增长1.9%，占北京市的36%，其中发明专利授权量43456件，比2021年增长7.4%，占北京市的49.3%；PCT专利申请量5578件，比2021年增长36.5%，占北京市的48.7%，位列全市第一；有效发明专利拥有量229926件，占北京市的48.1%；每万人发明专利拥有量736件，是北京市水平的3.4倍。海淀区全年登记技术合同61604项，技术合同登记总额3380.4亿元，比2021年增长15.7%，占北京市的42.5%，位列北京市第一。

（程晓荷）

【“十四五”时期“智慧海淀”建设规划发布】 2月15日，海淀区政府发布《“十四五”时期“智慧海淀”建设规划》。《规划》以聚焦民生服务和持续赋能海淀区产业数字化创新为主旨，围绕“政务服务、城市治理（城市大脑）、区域经济、智慧教育、智慧卫生、政务办公、信息基础设施”七大领域加“数字赋能”，形成“7+1”智慧海淀建设模式。《规划》指出，“十四五”时期“智慧海淀”的建设目标定位为：至2025年，将“智慧海淀”建设成为新型智慧城市的代表，使海淀区成为“数字经济”引擎驱动的高质量发展先行区、宜居宜业高品质民生幸福区，打造新型智慧城市的优质品牌，引领国际一流科学城建设，引领全国区县域数字化转型方向。

（程晓荷）

【海淀区开展专利代理行业监管】 3月29日，海淀区知识产权局、中关村知识产权保护中心与市知识产权局签署《专利代理行业监管委托书》，接受其委托对区域内专利代理机构和专利代理师的执业活动情况开展双随机检查。海淀区知识产权局和中关村知识产权保护中心全年对19家专利代理机构、38名专利代理师开展双随机检查，并对75家专利代理机构开展专利代理机构执业许可条件等事项专项检查。

（石 蕾）

【海淀区“4·26”知识产权宣传周活动举办】 4月20—26日，在全国知识产权宣传周活动期间，海淀区知识产权局举办中关村知识产权论坛、中关村知识产权保护中心开放日、专利预审和知识产权维权保护系列培训等17场活动，5000余人次参加；发布《2021年度海淀区知识产权白皮书》，联合北京知识产权法院发布计算机软件司法保护十大典型案例；联合海淀区人民法院民五庭开展知识产权案件审判旁听活动，1000余人次参加。同时，利用户外广告牌、电子大屏幕等载体进行户外知识产权公益宣传，并制作多种宣传品，多渠道对知识产权进行宣传。

（石 蕾）

【2022中国·海淀高价值专利培育大赛举办】 4月26日，在2022中关村知识产权论坛上，由海淀区知识产权局和知识产权出版社有限责任公司主办的2022中国·海淀高价值专利培育大赛启动。全国近100个项目报名参赛。2023年1月13日，大赛决赛在中关村示范区展示中心举办。北京科技大学的“铂族金属催化剂绿色低成本高效循环利用技术”项目获一等奖；中科寒武纪科技股份有限公司和北京京东乾石科技有限公司获二等奖；北京高德云图科技有限公司、北京微纳星空科技有限公司、医渡云（北京）技术有限公司、山东新创生物科技有限公司、青岛海尔科技有限公司获三等奖。中国建设银行北京中关村分行与大赛中的4家获奖企业签署知识产权质押贷款意向合作协议，意向总额2.8亿元。

（程晓荷）

【四方继保公司获中国专利奖金奖】 7月22日，国家知识产权局印发《关于第二十三届中国专利奖授奖的决定》（国知发运字〔2022〕31号），北京四方继保自动化股份有限公司参与发明的“用于并行冗余协议网络中的时钟输出控制方法和系统”（ZL201710115849.7）获金奖。专利面向工业控制领域网络可靠性提升需求，首次提出冗余网对时策略和方法，以芯片级硬IP方式固化，提升对时的精度和稳定性，保障对能源工控制装备复杂环境下的可靠稳定运行，填补并行冗余协议网络对时方面的技术空白，实现核心算法和元器件的自主可控。

（郑 雪）

【海淀区重大科技项目和创新平台建设奖励专项发布】 8月10日，中关村科学城管委会印发《2022年海淀区重大科技项目和创新平台建设奖励专项申报指南》。《申报指南》包括支持对象、支持内容、申报材料、申报方式及说明、申报时间及受理单位等5个部分。支持对象为在海淀区注册、纳税并纳入海淀园统计范围的国家高新技术企业或中关村高新技术企业。支持内容包括获重大科技项目奖励和创新平台建设奖励的项目。

（谭修一）

【推进专利开放许可、先使用后付费许可奖励政策落实】 8月16日，中关村科学城管委会发布《关于开展海淀区促进高校院所科技成果转化先行先试试点工作的通知》，推进高校院所科技成果转化先行先试奖励政策，推动高校院所科技成果转化落地。设立1000万元知识产权运营担保基金，鼓励和引导高校院所探索以先使用后付费方式将科技成果许可给中小微企业使用，推动科技成果转化落地；推进专利开放许可试点，征集1400余件开放许可专利清单，其中417件专利可通过“先使用后付费”模式许可给中小微企业；推进首都师范大学、北京信息科技大学的4项科技成果先使用后付费试点案例落地。

（石 蕾 程晓荷）

【中关村知识产权保护中心增加专利预审服务】 8月，国家知识产权局审核批准中关村知识产权保护中心增加专利预审服务的专利分类号，调整后进一步扩大服务企业的范围。8月26日，中关村知识产权保护中心发布通知，可受理的IPC分类号扩展为143个、洛迦诺分类号为20个。截至年底，中关村知识产权保护中心备案单位2001家，共接收专利预审案件5410件，比2021年增加113%。经保护中心预审结案、打标，进入国家知识产权局“快速通道”的专利案件，授权周期缩短。

（石 蕾）

【2022年服贸会“海淀之夜”举办】 9月2日，由海淀区政府主办的2022年中国国际服务贸易交易会“海淀之夜”在中关村示范区展示中心举办。活动以“数字智慧赋能医疗健康新发展”为主题。市商务局等单位有关负责人及来自英国、德国、荷兰等国的相关企业、研发机构、投资机构、科技平台的代表等参加。与会代表就医疗大健康领域的智慧精准医疗、海外高端医疗器械产业化落地等方面进行交流。活动首次发布《出口逆势增长中的中关村力量》研究报告；举行2022年海淀区推进“两区”建设重点项目签约仪式，海淀区政府与昱言科技（北京）有限公司等13家企业签约；设立医药健康成果展，北京市医疗机器人产业创新中心、北京纳通科技集团有限公司、腾盛博药医药技术（北京）有限公司等

14 家海淀区医疗大健康领域领军企业展示智能化骨折复位机器人、医用呼出气体检测仪等产品。

（程晓荷）

【2022 年“创响中国”海淀站暨京津冀双创示范基地联盟主站活动举办】9 月 20 日，由海淀区政府主办，中关村科学城管委会、京津冀双创示范基地联盟秘书处承办的 2022 年“创响中国”海淀站暨京津冀双创示范基地联盟主站活动在中关村壹号举办。中国科协科学技术传播中心、北京市发展改革委、天津市发展改革委、河北省发展改革委等单位相关负责人及 100 余位京津冀双创示范基地联盟成员、院士、专家、企业的代表通过线上线下相结合的形式参会。活动发布第四届“创世技”颠覆性创新榜榜单，表彰在颠覆性创新技术领域作出卓越表现的项目、团队和企业；颠覆性创新成果（海淀）转化促进中心与落地海淀园的北京未苗生物科技有限公司、超硅（北京）量子科技有限公司、北京蓝掣智能科技有限公司等 5 家企业举行签约仪式，企业涉及光谱芯片、数字孪生底座、智能硬件等领域；举行京津冀双创示范基地联盟培训基地授牌仪式，朝阳园等 7 家双创示范基地获授牌；举办“创客北京 2022”海淀赛区颁奖仪式，表彰 4 家获特等奖的企业和项目；北京中关村科学城科创服务有限公司与创新创业服务机构签约，共同打造科技创新孵化平台。

（程晓荷）

【海淀医院智慧医疗对接专场举办】9 月 29 日，由中关村科学城管委会、海淀医院创新转化中心主办的海淀区应用场景路演对接会——海淀医院智慧医疗专场在海淀医院举办。海淀区卫生健康委等单位及相关企业的代表等参加。海淀医院与北京术锐机器人股份有限公司、海杰亚（北京）医疗器械有限公司、北京未磁科技有限公司等医疗器械企业，就产品定位、功能、适用场景等进行探讨和交流，共同探索智能诊疗技术在临床中的应用前景。

（周　鹈）

【海淀分局外国人出入境服务厅揭牌】9 月 30 日，在“智汇海淀・奔赴星海”人才峰会暨人才主题周闭幕式上，北京市公安局海淀分局外国人出入境服务厅、北京市海淀区国际人才综合服务中心揭牌。服务厅位于海淀区北清路中关村壹号，市公安局海淀分局与海淀区人力资源社会保障局联合办公，实现海淀区外籍人才工作许可、工作类居留许可“一窗受理、同时取证”。

（王伟英）

【海淀区自动驾驶车辆测试道路开放近 100 平方千米】10 月 9 日，市公安局公安交通管理局、市交通委、市经济和信息化局发布《关于指定海淀区自动驾驶车辆测试道路的通告》，指定海淀区 97 条道路作为自动驾驶车辆测试道路。中关村自动驾驶创新示范区开放测试道路 331.2 千米，实现近 100 平方千米范围的示范区全域开放。

（程晓荷）

【651 家企业获批海淀区 2022 年度创新型中小企业】10 月 18 日，海淀区经济和信息化局公示海淀区 2022 年度第一批创新型中小企业名单，41 家企业获批。11 月 25 日，海淀区 2022 年度第二批创新型中小企业名单公示，389 家企业获批。12 月 28 日，海淀区 2022 年度第三批创新型中小企业名单公示,221 家企业获批。

（程晓荷）

【海淀区 97 项成果获北京市科学技术奖】11 月 9 日，市政府发布《北京市人民政府关于 2021 年度北京市科学技术奖励的决定》（京政发〔2022〕33 号）。海淀区驻区单位完成的 97 个项目获奖，占北京市项目奖获奖总数的 50.7%；驻区单位 4 位科学家获杰出青年中关村奖。其中，海淀驻区单位获北京市自然科学奖 18 项，占北京市自然科学奖项目的 60%；获北京市技术发明奖 7 项，占北京市技术发明奖项目的 58.3%；获北京市科技进步奖 72 项，占北京市科技进步奖项目的 48.3%。由清华大学等单位完成的“柔性膜—基结构及异质界面的力学行为与调控 ”等 4 个项目获自然科学奖一等奖；由北京控制工程研究所等单位完成的“航天器高敏捷强鲁棒控制技术与应用”等 3 个项目获技术发明奖一等奖；由北京百度网讯科技有限公司等单位完成的“面向复杂场景的自动驾驶系统研发及产业化”等 23 个项目获科技进步奖一等奖。

（谭修一）

【海淀园 15 家企业获知识产权资产支持专项计划支持】11 月 11 日，由中国技术交易所作为原始权益人及项目牵头人，北京中关村科技融资担保有限公司作为增信机构的“中技所—中关村担保—长江—2 期知识产权资产支持专项计划”在深圳证券交易所发行，发行规模 2.02 亿元，发行利率为 3.00%，期限 1 年，债项评价 AAA 级。2 期专项计划为海淀园 15 家高新技术企业的知识产权融资提供创新解决方案。入池专利包括涉及新一代信息技术、数字创意等领域的 35 件发明专利，以及 9 件实用新型专利，专利资产评估总价值 2.3 亿元。

（石　蕾）

【海淀区落实中关村新一轮先行先试改革若干措施】2022年，海淀区贯彻落实中共中央办公厅、国务院办公厅印发的《关于支持中关村国家自主创新示范区开展高水平科技自立自强先行先试改革的若干措施》，启动中关村新一轮先行先试改革，将其作为全区一号政治工程来抓落实，取得积极成效。"提高科技型中小企业研发费用加计扣除比例"税收新政惠及全区4642家企业；推动教育部向12所高校下达与新型研发机构联合培养博士研究生专项指标173个；外国人出入境服务厅揭牌运行，实现外籍人才居留许可和工作许可"两证联办"；制定出台关键核心技术"揭榜挂帅"、科技应用场景、科技成果先使用后付费等区级配套措施，2所高校的4个专利通过先使用后付费方式落地。

（姬梦星　程晓荷）

【智慧海淀建设】2022年，海淀区科信局推进智慧海淀建设，按照《北京市"十四五"时期智慧城市建设控制性规划要求（试行）》及北京市智慧城市规划实施方案，根据《"十四五"时期"智慧海淀"建设规划》，形成《海淀区智慧城市建设实施方案（2021—2025）》框架；基于市区大数据平台实现市、区两级业务融合、数据汇聚，在重点车辆治理、地震监测预警等方面实现数据共享、场景共建，构建城市大脑市区共建模式。配合区财政局推进智慧海淀项目建设绩效评价办法落地实施，加强项目建设绩效评价工作，提高智慧海淀项目的建设效果。重点围绕"入云""上链""汇数"，探索数据开放路径，加快推进政企数据开放与共享，确保数据安全。推进全球数字经济标杆城市建设，协同市经济和信息化局完成《全球数字经济标杆城市建设2022年任务清单》；根据《中关村科学城数字经济创新发展三年行动计划（2021—2023年）》，围绕数字新基建、引领性数字技术攻关、高端特色数字产业发展、数字经济制度创新、数字化治理方式变革等5个方面15项重点任务，梳理重点项目100余项并动态跟踪，持续推动项目落地，清单化推动数字经济发展。累计建设5G基站1万余个，占北京市总量的17%；千兆光纤实现100%全覆盖；在中关村西区、东升科技园、华熙Live 3个区域开展奇岱松空间计算操作系统海淀区百万平方米试点。聚焦互联网3.0、元宇宙等数字前沿技术，智源研究院、量子研究院、微芯研究院等重点科研机构在通用人工智能前沿理论技术、新型可编程光量子计算芯片、区块链自主可控底层平台等方面取得一批领先成果。

（程晓荷）

【海淀区智慧卫生领域智慧体系建设】2022年，海淀区科信局推进智慧卫生领域智慧体系建设，采取4项举措：探索"信用＋医保"创新应用，建设海淀区智慧信用结算平台，解决传统就医排队时间长、检查时间长、交钱时间长、看病时间短和"医保＋商保"理赔难等问题；加快推进公共医疗信息化配套建设，做好海淀区妇幼保健院茶棚中转区开诊的准备和保障工作，为海淀医院发热门诊楼配套信息化基础设施，保障门诊业务工作顺利开展。

（程晓荷）

【海淀区完成"城市空间计算操作系统"2.0试点】2022年，北京奇岱松科技有限公司在海淀区完成百万平方米"城市空间计算操作系统"2.0试点，建设城市、园区、商圈三类示范场景，在中关村西区、东升科技园、华熙live搭建数字原生城市微型平台（数字原生城市底座），在资源配置、服务优化、秩序管理和应急处置4个方向，形成解决城市治理实际问题、促进数字消费升级、探索城市规划辅助决策、低碳能效管控利用等典型案例。其完成资源管理器、低代码开发平台、应用集市等基础系统功能研发，构建基于"人流脉搏"和空间计算操作系统的统一数字底座。通过构建数字化城市底座，整合感知设备、网络传输、计算能力、数据共享、时空信息等资源，打通底层数字能力，实现各类数据时空信息还原和分析，探索数字驱动的城市治理和运营。通过三类典型场景试点，以统一底座构建政府和社会主体应用场景，探索在城市治理、企业管理、商铺引流等方面发挥作用。

（卢　诚）

【海淀区区块链先进算力实验平台建设】2022年，海淀区科信局推进长安链软硬件技术体系迭代升级，研发完全支持国密的底层加密通信组件，实现长安链网络节点之间的双向国密安全传输层协议通信；在底层架构中嵌入高性能抗量子密码模块，可对抗已知的密码传统攻击和量子攻击；研发面向区块链底层的自主可控P2P网络Liquid"若水"，支持大规模万级节点组网、可扩展的安全传输协议，提升面向多场景应用的网络传输效率和性能；推进超大规模人工智能模型训练平台建设，发布高精度智能线虫"天宝1.0"、"九鼎"智算平台等重大成果；组织悟道大模型应用研讨会，推动区内企业与智源研究院合作共建产业生态；推动人工智能、集成电路设计、互联网3.0等领域的关键底层核心技术创新攻关。

（程晓荷）

【海淀区专利申请与授权情况】2022年，海淀区专利授权量 73036 件，比 2021 年增长 1.9%，占北京市的 36%。其中，发明专利授权量 43456 件，比 2021 年增长 7.4%，占北京市的 49.3%。PCT 专利申请量 5578 件，比 2021 年增长 36.5%，占北京市的 48.7%，位列全市第一。有效发明专利拥有量 229926 件，占北京市的 48.1%。每万人发明专利拥有量 736 件，是北京市水平的 3.4 倍。

（齐 静）

【海淀区技术合同登记额增长 15.7%】 2022 年，海淀区登记技术合同 61604 项，技术合同登记总额 3380.4 亿元，比 2021 年增长 15.7%，占北京市的 42.5%，位列北京市第一名。其中，技术服务合同 41688 项，成交额 2241.3 亿元；技术开发合同 15923 项，成交额 950.2 亿元；技术转让合同 1432 项，成交额 169.6 亿元；技术咨询合同 2561 项，成交额 19.3 亿元。

（傅固安）

【海淀区 68 项专利获中国专利奖】 2022 年，海淀区驻区单位在第二十三届中国专利奖评选中获中国专利奖金奖 5 项，占全国总数的 16.7%；获中国专利奖银奖 8 项，占全国的 13.3%；获中国专利奖优秀奖 55 项，占全国的 7%。

（李 鑫）

【海淀区开展国际知识产权服务】 2022 年，海淀区知识产权局重点推进国际知识产权服务资源集聚，开展知识产权国际人才培育及知识产权国际交流合作等工作。与新加坡、日本、韩国、芬兰、土耳其等 20 余国的驻华使馆、政府部门或商协会建立联系。70 余家国内外知识产权服务机构进驻国际大厅轮值，为社会公众提供专业免费咨询 2100 余家次，年接待咨询人数 4000 余人，为 5000 余人次提供数据资源查询服务。全年面向海淀区知识产权服务机构开展定制化培训、政策解读 17 场次，服务机构 31 家；举办 12 场沙龙、研讨会及国际化交流活动，累计培训 800 余人次。

（石 蕾）

【海淀区产业空间资源情况】 2022 年，海淀区实现增量和存量产业空间资源台账动态更新。新增空间资源台账共 30 宗产业用地，建筑规模约 175 万平方米；社会产业空间资源台账共 18 宗，地上建筑规模约 353.9 万平方米。梳理存量产业空间，其中商务办公楼宇共 737 个楼宇（项目），建筑规模约 3272.22 万平方米；乡镇集体产业空间共 162 个项目，建筑规模约 336 万平方米；重点产业园区共 45 个、楼宇 771 座，建筑规模约 771.7 万平方米。优化产业空间布局，推动上地元中心、金隅科技园等项目建设，释放产业空间 103 万平方米。

（任彬容）

【海淀区推进信息基础资源集约管理】 截至 2022 年底，海淀区政务云部署 60 家单位 205 个信息系统，实现信息基础资源集约管理；按照北京大数据行动计划要求，海淀区在北京市内率先开展区级政务大数据体系、区级大数据平台数据资产底座建设，推进“入云”“上链”“汇数”等基础工作开展。市级部门对应的 39 个区级部门均完成职责目录、数据目录、库表目录的梳理工作，并 100% 上传至市目录区块链。

（程晓荷）

【海淀区高价值专利培育运营】 截至 2022 年底，海淀园 23 家高价值专利培育运营中心共构建高价值专利组合 110 余个，囊括高价值专利超 8000 件；新增 PCT 专利申请 1500 余件；新增国际及国家标准 100 余项；新增专利质押融资超过 2 亿元；新增专利运营收益超过 18 亿元。

（石 蕾）

【海淀区高新技术企业数量】 截至 2022 年底，海淀区拥有国家高新技术企业 9764 家、中关村高新技术企业 10729 家。建立高新技术企业培育库，联动业务处室及乡镇街道开展高新技术企业培育与认定辅导。开展科技型中小企业培训 28 场，并定点向 3000 余家未入库国家高新技术企业、孵化器内科技企业推送动员申报信息。

（程晓荷）

丰台区

【概述】丰台区科学技术和信息化局（简称丰台区科信局）加挂丰台区大数据管理局（简称丰台区大数据局）牌子，是负责贯彻落实党中央关于科技创新、软件和信息服务业、信息化方面的方针政策、决策部署和市委、区委有关工作要求的区政府工作部门。内设办公室、科技创新科、高新技术科、产业促进科、企业服务科、绿色发展科（安全生产科、环境保护科）、信息化建设与管理科、大数据管理科8个科室。

2022年，丰台区科信局、中关村丰台园管委会发布并落实《丰台区支持高新技术企业发展的若干措施》，开展4批高新技术企业认定申报工作，共受理企业申请884家，比2021年增长4.7%，申报量位居全市第三位；修订《丰台区促进高精尖产业发展扶持措施》实施细则，开展政策兑现工作。“达标即享”提前兑现“丰九条”高新技术企业扶持政策，对新引进、新认定的453家国家高新技术企业兑现资金1.36亿元；开展2022年以来新入区的高新技术企业资金兑现，给予105家高新技术企业3150万元支持。落实“1511”产业发展提质工程。2022年，丰台区引进高成长性企业122家，包括潜在独角兽企业1家、国家级专精特新“小巨人”企业1家、瞪羚企业9家、“专精特新”企业17家、高新技术企业103家。1228家企业参加科技型中小企业评审，其中高新技术企业741家，1207家企业取得科技型中小企业入库编号。在科技型中小企业评价系统中注册的企业累计有2170家，其中年内新增注册企业894家。

（王宏伟）

【丰台区7家单位被命名为北京市科普基地】2月23日，市科委、中关村管委会，市科协印发《关于命名2022年北京市科普基地的通知》（京科文发〔2022〕26号），北京自然博物馆等84家单位被命名为北京市科普基地，命名周期为2022—2024年。其中，丰台区内中国园林博物馆、北京南宫世界地热博览园等7家单位被命名为北京市科普基地。

（徐建功）

【丰台区“4·26”知识产权宣传周活动举办】4月14日，丰台区市场监管局组织开展“4·26”知识产权宣传周活动，推出丰台区“知识产权宣传周”线上平台，以“全面开启知识产权强国建设新征程　争创国家知识产权强市建设试点城市”为主题，开辟“走进知识产权工作站”“知识产权+”“知识产权优质企业展”“知识产权精彩回顾”等多元化线上宣传模块；通过丰台区市场监管局微信公众号“知产e客厅”，解读北京市知识产权政策要点，对各项知识产权业务进行培训。

（王宏伟）

【丰台区“高新八条”发布】7月21日，丰台区科信局、中关村丰台园管委会发布《丰台区支持高新技术企业发展的若干措施》（简称“高新八条”）。“高新八条”从培育“筑基扩容”、助力“升规升强”、支持科技创新、引导社会培育、强化人才服务保障、深化评审认定服务、搭建综合服务平台、加强信息监督管理等8个方面形成丰台区支持高新技术企业发展的政策体系，全面扶持和培育高新技术企业在丰台区发展。其中，聚焦“筑基扩容”措施方面，丰台区对新认定或新入区的国家高新技术企业，一次性给予30万元扶持；对重新认定的国家高新技术企业，一次性给予10万元扶持；聚焦“支持科创”措施方面，对获国家、市级重点实验室，专精特新“小巨人”企业等资质或科技进步奖的企业，给予总额最高300万元的扶持；对应用场景项目、成果转化项目、市级科技重大项目给予最高500万元支持；聚焦“人才服务”措施方面，在入学、落户、住房、医疗等方面提供便捷服务；聚焦建设综合服务体系方面，成立北京市丰台区高新技术企业协会，提供高新技术企业申报预审服务、“报备即批准”支持，开展高新技术企业动态分析。会上还举行丰台区高新技术企业协会揭牌仪式。

（王宏伟）

【8家企业落户北京园博数字经济产业园】7月29日，由丰台区政府主办的北京园博数字经济产业园入园

企业座谈会暨签约仪式在丰台区园博数字经济产业园招商中心举行。会上，8家数字经济创新企业与丰台区政府签订战略合作协议，成为首批落户园博数字经济产业园的企业，涉及人工智能、数字金融、数字城市建设等领域，注册资本近9亿元。园博数字经济产业园是北京市首个以数字经济产业为主导的集聚空间，规划总面积约134公顷，按照数字创新、城市活力、生态低碳理念规划数字科技企业群落近70万平方米、居住空间22万平方米、商业配套33万平方米，全方位满足数字经济产城共融的发展需要，为丰台区高质量发展注入新活力。

（王宏伟）

【第28届丰台科技活动周举办】 8月19—27日，丰台区科信局、区委宣传部、区科协联合举办第28届丰台科技活动周。活动以“走进科技　你我同行”为主题，借助“科普大篷车”形式，通过“线上展览+线下活动”的方式开展一系列科普活动。科技活动周启动仪式在中都科技大厦举办，包括科技周权威发布、“2022年丰台区科普基地”授牌、“丰台区高新技术企业孵化服务基地”授牌、畅游丰台科技成果线上展、“科普大篷车”互动连线、《中华人民共和国科学技术进步法》宣讲解读等活动。科技活动周期间，组织区卫生健康委、和义街道等部门及北京中都泰和科技企业孵化器有限公司、北京富丰实业发展有限公司等企业举办60余场形式多样的科技成果展示和科普教育活动，普及科学知识，传播科学思想。人民网、北京电视台、《北京日报》等32家媒体线上报道，总浏览量达500余万次，另有3家纸媒刊登新闻，门户网站在首页和热点板块位置进行推荐，浏览量达27.3万次。

（王宏伟）

【组织企业参加2022年服贸会】 8月31日—9月5日，2022年中国国际服务贸易交易会在国家会议中心和首钢园区举办。丰台区组织金融、信息、科技、文化、旅游、商业服务等领域200余家企业的一批创新成果线上线下参加金融服务和文旅服务两个专题展。在金融服务专题展上，丰台区联合中国人民银行数字货币研究所、京东集团等14家机构，以“聚焦数字金融新蓝海，打造数字金融示范区”为主题，设置1100平方米的大型数字金融展区，集中展示金融科技前沿技术和创新成果，数字人民币生态城市3D模型、依托数字人民币硬钱包的物联网融合支付产品、数字人民币有奖答题、数字人民币盲盒、数字人民币文创产品等体验区，参观人数超5万人次。在文旅服务专题展上，丰台区围绕服务首都全国文化中心建设，以“妙笔生花　丰采无限”为主题，融合“青山绿水，花好月圆”设计理念，为市民打造“可看、可听、可触、可感、可交互”的多功能沉浸式复合空间，多元化呈现丰台区优势文化资源、产业创新融合发展方面的成果。服贸会“北京日”暨“投资北京”峰会活动中，丰台区推送金融、通信、能源、医疗领域重点项目，现场签约总额达91亿元。9月5日举办的服贸会跨国公司高质量发展论坛暨丰台区开放合作推介会吸引超70家跨国公司参加。

（王宏伟）

【丰台区院士专家服务中心揭牌】 9月8日，由市科协、丰台区政府主办的北京市“千人进千企”专项行动启动仪式暨北京市科协、丰台区政府战略合作协议签约仪式举办。启动仪式上，丰台区院士专家服务中心揭牌。“千人进千企”专项行动是科创服务新模式，旨在以“强匹配”“精服务”“赋能量”等组合，动员学会、高校科协、园区科协、企业科协和区科协凝聚、引领专家智力资源参加北京国际科技创新中心建设，为服务高新技术企业创新发展搭平台、献良策。81家学会、协会、高校、研究院所、央企、国企等单位推荐遴选出千名院士专家服务团。丰台区作为“千人进千企”专项行动起点，持续组织有关方面专家参加相关论坛、学术沙龙、产业融合、决策咨询等创新活动，助推丰台区打造轨道交通、航天航空等两大千亿级产业集群，培育新一代信息技术、智能装备、医药健康、新材料等4个百亿级产业集群，支持北京看丹独角兽创新基地、北京园博数字经济产业园建设。通过构建组织协同机制，强化资源集成，发挥组织融通力量，聚合人才资源，探索将“千人进千企”工作辐射全北京的可复制模式，支撑北京国际科技创新中心和中关村世界领先科技园区建设。

（王宏伟）

【北京市第十中学入选“小平科技创新实验室”建设学校】 9月15日，共青团中央公布2022年度“小平科技创新实验室”建设学校名单。北京市5所学校入选。其中，北京市第十中学入选，成为丰台区“申报示范”类“小平科技创新实验室”建设学校。北京市第十中学古生物化石实验室是“小平科技创新实验室”建设核心，由丰台区科信局、中国科学院古脊椎动物与古人类研究所、中国古动物馆支持建设，是国内首家以学生挖掘和修复化石为主题的校园实验室，拥有空气压缩机、万向排气罩、气动雕刻笔、3D打印机等专业设备设施，是丰台区科学探索实验室。实验室建成后，为青少年提供实践机会和创新环境，培养其动手能力和科学素养，提升学生的综合素质。

（王宏伟）

【企业创新成果专场发布会举办】9月22日，丰台区委宣传部举办企业创新成果专场发布会，以数字经济赋能智慧城市建设为焦点，组织北京云庐科技有限公司、傲林科技有限公司等区内5家数字经济企业进行企业及项目推介，邀请丰台区发展改革委、区商务局、区城管委等16个政府部门，以及京能集团、北控集团、公交集团、中华保险、光大永明等上下游大型企业、投融资机构、科技服务企业，进行“面对面”沟通洽谈。

（王宏伟）

【丰台区16项成果获北京市科学技术奖】11月9日，市政府发布《北京市人民政府关于2021年度北京市科学技术奖励的决定》（京政发〔2022〕33号），授予北京市科学技术奖人物奖16项、项目奖191项。丰台区16项成果获北京市科学技术奖。其中，自然科学奖二等奖2项，科学技术进步奖一等奖2项、二等奖12项。首都医科大学“肝再生增强子调节线粒体功能在肝脏保护中的作用”和“阿尔茨海默病遗传通路的识别研究”项目获自然科学奖二等奖；中铁工程设计咨询集团有限公司“京张高铁复杂敏感环境地下站隧智能化建造关键技术与应用”联合项目，北京航天计量测试技术研究所“新一代大型卫星公用平台强适应自主控制技术研究与应用”联合项目获科学技术进步奖一等奖；北京当升材料科技股份有限公司“多晶单晶复合高密度低产气高镍多元正极材料开发与产业化”项目，北京海鑫科金高科技股份有限公司、北京海鑫高科指纹技术有限公司“基于深度学习的高速度智能指纹识别技术及应用”联合项目，北京谊安医疗系统股份有限公司“高性能无创与有创一体化治疗型呼吸机的研发及应用”项目，航天材料及工艺研究所“超特高压装备用纤维增强绝缘结构部件研制及国产化应用”联合项目，首都医科大学附属北京天坛医院“儿童用药研发综合技术体系建设与推广应用”联合项目，北京中医药大学东方医院“中医药防治恶性肿瘤并发症临床研究与规范化诊疗方案示范推广应用”联合项目等12个项目获科学技术进步奖二等奖。

（王宏伟）

【丰台区小学生天文知识竞赛举办】11月29日—12月13日，丰台区科技创新促进中心举办2022年丰台区线上小学生天文知识竞赛，旨在推动小学天文基础教育。活动吸引区内92所中小学校学生及全国2000余名天文爱好者参与，练习次数达23163人次，访问量超10万次。评选出一等奖10名、二等奖50名、三等奖100名、优秀辅导教师30名。

（王宏伟）

【两家国家级科技企业孵化器获评优秀】12月26日，《科技部火炬中心关于公布国家级科技企业孵化器2021年度评价结果的通知》发布，丰台区企业北京首科创融科技孵化器有限公司和京卫惟科生物科技孵化（北京）有限公司被评为优秀（A类）国家级科技企业孵化器。

（王宏伟）

【举办2场科技成果转化政策宣讲】2022年，丰台区科信局根据区域产业特点和企业需求，对接北京科技成果转化服务中心资源，举办两场“北京市科技成果转化统筹协调与服务平台系列路演活动——丰台区成果转化政策专场”，邀请北京科技成果转化中心专家宣讲2022年推动高质量科技成果转化项目政策，北京技术市场管理办公室、北京高技术创业服务中心专家解读技术合同登记税收优惠、高新技术企业认定等企业关注的问题。区内400余家科技企业负责人，产业园区、孵化器等机构负责人400余人参加活动。

（王宏伟）

【7家机构获市级科技成果转化类项目支持】2022年，丰台区科信局配合市科委、中关村管委会做好概念验证平台建设与布局工作，挖掘区域科研院所、龙头企业、专业孵化机构研发、测试、中小试等科技平台，掌握7家机构搭建概念验证平台意向，并进行“一对一”政策解读。邀请市科委、中关村管委会成果转化处专家走访首都医科大学、交控科技股份有限公司，指导概念验证平台建设。其中，首都医科大学获市科委、中关村管委会“北京市概念验证平台建设项目”立项，支持项目资金1000万元。此外，6家机构的项目分别获“中关村开放实验室成果转化概念验证”“推动高质量科技成果转化”“技术转移机构建设”“技术转移机构市场化聘用技术经理人”等项目立项支持，实现市科委、中关村管委会“1+5”资金政策支持成果转化类项目全覆盖。

（王宏伟）

【“科普大篷车”巡展活动举办】2022年，丰台区科信局组织开展“科普大篷车”巡展活动，在全区设置12个科普活动点，涉及5个街道社区（村）、5所学校和2家企业。“科普大篷车”巡展主题聚焦生物多样性保护、“双碳”战略、科学防疫等，采用“听、看、猜、学、玩”模式传播科学知识，进行科学普及。除常规宣传展览外，还设置表演、观影、游戏体验、集章打卡等特色活动，特别设计“绿色丰台环游记之真人飞行棋”“科普快板表演”“放飞‘生态鸽’”等环节，集科学性、趣味性、知识性于一体，升级“科普+体验”的巡展模式。“科普大篷车”巡展期间，制作发布大篷车活动主题宣传片1部、垃圾分类科普动画片1部，制作活动现场短视频10部、活动整体总结视频1部，发布新闻媒体稿件7篇，在多家主流媒体及新媒体进行宣传，总浏览量超3万人次。现场参与群众超5000人次，辐射周边居民近万人。

（王宏伟）

【举办3期“美丽丰台科普行”畅游活动】 2022年，丰台区科信局举办3期“美丽丰台科普行”畅游活动，旨在整合丰台区科普资源、激发辖区内各级基地科普活力并发挥展示教育功能，将科普和旅行相结合，与特色科普资源相串联，使公众能够在旅行中学习科学、自然及人文知识。活动分别在中国园林博物馆、世界种子科技展示中心、世界花卉大观园、丰台体育科研所、丰台区妇幼保健院新发地分院举办，推出科普畅游护照、全景舆图、VR趣游等栏目，发放科普惠民基地免费门票累计1.1万张，开设科普畅游线路5条，制作畅游视频5条，推送新闻稿5篇，发布或转发科普文章40余篇，公众关注人数11843人，全年浏览量530万人次。

（王宏伟）

【开展知识产权保护专项行动】 2022年，丰台区市场监管局强化对重点区域、重点行业、重点商品的监管执法，联合执法大队、各属地市场监督管理所开展酒类、服装鞋帽类等重点商品、重点领域专项打假行动，指导区市场监管局各办案单位办结商标类案件190件，罚款546.19万元；依托“慧眼监管”系统，筛查侵犯奥林匹克标志专用权的互联网违法线索，建立线上线下一体化协同监管机制，实现全方位、立体化保护，共指导办理涉奥案件14件，罚没款21.05万元，其中2件入选北京市十大奥标侵权案件。

（王宏伟）

【丰台区国际科技创新中心建设情况】 2022年，丰台区科信局开展丰台区国际科技创新中心建设现状分析、顶层设计，梳理年度重点任务、重点项目清单，开展跟踪服务及培育工作，形成《丰台区国际科技创新中心建设现状分析报告》《丰台区国际科技创新中心建设重点任务/项目策划》《丰台区加快推进国际科技创新中心建设方案》。关注丰台区入选2022年北京国际科技创新中心建设的4个重点项目，定期向北京推进科技创新中心建设办公室秘书处报送相关信息、跟进项目实施进展情况。在区内征集2023年北京国际科技创新中心建设重点任务和项目，推荐的5个项目入选《北京国际科技创新中心建设重点任务项目2023年工作方案（征求意见稿）》。

（王宏伟）

【丰台区“两区”建设情况】 2022年，丰台区新增“两区”建设入库项目379个，完成当年新增项目数指标的292%，完成进度排名城六区第一；完成实际利用外资1.8亿美元，比2021年增长34%，增速排名城六区第二。推进丰台区纳入市级“离岸贸易创新发展集聚区”；用好用足外贸高质量发展资金等市级政策，为71家企业兑现资金超1800万元；优化营商环境，完成5.0版营商环境改革任务103项，开设“证照联办”服务专窗，实现区级依申请政务服务事项100%全程网办，扩充“服务包”企业至944家，办结服务事项1671个，企业满意率100%，推进“丰泽计划”，全年引进各类人才3900余人。

（王宏伟）

【“丰九条”扶持政策资金兑现】 2022年，丰台区科信局对《丰台区促进高精尖产业发展扶持政策实施细则》（简称《“丰九条”实施细则》）进行修订，细化支持范围，强化支持力度，提前兑现“丰九条”高新技术企业扶持政策，在全市率先实现高新技术企业扶持政策“达标即享”。对丰台区新引进、新认定的558家国家高新技术企业兑现扶持资金1.67亿元；开展2021年培育创新创业生态支持政策兑现，支持34家区级孵化机构政策资金1064万元。

（王宏伟）

石景山区

【概述】石景山区科学技术委员会（简称石景山区科委）是负责贯彻落实中央、市委关于科技工作的方针政策、决策部署和区委有关工作要求的区政府工作部门。内设3个科室，下设1家事业单位。

2022年，石景山区科委贯彻落实市、区两级有关工作要求，推进11项市政府折子工程任务、4项区政府折子工程任务、2项区政府专项工作任务，办结5项区人大、政协建议提案。以产业发展为目标，以应用场景为举措，优化机制、营造氛围，采取“承接外溢落地”和“挖掘内生动力”相结合的方式推进北京国际科技创新中心建设重点任务落实。石景山区科幻产业集聚区建设初见成效，一批科幻龙头企业、大师工作室、科幻特色活动和展览落地，中国科幻研究中心落户石景山区，北京科技周科幻分会场活动举办。落实《石景山区促进应用场景建设加快创新发展支持办法》，支持虚拟现实、人工智能等产业项目在社区治理、智慧医疗、城市管理等应用场景示范应用。推动高精尖产业发展，加大科技创新企业培育和政策服务力度，助推科技领域产学研合作。2022年全区申报国家高新技术企业369家，通过认定297家，国家高新技术企业保有量817家，科技政策对高新技术企业覆盖率达到100%。全年技术合同登记1773份，技术合同成交额207.7亿元，比2021年增长67.5%。

（胡　妍）

【“科技冬奥，一起向未来”冬令营活动举办】1月30日—3月11日，石景山区科委线上举办“科技冬奥，一起向未来”冬令营活动，以营造参与冬奥、助力冬奥、共享冬奥的良好社会氛围。冬令营由科普课堂、科学实验、创意手作、亲子家庭锻炼4部分主题活动构成，课程时长200分钟。其中，科普课堂解读冬奥项目，讲述场馆“黑科技”；科学实验辅以液氮、固态干冰、气态干冰进行实验，理解制冰背后的化学原理；创意手作通过动手制作空气动力飞机模型和太阳能电动小车，普及跳台滑雪运用到的伯努利原理等；亲子家庭锻炼号召参与者动起来，学习冬奥健身操《一起向未来》，增强体质，促进青少年德、智、体、美、劳全面发展。全网观看人数超30万人次。

（蔡真婷）

【首钢朗泽公司获全国颠覆性技术创新大赛领域赛奖项】1月，石景山区企业北京首钢朗泽新能源科技有限公司的“工业尾气生物固碳利用新技术”项目获科技部主办的首届全国颠覆性技术创新大赛领域赛“绿色技术优胜奖”。大赛领域赛重点聚焦集成电路、人工智能、未来网络与通信、生物技术、新材料、绿色技术、高端装备制造及交叉学科等可能产生重大颠覆性突破的技术领域。来自全国上市企业、行业龙头、科研院所、高校、科技创新企业的2700余个项目报名参赛，经由专家组全方位评议初筛，约400个项目进入领域赛。首钢朗泽公司历时10年自主研发工业尾气生物固碳集成技术，可将含CO、CO_2的工业尾气直接转化为生物乙醇、新型饲料蛋白等高价值产品，实现工业尾气资源的高效清洁利用，为工业流程的绿色再造提供“国之利器”。技术突破天然蛋白质植物合成的时空限制，解决CO、CO_2常温常压高效转化的技术难题，可广泛应用于钢铁冶金、电石、石化炼油和煤化工等领域。

（胡　妍）

【中关村工业互联网产业园纳入“3个100”重点工程】1月，市发展改革委公布2022年北京市“3个100”重点工程。中关村工业互联网产业园被列入北京市“3个100”重点工程。中关村工业互联网产业园核心区位于石景山区，占地9.27公顷，投资90亿元，建筑面积约45万平方米。园区建成后将成为“国际一流、世界先进”的高精尖产业示范区及创新社区，将集聚企业170家，创造年产值500亿元，年贡献税收20亿元，带动就业1.5万人。

（孙晓霞）

【首钢工学院被命名为北京市科普基地】2月23日，市科委、中关村管委会，市科协印发《关于命名2022年北京市科普基地的通知》（京科文发〔2022〕

26 号），北京自然博物馆等 84 家单位被命名为北京市科普基地，命名周期为 2022—2024 年。其中，石景山区内首钢工学院被命名为北京市科普基地。

（徐建功）

【9 个区域科技创新能力提升专项结题】 3 月 25 日，石景山区科委组织专家对 2021 年度 9 个区域科技创新能力提升专项项目进行结题验收。项目涵盖 AR/VR 技术、云平台、物联网等前沿技术，涉及科幻电影、智能教育、生态环保、科技冬奥等领域。经过各项目实施情况汇报、专家现场质询、综合评价打分等环节，9 个项目均通过结题验收。

（蔡真婷）

【科幻 × 元宇宙沙龙举办】 4 月 22 日，由石景山区科委、首都会展集团、中关村会展联盟联合主办的科幻 × 元宇宙沙龙系列活动在石景山区举办。沙龙主题为“万物皆可元宇宙，为科幻产业造梦”。30 余位科幻大咖和专家学者以“元宇宙造梦者”身份，分享和探讨元宇宙对未来的思考和行动。零碳元宇宙智库 MetaZ、中国传媒大学、北京幻浸时空文化传媒有限责任公司、北京虚视界科技有限公司、新浪 VR 等参会人员围绕数字人、MR 技术、元宇宙平台、场景搭建等领域展开讨论，全景式分享在元宇宙领域的创新与猜想。石景山区科委就 2022 年中国科幻大会相关事宜与现场嘉宾进行讨论，并介绍石景山区支持科幻产业的政策及产业环境，希望科幻项目及科幻资源落户石景山区，共同探索石景山区科幻产业发展路径。

（崔　欣）

【线上惠企培训会举办】 5 月 20 日，石景山区科委举办“同心战‘疫’共克时艰”线上惠企培训会。聘请专业老师专场授课，课程内容涉及高新技术企业认定、“报备即批准”政策试点、高新企业认定规范化管理、技术合同登记、科技型中小企业认定等内容，并设立提问交流环节。全区近 300 名科技企业人员参加培训。

（崔　欣）

【“助企纾困”线上惠企培训会举办】 6 月 8 日，石景山区科委、区金融办联合举办“助企纾困”线上惠企培训会，旨在针对性解决企业发展需求，推动助企纾困形成实效，助力石景山区科技企业发展。石景山区科委、区金融办和驻区金融机构为参训人员解读金融服务政策、科技创新再贷款政策，介绍支持科技企业融资相关金融产品，围绕国家高新技术企业认定申报新趋势及新变化，对国家高新技术企业认定申报和事中事后监管等事项进行讲解及技术合同登记培训。培训会通过腾讯会议、微信视频号同步进行，区内科技企业 550 余人参会。

（赵楚然）

【“石科 26 条”发布】 6 月 10 日，石景山区政府办公室发布《石景山区推进国际科技创新中心建设加快创新发展支持办法》（简称“石科 26 条”）。“石科 26 条”从培育创新主体、支持应用场景建设、加快科技成果转化、引育创新人才、优化创新生态、监督与管理 6 个方面形成支持科技企业创新发展和科技成果转化的政策体系。与《石景山区促进应用场景建设加快创新发展的支持办法》相比，“石科 26 条”降低对中小微企业的支持门槛，提升首次认定高新技术企业资质的奖励额度，拓展对科技成果转化的支持覆盖面。在鼓励研发机构建设、支持科技创业孵化、支持科技创新活动、补贴科技创新券 4 个方面进行政策优化。

（崔　欣）

【“科技惠企”线上培训会举办】 7 月 6 日，区科委联合区税务局、中关村石景山园管委会共同举办“科技惠企”线上培训会。会议通过腾讯会议和北京石景山视频号直播方式进行，近千家企业的 1500 余人参加。培训会对《北京市关于实施“三大工程”进一步支持和服务高新技术企业发展的若干措施》作详细解读；围绕科技企业申报研发费用补贴、国家高新技术企业和中关村高新技术企业认定需求，形成部门专业合力，为企业讲解政策、答疑解惑；对优秀的科技服务机构在研发费用加计扣除、国家高新技术企业申报细节和中关村高新技术企业申报流程等方面进行专业化辅导。

（高嘉璐）

【科幻企业交流座谈会召开】 7 月 12 日，石景山区科委、区税务局在中关村科幻企业创新中心召开科幻企业交流座谈会，区内 10 余家科幻企业相关负责人参加会议。区科委有关人员介绍石景山区新出台的“石科 26 条”专项政策，并围绕科幻创新企业所关心的国家高新技术企业认证申报及政策奖励讲解相关政策条款；区税务局为企业解读公司财务管理的重要事项及国家高新技术企业相关税收政策，并与科幻企业人员进行交流。区科委、区税务局与参会企业建立绿色服务通道，明确沟通咨询方式，加强与科幻企业的对接，为科幻企业提供更精准服务。

（赵楚然）

【推动高质量科技成果转化项目申报石景山区专题宣讲会举办】 7 月 26 日，北京科技成果转化服务中心与石景山区科委共同举办推动高质量科技成果转化项目申报石景山区专题线上宣讲会。石景山区 130 余名科技企业人员参加。北京市科技成果转化中心相关人员对《中关村国家自主创新示范区优化创新创业生态环境支持资金管理办法（试行）》及推动高质量科技成果转化项目申报指南进行宣讲和答疑，引导区内创新主体学好、悟透、用足科技成果转化相关政策。宣讲会是“北京市科技成果转化统筹协调与服务平台系列路演活动”内容之一，旨在发挥中小微企业科技成果转化主体作用，推动中小微企业转化高等学校、科研机构等科技成果并在石景山区开展产业化落地。

（崔　欣）

【技术合同登记工作通过市级年度执法检查】7 月 26 日，北京市技术市场管理办公室对石景山区科委技术合同登记处 2021 年度工作进行执法检查。检查组走访驻区企业北京卓导科技有限公司并进行现场检查问询。通过抽查方式对 2021 年度在技术合同登记处登记的 1968 份技术合同文本、相关材料和管理情况进行检查。结果为全部通过并给予好评。

（张　旭）

【科技型小微企业关键技术创新支持项目政策宣讲会举办】7 月 28 日，石景山区科委联合北京创业孵育协会共同举办 2022 年科技型小微企业关键技术创新支持项目政策宣讲会。北京创业孵育协会负责人讲解 2022 年中关村示范区科技型小微企业关键技术创新支持政策，对申报条件、申报材料要求、申报流程、项目支持方式等环节进行解读。培训会通过线上方式进行，石景山区 120 余名科技企业人员参加。

（赵楚然）

【石景山区“专精特新”政策兑现发布会举办】8 月 2 日，“聚焦产业创新 助力中小企业发展”石景山区“专精特新”政策兑现发布会在石景山区举办。石景山区政府、工商银行北京分行等单位相关负责人及企业的代表参加。石景山区政府对首次获北京市“专精特新”中小企业和“小巨人”称号的企业及首次获国家级专精特新“小巨人”称号的企业给予 20 万～ 80 万元的一次性奖励。石景山区采取“免申即享”的方式实现政策兑现“无纸化”办理和“点击即兑现”。企业无须提供相关部门的证明材料，国家和北京市发布的公告即可作为依据，企业只需使用电子签章在石景山区综合服务平台提供公司的银行账号并签署信用承诺书即可完成申报。同时使用数字人民币向企业发放奖励资金，也是北京地区首笔以数字人民币形式接受惠企补贴的场景。石景山区共有 109 家符合条件的企业收到此项奖励，资金总额 3050 万元。

（徐建功）

【“石科 26 条”政策兑现申报培训会举办】8 月 4 日，石景山区科委举办“石科 26 条”政策宣讲及兑现申报线上培训会。“北京石景山”微信公众号同步直播，石景山区内科技企业、科研机构、高校院所、创业机构等约 1000 名科技创新主体人员参加。区科委对《石景山区推进国际科技创新中心建设加快创新发展支持办法》（“石科 26 条”）进行系统宣讲，并对本次政策兑现申报进行辅导，帮助区内创新主体学好、悟透、用足政策。本次政策兑现涵盖“石科 26 条”及区纾困政策的重点条款，包括对国家高新技术企业奖励、科技成果转化落地、科技型中小企业研发补贴、市级配套项目等方面进行征集兑现。

（崔　欣）

【中关村科幻产业创新中心揭牌】8 月 21 日，2022 年石景山区科技周启动仪式暨中关村科幻产业创新中心揭牌仪式在石景山区首钢园举行。石景山区政府、首钢集团、北京中关村通力科技服务有限公司三方共同签署中关村科幻产业创新中心项目合作框架协议。中关村科幻产业创新中心是市科委、中关村管委会在中国科协、北京市政府的指导下，于 2021 年科幻大会现场成立。创新中心以科幻产业为主导，面向北京市建设国际科技创新中心、全球数字经济标杆城市、国际消费中心城市重大战略，以场景应用为牵引、以技术突破为关键，按照“龙头企业带动、协同创新支撑、重点项目示范、集群化发展”理念，发挥技术与市场对接，学术界与产业界对接，科幻产业关键技术、原创人才、场景建设三大关键要素对接的桥梁作用，提升科幻领域的自主创新能力，促进石景山区科幻产业技术开发、成果转化及人才培养，支撑首钢园科幻产业集群式发展。创新中心引入 43 家科幻相关企业入驻，搭建全球科幻开发者平台。

（胡　妍）

【石景山区科技周活动举办】8 月 21—27 日，2022 年（第 28 届）石景山区科技周活动在石景山首钢园中关村科幻产业创新中心举办。活动以“走进科技你我同行”为主题，由市科委、中关村管委会，石景山区政府，首钢集团主办，石景山区科委、中关村科幻产业创新中心、北京首钢建设投资有限公司承办。科技周期间，区内 30 余家科技企业展示最新的科技创新成果，涵盖智能座舱、脑机交互、数字孪生、教育与科技相融合等线上线下多样性的科幻技术，向公众展现既具特色又内容丰富的“科学国潮”，让市民乐享“科普盛宴”。

（蔡真婷）

【推动新首钢园互联网 3.0 应用场景建设工作方案印发】9 月 1 日，市科委、中关村管委会会同石景山区政府、首钢集团等单位印发实施《北京市推动石景山区新首钢园互联网 3.0 应用场景建设工作方案》，依托新首钢园工业遗存资源禀赋和冬奥场馆空间等，围绕科幻、体育、科技展示等领域场景建设，提出 20 项重点项目，力争将首钢园打造成具有国际影响力的互联网 3.0 示范应用新高地。

（付向文）

【北京科幻国际大奖 · 科幻技术奖决赛评审会举办】9 月 6 日，由北京市石景山区未来科幻产业发展中心组织的“北京科幻国际大奖 · 科幻技术奖”决赛评审会在中关村科幻产业创新中心举办。大赛自 2022 年 7 月 1 日起开启全网征集，共 216 个项目及团队报名。经过资格审查、初赛、复赛，15 个优秀项目及团队进入决赛。决赛现场，由中国工程院院士、虚拟现实产业联盟理事长赵沁平，中国工程院院士、原中央电视台总工程师丁文华，中国科学院院士、北京大学计算机学院梅宏教授等 10 位专家组成的专业评审团，根据公平、公正、公开的原则，通过“路演 + 评分”的形式，分别对最佳科幻创作技术、最佳科幻体验技术、最佳科幻产品创新三大赛道，就创新性、示范性、应用性、团队情况四大维度进行综合评审。评审会在北京石景山视频号同步直播，在线观看人次达 52.1 万。

（赵楚然）

【北京首石科幻产业股权投资基金设立】9 月 20 日，国内首只投向科幻产业的股权投资基金——北京首石科幻产业股权投资基金（有限合伙）在石景山区设立。基金由石景山区现代创新产业发展基金和首钢基金共同设立，出资额 3 亿元，用于推动科幻、元宇宙全产业链培育，特别是帮助尚处于成长期的科幻企业发展壮大，将优先投向石景山区科幻相关企业和项目，通过“资金支持 + 资源导入 + 全方位赋能”模式，发挥“汇聚产业、汇聚税源、汇聚资本、汇聚人才”作用，实现基金驱动科幻产业升级、资本投入促进科幻产业壮大的书面。

（徐建功）

【高新技术企业认定辅导及政策宣讲举办】10 月 20 日，石景山区科委在线举办 2022 年高新技术企业认定辅导及政策宣讲，旨在挖掘有意愿、有潜力的企业申报国家高新技术企业认定，提升精准服务企业水平。来自 e+ 创客孵化中心等 10 余家企业的 40 余名代表参加活动。北京高技术创业服务中心有限公司的专家对企业申报国家高新技术企业认定进行线上辅导，就国家、北京市、石景山区支持国家高新技术企业、科技型中小企业的优惠政策进行宣讲，介绍中关村高新技术企业及“专精特新”相关政策内容，并就企业提出的高新申报、政策申请、高新迁入等问题进行解答。

（高嘉璐）

【4 项举措推进石景山区科幻产业集聚区建设】2022 年，石景山区科委采取 4 项举措推进科幻产业集聚区建设，为石景山区营造“高温低压”的科幻产业发展生态。启动 2022 中国科幻大会及北京科幻嘉年华活动筹办工作，邀请科幻行业专家、企业代表参加科幻大会筹办研讨会，拟定大会活动方式及举办地点；面向全社会征集大会活动策划创意。推进中关村科幻产业创新中心建设，建立“一空间、一中心、一基金、一大赛、一平台”的“五个一”专业化科技服务体系，吸引科幻内容制作、VR 眼镜、先进光学影像处理等领域的 20 余家企业入驻。争取市区联动，市科委、中关村管委会，石景山区政府联合发布《北京市促进石景山区科幻产业发展 2022—2023 年工作方案》，明确建设以元宇宙为中心的科幻产业集聚区等 7 个方面的任务。开展科幻大奖策划工作，在文学、技术、IP、人物等方面设立奖项。

（胡　妍）

【石景山区国际科技创新中心建设情况】2022 年，石景山区科委推进国际科技创新中心建设。以园区建设为载体，以产业发展为目标，以应用场景为举措，优化机制、营造氛围，采取“承接外溢落地”和“挖掘内生动力”相结合的方式推进国际科技创新中心建设。协同石景山区“1+3+1”高精尖产业牵头部门，统筹推进“工业互联网产业园建设”“5G+VR 乐园建设”两项国际科创中心建设重点任务，打造北京工业互联网第一高地。制定《石景山区推进国际科技创新中心建设加快创新发展支持办法》，从培育创新主体、加快科技成果转化两个方面，完善科技创新政策支撑体系。以应用场景为抓手，推动区域科技创新。发挥科技创新资金支撑引领作用，开展 2022 年《石景山区促进应用场景建设加快创新发展支持办法》政策兑现工作，共支持 268 家企事业单位，包括各类研发机构、高校院所、科技企业、创业机构等多类型创新主体，80% 以上是中小微企业，兑现近 4000 万元财政资金并全部拨付到位。统筹推进北京计量科技创新基地建设，对接北京丰泰新材料检测院有限公司，整合前沿科技领域的科技资源及创新要素，完善北京计量科技创新基地建设方案。

（杨晶晶）

【国高新培育“三进”活动举办】2022年，石景山区科委联合中关村石景山园管委会、石景山区投促中心、区经济和信息化局等相关单位开展国家高新技术企业培育进楼宇、进孵化器、进产业园“三进”活动，为企业提供精准服务和科技政策对接。活动先后走进e+孵化器、中国电科（北京）智能科技园、中海大厦OFFICE ZIP、六工汇首钢基金产融创新基地，共有45家企业的50余位代表参加活动。活动围绕入驻企业需求，重点讲解国家高新技术企业认定申报流程、申报条件及注意事项，就国家高新技术企业、中关村高新技术企业、“专精特新”企业等相关政策进行宣讲，并对企业提出的具体问题答疑解惑。

（高嘉璐）

【石景山区4项举措服务科技人才】2022年，石景山区科委采取4项举措服务科技人才。服务“景贤人才”：在石景山区委人才办统筹下，完成科技服务组“景贤人才”初审及初评工作，推荐10名人才获“景贤人才”认定。疏通科幻人才引进渠道：推动市科委、中关村管委会与区政府出台《北京市促进石景山区科幻产业发展2022—2023年工作方案》，对接市人才工作局、区委组织部，研提科幻产业人才政策，加大科幻企业、人才招引力度。推动科研助理工作：落实《北京市科委、中关村管委会关于开发科研助理岗位吸纳高校毕业生就业的通知》要求，鼓励各企业面向2022年应届高校毕业生发布科研助理岗位，北京德亚维科技有限公司、北京因时机器人科技有限公司等企业上报岗位需求63个。推进就业工作：落实石景山区委人才工作领导小组办公室要求，发挥“高校京西发展联盟”人才资源集聚优势，引聚优秀青年人才；征集区内科技类企业161个岗位需求并参加“高校人才引进专场招聘会”。

（赵楚然）

【石景山区创新创业孵化机构发展情况】2022年，石景山区各类孵化器、众创空间推动创新创业成效显著。中关村通力科幻元宇宙孵化器获市科委、中关村管委会引领类标杆孵化器项目支持；北京创业公社投资发展有限公司获市科委、中关村管委会“创业服务机构补助项目”支持；北京侨创空间科技有限责任公司获评国家级众创空间，全区国家级创孵机构达到7家；易华录e+创客孵化中心获工业和信息化部“中小企业志愿服务工作站”称号。启迪国际技术转移有限公司与青岛蓝贝创新园科技发展有限公司共同成立的蓝贝创新园（北京）科创中心落户启迪之星石景山加速器。石谷轻文化创业基地搭建游戏产品联运平台和数据管理平台，为创业团队提供新产品运营、市场推广、海外市场拓展、数据分析等全产业链服务。

（崔　欣）

门头沟区

【概述】门头沟区科学技术和信息化局（简称门头沟区科信局）是负责贯彻落实中央、市委关于科技创新、软件和信息服务业、信息化方面的方针政策、决策部署和市委、区委有关工作要求的区政府工作部门。主要工作职能是：促进制造业升级，激发产业活力；强化政策激励，增强区域引力；提升服务水平，营造发展氛围；聚焦企业痛点，全力助企发展；围绕产业发展，布局数字经济；聚焦社会治理，提升信息化水平；聚焦科技推广，助力乡村振兴。内设4个科室，下设5家事业单位。

2022年，门头沟区发挥政策激励作用，围绕培育和支持企业发展、行业转型，先后出台“专精特新十二条”“支持高新十二条”等产业发展支持政策，全维度给予资金、政策、服务的保障。12家单位被命名为门头沟区首批科技场馆类科普基地。通过科普进校园项目，近900名学生直接参加信息科技和人工智能方面的科普教育活动，其中60余名学生参加国家各级别比赛，并取得优异成绩。举办2022年门头沟区科技活动周，展示门头沟区科技创新成果，彰显门头沟区“科技强区”，推动高质量发展新成效。落实承租非国有房屋科技型孵化器房租减免补贴政策，助企纾困。企业在税收、所得税、研发费用加计扣除、技术转移和成果转化项目资助等方面进一步获得政策红利，释放驱动创新的潜在能量。4家企业（团队）获“创客北京2022”创新创业大赛奖项，并有两个项目入围第七届“创客中国”创新创业大赛500强。2022年，全区国家高新技术企业新认定72家，比2021年增长80%；国家高新技术企业总保有量438家，比2021年底减少31家；科技型中小企业保有量达到207家。全区新增北京市“专精特新”中小企业47家、国家级“小巨人”企业1家，累计有北京市“专精特新”中小企业70家、北京市“小巨人”企业22家、国家级“小巨人”企业4家。首次完成大额技术合同登记6项，技术合同交易额合计22.16亿元。

（张　悦）

【门头沟区科技馆被命名为北京市科普基地】2月23日，市科委、中关村管委会，市科协印发《关于命名2022年北京市科普基地的通知》（京科文发〔2022〕26号），北京自然博物馆等84家单位被命名为北京市科普基地，命名周期为2022—2024年。其中，门头沟区科技馆（门头沟区科普服务中心）被命名为北京市科普基地。

（张　悦）

【林下种植羊肚菌项目亩产破纪录】3月，门头沟区军庄镇孟悟现代农业科技示范园“羊肚菌引种示范”项目林下羊肚菌种植亩产达500千克以上，打破羊肚菌在北京地区的亩产纪录，经济效益6万元。“羊肚菌引种示范”项目于2021年8月由门头沟区科信局组织实施，探索适合门头沟区推广的食用菌种植技术，科技支撑门头沟区林下经济和“门头沟小院+”特色农业产业发展路径。羊肚菌对温度、湿度等生长环境敏感，种植难度较大。项目组利用园区日光温室的优势，开展果树行间间作羊肚菌培育模式，取得良好成效。

（张　悦）

【门头沟区政府与百洋医药集团签约】4月18日，门头沟区政府与百洋医药集团有限公司签署战略合作框架协议，并揭牌成立百洋医药科研成果转化基地。根据协议，百洋医药科研成果转化基地聚焦创新药、高端医疗器械、技术转化平台，推动科技创新研究及科研成果转化落地。同时，以优化医疗场景为导向，依托科技创新资源整合及孵化能力，培育具有自主知识产权的医疗健康产品和技术，为门头沟区医药健康创新发展加速助力。

（张　悦）

【门头沟区科普基地管理办法颁布】5月17日，由门头沟区科信局和区科协联合起草的《北京市门头沟区科普基地管理办法（试行）》（门科信文〔2022〕20号）颁布实施。《办法》共7章26条，明确科普基地建设的目的意义、职责，建设主体、基地类型、命名主体，申报单位应具备的基本条件及申报不同类型基地需要具备的条件，确定申报主体和申报期限等。

（张　悦）

【首批两家门头沟区科普基地挂牌】5月22日，门头沟区科信局和区科协依据《北京市门头沟区科普基地管理办法（试行）》，经过征集、申报和实地踏勘等评审环节，命名门头沟区科技馆和区百花山管理处两家单位为门头沟区首批区级科普基地并挂牌。

（张　悦）

【落实孵化器房租减免补贴政策】6月，由门头沟区科信局牵头起草的《门头沟区关于全面落实承租非国有房屋科技型孵化器房租减免补贴政策的方案》颁布实施。根据《方案》，区科信局开展承租非国有房屋科技型孵化器摸底工作，为符合条件的两家科技型孵化器开辟资料初审、联审和实地核查“绿色通道”，7月19日按照资金支付流程向孵化器拨付补助资金132.15万元。

（张　悦）

【门头沟科技活动周举办】8月22—27日，由门头沟区科信局主办、以“走进科技　你我同行”为主题的2022年北京科技周暨门头沟科技活动周举办。开幕式在军庄镇孟悟现代农业科技示范园举行。区科普联席会议各成员单位、区内部分科技企业参与科技创新成果展。展区总面积23万平方米。其中，室内主题展区80平方米，聚焦生态立区战略，借鉴元宇宙思路，通过全景交互三维数字地图搭载缤纷四季、森林城市、时代穿越、生态涵养等十大主题数字场景，立体化展示门头沟区践行“绿水青山就是金山银山”理念；户外互动展区1000平方米，聚焦科技强区战略，通过人机对弈、AI即刻漫画、脑波赛车等六大类高科技互动展品体验模式和电力大数据应用、消防救援装备等企业新技术新产品推介模式等，展现科普惠民、助力人民美好生活方面的成果；园区游览展区6万平方米，聚焦都市生态农业科技创新，以科创成果和科普转化成果为依托，综合运用多种最新科技和展示手段，打造集趣味性、互动性、沉浸感、科技感于一体的京白梨特色农业科技示范园区，为门头沟区都市生态农业发展提供科技支撑。科技周活动期间开展近百场线上线下科普宣传教育及科技志愿服务活动，受益群众5000人次，发放宣传材料7000余份。

（张　悦）

【“全国科普日”宣传活动举办】9月16日，门头沟区科信局、区科协等12家单位在门头沟区科技馆联合开展“全国科普日”宣传服务活动。活动以“喜迎二十大，科普向未来，助力绿水青山门头沟”为主题，设置宣传材料发放区、健康义诊咨询区、科技互动体验区、公民科学素质大赛专项竞答区、创城展览区5个区域。活动现场通过发放科普宣传手册、食物营养搭配科普画册、创建文明城区科普伴你行折页、生活垃圾分类指导手册等宣传资料和科普宣传品形式，向群众宣传科普知识。

（张　悦）

【“专精特新十二条”颁布实施】9月20日，门头沟区科信局颁布实施《门头沟区关于促进“专精特新”中小企业高质量发展的若干措施》（简称“专精特新十二条”）。“专精特新十二条”分别从支持重点企业资质提升、降低企业办公空间成本、鼓励服务机构提质增效、拓宽信贷股权融资渠道、鼓励优质企业上市融资、鼓励企业引进人才、强化精准高效服务、严格措施落实管理等8个方面提出政策措施。

（张　悦）

【科技帮扶黄安村脱贫】9月28日，门头沟区清水镇黄安村村委会代表全体村民向区科信局赠送锦旗，表示对科技帮扶助脱贫的感谢。黄安村是低收入村，村里主要收入来源为种植核桃和杏，农业基础设施落后，水资源匮乏。区科信局是该村的结对帮扶单位，2018年向市科委争取“门头沟区黄安村科技帮扶示范工程”项目立项，获资金支持360万元。通过项目实施，建成集山地自压分区痕量节水灌溉技术、果树高效栽培技术、仁用杏—药用芍药间套作技术等于一体的精量高效节水灌溉技术示范园12.73公顷；建成具有检测、包装等功能的富硒蜂蜜包装生产线和检测实验室1座；开展专题技术培训20次，现场技术指导30次，项目组蹲点跟踪技术指导5个月，培养10家养蜂户。其间，区科信局还为黄安村争取到区水务局水利设施资金，为村里配套建设截泉池1个、蓄水池2个，翻修原有蓄水池1个，解决了黄安村用水难题。科技帮扶使黄安村从粗犷式种植业转变为可持续发展的科技型乡村产业，实现增收脱低目标，使10个低收入户人均年收入由7000元提高到11500元。

（张　悦）

【两个项目入围第七届“创客中国”大赛500强】10月26日，工业和信息化部中小企业局根据《第七届“创客中国”中小企业创新创业大赛500强产生办法（试行）》，经专家评审、现场公证和公示，产生大赛500强名单。北京市26个参赛项目跻身全国500强。其中，门头沟区企业北京夏禾科技有限公司的“夏禾科技OLED核心发光材料研发”项目和北京至格科技有限公司的“增强现实（AR）衍射光波导及光学显示模组产业化”项目入围全国500强。

（张　悦）

【助推高新技术企业发展】10月27日，由门头沟区科信局牵头起草的《门头沟区关于实施“三大工程”进一步支持和服务高新技术企业发展实施方案》颁布实施，明确5个方面13项重点任务，为门头沟区形成高新技术企业梯次发展格局创造条件。同时，区科信局按照市级工作部署对接落实“三大工程”各项举措，与区市场监管局、区税务局、中关村门头沟园管委会等单位共同推荐符合“小升规”标准的16家企业报市科委、中关村管委会审定。为助推高新技术企业申报工作，区科信局全年共举办10期“线上高新交流对接活动”，涉及企业近500家次，确保高新技术企业申报的事中监管和高新技术企业认定的“报备即批准”政策落地。

（张　悦）

【门头沟区“支持高新十二条”颁布实施】11月9日，由门头沟区科信局牵头起草的《门头沟区关于支持和服务高新技术企业发展若干措施》（简称“支持高新十二条”）颁布实施。“支持高新十二条”共4章12条，主要包括培育扶持高新技术企业、支持创业服务机构建设、加快科技成果转化应用、鼓励企业引进人才、严格政策落实管理等内容。“支持高新十二条”规定，对新认定和迁入的国家高新技术企业给予一次性奖励，推荐符合条件的高新技术企业纳入市级“规升强”企业清单；对新认定的国家级、市级科技企业孵化机构，给予一次性资金支持；对在孵企业首次获国家高新技术企业认定的给予孵化机构一次性奖励；被认定为“京西聚智”高层次人才的，依据相关规定优先享受各类人才政策。

（张　悦）

【4家企业（团队）获“创客北京2022”大赛奖项】11月29日，市经济和信息化局公布“创客北京

2022”中小企业创新创业大赛奖励项目名单。门头沟区企业北京夏禾科技有限公司的“夏禾科技 OLED 核心发光材料研发”项目获区域赛企业组一等奖及龙头企业专项赛特等奖，北京至格科技有限公司的“增强现实（AR）衍射光波导及光学显示模组产业化”项目获区域赛企业组二等奖，联合瑞升（北京）科技有限公司的“基于增汽机的热电厂汽轮机乏汽余热回收梯级利用系统”项目获区域赛企业组三等奖，米塔科技团队的“元宇宙智能美术馆”项目获区域赛创客组三等奖。

（张　悦）

【门头沟区与 AVS 产业联盟战略合作协议签署】 12 月 9 日，国际音视频产业峰会暨 AVS 二十周年年会以线上线下结合互动的方式召开，主会场在深圳举行。会上，中关村门头沟园代表门头沟区与中关村视听产业技术创新联盟（AVS 产业联盟）在线上签署战略合作协议，通过“联盟全球创新总部”建设，在门头沟区建设国家自主视听标准的运营总部、超高清内容制作技术创新基地、北方智能算力枢纽中心，构建国家智能视听行业应用技术开发、科技成果转化、高新企业孵化、创新创业投资的一体化平台，建成一个高层次、综合性、开放式、国际化的“产、学、研、资”深度融合的技术创新基地，为门头沟区实现产业结构优化升级和创新驱动发展提供支撑。

（张　悦）

【12 家单位被命名为门头沟区科普基地】 12 月 27 日，门头沟区科信局和区科协依据《北京市门头沟区科普基地管理办法（试行）》，经过征集、申报、材料审核、现场考察、专家评审、命名公示等环节，命名门头沟区地震科普体验厅等 12 家单位为门头沟区首批科技场馆类科普基地。

（张　悦）

【两个科普项目进校园】 2022 年，门头沟区科信局支持北京市第八中学京西附属小学和北京市大峪中学分别实施以“信息科技科普示范教室”和“人工智能技术科学探索实验室”为主体的中小学生科学素质教育科普项目，购置人工智能机器人、人工智能水下仿生机器人和人工智能教学设计软件等配套设备及教具，在课堂及课外活动中开展人工智能制作、设计、操作等形式多样的专项教学，并引导和组织学生参加国家各级比赛，通过比赛引导和激发学生对信息科技和人工智能的兴趣。据统计，科普项目进校园实施后，两所学校已有 3 个年级近 900 名学生直接参加信息科技和人工智能方面的科普教育活动，其中 60 余名学生参加国家各级别比赛，并取得优异成绩。

（张　悦）

【门头沟区技术合同登记 153 项】 2022 年，门头沟区科信局加强与区内技术合同新增卖方沟通交流，了解企业技术合同预登记情况，聚焦区内重点大额企业，宣传技术合同登记政策，鼓励创新主体进行技术合同登记。全年技术合同卖方注册 30 家，技术合同登记 153 项，技术合同成交额 24.7 亿元。

（张　悦）

房山区

【概述】 房山区科学技术委员会（简称房山区科委）是负责贯彻落实中央、市委关于科技工作的方针政策、决策部署和区委有关工作要求的区政府工作部门。内设办公室、科技管理科、科技服务科和引进与合作科 4 个科室，下设 1 家科级事业单位房山区科委科技创新促进中心。

2022 年，房山区科委贯彻落实区委、区政府各项工作部署，推进“一区一城”新房山现代化建设。技术合同登记实现全程网办，全区共登记技术合同 483 份，实现技术合同成交额 17.4 亿元，比 2021 年增长 24.6%。国家高新技术企业保有量为 892 家，比 2021 年增长 7.47%。532 家企业通过国家科技型中小企业评价并入库，比2021年增长329%。成立房山区科技成果转化工作专班，研究制定《房山区科技成果转化工作专班方案》（建议稿）、《房山区关于贯彻落实〈促进科技成果转化条例〉加快推进科技成果转化的工作方案》（建议稿）。加强惠企政策宣传，开展“高新认定培育加油站”“科技创新政策宣讲”等线上科技创新政策宣讲系列活动15场次，累计5439人次在线观看，受益企业600余家次。落细落实走访企业送“服务包”制度。制定《区科委助企纾困、稳住经济服务企业工作方案》，通过组织服务企业对接会、实地走访等方式走访企业90余家次，协调解决企业诉求28项，办结率100%，企业满意度100%。通过首都科技条件平台房山工作站微信群、高新技术企业微信群、QQ工作群、区高新技术企业微信公众号等线上平台，持续推送政策法规、申报流程、宣讲培训等信息600余条，指导企业用足用好相关优惠政策。开展2021年区级科技计划专项立项工作，共立项25个课题，支持经费1500万元。落实《房山区关于支持构建高精尖经济结构的实施意见》，为145家企业兑现2021年度区科技创新专项资金共1982万元。

（李博伦）

【房山区3家单位被命名为北京市科普基地】 2月23日，市科委、中关村管委会，市科协印发《关于命名2022年北京市科普基地的通知》（京科文发〔2022〕26号），北京自然博物馆等84家单位被命名为北京市科普基地，命名周期为2022—2024年。其中，房山区内房山世界地质公园、中国核工业科技馆、燕山应急安全实训体验中心3家单位被命名为北京市科普基地。

（徐建功）

【“科技支撑环境治理项目”课题启动会召开】 3月3日，北京市科技计划“科技支撑环境治理项目”课题启动推进会在房山区召开。北京工商大学化学与材料工程学院可降解生物基材料新型研发中心联合房山区北京永华晴天科技发展有限公司、智慧雅园社区居委会等单位共同承担“低成本高强度多层复合生物降解塑料袋制备技术研发与应用”“可降解塑料袋绿色供应及回收处置技术研发与应用”两项课题任务的实施工作。通过加大研发力度、降低生物基可降解袋成本、扩大产品适用范围，让百姓用得起、用得好；做好试点应用，加快可降解生物基可降解袋市场化推广，为环境治理和城市精细化管理提供科技支撑。课题执行期为2021年9月至2023年8月。

（李博伦）

【碳能科技公司“高盐废水电化学脱氮技术”完成中试】 3月17日，房山区内企业碳能科技（北京）有限公司自主研发的“高盐废水电化学脱氮技术”完成中试。技术通过电化学技术将氨氮和硝氮转化为氮气，实现污染物从源头治理，标志着该技术从实验室向产业化转移，为高盐废水处理提供产业化生产解决方案。

（李博伦）

【周氏时珍堂公司与北京全科医学协作平台达成战略合作】 4月14日，房山区企业周氏时珍堂药业有限公司与北京全科医学协作平台（Allied Physician，AP）签订战略合作协议。根据协议，双方在临床营养协作中心建设、共享智慧中药房建设、健康疗养药膳制作、中药饮片供应、代煎服务，以及互联网医疗等方面开展深度合作。签约仪式上，周氏时珍堂“全科医学临床营养协作中心示范基地”成立并授牌。北京全科医学协作平台是由中华医学会、协和医学院与蓝海联盟医学研究院签约建立，平台整合国内外知名医疗卫生机构，运用互联网及现代传媒，致力于卫生资源共享，以实现对全科医生的远程培训，并免费为社会公众提供健康科普知识，依托大医院、大专家的力量带动基层医院技术水平的提高。

（苗晓晴）

【房山区技术合同登记实现全程网办】 5月，房山区技术合同登记实现全程网办，服务对象可直接登录北京技术合同网上登记系统，通过选择“线上办理”，进行技术合同认定登记，无须再到现场递交纸质材料。截至年底，房山区科委通过全程网办共为中国原子能科学研究院、中国石油化工股份有限公司北京化工研究院燕山分院、中化学科学技术研究有限公司等区内外企业认定登记各类技术合同483份，实现合同成交额17.4亿元；对18家企业的110份合同进行执法检查，结果不存在虚假技术合同，有效维护技术市场秩序。

（王　勇　张　潇）

【兑现科技创新专项资金1982万元】 7月，房山区科委落实《房山区关于支持构建高精尖经济结构的实施意见》有关政策，为房山区内145家企业兑现2021年度房山区科技创新专项资金共1982万元，涉及提升科技创新能力、促进科技进步、科技成果转化、发明创造等方面的事项322项。

（李晓明）

【房山区科技周活动举办】 8月20—27日，房山区科委与燕山经信分局共同举办“科技引领时代　智慧点亮生活”科技周活动。活动以线上形式进行，重点展示房山区企业科技创新成果和优质科普资源。北京环宇京辉京城气体科技有限公司、北京创新爱尚家科技股份有限公司、北京八亿时空液晶科技股份有限公司等7家科技企业参与科技周展示活动，展示液晶显示材料、石墨烯供暖材料，以及制氢技术等高科技成果。市民在线参观点击量2370次。

（李博伦）

【驭势科技公司项目获北京市科学技术进步奖二等奖】 11月9日，市政府发布《北京市人民政府关于2021年度北京市科学技术奖励的决定》，授予北京市科学技术奖人物奖16项、项目奖191项。其中，房山区企业驭势科技（北京）有限公司的“区域物流运输无人驾驶关键技术研发及产业化应用”项目获北京市科学技术进步奖二等奖。

（李博伦）

【25个课题获2021年房山区科技计划专项立项】 2022年，房山区科委联合房山区财政局共同开展2021年区级科技计划专项立项工作，共立项25个课题，支持经费1500万元。其中支持“2+1”产业项目22个，占比88%，支持经费1370万元，占比91.3%；支持中关村房山园企业16家，占比64%，支持经费1030万元，占比68.7%。

（李博伦）

【中国化学科研院首个国家级课题进入实质性研发阶段】 2022年，房山区企业中化学科学技术研究有限公司参与研发的“十四五”国家重点研发计划“储能与智能电网技术”专项2021年度“揭榜挂帅”项目（项目牵头承担单位是清华大学）“干式直流电容器用电介质薄膜材料”课题进入实质性研发阶段，完成北欧化工HC300BF、中原石化粒料、镇海炼化粉料的物性表征并建立分析方法，为后续模式试验所得聚丙烯粉料的表征奠定基础，获310万元科技部专项资金支持。

（李博伦）

【走访企业送“服务包”】 2022年，房山区科委按照市、区“服务包”工作要求，成立“服务包”工作专班，制定《区科委助企纾困、稳住经济服务企业工作方案》，对房山区科委负责对接服务的30家“服务包”企业以科室职能进行分配，确认企业联系人、联系方式，并会同服务管家研究制定走访企业基础材料，梳理企业诉求，了解企业复工复产中遇到的困难和问题，汇总整理推动协调解决。通过组织服务企业对接会、实地走访、线上座谈等方式，全年服务企业90余次，为企业解决政策咨询类、协调类诉求共33项，办结率100%，企业满意度100%。

（徐璐璐）

【校企合作对接活动举办】 2022年，房山区科委联合房山区发展改革委、良乡大学城管委会、中关村房山园管委会等单位，协调组织清华大学、北京大学、北京理工大学、北京工商大学、北京化工大学、北京石油化工学院等9所高校，共举办5场房山区校企对接系列活动，区内200家次企业参加对接。

（李晓明）

【举办15场惠企政策宣讲活动】 2022年，房山区科委协调组织区高新技术企业协会和区内外有关专业科技服务机构，共举办15场次“高新认定培育加油站”“科技创新政策宣讲”等线上科技创新政策宣讲系列活动，参与人员5439人次，受益企业600余家次，指导帮助企业对相关政策应知尽知、应享尽享。

（李晓明）

【房山区国际科技创新中心建设情况】 2022年，按照北京推进国际科技创新中心建设工作要求，房山区征集筛选的北京史河科技有限公司“高空机器人研制项目”、北京航景创新科技有限公司“1吨级大载荷无人直升机制造项目”、北京八亿时空液晶科技股份有限公司“年产100吨显示用液晶材料项目（二期）”和北京卫蓝新能源科技有限公司“高性能固态电池产业化项目”4个重点项目，“良乡高教园区新型研发中心创新能力提升”1项任务，被北京推进科技创新中心建设办公室秘书处纳入《北京国际科技创新中心建设重点任务2022年工作方案》。市科委按季度调度进展情况，各项目和任务均完成既定目标任务。

（李博伦）

【34个科技成果转化项目落地】 2022年，房山区政府成立房山区科技成果转化工作专班，增强房山区科技成果承载能力，推动全区科技成果转化工作快速发展。专班由区发展改革委、区卫生健康委、区财政局、区人力资源社会保障局、区经济和信息化局等部门组成，办公室设在房山区科委。房山区科委牵头研究提出《房山区科技成果转化工作专班方案》《房山区关于贯彻落实〈促进科技成果转化条例〉加快推进科技成果转化的工作方案》，组织召开专题会议，明确专班主要任务、工作机制、工作要求等。年内，工作专班引导驻区高校、央企34个科技成果转化项目落地房山区。

（李博伦）

【国家高新技术企业保有量892家】 2022年，房山区科委贯彻《北京市关于实施“三大工程”进一步支持和服务高新技术企业发展的若干措施》，落实“保存量、挖增量、提质量、强服务”工作思路，通过采取线上培训、线下宣讲和“一对一”辅导服务等方式，提升全区国家高新技术企业发展质量和规模，区内国家高新技术企业保有量达到892家，比2021年增长7.47%，总量在全市16个区及北京经济技术开发区中排名第九位，平原新城排名第五位。

（李晓明）

【完成科技服务业固定资产投资7105万元】2022年，市科委下达给房山区的科学研究和技术服务业固定资产投资任务目标3715万元。房山区科委加强企业走访和园区管委会调研频率，梳理摸排可纳统科技服务业潜在项目，确定良乡大学城“新型研发中心改造提升”“购置检验检测设备组建检验检测平台建设”两个重点项目纳统科学研究和技术服务业。实现全区科学研究和技术服务业固定资产投资7105万元，超额完成任务目标。

（李博伦）

通州区

【概述】通州区科学技术委员会（简称通州区科委）是负责贯彻落实中央、市委关于科技工作的方针政策、决策部署和区委有关工作要求的区政府工作部门。内设2个科室，下设2家事业单位。

2022年，通州区科委围绕北京城市副中心建设目标，实施创新驱动发展战略，突出创新引领，强化科技服务，科技创新对经济社会发展的支撑引领作用持续增强。年内，制定发布《北京城市副中心（通州区）“十四五”时期科技创新发展规划》，出台《通州区加强科技创新引领高质量发展支持办法》《关于加快北京城市副中心元宇宙创新引领发展的若干措施》《北京城市副中心元宇宙创新发展行动计划（2022—2024年）》等政策；国家高新技术企业1065家，比2021年增长3.8%；“专精特新”中小企业256家，比2021年增长164%；专精特新“小巨人”企业26家，比2021年增长160%；技术合同成交额502.2亿元，比2021年增长5.4%；国家级博士后科研工作站分站24家，比2021年增加4家。市级及以上创新创业平台43家；12项科技成果获2021年北京市科学技术进步奖；有国家级科普基地1家、市级科普基地3家、区级科普基地12家。

（邬奇洋）

【通州区3家单位被命名为北京市科普基地】2月23日，市科委、中关村管委会，市科协印发《关于命名2022年北京市科普基地的通知》（京科文发〔2022〕26号），北京自然博物馆等84家单位被命名为北京市科普基地，命名周期为2022—2024年。其中，通州区航天工程育种研发与产业化示范基地、信通碧水科普馆、I-imagine科学空间3家单位被命名为北京市科普基地。

（徐建功）

【通州区首个工业互联网项目开工建设】4月，电投工业互联网数据安全信息港开工建设。作为北京市2022年“3个100”市重点工程中100个科技创新及高精尖产业项目之一，电投工业互联网数据安全信息港也是通州区首个工业互联网项目。项目位于永乐经济开发区，总投资30亿元，占地4.59公顷，建筑面积约10万平方米，主要包括两栋数据中心楼、110千伏永开变电站及相关配套设施。北京建工路桥集团有限公司负责施工。项目建成后聚焦服务产业大数据储存与应用服务，建立高科技互联网智能产业平台，实现人机物在应用层面的全面互联互通。

（孙晓霞）

【《通州区科普基地认定与管理办法》出台】5月6日，通州区科委联合区教委、区科协共同出台《通州区科普基地认定与管理办法》。《办法》共7章23条，包括总则、申报、命名、运行、管理、服务、附则。区科普基地设置场馆类、自然资源类、科技企业类、研发与传播类4种类型，由区科委、区教委和区科协共同认定与管理。区科普基地应将其服务内容、开放时间、优惠措施、接待制度等相关信息主动面向社会公开，履行向公众开放、服务等承诺和责任。

（徐建功）

【“通宝唐”科技合作协议书签署】 5月26日，北京市通州区科委与天津市宝坻区科技局、河北省唐山市科技局以线上座谈方式召开2022年度“通宝唐”科技协同创新工作联席会议，就龙头企业在宝坻区、唐山市延伸产业链、供应链事宜开展对接，签署《“通宝唐”科技合作协议书》。根据协议，通州区科委与宝坻、唐山两地在校企合作、平台载体共建和科技服务互联互通等方面加强合作，实现科技资源共享共用，持续深化产学研合作，促进科技成果转化，推动科技创新跨域协同发展。

（司雨杰）

【北京大唐高新技术创业园获国家级众创空间认定】 6月28日，科技部发布《关于公布2021年度国家备案众创空间的通知》（国科发火〔2022〕184号），北京市7家孵化机构入选。其中，电信科学技术仪表研究所有限公司的“大唐创业园”获评国家级众创空间。大唐创业园于2002年注册成立，建筑面积3.4万平方米，孵化场所面积1万平方米，通过整合各方面的技术资源，形成“蜂巢式园区＋一站式产业”“智能制造技术＋科技生态服务”的运营特色。

（司雨杰）

【通州区科技周活动举办】 8月20—27日，2022年全国科技活动周暨北京科技周在通州区城市绿心森林公园举办。全国科技周由科技部、中央宣传部、中国科协主办，首次在城市副中心设立主场，以“走进科技　你我同行”为主题。通州区科技活动周首次纳入全国科技周主场活动，并单独设置板块，围绕“科技改变生活　科普服务民生”主线，设置宇宙探秘、生命密码、科普大讲堂、元宇宙畅想四大展区，利用沉浸式仿真、VR虚拟技术、三维视觉、虚拟空间购物体验等高科技展示手段，打造全沉浸式科普互动体验空间。其中，“元宇宙畅想”和“航天返回舱”被评为“北京科技周最受公众关注展项”。通州区机关干部、群众等各类人员8000余人次到场参观。

（崔伟侠）

【《通州区加强科技创新引领高质量发展支持办法》印发】 11月9日，通州区政府印发《通州区加强科技创新引领高质量发展支持办法》（通政发〔2022〕15号）。《办法》共4章10条，包括总则、支持措施、管理与监督、附则等。其中，支持措施共4条14款，主要包括培育高质量创新主体、加强科技研发与成果转化、加快科技服务业发展、加强科技创新人才培养4个方面。《办法》鼓励企业加大研发投入，鼓励各类主体创办科技企业孵化器、众创空间等创新创业服务机构。《办法》自2023年1月1日起施行。《办法》中规定的各类奖励措施，由通州区科委负责组织实施。

（王　云）

【通州区12项成果获北京市科学技术奖】 11月9日，市政府发布《北京市人民政府关于2021年度北京市科学技术奖励的决定》（京政发〔2022〕33号），授予北京市科学技术奖人物奖16项、项目奖191项。通州区12项成果获北京市科学技术奖。其中，“城市建筑与基础设施安全控制理论与关键技术”“诊断标志物检测关键技术平台与国家标准体系的构建及推广应用”等4项成果获科学技术进步奖一等奖，“北京冬奥会供用电保障关键技术、装备及应用”“电动汽车充电设备兼容、安全充电关键技术、核心装备及规模化应用”“复杂天然气藏高效能环保钻井关键技术及工业化应用”等8项成果获科学技术进步奖二等奖。

（魏茂森）

【“通武廊”科技联席会议召开】 12月28日，北京市通州区科委联合天津市武清区科技局、河北省廊坊市科技局召开“通武廊”科技联席会议。三地及北三县科技部门相关负责人和科技企业的代表参加会议。三地共同签署《通州区科学技术委员会 武清区科学技术局 廊坊市科学技术局共建创新创业平台合作备忘录》，发布《2022年“通武廊”区域创新平台共享共用目录》。三地科技企业代表就所属领域研发生产项目合作、产业生产链供应链等方面进行业务对接。

（徐建功）

【通州区高层次人才发展支持计划实施】 2022年，通州区科委继续实施通州区高层次人才发展支持计划，支持区内38家企业74人，支持资金总额385万元。

（魏茂森）

【通州区服务高新技术企业培育】 2022年，通州区科委持续加强高新技术企业培育。全年开展高新技术企业认定政策培训活动6次，累计辅导企业260余家次；全区高新技术企业保有量维持在千家规模以上；向市科委、中关村管委会申请并获批高新技术企业认定评审权限下放。

（王林琳）

【通州区科普工作体制机制完善】2022年，通州区科委发挥区科普工作联席会议制度作用，加强统筹协同，调整优化区科普工作联席会议议事协调机制，区科普工作联席会议成员单位达到29家。区科普工作联席会议办公室制作“2021年度通州区科普工作回顾专题片”，对全区2021年度科普工作进行总结回顾，展示区域科普工作亮点与特色；制定并下发“2022年度通州区科普工作要点”，统筹谋划2022年全区科普工作。各成员单位、街道、乡镇依托联席会议平台完善创新、合作、服务、共享的大科普格局。

（崔伟侠）

【通州区104项科技计划立项】2022年，通州区科委支持科技创新，构建高精尖产业结构，强化科技对北京城市副中心建设及区域经济社会发展的支撑引领作用，立项实施文化和科技融合创新发展、新一代信息技术产业创新发展、现代农业创新发展等6个方向22项科技计划项目；围绕提升专业技术人员在疾病预防、诊断、治疗、康复护理、公共卫生管理及健康管理等方面的应用性研究和应用基础研究工作水平，立项实施卫生发展专项72项科技计划项目；围绕提升科技服务机构专业服务能力，增强科技服务业对首都经济发展和科技创新的支撑能力，立项实施10项科技计划项目。

（苏　颖）

【通州区科普基地情况】2022年，通州区命名区级科普基地12家，其中场馆类5家、科技企业类5家、研发与传播类1家、自然资源类1家。截至年底，全区有国家级科普基地1家、市级科普基地3家。

（崔伟侠）

【通州区4家企业获批设立国家级博士后科研工作站】2022年，通州区进一步促进产学研融合，推动科研成果转移转化，推进国家级博士后科研工作站设站工作。北京良安科技股份有限公司、中筑创联建筑科技（北京）有限公司、北京加隆工程机械有限公司和北京市大数据中心4家高新技术企业获批国家级博士后科研工作站园区分站。截至年底，通州区已设立国家级博士后科研工作站分站24家，引进培养博士后人才38人，主持或参与科研项目70余项，申报专利60余件，博士后工作站成为通州区内推动高精尖产业项目落地、培育发展新动能的重要平台。

（徐建功）

【通州区推动元宇宙产业创新发展情况】2022年，通州区继续推动元宇宙产业创新发展。2月，通州区政府办公室印发《关于加快北京城市副中心元宇宙创新引领发展的若干措施》，在示范应用、鼓励投资、知识产权保护、房租补贴等多个方面优化营商环境，鼓励企业创新发展。8月，区政府联合市科委、中关村管委会，市经济和信息化局联合印发《北京城市副中心元宇宙创新发展行动计划（2022—2024年）》，重点实施强基赋能、融合建链、标杆牵引和筑巢引凤4项行动，力争通过3年的努力，将副中心打造成以文旅内容为特色的元宇宙应用示范区。一批行业头部企业在副中心加速布局元宇宙板块业务，易宝支付子公司北京易藏数字文化有限公司和易链星云（北京）科技有限公司在运河商务区注册；北京漫联星球数字科技有限公司、京东方艺云（北京）数字科技有限公司在张家湾设计小镇智汇园注册；恒信东方文化股份有限公司子公司北京元数智能科技有限公司和北京爱娲数字科技有限公司在张家湾设计小镇创新中心注册。年内，有63家元宇宙关联企业落户城市副中心，张家湾设计小镇元宇宙应用创新中心和文旅区、台湖演艺小镇等多个元宇宙示范主题园区加快建设，逐渐优化完善“1+N”元宇宙产业格局。

（王　云）

昌平区

【概述】 昌平区科学技术委员会（简称昌平区科委）是负责昌平区科技工作的区政府工作部门。内设办公室、科技发展与合作科、综合管理科 3 个科室，正科级财政补助事业单位 2 家。

2022 年，昌平区科委按照昌平区第六次党代会精神和昌平区政府工作报告重点任务，以“作风建设年”活动为抓手，围绕国家高新技术企业评审、科技成果转化、科普宣传等方面推动各项工作有序开展。编制完成《昌平区加快高新技术企业培育发展支持办法》，服务保障国家战略科技力量，以国家实验室为核心、全国重点实验室为支撑的国家战略科技力量布局初显。年内，昌平区科学研究和技术服务业实现增加值 145.1 亿元，比 2021 年（不变价）增长 5.9%，占 GDP 比重 10.8%。规模以上科学研究和技术服务业企业 210 家。全区申报国家高新技术企业 667 家，通过认定 604 家，国家高新技术企业保有量 1906 家。全区技术市场认定登记技术合同 2390 项，成交额 362.6 亿元，排名由 2021 年的全市第 7 提升至全市第 6；成交额比 2021 年增长 101.2%，增速排名由 2021 年的全市第 5 提升至全市第 4。全区授权专利 10606 件，比 2021 年增长 6.8%（全市排名第 6），其中发明专利 3737 件、实用新型专利 5780 件。PCT 国际专利授权 430 件（全市排名第 6），拥有有效发明专利 18284 件（全市排名第 7）。

（朱　迪）

【昌平区与北科大签署战略合作框架协议】 3 月 22 日，昌平区政府与北京科技大学签署战略合作框架协议。根据协议，双方在 4 个方面开展合作：推动北科大昌平创新园区建设，推动国家材料服役安全科学中心大科学装置全面建成并投入运行，推动北科大在昌平区建设新材料科技园，培育孵化中小创新企业，打造国际新材料产业技术创新高地；开展关键技术攻关和示范应用，聚焦昌平区重点产业和优势特色领域，助力北科大具有创新性、引领性、关键性的技术在昌平区开展应用示范和产业化；加快推进科技成果转移转化，建立科技信息共享与科技成果筛选工作机制，搭建科技成果转移转化服务平台；开展科技合作与交流，发挥北科大和未来科学城的影响力，举办或承办国际性或全国性的学术会议及高端论坛，提升昌平区营商环境和双方科技创新品牌知名度。

（司亚玲）

【首批氢燃料电池汽车落地未来科学城】 4 月 1 日，昌平区首批氢燃料电池汽车示范应用场景落地未来科学城。为聚焦国家“双碳”战略目标，推动能源谷打造全球领先的技术创新高地，未来科学城管委会统筹协调相关单位，促进未来科学城汽车租赁公司与北汽福田、国电投氢能公司开展技术交流和产品应用场景协作，推动昌平区首批 6 台氢燃料电池汽车项目投入运营，保障央企员工交通出行便利，为能源谷打造能源科技领域创新主阵地、构筑一流创新发展环境提供支撑。

（徐建功）

【数坤科技公司获全球首张头颈 CTA 医疗 AI 三类证】 4 月 14 日，昌平区企业数坤（北京）网络科技有限公司开发的头颈 CT 血管造影图像辅助评估软件（CerebralDoc）获批国家药监局第三类医疗器械注册证，是全球首张头颈 CTA 医疗 AI 三类证。产品依托数坤科技原创的医疗影像图像处理技术和 AI 图像算法，可对头颈动脉 CT 血管造影影像进行显示、处理、分析，用于头颈动脉血管是否存在 50% 及以上狭窄的辅助分诊评估，智能输出结构化报告，极大提升医生诊断效率和准确率。头颈 CTA 医疗 AI 产品与数坤科技“数字脑”产品管线的其他产品共同构成全球首创用于诊断卒中的一站式解决方案。

（司亚玲）

【昌平区 31 条帮扶中小微企业措施印发】 5 月 17 日，昌平区政府办公室印发《关于继续加大中小微企业帮扶力度加快困难企业恢复发展的落实措施的通知》，制定减免房屋租金、落实减税降费政策、加大金融支持力度等 31 条措施，加大中小微企业帮扶力度、加快困难企业恢复发展，为全区符合条件的中小微企业、个体工商户减轻负担，与企业共渡难关。

（徐建功）

【昌平区加快高新技术企业培育发展支持办法印发】 5月27日，昌平区政府办公室印发《昌平区加快高新技术企业培育发展支持办法》（昌政办发〔2022〕11号）。《办法》包括总则，实施高新技术企业"筑基"工程，实施高新技术企业"小升规""规升强"工程，实施创新生态体系建设提升工程，附则等5章24条，加快昌平区"四区"建设，做强未来科学城"两谷一园"创新引擎，强化科技创新对区域高质量发展的支撑作用，促进各类创新企业向昌平区聚集。

（徐建功）

【昌平区"两区"工作领导小组会议召开】 5月，昌平区"两区"工作领导小组召开会议，区委、区政府、区"两区"工作领导小组出席会议。会议听取2021年"两区"建设工作情况的汇报，审议《"两区"2022年工作要点及任务分解表》《自贸昌平组团建设监测统计体系实施方案》等文件。会议指出，"两区"建设是党中央在构建新发展格局中赋予北京的重大责任，是市委推动首都高质量发展的重要抓手，也是昌平加快"四区"建设、服务首都发展的难得机遇。会议强调，要高标准完成年度目标任务。针对中国（北京）自由贸易试验区科技创新片区昌平组团内新增市场主体、新增入库重大项目、实际利用外资额等指标，要紧盯不放、全部兑现；针对工作要点及任务分解表，实现良好开局的要再接再厉、抓好落实，重点难点的要积极沟通协调，尽快落地见效；特别要紧盯药品医疗器械创新服务站等25项重点政策，推动尽早落地实施。要持续强化制度创新和应用。研究用好高水平国际自由贸易协定规则，继续抓好宣传培训，让政策红利直达企业；重点围绕推进医药健康产业全产业链开放，落实主责任务，紧盯重点政策，助力产业收入实现新突破；用好市级政策会诊支持，助推医药健康产业发展开拓新局面。要狠抓重点园区规划建设。相关部门继续跟进与以色列交流合作工作，建立长期互动机制，探索有国别特色的深层次合作；依托未来科学城特别是自贸昌平组团，聚焦医药健康、先进能源等重点产业，加强与国际先进国家和城市的对接合作；抓紧实施数字经济创新发展三年行动计划，不断壮大数字经济规模。要加快重大项目落地见效。深化"一库四机制"，着力储备和引进一批标志性、引领性项目；围绕促进项目落地，持续深化企业投资项目审批改革；重点抓好空间、资金等要素保障，做好企业上市服务；继续用好中国国际服务贸易交易会等平台，办好全球能源转型高层论坛、生命科学国际高峰论坛等活动，力争引入更多优质外资项目。要加强组织领导和统筹协调。区"两区"工作领导小组加强统筹研究，8个协调工作组发挥好专项协调和督导作用，"两区"工作领导小组办公室落实好工作报告、督查考评机制，各成员单位抓好本职工作，形成工作合力；实施好"两区"干部人才支撑计划；注重宣传引导，讲好"两区"建设的"昌平故事"。

（李建琴）

【昌平区与北师大签订战略合作框架协议】 6月6日，昌平区政府与北京师范大学签订战略合作框架协议。根据协议，双方共同推进北京师范大学昌平校园F区建设，发挥北京师范大学昌平基础教育集团辐射带动作用，继续深化基础教育合作，制定实施昌平区教育质量提升与教师队伍均衡发展的一揽子计划，服务昌平区教师队伍建设和育人能力提升，围绕新一代信息技术、新材料、新环保、新医药等领域开展产学研服深度融合，助力昌平区"两谷一园"产业发展。

（殷潇潇）

【昌平区与矿大签订战略合作框架协议】 6月6日，在未来科学城经济高质量发展系列活动暨重大产业项目集中签约及政策发布会上，昌平区政府与中国矿业大学（北京）签订战略合作框架协议。根据协议，双方基于昌平区先进能源、智能制造主导产业发展定位和中国矿业大学（北京）能源与安全领域的学科优势，围绕科技创新、成果转化、人才培养、产业聚集等方面开展合作，共建矿大科技创新综合体，推进国家清洁能源与智慧应急科技产业园落地昌平，共同打造能源安全领域创新中心、成果转化中心、双创孵化基地、高端人才聚集地，促进区域经济社会与科技发展。

（殷潇潇）

【三方签订合作共建协议】 6月13日，市教委、昌平区政府和中央财经大学签署北京高校大学生创业园（沙河园）合作共建协议书。根据协议，由中央财经大学提供5201平方米的创业园孵化场地，三方共建北京高校大学生创业园（沙河园），完善市级"一街三园多点"孵化体系建设，为沙河高教园区及周边高校大学生提供创新创业实践教育、创业孵化等一站式全方位服务。

（殷潇潇）

【三一重能公司科创板上市】 6月22日，昌平区企业三一重能股份有限公司在上海证券交易所科创板上市并挂牌交易。股票简称三一重能，股票代码

688349，发行定价为每股29.80元，发行股票1.88亿股，拟募集资金30.32亿元。三一重能公司主营业务为风电机组的研发、制造与销售，风电场设计、建设、运营管理及光伏电站运营管理业务，侧重于风电系统集成、控制策略开发和智慧风场运营。上市募集资金用于新产品与新技术开发项目、新建大兆瓦风机整机生产线项目、生产线升级改造项目、风机后市场工艺技术研发项目、三一张家口风电产业园建设项目，以及流动资金的补充。

（司亚玲）

【第七届中国海归创业大赛举办】 6月27—30日，由中国技术创业留学人员创业园联盟和昌平区政府共同主办的第七届中国海归创业大赛复赛、决赛在线上举办。大赛秉持“以赛事为平台，以服务为核心”理念，对获奖项目给予相应资金奖励和服务支持，并配套10亿元专项基金，对参赛项目进行优先投资。大赛参赛项目集中于新一代信息技术、生物医药与大健康、新能源与环保、新材料、高端装备制造和现代服务业等新兴产业领域，以硬科技创业为主，在团队结构、技术先进性、产品创新力、市场竞争力等方面展现出较强优势，并体现海归创业高学历、国际化的特点。大赛共有601个海归项目团队参赛，其中112个项目团队经评审入围复赛，20个项目晋级决赛。广州云动力科技团队的“iVX——通用无代码开发平台”项目夺冠。

（朱　迪）

【国内首款可充电植入式骶神经刺激器获注册证】 7月20日，由昌平区企业北京品驰医疗设备有限公司自主研发生产、清华大学参与前期技术支持的“可充电植入式骶神经刺激脉冲发生器套件”注册申请获国家药监局批准，成为国内首款可体外无线充电的骶神经刺激器。刺激器可实现体外无线充电，使用寿命大幅提升。

（司亚玲）

【百济神州公司宣布萨温珂® 商业化上市】 7月24日，昌平区企业百济神州（北京）生物科技有限公司宣布萨温珂®（Sylvant®，注射用司妥昔单抗）在中国商业化上市，用于治疗人体免疫缺陷病毒（HIV）阴性和人疱疹病毒8型（HHV–8）阴性的多中心Castleman病（MCD）成人患者。萨温珂®为中国首个唯一获批的Castleman病治疗药物，其商业化上市并实现供药将打破之前中国iMCD患者无标准化治疗的困局，为罹患该罕见病的患者实现“有路可循”、有药可医及争取长期生存的更大可能。

（司亚玲）

【昌平区4家企业获北京市外资研发中心认定】 7月27日，市科委、中关村管委会公布2022年度第一批北京市外资研发中心认定名单，北京ABB电气传动系统有限公司、英特尔（中国）研究中心有限公司等29家企业被认定为北京市外资研发中心。其中，昌平区4家外资企业入围，分别是维泰瑞隆（北京）生物科技有限公司、保诺科技（北京）有限公司、北京诺诚健华医药科技有限公司、北京诺和诺德医药科技有限公司。依据《北京市关于支持外资研发中心设立和发展的规定》，北京市从人才服务、科研激励、知识产权、营商环境、属地保障5个方面为外资研发中心在京设立和发展提供支持。

（司亚玲）

【维泰瑞隆公司完成B轮融资】 8月2日，昌平区企业维泰瑞隆（北京）生物科技有限公司宣布完成B轮融资，共募集2亿美元，由云锋基金和高榕资本领投，新投资者包括和玉资本、阿布扎比投资局旗下全资子公司等。本轮融资完成后，公司募集资金合计已超过3亿美元。所募资金用于受体相互作用蛋白激酶1（RIPK1）抑制剂的临床开发，并扩大公司研发规模、拓展研发管线，针对衰老相关退行性疾病开发各项潜在同类最佳或同类第一的候选药物。维泰瑞隆公司2018年由王晓东院士在中关村生命科学园注册成立，在全球范围内探索和开发用于治疗衰老相关退行性疾病的创新药物。

（司亚玲）

【北京市首个生产型蔬菜无人农场落地阳坊镇】 8月15日，北京市首个生产型蔬菜无人农场总结发布会在昌平区阳坊镇政府召开。无人农场由昌平区科委、昌平区阳坊镇、北京市农林科学院三方合作共建，旨在探索智慧农业、数字农业科技成果转化落地新路径。无人农场总面积3.15公顷，其中70%以上实现数字化自主管理。完成全流程无人作业试验，达到商品化水平的首茬甘蓝亩产2500千克，共节约人工成本76230元，为解决农业从业人员老龄化和作业非标化等突出问题提供智能化、数字化的解决路径。总结发布会上，参建三方就无人农场试验示范情况、数字农业科技成果转移转化情况、阳坊镇南部农业观光旅游示范区情况及无人农场种植管理情况进行总结。

（朱　迪）

【三一重工公司印尼“灯塔工厂”建成投产】 8月17日，由昌平区企业三一重工股份有限公司承建的印尼“灯塔工厂”生产的首台SY215CKD挖掘机下线，标志着中国工程机械行业第一座海外“灯塔工厂”

建成投产。“灯塔工厂”项目位于印度尼西亚金姆工业园区，占地面积10公顷，总投资2亿元，主要生产面向东南亚市场的13～55吨挖掘机，一期规划年产能3000台。“灯塔工厂”从设计规划，到厂区建设和设备调试，再到整体运营管理，全部由三一重工公司国内团队主导。同时，“灯塔工厂”应用的IMOM、WMS、数字中控等20套数字化软件系统，全部由三一集团和国内工业互联网企业树根互联技术有限公司开发，拥有完全自主知识产权。工厂初步实现组装、物流、调试等12道主要工序的全网络连接和无人化生产，是中国工程机械第一个完全按照工业4.0标准建设的海外制造基地。

（司亚玲）

【北京科技周昌平分会场活动举办】 8月20日，由昌平区政府主办，区科委、区委宣传部、区教委和区科协承办的2022年北京科技周昌平分会场活动在未来科学城能源谷和温榆河公园—未来智谷同步启动。活动采取线上与线下相结合的形式，开展以“低碳新时代 科技创未来”为主题的系列活动，覆盖昌平区中小学、高校、社区、高新技术企业等重点群体。活动通过“昌平小科”官方媒体平台进行网络直播，并通过昌平科普达人、科普大V等账号平台同步转播。活动着重展现科技赋能国际科技创新中心建设、科技助力绿色低碳发展的重大成果，以达成科技兴城，释放未来科学城创新势能和活力、科普惠民，促进公民科学素质和双碳理念提升的目标。启动仪式上推出的“昌平数字科普地图”小程序是北京首个数字科普地图，通过信息化手段联动20余家科普基地，用数字化赋能科普教育，使科技、文化、艺术相结合的科普形式再升级，打造“昌平科普”金名片。通过“昌平数字科普地图”小程序，市民可了解全区20余家科普基地的相关信息，预约参观科普基地。

（朱　迪）

【昌平区与中国石油大学签订战略合作框架协议】 9月17日，昌平区政府与中国石油大学（北京）签订战略合作框架协议。根据协议，双方主要围绕加快科技创新融合、打造国际能源科技创新中心，推进国际交流融合、打造国际能源交流中心，强化人才培养融合、打造国际能源人才中心等方面推进校城融合工作，并拟定长效合作机制，助力昌平“四区”建设和学校“双一流”建设。协议内容涵盖协同开展关键核心技术研发、搭建国家级科研平台、推进氢能全产业链创新发展、共建实习实践和文化展示基地、完善人才培养配套服务保障等16个方面。

（朱　迪）

【乐普GDR在瑞士证券交易所上市】 9月21日，昌平区企业乐普（北京）医疗器械股份有限公司发行的全球存托凭证（GDR）在瑞士证券交易所上市交易，开创中国医疗企业在瑞士市场定价发行的先河。GDR上市代码为LEPU。本次发行的GDR共计17684396份，对应新增基础证券为88421980股本公司A股股票。募集资金主要用于建设境外研发中心及推进全球产品研发计划，建设境外产业化生产基地，设立境外商务拓展中心，建设全球产品销售网络与售后服务体系等。

（司亚玲）

【昌平区获34项北京市科学技术奖】 11月9日，市政府发布《北京市人民政府关于2021年度北京市科学技术奖励的决定》，授予北京市科学技术奖人物奖16项、项目奖191项。昌平区共有2人、32个项目获奖。其中，北京昌平实验室谢晓亮获突出贡献中关村奖，北京贝瑞和康生物技术有限公司高扬获杰出青年中关村奖；中国计量科学研究院的“诊断标志物检测关键技术平台与国家标准体系的构建及推广应用项目”等4个项目获科学技术进步奖一等奖，北京智芯微电子科技有限公司的“行业广域专网安全接入与高效管控技术应用”等22个项目获科学技术进步奖二等奖；北京化工大学的“荧光新材料的构建及其在农业害虫绿色防控中的应用研究”等3个项目获自然科学奖二等奖；北京天安农业发展有限公司的“果蔬真菌毒素防控关键技术创制及应用”等3个项目获技术发明奖二等奖。

（姚　乐）

【开展高新技术企业培训】 2022年，昌平区科委组织区内高新技术企业开展线上线下培训30余场，培训内容包括高新技术企业申报辅导、技术合同登记等，覆盖企业2100余家。

（夏　菲）

【昌平区高新技术企业达1906家】 2022年，昌平区有667家企业参加国家高新技术企业认定，其中604家企业获国家高新技术企业证书。截至年底，全区高新技术企业保有量达到1906家。

（夏　菲）

【昌平区科技型中小企业达1324家】 2022年，昌平区申报科技型中小企业评价企业1375家，比2021年增长143%。截至年底，昌平区科技型中小企业达到1324家，比2021年增长136%。

（夏　菲）

【昌平区科技创新资源数据库建设情况】 2022年，昌平区科技创新资源数据库服务平台收录区内1927家高新技术企业、3000家科技型企业的120余项信息，导入98839件专利数据、148961件商标数据、119391件软件著作权数据，为昌平区高新技术企业评审认定、科技型中小企业评价、科技成果转化、科技数据统计等工作提供数据保障。

（夏　菲）

【昌平区技术合同登记2390项】2022年，昌平区技术市场认定登记技术合同2390项，成交额362.6亿元，成交额比2021年增长101.2%。

（易　姗）

【昌平区“报备即批准”认定高新技术企业23家】2022年，昌平区通过“报备即批准”政策共认定国家高新技术企业23家，占全市“报备即批准”政策认定高新技术企业总数117家的19.66%。

（夏　菲）

顺义区

【概述】顺义区科学技术委员会（简称顺义区科委）是负责贯彻落实中央、市委关于科技工作的方针政策、决策部署和区委有关工作要求的区政府工作部门。内设5个科室，下设3家事业单位。

2022年，顺义区科委深入学习领会党的二十大精神，围绕落实“平原新城看顺义”和“三个走在前列”目标要求，深入实施创新驱动发展战略，提升区域自主创新能力、促进科技成果转化、优化科技创新生态、推动区域协同创新发展，为北京国际科技创新中心建设奠定基础，为区域经济社会发展提供支撑。制定《顺义区促进创新发展加快推进北京国际科技创新中心建设若干措施》并发布实施。助力北京国际科技创新中心建设，18个市级、93个区级任务和项目有序推进。引入国家第三代半导体技术创新中心（北京），新型研发机构北京仿生界面科学未来技术研究院签约入驻顺义区，市级以上研发机构总数达45家。落实“服务包”制度，帮助高新技术企业融资1111.5万元，开展各类政策培训10场，兑现政策性资金2.95亿元。组建科技成果转化工作专班，81项科技成果落地实施，形成典型案例24个，1人获北京市杰出青年中关村奖，6家企业的技术成果获2021年度北京市科学技术奖。成立科技企业孵化联盟，出台《顺义区科技企业孵化器认定管理办法（试行）》，引导区内科技企业孵化器高质量发展，支持科技型中小微企业快速成长。全区市级科技企业孵化器增至3家，科技型中小企业获批845家，比2021年增长213%；26家企业获市科委、中关村管委会“小升规”520万元资金支持，11家企业入选2022年国家级专精特新“小巨人”企业。2022年，顺义区科技服务业营收121.8亿元，比2021年增长5.2%；科学研究与技术服务业规上企业达119家，比2021年增长13%；全区申报国家高新技术企业认定的企业有753家，通过认定的有581家，国家高新技术企业保有量达1743家。全区有国家级孵化器1家、市级孵化器3家、国家备案众创空间4家。埃米空间新材料培育加速基地、北京海高创新科技服务有限公司、北京元航天汇智造谷科技产业有限公司3家孵化机构获批2022年中关村国家自主创新示范区标杆型孵化器，其中埃米空间获批引领类标杆孵化器，获1500万元市级资金支持；海高创新、元航天汇获批培育类标杆孵化器，分别获600万元市级资金支持。全区研发机构总数达到42家。全年技术合同登记885项，技术合同成交额94.7亿元，比2021年增长14.3%。

（付建平）

【“云上科普进校园”活动举办】1月11日，顺义区科委联合东风小学举办主题为“逐梦科技 共启未来”的“云上科普进校园”活动。活动以线上视频教学形式展开，分为科学知识讲座、动手制作小发明和学习《科学知识》读本三个环节。科学知识讲座讲解棘轮机构的力学、机械学原理；动手制作小发明环节，学生们自己动手，发挥想象力为啄木鸟穿上新衣，尝试用齿轮和皮筋制作简单的棘轮机构，还了解有关啄木鸟的生物知识；通过学习《科学知识》读本，学生们对基本科学知识和现代科技发展有了新的认识。“云上”科技课程增强学生们的实践能力，拓宽知识视野，树立创新精神。东风小学500余名学生参加活动。

（付建平）

【顺义区地理信息科技体验馆获立项支持】 1月，顺义区地理信息科技体验馆获市科委、中关村管委会立项支持，获专项资金205万元。体验馆位于临空经济核心区国家地理信息科技产业园，展厅面积1300平方米，展项主要利用声光展示设备，呈现出地理信息技术的发展历程、基本原理和现实应用。

（付建平）

【顺义区3家单位被命名为北京市科普基地】 2月23日，市科委、中关村管委会，市科协印发《关于命名2022年北京市科普基地的通知》（京科文发〔2022〕26号），北京自然博物馆等84家单位被命名为北京市科普基地，命名周期为2022—2024年。其中，顺义区内正元地理信息科技体验馆、中科星图股份有限公司空天大数据先导技术科普基地、北京市野生动物救护中心3家单位被命名为北京市科普基地。

（付建平）

【“十四五”时期顺义园发展建设规划印发】 5月14日，顺义区政府印发《“十四五”时期中关村顺义园发展建设规划》（顺政发〔2022〕27号）。《规划》明确：推进核心科技自主创新，加快数字产业化、产业数字化，推动产业“换核、强芯、赋智、融合”；完善前沿科技成果转化与产业化激励机制，发挥中关村科技园区与创新产业集群示范区（顺义）建设的作用，承接三大科学城创新效应外溢，打造技术创新和成果转化示范区；聚焦发展新能源智能汽车、第三代半导体、航空航天三大核心产业集群，培育新一代信息技术、医药健康、智能装备、现代服务业四大战略新兴产业；推动园区板块间联动发展，实现土地集约高效利用；推动园区与镇街功能融合互促，强化政策覆盖区的辐射和带动功能，建设创新共同体；推动园区企业服务与产业培育，利用数字技术，收集园区企业需求，链接上级政策，对接金融人才税收等服务单元；推动园区与中关村在品牌、政策、资本、人才等领域的对接，加大与“三城”在科技创新、成果转化等方面的深度交流与合作；发挥园区在区域创新的重要节点作用，加强与津冀等地科技园区协同合作。《规划》确定发展目标：到2025年，园区企业实现总收入3000亿元，实现工业总产值2500亿元；中关村高新技术企业达到1500家，国家级高新技术企业达到1200家；新能源智能汽车、航空航天、第三代半导体产业产值规模分别突破1600亿元、300亿元、100亿元，新一代信息技术、医药健康、智能装备、现代服务业产值规模达到500亿元。

（袁永章）

【蘑菇车联自动驾驶物流车助力顺义区防疫】 5月19日，蘑菇车联自动驾驶物流车、自动驾驶接驳车在顺义区胜利街道怡馨家园小区开始为居民提供生活物资无接触配送，为社区工作人员提供防疫物资运输服务。蘑菇车联已形成社区防疫标准化运营模式，支持多类型自动驾驶车辆调度与管理。蘑菇车联自动驾驶物流车最大载重400千克。车辆拥有L4级自动驾驶能力，适应长时间连续作业，具备自主返航、充电等“无人化作业”能力，有效提高配送效率。

（袁　磊）

【“百进千”对接活动举办】 6月22日，由顺义区科委、中关村社会组织联合会、顺义区企业发展促进会联合主办的顺义区促进科技成果转化暨首都科技条件平台“百进千”资源对接活动举办。活动以“协同创新　跨界融通”为主题，采用主分会场结合、线上线下同步的方式进行。顺义区科委相关负责人介绍顺义区促进科技成果转化工作专班工作开展情况和全区科技成果转化工作成效，并解读市科委、中关村管委会发布的中关村示范区“1+5”系列资金支持政策；展示北京大学研发实验服务基地的“基于工业领域企业级数据中台的全生命周期透明生产管控平台”、北京师范大学研发实验服务基地的“基于虚拟现实的沉浸式学习”等科技成果；发布北京克里克科技有限公司、北京京润环保科技股份有限公司等6家高新技术企业的新科技产品。11月25日，由顺义区科委主办的2022年顺义区促进科技成果转化暨首都科技条件平台“百进千”资源对接活动通过线上会议和网络直播方式举办。活动以“新能源与智能网联汽车”为主题，设置包括市区两级科创促进政策推介、中国银行科创金融支持政策推介、高校开放研发服务资源和成果转化项目介绍、重点科创项目路演交流、生态伙伴主题圆桌交流等环节。北京大学、北京航空航天大学、北京科技大学和北京工业大学等首都科技条件平台研发实验服务基地参与活动，来自高校、银行、汽车企业、创投机构、孵化器的代表参加。

（袁永章）

【顺义区光伏发电并网规模突破 200 兆瓦】6 月 23 日，顺义区发展改革委宣布，顺义区接入电网运行的光伏用户达到 5684 户，并网容量 203.9 兆瓦，年发电量可达 1.4 亿千瓦时，并网规模居全市首位，占全市总量的 24.5%。

（高　健）

【理工华创研发及产业基地开工】6 月 26 日，由北京理工华创电动车技术有限公司投资建设的理工创新新能源商用车电控及驱动系统研发及产业化建设项目奠基仪式在顺义区赵全营镇兆丰产业基地举行。项目占地面积 1.66 公顷，建成后将成为理工华创北京高精尖产业研发及生产基地，其具备整车控制器系统、电驱动与传动系统等产品研发及生产能力，新建新能源商用车电控及驱动系统等产品的研发实验室及生产线，每年可生产 5 万套新能源商用车电控及驱动系统，年产值可达 5 亿元，新增近百个创新型就业机会。同时，加速新能源汽车关键技术水平优化升级，促进产业链上下游配套企业协同合作，助力顺义区新能源智能汽车产业链融合高效发展。

（付建平）

【顺义区 3 家企业获北京市外资研发中心认定】7 月 27 日，市科委、中关村管委会公布 2022 年度第一批北京市外资研发中心认定名单，北京 ABB 电气传动系统有限公司、英特尔（中国）研究中心有限公司等 29 家企业被认定为北京市外资研发中心。其中，顺义区空客（北京）工程技术中心有限公司、威乐（中国）水泵系统有限公司、北京罗克维尔斯科技有限公司等 3 家外资企业入围，其中北京罗克维尔斯科技有限公司为外资研发总部。

（付建平）

【创新发展国际论坛暨招商推介会召开】8 月 25 日，由中国民用机场协会、中国保税区出口加工区协会、顺义区政府主办的中国临空经济创新发展国际论坛暨北京首都国际机场临空经济区全球招商推介会在北京中德国际会议会展中心召开。论坛上，《中国临空经济发展指数 2022》发布；临空经济区与国际航空运输协会北京办事处、中国航空油料集团有限公司的民航智慧能源工程技术研究中心等航空服务板块的 7 个投资项目签约，涉及资金 700 亿元。

（袁永章）

【李伟到顺义区调研】9 月 15 日，市人大常委会主任李伟带队到顺义区围绕推进“两区”建设工作报告进行调研。调研组分别来到中国航空器材集团有限公司、天竺综保区和北京中德产业园。李伟指出，“两区”建设是中央支持北京开放发展的重大政策，是北京“五子”联动融入新发展格局的关键一“子”，要继续加大先行先试力度，探索制定开放水平更高、吸引力更强的政策制度，在市场准入、服务贸易开放、数据跨境流动等重点指标、关键环节和难点堵点上取得突破，打造市场化、法治化、国际化一流营商环境，形成更具国际市场影响力和竞争力的“北京样板”。加强市区间、部门间和部门内部整体统筹，全力支持企业技术研发和生产落地。围绕智能制造、数字经济、生物医药等领域，强化产教融合，在人才供给与市场需求之间“架桥”，为教育、研究机构与企业融通“铺路”。尽快完善和理顺以自贸试验区条例和促进服务业扩大开放综合示范区决定为核心的政策配套体系，推进营商环境、科技成果转化、知识产权保护等相关法规实施，加强法规政策持续推介和精准解读，以健全完备的法规政策体系护航“两区”建设。

（袁永章）

【顺义区全国科普日活动举办】9 月 15—21 日，顺义区以全国科普日为契机，以“喜迎二十大，科普向未来”为主题，集中开展线上线下科普展教、科普互动、科普体验、科普宣传等活动 280 余场。顺义区科协制定《2022 年顺义区“全国科普日”活动实施方案》，动员科协系统各单位按照“1+3+N”（1 个主场启动仪式，3 个分会场特色活动，多个镇、街和企业科协、科普基地等单位共同参与）总体安排，采用线上与线下相结合的形式开展相应的科普活动。主场活动启动仪式在顺义文化馆潮白剧场举办。《顺义区全民科学素质行动规划纲要实施方案（2021—2025 年）》成员单位代表进行交流发言，分别围绕各自所在领域在科普活动开展、公民科学素质提升、科技后备人才培养等方面进行介绍。顺义公园分会场分为科学实验、互动体验、科普知识展览 3 个区域，10 余个富含趣味性与知识性展项向公众开放；北青国学书香驿站分会场发挥媒体优势，通过“线上 + 线下”的方式，为青少年举办消防安全知识课，讲解科学与消防安全的关系；五里仓社区分会场设置人工智能体验区、科学探索体验区、科学教育体验区，让市民零距离感受科技的魅力。1000 余人次参与活动。

（付建平）

【顺义区科技企业孵化器认定管理办法出台】10 月 24 日，顺义区科委出台《顺义区科技企业孵化器认定管理办法（试行）》。《办法》包括总则、区级科技企业孵化器认定条件、申请与管理、促进与发展、附则，共5章15条，旨在引导顺义区科技企业孵化器高质量发展，支持科技型中小微企业快速成长，促进共性技术攻关，构建良好的科技创业生态。

（付建平）

【无人驾驶扫路机在顺义区投入使用】10月，顺义区企业北京环卫集团环卫装备有限公司自主研发生产的“京环小鲸灵”无人驾驶扫路机在顺义区投入使用。无人驾驶扫路机集激光雷达、摄像头、超声波等传感器于一身，搭配高精度定位系统，通过融合多种传感器保证驾驶安全，同时采用完备的软件安全架构及安全策略实现车辆自主路径规划、紧急避障、安全预警等功能。车端和云端共同协作保障车辆在各种场景下作业都能安全行驶，建立不需要安全员的无人驾驶全流程作业，可实现24小时全天候响应、6小时连续作业，单台综合清扫效率可达每小时6000平方米，相当于6～8名环卫工人的工作量，适合公园、产业园区、社区等开阔场所的清扫保洁。

（付建平）

【顺义区6项科技成果获北京市科学技术奖】11月9日，市政府发布《北京市人民政府关于2021年度北京市科学技术奖励的决定》（京政发〔2022〕33号），授予北京市科学技术奖人物奖16项、项目奖191项。顺义区企业北京轩宇空间科技有限公司的刘鸿瑾获北京市杰出青年中关村奖；北京市神然磁性流体技术有限公司的“极端工况下高端装备磁性液体动密封关键技术与应用”项目获北京市技术发明奖一等奖，北京宏勤石油助剂有限公司的“缝洞恶性漏失防漏堵漏技术研究及工业化应用”项目获北京市技术发明奖二等奖，北京金蝶天燕云科技有限公司的“高安全自主可控数字化工作环境研发与产业化”项目、北京兰天达汽车清洁燃料技术有限公司的“中重型燃气内燃机/汽车关键技术及应用”项目获北京市科学技术进步奖一等奖，北京市政路桥管理养护集团有限公司的“沥青路面裂缝防治理论、技术与工程应用”项目、北京车和家信息技术有限公司的“新能源汽车用先进软磁材料研制与开发”项目获北京市科学技术进步奖二等奖。获奖项目涉及新能源汽车、智能制造、信息技术、民生保障等领域。

（付建平）

【顺义区促进创新发展新政策出台】11月17日，由顺义区科委牵头制定的《顺义区促进创新发展加快推进北京国际科技创新中心建设若干措施》发布实施，旨在加快提升顺义区自主创新能力，实现引领性关键技术重大突破，集聚前瞻性科研成果就地转化，促进区域经济社会高质量发展，赢得国际科技竞争主动权。《措施》涉及科技支持政策20条，分为直接支持类科技项目和科技研发专项资金支持类科技项目，在建立企业开放创新中心平台、培育国家高新技术企业、建立专业化孵化服务平台体系等方面给予顺义区创新主体支持，最高可支持资金1000万元。《措施》是对《顺义区加快科技创新促进科技成果转化实施细则》的完善、修改，其内容更优化、涵盖范围更广、支持模式更丰富，更聚焦顺义区主导产业和重点领域，更加注重保证政策落实、落地的精准度。

（付建平）

【顺义区知识产权促进与保护管理办法发布】11月22日，顺义区市场监管局印发《顺义区知识产权促进与保护管理办法》（顺市监发〔2022〕48号）。《办法》共6章19条，从鼓励知识产权高质量创造、促进知识产权价值实现、强化知识产权保护力度、提升知识产权管理水平、促进知识产权服务业发展等5个方面给予申请人资金支持。《办法》明确，对获中国专利奖金奖的专利，每项奖励100万元；对获中国外观设计奖的专利，每项奖励30万元；对获北京市发明专利奖特等奖的专利，每项奖励100万元。

（袁永章）

【顺义第三代半导体产业园投入运行】11月，顺义第三代半导体产业园投入运行。产业园位于顺义园，占地面积7.4公顷，将围绕新能源汽车、5G通信、能源互联网等领域的重大应用需求，突破核心技术，实现第三代半导体技术与产业自主可控，形成国内领先的第三代半导体产业集聚区。园区采用“孵化平台—加速平台—产业园区”的全链条孵化培育模式，围绕第三代半导体光电子、电力电子、微波射频三大领域聚合发展全产业链，提供孵化、投融资、产业等服务，构建第三代半导体产业服务全链条的培育体系。

（徐建功）

【顺义区获全国科普日活动奖】12月18日，北京市全民科学素质纲要实施工作办公室印发《关于对2022年北京市全国科普日活动（第十二届北京科学嘉年华）有关组织单位和活动予以表扬的通知》。以“喜迎二十大，科普向未来”为主题的2022年顺义区全国科普日活动获北京市2022年全国科普日优秀活动奖，顺义区科协获2022年北京市全国科普日活动（第十二届北京科学嘉年华）优秀组织单位奖，以“绿色科技，多彩生活”为主题的顺义区科技周分会场活动等13项活动获优秀活动奖。

（付建平）

【"中国银行与顺义区科创金融战略合作十条"发布】 12月28日，由顺义区科委主办的首都科技条件平台第24场"百进千"资源对接活动暨顺义区科技成果转化对接会先进制造专场活动以线上和线下相结合的形式举办。中国银行北京分行、顺义区科技企业孵化联盟、中国科学院科技战略咨询研究院、首都科技条件平台等5家研发实验服务基地、顺义区7家科技企业的代表参与活动。活动期间，中国银行顺义支行发布"中国银行与顺义区科创金融战略合作十条"，并分别与区科委及6家科技企业孵化联盟单位签署战略合作协议；中国科学院科技战略咨询研究院研究员以"区域技术转移转化能力建设"为主题开展讲座；与会嘉宾围绕"科技企业孵化器平台如何进一步促进科技成果转化"进行交流。

（袁永章）

【顺义区新建3家知识产权公共服务工作站】 2022年，顺义区新增3家知识产权公共服务工作站，包括天竺综保区东航中心工作站、中德产业园工作站、北京国联万众工作站。工作站由区市场监管局与市知识产权服务中心共同建立，在所属领域开展知识产权公共服务事项，调研服务对象在知识产权方面需求，对接市区两级公共服务资源，提供专家辅导、专题咨询等服务。截至年底，顺义区建立知识产权公共服务工作站5家。

（袁永章）

【顺义区组织国家高新技术企业申报】 2022年，顺义区科委多措并举推进国家高新技术企业申报工作。采取走访、电话对接、微信群管理等方式，面向高新资质到期企业、"小升规"潜在企业等群体，开展多轮全覆盖国家高新技术企业申报提醒，并在线答疑；以属地为抓手，深入中关村顺义园、首都机场临空经济区等重点区域开展高新申报宣讲工作。举办7期高新申报工作政策培训会，讲解申报流程、评分原则、注意事项等以提升高新申报增量，830家企业相关人员参加培训会；联合顺义区税务局、区经济和信息化局、区市场监管局等部门联审申报企业数据，会同第三方服务机构专家对申报企业材料进行核查和实地核查，把牢高新技术企业认定申报受理关。年内，新申报国家高新技术企业753家，全区国家高新技术企业保有量达1743家；区内26家企业获市科委、中关村管委会"小升规"资金支持共计520万元。

（付建平）

【顺义区构建区域创新生态】 2022年，顺义区科委优化创新服务，多项举措构建区域创新生态。落实科技政策助力企业技术创新，开展各类科技政策培训10场，兑现政策性资金共2.95亿元；走访130家高新技术企业收集融资需求，帮助国家高新技术企业融资1111.5万元。落实"服务包"制度，对74家"服务包"企业、119家规上科技服务业企业、42家科技研发机构及700余家国家高新技术企业开展服务对接，累计走访500余家次，电话沟通8000余家次，了解企业诉求，协助解决发展难题，"服务包"年度办结率、年度满意率均为100%。组建科技成果转化工作专班，助推科技成果落地。拨付资金90万元支持清华大学、北京航空航天大学、首都医科大学科技成果在顺义落地转化；投入资金1198万元支持产学研合作项目10个。举办资源对接和项目路演11场，推动高校院所与区内企业洽谈合作，辅导26家科技项目单位进行成果数据汇交。对接中关村科学城翠湖科创平台和中关村社会组织联合会，引导海淀区科创企业成果落地顺义。

（付建平）

【顺义区国际科技创新中心建设情况】 2022年，顺义区承担的18个市级、93个区级科创中心建设任务项目有序实施，国家第三代半导体技术创新中心（北京）挂牌建设，新型研发机构北京仿生界面科学未来技术研究院签约入驻顺义区，清华大学精密测试技术及仪器实验室和某全国重点实验室意向与顺义签署战略合作协议。

（付建平）

【顺义区开展重点应用场景项目建设】 2022年，顺义区围绕顺义特色、产业升级、城市治理、民生服务等领域，建设政务服务创新示范、"开放课堂+双师课堂"教育教学新场景等12个重点应用场景项目，推动新技术新产品应用，培育创新发展新动能。顺鑫控股"基于工业互联网的食品安全保障溯源平台"项目入围市科委、中关村管委会2022年重点支持建设的6个应用场景示范项目之一，获300万元资金支持。

（付建平）

【顺义区科技企业孵化机构发展情况】 2022年，顺义区科技企业孵化联盟成立，引导科技企业孵化器向专业化、市场化、国际化方向发展，推动企业技术创新和科技成果转化。埃米空间新材料培育加速基地、北京元航天汇硬科技制造谷、中关村医学工程（顺义）健康产业化基地等8家成员单位共入孵企业595家，其中国家高新技术企业及中关村高新技术企业151家。年内，顺义区新增3家市级科技企业孵化器，分别为北京国联万众半导体科技有限公司、埃米空间新材料培育加速基地、北京元航天汇硬科技制造谷。北京海高创新科技服务有限公司、北京元航天汇智造谷科技产业有限公司获批市级培育类标杆型孵化器，分别获市科委、中关村管委会资金支持600万元和120万元；埃米空间（顺义）新材料培育加速基地获批市级引领类标杆型孵化器，获市科委、中关村管委会资金支持1500万元，用于加强团队建设、提升专业服务能力和提高入孵企业质量。

（付建平）

大兴区

【概述】大兴区科学技术委员会（简称大兴区科委）是负责全区科技工作的综合行政部门。内设办公室、科技企业科、科技协作科、科技项目科、综合科5个科室，下设北京市大兴区科技成果转移转化促进中心、北京市大兴区科技企业服务中心2家事业单位。

2022年，大兴区形成优化全区科技创新发展的大格局，建立部门、镇街全方位协同的科技服务工作体系，精准促进企业发展，优化营商创新创业指标全市排名第二；成立科技成果转化专班和医药健康专班等区级专班，统筹推动科技创新工作；医药健康专班创新“1+4+N”工作模式，推动医药健康产业快速发展，入选市科委、中关村管委会科技体制改革案例。完善科技政策体系，健全支持创新体制机制。研究制定《大兴区促进科技创新发展的若干措施》，全面实施《大兴区促进医药健康产业发展的若干措施（试行）》；制定全市首个区级高新技术企业事中事后监管方案，由“被动管”转向“主动防”；出台《大兴区科普基地管理办法》，完成首批15家大兴区科普基地认定工作；全年开展“科技活动周”、“科技下乡”、科普进社区进校园等上百场科普活动，发放宣传资料上万册，受众超10万人次。区域科技创新能力持续提升，大兴区9家单位获2021年度北京市科学技术进步奖11项，其中一等奖3项、二等奖8项，获奖项目数比2021年度增加120%以上。科技成果助力区域经济社会发展成效明显。北京五和博澳药业有限公司开发的桑枝总生物碱片，成为近10年来首个获批上市的抗糖尿病中药新药，2022年实现销售1.2亿元；北京雅果科技有限公司研发的呼吸神经肌肉刺激仪入选第八批优秀国产医疗设备；北京热景生物技术股份有限公司研发的新型冠状病毒（2019–nCoV）抗原检测试剂盒（胶体金法）获批上市；北京阿迈特医疗器械有限公司研发出全球第一款3D打印成型的全降解外周血管支架。建设北工大中试基地、天罡国际关键材料成果转化基地、国元健康数字医疗产业园等6个科技成果转化示范基地，承接海淀及“三城一区”成果项目20余项。支持引导华卫天和大健康产业基地、顶佳文化产业园、北京天罡兴泰科技孵化器有限公司等孵化器开展科技成果转化服务，推动科技成果转化落地240项。搭建科技成果项目库，入库项目294项，项目投入金额15.45亿元。截至年底，大兴区国家高新技术企业累计1102家，比2021年增长15.5%，增长率全市排名第三；拥有孵化器和众创空间70家，总孵化面积143万平方米；共登记技术合同3004项，比2021年增长5.7%，技术合同成交额完成472.1亿元，比2021年增长1.7%；602家企业入库科技型中小企业，比2021年增长194%；专利授权数量5009件，其中发明专利授权976件，比2021年增长21.3%；有效发明专利拥有量4789件，比2021年增长19.2%；有效注册商标数量104620件（含北京经济技术开发区）。

（武晓颖）

【科技政策线上宣讲会举办】1月14日，首都科技条件平台大兴工作站联合北京九州众创科技孵化器有限公司分站、北京市大兴区九州众创·e巢客知识产权公共服务工作站、北京九州众创科技孵化器有限公司共同举办2022首都科技条件平台大兴工作站“百家实验室进千家企业”科技政策线上宣讲会，区内50余家企业代表参会。会上解读首都科技条件平台政策及创新券政策，对首都科技条件平台的科技资源情况及首都科技创新券的内容、支持对象和范围、支持比例、申请流程、使用和兑现方式等进行介绍。

（李贺珍）

【开展科技促“开门红”工作】 1—3月，大兴区科委多项举措力促全区“开门红”工作。保落实：落实《大兴区促进医药健康产业发展的若干措施（试行）》，启动“促进医药健康产业发展项目”征集工作，明确责任部门和责任人节日期间受理工作不间断，随时受理和解答企业申报项目疑问，确保项目申报精准有效、政策平稳实施。保重点：围绕大中型重点企业研发投入、科学研究和技术服务业重点企业两项重要指标完成情况，建立一把手主抓、主管领导负责、科室专人对接的工作机制，及时跟踪企业经营和研发投入情况，并走访调研重点企业，为企业送政策送服务，鼓励企业加大研发投入力度。

（武晓颖）

【两个区级新场景项目获授牌】 2月17日，大兴区科委向获“大兴区新场景示范项目”的5G干细胞公共服务平台和京东大兴亚洲一号智慧物流园区项目授牌。其中，5G干细胞公共服务平台由北京新航城公司建设完成，项目总建筑面积1100平方米，由“B+A”净化级别干细胞产品中试平台、质控平台、研发平台、干细胞制备追溯管理系统等组成，为细胞及衍生产品研发、概念验证、工艺开发、中试熟化、规模化试生产提供公共服务；对接国际创新资源，服务产业人才培养及成果转化，打造北京大兴国际机场临空经济区生命健康产业国际化创新高地。亚洲一号智慧物流园区项目是京东集团打造的先进物流领域新场景项目，占地14公顷。项目通过应用5G、物联网、人工智能新技术等，建设智能传输分拣及智慧物流新场景，实现5G+IoT+AI融合技术的应用落地，模拟企业供应链可能面对的各种挑战，为企业设计最适配的供应链模式。

（刘晓宁）

【大兴区两家单位被命名为北京市科普基地】 2月23日，市科委、中关村管委会，市科协印发《关于命名2022年北京市科普基地的通知》（京科文发〔2022〕26号），北京自然博物馆等84家单位被命名为北京市科普基地，命名周期为2022—2024年。其中，大兴区内首都牛奶科普馆、北京麋鹿生态实验中心两家单位被命名为北京市科普基地。

（徐建功）

【大兴区科委一行到微芯研究院调研】 3月3日，大兴区科委一行到微芯研究院调研。双方就相关领域进行资源对接，研讨区块链技术如何服务大兴区主导产业发展。微芯研究院有关负责人表示，在做好大兴区政务服务领域区块链技术应用的同时，增强区块链技术与产业联动，为重点企业提供专业的定制化解决方案。大兴区经济和信息化局、大兴经开区管委会、大兴区生物医药基地管委会、临空区（大兴）管委会相关负责人参与调研。

（武晓颖）

【大兴国际氢能示范区起步区北区投入运营】 3月22日，北京大兴国际氢能示范区起步区北区建成投运。氢能示范区位于北京南部，毗邻大兴国际机场，致力建设成为全球领先的氢能科技应用场景和氢能科技企业孵化、加速示范区。截至3月，园区围绕燃料电池、氢的制储运加和建筑能源3个产业链，累计对接项目超过300个。其中，98家企业注册落地，北京亿华通科技股份有限公司、北京稳力科技有限公司等40家企业签约入园。示范园北区的涉氢测试区总体规模约1500平方米，承载园区企业涉氢测试及实验功能，为产品摸底、研发及迭代提供重要保障。公共测试平台位于示范区10号楼，由中国汽车工程研究院股份有限公司和合肥科威尔电源系统股份有限公司联合运营，可为示范区及京津冀氢能企业提供燃料电池测试服务。在相关产业的车辆推广方面，园区引进北京顺亿达运力科技集团有限公司、北京水木通达运输有限公司等11家运营平台企业，保障车辆应用推广，国内首个一次性交付大批量100台燃料电池冷藏车投入运营。

（高　健）

【开展生态科普宣传活动】 3月23日，大兴区科委在长子营镇留民营村生态科普公园开展生态科普宣传活动。向村民宣传科技政策，普及科技惠民知识，讲解生态环境保护面临的严峻形势及如何应对天气对农作物生长的影响等，举例说明日常生活中一些不良习惯所造成的环境问题及危害性，引导村民珍惜地球资源、倡导低碳生活方式。活动中发放科普宣传刊物及科技防疫宣传品。

（武晓颖）

【大兴区促进氢能产业发展暂行办法发布】 3月31日，大兴区政府发布《大兴区促进氢能产业发展暂行办法（2022年修订版）》。《办法》适用于大兴区从事氢能领域的企业、民办非企业单位开展科技创新、成果转化、平台建设等。围绕企业落地发展、产业集聚发展、科技成果转化、建设创新平台、主导重大课题研究及标准编制、企业融资发展、上下游企业协同发展、车辆推广应用、车辆高效运营、开展高水平行业交流活动等，提供多种政策奖励模式，给予氢能领域科创企业资金支持。

（高　健）

【国内首台颅内病灶微创激光消融治疗平台落地转化】3月，国内首台颅内病灶微创激光消融治疗平台（LITT）在大兴区落地转化。平台由大兴区企业华科精准（北京）医疗科技有限公司研发生产，是国产首台、国家创新医疗器械特别审批产品。产品先后在首都医科大学附属北京天坛医院、首都医科大学宣武医院分别完成国内首例LITT治疗难治性癫痫和首例LITT治疗脑肿瘤的微创手术。产品累计完成200余例临床手术，术后患者恢复良好，无严重并发症。

（武晓颖）

【大兴区政府与美锦能源公司签约】4月9日，在大兴区举办的氢能、商业航天专项政策发布暨项目签约仪式上，山西美锦能源股份有限公司与大兴区政府签约，在大兴区规划建设燃料电池核心零部件项目。项目包括鸿基创能科技有限公司膜电极的规模化、工程化生产，上海翼迅创能新能源科技有限公司燃料电池叉车、智慧运营平台、碳资产运营公司，美锦氢能碳中和研究院燃料电池分布式、储能研发及应用。在大兴复制从研发—生产制造—商业化应用的“氢能源全生命周期”创新生态链，打造具有自主知识产权的氢能产业集群。合作项目包括年产5000台燃料电池叉车，可以填补北京区域同类项目的部分空白。

（高　健）

【氢能联合体项目落地大兴区】4月9日，在大兴区举办的氢能、商业航天专项政策发布暨项目签约仪式上，新源动力股份有限公司、佛山市清极能源科技有限公司、北京申威狮星汽车服务有限公司3家企业组成氢能项目联合体，共同与大兴区政府签订氢能项目入区协议。合作聚焦氢燃料电池汽车产业链，整合新源动力公司和清极能源公司的燃料电池、电堆和系统自主开发及生产制造能力，以及申威狮星公司的新能源汽车服务优势，实现氢燃料电池动力系统科研、生产、应用的可持续发展。新源动力公司与合作方共同搭建氢燃料电池汽车产业生态平台，采用技术创新驱动、产业集聚发展、联合示范引领的产业发展新模式，打造氢燃料电池产业化项目标杆。

（高　健）

【北京大兴国际机场综合保税区首批货物通关】4月25日，北京大兴国际机场综合保税区首批货物通关，大兴机场综保区进入运营阶段。首批货物共21票，包括红酒、芯片和电子产品等，总价值约1343万美元。大兴机场综保区是全国首个也是唯一一个跨省级建设的海关特殊监管区域，同时享有京津两省市自贸区政策，实现临空经济区、自贸试验区和综合保税区在空间和政策上的“三区叠加”，是首都“两区”建设的重要承载地、京津冀协同发展的重要平台。综保区规划面积4.35平方千米，设有4座海关卡口，分别在卡口安装电子闸门放行系统、车辆自动识别系统、与公共信息平台联网的电子磅系统和视频监控系统，实现对货物的实时监管。

（徐建功）

【青少年科技创意作品征集活动举办】5月23日，大兴区科委举办“科技筑梦未来”——大兴区科技周青少年科技创意作品征集活动，全区各中小学校组织学生报名。活动期间，共有600余名学生参与，累计报送科技发明、科技绘画等科技创意作品上千个。活动拓展学生们的科学视野，培养青少年创新意识和科学实践素养。

（武晓颖）

【大兴科技周线上知识竞赛举办】5月26—27日，大兴区科委举办“走进科技　你我同行”2022年大兴科技周知识竞赛活动，涵盖全民科学素质及科技进步、生态环境、低碳生活、应急安全等方面的科普知识，通过官方微信公众号开展线上有奖竞答，参与竞答者达1101人。选出答题速度最快、用时最短的前20名获奖者。

（武晓颖）

【大兴区氢能示范区建设情况】6月1日，大兴区政府官方网站发布《北京市大兴区2021年国民经济和社会发展计划执行情况与2022年国民经济和社会发展计划草案的报告》。在氢能方面，《报告》指出：2021年，大兴区加快氢能示范区建设，加氢站、氢能交流中心、孵化器建成投用，举办首届国际氢能生态年会；出台全市首个支持氢能发展政策，推广氢燃料电池汽车185辆；京津冀燃料电池汽车示范城市群获批复。2022年，大兴区将搭建京津冀智慧氢能大数据平台，集聚一批氢能企业，推广使用500辆氢能源车辆，加快实施加氢站网络化布局，新建3

座加氢站，推动氢能产业园使用低碳技术。

（高　健）

【科技企业座谈会召开】6月22日，大兴区科委召开科技企业座谈会，大兴区科委主管领导及相关负责人，孵化器、科技创新服务平台企业代表20余人参加座谈会。会议听取各企业发展运营情况、未来几年发展规划、存在的困难与问题汇报，以及促进大兴区科技产业创新发展的意见和建议，并就医药健康产业发展新生态、企业研发投入、成果转化、项目引进等情况进行交流，谋划构建大兴区创新驱动发展新生态路径。

（刘晓宁　孙竹青）

【大兴区科普基地管理办法发布】6月24日，大兴区科委发布《大兴区科普基地管理办法》。《办法》分为总则、申报、命名、运行、管理、服务、附则，共7章23条，明确大兴区科普基地申报、推荐、评审、命名、服务与管理流程和工作要求，通过“政府引导、示范引领、定期考评、动态调整”的运行和培育机制，提升科普基地管理的精细化水平。《办法》的实施，有利于提升大兴区科普工作能力，规范科普基地运行管理，促进科普资源向社会开放共享，推动科普事业发展。

（武晓颖）

【首批氢燃料电池重卡落地大兴区】7月5日，北京市首批氢燃料电池重卡交车运营仪式在大兴区举行。北京市首批40辆氢燃料重卡自卸车、牵引车落地大兴区，交付北京市政路桥建材集团投入沥青混凝土供料运输。运营方市政路桥集团与生产商北汽福田公司现场签署基于氢燃料重卡产品的战略合作协议。市经济和信息化局、市交通委、市城市管理委、大兴区政府及相关部门，以及北京建工集团、北汽福田公司有关负责人参加活动。根据协议，市政路桥集团在“十四五”期间分批次引入北汽福田共550辆氢燃料重卡，按照柴油车百千米耗油55升核算，550辆氢燃料重卡每车每年在2.5万千米的运营里程中，相较柴油车将减少二氧化碳排放2万吨，能有效推动道路交通领域加快实现“双碳”目标。同时，大兴区企业北京中栋新能源技术有限公司与中国石化销售公司北京石油分公司签署《加氢站建设运营合作框架协议》，合作推动加氢站项目建设，共同助力氢燃料重卡高效运营。

（张　爽）

【科技类校外培训机构复工复产工作会召开】7月5日，大兴区科委召开科技类校外培训机构复工复产工作会。大兴区“双减”专班、区卫生健康委相关领导及部分镇、街科技类校外培训机构科室负责人参会。会议分析研判大兴区科技类校外培训机构复工复产的形势，征求各单位对《大兴区青少年科技类校外培训机构疫情防控指引》及科技类校外培训机构复工复产的意见。各单位对《指引》的内容进行分析探讨，提出针对性修改建议。会议还研究科技类校外培训机构监督管理中存在的问题，对下一步工作进行部署。

（武晓颖）

【生物医药企业专场融资路演活动举办】8月11日，大兴区科委会同大兴区金融办、大兴区生物医药基地在大兴区营商服务中心举办区内生物医药企业专场融资路演活动，是大兴区“科技＋医药＋金融”促进产业融合发展、搭建共性服务体系系列活动之一。活动邀请健生医疗科技有限公司、北京臻知医学科技有限责任公司、北京瑷格干细胞科技有限公司等6家企业参与，涵盖干细胞创新药研发、癌症早筛、新型免疫细胞治疗、肿瘤免疫及抗体工程等领域。通过“线上＋线下”方式，参会企业进行项目推介，吸引摩根士丹利等20余家投资机构参会，投资专家点评提问，并就核心技术、产品前景、市场预期等方面与企业进行交流，为下一步合作搭建对接平台。

（乔　晨）

【大兴区科技活动周举办】8月20—27日，由大兴区科委、大兴区委宣传部、大兴区科协主办的2022年大兴区科技活动周在大兴区营商服务中心举办。活动以“走进科技　你我同行”为主题，企业、镇（街道）、社区、农村、学校等社会各类单位参与“兴启”“兴耀”“兴进”等科技周启动仪式、科技主题展和多场科普惠民活动。活动从前沿科技、惠民成果、全民科技等不同角度展示大兴区科技产业蓬勃发展魅力。同时，搭建“掌上科技周”线上数字平台，通过云直播、云互动、云展示三大板块，对科技周启动仪式和创新成果进行数字化展示。线下1万余人、线上2万余人次参与活动。

（武晓颖）

【全球首座合成生物科学馆落地大兴区】8月30日，华熙生物合成生物科学馆开馆仪式在大兴生物医药产业基地举行，由北京华熙荣熙生物技术研究有限公司建设的全球首座合成生物科学馆落成开馆，成为国内生物科技新地标。合成生物科学馆以合成生物为主题，设“追溯——地球的碳息”“黎明——认知生命”“新生——合成生物学”“重塑——地球资源”“未来可期——未来已来”5个展览单元，通过特效互动、仿真模拟、现代光影技术等多元化高科技形式，展现合成生物学的诞生背景、发展历程、产业化应用，以及合成生物学对“双碳”乃至生物经济发展的重要作用。

（武晓颖）

【开展孵化器房租减免补贴工作】8月31日，大兴区科委完成承租非国有房屋科技型孵化器房租减免补贴工作。为贯彻落实市科委、中关村管委会，市财政局《关于加快落实承租非国有房屋科技型孵化器房租减免补贴政策的通知》精神，加快落实承租非国有房屋科技型孵化器房租减免补贴工作，自6月中旬开始，大兴区科委制订工作方案，成立工作小组，在政府网站、微信工作群发布征集通知，按照《通知》要求开展审查工作。经过对申报机构实地核查、材料核对、数据核算等多轮审核环节，最终支持符合条件的孵化器5家，涉及减免房租企业120家，补贴总金额527.31万元。

（刘晓宁）

【产学研科技合作项目交流对接会召开】9月22日，大兴区科委组织召开大兴区产学研科技合作项目交流对接会，北京石油化工学院新材料与化工学院、机械工程学院多名教授，以及北京海望氢能科技有限公司、北京海珀尔氢能科技有限公司负责人参加会议，共商以科技创新发展推动大兴区氢能产业高质量发展。大兴区科委相关负责人介绍大兴国际氢能示范区产业园建设和《大兴区促进氢能产业发展暂行办法（2022年修订版）》修订情况；与会人员分别围绕先进精细化工、北京石油化工学院氢能研究中心、有机液体储氢解决方案等进行交流。

（李　媛）

【重点企业研发投入统计工作培训会召开】9月26日，大兴区科委联合大兴区统计局召开大兴区大中型重点企业研发投入和科学研究与技术服务业收入统计工作培训会。区统计局相关科室负责人就大中型重点企业研发投入统计填报范围、重点指标及区域现状，以及科学研究与技术服务业收入统计分类标准、规上纳统要求等进行讲解，就工作中遇到的相关统计问题与参加培训人员进行交流。区科委、区统计局、各镇（街道）、园区有关负责人共40余人参会。

（刘晓宁）

【大兴区两家孵化载体被认定为北京市创业孵化示范基地】10月31日，市人力资源社会保障局发布《关于确定第六批北京市创业孵化示范基地的通知》，确定20家创业载体为北京市创业孵化示范基地，其中大兴区两家，分别是北京奥宇科技企业孵化器有限责任公司运营的奥宇科技英巢基地和北京九州众创科技孵化器有限公司运营的九州数字医疗健康产业园。

（秦　雪）

【技术合同登记政策及实务专项培训会召开】10月31日，大兴区科技企业服务中心组织召开技术合同登记政策及实务专项培训会，20余家技术合同登记重点单位30余人参加会议。北京技术市场协会专家就《北京技术合同认定条例》《技术合同认定规则》等相关政策进行讲解，并对参会企业的实际合同案例在登记过程中遇到的问题与困难进行指导。培训帮助企业理清技术合同登记的工作思路，精准解决技术合同登记过程中的问题。

（石　韵）

【欧洲（大兴临空）创新中心揭牌】11月17日，由大兴机场临空区管委会主办的驻华使节进航城暨大兴中芬产业合作对接会在大兴机场临空区56度玫瑰园国际会议中心举行。活动现场，举行欧洲（大兴临空）创新中心揭牌仪式。中心位于大兴机场临空区国际创新中心，集展示、交流、孵化、服务功能于一体，将在临空区建立从事中欧创新活动的直接通道和覆盖创新全链的支持平台，为中欧科技、文化、贸易等领域营造创新环境、集散创新资源、提供创新服务。

（王　燕）

【大兴机场临空区首家博士后科研工作站获批】11月21日，市人力资源社会保障局印发《关于批准北京壁仞科技开发有限公司等74家单位设立园区类博士后科研工作站 中交第四公路工程局有限公司等13家单位设立博士后创新实践基地的通知》（京人社专技字〔2022〕173号），北京新航城智慧生态技术研究院有限公司获批，成为北京大兴国际机场临空经济区首家博士后科研工作站。获准设立博士后科研工作站后，研究院将在自由贸易试验区、临空经济示范区和综保区等政策创新和体制机制研究、落实国家“双碳”战略及实施、京津冀协同与港区城协同发展、临空导向性产业研究、国家航空科技创新区规划、智慧城市及数字经济等领域开展相关工作。

（王　燕）

【15家大兴区科普基地获授牌】12月2日，大兴区科委、区科协举办2022年大兴区科普基地线上授牌仪式，为入选的15家大兴区科普基地授牌。按照《大兴区科普基地管理办法》，经公开征集、形式审查、专家评审、实地踏勘等环节，中国印刷博物馆、天域北斗地理科普基地、北京中药炮制技术博物馆、

太空探索科技基地、合成生物科学馆等 15 家单位入选大兴区首批区级科普基地。其中，科技场馆类 12 家、科普研发类 2 家、科技传播类 1 家。科普内容涵盖生物医药、新能源、气象、交通安全、食育教育等科普展示，以及地理科普产品、轨道交通和通用航空科普产品研发、新媒体传播平台建设等。

（武晓颖）

【神经外科手术机器人入选首入市场支持项目】 12 月 8 日，市科委、中关村管委会公示《2022 年首创产品首次进入市场拟支持项目名单》，由华科精准（北京）医疗科技有限公司自主研发的“基于 3D 结构光扫描注册技术的神经外科手术机器人”入选并获支持。产品是世界首款采用 3D 结构光和 Holoshot 智能感知技术的手术机器人，将当前业内手术机器人病人注册时间缩短至 3 分钟以内。由于无须任何标记物辅助及丰富的智能感知定位技术，该款手术机器人可以更加智能处理非结构化、动态化的复杂工作场景，显著降低操作难度、扩大手术适用范围，让临床术式不断超越和突破成为现实。

（武晓颖　刘梦贤）

【大兴机场临空区首个近零能耗项目通过国家级认证】 12 月 20 日，在第九届全国近零能耗与零碳建筑大会上，北京大兴国际机场综合保税区及周边非保区能源中心项目——生产调度楼被中国建筑节能协会授予近零能耗建筑（设计标识）证书及奖牌，成为大兴机场临空区首个获国家级认证的“近零能耗”项目。生产调度楼综合多热源供应体系和智慧化平台采用一系列本体节能技术和多能耦合技术，利用智慧能源管控系统有效降低能耗，利用太阳能、空气能等清洁能源，采用复合能源互补模式整体供能，比其他建筑减少 57.4% 的用水电耗，减少 31.4% 的供暖用热量，整体减少 41.35% 的能耗用量。

（王　燕）

【大兴机场临空区中央公园（中心公园）获 SITES 认证】 12 月 20 日，大兴机场临空区中央公园（中心公园）项目获可持续景观和场地（SITES）金级预认证，成为北京市首个SITES认证项目。中央公园（一期）由北京新航城控股有限公司建设，占地面积约 57.68 公顷，建筑面积约 1.2 万平方米，包括时尚运动休闲区、中国传统文化区和国际艺术融合区 3 个功能区。在土壤与植被保护方面，项目划分土壤和植被保护区，确保本土植物比例大于 95%，并采用乔灌草复层绿化形式，提升本地植物群落比例和生物量密度指数；在水生态与环境保护方面，项目通过生态雨水设施，管理 98% 降水事件中的雨水径流，同时在水域部分设置河道绿化缓冲带，净化水体的同时为动植物提供栖息场所；在人居环境优化设计方面，设计团队结合风环境模拟结果在建筑周边设置防风林，通过降低风速来帮助防止建筑物中的热量散失，并在建筑屋面采用高反射涂料，降低热岛效应；在技术创新方面，项目建设地源热泵能源系统，利用场地的地热资源为项目内和周边社区、功能区提供能源供应，并在项目地下布设 142 组地源热泵系统，为北边社区及南边物流区提供至少 60% 的基础热负荷，惠及周边约 2 万居民。

（王　燕）

【干细胞中试生产公共服务平台投运】 12 月，由北京航城兴贸置业有限公司建设的临床级干细胞制剂先进样板制备体系及全程追溯公共服务平台在大兴机场临空经济区投运。平台以自体和同源异体组织来源间充质干细胞制剂生产过程为核心研究对象，引入模块化工厂、全程追溯理念，采用国产化设备、耗材，进行国产设备生产线建设，建设符合新版 2019《GMP 附录－细胞治疗产品》要求的干细胞制剂中试生产公共服务平台，打造国产化干细胞制剂 GMP 生产样板基地，加速干细胞技术从创新概念到商业化生产的整个进度，提升中国干细胞产业的国际地位。

（武晓颖　刘梦贤）

【“一站式 CDMO 服务平台”建成】 2022 年，大兴区建成“一站式 CDMO 服务平台”，实现生物大分子药物从 DNA 到商业化全阶段管理。平台由北京华放天实生物制药有限责任公司建设，占地 1.2 公顷，拥有 9500 平方米 CMC 设备设施，拥有全方位工艺开发、分析检测、临床供药和商业化生产能力，覆盖生物大分子药物的全生命周期。其中，细胞株开发可实现高通量细胞株筛选和开发，从 DNA 到主细胞库（PCB）仅需 3.5 个月。平台为多家上市医药企业、准 IPO 医药企业及创新性研发公司提供优质的 CDMO 服务和生物大分子药物产品。

（刘梦贤）

【两个区级工作专班成立】 2022 年，大兴区成立科技成果转化专班和医药健康专班两个区级专班，统筹全区的科技成果转化和生物医药工作。其中，医药健康专班创新推出“1+4+N”工作模式，入选市科委、中关村管委会科技体制改革案例。“1”即医药健康专班，负责统筹协调推进医药健康产业发展相关工作，专班组长由主管副区长担任，办公室设在区科委，成员由区经济和信息化局、区财政局等 18 家单位组成；“4”即 4 个工作小组，分别是加快医药健康协同创新行动计划工作小组、生物医药全产业链开放工作小组、促进医药健康产业发展的若干措施工作小组、医药健康科学研究和技术服务业固定资产投资工作小组；“N”即生物医药领域多个重点项目。专班模式激发出大兴区产业集群式发展强大动能，助力全区医药健康等重点产业发展。

（武晓颖）

【中日示范区累计落地重点项目291个】2022年，北京中日创新合作示范区管委会盘活园区内“星光工业园”等存量产业空间，对原有以汽车4S店为主的传统“瓦片经济”进行升级改造、引优劣汰，围绕生物医药、智能制造、数字经济三大产业招商。截至年底，中日示范区累计落地清航空天（北京）科技有限公司等重点项目291个。

（韩少秀）

【中日示范区加大对外交流】2022年，中日创新合作示范区管委会举办“外资企业走进示范区——双碳专场”“首届中国—日本粒子治疗技术创新与合作论坛”等10余场活动，树立大兴区国际化品牌形象。中日示范区宣传片获第二届“北京·国际范儿”短视频大赛优秀奖。

（韩少秀）

【中日示范区完善生活服务配套】2022年，中日创新合作示范区综合服务楼全面投入使用，配套咖啡众创空间、日式料理、员工食堂、会议大厅等功能。位于示范区生活服务片区的国际人才社区项目一期建设启动，占地面积23.3公顷，可提供长租、短租公寓2400余套；大兴区建国饭店建设中。

（韩少秀　魏　巍）

【中日示范区构建国际化知识产权保护体系】2022年，中日创新合作示范区建立集知识产权巡回审判法庭、工作站、商标品牌指导站等机构于一体的国际化知识产权保护体系。中日示范区知识产权工作站全年共提供咨询148件，定点服务企业35家次，开展宣传培训14次，报送信息141条、刊登信息25条，推送专业信息119条，服务“专精特新”中小企业3家。

（韩少秀）

【大兴区建设国际科技创新协同中心】2022年，中日创新合作示范区建设集示范区展厅、国际科技创新成果展示平台、国际企业服务中心、国际创新孵化空间等功能于一体的国际科技创新协同中心，吸引一批国际企业集聚发展。中心共4层，建筑面积4300平方米，首批入驻中法文化科技创新加速器、海峡之星产业加速器、挪威Graft Crafe医疗器械项目等国际化项目及企业。

（韩少秀）

平谷区

【概述】平谷区科学技术和工业信息化局（简称平谷区科信局）是负责贯彻落实党中央关于科技创新、软件和信息服务业、信息化方面的方针政策、决策部署和市委、区委有关工作要求的区政府工作部门。内设8个科室，下设3家事业单位。主要职责包括：制定并组织实施全区科技计划和规划、全区科普工作的开展、高新技术企业发展、技术市场及科技奖励、科技成果推广与转化及高技术制造业、软件和信息服务业、新兴产业中重点领域的发展规划，监测分析平谷区工业、软件和信息服务业、信息化的运行态势。

2022年，平谷区科信局贯彻落实中央、市、区各项决策部署，立足“三区一口岸”功能定位，以高质量发展为主线，以工业、科技、信息化深度融合为实施路径，全面构建“3+1”产业布局，持续优化营商环境。推动数字化赋能区域产业发展，围绕农科创和智能制造产业，培育区级智能制造标杆企业5家。以北京市平谷马坊物流园区为核心，以平谷国家骨干冷链物流基地建设为平台，建立数智化绿色智慧商贸物流枢纽，运用云计算、大数据、边缘计算等智能技术协同创新，为高品质农副产品、绿色矿建材料等产业提供全链服务。联合北京SGS

通标标准技术服务有限公司推动“检测认证联合实验室”投入运营；组织北京京瓦农业科技创新中心、北京市华都峪口禽业有限责任公司、北京首农平谷农科创投公司等单位申报北京市科技计划课题13项，涉及智慧农业、育种、智能装备、食品健康等；建设北京科技大学10公顷平谷综合试验站，进行农艺性状精准鉴定、杂交组合配制、田间评比实验等工作；建设中国农业科学院农业前沿技术与纳米药物成果转化基地，进行纳米药物制剂研究；建立白羽肉鸡液相芯片开发与基因组育种技术体系，完成肉鸡育种核心群及4个杂交测定群体的生产性能测定。推荐北京七星华创电子股份有限公司“宽压、大电流、高功率负载点电源主控芯片与模块技术及应用”和平谷区医院“平谷代谢性疾病研究队列”两项科研成果申报2021年度北京市科学技术奖并获提名；北京市农林科学院赵春江院士团队科研成果“智能语音问答机器人”在中关村平谷园、北京京瓦农业科技创新中心、北京市平谷马坊物流基地等10个应用场景配置并使用。组织区内近50家相关单位开展全国科普统计工作；组织1家市级科普基地落实科技类校外培训机构和“双减”工作；举办以“走进科技 你我同行”为主题的2022年平谷区科技周活动。

2022年，平谷区完善高新技术企业入库培育机制，组织区内147家企业申报国家高新技术企业，138家企业通过认定并获证书，其中北京有竹居网络技术有限公司参与国家高新技术企业“报备即批准”认定并获证书；组织区内179家企业参与科技型中小企业评价，其中取得入库编码企业175家，比2021年增长272.3%；40家高新技术企业入选市级“小升规”企业清单，8家企业通过审批并获市级政策资金支持160万元；新增“专精特新”企业38家、市级专精特新“小巨人”企业5家、国家级专精特新“小巨人”企业3家；认定鸽丝邦为区级创新型孵化器，累计入孵企业45家；平谷区全年技术合同登记330项，技术合同成交总额2.8亿元，比2021年增长7.8%。

（罗 骏）

【开展科技政策“进企业”活动】1月6日，平谷区科信局开展科技政策“进企业”活动，到访北京北方华创半导体装备有限公司，为该企业提供“一对一”垂直服务。活动重点解读国家高新技术企业认定、国家高新技术企业认定“报备即批准”、技术合同登记、平谷区高新技术企业及技术交易资助等各项科技政策，让企业创新主体了解政策、熟悉政策、用好政策，帮助企业更好把握科技创新方向。

（罗 骏）

【2022北京·平谷企业发展大会召开】2月10日，由平谷区政府主办的2022中国·平谷企业发展大会在平谷区金海湖国际会展中心召开。大会以“弘扬企业家精神，共建高大尚平谷”为主题。市投促中心、北京证券交易所等市级重点部门，平谷区委、区政府、区人大、区政协等部门主要领导、分管领导，80余位重点企业主要负责人参加。大会提出，只有平谷的企业在数量和质量上实现大的跃升，高质量发展才能落地，“高大尚”平谷才能建成；平谷将引进高质量发展人才，为高层次人才提供户籍、住房、医疗、子女入学、奖励资助等全方位服务，为企业和企业家健康成长营造良好氛围；弘扬新时代企业家精神，把勇于创新作为实现高质量发展的关键，让企业家有大展身手的空间，有更加广阔的舞台。大会对平谷区81家农业科技创新、智慧物流、休闲旅游、“专精特新”等行业领军企业及重点服务平台代表进行表彰。会上召开中国·平谷农业中关村、首都物流高地、世界休闲谷、中关村平谷园4个产业发展座谈会。

（罗 骏）

【欢乐蜂场被命名为北京市科普基地】2月23日，市科委、中关村管委会，市科协印发《关于命名2022年北京市科普基地的通知》（京科文发〔2022〕26号），北京自然博物馆等84家单位被命名为北京市科普基地，命名周期为2022—2024年。其中，平谷区欢乐蜂场被命名为北京市科普基地。

（徐建功）

【北京科技创新促进中心调研平谷农业中关村建设情况】3月2日，北京科技创新促进中心调研组到平谷区内企业北京京瓦农业科技创新中心调研，听取农业中关村建设情况的汇报。调研组提出，农业中关村建设要用科技进行支撑，要有产业、项目的跟进，从而形成聚集效应，实现一、二、三产联动发展；北京科技创新促进中心支持平谷区申报国家农业高新技术产业示范区，在生态保护、科技创新、环境优化等方面提供支撑；建议平谷区借鉴美国麻省理工学院与未来科学城的合作模式和成功经验，取长补短，做好相关科技成果的转化与落地。

（罗 骏）

【智能语音问答机器人在平谷区配置应用】3月11日，北京市农林科学院赵春江院士团队的科研成果——“智能语音问答机器人”在中关村平谷园、北京京瓦农业科技创新中心、北京市平谷马坊物流基地等10个平谷区的应用场景配置并使用。“智能语音问答机器人”是“平谷农业科创区农业人工智能创新服务平台建设及示范应用”课题科研成果。机器人具有可编程、可操作的人性化设置，可在平谷特色桃产业的技术服务、培育管理、病害防控等方面进行人机互动，帮助桃农解决农技问题，后期可根据场景需求增加政策解读等功能。

（罗　骏）

【平谷区与北交所、全国股转公司签订战略合作协议】3 月 17 日，平谷区政府与北京证券交易所、全国中小企业股份转让有限公司签订战略合作协议。依据协议，北京证券交易所、全国股转公司与平谷区共同打造农业中关村，整合优质上市挂牌企业资源，利用资本市场做优做强，借助资本市场推动农业科技创新企业发展，实现农业中关村高质量发展。

（罗　骏）

【发放科技企业资助资金 667 万元】3 月 23 日，平谷区科信局依据《平谷农业科技创新示范区高新技术企业及技术交易资助办法》，对平谷区 2020 年度获国家高新技术企业资质的 65 家企业和开展技术交易的 4 家企业进行资助，共发放奖励资金 667 万元。

（罗　骏）

【京瓦果业示范园开工】3 月，平谷区峪口镇西樊各庄村京瓦果业示范园开工建设。示范园占地面积 8.8 公顷，主要栽植优质大桃、苹果、梨等果品。与荷兰瓦赫宁根大学、中国农业大学等技术科研机构合作，采用荷兰先进的矮化密植技术，结合水肥一体化和以色列滴灌设施，拥有整地、格架、滴灌、农机、植保、采收等全流程技术管理，是集农业科技研究、农业技术试验示范、观摩培训、农业科普教育于一体的综合农业示范园区，也是集新理念、新技术、新产品和新设备于一体的果品全流程管理孵化器、成果展示窗口和科技研发平台。园区作为构建现代乡村产业体系模式，向全国水果主产区复制、推广。

（罗　骏）

【技术市场政策“云课堂”活动举办】4 月 8 日，平谷区科信局举办技术市场政策“云课堂”系列活动。相关科室骨干人员围绕北京国际科技创新中心建设工作要求，从技术市场税收优惠、人才激励、政策倾斜等方面作详细解读，帮助高新技术企业、技术转移机构了解科技政策、享受科技政策、用好科技政策。平谷区内 100 余家企业 150 余人参加线上培训。

（罗　骏）

【完成全国科普统计调查填报工作】5 月 27 日，平谷区科信局按照科技部和市科委、中关村管委会统一部署，组织完成 2021 年度全国科普统计调查填报工作。统计内容包括科普人员、科普场地、科普经费、科普传媒、科普活动和创新创业中的科普六大类共 139 个指标，平谷区内委办局、乡镇政府、医院、学校、市级科普基地等近 50 家相关单位参加统计调查。科普统计调查有助于了解和掌握平谷区科普资源状况、科普工作运行质量，为科普资源管理和科学决策提供依据。

（罗　骏）

【首批 13 个“博士农场”启动建设】5 月，平谷区为加快建设农业中关村、打造农业中国芯，开展“博士农场”创建。平谷“博士农场”以博士团队为创建主体，以科研创新与生产经营为主攻方向，旨在为高层次人才提供科研平台和农业创新创业的舞台，培育多元化新型经营主体，探索博士带领农民增收致富新路径，为推动农业农村现代化汇聚科创和智慧力量。首批中国・平谷农业中关村荞麦分子设计育种“博士农场”、中国・平谷农业中关村旱稻生物育种“博士农场”、北京市平谷区华北中药材种质基地生态种植“博士农场”等 13 个“博士农场”获批创建。

（罗　骏）

【京瓦科技示范园开工建设】6 月 15 日，北京京瓦农业科技创新中心科技示范园开工仪式在平谷区峪口镇举行。京瓦中心是由中国农业大学、北京市农林科学院、首农集团、新希望集团和京东集团共同发起的民办非企业组织，是农业高新技术企业孵化器、科研成果转化平台和先进国际技术交流平台。京瓦科技示范园隶属于京瓦中心，占地 32.27 公顷，是集奶牛养殖、温室园艺、果树栽培于一体的低碳循环种养结合科研示范基地，形成集科研试验示范、现代农业展示、科技成果转化、高新技术企业孵化、农业旅游观光、科普培训交流等功能于一体的高效农业产业集群。农业农村部、中国农业大学、京瓦中心、市农业农村局、平谷区委等有关领导出席开工仪式。

（罗　骏）

【HICOOL 2022 农业科技 / 食品科技赛道开幕】7 月 18 日，由北京海外高层次人才协会主办、平谷区政府承办的 HICOOL 2022 全球创业大赛农业科技 / 食品科技赛道在京瓦中心开幕。农业科技 / 食品科技赛道共在全球征集 394 个项目，其中海外组 225 个、本土组 169 个，参赛成员共 543 人，分别来自 39 个国家。经过初评，共 122 个创业项目在线上或线下进行路演。活动现场举行 HICOOL 人才、项目发展服务签约。围绕人才发展全生命周期，平谷区继续深化与北京首农食品集团、首都创业集团等市场主体的合作，为用人主体持续提供项目落地、金融服务、引才渠道、成果转化等支持。“平谷人才”服务平台和农业中关村“人才会客厅”在现场启用。市委组织部，市人才工作局，北京首农食品集团，平谷区委、区政府有关领导出席开幕式。

（罗　骏）

【农业中关村农业科技创新合作对接会举办】7 月 26 日，由北京科技创新促进中心、平谷区农业中关村管委会、中关村量子生物农业产业技术创新战略联盟、荷兰农业协会联合主办的北京平谷农业中关村农业科技创新合作对接会在平谷区举办，旨在吸引农业科技企业入驻，汇聚创新要素，助力平谷农业中关村实现高质量发展。来自中国、荷兰的生物种业、蛋白饲料、智能装备、营养健康、肥料处理、智慧农业等 20 家农业科技企业现场考察平谷农业中关村，了解园区建设进展、发展规划、优惠政策、创新环境，与平谷农业中关村管委会进行交流。平谷农业中关村聚集 7 家研发机构、89 家企业，将完善科技创新和引企引才机制，搭建服务平台，营造创新发展的良好生态。北京科技创新促进中心负责人表示继续组织对接活动，引导成果、团队、企业等资源向平谷农业中关村聚集，为农业领域各类创新主体服务，促进项目合作，助力平谷发展高精尖农业，打造“农业中国芯”。

（罗　骏）

【平谷区参与 HICOOL 2022 全球创业者峰会】8 月 26—28 日，HICOOL 2022 全球创业者峰会在北京顺义举行。峰会以“创业同心　相聚创新”为主题，秉承“以创业者为中心”理念，打造高品质“全球优秀创业者嘉年华”。来自全球 91 个国家和地区的 5016 个创业项目、6672 位创业者报名参赛。峰会设置 HICOOL 优秀项目、HICOOL 合作企业、HICOOL 加速孵化、国际化特色、高水平人才高地、“海创城”专题汇报等 6 个展区。平谷区在高水平人才高地展区设展，组织开展 4 次人才项目平谷行、交流会、座谈会，让创新创业者走进平谷、了解平谷、支持平谷，向观众解析三大发展路径，重点展示农业中关村建设的定位、进展、成果，以及“汇谷计划”相关内容，营造平谷区把握时势、聚天下英才的良好社会氛围。

（罗　骏）

【中国农业大学等调研组赴平谷区调研】9 月 13 日，中国农业大学、北京首农食品集团调研组赴平谷区走访座谈。调研组一行到京瓦农业科技创新中心、科技小院总部实地了解农业中关村建设，科技小院总部建设运营、人才联合培养等情况。座谈中，中国农业大学表示，要紧抓农业中关村建设机遇和平台，引导人才扎根农村、联农带农、服务“三农”，推动农业科技创新发展和先进技术普及应用，将论文写在京郊大地上。北京首农食品集团负责人表示，首农食品集团围绕“高大尚”平谷建设，协同各方优势资源，深化产业引导、科技服务、科创孵化等合作，加快推进重点项目建设，助力乡村振兴，实现共同高质量发展。

（罗　骏）

【平谷区政府与空天研究院召开座谈会】9 月 16 日，平谷区政府与北京空天无人科技研究院座谈会召开。平谷区政府、中国航空学会、北京空天无人科技研究院有关领导出席。空天研究院汇报平谷区通用航空及无人机产业发展规划研究和框架性实施方案，与会双方研讨未来平谷区通用航空及无人机产业发展等工作。平谷区相关负责人表示，聚焦“高大尚”平谷建设，将通航及无人机产业发展与休闲旅游、预制菜供应、医疗服务等融合起来，丰富应用场景，赋能乡村振兴；做好规划对接、飞行空域线路等研究，守住保障首都安全底线。中国航空学会负责人表示，从聚人气着手，结合平谷区农业生产、休闲文旅等产业发展，加强无人机场景应用、聚集论坛、赛事等活动，以通用航空新时尚为切入点，带动农业高科技、物流“大流量”发展，将航空元素融入“高大尚”平谷建设。

（罗　骏）

【举办 2 期政策宣讲与培训交流会】9 月 16 日和 10 月 12 日，平谷区科信局、中关村平谷园管委会、区税务局联合组织召开线上平谷区高新技术企业政策宣讲与培训交流会，面向企业进行 2022 年高新技术企业认定常见问题解析、科技型中小企业评价政策宣讲，就优化和改善平谷区营商环境与企业进行交流。区内 300 余家科技型企业负责人参加会议。

（罗　骏）

【首批种公牛进驻首农种牛繁育平谷科技示范园】10 月 10 日，首批 21 头种公牛进驻位于金海湖镇晏庄村的北京首农食品集团平谷种牛繁育科技示范园，标志着国家现代农业（畜禽种业）产业园重点项目——首农种公牛站投产运行。园区重点围绕种牛繁育在基因组选择、性别控制、胚胎生物技术等相关领域开展技术研发，为农业中关村种牛繁育项目填补空白，助力畜禽种业“中国芯”建设。

（罗　骏）

【平谷区"博士农场"创建主体座谈会召开】12月30日，平谷区"博士农场"创建主体座谈会召开。平谷区委、区政府领导出席座谈会。部分"博士农场"创建人线上参加。"博士农场"创建人代表等10余人依次交流发言，表示全身心投入攻关农业"卡脖子"领域，为推动农业农村现代化贡献智慧和力量。区领导表示，要把"博士农场"打造成农业科技集成创新平台，探索把实验室从单一科技成果、单一科学技术，变成集成的科技成果种到"大田"，转变成农业科技成果转化的舞台，经得起市场考验；要做农业企业家的摇篮，支持"博士农场"建设，培育一批面向农民有带动力、面向市场有竞争力、面向市民有吸引力、面向未来有引领力的新型市场主体，打通科技成果攻关的"最后一公里"。

（罗　骏）

【8家企业获市级政策资金支持】2022年，平谷区科信局贯彻落实《北京市关于实施"三大工程"进一步支持和服务高新技术企业发展的若干措施》，通过征集、实地走访等环节，推荐40家企业申请"小升规"资金，经市科委、中关村管委会审批，8家高新技术企业获市级"小升规"支持资金共160万元。

（罗　骏）

【北京生物种业创新联合体案例入选科技体制改革典型案例汇编】2022年，由北京首农食品集团有限公司牵头组建的北京生物种业创新联合体案例入选北京市科技体制改革专项小组办公室编制发布的《2022年科技体制改革典型案例汇编》。北京生物种业创新联合体持续发挥协同创新、资源整合、展示平台的作用，向科技部，市科委、中关村管委会等部门推送会员单位生物种业科研攻关项目，在推动生物种业基础研究、关键技术攻关、重大品种培育和搭建重大公共平台等方面发挥重要作用。中国农业大学、北京农林科学院、北京科技大学、北京首农食品集团等9家创新联合体理事单位申报18个"揭榜挂帅"项目，4家理事单位申报2022年度科技部农业农村领域"部省联动"5个生物种业项目。

（罗　骏）

【"服务管家+服务包"助企纾困】2022年，平谷区科信局依托"服务管家+服务包"机制，发挥行业管家统筹作用，为118家"服务包"企业提供服务支持，全年走访企业256家次，办结征集诉求122项，满意率达100%。把握市、区两级政策支持方向，全年指导和组织239家企业申报北京市、平谷区各类政策资金项目，其中201家企业获资金支持9906.43万元。全年备案智能装备、新一代信息技术等项目11个；办理12345"接诉即办"工单92件，解决率95.7%，满意率97.8%。

（罗　骏）

【平谷区科技推动农业发展情况】2022年，平谷区从农业科技示范区建设发展到建设农业中关村，打造农业中国芯，承担国家种业自立自强、自主可控的责任，承担首都国际科技中心建设在农业发展领域的责任。完成农业中关村三年行动计划的制定，从金融支持、人才支持、生活服务保障、科技成果转化与应用等方面入手，创建良好的农业科技创新生态环境。以畜禽种业为重要抓手，打造农业科技创新领域主阵地。平谷区布局鸡、鸭、猪、牛4个畜禽品种，拥有13个自主知识产品的品系，平谷国家畜禽种业产业园成为全国区县一级品种最丰富、自主知识产权品类最多的国家级畜禽种业产业园。

（罗　骏）

怀柔区

【概述】怀柔区科学技术委员会（简称怀柔区科委）是负责怀柔区科技工作的区政府工作部门。主要职责是贯彻落实国家创新驱动发展战略和科技方面的法律法规、规章和政策；组织拟订科技发展、科技促进经济社会发展的规划、政策并组织实施；推进怀柔区域科技创新体系建设和科技体制改革；推进全国科技创新中心建设；推动高新技术发展和产业化；组织科研及成果应用示范；促进技术市场发展；推动高端科技创新人才队伍建设；引进国外智力；落实科学普及和科学传播规划、政策。怀柔区科委内设政办室、创新发展科、产业促进科3个行政科室，下设北京市怀柔区科委综合事务中心、北京市怀柔区社会发展科技中心、北京市怀柔区高新产业发展中心、北京市怀柔区科技服务业发展中心、北京市怀柔区科学城发展促进中心5家事业单位。人员编制57人，其中行政编制15人、事业编制40人、机关工勤2人。

2022年，怀柔区新认定国家高新技术企业205家，国家高新技术企业保有量达到591家。完成技术合同登记386份，实现技术合同成交额6.6亿元。专利授权2302件，年度有效注册商标10111件。科学研究和技术服务业企业实现营业收入28.5亿元，比2021年增长9.3%。349家企业参与2022年度北京市科技型中小企业评价，入库347家，其中高新技术企业200家。实施"苗圃计划"，挖掘怀柔区内外符合怀柔区产业发展的优质项目及初创团队，全年"苗圃计划"种子库项目达到240个。面向区内现有科技服务机构及企业，落实承租非国有房屋科技型孵化器减免房租补贴政策，梳理符合条件的科技型孵化器1家，拨付孵化器补贴资金4.83万元。引进优质科技服务机构1家。聚焦企业发展全周期，为区内企业提供全流程、定制化服务，全年收集需求256项，解决190项。服务保障北京怀柔实验室建设，组织中国科学院力学研究所、北京雁栖湖应用数学研究院、长城伟业投资开发有限公司、中科合成油技术股份有限公司等单位与实验室开展对接，推进科技成果转化。服务保障雁栖湖应用数学研究院，北京雁栖湖应用数学科学研究有限公司注册成立。做好国家自然科学基金区域联合基金各项工作，完成函评会评申报组织工作，共4个项目获资助，其中集成项目3项、重点项目1项，获资助资金3900万元。北京市知识产权保护中心怀柔科学城分中心试运行。围绕搭建"政产学研金"交流平台，组织开展产业沙龙、项目路演等活动10余场。举办"走进科技 你我同行"2022年怀柔区科技周主题活动，通过光明日报客户端等媒体平台直播，观看总量达135.2万人次。材料基因组研究平台和清洁能源材料测试诊断与研发平台、奥瑞金包装博物馆等6家基地获批"2022年怀柔区科普示范（教育）基地"。怀柔区泉河街道、怀北镇、庙城镇等地开展"三下乡"培训和新时代文明科普宣传37场，参与人员1850余人次，发放科普宣传品2000余份。

（宋伟娜）

【怀柔区外国人出入境服务厅启用】 1月28日，怀柔区外国人出入境服务厅启用，可提供外国人工作许可、外籍签证等服务事项。外籍人士可办理访问、探亲、学习等9类签证的延期、换发和补发。同时，可签发工作、学习、团聚和私人事务等4类居留证件，并可办理延期、换发和补发。大厅服务事项还涵盖外籍居民停留证件的签发、换发和补发等业务。外籍居民申请永久居留分为特殊贡献、投资、任职、家庭团聚4类，新投用的服务大厅可全部受理。

（徐建功）

【怀柔区两家单位被命名为北京市科普基地】 2月23日，市科委、中关村管委会，市科协印发《关于命名2022年北京市科普基地的通知》（京科文发〔2022〕26号），北京自然博物馆等84家单位被命名为北京市科普基地，命名周期为2022—2024年。其中，怀柔区内北京纳米能源与系统研究所Maxwell科学+、航天之星科普基地两家单位被命名为北京市科普基地。

（徐建功）

【加强区域知识产权合作】 4月21日，怀柔区科委相关人员走访中关村知识产权保护中心、北京市知识产权保护中心大兴分中心和亦庄分中心，围绕如何推动区域创造、运用和保护知识产权展开交流。怀柔区科委与中关村知识产权保护中心就拓展北京市知识产权保护中心怀柔科学城分中心专利预审支撑服务的分类号产业领域、共享在中关村中心备案的创新主体信息等方面达成初步意向。

（周妆瑶　冯菁菁）

【怀柔区完成北京市科普统计调查工作】 4月，怀柔区科委组织开展2021年度北京市科普统计调查工作。调查内容围绕全区科普资源投入状况，包括科普人员、科普场地、科普经费、科普传媒、科普活动及科学教育共六大类139个指标。截至7月，全区54家科普责任单位全部完成系统填报。

（路朱云）

【高端光电仪器装备和传感器产业沙龙座谈会举办】 7月13日，由怀柔区科委联合北京怀柔仪器和传感器有限公司、北京怀柔硬科技创新服务有限公司主办的怀柔高端光电仪器装备和传感器产业沙龙座谈会在怀柔区琉璃庙镇举办。怀柔区政府、北京工业大学、激光工程研究院、卓立汉光分析仪器有限公司、中国科学院高能物理研究所等光电领域专家、学者、区内企业高管和团队带头人等12人参加会议。

与会专家围绕怀柔发展光电仪器和传感器产业的可行性、发展方向及痛点难点等方面展开座谈交流。

（郭泽邦）

【科普宣传活动举办】7—11 月，怀柔区科委在庙城镇、宝山镇、北房镇、怀北镇、杨宋镇等 8 个镇的 16 个行政村和 7 个社区开展农民提素工程科普宣传活动，共举办专项培训 23 场，培训人数 1100 余人次。培训以传播公共安全知识为中心，围绕食品安全、法律知识、养老护理等内容开展，帮助农村居民掌握必要的安全知识和技能，了解相关法律法规常识，养成在日常生活和突发安全事件中正确应对的习惯，最大限度防止安全事故发生。活动期间共发放科普宣传品 1200 余份、科普宣传资料 3000 余份。

（吴　琼）

【怀柔区科委与自动化研究所签订战略合作协议】8 月 17 日，怀柔区科委与中国科学院自动化研究所复杂系统管理与控制国家重点实验室签订战略合作协议。根据协议，双方围绕高端装备仪器和传感器产业项目研发、品牌运营、市场拓展、科技服务等方面展开合作，开展智能传感公共技术支撑与人才培训，并面向战略性智能传感新兴产业构建政产学研协同创新服务载体，共同推进怀柔区在引进高端人才、攻关关键技术、研发新型产品及培育科技成果等方面的工作。

（冯菁菁）

【怀柔科学城“关键战略材料”产业沙龙举办】8 月 17 日，由怀柔区科委与北京长城伟业投资开发有限公司共同主办的怀柔科学城“关键战略材料”产业沙龙在怀柔科学城创新小镇举办。活动采用线上和线下相结合的形式，20 余位新材料领域专家学者和企业精英，以及重点孵化器、金融企业的代表参加活动。与会人员围绕怀柔区发展关键战略材料产业的可行性、必要性、急迫性及发展过程中遇到的痛点难点和解决路径，怀柔区新材料产业发展方向等，从成果转化、投融资服务、合作平台、人才建设等多视角为怀柔新材料产业发展路径建言献策。

（史冬洋）

【怀柔区科技周活动举办】8 月 22 日，由怀柔区政府和共青团北京市委共同主办的 2022 年怀柔区科技活动周直播上线。科技周以“走进科技　你我同行”为主题，依托怀柔科学城、中国科学院在怀院所等优质资源，展示怀柔区科技创新要素和领先世界水平的科研成果。活动通过《光明日报》、《中国青年报》、《北京日报》、《半月谈》、北京科协相关平台及“青春北京”全平台进行直播，总观看量达 135.2 万人次。线下活动以走进怀柔科学城、科普进社区、科普讲座等形式展开。组织参观体验、科普讲座 5 场，300 余人次参与。

（闫　彬）

【6 家单位获批怀柔区科普示范基地】8 月，怀柔区科委依据《怀柔区科普示范（教育）基地认定管理办法》，本着公平、公正、公开的原则，经过实地考察与专家评审，北京怀柔科学城建设发展有限公司的“材料基因组研究平台和清洁能源材料测试诊断与研发平台”、奥瑞金科技股份有限公司的“奥瑞金包装博物馆”、北京森霖木教育科技股份有限公司的“怀柔区森霖木安全教育体验馆”、北京凡尘居旅游文化有限公司的“北京小白河社会科普展馆示范基地”、怀柔区庙城学校的“北京市怀柔区庙城学校科技园”、北京红星股份有限公司的“北京二锅头酒博物馆”等 6 家单位获批 2022 年度怀柔区科普示范（教育）基地，怀柔区科委共拨付奖补资金 44 万元。

（路朱云）

【怀柔创业创新路演系列首场活动举办】9 月 8 日，由怀柔区科委、微软加速器主办，北京怀柔仪器和传感器有限公司协办的怀柔创业创新路演系列首场活动在线上举办。来自中国科学院高能物理研究所、物理研究所，清华大学等单位的 6 个拥有核心技术的项目团队参加路演，聚焦 X 射线二维像素阵列探测器、飞秒激光装备、飞秒激光剥蚀系统等精密仪器和传感器领域。担任评委的各位专家从不同角度为参演项目进行诊断并提出改进建议，帮助项目团队落地怀柔并加速转化。怀柔区持续举办路演活动，挖掘、遴选、评估一批符合怀柔区产业发展方向且可转化落地的重点项目，为推动硬科技产业集群建设，开启怀柔高质量发展新局面提供助力。

（冯菁菁）

【怀柔区举办全国粮食安全宣传周活动】10 月 13 日，由怀柔区科委组织开展的 2022 年世界粮食日和全国粮食安全宣传周科普宣传活动在星动天地购物广场举行。活动以“不让任何人掉队。更好生产、更好营养、更好环境、更好生活”“保护粮食供给　端牢中国饭碗”为主题，区科委工作人员面向社区居民现场讲解粮食安全知识、营养健康常识，引导居民爱粮节粮、健康消费。活动共发放科普宣传品 80 份、环保宣传手册 120 份。参加活动人数 80 余人次。

（吴　琼）

【怀柔区科学仪器和传感器专利研究立项】10 月，怀柔区 2022 年科技计划项目“怀柔区科学仪器和传感器专利现状及建设专利池有关情况研究”立项并签订任务书，获区级财政资金支持30万元。

（吴 琼）

【应用数学研究院成立技术转移孵化公司】 11月，清华大学经济所、北京雁栖湖应用数学研究院首个技术转移孵化公司——清雁科技（北京）有限公司成立，注册地址位于怀柔区雁栖经济开发区。公司主要致力于数据要素流通、数字资产管理的相关理论、方法和技术的研究与应用，为产业、金融、政府等各类用户提供数据空间、数据经纪人、数据交易监管等数据流通的咨询服务和技术平台保障。

（郑丹阳）

【怀柔区“科技管家”服务机制建立】 2022年，怀柔区科委依托“科技管家”团队建立在怀院所联络服务机制，实时跟踪各创新主体的科技创新动态和服务保障需求，每月对服务情况建账挂单。全年共走访对接、线上服务科研院所20家、服务需求60项，完成30余项。

（冯菁菁）

【怀柔区“苗圃计划”在库种子项目240个】 2022年，怀柔区科委以建立苗圃、培育科研团队为核心，挖掘、遴选、评估、落地一批高端科学仪器等领域具有关键核心技术、颠覆性技术的初创团队及重点项目，培育一批隐形冠军企业，致力于解决“卡脖子”技术问题，服务国家战略科技力量，加速形成怀柔硬科技产业集群。制定并实施“苗圃计划”工作方案，成立工作专班。截至年底，在库种子项目达到240个。

（张苹苹 于思凡）

【怀柔区开展高新技术企业统计调查】 2022年，怀柔区组织开展2021年度区内高新技术企业统计调查和发展年报工作。统计调查以法人为单位在线上填报数据，内容包含企业概况、经济概况、人员概况、研究开发项目概况、企业研究开发活动及相关情况等5类70余项指标，综合调查怀柔区高新技术企业创新资源基本情况。获得的数据为全国、北京市和怀柔区制定科技创新政策提供重要数据支撑。

（王五山）

【怀柔区落实孵化器房租补贴政策】 2022年，怀柔区科委依据市科委、中关村管委会，市财政局《关于落实承租非国有房屋科技型孵化器减免房租补贴政策的通知》和《怀柔区关于〈北京市统筹疫情防控和稳定经济增长的实施方案〉的落实指引》相关政策要求，为区内1家科技型孵化器减免承租非国有房屋房租，落实补贴资金4.83万元。

（柳 绿）

【引导科技类校外培训机构规范发展】 2022年，怀柔区科委对全区科技类校外培训机构的场地设施、从业人员、培训内容、资金监管等方面开展督导检查，规范举办者、培训机构法定代表人社会信用，引导科技类校外培训机构规范发展。全年累计实地检查40余人次，排查两家科技类校外培训机构17名教职人员疫苗接种、核酸检测情况共计20余次。

（路朱云）

【4个项目获国家自然基金区域创新发展联合基金资助】 2022年，怀柔区“实时光谱成像芯片的关键科学问题及集成技术研究”“高性能激光差动共焦拉曼光谱显微成像关键技术及系统研究”“时间分辨电子显微技术发展与功能体系结构动力学研究”等3个集成项目和“基于金刚石色心的扫描量子传感显微成像的关键技术与机理研究”1个重点项目获国家自然科学基金区域创新发展联合基金（北京）资助，获资助资金共3900万元。

（刘 真）

【205家企业通过高新技术企业认定】 2022年，怀柔区组织开展高新技术企业评审5次，新认定高新技术企业205家。全区高新技术企业保有量达到591家。

（赵百川）

【347家企业入库科技型中小企业】 2022年，怀柔区科委组织开展科技型中小企业评价工作，向怀柔区内企业宣传科技型中小企业评价政策、参与评价具体操作流程、注意事项等内容。2022年，怀柔区共有349家企业（其中高新技术企业201家）参评，入库企业347家（其中高新技术企业200家），入库企业数量比2021年增长218%。

（王五山）

【怀柔区技术合同成交额实现6.6亿元】 2022年，怀柔区共完成技术合同登记386项，实现技术合同成交额6.6亿元。

（刘建锋）

【组织93次企业培训活动】 2022年，怀柔区经济和信息化局组织企业参加各类培训活动93次，其中涉及“专精特新”内容培训13次，联合中国科学院大学怀柔科学城产业研究院举办11次企业实务大讲堂活动。年内，怀柔区新增“专精特新”企业63家，累计“专精特新”企业105家，其中北京市“小巨人”企业19家、国家级“小巨人”企业8家。85家中小企业完成中关村高新技术企业认定，中关村高新技术企业累计263家。

（蒋 盟）

密云区

【概述】密云区科学技术委员会（简称密云区科委）是密云区政府负责科技管理工作的职能部门。负责落实北京市各项科技政策及北京全国科技创新中心工作任务，制定密云区科技政策及科技发展规划，做好高新技术企业认定与服务、外国专家及科技人才的服务与培育、科普项目申报管理与科普活动宣传培训、市区各类科技项目的组织实施与管理等。内设职能科室4个、财政补助正科级事业单位4家。

2022年，密云区成立由区委书记和区长任“双组长”的推进怀柔科学城东区建设工作领导小组，下设“一办六组”，密云区科委承担重大项目组职责。密云区科委严格落实区科技领导小组办公室和怀柔科学城东区重大项目组职责，立足区域绿色高质量发展，围绕怀柔科学城东区规划建设、国家高新技术企业培育、农业科技创新和科学普及等工作，完成41项工作任务和重点项目。怀柔科学城东区建设全面提速。国家“十二五”重大科技基础设施项目——地球系统数值模拟装置项目通过国家验收、开放运行，成为怀柔科学城首个开放运行的大科学装置；4个“十三五”科教基础设施和空地一体环境感知与智能响应研究平台项目土建工程全部完工，进入设备采购、安装、调试阶段；北京大学怀密医学中心完成“多规合一”初审、道路定线和钉桩等工作，一期启动区具备进场施工条件。科技服务实现新提升。面向区内企业开展“一对一、面对面”政策指导企业280余家，解决科技资质申报、融资、资源与渠道等方面的问题10余类，为9家企业解决融资6950万元，为34家企业科技创新和人才建设拨付支持资金692.4万元；开展科技政策培训10期，2400余人次参加。加强北京密云国家级农业科技园区建设，建成涵盖9个领域220余名农业专家的动态资源库。推进“+科普”工作，制定《密云区科普基地管理办法（试行）》，开展科技冬奥、科技周、科普讲堂等线上线下科普活动157期，惠及市民10万余人次，密云科技馆被认定为北京市科普基地。

2022年，全区有规模以上科学研究和技术服务业单位16家，全年实现收入12.1亿元，比2021年下降9.1%，占全区规模以上服务业收入的比重为1%，比2021年下降0.1个百分点。全区申报国家高新技术企业267家，通过认定254家，国家高新技术企业保有量达到520家。完成技术合同登记124项，技术合同成交额6亿元。新增有效注册商标4959件，累计49048件；获授权专利1267件，有效发明专利1349件。

（焦　扬）

【中关村（密云）绿色科技前沿技术创新中心揭牌】1月11日，在中关村示范区展示中心举行的2021中关村国际前沿科技创新大赛总决赛上，中关村（密云）绿色科技前沿技术创新中心揭牌。创新中心位于密云生态商务区万象星座写字楼C座，建筑面积约8000平方米。其中，功能区2000平方米，主要用于集中展示密云区及密云园基本情况、企业产品、创新成果、政策宣传等，接待各界人士参观，承办路演、创新大赛等创新创业活动及相关会议；企业办公区约6000平方米，用于引进生命科技、医药健康、节能环保等中关村前沿技术企业、金种子企业、掌握重大前沿技术的海外高层次人才创业团队、重点创新型企业、具备服务前沿企业能力的产学研或者上下游服务机构入驻办公。创新中心围绕密云生态特色，以健康医疗为核心，吸引生命科技、医药健康、节能环保等科技领域的前沿科技项目，聚集多家掌握重大前沿原创技术的创业孵化、留学人员创业企业和团队入驻，吸引产学研、投融资等相关科技服务机构参与，构建国际领先的以绿色科技为主的前沿技术创新生态和创新资源集聚平台。中心于2020年启动建设。

（徐建功）

【科普工作者科普能力提升培训举办】1月13—18日，密云区科委举办“科普工作者能力提升”线上培训，区内22家科普相关单位30余人参加培训。中国科学院“老科学家科普演讲团”成员、北京市科学技术研究院城市系统工程研究所研究员、中国青少年科技辅导员协会讲师团首席科普讲师等7位科普专家，围绕科普短视频拍摄、科普活动的设计与实施、创新科普活动探究、“小制作，大技巧”，以及社区人员如何开展应急科普等8个方面的内容进行讲解，并与参会人员进行互动交流。

（李大轩）

【密云区3家企业获评国家级绿色工厂】 1月15日，国家工业和信息化部办公厅发布《关于公布2021年度绿色制造名单的通知》（工信厅节函〔2022〕7号）。其中，绿色工厂662家、绿色设计产品989种、绿色工业园区52家、绿色供应链管理企业107家。密云园内超同步股份有限公司、北京科勒有限公司、北京倍舒特妇幼用品有限公司3家企业获评国家级绿色工厂。

（徐建功）

【“脑洞大开”脑科学科普展举办】 1月25日，由密云科技馆、北京中科毓智科技有限公司主办的“脑洞大开”脑科学科普展在密云科技馆举办。展览分为人类大脑计划与中国脑计划、人脑的结构及功能、脑疾病和脑健康、类脑研究四大板块，累计8000余人次参观。

（许小亮）

【组织农业植保专家开展技术指导】 2月8日，密云区科委聘请北京市农林科学院植保所专家到北京春播科技有限公司、北京汇源康民有机农业有限公司进行技术指导。在春播基地蔬菜大棚，专家指导制订精细化管控方案，并免费提供氨基酸水溶肥、木醋液，帮助基地防治根结线虫；在汇源康民草莓种植温室，针对草莓僵果、叶片干边等问题，专家提出通过减少浇水量提高基质温度、根据植株不同生长期调整液体肥比例等建议。

（赵红霞）

【科技专家到高岭镇传授蜂授粉技术】 2月11日，密云区科委与北京市农林科学院专家工作站蜂授粉专家一同到高岭镇北京祥和源农业科技股份有限公司、北京奥金达农业科技发展有限公司，调研设施樱桃熊蜂授粉技术应用情况及熊蜂授粉繁育车间建设情况，并指导传授熊蜂授粉技术。专家建议祥和源公司根据各棚室的面积、花量及天气、温度等条件调整授粉蜂群的释放量，并合理使用熊蜂；建议奥金达公司加大熊蜂繁育技术人员培养力度，制定蜂群引进及繁育技术规程。

（赵红霞）

【密云区科技馆被命名为北京市科普基地】 2月23日，市科委、中关村管委会，市科协印发《关于命名2022年北京市科普基地的通知》（京科文发〔2022〕26号），北京自然博物馆等84家单位被命名为北京市科普基地，命名周期为2022—2024年。其中，密云区科技馆被命名为北京市科普基地，成为2022年实施《北京市科普基地管理办法》后的密云区首个市级科普基地，将优先获市级科普项目支持。

（李大轩）

【科技政策“线上课堂”举办】 3月29日，密云区科委协同专业科技服务机构开展“线上课堂”科技政策宣讲活动，密云区内200余家国家高新技术企业参加活动。科技政策专家围绕高新技术企业认定、科技型中小企业评价、“专精特新”等系列科技政策进行解读，并解答企业提出的问题，帮助企业分析科技资质等申报要点，提高企业对科技政策的理解和政策知晓率。

（李　杰）

【绿色农产品精深加工研究项目通过验收】 3月30日，由北京密农人家农业科技有限公司承担的“基于真空微波技术应用的密云绿色农产品精深加工研究”项目通过专家验收。项目是密云区2020年科技专项。项目实施期间，完成红肖梨脆、甘薯脆等6种产品研发，制定应用真空微波技术加工农产品生产工艺规范。该生产工艺较传统的果蔬冻干技术可减少营养损失10%以上，降低电力能耗50%，缩短加工时间60%。

（赵红霞）

【密云区开展2021年度科普统计工作】 4月11日，密云区科委启动2021年度科普统计工作。本次统计数据实行在线填报，统计内容包括科普人员、科普场地、科普经费、科普传媒、科普活动和科学教育六大类139项指标，涉及区内110余家单位。统计结果显示，密云区有科普专职人员144人，中小学科普（技）活动场所70处，年度服务学生数量10727人次。年度科普经费筹集额1498.25万元，累计组织科普讲座、培训、展览等活动2700余次，参与人员24万人次；发放科普读物、资料60余万份，7个科普类微信公众号发文量2831条，阅读量102万次。

（李大轩）

【世界知识产权日宣传活动举办】 4月26日，由密云区市场监管局、区人民检察院、区文化市场综合执法大队联合主办的世界知识产权日宣传活动在中关村密云园举办。活动主题为“全面开启知识产权强国示范城市建设新征程”。活动通过设置宣传台、悬挂宣传条幅、摆放知识产权宣传展板、发放普法资料等方式，宣传《中华人民共和国商标法》《中华人民共和国专利法》《中华人民共和国著作权法》等知识产权法律法规。500余人参加活动。

（晁 巍）

【环境污染物识别与控制协同创新平台土建工程完工】6月23日，由中国科学院生态环境研究中心承建的环境污染物识别与控制协同创新平台土建工程完工，成为怀柔科学城东区首个土建工程全部完工的“十三五”科教基础设施项目。项目总建设用地面积1.7公顷，建筑面积2.5万平方米。创新平台以京津冀地区为重点研究区域，探明环境污染物转移与转运的内在机制，开展环境多介质中环境污染物的控制技术攻关，推进环境工程和生态工程治理示范，实现区域复合污染的综合整治和控制。

（程 翔）

【怀密医学中心建设协议签署】6月24日，北京大学、密云区政府怀密医学中心项目建设协议签约仪式在北京大学医学部举行。怀密医学中心选址位于怀柔科学城东区南部地块（密云区），规划总建设用地约69.87公顷，重点围绕创建世界一流医学教育、前沿交叉研究和创新转化中心目标，一体化建设教学研究、科学研究、临床研究相关平台及机构。怀密医学中心建成后将成为密云区科技创新和生命健康战略发展带的原动力，带动密云区生命科学、医药产业发展和教育、医疗水平提高。双方以签约为契机，推动怀密医学中心落地建设。

（柳 奇）

【密云区科普工作联席会召开】7月8日，2022年密云区科普工作联席会暨全民科学素质工作会在密云区委报告厅召开，区政协、区发展改革委、区财政局等22家科普工作联席会议成员单位和20个镇街（地区）负责人参加会议。会议听取2021年密云区科普工作情况和全民科学素质工作情况汇报，部署2022年科普工作和全民科学素质重点工作，审议通过《密云区全民科学素质行动计划纲要实施方案（2021—2035年）》。会议要求，要认识提升公民科学素质对推动密云高质量发展的重要意义，努力完成密云区公民科学素质水平达到15.5%的目标；围绕青少年、农民、产业工人、老年人、领导干部和公务员五大重点人群持续提升密云科普工作水平；转变观念，创新理念，探索贴近群众、服务民生的科普宣传新方式、新途径和新载体，形成全社会共同参与科普宣传的新局面。

（李大轩）

【“诚信建设万里行”宣讲活动举办】7月18日，密云区科委到区内企业睿智合创（北京）科技有限公司开展“诚信建设万里行”宣讲活动。区科委相关负责人与企业代表进行座谈交流，了解企业经营现状、产学研合作、科技创新发展等情况，并向企业解读市科委、中关村管委会“1+5”系列政策和社会信用体系建设的重要性，激发企业创新发展意识，促进企业持续加大研发投入，提升企业创新能力。

（李 杰）

【怀柔科学城东区“十四五”时期重点项目台账梳理完成】8月11日，密云区推进怀柔科学城东区建设工作领导小组办公室会同密云区发展改革委、密云区规划自然资源分局等单位，结合《怀柔科学城控制性详细规划（街区层面）（2020—2035年）》，梳理完成《怀柔科学城东区“十四五”时期重点项目台账》，包括科学创新、教育、居住、基础设施、综合配套、公共服务、生态环境等7大类35个项目，总投资160亿余元，作为怀柔科学城东区重点任务加紧部署落实。

（陈 阳）

【怀柔科学城东区领导小组组织架构调整】8月12日，经密云区推进怀柔科学城东区建设工作领导小组研究同意，密云区委编办和密云区推进怀柔科学城东区建设工作领导小组办公室印发《关于调整怀柔科学城东区领导小组的通知》。领导小组以区委书记和区长为组长，下设“一办六组”，即北京市密云区推进怀柔科学城东区建设工作领导小组办公室，规划实施与征地拆迁工作组、重大项目工作组、基础设施建设工作组、公共服务配套建设工作组、成果转化与产业承接工作组、服务保障工作组，以及密云区发展改革委、区科委、区经济和信息化局等29个成员单位，成为推进怀柔科学城东区建设的重要组织保障。

（王 研）

【北京大学怀密医学中心项目专题会召开】8月18日，北京大学怀密医学中心项目专题研究会在密云区政府召开，区规划自然资源分局、区发展改革委、区科委等部门负责人参加会议。会议听取北京大学怀密医学中心项目进展情况介绍，并围绕土地供应、项目资金等问题进行研讨。会议强调，作为密云区“一号工程”“一把手工程”，中关村密云园、十里堡镇要做好土地供应相关工作，北京市密云区推进怀柔科学城东区建设工作领导小组办公室和区各相关部门要统一思想、协同配合、靠前参与，推进项目手续办理等工作。北京大学医学部要抓紧推进项目立项、方案设计和资金筹措等工作；各方加强协作配合、沟通联系，推动项目早日开工建设。

（陈 阳）

【密云区科技周活动举办】8月20—27日，由密云区科委主办的密云区科技周活动在密云区科技馆举办。活动以“走进科技 你我同行”为主题，采取线上与线下相结合的形式，分为科技馆主场活动和科普进基层系列活动。共开展“三球仪”“小小牛顿摆”等科技制作，“掌上火焰”“液氮实验”等科学表演及乐享编程，科普进基地、进社区、进学校等活动50余场，4000余人次参加活动。

（许小亮）

【对接怀柔科学城建设工作】 8月25日，怀柔区领导带队到密云区进行座谈交流，对接怀柔科学城建设工作。怀柔、密云两区相关部门围绕各自职能介绍工作开展情况，并就双方共同推进事宜进行沟通部署。主要推进事宜包括：成立东区办专班，建立健全工作机制、常态化走访联络机制、会商机制，加强对怀柔科学城东区建设的协调指导；双方财政部门对接现有项目，共同争取市级资金支持；双方共同研究土地开发、项目建设所需资金解决办法，研究制订工作方案；共同争取市级支持，抓紧推进北京大学怀密医学中心项目建设；引导更多生命健康、气候经济等产业项目落地怀柔科学城东区，逐步实现产业良性发展；围绕怀柔科学城土地开发、基础设施建设、人才引进、居住保障等方面需求，共同研究专项政策，争取市委、市政府支持，为科学城可持续发展提供有力政策支撑。

（王　研）

【怀柔科学城东区10千伏配网工程完工】 9月29日，由北京国际科技创新中心建设的重点项目怀柔科学城东区10千伏配网工程完工并送电。工程是市政府对密云区政府绩效考核的重点任务。工程的完工为科学设施平台设备安装、调试提供动力保障。

（陈　阳）

【怀柔科学城东区社区公园开工】 10月4日，怀柔科学城东区社区公园开工建设。公园位于怀柔科学城东区云西三街南侧，占地面积约1.49公顷，总投资约330万元，将依据京津冀地区真实地质条件进行环境模拟改造。公园建成后，可成为东区入驻科研人员生活、休闲、锻炼的活动空间，同时可作为空地一体环境感知与智能响应研究平台的环境模拟场所，为科研实验和技术验证提供支撑。

（陈　阳）

【密云区科普基地管理办法印发】 10月28日，由密云区科委、区科协联合制定的《密云区科普基地管理办法（试行）》通过密云区科技领导小组2022年第一次全体会议审议并印发。面向区内科技场馆、科普研发机构、科技传播机构等3类科普单位，开展区级科普基地命名；通过命名的基地在人才培养、科技资源科普化、前沿技术示范应用和科普场景建设等方面得到支持，并优先向国家、市有关部门推荐申报科普项目。

（李大轩）

【密云水库流域监测防控课题通过验收】 12月9日，由密云区密云水库综合执法大队、北京市生态环境保护科学研究院、北京市水科学技术研究院共同承担的“密云水库流域监测、防控及管理体系构建”课题通过市科委、中关村管委会的验收。课题的实施，构建区域协调、空间联动、立体监测和智能化的管理模式，为密云水库水质水生态监测和风险预警提供科学合理的技术支撑；建成水源保护网格化综合智能管理平台系统，首次实现在密云水库实施网格化管理应用，创建人防、物防、技防相结合的新型管理模式，推进水源地保护领域的管理创新。

（李大轩）

【鲜食玉米新品种通过国家审定】 2022年，密云区内国家高新技术企业北京中农斯达农业科技开发有限公司研发的斯达糯50、密花甜糯3号等10个鲜食玉米新品种通过国家玉米品种审定，其中鲜食糯玉米品种5个、鲜食甜玉米品种4个、爆裂玉米品种1个。10个鲜食玉米品种已分别在华东—华北、黄淮海、东南、西南四大玉米种植区推广。密云区累计有86个农业新品种（配套系）获国家（地方）审定，涉及玉米、月季、草莓等品类。

（赵红霞）

【22项创新成果被认定为北京市新技术新产品（服务）】 2022年，密云区内中科鼎实环境工程有限公司研发的“地下水污染阻隔管控的柔性垂直防渗系统”等17家国家高新技术企业的22项创新成果被市科委、中关村管委会认定为北京市新技术新产品（服务），涉及智能制造、医药健康、新一代信息技术、节能环保等领域。全区累计115家国家高新技术企业的195项科技成果获此认定。

（李　杰）

【农田碳中和管理模式项目取得进展】 2022年，由启迪瑞景能源环境科学研究院（北京）有限公司、清华大学、北京巨海阔种植专业合作社、北京密鑫农业发展有限公司共同承担的市科委、中关村管委会科技支撑环境治理专项——“基于微气象管理的封闭式碳—氮—水耦合循环农业系统研究示范”课题取得进展。项目依托怀柔科学城东区地球系统数值模拟装置，集成密云本地农业、土壤、遥感、气候，以及典型样地监测数据，建成密云农业碳监测综合管理平台，实现气象、植物、土壤、温室气体通量等相关数据的采集、核算。

（柳　奇）

【5 支科技创新团队培育取得成效】 2022 年，由密云区委组织部牵头，密云区科委实施的密云区第二批科技创新团队，即北陆生物医药科技创新团队、高浓度有机废水治理科技创新团队、超导磁测量传感器科技创新团队、十百千万电商科技创新团队和血管植（介）入器械研发科技创新团队，经过 1 年多的培育，取得初步成效。5 支创新团队围绕医药健康、节能环保等领域开展关键技术攻关和成果转化，承担科技项目 10 余项；参与标准创制 27 项，获知识产权 164 件，7 项科技成果被认定为北京市新技术新产品；拥有硕士及以上科技人才 77 人，其中高级职称 18 人，在《中国医学装备》《中国药学杂志》等核心期刊发表论文 4 篇。

（宋玉美）

【3 家企业被认定为市级科技研发机构】 2022 年，密云区北京市倍舒特妇幼用品有限公司等 3 家国家高新技术企业被市科委、中关村管委会认定为北京市企业科技研发机构。全区共有市级以上科技研发机构 14 家，其中国家级科技研发机构 2 家、市级科技研发机构 12 家，包括北京市重点实验室 1 家、北京市工程技术研究中心 1 家。

（李　杰）

【知识产权服务工作】 2022 年，密云区市场监管局围绕“特色蜜、水库鱼、环湖粮、山区果、平原菜”五大特色产业体系，挖掘农业、林业、渔业等特色产业商标品牌培育对象和资源。以蜂产业、密云水库鱼为重点，指导完善知识产权布局，协助密云区农业服务中心完成“水库鱼”商标注册，帮扶密云区蜂产业协会完成商标注册 43 件。

（洪佳男）

【知识产权管理工作】 2022 年，密云区市场监管局围绕生物医药、智能制造、节能环保等行业，培育拥有自主知识产权和市场竞争力的优势企业。密云区内 12 家企业被认定为市知识产权试点单位、1 家企业被认定为市知识产权示范单位。

（洪佳男）

【知识产权运用工作】 2022 年，密云区市场监管局落实《密云区支持企业发展办法（试行）》，组织开展 2021 年度企业知识产权资助工作。通过组织申报、初审及联合复审，对 28 家符合条件的密云区内企业予以资金支持，共 50.85 万元。鼓励企业知识产权创造和运用，鼓励企业以知识产权融资，进行科技创新和扩大生产，为区内企业办理专利质押项目 10 件、质押金额 1.45 亿元。

（洪佳男）

【知识产权保护工作】 2022 年，密云区市场监管局加大对冰雪运动场馆、商超、旅游景区、广告经营单位的检查力度，严查未经授权以商业为目的使用奥林匹克标志的违法行为；以驰名商标、涉外商标为重点，开展酒类、建筑材料、服装鞋帽等领域检查，查处侵犯注册商标专用权行为。全年查办商标侵权类案件 17 件，罚没款 13.47 万元。

（洪佳男）

【开展知识产权宣传活动】 2022 年，密云区市场监管局以“全面开启知识产权强国示范城市建设新征程”为主题，开展知识产权进乡镇、进园区、进景区、进校园、进商场、进市场等宣传活动 6 场次，社会公众参与人数达 2000 余人次，“尊重知识、崇尚创新、诚信守法、公平竞争”的知识产权文化意识得以提升。

（洪佳男）

【密云区有效发明专利拥有量 1349 件】 2022 年，密云区市场监管局通过法律宣传、走访调研、政策宣讲等方式加强专利申请和商标注册指导与服务，提升全区专利、商标的拥有量。全年新增专利授权 1267 件，有效发明专利拥有量 1349 件；新增注册商标 4959 件，总数达 49048 件。

（洪佳男）

【密云区 230 家企业入库科技型中小企业】 2022 年，密云区北京艾普希隆生物科技有限公司、北京精益捷检测科技有限公司等 230 家企业入库科技型中小企业，涉及智能制造、节能环保、新一代信息技术等高精尖领域。

（李　杰）

【密云区国家高新技术企业达 520 家】 2022 年，密云区科委以“产业园区 + 经济功能区 + 重点镇街”的复合模式指导 267 家区内企业申报国家高新技术企业，申报数量居生态涵养区首位，254 家通过国家高新技术企业认定。全区累计国家高新技术企业达到 520 家，其中亿元以上规模企业 79 家。

（李　杰）

延庆区

【概述】 延庆区科学技术委员会（简称延庆区科委）加挂中关村科技园区延庆园管理委员会（简称延庆园管委会）牌子，中关村延庆园服务中心加挂延庆区投资促进服务中心牌子，实现中关村延庆园发展、招商引资、企业服务、科技创新等职能的整合。延庆区科委内设办公室、政策法规科、产业发展促进科、创新能力建设科 4 个职能科室，机关行政编制 19 名。

2022 年，延庆区科委、延庆园管委会围绕市科委、中关村管委会对各分园的产业定位，坚持“差异化、特色化和生态产业化、产业生态化”原则，将无人机、体育科技、新能源与节能环保、园艺科技作为重点培育产业，加速集聚创新要素和资源，4 个产业集聚企业 1000 余家。出台《延庆区关于实施三大工程进一步支持和服务高新技术企业发展的工作方案》《关于加快延庆区高新技术企业创新发展的支持办法》等一批助力企业创新发展政策，精准聚焦延庆区企业需求，发挥财政资金“杠杆”撬动作用，支持企业加大科技研发投入力度。无人机产业建成国内首个无人系统检测中心，可提供 49 项检测服务。依托中国人民公安大学及中国航天科工集团 301 所区块链技术，建成无人机服务产业应用保障平台，为园区企业免费提供飞行空域飞行报备审批、飞行状态监管等专业服务；体育产业引进必胜体育产业（北京）有限公司为北京冬奥会和冬残奥会赛事提供电子靶位系统和光学枪支等应用；北京冰锋科技有限责任公司承担科技部“科技冬奥”重大专项，为北京冬奥会国家队提供日常训练测试服务；氢能产业企业完成北京冬奥会氢能交通示范保障工作。截至年底，延庆区四大特色产业报表企业达 391 家，企业实现营业收入 127 亿元。2022 年，延庆区有效期内高新技术企业保有量 467 家，其中国家高新技术企业 211 家、中关村高新技术企业 390 家。战略性新兴产业总产值 106.7 亿元。全年登记技术合同 272 项，合同成交总金额为 6.06 亿元。高精尖科技服务业企业 14 家，总收入 14.1 亿元，比 2021 年增长 67.8%；从业人员平均人数 1281 人，比 2021 年增长 52.3%；利润总额 1.2 亿元，比 2021 年增长 10.8%。全年专利授权 159 件，其中发明专利授权 82 件。

（海　霞）

【启迪之星知识产权加速营活动举办】 4 月 20 日，由国家知识产权局专利局专利审查协作北京中心知识产权孵化基地、北京启迪之星创业加速科技有限公司、北京启迪香山加速器科技有限公司联合主办的启迪之星 2022 知识产权加速营活动在中关村（延庆）体育科技前沿技术创新中心举办。来自知识产权领域的 4 位专家现场专题授课，延庆区内 20 余家拥有自主知识产权的科创企业相关负责人接受专业培训，并且得到知识产权专业导师“一对一”知识产权辅导、入营期间免费使用智能检索分析数据库、获企业创新能力评价报告等服务。开营仪式上，延庆区知识产权局与国家知识产权局专利局专利审查协作北京中心就助力延庆区内科创企业发展，共同提高知识产权创造质量、提升知识产权运用水平、加大知识产权保护力度等方面达成合作意向。

（王小丽）

【延庆区中关村 e 谷无人系统检测中心获 CNAS 实验室认可证书】 5 月 11 日，延庆区中关村 e 谷无人系统检测中心获中国合格评定国家认可委员会（CNAS）实验室认可证书（注册号：CNASL16318），标志着检测中心围绕无人系统技术检测出具的检测报告具备国际级别公信力，成为延庆区第一家获国际级 CNAS 认证的电气领域检测机构。中关村 e 谷无人系统检测中心是一家按照《民用多旋翼无人机系统试验方法》（GB/T 38058—2019）规划建设的无人系统第三方检测认证平台，围绕涉及国家安全、公共安全、个人安全的监管需求，为无人机系统提供质量和安全性试验、评估、认证服务；检测范围涉及固定翼、多旋翼、单旋翼等无人机系统，兼顾各种行业应用型无人机系统；开展检测能力研究及国内国际标准制定，以及联合行业应用委托检测机构为各行业用户开展无人机系统产品安全性检测认证。

（王小丽）

【航天时代飞鸿公司无人机装备产业基地落户延庆】 6月8日，航天时代飞鸿技术有限公司与市规划自然资源委延庆分局在延庆区签署土地出让合同，其无人机装备产业基地落户延庆区。项目是国务院国资委"十四五"重点产业项目，建设总投资超12亿元，分两期共建设1个数字化制造管理平台、4条无人机数字化制造生产线、5个共性能力中心。其中，项目一期新建数字化柔性制造厂房、数字化脉动制造厂房、无人机综合试验中心、无人机装备培训中心和配套设施，打造具有柔性、智能、精细化生产能力的无人机生产线。基地建成后将形成具有一定经济规模、产业链完整、与相关行业融合发展的无人机产业体系。延庆区政府、中国航天科技集团有限公司九院相关负责人参加签约仪式。

（王小丽）

【增材智造公司落户延庆园】 7月16日，增材智造（北京）信息科技有限公司落地延庆座谈会暨揭牌仪式在中关村延庆园举行。增材智造公司是由浪潮集团设立的国有控股有限公司，以增材制造终端产品、增材制造深加工服务、增材制造铝基复合材料销售为主营业务，拥有完整的产业链条。延庆为公司发展的总部基地、研发创新中心和工业互联网增材制造市场集散分发中心，标志着延庆区在构建覆盖全产业链、全价值链的制造服务体系上迈入崭新阶段。

（王小丽）

【4个项目获第五届"创业北京"创业创新大赛奖项】 7月18日，第五届"中国创翼"创业创新大赛北京市选拔赛暨第五届"创业北京"创业创新人赛落幕，共有8个项目晋级北京市选拔赛。其中，延庆区北京每日元气科技有限公司的"基于离心分离技术在生物发酵领域的应用"、北京远度互联科技有限公司的"串列双桨无人直升机系统"项目分别获北京市选拔赛主体赛服务业三等奖和制造业三等奖。市级青年创意专项赛中，"因'热'而生"项目、"交互式PET成像技术"项目分别获市级青年创意专项赛优秀奖和一等奖。"交互式PET成像技术"项目被北京市大赛组委会推荐参加第五届"中国创翼"创业创新大赛全国决赛。

（王小丽）

【第五届"创业北京"创业创新大赛延庆赛区选拔赛颁奖典礼举行】 8月5日，第五届"创业北京"创业创新大赛延庆赛区选拔赛颁奖典礼在中关村延庆园举行。大赛以"创响新时代　共圆中国梦"为主题，采用"1个主体赛+3个专项赛"的模式开展。北京远度互联科技有限公司的"串列双桨无人直升机系统"、北京每日元气科技有限公司的"基于离心分离技术在生物发酵领域的应用"等延庆区选拔赛获奖的9个项目在颁奖典礼上获表彰。其中，北京每日元气科技有限公司的"基于离心分离技术在生物发酵领域的应用"、北京远度互联科技有限公司的"串列双桨无人直升机系统"等4个项目在市级比赛中获奖项。选拔赛已连续举办5年，累计吸引近250个项目参赛，共选拔产生58个优秀项目，延庆区提供优秀创业项目现金奖励累计187万元，培育一批创新创业种子项目，培养一批创新创业领军人才，孵化一批高科技大学生领军型"双创"企业。

（王小丽）

【延庆区第28届科技周活动举办】 8月22日，由延庆区委宣传部、区科委、区科协主办的延庆区第28届科技周启动仪式在中关村延庆园举办。科技周活动以"走进科技　你我同行"为主题，围绕中关村延庆园"一核四区"建设，利用线上与线下相结合的形式，通过一系列丰富多彩、形式多样的科技活动，为公众搭建一个了解、体验和分享延庆区科技创新成果的平台。启动仪式上，延庆区科委、区科协为马铃薯博物馆、北京市水生野生动植物救护中心等10家首批命名的延庆区科普基地授牌。来自延庆区内35家无人机、冰雪体育、新能源和能源互联网、现代园艺、医药健康、天文科普等产业企业参加科研成果展示活动。活动还邀请延庆区税务局、区人力资源社会保障局业务骨干，北京易科鼎新科技有限公司科技服务业专家，以及光大银行延庆分行经理人宣讲相关优惠补贴政策与利企内容。参与人数约1万人次。

（田东岩）

【园艺企业新优产品推介活动举办】 8月24日，由中关村延庆园服务中心主办的"科技赋能园艺产业　助推种业创新发展——2022年园艺企业新优产品推介与本地园艺人才学艺展示活动"在中关村延庆园举办。航科慧农（北京）农业科技发展有限公司、国家航天育种成果转化中心等10家园艺企业、科研院所与延庆区签署产业项目合作协议。延庆区独特的地形地貌形成多样的小气候、小环境，作为理想的球根类冷凉花卉种球繁育基地，适宜园艺新品种驯化、种苗种球繁育，反季节或者周年生产高档设施花卉，也为引种、繁育野生植物和濒危植物、建立种质基因库创造条件。中关村延庆园已引入园艺企业260余家，合作科研单位10余家，初具现代园艺产业集聚优势。活动促成多个园艺产业项目和园艺企业落户延庆后，在现代园艺新品种研发、种球种苗繁育、栽培示范、展示交易、观光休闲等领域发挥示范引领作用。

（王小丽）

【延庆园企业参展 HICOOL 2022 全球创业者峰会】 8月26—28日，HICOOL 2022全球创业者峰会暨全球创业大赛在北京顺义中国国际展览中心（新馆）举办。中关村延庆园8家企业携多款无人机、无人机检测系统、云纹影实验室等高科技设备参展。北京清航紫荆装备科技有限公司展出的远航程、大载重交叉双旋翼复合推力尾桨无人直升机具备通用和高原多场景应用功能，填补国内空白；北京云熙创新无人机技术有限公司的室内智能飞行机器人体重不足1000克，可在其他无人机或机器人无法到达受限空间完成飞行任务，进行精准辨别和测绘，最大限度提升复杂环境下的任务完成度和人员安全性；北京栖云通航科技有限公司云纹影实验室展出的显影仪，将不可见的气体或者液体流动等现象可视化。

（王小丽）

【京能国际公司在延庆区部署综合智慧能源产业】 9月7日，北京能源国际控股有限公司与延庆区井庄镇政府签署综合智慧能源合作协议。根据协议，双方将创建合作发展机制，由京能国际公司负责，围绕“科技农业＋生态文旅＋智慧能源”产业融合，利用区域内约33.33公顷用地，以光伏/光热、空气源/地源热泵等可再生能源系统作为供能设施，投资、建设、运营智慧农业设施项目；同时，利用区域内公产建筑建设屋顶分布式光伏项目。

（高　健）

【第二届人民安防（八达岭）低空安全峰会举行】 9月16日，由延庆区政府、北京安全防范行业协会主办的第二届人民安防（八达岭）低空安全峰会在延庆区举办。峰会以“无人机产业新飞跃　立体化安防向未来”为主题，旨在围绕北京延庆民用无人驾驶航空试验区建设，持续性强化试验区建设和提升人民安防品牌在低空产业的影响力，助力延庆打造首都无人机产业创新聚集区。峰会围绕“从国际化视野看无人机创新与发展”开展圆桌论坛，围绕民用无人驾驶航空试验区建设、民航局发布的《民用无人驾驶航空发展路线图 V1.0》征求意见稿对行业和产业的促进作用进行交流与讨论。峰会上，新一届无人机专家委员会成立，会集10名无人机产业知名专家；《无人机＋产业》新书发布，工业和信息化部无人机智联网项目和民航低空公共航路应用示范之天路工程项目启动。延庆试验区与中国民用航空局民航低空地理信息与航路重点实验室、中国人民公安大学中国低空安全研究中心等合作方进行战略合作签约，围绕首都低空安全科普教育基地建设、首都特色试飞空域划设、5G网联无人机研发与应用、无人系统测试场建设等方向深化各方合作，共建首都无人机产业生态圈。广州汇天航空航天科技有限公司等10家无人机企业落地延庆。公安部科技信息化局、公安部警用航空办公室、国家低空融创中心、北京市各委办局，相关领域协会、联盟，以及延庆区各委办局、延庆试验区建设成员单位等相关领导出席，相关领域200余人线上线下参会。

（王小丽）

【加快延庆区高新技术企业创新发展的支持办法印发】 11月21日，中关村延庆园管委会和延庆区经济和信息化局联合印发《关于加快延庆区高新技术企业创新发展的支持办法》，自12月1日起施行。《办法》共10条内容，主要面向“专精特新”企业、高新技术企业、预备上市企业、科技研发投入企业、新建研发机构的企业，以及开展技术合同登记的企业给予资金支持，项目每年征集1～2次，精准支持高新技术企业特别是重点企业快速发展，将财政支持作用最大化。《办法》的印发施行，对延庆区补齐政策短板、推动产业转型升级、构建创新创业生态系统提供支撑。

（海　霞）

【15个重点项目落地中关村延庆园】 12月9日，以“聚力谋远，乘势笃行”为主题的中关村延庆园重点项目落地暨“两区”建设签约仪式在中关村延庆园举行。杰诺医学研究（北京）有限公司、北京摩登天空文化发展有限公司、航天宏图信息技术股份有限公司、领邦智能机器人科技（北京）有限公司等10家优质企业，尽调云（北京）信息咨询有限公司、北京华彩中延运营管理有限公司、北京恒兴嘉业科技孵化器有限公司等5家优质平台企业与中关村延庆园管委会完成签约落地延庆区，覆盖无人机、体育、医药大健康等科技领域，以及信息咨询、运营管理、科技孵化器等平台运营。优质企业和平台的落地，优化延庆区绿色高精尖产业结构，促进无人机、体育科技、医药大健康等优势产业集聚。

（王小丽）

【延庆区三大工程支持和服务高新技术企业发展的工作方案印发】 12月24日，延庆区政府办公室印发《延庆区关于实施三大工程进一步支持和服务高新技术企业发展的工作方案的通知》（延政办发〔2022〕20

号）。实施高新技术企业“筑基扩容”“小升规”“规升强”三大工程，健全培育和支持服务体系，分阶段助力企业发展。加大对高新技术企业技术创新的支持力度，强化融资、人才服务保障，支持拓展产品市场渠道，完善空间和用地供给，优化创新要素配置，为“小升规”“规升强”企业做大做强提供精准支持。同时，提出加强工作组织实施、用好信息技术手段、引入第三方机构开展评估督导、强化高新技术企业全流程监管，确保政策措施落实落细、见到实效。

（田东岩）

【延庆区推进重点项目落地情况】 2022年，延庆区科委、延庆园管委会加速推进重点项目落地。创新家园土地一级开发基本完成；北京桑普新源技术有限公司新厂区、美正生物科技园、北京中泰邦医药科技有限公司等重点项目竣工；格灵深瞳（北京）智能科技有限公司、增材智造（北京）信息科技有限公司等一批高科技头部企业落户延庆；实施中关村延庆园生态园区提升项目，影院、超市、健身房等园区配套服务设施投入使用；完成固定资产投入3.85亿元，强化科技服务业后勤保障，打造科技服务业优质发展环境。落实《关于加快延庆区高新技术企业创新发展的支持办法》《延庆区关于实施三大工程进一步支持和服务高新技术企业发展的工作方案》等助力企业创新发展政策，为153家企业兑现双创补贴资金837万元。

（海　霞）

【延庆区高新技术企业保有量467家】 2022年，延庆区有效期内高新技术企业保有量467家，其中国家高新技术企业211家、中关村高新技术企业390家。国家高新技术企业总收入约154亿元，净资产约375亿元，高新技术产品（服务）收入约125亿元，纳税总额约4亿元，研发费用约9亿元。

（田东岩）

【延庆区开展知识产权宣传活动】 2022年，延庆区科委开展知识产权宣传周、知识产权服务日、知识产权培训及座谈活动共40场（次），累计服务企业290家，惠及1000余人，推送咨询信息600余条。

（田东岩）

【延庆区开展科技帮扶贫困村工作】 2022年，延庆区科委结合帮扶沈家营镇兴安堡村脱贫实际需求，在村里开展“一条街一区域”亮点工程：选出一条主街，进行带有科普文化气息的灯饰展示，即利用灯饰功能打造集党建、法治、科普等内容于一体的文化街灯展示区，推动乡村振兴战略实施，改善农村人居环境。为实现科普进农村目标，在兴安堡村组织创新发展——科普宣传能力提升主题科普活动，邀请专业老师面向村民开展科普讲座和培训，举办老北京糖画、剪纸等手工制作课，让科学普及活动惠及于民，以提升全体村民科学素质。

（田东岩）

【延庆区科普工作开展情况】 2022年，延庆区有科普场馆5个，展览面积2.24万平方米，展品数量1588件，科普志愿者5000余人，科普创作近900件。举办各类科普（技）讲座96场、科普活动588场，参加群众近13万人次。完成“延庆区无人机展示体验基地科普内容开发与推广服务”市级科普专项实施工作。华夏菁菁科技发展有限公司承担的“农业与自然生态科学馆科普内容提升与运营”项目获批市科普专项，获专项经费50万元。组织詹天佑纪念馆、马铃薯博物馆、华海田园等15家科普基地单位开展科普进学校、进社区、进农村、进企业、进军营等活动150场次。

（田东岩）

统计资料

北京地区 2022 年 R&D 活动情况

北京地区研究与试验发展（R&D）活动表主要数据来源为科技部《科学研究和技术服务业非企业单位调查》、教育部《普通高等学校科技统计年报》、国家统计局《工业企业研发创新统计》等。科学研究和技术服务业非企业单位指有法人地位的政府部门属科学研究与技术开发机构、科学研究和技术服务业其他事业单位和民办非企业单位。转制企业指转制为企业的研究机构。本资料因小数取舍产生的误差均未作配平处理。

一、北京地区 2022 年 R&D 活动汇总表

表 1　北京地区 R&D 人员情况统计表

	R&D 人员合计（人）	R&D 人员折合全时人员（人年）			
			基础研究	应用研究	试验发展
总　计	**546747**	**373235**	**84525**	**110283**	**178429**
按执行部门分组					
科研院所	150908	127513	46540	47763	33210
高等院校	146363	83037	34031	44034	4973
企　业	237479	154507	1751	14249	138508
其　他	11997	8178	2203	4237	1738

注：表中数据来源为北京市统计局、北京市科学技术委员会、北京市教育委员会、北京市经济和信息化委员会。

表 2 北京地区 R&D 经费情况统计表

单位：万元

	R&D 经费内部支出合计	# 日常性支出	人员劳务费	资产性支出	仪器和设备	R&D 经费外部支出合计
总 计	**28433394**	**25324198**	**10582789**	**3109196**	**2510375**	
一、按执行部门分组						
科研院所	12332269	10915229	3184248	1417040	904831	
高等院校	3116342	2731135	697238	385206	336989	
企 业	12400254	11345318	6521372	1054935	1048934	
其 他	584530	332515	179931	252015	219621	
二、按单位隶属关系分组						
中 央						
地 方						
三、按资金来源分组						
政府资金	12896678					
企业资金	13422113					
国外资金	146522					
其他资金	1968082					
四、按活动类型分组						
基础研究	4706662					
应用研究	7311006					
试验发展	16415727					
五、按从事的国民经济行业分组						
制造业	3341972	3180728	1330927	161244	158602	
信息传输、软件和信息技术服务业	6067299	5223312	4183735	843987	842703	
科学研究和技术服务业	14769399	12980677	4304700	1788721	1244129	
教 育	3116342	2731135	697238	385206	336989	

注：受统计局数据分组限制，本年部分分组数据空缺。

表 3 北京地区 R&D 活动产出情况统计表

	专利申请数（件）	发明专利	有效发明专利数（件）
总 计	**202722**	**88127**	**477790**
按执行部门分组			
科研院所			78439
高等院校			70521
企 业			315792
其 他			13038

二、科学研究和技术服务业非企业单位汇总表

表 4 非企业单位 R&D 人员情况统计表

	R&D 人员合计（人）	#1. 博士毕业	2. 硕士毕业	3. 本科毕业	R&D 人员折合全时人员（人年）	研究人员
总　计	**106762**	**46043**	**31869**	**19934**	**82109**	**61394**
一、按单位隶属关系分组						
中　央	89953	39319	25799	16423	68547	56697
地　方	16809	6724	6070	3511	13562	4697
二、按单位所属学科分组						
自然科学领域	35329	19802	6897	5043	26759	20626
农业科学领域	8119	3248	2408	1646	6992	4502
医学科学领域	12034	4587	2863	3533	9823	6862
工程科学与技术领域	44572	14453	17872	8907	32500	24534
社会、人文科学领域	6708	3953	1829	805	6035	4870
三、按活动类型分组						
基础研究					37817	
应用研究					33800	
试验发展					10492	
四、按服务的国民经济行业分组						
农、林、牧、渔业	7562	3102	2352	1445	6769	4368
采矿业	129	31	78	14	129	91
制造业	5929	1948	2055	1336	4009	2971
电力、热力、燃气及水生产和供应业	107	21	41	43	71	63
建筑业	150	19	73	54	102	94
批发和零售业	32	10	10	12	32	32
交通运输、仓储和邮政业	1720	394	887	388	1510	1313
住宿和餐饮业						
信息传输、软件和信息技术服务业	1991	332	954	512	859	617
金融业						
房地产业						
租赁和商务服务业						
科学研究和技术服务业	72333	35054	19619	11465	55326	42251
水利、环境和公共设施管理业	3794	891	1764	843	3284	2222
居民服务、修理和其他服务业	405	14	194	181	209	209
教　育	412	234	117	53	388	284
卫生和社会工作	8394	3107	2071	2527	6532	4675
文化、体育和娱乐业	585	111	217	184	526	424
公共管理、社会保障和社会组织	3219	775	1437	877	2363	1780
国际组织						

注：统计范围为有法人地位的政府部门属科学研究与技术开发机构、科学研究和技术服务业有法人地位有 R&D 活动的其他事业单位。

表5 非企业单位R&D经费情况统计表

	R&D经费内部支出合计（万元）	#1. 日常性支出	人员劳务费	2. 资产性支出	仪器和设备	R&D经费外部支出合计（万元）
总 计	**5971479**	**4624196**	**2198653**	**1347283**	**961346**	**120731**
一、按单位隶属关系分组						
中 央	5509811	4247179	2002406	1262632	890650	112153
地 方	461667	377017	196247	84650	70695	8578
二、按单位所属学科分组						
自然科学领域	2253000	1526574	679574	726426	537700	56899
农业科学领域	349391	306285	142986	43106	32224	12769
医学科学领域	561197	481835	231591	79362	56445	5954
工程科学与技术领域	2501514	2038931	995022	462583	303978	19537
社会、人文科学领域	306377	270571	149480	35807	30999	25573
三、按资金来源						
政府资金	5069971					
企业资金	471151					
国外资金	41104					
其他资金	389254					
四、按活动类型分组						
基础研究	2522711					
应用研究	2827283					
试验发展	621485					
五、按服务的国民经济行业分组						
农、林、牧、渔业	347201	307103	144817	40098	30291	12673
采矿业	4472	3744	1957	728	720	0
制造业	306468	250916	112989	55552	35091	1516
电力、热力、燃气及水生产和供应业	1046	781	509	265	265	2
建筑业	4534	4534	3158	0	0	221
批发和零售业	457	391	270	66	65	0
交通运输、仓储和邮政业	69827	62741	36778	7086	4726	7379
住宿和餐饮业						
信息传输、软件和信息技术服务业	50184	20870	9504	29314	15870	11
金融业						
房地产业						
租赁和商务服务业						
科学研究和技术服务业	4360141	3421867	1599879	938273	626186	73293
水利、环境和公共设施管理业	111567	91969	56769	19599	16560	4172
居民服务、修理和其他服务业	11087	11087	10431	0	0	0
教 育	21869	21459	14292	410	256	7688
卫生和社会工作	353914	295785	151215	58129	44113	4004
文化、体育和娱乐业	15155	12496	7346	2659	1954	186
公共管理、社会保障和社会组织	313557	118453	48739	195104	185249	9587
国际组织						

表 6 非企业单位 R&D 项目（课题）情况统计表

	项目（课题）数（项）	项目（课题）人员折合全时当量（人年）	项目（课题）经费支出（万元）
总　计	**43320**	**66884**	**2794210**
一、按活动类型分组			
基础研究	21248	30923	1292580
应用研究	18466	27471	1295629
试验发展	3606	8490	206001
二、按项目学科分组			
自然科学领域	18459	24744	1385555
农业科学领域	2588	4647	116199
医学科学领域	4001	7894	145593
工程科学与技术领域	14531	24799	1083497
社会、人文科学领域	3741	4800	63367
三、按项目来源分组			
国家科技项目	25523	44096	1946470
地方科技项目	3404	5645	178149
企业委托科技项目	6107	5284	261226
自选科技项目	4512	6554	182002
来自国外的科技项目	200	321	10493
其他科技项目	3574	4986	215869
四、按项目的合作形式分组			
独立完成	37858	52684	2460504
与境内独立研究机构合作	1880	5629	163599
与境内高等学校合作	1132	3292	69042
与境内注册其他企业合作	788	1481	35492
与境外机构合作	122	238	6456
其　他	1540	3560	59118

表 7 非企业单位 R&D 活动产出情况统计表

	专利申请数（件）		有效发明专利数（件）	发表科技论文（篇）	出版科技著作（种）
		发明专利			
总 计	**12344**	**10055**	**53706**	**68417**	**2273**
一、按单位隶属关系分组					
中 央	11258	9366	48974	62632	2093
地 方	1086	689	4732	5785	180
二、按单位所属学科分组					
自然科学领域	2958	2551	12795	21137	320
农业科学领域	1306	960	6505	6191	258
医学科学领域	1333	812	4261	12596	206
工程科学与技术领域	6716	5709	29956	19137	707
社会、人文科学领域	31	23	189	9356	782
三、按服务的国民经济行业分组					
农、林、牧、渔业	1276	950	6547	6064	255
采矿业	3	0	9	56	0
制造业	1489	1338	6634	3811	86
电力、热力、燃气及水生产和供应业	21	4	51	92	0
建筑业	30	10	189	92	4
批发和零售业					
交通运输、仓储和邮政业	308	200	719	953	79
住宿和餐饮业					
信息传输、软件和信息技术服务业	205	183	605	293	15
金融业					
房地产业					
租赁和商务服务业					
科学研究和技术服务业	7350	6491	33344	41626	1262
水利、环境和公共设施管理业	549	301	2855	2584	197
居民服务、修理和其他服务业	8	6	8	104	0
教 育	1	1	13	575	80
卫生和社会工作	778	336	1640	9405	159
文化、体育和娱乐业	26	17	195	459	34
公共管理、社会保障和社会组织	300	218	897	2303	102
国际组织					

注：本表数据来源为科技部《科学研究和技术服务业非企业单位调查表》。

三、转制为企业的研究机构汇总表

表 8 转制企业 R&D 人员情况统计表

	R&D 人员合计（人）	#1. 博士毕业	2. 硕士毕业	3. 本科毕业	4. 其他	R&D 人员折合全时人员（人年）
总 计	**20994**	**2048**	**9302**	**7098**	**2546**	**18045**
一、按登记注册类型分组						
国 有	16668	1693	7509	5402	2064	14028
有限责任公司	4326	355	1793	1696	482	4017
二、按单位所属学科分组						
自然科学领域	94	20	49	24	1	92
农业科学领域						
医学科学领域	135	6	47	66	16	135
工程科学与技术领域	20765	2022	9206	7008	2529	17818
社会、人文科学领域						
三、按活动类型分组						
基础研究						
应用研究						
试验发展						
四、按服务的国民经济行业分组						
农、林、牧、渔业						
采矿业	271	79	161	26	5	271
制造业	2719	117	1213	1075	314	2671
电力、热力、燃气及水生产和供应业						
建筑业						
批发和零售业						
交通运输、仓储和邮政业	14	0	14	0	0	14
住宿和餐饮业						
信息传输、软件和信息技术服务业	399	12	142	209	36	344
金融业						
房地产业						
租赁和商务服务业	1883	74	626	892	291	1683
科学研究和技术服务业	15708	1766	7146	4896	1900	13062
水利、环境和公共设施管理业						
居民服务、修理和其他服务业						
教 育						
卫生和社会工作						
文化、体育和娱乐业						
公共管理、社会保障和社会组织						
国际组织						

注：统计范围为转制为企业有法人地位的研究机构。

表9 转制企业R&D经费情况统计表

	R&D经费内部支出合计（万元）	#1. 日常性支出		2. 资产性支出	
			人员劳务费		仪器和设备
总　计	**690819**	**648076**	**348402**	**42743**	**35706**
一、按登记注册类型分组					
国　有	532911	498380	256170	34532	28482
有限责任公司	157908	149696	92232	8211	7224
二、按单位所属学科分组					
自然科学领域	1604	1509	1373	95	93
农业科学领域					
医学科学领域	4586	3695	2202	891	623
工程科学与技术领域	684629	642872	344827	41757	34990
社会、人文科学领域					
三、按资金来源					
政府资金	137367				
企业资金	468019				
国外资金					
其他资金	85433				
四、按活动类型分组					
基础研究					
应用研究					
试验发展					
五、按服务的国民经济行业分组					
农、林、牧、渔业					
采矿业	8202	6315	4559	1887	991
制造业	123537	115955	71546	7582	4812
电力、热力、燃气及水生产和供应业					
建筑业					
批发和零售业					
交通运输、仓储和邮政业	132	132			
住宿和餐饮业					
信息传输、软件和信息技术服务业	11871	11792	7820	79	79
金融业					
房地产业					
租赁和商务服务业	55973	51667	11618	4307	3888
科学研究和技术服务业	491104	462215	252859	28888	25936
水利、环境和公共设施管理业					
居民服务、修理和其他服务业					
教　育					
卫生和社会工作					
文化、体育和娱乐业					
公共管理、社会保障和社会组织					
国际组织					

表 10 转制企业 R&D 项目（课题）情况统计表

	项目（课题）数（项）	项目（课题）人员折合全时当量（人年）	项目（课题）经费支出（万元）
总　计	**4619**	**12917.5**	**360508**
一、按活动类型分组			
基础研究	396	1033.9	15831
应用研究	3015	7727	199361
试验发展	1208	4156.6	145316
二、按项目学科分组			
自然科学领域	31	175.9	6805
农业科学领域	16	28.3	839
医学科学领域	25	138.2	3989
工程科学与技术领域	4547	12575.1	348875
社会、人文科学领域			
三、按项目来源分组			
国家科技项目	803	3224.7	74683
地方科技项目	142	620.7	11846
企业委托科技项目	1941	3500.4	119240
自选科技项目	1585	4834.6	147909
来自国外的科技项目	21	49.8	925
其他科技项目	127	687.3	5905
四、按项目的合作形式分组			
独立完成			
与境内独立研究机构合作			
与境内高等学校合作			
与境内注册其他企业合作			
与境外机构合作			
其　他			

表 11 转制企业 R&D 活动产出情况统计表

	专利申请数（件）	发明专利	有效发明专利数（件）	发表科技论文（篇）	出版科技著作（种）
总 计	**4765**	**3578**	**11602**	**4155**	**79**
一、按登记注册类型分组					
国 有	3741	2986	9771	3297	52
有限责任公司	1024	592	1831	858	27
二、按单位所属学科分组					
自然科学领域	27	9	73	48	10
农业科学领域					
医学科学领域	50	50	23	1	
工程科学与技术领域	4688	3519	11504	4037	67
社会、人文科学领域			2	69	2
三、按服务的国民经济行业分组					
农、林、牧、渔业					
采矿业	147	126	74	77	3
制造业	198	136	709	248	2
电力、热力、燃气及水生产和供应业					
建筑业					
批发和零售业					
交通运输、仓储和邮政业	20		5	38	1
住宿和餐饮业					
信息传输、软件和信息技术服务业	32	23	48	30	
金融业					
房地产业					
租赁和商务服务业	358	200	929	396	
科学研究和技术服务业	4010	3093	9837	3366	73
水利、环境和公共设施管理业					
居民服务、修理和其他服务业					
教 育					
卫生和社会工作					
文化、体育和娱乐业					
公共管理、社会保障和社会组织					
国际组织					

注：本表数据来源为科技部《转制为企业的研究机构科技活动调查表》。

2022 年度北京市科学技术奖获奖一览表

2022 年度北京市科学技术奖共 21 位科学家、188 项成果获奖。其中，突出贡献中关村奖 2 人，杰出青年中关村奖 9 人，国际合作中关村奖 10 人。42 项成果获自然科学奖，其中一等奖 10 项、二等奖 32 项；20 项成果获技术发明奖，其中一等奖 5 项、二等奖 15 项；126 项成果获科学技术进步奖，其中特等奖 1 项、一等奖 29 项、二等奖 96 项。

突出贡献中关村奖

序号	获奖编号	姓名	提名者	工作单位
1	2022–GX–01	王小云	郭雷	清华大学
2	2022–GX–02	赵晋荣	北京经济技术开发区管理委员会	北京北方华创微电子装备有限公司

杰出青年中关村奖

序号	获奖编号	姓名	提名者	工作单位
1	2022–QN–01	曹云龙	北京市昌平区人民政府	昌平实验室（北京大学）
2	2022–QN–02	陶　飞	北京市科学技术协会	北京航空航天大学
3	2022–QN–03	杨玉超	黄如，郑南宁	北京大学
4	2022–QN–04	邵薇薇	王浩，刘昌明	中国水利水电科学研究院
5	2022–QN–05	李　腾	北京市昌平区人民政府	北京蓝晶微生物科技有限公司
6	2022–QN–06	周　恒	韩布兴，李永舫	中国科学院化学研究所
7	2022–QN–07	高立宁	龙腾，毛二可	北京理工雷科电子信息技术有限公司
8	2022–QN–08	李飞强	欧阳明高，李亚栋	北京亿华通科技股份有限公司
9	2022–QN–09	刘保献	北京市生态环境局	北京市生态环境监测中心

国际合作中关村奖

序号	获奖编号	姓名	提名者	工作单位
1	2022–HZ–01	Daan Frenkel 达恩·夫伦克尔	中国科学院物理研究所	University of Cambridge 剑桥大学
2	2022–HZ–02	STEPHEN LARS OLSEN 奥森·史蒂芬	中国科学院大学	Institute for Basic Science 韩国基础科学研究院地下物理中心
3	2022–HZ–03	Jong Seung Kim 金鍾昇	中国科学院理化技术研究所	Korea University 高丽大学
4	2022–HZ–04	Alejandro Jesus Müller Sanchez 亚历山大·杰西·穆勒·桑切斯	中国科学院化学研究所	University of the Basque Country 西班牙巴斯克大学
5	2022–HZ–05	Alvaro Gimenez Canete 阿尔瓦罗·希门尼斯·卡涅特	中国科学院国家空间科学中心	European Space Agency 欧洲空间局
6	2022–HZ–06	Ton Bisseling 安东尼·比斯利	北京市科学技术协会	Laboratory of Molecular Biology Wageningen University The Netherlands 荷兰瓦赫宁根大学分子生物学系
7	2022–HZ–07	Kaoru Hirota 廣田薫	北京理工大学	Tokyo Institute of Technology 东京工业大学
8	2022–HZ–08	Jens Nielsen 延斯·尼尔森	北京化工大学	Chalmers University of Technology 查尔姆斯理工大学

续表

序号	获奖编号	姓名	提名者	工作单位
9	2022-HZ-09	Shoji Tetsuo 庄子哲雄	北京科技大学	Tohoku University Japan 日本东北大学
10	2022-HZ-10	Paul Brian Wolshon 沃尔森	北京航空航天大学	Louisiana State University 路易斯安那州立大学

自然科学奖一等奖

序号	获奖编号	项目名称	提名者	完成单位	主要完成人
1	2022-Z01-1-01	极端条件调控的基元序构量子演生新材料	中国科学院物理研究所	中国科学院物理研究所	靳常青 龙有文 李文敏 赵侃 邓正 望贤成 周龙 王潇
2	2022-Z01-1-02	FAST精细刻画快速射电暴及其周边环境	中国科学院国家天文台	中国科学院国家天文台 之江实验室	李菂 冯毅 王培 庆道冲 朱炜玮 牛晨辉 岳友岭 段然 蔡肇伟 姚菊枚 MarkoKrco
3	2022-Z02-1-01	高性能钙钛矿半导体光电器件的载流子输运调控及缺陷钝化研究	中国科学院半导体研究所	中国科学院半导体研究所	游经碧 张兴旺 蒋琦 赵洋 储泽马 尹志岗
4	2022-Z02-1-02	关键二维半导体晶圆级制备及新原理信息器件基础研究	国家纳米科学中心	国家纳米科学中心 北京大学	何军 刘开辉 张艳锋 王振兴 杨鹏飞 王峰
5	2022-Z03-1-01	冰晶形成机制研究与应用	中国科学院化学研究所	中国科学院化学研究所 中国科学院大学	王健君 周昕 白国英 刘杰 贺志远
6	2022-Z04-1-01	细胞命运稳定性与可塑性的表观遗传调控机制	中国科学院生物物理研究所	中国科学院生物物理研究所 北京生命科学研究所 同济大学	朱冰 高绍荣 李颖峰 徐墨 张珠强 袁文 张晶 陈涉 张彦 陈嘉瑜
7	2022-Z04-1-02	迁移体的发现及机制与功能研究	清华大学	清华大学	俞立 孟安明 杨雪瑞 马亮 姜东 黄雨薇 焦海峰 祝明莉 李英 姜政 彭俊雅 张绍进 邹沁
8	2022-Z04-1-03	传染病传播演化与干预效应量化理论研究	北京师范大学	北京师范大学 中国人民解放军军事科学院军事医学研究院	田怀玉 崔玉军 董路
9	2022-Z04-1-04	代谢性疾病的发病机制与干预策略研究	北京大学医学部	北京大学 北京大学第三医院	姜长涛 孙露露 吴劼 汪锴 王鹏程 庞艳莉 刘慧颖 王雪梅
10	2022-Z05-1-01	高储能薄膜电容器聚合物电介质电－热性能调控机制与方法	清华大学	清华大学 西安科技大学 北京科技大学	党智敏 周文英 查俊伟 刘向荣 钟少龙

自然科学奖二等奖

序号	获奖编号	项目名称	提名者	完成单位	主要完成人
1	2022-Z01-2-01	新时代的张量网络计算理论与方法：从机器学习到量子计算	北京市海淀区人民政府	中国科学院理论物理研究所 中国科学院物理研究所 北京大学	张潘 潘峰 王磊 刘金国 周鹏飞 李素洁 吴典 韩兆宇 王峻
2	2022-Z01-2-02	超滑界面超快摩擦能量耗散检测与调控	清华大学	清华大学 武汉大学 北京信息科技大学	刘大猛 刘欢 李黄龙 郭宇铮 段文睿 裴京 王冲 刘媛双 胡香敏
3	2022-Z01-2-03	复杂非线性系统的可积性及其物理应用	北京师范大学	北京师范大学 中国科学院物理研究所 北京应用物理与计算数学研究所	王灯山 刘伍明 郭柏灵
4	2022-Z01-2-04	跨尺度场调控新型光子效应与应用	北京工业大学	北京工业大学 北京大学	张新平 富聿岚 马赫 胡小永 宋晓艳

续表

序号	获奖编号	项目名称	提名者	完成单位	主要完成人
5	2022-Z01-2-05	太阳帆航天器轨道动力学与控制理论	北京航空航天大学	清华大学 北京理工大学	龚胜平 曾祥远 李俊峰
6	2022-Z01-2-06	三元策略提高有机光伏器件性能及关键科学问题研究	北京交通大学	北京交通大学	张福俊 马晓玲 张　苗 安桥石 高进华
7	2022-Z02-2-01	高效深度强化学习算法和最优性分析	中国科学院自动化研究所	中国科学院自动化研究所	赵冬斌 朱圆恒 张启超 陈亚冉 邵　坤 李浩然 李　栋 吕　乐 王海涛 周　彤
8	2022-Z02-2-02	极化合成孔径雷达数据的感知理论与方法	中国科学院数学与系统科学研究院	中国科学院数学与系统科学研究院 中国科学院自动化研究所	张　波 聂祥丽 黄夏渊
9	2022-Z02-2-03	工业网络化系统的状态估计、故障诊断及安全防护	清华大学	清华大学 同济大学 山东科技大学 上海理工大学 北方工业大学	何　潇 刘钦源 钟麦英 丁德锐 庞中华 王子栋 周东华
10	2022-Z02-2-04	基于涡旋光场调控的新型光子键控信息传输理论与方法	北京理工大学	北京理工大学	付时尧 高春清 王彤璐
11	2022-Z02-2-05	具有记忆特性复杂网络系统的非线性控制与应用	北京交通大学	北京交通大学 中央财经大学 西北工业大学	于永光 王　虎 张　硕 任国健 苏　伟
12	2022-Z02-2-06	复杂系统输运过程的重构方法、严格可控性理论与实证研究	北京交通大学	北京交通大学 北京师范大学 北京航空航天大学	高自友 王文旭 李大庆 杨立兴 姜　锐 韩　晓 阴佳腾 曾冠文 狄增如 唐　涛
13	2022-Z03-2-01	苝酰亚胺类n型光电聚合物/齐聚物的创制	北京大学	北京大学 中国科学院化学研究所	占肖卫 李永舫 程　沛 林禹泽 赵鑫刚
14	2022-Z03-2-02	大晶格失配度下的非外延合成及应用	北京理工大学	北京理工大学 国家纳米科学中心	张加涛 刘　佳 徐　萌 谢黎明 刘佳佳 戎宏盼 李欣远
15	2022-Z03-2-03	二维材料范德华异质结构与载流子输运行为调控	北京科技大学	北京科技大学	张　铮 康　卓 廖庆亮 张　跃 张先坤 高　丽 汪　鑫 林　沛 于慧慧 张羽葳
16	2022-Z03-2-04	有机/钙钛矿太阳电池关键材料与制备工艺研发	国家纳米科学中心	国家纳米科学中心 华东师范大学 中国科学技术大学	丁黎明 肖　作 左传天 保秦烨 杨上峰
17	2022-Z03-2-05	基于准金属纳米结构的表面增强拉曼光谱分析研究	中国检验检疫科学研究院	中国检验检疫科学研究院	席广成 李俊芳 杨海峰 李亚辉 张　庆 白　桦
18	2022-Z04-2-01	高等植物避荫反应分子调控机理解析	中国农业科学院	中国农业科学院生物技术研究所 华南农业大学 首都师范大学	王海洋 谢钰容 何奕騉 刘　扬 王宝宝 孔德鑫 魏洪彬 胡　勇 包　方
19	2022-Z04-2-02	基于脑电生理信号的跨物种疼痛建模与特异性标记物研究	北京市朝阳区人民政府	中国科学院心理研究所 深圳大学	胡　理 GiandomenicoIannetti 岳路鹏 彭微微 夏晓磊 张治国 罗　非 黄　淦 梁　猛
20	2022-Z04-2-03	组蛋白酰基化读码识别及其功能意义	清华大学	清华大学 香港大学	李海涛 李元元 李　祥 赵　诞 熊小哲 任祥乐
21	2022-Z04-2-04	人际互动的认知结构、神经基础和计算机理研究	北京师范大学	北京师范大学	卢春明 蒋　静 郑丽芬 龙宇航 赵　慧
22	2022-Z04-2-05	遗传性神经肌肉病的新致病基因鉴定和发病机制研究	北京大学医学部	北京大学第一医院 中国科学院生物物理研究所 南昌大学第一附属医院	王朝霞 邓健文 袁　云 于佳希 洪道俊 孟令超 谢志颖 朱　笠 张　巍 俞　萌

续表

序号	获奖编号	项目名称	提名者	完成单位	主要完成人
23	2022–Z04–2–06	国人心血管相关疾病的代谢特征和发病机制的探索与应用	北京大学医学部	北京大学	郑乐民 冼勋德 陈 昊 黄 薇 刘国庆 潘 兵 王宇辉 季 亮
24	2022–Z04–2–07	胰腺肿瘤影像特征机制研究与技术创新应用	中国医学科学院	中国医学科学院北京协和医院 中国科学院过程工程研究所 中国科学院自动化研究所 北京深睿博联科技有限责任公司	薛华丹 金征宇 吴文铭 闫学海 杜 洋 朱 亮 戴梦华 李秀丽
25	2022–Z05–2–01	基于嫦娥四号数据的月球背面物质与环境研究	中国科学院国家空间科学中心	中国科学院国家空间科学中心	刘 洋 张珅毅 杨亚洲 谢良海 贾瑛卓 RobertFWimmerSchweingruber 侯东辉 薛长斌 邹永廖 王 赤
26	2022–Z05–2–02	地理空间数据归因方法与人口健康分析	中国科学院地理科学与资源研究所	中国科学院地理科学与资源研究所 中国科学院生态环境研究中心 北京大学 首都儿科研究所附属儿童医院	王劲峰 傅伯杰 郑晓瑛 张 霆 周成虎 葛 咏 徐成东 胡茂桂 廖一兰
27	2022–Z05–2–03	全天候时空连续一致的地表温度遥感反演与验证方法	中国农业科学院	中国农业科学院农业资源与农业区划研究所 中国科学院地理科学与资源研究所 中国科学院空天信息创新研究院 中国科学院、水利部成都山地灾害与环境研究所 河北地质大学	李召良 段四波 王 宁 吴 骅 冷 佩 赵 伟 马灵玲 唐伯惠 唐荣林 赵恩宇
28	2022–Z05–2–04	光刻机工件台高动态非线性超精密运动控制理论及方法	清华大学	清华大学	朱 煜 胡楚雄 杨开明 张 鸣 汪 泽
29	2022–Z05–2–05	华北平原地下水储量变化的若干宏观规律研究	首都师范大学	首都师范大学 河海大学 中国科学院地理科学与资源研究所	潘 云 段青云 汤秋鸿 张 翀 朱 琳 李小娟
30	2022–Z05–2–06	海相沉积盆地温度场研究	中国石油大学（北京）	中国石油大学（北京） 中国科学院地质与地球物理研究所	邱楠生 朱传庆 冯乾乾 常 健 姜光政 罗情勇 胡圣标 左银辉
31	2022–Z05–2–07	泥页岩孔—缝系统分形机制与三维重构及含油气性机理	中国石油大学（北京）	中国石油大学（北京） 中国石油大学（华东） 中国石油化工股份有限公司石油勘探开发研究院 北京大学 中国石油天然气股份有限公司勘探开发研究院	姜福杰 李吉君 陈 迪 胡 涛 庞雄奇 黎茂稳 邵新荷 王鹏威 赵正福 王琦峰
32	2022–Z05–2–08	页岩流体限域效应的理论研究	中国石油大学（北京）	中国石油大学（北京） 清华大学 宁波市东方理工高等研究院	吴克柳 陈掌星 王沐然 李 靖 东晓虎 冯 东 李相方 陈十一

技术发明奖一等奖

序号	获奖编号	项目名称	提名者	完成单位	主要完成人
1	2022–F01–1–01	大深度高分辨穿透成像雷达技术与应用	中国科学院空天信息创新研究院	中国科学院空天信息创新研究院	方广有 周 斌 纪奕才 张群英 沈绍祥 刘丽华 叶盛波 刘小军 卢 伟 唐传军 赵 博 李玉喜 张 锋 黄 玲 李士东

续表

序号	获奖编号	项目名称	提名者	完成单位	主要完成人
2	2022-F02-1-01	多能流综合能量管理关键技术、系统及其应用	清华大学	清华大学 国网信息通信产业集团有限公司 中国电力国际发展有限公司 中电智慧综合能源有限公司 北京清源智慧科技有限公司	孙宏斌 郭庆来 王　彬 李　强 吴文传 潘昭光 张伯明 张　越 毛小磊 夏　天 张明晔 葛怀畅 王　亮 刘永清 孟　青
3	2022-F04-1-01	电动车辆宽温域动力电池主动热管控及产业应用技术体系	北京理工大学	北京理工大学 荣盛盟固利新能源科技股份有限公司 宁德时代新能源科技股份有限公司 北京公共交通控股（集团）有限公司 北汽福田汽车股份有限公司 宇通客车股份有限公司 北京理工华创电动车技术有限公司	林　程 熊　瑞 吴宁宁 孔维峰 孟祥峰 周恩飞 时军辉 李高鹏 杨瑞鑫 田　雨 毛永志 陈培培 陈晓慧 陈　铖 陶臻诣
4	2022-F05-1-01	结构性心脏病介入诊疗关键技术体系创新与推广应用	中国医学科学院	中国医学科学院阜外医院 先健科技（深圳）有限公司 香港亚洲医院有限公司 中国人民解放军北部战区总医院 上海形状记忆合金材料有限公司 北京华医圣杰科技有限公司 云南省阜外心血管病医院	潘湘斌 李安宁 林逸贤 张德元 张凤文 王首正 蒋世良 朱鲜阳 张戈军 陈　娟 曾　筝 欧阳文斌 房　芳 朱　达 李泽夫
5	2022-F06-1-01	玉米新型育种和制种技术及其应用	北京科技大学	北京科技大学 中国科学院遗传与发育生物学研究所 中国农业科学院作物科学研究所 中国农业大学 河南农业大学 北京丰捷一佳农业科技有限公司 北京首佳利华科技有限公司 北京中智生物农业国际研究院	万向元 陈化榜 谢传晓 金危危 李玉玲 黄西林 吴锁伟 安学丽 魏　珣 龙　艳 赵　丽 祁显涛 黄　伟 董永彬 李金萍

技术发明奖二等奖

序号	获奖编号	项目名称	提名者	完成单位	主要完成人
1	2022-F01-2-01	主动免疫安全可信网关的研制与规模化商用	中国移动通信集团有限公司	中国移动通信集团有限公司 中移系统集成有限公司 北京工业大学	何　申 张建标 黄　静 粟　粟 曹雪峰 杨　凯 赵海燕 米秀明 杜海涛 杨　波
2	2022-F01-2-02	基于智能超表面的无线覆盖增强技术	清华大学	清华大学 中兴通讯股份有限公司 中国联合网络通信有限公司 北京行晟科技有限公司	戴凌龙 杨　帆 别业楠 马红兵 张剑年 许慎恒 赵亚军 李福昌 刘睿祺 刘秋妍
3	2022-F01-2-03	材料辐照损伤高性能多尺度计算关键技术及应用	北京科技大学	北京科技大学 中国原子能科学研究院 中国科学院计算机网络信息中心 北京易用视点科技有限公司	胡长军 杨　文 王　珏 路庆瑞 贺新福 李建江 储根深 陈丹丹 白　鹤 吴　石
4	2022-F01-2-04	超高清视频制播净切换与调度技术及应用	中国传媒大学	中国传媒大学	颜金尧 王　晖 张　远 耿俊杰 张　园 叶　龙 蔡　洋 廖荣基
5	2022-F01-2-05	静止轨道全谱段高光谱探测技术研发与应用	中国航天科技集团有限公司	北京空间机电研究所 苏州大学 中国电子科技集团公司第十一研究所 北京航空航天大学 北京空间飞行器总体设计部	唐绍凡 李　欢 贾国瑞 朱嘉诚 岳荣刚 于小兵 任海培 岳鹏远 沈为民 李　娜
6	2022-F02-2-01	大功率绝缘栅双极型晶体管(IGBT)驱动关键技术及应用	北京市昌平区人民政府	国网智能电网研究院有限公司 中电普瑞电力工程有限公司 深圳青铜剑技术有限公司 许继电气股份有限公司 华北电力大学 中电普瑞科技有限公司 北京联研国芯技术有限责任公司	贺之渊 客金坤 傅俊寅 冯静波 齐　磊 杨岳峰 白建成 庞　辉 司志磊 许航宇

续表

序号	获奖编号	项目名称	提名者	完成单位	主要完成人
7	2022—F02—2—02	大面积钙钛矿成膜技术及其应用	北京市昌平区人民政府	中国华能集团清洁能源技术研究院有限公司 华中科技大学 深圳市捷佳伟创新能源装备股份有限公司 杭州众能光电科技有限公司 华能新能源股份有限公司	赵志国 陈 炜 肖 平 王力军 余 仲 石 磊 李新连 张 赟 李梦洁 蔡子贺
8	2022—F03—2—01	极端环境核磁共振科学仪器研制及工业应用	中国石油大学（北京）	中国石油大学（北京） 中国石油集团测井有限公司 中海油田服务股份有限公司 北京环鼎科技有限责任公司 北京青檬艾柯科技有限公司	肖立志 廖广志 侯学理 张嘉伟 李 楠 谢然红 刘化冰 罗嗣慧 李英波 朱万里
9	2022—F03—2—02	空间探测用轻质烧蚀防热材料技术及应用	中国航天科技集团有限公司	航天材料及工艺研究所	梁 馨 孙红卫 王 超 方 洲 张 东 董彦芝 杨昌昊 左小彪 尹 亮 谭朝元
10	2022—F04—2—01	航天器复杂结构碎片撞击监测及泄漏精确定位关键技术与应用	中国航天科技集团有限公司	北京卫星环境工程研究所 天津大学 南京航空航天大学 中国航天科工飞航技术研究院 北京品傲光电科技有限公司 南京熊猫通信科技有限公司 北京软岛时代科技有限公司	綦 磊 孙立臣 曾 捷 张 宇 闫荣鑫 芮小博 宋厚勇 张宇鹏 孙 伟 崔寓淏
11	2022—F04—2—02	复杂航天器电气系统设计、建模与验证关键技术及应用	中国航天科技集团有限公司	北京空间飞行器总体设计部 苏州同元软控信息技术有限公司 中国科学院空天信息创新研究院 北京理工大学	刘治钢 杨孟飞 刘 奇 彭 兢 陈 琦 杜 青 徐国宁 史大威 蔡晓东 李海津
12	2022—F05—2—01	个性化性别差异人工膝关节系统的关键技术发明与临床应用	北京大学医学部	北京大学第三医院 纳通生物科技（北京）有限公司 华南理工大学 深圳市金石三维打印科技有限公司	余家阔 宋长辉 杨永强 原福贞 王 健 王海军 林 霖 王 迪 曾敬松 王安民
13	2022—F06—2—01	鸭坦布苏病毒病防控关键技术及应用	北京市农林科学院	北京市农林科学院 瑞普（保定）生物药业有限公司 中国兽医药品监察所 甘肃健顺生物科技有限公司 北京市动物疫病预防控制中心 北京首农食品集团有限公司 乾元浩生物股份有限公司	刘月焕 林 健 杨保收 杨志远 杨承槐 李守军 罗 顺 李俊平 宋彦军 黄 程
14	2022—F06—2—02	非常规油气藏长水平井快速成像探测关键技术与应用	中石化石油工程技术研究院有限公司	中石化石油工程技术研究院有限公司 中石化经纬有限公司胜利测井公司 北京信远华油科技有限公司	倪卫宁 李 新 王 卫 郭同政 刘佳程 米金泰 王金茂 李丰波 金志刚 邓方青
15	2022—F06—2—03	油基钻井液用关键处理剂的研制与工业化应用	中石化石油工程技术研究院有限公司	中石化石油工程技术研究院有限公司 中国石油大学（北京） 中石化西南石油工程有限公司钻井工程研究院 北京石大博诚科技有限公司	王显光 金军斌 韩秀贞 王权阳 李大奇 林永学 韩子轩 董腾飞 甄剑武 冯 奇

科学技术进步奖特等奖

序号	获奖编号	项目名称	提名者	完成单位	主要完成人
1	2022—J10—T—01	北京大兴国际机场航站楼建造关键技术研究与应用	北京城建集团有限责任公司	北京城建集团有限责任公司 北京新机场建设指挥部 北京市建筑设计研究院有限公司 清华大学 北京建工集团有限责任公司 江苏沪宁钢机股份有限公司 浙江精工钢结构集团有限公司 震安科技股份有限公司	姚亚波 李建华 束伟农 郭雁池 张晋勋 段先军 徐全胜 吴志晖 雷素素 赵建明 王亦知 刘云飞 刘宇飞 郭双朝 张 伟 张 正 王晓群 李海兵 秦 凯 黄维爱 张晓峰 刘汉朝 付 鹏 易 巍 韩维平 杨 鑫 孙夏峰 刘中华 李 涛 崔雪娇

序号	获奖编号	项目名称	提名者	完成单位	主要完成人
1	2022–J01–1–01	航空遥感系统国家重大科技基础设施	中国科学院空天信息创新研究院	中国科学院空天信息创新研究院 中航西飞民用飞机有限责任公司 中国科学院上海技术物理研究所 中国科学院合肥物质科学研究院 中国科学院国家空间科学中心 中国科学院光电技术研究所	吴一戎 丁赤飚 潘 洁 王建宇 刘文清 朱金彪 王程宽 宋福明 周良将 杨 宏 胡玉新 王振占 梁 伟 闫亚斌 韩贵丞
2	2022–J01–1–02	硅薄膜外延设备研发及产业化	北京电子控股有限责任公司	北京北方华创微电子装备有限公司 中芯北方集成电路制造（北京）有限公司 中芯国际集成电路制造（北京）有限公司	董博宇 周志文 袁福顺 邓晓军 夏振军 王磊磊 肖志强 孙 伟 高 雄 赵宇婷 张 涛 狄 艳 高 硕 胡国莉 仲光宇
3	2022–J02–1–01	高速铁路轨道几何参数高精度高动态检测关键技术与应用	中国航天科工集团有限公司	北京自动化控制设备研究所 北京理工大学 北京力铁轨道交通设备有限公司	郭玉胜 张吉先 杨 毅 庄广琛 莫明岗 白洪林 王海军 张发成 邓继权 刘志军 裴新凯 艾瀛涛 岳裕丰 李海强 王万征
4	2022–J02–1–02	面向动态复杂环境的多源融合智能感知技术及产业化	中国科学院自动化研究所	中国科学院自动化研究所 北京汽车研究总院有限公司 北京图森智途科技有限公司 腾讯云计算（北京）有限责任公司 惠州华阳通用电子有限公司 北汽福田汽车股份有限公司 北京福田戴姆勒汽车有限公司	张兆翔 陈 新 王乃岩 谭铁牛 王 磊 杨雨然 冯 硕 龙吉文 王力军 张景尧 梅树起 金小娟 张 驰 魏孟飞 陈文博
5	2022–J02–1–03	基于应用程序接口精准检测和高效动态防护的云安全关键技术与应用	北京市西城区人民政府	奇安信科技集团股份有限公司 中国科学院信息工程研究所 北京数盾信息科技有限公司 中国软件评测中心（工业和信息化部软件与集成电路促进中心） 奇安信网神信息技术（北京）股份有限公司 北京椒图科技有限公司	刘 勇 刘 浩 贾晓启 朱 云 郭永振 鲍坤夫 闫 雪 刘文强 吴 康 齐子昕 刘洪亮 杨 建 周 灿 葛 山 张 凯
6	2022–J02–1–04	智能司法公开的关键技术研究与应用	清华大学	清华大学 航天国政信息技术（北京）有限公司	刘奕群 张 敏 李东海 吴玥悦 艾清遥 谢晓晖 王志红 郭晓妮 梁永涛 杜 斟 蒋 欣 马少平
7	2022–J02–1–05	沉浸式视频编解码关键技术与应用	北京大学	北京大学 鹏城实验室 中央广播电视总台 北京大学深圳研究生院 咪咕文化科技有限公司 北京朝歌数码科技股份有限公司 京东方科技集团股份有限公司 北京数码视讯软件技术发展有限公司 北京广播电视台 北京博雅睿视科技有限公司	马思伟 高 文 智 卫 王荣刚 王苫社 李 琳 贾川民 蒋 文 邵喜斌 张 帆 潘晓菲 马 悦 郑建铧 杨桂明 张嘉琪
8	2022–J03–1–01	新能源汽车用钢中大颗粒夹杂物控制关键技术	北方工业大学	北方工业大学 北京科技大学 首钢集团有限公司 北京首钢股份有限公司 邯郸钢铁集团有限责任公司 上海梅山钢铁股份有限公司 燕山大学 邯钢集团邯宝钢铁有限公司	张立峰 任 英 邓建军 杨 文 李海波 黄福祥 陈 威 周业连 韩 健 王举金 刘春阳 朱坦华 马文俊 李玉娣 王伟健

续表

序号	获奖编号	项目名称	提名者	完成单位	主要完成人
9	2022–J04–1–01	地下水污染精准识别与系统防治关键技术及应用	北京市朝阳区人民政府	中国环境科学研究院 南方科技大学 清华大学 北京市水科学技术研究院 生态环境部土壤与农业农村生态环境监管技术中心 北京建工环境修复股份有限公司 生态环境部环境规划院 北京市地质环境监测所 北京环丁环保大数据研究院 中石化第五建设有限公司	席北斗 胡 清 李广贺 李炳华 侯德义 李 娟 刘伟江 袁 英 林斯杰 李书鹏 杨 庆 郑凡东 陈 坚 鹿豪杰 周 巍
10	2022–J04–1–02	复杂深地油气安全钻井监控成套技术与装备	中国石油集团工程技术研究院有限公司	中国石油集团工程技术研究院有限公司 北京工业大学 中国石油大学（北京） 中国石油天然气股份有限公司塔里木油田分公司 大庆油田有限责任公司 北京石油机械有限公司 北京信息科技大学 北京六合伟业科技股份有限公司	刘 伟 柳贡慧 李 军 张全立 张 洁 赵 庆 王孝亮 徐丙贵 付加胜 齐 悦 郭 晨 张 涛 李 牧 杨宏伟 冯建宇
11	2022–J05–1–01	大型载人密封舱结构低应力关键制造技术与应用	北京工业大学	北京卫星制造厂有限公司 北京工业大学 北京翔博科技股份有限公司 中国科学院理化技术研究所	陈树君 张 斌 肖 珺 赵长喜 蒋 凡 沈晓宇 杨 晶 王天明 闫朝阳 黄 宁 郭 嘉 张 勇 巩生波 徐 斌 方 金
12	2022–J05–1–02	面向国六汽油质量升级的重质油裂化催化剂研发及产业化	中国石油化工股份有限公司石油勘探开发研究院	中石化石油化工科学研究院有限公司 中国石油化工股份有限公司北京燕山分公司 中国石化青岛炼油化工有限责任公司 中国石化催化剂有限公司	于善青 林 伟 倪前银 许明德 严加松 冯海春 王世环 贾 慧 刘雨晴 安士新 袁 帅 徐 奇 张苡源 李家兴 张杰潇
13	2022–J06–1–01	多种新发人兽共患病流行与防控关键技术研究与应用	中国人民解放军军事科学院军事医学研究院	中国人民解放军军事科学院军事医学研究院 中国检验检疫科学研究院 中国科学院武汉病毒研究所 广州达安基因股份有限公司 中国科学院地理科学与资源研究所 浙江大学	刘 玮 黎 浩 方立群 刘丽娟 彭 珂 李 昌 蒋析文 李裕昌 江 东 张小爱 张磊砢 朱 书 张玉兰 丁方宇 金宁一
14	2022–J06–1–02	上消化道及毗邻结构肿瘤相关疾病内镜微创诊疗新模式的创建与推广	中国人民解放军总医院	中国人民解放军总医院第一医学中心	柴宁莉 令狐恩强 李隆松 王楠钧 翟亚奇 杜 晨 毕雅维 张文刚 刘圣圳 王沙沙 牛晓彤 冯秀雪 向京元 韩 珂 张 波
15	2022–J06–1–03	环骨盆严重创伤智能化微创救治体系和临床应用	中国人民解放军总医院	中国人民解放军总医院第四医学中心 中国人民解放军总医院第三医学中心 中国科学院深圳先进技术研究院 北京航空航天大学 天津大学 大博医疗科技股份有限公司 中国人民解放军总医院第一医学中心 香港科技大学 苏州铸正机器人有限公司 深圳华大智造云影医疗科技有限公司	张立海 吕发勤 胡 颖 赵 瑾 张攻孜 郃艳龙 彭 烨 陈 浩 窦 琪 胡 宁 林志雄 王 琼 伍 利 原续波 胡 磊

续表

序号	获奖编号	项目名称	提名者	完成单位	主要完成人
16	2022–J06–1–04	脑和脊髓影像学标志物体系构建及在神经免疫疾病的应用推广	首都医科大学	首都医科大学附属北京天坛医院 北京理工大学 首都医科大学宣武医院 天津医科大学总医院 复旦大学附属华山医院	刘亚欧 施福东 叶初阳 李坤成 李郁欣 田德财 金薇娜 杨春生 黄　靖 段云云 卓芝政
17	2022–J07–1–01	脑细胞外间隙成像探测技术与应用	北京大学医学部	北京大学第三医院 首都医科大学附属北京康复医院 北京大学 中国计量科学研究院 北京万东医疗科技股份有限公司 温州医科大学 深圳市特深电气有限公司 中国科学院电工研究所 山东奥新医疗科技有限公司	韩鸿宾 和清源 王　伟 傅　瑜 刘子龙 童志前 闫军浩 卢嘉宾 张　弘 魏勋斌 刘建华 李　培 李培勇
18	2022–J08–1–01	中药材生态种植理论和技术体系的构建及示范应用	中国中医科学院	中国中医科学院中药研究所 中国中医科学院 天津大学 昆明理工大学 皖西学院 湖北中医药大学 山东省分析测试中心 贵州中医药大学	郭兰萍 黄璐琦 高文远 杨　野 王铁霖 韩邦兴 刘大会 王　晓 周　涛 康传志 张　燕 吕朝耕 葛　阳 王　升 万修福
19	2022–J09–1–01	大规模新能源柔性直流送出关键技术及应用	北京市昌平区人民政府	国网经济技术研究院有限公司 清华大学 中电普瑞电力工程有限公司 国网北京市电力公司 南京南瑞继保电气有限公司 许继电气股份有限公司 北京电力设备总厂有限公司	李　明 孙宝奎 余占清 赵　峥 李　探 梅　念 卢　宇 苑　宾 刘　堃 魏　争 张月华 周　凯 蒲　莹 屈　鲁 熊凌飞
20	2022–J09–1–02	面向智慧海关的薄壁能谱CT实时精准无感通关关键技术及应用	清华大学	清华大学 同方威视技术股份有限公司	陈志强 张　丽 李元景 黄清萍 孙运达 邢宇翔 唐　虎 高河伟 彭　刚 沈　乐 李　栋 冯　博 洪明志 郑　娟 金　鑫
21	2022–J10–1–01	大跨度建筑索结构关键技术与工程应用	北京市建筑设计研究院有限公司	北京市建筑设计研究院有限公司 中国铁建国际集团有限公司 北京市建筑工程研究院有限责任公司 浙江大学 中国建筑第八工程局有限公司 上海建筑设计研究院有限公司 广东坚朗五金制品股份有限公司 巨力索具股份有限公司 广东坚宜佳五金制品有限公司 杭州健而控科技有限公司	朱忠义 段元锋 邓　华 王泽强 白光波 徐晓明 周光毅 董石麟 李重阳 白宝鲲 张士昌 邓旭洋 尤德清 杨　超 白宝萍
22	2022–J10–1–02	城市建筑与建筑群多尺度抗震分析理论与性能提升技术	清华大学	清华大学 北京科技大学 北京建筑大学 北京市建筑工程研究院有限责任公司 北京工业大学 北京市建筑设计研究院有限公司 北京师范大学 北京市建设工程质量第二检测所有限公司 北京清华同衡规划设计研究院有限公司 中规院（北京）规划设计有限公司	陆新征 许　镇 解琳琳 岳清瑞 李爱群 刘　航 郭小东 甄　伟 田　源 刘　凯 陈　曦 万汉斌 邹　亮 顾栋炼 程庆乐

续表

序号	获奖编号	项目名称	提名者	完成单位	主要完成人
23	2022–J11–1–01	高速铁路路基结构设计、建造与运维关键技术的创建与应用	中国铁道科学研究院集团有限公司	中国铁道科学研究院集团有限公司 中国铁路经济规划研究院有限公司 中国铁路建设管理有限公司 中国铁路设计集团有限公司 中铁工程设计咨询集团有限公司 中国铁路北京局集团有限公司 北京铁科特种工程技术有限公司 中铁十六局集团有限公司 北京交通大学 北京大成国测科技股份有限公司	叶阳升 蔡德钩 余 雷 张千里 崔维孝 闫宏业 崔俊杰 魏少伟 周诗广 张先军 肖金凤 尧俊凯 毕宗琦 陈 锋 李竹庆
24	2022–J11–1–02	装配式轨道技术研发及产业化	北京城建集团有限责任公司	北京城建设计发展集团股份有限公司 北京交通大学 深圳市地铁集团有限公司 青岛地铁集团有限公司 苏州市轨道交通集团有限公司 安徽兴宇轨道装备有限公司 浙江天铁实业股份有限公司 中铁二局集团有限公司 易科路通轨道设备有限公司 陕西长美科技有限责任公司	杨秀仁 陈 鹏 高 亮 薛恒鹤 王 博 辛 涛 曲 村 雷江松 王占生 刘纪俭 吴建忠 钟阳龙 房 斌 刘锦辉 周 会
25	2022–J11–1–03	电动汽车底盘运动控制与能量管理关键技术及应用	清华大学	清华大学 中国科学院电工研究所 北汽福田汽车股份有限公司 吉利汽车研究院（宁波）有限公司 中国汽车技术研究中心有限公司 北京经纬恒润科技股份有限公司 广州瑞立科密汽车电子股份有限公司 宇通客车股份有限公司 上海怿星电子科技有限公司	张俊智 吴 艳 何承坤 梁兆文 杨贵永 龙志能 黄 琨 范成建 王 伟 王丽芳 马瑞海 张伦维 张海峰 苟晋芳 冯小明
26	2022–J11–1–04	高速铁路复杂工况高安全运行控制关键技术研究及应用	中国铁路通信信号股份有限公司	北京全路通信信号研究设计院集团有限公司 清华大学 北京交通大学	刘 岭 郑 升 江 明 叶 昊 徐宗奇 曹 源 蔡伯根 李智宇 崔俊锋 刘 贞 董 炜 陈志强 丁 欢 崔佳诺 文 韬
27	2022–J12–1–01	广明2号白羽肉鸡新种源创制与基因组育种技术体系构建	中国农业科学院	中国农业科学院北京畜牧兽医研究所 北京康普森农业科技有限公司 佛山市高明区新广农牧有限公司 北京挑战生物技术有限公司 北京市畜牧总站	赵桂苹 文 杰 刘冉冉 刘大伟 李庆贺 崔焕先 郑麦青 梁尚根 王 巧 贾亚雄 张广民 訾 凡 安炳星 杨卫芳 郝晓东
28	2022–J12–1–02	低维护高抗月季新优品种培育与应用	北京林业大学	北京林业大学 北京市园林绿化科学研究院 新疆华云山农林科技有限公司 邯郸市七彩园林绿化工程有限公司 南阳市林业科学研究院 江苏苏北花卉股份有限公司	张启翔 赵世伟 潘会堂 于 超 冯 慧 罗 乐 韩 瑜 隋云吉 程堂仁 王建明 巢 阳 姚士才 安 静
29	2022–J13–1–01	关爱妇女，保护母亲：协和女性健康系列科普作品与普及活动	中国医学科学院	中国医学科学院北京协和医院 中国妇女出版社有限公司 湖北科学技术出版社有限公司 人民卫生出版社有限公司	谭先杰 郎景和 朱 兰 向 阳 郁 琦 刘欣燕 田秦杰 樊庆泊 陈 蓉 马良坤 王海峰 陈兰平 樊长苗 吴 鸣 孙智晶

科学技术进步奖二等奖

序号	获奖编号	项目名称	提名者	完成单位	主要完成人
1	2022-J01-2-01	5G节能关键技术研究、设备研发及应用	中国移动通信集团有限公司	中国移动通信集团有限公司 华为技术有限公司 中兴通讯股份有限公司 清华大学 中国移动通信集团北京有限公司	黄宇红 丁海煜 邓 伟 潘永朝 张万春 张 晟 牛志升 刘建华 余 立 韩延涛
2	2022-J01-2-02	算力网络SRv6技术创新及规模应用	中国移动通信集团有限公司	中国移动通信集团有限公司 华为技术有限公司 中国移动通信集团山东有限公司	段晓东 丁宏庆 陆 璐 李振斌 程伟强 张 庚 逯向军 白立荣 胡志波 姜文颖
3	2022-J01-2-03	面向真实场景的高性能通用人工智能芯片研发及大规模部署	北京市海淀区人民政府	昆仑芯（北京）科技有限公司	欧阳剑 漆 维 王 勇 顾沧海 马 寅 杜学亮 王 京 施佳鑫 陈庆澍 阮 元
4	2022-J01-2-04	一带一路交通遥感数据融合处理技术及应用	北京理工大学	北京理工大学 中科星图股份有限公司 军事科学院系统工程研究院后勤科学与技术研究所 军委后勤保障部信息中心 中国人民解放军91966部队 北京理工雷科空天信息技术有限公司 天云融创数据科技（北京）有限公司	胡伟东 肖岩平 张瞩熹 陈 涛 林 殷 龚卫霞 雷 涛 安丰亮 吴昱明 王长杰
5	2022-J01-2-05	面向云边端融合的超宽带光网络技术创新及产业化应用	北京邮电大学	北京邮电大学 中国移动通信集团有限公司 烽火通信科技股份有限公司 北京大学	杨 辉 张德朝 姚秋彦 原建森 李 新 李巨浩 李 晗 张 杰 陈松涛 李允博
6	2022-J01-2-06	高速大容量光纤传感系统关键技术及应用	北京信息科技大学	北京信息科技大学 中国空间技术研究院 北京空间机电研究所 宁波天德创新智能科技有限公司	祝连庆 孙广开 王光远 李 红 张泽敏 余 快 何 巍 张钰民 辛璟焘 牟培福
7	2022-J01-2-07	面向工业物联网的全自主射频识别系统关键技术及应用	北京市经济和信息化局	北京智芯微电子科技有限公司 清华大学 中关村芯海择优科技有限公司 北京智芯半导体科技有限公司	王于波 冯 曦 马 岩 王文赫 池保勇 何 凡 杜 鹃 杨光伦 张晓燚 郝先人
8	2022-J02-2-01	面向媒体智能的跨模态多语言关键技术及产业化应用	中国科学院自动化研究所	中国科学院自动化研究所 北京中科闻歌科技股份有限公司 新华通讯社	曾大军 王 磊 罗 引 罗 毅 林 波 成 鹏 曹 家 徐 楠 陈 珺 李林静
9	2022-J02-2-02	领域专用处理器关键技术及应用	中国科学院计算技术研究所	中国科学院计算技术研究所 北京控制工程研究所 中国民用航空总局第二研究所 北京轩宇空间科技有限公司 中科驭数（北京）科技有限公司 江苏邦融微电子有限公司 成都视海芯图微电子有限公司	李晓维 李华伟 王 颖 华更新 何东林 鄢贵海 刘鸿瑾 刘超伟 韩银和 路 航
10	2022-J02-2-03	移动应用安全保护、检测和感知关键技术及应用	北京市海淀区人民政府	北京梆梆安全科技有限公司 北京航空航天大学	阚志刚 刘建伟 陈 彪 毛 剑 袁翠兰 卢国和 焦 姣 安雅楠 王志锋 许晓娜
11	2022-J02-2-04	城市大脑软硬一体化基础平台关键技术研究及应用	北京市海淀区人民政府	中关村科学城城市大脑股份有限公司 北京航空航天大学 北京交通大学	李浩浩 马亚中 柳进军 邢 炜 侯汉平 王静宇 梅一多 郭宝松 张昆鹏 张聪聪
12	2022-J02-2-05	远程健康服务关键技术及产业化应用	北京理工大学	北京理工大学 中国人民解放军总医院第二医学中心 郑州轻工业大学 河南翔宇医疗设备股份有限公司 青岛海信医疗设备股份有限公司 中国老年学和老年医学学会	郭树理 韩丽娜 王春喜 李一浩 陈鹿民 何永正 陈永健 李 飞 刘维林

续表

序号	获奖编号	项目名称	提名者	完成单位	主要完成人
13	2022-J02-2-06	云灾备关键技术体系研发与产业化	北京邮电大学	北京邮电大学 北京易华录信息技术股份有限公司	辛　阳 朱洪亮 任　毅 高明成 周景才 倪志云 陈　颖
14	2022-J02-2-07	空天地协同的视觉智能关键技术及应用	北京交通大学	北京交通大学 北京联合大学 中国电子科技集团公司第五十四研究所 航天恒星科技有限公司 北方工业大学 北京工业职业技术学院	白慧慧 张萌萌 陈韬亦 邹同元 仇梓峰 苏　伟 张春芝 赵　耀 马　礼 何　宁
15	2022-J02-2-08	复杂电力通信环境下量子密钥分发与组网关键技术、装备与应用	国网北京市电力公司	国网北京市电力公司 国家电网有限公司信息通信分公司 南京南瑞信息通信科技有限公司 中国信息通信研究院 北京邮电大学 国网浙江省电力有限公司绍兴供电公司 国网信息通信产业集团有限公司	赵子岩 张　丽 冯　宝 高德荃 赖俊森 官　丽 马海强 李国春 周　雷 张叶峰
16	2022-J02-2-09	IPv6 根服务器系统研发与部署应用	北京经济技术开发区管理委员会	下一代互联网关键技术和评测北京市工程研究中心有限公司 北京天地互连信息技术有限公司 阿里云计算有限公司	刘　东 邬贺铨 宋林健 龚道彪 张旭东 宋　阳 张汉卓 胡艳君 梁　卓 王子平
17	2022-J02-2-10	国产操作系统安全治理及兼容性保障关键技术与应用	北京经济技术开发区管理委员会	统信软件技术有限公司 武汉深之度科技有限公司	张　磊 王耀华 李　鹤 郑阳阳 郑传荣 胡　波 刘昌辉 闫博文 吕　果 赵志鹏
18	2022-J02-2-11	基于智能蜂群控制的抗干扰高速隐身无人机关键技术研发及产业化	北京经济技术开发区管理委员会	北京星网宇达科技股份有限公司	徐烨烽 徐　韬 王　超 吴艳薇 赵　鑫 宋为为 宋　涛 丁继强 张　翔 张富金
19	2022-J02-2-12	面向网络空间对抗的智能风险推理防治关键技术与应用	北京信息科技发展中心	绿盟科技集团股份有限公司 北京航空航天大学 中国电子科技集团公司第十五研究所 恒安嘉新（北京）科技股份公司 中电科大数据研究院有限公司 北京神州绿盟科技有限公司	刘文懋 洪　晟 吕征南 金　红 吴天昊 张润滋 韩国权 阴宏伟 陈晓光 尤　扬
20	2022-J02-2-13	多模态识别技术在低功耗边缘智能设备上的应用及产业化	北京信息科技发展中心	鹿客科技（北京）股份有限公司 小米科技有限责任公司 清华大学 北京君正集成电路股份有限公司 圣点世纪科技股份有限公司	唐　皓 张国全 宋　健 张　紧 赵国栋 张　超 肖　翔 罗逸飞 李学双 陈　洋
21	2022-J02-2-14	可折叠智能终端轻薄化技术创新和应用	北京信息科技发展中心	北京小米移动软件有限公司 清华大学 江苏精研科技股份有限公司 浙江大学 小米通讯技术有限公司	曲同勋 危银涛 刘建伟 喻亚林 苏绍华 吴勇军 张雪虎 王玉文 刘新伟 杨杰明
22	2022-J02-2-15	航天复杂装备全生命周期数字化协同研制关键技术与应用	中国航天科技集团有限公司	北京神舟航天软件技术股份有限公司 中国空间技术研究院 北京卫星制造厂有限公司 北京航空航天大学 北京理工大学 中国电子科技集团公司第三十八研究所	温小龙 单承方 王　梅 赵伶丰 刘金山 耿建光 荣文戈 刘旭东 阮江东 徐　辉
23	2022-J03-2-01	航空发动机转子叶片用高温合金研制和精密制造成套技术及应用	中国钢研科技集团有限公司	北京钢研高纳科技股份有限公司 无锡航亚科技股份有限公司 抚顺特殊钢股份有限公司	王民庆 曲敬龙 杜金辉 周　敏 于　腾 史玉亭 刘　辉 孟令胜 胡　日 唐　超

续表

序号	获奖编号	项目名称	提名者	完成单位	主要完成人
24	2022–J03–2–02	先进集成电路制造用超高纯铜及铜合金靶材关键技术与产业化	北京市昌平区人民政府	有研亿金新材料有限公司 中国有研科技集团有限公司 北京北方华创微电子装备有限公司	何金江 王兴权 吕保国 李勇军 尚再艳 杨 洋 万小勇 熊晓东 江 轩 贺 昕
25	2022–J03–2–03	金属密封用镍基高温合金冷轧薄带关键技术及产业化研究	首钢集团有限公司	北京北冶功能材料有限公司	文新理 魏 然 安 宁 胡博炜 丁绍松 章清泉 李振瑞 李慧威 李国超 牛永吉
26	2022–J03–2–04	空间大型舱体高性能低吸收系列热控涂层技术	中国航天科技集团有限公司	北京卫星制造厂有限公司 电子科技大学	白晶莹 张家强 贾春阳 平 托 李思振 翁小龙 王兵存 袁 乐 张立功 刘保荣
27	2022–J04–2–01	气溶胶网络化遥感探测关键技术及应用	中国气象局	中国气象科学研究院 中国科学院大气物理研究所 中国气象局沈阳大气环境研究所 中国气象局气象探测中心 国家卫星气象中心 南京信息工程大学 中国科学院长春光学精密机械与物理研究所	车慧正 夏祥鳌 赵胡笳 李 雷 郑 宇 桂 柯 张晓春 胡秀清 朱 君 王玉鹏
28	2022–J04–2–02	植被病虫害遥感监测预警与防控关键技术及应用	中国科学院空天信息创新研究院	中国科学院空天信息创新研究院 全国农业技术推广服务中心 国家林业和草原局生物灾害防控中心 中国生物多样性保护与绿色发展基金会 北京市园林绿化资源保护中心（北京市园林绿化局审批服务中心） 杭州电子科技大学	董莹莹 黄文江 朱景全 孙 红 周晋峰 郭 蕾 张竞成 叶回春 王 豁 张弼尧
29	2022–J04–2–03	国产高分十米级分析即用数据集生成技术及其应用	中国科学院空天信息创新研究院	中国科学院空天信息创新研究院 中国资源卫星应用中心 中国农业科学院农业资源与农业区划研究所 生态环境部卫星环境应用中心 中科星图智慧科技有限公司	仲 波 杨爱霞 吴善龙 王海波 王利民 王冰冰 史园莉 金家栋 单小军 柳钦火
30	2022–J04–2–04	面向环境质量改善的精准智慧自动监测关键技术与应用	北京市昌平区人民政府	北京雪迪龙科技股份有限公司 中国环境监测总站 北京市生态环境监测中心 北京师范大学	姚志鹏 荆红卫 敖小强 王业耀 田贺忠 陶 蕾 陈亚男 刘 允 盛 果 杨仪方
31	2022–J04–2–05	面向煤矿智能开采的水基介质高压大流量液压阀研制及产业化	北京市顺义区人民政府	北京天玛智控科技股份有限公司 浙江大学 中煤北京煤矿机械有限责任公司 兖矿能源集团股份有限公司	韦文术 刘胜香 王 伟 谢 赛 徐 垚 周如林 亓玉浩 陈冬方 王 亮 吴会刚
32	2022–J04–2–06	海绵城市源头设施效能提升与布局优化关键技术研究与实践	清华大学	清华大学 北京市城市规划设计研究院 北京首创生态环保集团股份有限公司 上海市政工程设计研究总院（集团）有限公司 悉地（苏州）勘察设计顾问有限公司 苏州同科工程咨询有限公司	贾海峰 徐常青 张晓昕 陈正侠 黄绵松 陈 嫣 龙 瀛 陆敏博 黄鹏飞 刘寒寒
33	2022–J04–2–07	新型高效二维可见/太阳光催化纳米材料构建及其复合技术工程应用	北京交通大学	北京交通大学 中国环境科学研究院环境技术工程有限公司 清大国华环境集团股份有限公司 江苏双良环境科技有限公司 浙江伟星新型建材股份有限公司 济南市环境研究院（济南市黄河流域生态保护促进中心）	王 锦 窦蒙蒙 杨庆霞 李 明 丁国玉 杨 艳 杨海超 范慧军 庄 涛 张伟娇

续表

序号	获奖编号	项目名称	提名者	完成单位	主要完成人
34	2022-J04-2-08	水下油气开发模式设计与智能运维关键技术及工程应用	中国石油大学（北京）	中国石油大学（北京） 中海油研究总院有限责任公司 中国石油大学（华东） 中海油能源发展股份有限公司 烟台杰瑞石油装备技术有限公司 北京忆泽科技有限公司 海油发展珠海管道工程有限公司	王莹莹 尹汉军 蔡宝平 韦龙贵 安维峥 同武军 贾鲁生 胡瑾秋 杨　超 李心成
35	2022-J05-2-01	在役深水水下井口系统智能安全运维关键技术与应用	中国海洋石油集团有限公司	中海油研究总院有限责任公司 中海石油深海开发有限公司 中山大学 中国石油大学（华东） 中国石油大学（北京）	殷志明 饶志华 盛磊祥 李　中 许亮斌 李　伟 耿亚楠 郑文培 王　宇 王名春
36	2022-J05-2-02	我国首个空间天文台科学数据系统的研发和应用	中国科学院高能物理研究所	中国科学院高能物理研究所 北京师范大学	宋黎明 贾淑梅 李小波 马　想 廖进元 赵海升 黄　跃 李承奎 张　娟 关　菊
37	2022-J05-2-03	高端装备关键金属构件真空精密热处理工艺及装备技术与应用	中国机械科学研究总院集团有限公司	中国机械总院集团北京机电研究所有限公司 哈尔滨工业大学 上海交通大学 天津太平洋传动科技有限公司 北京卫星制造厂有限公司 上海航天设备制造总厂有限公司 常州新区河海热处理工程有限公司	丛培武 徐跃明 闫牧夫 王　婧 夏汉彬 唐丽娜 闻强苗 殷和平 张雁祥 杜春辉
38	2022-J05-2-04	能源装备超大型铸锻承载结构件关键成形技术及应用	清华大学	清华大学 中国三峡建工（集团）有限公司 中国长江三峡集团有限公司 东方电气集团东方电机有限公司 哈尔滨电机厂有限责任公司 中国科学院金属研究所 中国机械总院集团沈阳铸造研究所有限公司	康进武 张成平 马庆贤 胡伟明 高贤明 刘　洁 吴　英 刘功梅 陈　瑞 王　培
39	2022-J05-2-05	高端数控装备健康状态评估与智能运维关键技术及应用	北京信息科技大学	北京信息科技大学 成都飞机工业（集团）有限责任公司 北京航天拓扑高科技有限责任公司 超同步股份有限公司 北京工业大学 沈阳中捷航空航天机床有限公司 天津博诺智创机器人技术有限公司	王红军 宋智勇 乔文生 崔玲丽 庞建军 籍永建 徐小力 邓三鹏 刘　峰 王增新
40	2022-J05-2-06	应急医学救援复杂环境信息感知与决策关键技术及应用推广	北京市科学技术研究院	应急管理部大数据中心 中国人民解放军总医院 清华大学 北京市科学技术研究院 北京辰安科技股份有限公司 北京安信创业信息科技发展有限公司 中日友好医院	袁宏永 李晓雪 房玉东 郝昱文 杨继星 陈　涛 王晶晶 边　路 黄丽达 李陇清
41	2022-J05-2-07	京津冀一体化地震灾害快速评估与辅助决策系统研发及应用	北京市地震局	北京市地震局 中国地震局工程力学研究所 浙江省地震局 中国科学院空天信息创新研究院 北京山海础石信息技术有限公司	谭庆全 孙柏涛 薄　涛 李东平 陈相兆 张　新 王　飞 张桂欣 马立广 刘　群
42	2022-J06-2-01	全主动脉腔内诊疗体系的构建与应用	中国人民解放军总医院	中国人民解放军总医院第一医学中心 北京理工大学 先健科技（深圳）有限公司 杭州唯强医疗科技有限公司 慧影医疗科技（北京）股份有限公司	郭　伟 熊　江 张宏鹏 葛阳阳 容　丹 陈端端 曹　龙 吴　轩 王永胜 柴象飞

续表

序号	获奖编号	项目名称	提名者	完成单位	主要完成人
43	2022–J06–2–02	口腔锥形束CT系列成像设备研制和产业化	北京市海淀区人民政府	北京朗视仪器股份有限公司	吴宏新 张文宇 王亚杰 俞冬梅 孙 宇 张康平 孙来玉 王继斌 张宝利 左飞飞
44	2022–J06–2–03	结核病关键诊断技术的创新性建立及应用	北京市通州区人民政府	首都医科大学附属北京胸科医院 首都医科大学附属北京儿童医院 杭州优思达生物技术股份有限公司	黄海荣 于 霞 焦伟伟 申阿东 陈素婷 孙 琳 綦 辉 林艺志 姜广路 尤其敏
45	2022–J06–2–04	冠心病CT智慧诊断体系的创建及应用	北京市昌平区人民政府	数坤（北京）网络科技股份有限公司 首都医科大学附属北京友谊医院 语坤（北京）网络科技有限公司	杨正汉 马春娥 贺 毅 郑 超 廖方舟 肖月庭 罗 南 韩 丹 许丽雪 韩仙俊
46	2022–J06–2–05	直肠癌疗效和预后评价的影像学技术创新与应用	北京大学医学部	北京肿瘤医院	孙应实 张晓燕 朱海滨 李晓婷 史燕杰 朱海涛 管 真 孙瑞佳
47	2022–J06–2–06	基于我国丙型肝炎特点的筛查体系及自主创新治愈方案的建立及应用	北京大学医学部	北京大学人民医院 北京清华长庚医院 北京凯因科技股份有限公司 广东东阳光药业有限公司 北京凯因格领生物技术有限公司 宜昌东阳光长江药业股份有限公司	魏 来 饶慧瑛 封 波 黄 睿 陈红松 刘 峰 周德胜 张英俊 宋广军 张海莹
48	2022–J06–2–07	糖尿病筛查及诊断分型新策略的建立	北京大学医学部	北京大学人民医院 北京理工大学 北京市平谷区医院	纪立农 韩学尧 周翔海 任 倩 邹显彤 刘 蔚 陈 婧 李玉凤 马毓敏 黄 齐
49	2022–J06–2–08	新生儿脑损伤诊治和预后预测的技术体系和推广应用	北京大学医学部	北京大学第一医院 四川师范大学 北京大学第三医院	侯新琳 张丹丹 刘黎黎 周丛乐 韩彤妍 孙国玉 陈俊雅 汤泽中 杨 照 彭 程
50	2022–J06–2–09	中国儿童身体成分发育标准研制、健康风险评估及应用推广	首都医科大学	首都医科大学附属北京儿童医院 首都儿科研究所 天津市妇女儿童保健中心 复旦大学附属儿科医院 重庆医科大学附属儿童医院 吉林大学第一医院 山东大学	米 杰 董虹孛 肖 培 程 红 刘军廷 刘功姝 严卫丽 席 波 孙景辉 熊 丰
51	2022–J06–2–10	儿童肝脏移植的技术创新与推广应用	首都医科大学	首都医科大学附属北京友谊医院	朱志军 孙丽莹 魏 林 曲 伟 曾志贵 张海明 刘 颖 赵新颜 张 梁 何恩辉
52	2022–J06–2–11	主动脉疾病外科诊治关键创新技术及临床应用	中国医学科学院	中国医学科学院阜外医院 首都医科大学附属北京安贞医院	于存涛 姜文剑 丘俊涛 张宏家 高 伟 贡 鸣 吴进林 赵 锐 魏 波 马 琼
53	2022–J06–2–12	基于质谱技术的内分泌代谢病精准检测平台构建与推广应用	中国医学科学院	中国医学科学院北京协和医院 北京医院 北京豪思生物科技股份有限公司	邱 玲 禹松林 程歆琦 周伟燕 尹逸丛 王丹晨 张传宝 马晓丽 栗 琳
54	2022–J06–2–13	肥厚型心肌病精准诊疗与风险评估的关键技术建立及应用	中国医学科学院	中国医学科学院阜外医院	宋 雷 邹玉宝 王继征 袁建松 华 伟 康连鸣 吴桂鑫 刘 婕 惠汝太 乔树宾
55	2022–J06–2–14	先天性脊柱畸形诊疗体系的建立与推广	中国医学科学院	中国医学科学院北京协和医院 复旦大学附属妇产科医院 首都医科大学附属北京积水潭医院 山东威高骨科材料股份有限公司 山东大学齐鲁医院	仉建国 邱贵兴 吴 南 王升儒 张 锋 吴志宏 田 文 陈亚萍 赵 森 邬春晖
56	2022–J06–2–15	肿瘤分子病理关键技术创新与推广应用	中国医学科学院	中国医学科学院肿瘤医院 广州燃石医学检验所有限公司 南京世和基因生物技术股份有限公司	应建明 李文斌 李卫华 王 燕 李峻岭 李 研 邱 田 袁 培 张之宏 那成龙

续表

序号	获奖编号	项目名称	提名者	完成单位	主要完成人
57	2022–J07–2–01	创新药物临床前安全性评价关键新技术的建立与应用	中国食品药品检定研究院	中国食品药品检定研究院	李　波 耿兴超 周晓冰 文海若 黄　瑛 王三龙 林　志 苗玉发 王　欣 屈　哲
58	2022–J07–2–02	非交联细胞外基质源生物材料技术平台开发与系列化医疗器械产业化	北京市大兴区人民政府	北京博辉瑞进生物科技有限公司 北京化工大学 天津医科大学第二医院	赵　博 李学军 张晋辉 杨小平 魏鹏飞 蔡　晴 马士卿 赵延瑞 王洪权 蒋　婷
59	2022–J08–2–01	针灸标准化体系的研究与创建	中国中医科学院	中国中医科学院针灸研究所 中国中医科学院中医药信息研究所 中国中医科学院中医临床基础医学研究所 北京中医药大学	武晓冬 喻晓春 黄龙祥 刘保延 董国锋 赵京生 刘清国 景向红 何丽云 赵楠琦
60	2022–J08–2–02	从肝脾肾论治慢性肾脏病基础研究与临床应用	中日友好医院	中日友好医院 浙江中医药大学 西北大学 广东省中医院 西安世纪盛康药业有限公司 北京中医医院顺义医院	李　平 赵英永 刘旭生 吴　芳 严美花 陈丹倩 彭　亮 马　亮 刘　鹏 赵海玲
61	2022–J08–2–03	中医药救治新型冠状病毒感染研究与药物研发	北京市中医管理局	首都医科大学附属北京中医医院 天津中医药大学 中国中医科学院中医药信息研究所 山东步长制药股份有限公司 首都医科大学附属北京地坛医院	刘清泉 张俊华 郭玉红 赵玉凤 王玉光 徐霄龙 赵京霞 杨丰文 王明耿 王　烁
62	2022–J08–2–04	HP– 胃炎 – 癌前病变中西医协作诊疗体系的创建和推广应用	北京大学医学部	北京大学第一医院 天士力医药集团股份有限公司 北京中医药大学东直门医院 北京中医药大学东方医院 首都医科大学附属北京积水潭医院 中国中医科学院广安门医院 北京大学国际医院	张学智 闫凯境 胡伏莲 叶　晖 成　虹 蓝　宇 江　锋 韩海啸 黄秋月 陈　瑶
63	2022–J09–2–01	盐下大型厚层碳酸盐岩油藏1500万吨产能建设关键技术创新及应用	中国海洋石油集团有限公司	中海石油国际能源服务（北京）有限公司 中国石油大学（北京） 西南石油大学 北京奥能恒业能源技术有限公司	刘永杰 曹树春 曾联波 刘　晖 何　娟 童凯军 彭文绪 曹向阳 陈培元 李长勇
64	2022–J09–2–02	海上大型辫状河三角洲油藏精准描述关键技术及工业化应用	中国海洋石油集团有限公司	中海油研究总院有限责任公司 中国石油大学（北京） 中国地质大学（北京）	苏彦春 范廷恩 高玉飞 李　珂 吴胜和 由　庆 周文胜 张　媛 王　凯 王海峰
65	2022–J09–2–03	提升分布式新能源消纳能力的精细化建模与防控技术应用	中国电力科学研究院有限公司	中国电力科学研究院有限公司 华北电网有限公司 国网北京市电力公司 国网天津市电力公司	王茂海 王　琦 牟佳男 訾　鹏 兰天楷 赵　兵 王　聪 郑志伟 李宗翰 鄂志君
66	2022–J09–2–04	面向多应用场景的高性能燃料电池关键技术自主化突破与批量制造	北京市昌平区人民政府	国家电投集团氢能科技发展有限公司 宝鸡钛业股份有限公司 广东利元亨智能装备股份有限公司 北汽福田汽车股份有限公司 同济大学 中国商用飞机有限责任公司北京民用飞机技术研究中心 北京理工大学	柴茂荣 陆　维 张银广 唐浩林 王　俭 杜义贤 王　超 周明正 李鹏飞 杨代军
67	2022–J09–2–05	柔性直流输电换流装备试验方法、平台研制及应用	北京市昌平区人民政府	国网智能电网研究院有限公司 中电普瑞电力工程有限公司 许继电气股份有限公司 株洲中车时代半导体有限公司 华北电力大学	高　冲 查鲲鹏 王高勇 刘　栋 李学宝 陈中圆 张　坤 王秀环 杨　俊 吴亚楠

续表

序号	获奖编号	项目名称	提名者	完成单位	主要完成人
68	2022–J09–2–06	轨道交通大功率牵引传动电磁装备关键技术及工程应用	北京交通大学	北京交通大学 中车株洲电机有限公司 湖南中通电气股份有限公司	吕　刚 秦　伟 刘　勇 李　栋 程卫群 钟　珩 汪永明 崔磊磊 刘雅青 张志轩
69	2022–J09–2–07	陆相致密砂岩气成藏和富集理论技术创新与工业化应用	中国石油大学（北京）	中国石油大学（北京） 中国石油天然气股份有限公司长庆油田分公司 中国石油化工股份有限公司华北油气分公司	曾溅辉 姚泾利 丁景辰 陈冬霞 乔俊程 张　威 赵会涛 刘林松 马百征 刘亚洲
70	2022–J09–2–08	支持京津冀100%绿电消纳的微电网主动支撑关键技术及工程应用	北方工业大学	北方工业大学 国网北京市电力公司 国网智能电网研究院有限公司 国网河北省电力有限公司 天津瑞源电气有限公司 北京智源新能电气科技有限公司	周京华 赵国亮 胡长斌 张宝群 范　辉 刘欣博 景柳铭 罗珊娜 李卫国 马　瑞
71	2022–J10–2–01	超大跨度机库建造关键技术研究及应用	北京市西城区人民政府	中国航空规划设计研究总院有限公司 北京建工集团有限责任公司 清华大学 北京市建筑工程研究院有限责任公司 中国航空国际建设投资有限公司	沈顺高 王益民 赵伯友 刘　伟 潘　鹏 金来建 兰春光 裴永忠 桑秀兴 付雅娣
72	2022–J10–2–02	面向岩土构筑物安全监测的微芯智能传感研发应用与产业化	北京市延庆区人民政府	北京中关村智连安全科学研究院有限公司 北京科技大学 国能大渡河流域水电开发有限公司 黄河勘测规划设计研究院有限公司	谢谟文 黄会宝 李清波 杜　岩 杨　勤 熊　娟 李　林 张　磊 罗晓琴 孙广存
73	2022–J10–2–03	地铁暗挖工程帷幕止水建造关键技术研究与应用	北京建工集团有限责任公司	北京建工集团有限责任公司 北京城市快轨建设管理有限公司 北京市市政工程设计研究总院有限公司 北京工业大学 北京建工土木工程有限公司 北京京能地质工程有限公司	路　刚 刘魁刚 张　东 姚爱军 周秀普 高辛财 王　宁 杜昌隆 辛　亮 范祚文
74	2022–J10–2–04	既有沥青路面精准检测评价、长寿命设计方法及工程应用	北京市政路桥集团有限公司	北京国道通公路设计研究院股份有限公司 中国公路工程咨询集团有限公司 北京市道路工程质量监督站 中咨数据有限公司 北京建筑大学 北京市政路桥股份有限公司 燕山大学	薛忠军 于海臣 董元帅 宋　波 王佳妮 周绪利 顾大鹏 钱振宇 田佳磊 刘晓姗
75	2022–J10–2–05	北京冬奥竞技型人工剖面赛道类场馆全流程可持续利用关键技术	清华大学	清华大学 北京首钢建设集团有限公司 北京首奥置业有限公司 清华大学建筑设计研究院有限公司 首钢集团有限公司 杭州中联筑境建筑设计有限公司 北京首钢国际工程技术有限公司	张　利 谢木才 桂　琳 金洪利 阮新伟 朱育帆 曹　彬 李建辉 薄宏涛 王兆村
76	2022–J10–2–06	复杂环境下地下工程混凝土关键技术创新与应用	北京工业大学	北京工业大学 北京建工新型建材有限责任公司 北京可耐可特新材料有限公司 中国建筑科学研究院有限公司	李　悦 陈喜旺 王晓中 周永祥 冷发光 张登平 林　辉 金彩云 王子赓 李战国
77	2022–J10–2–07	构造活跃区隧道灾变高效判识控制关键技术和成套装备研究及应用	中国矿业大学（北京）	中国矿业大学（北京） 中铁十一局集团有限公司 西南交通大学 武九铁路客运专线湖北有限责任公司 中国铁建重工集团股份有限公司 中国科学院武汉岩土力学研究所 杭州图强工程材料有限公司	高　军 杨立云 许　丹 刘凯文 林　晓 谭发刚 王更峰 张晓晓 项小珍 李行利

续表

序号	获奖编号	项目名称	提名者	完成单位	主要完成人
78	2022-J10-2-08	复杂高层建筑结构抗震设计理论、关键技术创新与工程应用	中国建筑科学研究院有限公司	中国建筑科学研究院有限公司 北京市建筑设计研究院有限公司	肖从真 王翠坤 孙建超 李建辉 盛 平 高 杰 陈才华 魏 越 李寅斌 张万开
79	2022-J11-2-01	沥青路面冷再生关键技术及产业化应用	北京市海淀区人民政府	交通运输部公路科学研究所 北京建筑大学 北京盛广拓再生科技股份有限公司 江苏苏博特新材料股份有限公司 北京首发公路养护工程有限公司 北京市政路桥管理养护集团有限公司 北京国道通公路设计研究院股份有限公司	徐 剑 王 杰 朱晓斌 孙 斌 张 然 王 欣 刘端阳 江 磊 刘辉明 曾 蔚
80	2022-J11-2-02	电动汽车高性能电子电气架构关键技术及产业化	北京汽车集团有限公司	北京新能源汽车股份有限公司 北京航空航天大学 北京汽车研究总院有限公司	张兆龙 杨世春 孙江辉 梁海强 王立新 陈 飞 李力华 张 凯 郑 轶 魏跃远
81	2022-J11-2-03	面向复杂场景的AMT重型商用车开发关键技术及应用	北京汽车集团有限公司	北汽福田汽车股份有限公司 北京航空航天大学 北京福田戴姆勒汽车有限公司 北京福田国际贸易有限公司	鹿政华 王书翰 陈世栋 刘 刚 刘艳芳 王连磊 张立博 张敬贵 郑 勇 董 鹏
82	2022-J11-2-04	基于云平台的轨道交通智慧关键技术研发与应用	北京城建集团有限责任公司	北京城建智控科技股份有限公司 北京城建设计发展集团股份有限公司 昆明轨道交通集团有限公司 云南京建轨道交通投资建设有限公司	李金龙 张 辉 王汉军 于松伟 夏秀江 田学金 吴正中 汪永刚 刘 立 李 宁
83	2022-J11-2-05	城镇道路路面废弃物高值化利用技术、装备及产业化	北京市政路桥集团有限公司	北京市政路桥建材集团有限公司 北京工业大学 北京建筑大学 哈尔滨工业大学 北京路新沥青混凝土有限公司 廊坊德基机械科技有限公司 北京市政路桥股份有限公司	柳 浩 王 真 郭 猛 徐世法 谭忆秋 徐 欣 王译民 刘新超 孙海蛟 葛晨雨
84	2022-J11-2-06	超大城市交通视觉大数据高效表达与运行决策关键技术与应用	北京工业大学	北京工业大学 北京市地铁运营有限公司 青岛海信网络科技股份有限公司 安徽博微广成信息科技有限公司 北京市交通运行监测调度中心 北京城建交通设计研究院有限公司 北京竞业达数码科技股份有限公司	魏 运 胡永利 张 勇 刘雪莉 牟伦田 尹宝才 刘剑锋 徐海辉 姚 磊 李明华
85	2022-J11-2-07	公路桥梁服役状态智能评估与韧性提升关键技术	北京工业大学	北京工业大学 北京市政路桥管理养护集团有限公司 中交基础设施养护集团有限公司 北京公科固桥技术有限公司 招商局重庆交通科研设计院有限公司 中交路桥检测养护有限公司 辽宁省交通规划设计院有限责任公司	韩 强 焦峪波 郭 河 牛存良 王润建 何浩祥 刘海明 孟 均 张冠华 倪萍禾
86	2022-J11-2-08	京沈高铁望京隧道精细建造关键技术与应用	北京交通大学	北京交通大学 中国铁路设计集团有限公司 中铁隧道集团二处有限公司 中铁十四局集团大盾构工程有限公司 中铁工程装备集团有限公司 中铁隧道局集团有限公司 中铁十四局集团有限公司	唐 伟 许维青 周振梁 谭忠盛 杨圣建 王乐明 白 震 翟志国 黄书华 李得昌
87	2022-J11-2-09	高速列车车顶高压电气系统绝缘优化及运维技术与应用	北京交通大学	北京交通大学 中国铁道科学研究院集团有限公司 北京中车赛德铁道电气科技有限公司 北京铁道工程机电技术研究所股份有限公司 温州益坤电气股份有限公司	吴命利 郭晨曦 宋可荐 刘秋降 孙继星 吴丽然 杨少兵 姜 赞 杨斯渤 何婷婷

续表

序号	获奖编号	项目名称	提名者	完成单位	主要完成人
88	2022–J11–2–10	超高速、大流量、高效率液体火箭发动机涡轮泵关键技术及应用	中国航天科技集团有限公司	北京航天动力研究所 中国运载火箭技术研究院	王　珏　窦　唯　夏德新　龚杰峰　金志磊　林奇燕　颜　勇　李　龙　李　铭　张　静
89	2022–J12–2–01	肉羊健康养殖营养调控技术创新及应用	中国农业科学院	中国农业科学院饲料研究所 北京九州大地生物技术集团股份有限公司 北京英惠尔生物技术有限公司 北京精准动物营养研究中心有限公司 阜新科威生物科技有限公司 内蒙古富川饲料科技股份有限公司 内蒙古河套农牧业技术研究院	张乃锋　刁其玉　屠　焰　马　涛　毕研亮　邓凯东　王　岗　董利锋　刘　杰　王　芬
90	2022–J12–2–02	森林火灾精细化预警关键技术和应用	中国林业科学研究院	中国林业科学研究院森林生态环境与自然保护研究所 北京市应急管理科学技术研究院 北京市气候中心 中国科学院电工研究所 北京林业大学 北京大陆康腾科技股份有限公司 水发数能（北京）科技产业有限公司	王明玉　舒立福　赵凤君　张　慧　时德铁　史一凡　杜吴鹏　苑尚博　张　鹏　陈　锋
91	2022–J12–2–03	白蜡窄吉丁成灾机制与综合防控技术研究及应用	中国林业科学研究院	中国林业科学研究院森林生态环境与自然保护研究所 北京市植物园管理处 北京市园林绿化资源保护中心（北京市园林绿化局审批服务中心） 北京市通州区林业保护站 天津市滨海新区园林绿化服务中心	王小艺　杨忠岐　党英侨　魏　可　张彦龙　曹亮明　胡　帅　张苏芳　黄三祥　潘彦平
92	2022–J12–2–04	不结球白菜优异种质创新和周年生产配套品种选育与应用	北京市农林科学院	北京市农林科学院 京研益农（北京）种业科技有限公司	张凤兰　赵岫云　于拴仓　余阳俊　张德双　汪维红　苏同兵　李佩荣　辛晓云　丁海凤
93	2022–J12–2–05	封闭式无土栽培创制和蔬菜节水高品质栽培技术研究与示范	北京市农林科学院	北京市农林科学院 中国农业大学 河北省农业特色产业技术指导总站	刘明池　高丽红　武占会　季延海　狄政敏　刘　伟　梁　浩　田永强　刘　宁　许　超
94	2022–J12–2–06	大城市蔬菜采后供应链品质控制关键技术与应用	北京市农林科学院	北京市农林科学院 深圳美团优选科技有限公司 蜀海（北京）供应链管理有限责任公司 北京志广富庶农产品有限公司 北京天安农业发展有限公司	赵晓燕　王　清　王　丹　左进华　张　超　赵文婷　高丽朴　尤德超　沈志强　马　越
95	2022–J13–2–01	科幻电影中的科学普及与科教融合	中国科学院计算技术研究所	中国科学院计算技术研究所 中国科学技术出版社有限公司 南方科技大学 北京工商大学 竞技世界（北京）网络技术有限公司	王元卓　崔原豪　陆　源　郑洪炜　李静远　牛　奕　沈　哲　吕俊杰
96	2022–J13–2–02	基于通识教育的大众医学科普教育体系构建	北京大学医学部	北京大学第三医院	薄世宁　张晓乐　李潇潇　施　慧　刘　芳

资料来源：北京市科学技术奖励工作办公室。

2011—2022年北京国家级高新技术企业数量统计表

单位：个

年份	2011年	2012年	2013年	2014年	2015年	2016年	2017年	2018年	2019年	2020年	2021年	2022年
企业数量	7295	8045	9316	10433	12388	15975	20163	24691	27416	28750	27638	28118

数据来源：北京市科学技术委员会、中关村科技园区管理委员会。

2011—2022年中关村国家自主创新示范区总收入统计表

单位：亿元

年份	2011年	2012年	2013年	2014年	2015年	2016年	2017年	2018年	2019年	2020年	2021年	2022年
总收入	19646.0	25025.0	30497.4	36057.6	40809.4	46047.6	53025.8	58830.9	66422.2	72276.4	84402.3	87642.9

数据来源：北京市科学技术委员会、中关村科技园区管理委员会。

2016—2022年北京地区科技型企业数量统计表

单位：万个

	2016年	2017年	2018年	2019年	2020年	2021年	2022年
科技型企业数量	43.8	50.4	55.3	56.5	59.5	65.3	72.1
当年新设科技型企业数量	8.1	7.6	7.3	7.0	7.5	9.4	10.5
其中：中关村示范区	2.5	2.9	3.2	2.6	2.6	2.8	3.2

数据来源：北京市市场监督管理局，北京市科学技术委员会、中关村科技园区管理委员会。

2016—2022年北京地区上市企业数量统计表

单位：个

	2016年	2017年	2018年	2019年	2020年	2021年	2022年
北京地区上市企业数量	463	501	536	587	664	674	630
境内上市企业	276	300	309	338	380	416	448
其中：主板	194	208	215	224	228	237	241
创业板	82	92	94	102	110	119	127
科创板	—	—	—	12	42	49	65
北交所	—	—	—	—	—	11	15

注：1. 2019年6月科创板开板，故2019年以前无数据。

2. 北京证券交易所于2021年9月3日注册成立，故2021年以前无数据。

数据来源：北京市地方金融监督管理局，北京市科学技术委员会、中关村科技园区管理委员会。

2022 年北京地区专利授权统计表

单位：件

项目	代码	专利授权量		有效发明专利量
			发明授权	
合计	01	202722	88127	477790
其中：中关村示范区	02	99066	43016	220409
其中：中关村科学城	03	59901	38151	194658
怀柔科学城	04	919	354	2939
未来科学城	05	4401	1757	8006
北京经济技术开发区	06	11623	3783	14686
顺义创新产业集群		2734	572	3029
按区分组				
东城区	07	9283	4142	25727
西城区	08	13963	6293	44486
朝阳区	09	32214	14735	91262
丰台区	10	16756	4439	20218
石景山区	11	5384	2214	9079
海淀区	12	73036	43456	229926
门头沟区	13	1641	273	907
房山区	14	3669	801	3571
通州区	15	6948	926	3740
顺义区	16	7326	1261	5969
昌平区	17	10606	3737	18284
大兴区	18	16632	4759	19475
怀柔区	19	2302	614	2930
平谷区	20	1564	188	577
密云区	21	1857	157	1149
延庆区	22	604	132	441
其他	23	0	0	49

数据来源：北京市知识产权局。

1997—2022年北京地区专利授权统计表

单位：件

年度	授权量	发明	实用新型	外观设计
1997	3327	281	2340	706
1998	3800	309	2522	969
1999	5829	573	3948	1308
2000	5905	1074	3463	1368
2001	6246	946	3600	1700
2002	6345	1061	3721	1563
2003	8248	2261	4244	1743
2004	9005	3216	3956	1833
2005	10100	3476	4498	2126
2006	11238	3864	5490	1884
2007	14954	4824	7364	2766
2008	17747	6478	8776	2493
2009	22921	9157	10141	3623
2010	33511	11209	16579	5723
2011	40888	15880	19628	5380
2012	50511	20140	24672	5699
2013	62671	20695	36301	5675
2014	74661	23237	44071	7353
2015	94031	35308	45773	12950
2016	100578	40602	44710	15266
2017	106948	46091	46011	14846
2018	123496	46978	59219	17299
2019	131716	53127	58393	20196
2020	162824	63266	75336	24222
2021	198778	79210	96078	23490
2022	202722	88127	91947	22648

数据来源：北京市知识产权局。

1991—2022 年北京地区技术合同成交统计表

年份	合同数（项）	技术合同成交总额（亿元）			实现合同总金额（亿元）	
			# 技术交易额	# 输出外省市技术合同成交额		# 技术交易实现金额
1991—1995 年	93970	167.7	120.0		115.4	83.8
1991 年	18547	22.4	13.1		15.3	9.1
1992 年	23395	31.3	22.2		20.0	14.4
1993 年	20461	35.6	25.6		24.9	17.6
1994 年	15220	37.2	26.9		26.9	20.4
1995 年	16347	41.2	32.2		28.4	22.3
1996—2000 年	91421	414.2	375.9		206.7	188.1
1996 年	14850	45.8	39.2		29.6	25.4
1997 年	13866	54.3	48.1		31.1	27.8
1998 年	20724	81.6	73.9		42.1	37.6
1999 年	20711	92.2	88.5		43.6	41.0
2000 年	21270	140.3	126.3	65.5	60.3	56.3
2001—2005 年	156114	1443.8	1217.2	688.9	669.5	628.1
2001 年	23921	191.0	164.8	85.4	97.6	93.0
2002 年	27037	221.1	181.0	100.4	101.9	97.2
2003 年	32173	265.5	226.8	132.4	119.9	113.9
2004 年	35478	331.8	294.3	165.8	148.7	143.4
2005 年	37505	434.4	350.4	204.9	201.4	180.6
2006—2010 年	256074	5422.8	3984.7	2372.7	2226.7	2006.7
2006 年	51575	697.3	572.6	325.3	349.5	319.7
2007 年	50972	882.6	660.3	407.4	418.1	353.5
2008 年	52742	1027.2	778.1	487.0	406.2	375.0
2009 年	49938	1236.2	906.9	498.2	516.8	452.9
2010 年	50847	1579.5	1066.7	654.8	536.0	505.6
2011—2015 年	315814	13788.6	10868.6	7237.5	3942.1	3353.9
2011 年	53552	1890.3	1268.3	635.9	580.4	563.3
2012 年	59969	2458.5	2048.6	1385.0	739.8	707.0
2013 年	62743	2851.2	2252.4	1615.9	684.0	659.3
2014 年	67278	3136.0	2531.5	1722.0	708.2	675.1
2015 年	72272	3452.6	2767.8	1878.7	1229.7	1206.9
2016—2022 年	406339	25395.4	19898.0	13924.8	4638.7	4364.1
2016 年	74965	3940.8	2919.3	1997.2	749.2	717.0
2017 年	81266	4485.3	3703.9	2327.3	889.0	853.0
2018 年	82486	4957.8	4069.5	3014.9	986.2	889.5
2019 年	83171	5695.3	4389.0	2866.9	1075.7	1006.1
2020 年	84451	6316.2	4816.3	3718.5	938.6	898.5
2021 年	93563	7005.7	5347.8	4347.7	788.5	760.7
2022 年	95061	7947.5	6135.3	4555.7	942.4	910.8

注：本表部分数据四舍五入的原因，存在着与分项合计不等的情况。
数据来源：北京技术市场管理办公室。

2016—2022年北京地区技术合同流向统计表

	2016年	2017年	2018年	2019年	2020年	2021年	2022年
技术合同数（项）	74965	81266	82486	83171	84451	93563	95061
其中：输出到本市	34759	35709	33836	34158	31959	32948	33049
输出到京外省市	38928	44287	47454	47897	51281	59492	60968
技术出口	1278	1270	1196	1116	1211	1123	1044
技术合同成交总额（亿元）	3940.8	4485.3	4957.8	5695.3	6316.2	7005.7	7947.5
其中：输出到本市	1131.3	1193.9	1219.5	2077.7	1721.7	1814.2	1931.5
输出到京外省市	1997.2	2327.3	3014.9	2866.9	3718.5	4347.7	4555.7
技术出口	812.3	964.1	723.4	750.7	875.9	843.8	1460.3

数据来源：北京市科学技术委员会、中关村科技园区管理委员会。

附 录

BEIJING ALMANAC OF SCIENCE AND TECHNOLOGY 2023

北京科技年鉴

2023

北京市科技管理机构

（机构领导人名单以 2022 年 12 月 31 日在职者为准）

北京市科学技术委员会、中关村科技园区管理委员会

机构职能

北京市科学技术委员会（简称市科委）是市政府组成部门，挂北京市外国专家局（简称市外专局）牌子；中关村科技园区管理委员会（简称中关村管委会）是市政府派出机构。市科委与中关村管委会合署办公，为正局级。

市科委、中关村管委会贯彻落实党中央关于科技创新工作的方针政策、决策部署和市委有关工作要求，在履行职责过程中坚持和加强党对科技创新工作的集中统一领导。主要职责是：

（一）贯彻落实国家创新驱动发展战略和科技工作的法律法规、规章和政策，起草本市相关地方性法规草案、政府规章草案，组织拟订相关政策措施并组织实施。

（二）牵头推进国际科技创新中心建设。承担北京推进科技创新中心建设办公室秘书处职能，组织拟订相关工作方案及年度计划，并开展监督落实。

（三）统筹推进首都创新体系建设和科技体制改革，健全技术创新激励机制。统筹推进“三城一区”和“一区十六园”科技创新方面的规划建设发展。优化科研体系建设，指导科研机构改革发展。负责新型研发机构的筹建、管理及服务。牵头推动企业科技创新能力建设。承担推进科技军民融合发展相关工作。

（四）推进本市重大科技决策咨询制度建设。负责提出科技发展战略建议。提出科技发展布局和优先发展领域。拟订促进科技文化融合发展、科学普及、科学传播规划政策并组织实施。

（五）拟订本市基础研究规划、政策并组织实施，组织协调基础研究和应用基础研究。参与重大科技基础设施建设和运行。提出科研条件保障规划和政策建议，推进科研条件保障建设和科技资源开放共享。

（六）组织开展本市重点领域技术发展需求分析，提出重大任务。统筹推进关键共性技术、前沿引领技术、现代工程技术、颠覆性技术研发和创新，牵头组织重大技术攻关和成果应用示范，组织参与国际大科学计划和大科学工程。

（七）负责本市科技管理工作。牵头建立本市科技管理平台和科研项目资金协调、评估、监管机制。提出优化配置科技资源的政策措施建议。推动多元化科技投入体系建设。统筹财政科技计划（专项、基金等）实施。拟订科技金融相关政策，开展科技金融促进工作。

（八）组织拟订本市高新技术发展及产业化、科技服务业、科技促进城市和农业农村发展的规划、政策及措施。

（九）牵头本市技术转移体系建设，拟订科技成果转移转化和促进产学研深度融合的相关政策措施并组织实施。负责应用场景建设相关工作。拟订促进技术市场发展的政策措施并组织实施。促进各类科技中介及协会组织发展。

（十）拟订本市科技项目管理的政策措施。负责科学技术奖励组织实施及自然科学基金管理。承担科技信息、科技统计、创新调查和科研成果报告工作。依据市政府授权，履行所监管企业出资人职责，依法对所监管企业国有资产进行监督管理，并加强业务指导。指导科技保密工作。

（十一）负责本市科技监督评价体系建设和相关科技评估管理，统筹开展全市科研诚信建设工作。开展科技评估评价和监督检查工作。

（十二）负责本市引进国外智力工作。拟订引进外国专家规划、计划并组织实施。建立外国顶尖科学家及其团队、外国科技人才吸引集聚机制和重点外国专家联系服务机制。拟订出国（境）培训规划、年度计划和政策，并组织实施。

（十三）拟订本市科技人才队伍建设规划和政策，建立健全科技人才评价和激励机制，组织实施

科技人才计划，推动高端科技创新人才队伍建设，统筹推进中关村科技园区人才工作。

（十四）指导各区科技创新工作，联系市有关部门科技创新工作。统筹推进本市与各省区市的科技领域交流合作、科技协作和支援合作工作。

（十五）拟订本市科技对外交流与创新能力开放合作的规划、政策和措施。组织开展国际科技合作、中关村科技园区国际交流与合作，推进国际技术转移。牵头组织技术出口和技术引进工作。负责涉港澳台科技合作交流。负责科技外事工作和中关村科技园区外事、宣传、联络等工作。承担中关村论坛筹办相关工作。

（十六）负责中关村科技园区发展建设工作，承担统筹、规划、组织、协调、服务中关村国家自主创新示范区建设与发展的有关具体工作。组织研究园区发展规划、政策及相关改革方案，并协调落实。

（十七）组织落实国家和本市促进高新技术产业开发区发展的政策措施，开展中关村科技园区创新创业、高新技术研发及其成果产业化、社会组织发展、知识产权等方面的促进和服务工作，培育战略性新兴产业、未来产业。

（十八）负责指导中关村科技园区各园工作，参与组织编制中关村科技园区有关空间规划，对各园空间规划、产业布局定位、动态监测、项目准入标准等重要业务实行统一管理，优化空间布局和创新创业载体建设，开展园区发展考核评价工作，促进各园高端化、特色化、差异化发展，服务区域协调发展。

（十九）完成市委、市政府交办的其他任务。

（二十）职能转变。

1. 坚持创新驱动发展。贯彻实施科教兴国战略、人才强国战略、创新驱动发展战略，坚持科技自立自强，瞄准世界科技前沿，优化创新资源布局，制定实施战略行动计划，加快建设国际科技创新中心，为科技强国建设提供支撑。

2. 深化科技体制改革。加快科技管理职能转变，加强宏观统筹，减少微观管理。建立公开统一的科技管理平台。优化科技规划体系和运行机制，推动重点领域项目、基地、人才、资金一体化配置。改进科技项目组织管理方式，实行“揭榜挂帅”等制度。完善科技评价机制，优化科技奖励项目。扩大创新主体科研管理自主权。健全以创新能力、质量、实效、贡献为导向的科技人才评价体系。完善科研人员职务发明成果权益分享机制。弘扬科学家精神。实行更加开放的科技人才政策。

3. 加快形成战略科技力量。发挥新型举国体制优势，打好关键核心技术攻坚战，提高创新链整体效能。承接国家重大科技项目建设，参与重大科技基础设施建设和运行。加大对基础研究和原始创新支持力度，优化研发布局。推进科研院所、高校、企业科研力量优化配置和资源共享。

4. 全面促进科技成果转化。加强对创新主体的支持，促进产学研深度融合，加快科技成果转化。提升中关村科技园区自主创新能力建设，推动关键技术的示范应用，支撑高精尖产业高质量发展。

5. 持续优化创新生态。完善科技治理体系，提高创新体系效能，增强创新策源功能。发挥政府制度创新的能动作用和市场配置资源的决定性作用，强化企业创新主体地位，激发创新创造活力。加强科技合作交流和智力引进，加快融入全球科技创新网络，提升科技创新影响力。

（二十一）与市经济和信息化局有关职责分工。市科委、中关村管委会与市经济和信息化局要加强在创新驱动发展方面协同联动，推动产学研深度融合。市科委、中关村管委会负责组织和服务企业技术创新和科研攻关，牵头负责科技成果转化的管理、指导、协调和服务工作，拟订本市科技成果转移转化、促进产学研深度融合的政策措施，并组织实施。市经济和信息化局负责组织推进产业布局调整和产业结构优化升级，协调解决产业运行和发展中有关问题，重点组织产业规划发展、市场要素配置和产品推广应用，支持企业做大做强。

地址：北京市通州区运河东大街 57 号院 1 号楼
网址：kw.beijing.gov.cn
办公电话：010−55577777

北京市科学技术委员会、中关村科技园区管理委员会主要领导一览表

职务	姓名
主任	许强
副主任	侯云（女，7月12日免）、朱建红、刘晖、许心超、张宇蕾（女）、曹巍（女）
一级巡视员	侯云（女）
二级巡视员	王建新、刘航、赵清（女）、张志松
纪检监察组组长	伍琦（女）
党组书记	许强（3月16日免） 张继红（3月16日任）
党组成员	侯云（女，7月12日免）、朱建红、刘晖、许心超、张宇蕾（女）

北京市科学技术委员会、中关村科技园区管理委员会内设机构一览表

序号	机构名称	序号	机构名称
1	办公室	16	新材料与智能制造科技处
2	科创中心建设综合协调处	17	医药健康科技处
3	发展规划处	18	社会发展科技处
4	政策法规处（研究室）	19	文化科技处（科普处）
5	资源配置与管理处	20	科技服务业处
6	科技监督与诚信建设处	21	园区发展建设处
7	重大专项处	22	创新创业服务处
8	科技成果转化处	23	中关村新技术新产品促进处
9	科研机构管理处	24	宣传处
10	科技金融处	25	财务处（资产监管处）
11	国际合作处（港澳台科技合作办公室）	26	人事处
12	科技协作与支援合作处	27	机关党委（党建工作处）
13	外国专家服务与科技人才处（港澳台专家服务处）	28	机关纪委
14	科技统计分析处	29	工会
15	信息科技处	30	离退休干部处

市科委、中关村管委会直属事业单位

1．北京科技创新促进中心

北京科技创新促进中心是中共北京市机构编制委员会批准成立的北京市科委、中关村管委会直属事业单位，机构规格为副局级。主要职责为：承担本市科技创新促进方面的技术性事务性工作；联络服务中央在京科研机构、促进区域科技合作和京津冀协同创新等事务性工作；承担城市、农业农村、工业设计、文化科技、科普科幻、科技服务业等领域科技项目管理、创新主体服务等工作；承担科技融媒体、新型研发机构培育、科技金融服务、科技军民融合等方面事务性工作。

2．北京市实验动物管理办公室（北京市人类遗传资源管理办公室）

北京市实验动物管理办公室（北京市人类遗传资源管理办公室）是中共北京市机构编制委员会批准成立的北京市科委、中关村管委会直属事业单位。主要职责为：承担人类遗传资源、实验动物日常管理与监督工作。

3．北京市自然科学基金委员会办公室

北京市自然科学基金委员会办公室是中共北京市机构编制委员会批准成立的北京市科委、中关村管委会直属事业单位。主要职责为：承担本市基础

研究和应用研究的政策拟订和组织协调，负责北京市自然科学基金实施工作，承担研究成果统计分析和推广等工作。

4. 北京市科学技术奖励工作办公室

北京市科学技术奖励工作办公室是中共北京市机构编制委员会批准成立的北京市科委、中关村管委会直属事业单位。主要职责为：承担科学技术奖励政策拟订工作，北京市科学技术奖励组织实施工作，国家科学技术奖励推荐，科技奖励统计分析和获奖成果推广等工作。

5. 北京技术市场管理办公室

北京技术市场管理办公室是中共北京市机构编制委员会批准成立的北京市科委、中关村管委会直属事业单位。主要职责为：承担北京技术市场日常管理监督工作，技术合同认定登记和技术合同登记机构管理，技术市场统计和分析等工作。

6. 北京科技创新研究中心

北京科技创新研究中心是中共北京市机构编制委员会批准成立的北京市科委、中关村管委会直属事业单位。主要职责为：承担国际科技创新中心、中关村国家自主创新示范区的战略、规划、政策研究工作，科技统计分析和指标监测工作，“三城一区”联系服务等工作。

7. 北京科技成果转化服务中心

北京科技成果转化服务中心是中共北京市机构编制委员会批准成立的北京市科委、中关村管委会直属事业单位。主要职责是：承担科技成果转化相关政策研究、成果转化服务平台建设等事务性工作，承担科技成果汇聚、信息共享、供需对接等服务性工作。

8. 北京市实验室服务保障中心

北京市实验室服务保障中心是中共北京市机构编制委员会批准成立的北京市科委、中关村管委会直属事业单位。主要职责是：承担实验室相关服务保障、落实配套保障措施等事务性工作。

9. 北京科技审评中心

北京科技审评中心是中共北京市机构编制委员会批准成立的北京市科委、中关村管委会直属事业单位。主要职责为：承担科研诚信、科技管理、科技资源配置政策研究、评审评估等事务性工作，承担科技管理平台建设运行、资产管理、科技监督等事务性工作。

10. 北京医药健康科技发展中心

北京医药健康科技发展中心是中共北京市机构编制委员会批准成立的北京市科委、中关村管委会直属事业单位。主要职责为：承担生命科学、医药健康、医疗卫生及食品安全等领域科技创新布局研究、项目管理和创新主体服务等工作。

11. 北京新材料和新能源科技发展中心

北京新材料和新能源科技发展中心是中共北京市机构编制委员会批准成立的北京市科委、中关村管委会直属事业单位。主要职责为：承担新能源、新材料、新能源汽车、装备制造等领域科技创新布局研究、项目凝练、项目管理和创新主体服务等工作。

12. 中关村高科技产业促进中心

中关村高科技产业促进中心是中共北京市机构编制委员会批准成立的北京市科委、中关村管委会直属事业单位。主要职责为：承担相关高精尖产业和中关村示范区高科技产业发展规划、政策建议的研究以及信息收集整理与分析工作，组织开展产业促进、创新型企业培育、创新协作和交流交往等活动，牵头落实全市创新型企业服务工作专班及重点企业“服务包”任务，具体承担高新技术企业认定、科技型中小企业评价、一区多园统筹等政策的组织落实工作。

13. 中关村政府采购促进中心

中关村政府采购促进中心是中共北京市机构编制委员会批准成立的北京市科委、中关村管委会直属事业单位。主要职责为：承担新技术新产品（服务）政府采购综合服务平台建设工作，开展信息收集、项目推介和对接活动、项目跟踪服务工作，具体承担中关村论坛展示交易板块筹办等工作，展览展示活动策划实施工作，科技新场景建设相关工作。

14. 北京科技人才发展中心（北京海外学人中心中关村分中心）

北京科技人才发展中心（北京海外学人中心中关村分中心）是中共北京市机构编制委员会批准成立的北京市科委、中关村管委会直属事业单位。主要职责：承担科技人才发展相关规划、政策研究等事务性工作，承担科技人才引进、培养、服务、中关村人才特区建设以及有关外国专家、港澳台专家管理服务等事务性工作。

15. 北京信息科技发展中心

北京信息科技发展中心是中共北京市机构编制委员会批准成立的北京市科委、中关村管委会直属事业单位。主要职责为：承担信息技术领域科技创新布局、项目管理和创新主体服务等工作。

16. 北京国际科技合作中心（北京港澳台科技合作中心）

北京国际科技合作中心（北京港澳台科技合作

中心）是中共北京市机构编制委员会批准成立的北京市科委、中关村管委会直属事业单位。主要职责为：承担国际及港澳台科技合作有关规划政策研究、重大科技交往、科技合作、技术转移等事务性工作，承担驻海外联络处联络管理、重大科技会议和活动筹办等具体工作。

17. 北京市科学技术委员会、中关村科技园区管理委员会综合事务中心

北京市科学技术委员会、中关村科技园区管理委员会综合事务中心是中共北京市机构编制委员会批准成立的北京市科委、中关村管委会直属事业单位。主要职责为：承担机关综合服务、信息公开、电子政务、安全应急、离退休干部服务等事务性工作。

18. 北京软件产品质量检测检验中心

北京软件产品质量检测检验中心是中共北京市机构编制委员会批准成立的北京市科委、中关村管委会直属事业单位。主要职责为：承担软件产品质量监督抽查业务；开展软件检测和安全检查业务；为市科委行使职能提供支撑保障。

北京市知识产权局

机构职责

北京市知识产权局（简称市知识产权局）是市政府直属机构，为副局级。

市知识产权局贯彻落实党中央关于知识产权工作的方针政策、决策部署和市委有关工作要求，在履行职责过程中坚持和加强党对知识产权工作的集中统一领导。主要职责是：

（一）贯彻落实国家关于专利、商标、原产地地理标志工作方面的法律法规、规章和政策，起草北京市相关地方性法规草案、政府规章草案，拟定专利、商标、原产地地理标志工作的政策措施、发展规划和工作计划并组织实施。会同有关部门拟定首都知识产权战略和规划并组织实施。推动知识产权区域协同发展。

（二）负责统筹协调北京市知识产权保护工作，推动知识产权保护工作体系建设。负责专利侵权纠纷的行政裁决及调处。承担知识产权维权援助。负责对商标的印制和使用进行监督管理，保护注册商标专用权，依法保护特殊标志。

（三）承担规范北京市专利、商标、原产地地理标志管理基本秩序的责任。依法监督管理知识产权代理机构，推进知识产权中介服务体系建设，推动知识产权社会信用体系建设。

（四）负责促进北京市知识产权运用。拟定北京市知识产权运用政策，促进知识产权转移转化。承担知识产权对外转让审查工作。指导和规范专利技术市场，指导规范专利权、商标权转让、许可、备案等工作。负责知识产权金融工作，会同有关部门指导和规范知识产权无形资产评估，推动专利权、商标权质押工作。推动知识产权军民融合。

（五）负责北京市知识产权公共服务体系的建设。会同有关部门推动专利、商标、原产地地理标志信息的传播利用。负责组织建立知识产权预警应急机制。承担专利、商标、原产地地理标志统计分析工作。

（六）统筹协调北京市涉外知识产权事宜。开展专利、商标、原产地地理标志工作的国际联络、合作与交流活动。

（七）组织开展专利、商标、原产地地理标志方面法律法规、政策的宣传普及工作。组织制定北京市有关知识产权的教育与培训工作规划并组织实施。

（八）完成市委、市政府交办的其他任务。

办公地址：北京市西城区槐柏树街2号院4号楼

邮政编码：100053

办公电话：010—88012018

北京市知识产权局主要领导一览表

职务	姓名	职务	姓名
党组书记、局长、一级巡视员	杨东起	副局长（挂职）	秦元明
党组成员、副局长（副局长级）	潘新胜	一级巡视员	李　钟
党组成员、副局长、二级巡视员	周立权		

北京市知识产权局内设机构及直属机构一览表

内设机构		直属机构	
1	办公室（财务审计处）	1	北京市知识产权保护中心（国家知识产权局专利局北京代办处）
2	政策法规处	2	中关村知识产权促进中心
3	知识产权协调处	3	北京市知识产权公共服务中心（北京市知识产权维权援助中心）
4	知识产权运用促进处		
5	知识产权管理处		
6	知识产权保护处		
7	宣传教育处		
8	国际交流合作处（港澳台办公室）		
9	人事处		
10	机关党委（工会）		

北京市科学技术协会

北京市科学技术协会（简称市科协）是北京地区科技工作者的群众组织，是北京市委和市政府联系广大科技工作者的桥梁和纽带，是推动科技事业发展的重要力量，是市政协的组成单位，是中国科协的地方组织，接受中国科协的业务指导。市科协成立于1963年，由市学会、基金会、区科协及基层组织组成。按照章程规定，市科协代表大会每5年举行一次，2022年7月13—14日召开了第十次代表大会。第十届委员会主席由时任国家自然基金委党组书记、主任李静海院士担任，副主席16名，常委57名，委员170名，其中有院士25名。著名科学家茅以升、王大珩、顾方舟、陈佳洱、顾秉林、刘德培曾担任市科协主席。

市科协拥有市学会、基金会239个，区科协16个，企事业单位、经济技术开发区、科技园区科协等基层组织1328个，高校科协55个，通过学会、基金会、区科协及基层组织来联系的科技工作者99.4万人。多年来，北京市科协致力为首都经济建设和社会发展服务，为提高全民科学素质服务，为科技工作者服务。2009年，北京市科协被认定为市级“枢纽型”社会组织，发挥桥梁纽带、业务龙头、服务管理平台作用。中国科协对科协组织的职能定位表述为“四服务一加强”，即为科技工作者服务，为创新驱动发展服务，为提高全民科学素质服务，为党和政府科学决策服务，加强自身建设。市委编办对市科协实施“三定”方案，明确11项主要职能。

为科技工作者服务。自觉地把加强党和政府同科技工作者的联系作为基本职责，把激发科技工作者的创新热情和创造活力作为根本任务，积极搭建平台，助力科技工作者成长成才。推动实施“一十百千”工程，开展北京科技交流学术月活动，为科技工作者搭建不同形式、不同层次的学术交流平台。每年学术月围绕共同主题集中开展学术交流活动100余项、综合性跨学科学术交流活动数十项、形式多样的专业化学术交流千余项。实施“青年人才托举工程”，不断加大青年科技人才工作的指导和支持力度，支持青年科技人才参加高水平国际知名学术活动。每年选拔500名优秀青少年学生走进高校及科研院所国家重点实验室，在院士专家的指导下进行科学实验，从小培养青少年的科学素质和创新意识。发挥老年科技人才作用，组织老年科技工作者开展“五进”科普活动和“四技”服务。以推选北京地区中国工程院院士候选人为龙头，完善科技人才举荐渠道，积极举荐、表彰优秀科技工作者。多渠道、多角度宣传和弘扬科技工作者的先进事迹和精神风貌，营造科技人才成长的良好社会氛围。

为创新驱动发展服务。围绕全国科技创新中心建设，充分发挥科协智力和人才优势，团结和引领首都广大科技工作者为实施创新驱动发展战略服务。依托中关村天合科技成果转化促进中心搭建北京市科学技术协会科技成果转化平台，引导和支持科技社团积极参与以企业为主体、以市场为导向、产学研结合的技术创新体系建设。建设科技社团创新簇企业示范站，助力企业提升自主创新能力，服务全国科技创新中心建设。坚持以企业需求为导向，大力推进开放式企业科协建设和院士专家工作站建设，引导创新要素向企业聚集，推动企业自主创新。实施金桥工程资助种子资金项目，服务企业科技创新和培养青年科技工作者。举办首都大学生科技创新作品与专利成果展示推介会，推介大学生科技创新作品，培养青年科技人才创新意识和创新精神。深化农民致富科技套餐配送工程，在10个远郊区建立科技套餐工程都市型现代农业示范基站。搭建京津冀科协科技成果转化平台，实施“首都科技工作者助力河北创新发展”行动计划，助力京津冀协同发展。

为提高全民科学素质服务。切实履行北京市全民科学素质纲要实施工作办公室职责，建立公民科学素质共建机制。成立北京科普资源联盟、北京科学教育馆协会，积极构建科普工作社会化格局，形成联动效应、质量效应、品牌效应。按照“世界眼光、时代特征、北京特色、创新发展”的建设理念，坚持“展教结合、以教为主”功能定位，构建以北京科学中心为核心、以16个区域分中心和若干专业特色科普场馆为依托的北京科学中心发展体系。不断加强科普信息化建设，着力构建由蝌蚪五线谱网站、手机终端、社区数字科普视窗、楼宇电视等载体组成的面向公众的数字化科普网络体系。以北京科学嘉年华、青少年科技创新大赛等大型品牌科普活动为重点，以青少年科学营、科学家进校园、科普之春、科普之夏、首都科学讲堂、公务员科学素质大讲堂等一系列面向基层的主题科普活动为补充，影响和带动公众参与科普活动，在全社会营造讲科学、爱科学、学科学、用科学的浓厚氛围。

为党和政府科学决策服务。着力构建以国家级科技思想库建设为重点，以调研课题、决策咨询沙龙、科技工作者建议、科技工作者状况调查、提案议案等为主要形式的特色决策咨询工作格局，服务党和政府科学决策。围绕京津冀协同发展、全国科技创新中心建设等重大科技战略问题，组织专家学者与市领导面对面交流。围绕大气雾霾等首都经济社会发展中的重点、难点、焦点问题，组织专家建言献策。通过课题委托研究的方式，与科研院所、高等院校建立协作联系，共同服务首都科学决策。

加强科协团体自身建设。深入贯彻中央和市委群团工作会议精神，围绕保持和增强科协组织的政治性、先进性、群众性，扎实推进科协系统深化改革。制定《北京市科协团体会员管理办法（试行）》，加强科技社团规范管理和指导。推进“百强社团”创建，支持引导优秀百强社团实现“四个转变”创新发展。通过政府购买岗位的方式为学会配备专职人员，推进秘书处实体化建设。推进科技社团承接政府转移职能，支持科技社团利用专业优势开展社会化服务。积极探索新形势下“枢纽型”社会组织党建新模式，实现了党的工作全覆盖，引领科技工作者听党话、跟党走。按照中央书记处“六个哪里”的要求，加强基层组织建设，推动科协组织向企业、高校、农村延伸。深入学习贯彻习近平新时代中国特色社会主义思想和党的十九大、二十大精神，落实新时代党的建设总要求，以党的政治建设为统领，以首善标准推进科协党的政治建设、思想建设、组织建设、作风建设、纪律建设，把制度建设贯穿其中，把全面从严治党要求落细落实，不断提升党建工作质量，切实增强科协各级党组织创造力、凝聚力和战斗力，不断增强“四个意识”、坚定“四个自信”、做到“两个维护”，为推进科协系统深化改革提供坚强保证。

地址：北京市朝阳区小营育慧里 4 号
邮编：100101
电话：010−84635008

北京市科学技术协会主要领导一览表

职务	姓名
党组书记	沈　洁
常务副主席	司马红
党组成员、副主席、一级巡视员	田　文
党组成员、副主席	刘晓勘
党组成员、副主席	孟凡兴
党组成员、副主席	陈维成
副主席（挂职）	郭鲁钢
一级巡视员	何劲松
一级巡视员	岳鸿志
二级巡视员	张玉山
秘书长、二级巡视员	李金涛

北京市科学技术协会机关部门一览表

序号	部门	序号	部门
1	办公室	5	科学技术普及部
2	宣传文化部	6	人事部
3	规划发展部	7	机关党委（党建工作部）
4	科学技术创新部	8	机关纪委

2022 年在京国家临床医学研究中心一览表

序号	疾病领域 / 临床专科	国家临床医学研究中心	依托单位
1	心血管疾病	国家心血管疾病临床医学研究中心	中国医科院阜外心血管病医院 首都医科大学附属北京安贞医院
2	神经系统疾病	国家神经系统疾病临床医学研究中心	首都医科大学附属北京天坛医院
3	慢性肾病	国家慢性肾病临床医学研究中心	中国人民解放军总医院
4	恶性肿瘤	国家恶性肿瘤临床医学研究中心	中国医学科学院肿瘤医院
5	呼吸系统疾病	国家呼吸系统疾病临床医学研究中心	北京医院 首都医科大附属北京儿童医院
6	精神心理疾病	国家精神心理疾病临床医学研究中心	北京大学第六医院 首都医科大学附属安定医院
7	妇产疾病	国家妇产疾病临床医学研究中心	中国医学科学院北京协和医院 北京大学第三医院
8	消化系统疾病	国家消化系统疾病临床医学研究中心	首都医科大附属北京友谊医院
9	口腔疾病	国家口腔疾病临床医学研究中心	北京大学口腔医院
10	老年疾病	国家老年疾病临床医学研究中心	中国人民解放军总医院 北京医院 首都医科大学附属宣武医院
11	感染性疾病	国家传染性疾病（病毒性肝炎）临床医学研究中心	中国人民解放军第三〇二医院
12	骨科与运动康复	国家骨科与运动康复临床医学研究中心	中国人民解放军总医院
13	眼耳鼻喉疾病	国家耳鼻咽喉疾病临床医学研究中心	中国人民解放军总医院
14	皮肤与免疫疾病	国家皮肤和免疫疾病临床医学研究中心	北京大学第一医院 中国医学科学院北京协和医院
15	血液系统疾病	国家血液系统疾病临床医学研究中心	北京大学人民医院
16	中医	国家中医临床医学研究中心	中国中医科学院西苑医院

资料来源：北京市科学技术委员会、中关村科技园区管理委员会。

2022 年北京市国家级、市级大学科技园一览表

序号	科技园名称	科技园级别	
1	华北电力大学国家大学科技园	国家级大学科技园	北京市级大学科技园
2	中国人民大学国家大学科技园	国家级大学科技园	北京市级大学科技园
3	北师大－北中医国家大学科技园	国家级大学科技园	北京市级大学科技园
4	中国矿业大学（北京）国家大学科技园	国家级大学科技园	北京市级大学科技园
5	清华大学国家大学科技园	国家级大学科技园	北京市级大学科技园
6	北京大学国家大学科技园	国家级大学科技园	北京市级大学科技园
7	北京航空航天大学国家大学科技园	国家级大学科技园	北京市级大学科技园
8	北京理工大学国家大学科技园	国家级大学科技园	北京市级大学科技园
9	北京邮电大学国家大学科技园	国家级大学科技园	北京市级大学科技园
10	北京科技大学国家大学科技园	国家级大学科技园	北京市级大学科技园
11	北京工业大学国家大学科技园	国家级大学科技园	北京市级大学科技园
12	北京交通大学国家大学科技园	国家级大学科技园	北京市级大学科技园
13	北京林业大学国家大学科技园	国家级大学科技园	北京市级大学科技园
14	中国农业大学国家大学科技园	国家级大学科技园	北京市级大学科技园
15	北京化工大学国家大学科技园	国家级大学科技园	北京市级大学科技园
16	北京农学院科技园	国家级大学科技园	北京市级大学科技园
17	中国传媒大学科技园		北京市级大学科技园
18	北京印刷学院科技园		北京市级大学科技园
19	北京物资学院科技园		北京市级大学科技园
20	中国石油大学（北京）科技园		北京市级大学科技园
21	中央财经大学科技园		北京市级大学科技园
22	北京联合大学科技园		北京市级大学科技园
23	北京信息科技大学科技园		北京市级大学科技园
24	中国政法大学科技园		北京市级大学科技园
25	北京建筑大学科技园		北京市级大学科技园
26	首都师范大学科技园		北京市级大学科技园
27	首都医科大学科技园		北京市级大学科技园
28	北京电影学院科技园		北京市级大学科技园
29	北京服装学院科技园		北京市级大学科技园

资料来源：北京市科学技术委员会、中关村科技园区管理委员会。

2022年北京市国家级、市级科技企业孵化器一览表

序号	运营管理主体	国家级孵化器	北京市级孵化器
1	北京高技术创业服务中心有限公司	国家级孵化器	北京市级孵化器
2	中关村科技园区丰台园产业促进中心	国家级孵化器	—
3	北京中关村科学城科创服务有限公司	国家级孵化器	—
4	北京望京科技孵化服务有限公司	国家级孵化器	—
5	北京北航天汇科技孵化器有限公司	国家级孵化器	北京市级孵化器
6	北京启迪创业孵化器有限公司	国家级孵化器	—
7	北京科大方兴科技孵化器有限责任公司	国家级孵化器	—
8	北京中关村国际孵化器有限公司	国家级孵化器	北京市级孵化器
9	北京赛欧科园科技孵化中心有限公司	国家级孵化器	北京市级孵化器
10	北京奥宇科技企业孵化器有限责任公司	国家级孵化器	北京市级孵化器
11	北京中关村软件园孵化服务有限公司	国家级孵化器	北京市级孵化器
12	北京康华伟业孵化器有限责任公司	国家级孵化器	北京市级孵化器
13	汇龙森国际企业孵化（北京）有限公司	国家级孵化器	北京市级孵化器
14	北京普天德胜科技孵化器有限公司	国家级孵化器	北京市级孵化器
15	北京华海基业科技孵化器有限公司	国家级孵化器	—
16	北京九州通科技孵化器有限公司	国家级孵化器	北京市级孵化器
17	北京博奥联创科技孵化器有限公司	国家级孵化器	—
18	北京汉潮大成科技孵化器有限公司	国家级孵化器	—
19	北京中关村上地生物科技发展有限公司	国家级孵化器	北京市级孵化器
20	北京理工创新高科技孵化器有限公司	国家级孵化器	—
21	北京中关村生命科学园生物医药科技孵化有限公司	国家级孵化器	北京市级孵化器
22	北京京仪科技孵化器有限公司	国家级孵化器	—
23	汇龙森欧洲科技（北京）有限公司	国家级孵化器	北京市级孵化器
24	北京瀚海润泽科技孵化器有限公司	国家级孵化器	—
25	北京瀚海博智科技孵化器有限公司	国家级孵化器	—
26	北京北达燕园科技孵化器有限公司	国家级孵化器	—
27	北京牡丹科技孵化器有限公司	国家级孵化器	北京市级孵化器
28	北京亦庄国际生物医药投资管理有限公司	国家级孵化器	北京市级孵化器
29	创新工场（北京）企业管理股份有限公司	国家级孵化器	北京市级孵化器
30	北京人大文化科技企业孵化器有限公司	国家级孵化器	—
31	北京厚德科创科技孵化器有限公司	国家级孵化器	—
32	北京交大科技孵化器有限公司	国家级孵化器	—
33	北京华商置业有限公司	国家级孵化器	—
34	北京牡丹创新科技孵化器有限公司	国家级孵化器	—
35	北京嘉捷美锦科技发展有限公司	国家级孵化器	—
36	北京中关村京蒙高科企业孵化器有限责任公司	国家级孵化器	—
37	北京宏福科技孵化器股份有限公司	国家级孵化器	—

续表

序号	运营管理主体	国家级孵化器	北京市级孵化器
38	北京乐邦乐成创业投资管理有限公司	国家级孵化器	—
39	博雅燕园科技企业孵化（北京）有限公司	国家级孵化器	—
40	北京东方嘉诚文化产业发展有限公司	国家级孵化器	—
41	北京创业公社产业运营管理股份有限公司	国家级孵化器	北京市级孵化器
42	中关村意谷（北京）科技服务有限公司	国家级孵化器	北京市级孵化器
43	北京瀛家伟业科技孵化器股份有限公司	国家级孵化器	—
44	北京东创空间文化产业发展有限公司	国家级孵化器	—
45	北京京辰瑞达科技孵化中心	国家级孵化器	—
46	北京华电天德科技园有限公司	国家级孵化器	—
47	北京尚科空间科技产业发展有限公司	国家级孵化器	—
48	北京北控高科技孵化器有限公司	国家级孵化器	—
49	贝壳菁汇科技集团有限公司	国家级孵化器	北京市级孵化器
50	锋创科技发展（北京）有限公司	国家级孵化器	—
51	北京斯坦福科技孵化器有限公司	国家级孵化器	北京市级孵化器
52	北京普天电子城科技孵化器有限公司	国家级孵化器	—
53	北大医疗产业园科技有限公司	国家级孵化器	—
54	北京云基地云计算科技发展有限公司	国家级孵化器	—
55	北京天亿弘方投资管理有限公司	国家级孵化器	北京市级孵化器
56	同方科技创新有限公司	国家级孵化器	北京市级孵化器
57	北京正开科技有限公司	国家级孵化器	北京市级孵化器
58	北京禾芫科技孵化器有限公司	国家级孵化器	北京市级孵化器
59	北京京仪融科科技孵化器有限公司	国家级孵化器	北京市级孵化器
60	京卫惟科生物科技孵化（北京）有限公司	国家级孵化器	北京市级孵化器
61	北京科创空间投资发展有限公司	国家级孵化器	北京市级孵化器
62	北京首科创融科技孵化器有限公司	国家级孵化器	北京市级孵化器
63	北京搜宝创展科技孵化器有限责任公司	国家级孵化器	—
64	北京东升科技企业加速器有限公司	国家级孵化器	—
65	北京中都泰和科技企业孵化器有限公司	国家级孵化器	—
66	北京高创天成国际企业孵化器有限公司	—	北京市级孵化器
67	北京创客帮科技孵化器有限公司	—	北京市级孵化器
68	北京联想之星投资管理有限公司	—	北京市级孵化器
69	燕园校友投资管理有限公司	—	北京市级孵化器
70	中关村硬创空间集团有限公司	—	北京市级孵化器
71	北京创业谷科技孵化器有限公司	—	北京市级孵化器
72	紫荆花科技孵化器（北京）有限公司	—	北京市级孵化器
73	星库空间（北京）创业投资有限公司	—	北京市级孵化器
74	鼎石天元投资（北京）有限公司	—	北京市级孵化器
75	中孵高科产业孵化（北京）有限公司	—	北京市级孵化器
76	北京国联万众半导体科技有限公司	—	北京市级孵化器
77	北京安创空间科技有限公司	—	北京市级孵化器
78	北京厚德昌科投资管理有限公司	—	北京市级孵化器

续表

序号	运营管理主体	国家级孵化器	北京市级孵化器
79	北京即联即用创业投资有限公司	—	北京市级孵化器
80	北创营（北京）科技孵化器有限公司	—	北京市级孵化器
81	北京星火国创企业管理有限公司	—	北京市级孵化器
82	北京天作理化科技孵化器有限公司	—	北京市级孵化器
83	北京优投科技孵化器有限公司	—	北京市级孵化器
84	北京智汇互联科技孵化器有限公司	—	北京市级孵化器
85	北京瀚海华美国际咨询有限公司	—	北京市级孵化器
86	北京乐邦乐成科技孵化器有限公司	—	北京市级孵化器
87	中关村创客小镇（北京）科技有限公司	—	北京市级孵化器
88	北京鹍鹏科创科技发展有限公司	—	北京市级孵化器
89	北京中关村创业大街科技服务有限公司	—	北京市级孵化器
90	北京华卫天和生物科技有限公司	—	北京市级孵化器
91	北京时代凌宇科技孵化器有限公司	—	北京市级孵化器
92	北京中科创星科技有限公司	—	北京市级孵化器
93	北京首都科技发展集团科技服务有限公司	—	北京市级孵化器
94	中科智能互联（北京）科技发展有限公司	—	北京市级孵化器
95	北京中关村互联网教育科技服务有限责任公司	—	北京市级孵化器
96	北京启迪之星创业加速科技有限公司	—	北京市级孵化器
97	北京贝壳京工时尚创新科技有限公司	—	北京市级孵化器
98	奇绩创坛（北京）投资管理有限责任公司	—	北京市级孵化器
99	北京创园国际科技有限公司	—	北京市级孵化器
100	北京科方创业科技企业孵化器有限公司	—	北京市级孵化器
101	北京景大空间科技有限公司	—	北京市级孵化器
102	北京东辉达科技孵化器有限公司	—	北京市级孵化器
103	北京西窗威荣科技发展有限公司	—	北京市级孵化器
104	北京大华无线电仪器有限责任公司	—	北京市级孵化器
105	北京火炬人科技有限公司	—	北京市级孵化器
106	北京小威科技孵化器有限公司	—	北京市级孵化器
107	荷塘探索国际健康科技发展（北京）有限公司	—	北京市级孵化器
108	北京机电研究所有限公司	—	北京市级孵化器
109	北京莞京创新科技服务有限公司	—	北京市级孵化器
110	北京芯创空间科技服务有限责任公司	—	北京市级孵化器
111	北京天安科创置业有限公司	—	北京市级孵化器
112	北京星光拓诚文化产业集团有限公司	—	北京市级孵化器
113	北京维鲸科技有限公司	—	北京市级孵化器
114	北京华卫康健科技孵化器有限责任公司	—	北京市级孵化器
115	中东创新科技集团有限公司	—	北京市级孵化器
116	北京渡业投资管理有限公司	—	北京市级孵化器
117	宝业通（北京）科技孵化器有限公司	—	北京市级孵化器
118	北京瀚海智业国际科技发展有限公司	—	北京市级孵化器
119	北京众智鼎昌科技产业有限公司	—	北京市级孵化器

续表

序号	运营管理主体	国家级孵化器	北京市级孵化器
120	北京东升联创科技孵化器有限公司	—	北京市级孵化器
121	北京昌科国际科技有限公司	—	北京市级孵化器
122	北京军腾博奥科技服务有限公司	—	北京市级孵化器
123	北京亚杰商汇咨询有限公司	—	北京市级孵化器
124	创业黑马科技集团股份有限公司	—	北京市级孵化器
125	做实事科技服务（北京）有限公司	—	北京市级孵化器
126	北京翠湖科创科技发展有限公司	—	北京市级孵化器
127	北京新生巢生物医药科技产业运营有限公司	—	北京市级孵化器
128	北京和义广业创新平台科技管理有限公司	—	北京市级孵化器
129	北京骏一孵化器有限公司	—	北京市级孵化器
130	北京元航天汇智造谷科技产业有限公司	—	北京市级孵化器
131	国家电投集团科学技术研究院有限公司	—	北京市级孵化器
132	北京丰科世纪科技孵化器有限公司	—	北京市级孵化器
133	北京好景象科技发展有限公司	—	北京市级孵化器
134	智汇中科（北京）科技有限公司	—	北京市级孵化器
135	北京青禾谷仓科技集团有限公司	—	北京市级孵化器

资料来源：北京市科学技术委员会、中关村科技园区管理委员会。

2022 年北京市国家级、市级众创空间一览表

序号	运营管理主体	国家备案众创空间	北京市级众创空间
1	中关村科技园区丰台园产业促进中心	国家备案众创空间	北京市级众创空间
2	北京赛欧科园科技孵化中心有限公司	国家备案众创空间	北京市级众创空间
3	北京奥宇科技企业孵化器有限责任公司	国家备案众创空间	北京市级众创空间
4	北京中关村软件园孵化服务有限公司	国家备案众创空间	北京市级众创空间
5	北京普天德胜科技孵化器有限公司	国家备案众创空间	北京市级众创空间
6	北京九州通科技孵化器有限公司	国家备案众创空间	北京市级众创空间
7	北京理工创新高科技孵化器有限公司	国家备案众创空间	北京市级众创空间
8	北京京仪科技孵化器有限公司	国家备案众创空间	北京市级众创空间
9	北京瀚海博智科技孵化器有限公司	国家备案众创空间	北京市级众创空间
10	北京北达燕园科技孵化器有限公司	国家备案众创空间	北京市级众创空间
11	创新工场（北京）企业管理股份有限公司	国家备案众创空间	—
12	北京人大文化科技企业孵化器有限公司	国家备案众创空间	北京市级众创空间
13	北京厚德科创科技孵化器有限公司	国家备案众创空间	北京市级众创空间
14	北京华商置业有限公司	国家备案众创空间	北京市级众创空间
15	北京宏福科技孵化器股份有限公司	国家备案众创空间	北京市级众创空间
16	北京东方嘉诚文化产业发展有限公司	国家备案众创空间	北京市级众创空间
17	北京创业公社产业运营管理股份有限公司	国家备案众创空间	北京市级众创空间
18	中关村意谷（北京）科技服务有限公司	国家备案众创空间	北京市级众创空间
19	北京赢家伟业科技孵化器股份有限公司	国家备案众创空间	北京市级众创空间

续表

序号	运营管理主体	国家备案众创空间	北京市级众创空间
20	北京尚科空间科技产业发展有限公司	国家备案众创空间	北京市级众创空间
21	贝壳菁汇科技集团有限公司	国家备案众创空间	北京市级众创空间
22	锋创科技发展（北京）有限公司	国家备案众创空间	北京市级众创空间
23	北京斯坦福科技孵化器有限公司	国家备案众创空间	北京市级众创空间
24	北京普天电子城科技孵化器有限公司	国家备案众创空间	北京市级众创空间
25	北大医疗产业园科技有限公司	国家备案众创空间	北京市级众创空间
26	北京趣酷科技有限公司	国家备案众创空间	北京市级众创空间
27	北京北航科技园有限公司	国家备案众创空间	北京市级众创空间
28	中财大科技园（北京）有限公司	国家备案众创空间	北京市级众创空间
29	纳什空间创业科技（北京）有限公司	国家备案众创空间	北京市级众创空间
30	北京迪希工业设计创意开发有限公司	国家备案众创空间	北京市级众创空间
31	中文发集团文化有限公司	国家备案众创空间	北京市级众创空间
32	北京市文化创新工场投资管理有限公司	国家备案众创空间	北京市级众创空间
33	北京极地加科技有限公司	国家备案众创空间	北京市级众创空间
34	首邦（北京）资产运营有限公司	国家备案众创空间	北京市级众创空间
35	创业邦（北京）传媒文化有限公司	国家备案众创空间	北京市级众创空间
36	汉唐信通（北京）咨询股份有限公司	国家备案众创空间	北京市级众创空间
37	国安龙巢（北京）科技投资有限公司	国家备案众创空间	北京市级众创空间
38	北京车库咖啡孵化器运营管理有限公司	国家备案众创空间	北京市级众创空间
39	清华大学经济管理学院	国家备案众创空间	北京市级众创空间
40	北京创客帮科技孵化器有限公司	国家备案众创空间	北京市级众创空间
41	北京 3W 孵化器管理有限公司	国家备案众创空间	北京市级众创空间
42	氪空间（北京）信息技术有限公司	国家备案众创空间	北京市级众创空间
43	北京联想之星投资管理有限公司	国家备案众创空间	北京市级众创空间
44	北京天使汇金融信息服务有限公司	国家备案众创空间	北京市级众创空间
45	北京金种子创业谷科技孵化器中心	国家备案众创空间	北京市级众创空间
46	北京创业未来传媒技术有限公司	国家备案众创空间	北京市级众创空间
47	北京爱思创芯汇咨询有限公司	国家备案众创空间	北京市级众创空间
48	北京飞马旅企业管理有限公司	国家备案众创空间	北京市级众创空间
49	亚杰汇（北京）网络科技服务有限公司	国家备案众创空间	北京市级众创空间
50	燕园校友投资管理有限公司	国家备案众创空间	北京市级众创空间
51	北京虫洞创业之家科技服务有限公司	国家备案众创空间	北京市级众创空间
52	启迪之星（北京）科技企业孵化器有限公司	国家备案众创空间	北京市级众创空间
53	中关村硬创空间集团有限公司	国家备案众创空间	北京市级众创空间
54	北京清创纪元创业教育科技有限责任公司	国家备案众创空间	北京市级众创空间
55	北京清创科技孵化器有限公司	国家备案众创空间	北京市级众创空间
56	太库（北京）科技孵化器有限公司	国家备案众创空间	北京市级众创空间
57	北京创业谷科技孵化器有限公司	国家备案众创空间	北京市级众创空间
58	北京东晟合创科技孵化器有限公司	国家备案众创空间	北京市级众创空间
59	北京云基地云计算科技发展有限公司	国家备案众创空间	北京市级众创空间
60	阿尔法沃夫（北京）加速器科技有限公司	国家备案众创空间	北京市级众创空间

续表

序号	运营管理主体	国家备案众创空间	北京市级众创空间
61	兰天使创新创业孵化器有限公司	国家备案众创空间	北京市级众创空间
62	万巢（北京）众创空间有限公司	国家备案众创空间	北京市级众创空间
63	优府科技服务（北京）有限公司	国家备案众创空间	北京市级众创空间
64	北京中关村国际数字设计中心有限公司	国家备案众创空间	北京市级众创空间
65	北京银行股份有限公司中关村分行	国家备案众创空间	北京市级众创空间
66	北京巨峰智海商务服务有限公司	国家备案众创空间	北京市级众创空间
67	北京中农大创新研修学院	国家备案众创空间	北京市级众创空间
68	北京众合海川科技孵化器有限公司	国家备案众创空间	北京市级众创空间
69	北京天亿弘方投资管理有限公司	国家备案众创空间	北京市级众创空间
70	北京海置科创科技服务有限公司	国家备案众创空间	北京市级众创空间
71	北京衫晒科技孵化器有限公司	国家备案众创空间	北京市级众创空间
72	紫荆花科技孵化器（北京）有限公司	国家备案众创空间	北京市级众创空间
73	国兴网络有限公司	国家备案众创空间	北京市级众创空间
74	校际空间（北京）科技孵化器有限责任公司	国家备案众创空间	北京市级众创空间
75	同方科技创新有限公司	国家备案众创空间	北京市级众创空间
76	一九一一文化传播（北京）有限公司	国家备案众创空间	北京市级众创空间
77	北京库尔好同学科技有限公司	国家备案众创空间	北京市级众创空间
78	北京智泽惠通科技孵化器有限公司	国家备案众创空间	北京市级众创空间
79	北京宏泰智会科技服务有限公司	国家备案众创空间	北京市级众创空间
80	星库空间（北京）创业投资有限公司	国家备案众创空间	北京市级众创空间
81	黑钻石（北京）文化传媒股份有限公司	国家备案众创空间	北京市级众创空间
82	北京北方车辆新技术孵化器有限公司	国家备案众创空间	北京市级众创空间
83	九一金融信息服务（北京）有限公司	国家备案众创空间	北京市级众创空间
84	北京创新谷科技孵化器有限公司	国家备案众创空间	北京市级众创空间
85	北京海聚博源科技孵化器有限公司	国家备案众创空间	北京市级众创空间
86	北京方和正圆科技企业孵化器有限公司	国家备案众创空间	北京市级众创空间
87	优客工场（北京）创业投资有限公司	国家备案众创空间	北京市级众创空间
88	鼎石天元投资（北京）有限公司	国家备案众创空间	北京市级众创空间
89	北京正开科技有限公司	国家备案众创空间	北京市级众创空间
90	北京快投会网络科技有限公司	国家备案众创空间	北京市级众创空间
91	北京东尚泰和科技有限公司	国家备案众创空间	北京市级众创空间
92	北京中科电商谷信息技术有限公司	国家备案众创空间	北京市级众创空间
93	北京鸿坤理想投资管理有限公司	国家备案众创空间	北京市级众创空间
94	北京禾芫科技孵化器有限公司	国家备案众创空间	北京市级众创空间
95	北京通明湖信息城发展有限公司	国家备案众创空间	北京市级众创空间
96	北京安快创业科技有限公司	国家备案众创空间	北京市级众创空间
97	北京九城软件有限公司	国家备案众创空间	北京市级众创空间
98	中孵高科产业孵化（北京）有限公司	国家备案众创空间	北京市级众创空间
99	北京国联万众半导体科技有限公司	国家备案众创空间	北京市级众创空间
100	北京安创空间科技有限公司	国家备案众创空间	北京市级众创空间
101	北京厚德昌科投资管理有限公司	国家备案众创空间	北京市级众创空间

续表

序号	运营管理主体	国家备案众创空间	北京市级众创空间
102	北京昌品城市文化发展有限公司	国家备案众创空间	北京市级众创空间
103	中航联创科技有限公司	国家备案众创空间	北京市级众创空间
104	北京即联即用创业投资有限公司	国家备案众创空间	北京市级众创空间
105	北创营（北京）科技孵化器有限公司	国家备案众创空间	北京市级众创空间
106	北京金丰和科技企业孵化器有限责任公司	国家备案众创空间	北京市级众创空间
107	智创工坊（北京）科技有限公司	国家备案众创空间	北京市级众创空间
108	北京市化学工业研究院有限责任公司	国家备案众创空间	北京市级众创空间
109	北京星火国创企业管理有限公司	国家备案众创空间	北京市级众创空间
110	北京京仪融科科技孵化器有限公司	国家备案众创空间	北京市级众创空间
111	京卫惟科生物科技孵化（北京）有限公司	国家备案众创空间	北京市级众创空间
112	北京国泰青春商业有限公司	国家备案众创空间	北京市级众创空间
113	北京天作理化科技孵化器有限公司	国家备案众创空间	北京市级众创空间
114	北京业主行网络科技有限公司	国家备案众创空间	北京市级众创空间
115	北京优投科技孵化器有限公司	国家备案众创空间	北京市级众创空间
116	中民国投（北京）投资控股有限公司	国家备案众创空间	北京市级众创空间
117	北京智汇互联科技孵化器有限公司	国家备案众创空间	北京市级众创空间
118	北京北化大科技园有限公司	国家备案众创空间	北京市级众创空间
119	北京倪帮尔科技孵化器有限公司	国家备案众创空间	北京市级众创空间
120	微创业（北京）企业管理服务有限公司	国家备案众创空间	北京市级众创空间
121	北京九州众创科技孵化器有限公司	国家备案众创空间	北京市级众创空间
122	青创动力（北京）科技孵化器有限公司	国家备案众创空间	北京市级众创空间
123	北京中关村软件园发展有限责任公司	国家备案众创空间	北京市级众创空间
124	北京瀚海华美国际咨询有限公司	国家备案众创空间	—
125	清控道口财富科技（北京）股份有限公司	国家备案众创空间	—
126	英库百特科技服务（北京）有限公司	国家备案众创空间	北京市级众创空间
127	北京德山科技有限公司	国家备案众创空间	北京市级众创空间
128	北京科创空间投资发展有限公司	国家备案众创空间	北京市级众创空间
129	北京鹍鹏科创科技发展有限公司	国家备案众创空间	北京市级众创空间
130	北京思客空间科技有限公司	国家备案众创空间	北京市级众创空间
131	骏一知识产权运营（北京）有限公司	国家备案众创空间	北京市级众创空间
132	北京时代凌宇科技孵化器有限公司	国家备案众创空间	北京市级众创空间
133	中咨合创（北京）科技孵化器有限公司	国家备案众创空间	北京市级众创空间
134	中粮营养健康研究院有限公司	国家备案众创空间	北京市级众创空间
135	北京国数创业创新企业管理有限公司	国家备案众创空间	北京市级众创空间
136	北京首科创融科技孵化器有限公司	国家备案众创空间	北京市级众创空间
137	北京金隅启迪科技孵化器有限公司	国家备案众创空间	北京市级众创空间
138	北京极客星辰科技有限公司	国家备案众创空间	北京市级众创空间
139	北京侨创空间科技有限责任公司	国家备案众创空间	北京市级众创空间
140	北京未来科学城产业发展有限公司	国家备案众创空间	北京市级众创空间
141	电信科学技术仪表研究所有限公司	国家备案众创空间	北京市级众创空间
142	北京嘉润创业商务有限公司	国家备案众创空间	北京市级众创空间

续表

序号	运营管理主体	国家备案众创空间	北京市级众创空间
143	北京启迪之星创业加速科技有限公司	国家备案众创空间	北京市级众创空间
144	北京睿思创业空间科技有限公司	国家备案众创空间	北京市级众创空间
145	北京科聚思网络科技有限公司	国家备案众创空间	北京市级众创空间
146	北京汉潮大成科技孵化器有限公司	—	北京市级众创空间
147	北京中关村上地生物科技发展有限公司	—	北京市级众创空间
148	北京牡丹科技孵化器有限公司	—	北京市级众创空间
149	北京牡丹创新科技孵化器有限公司	—	北京市级众创空间
150	首创中传（北京）文化传媒发展有限公司	—	北京市级众创空间
151	北京燕科科技孵化器有限公司	—	北京市级众创空间
152	北京师大科技园科技发展有限责任公司	—	北京市级众创空间
153	北京北林科技园有限公司	—	北京市级众创空间
154	北京绿色印刷包装产业技术研究院有限公司	—	北京市级众创空间
155	北京北农企业管理有限公司	—	北京市级众创空间
156	北京北建大科技园发展有限公司	—	北京市级众创空间
157	北京北服时尚投资管理有限公司	—	北京市级众创空间
158	合作共创（北京）办公服务有限公司	—	北京市级众创空间
159	光合空间（北京）企业孵化器有限公司	—	北京市级众创空间
160	北京创客空间科技有限公司	—	北京市级众创空间
161	一八九八文化传媒（北京）有限公司	—	北京市级众创空间
162	北京U家创业投资管理有限公司	—	北京市级众创空间
163	雷雷伙伴（北京）科技孵化器有限公司	—	北京市级众创空间
164	美丽华夏（北京）投资有限公司	—	北京市级众创空间
165	逐鹿仁德（北京）科技孵化器有限公司	—	北京市级众创空间
166	北京歌华设计有限公司	—	北京市级众创空间
167	北京市计算中心有限公司	—	北京市级众创空间
168	北京天洋蜂巢投资管理有限公司	—	北京市级众创空间
169	中关村领创空间科技服务有限责任公司	—	北京市级众创空间
170	依文服饰股份有限公司	—	北京市级众创空间
171	北京易华录信息技术股份有限公司	—	北京市级众创空间
172	众致创新（北京）科技有限公司	—	北京市级众创空间
173	北京石龙经济开发区投资开发有限公司	—	北京市级众创空间
174	三维六度（北京）科技股份有限公司	—	北京市级众创空间
175	北京盛泰华业科技有限公司	—	北京市级众创空间
176	北京乐邦乐成科技孵化器有限公司	—	北京市级众创空间
177	中国技术交易所有限公司	—	北京市级众创空间
178	北京速普创新投资管理有限公司	—	北京市级众创空间
179	知为创客（北京）投资有限公司	—	北京市级众创空间
180	北京企联众创科技有限公司	—	北京市级众创空间
181	优享创智（北京）科技服务有限公司	—	北京市级众创空间
182	天音互动（北京）文化传媒发展有限公司	—	北京市级众创空间
183	北京市长城伟业投资开发有限公司	—	北京市级众创空间

续表

序号	运营管理主体	国家备案众创空间	北京市级众创空间
184	嘉创工场（北京）科技孵化器有限责任公司	—	北京市级众创空间
185	中关村创客小镇（北京）科技有限公司	—	北京市级众创空间
186	中国动漫集团有限公司	—	北京市级众创空间
187	北京信中利潮客海创科技有限公司	—	北京市级众创空间
188	北京智优沃科技有限公司	—	北京市级众创空间
189	北京星河空间科技集团有限公司	—	北京市级众创空间
190	北京金蜜蜂文化创意股份有限公司	—	北京市级众创空间
191	创汇空间（北京）科技孵化器有限公司	—	北京市级众创空间
192	建信万通商务服务（北京）有限公司	—	北京市级众创空间
193	北京凤岐创业服务有限公司	—	北京市级众创空间
194	北京天使成长科技有限公司	—	北京市级众创空间
195	北京龙创悦动网络科技有限公司	—	北京市级众创空间
196	正益移动互联科技股份有限公司	—	北京市级众创空间
197	北京文创科技有限责任公司	—	北京市级众创空间
198	北京华地融信物业管理有限公司	—	北京市级众创空间
199	北京世茂华泰投资有限公司	—	北京市级众创空间
200	北京航星机器制造有限公司	—	北京市级众创空间
201	赋腾创客之城（北京）科技有限公司	—	北京市级众创空间
202	北京三帝科技股份有限公司	—	北京市级众创空间
203	国安创客（北京）科技有限公司	—	北京市级众创空间
204	中关村青创（北京）国际科技有限公司	—	北京市级众创空间
205	北京中关村创业大街科技服务有限公司	—	北京市级众创空间
206	北京经开投资开发股份有限公司	—	北京市级众创空间
207	北京京东方空间数智科技服务有限公司	—	北京市级众创空间
208	北京华卫天和生物科技有限公司	—	北京市级众创空间
209	大河套（北京）投资有限公司	—	北京市级众创空间
210	备安众创（北京）科技有限公司	—	北京市级众创空间
211	北京蓝色光标数据科技股份有限公司	—	北京市级众创空间
212	北京中天新一代投资管理有限公司	—	北京市级众创空间
213	北京创新社科技孵化器有限公司	—	北京市级众创空间
214	北京筑梦成信息技术有限公司	—	北京市级众创空间
215	北京同茂浩源科技开发有限公司	—	北京市级众创空间
216	北京三一太阳谷科技有限公司	—	北京市级众创空间
217	北京育米科技产业集团有限公司	—	北京市级众创空间
218	北京中科创星科技有限公司	—	北京市级众创空间
219	北京昌科互联商业运营管理有限公司	—	北京市级众创空间
220	北京乐加创业投资有限公司	—	北京市级众创空间
221	北京金信博奥科技服务有限公司	—	北京市级众创空间
222	北京首科凯奇电气技术有限公司	—	北京市级众创空间
223	北京中科喀斯玛科技孵化器有限公司	—	北京市级众创空间
224	北京奥祥智造科技有限公司	—	北京市级众创空间

续表

序号	运营管理主体	国家备案众创空间	北京市级众创空间
225	北京易修复生态科技有限公司	—	北京市级众创空间
226	北京天助立业物业管理有限公司	—	北京市级众创空间
227	北大资源集团文化艺术传播（北京）有限公司	—	北京市级众创空间
228	世欣东方（北京）文化集团有限公司	—	北京市级众创空间
229	影都文化投资发展有限公司	—	北京市级众创空间
230	部落方舟（北京）科技有限公司	—	北京市级众创空间
231	北京西山创客文化发展有限公司	—	北京市级众创空间
232	首开文投（北京）文化科技有限公司	—	北京市级众创空间
233	北京鼎新至诚投资顾问有限公司	—	北京市级众创空间
234	创客基地科技孵化器（北京）有限公司	—	北京市级众创空间
235	北京德钧科技服务有限公司	—	北京市级众创空间
236	华润置地（北京）股份有限公司	—	北京市级众创空间
237	恩加无限（北京）生产力促进有限公司	—	北京市级众创空间
238	北京连界飞地企业管理有限公司	—	北京市级众创空间
239	北京飞牛科技有限公司	—	北京市级众创空间
240	北京临空兴创科技有限公司	—	北京市级众创空间
241	北焦科创高科技孵化器（北京）有限公司	—	北京市级众创空间
242	北京智创动力科技有限公司	—	北京市级众创空间
243	中关村医疗器械园有限公司	—	北京市级众创空间
244	中国电信集团有限公司北京科技创新中心	—	北京市级众创空间
245	北京鼎海运维科技服务有限公司	—	北京市级众创空间
246	北京青禾谷仓硬科技孵化器有限公司	—	北京市级众创空间
247	北京昌平科技园发展有限公司	—	北京市级众创空间
248	北京首都科技发展集团科技服务有限公司	—	北京市级众创空间
249	合众思壮北斗导航有限公司	—	北京市级众创空间
250	北京蓟航智能科技发展有限公司	—	北京市级众创空间
251	京中首信（北京）咨询服务有限公司	—	北京市级众创空间
252	北京中科智源科技有限公司	—	北京市级众创空间
253	华润生命科学产业发展有限公司	—	北京市级众创空间
254	中东集团商务管理有限公司	—	北京市级众创空间
255	北京商标品牌通网络科技中心（有限合伙）	—	北京市级众创空间
256	北京中科睿芯智能计算产业研究院有限公司	—	北京市级众创空间
257	北京城乡时代投资有限公司	—	北京市级众创空间
258	北京通州发展集团有限公司	—	北京市级众创空间
259	北京北创空间科技服务有限公司	—	北京市级众创空间
260	北京欧华创新科技有限公司	—	北京市级众创空间
261	中科智能互联（北京）科技发展有限公司	—	北京市级众创空间
262	北京鹍鹏汇智国际技术服务有限公司	—	北京市级众创空间
263	中检启迪（北京）科技有限公司	—	北京市级众创空间
264	国网智能电网研究院有限公司	—	北京市级众创空间
265	北京中关村互联网教育科技服务有限责任公司	—	北京市级众创空间

续表

序号	运营管理主体	国家备案众创空间	北京市级众创空间
266	七六一工场（北京）科技发展有限公司	—	北京市级众创空间
267	北京德潭文化创意产业发展有限公司	—	北京市级众创空间
268	创集合（北京）科技有限公司	—	北京市级众创空间
269	中国电子科技集团公司信息科学研究院	—	北京市级众创空间
270	北京市射线应用研究中心有限公司	—	北京市级众创空间
271	北京跳动空间科技有限公司	—	北京市级众创空间
272	北京优智沃客科技有限公司	—	北京市级众创空间
273	北京智慧长阳文化产业基地	—	北京市级众创空间
274	北京洪泰盛世科技有限公司	—	北京市级众创空间
275	北京中源瑞盛投资有限公司	—	北京市级众创空间
276	北京国天事业气象科技有限公司	—	北京市级众创空间
277	北京爱悦达管理顾问有限公司	—	北京市级众创空间
278	北京燕星宇国际石化产品交易市场有限公司	—	北京市级众创空间
279	北京智造大街科技发展有限公司	—	北京市级众创空间
280	北京东联同创科技孵化器有限公司	—	北京市级众创空间
281	北京尚东吉米科技发展有限公司	—	北京市级众创空间
282	北京易佰永嘉科贸有限公司	—	北京市级众创空间
283	北京壹零壹科技孵化器有限公司	—	北京市级众创空间
284	北京合睿科技有限公司	—	北京市级众创空间
285	北京中海汇银财税服务有限公司	—	北京市级众创空间
286	北京洛凯特文化传播有限公司	—	北京市级众创空间
287	优享翠林（北京）物业管理有限公司	—	北京市级众创空间
288	北京贝壳京工时尚创新科技有限公司	—	北京市级众创空间
289	中坤金信（北京）文化发展有限公司	—	北京市级众创空间
290	智客硅谷（北京）科技发展有限公司	—	北京市级众创空间
291	中汇博泰（北京）商业运营管理有限公司	—	北京市级众创空间
292	星影空间（北京）文化有限公司	—	北京市级众创空间
293	华夏幸福创新（北京）企业管理有限公司	—	北京市级众创空间
294	北京启迪香山加速器科技有限公司	—	北京市级众创空间
295	九九工场（北京）文化发展有限公司	—	北京市级众创空间
296	光合优创（北京）科技企业孵化器有限公司	—	北京市级众创空间
297	北京易亨创业科技服务有限公司	—	北京市级众创空间
298	北京绿创环保集团科技孵化器有限公司	—	北京市级众创空间
299	北京首农供应链管理有限公司	—	北京市级众创空间
300	北京恒兴嘉业科技孵化器有限公司	—	北京市级众创空间
301	北京北电科林电子有限公司	—	北京市级众创空间
302	北京青禾谷仓科技集团有限公司	—	北京市级众创空间
303	北京远见育成科技孵化器有限公司	—	北京市级众创空间
304	极创家（北京）科技有限公司	—	北京市级众创空间
305	倍格创业生态科技（西安）股份有限公司	—	北京市级众创空间
306	洪泰智造（青岛）信息技术有限公司	—	北京市级众创空间

资料来源：北京市科学技术委员会、中关村科技园区管理委员会。

2022 年北京市企业科技研究开发机构一览表

序号	机构名称	所在区	序号	机构名称	所在区
1	富士通研究开发中心有限公司	朝阳区	37	北京直真科技股份有限公司	昌平区
2	威盛电子（中国）有限公司	海淀区	38	北京汽车研究总院有限公司	顺义区
3	北京市粮食科学研究院有限公司	西城区	39	北京利达华信电子股份有限公司技术研发中心	经开区
4	中冶建筑研究总院有限公司	海淀区	40	北京利德曼生化股份有限公司研发中心	经开区
5	中建研科技股份有限公司	朝阳区	41	北京爱尔达电子设备有限公司	海淀区
6	北京理正软件股份有限公司	西城区	42	北京久其软件股份有限公司研发中心	西城区
7	中国食品发酵工业研究院有限公司	朝阳区	43	中广核（北京）仿真技术有限公司	海淀区
8	北京同仁堂股份有限公司科学研究所	朝阳区	44	北京嘉林药业股份有限公司医药生物技术研究所	朝阳区
9	中冶京诚工程技术有限公司技术研究院	经开区	45	荣盛盟固利新能源科技有限公司新能源技术研究院	昌平区
10	北京华东电气股份有限公司技术研究中心	通州区	46	北京京鹏环宇畜牧科技股份有限公司海淀技术研发分公司	海淀区
11	中国纺织科学研究院研究开发中心	朝阳区	47	北京交科公路勘察设计研究院有限公司	海淀区
12	爱博诺德（北京）医疗科技股份有限公司科技中心	昌平区	48	北京大地高科地质勘查有限公司	石景山区
13	北京中研同仁堂医药研发有限公司	丰台区	49	北京天科合达半导体股份有限公司	大兴区
14	北京四环生物制药有限公司北京科技分公司	经开区	50	北京世桥生物制药有限公司技术研发中心	顺义区
15	华为技术有限公司北京研究所	海淀区	51	北京建筑材料科学研究总院有限公司	石景山区
16	北京英纳超导技术有限公司	经开区	52	矿冶科技集团有限公司	西城区
17	北京热力装备制造有限公司研发中心	经开区	53	北京阜康仁生物制药科技有限公司	大兴区
18	北京三星通信技术研究有限公司	朝阳区	54	北京国富安电子商务安全认证有限公司	经开区
19	浦华环保有限公司北京浦华环境技术中心	海淀区	55	北京博大光通物联科技股份有限公司	经开区
20	大道隆达（北京）医药科技发展有限公司	经开区	56	北京盈科瑞创新医药股份有限公司	昌平区
21	中国医药研究开发中心有限公司	昌平区	57	北京中企卓创科技发展有限公司	海淀区
22	保诺科技（北京）有限公司	昌平区	58	北京中海生物科技有限公司	海淀区
23	北京亨通斯博通讯科技有限公司光电技术研发中心	密云区	59	北京市勘察设计研究院有限公司	海淀区
24	罗森伯格亚太电子有限公司北京科技研发中心	顺义区	60	盎亿泰地质微生物技术（北京）有限公司	昌平区
25	北京信得威特科技有限公司生物技术研究院	顺义区	61	北京赛升药业股份有限公司研发中心	经开区
26	北京机科国创轻量化科学研究院有限公司	怀柔区	62	北京智飞绿竹生物制药有限公司研发中心	经开区
27	北京市燃气集团研究院	朝阳区	63	北京沙东生物技术有限公司	门头沟区
28	中国建筑科学研究院有限公司	朝阳区	64	北京康辰药业股份有限公司药物研究院	密云区
29	中铁第五勘察设计院集团有限公司北京技术中心	大兴区	65	北京正旦国际科技有限责任公司	昌平区
30	诺兰特移动通信配件（北京）有限公司研发中心	经开区	66	北京金科龙石油技术开发有限公司	昌平区
31	北京万集科技股份有限公司智能交通技术研发中心	海淀区	67	升华电梯有限公司北京技术研究所	顺义区
32	北京创立科创医药技术开发有限公司	朝阳区	68	川北真空科技（北京）有限公司	昌平区
33	北京协和建昊医药技术开发有限责任公司	经开区	69	中广核研究院有限公司北京分公司	海淀区
34	北京三元食品股份有限公司科研开发中心	大兴区	70	北京诺和诺德医药科技有限公司	昌平区
35	北京振东光明药物研究院有限公司	海淀区	71	北京安泰伟奥信息技术有限公司	经开区
36	阿尔特汽车技术股份有限公司	经开区	72	北京东润环能科技股份有限公司	海淀区

续表

序号	机构名称	所在区	序号	机构名称	所在区
73	北京海莱特科技有限公司	经开区	113	中生北控生物科技股份有限公司体外诊断技术研发中心	昌平区
74	北京三盈联合石油技术有限公司能源设备研发分公司	经开区	114	百世诺（北京）医疗科技有限公司	昌平区
75	北京现代汽车有限公司技术中心	顺义区	115	北京依生兴业科技有限公司	大兴区
76	北京中纺化工股份有限公司研发中心	经开区	116	北京泛生子基因科技有限公司	昌平区
77	北京生泰尔科技股份有限公司生物科技研究院	大兴区	117	中农绿康（北京）生物技术有限公司	延庆区
78	北京诺思兰德生物技术股份有限公司	海淀区	118	北京阳光诺和药物研究股份有限公司	昌平区
79	北京利尔高温材料股份有限公司新材料研究院	昌平区	119	大恒新纪元科技股份有限公司北京光电技术研究所	海淀区
80	亿览在线网络技术（北京）有限公司	海淀区	120	北京航天斯达科技有限公司	丰台区
81	北京万泰生物药业股份有限公司研发中心	昌平区	121	富思特新材料科技发展股份有限公司北京科技中心	大兴区
82	北京爱康宜诚医疗器材有限公司研发中心	昌平区	122	北京中农弘科生物技术有限公司	昌平区
83	北京韩美药品有限公司医药研发中心	顺义区	123	北京茗泽中和药物研究有限公司	大兴区
84	北京通美晶体技术股份有限公司技术研发中心	通州区	124	北京百分点科技集团股份有限公司	海淀区
85	北京勤邦生物技术有限公司食品检测技术研究院	昌平区	125	国能日新科技股份有限公司	海淀区
86	北京东华原医疗设备有限责任公司新技术研发分公司	昌平区	126	北京怡和嘉业医疗科技股份有限公司科技分公司	石景山区
87	北京协和制药二厂药学研究中心	大兴区	127	北京优炫软件股份有限公司	海淀区
88	北京天广实生物技术股份有限公司	经开区	128	北京英惠尔生物技术有限公司生物技术研究院	通州区
89	北京华大蛋白质研发中心有限公司	顺义区	129	北京赛特斯信息科技股份有限公司	海淀区
90	北京恩成康泰生物科技有限公司	经开区	130	北京新光凯乐汽车冷成型件股份有限公司	通州区
91	北京像素软件科技股份有限公司	昌平区	131	北京品驰医疗设备有限公司	昌平区
92	北京东土科技股份有限公司	石景山区	132	中金金融认证中心有限公司	西城区
93	北京市天元网络技术股份有限公司	海淀区	133	融创（北京）文化旅游规划研究院有限公司	朝阳区
94	北京中卓时代消防装备科技有限公司研发中心	顺义区	134	北京海纳川汽车部件股份有限公司技术中心	朝阳区
95	安泰科技股份有限公司北京新材料技术中心	海淀区	135	北京哈三联科技有限责任公司	昌平区
96	恒安嘉新（北京）科技股份公司	海淀区	136	中科星图股份有限公司	顺义区
97	中咨泰克交通工程集团有限公司	海淀区	137	北京睿创康泰医药研究院有限公司	昌平区
98	北京博恩特药业有限公司研发中心	海淀区	138	中农华威制药股份有限公司	昌平区
99	戴姆勒大中华区投资有限公司	朝阳区	139	北京康普森生物技术有限公司	昌平区
100	北京旋极信息技术股份有限公司	海淀区	140	北京嘉洁能科技股份有限公司	通州区
101	北京必可测科技股份有限公司	海淀区	141	北京旌准医疗科技有限公司	经开区
102	北京中电科电子装备有限公司	经开区	142	北京银河巴马生物技术股份有限公司	通州区
103	北京中农劲腾生物技术股份有限公司	昌平区	143	北京博辉瑞进生物科技有限公司	大兴区
104	百奥赛图（北京）医药科技股份有限公司	大兴区	144	北京天工异彩影视科技有限公司	经开区
105	北京康斯特仪表科技股份有限公司检测技术研究院分公司	海淀区	145	北京捷泰天域信息技术有限公司	海淀区
106	北京康立生医药技术开发有限公司	经开区	146	北京市富乐科技开发有限公司	平谷区
107	北京华如科技股份有限公司	海淀区	147	北京康爱瑞浩生物科技股份有限公司	海淀区
108	中云智慧（北京）科技有限公司	房山区	148	北京和缓医疗科技有限公司	东城区
109	北京博奥晶典生物技术有限公司	经开区	149	北京智行者科技股份有限公司	经开区
110	万瑞（北京）科技有限公司	昌平区	150	李宁（中国）体育用品有限公司技术中心	通州区
111	拜西欧斯（北京）生物技术有限公司	丰台区	151	北京燕华工程建设有限公司技术研发中心	房山区
112	北京华业阳光新能源有限公司科技研发中心	昌平区	152	北京航天恒丰科技股份有限公司	房山区

续表

序号	机构名称	所在区	序号	机构名称	所在区
153	北京索普尼科技有限公司	通州区	193	中电投工程研究检测评定中心有限公司	海淀区
154	北京宏瑞汽车科技股份有限公司	通州区	194	盛威时代科技股份有限公司	海淀区
155	航天宏图信息技术股份有限公司	海淀区	195	海纳医信（北京）软件科技有限责任公司	海淀区
156	北京凯达恒业农业技术开发有限公司技术开发中心	房山区	196	航天数维高新技术股份有限公司	丰台区
157	北京沃邦医药科技有限公司	经开区	197	北京亚控科技发展有限公司	海淀区
158	国电康能科技股份有限公司	石景山区	198	北京诺诚健华医药科技有限公司	昌平区
159	蓝箭航天空间科技股份有限公司	经开区	199	航天中认软件测评科技（北京）有限责任公司	海淀区
160	北京博康健基因科技有限公司	昌平区	200	美丽国土（北京）生态环境工程技术研究院有限公司	昌平区
161	北京智康博药肿瘤医学研究有限公司	昌平区	201	北京江河幕墙系统工程有限公司科技分公司	顺义区
162	北京海洋兴业科技股份有限公司	顺义区	202	北京康思润业生物技术有限公司	顺义区
163	北京北汽模塑科技有限公司	大兴区	203	北京凯昆科技集团有限公司	顺义区
164	碳能科技（北京）有限公司	房山区	204	北京科化新材料科技有限公司	海淀区
165	北京鑫开元医药科技有限公司	通州区	205	北交联合云计算股份有限公司	通州区
166	亿海蓝（北京）数据技术股份公司	海淀区	206	北京希望组生物科技有限公司	昌平区
167	北京慧荣和科技有限公司	通州区	207	博雅缉因（北京）生物科技有限公司	昌平区
168	北京京能信息技术有限公司	石景山区	208	北京志道生物科技有限公司	昌平区
169	北京荣创岩土工程股份有限公司	密云区	209	北京惠中医疗器械有限公司	昌平区
170	北京振冲工程机械有限公司	通州区	210	北京博华信智科技股份有限公司	昌平区
171	北京银丰鼎诚生物工程技术有限公司	经开区	211	电王精密电器（北京）有限公司	顺义区
172	北京大清生物技术股份有限公司生物技术研发中心	海淀区	212	健康力（北京）医疗科技有限公司	经开区
173	北京普惠三航科技有限公司	房山区	213	国创智能设备制造股份有限公司	延庆区
174	北京燕化集联光电技术有限公司	房山区	214	中玉金标记（北京）生物技术股份有限公司	昌平区
175	北京澳合药物研究院有限公司	通州区	215	北京诚济制药股份有限公司技术中心	顺义区
176	北京北达智汇微构分析测试中心有限公司	房山区	216	北京国电电科院检测科技有限公司	昌平区
177	北京知道创宇信息技术股份有限公司	朝阳区	217	北京善为正子医药技术有限公司	通州区
178	欧蒙医学诊断（中国）有限公司技术研发中心	朝阳区	218	北京首量科技股份有限公司	通州区
179	北京旭阳科技有限公司	丰台区	219	北京新领先医药科技发展有限公司	海淀区
180	北京安码科技有限公司	海淀区	220	北京北汽佛吉亚汽车系统有限公司	顺义区
181	国家电投集团科学技术研究院有限公司	昌平区	221	北京新安特风机有限公司	大兴区
182	华夏龙晖（北京）汽车电子科技股份有限公司	昌平区	222	北京大凤太好环保工程有限公司	大兴区
183	北京九章云极科技有限公司	海淀区	223	北京京仪北方仪器仪表有限公司	大兴区
184	北京苏试创博环境可靠性技术有限公司	昌平区	224	北京埃索特核电子机械有限公司	房山区
185	北京星箭长空测控技术股份有限公司	顺义区	225	北京燕山威立雅水务有限责任公司	房山区
186	北京泓慧国际能源技术发展有限公司	顺义区	226	北京飞燕石化环保科技发展有限公司	房山区
187	北京市京海换热设备制造有限责任公司	密云区	227	北京力达康科技有限公司	顺义区
188	北京高盟新材料股份有限公司技术研发中心	房山区	228	北京卓镭激光技术有限公司	顺义区
189	北京金隅琉水环保科技有限公司	房山区	229	北京康吉森技术有限公司	房山区
190	北京凯德石英股份有限公司	通州区	230	北京华泰诺安探测技术有限公司	顺义区
191	北京海天瑞声科技股份有限公司	海淀区	231	北京东方昊为工业装备有限公司	顺义区
192	北京佰才邦技术有限公司	海淀区	232	优美特（北京）环境材料科技股份公司	顺义区

续表

序号	机构名称	所在区	序号	机构名称	所在区
233	北京五一视界数字孪生科技股份有限公司	海淀区	273	北京万鹏朗格医药科技有限公司	东城区
234	北京捷通华声科技股份有限公司	海淀区	274	龙铁纵横（北京）轨道交通科技股份有限公司	丰台区
235	睿至科技集团有限公司	怀柔区	275	天普新能源科技有限公司北京技术中心	大兴区
236	时趣互动（北京）科技有限公司	朝阳区	276	北京斯利安药业有限公司大兴分公司	大兴区
237	北京雷格讯电子股份有限公司	通州区	277	北京富地时空信息技术有限公司	经开区
238	北京博奥森生物技术有限公司	通州区	278	北京国遥新天地信息技术股份有限公司	朝阳区
239	能科科技股份有限公司	房山区	279	交信北斗科技有限公司	顺义区
240	北京中资燕京汽车有限公司	房山区	280	梅卡曼德（北京）机器人科技有限公司	海淀区
241	北京明德立达农业科技有限公司	昌平区	281	中天众达智慧城市科技有限公司	顺义区
242	航天图景（北京）科技有限公司	顺义区	282	北京九曜智能科技有限公司	顺义区
243	北京梆梆安全科技有限公司	海淀区	283	电信科学技术仪表研究所有限公司	通州区
244	北京中宏立达科技发展有限公司	海淀区	284	北京建筑材料检验研究院有限公司	石景山区
245	博淼生物科技（北京）有限公司	顺义区	285	北京麦邦光电仪器有限公司科技中心	大兴区
246	超同步股份有限公司北京智能装备技术研发中心	密云区	286	润方（北京）生物医药研究院有限公司	经开区
247	北京雷蒙赛博核装备技术研究有限公司	怀柔区	287	北京首钢自动化信息技术有限公司	石景山区
248	互联网域名系统北京市工程研究中心有限公司	怀柔区	288	金电联行（北京）信息技术有限公司	东城区
249	北京世冠金洋科技发展有限公司	海淀区	289	北京中创碳投科技有限公司	东城区
250	北京华厚能源科技有限公司	密云区	290	北京博瑞世安科技有限公司	昌平区
251	北京大成国测科技股份有限公司	昌平区	291	国家电投集团氢能科技发展有限公司	昌平区
252	北京恒峰铭成生物科技有限公司	昌平区	292	北京卫蓝新能源科技有限公司	房山区
253	科稷达隆（北京）生物技术有限公司	昌平区	293	诺未科技（北京）有限公司	经开区
254	北京先通国际医药科技股份有限公司	丰台区	294	北京比亚迪模具有限公司技术开发中心	经开区
255	北京天拓数信科技有限责任公司	房山区	295	北京方鸿智能科技有限公司	密云区
256	北京科莱博医药开发有限责任公司	大兴区	296	北京东方淼森生物科技有限公司	平谷区
257	北京安必奇生物科技有限公司	通州区	297	北京东方国信科技股份有限公司	朝阳区
258	北京轩宇空间科技有限公司	顺义区	298	北京黎明文仪家具有限公司技术中心	通州区
259	北京龙鼎源科技股份有限公司技术开发中心	密云区	299	北京中科盛康科技有限公司	通州区
260	北京车和家信息技术有限公司	顺义区	300	睿智合创（北京）科技有限公司	密云区
261	北京众绘虚拟现实技术研究院有限公司	顺义区	301	北京八月瓜科技有限公司	丰台区
262	北京吉因加科技有限公司	昌平区	302	北京六合宁远医药科技股份有限公司	顺义区
263	北京东方百泰生物科技股份有限公司	经开区	303	北京神州科鹰技术有限公司	朝阳区
264	北京赛凡光电仪器有限公司	通州区	304	北京鼎成肽源生物技术有限公司	昌平区
265	中科三清科技有限公司	海淀区	305	北京拓界生物医药科技有限公司	昌平区
266	北京硕佰医药科技有限责任公司	通州区	306	北京奥特尼克科技有限公司	门头沟区
267	北京住总万科建筑工业化科技股份有限公司装配式建筑研究院分公司	顺义区	307	微岩医学科技（北京）有限公司	经开区
268	中铝材料应用研究院有限公司	昌平区	308	北京纳百生物科技有限公司	经开区
269	北京麦康医疗器械有限公司	密云区	309	北京北方永达智能电气有限公司	经开区
270	艾美特焊接自动化技术（北京）有限公司	昌平区	310	北京航天星汉科技有限公司	大兴区
271	国投信开水环境投资有限公司	通州区	311	北京国科天迅科技有限公司	经开区
272	北京潞电电气设备有限公司	通州区	312	清能德创电气技术（北京）有限公司	经开区

续表

序号	机构名称	所在区	序号	机构名称	所在区
313	中家院（北京）检测认证有限公司	经开区	353	北京华安天诚科技有限公司	经开区
314	中译语通科技股份有限公司	石景山区	354	北京中检葆泰生物技术有限公司	经开区
315	北京兴源联合医药科技有限公司	房山区	355	北京达熙生物科技有限公司	经开区
316	北京爱思益普生物科技股份有限公司	经开区	356	北京星途探索科技有限公司	经开区
317	北京安智因生物技术有限公司	经开区	357	北京市科通电子继电器总厂有限公司	经开区
318	北京星河动力装备科技有限公司	经开区	358	北京友通上昊科技有限公司	经开区
319	北京宇航推进科技有限公司	经开区	359	北京鸿测科技发展有限公司	经开区
320	北京海美源医药科技有限公司	经开区	360	云和恩墨（北京）信息技术有限公司	东城区
321	统信软件技术有限公司	经开区	361	中化学科学技术研究有限公司	房山区
322	博诺康源（北京）药业科技有限公司	经开区	362	北京天衡军威医药技术开发有限公司	大兴区
323	曜立科技（北京）有限公司	经开区	363	北京博睿宏远数据科技股份有限公司	东城区
324	北京和合医学诊断技术股份有限公司	经开区	364	北京升鑫网络科技有限公司	经开区
325	北京银企融合技术开发有限公司	石景山区	365	百望股份有限公司	海淀区
326	北京益华生物科技有限公司	石景山区	366	北京普祺医药科技有限公司	丰台区
327	北京智联安科技有限公司	海淀区	367	北京中金瑞丰环保科技有限公司	经开区
328	北京中安泰华科技有限公司	平谷区	368	北京软体机器人科技股份有限公司	经开区
329	国珍健康科技（北京）有限公司	昌平区	369	北京美斯顿科技开发有限公司通州分公司	通州区
330	中路交建（北京）工程材料技术有限公司	经开区	370	北京睿信丰科技有限公司	海淀区
331	云控智行科技有限公司	经开区	371	北京和隆优化科技股份有限公司	海淀区
332	北京九天微星科技发展有限公司	昌平区	372	北京益普希环境咨询顾问有限公司	经开区
333	北京科途医学科技有限公司	经开区	373	北京赛赋医药研究院有限公司	经开区
334	德诺杰亿（北京）生物科技有限公司	经开区	374	中通天鸿（北京）通信科技股份有限公司	通州区
335	北京千禧维讯科技有限公司	经开区	375	北京热云科技有限公司	石景山区
336	北京呈诺医学科技有限公司	经开区	376	特斯联科技集团有限公司	通州区
337	国开启科量子技术（北京）有限公司	海淀区	377	北京桔灯地球物理勘探股份有限公司	朝阳区
338	北京国电高科科技有限公司	海淀区	378	明士（北京）新材料开发有限公司	顺义区
339	北京轨道交通路网管理有限公司	朝阳区	379	北京惠朗时代科技有限公司大兴科技中心	大兴区
340	北京倍舒特妇幼用品有限公司科学技术分公司	密云区	380	北京建业通工程检测技术有限公司	大兴区
341	北京索德电气工业有限公司	经开区	381	北京飞斯科科技有限公司	海淀区
342	北京中科宇航技术有限公司	经开区	382	佰诺全景生物技术（北京）有限公司	昌平区
343	北京求臻医学检验实验室有限公司	经开区	383	北京凌空天行科技有限责任公司	经开区
344	北京华大信安科技有限公司	经开区	384	罗特尼克能源科技（北京）有限公司	经开区
345	北京新城禹潞环保科技有限责任公司	通州区	385	北京汉氏联合生物技术股份有限公司	经开区
346	北京华氏开元医药科技有限公司	经开区	386	未来（北京）黑科技有限公司	经开区
347	中材地质工程勘查研究院有限公司	朝阳区	387	北斗天汇（北京）科技有限公司	海淀区
348	亦康（北京）医药科技有限公司	经开区	388	华夏英泰（北京）生物技术有限公司	昌平区
349	北京达因高科儿童药物研究院有限公司	经开区	389	国信优易数据股份有限公司	丰台区
350	华夏生生药业（北京）有限公司技术中心	大兴区	390	北京电信易通信息技术股份有限公司	海淀区
351	北京美联泰科生物技术有限公司	经开区	391	国典（北京）医药科技有限公司	经开区
352	中星联华科技（北京）有限公司	经开区	392	北京中科生仪科技有限公司	经开区

续表

序号	机构名称	所在区	序号	机构名称	所在区
393	北京智同精密传动科技有限责任公司	经开区	404	北京九州一轨环境科技股份有限公司振动噪声控制技术中心	房山区
394	北京奥特恒业电气设备有限公司	经开区			
395	北京百普赛斯生物科技股份有限公司	经开区	405	北京福瑞润康生物技术有限公司	房山区
396	华清科盛（北京）信息技术有限公司	经开区	406	北京安百胜生物科技有限公司	经开区
397	北京星际荣耀科技有限责任公司	经开区	407	北京金豪制药股份有限公司技术开发分公司	经开区
398	北京昭衍生物技术有限公司	经开区	408	华测检测认证集团北京有限公司技术中心	经开区
399	森特士兴集团股份有限公司科技中心	经开区	409	二零二零（北京）医疗科技有限公司	经开区
400	北京韬盛科技发展有限公司科技中心	通州区	410	中节能建筑节能有限公司	大兴区
401	北京群菱能源科技有限公司科技中心	经开区	411	北京优锘科技有限公司	朝阳区
402	德迈特医学技术（北京）有限公司	通州区	412	北京星天科技有限公司	朝阳区
403	驭势科技（北京）有限公司	房山区	413	北京合创三众能源科技股份有限公司	大兴区

资料来源：北京市科学技术委员会、中关村科技园区管理委员会。

2022年北京市科协社会组织一览表

序号	名称	电话	电子信箱	办公地址	邮编
理科类（26家）					
1	北京数学会	62752912	bjsxh@math.pku.edu.cn	海淀区北京大学数学科学学院	100871
2	北京计算数学学会	62759090	hujun@math.pku.edu.cn	海淀区颐和园路5号北京大学数学科学学院	100871
3	北京珠算心算协会	63296960	769998459@qq.com	西城区西直门内大街玉芙胡同11号405	100035
4	北京运筹学会	68918960	traition@126.com	北京理工大学中心教学楼1041	100081
5	北京物理学会	62751137	fengwj@pku.edu.cn	海淀区海淀路5号燕园三区北京大学物理大楼中124	100871
6	北京声学学会	63523263	13391756673@163.com	西城区陶然亭路55号	100054
7	北京光学学会	84024561	bosmsc@163.com	北京工业大学应用数理楼422	100124
8	北京核学会	69359002	bns69359002@sina.com	房山区新镇中国原子能科学研究院北区20号317房	102413
9	北京化学会	58807383	hanjuan@bnu.edu.cn	西城区新街口外大街19号化学楼400	100875
10	北京微量元素学会	68902490-801	yenshcnu@126.com	西城区百万庄园26号	100029
11	北京天文学会	51583385	bjtwxh@bjp.org.cn	西城区西外大街138号北京天文馆403房间	100044
12	北京气象学会	68400820	bjqxxh_68400820@163.com	海淀区紫竹院路44号	100089
13	北京地球物理学会	68326186	bjdqwlxh@163.com	西城区阜外百万庄大街26号	100037
14	北京地理学会	68903262	beijingdilixuehui@163.com	西三环北路105号首都师范大学资环学院	100048
15	北京地质学会	51560304	dzxh@bjdzxh.org	海淀区西四环北路123号地质大厦	100195
16	北京生物化学与分子生物学会	65105067	bjshxh100@163.com	东城区东单三条5号中国医学科学院基础医学研究所	100005
17	北京生态学学会	62836234	esb@ibcas.ac.cn	海淀区香山南辛村20号	100093
18	北京植物学会	67020649	13811183804@163.com	东城区天桥南大街126号	100050
19	北京昆虫学会	51503688	zhjming@sina.com	海淀区板井村农林科学院植物保护环境保护研究所	100097
20	北京动物学会	67020650	bjdwxh@126.com	东城区天桥南大街126号（北京自然博物馆）	100050
21	北京实验动物学学会	84922374	sydwxxh@163.com	朝阳区北苑路28号院北科创业大厦9层	100012
22	北京微生物学会	52245049	beiweibj@163.com	北京经济技术开发区经海二路38号一幢201室	100176
23	北京细胞生物学会	62745237	cell@tsinghua.edu.cn	海淀区清华园清华大学医学院C244	100084
24	北京心理学会	62751833	resim@pku.edu.cn	海淀区北京大学心理系	100871
25	北京力学会	62796786	zhyy628@mail.tsinghua.edu.cn	海淀区清华大学航院北楼529室	100084
26	北京生态修复学会	62339597	SERB_CN@163.com	海淀区清华东路35号北京林业大学科研楼506室	100083

续表

序号	名称	电话	电子信箱	办公地址	邮编
工科类（50家）					
1	北京金属学会	88296997	jsxh88296998@126.com	石景山区杨庄大街69号首钢技术研究院417室（特钢院内）	100043
2	北京腐蚀与防护学会	62183235	zhxh5588@sina.com	海淀区学院南路76号	100081
3	北京表面工程学会	82317094	liuhc@buaa.edu.cn	海淀区学院路37号北航工程训练中心楼东610	100191
4	北京硅酸盐学会	88751955	wangbz-1968@163.com	石景山区金顶北路69号金隅科技大厦3层	100031
5	北京粘接学会	82671516	bjnjxh@263.net	海淀区中关村北大街123号华腾科技大厦1501室(北京2653信箱)	100084
6	北京化工学会	69342614	yuansm.yssh@sinopec.com	房山区燕山岗南路1号C座109室燕山石化公司科研技术部	102500
7	北京理化分析测试技术学会	88517114	lhxh88@126.com	海淀区西三环北路27号305室	100089
8	北京膜学会	62773234	hexp15@mails.tsinghua.edu.cn	海淀区清华大学化工系工物馆454	100084
9	北京制冷学会	62116811	bjzlxh1979@vip.sina.com	海淀区西直门外四道口1号西郊食品冷冻厂5号楼108—109室	100081
10	北京内燃机学会	80868752	wumeisi@baicmotor.com	通州区经济开发区东区靓丽三街1号(北京汽车动力总成有限公司)	101108
11	北京电机工程学会	88072019	wangyan8807@163.com	西城区复兴门外地藏庵南巷1号	100045
12	北京电力电子学会	56982313	bpes99@126.com	海淀区中关村北二条6号	100070
13	北京电工技术学会	62985677	bjelcs@163.com	海淀区上地唐家岭57号北京北变投资有限公司院内红楼207	100093
14	北京水力发电工程学会	51972516	bjshee@126.com	朝阳区定福庄西街1号北京勘测设计研究院办公室	100024
15	北京热物理与能源工程学会	60751999—2704	liuxin@iet.cn	海淀区北四环西路11号	100080
16	北京石油学会	84879039	liangyj@sei.com.cn zhouxiaoyu@sei.com.cn	朝阳区安慧北里安园21号	100101
17	北京能源学会	13661176337	bjnyxh2020@163.com	通州区运河东大街55号院4号楼北京节能环保中心	101160
18	北京测绘学会	63966138	bjchxh@163.com	西城区南礼士路60号北楼303	100045
19	北京图学学会	82317093	Begs7093@126.com	海淀区学院路37号北京航空航天大学原工程训练中心楼东633房间	100045
20	北京土木建筑学会	88043189	bjtmjzxh@163.com	西城区南礼士路66号建威大厦1601	100045
21	北京市绿色建筑促进会	66023696	weixd0414@163.com	西城区西交民巷73号	100045
22	北京水利学会	88613201	shuilxh@126.com	海淀区玉渊潭南路普惠北里北京市水务局老干部活动站三楼	100036
23	北京公路学会	83125169	bjglxh@bjglxh.com.cn	西城区南礼士路17号	100045
24	北京交通工程学会	87790910	btes_edit@163.com	丰台区南四环西路186号汉威国际广场四区3号楼6M层5单元	100071
25	北京照明学会	67737052	iesb@yeah.net	朝阳区大北窑厂坡村甲3号（北京电光源研究所院内）	100022

续表

序号	名称	电话	电子信箱	办公地址	邮编
26	北京环境科学学会	88362294	bjhjkxxh@sina.com	西城区北营房中街59号1113、1115房间	100048
27	北京人类生态工程学会	82808956	maggie736@126.com	海淀区北京师范大学英东教育楼	100009
28	北京电子学会	64034890	bie8801@126.com	东城区北河沿大街79号三楼301室	100053
29	北京通信学会	66499190	bjtxxh@wo.cn	西城区太平湖东里18号	100031
30	北京计算机学会	62757160	cherry@sei.pku.edu.cn	海淀区海淀路5号	100871
31	北京图象图形学学会	82525258	office@bsig.org.cn	海淀区中关村东路95号中国科学院自动化研究所东楼317	100190
32	北京自动化学会	64426960	bjzdhxh@163.com	朝阳区北三环东路15号北京化工大学81信箱	100029
33	北京仪器仪表学会	64011372	bjyqybxh@163.com	西城区新街口大七条11号	100011
34	北京航空航天学会	82317095	252991757@qq.com	海淀区学院路37号北京航空航天大学原工程训练中心楼东635房间	100083
35	北京宇航学会	68198712	bsaoffice@126.com	丰台区南大红门路1号	100076
36	北京机械工程学会	65301440	bmes_office@163.com	丰台区造甲街南里5号5号楼3层	100070
37	北京汽车工程学会	87664131	bjqcgcxh@baicgroup.com.cn	朝阳区东三环南路25号汽车大厦	100021
38	北京造船工程学会	64832091	hlg@ship2000.com.cn	朝阳区德胜门外双泉堡甲2号	100085
39	北京铁道学会	51822880	bjtdxhlqh@sina.com	海淀区复兴路6号（北京铁路局）	100860
40	北京振动工程学会	82316009	BSVE@buaa.edu.cn	海淀区学院路北京航空航天大学院内第五馆/工训楼东608	100083
41	北京纺织工程学会	65565349	bjfzgcxh@126.com	朝阳区十里堡东里126号楼2层	100025
42	北京烟草学会	67009785	842338345@qq.com	朝阳区南新园西路2号1311室	100122
43	北京真空学会	82548209	bjzkxh@kyky.com.cn	海淀区中关村北二条13号（北京市2724信箱）	100190
44	北京乐器学会	56181234	bjyqxh@126.com	大兴区圣和巷7号	100025
45	北京安全技术学会	64002120	bjafxh@126.com	朝阳区安华里504号A座122室	100011
46	北京设计学会	87778502	bdsoffice@vip.163.com	朝阳区西大望路27号尚8北京设计园区115室	100124
47	北京工艺美术学会	64220927	gongmeixuehui@sina.com	朝阳区垡头东里陶庄路5号院7号楼2层210室	100023
48	北京人工智能学会	67396753	baai@bjut.edu.cn	北京经济技术开发区地盛北街1号北工大软件园A区5号楼310室	100022
49	北京物联网学会	62332641	wlwyjh@126.com	海淀区北四环中路251号北京科技大学机电楼727室	100083
50	北京工程师学会	67235945	bjengineer@163.com	朝阳区东三环南路96号	100122
农科类（15家）					
1	北京农学会	51503848	bjnongxuehui@163.com	海淀区曙光花园中路北京市农林科学院办公楼414室	100097
2	北京蔬菜学会	51503200	zhangyaqing@nercv.org	海淀区曙光花园中路北京市农林科学院蔬菜研究中心	100097
3	北京作物学会	51503404	weihongwang004@126.com	海淀区板井村农林科学院玉米研究中心	100097
4	北京食用菌协会	51503432	bjsyjxh@163.com	海淀区曙光花园中路北京市农林科学院	100097

续表

序号	名称	电话	电子信箱	办公地址	邮编
5	北京土壤学会	51503524	bjtrxh@163.com	海淀区曙光花园中路 9 号北京市农林科学院植物营养与资源研究所	100097
6	北京植物病理学会	51503695	bjzbxh@163.com	海淀区曙光花园中路 9 号院北京市农林科学院植物保护环境保护所 417 室	100077
7	北京农药学会	62815938	linyan@agri.gov.cn	海淀区曙光花园中路 9 号北京市农林科学院 4 号实验楼 415 室	100026
8	北京农业工程学会	62731553	zengyun7474@163.com	海淀区清华东路 17 号中国农大东区 57 号信箱	100083
9	北京畜牧兽医学会	51503210	bjxumushouyi@163.com	海淀区曙光花园中路 9 号北京市农林科学院畜牧兽医研究所综合楼 401 室	100097
10	北京水产学会	67586268	xuehui@bjfishery.com	丰台区角门路 18 号院办公楼 4 楼 409 室	100068
11	北京农业信息化学会	51503493	wanghr@nercita.org.cn	海淀区西郊板井市农林科学院信息中心（北京 2449 信箱 26 分箱）	100097
12	北京食品学会	62061586	bfi@bfi.org.cn	丰台区右安门外东滨河 4 号北京市营养源研究所 A108	100083
13	北京农产品质量安全学会	51503892	taoj@brcast.org.cn	海淀区曙光花园中路 9 号	100097
14	北京农村专业技术协会	80799471	cindy.peking@163.com	昌平区回龙观北农路 7 号北京农学院行政主楼 417、实验楼 A 座 202	102206
15	北京山区发展研究会	50503310	—	海淀区曙光花园中路 9 号北京市农林科学院综合所	100097
医科类（21 家）					
1	北京环境诱变剂学会	67817730	zhangli8098@126.com	北京经济技术开发区景园街 2 号 1 号楼 3 层 316 室	100176
2	北京生理科学会	69156964	renli_8204@126.com	东城区东单三条 5 号	100005
3	北京解剖学会	82801629	beibeiyang908@icloud.com	东城区永外西革新里 98 号	100077
4	北京免疫学会	83575804	liyue3024@163.com	西城区西什库大街 8 号北京大学第一医院科研楼 315 室	100034
5	北京药理学会	83198855	yll200014@126.com	西城区长椿街 45 号宣武医院药理室	100053
6	北京中医药学会	65223477	bjzyyxh@163.com	东城区东单三条甲 7 号	100005
7	北京药学会	64178704	byyaoxuehui@vip.sina.com	朝阳区北三环中路二号院	100020
8	北京生物医学工程学会	58516786	beijingbme@163.com	西城区新街口东路 31 号积水潭医院教学楼 309 房间	100035
9	北京中西医结合学会	65250460	bjzxyjhxh@126.com	东城区东单三条甲 7 号	100005
10	北京针灸学会	64059495	bjzjxh9495@126.com	东城区东四十条 27 号	100005
11	北京防痨协会	59830836	bjflxh@126.com	西城区新街口东光胡同 5 号	100035
12	北京心理卫生协会	65131245	xh65131245@163.com	朝阳区八里庄西里远洋天地小区 56 号楼 2 门 601 号 东城区东交民巷 1 号同仁医院临床心理科	100025 100730
13	北京抗癌协会	88196171	qinyin5217@sina.com	海淀区阜成路 52 号	100036
14	北京神经科学学会	82805188	bjsninfo@bjsn.org	海淀区学院路 38 号北京大学医学部中心楼 10 层 2 号	100083
15	北京康复医学会	63503106	bjkfyxh@163.com	丰台区太平桥西里甲 1 号	100073

续表

序号	名称	电话	电子信箱	办公地址	邮编
16	北京亚健康防治协会	58629146	bjhealth618@aliyun.com	朝阳区甜水园北里 4-6-203	100025
17	北京市营养学会	—	zhangzhaofeng@126.com	海淀区学院路北京医科大学公卫楼	100083
18	北京老年痴呆防治协会	84110913	adichina2004@163.com	海淀区中关村南大街 16 号科学普及出版社 518 室	100081
19	北京超声医学学会	66935241	zhouqushen77@163.com	海淀区复兴路 28 号解放军总医院第一医学中心院内南病房楼 1 层	100853
20	北京医药卫生经济研究会	83911351	hxm50909@163.com	丰台区右安门街道开阳路 3 号院 1 号楼 9 层 1003	100051
21	北京生物医学统计与数据管理研究会	82500131	ruc_bba@163.com	海淀区中关村大街 59 号中国人民大学明德主楼 1001 室	100872
交叉类（28 家）					
1	北京生产力学会	64444066	bjsclxh@126.com	朝阳区安外小关街 53 号	100029
2	北京创造学会	52591972	bjchuangzaoxuehui@126.com	朝阳区立水桥北甲 1 号石化管理干部学院	100012
3	北京系统工程学会	84650077	xtgcxh@sina.com	丰台区首都经贸大学花乡校区	100077
4	北京知识产权研究会	66175475	wyoupeng@sina.com	海淀区海淀南路甲 21 号中关村知识产权大厦 A 座 102 室	100035
5	北京企业技术开发研究会	67235948	bsit1996@163.com	东城区永外西革新里 98 号	100077
6	北京技术经济和管理现代化研究会	67237754	dzx1951@163.com	朝阳区东三环南路 96 号 505 室	100077
7	北京科技政策与管理研究会	68719176	bsssyx@sina.com	海淀区西三环北路 27 号	100089
8	北京工程管理科学学会	68322149	btcxh@163.com	西城区展览馆路 1 号北京建筑大学行政 2 号楼 109 室	100055
9	北京减灾协会	68400821	bjjzxh@vip.sina.com	海淀区紫竹院路 44 号	100089
10	北京传播技术研究会	62442246 转 8163	yyxuanchuan@126.com	海淀区西北旺镇皇后店南路 6 号北京城市学院航天城校区教一楼 306 室	100083
11	北京科技教育促进会	56218570	itedu@bjedu.gov.cn	朝阳区八里庄东里 1 号莱锦创意产业园 CN17 栋 3 层	100026
12	北京科学技术期刊学会	64883659	zhangwei2823@163.com	朝阳区德胜门外北沙滩 1 号综合楼 614 室	100083
13	北京科学技术普及创作协会	84650077	kepuzuoxie@126.com	东城区和平里北街 2 号 704 室	100101
14	北京科技记者编辑协会	84650077	jizhexiehui@126.com	东城区永外西革新里 98 号	100101
15	北京科技声像工作者协会	84650077	shengxiangxiehui@126.com	朝阳区小营育慧里 4 号	100101
16	北京幼儿科普协会	84650077	youerxiehui@126.com	朝阳区小营育慧里 4 号	100101
17	北京青少年科技教育协会	84634992	beijingkejiaoxie@126.com	朝阳区小营育慧里 4 号	100101
18	北京老科学技术工作者总会	84650077-8614	bjlkz1981@163.com	朝阳区小营育慧里 4 号 6 层	100101
19	北京数字科普协会	84634779-8602	bjszkpxh@163.com	朝阳区小营育慧里 4 号 604 室	100101
20	北京体育科学学会	67228390	zdmruc119@126.com	丰台区光彩北路 4 号院	100075

续表

序号	名称	电话	电子信箱	办公地址	邮编
21	北京科学技术情报学会	68355751	bjstinfo@163.com	西城区西直门外大街 140 号首建金融中心	100044
22	北京反邪教协会	87267586	bjfxjxh@163.com	朝阳区育慧里 4 号	100101
23	北京 UFO 研究会	85616607	linnersya@163.com	海淀区白石桥 46 号	100020
24	北京项目管理协会	83122960	bpma_hr@163.com	海淀区学院南路 39 号融金中财大酒店 3002 室	100080
25	北京听力协会	84611210	wanmin@deafchina.com	西城区新兴东巷 15 号金泰鑫侨大厦 9 号楼 105—107 单元	100029
26	北京科学史与科学社会学学会	88256007	libin08@ucas.ac.cn	石景山区玉泉路 19 号甲中国科学院大学人文楼 117 房间	100049
27	北京科学文化传播促进会	64869715	22438965@qq.com	朝阳区北辰西路中国科学院遥感地球所 C401	100093
28	北京科学教育馆协会	84619537	bjkxjygxh@163.com	朝阳区北四环东路 69 号	100101
基金会（26 家）					
1	北京青少年科学基金会	84634991	qsnkj-88@163.com	朝阳区育慧里 4 号	100101
2	北京惠兰医学基金会	64390987	zhangxiaohui1205@126.com	朝阳区望京北路 18—802 号	100102
3	北京市希思科临床肿瘤学研究基金会	67726451 67726421（传）	liujia@csco.org.cn	朝阳区东三环南路甲 52 号顺迈金钻 20C	100022
4	北京市希望公益基金会	51665776	xiwangshuku@163.com	朝阳区建外 SOHO 西区 11 号楼 3105	100054
5	北京詹天佑土木工程科学技术发展基金会	58933927 58933927	zhantianyoudajiang@126.com	海淀区三里河路 9 号建设部北附楼 5 层 517 室	100835
6	北京华夏中医药发展基金会	82275991	bjhxzyy@163.com	朝阳区北四环中路 27 号院 5 号楼 1501 内 1517	100102
7	北京协和医学院教育基金会	65105501 65105968	yunong.li@163.com	东城区东单三条九号	100730
8	北京茅以升科技教育基金会	62379308	mysf@vip.163.com	海淀区大柳树路 2 号中国铁道科学研究院 15 号楼	100029
9	北京吴祖泽科技发展基金会	68158312 68158311（传）	jinjide505@163.com	海淀区太平路 27 号生命科学楼 0501 房间	100850
10	北京九三王选关怀基金会	82222317	wxjjh2011@sina.com	海淀区万柳万泉新新家园 14 号楼 309 室	100089
11	北京精瑞人居发展基金会	82191524	lyzy3737@sina.com	海淀区高梁桥斜街 59 号院 1 号楼 10 层 1002	100006
12	北京沃启公益基金会	66167771	office@vantonefound.org	东城区崇文门外大街 9 号正仁大厦 614 室	100020
13	北京市企业家环保基金会	57505155 57505128（传）	jiangna@see.org.cn	朝阳区来广营朝来高科技产业园创远路 36 号院 3 号楼 4 层	100125
14	北京长江药学发展基金会	66949096	cpsdf1994@sina.com	丰台区丰台西路 17 号总后勤部卫生部药品仪器检验所药检楼西侧独幢学术会议室	100071
15	北京岐黄中医药文化发展基金会	82567221	bjqh2009@126.com	海淀区万柳中路派顿大厦 806	100089
16	北京市长江科技扶贫基金会	68423076	huyanhui5@mail.com	海淀区后屯南路 26 号 2 层 2—22	100192
17	北京力生心血管健康基金会	88204450	bjlshf@vip.sina.com	石景山区鲁谷路 74 号院 21 楼 1—101	100039

续表

序号	名称	电话	电子信箱	办公地址	邮编
18	北京郭应禄泌尿外科发展基金会	67185550	gylmnjjh@sina.com	西城区大红罗厂1号B区6楼C62—34号房间	100034
19	北京光华设计发展基金会	83681552	802@ddfddf.org	大兴区金星西路兴创大厦1601	100070
20	北京精鉴病理学发展基金会	57565100	jjbljjh@126.com	海淀区学院路38号北京大学医学部病理楼病理系220室	100070
21	北京济生疼痛医学基金会	68469989	Mjp2013@sina.com	海淀区北洼西里颐安嘉园16号楼	100089
22	北京科学教育发展基金会	57892789—8058 57892729	kanboying@126.com	朝阳区八里庄东里1号莱锦创意产业园CN17栋4层	100025
23	北京中联盟中医药发展基金会	88579319 88579295—806 88579295—816	liucy16@126.com	海淀区中关村南大街17号韦伯时代中心C座714	100070
24	北京水源保护基金会	65978568	shuijihui_miaolf@waterfoundation.cn	朝阳区呼家楼京广中心1号楼26层2612室	100020
25	北京华汽汽车文化基金会	50950015	wzy@sae-china.org	西城区莲花池东路102号天莲大厦四层	100055
26	北京同有三和中医药发展基金会	68423076	chunci1219@sina.com	朝阳区广顺北大街33号6号楼福泰中心写字楼2层	100102

资料来源：北京市科学技术协会。

2022 年北京技术市场合同登记机构一览表

编号	机构名称	办公地址	办公时间	联系电话
1100—02	北京市科学技术协会创新服务中心技术合同登记处	东城区西革新里 116 号百荣嘉园大厦 A 座 10 层 1001	9:00—11:00，13:30—16:00	67235944 87667006
1100—04	北京市职工技术协会技术合同登记处	西城区虎坊路 13 号	8:30—11:30，13:30—17:30	83570103
1100—12	北京技术市场协会技术合同登记处	西城区西直门南大街 16 号院西楼 505 室	9:00—11:30，14:00—17:00 （周五不对外办公）	66137119
1100—13	中国电子工业科学技术交流中心技术合同登记处	西城区新街口外大街 8 号综合楼五层	8:30—11:30，13:00—16:30	88559752 62006661
1100—14	北京经济技术开发区技术合同登记处	北京经济技术开发区中和街 9 号	9:00—11:30，13:30—17:00	67806298 87220967
1100—16	北航科技园技术合同登记处	海淀区学院路 39 号唯实大厦 5 层 502 室	9:00—11:30	82339836
1100—17	北京市顺义区科学技术委员会技术合同登记处	顺义区北上坡路 26 号—劳动大厦北楼 0401	9:00—11:00，14:00—17:00	69444216
1100—19	北京市西城区科学技术和信息化局技术合同登记处	西城区广安门南街 68 号 1216 室	9:00—11:30，13:30—17:00	83976191
1100—20	中关村科学城技术合同登记处	海淀区成府路 45 号中关村智造大街 A 座一层	9:00—11:30，13:30—17:00	83454102
1100—21	北京市东城区科学技术和信息化局技术合同登记处	东城区金宝街 52 号东城区政务服务中心 7 层 707 室	9:00—11:30，14:00—17:00	84032139
1100—23	北京市石景山区科学技术委员会技术合同登记处	石景山区八角西街 40 号石景山区科委	9:00—12:00，14:00—17:30	68863350
1100—24	北京市昌平区科学技术委员会技术合同登记处	昌平区超前路 9 号 2 号楼昌平科委 1 层 1101 室	9:00—11:30	69724596
1100—26	北京市通州区科学技术委员会技术合同登记处	通州区九棵树东路甲 442 号永安大厦 2 层	9:00—12:00，13:30—17:30	89526652—1035
1100—27	北京市密云区科学技术委员会技术合同登记处	密云区西滨河路 2 号	8:30—11:30，13:30—17:30	69045776
1100—28	北京市房山区科学技术委员会技术合同登记处	房山区良乡政通东路 1 号科委 234 室	9:00—11:30，13:30—17:30	89350223
1100—29	北京市西城区科学技术和信息化局技术合同登记处二部	西城区广安门南街 68 号 1216 室	9:00—11:30，14:00—17:00	83976191
1100—30	中关村科技园区丰台园管理委员会技术合同登记处	丰台区科兴路 9 号 103 室	9:00—11:30，13:30—17:30	63740110
1100—31	首都科技服务业协会技术合同登记处	西城区西直门南大街 16 号西楼 8 层 801 室	每周一至周四 9:00—12:00	66517191
1100—32	中关村高新技术企业协会技术合同登记处	海淀区四季青路六号海淀招商大厦一楼西大厅	9:00—11:30，13:30—17:30	88496990
1100—33	北京市科学技术研究院技术合同登记处	西城区西直门外大街 140 号首建金融中心 11 层	8:30—11:30，13:00—17:00	68343152
1100—34	北京市大兴区科学技术委员会技术合同登记处	大兴区兴政街 31 号科技大厦 210 室	9:00—11:30，14:00—17:00 （周一至周四办公）	69244244
1100—35	北京市丰台区科学技术和信息化局技术合同登记处	丰台区北大街甲 13 号 412 室	9:30—11:30，14:00—16:30 （周四、周五不对外办公）	63894638

续表

编号	机构名称	办公地址	办公时间	联系电话
1100-36	中关村科技园区朝阳园管理委员会技术合同登记处	朝阳区望京东路8号锐创国际中心A座205室	9:00—11:30，14:00—17:30	64310422
1100-37	中国技术交易所技术合同登记处北京产权交易所分部	西城区金融大街甲17号	9:00—11:30，13:30—18:00	66295773 62679530
1100-38	北京市昌平区科学技术委员会技术合同登记处未来城能源谷分部	昌平区未来科学城绿地云谷中心15号楼405室	周二、周四 13:30—16:30	69754703 69724596
1100-40	中关村科技园区朝阳园管理委员会技术合同登记处（分部）	朝阳区朝阳门悠唐国际B座1903	9:00—11:30，14:00—17:30	64842996 84681125
1100-41	北京市平谷区科学技术和工业信息化局技术合同登记处	平谷区府前西街17号平谷区社会服务中心15层1529室	8:30—11:30，14:00—17:30	69961909
1100-42	北京市怀柔区科学技术委员会技术合同登记处	怀柔区湖光小区24号	8:30—11:30，13:00—17:30	69697671
1100-43	中国技术交易所技术合同登记处	海淀区北四环西路66号中国技术交易大厦B座3层	8:30—11:45，13:30—17:30	62679530 62679531
1100-45	中关村科学城技术合同登记处上地分部	海淀区上地信息路26号中关村创业大厦一层103室	9:00—11:30，13:30—17:30	82898750
1100-46	北京市门头沟区科学技术和信息化局技术合同登记处	门头沟区新桥大街40号	9:00—11:00，14:00—16:00 （周五不对外办公）	69865984
1100-47	北京市延庆区科学技术委员会技术合同登记处	延庆区康庄镇紫光东路1号412房间	8:30—11:30，14:00—17:00 （周二、周四对外办公）	69143197
1100-50	政务服务大厅综合窗口	丰台区西三环南路1号北京市政务服务大厅一楼综合窗口	工作日 9:00—17:00	89150339
1100-51	北京理工大学技术合同登记处	海淀区西三环北路甲2号院5号楼1909室	9:30—11:30，14:00—17:00	68912402
1100-88	进口合同登记处（仅登记进口合同）	西城区西直门外大街140号首建金融中心8层	8:30—11:30，13:00—17:30	68343152

资料来源：北京技术市场管理办公室。

2022 年北京市专利代理机构一览表

截至 2022 年底北京市的专利代理机构（930 家，不包括国防专利代理机构和在京的 3 家香港代理机构）

序号	机构代码	机构名称	序号	机构代码	机构名称
1	11001	北京国林贸知识产权代理有限公司	35	11201	北京清亦华知识产权代理事务所（普通合伙）
2	11002	北京路浩知识产权代理有限公司	36	11203	北京思海天达知识产权代理有限公司
3	11003	北京中创阳光知识产权代理有限责任公司	37	11204	北京英赛嘉华知识产权代理有限责任公司
4	11004	北京中建联合知识产权代理事务所（普通合伙）	38	11205	北京同立钧成知识产权代理有限公司
5	11006	北京律诚同业知识产权代理有限公司	39	11207	北京华谊知识产权代理有限公司
6	11012	北京邦信阳专利商标代理有限公司	40	11210	北京纽乐康知识产权代理事务所（普通合伙）
7	11013	北京辽远知识产权代理有限公司	41	11212	北京轻创知识产权代理有限公司
8	11014	北京恒和顿知识产权代理有限公司	42	11214	北京申翔知识产权代理有限公司
9	11015	北京英特普罗知识产权代理有限公司	43	11216	北京三幸商标专利事务所（普通合伙）
10	11017	北京华夏正合知识产权代理事务所（普通合伙）	44	11218	北京思创毕升专利事务所
11	11018	北京德琦知识产权代理有限公司	45	11219	中原信达知识产权代理有限责任公司
12	11019	北京中原华和知识产权代理有限责任公司	46	11221	北京捷诚信通专利事务所（普通合伙）
13	11021	中科专利商标代理有限责任公司	47	11223	北京元中知识产权代理有限责任公司
14	11025	北京振安创业专利代理有限责任公司	48	11224	北京金阙华进专利事务所（普通合伙）
15	11038	中国贸促会专利商标事务所有限公司	49	11225	北京金信知识产权代理有限公司
16	11039	北京知本村知识产权代理事务所（普通合伙）	50	11226	北京中知法苑知识产权代理有限公司
17	11042	北京乾诚五洲知识产权代理有限责任公司	51	11227	北京集佳知识产权代理有限公司
18	11100	北京北新智诚知识产权代理有限公司	52	11228	北京汇泽知识产权代理有限公司
19	11105	北京市柳沈律师事务所	53	11229	北京金言诚信知识产权代理有限公司
20	11108	北京太兆天元知识产权代理有限责任公司	54	11230	北京万科园知识产权代理有限责任公司
21	11111	北京市万慧达律师事务所	55	11232	北京慧泉知识产权代理有限公司
22	11112	北京天昊联合知识产权代理有限公司	56	11233	北京科兴园专利事务所
23	11116	北京载博知识产权代理事务所（普通合伙）	57	11234	中国商标专利事务所有限公司
24	11121	北京永创新实专利事务所	58	11237	北京市广友专利事务所有限责任公司
25	11127	北京三友知识产权代理有限公司	59	11238	北京博圣通专利事务所
26	11129	北京海虹嘉诚知识产权代理有限公司	60	11239	北京天平专利商标代理有限公司
27	11130	北京华科联合专利事务所（普通合伙）	61	11240	北京康信知识产权代理有限责任公司
28	11132	小松专利事务所	62	11241	北京双收知识产权代理有限公司
29	11134	北京博浩百睿知识产权代理有限责任公司	63	11242	北京诺孚尔知识产权代理有限责任公司
30	11136	北京同汇友专利事务所（普通合伙）	64	11243	北京银龙知识产权代理有限公司
31	11137	北京金之桥知识产权代理有限公司	65	11244	北京市合德专利事务所
32	11138	北京三高永信知识产权代理有限责任公司	66	11245	北京纪凯知识产权代理有限公司
33	11139	北京科龙寰宇知识产权代理有限责任公司	67	11246	北京众合诚成知识产权代理有限公司
34	11200	北京君尚知识产权代理有限公司	68	11247	北京市中咨律师事务所

续表

序号	机构代码	机构名称	序号	机构代码	机构名称
69	11248	北京中安信知识产权代理事务所（普通合伙）	109	11297	北京睿博行远知识产权代理有限公司
70	11249	北京中恒高博知识产权代理有限公司	110	11299	北京市卓华知识产权代理有限公司
71	11250	北京三聚阳光知识产权代理有限公司	111	11300	北京瑞盟知识产权代理有限公司
72	11251	北京科迪生专利代理有限责任公司	112	11301	北京汇智英财专利代理有限公司
73	11252	北京维澳专利代理有限公司	113	11302	北京华沛德权律师事务所
74	11253	北京中北知识产权代理有限公司	114	11303	北京方韬法业专利代理事务所（普通合伙）
75	11254	北京连城创新知识产权代理有限公司	115	11304	北京信远达知识产权代理有限公司
76	11255	北京市商泰律师事务所	116	11305	北京君智知识产权代理事务所（普通合伙）
77	11256	北京市金杜律师事务所	117	11306	北京德恒律师事务所
78	11257	北京正理专利代理有限公司	118	11308	北京元本知识产权代理事务所（普通合伙）
79	11258	北京东方亿思知识产权代理有限责任公司	119	11309	北京亿腾知识产权代理事务所（普通合伙）
80	11259	北京金硕果知识产权代理事务所（普通合伙）	120	11310	北京立成智业专利代理事务所（普通合伙）
81	11260	北京凯特来知识产权代理有限公司	121	11311	北京天悦专利代理事务所（普通合伙）
82	11262	北京安信方达知识产权代理有限公司	122	11312	北京东正专利代理事务所（普通合伙）
83	11263	北京高默克知识产权代理有限公司	123	11313	北京市铸成律师事务所
84	11264	北京华夏博通专利事务所（普通合伙）	124	11314	北京戈程知识产权代理有限公司
85	11265	北京挺立专利事务所（普通合伙）	125	11315	北京国昊天诚知识产权代理有限公司
86	11266	北京工信联合知识产权代理有限公司	126	11316	北京一格知识产权代理事务所（普通合伙）
87	11269	北京嘉和天工知识产权代理事务所（普通合伙）	127	11317	北京商专润文专利代理事务所（普通合伙）
88	11270	北京派特恩知识产权代理有限公司	128	11319	北京润泽恒知识产权代理有限公司
89	11271	北京安博达知识产权代理有限公司	129	11320	北京王景林知识产权代理事务所（普通合伙）
90	11272	北京富天文博兴知识产权代理事务所(普通合伙)	130	11321	北京市京大律师事务所
91	11274	北京中博世达专利商标代理有限公司	131	11322	北京尚诚知识产权代理有限公司
92	11275	北京同恒源知识产权代理有限公司	132	11323	北京市隆安律师事务所
93	11276	北京市浩天知识产权代理事务所（普通合伙）	133	11324	北京金恒联合知识产权代理事务所
94	11277	北京林达刘知识产权代理事务所（普通合伙）	134	11325	北京中伟智信专利商标代理事务所（普通合伙）
95	11278	北京连和连知识产权代理有限公司	135	11326	北京市路盛律师事务所
96	11280	北京泛华伟业知识产权代理有限公司	136	11327	北京鸿元知识产权代理有限公司
97	11281	北京明和龙知识产权代理有限公司	137	11328	北京汉德知识产权代理事务所（普通合伙）
98	11282	北京中海智圣知识产权代理有限公司	138	11329	北京龙双利达知识产权代理有限公司
99	11283	北京润平知识产权代理有限公司	139	11330	北京市立方律师事务所
100	11285	北京北翔知识产权代理有限公司	140	11331	北京康盛知识产权代理有限公司
101	11286	北京铭硕知识产权代理有限公司	141	11332	北京品源专利代理有限公司
102	11287	北京律盟知识产权代理有限责任公司	142	11333	北京兆君联合知识产权代理事务所（普通合伙）
103	11288	北京瑞成兴业知识产权代理事务所（普通合伙）	143	11334	北京国帆知识产权代理事务所（普通合伙）
104	11290	北京信慧永光知识产权代理有限责任公司	144	11335	北京汇信合知识产权代理有限公司
105	11291	北京同达信恒知识产权代理有限公司	145	11336	北京市磐华律师事务所
106	11293	北京怡丰知识产权代理有限公司	146	11337	北京市盛峰律师事务所
107	11294	北京五月天专利商标代理有限公司	147	11338	北京挚诚信奉知识产权代理有限公司
108	11296	北京东方汇众知识产权代理事务所（普通合伙）	148	11339	北京市安伦律师事务所

续表

序号	机构代码	机构名称	序号	机构代码	机构名称
149	11340	北京天奇智新知识产权代理有限公司	189	11386	北京天达知识产权代理事务所有限公司
150	11341	北京瑞思知识产权代理事务所（普通合伙）	190	11387	北京五洲洋和知识产权代理事务所（普通合伙）
151	11342	北京市汉衡律师事务所	191	11388	北京市中闻律师事务所
152	11343	北京友联知识产权代理事务所（普通合伙）	192	11389	北京市振邦律师事务所
153	11344	北京市盈科律师事务所	193	11390	北京和信华成知识产权代理事务所（普通合伙）
154	11345	北京蓝智辉煌知识产权代理事务所（普通合伙）	194	11391	北京智汇东方知识产权代理事务所（普通合伙）
155	11346	北京汇智胜知识产权代理事务所（普通合伙）	195	11392	北京卫平智业专利代理事务所（普通合伙）
156	11348	北京鼎佳达知识产权代理事务所（普通合伙）	196	11393	北京市维诗律师事务所
157	11349	北京三环同创知识产权代理有限公司	197	11394	北京卓恒知识产权代理事务所（特殊普通合伙）
158	11350	北京科亿知识产权代理事务所（普通合伙）	198	11395	北京恒都律师事务所
159	11352	北京大成律师事务所	199	11396	北京思睿峰知识产权代理有限公司
160	11353	北京市惠诚律师事务所	200	11397	北京新知远方知识产权代理事务所（普通合伙）
161	11354	北京市兰台律师事务所	201	11398	北京魏启学律师事务所
162	11355	北京泰吉知识产权代理有限公司	202	11399	北京冠和权律师事务所
163	11357	北京同辉知识产权代理事务所（普通合伙）	203	11400	北京商专永信知识产权代理事务所（普通合伙）
164	11358	北京神州华茂知识产权有限公司	204	11401	北京金智普华知识产权代理有限公司
165	11359	北京高文律师事务所	205	11402	北京再言智慧知识产权代理事务所（普通合伙）
166	11360	北京万象新悦知识产权代理有限公司	206	11403	北京风雅颂专利代理有限公司
167	11361	北京市联德律师事务所	207	11404	北京钧鼎律师事务所
168	11362	北京联创佳为专利事务所（普通合伙）	208	11405	北京德和衡律师事务所
169	11363	北京弘权知识产权代理有限公司	209	11406	北京格罗巴尔知识产权代理事务所（普通合伙）
170	11364	北京市中联创和知识产权代理有限公司	210	11407	北京彭丽芳知识产权代理有限公司
171	11365	北京卓言知识产权代理事务所（普通合伙）	211	11408	北京寰华知识产权代理有限公司
172	11367	北京驰纳智财知识产权代理事务所（普通合伙）	212	11409	北京德恒律治知识产权代理有限公司
173	11368	北京世誉鑫诚专利代理有限公司	213	11410	北京市中伦律师事务所
174	11369	北京远大卓悦知识产权代理有限公司	214	11411	北京联瑞联丰知识产权代理事务所（普通合伙）
175	11370	北京汉昊知识产权代理事务所（普通合伙）	215	11412	北京鸿德海业知识产权代理有限公司
176	11371	北京超凡志成知识产权代理事务所（普通合伙）	216	11413	北京柏杉松知识产权代理事务所（普通合伙）
177	11372	北京丰宏知识产权代理有限公司	217	11414	北京递进知识产权代理事务所（特殊普通合伙）
178	11374	北京攀腾专利代理事务所（普通合伙）	218	11415	北京博思佳知识产权代理有限公司
179	11375	北京市炜衡律师事务所	219	11416	北京恒律知识产权代理有限公司
180	11376	北京永新同创知识产权代理有限公司	220	11417	北京庆峰财智知识产权代理事务所（普通合伙）
181	11377	北京航忱知识产权代理事务所（普通合伙）	221	11418	北京思益华伦专利代理事务所（普通合伙）
182	11378	北京尚德技研知识产权代理事务所（普通合伙）	222	11419	北京爱普纳杰专利代理事务所（特殊普通合伙）
183	11379	北京金知睿知识产权代理事务所（普通合伙）	223	11420	北京罗杰律师事务所
184	11380	北京鑫浩联德专利代理事务所（普通合伙）	224	11421	北京天盾知识产权代理有限公司
185	11381	北京汲智翼成知识产权代理事务所（普通合伙）	225	11422	北京骥驰知识产权代理有限公司
186	11382	北京瑞恒信达知识产权代理事务所（普通合伙）	226	11423	北京中银律师事务所
187	11384	北京青松知识产权代理事务所（特殊普通合伙）	227	11424	北京安度修典专利代理有限公司
188	11385	北京方圆嘉禾知识产权代理有限公司	228	11425	北京市金栋律师事务所

续表

序号	机构代码	机构名称	序号	机构代码	机构名称
229	11426	北京康思博达知识产权代理事务所（普通合伙）	269	11472	北京方安思达知识产权代理有限公司
230	11427	北京科家知识产权代理事务所（普通合伙）	270	11473	北京隆源天恒知识产权代理有限公司
231	11429	北京中济纬天专利代理有限公司	271	11474	北京孚睿湾知识产权代理事务所（普通合伙）
232	11430	北京市诚辉律师事务所	272	11476	北京誉加知识产权代理有限公司
233	11431	北京博华智恒知识产权代理事务所（普通合伙）	273	11477	北京尚伦律师事务所
234	11432	北京旭知行专利代理事务所（普通合伙）	274	11478	北京市众天律师事务所
235	11434	北京献智知识产权代理事务所（特殊普通合伙）	275	11479	北京汉之知识产权代理事务所（普通合伙）
236	11435	北京志霖恒远知识产权代理有限公司	276	11480	北京翔瓯知识产权代理有限公司
237	11436	北京华睿卓成知识产权代理事务所（普通合伙）	277	11481	北京睿邦知识产权代理事务所（普通合伙）
238	11437	北京市邦道律师事务所	278	11482	北京瀚仁知识产权代理事务所（普通合伙）
239	11438	北京律智知识产权代理有限公司	279	11483	北京云科知识产权代理事务所（特殊普通合伙）
240	11439	北京远峰律师事务所	280	11485	北京市东方至睿知识产权代理事务所(特殊普通合伙)
241	11440	北京京万通知识产权代理有限公司	281	11486	北京博维知识产权代理事务所（特殊普通合伙）
242	11441	北京市清华源律师事务所	282	11487	北京中企鸿阳知识产权代理事务所（普通合伙）
243	11442	北京博雅睿泉专利代理事务所（特殊普通合伙）	283	11488	北京莫番律师事务所
244	11443	北京格旭知识产权代理事务所（普通合伙）	284	11489	北京中政联科专利代理事务所（普通合伙）
245	11444	北京汇思诚业知识产权代理有限公司	285	11491	北京国坤专利代理事务所（普通合伙）
246	11446	北京律和信知识产权代理事务所（普通合伙）	286	11492	北京市永新智财律师事务所
247	11447	北京英创嘉友知识产权代理事务所（普通合伙）	287	11493	北京市创世宏景专利商标代理有限责任公司
248	11448	北京中强智尚知识产权代理有限公司	288	11494	北京坤瑞律师事务所
249	11449	北京成创同维知识产权代理有限公司	289	11495	北京鼎云升知识产权代理事务所（普通合伙）
250	11450	北京欣永瑞知识产权代理事务所（普通合伙）	290	11496	北京君泊知识产权代理有限公司
251	11452	北京展翼知识产权代理事务所（特殊普通合伙）	291	11497	北京市正见永申律师事务所
252	11453	北京名华博信知识产权代理有限公司	292	11498	北京智为时代知识产权代理事务所（普通合伙）
253	11454	北京市万瑞律师事务所	293	11499	北京市浩东律师事务所
254	11455	北京海智友知识产权代理事务所（普通合伙）	294	11501	北京祺和祺知识产权代理有限公司
255	11456	北京纽盟知识产权代理事务所（特殊普通合伙）	295	11502	北京远立知识产权代理事务所（普通合伙）
256	11457	北京律谱知识产权代理有限公司	296	11503	北京维知知识产权代理事务所（特殊普通合伙）
257	11458	北京慧博知信知识产权代理事务所（普通合伙）	297	11504	北京力量专利代理事务所（特殊普通合伙）
258	11461	北京康达联禾知识产权代理事务所（普通合伙）	298	11505	北京布瑞知识产权代理有限公司
259	11462	北京众元弘策知识产权代理事务所（普通合伙）	299	11506	北京东方灵盾知识产权代理有限公司
260	11463	北京超凡宏宇专利代理事务所（特殊普通合伙）	300	11508	北京维正专利代理有限公司
261	11464	北京奉思知识产权代理有限公司	301	11509	北京宣言律师事务所
262	11465	北京慕达星云知识产权代理事务所(特殊普通合伙)	302	11510	北京华圣典睿知识产权代理有限公司
263	11466	北京君恒知识产权代理有限公司	303	11511	北京得信知识产权代理有限公司
264	11467	北京德崇智捷知识产权代理有限公司	304	11512	北京迎硕知识产权代理事务所（普通合伙）
265	11468	北京科名专利代理有限公司	305	11513	北京远创理想知识产权代理事务所（普通合伙）
266	11469	北京恩赫律师事务所	306	11514	北京酷爱智慧知识产权代理有限公司
267	11470	北京精金石知识产权代理有限公司	307	11515	北京君华知识产权代理有限公司
268	11471	北京细软智谷知识产权代理有限责任公司	308	11516	北京文苑专利代理有限公司

续表

序号	机构代码	机构名称	序号	机构代码	机构名称
309	11517	北京市君合律师事务所	349	11563	北京汇彩知识产权代理有限公司
310	11518	北京中财畅聚专利代理有限公司	350	11564	北京东和长优知识产权代理事务所（普通合伙）
311	11519	北京智信四方知识产权代理有限公司	351	11565	北京国之大铭知识产权代理事务所（普通合伙）
312	11520	北京万贝专利代理事务所（特殊普通合伙）	352	11566	北京市京轩律师事务所
313	11521	北京市英智伟诚知识产权代理事务所(普通合伙)	353	11567	北京旭路知识产权代理有限公司
314	11522	北京煦润律师事务所	354	11568	北京至臻永信知识产权代理有限公司
315	11525	北京红福盈知识产权代理事务所（普通合伙）	355	11569	北京高沃律师事务所
316	11526	北京航信高科知识产权代理事务所（普通合伙）	356	11570	北京众达德权知识产权代理有限公司
317	11527	北京悦成知识产权代理事务所（普通合伙）	357	11572	北京卓特专利代理事务所（普通合伙）
318	11528	北京恒博知识产权代理有限公司	358	11573	北京华智则铭知识产权代理有限公司
319	11530	北京高航知识产权代理有限公司	359	11574	北京律远专利代理事务所（普通合伙）
320	11531	北京汇捷知识产权代理事务所（普通合伙）	360	11575	北京志霖律师事务所
321	11534	北京奥文知识产权代理事务所（普通合伙）	361	11576	北京市恒有知识产权代理事务所（普通合伙）
322	11535	北京知元同创知识产权代理事务所（普通合伙）	362	11577	北京华清迪源知识产权代理有限公司
323	11536	北京惟诚致远知识产权代理事务所（普通合伙）	363	11578	北京集智东方知识产权代理有限公司
324	11537	北京天江律师事务所	364	11579	北京锺维联合知识产权代理有限公司
325	11538	北京谨诚君睿知识产权代理事务所(特殊普通合伙)	365	11580	北京国电智臻知识产权代理事务所（普通合伙）
326	11539	北京慧诚智道知识产权代理事务所(特殊普通合伙)	366	11581	北京瀚群律师事务所
327	11540	北京元周律知识产权代理有限公司	367	11582	北京久维律师事务所
328	11541	北京知果之信知识产权代理有限公司	368	11583	北京华旭智信知识产权代理事务所（普通合伙）
329	11542	北京久诚知识产权代理事务所（特殊普通合伙）	369	11584	北京智晨知识产权代理有限公司
330	11543	北京八月瓜知识产权代理有限公司	370	11585	北京金岳知识产权代理事务所（特殊普通合伙）
331	11544	北京金蓄专利代理有限公司	371	11586	北京天达共和知识产权代理事务所(特殊普通合伙)
332	11545	北京合智同创知识产权代理有限公司	372	11587	北京汇知杰知识产权代理有限公司
333	11546	北京策略律师事务所	373	11588	北京华仁联合知识产权代理有限公司
334	11547	北京英赛律师事务所	374	11589	北京劲创知识产权代理事务所（普通合伙）
335	11548	北京华仲龙腾专利代理事务所（普通合伙）	375	11590	北京市领专知识产权代理有限公司
336	11549	北京启知服知识产权代理有限公司	376	11591	北京东方芊悦知识产权代理事务所（普通合伙）
337	11550	北京知舟专利事务所（普通合伙）	377	11592	北京天驰君泰律师事务所
338	11551	北京鼎承知识产权代理有限公司	378	11593	北京博讯知识产权代理事务所（特殊普通合伙）
339	11552	北京智乾知识产权代理事务所（普通合伙）	379	11594	北京知联天下知识产权代理事务所（普通合伙）
340	11553	北京观韬中茂律师事务所	380	11595	北京科石知识产权代理有限公司
341	11554	北京金讯知识产权代理事务所（特殊普通合伙）	381	11596	北京易光知识产权代理有限公司
342	11556	北京恒创益佳知识产权代理事务所（普通合伙）	382	11597	北京睿派知识产权代理有限公司
343	11557	北京唯智勤实知识产权代理事务所（普通合伙）	383	11598	北京思元知识产权代理事务所（普通合伙）
344	11558	北京天澜智慧知识产权代理有限公司	384	11599	北京东方昭阳知识产权代理事务所（普通合伙）
345	11559	北京东岩跃扬知识产权代理事务所（普通合伙）	385	11602	北京市汉坤律师事务所
346	11560	北京智桥联合知识产权代理事务所（普通合伙）	386	11603	北京晟睿智杰知识产权代理事务所(特殊普通合伙)
347	11561	北京隆诺律师事务所	387	11604	北京睿驰通程知识产权代理事务所（普通合伙）
348	11562	北京东方盛凡知识产权代理有限公司	388	11605	北京崇智知识产权代理有限公司

续表

序号	机构代码	机构名称	序号	机构代码	机构名称
389	11606	北京华进京联知识产权代理有限公司	429	11650	北京善任知识产权代理有限公司
390	11607	北京白洲磐华知识产权代理事务所（普通合伙）	430	11651	北京金诚同达律师事务所
391	11608	北京腾远知识产权代理事务所（普通合伙）	431	11652	北京坦路来专利代理有限公司
392	11609	北京格允知识产权代理有限公司	432	11653	北京元合联合知识产权代理事务所(特殊普通合伙)
393	11610	北京太合九思知识产权代理有限公司	433	11654	北京市一法律师事务所
394	11611	北京聿华联合知识产权代理有限公司	434	11655	北京启坤知识产权代理有限公司
395	11612	北京金咨知识产权代理有限公司	435	11656	北京泽南知识产权代理有限公司
396	11613	北京易捷胜知识产权代理有限公司	436	11657	北京思源智汇知识产权代理有限公司
397	11614	北京思创大成知识产权代理有限公司	437	11658	北京康瑞律师事务所
398	11615	北京慧智兴达知识产权代理有限公司	438	11659	北京远智汇知识产权代理有限公司
399	11616	北京喆翙知识产权代理有限公司	439	11660	北京快易权知识产权代理有限公司
400	11617	北京瑞盛铭杰知识产权代理事务所（普通合伙）	440	11661	北京声华知识产权代理事务所（普通合伙）
401	11618	北京汉鼎理利专利代理事务所（特殊普通合伙）	441	11662	北京华夏泰和知识产权代理有限公司
402	11619	北京辰权知识产权代理有限公司	442	11663	北京市环球律师事务所
403	11620	北京智沃律师事务所	443	11664	北京华专卓海知识产权代理事务所（普通合伙）
404	11621	北京和联顺知识产权代理有限公司	444	11665	北京市京师律师事务所
405	11622	北京汇众通达知识产权代理事务所（普通合伙）	445	11666	北京冠榆知识产权代理事务所（特殊普通合伙）
406	11623	北京晋德允升知识产权代理有限公司	446	11667	北京兰亭信通知识产权代理有限公司
407	11624	北京卓岚智财知识产权代理有限公司	447	11668	北京航智知识产权代理事务所（普通合伙）
408	11627	北京安杰世泽律师事务所	448	11669	北京路胜元知识产权代理事务所(特殊普通合伙)
409	11628	北京知迪知识产权代理有限公司	449	11670	北京栈桥知识产权代理事务所（普通合伙）
410	11630	北京君有知识产权代理事务所（普通合伙）	450	11671	北京阳光天下知识产权代理事务所（普通合伙）
411	11631	北京市大地律师事务所	451	11672	北京致科知识产权代理有限公司
412	11632	北京七夏专利代理事务所（普通合伙）	452	11673	北京巨弘知识产权代理事务所（普通合伙）
413	11633	北京中理通专利代理事务所（普通合伙）	453	11674	北京中南长风知识产权代理事务所（普通合伙）
414	11634	北京市中伦文德律师事务所	454	11675	北京圣达博通知识产权代理事务所（普通合伙）
415	11635	北京思格颂知识产权代理有限公司	455	11676	北京华际知识产权代理有限公司
416	11636	北京中创博腾知识产权代理事务所（普通合伙）	456	11677	北京中企讯专利代理事务所（普通合伙）
417	11637	北京智信禾专利代理有限公司	457	11678	北京云嘉湃富知识产权代理有限公司
418	11638	北京权智天下知识产权代理事务所（普通合伙）	458	11679	北京索睿邦知识产权代理有限公司
419	11639	北京正阳理工知识产权代理事务所（普通合伙）	459	11680	北京远志博慧知识产权代理事务所(特殊普通合伙)
420	11640	北京中索知识产权代理有限公司	460	11681	北京惠智天成知识产权代理事务所(特殊普通合伙)
421	11641	北京金宏来专利代理事务所（特殊普通合伙）	461	11682	北京汉智嘉成知识产权代理有限公司
422	11642	北京恒泰铭睿知识产权代理有限公司	462	11683	北京佐行专利代理事务所（特殊普通合伙）
423	11643	北京润川律师事务所	463	11684	北京沁优知识产权代理有限公司
424	11644	北京清源汇知识产权代理事务所（特殊普通合伙）	464	11685	北京睿康信诚知识产权代理事务所（普通合伙）
425	11646	北京超成律师事务所	465	11686	北京世衡知识产权代理事务所（普通合伙）
426	11647	北京励诚知识产权代理有限公司	466	11687	北京嘉科知识产权代理事务所（特殊普通合伙）
427	11648	北京先进知识产权代理有限公司	467	11688	北京彩和律师事务所
428	11649	北京贵都专利代理事务所（普通合伙）	468	11689	北京智绘未来专利代理事务所（普通合伙）

续表

序号	机构代码	机构名称	序号	机构代码	机构名称
469	11690	北京领科知识产权代理事务所（特殊普通合伙）	509	11732	北京睿智保诚专利代理事务所（普通合伙）
470	11691	北京清诚知识产权代理有限公司	510	11733	北京麦宝利知识产权代理事务所(特殊普通合伙)
471	11692	北京知企鸿蒙专利代理事务所（普通合伙）	511	11734	北京乐知新创知识产权代理事务所（普通合伙）
472	11693	北京展翅星辰知识产权代理有限公司	512	11735	北京从真律师事务所
473	11694	北京万思博知识产权代理有限公司	513	11736	北京预立生科知识产权代理有限公司
474	11695	北京和鼎泰知识产权代理有限公司	514	11737	北京法信智言知识产权代理事务所(特殊普通合伙)
475	11696	北京国翰知识产权代理事务所（普通合伙）	515	11738	北京智行阳光知识产权代理事务所（普通合伙）
476	11697	北京允天律师事务所	516	11739	北京科慧致远知识产权代理有限公司
477	11698	北京国贝知识产权代理有限公司	517	11740	北京棘龙知识产权代理有限公司
478	11699	北京安哲思知识产权代理事务所（普通合伙）	518	11741	北京山允知识产权代理事务所（特殊普通合伙）
479	11700	北京伊诺未来知识产权代理事务所(特殊普通合伙)	519	11742	北京景闻知识产权代理有限公司
480	11701	北京众泽信达知识产权代理事务所（普通合伙）	520	11743	北京慧尚知识产权代理事务所（特殊普通合伙）
481	11703	北京中巡通大知识产权代理有限公司	521	11744	北京瀛和律师事务所
482	11704	北京康隆智佳专利代理事务所（普通合伙）	522	11745	北京哌智科创知识产权代理事务所（普通合伙）
483	11705	北京康度知识产权代理事务所（特殊普通合伙）	523	11746	北京市尚公律师事务所
484	11706	北京竹辰知识产权代理事务所（普通合伙）	524	11747	北京京原星洲知识产权代理事务所（普通合伙）
485	11707	北京安之律师事务所	525	11748	北京正壹合知识产权代理事务所（普通合伙）
486	11709	北京曼威知识产权代理有限公司	526	11750	北京博辉通达知识产权代理有限公司
487	11710	北京开阳星知识产权代理有限公司	527	11751	北京市鼎立东审知识产权代理有限公司
488	11711	北京北汇律师事务所	528	11752	北京国谦专利代理事务所（普通合伙）
489	11712	北京尚淳律师事务所	529	11753	北京国标律师事务所
490	11713	北京世峰知识产权代理有限公司	530	11754	北京麦汇智云知识产权代理有限公司
491	11714	北京悦和知识产权代理有限公司	531	11755	北京唐颂永信知识产权代理有限公司
492	11715	北京君莫知识产权代理事务所（普通合伙）	532	11756	北京中和立达知识产权代理有限公司
493	11716	北京君慧知识产权代理事务所（普通合伙）	533	11757	北京市奋迅律师事务所
494	11717	北京邦创至诚知识产权代理事务所（普通合伙）	534	11758	北京睿阳联合知识产权代理有限公司
495	11718	北京清大紫荆知识产权代理有限公司	535	11759	北京诚新知识产权代理事务所（普通合伙）
496	11719	北京天方智力知识产权代理事务所（普通合伙）	536	11760	北京前审知识产权代理有限公司
497	11720	北京真致博文知识产权代理事务所（普通合伙）	537	11761	北京博遵律师事务所
498	11721	北京中慧创科知识产权代理事务所(特殊普通合伙)	538	11762	北京一品慧诚知识产权代理有限公司
499	11722	北京钲霖知识产权代理有限公司	539	11763	北京市铭盾律师事务所
500	11723	北京尚钺知识产权代理事务所（普通合伙）	540	11764	北京思韬知识产权代理有限公司
501	11724	北京成实知识产权代理有限公司	541	11765	北京壹川鸣知识产权代理事务所(特殊普通合伙)
502	11725	北京伟思知识产权代理事务所（普通合伙）	542	11766	北京卓泽知识产权代理事务所（普通合伙）
503	11726	北京荟英捷创知识产权代理事务所（普通合伙）	543	11767	北京之于行知识产权代理有限公司
504	11727	北京天作专利代理事务所（特殊普通合伙）	544	11768	北京兴智翔达知识产权代理有限公司
505	11728	北京信诺创成知识产权代理有限公司	545	11769	北京汇鑫君达知识产权代理有限公司
506	11729	北京头头知识产权代理有限公司	546	11770	北京市竞天公诚律师事务所
507	11730	北京小美知识产权代理事务所（普通合伙）	547	11771	北京易聚律师事务所
508	11731	北京市康达律师事务所	548	11772	北京鼎双知识产权代理事务所（普通合伙）

续表

序号	机构代码	机构名称	序号	机构代码	机构名称
549	11773	北京星迪律师事务所	589	11814	北京神州信德知识产权代理事务所（普通合伙）
550	11774	北京瀚方律师事务所	590	11815	北京鼎真知识产权代理事务所（普通合伙）
551	11775	北京动力号知识产权代理有限公司	591	11816	北京翔石知识产权代理事务所（普通合伙）
552	11776	北京绥正律师事务所	592	11817	北京弈贤专利代理事务所（特殊普通合伙）
553	11777	北京艾皮专利代理有限公司	593	11818	北京圣州专利代理事务所（普通合伙）
554	11778	北京领创律师事务所	594	11819	北京颐合中鸿律师事务所
555	11779	北京磊垚威宇知识产权代理事务所（普通合伙）	595	11820	北京市常鸿律师事务所
556	11780	北京植德律师事务所	596	11821	北京卓孚律师事务所
557	11781	北京丰浩知识产权代理事务所（普通合伙）	597	11822	北京中普鸿儒知识产权代理有限公司
558	11782	北京科领智诚知识产权代理事务所（普通合伙）	598	11823	北京鼎德宝专利代理事务所（特殊普通合伙）
559	11783	北京华朗律师事务所	599	11825	北京中仟知识产权代理事务所（普通合伙）
560	11784	北京致诺律师事务所	600	11827	北京邦中知识产权代理有限公司
561	11785	北京市金台律师事务所	601	11828	北京方可律师事务所
562	11787	北京可专乐知识产权代理事务所（普通合伙）	602	11829	北京城烽知识产权代理事务所（特殊普通合伙）
563	11788	北京嘉东律师事务所	603	11830	北京智源荟诚知识产权代理事务所（普通合伙）
564	11789	北京君以信知识产权代理有限公司	604	11831	北京润捷智诚知识产权代理事务所（普通合伙）
565	11790	北京市京都律师事务所	605	11832	北京绘聚高科知识产权代理事务所（普通合伙）
566	11791	北京一枝笔知识产权代理事务所（普通合伙）	606	11833	北京化育知识产权代理有限公司
567	11792	北京市海问律师事务所	607	11834	北京欣鼎专利代理事务所（普通合伙）
568	11793	北京嘉途睿知识产权代理事务所（普通合伙）	608	11835	北京春江专利商标代理事务所（普通合伙）
569	11794	北京知汇林知识产权代理事务所（普通合伙）	609	11837	北京中创云知识产权代理事务所（普通合伙）
570	11795	北京世宁律师事务所	610	11838	北京威禾知识产权代理有限公司
571	11796	北京冠都律师事务所	611	11840	北京市中瑞律师事务所
572	11797	北京专赢专利代理有限公司	612	11841	北京慧而行专利代理事务所（普通合伙）
573	11798	北京天达共和律师事务所	613	11842	北京广技专利代理事务所（特殊普通合伙）
574	11799	北京同清律师事务所	614	11843	北京海润天睿律师事务所
575	11800	北京铜表律师事务所	615	11844	北京东方尚禾专利代理事务所（特殊普通合伙）
576	11801	北京市中兆律师事务所	616	11845	北京正和明知识产权代理事务所（普通合伙）
577	11802	北京名实专利代理事务所（特殊普通合伙）	617	11846	北京美智年华知识产权代理事务所（普通合伙）
578	11803	北京众允专利代理有限公司	618	11848	北京大诚新创知识产权代理有限公司
579	11804	北京维昊知识产权代理事务所（普通合伙）	619	11849	北京科穗律师事务所
580	11805	北京市立康律师事务所	620	11850	北京攀腾特知识产权代理有限公司
581	11806	北京中琿知识产权代理事务所（特殊普通合伙）	621	11851	北京磐华捷成知识产权代理有限公司
582	11807	北京庚致知识产权代理事务所（特殊普通合伙）	622	11852	北京慧龙律师事务所
583	11808	北京方迪誉诚专利代理有限公司	623	11854	北京冬瓜知识产权代理事务所（普通合伙）
584	11809	北京君至同辉知识产权代理事务所（普通合伙）	624	11855	北京惟盛达知识产权代理事务所（普通合伙）
585	11810	北京智丞瀚方知识产权代理有限公司	625	11857	北京维飞联创知识产权代理有限公司
586	11811	北京励为众创知识产权代理有限公司	626	11858	北京中誉至诚知识产权代理事务所（普通合伙）
587	11812	北京派道律师事务所	627	11859	北京秉文同创知识产权代理事务所（普通合伙）
588	11813	北京锦信诚泰知识产权代理有限公司	628	11860	北京聚浩专利代理事务所（普通合伙）

续表

序号	机构代码	机构名称	序号	机构代码	机构名称
629	11861	北京奇畔智达知识产权代理有限公司	669	11906	北京君泰水木知识产权代理有限公司
630	11862	北京国科程知识产权代理事务所（普通合伙）	670	11908	北京京专专利代理事务所（普通合伙）
631	11863	北京棋拾知识产权代理事务所（普通合伙）	671	11909	北京铭本天律师事务所
632	11864	北京智燃律师事务所	672	11910	北京金盾律师事务所
633	11865	北京市光明律师事务所	673	11911	北京融君成知识产权代理事务所（普通合伙）
634	11866	北京知鲲知识产权代理事务所（普通合伙）	674	11912	北京红梵知识产权代理事务所（普通合伙）
635	11868	北京中知星原知识产权代理事务所（普通合伙）	675	11913	北京箴思知识产权代理有限公司
636	11869	北京云嘉律师事务所	676	11914	北京恒程知识产权代理有限公司
637	11870	北京正华智诚专利代理事务所（普通合伙）	677	11915	北京市伟博律师事务所
638	11871	北京邦申诚知识产权代理事务所（普通合伙）	678	11916	北京科聚知识产权代理事务所（普通合伙）
639	11872	北京卓纬律师事务所	679	11917	北京路浩律师事务所
640	11873	北京首捷专利代理有限公司	680	11918	北京方权知识产权代理有限公司
641	11874	北京保识知识产权代理事务所（普通合伙）	681	11919	北京清控智云知识产权代理事务所(特殊普通合伙)
642	11876	北京智宇正信知识产权代理事务所（普通合伙）	682	11920	北京卓爱普专利代理事务所（特殊普通合伙）
643	11877	北京毕科锐森知识产权代理事务所（普通合伙）	683	11921	北京精翰专利代理有限公司
644	11878	北京墨丘知识产权代理事务所（普通合伙）	684	11922	北京法胜知识产权代理有限公司
645	11879	北京索邦智慧专利代理有限公司	685	11923	北京恩辉专利代理事务所（普通合伙）
646	11880	北京知无忧专利代理有限公司	686	11924	北京艾格律诗专利代理有限公司
647	11881	北京奥肯律师事务所	687	11925	北京华锐创新知识产权代理有限公司
648	11882	北京知寰律师事务所	688	11926	北京市东权律师事务所
649	11883	北京诚呈知识产权代理事务所（普通合伙）	689	11927	北京乾成律信知识产权代理有限公司
650	11884	北京泽方誉航专利代理事务所（普通合伙）	690	11928	北京科衡知识产权代理有限公司
651	11885	北京融智邦达知识产权代理事务所（普通合伙）	691	11929	北京博智杰知识产权代理事务所(特殊普通合伙)
652	11886	北京高卫律师事务所	692	11930	北京百欧知识产权代理事务所（普通合伙）
653	11887	北京斐石律师事务所	693	11931	北京清汇律师事务所
654	11888	北京华创智道知识产权代理事务所（普通合伙）	694	11932	北京子焱知识产权代理事务所（普通合伙）
655	11889	北京中知恒瑞知识产权代理事务所（普通合伙）	695	11934	北京智泽德世专利商标代理事务所（普通合伙）
656	11890	北京知帆远景知识产权代理有限公司	696	11935	北京己任律师事务所
657	11892	北京国允律师事务所	697	11936	北京王伦律师事务所
658	11893	北京象合知识产权代理事务所（普通合伙）	698	11937	北京常乘高知识产权代理事务所(特殊普通合伙)
659	11894	北京启焱知识产权代理有限公司	699	11938	北京元理果知识产权代理事务所（普通合伙）
660	11895	北京国序知识产权代理有限公司	700	11939	北京佳信天和知识产权代理事务所（普通合伙）
661	11897	北京合纵慧信知识产权代理有限公司	701	11940	北京千壹知识产权代理事务所（普通合伙）
662	11899	北京隆达恒晟知识产权代理有限公司	702	11941	北京大田律师事务所
663	11900	北京力致专利代理事务所（特殊普通合伙）	703	11942	北京沃知思真知识产权代理有限公司
664	11901	北京盛询知识产权代理有限公司	704	11943	北京京湘律师事务所
665	11902	北京安瑞克专利代理事务所（特殊普通合伙）	705	11944	北京谱帆知识产权代理有限公司
666	11903	北京鹏帆慧博知识产权代理有限公司	706	11945	北京北知掘金知识产权代理有限公司
667	11904	北京达友众邦知识产权代理事务所（普通合伙）	707	11947	北京盛凡佳华专利代理事务所（普通合伙）
668	11905	北京沃杰永益知识产权代理事务所（普通合伙）	708	11948	北京环宇致诚知识产权代理事务所（普通合伙）

续表

序号	机构代码	机构名称	序号	机构代码	机构名称
709	11949	北京乾成律师事务所	749	11991	北京京华知联专利代理事务所（普通合伙）
710	11950	北京智慧亮点知识产权代理事务所（普通合伙）	750	11992	北京惠森至诚知识产权代理事务所(特殊普通合伙)
711	11951	北京市通商律师事务所	751	11993	北京万景律师事务所
712	11952	北京星通盈泰知识产权代理有限公司	752	11995	北京中和戎智知识产权代理有限公司
713	11953	北京百裕知识产权代理事务所（普通合伙）	753	11996	北京市中永律师事务所
714	11954	北京文嘉知识产权代理事务所（特殊普通合伙）	754	11998	北京荣哲知识产权代理事务所（普通合伙）
715	11955	北京文慧专利代理事务所（特殊普通合伙）	755	11999	北京驰纳南熙知识产权代理有限公司
716	11956	北京岳盛瑞达知识产权代理事务所（普通合伙）	756	16000	北京硕慧云知识产权代理事务所(特殊普通合伙)
717	11957	北京大地智谷知识产权代理事务所(特殊普通合伙)	757	16001	北京广溢知识产权代理有限公司
718	11959	北京知了蝉专利代理事务所（普通合伙）	758	16002	北京玄法律师事务所
719	11960	北京翔宇专利代理事务所（普通合伙）	759	16003	北京智鸿港知识产权代理事务所（普通合伙）
720	11961	北京鑫瑞森知识产权代理有限公司	760	16004	北京代代志同知识产权代理事务所（普通合伙）
721	11962	北京洛科寰宇知识产权代理事务所（普通合伙）	761	16005	北京华知安知识产权代理有限公司
722	11963	北京中联智道知识产权代理事务所（普通合伙）	762	16007	北京博海嘉知识产权代理事务所（普通合伙）
723	11964	北京煦润知识产权代理有限公司	763	16008	北京虹泽知识产权代理事务所（普通合伙）
724	11965	北京曼京知识产权代理事务所（普通合伙）	764	16009	北京研展知识产权代理有限公司
725	11966	北京蕙识同联专利代理事务所（特殊普通合伙）	765	16010	北京市天元律师事务所
726	11967	北京智永源知识产权代理事务所（普通合伙）	766	16011	北京知汉亭知识产权代理事务所（普通合伙）
727	11968	北京百年育人知识产权代理有限公司	767	16012	北京恒德志远专利代理事务所（普通合伙）
728	11969	北京中知慧专利代理事务所（普通合伙）	768	16013	北京云知万象专利代理事务所（普通合伙）
729	11970	北京知夏律师事务所	769	16015	北京卫智易创专利代理事务所（普通合伙）
730	11971	北京市博友律师事务所	770	16016	北京铸成博信知识产权代理事务所（普通合伙）
731	11972	北京创赋致远知识产权代理有限公司	771	16017	北京君琅知识产权代理有限公司
732	11973	北京汇铮律师事务所	772	16018	北京英思普睿知识产权代理有限公司
733	11974	北京图亿天下专利代理有限公司	773	16019	北京行文律师事务所
734	11975	北京识然知识产权代理事务所（普通合伙）	774	16020	北京众合佳创知识产权代理有限公司
735	11977	北京博观达知识产权代理事务所（普通合伙）	775	16022	北京盈权知识产权代理事务所（普通合伙）
736	11978	北京市华泰律师事务所	776	16023	北京专猎知识产权代理事务所（普通合伙）
737	11979	北京正桓知识产权代理事务所（普通合伙）	777	16024	北京三巨人知识产权代理事务所（普通合伙）
738	11980	北京东国专利商标代理事务所（普通合伙）	778	16025	北京中睿智恒知识产权代理事务所（普通合伙）
739	11981	北京惠科金知识产权代理有限公司	779	16026	北京卓胜佰达知识产权代理有限公司
740	11982	北京汇智一堂知识产权代理事务所（普通合伙）	780	16027	北京知睿律师事务所
741	11983	北京启恒华远知识产权代理事务所（普通合伙）	781	16028	北京费曼律师事务所
742	11984	北京鑫知翼知识产权代理事务所（普通合伙）	782	16029	北京星港律师事务所
743	11985	北京丰泰律师事务所	783	16030	北京红花知识产权代理事务所（普通合伙）
744	11986	北京园田林慧知识产权代理事务所（普通合伙）	784	16031	北京共腾律师事务所
745	11987	北京天汇航智知识产权代理事务所（普通合伙）	785	16032	北京千慕专利代理事务所（普通合伙）
746	11988	北京盛联科创知识产权代理有限公司	786	16033	北京达辉律师事务所
747	11989	北京华清科睿知识产权代理事务所（普通合伙）	787	16034	北京慧诚联合知识产权代理有限公司
748	11990	北京市国府闻佳律师事务所	788	16035	北京慧加伦知识产权代理有限公司

续表

序号	机构代码	机构名称	序号	机构代码	机构名称
789	16036	北京桓润律师事务所	829	16077	北京方舟长风知识产权代理事务所（普通合伙）
790	16037	北京同钧律师事务所	830	16078	北京一摩尔专利代理事务所（特殊普通合伙）
791	16038	北京市蓝石律师事务所	831	16079	北京希夷微知识产权代理事务所（普通合伙）
792	16040	北京优赛深闻知识产权代理有限公司	832	16080	北京方政卫士专利代理事务所（普通合伙）
793	16041	北京钲霖律师事务所	833	16081	北京青橙知识产权代理事务所（普通合伙）
794	16042	国浩律师（北京）事务所	834	16082	北京方景律师事务所
795	16043	北京理知律师事务所	835	16083	北京植众德本知识产权代理有限公司
796	16044	北京天下创新知识产权代理事务所（普通合伙）	836	16084	北京猷德知识产权代理有限公司
797	16045	北京博尔赫知识产权代理事务所（普通合伙）	837	16085	北京汉迪信和知识产权代理事务所（普通合伙）
798	16046	北京天同知创知识产权代理事务所（普通合伙）	838	16086	北京华科知信专利代理事务所（普通合伙）
799	16047	北京成高专利代理事务所（普通合伙）	839	16087	北京快帮专利代理事务所（普通合伙）
800	16048	北京智帆金科知识产权代理事务所（普通合伙）	840	16088	北京格汇专利代理事务所（特殊普通合伙）
801	16049	北京留理知识产权代理事务所（普通合伙）	841	16089	北京万知众信知识产权代理有限公司
802	16050	北京周泰律师事务所	842	16090	北京正元瑞驰知识产权代理事务所（普通合伙）
803	16051	北京知文通达知识产权代理事务所（普通合伙）	843	16091	北京余庆唐律师事务所
804	16052	北京星海汇创知识产权代理事务所(特殊普通合伙)	844	16092	北京创智合源知识产权代理事务所（普通合伙）
805	16053	北京市显杨律师事务所	845	16093	北京世辉律师事务所
806	16054	北京爱棱台知识产权代理事务所（普通合伙）	846	16094	北京维创华成知识产权代理事务所（普通合伙）
807	16055	北京市信之源律师事务所	847	16095	北京市集佳律师事务所
808	16056	北京国科力为专利代理事务所（普通合伙）	848	16096	北京格式化知识产权代理事务所（普通合伙）
809	16057	北京创致天华知识产权代理有限公司	849	16097	北京佰亦知识产权代理事务所（普通合伙）
810	16058	北京深川专利代理事务所（普通合伙）	850	16098	北京鼎拓恒远知识产权代理事务所（普通合伙）
811	16059	北京道信律师事务所	851	16099	北京驰明知识产权代理有限公司
812	16060	北京铁桦专利代理事务所（普通合伙）	852	16100	北京法筑知识产权代理有限公司
813	16061	北京久远信知识产权代理有限公司	853	16101	北京艾纬铂知识产权代理有限公司
814	16062	北京慧希专利代理事务所（普通合伙）	854	16102	北京市高通律师事务所
815	16063	北京中先生知识产权代理事务所（普通合伙）	855	16103	北京竟易和专利代理事务所（特殊普通合伙）
816	16064	北京投知圈知识产权代理事务所（普通合伙）	856	16104	北京市百宸律师事务所
817	16065	北京龙韬致思律师事务所	857	16105	北京箐昱专利代理事务所（普通合伙）
818	16066	北京科栋专利代理事务所（特殊普通合伙）	858	16106	北京万驰专利代理事务所（普通合伙）
819	16067	北京博识智信专利代理事务所（普通合伙）	859	16107	北京博悦睿律师事务所
820	16068	北京信融专利代理事务所（普通合伙）	860	16108	北京众辉津成知识产权代理事务所（普通合伙）
821	16069	北京新中汇知识产权代理事务所（普通合伙）	861	16109	北京上禾挚诚知识产权代理有限公司
822	16070	北京成越律师事务所	862	16110	北京祯新理艺知识产权代理事务所(特殊普通合伙)
823	16071	北京海庆律师事务所	863	16111	北京华桐专利代理事务所（特殊普通合伙）
824	16072	北京久耕知识产权代理有限公司	864	16112	北京集慧星企专利代理事务所（普通合伙）
825	16073	北京明坤知识产权代理事务所（普通合伙）	865	16113	北京科创易佰知识产权代理事务所（普通合伙）
826	16074	北京惟专知识产权代理事务所（普通合伙）	866	16114	北京济思达知识产权代理事务所（普通合伙）
827	16075	北京友谊嘉知识产权代理事务所（普通合伙）	867	16115	北京新科华领知识产权代理事务所（普通合伙）
828	16076	北京市金洋律师事务所	868	16116	北京市德鸿律师事务所

续表

序号	机构代码	机构名称	序号	机构代码	机构名称
869	16117	北京盛广信合知识产权代理有限公司	900	16148	北京市北斗鼎铭律师事务所
870	16118	北京市鑫诺律师事务所	901	16149	北京彦开专利代理事务所（普通合伙）
871	16119	北京君宣知识产权代理事务所（普通合伙）	902	16150	北京浩天律师事务所
872	16120	北京科琳知识产权代理事务所（普通合伙）	903	16151	北京名拓专利代理有限公司
873	16121	北京信宇创知识产权代理事务所（普通合伙）	904	16152	北京市道可特律师事务所
874	16122	北京中佳信联知识产权代理事务所（普通合伙）	905	16153	北京赢熙宏铎知识产权代理有限公司
875	16123	北京亿知臻成专利代理事务所（普通合伙）	906	16154	北京天栎律师事务所
876	16124	北京中秩新创知识产权代理有限公司	907	16155	北京正谦专利代理事务所（普通合伙）
877	16125	北京天才之火知识产权代理有限公司	908	16156	北京国科护航知识产权代理事务所(特殊普通合伙)
878	16126	北京恒智信成知识产权代理事务所（普通合伙）	909	16157	北京国审领航知识产权代理事务所(特殊普通合伙)
879	16127	北京合创致信专利代理有限公司	910	16158	北京萤火虫知识产权代理事务所（普通合伙）
880	16128	北京中知帮信达专利代理事务所(特殊普通合伙)	911	16159	北京道隐专利代理事务所（普通合伙）
881	16129	北京察格专利代理事务所（普通合伙）	912	16160	北京锦辉智通专利代理事务所（普通合伙）
882	16130	北京聚势成知识产权代理事务所（普通合伙）	913	16161	北京正砚知识产权代理有限公司
883	16131	北京市安理律师事务所	914	16162	北京市万商天勤律师事务所
884	16132	北京中农康正知识产权代理有限公司	915	16163	北京瑙容量专利代理事务所（普通合伙）
885	16133	北京清辰科创知识产权代理事务所（普通合伙）	916	16164	北京市中凯律师事务所
886	16134	北京德邻共创知识产权代理有限公司	917	16165	北京创元天成专利代理事务所（普通合伙）
887	16135	北京聚帆合亿专利代理事务所（普通合伙）	918	16166	北京知寻专利商标代理事务所（普通合伙）
888	16136	北京中微知著知识产权代理事务所(特殊普通合伙)	919	16167	北京鼎大知识产权代理有限公司
889	16137	北京知艺互联知识产权代理有限公司	920	16168	北京市格文律师事务所
890	16138	北京市君泽君律师事务所	921	16169	北京博智永信知识产权代理事务所（普通合伙）
891	16139	北京泓知知识产权代理事务所（普通合伙）	922	16170	北京耘锦知识产权代理事务所（普通合伙）
892	16140	北京嘉维律师事务所	923	16171	北京市天澜律师事务所
893	16141	北京明言知识产权代理事务所（普通合伙）	924	16172	北京用和致善知识产权代理事务所（普通合伙）
894	16142	北京普进知识产权代理事务所（普通合伙）	925	16173	北京企创智恒专利代理事务所（普通合伙）
895	16143	北京京标立权专利代理事务所（普通合伙）	926	16174	北京市鼎业律师事务所
896	16144	北京同进知识产权代理事务所（普通合伙）	927	16175	北京华让律师事务所
897	16145	北京一诺通成知识产权代理事务所（普通合伙）	928	16176	北京市中运律师事务所
898	16146	北京珞石律师事务所	929	32205	北京淮海知识产权代理事务所（普通合伙）
899	16147	北京城大专利代理事务所（普通合伙）	930	61242	北京东灵通专利代理事务所（普通合伙）

资料来源：北京市知识产权局。

索 引

BEIJING ALMANAC OF SCIENCE AND TECHNOLOGY 2023

北京科技年鉴

2023

说 明

1．本索引采取主题索引法（也称内容分析索引法）编制。主题词（标目）以《北京科技年鉴 2023》正文中出现的专业名词、名词词组、地名、机构名为主。

2．统计资料、附录栏目内容不在标引范围内。

3．本索引基本按汉语拼音音序排列。汉字打头的标目按首字的音序、音调依次排列，首字相同时，则以第二字排序，以此类推；以阿拉伯数字打头的主题词排在最前面；以英文字母打头的主题词列于以阿拉伯数字打头的主题词之后。

4．本索引文字部分为标目，标目后的阿拉伯数字表示该标目在正文中的页码（地址页）。

A

B

C

D

E

F

G

H

J

K

L

M

N

O

P

Q

R

S

T

W

X

Y

Z